Glaube ohne Mythos

Schriften der Internationalen Paulusgesellschaft

Gotthold Hasenhüttl

Glaube ohne Mythos

BAND 1

Offenbarung, Jesus Christus, Gott

Matthias-Grünewald-Verlag · Mainz

Der Matthias-Grünewald-Verlag ist Mitglied
der Verlagsgruppe engagement

2. Auflage 2001

Umschlag: Harun Kloppe, Mainz
Druck und Bindung: Weihert-Druck, Darmstadt

ISBN 3-7867-2310-9

INHALT

Zweiter Teil

JESUS CHRISTUS

Dritter Teil
GOTT

Vorwort

Die Botschaft Jesu, auf die sich das Christentum beruft, will eine frohe, befreiende Botschaft sein. Nur wenige Menschen empfinden dies heute noch. Vielfach werden die kirchliche Verkündigung als bedrückend und theologische Bücher als weltfremd erfahren. Die jesuanische Befreiungsbewegung scheint eingesperrt, in Ketten gelegt und geknebelt zu sein, wie es bereits Dostojewskij in seiner Erzählung vom Großinquisitor schilderte. Ein beredtes Beispiel ist der Umgang kirchlicher Gemeinschaften mit ihren Reformern, Abweichlern und Andersdenkenden. So gibt es immer wieder Versuche, Christentum und institutionalisierte Religion zu trennen. Das Christentum, sagt J. Ratzinger, ist der „Sieg der Einsicht über die Welt der Religionen". Die von der Bibel angesprochene Dimension scheint für den Menschen eine bleibende Bedeutung zu haben, wie überlagert sie auch sein mag.

Das heutige Erscheinungsbild des Christentums muß transformiert werden, damit es Sinn, Hoffnung und Freiheit vermitteln kann. Dieses Buch versteht sich als ein Anstoß zu einem Neubeginn. Verkrustete Dogmen, Verbiegungen, Mißbräuche und Herrschaftsansprüche im christlichen Glauben sollen aufgezeigt und die Sicht auf befreites Dasein erschlossen werden. Nur die kritische Besinnung auf das, worauf es im menschlichen Leben ankommt, und die verantwortete Lebensgestaltung ermöglichen ein vollständiges und sinnvolles menschliches Leben. Die kirchliche Lehre, das Bild von Jesus Christus und die Existenz Gottes, alle „christlichen" Grundlagen sind fraglich geworden. Deshalb sollen die verschiedenen Facetten des Christentums erläutert und der gesamte christliche Glaube dargestellt werden. Kein Thema, das sich im Laufe der Geschichte herausgebildet hat und zum Teil auch dogmatisch fixiert wurde, ist ausgespart worden. Die historischen Perspektiven, die Darstellung verschiedener Philosophen und Theologen sollen dazu dienen, das heutige Christentum zu verstehen und zu einer Gesamtschau zu gelangen. Die detaillierten Informationen werden aber nicht affirmativ, sondern in kritischer Absicht vermittelt. Gerade angesichts anderer Religionen muß sich christlicher Glaube fragen lassen, was er für die Befreiung der Menschen leistet und welchen Sinn und welche Hoffnung er den Menschen auf ihrem Lebensweg mitgeben kann.
Jede Religion, jeder Glaube schließt Sinnvolles und Sinnloses ein, bringt der Menschheit Nutzen und Schaden. Diesen Unterschied zu erkennen soll die kritische Arbeit dienen, die zwischen Mythos und sinnvollen Aussagen differenziert. Das Wort Mythos steht hier nicht nur für die Vergegenständlichung von Ungegenständlichem, nicht nur für eine unzulässige Identifikation von Symbolen mit dem Symbolisierten, nicht nur für das Mißverständnis von Metaphern, die als historische Tatsachen angenommen werden, sondern auch für

den Gebrauch der Macht des Menschen über Menschen im Namen Gottes oder einer anderen höheren Instanz.

Nachdem R. Bultmann 1941 mit seinem von katholischen und evangelischen Exegeten grundlegend akzeptierten Entmythologisierungsprogramm für die Bibel an die Öffentlichkeit getreten ist, steht heute eine „Entmythologisierung" der christlichen Glaubensaussagen, wie sie dogmatisch und definitorisch ihren Ausdruck gefunden haben, noch aus. Denn, sagt wiederum J. Ratzinger, das Christentum ist der „Sieg der Entmythologisierung". Gerade aufgrund der Stagnation der Kirchen und starker fundamentalistischer Bestrebungen ist es wichtig, daß die Unhaltbarkeit solcher Einstellungen vor Augen geführt und wissenschaftlich dargelegt wird. Die entscheidende Schwäche aller bisherigen Bemühungen um ein postmodernes adäquates christliches Selbstverständnis liegt am Festhalten konventioneller Aussagen, vor allem über Jesus Christus und Gott. Dadurch wird das ganze Christentum in Frage gestellt.

Hier soll nun ein Versuch unternommen werden, ohne Denkverbot eine neue theologische Sicht zu entwerfen, die den Ballast dogmatischer Mythenbildung abwirft, aber das entscheidende Anliegen der christlichen Botschaft zur Geltung bringt. Dies kann nur in einem sinnvollen menschlichen Leben liegen, das sich in kommunikativer Freiheit realisiert. Es geht also um die Emanzipation des Menschen gegenüber allen religiösen Schablonen, Bevormundungen, Einengungen und Unterdrückungen.

Ohne Vertrauen, und d.h. Glaube, ist menschliches Leben nicht möglich, ohne Hoffnung ist es der Verzweiflung preisgegeben, ohne Liebe ist es der Technisierung schutzlos ausgeliefert, und Wert und Sinn des Menschseins werden fraglich. Ein genuines Verständnis dessen, was Christentum meint, wird Geltung für den Menschen behalten und eine menschlichere Zukunft ermöglichen. Genau diese menschlichen Dimensionen muß das Christsein im dritten Jahrtausend in verstärktem Maße einfordern. Und J. Ratzinger sagt treffend, daß der Inhalt des Christentums darin besteht, „daß Liebe und Vernunft als die eigentlichen Grundpfeiler des Wirklichen zusammenfallen: Die wahre Vernunft ist die Liebe, und die Liebe ist die wahre Vernunft. In ihrer Einheit sind sie der wahre Grund und das Ziel alles Wirklichen" (FAZ, 8. 1. 2000).

Mit den beiden Bänden „Glaube ohne Mythos" werden die „Schriften der Internationalen Paulusgesellschaft" neu begründet. Unter dem Titel „Gespräche der Paulusgesellschaft" sind vor allem in den 60er Jahren über 23 Dokumentationen erschienen, die der 1989 verstorbene Dr. Erich Kellner herausgab. 1955 gründete er die Paulusgesellschaft. Sie stellt sich bis heute die Aufgabe, zur Begegnung von Christentum, Religionen, Wissenschaft und Gesellschaft beizutragen, durch Entmythologisierung bzw. Öffnung der trennenden weltanschaulichen, gesellschaftlichen, politischen und religiösen Systeme.

Der Prozeß einer Humanisierung der menschlichen Gesellschaft, die sich der drei Faktoren: Ökologie, Ökonomie und Ökumene bewußt ist, eröffnet auch dem Christentum eine neue Chance der Glaubwürdigkeit, soweit es sich in einer pluralen Gesellschaft als Gemeinschaft einer universalen Menschheit und Menschlichkeit begreift. Die Internationale Paulusgesellschaft will einem weltoffenen Dialog in Toleranz und der Völkerverständigung dienen. Weltweit bekannt wurde sie vor allem durch den Dialog mit dem Marxismus, bei dem sie Brücken zwischen Ost und West geschlagen und zum „Prager Frühling" beigetragen hat.

Der Name der Gesellschaft geht auf den Apostel Paulus zurück, um zu verdeutlichen, daß die Institution Kirche dringend eines kritischen Korrektivs bedarf, ähnlich wie Paulus dem Petrus ins Angesicht widerstanden hat (Gal 2,11) und nur so die Freiheit der frühen Glaubensgemeinschaft rettete. Auch verschiedenen naturwissenschaftlichen und gesellschaftlichen Problemen hat sich die Internationale Paulusgesellschaft in der Zeit ihres Bestehens zugewendet. Bereits 1970 erschien im Matthias-Grünewald-Verlag das Buch: Sexualität ohne Tabu und christliche Moral.

Die Tabus, die sich Religionen, Wissenschaft und Gesellschaft als Barrieren aufgebaut haben, sollen erkannt und ohne Vorurteile erörtert werden, damit der paulinische Satz wahr wird: Zur Freiheit hat euch Christus befreit (Gal 5,1).

Mein Dank gilt dem Interesse, das meine Bemühungen um ein neues Glaubensverständnis in der Gesellschaft gefunden haben, und Herrn Dr. Bruno Kern vom Matthias-Grünewald-Verlag, der die Herausgabe des Werkes betreute.

Frau Dipl.-Theol. Annette Große, meine von mir überaus geschätzte ehemalige Assistentin, die mit 55 Jahren viel zu früh sterben mußte, konnte noch den ersten Teil: Offenbarung mitlesen und wertvolle Vorschläge einbringen.

Meinen Mitarbeitern am Institut für katholische Theologie der Universität des Saarlandes Frau Dr. Dorothée Jungblut, Herrn Peter Jochum, Herrn Thomas Klos und ganz besonders Herrn Dr. Matthias Wallich gilt mein Dank, da sie alle Mühen der Erstellung der Register und der Korrekturen ohne Murren ertragen und sich weit über das Gebotene hinaus mit Rat und Tat für das Werk eingesetzt haben. Meiner Sekretärin Frau Birgit Flormann danke ich nicht nur für ihr hohes persönliches Engagement bei der äußerst schwierigen Umsetzung dieser umfangreichen Arbeit in eine druckfertige Form, sondern auch für ihr außergewöhnlich kooperatives und kompetentes Verhalten, das für mich eine sehr große Entlastung bedeutete.

Saarbrücken, Pfingsten 2000

Erster Teil
OFFENBARUNG

I. EINLEITUNG

1. Was soll ich glauben?

Macht es Sinn, sich mit dem christlichen Glauben zu beschäftigen? Religion und Glaube sind menschliche Phänomene. Sie kommen vor und bestimmen nicht unerheblich das Leben von Millionen Menschen. Religionen und Glaube haben Heil und Unheil über die Menschheit gebracht, und Religionskriege sind noch immer nicht verstummt. Um Menschen verstehen zu können, ist es notwendig, ihre religiösen Überzeugungen kennenzulernen. Im Abendland spielt noch immer das Christentum eine entscheidende Rolle. Unsere Kultur, Sozialisation, Gesellschaft und das menschliche Verhalten sind bestimmt von religiösen Vorstellungen christlicher Prägung. So scheint es wichtiger zu sein, als sich mit den Dinosauriern zu beschäftigen – was objektiv recht interessant sein mag – zu wissen, wieso Jesus Christus seit über 2000 Jahren Menschen in ihrem Selbstverständnis bestimmt. Denn so sehr Religion und Glaube in Frage gestellt werden, so werden sie doch auch von vielen bejaht. Will man also einen großen Teil der Menschheit verstehen, dann ist es geboten, sich mit dem Glauben im Abendland, vor allem mit dem christlichen Glauben zu beschäftigen.

Was kann oder soll ich als vernünftiger Mensch glauben? Was hilft einer sinnvollen Lebensgestaltung, so daß Leben sich als schön und lebenswert erweist? Was ist, von unserer angstgeschüttelten Welt (Umweltzerstörung, Arbeitslosigkeit, Krieg, soziale Ungerechtigkeit usw.) noch zu erhoffen?

Religionen und Glaubenskonzepte versuchen, Antworten zu finden. *Eine* Antwort ist der christliche Glaube. Ob richtig oder falsch, Menschen verstehen sich in diesem Kontext. Jede Religion, jeder Glaube aber reflektiert nicht nur über Gott, Welt und Mensch, sondern auch über ihren eigenen Sinnentwurf. Die Reflexion über den christlichen Glauben heißt Theologie. Die Theologie versteht sich als theoretische und praktische Wissenschaft. Wissenschaft ist die methodische Erhellung eines Sachgebietes, wobei dessen Wahrheit nicht (a priori) feststeht. Als theoretische Wissenschaft ist die Theologie eine kritische Reflexion über den christlichen Glaubensvollzug. Verstehend wird Glaube reflektiert und werden seine Voraussetzungen, Inhalte und Konsequenzen überprüft. Diese Reflexion ist nur dann sinnvoll und sachlich richtig, wenn sie zugleich ihre eigenen Voraussetzungen kritisch befragt. Befragtes Objekt und Vollzug der reflexen Befragung stehen auf dem Prüfstand. Gegenstand und Vollzug befinden sich daher in einem dialektischen Verhältnis. Zwar bedient sich jede Wissenschaft der logisch-analytischen Vernunft, ist aber ebenfalls der umgreifenden dialektischen Vernunft verpflichtet. Es kann daher auch keine besondere theologische Methode geben, die sich nicht den allgemeinen Kriterien stellt. Jeder Eingriff außer- oder „über"-wissenschaftlicher Art ist auszuschließen. Kritische Reflexion und Information ohne Denkverbot muß die Theologie als Wissenschaft leisten. Auf alle Ausdrucksformen des christlichen Glaubens bzw. der Tradition ist die wissenschaftliche Methode vorurteilsfrei und ideologiefrei anzuwenden. Diese Ausdrucksformen (in Schrift, Tradition, Lehräußerungen usw.) sind der Gegenstand der Theologie, durch den sie spezifiziert wird. Zu diesem Gegenstand tritt der Befragende in ein dialektisches Verhältnis, indem er sich selbst als fraglich bzw. fragwürdig einbringt. Die Ideologiefreiheit des Theologen, die ihm als Wissenschaftler abverlangt wird, schließt nicht eine Interesselosigkeit ein. Im Gegenteil, Wissenschaft fordert ein kritisch-sachliches Interesse. Der Theologe muß Interesse am christlichen Glauben haben, um einen wissenschaftlichen Fortschritt zu gewährleisten. Die „erkenntnisleitenden Interessen" verzerren dann das Resultat nicht, wenn sie selbst offen für Kritik sind und sich der wissenschaftlichen Überprüfung je neu aussetzen.

Theologie stellt sich also als eine am christlichen Glauben interessierte Wissenschaft dar. Das Wort „Theologie" selbst hat erstmalig Platon geprägt und meint im Gegensatz zur Mythologie[1] die wahre, authentische, wissenschaftliche Sprechweise von Gott.[2] Jeder Glaubensgegenstand hat mit „Gott" etwas zu tun. Alle theologischen Aussagen hängen vom Gottesbegriff ab. Was unter Gott zu verstehen ist und wie ein Mensch von ihm sprechen kann, bestimmt die gesamte theologische Konzeption. Auf die wissenschaftliche Behandlung des Gegenstandes der Theologie hat die Rede von Gott den entscheidenden Einfluß. Die Gottesvorstellung stellt den universalen Sinnhorizont der christlichen Theologie dar. Unmittelbar damit verbunden ist das Kriterium, das Sinn oder Unsinn einer Rede von Gott bestimmt. Muß sich aller Glaubensinhalt vor der menschlichen Erfahrung und der daraus hervorgehenden Erkenntnis rechtfertigen, oder ist es die Offenbarung Gottes, die auf den Menschen trifft und ihn in seiner Existenz bestimmt? Ist also ein Ort der Gotteserfahrung oder der Gottesoffenbarung zu suchen, oder geht beides ineinander über, ohne daß sie getrennt werden können? Damit ergibt sich die Frage nach Glaube und Verstehen. Wie verhalten sie sich zueinander innerhalb der Theologie als theoretischer Wissenschaft? Beginnt die Theologie als Wissenschaft mit einem unbedingten Gehorsamsakt gegenüber dem sich offenbarenden Gott (sacrificium intellectus – credo quia absurdum), oder hat sie bei einer Erfahrung des Menschen zu beginnen, die er verstehend zu erfassen sucht? Man spricht hier von zwei völlig unterschiedlichen Koordinatensystemen, in die die Theologie eingebunden wird. Es ist zwar unumstritten, daß Glaube und Verstehen in einem Zusammenhang stehen (fides quaerens intellectum, Anselm von Canterbury), aber es besteht ein wesentlicher Unterschied, ob Glaube das Verstehen voraussetzt oder das Verstehen den Glauben. Aber vielleicht hat der Glaube selbst seine eigene Rationalität, die sich nur in ein und demselben Akt vollzieht? Dann wäre die Theologie als Wissenschaft im

---

[1]   Platon verstand unter Mythologie erdichtete Göttererzählungen.

[2]   θεός = Gott; λογεῖν = sprechen. Platon setzt den λόγος dem μῦθος entgegen.

Glaubensvollzug selbst angelegt, der den kritischen Maßstab bildet. Woher aber bestimmt sich der Vollzug des Glaubens? Woher die Theologie als Wissenschaft? Leitet sie sich vom Autoritätssystem her oder von menschlicher Erfahrung?

Wenn auch Autorität in unserer Erfahrung vorkommt, so ist diese Unterscheidung doch radikal. Autorität als Formalprinzip setzt sich als fraglos. Kirchliche Autorität spricht im Namen Gottes, und Gott gilt als absolute Autorität. Die Folge ist, daß mit göttlicher Autorität vorgetragene Wahrheiten der Diskussion entnommen, dialogisch also nicht mehr eingelöst werden müssen. Setzt man voraus, daß Menschen sich einer formalen Autorität (Staat, Kirche, Gott) unterordnen müssen, dann muß der Christ eine Wahrheit annehmen, *weil* sie von Gott geoffenbart ist (und die Kirche diese vorlegt). Der sich unterwerfende Glaubensgehorsam ist dann die richtige Haltung. Gläubige Akzeptanz ist geboten. Ist aber Glaube nur zu rechtfertigen und theologisch wissenschaftlich zu verantworten, wenn er durch menschliche Erfahrung gedeckt ist, dann kann eine Autorität sich niemals als letztes Wahrheitskriterium aufspielen. Die Erfahrung ist aber genausowenig eine aus der Diskussion herausgenommene Autorität, sie hat nur dann rationale Gültigkeit, wenn sie sich dialogisch verantwortet. Der Glaube kommt dann im Medium der Erfahrung zum Verstehen, zu seiner Rationalität. Wissenschaft, die unter irgendeinem Frageverbot steht, hebt sich selbst auf. Theologie als Wissenschaft, die sich einer formalen Autorität unterwirft, verliert in ihrer Letztbegründung ihre Wissenschaftlichkeit. Daher kann Theologie als Wissenschaft nur bestehen, wenn sie ihre christlichen Inhalte, Voraussetzungen und Konsequenzen in den Grenzen menschlicher Erfahrung bedenkt. Theologie als Wissenschaft ist daher Erfahrungswissenschaft, insofern eben bestimmte Erfahrungen der Menschen und der Menschheit in ihr einen Niederschlag gefunden haben, den es aufzuklären und zu erhellen gilt. Auch Offenbarung ist nur in diesem Medium möglich. Da Erfahrung den Menschen nicht auf eine Wirklichkeitsinterpretation fixiert, wird er in die Zweideutigkeit entlassen. Die Theologie hat sich daher dieser Zweideutigkeit des menschlichen Lebens zu stellen: Sinn und Unsinn, Glück und Unglück, Freud und Leid, Leben und Tod. Sie sind Erfahrungen, die die Theologie als Wissenschaft zu deuten sucht. In der Sprache der christlichen Symbole, Gott, Jesus Christus, Heil usw. bietet sie Hilfen zum Selbstverständnis menschlichen Daseins und zur Identitätsfindung an. Alle Symbole, Bekenntnisse und Glaubensausdrücke sind daran zu messen, wieweit sie authentisches menschliches Selbstverständnis fördern können oder menschlicher Erfahrung zuwiderlaufen. Theologie als Wissenschaft ist also nur sinnvoll, wenn sie aus der Sache selbst ihre Kompetenz zieht (Sachautorität) und nicht aus einer apriorisch gesetzten formalen Autorität (und sei diese auch als göttlich proklamiert).

Theologie als Wissenschaft in den Grenzen der Erfahrung ist nicht interesselos, d.h. es ergeben sich Konsequenzen aus ihrer Zielsetzung. Heißt das unumstrittene Ziel: Heil des Menschen, d.h. sinnvolles, erfülltes Leben, dann kann sie nur ihrem eigenen Anspruch gerecht werden, wenn sie zur Vermenschlichung des Menschen, der Gesellschaft und der Kirche beiträgt. Problematisch wird hingegen ein Offenbarungsverständnis, das Gottes Ehre zum Kriterium der Theologie macht, so daß auch der physische Tod des Menschen, ja der Menschheit in Kauf genommen wird, wie etwa der Berater Pius XII. in Sozialfragen (P. Gundlach S.J.) lehrte. Wenn es der Ehre Gottes dient, sei die Zerstörung allen Lebens auf der Erde durch einen atomaren Holocaust zu bejahen. Eine solche theologische Wissenschaft hat fatale Konsequenzen und kann ihren Sinn wohl nicht mehr plausibel machen. Die Frage nach der Vermenschlichung unserer Welt ist aufgehoben. Gottes Ehre ist unmenschlich. Ein solcher Gott, der zu seiner Ehre Menschenopfer fordert, ist nicht zu ehren, ist „ehrlos" und hat ein „teuflisches" Antlitz. Ebenso gilt: Ist es human, wenn Ehen unter allen Umständen aufrechterhalten werden müssen? Ist Gott ein Gott der Menschen, der jede Geburtenregelung untersagt (vgl. Humanae vitae)? Theologie als Wissenschaft kann nur bestehen, wenn ihre Konsequenzen zur Humanisierung unserer Welt beitragen. Theologie als theoretische Wissenschaft ist daher nie von der Theologie als praktischer Wissenschaft zu trennen. Wenn das praktische Anliegen der Wissenschaft die Schaffung besserer Lebensbedingungen ist, dann gilt dies genauso für die Theologie. Sie hat zur „Vermenschlichung" des Lebens beizutragen. Was darunter genau zu verstehen ist, ist weitgehend offen, da das wahre Menschsein noch nicht gefunden ist, wir noch immer unter unmenschlichen Bedingungen leben. Wir können aber an der Bibel, am Modellfall Jesus, an historischen Gestalten (wie z.B. Franz von Assisi u.a.) ablesen, was ein christlicher Lebensentwurf für Menschen und die Welt bedeuten kann. Aber auch an manchen theologischen Aussagen und kirchlichen Lehräußerungen zeigt sich, was zur Vermenschlichung beiträgt. Zur Humanisierung trägt all das bei, „was der Liebe dient".[3] Woher aber wissen wir, was der Liebe dient? Theoretisch, a priori, läßt sich dies nicht bestimmen, sondern erst im Tun selbst erweist sich die Liebe, wie Augustinus sagt: „Liebe und tu, was du willst ... laß die Wurzel der Liebe innewohnen, aus dieser Wurzel kann nichts entspringen, was nicht gut ist".[4] Erst im Vollzug der Liebe entdecke ich, „was" gut ist. Deskriptiv kann man vom Humanum, von einem „menschlichen" Leben sprechen, wenn es frei ist von Unterdrückung und vermeidbarem Leid und wenn es dazu befähigt, die Bedürfnisse und Interessen der Menschen politisch, sozial und religiös durch freies, solidarisches und konsensfähiges Handeln zu realisieren und in Entsprechung zur Natur zu entfalten.[5] Lieben bedeutet darauf hinzuwirken, daß Menschen solidarisch handeln und die Freiheit des anderen respektieren. Theologie als praktische Wissenschaft hat daher solidarische Befreiungsarbeit zu leisten, d.h. darauf abzuzielen, daß alle Herrschaftsansprüche des Men-

---

3   E. Jüngel, Gott als Geheimnis der Welt, Tübingen 1977, 538.
4   A. Augustinus, in Epist. Joannis ad Parthos, VII, 8.
5   Vgl. H. Fahrenbach, Art. Mensch, in: H. Krings u.a. (Hg.), HPhG, Bd. 4, München 1973, 888ff.

schen über den Menschen ein Ende finden und er in Entsprechung zu seiner Welt lebt. Dadurch hat sie eine emanzipatorische Aufgabe. Zu ihr gehört, daß sie Ängste und Nöte aller Art abbaut, seien sie gegenüber menschlicher Bevormundung durch Macht und Herrschaft, seien sie durch die Natur und ihren Gebrauch hervorgerufen. Angst steht immer gegen Liebe und zerstört sie. Um dieser Unterdrückung zu entgehen, hat Theologie als praktische Wissenschaft einen Freiraum zu schaffen, der den Menschen jeder Verzweckung entnimmt, ihn vom Leistungsdruck befreit und als Person voll ernst nimmt. Die Liturgie etwa als spielerische Symbolhandlung hat diesem Ziel zu dienen. Auf diese Weise stellt Theologie eine Hilfeleistung, ein Angebot zur Identitätsfindung des Menschen dar und kann verborgene Herrschaftsmechanismen entlarven. Theologie setzt so den Menschen in Freiheit, und da autoritätsgebundene Menschen aufgrund ihrer Erziehung nur eine reduzierte, verkrüppelte Freiheit kennen, ist erst die Liebe zur Freiheit zu wecken und so der Mensch zu öffnen für ein menschliches Dasein, ein Füreinanderdasein, ein gegenseitiges Einstehen in Freiheit und Liebe.

2. Dogmatik. Glaubenslehre – Glaubensleere?

Das Kerngebiet der Theologie ist die sog. Dogmatik. Das Substantiv kommt nur in der deutschen Sprache vor und wurde zum ersten Mal nicht in der katholischen Theologie, sondern in der lutherischen Orthodoxie von Johann Alting († 1644), und dem Ökumeniker Georg Calixt († 1656) verwendet.[6] Das Wort meint die durch die Kirche zum Ausdruck gebrachte Lehre des Glaubens. Die Dogmatik will also Antworten auf die Frage finden: Was kann ich glauben, und welche Hoffnungen ergeben sich daraus für mein Menschsein? Der an sich neutrale Ausdruck „Dogmatik" erhält durch den Mißbrauch im Sinne eines Dogmatismus eine negative Komponente. Dogmatismus stellt sich nicht der wissenschaftlichen Methode, sondern ist die Rechtfertigung bestehender Dogmen, ohne ernsthaft kritische Fragen zuzulassen. Häufig wird heute daher statt Dogmatik der Begriff systematische Theologie verwendet; diese jedoch umschließt zusätzlich die Fundamental- und Moraltheologie.
Die Dogmatik ist die Wissenschaft vom Dogma. Das Wort Dogma kommt vom griechischen δοκέω, d.h. scheinen. Dogma ist das, was als richtig und wahr erscheint. In seiner Grundbedeutung bezeichnet es die Lehrmeinung. In einer späteren Bedeutung, die heute primär ist, meint Dogma den Beschluß. Gemeint war damit das kaiserliche Edikt, also ein Erlaß, für den die höchste Autorität bürgt. Von daher kommt die doppelte Bedeutung von Dogma in der Theologie:

---

6 Im Unterschied zum historischen Inhalt der Bibel nennt Philipp Melanchthon († 1560) die Lehre selbst „dogmatisch". Zur weiteren Geschichte des Begriffs: Th. Schneider, Handbuch der Dogmatik, Düsseldorf 1992, 38ff.

a) Es ist der Beschluß der Konzilien oder der Erlaß der Päpste, so daß Glaubensdefinitionen damit bezeichnet werden.[7] Das 2. Vat. Konzil (1962-65) war das erste in der gesamten Kirchengeschichte, das sich dogmatischer Definitionen enthielt, wohl aber Glaubensmeinungen darlegte, wie in den beiden dogmatischen Konstitutionen über die Kirche und die Offenbarung.

b) Dogma ist also eine Lehrmeinung, die sich in Sätzen ausdrücken kann und aus dem lebendigen Glaubensvollzug hervorgeht. Der Mensch drückt seine Meinungen und Überzeugungen sprachlich aus. Dasselbe gilt für den Glauben. Die Frage ist jedoch stets, wie diese verantwortet werden: dialogisch oder autoritär. Dogmatik als Wissenschaft kann intellektuell redlich nur dialogisch eingelöst werden.

Erst mit der Gründung der Universitäten im Abendland im 13. Jh. wird die Frage nach der Wissenschaftlichkeit der Theologie und damit der Dogmatik gestellt. Wodurch wird ein Forschungsgebiet zur Wissenschaft? Bereits Aristoteles definierte: „Wissenschaft ist ein System logischer Ableitung aus obersten Prinzipien". Heute wird Wissenschaft vielfach umschrieben als „methodische Erhellung eines Gegenstandsgebietes in begründenden Sätzen". Das bedeutet nicht, daß heutige Wissenschaft so verstanden wird, daß sie absolute Begründungen liefern könnte, die ein für allemal sicher sind. Sie hat vielmehr weitgehend Abschied genommen vom „begründenden Denken". Wohl aber ist eine kritisch-logische Prüfung des Sachverhaltes gefordert, die ein Sachgebiet erschließt. Wissenschaft versucht also durch logisch verantwortete Aussagen zur Wahrheitserkenntnis zu gelangen, ihnen haftet aber stets ein hypothetischer Charakter an, ob sie sich als wahr bewähren oder nicht (Verifikation, Falsifikation). Dies gilt genauso für jede dogmatische Aussage. Nochmals ist zu betonen, daß die Erschließung eines Sachgebietes immer von Interessen geleitet ist und im Raum von Daseins- und Handlungsorientierung ohne engagierte Stellungnahme nicht auskommt. Die minimale Voraussetzung ist, daß das Gebiet der Forschung als sinnvoll angesehen wird. Dieser „Sinn" ist das „Vorurteil", der a priori nicht feststeht, sondern sich erst im wissenschaftlichen Diskurs bewahrheiten kann. Das methodische Vorgehen, das Wissenschaft bedingt, hat sich im Fall der Glaubenslehre ebenfalls systematisch-rational zu gestalten. So ist die Dogmatik die wissenschaftliche Reflexion ihres Gegenstandes, des Glaubensausdruckes. Sie hat nach allgemeinen Prinzipien eines kritischen Verfahrens zu geschehen. Diese Grundprinzipien sind die logisch-analytische und die dialektische Vernunft.[8]

---

[7]   Die erste Definition erfolgte zwölf Jahre nach dem Mailänder Edikt (Konstantin), durch das die Kirche ihre Freiheit erhalten hatte. Sofort begann sie selbst, Andersdenkende wie z.B. Arius auszuschließen. Im Rahmen des Glaubensbekenntnisses definierte sie in Nikaia [Iznik] 325 das ὁμοούσιος τῷ πατρί. Die letzte Definition verkündete 1950 Pius XII., Maria mit Leib und Seele in den Himmel aufgenommen.

[8]   H. Schwarz u. H. Delius, Art. „analytisch", 251-261; J. Debus; W. Brittemeyer u.a., Art. „Dialektik", 164-226, in: J. Ritter (Hg.), HWP, I/II.

Die analytische Vernunft gehört dem Typ beweisbarer Wissenschaft an, die das Seiende auf seine vorläufigen Gesetzlichkeiten, Bedingungen und Ursachen zurückführt. Wie das Wort sagt, ist es eine auflösende zergliedernde Denkbewegung, die zu einem relativ abschließenden Resultat führt. „Analytisch" wird oft mit „logisch", „formal" gleichgesetzt. Analytische Urteile gehen aus einer Definition hervor. Ein Ganzes wird gedanklich aufgegliedert und auf seine (inneren) Gründe zurückgeführt. Die analytische Vernunft entschlüsselt durch objektive Feststellungen und sucht, diese zu begründen. Sie sieht vom Vollzug als solchem ab, obwohl sie auch diesen analysieren kann. Z.B. wird in der Theologie der Glaubensvollzug analysiert, d.h. auf Bedingungen und Möglichkeiten zurückgeführt wie auch selbst in seiner Struktur dargelegt. Meist wird diese Weise der Vernunft als Idealtypos gesehen, weil sie fast unumstritten in den Naturwissenschaften Geltung besitzt. Sie hat aber ihre Grenzen und ist nicht die einzige Methode, sich der Wahrheit zu nähern.

Die dialektische Vernunft gehört dem Typ kritischer Wissenschaft an, in der nicht nur der Gegenstand, sondern auch der Befragende selbst befragt wird. „Dialektisch" heißt sie deshalb, weil sich Betrachter und Objekt nicht gegenüberstehen. Der Betrachter selbst wird ins Geschehen einbezogen. Die Beziehung zum Gegenstand hat, anders als bei der analytischen Vernunft, konstitutive Bedeutung für den Befragenden selbst. Beide „Termini" dieser Relation sind in einem sich gegenseitig bedingenden Prozeß der Veränderung und Umgestaltung. Während die Bewegung der analytischen Vernunft nach Erforschen eines Sachgebietes relativ abgeschlossen ist, obwohl jedes Denken immer wieder nach neuer und tieferer oder korrigierender Erkenntnis strebt, ist die dialektische Vernunft ihrem Wesen nach niemals abgeschlossen, sondern eine stets offene Bewegung. Während ich nach der Lektüre eines interessanten Sachbuches sagen kann, jetzt weiß ich über den heutigen Forschungsstand Bescheid, so werde ich aus der Dialektik niemals entlassen, kann mich ihr nicht gegenüberstellen, sondern sie verwirklicht sich nur in der Relation. Während ich objektivierend feststellen kann, daß der Mond niemals seine „Rückseite" der Erde zuwendet, so ist Freundschaft nur im Vollzug der Beziehung wahr, in der beide auf dem Spiel stehen und Freundschaft bewahrheiten oder der Lüge strafen. Zeitlichkeit und Geschichtlichkeit sind für sie konstitutiv. Zwar spricht man von „ewiger Freundschaft", meint damit aber keine zeitlose Gültigkeit, sondern die Bewährung in der Zeit. Sie wird nicht analysiert, sondern als Ganzheit gesehen und gelebt. Die dialektische Vernunft wird durch den Vollzug der Beziehung konstituiert, nicht durch Beweis und Feststellung. Daher ist ihr privilegierter Ort der Dialog, die Kommunikation auf gleicher Ebene, ohne einen Herrschaftsanspruch über den anderen zu erheben. Dies gilt individualgeschichtlich genauso wie für den gesellschaftlichen Vollzug. Echte Beziehung ist nur dialektisch zu verstehen.

Die Dogmatik, der christliche Glaube und sein Verstehen, ist beiden Weisen der Vernunft verpflichtet. Sie hat keine eigene, besondere Methode. Die Theologie bezieht sich auf historisch objektive Tatsachen, die aus der Geschichte, Psychologie, Soziologie, Biologie u.a.m., und auf Glaubensvorstellungen, die aus Religion und Mythologie entnommen werden. Sich der analytischen Vernunft zu bedienen, ist entscheidend. Damit ist aber die Wahrheit des Glaubensvollzuges noch nicht geklärt, vielmehr wird diese im Vollzug selbst erst erstellt. Nur die dialektische Vernunft kann sich ihr annähern. Daraus wird deutlich, daß ein falscher „Ortswechsel" die Theologie als Wissenschaft pervertiert. Gegen ihre Wissenschaftlichkeit kann angeführt werden, daß ihr Gegenstand, die Dogmen, häufig von einer Autorität gesetzt seien, nichts mit der menschlichen Vernunft zu tun hätten, sondern einfach geglaubt werden müßten. Dagegen gilt, daß jedes Sach- und Fachgebiet Gegenstand wissenschaftlicher Erforschung werden kann. Seien es die Natur, die Geschichte, die Religionen und ihre Mythologien oder menschlich-rechtliche Satzungen und Strukturen. So kann das staatliche Recht, z.B. das Grundgesetz, wissenschaftlich erforscht werden. Die Wissenschaft wird fraglich, wo eine Autorität in die wissenschaftliche Methode selbst eingreift und die Wissenschaft nicht allein für das Forschungsobjekt bestimmend ist. Wenn das Grundgesetz der BRD nicht wissenschaftlich in Frage gestellt werden darf, wenn Wissenschaft dazu dienen soll, apologetisch den Gegenstand zu rechtfertigen, dann ist die Wissenschaft ausgelöscht. Dies gilt ebenso für die Dogmatik. Wenn Rom ein Denk- oder Diskussionsverbot erläßt, so ist diesem von der Theologie als Wissenschaft her deutlich zu widersprechen. Wo immer eine Autorität einen Denkprozeß zu unterbinden sucht, wird Wissenschaft unmöglich. Wohl kann eine formale Autorität das Material, den Inhalt einer Wissenschaft übermitteln, nie jedoch kann und darf sie den Wahrheitsfindungsprozeß methodisch beeinflussen oder gar bestimmen. So hat die Dogmatik ihren Gegenstand, die Glaubenssätze und -meinungen vorgegeben, in ihrer wissenschaftlichen Methode ist sie jedoch nur der Vernunft verpflichtet. Von aller autoritären Setzung ist sie methodisch frei, auch wenn dies zu anderen Resultaten und Inhalten führt als vorgegeben. Nur so können Irrtümer korrigiert, kann „Wahrheit" gefunden werden. Nun ist der Gegenstand, der Glaubensausdruck vielfältig. Es gibt historische, anthropologische Elemente, die wiederum sozial und psychologisch bedingt sind. Auch spricht man in diesem Sinne von verschiedenen wissenschaftlichen Methoden, u.a. von einer feministischen. Die Perspektive der Wahrnehmung wird jeweils verschieden sein, sie kann aber überall dort zur Entdeckung von Wahrheit beitragen, wo sie keinen Absolutheitsanspruch erhebt und keine andere Sehweise ausschließt. So lassen sich auch die Bibel und die Glaubensdokumente unter dem historischen Gesichtspunkt betrachten; wir sprechen dann von der historisch-kritischen Methode.[9] Ebenfalls lassen sie sich unter der anthropologischen Perspektive sehen; dies ist dann allgemein ausgedrückt die philoso-

---

[9]   Zu ihr sind auch die literarischen Analysen (rhetorische, narrative, semiotische) zu rechnen.

phische Methode.[10] Die Dogmatik ist eine historische und philosophisch-spekulative Wissenschaft. Sie unterscheidet sich von der Philosophie durch die Betrachtung einer bestimmten historischen Tradition, die als Offenbarung bezeichnet wird und ihren Inhalt strukturiert. Bestimmte konkrete historische und mythische Ereignisse konstituieren ihren Inhalt und bieten nicht nur Anlaß zur Überlegung (Jesus hat für die Theologie eine andere Bedeutung als Aristoteles oder Platon für die Philosophie).

Wohl aber kommt die Dogmatik mit dem kritischen Nachdenken darin überein, daß sie die analytische wie dialektische Vernunft anwendet. Ebenso wie für die Philosophie gilt, daß sie die Frage nach dem allgemeinen Horizont allen Nachdenkens stellt (als Horizont können z.b. die Seinsfrage oder die Gottesfrage fungieren). Dogmatische Theologie als Wissenschaft stellt die Frage nach dem Ganzen, nach der Totalität des menschlichen Lebens und der entsprechenden Wirklichkeitsdimension (z.b. Wie kann ich mit meinem Leben zurechtkommen? Was kann der Sinn meines Lebensvollzuges sein? u.a.m.). Darin unterscheidet sie sich als systematische Theologie von der historischen, biblischen und praktisch-rechtlichen Theologie. Dogmatik freilich kann den praktischen Lebensvollzug niemals ausschließen und rein theoretisch werden. Zwei grundsätzliche Aspekte jeder dogmatischen Aussage sind daher zu beachten, der theoretische und praktische. Diese beiden haben wiederum jeweils eine historische Bedingtheit und die philosophische Absicht, eine Grundaussage des menschlichen Sein anzusprechen. Grundsätzlich sind daher Theorie und Praxis sowie historische Gegebenheiten und anthropologisches Verständnis nie adäquat zu trennen.

Wie sind nun dogmatische Aussagen grundsätzlich zu interpretieren? Wie werden sie begründet? Sind sie begründbar? Dazu gibt es im wesentlichen drei Theorien (die natürlich modifiziert werden können).

3. Interpretation der Glaubensaussagen

3.1. Das Mißverständnis des Glaubens

Die *Traditionstheorie* ist in der amtlichen Kirche heute noch am weitesten verbreitet. Klassisch formuliert lautet sie: „Unter Dogma im strengen Sinn versteht man eine von Gott unmittelbar (formell) geoffenbarte Wahrheit, die vom kirchlichen Lehramt als solche zu glauben vorgelegt wird."[11] Diese

---

[10] Zu ihr sind die Humanwissenschaften zu rechnen (soziologische, kulturanthropologische, psychologische Methoden; unter diesen sind auch die befreiungstheologischen wie feministischen Perspektiven zu nennen). Zur Methodenfrage: Päpstliche Bibelkommission, Die Interpretation der Bibel in der Kirche, Bonn 1993. Analog galten die Ausführungen auch für jedes Glaubenszeugnis (Definitionen und Glaubensmeinungen).

[11] L. Ott, Grundriß der Dogmatik, Freiburg 1970, 5. Dieser Dogmenbegriff findet sich durchgängig in allen traditionellen Dogmatiken. Aber auch bei K. Rahner, vgl. LThK² III, 439; Mysterium Salutis I, 655. Etwas anders formuliert, der Sache nach identisch im Katechismus der Katholischen Kirche (KKK), München 1993, § 88. Die Dogmen sind

Ansicht beruft sich auf die allerdings nicht definitorisch geäußerte Lehrmeinung des 1. Vat. Konzils: „Mit göttlichem und katholischem Glauben ist ferner all das zu glauben, was im geschriebenen und überlieferten Wort Gottes enthalten ist und von der Kirche – sei es in feierlicher Entscheidung oder kraft ihres gewöhnlichen und allgemeinen Lehramtes – als von Gott geoffenbart zu glauben vorgelegt wird" (D 3011). Diese Ansicht geht bereits auf Augustinus zurück: „Ego vero evangelio non crederem, nisi me catholicae ecclesiae commoveret auctoritas" (Ich würde selbst dem Evangelium nicht glauben, wenn mich nicht die Autorität der katholischen Kirche dazu bewegte.)[12] In dieser Vorstellung erhält das Dogma, der Glaubenssatz durch die Autorität seine Wahrheit. Die autoritative Vorlage verpflichtet erst zur Annahme dieses Glaubensausdruckes. Die Autorität ist das ordentliche (allgemeine) und das außerordentliche (feierliche) Lehramt der Kirche, das sich im Papst, den Konzilien, aber auch den anerkannten Katechismen darstellt. Der feste und sichere Ort der Wahrheit ist damit die Kirche als Lehrautorität. Ein bestimmter Inhalt, der als in Schrift und Tradition geoffenbart gilt, wird vorgelegt. Der Glaubende wird darauf verpflichtet. Die Autorität kann nicht in Frage gestellt werden, sie garantiert letztlich auch die Wahrheit der Bibel. Die Bibel wird erst als Buch der Kirche zum Wort Gottes. Schrift und Tradition können nicht ohne Lehramt der Kirche bestehen.[13] Gott spricht durch die Autorität des Lehramtes. Schrift und Tradition erhalten erst durch die Interpretation der Kirche formal die Wahrheit. Die Kirche gibt ihr den Verpflichtungscharakter. Die Glaubenssätze und Dogmen sind objektive Wahrheiten, die die Lehrautorität feststellt und für die sie von den Gläubigen Gehorsam fordert.

Das änderte auch nicht die Eröffnungsrede Papst Johannes XXIII. zum 2. Vat. Konzil 1962, als er sagte: „Die kirchliche Lehre soll studiert und dargestellt werden gemäß den Forschungsmethoden und den Ausdrucksformen, deren sich das moderne Denken bedient. Die Substanz der Lehre ist zu unterscheiden von der Formulierung, in die sie gekleidet ist."[14] Es handelt sich hier bei der Wahrheit um eine „gleichbleibende Substanz", für die ein neues Kleid gefertigt werden soll. So kann von der sündigen und zweideutigen Sprache des Dogmas geredet werden, wobei aber die Glaubenswahrheit immer gültig

---

„Lichter auf unserem Glaubensweg" (§ 89), und einzig und allein das kirchliche Lehramt ist für die geoffenbarte Wahrheit zuständig (§ 100).

[12] A. Augustinus, fund. 5,6 Nr. 119; PL 42,176.

[13] Vgl. KKK § 95; Johannes Paul II., Enzyklika „Fides et ratio", 1998, § 55, wird die „trinitarische" Richtschnur des Glaubens mit aller Deutlichkeit vorgetragen. „Die ‚höchste Richtschnur … (des) Glaubens' kommt … der Einheit zwischen der Heiligen Überlieferung, der Heiligen Schrift und dem Lehramt der Kirche zu, die der Heilige Geist so geknüpft hat, daß keiner der drei ohne die anderen bestehen kann." Der ganze Nachdruck liegt auf dem Lehramt. Das „Wort Gottes" ist nicht allein in der Heiligen Schrift zu finden.

[14] O. Müller (Hg.), Vaticanum secundum, Leipzig 1963, 213ff.

bleibt, auch wenn das Dogma „seine Wahrheit in irdenen Gefäßen"[15] trägt. Freilich wird hier nicht bedacht, daß das Loch im Topf den Inhalt ausfließen läßt, so daß schließlich nur der zerbrochene Krug in den Händen zurückbleibt. Eine irrführende Redeweise verdirbt die „ganze Substanz". Obwohl dies nicht vom 2. Vat. Konzil reflektiert wird, ist es bemerkenswert, daß kein Dogma definiert und keine Lehre als Häresie verurteilt wurde. Darin kann man ein Zeichen für ein anderes Wahrheitsverständnis erblicken, in dem die Bruchstückhaftigkeit aller satzhaften Formulierungen erkannt wird und die Verordnung von Wahrheit in Frage gestellt wird. Explizit bleibt aber das 2. Vat. Konzil bei der Traditionstheorie; die Dogmen sind verbindliche, unfehlbar wahre Glaubens- und Rechtssatzungen. In der Folgezeit wurde dies auch immer stärker betont. Autorität statt Dialog wird eingefordert. Aus der Glaubensfreiheit wird der Glaubensgehorsam, wie man bei Dostojewskij in der Erzählung „Der Großinquisitor" bereits nachlesen kann.[16] Die Freiheit wird an eine autoritäre Spitze abgegeben, die sich bereit erklärt, allein die Freiheit zu ertragen und Wahrheit zu verantworten. „Aber wir werden sagen, daß wir Dir gehorsam sind und in Deinem Namen herrschen." Eine solche Konzeption der Wahrheit des Glaubens ist nur möglich, wenn Wahrheit als personaldialogisches Geschehen geleugnet und Wahrheit als verordneter Inhalt objektiviert wird. So wird durch die Kirche autoritäres Bewußtsein indoktriniert, das nicht nur innerkirchliche, sondern staatliche (totalitäre Staatsform) und praktische Konsequenzen hat (z.B. autoritäre Kindererziehung: Du mußt es tun, weil ich es dir sage; du hast zu gehorchen!). Jedes Militär ist auf diesem autoritären Bewußtsein aufgebaut. Die familiären und gesellschaftlichen Folgen sind leicht zu erkennen. Der Mensch wird in seiner freien Verantwortung vorsätzlich verkrüppelt. Allein in diesem Sinne hat Tucholsky recht, wenn er davon spricht, daß Soldaten Mörder sind. Wenn sie dir befehlen, dann sag: Nein![17], denn jeder Befehl, ohne eigene rationale Verantwortung ausgeführt,

---

[15] Vgl. W. Kasper, Die Methoden der Dogmatik. Einheit und Vielheit, München 1967, 38f; 70f.

[16] F.M. Dostojewskij, Die Brüder Karamasow, 5. Buch „Für und Wider": Autorität beherrscht das Gewissen, und gegen diese Herrschaft ist Jesus Christus angetreten. „Die freie Liebe des Menschen begehrst du, frei sollte er dir folgen: Wo bisher das alte feste Gesetz herrschte, da soll hinfort der Mensch mit freiem Herzen selber entscheiden, was gut und was böse ist, und als alleinige Richtschnur soll er dein Bild im Herzen tragen!" Der Großinquisitor lehrt jedoch, „daß es nicht ankommt auf die freie Entscheidung ihres Herzens und nicht auf die Liebe, sondern auf das Geheimnis (d.h. die Autorität), dem sie sich blindlings unterwerfen sollen, sei es auch gegen ihr Gewissen." Die Sorge, in Freiheit wählen zu müssen, wird den Menschen durch die Autorität genommen, und so werden sie glücklich sein. Nur, meint Dostojewskij, das ist genau die Vertreibung Jesu aus der menschlichen Gesellschaft und die autoritäre Anmaßung, die ihn nicht mehr hört, sondern sich selbst zur Stimme Gottes macht, da er ja angeblich alles der inquisitorischen Kirche überlassen habe, zu binden und zu lösen.

[17] W. Borchert, Dann gibt es nur eins! „Du, Pfarrer auf der Kanzel. Wenn sie dir morgen befehlen, du sollst den Mord segnen und den Krieg heilig sprechen, dann gibt es nur eins: Sag NEIN!"

ist tödlich für menschliches Leben, ist Mord an der Freiheit. Unter diesem Aspekt verurteilt die 3. Lateinamerikanische Bischofskonferenz in Puebla (1979) die Doktrin der „Nationalen Sicherheit", die der Freiheit des Menschen ein Absolutes (Muß) gegenüberstellt.[18]

Ganz anders versteht sich die nachkonziliare katholische Kirche. Sie fordert mit dem „Iusiurandum fidelitatis" (Treueid 1989; von jedem Lehrenden in der Kirche und im Religionsunterricht verlangt) absoluten, ja blinden Gehorsam: „Auch nehme ich im ganzen wie im einzelnen an und halte daran fest, was die Kirche über die Glaubens- und Sittenlehre definitiv vorlegt. Insbesondere hange ich mit religiösem Willens- und Verstandesgehorsam jenen Lehrstücken an, welche entweder der Papst oder das Bischofskollegium bekanntgeben, wenn sie das authentische Lehramt ausüben, selbst wenn sie diese nicht definitiv als verpflichtend zu verkündigen beabsichtigen." Es ist nach dem traditionellen Verständnis der Kirche durchaus möglich, daß das Lehramt, wenn es nicht in höchster Autorität spricht (also kein Dogma definiert), irrt. Der Glaubende kann also mit dieser „Professio fidei" auf einen Irrtum verpflichtet werden. Dieses Ausmaß an Unterwerfung kannte nicht einmal der Antimoderniseneid (1910 eingeführt, 1967 abgeschafft), da bei diesem nur einzelne, genau benannte Lehrsätze beschworen werden mußten. Hier wird der hierarchischen Institution der Kirche ein Blankoscheck ausgestellt: Was immer sie für Ansichten und Lehren einsetzt, ich unterwerfe mich unkritisch und akzeptiere. Treffend sagt dazu Ratzinger: „Monokratie, Alleinherrschaft einer Person, ist immer gefährlich. Selbst wenn die betreffende Person aus hoher sittlicher Verantwortung heraus handelt, kann sie sich in Einseitigkeit verlieren oder erstarren."[19] Freilich meint er, daß diese Gefahr in der Kirche nicht bestünde, da die kirchliche Verfassung sich als ein Gemeinschaftsprinzip mit personaler Verantwortung darstelle. Der Eid jedoch zeigt, wie zutreffend die Beschreibung ist. Ein Monarch, der Papst mit seinen Bischöfen, funktioniert die persönliche Verantwortung in absoluten Gehorsam um. Dies geschieht nicht nur durch praktische Disziplinierung, sondern ebenso in der Reflexion über die Theologie als Wissenschaft.[20] Der Gegenstand der Theologie ist die Offenbarung, und diese ist nur „unter der Autorität des Lehramtes" (II,12) auszulegen. Allein innerhalb rationaler Argumentation und „rationalen Wissens" ist die Theologie eine freie Wissenschaft. Das Lehramt, von Christus gewollt (II,14), ist „die einzige authentische Instanz für die Auslegung des geschriebenen oder überlieferten Wortes Gottes" (II,13). Weder das theologische Wissen noch das „subjektive Gewissen" ist

---

[18] Die Evangelisierung LAs in Gegenwart und Zukunft. Dokument der III. Generalkonferenz des LA Episkopats, Puebla 1979, Nr. 3.1.5. vgl. 3.2.2.

[19] J. Ratzinger, Wesen und Auftrag der Theologie. Versuch zu ihrer Ortsbestimmung im Disput der Gegenwart, Einsiedeln 1993, 75.

[20] Kongregation für die Glaubenslehre, Instruktion über die kirchliche Berufung des Theologen, Rom 1990 (N.B. Das Wort Theologinnen kommt nicht vor!).

eine „autonome und exklusive Instanz" (IV,28). Allen ist Loyalität mit dem Lehramt befohlen, dem sich alle Theologie und Theologen in Glaubensgehorsam zu unterwerfen haben. „Die Freiheit des Glaubensaktes kann das Recht auf Dissens ebensowenig rechtfertigen" (IV,36), vielmehr gilt die „Unterweisung des Lehramtes – dank des göttlichen Beistandes – auch abgesehen von der Argumentation" (IV,34). Nicht die argumentativ dialogische geistige Durchdringung einer Sache führt zur Wahrheitserkenntnis, sondern das Dekret des Lehramtes. Dogmatische Aussagen werden durch das kirchliche Lehramt konstituiert. Sollten sich theologische Schwierigkeiten einstellen, so muß der Theologe sich vertrauensvoll an den Bischof wenden, in einen „Dialog" eintreten und sich demütig dem ordentlichen Lehramt des Nachfolgers Petri sowie der Kongregation für die Glaubenslehre (III,18) unterwerfen. Durch einen „Unterwerfungsdialog" wird jede wissenschaftliche Theologie beseitigt. Wahrheit wird als verfügbar und verordungsfähig angesehen. Das Subjekt, in dem und durch das sich Wahrheit konstituiert, ist nicht die vor Gott sich verantwortende konkrete Person, sondern die Institution Kirche in ihrem hierarchischen Lehramt.[21] Dies führt „Die Interpretation des Dogmas" weiter aus.[22] Der Ausgangspunkt ist die allgemeingültige, ewig gleichbleibende Wahrheit. Durch die menschliche Vernunft wird sie zwar erkannt (I,3), ist jedoch „größer und tiefer" als unsere begriffliche Vorstellungskraft. Daher ist diese geschichtlich und zeitlich bedingt (I,4), und die Wahrheit liegt ihr immer voraus. Diese „Voraussetzung" der Wahrheit ist das Dogma. Daher muß man „von einer dogmatischen Grundstruktur des Menschen sprechen" (I,4). Alle kulturellen Unterschiede sind durch Zeit und Geschichte bedingt, die Wahrheit aber nicht. Daher gibt es „eine allen Menschen gemeinsame Wahrheit" (I,4). Wird diese nun erkannt, freilich im Modus der zeitlichen Bedingtheit, dann ist sie immer wahr und gültig. Daraus ist zu schließen, daß die Dogmen der Kirche „universal gültig und in ihrer Substanz unveränderlich" (II,1) sind. Sie vermitteln die Offenbarungswahrheit. Gegenüber dieser bleibenden Wahrheit sind ihr Sinn und ihre Bedeutung für uns Menschen heute sekundär. Das Dogma gilt, gleich, ob es „existentielle oder soziale Bedeutung" (II,2) hat oder nicht. Bei aller Entfaltung der Dogmen bleiben ihr Sinn und ihre Bedeutung dieselbe („eodem sensu eodemque sententia" II,1). Irreversibel und irreformabel sind alle unfehlbaren Dogmen der Kirche. Sie bewahrt treu das „Depositum fidei" und ist bleibendes Fundament der Wahrheit. Diese Unfehlbarkeit ist aber

---

[21] Gegen diese Konzeption der Theologie bezogen Stellung: „Erklärung von Theologieprofessoren vom 12. 7. 1990", die Arbeitsgemeinschaft der deutschsprachigen Dogmatiker und Fundamentaltheologen, 26. 9. 1990 u.a. Sie alle werteten das Dokument als radikale Bevormundung der Theologie (Vgl. R. Frieling, Instrumentalisierte Freiheit der Theologie?, in: ZThK 88, 1991, 121-138).

[22] Ein Dokument der Internationalen Theologenkommission (mit Billigung von J. Ratzinger), Die Interpretation des Dogmas, in: OR 20, vom 27. 7. 1990, 30/31. Dazu der Kommentar von K.-H. Neufeld, Läßt sich Glaubenswahrheit absichern?, in: HerKorr 45, 1991, 183-188.

nicht nur ein Bleiben der Kirche in der Wahrheit (H. Küng), sondern „es gilt, die Wahrheit in bestimmter Gestalt festzuhalten. Maßgebend ist dabei der historische Sinn der dogmatischen Formulierung" (II,2). Die ewige Wahrheit ist in konkreter, geschichtlicher Gestalt gegenwärtig (III,1). „Das Christentum ist damit sozusagen struktural dogmatisch verfaßt" (III,1). Die Offenbarungswahrheit bleibt allezeit dieselbe, „nicht bloß ihrer sachlichen Substanz nach, sondern auch in ihren entscheidenden sprachlichen Formulierungen" (III,3). „Durch die Dogmatisierung geht eine Wahrheit des Glaubens endgültig ein in die weitergehende Paradosis" (III,1). Die Traditionstheorie wird hier voll und ganz vertreten. Zuerst scheint es so, als ließe sich die ewige Wahrheit von der geschichtlichen Gestalt trennen (vgl. auch Johannes XXIII.). Dann aber wäre das Dogma, das zeitlich-geschichtlich bedingt ist, in seiner ewigen Gültigkeit in Gefahr. Daher muß auch selbst die sprachliche Formulierung immer gleich bleiben. Durch Dogmen werden gleichsam göttliche Grenzsteine in die vergängliche Erde eingerammt, die unsere Orientierungspunkte sind, da sie als ewig göttliche Wahrheiten nach Form und Inhalt gelten. Die Antwort des gläubigen Christen kann nur der Glaubensgehorsam sein, indem die Dogmen ohne Argument, ohne Wenn und Aber angenommen werden. Überall, wo ein Christ ein Fragezeichen anmeldet, hat die Kirche das Recht, „den Irrtum als solchen zu kennzeichnen und die Pflicht, ihn auszuscheiden bis hin zur förmlichen Verwerfung der Häresie" (III,5). Die Position ist klar: Die Kirche als Institution des Lehramtes ist das Medium, durch das die Wahrheit der Wirklichkeit erkannt wird. Da also das Lehramt die Wahrheit vermittelt, ist diesem absoluter Gehorsam zu leisten. Nur so ist christlicher Glaube möglich.

Diese Traditionstheorie gibt vielfältige Probleme auf. Das Lehramt gilt selbst 1563 im Werk von Melchior Cano „De locis theologicis" noch nicht als theologische Erkenntnisquelle. Und im Mittelalter bekämpft Thomas von Aquin (1224/25-1274) die Autoritätshörigkeit. Sie verstellt die Wahrheit. So rief er dem Averroisten Siger von Brabant zu: „Das Studium ... hat nicht den Sinn zu erfahren, was andere gedacht haben, sondern zu erfahren, wie die Wahrheit der Dinge sich verhält."[23] Wir dürfen niemals etwas als wahr annehmen wegen der Autorität des Lehrenden, sondern nur wegen der rationalen Einsichtigkeit des Gesagten.[24] Erst in der Auseinandersetzung mit den Reformatoren wurde das Autoritätsargument im Hinblick auf die kirchlichen Lehrentscheidungen immer stärker betont. Im Zuge dieser Konfrontation wurde 1542 von Papst Paul III. die Inquisition (Congregatio Romanae et universalis Inquisitionis, die heutige Glaubenskongregation) kreiert, die niemals die Wahrheit suchte, sondern verurteilte und zur Unterwerfung zwang.

Was kann eine Autorität überhaupt zur Wahrheit hinzufügen? Erhält durch das Engagement der Kirche, des Lehramtes für einen bestimmten Glaubensausdruck (Glaubenssatz), dieser ein größeres Wahrheitsgewicht als eine nie-

---

[23] Thomas v. Aquin, Kommentar zu Aristoteles, De coelo et mundo I, 22.
[24] Ders., In Trin. 2, 3 ad 8: „non ... propter auctoritatem dicentium, sed propter rationem dictorum".

mals definierte Wahrheit? Dadurch, daß hinter einer Wahrheit eine Autorität steht, gewinnt die Wahrheit nicht, vielmehr kann bewirkt werden, daß die Wahrheit nicht um ihrer selbst willen aus Überzeugung bejaht, sondern erzwungen oder aus Angst angenommen wird. Dogmen sind Zwangsvorschriften gegen Abweichler. Ein Dogma macht den Sachverhalt nicht wahrer, im Fall des Irrtums jedoch führt es von der Wahrheit weg. Die ausdrückliche Betonung einer Wahrheit ändert nichts an ihr, gibt nur den Autoritätshörigen vielleicht eine vermeintliche Sicherheit, die Wahrheit im Modus der „Versicherung" haben zu können. Lehramt und Dogma tragen so nichts zur Wahrheitsfindung bei, es sei denn, sie würden nicht als autoritäre Setzung verstanden, sondern als Beitrag zu einem Dialog, der sich um Wahrheit bemüht. Sonst wird sie nur verrechtlicht und veramtlicht. Statt Wahrheit in der Weise der Freiheit und Befreiung zu erfahren, wird ihr durch Machtdemonstration Gewalt angetan. Das 2. Vat. Konzil wollte einen anderen Umgang mit der Wahrheit pflegen und hat kein Dogma aufgestellt, noch wiederholt (als Dogma). So wird die Voraussetzung der Traditionstheorie, daß die Vorlage einer Aussage durch das kirchliche Lehramt für die Wahrheitserkenntnis wesentlich sei, fraglich, zumal dieses Lehramt irren kann und selbst auch nur im Ausnahmefall Irrtumslosigkeit beansprucht (dogmatisierte, unfehlbare Lehre). Innerhalb dieses Modells wird heute versucht, den Wahrheitsdiskurs zu beachten.[25] Der Dialog wird als *eine* Form der Wahrheitsfindung gesehen. Der Dialog ist keine „harmlose Form des Sich-Öffnens", sondern zielt auf das gemeinsame Finden und Anerkennen der Wahrheit" (IV). Der Dialog ist auf Konsens aus. Der Dialog als wissenschaftlicher Diskurs setzt die Problematisierung des Geltungsanspruchs voraus, ist „kooperative Wahrheitssuche", „uneingeschränkte Kommunikation", in der „jeder Teilnehmer gleiche Chancen hat"(IV). Daher sollen „alle Glieder des Gottesvolkes an der Entscheidungsfindung" partizipieren.[26] Ja, der Dialog wird als Lebensfrage für Kirche und Gesellschaft hingestellt. Da der Dialog stets Wahrheitsfindung anstrebt, ist er kein wertfreies Gespräch bzw. Gerede. Dialog ist „liebender Kampf" (K. Jaspers). Dialog darf auch niemals instrumentalisiert werden, um den Andersdenkenden bloßzustellen, zu überwältigen und zu unterwerfen. Wenn der Glaube der Christen die Kommunikationsgemeinschaft, die Dialoggemeinschaft konstituiert, dann gilt: „Es kann z.B. nicht so etwas wie ein *absolutes* Diskussionsverbot geben" (V). Wenn Dialog und Gedankenfreiheit in der Kirche radikal ernstgenommen würden, bräche das Lehramtskirchenmodell in sich zusammen, weil es zu einem „Dialogamt", zu einem „institutionalisierten Dialog" würde. Genauso würde das Wahrheitsverständnis transfor-

25 K. Lehmann, Eröffnungsreferat bei der Deutschen Bischofskonferenz 1994: Vom Dialog als Form der Kommunikation und Wahrheitsfindung in der Kirche heute, Bonn 1994.

26 Als zum ersten Mal in der Geschichte der Kirche ein „KirchenVolksBegehren" (1995) von Laien durchgeführt wurde, zeigte sich Nervosität und Ablehnung bei der Hierarchie. Der Dialog verlor sofort seine Gültigkeit in der Kirche.

miert. Nun wird dieses Dialogmodell jedoch nur innerhalb der Grenzen des autoritativen Lehramtes gesehen. Denn der Dialog gilt nur als *ein* Weg, und ein *relatives* Diskussionsverbot (relatio auf das Lehramt hin) wird bejaht. Denn die Diskussion könne doch nicht ewig dauern. Entscheidungen könnten nicht beliebig hinausgeschoben werden. So müßten die Verantwortlichen entscheiden. Damit hört die Gleichberechtigung der Gesprächspartner auf (V). Hier umschließt das hierarchische Kirchenprinzip den Dialog.

Aber, muß man fragen, geht nicht aus dem Dialog eine mögliche Abstimmung mit Minderheitenschutz hervor? Ein Dialog kann zu Kompromissen führen, damit ein echtes Miteinander gewahrt wird. Auch ein Sicheinfügen ist geboten, um Gemeinschaft nicht zu zerstören. Aber dies kann nicht einseitig sein, sondern eben wiederum nur dialogisch. Einfügen und Durchsetzen sind in echter Gemeinschaft immer dialogisch-dialektisch. Die Gleichberechtigung hört nicht auf, sondern sie bleibt. Der andere wird in Gegenseitigkeit in seinem Anderssein respektiert.

Nun ist es unbestreitbar, daß in Gemeinschaften, so auch in der Kirche, Entscheidungen getroffen werden müssen. Abgesehen vom Subjekt (Volk Gottes oder Hierarchie), ist die Frage, ob Entscheidungen, die aus Verhandlungen hervorgegangen sind, den Anspruch auf Wahrheit erheben können und nicht nur als Regulative angesehen werden müssen. Wahrheit zeigt sich im Dialog, kann aber auch ungeklärt bleiben. Wird sie geklärt, folgt von selbst das gemeinsame Handeln, wird sie nicht geklärt, ist ein Kompromiß zu suchen, der der Wahrheit am nächsten erscheint. Wird aber lehramtlich bestimmt, ist der Wahrheitsfindungsprozeß zerstört, selbst wenn etwas Richtiges dekretiert wird. Entscheidungen regulieren das Zusammenleben, aber können nur bedingt Wahrheit für sich beanspruchen. Die Wahrheitsfrage wird durch eine Entscheidung niemals berührt. Wahrheit kann daher nie zu einem Gesetz verkommen. Der einzige Ort der Wahrheit ist der Dialog, in dem sich Wahres, auch Göttliches erschließen kann. Das Glaubensgesetz ist Freiheit und Liebe und niemals ein gehorsamer Unterwerfungsakt. Dies gilt besonders auch für die christliche Handlungstheorie.

Im traditionstheoretischen Modell wird christliches Handeln jedoch analog konzipiert. Die Weisungen des kirchlichen Lehramtes gelten nicht nur als Maßstab des Glaubens, sondern ebenso des christlichen Handelns[27], denn die kirchliche Autorität leitet sich vom Apostelamt ab. Ihr kommt es zu, „Abgrenzungen" vorzunehmen, damit das Evangelium unverfälscht weitergegeben wird. „In diesem Rahmen hat dann das Charisma der Unfehlbarkeit seinen eigentlichen theologischen Ort. Die Kirche besitzt nicht die Garantie der bestmöglichen Aussage des Glaubens in der jeweiligen Zeit, ... aber sie besitzt die Garantie der Unfehlbarkeit".[28] Wiederum erscheint das Engagement der kirchlichen Autorität als Wahrheitskriterium und als absolut gültiger Maßstab des Handelns. Nun aber wird scheinbar korrigiert: „Glaubenssätze,

---

[27] KEK, Bd. II: Leben aus dem Glauben, 112ff.
[28] Ebd., 113.

die letztverbindlich vom kirchlichen Lehramt verkündet werden, sind nicht deshalb wahr, weil das Lehramt sie sagt, sondern sie sind wahr, weil ihr Inhalt gültig ist. Das Lehramt sagt verbindlich, daß ihr Inhalt wahr ist. Darin gründet die Autorität des kirchlichen Lehramtes".[29] Nach dieser Aussage scheint das Lehramt in der Wahrheit begründet zu sein. Das Lehramt kann eine Aussage vortragen, weil sie wahr ist. Nun wird niemand bestreiten, daß es möglich ist, daß auch das kirchliche Lehramt etwas Wahres sagt. Der Anspruch ist aber ganz anders. Das Lehramt wird zur geschichtlichen Form der Wahrheit. Durch das Lehramt erkenne ich verbindlich, was wahr und was falsch ist, was ich zu tun und zu unterlassen habe. Genau dieser Anspruch konstituiert formal die Wahrheitserkenntnis und die Verbindlichkeit der moralischen Norm. So ist zwar ontologisch die Wahrheit dem Lehramt vorgegeben (Gottes Offenbarungswahrheit geht der Hierarchie voraus), aber gnoseologisch konstituiert das Lehramt die Wahrheit (nur im Lehramt erkenne ich sicher, was wahr und was Gottes Wille ist). Abgesehen von dem fraglichen (ontologischen) Wahrheitsbegriff ist problematisch, ob tatsächlich das Lehramt die verläßliche Erkenntnisquelle der Wahrheit ist. Wieder macht hier die Autorität die Wahrheit, insofern sie für den Glaubenden existiert und verbindlich ist. Wahrheit ist nicht durch sich selbst einsichtig und zu verantworten, vielmehr gilt: Weil es das Lehramt sagt, darum ist es für den Christen wahr und gültig. Das Erkenntnisprinzip der Wahrheit ist das Lehramt und nicht die Einsicht in den Sachverhalt. Subjekt der Wahrheit ist nicht mehr der konkrete Mensch, sondern die Institution. Damit ist der Glaubende religiös und sittlich entmündigt.[30] Formale Autorität und nicht Sachkompetenz entscheidet. Die Traditionstheorie ist daher, auch in ihrer „dialogischen" Variante, gegen die Theologie als Wissenschaft gerichtet. Ein solches Dogmenverständnis zerstört die Wahrheit und macht selbst Wahres durch dieses Formalprinzip unwahr. Dogma und Lehramt werden, so verstanden, zur Quelle des Irrtums und der Entmündigung.

3.2. Der Glaube an die Schrift

Die *Schrifttheorie* interpretiert die Bibel nicht „unter Führung des kirchlichen Lehramtes"[31], wie die Traditionstheorie, sondern sieht die Wahrheit abgesichert durch die Hl. Schrift selbst. Sie ist die grundlegende Norm jedes Dogmas. Nicht die Vorlage durch die Kirche ist gnoseologisch das entscheidende Wahrheitskriterium, sondern das Wort Gottes selbst, das uns trifft. Der Dogmatiker hat die Aufgabe, jedes Dogma, die kirchliche Lehre und ihre Verkündigung wissenschaftlich zu überprüfen, ob sie mit dem Zeugnis der Schrift

---

[29] Ebd., 113-114. Dieser Katechismus ist wesentlich am KKK orientiert, wenn auch einzelne inhaltliche Aussagen größere „Menschenfreundlichkeit" vorspiegeln.

[30] Die Struktur vieler heutiger Sekten demonstriert das erschreckend, was das Lehramt der katholischen Kirche für sich beansprucht.

[31] Päpstliche Bibelkommission, a.a.O., IV, A,3.

übereinstimmt und daher wahr oder falsch ist. „Das bedeutet konkret, die Dogmatik mißt die Verkündigung der Kirche *nach dem Maßstab der Heiligen Schrift,* des Alten und Neuen Testaments. Die Hl. Schrift ist das Dokument des *Grundes** ... Wir haben kein anderes Dokument dieses Lebensgrundes der Kirche ...“[32] Für K. Barth ist der einzige Maßstab die Hl. Schrift. Sie ist der feste Grund der Wahrheit und begründet, warum etwas zum christlichen Glauben gehört. Ähnlich auch M. Metzger: „Der Grundsatz, daß die Bekenntnisse und Dogmen an der Schrift, nicht aber die Schrift an den Dogmen oder Bekenntnissen zu messen sei, macht für den evangelischen Christen alle dogmatischen Sätze überhaupt erst im Nachgang verbindlich; das heißt, wenn sich ergeben hat, ob und wieweit dogmatische Sätze die Zeugniskraft der Bibel freigeben und den Hörer mit dem Ruf zum Glauben heute treffen ... Hiervon abgesehen sind Dogmen theologische oder religionsgeschichtliche Urkunden, weiter nichts.“[33] Alle Verbindlichkeit dogmatischer Aussagen beruht auf der Schrift, die zum Glauben ruft und den Menschen zur Wahrheit bringt.

Ist evangelischerseits das Schriftprinzip durch die „sola-scriptura-Lehre“ klar ausgesprochen, wird katholischerseits dieser starre Biblizismus aufgebrochen, auch wenn viele moderne Theologen dem Grundsatz der Schrifttheorie verhaftet sind. Für K. Rahner ist die Schrift die unüberholbare Norma normans für alle dogmatischen Aussagen: „Die Schrift ist uns ja als inspiriertes Wort Gottes als Ganzes und in all seinen Teilen eine *indiskutable** Autorität.“[34] Alle Dogmen beziehen ihre Wahrheit aus der Schrift. Aber nach Rahner ist die Beziehung zwischen Schrift und Dogma grundsätzlich stimmig. Daher kann ich mich genauso wie auf die Schrift auch auf die Lehräußerungen der Kirche verlassen. Sie bilden eine Einheit. Die Bibel kann nicht gegen die Kirche ausgespielt werden. So wie Gott als Vater mir nur Gutes tut, so setzt mir auch die Mutter Kirche niemals eine vergiftete Speise vor. Wie der eigenen Mutter kann ich ihr trauen. Der kritische Maßstab der Schrift gegenüber kirchlicher Lehrverkündigung scheidet bei K. Rahner aus, wenn auch die Schrift den alleinigen Maßstab bildet. Ähnliche Gedanken finden sich in neueren Dogmatiken. „Gottes Wort ist die erste Norm, die die Dogmatik als Gültigkeitsmaßstab allen Redens von Gott geltend zu machen hat. Die Normen der Dogmatik – (sind) primär die Hl. Schrift als Norma normans non normata, aber auch die in der Glaubenslehre der Kirche ausgelegten ‚Offenbarungswahrheiten‘ als Normae normatae ... Die Dogmatik hat sich an diesen ‚näherliegenden‘ Normen zu orientieren.“[35] Oder ganz ähnlich: „Alle bekenntniskonstitutiven und heilsrelevanten Aussagen müssen in der Hl. Schrift begründet sein. Einzelne Lehraussagen, die erst in der späteren Entwicklung

---

[32] K. Barth, Dogmatik im Grundriß, Stuttgart 1947, 14.
[33] In: R. Kekow (Hg.), Das Glaubensbekenntnis im Widerstreit der Meinungen, Frankfurt 1970, 50.
[34] K. Rahner, Schriften zur Theologie IV, Einsiedeln 1960, 14f.
[35] Th. Schneider (Hg.), Handbuch der Dogmatik I, Düsseldorf 1992, 11.

hervorgetreten sind, müssen mit der Substanz der biblisch bezeugten Offenbarung vermittelbar sein."[36] Kirchliche Dogmen können nicht durch die Bibel in Frage gestellt werden, da sie ihrer „Substanz" nach oder als „genormte Aussagen" mit ihr übereinstimmen. Trotzdem wird die Bibel als einzige Norm anerkannt. Etwas differenzierter spricht W. Kasper: „Der katholische Dogmenbegriff ist offen für die Freiheit und Unverfügbarkeit des Evangeliums in und *über** der Kirche."[37] Hier wird das Evangelium, das nicht einfach mit dem geschriebenen Wort der Bibel identifiziert wird, zum Kriterium der kirchlichen Verkündigung. Das Wort Gottes, das in der Schrift gefunden wird, ist die bleibende Autorität. Aber das Dogma ist „Vergegenwärtigung der Wahrheit Christi, wie Antizipation von deren endgültigem Offenbarsein".[38] Das Dogma ist also Vergegenwärtigung der Wahrheit und legt diese endgültig auf und für alle Zukunft hin aus. Dogma ist die endgültige Form der Wahrheit des Wortes Gottes, die in der Geschichte geworden ist. „Das Dogma ist das Ergebnis einer geschichtlichen Erfahrung der Kirche im Umgang mit dem Evangelium, einer Erfahrung, die sich an der Hl. Schrift und in der Gemeinschaft der Kirche vollzieht."[39] Hier wird nun das Kriterium, daß das Evangelium über der Kirche steht und kirchliche Verkündigung mißt, wieder vollends verwischt, und Dogma wird zum gegenwärtigen Wort Gottes, wobei dieses allein Kriterium der Glaubenswahrheit bleibt. Wahrheit wird im Evangelium begründet.

Noch behutsamer äußert sich H. Küng. Der christliche Glaube ist ein „unbedingt vertrauendes Sicheinlassen auf die christliche Botschaft". Diese ist „unbedingt verläßlich". Gemeint ist damit jedoch nicht der Bibeltext, nicht die Tradition und die Kirche, sondern Gott selbst, wie er durch Jesus Christus gesprochen hat.[40] Hier finden wir Anklänge an den Satz von Harnack: *„Nicht der Sohn, sondern allein der Vater gehört in das Evangelium, wie es Jesus verkündigt hat. ... Nicht wie ein Bestandteil gehört er in das Evangelium hinein, sondern er ist die persönliche Verwirklichung und die Kraft des Evangeliums gewesen und wird noch immer als solche empfunden."*[41] Christlicher Glaube wird an Gott gemessen, der sich in Jesus Christus gezeigt hat. Aller Glaubensausdruck, auch jedes Dogma hat sich nach Küng vor Jesus Christus zu verantworten, der der Grund der Wahrheit des Glaubens ist. Jesus Christus ist das Wahrheitskriterium. Zwar ist dieses eine geschichtliche Erfahrung, aber Jesus Christus ist die unbezweifelbare, unbedingt verläßliche Autorität. Abgesehen von der Frage, wie Jesus Christus uns denn überhaupt anders zugänglich ist als allein durch die Bibel, die Evangelien – nur im Spiegel der Schrift ist Jesus Christus erkennbar –, wird er jeder möglichen

---

[36] G.L. Müller, Kath. Dogmatik. Für Studium und Praxis der Theologie, Freiburg 1995, 63.

[37] W. Kasper, Dogma unter dem Wort Gottes, Mainz 1965, 55.

[38] Ebd., 139.

[39] Ebd., 140.

[40] H. Küng, Christsein, München 1974, 154f.

[41] A. v. Harnack, Das Wesen des Christentums (1. Aufl. 1900), München 1964, 92f.; 188.

Revision entzogen. Zwar will man Raum schaffen auch für eine Sachkritik in der Bibel, differenziert Bibel und Evangelium und setzt Jesus Christus davon ab, bleibt aber schließlich bei einer absoluten Autorität stehen, die dann heißt: Wort Gottes in der Schrift, oder Jesus Christus, wie er uns in der Bibel überliefert ist. Der Ort der Wahrheit ist ein fester Grund („Ein feste Burg ist unser Gott!"). Da nicht eine Institution die Wahrheit garantiert und auch nicht ein Buch objektiver Fundort der Wahrheit ist, ist durch die Begriffe: „Wort Gottes", „Jesus Christus" der Bezug, also eine gewisse Relationalität als Wahrheitsgeschehen, d.h. die Geschichtlichkeit der Wahrheit erkannt. Aber es bleibt ein autoritärer Rest. Insofern nämlich in der Bibel, im Evangelium, in Jesus Christus das Wort Gottes vernommen wird, ist dieses indiskutabel, für alle Zukunft gültig, unumstößlich. Nicht konstituiert sich das „Wort Gottes", die Wahrheit im Dialog mit der Bibel etc., sondern es wird in der Schrift gefunden, d.h. in ihr ist die Wahrheit festgelegt. Damit ist die dialogische Struktur der Wahrheit verraten. Sie wird durch das begründende Denken in einen Grund hinein aufgelöst. Wahrheit wird auf Autorität hin transponiert. Die Bibel als Wort Gottes ist die Norm, die alles normiert und selbst durch nichts, außer eben durch das Gotteswort, normiert ist. An Jesus Christus zerschellt jede Dialektik. Er ist ausgenommen. Weil Jesus es gesagt hat, darum ist es wahr; durch ihn spricht ja Gott. Aber kann sich Jesus Christus, ja auch Gott dem Erfahrungshorizont entziehen? Hat Gottes Wort ohne Bezugnahme auf den Glaubenden Bestand oder auch nur irgendeine Bedeutung? Ist der Horizont nicht stets der kommunikative Wahrheitsprozeß? Wer nur einen einzigen Begriff bzw. nur eine einzige erkannte Wahrheit dem Dialog entnimmt, verzichtet zugunsten einer vermeintlichen Glaubenssicherheit auf das Wahrheitsgeschehen selbst. „Wenn jemand zu euch sagt: Hier ist der Christus oder: Da, so glaubt es nicht" (Mt 24,23). Man kann ihn nicht an einem Ort oder an einer Person festmachen. Glaubenswahrheit ist nicht verfügbar. In Begegnung mit der Bibel, mit Jesus Christus kann sich Wahrheit erschließen. Dabei kann Jesus Christus niemals eine unbestreitbare formale Autorität sein, sondern einzig Sachautorität. Die Wahrheit wird durch Einsicht im Handlungskontext gewonnen.

So ist die Schrifttheorie eine Fluchtbewegung in eine nur vermeintliche Sicherheit. So läßt sich christlicher Glaube nicht „versichern"!

3.3. Der Glaube als Leben

Der doppelte Ausdruck (*Evolutions- bzw. Transformationstheorie*) gibt zwei unterschiedliche Akzentsetzungen an: Entwicklung und radikale Veränderung. Wahrheit realisiert sich in der Kontinuität der Transformation des Lebens. Um die Jahrhundertwende entwickelte besonders der katholische Theologe A. Loisy (1857-1940) dieses Wahrheitsverständnis gegen den liberalen Protestantismus (besonders gegen Harnack, „Das Wesen des Christentums"). Von einem „bleibenden Kern" der Wahrheit des christlichen Glaubens zu sprechen verkennt, daß Wahrheit nicht a priori verordnet werden und daß man nicht vom Kern einer Frucht, sondern nur von ihr selbst leben kann. Kontinuität des Glaubens ist nicht lebloser Besitz von „Kernwahrheiten". A. Loisy untersuchte zum ersten Mal wissenschaftlich die sog. Dogmenentwicklung. „Wie der Fortschritt der Wissenschaft (Philosophie) dem Gottesproblem, so gibt der Fortschritt der historischen Forschung dem Christusproblem und dem Problem der Kirche eine neue Fassung."[42] Die dogmatische Wahrheit vollzieht sich im Werden, im „Prozeß des Fortschrittes". Das Dogma wird von seiner Entwicklung her definiert und transformiert sich in der Geschichte. Das ist eine Grundthese des sog. Modernismus. Er wollte damit die Dogmen der katholischen Kirche gegen einen protestantischen Biblizismus verteidigen. Leben, das sich nicht entwickelt, sondern im Ursprung auf der Stelle tritt, ist zum Sterben verurteilt. Jede Wahrheit des Lebens – und christlicher Glaube soll lebensbestimmende Wahrheit sein – muß sich entwickeln, und nur im Transformationsprozeß bewahrt sie die Kontinuität, bleibt sie identisch. „Das, was die Identität der Kirche und des Menschen ausmacht, ist nicht die bleibende Unbeweglichkeit der äußeren Form, sondern die Kontinuität der Existenz, des Seinsbewußtseins, unter ständigen Transformationen, die die Kondition und Manifestation des Lebens sind."[43] Nur Wahrheit, die sich ständig verändert, bleibt sich treu. Es gibt keine absolute Doktrin, die für alle Zeiten gilt und gleichbleibend verbindlich ist. So wie es die Wahrheit des Kindes ist, daß es auf allen Vieren krabbelt, kein Ichbewußtsein hat und sich nicht in sinnvollen Sätzen artikulieren kann, so ist dies, von einem Erwachsenen ausgesagt, unwahr. Das Kind- und Erwachsenensein meint zwar denselben, aber nicht den gleichen Menschen. Ebenso bewahren die Glaubenswahrheiten nur im Umformungsprozeß ihre Identität. Der Glaube ist nur dann derselbe, wenn er in der Geschichte nicht der gleiche bleibt. Der Lebensvollzug lehrt uns die Einsicht in die Bedeutung der Zeit und Geschichte für die Wahrheit selbst. Wahrheit ist Veränderungsprozeß. Damit der Glaubensvollzug in der Welt bestehen kann, ist ständige Veränderung, Adaptation („Anpassung") notwendig.[44] Wahrheit und Vollzug, Theorie und Praxis sind untrennbar verbunden. Wahrheit ist kein abstraktes Wissen, sondern konkreter Lebensvollzug. In dieser Ansicht sind naturwissenschaftliche Einflüsse, besonders der Evolutionstheorie unverkennbar. Für die Theologie wird eine andere Denkweise eingefordert und für die Dogmen eine andere Sprachstruktur.

Allerdings ist in diesem wichtigen modernen theologischen Ansatz, in dieser Wahrheitstheorie noch nicht die soziale Dimension erkannt. Wahrheit muß im sozialen Kommunikationsprozeß gesehen werden, da Wahrheit sich nur im Dialog human durchsetzt. Lebenswahrheit als Transformationsprozeß gibt es

---

[42] A. Loisy, Autour d'un petit livre, Paris 1903, XXIV.

[43] Ders., L'Évangile et l'Église, Bellevue 1903, 160f.

[44] Ebd., 168. Das Dogma, die Glaubenslehre selbst, ist notwendig einer unaufhörlichen Evolution unterworfen, „l'évolution incessante", ebd., 219.

im menschlichen Bereich nur, wenn sie in ihrer Dialektik dialogisch verantwortet wird. Dieses Wahrheitsverständnis verzichtet auf eine bleibende Verankerung in Schrift und Tradition, also in einem Vorgegebenen, denn dadurch würde das Leben erstarren. Damit wird jeder Begründungsversuch in einem bleibenden Grund aufgegeben. Wahrheit läßt sich nicht begründen, und sie läßt sich auch nicht auffinden oder ausfindig machen wie ein unbekannter Planet, sondern ihren Grund hat sie im Leben selbst. Die Wahrheit hat ihre Autorität in sich[45] und nicht in einer Vorgabe, und trüge diese den Namen Jesus Christus.

Kirche, die sich der Traditionstheorie verpflichtet weiß und an der apriorischen biblischen Autorität hängt, muß sich gegen dieses Wahrheitsverständnis wehren. Die Lehräußerungen zum sog. Modernismus haben zwar keinen definitorischen Charakter, sie wollen aber alle lebendige Veränderung abwehren.

1. Das Dekret „Lamentabili" von Pius X. (1907) verurteilt den folgenden Satz: „Die Offenbarung, die den Gegenstand des katholischen Glauben (objectum fidei) konstituiert, wurde nicht mit den Aposteln abgeschlossen" (D 3421). Offenbarung wird als ein Wahrheitsgeschehen angesehen, das mit der Schriftwerdung des Wortes Gottes abgeschlossen ist. Wahrheit ist ein Geschehen, das auf einen bestimmten Zeitabschnitt in der Geschichte fixiert wird. Spätere Zeiten können nur nachvollziehen, was geschehen ist, sie können den Inhalt vielleicht tiefer verstehen, die ganze Tragweite der Aussagen erkennen, aber es bleibt eine Kreisbewegung, um die endgültige, einmalige Wahrheit. Da die Hl. Schrift heute in Teilen als nachapostolisch angesehen wird (die letzten Schriften sind um die Mitte des 2. Jh. verfaßt), ist man vorsichtiger und spricht einfach vom Christusgeschehen. „Gott offenbarte sich ganz … Christus ist das endgültige Wort des Vaters, so daß es nach ihm keine weitere Offenbarung mehr geben wird" (KKK §73).[46] Der positive Aspekt dieser Aussage ist darin zu sehen, daß spätere Lehräußerungen der Kirche und Päpste keine neue Offenbarung sind, daß ihre Wahrheit sich nur auf Jesus Christus zurückbeziehen kann, d.h. mit dem Abschluß des NT (und seiner Tradition) keine neuen Inhalte des Glaubens als Offenbarungswahrheiten ausgegeben werden können. Die Kirche kann nur die abgeschlossene Offenbarung auslegen; dazu hat sie allerdings den „Beistand des Hl. Geistes" (assistentia Spiritus Sancti negativa), damit sie nicht in die Irre geht. Negativ ist allerdings, daß Wahrheit hier als fixierter Inhalt bestimmt, ja Jesus Christus selbst auf einen historischen Zeitabschnitt festgelegt wird. Wahrheit

---

[45] Wahrheit ist mit Selbstbestimmung verbunden und kann auf dieser Ebene nicht von Freiheit getrennt werden. Origenes bestimmt die Wahrheit menschlicher Existenz als „αὐτεξουσία" (De principiis III,1,1: περὶ αὐτεξουσίου) als freiheitliche Vollmacht, als Seinserschlossenheit. Gegen die griechische εἱμαρμένη (unabänderliches Schicksal) ist der freie Selbstvollzug auf das Gute hin der Heilsweg.

[46] Der KKK beruft sich auf die Offenbarungskonstitution (DV, Art. 4) des 2. Vat. Konzils: „… es ist keine neue öffentliche Offenbarung mehr zu erwarten"; erst bei der Wiederkunft Christi erfolgt sie.

wird vom Geschehen abgekoppelt. Daher sind auch die Dogmen keine Interpretation eines in der Geschichte sich mühevoll durchsetzenden Wahrheitsprozesses, sondern die Glaubenssätze sind „vom Himmel gefallene Wahrheiten" (veritates e caelo delapsae, D 3422).

2. Daher gibt es keine wirkliche Entwicklung der Wahrheit des Glaubens: „Darum verwerfe ich ganz und gar die häretische Erfindung der Dogmenentwicklung, die von einem zum anderen Sinn übergeht, der abweicht von dem Sinn, den die Kirche einst gemeint hat (D 3541, Antimodernisteneid). Ein und dieselbe Wahrheit also, gestern, heute und morgen. Eine Transformation der Wahrheit gibt es nicht; es gibt keine Entwicklung, keinen Wahrheitsdialog, vielmehr steht die Wahrheit fest, und die Kirche besitzt sie.

3. Die Grundlage dieser Anschauung bildet neben dem unfehlbaren Lehramt die Irrtumslosigkeit der Schrift.[47] Gott, sein Wort, ist die Primärursache der Hl. Schrift, er hat sie „inspiriert"; daher ist sie verläßlich, ist sie wahr und irrtumslos (Trient, D 1501). Hl. Schrift wird als Sammlung von wahren Sätzen verstanden, die keinen Irrtum enthalten. Auch das 2. Vat. Konzil schloß sich weitgehend dieser Ansicht an (DV Art. 11). „Sine errore", ohne Irrtum sind die Bücher der Hl. Schrift.[48] Alle Heilswahrheiten in der Bibel sind irrtumsfrei, und wo ein naturwissenschaftlicher oder historischer Irrtum vorliegt, dient auch er der Glaubenswahrheit. Die Gedankenakrobatik eines solches Vorgehens ist erstaunlich und hat mit der Suche nach Wahrheit kaum etwas zu tun. Man war beseelt von dem Gedanken, unter allen Umständen einen festen Grund für die Wahrheit zu finden, und machte die Bibel zum Wahrheitslehrbuch. Alles hängt wieder am Wahrheitsverständnis, das autoritär abgesichert werden muß, da sonst der christliche Glaube den Boden unter den Füßen verliert. Autorität – und sei sie göttlich –, kann nie zur Absicherung der Wahrheit dienen und nie Wahrheitskriterium sein. Jede Autorität kann nur abgeleitet sein und sich aus dem Wahrheitsgeschehen ergeben.

Die Evolutionstheorie versuchte, dieses Geschehen der Wahrheit im Lebensprozeß ernst zu nehmen und als eine ständige Veränderung zu erfassen. Leben und Wahrheit gehören untrennbar zusammen. Was noch nicht genügend beachtet wurde, ist, daß das Leben und die Wahrheit nur dort im Veränderungsprozeß zusammengehören, wo beide verantwortet werden. Dies geschieht im echten Dialog. Wahrheit ist ein Beziehungsgeschehen und kein monologischer Lebensvollzug. Die dialogische Wahrheit ermöglicht nicht nur spontane Anpassung an die Lebensbedingungen, sondern wirkt transformativ, verändernd. Im Dialog ereignet sich Wahrheit in Freiheit. Gerade dieses

---

[47] Vgl. G. Hasenhüttl, Gefährdet die moderne Exegese den Glauben?, Graz 1970.

[48] Auf dem 2. Vat. Konzil wurde die Frage behandelt, ob unter der Irrtumslosigkeit nicht nur religiöse, sondern ebenso naturwissenschaftliche und historische Wahrheiten gemeint sind. Kardinal König meinte, daß ausgenommen der Heilswahrheiten (Glaubenswahrheit, religiös relevante Aussagen), in naturwissenschaftlichem und historischem Bereich Irrtümer vorhanden sind („a veritate quandoque deficere", in: LThK, 2. Ergänzungsband, Freiburg 1967, 532f. Kommentar von A. Grillmeier.). Weitere Ausführungen dazu: VII Offenbarung, 4.1 Schrift und Tradition, 141.

Wahrheitsverständnis wird der Schrift und Tradition gerecht. Beide werden als geschichtliche Zeugnisse ernst genommen. Im Werden des Wahrheitsgeschehens wollen sie von gelebter Wahrheit zeugen und zu einem Dialog einladen. Wir sollen uns befragen, wieweit diese Zeugnisse uns zur Wahrheitserkenntnis führen können, und ob uns in ihnen etwas von einer letzten Wirklichkeit offenbar wird, die Wahrheit unseres Lebens konstituieren kann.

Der erste Schritt ist die Erkenntnis, daß Wahrheit ein Veränderungsprozeß ist (nur wer „umkehrt", wie Jesus sagt, ist in der Wahrheit Gottes). Wahrheit transformiert den Menschen. Daher kann ein Dogma niemals absolut fixierbar, gleichbleibend sein. Stets ist es ein relativer Wahrheitsausdruck. Dies gilt in gleichem Maße für die Bibel. Gerade im Wandlungsprozeß erhalten Dogma und Bibel ihre Bedeutung als Dialogpartner. Eine größere Autorität können sie sachlich nicht beanspruchen. Der zweite Schritt ist die Einsicht, daß Wahrheit nicht nur ein Veränderungsprozeß ist, sondern dialogische Struktur hat. Im Dialog mit Schrift und Tradition vollzieht sich die Umformung, durch die Wahrheit gefunden wird. Freilich, nicht wie man einen Gegenstand finden kann, sondern nur, indem man sich selbst findet. Und dies ist nicht möglich in einer ungeschichtlichen Selbstreflexion, indem man in die eigene „Tiefe" der Psyche steigt (dies würde nur bei der platonischen Ideenlehre möglich sein, indem in mir selbst unabhängig von der Außenwelt die ewigen Wahrheiten zu finden sind), sondern indem man sich in Beziehung setzt, relational auf das andere als anderes zugeht. Wahrheit ist ein Beziehungsgeschehen. Der in Zeit und Geschichte vollzogene Dialog kann Wahrheit eröffnen, ist Ort der Wahrheit.

Dogma ist kein unbedingter, verbindlicher Glaubensausdruck, ist nicht unfehlbar wahr, ist keine ewige, geoffenbarte Wahrheit in der Gestalt eines Satzes, sondern kann Beitrag zum Wahrheitsdialog sein. Überdies kann ein Glaubensausdruck eine Verständigungshilfe sein, damit Menschen überhaupt in ein Gespräch (über Lebensfragen) eintreten können. Daher hat das Dogma darüber hinaus die Funktion einer Sprachregelung.

1. Dogma ist kein Glaubensvollzug, bzw. ein zu vollziehender Glaubenssatz, sondern Interpretament einer Gemeinschaft, die auf Verständigung aus ist. 2. Dogma ist kein Wahrheitsprozeß, sondern eine „Verkehrsampel", die den Umgang miteinander regelt. Dogma ist nicht Verkündigung und nicht Glaubenszeugnis. 3. Dogma ist ein Reflexionsakt, der argumentativ eingelöst werden kann und auf den Wahrheitsgehalt geprüft werden muß.

Es ist richtig, daß das Dogma kirchlicherseits weitgehend anders verstanden wurde. Der Grund ist der, daß man der Autorität verfallen ist und die Wahrheit als von Gott geschenkten Besitz versteht. Das objektivierende, begründende Denken wird absolut gesetzt. Versteht man hingegen die Wahrheit dialogisch, dann ist a. die Wahrheit immer ein Kommunikationsprozeß; b. steht die eigene Person und die des anderen (gilt auch für den Text) auf dem Spiel;

c. ist die Wahrheit primär nie im Satz, sondern im Vollzug selbst[49] und d. ist die Wahrheit nie Besitz. Wahrheit hat man nicht, sondern man kann nur in ihr leben.

Wir stehen bei der Grundfrage jeder Besinnung über den Glauben: *Was ist Wahrheit?*

---

49 Vgl. S. Kierkegaard, Unwissenschaftliche Nachschrift I, Düsseldorf 1957, 185f.: Die Erzählung vom Irrenhaus.

II. WAS IST WAHRHEIT?

Es wäre wohl äußerst verwunderlich, wenn Jesus vor Pilatus auf diese Frage mit einer Definition oder gar mit möglichen Wahrheitstheorien geantwortet hätte (Jo 18,38). Die einzig mögliche Antwort war der Verweis auf sein Leben. Er ist nicht gekommen, eine abstrakte Wahrheit zu bezeugen, sondern durch seine Existenzform zu überzeugen. So konnte er nur mit seiner Existenz antworten und auf diese verweisen. Wer sie für glaubwürdig hält, wer in einem solchen Leben Sinn erkennen kann, der erfaßt Wahrheit. Dabei wird im jesuanischen Zeugnis vorausgesetzt, daß Wahrheit nicht nur ein reines Wort ist, sondern eine Dimension der Wirklichkeit meint; freilich einer Wirklichkeit, die nicht vom Lebensvollzug ablösbar ist. Wir erkennen bereits daran, daß es zwei grundlegend unterschiedene Seinsweisen zwischenmenschlicher Beziehung gibt:

Die erste, die den anderen durch die Lebensweise überzeugt und diese verstehbar mitteilen kann. In einem solchen Dialog, der überzeugt, bin ich für den anderen konstitutiv für die Wahrheitserkenntnis. Ich bin aber nicht die Ursache seines daraus folgenden Verhaltens und Redens. Indem ich in einen Wahrheitsdialog eintrete, wird in dieser Beziehung Wahrheit offenbar, da ich mich selbst in sie begebe. So wird Überzeugung gebildet, die mein Leben konstituiert. Konsens entsteht.

Ganz anders ist die zweite Weise zwischenmenschlicher Beziehung, die drei Spielarten kennt:

a. Die Erklärung, die einen objektiven Sachverhalt darlegt und rational schlüssig beweist. Die Wissensmitteilung will den anderen Kenntnisse mitteilen. Der andere hat hier eine maieutische Funktion. Er ist für mein Wissen weder konstitutiv noch beeinflußt er es kausal. Er kann aber unter bestimmten Bedingungen die Conditio sine qua non sein, eine notwendige Bedingung, daß ich jetzt oder überhaupt zu dieser Erkenntnis gelange. Das Lehrer-Schüler-Verhältnis repräsentiert diesen Typ in klassischer Weise.

b. Die Überredung, die eine Machtausübung ist, der sich ein anderer zu fügen hat. Ein Dialog findet nicht statt, sondern man redet auf den anderen so lange ein, vielleicht auch mit Drohgebärden, bis er nachgibt und einwilligt, etwas zu glauben oder zu tun (vgl. Werbung!). Die Beziehung wird zu einer causa umfunktioniert, ich werde zur causa, zur Ursache des fremden Handelns (man sagt, er hat ihm ein „Loch in den Bauch" geredet). Die Beziehung wird zu einem Eingriff in die intellektuelle oder moralische Integrität des anderen. Eine Partnerschaft existiert nicht, sondern es findet eine Überfremdung der eigenen Vollzüge statt. Im besten Fall spricht man vom Kompromiß.[50]

---

[50]   Zum Unterschied von Kompromiß und Konsens: Vgl. H.A. Pestalozzi, Auf die Bäume ihr Affen, Bern 1989.

c. Die Erzwingung durch die Folter verursacht das Geständnis oder eine Handlung. Wird in der Überredekunst der Wille des anderen noch bewegt, werden in der Folter gegen den Willen Taten erzwungen. Die Bulle Innozenz' IV. „Ad exstirpandum" (15. 5. 1252) empfiehlt diese Methode der Wahrheitsfindung gegenüber allen „Häretikern". Es ist die krasseste Inquisitionsmethode in der Kirche. Pilatus war dagegen ein „Menschenfreund". Wer den anderen zwingt, wird zur alleinigen Ursache von dessen Handlungen und herrscht über den Knecht bzw. Sklaven.

Zwar unterscheiden sich alle drei Weisen des Umgangs mit Menschen grundlegend voneinander, gemeinsam ist ihnen jedoch, daß die zwischenmenschliche Beziehung als solche nicht konstitutiv ist und keine echte dialogische Struktur hat.

Der unterschiedliche Umgang ist bei jeder Konfliktbewältigung entscheidend. Im menschlichen Leben gibt es stets Konfliktsituationen. Wo eine solche aus einem reinen Irrtum entsteht, genügt die rein objektive Aufklärung. Irrtum oder Nichtwissen werden behoben. Meist aber werden dadurch die Lebensprobleme nicht einmal berührt, geschweige denn gelöst. Konflikt spielt sich primär auf der Lebensebene ab, auf der die eigene Person gefordert ist. Alles hängt davon ab, wie diese Situation bewältigt wird: Fordert eine Autorität oder Institution die Kapitulation von ihr oder wird Wahrheit dialogisch eingelöst? Dies gilt auch für jede Glaubensaussage, für jedes Dogma.

Jede Erkenntnis- und Wahrheitsvermittlung, genau wie jede Gemeinschaft und Freundschaft zerbricht, wenn der Wille fehlt, auf den anderen zu hören, seine Sprache zu verstehen. Der Turm zu Babel mußte einstürzen, da jeder eine andere Sprache redete. Eine Ehe ist dort zerbrochen, wo das Wort des Partners nicht mehr bereit aufgenommen wird, sondern nur noch Wörter einer fremden Sprache vernommen werden. Der Dialog ist abgebrochen, wie zwei Schiffe gleiten die Menschen aneinander vorbei, ohne sich zu berühren. Der Verständigungsprozeß ist beendet. Die Begegnung bleibt aus. Überall geschieht dies, wo der Wille zur Kommunikation fehlt, wo der Logos des anderen keine Vermittlung von Wahrheit mehr bedeutet. Dies gilt für jede Erkenntnisvermittlung, nicht nur für die Wahrheit des Glaubens. Diese allgemeine Voraussetzung gilt für jeden Dialog, sei er alltäglich, wissenschaftlich oder Glaubensbezeugung. Ignatius von Loyola (1491-1556) legte sie dar, nachdem er am eigenen Leibe die Inquisitionskerker Spaniens kennengelernt und die Art der Meinungsforschung erfahren hatte, die nicht verstehen, sondern verurteilen, ja erpressen will und an der Suche nach Wahrheit kein Interesse hat. „Damit sowohl der, der die geistlichen Übungen gibt, wie der, der sie empfängt, einander jeweils mehr helfen und fördern, haben sie vorauszusetzen, daß jeder gute Christ mehr bereit sein muß, eine Aussage des Nächsten zu retten, als sie zu verdammen. Vermag er sie aber nicht zu retten, so forsche er nach, wie jener sie versteht, und wenn er sie übel versteht, so verbessere er ihn in Liebe ..."[51] Ein Gespräch soll so angelegt sein, daß

---

[51]   Ignatius v. Loyola, Die Exerzitien, 22.

dadurch beiden geholfen wird. Niemand steht über dem anderen. Nur so ist Kommunikation möglich. Dazu gehört der Verständigungswille, d.h. die Ausrichtung auf den anderen, so daß jeder seinen Standpunkt verläßt und sich in den Dialog begibt. Begegnung ist nur möglich, wenn ich das andere, mir Fremde aufnehme. So gehört neben dem Willen, auf den anderen und das andere zu hören dazu, daß ich mich selbst in das Gespräch einbeziehe. Wann immer ein Dialog über reine Information hinausgeht, ist die Bereitschaft notwendig, sich selbst aufs Spiel zu setzen, seine Person einzubeziehen. Meine Ansichten und meine Lebensweise stehen in Frage. Wer in Glaubensfragen nicht diese Offenheit zeigt, der kokettiert nur mit der Wahrheit, er „spielt" mit ihr. Und treffend sagt Gadamer: „Mit einem spielerischen Menschen kann man kein Gespräch führen, weil der, der sich derart zurückbehält, weil er verspielt ist, sich selber und seine Meinung eben nicht aufs Spiel setzt. Wer keinen Einsatz leistet, der kann auch nicht gewinnen. Nur wer sich ausspielt, kann mit dem anderen zu jener Verständigung gelangen, die ein gutes Gespräch zu gewähren vermag."[52] Dies gilt für beide Dialogpartner, damit ein Kommunikationsprozeß stattfinden kann, in dem Wahrheit sich erschließt. Die Offenheit für die Begegnung, der Wille also zum Verstehen und die Bereitschaft, sich selbst ins Sprachgeschehen zu begeben, sich also selbst ins Spiel zu bringen, ist die Bedingung dafür, daß ein Dialog stattfindet, indem für beide etwas von Bedeutung gesagt, Wahrheit gefunden wird. „Der Ausgangspunkt für alle solche Diskussionen ist nicht der Anspruch, festzustellen, daß irgend etwas so oder nicht so ist ..., sondern daß er etwas sagen soll, was sowohl für ihn selbst wie für einen anderen Bedeutung hat ..., denn in anderer Weise gibt es keine Unterredung (Logos)."[53] Der Sinn jedes Dialogs liegt in dieser Bezugnahme auf das andere, das Fremde, durch die die eigene Person auf dem Spiel steht, sich verändert und so den „Ruf der Wahrheit" vernimmt. Im Dialog verstehe ich mich daher neu. Ich lerne eine andere Sprache zu buchstabieren. Meine eigene Aussage, mein Glaubensbekenntnis nimmt durch den Schmelzofen des Dialogs neue Gestalt an, und die Wahrheit, die mich angeht, verändert sich. Wird so Wahrheit vollzogen, dann wird auch der Ausdruck der Wahrheit anders, so daß die Satzwahrheiten nicht unveränderlich sind. Als Ausdruck des Wahrheitsgeschehens sind sie auch nicht das Entscheidende. Gegenüber jeder Konfliktlösung, die Wahrheit nicht manipuliert, ist eine objektivierte Satzwahrheit, auch ein Glaubenssatz, abgeleitet und gegenüber dem Glaubensvollzug zweitrangig. Nach thomasischer Lehre richtet sich der Glaube auch nicht auf den Satz (enuntiabile), sondern auf die Sache selbst (rem). Erst durch die Wirklichkeit selbst werden die Satzwahrheiten, die Teilwahrheiten sind, verständlich. Glaube und Glaubenssymbol (Bekenntnis) unterscheiden sich wie ein Lebewesen von seiner Versteinerung, wie die Autofahrt von den Verkehrszeichen.

---

[52]   H.G. Gadamer, Wahrheit und Methode, Tübingen ²1965, 97f.
[53]   Aristoteles, Meta. IV,4, 1006a, 15.

46

Nun ist Wahrheit aber nicht nur ein analoger Begriff bezüglich Bezeichnung und Lebenswelt, Satz und Realität, sondern auch die Wirklichkeit selbst hat unterschiedliche Dimensionen, die nicht aufeinander zurückgeführt werden können.

Aristoteles unterscheidet zu Recht zwischen „Tätigkeit" und „Herstellen" und meint, daß das Leben Tätigkeit, Vollzug ist, während sich das Herstellen oder Hervorbringen auf ein Werk bezieht.[54] Praxis und Werken sind unterschiedliche Verwirklichungsweisen. Während die Praxis Handlungsfreiheit meint, durch die der Mensch sich in Wahrheit realisiert, ist das „Machen" durch Zweckrationalität bestimmt und nur ein „Nachzeichnen" von gegebener Realität und Wahrheit.[55]

Freilich sind die heutigen vielfältigen Wahrheitstheorien[56] nicht zu übersehen, wobei auch die Wahrheitsfähigkeit des Menschen grundsätzlich angezweifelt oder nur systemimmanent als „Sprachspiel" akzeptiert wird.

1. Wahrheitstheorien

1.1. Die Kohärenztheorie

Wahrheit ist nicht die Übereinstimmung mentaler Prozesse mit der gegebenen Wirklichkeit, sondern Wahrheit repräsentiert ein umfassendes und geeignetes zusammenhängendes systematisches Ganzes. Die Beziehung der Propositionen untereinander muß stimmig sein. Wahrheit ist dann gegeben, wenn es keine mögliche Behauptung in einem System gibt, die nicht in ihren Bereich fällt. Eine Aussage, ein Urteil, ist dann wahr, wenn sie ein Glied in einem systematischen Sinnzusammenhang ist. Wahrheit ist ein logischer Sachverhalt. Sätze sind dann wahr, wenn sie den Regeln der Logik (Widerspruchsprinzip) entsprechen. „Wenn man *die Worte* in diesem Sinne auffaßt oder ihnen diese und jene Bedeutung zuschreibt oder sie so deutet oder versteht, *sind sie wahr.*"[57] Wahrheit ist die Beziehung von Worten und Sätzen, insofern sie so gebraucht werden, daß daraus ein sinnvolles Ganzes entsteht. Die Kohärenz bezieht sich auf logische Zusammenhänge und nicht auf Realität bzw. Tatsachen.

Eine Spielart der Kohärenztheorie ist die Redundanztheorie (F.P. Ramser). Sätze sind nur dann wirklich kohärent, wenn grundsätzlich jede Proposition die übrigen enthält. Jedes Urteil im System beinhaltet den Rest dieses Systems. In jedem Urteil ist das ganze System präsent. Die Aussagen sind da-

---

54 Ders., Pol. 1254, a 7: ὁ δὲ βίος πρᾶξις, οὐ ποίησις ἐστίν. (vgl. Nik. Ethik 1098 a, 5-7). Es ist bemerkenswert, daß Aristoteles auch den Sklaven den Vollzug nicht abspricht, wenn auch nur in Abhängigkeit vom Herrn (Pol 1254, a 8).

55 Vgl. G. Schöllgen, Handlungsfreiheit und Zweckrationalität. Max Weber und die Tradition praktischer Philosophie, Tübingen 1984.

56 G. Skirbekk (Hg.), Wahrheitstheorien. Eine Auswahl aus den Diskussionen über Wahrheit im 20. Jahrhundert, Frankfurt 1980.

57 J.L. Austin, Wahrheit, in: G. Skirbekk (Hg.) Wahrheitstheorien, a.a.O., 228.

her gegenseitig redundant. Eine wahre Proposition enthält die ganze Wahrheit. Wahrheit wird hier ein Ordnungsproblem. Sie kann als systemübergreifend verstanden werden, so daß durch Systemvergleiche sich Wahres oder Falsches herausstellt.

Nicht weit entfernt von diesen Theorien ist die semantologische Wahrheitstheorie, insofern es ihr um eine formal richtige Definition der Wahrheit geht. Die semantische Konzeption der Wahrheit ist neutral gegenüber allen Standpunkten, sei es der eines Realisten, Idealisten, Empiristen oder Metaphysikers. Es geht nur um korrelative Aussagen. Z.B. die Aussage: „Das Wasser ist naß" ist wahr, wenn „das Wasser naß ist". Diese Aussage gilt, wenn sie von jedem Wasser ausgesagt werden kann. Eine Aussage ist also wahr, wenn sie von allen Gegenständen erfüllt wird, sonst ist sie falsch (A. Tarski). Gegenstand meint hier das logische Objekt. „Wahr" ist also auf Aussagen anzuwenden, denn die Wahrheit terminiert im Urteil. Antinomien, scheinbar unauflösliche Widersprüche sind in formalisierte Sprache, d.h. in eindeutig festgelegte Sprachsymbole aufzulösen. Es ist in diesem Zusammenhang wichtig, daß Wahrheit nicht mit Beweisbarkeit identisch ist. Zwar sind alle beweisbaren Aussagen wahr, aber es gibt eben auch Aussagen, die wahr, jedoch nicht zu beweisen sind.

Diese drei Theorien sind geprägt von einem rein logischen Wahrheitsverständnis, das an Aussagesätzen orientiert ist. Wahr ist ein Gegensatz zu falsch im Sinne von unrichtig, bzw. auch irrig. Die analytische Philosophie beschäftigt sich besonders mit diesem Wahrheitsverständnis. Ich fasse hier diese Überlegungen sehr vereinfachend als Theorien über die Satzwahrheit zusammen. Neben diesem logischen Wahrheitsverständnis ist das valorative zu beachten.

1.2. Die pragmatische Wahrheitstheorie

Der Wahrheitsgehalt einer Aussage, Proposition (oder von Vorschlägen, Äußerungen und Reden) wird durch ihre Nützlichkeit bestimmt. Wahrheit ist ein Geltungsanspruch. Wenn die Akzeptanz der praktischen Konsequenzen einer Proposition besser ist als ihre Nichtakzeptanz, dann ist die Aussage wahr, sonst falsch und irrig. Vom Irrtum kann man grundsätzlich nicht profitieren, obwohl der „glückliche Fehler" (W. James) nicht auszuschließen ist. Der Wahrheitsindex ist jedoch der größere Nutzen. Wahrheit existiert nicht, sie gilt. Wahr ist, was uns auf dem Weg des Denkens vorwärtsbringt, was wirkt, was hilft, zu befriedigenden Beziehungen mit anderen Erfahrungen zu kommen. Die Wahrheit ist insofern Übereinstimmung mit der Wirklichkeit, als sich die Geltung pragmatisch verifizieren läßt. Wahrheit stellt sich als eine Art des Guten dar und verliert dadurch ihre Eigenbedeutung. Die Wahrheit wird von ihrem Wert für das praktische Leben her gesehen und ist keine eigene Kategorie. Etwas ist wahr, weil es nützlich ist. Der Sinn der Wahrheit liegt in ihrer praktischen Funktion.

Mit diesem Ansatz hat die Widerspiegelungs- oder Abbildtheorie (K. Marx) eine gewisse Verwandtschaft. Wahrheitskriterium ist nicht einfach die Nützlichkeit etwa für ein Individuum, sondern die gesellschaftliche Praxis. Wahrheit wird als Abbild der Wirklichkeit gesehen. Sie ist Widerspiegelung dessen, was unabhängig vom Subjekt objektiv existiert. In der objektiven Welt existiert *keine* Wahrheit. Die wahren Ideen des Menschen spiegelt die Wirklichkeit wider. Die Übereinstimmung des Denkinhaltes (Urteil, Begriff) mit dem Gegenstand und damit auch mit dem, der ihn denkt, wird durch die gesellschaftliche Praxis geprüft und in Wahrheit gesetzt. Wahrheit entwickelt sich, sie ist ein Prozeß vom Nichtwissen zum Wissen im Urteil der Klasse. Durch das Urteil des Proletariats werden unbestechliche Erkenntnis und Wahrheit gewonnen. Praxis meint die gesamte weltverändernde Tätigkeit. Kriterium der Wahrheit ist aber nicht jede Praxis, sondern nur die revolutionäre Tätigkeit der Massen. Die Praxis der gesellschaftlich bestimmenden Gruppe (Klasse, Partei) ist das Kriterium der Wahrheit. Daher schafft diese die objektive, wahre Welt. Die durch diese Praxis gewonnene menschliche Erkenntnis ist allmächtig.

Wahrheit wird auch in dieser Theorie als Geltungsanspruch verstanden. Wahrheit ist an dem Guten zu erkennen. Wahrheit wird nicht nur als ein logischer Prozeß verstanden, sondern ist an den Vollzug des Guten gebunden. Das Wahre und das Gute lassen sich nicht gegeneinander ausspielen. Wahrheit ist konkret und realisiert sich im Tun des Guten. Über die Satzwahrheit wird hinausgegangen und Wahrheit in die Praxis eingebunden. Wahrheit ist nur, wenn sie den Menschen bzw. die Gesellschaft betrifft und nützt. Ja, Wahrheit kann so an das Gute gebunden werden, daß es zur Identität kommt, bzw. das Gute die Wahrheit dominiert.[58]

1.3. Die Korrespondenztheorie

Sie setzt voraus, daß unser Erkennen und das, was ist, korrespondieren. Alles ist grundsätzlich erkennbar, verstehbar und daher durch unseren Intellekt verifizierbar. Unser menschliches Verstehen ist offen auf das Sein. Erkennen und Erkanntes können zur Einheit gelangen, da beide Anteil am Sein haben. Nur weil wir den Seinsbegriff bilden, können wir Seiendes erkennen. All unsere Begriffe werden von der Seinsidee gespeist, und das Allererste, das Be-

---

[58] Ein eindrucksvolles Beispiel für ein solches Wahrheitsverständnis ist „die Erzählung des Obergärtners" von A. Tschechow: Der Arzt des Dorfes ist ein Mensch, der nur Gutes tut und sich von allem Bösen abgrenzt. Er wird ermordet. „Der Mörder wurde freigelassen, und kein Mensch bezichtigte die Richter der Ungerechtigkeit. ‚Und Gott', so sagte meine Großmutter, ‚verzieh um dieses Glaubens an den Menschen willen allen Bewohnern des Städtchens ihre Sünden'." Der Richter nämlich meinte, daß kein Mensch so böse sein könne, einen so guten Menschen zu töten. Es ist zwar wahr, daß der Freigesprochene der Mörder war, aber der Glaube an das Gute im Menschen ist wichtiger und heilbringender als die Feststellung der Wahrheit.

kannteste ist das Sein.[59] Was immer wir erkennen, läuft letztlich auf die Aussage hinaus, daß es ein Seiendes ist. Die Seinsstruktur und die Denkstruktur sind daher identisch. Damit ist aber bereits gesagt, daß alles Sein erkennbar und d.h. wahr ist. Ens et verum convertuntur. Hier liegt ein ontologisches Wahrheitsverständnis vor. Die Grenze des Seins ist die Grenze unseres Verstehens und umgekehrt. Der Verstehensvollzug endet aber mit dem Urteil, denn erst im Urteil stellen wir die Frage: Sein oder Nichtsein. Im Urteil sagen wir, dieses Seiende ist wirklich, und sprechen ihm Existenz zu oder eben ab. Damit ist der Ort der Wahrheit das Urteil. Die klassische Wahrheitsdefinition der Korrespondenztheorie lautet: Veritas est „adaequatio intellectus et rei, secundum quod intellectus dicit esse quod est, vel non esse quod non est".[60] Die Wahrheit ist die Entsprechung von Verstehen und Sein, insofern das Verstehen Seiendem Sein zuspricht oder Nichtseiendem abspricht. Von Wahrheit kann man nur dann sprechen, wenn die Sache auf den Erkenntnisvollzug bezogen wird. Aber der Erkenntnisvollzug als solcher macht nicht die Wahrheit aus, sondern nur insofern er sich auf den Sachverhalt bezieht. Zwar ist der Ort der Wahrheit das Subjekt, aber nur insofern es in Beziehung steht zu dem anderen, dem Objekt. Wahrheit hält sich in der Objekt-Subjekt-Beziehung, wobei sie im urteilenden Subjekt geortet ist. Wahrheit ist subjektiv, sonst *ist* sie nicht. Aber sie ist nicht beliebig, weil das Verstehen sich auf das Sein bezieht und alles Seiende (geortet im Sein) einen Bezug zum erkennenden Menschen hat. Die Wahrheit hat also ihre Grundlegung im Sein, aber formal ist Wahrheit nur im denkenden Subjekt.[61] Abgeleitet kann man jedoch auch sagen, daß die erkannte Sache selbst wahr ist. Formal aber ist die Wahrheit nicht in dem Objekt, sondern im Intellekt. Wahrheit ist nicht eine reine Entsprechung von Gegenstand und Verstehen, sondern der Vollzug des Intellekts, indem er Seiendem Sein zuspricht, konstituiert sie. Wahrheit ist Beziehung, die stimmig ist und nicht verstimmt. Stimmen und Verstimmen aber geht vom Subjekt aus, indem es sich vollzieht, nicht beliebig, sondern bestimmt durch das Sein, das allen gemeinsam ist. Der Mensch ist nicht Herr des Seins, sondern nur als Hörender empfängt er aktiv Wahrheit. Der Spruch des entsprechenden Menschen ist zwar eine actio des Menschen, aber in dieser bleibt er rezeptiv. Die Konstituierung der Wahrheit selbst wird nicht produktiv an das Subjekt gebunden. Daher ist dies eine analytische Korrespondenztheorie.

Vor allem zur analytischen Korrespondenztheorie hat die intuitionistische Wahrheitstheorie gewisse Affinitäten. Wie das Wort sagt, sind die sog. Grundwahrheiten (z.B. Widerspruchsprinzip) unmittelbar einsichtig. Wir haben sie mittels Intuition. Daneben gibt es Wahrheiten, die sich von diesen in-

---

[59]   Vgl. Thomas v. Aquin, Verit. 1,1.

[60]   Ders., C.G. I,59; vgl. S. Th. I, q. 16, a 1. Johannes Paul II. (Enzyklika „Fides et ratio",
       1998, § 82) kehrt den Sachverhalt um. Thomas v. Aquin will als Ort der Wahrheit den
       Intellekt benennen, der Papst will die „Objektivität" der Wahrheit erweisen.

[61]   Ders., vgl. Sent. I, d 19, q 5, a 1 objectio 4.

duktiv oder deduktiv ableiten lassen. Es gibt also eine Ausgangsmenge tatsächlicher, intuitiver, unmittelbar einsichtiger Wahrheiten. Mit den rationalen Folgerungen daraus ergibt sich der Gesamtbereich der Wahrheit. Wahrheit ist also nicht diskursiv zu begründen, sondern sie ist in der intuitiven Erfahrung fundiert und erhält durch sie ihre unmittelbare Bestätigung. Erste Wahrheiten werden als gegeben vorausgesetzt, ohne unser erkenntniskritisches Zutun. Aber gerade die Intuition, so könnte man kritisch einwenden, ist nur im verstehenden Vollzug des Menschen und daher diesem nicht vorzuordnen. Durch diese Auflösung wird die Beziehungsstruktur der Wahrheit nicht gesehen und alle Dialektik als sekundär betrachtet.

Die dialektische Korrespondenztheorie traut dem menschlichen Verstehen wesentlich die Objektbildung zu, während der Gegenstand ebenfalls wesentlich für die Subjektbildung ist. Wirklichkeit, Wahrheit ist „weder eine vorgegebene Objektwelt, noch beruht sie auf einer Setzung des Subjektes. Wirklichkeit ist vielmehr ein Geschehenszusammenhang, in dem Objekt und Subjekt miteinander verflochten sind in der Weise gegenseitiger Bedingung: das Subjekt wird ebenso vom Objekt bestimmt, wie es dieses bestimmt. Dieses Geschehen stellt einen Prozeß dar, dessen Grundmerkmal die *Dialektik* ist".[62] In der dialektischen Korrespondenztheorie ist also der Mensch nicht nur rezeptiv im Hinblick auf die Wahrheit, sondern auch produktiv. Die Beziehung, die die Wahrheit ist, ist durch das menschliche Erkennen konstituiert, indem der Mensch sich im Medium des Bewußtseins vollzieht. Er tut die Wahrheit, aber zugleich ist sie Geschenk, insofern der Mensch in seinem Erkennen Empfangender ist. Erst dieses dialektische Verständnis von Wahrheit überwindet den monologischen Wahrheitsbegriff und versteht ihn dialogisch.

1.4. Die kairologische Wahrheitstheorie

Eng an die dialektische Korrespondenztheorie schließt sich das *kairologische Wahrheitsverständnis* an, das streng dialogisch aufzufassen ist. Kairos bezeichnet die zeitlich-geschichtliche Gebundenheit der Wahrheit. Wahrheit ist nur als ein in Zeit und Geschichte stattfindendes Ereignis. Nur in ihnen verwirklicht sie sich. Sie ist ein relationales Geschehen. Wahrheit ist nicht nur ein dialektischer Prozeß von Objekt und Subjekt, indem sie sich gegenseitig bedingen und in der Weise des Zuspruchs die Entsprechung verwirklichen, sondern sie ist ein Kommunikationsprozeß, der intersubjektiv eingelöst wird. Wahrheit ist nicht nur ein logisches, sondern ein dialogisch-relationales Geschehen. Wahrheit ist nicht a priori vorgegeben, aber auch nicht Produkt eines Subjekts, sondern in der dialogischen Verhältnisbestimmung verwirklicht sich Wahrheit. Wahrheit ist im Werden. Wahrheit ist kein Vorhandenes, sondern Qualifikation von Beziehungen. Wahrheit geschieht in den Beziehungen des Lebens. Hier erhält sie „ihre Chance". Wahrheit bewirkt in der

---

62 W. Schulz, Philosophie in der veränderten Welt. Pfullingen 1972, 841.

Relatio die Gewißheit[63], aber niemals Sicherheit, die beweis- und begründbar erscheint. Wahrheit ist die Aufhebung des Absolutheitsanspruches des begründenden Denkens, und so ist sie der Freiraum. Durch die Wahrheit verliert die Welt ihre kausal-instinktmäßige eindeutige Determination. Die Welt wird zweideutig. Erst durch den Vollzug menschlicher Existenz ist Wahrheit möglich. Die Wahrheit macht frei, schreibt das Johannesevangelium. Wahrheit und Freiheit bilden eine Einheit. Die Wahrheit ermöglicht daher, auch erfolgloses Leben zu schützen. Der Erfolg, der analytische Drang der Selbstbehauptung ist nicht identisch mit der Wahrheit des Seins. Für die Wahrheit ist der Erfolg nicht konstitutiv. Das Gute ist nicht mit dem identisch, was sich durchsetzen kann. Jesu Erfolg bestand gerade in seiner Erfolglosigkeit. Nur so ist Wahrheit human, und das menschliche Leben erhält eine neue Qualifikation: Statt Durchsetzungsvermögen (tierisch) Wahrheit (menschlich). So wird herrschaftsfreier Dialog möglich, bzw. dieser ist die Bedingung dafür, daß Wahrheit geschieht. Unmittelbar hängt dieses Wahrheitsverständnis mit der Konsensustheorie (J. Habermas) zusammen. Wahrheit als Richtigkeit (Sätze) läßt sich im Diskurs einlösen, während Wahrheit als Geschehen nur im Vergleich von Rede und Handeln einzulösen ist und Wahrheit des Lebens (Wahrhaftigkeit als Sein) meint. Wahrheit ist Interaktion, Vollzug. Die Vorbedingung jeder sprachlichen Interaktion ist die Konsensfähigkeit.[64] Was bedeutet die Angewiesenheit auf den Konsens? Er ist nur möglich im Vorgriff auf die ideale Sprechsituation. Sie ist perspektivisch als herrschaftsfreier Dialog. Daher ist wahrer Konsens nur in einem emanzipatorisch-kritischen Dialog möglich.

Dieser „Vorgriff" auf die Geschwisterlichkeit (aller Menschen) ist die Grundentsprechung, die „adaequatio fundamentalis", die in der Gleichheit menschlicher Existenz liegt. Diese ist wie alles Seiende im (allgemeinen) Sein verwurzelt, das die Möglichkeit von Wahrheit begründet. Nur weil Existenz (des Menschen) grundlegend gleich ist, ist Konsens möglich; der Vorgriff ist zwar historisch-zeitlich nur als Zukunftsperspektive verstehbar und vollziehbar, aber als Existenz ist der Mensch schon vorgängig strukturell in dieser Möglichkeit. Als Seiende, Vorhandene, sind Menschen in die Ungleichheit gestellt und daher in die Verzerrung des Dialogs; als Existenz ist der Mensch in der Offenheit, und die Verzerrung ist grundsätzlich überwindbar. Daher ist Wahrheit dialogisch möglich und nur im Vollzug dieses Geschehens im emanzipatorischen Dialog verwirklichbar. Wahrheit wird hier zum Gegensatz von Lebenslüge, die nicht unmittelbar unwahrhaftige Rede meint.

---

[63]   Im AT ist אֱמֶת ('æmæt) Treue, Liebe, die in der Beziehung Gewißheit schenken. Eines wahren Freundes kann man gewiß sein, aber sich niemals seiner versichern.

[64]   In postmodernen Entwürfen wird die Konsenssuche selbst als ein totalitäres Element der Moderne bezeichnet und abgelehnt. Vgl. P. Engelmann (Hg.), Postmoderne und Dekonstruktion. Texte französischer Philosophen der Gegenwart. Stuttgart 1990.

Zwar ist Wahrheit auch hier Gegensatz zum Nichtwissen, Nichtverstehen, Verborgensein der Wirklichkeit und kann auch die Dimension unrichtiger Sätze meinen, aber entscheidend für Wahrheit ist ihre dialogische Struktur, durch die sich das Menschsein bewahrheitet, als wahr herausstellt. Der „Ecce homo" ist nur, indem er sich als Wahrheit des Lebens kommunikativ erweist. Daher sind wir als Christen nach johanneischem Verständnis dazu da, die Wahrheit zu tun, und nur in diesem tun selbst ist Wahrheit.

2. Die Wahrheit tun (Glaube und Wissen)

Der Bezug zwischen Wahrheit und Tun, zwischen Erkenntnis und Lebensvollzug, zwischen Wahrheit, die nur für den Satz (enuntiabile) gilt, und Wahrheit, die den Vollzug einschließt, kann eine Aussage verdeutlichen: Ein kg Gold ist wertvoller als ein Groschen, und ihre Umkehrung: Ein Groschen ist wertvoller als ein kg Gold. In einem allgemeingültigen Kontext (bezogen auf unsere wirtschaftliche Weltordnung) ist der erste Satz objektiv richtig; der zweite erscheint als völlig unsinnig. Ein Blick in die Bibel belehrt uns eines Besseren. Ein Pharisäer gibt von allem, was er hat, den zehnten Teil; es ist eine beträchtliche Summe. Nun kommt die arme Witwe, sie hat nur noch einen Groschen, und diesen wirft sie in den Opferkasten. Der Wert verändert sich sofort durch den Zusammenhang mit dem Tun, mit der Lebenssituation. Der Vollzug ist bestimmend, und nicht die objektive „Richtigkeit" des Satzes. Sicher, der sog. „objektive" Wert des Goldes ändert sich nicht, aber sehr wohl die Wahrheit der Aussage. Im Koordinatensystem: Pharisäische Gerechtigkeit, hat nur das Gold seinen Wert; im Koordinatensystem: Selbstlose Hingabe, erhält nur der eine Groschen unendlichen Wert. Unter dem Aspekt rein objektiver Analyse (bestehender wirtschaftlicher Verhältnisse) ist nur der erste Satz richtig. Unter dem Aspekt dialektischen Geschehens, verändernden Tuns, gilt nur der zweite Satz. Viele Beispiele auf unterschiedlicher Ebene lassen sich anführen. Z.B. sind 1000 DM wertvoller als ein Glas Wasser. Bei geänderten Lebensumständen, etwa in der Wüste, helfen zum Überleben die Geldscheine nichts, wohl aber kann Wasser lebensrettend sein. So können Menschen viele teure Geschenke machen, ja Kinder können dadurch erdrückt werden, hingegen kann ein gutes Wort, liebende Zuneigung Hilfe für das Kind, den anderen Menschen sein. Aus der Bewegung persönlichen Eintretens für den anderen wird der Satz gestaltet und erhält seine Wahrheit, die ein allgemein gültiger Satz nie erreichen kann, weil er konkrete Existenz nicht erfaßt, ja auch nicht einmal Hinweis auf sie ist. So hat Wittgenstein recht, wenn er schreibt: „Wir fühlen, daß selbst, wenn alle *möglichen* wissenschaftlichen Fragen beantwortet sind, unsere Lebensprobleme noch gar nicht berührt sind."[65] Das Tun der Witwe beantwortet keine wissenschaftliche Frage etwa nach dem Wert des Geldes, diese „objektive" Wahrheit liegt auf einer

---

[65]   L. Wittgenstein, Tractatus logico-philosophicus, Frankfurt 1960, 6.52.

anderen Ebene, sie ist vom Vollzug ablösbar; nicht jedoch der Sinn und die Wahrheit der Tat der Witwe. Die Tiefe dieser Wahrheit wird vom objektivierenden Denken nicht berührt.

Hingabe, Verzicht, Einsatz des Lebens usw. werden mißverstanden, wenn der „objektive" Wert wissenschaftlich geprüft oder psychologisch und soziologisch aus möglichen Ursachen erklärt wird. Nur wenn die Beziehung, die relatio, die durch die Zeichenhandlung zum Ausdruck kommt, erfaßt wird, nur dann wird die Wahrheit des Tuns verstanden, die sich darin ausdrückt. Wahrheit ist im Vollzug relational und kein objektivierbarer Sachverhalt. Die Wahrheit, die sich im Satz erschließt, kann nur ein Spiegelbild von ihr sein. Das gilt gerade für das Glaubensbekenntnis und noch mehr für Dogmen (Glaubenssätze). Ein „objektiv" richtiger Satz gilt im pharisäischen Koordinatensystem, bzw. in der logischen Begründung durch logische Sätze, d.h. im objektivierenden Denken, das vom Denkenden selbst, von seiner Existenz absieht. Solche Glaubenssätze sind dann nichts anderes als Papiergeld. Dogmatische Formulierungen, moralische Normen, liturgische Formen haben so lange Wert und Gültigkeit, wie sie gedeckt sind (wie das Papiergeld durch Goldreserven). In einer Zeit, in der der Wert des Papiergeldes außer Frage steht, weil Zeichen und Bezeichnetes übereinstimmen, zwischen dem Handelswert und der Wirklichkeit keine Disharmonie besteht, der Geschäftsverkehr floriert, wird die Frage nach der Deckung, d.h. nach der Wahrheit der Wirklichkeit nicht gestellt, sondern vorausgesetzt. Wenn aber eine Währungskrise einsetzt, eine Inflation droht, wird der Wert des Papiergeldes fraglich; er wird überprüft und in Relation gesetzt zur Deckung. Je mehr der Kurswert des Ausdrucks, des Symbols sinkt, umso mehr wird man sich dem eigentlichen Wert selbst zuwenden. Menschen nun, die Papiergeld in ihrem Leben angehäuft haben und nichts anderes in den Händen halten, ihr ganzes „Vermögen" darin sehen, werden sich mit allen Mitteln gegen diese Krise wenden und den Wertverlust nicht wahrhaben wollen. An der bisherigen vermeintlichen Sicherheit werden sie festhalten und kaum Bereitschaft zeigen, sich umzuorientieren und entsprechend der Lage neu anzufangen. So geht es manchen Christen, aber vor allem den Hierarchen mit ihren Dogmen und Glaubenssätzen in der Kirche; sie haben vielleicht einen Haufen Papiergeld in den Händen, der Tauschwert auf das Leben bezogen ist aber praktisch gleich Null.[66] Wer seine objektiven Satzwahrheiten nicht im dialogischen Vollzug überprüft, wird plötzlich merken, daß sein Glaube in der Satzform seiner Basis beraubt, bzw. leer und nichtssagend ist. „Der Glaube ist nicht ein Denken, vermindert um die Realität des Gedachten, sondern ein Denken, vermehrt um die Existentialität des Denkenden."[67] Nur wer in seiner Existenz betroffen ist, kann sinnvolle und gültige Glaubenssätze

---

[66] Vgl. P. Engelmann (Hg.), a.a.O., 33f.
[67] V. Frankl, Der unbedingte Mensch, Wien 1949.

sprechen. Die grundlegende Wahrheit ist nicht im Gegenstand oder Satz [68], sondern sie ist Vollzugswahrheit, die nur kommunikativ eingelöst werden kann und in der Verständigung aufleuchtet.

2.1. Das Sprachspiel

Bevor von der Differenz und Identität der Wahrheit zu sprechen ist, die sich in zwei Grundtypen zeigt, ist noch auf die Sätze selbst zu achten, die in ihrem Satzbau und ihrer Struktur zwar gleichlautend erscheinen, aber völlig verschiedene Sachverhalte benennen. Durch die Sprache der Glaubensbekenntnisse wie durch die Dogmen können wir in unserem Denken verführt werden, weil verschiedene „Sprachspiele" gespielt werden. Verwechslungen und Fehlschlüsse werden dadurch begangen. Ein naturwissenschaftliches Sprachspiel kann in einem theologischen Kontext gebraucht werden. Wird der Unterschied nicht klar erkannt, ergeben sich Irrtümer, die sich für den Glaubensvollzug verheerend auswirken können. Das philosophische Sprachspiel ist nicht gleich den offenbarungstheologischen, und selbst in der Theologie ist eine Bekenntisaussage nicht mit einer dogmatischen zu verwechseln.

Der Begriff „Sprachspiel" wurde von L. Wittgenstein in die wissenschaftliche Diskussion eingeführt und meint die Beziehung von Lebensform und Sprachgebrauch und die sich daraus ergebende Welterschließung.[69] Eine sprachliche Äußerung ist in einer bestimmten Situation immer auf Handlungen bezogen. Da die Sprache des Glaubens eine solche Beziehungseinheit darstellen will, ist sie ein bestimmtes Sprachspiel mit bestimmten Spielregeln. Problematisch wird es dort, wo sich in einer solchen Einheit verschiedene Sprachspiele kreuzen und daher Verwechslungen entstehen, die oft nicht erkannt werden und so zu völlig falschen Schlüssen führen. So ist theologisch nicht zu erwarten, daß Konzilien, die historisch so weit auseinanderliegen wie Nikaia (325, 1. Konzil) und das 1. Vat. Konzil (1870 vorletztes Konzil), dasselbe sprachliche Spiel spielen; aber auch im 1. Vat. Konzil selbst werden unterschiedliche Spracheinheiten verwendet, die aus Naturwissenschaft, bestimmten Philosophien, historischen Einsichten u.a.m. entnommen sind und eine Vermischung eingehen, die in die Irre führt. In ganz einfachen Sätzen läßt sich das unterschiedliche Sprachspiel erkennen, z.B.: „Gott schenkt mir ein Kind, meine Frau schenkt mir ein Kind, mein Mann macht mir ein Kind, der Gynäkologe gibt mir ein Kind, der Storch bringt mir ein Kind." Diese fünf Sätze meinen ganz verschiedene Sachverhalte, obwohl der Satzbau (Urteil)

---

[68]   Treffend bemerkt dazu H.J. Schulz, Bekenntnis statt Dogma. Kriterien der Verbindlichkeit kirchlicher Lehre, Freiburg 1996, 404: „Der Geist … kann … nicht einfachhin in dogmatischen Sätzen oder kirchlichen Rechtsformen dingfest gemacht werden." Gemeint ist, daß der Geist der Wahrheit auch nicht in Sätzen, die mit höchster Autorität vorgetragen werden, verfügbar werden kann und gegenständlich zu handhaben ist.

[69]   Vgl. A. Grabner-Haider, Theorie der Theologie als Wissenschaft, München 1974, 135.

und die Konstruktion gleich sind. Nur das Subjekt des Satzes wird jeweils ausgetauscht. Man kann diese Sätze als Antwort auf die Frage nach dem Grund, die causa des Kindes ansehen; woher hat es seinen Ursprung? In Frau und Mann – aber auch hier, in diesem Begründungskontext, sind wesentlich unterschiedliche Bedingungen gemeint. Auch der Gynäkologe als Geburtshelfer kann in kausalem Zusammenhang gemeint sein, der im ärztlichen und nicht im Zeugungsbereich liegt. In einer Situation, in der ein Kind unerwünscht ist, kann der Satz, daß mein Mann mir ein Kind gemacht hat, den Ärger über ihn ausdrücken, seine Rücksichtslosigkeit usw., ohne primär die Kausalität selbst zu betonen. Nun kann ich auch Gott und den Storch in Kausalzusammenhängen verwenden. Gott wird etwa als einer vorgestellt, der beim Zeugungsakt dabei ist und dem Kind die „unsterbliche Seele" einhaucht oder ganz einfach durch sein Eingreifen ein Kind entstehen läßt, also ein Mirakel wirkt. Oder der Storch wird dem Kind gegenüber als eine fremde Ursache geschildert, die Geschwister produziert oder zumindest herbeischafft. Der Storch dient als Täuschungsmanöver, um das unbequeme Fragen abzublocken; er wird zum Zweck der Lüge verwendet. Gott wird oft zur ideologischen Untermauerung herangezogen. Als letzte Ursache des Kinderkriegens kann er verstanden werden („Gott hat uns nicht mehr oder so viele Kinder geschenkt.") Wenn man nur „den lieben Gott läßt walten", dann ist es gut, denn durch die Natur wirkt er auf uns (Selbstbestimmung wird weitgehend als unethisch abgelehnt). Die Ideologie liegt auf der Hand. Natürliche Ursachen werden mit ideologischen Glaubensaussagen vermengt. Ich kann diesen Satz über Gott aber auch aus all diesen Kausalzusammenhängen herausnehmen und ihn als Ausdruck der Dankbarkeit verstehen: Wie glücklich sind wir beide, daß uns nun ein Kind geschenkt ist. Diese Dankbarkeit kann dadurch ausgedrückt werden, daß man auf Gott verweist, daß die Geburt des Kindes gleichsam ein „göttliches" Ereignis ist. Als Witz kann ich auch vom Storch sprechen, und manch ein Groll oder Ärger kann sich hinter diesem Satz verbergen, daß ein unerwünschtes Kind, das der „Lebensplanung" entgegensteht, nun gekommen ist.

Sätze sind von den Situationen nicht zu trennen, und Lüge, Irrtum, Zorn oder Dank können sich in sprachlich gleichlautenden Sätzen artikulieren. Das „Sprachspiel" ist für ihr Verständnis entscheidend.

Ein anderes Beispiel kann dies veranschaulichen. In der Bibel wird berichtet, daß der Auferstandene durch die verschlossene Tür ging. Wir sprechen davon, daß ein Mensch mit dem Kopf durch die Wand geht.

Wie sind diese Sätze zu verstehen? Werden sie als eine historische Berichterstattung verstanden, dann sind sie unsinnig oder mirakulös. Sicher soll in den Sätzen auch ein historischer Kern getroffen werden; nämlich, daß es einen Dickkopf gibt und verschlossene Türen für menschliche Beziehungen kein Hindernis sind. Aber der Sinn der Aussage ist jedoch einerseits der Hinweis, daß Sturheit nicht weiterführt, andererseits das Bekenntnis zum Leben, das durch Raum und Zeit nicht begrenzt wird. Nur so drücken diese Sätze einen realen Sachverhalt aus, haben als Metaphern einen Sinn und vermitteln Wahrheit und Lebensweisheit. Formal sind beide Sätze gleich, Wand und Tür stellen kein absolutes Hindernis dar, trotzdem ist das Sprachspiel je anders. Erst in bezug auf die Lebensform ist jeder Satz unterschiedlich zu verstehen und nur so auch richtig verstanden. Sätze sind nur Wahrheitssegmente und daher stets zweideutig. Recht verstanden werden sie aus dem Sprachspiel. Ist dieses unklar, entstehen Verwechslungen. Die Interpretation geht in die Irre.

So sind auch Sätze wie: Michelangelo schuf das Jüngste Gericht und Gott schuf die Welt, zwar grammatikalisch gleichlautende Aussagesätze, sie bilden aber verschiedene Sachverhalte ab. Das Bild läßt sich kausal von Michelangelo ableiten, Gott als Schöpfer der Welt ist ein Bekenntnissatz, wie der Dank für das empfangene Kind, und erklärt keinen Kausalzusammenhang. Die zweideutigen Sätze verweisen uns auf die Lebensform (wie Wittgenstein sagt) und damit auf die Interpretation des Wahrheitsgehaltes. Die Analyse der Sätze zeigt auf die Wahrheitsfrage. Diese erscheint uns in zwei grundlegenden Dimensionen. Sie sind Kriterium für die Wahrheit der Dogmen.

2.2. Zwei Wahrheitstypen

Die beiden Koordinatensysteme werden verschieden benannt: z.B. Glaube oder Wissen (1. Vat. Konzil), Sein oder Haben (E. Fromm), vollziehend oder objektivierend (R. Bultmann), funktional oder metaphorisch (B. Brecht), kommunikativ oder instrumentell (J. Habermas), symbolisch oder enzyklopädisch (Ch. Duquoc), transzendental oder kategorial (K. Rahner), relational oder begründend (M. Heidegger) u.a.m.[70] Diese Begriffe dienen zur Klarstellung unterschiedlicher Denkrichtungen. Zwei grundlegende Denkweisen werden damit charakterisiert, die den Ort der Wahrheit einer Aussage bestimmen. Im Hinblick auf Glaube und Wissen kann ein Text K. Jaspers' den Unterschied verdeutlichen. Er gilt analog auch für andere Distinktionen. Die Wahrheit hat im Glauben (Bekenntnis/Vollzug) eine andere Struktur als im Wissen (begründendem Denken). „Glaube ist unterschieden vom Wissen. Giordano Bruno glaubte und Galilei wußte. Äußerlich waren beide in der gleichen Lage. Ein Inquisitionsgericht verlangte unter Drohung des Todes den Widerruf. Bruno war zum Widerruf mancher, aber nicht der für ihn entscheidenden Sätze bereit; er starb den Märtyrertod. Galilei widerrief die Lehre von der Drehung der Erde um die Sonne, und man erfand die treffende Anekdote von seinem nachher gesprochenen Wort: Und sie bewegt sich doch. Das ist der Unterschied: Wahrheit, die durch Widerruf leidet und Wahrheit,

---

[70] Auf die zwei Wahrheitstypen macht auch R. Musil aufmerksam: „Aber ich glaube vielleicht, daß die Menschen in einiger Zeit einesteils sehr intelligent, anderenteils Mystiker sein werden. Vielleicht geschieht es, daß sich unsere Moral schon heute in diese zwei Bestandteile zerlegt. Ich könnte auch sagen: in Mathematik und Mystik. In praktische Melioration und unbekanntes Abenteuer" (Der Mann ohne Eigenschaften, Hamburg 1987, 770).

deren Widerruf sie nicht antastet. Beide taten etwas dem Sinne der von ihnen vertretenen Wahrheit Angemessenes. Wahrheit aus der ich lebe, ist nur dadurch, daß ich mit ihr identisch werde; sie ist in ihrer Erscheinung geschichtlich, in ihrer objektiven Aussagbarkeit nicht allgemeingültig, aber sie ist unbedingt. Wahrheit, deren Richtigkeit ich beweisen kann, besteht ohne mich selber; sie ist allgemeingültig, ungeschichtlich, zeitlos, aber nicht unbedingt, vielmehr bezogen auf Voraussetzungen und Methoden der Erkenntnis im Zusammenhang des Endlichen. Es wäre ungemäß für eine Richtigkeit, die beweisbar ist, sterben zu wollen. Wo aber der Denker, der des Grundes der Dinge inne zu sein glaubt, seine Sätze nicht zu widerrufen vermag, ohne dadurch die Wahrheit selber zu verletzen, das ist sein Geheimnis. Keine allgemeine Einsicht kann von ihm fordern, Märtyrer zu werden. Nur, daß er es wird und zwar wie Bruno nicht aus schwärmerischem Enthusiasmus, nicht aus dem Trotz des Augenblicks, sondern nach langer, widerstrebender Selbstüberwindung, das ist ein Merkmal echten Glaubens, nämlich der Gewißheit von Wahrheit, die ich nicht beweisen kann wie wissenschaftliche Erkenntnis von endlichen Dingen."[71]

Zwei Weisen der Wahrheit werden klar unterschieden und sind von der Struktur her kontradiktorisch: Die eine Wahrheit ist identisch mit dem Bekenntnis, ist auf den Lebensvollzug bezogen, die andere wird durch rationales Nachdenken entschieden. Daraus ergibt sich, daß der erste Wahrheitstypos mich fordert, unbedingt ist und zeitlich-geschichtliche Verpflichtung bedeutet, während der zweite objektive, allgemeingültige Einsichten meint, die gewissermaßen zeitlos gelten, keine zu verantwortende Verpflichtung darstellen und daher im Lebensbereich nur bedingt gültig sind. Der Satz: „Die Erde dreht sich um die Sonne", gilt ohne persönliches Engagement und ist objektiv observierbar. Der Satz ist richtig, aber für den Menschen existentiell nicht relevant. Er hat die Struktur der Beweisbarkeit, einer grundsätzlich objektivierbaren Wahrheit und nicht die einer Beziehung, einer Relationalität.[72]

Für objektive, naturwissenschaftliche Resultate braucht man nicht sein Leben einzusetzen oder gar zu sterben. Bei der Entdeckung der Atomenergie haben zwar Menschen ihr Leben verloren, aber aus der Struktur dieser Wahrheit geht hervor, daß der konkrete Forscher nicht konstitutiv ist. Sicher, so lange die Kernspaltung oder -verschmelzung noch nicht entdeckt ist, ist ein Wissen-

---

71 K. Jaspers, Der philosophische Glaube, Frankfurt 1958, 11f.

72 A. Kreiner, Ende der Wahrheit? Zum Wahrheitsverständnis in Philosophie und Theologie, Freiburg 1992, 395ff meint, daß die Zuordnung von Allgemeingültigkeit und Beweisbarkeit falsch sei, denn auch Galilei habe sich geirrt. Selbstverständlich gibt es auch naturwissenschaftlich falsche Theorien. Sie werden aber entkräftet durch den gegenteiligen Beweis. Auch Hypothesen sind nicht immer beweisbar, ja werden falsifiziert. Es geht nicht um das Problem des Fortschrittes im Bereich der Naturwissenschaft, die je neue Erkenntnisse vermittelt und andere als falsch erklären muß, sondern es geht um die Wahrheitsstruktur, in der die Möglichkeit der Beweisbarkeit liegt; andernfalls kann Wahrheit von einem solchen Satz nicht ausgesagt werden.

schaftler für diese notwendig. Sobald die Entdeckung jedoch gemacht wurde, ist der Weg der Erforschung uninteressant, wichtig ist nur das Resultat und nicht der konkrete Mensch (dies schließt bei allen neuen naturwissenschaftlichen Erkenntnissen ein besonderes Gefahrenpotential für eine menschliche Welt ein). Der einzelne Forscher also leistet nur maieutische Arbeit, er hat „Hebammenfunktion", ist jedoch für das Ergebnis nicht wesentlich. Wahrheit stellt sich als ein Wissen dar und betrifft nur die Sphäre der Rationalität des Menschen. Das gleiche gilt nicht, wenn Wahrheit mit dem Menschsein selbst zu tun hat, wenn sie den Menschen in seiner Person, in seiner Existenz trifft und mit dieser eine Einheit bildet, wie wir es bei der Pilatusfrage erkannten. Wahrheit und Sein und damit auch der Lebensweg gehören zusammen. Der Satz: „Ich bin der Weg, die Wahrheit und das Leben" ist keine abstrakte Wahrheit, keine Aussage über Vorhandenes (auch nicht eine „Wesensbeschreibung" Jesu!), sondern eine Bezeugung der Wahrheit, die nur Bestand hat, wenn sie gelebt, wenn ihr Weg gegangen, wenn sie vollzogen wird.[73] Wahrheit ist hier nicht Nachvollzug einer objektiv bereits bestehenden Wahrheit, die subjektiv angeeignet wird, vielmehr wird sie durch den Vollzug konstituiert. Ja selbst objektive Wahrheiten können durch die Aussageweise dazu beitragen, den verfehlten Vollzug zu verdeutlichen. S. Kierkegaard weist darauf hin, daß das Sprachgeschehen selbst entscheidend für Sinn oder Unsinn des Satzes ist. Er erzählt folgende Geschichte aus einem Irrenhaus: „Ich möchte mir erlauben, eine Begebenheit zu erzählen, die ohne jede zurechtstutzende Abänderung meinerseits direkt aus dem Irrenhaus stammt. Ein Patient einer solchen Anstalt will weglaufen und führt auch wirklich sein Vorhaben aus, indem er aus dem Fenster springt. Er befindet sich nun im Garten der Anstalt und will die Wanderung in die Freiheit antreten. Da fällt ihm ein (soll ich nun sagen, daß er so klug oder so verrückt war, diesen Einfall zu haben?): Wenn du nun in die Stadt kommst, wirst du erkannt, und man wird dich wahrscheinlich sofort wieder hinaustransportieren. Da kommt es nun darauf an, daß du jeden Menschen durch die objektive Wahrheit deiner Rede vollkommen davon überzeugst, daß, was deinen Verstand angeht, alles in Ordnung ist. Wie er so dahingeht und darüber nachdenkt, sieht er eine Kegelkugel auf der Erde liegen; die nimmt er auf und steckt sie in die Tasche seines Rockschoßes. Bei jedem Schritt, den er macht, schlägt ihm diese Kugel, mit Respekt zu sagen, an den H., und jedes Mal, wenn sie ihn so trifft, sagt er; Bum! Die Erde ist rund! Er kommt zur Hauptstadt und besucht sogleich einen

---

73 Das Wort „vollziehen", bzw. „Vollzug" meint nicht ein Tun oder Handeln, das aus dem Denken und Wollen (intellectus et voluntas) abgeleitet ist und daraus folgt, sondern das für die Existenzweise des Menschen grundlegend ist. Sein Sein vollzieht sich nur in der Selbstwahl; durch diese kann der Mensch sein humanum, d.h. seine Selbstidentität verwirklichen. Der Vollzug ist also nicht Wesensakt (actus essentiae), sondern Existenzakt (actus existentiae sc. essendi). Für das „Werden" gilt, daß es nicht aus dem Mangel (Bereich des Habens), sondern aus der Fülle (Bereich des Seins) hervorgeht. „Vollzug" ist stets konkret. Sein Ort ist Kommunikation, Begegnung, Beziehung, Relationalität. Er realisiert in der Zeit die Identität des Menschseins.

seiner Freunde. Er will ihn überzeugen, daß er nicht verrückt ist; er geht daher im Zimmer auf und ab und sagt fortwährend: Bum, die Erde ist rund! Aber ist denn die Erde nicht rund? Fordert das Irrenhaus noch ein Opfer um dieser Annahme willen, wie in jenen Zeiten, als alle annahmen, daß sie flach sei wie ein Eierkuchen? Oder ist der Mann verrückt, der dadurch, daß er eine allgemein angenommene und allgemein geachtete, objektive Wahrheit ausspricht, zu beweisen hofft, daß er nicht verrückt ist? Und doch wurde es dem Arzt gerade dadurch klar, daß der Patient noch nicht geheilt war, wenn es sich auch für die Heilung nicht gerade darum handeln konnte, ihn zu der Meinung zu bringen, daß die Erde flach sei."[74]

Der Satz selbst ist hier nicht primär Ort der Wahrheit, sondern das Sich-Aussprechen, der Vollzug. Wo Wahrheit ein Kommunikationsgeschehen ist, entscheidet dieses über den Wahrheitsgehalt und nicht der objektiv richtige Satz. Es mag objektiv richtig sein, Gott als Liebe zu bezeichnen. Wenn nun eine Frau vom Unglück zutiefst betroffen ist, weil sie ihren Mann oder ihr einziges Kind verloren hat, dann helfen pastorale Worte wie: Gott lenkt alles zum Guten, alles, was geschieht, ist gut, denn Gott ist die Liebe, gar nichts, dann sind solche Sätze ein Hohn auf das Unglück der Frau, selbst, wenn sie objektiv richtig wären. Nur ein Geschehen, das die Unglückssituation ändert, kann helfen (in der Darstellung jesuanischen Geschehens sind Worte nur zur Explikation des verändernden Geschehens dienlich, z.B. beim Jüngling von Nain). Dazu zählt freilich auch das echte Kommunikationsgeschehen. Eine Beziehung, die bisher nicht in dieser Weise bestand, wird hergestellt. Man spricht vom „Beistehen" in einer Not. Wahrheit ist nicht a priorisch vorhanden, sie muß auf dem gemeinsamen Weg gefunden, besser, verwirklicht werden. S. Kierkegaard weist darauf hin, daß in diesem Fall der Weg, der Prozeß der Geschichte wesentlich zur Wahrheit gehört, anders ist es nur dort, wo Wahrheit reines Wissen besagt. Da sind der Weg, die Zeit und Geschichte sekundär, ja bedeutungslos. „Wo die Wahrheit ein Sein ist, der ‚Weg' ist ... kann unmöglich ... von Geschlecht zu Geschlecht ... irgendwelche wesentliche Verkürzung stattfinden, da die Wahrheit nicht verschieden vom Weg, sondern eben der Weg ist."[75] Wahrheit ist nicht ein „Nach-gehen" oder „Nach-zeichnen" – das ist der Irrtum der „Simulation", aber auch der „Nachfolge" (Christi), sondern Wahrheit ist das „Gehen" selbst, ist Gestaltung der Wirklichkeit, jedoch nicht beziehungslos, sondern indem Beziehung realisiert wird. So konnte auch ein Zeitgenosse des Sokrates zwar alles wissen, was dieser gesagt hat, trotzdem war nur der sein Jünger, der sich durch ihn zu einem neuen Selbstverständnis veranlaßt sah. Nicht durch das Imitieren einer Lebensform gelange ich zu Wahrheit, sondern indem ich sie konkret verwirkliche, „produziere". Daß Wahrheit nicht mit einer objektiven Feststellung gleichzusetzen ist, daß sie sich nicht in einem Satz eindeutig bestimmen läßt, liegt am Menschsein selbst. Wäre der Mensch nur Wiedergabe von Eindrük-

[74] S. Kierkegaard, Unwissenschaftliche Nachschrift I, Düsseldorf 1957, 185f.
[75] Ders., Einübung im Christentum, Düsseldorf 1951, 198f.

ken, Abbildung vorgegebener, festgeschriebener Erkenntnisse, dann wäre die objektive Wahrheit die ganze Wahrheit seines Seins. Aber Menschsein ist nicht ein vorgegebener Zustand, sondern vollzieht sich im Tun, denn der Mensch ist nicht einfach festgelegt, sei es durch den Instinkt, sei es durch Dressur (in Institutionen). Indem der Mensch sich vollzieht, verwirklicht er sein Wesen (oder „Unwesen"), das wiederum nicht schlechthin Festlegung bedeutet, sondern durch Entscheidungen revidiert werden kann. Nur von der Anthropologie her läßt sich der Wahrheitsbegriff erhellen. Wird Menschsein als objektiv vorgegeben verstanden, ist Wahrheit des Menschsein immer nur ein Nachvollzug. Der Mensch ist rein rezeptiv. Ist hingegen die Wahrheit, die den Menschen betrifft, nicht a priori vorgegeben, sei es durch Sätze, Gesetze, Normen, Institutionen usw., dann ist Wahrheit nur, indem der Mensch sie vollzieht, indem er die Wahrheit seines Lebens findet, „erfindet"[76] und so zu seiner Identität gelangt, d.h. ein sinnvolles Leben lebt. Leben ist ein Kommunikationsprozeß, und daher hat die Wahrheit, die nicht rein rationales Wissen ist, ihren Ort im Kommunikationsgeschehen. Dieses wird als Ereignis der Bezugnahme ganz allgemein als Vertrauen oder Glauben bezeichnet. Glaube meint hier nicht eine spezifische religiöse Ausformung, sondern die menschliche Grundhaltung des Vertrauens. In ihr kann sich der andere mir erschließen, offen werden und aus sich herausgehen. Wenn sich auch in dieser Kommunikationsaufnahme ein konkreter Inhalt mit erschließt, der auch objektiviert werden kann, so ist dieser nicht das Grundlegende, sondern das Abgeleitete. Der Prozeß des Sich-Erschließens konstituiert die Wahrheit, die ein Geschehen, Leben ist. „Jedes menschliche Verhältnis, jede menschliche Beziehung von Mensch zu Mensch ginge an der Exekution kontrollierender Sicherstellung zugrunde. Der Mensch lebt von Vertrauen. Vertrauen ist ein die Menschlichkeit des Menschen konstituierendes Existential."[77] Es geht hier nicht primär um einen einzelnen Akt besonderen „Vertrauens" zu einem Menschen, der einen vielleicht enttäuscht hat („Hab' doch Vertrauen! Ich habe doch auch dies oder jenes Gute für dich getan"), sondern um die grundlegende Existenzmöglichkeit des Menschen. Menschliches Leben geschieht nur in Beziehungen. Sie sind im personalen Bereich der Grundakt, der bereits reflektiert, Vertrauen heißt und erst durch Enttäuschung zur Absicherung genötigt wird. Menschen, die in einer vertrauensvollen Beziehung leben, brauchen keine Sicherheit außerhalb dieser Beziehung, ja gerade ihre Wahrheit würde in Frage gestellt, wollte man sie absichern und begründen. Begründung und Versicherung beginnen erst dort, wo relationale Wahrheit ihr Wahr-Sein eingebüßt hat.

Ein Kind, das sich nicht auf die Mutterbrust einläßt, muß verhungern. Der Mensch, der sich auf das ihm Fremde (und doch Vertraute) nicht einläßt, er-

---

[76] Über „Don Carlos" von F. Schiller, der über die objektive, historische Wahrheit hinausgeht, schreibt G. Verdi: „Gut ist es, die Wahrheit zu erzählen, besser ist es, die Wahrheit zu erfinden."

[77] E. Jüngel, Gott als Geheimnis der Welt, Tübingen 1977, 266.

fährt keine Wahrheit, die eine Lebensform darstellt. Der Mensch, der nicht in Beziehung steht, verkümmert, er lebt „unwahr". Gerade diese *relationale Seinsweise des Menschen* ist Wahrheit, die „Leben" bedeutet. In dieser Bewegung der Wahrheit ist der vertrauende Mensch beim Vertrauten. Er bleibt bei ihm, auch wenn er reflex in der Beziehung auf sich zurückkommt. Diese Rückkunft des verstehenden Menschen ist kein Zwang, sein Verhalten oder gar sich selbst zu begründen. Er „denkt nach", aber er bleibt im „Bezugssystem" und bricht nicht entzwei, wie dies bei der Objektivierung geschieht, die das Geschehen jenseits des Bezugs absichern will. Die Grundstruktur dieser Wahrheit ist daher auch die *Freiheit*. Indem ich mich auf den anderen (das andere) einlasse, zwinge ich es nicht in eine Begründung, sondern lasse es sein, was es ist. Gerade dadurch kann sich jeder in seiner Eigenart selbst bestimmen und wird frei. Die Freiheit (nicht als Entscheidung einer Wahl, dieses oder jenes zu tun) ist daher immer mehr als das Tun eines einzelnen Subjekts, sie ist ein Kommunikationsprozeß. Daher ist der relationale Wahrheitstypos mit dem Verständnis des Menschen als Freiheit verbunden. Und gerade diese ermöglicht die Selbstbestimmung und den Verzicht auf den Zwang einer Selbstbegründung.

Sartres Existenzphilosophie – vor seinem sozialphilosophischen Ansatz – ist eine einzige Demonstration, daß der Mensch, der meint, sich selbst begründen zu können, immer scheitern muß; denn dadurch wird der andere zum Objekt – und zwar in seiner Seinsdimension. Der Mensch ist nicht in der Wahrheit, wenn er als Objekt, als Resultat verstanden wird, sondern nur, wenn er sich als relational begreift, wenn er sich selbst vom anderen her versteht, wenn er in Beziehung lebt. Eine „Rückversicherung", die doch wieder im eigenen Ich einen letzten Grund hat, der nicht in das Begegnungsgeschehen eingebracht wird, kann es nicht geben. Oder der Mensch verläßt diese Bewegung und zieht sich auf sich selbst zurück. Das kann aber nicht gelingen, es sei denn, man schneidet seine Lebensform als Segment heraus. Aber auch dies kann nur im Denken geschehen, insofern es vom konkreten Lebensvollzug absieht. Dabei ist zu bedenken, daß *objektivierendes Denken* immer als Bedingung oder Möglichkeit Relationalität voraussetzt. Damit setzt aber auch die „objektive Wahrheit" die „relationale Wahrheit" voraus. Ihre Objektivität hat sie nicht in der Aufgabe ihrer Relationalität, sondern gerade im Vollzug. Im Geschehen selbst wird sie entdeckt. Dem Menschen geht „ein Licht auf", er erfährt sich neu, es erschließt sich ihm die Wirklichkeit. Aufgrund dieses „Zutrauens" menschlicher Existenz ist es möglich, dieses Selbst zu verstehen und zu befragen, es auch zu objektivieren und eine „Wahrheit" zu erkennen, die sekundär ist und in einer gewissen Unabhängigkeit „Objektivität" erlangt. Diese letzte wird bei der so häufigen Umkehrung unseres Denkens als grundlegend angesehen. Dadurch wird aber die Wirklichkeit auf den Kopf gestellt, und der Mensch lebt „verkehrt".

2.3. Sein und Haben

Ein solches *doppeltes Wahrheitsverständnis* kommt zum Ausdruck im Begriffspaar: Haben – Sein.[78] Wer von der Wahrheit lebt, die kein Bekenntnis fordert, die objektiv allgemeingültig ist und durch das Wissen in Besitz genommen werden kann, der lebt in der Kategorie des „Habens". Wahrheit, die nur im Vollzug der Kommunikation wirklich wird, ist dem „Sein" zuzuordnen. „Haben" und „Sein" sind zwei Arten der Lebensorientierung. Das Denken, Empfinden und Tun wird davon bestimmt, welcher Kategorie ich in meinem Leben den Vorrang gebe. Das „Haben" orientiert das Leben auf alles, was grundsätzlich objektivierbar ist, was also Besitz werden kann. Sicher ist auch In-Besitz-Nehmen von etwas eine Beziehung, aber eben ganz anderer Art als die Wahrheitsrelation auf der Ebene des Seins. Primär ist beim Besitz das Seiende, Vorhandene, Gegenständliche interessant, das mir dient, das ich für mich gebrauchen kann. Ich kann so auch einen Menschen besitzen; dadurch wird er aber für mich ausgebeutet, sei es, daß seine Arbeitskraft oder sein Körper mir zur Verfügung steht. „Ich bin, was ich habe"; das ist die Lebensorientierung des Konsumenten, gleichgültig, ob es die materiellen oder geistigen Güter betrifft. Gott entzieht sich offenbar dieser Kategorie, auch wenn ich meine, über Gott verfügen zu können; ich habe dann nur einen „Götzen", der mir zu Willen ist. Das, was ich habe, begründet meinen Wohlstand, und wenn ich mich geistig oder materiell nur von da her verstehe, so werde ich durch meinen Besitz begründet. Das, was ich bin, ist durch das Haben abgesichert. Diese Funktion kann Geld, ein Mensch und auch ein „Gott" übernehmen. Ist meine Lebensorientierung hingegen das „Sein", dann bedeutet das „Lebendigkeit und wirkliche Bezogenheit zur Welt"[79]: Ich „*habe*", was ich bin! Nicht das Vorhandene sichert mein Leben ab, sondern in der vertrauenden Bezugnahme werde ich überhaupt erst ich selbst, und alles, was ich dann „habe", ist bestimmt von dieser Lebensform. Sie ist ein Prozeß der Selbstwerdung im kommunikativen Geschehen.

Auch der *Glaube* in seinen verschiedensten Formen kann sich in diesen beiden Modi begreifen. Der Glaube, der sich als Besitz versteht, wird die Wahrheit *haben,* wird alles von daher beurteilen und objektivieren. Ja, selbst Gott kann er „haben", indem er genau weiß, was er „leisten" muß, damit Gott sein Leben begründet und ihm Sinn gibt. „Im Habenmodus ist der Glaube eine Krücke für alle jene, die Gewißheit wünschen, die einen Sinn im Leben finden wollen, ohne den Mut zu haben, selbst danach zu suchen."[80] Ist Glaube aber Sein, dann meint er eine Beziehung, die mich in die Wahrheit bringt, die mich neu werden läßt. Sie selbst hat den Grund in sich und braucht nicht durch ein Seiendes im Habenmodus begründet zu werden. Sicher gibt mir die-

---

[78] E. Fromm, Haben oder Sein. Die seelischen Grundlagen einer neuen Gesellschaft. Stuttgart 1976.

[79] A.a.O., 34.

[80] A.a.O., 50.

se Beziehung eine „gründliche" Kenntnis von der Wirklichkeit, ja sie erschließt mir die Wirklichkeit; aber sie ist nicht begründend, sondern relational.

So wie der Glaube ist auch die *Liebe* möglich, indem ich sie „habe" oder indem ich in ihr „bin". So wie wir von Gott nichts „haben", sondern in Gott nur „sein" können, so haben wir nicht die Liebe als Besitz, sondern wir können sie nur vollziehen. Liebe, die ein „Ding" ist, gibt es nicht. Liebe „an sich" ist eine reine Abstraktion; sie ist nur im Vollzug. Wer Liebe kontrolliert und in Gründe zerlegt, läßt sie zugrunde gehen. Das Beispiel der Ehe kann überdies verdeutlichen, wie verschieden Wahrheit und Liebe sind, wenn sie als Besitz oder als lebendige Beziehung verstanden werden. „Häufig ändert sich mit der Eheschließung die Situation (der ‚Liebenden‘) grundlegend. Der Ehevertrag gibt beiden das exklusive Besitzrecht auf den Körper, die Gefühle, die Zuwendung des anderen. Niemand muß mehr gewonnen werden, denn die Liebe ist zu etwas geworden, das man besitzt, zu einem Eigentum. Die beiden lassen in ihrem Bemühen nach, liebenswert zu sein und Liebe zu erwecken, sie werden langweilig, und ihre Schönheit verschwindet. Sie sind enttäuscht und ratlos. Sind sie nicht mehr dieselben? Haben sie von Anfang an einen Fehler gemacht? Gewöhnlich suchen sie die Ursache der Veränderung beim anderen und fühlen sich betrogen. Was sie nicht begreifen, ist, daß sie beide nicht mehr die Menschen sind, als die sie sich ineinander verliebten; daß der Irrtum, man könne Liebe *haben,* bewirkte, daß sie aufhörten zu lieben. Sie arrangieren sich nun auf dieser Ebene, und statt einander zu lieben, besitzen sie gemeinsam, was sie haben: Geld, gesellschaftliche Stellung, ein Zuhause, Kinder. Die mit Liebe beginnende Ehe verwandelt sich so in einigen Fällen in eine freundschaftliche Eigentümergemeinschaft, in der zwei Egoismen sich vereinen."[81]

Hier wird deutlich, daß das Leben „unwahr" wird, weil es sich am Gegenständlichen, am Objektivierten orientiert und nicht an der Beziehung, die ständiges Neuwerden durch den anderen fordert, soll sie erhalten werden. Ich bin nur in der Liebe, indem ich am anderen werde, und nicht, indem ich den anderen habe. Wahrheit des Menschseins ist also nur in der Weise des „Weges", des Seins, des Lebens. Das „Haben" ist nur ein *sekundärer Seinsmodus,* das Abgeleitete. Für den christlichen Glauben und die Dogmatik kann diese Unterscheidung nicht hoch genug veranschlagt werden. Für das Glaubensverständnis ist sie „lebenswichtig". Wird die Wahrheit von der Kategorie des Habens her verstanden, dann wird die Wahrheit des Glaubens depraviert; wohl kann auf einer sekundären Ebene im Reflexionsprozeß eine Objektivierung sinnvoll sein. Stets muß aber eine Umkehrung der „Wahrheitswerte" ausgeschlossen werden, da sonst das System der Dogmen zu einem „Versicherungssystem" wird und Leben abschneidet, ja in Gefahr ist, es zu zerstören.

---

[81]   A.a.O., 53.

Weitere Beispiele sollen in diese Differenz der Weisen der Wahrheit einführen und sie illustrieren. Dabei kann selbstverständlich nicht der ganze wissenschaftstheoretische Hintergrund aufgerollt werden.[82] Unsere Frage ist: Von woher lebt das „Dogma", der reflexe Glaubensausdruck, über den wir uns Rechenschaft geben wollen?

2.4. Funktionales und metaphysisches Denken

Häufig wird zwischen einem „funktionalen" und einem „metaphysischen" Denken unterschieden. Das eine fragt nach der Bedeutung „für uns", das andere nach dem „in sich". In der Christologie z.B. kann ich fragen: Was ist Jesus Christus in sich? Die orthodoxe Theologie antwortet: Er ist Gott und Mensch zugleich. Oder ich kann fragen: Welche Bedeutung hat Jesus Christus für uns? Und die Antwort kann lauten: In Jesus Christus kann ich eine Gotteserfahrung machen. Als metaphysisch wird die Frage nach dem „ist" gedeutet: Ist Gott? Gibt es einen Gott? Die Antwort ist dann: Es gibt einen Gott, der alles gemacht hat. Anders ist es, wenn diese Frage funktional gesehen wird. B. Brecht schreibt dazu: „Einer fragte Herrn K., ob es einen Gott gäbe. Herr K. sagte: ‚Ich rate dir, nachzudenken, ob dein Verhalten je nach der Antwort auf diese Frage sich ändern würde. Würde es sich nicht ändern, dann können wir die Frage fallenlassen. Würde es sich ändern, dann kann ich dir wenigstens noch so weit behilflich sein, daß ich dir sage, du hast dich schon entschieden: Du brauchst einen Gott.'"[83]
Uns interessiert nun nicht die enthaltene Kritik an der Gottesvorstellung, sondern die Differenz der Denkweisen. Solange die Frage nur eine objektive Neugier enthüllt: „Gibt es einen Gott oder nicht?", – solange ist die Frage sinnlos, völlig unangemessen und so falsch gestellt, daß jede Antwort verführt. Die Frage selbst muß man aufgeben. Sie hat nämlich die Struktur: Gibt es andere Sonnensysteme außer unserem? Diese Frage läßt sich sachgerecht objektiv beantworten. Eine physische oder „meta-physische" Realität kann mit „ist" oder „ist nicht" eindeutig beantwortet werden. Die „Menge" ist gleichsam bestimmbar. Gott aber ist nach der Auffassung von Brecht nicht vom Verhalten des Menschen zu trennen. Eine theologische Aussage ist also notwendig anthropologisch, und zwar auf die Praxis bezogen, da sich der Mensch durch diese konstituiert. Die Frage nach der Existenz Gottes hat nur Sinn, wenn sie meint, was Gott für uns bedeuten kann. Sie ist funktional, und nur von der Funktion her kann auf die Realität geschlossen werden, die sich jedoch mit der Funktion deckt. Die Frage nach dem „Ding an sich" ist in diesem Kontext sinnlos. Die Wahrheit über Gott ist nur in der Beziehung, sie

---

[82] Vgl. dazu z.B. P. Ricœur, Geschichte und Wahrheit, München 1974, 153ff.; auch: H.G. Gadamer, Wahrheit und Methode, Tübingen ³1972, vor allem die Hinweise auf Husserl und Dilthey, 218ff; 229ff.

[83] B. Brecht, Geschichten vom Herrn Keuner, Frankfurt 1975, 20: Die Frage, ob es einen Gott gibt.

ist nicht objektivierbar, sondern *relational*.[84] Zu Gott kommt man nicht wie zu einem logischen Resultat aufgrund eines Schlußverfahrens, sondern durch den Vollzug des Menschseins, in dem sich Gott zeigt.[85] Wird ein Thema der Theologie – was für Gott gilt, gilt für den gesamten Gegenstand der Theologie – von dieser funktionalen Relevanz getrennt, wird die Wahrheit also nicht mehr in der Bezugnahme, sondern in einer objektivierten Wirklichkeit gesehen, dann ist die Theologie zur „Ideologie" geworden und die Interpretation der Dogmen zur Deutung ideologischer Machtdekrete, die sich durchsetzen konnten. Eine Ideologie aber entzieht sich stets der hinterfragenden Interpretation. Es wird etwas als objektive Tatsache ausgegeben, nach Art eines empirisch feststellbaren Sachverhaltes, unterwirft sich aber methodisch nicht der Verifikation, sondern entzieht sich ihr, indem das „Sprachspiel" dort gewechselt wird, wo nach der Bewahrheitung seiner Prinzipien gefragt wird. Man beruft sich dann auf die Partei und ihre Verfügungen (Dogma), auf den Stifter der jeweiligen Bewegung oder ganz einfach auf das „Geheimnis", das zu den besten ideologischen Waffen zählt. Die Unwahrheit beginnt also beim Wechsel vom „funktionalen" ins „metaphysische" Denken; sie beginnt dort, wo die Wahrheit im Vollzug mit objektivierbarer Wahrheit vertauscht wird. Die besten Verführungstechniken sind in einem *Vermittlungsdenken* gegeben: Beide Denkweisen sollen (aus ideologischem Interesse) „vermittelt" werden. Dies geschieht durch die Methode des „Sowohl-als-auch". Der Bezug wird festgehalten, aber er gründet in der „Ist-Formel": Jesus Christus hat für uns Bedeutung, aber diese ist begründet in seinem göttlichen Wesen, das von der Beziehung zu uns unabhängig ist. Die funktionale Wahrheit gründet in der metaphysischen.[86]

Damit aber hat man den eigenen Charakter der relationalen Wahrheit aufgelöst und sie zu einer sekundären Funktion einer objektivierbaren Wahrheit gemacht. Dies ist die Wurzel nicht nur einer bestimmten Dogmatik, die allzuoft gelehrt wurde, sondern auch einer christlichen Ethik, die nur sekundäre Akte des Menschen betrachtet und das Moralische als Anpassung an Vorgegebenes versteht. Funktion wird also durch objektivierendes Denken vereinnahmt. Das Verhältnis von „an-sich" und „für-uns" wird analytisch

---

[84]   „Objektivieren" meint ablösen vom Vollzug. Wenn die Wahrheit, die nur im Vollzug ist, von diesem getrennt betrachtet wird, haben wir objektivierendes Denken. Dies ist nicht zu verwechseln mit „objektiv". So sieht man z.B. einen subjektiven Vollzug objektiv richtig, wenn man ihn auf seine relationale Wahrheit hin untersucht. Während „objektiv" positiv und negativ sein kann, je nach der sachlichen Zuordnung, ist objektivierendes Denken immer eine irrige Gedankenbewegung, die im „Sprachspiel" einen falschen Ortswechsel vollzogen hat.

[85]   Reinhold Schneider schrieb einmal: „Niemand glaubt an Gott, weil er bewiesen wurde, sondern weil Gottes Sein sich in ihm ereignet hat."

[86]   Klassisch wird das ausgedrückt in dem Satz: „Agere sequitur esse". Er setzt ein statisches Sein voraus, das die Handlungsvorgabe ist. Er verkennt die Dialektik und sieht nicht, daß Sein Folge des Tuns sein kann. In ein und demselben Geschehen konstituiert sich Sein und Vollzug. Wahrheit ist Seinsvollzug.

aufgelöst und in Einklang gebracht. Die funktional gelebte Wahrheit wird dadurch aber depraviert. Ein Beispiel kann dies noch verdeutlichen. Wenn ich in die Augen eines geliebten Menschen schaue, dann ist die Wahrheit dieses Blickes die Beziehung; sie wird als „Liebe" qualifiziert. Alle Ausdrücke: „Du hast schöne Augen"; „du hast einen strahlenden Blick"; „unter deinem Blick fühle ich mich bejaht" usw. meinen immer die Beziehung, die nur im Vollzug der Liebe existiert. Nun können die Augen krank werden, und wenn ich zufällig Arzt bin, werde ich diese Augen auf den objektiven Sachverhalt hin prüfen: „Du brauchst eine Brille, mußt diese Augentropfen nehmen usw." Ich bin bei diesen Feststellungen durchaus auswechselbar; jeder andere Arzt kann diese auch treffen, auch wenn aufgrund meiner Beziehung ein besonderes Interesse an der Heilung hinzukommt. Dieses aber kommt eben nur hinzu und ist nicht wesentlich für die Heilung.

Die Differenz ist deutlich: Einmal erfasse ich mich in Beziehung zum anderen, und worum es geht, ist die gegenseitige Liebe; sie ist die *Wahrheit des Vollzuges*. In der zweiten Betrachtungsweise ist die Liebe nicht konstitutiv, sondern allein mein Wissen und Können. Ein liebender Arzt muß kein besserer Arzt sein, genauso wie ein frommer Wissenschaftler deshalb kein besserer Wissenschaftler ist. Liebe und Frömmigkeit können höchstens das Interesse an einer Sache oder an einem Menschen verstärken, sie können maieutisch wirken, niemals aber den objektiven Prozeß der Erkenntnis ersetzen und auch nicht direkt darauf Einfluß nehmen.

Es gibt also eine Weise der Wahrheit, die grundsätzlich unabhängig vom menschlichen Vollzug ist.[87] Die menschliche Erkenntnis entdeckt einen Sachverhalt, für den sie aber nicht konstitutiv ist. In dieser Wahrheitserkenntnis gibt es in der Geschichte einen linearen Fortschritt: Es kann etwas mehr und genauer erkannt werden. Diese Entwicklung ist grundsätzlich ein Aufwärtstrend, neue „Wahrheiten" werden entdeckt, nur durch Vergessen oder Zerstörung kann ein Rückschritt erfolgen.

Es gibt aber auch den anderen Wahrheitstypos, den der streng kommunikativen Wahrheit. Für diese ist das Verhalten und Tun so wesentlich, daß die Wahrheit nicht existent ist, wenn sie nicht vollzogen wird. Der Vollzug des Liebens, der Treue, der Freundschaft usw. *ist* die Wahrheit der Liebe usw. Ich bin nur dann ein Liebender, wenn ich liebe. Eine Objektivierung außerhalb des Vollzugs ist nicht möglich; trotzdem ist es ein reales, wirkliches Geschehen. Eine Argumentation, die behauptet, eine rein relationale Wahrheit sei eine rein projektierte Wirklichkeit, ist irrig. Zwar hat es keinen Sinn, von der Liebe unabhängig vom menschlichen Vollzug zu sprechen, trotzdem ist sie eine eigenständige Wirklichkeit, die nicht der reinen Manipulation des Menschen unterworfen ist. So wie das Licht erst sichtbar wird an einem Gegen-

---

[87] Dieser „Vollzug" darf nicht verwechselt werden mit dem „täglichen Handeln" an vorhandenen Dingen und Gegebenheiten. Ohne menschliches Tun kann auch die mathematische Operation 2 x 2 = 4 nicht ausgeführt werden. Das Applizieren der Denkfähigkeit ist in diesem Fall aber nur die Bedingung dafür, daß die Formel real ausgeführt wird.

stand, der es reflektiert, so ähnlich verhält es sich mit der Wahrheit, die nur als Beziehung existiert. Wo jedoch Wahrheit nur gegenständlich verstanden wird, also als objektivierbare Wesenheit, dort ist der Wahrheitsbegriff verengt, nur auf *einen* Wahrheitstypos bezogen.

In diesem Zusammenhang ist es entscheidend, wie das Objekt der Theologie, also Gott, gesehen wird; ob er als vorhandenes Seiendes verstanden wird, also grundsätzlich objektivierbar, ob es Gott also „gibt", wie es Dinge gibt, oder ob Gott etwa im Kontext von Liebe verstanden wird, also dem relationalen Wahrheitstypos zuzurechnen ist. Im zweiten Fall kann man grundsätzlich nur von Gott sprechen, wenn man vom Menschen spricht, wenn der Mensch also diese Wirklichkeit vollzieht, er gleichsam der Gegenstand ist, an dem *Gott als Geschehen* reflektiert werden kann. Diese Struktur der Wahrheit und die damit verbundene Sprechweise hat wesentliche Folgen für die Theologie und ihre dogmatischen Ausformungen. Diese zwei Denkweisen von Wahrheit: Funktional oder metaphysisch, relational oder objektivierend, haben jeweils ihren spezifischen Platz. Ein falscher Ortswechsel aber führt methodisch zu grundlegenden Fehlschlüssen, an denen die Theologie sehr oft leidet.

Wo eine Glaubenswahrheit vom Bezug auf menschliche Existenz abgeschnitten ist und in Abstraktion vom Menschen, zu Sätzen und Institutionen geronnen ist, wird sie dem Menschen fremd, und nur durch einen rationalen Willensakt kann er sie „fürwahrhalten". Sie ist nicht mehr Wahrheit meines Lebens, sondern Lebenslüge (vgl. Molières Tartuffe).

Wahrheit also, die nicht unabhängig von menschlicher Existenz und deren Vollzug zu verstehen ist, kann niemals zur Normierung verzweckt werden oder in subjektive Willkür ausarten, da sie sich im Beziehungsgeschehen verwirklicht.

So ist dieses Wahrheitsgeschehen Verwirklichung von Freiheit und Akzeptanz des anderen als anderes. Es befreit von versklavenden Mechanismen, denen der Mensch ausgesetzt ist. Vorschriften und Gesetze können nie menschliche Person eindeutig verpflichten. Ein Satz wie: „Nur wenn du so handelst und dich verhältst, ist es richtig für dich!" – als Aussage über einen konkreten Inhalt – ist immer unwahr. Er fordert nämlich die Freiheit als eindeutige Selbstbindung. So kann auch der Christ durch Dogmen und Moralvorschriften konkret nicht festgelegt werden. Der Grund liegt darin, daß Wahrheit des Lebens immer konkret ist und diese sich nicht unter allgemeingültige (vielleicht) richtige Normen subsumieren läßt. Menschsein ist konkret im Werden und keine feststehende Größe. Bindung durch ein Glaubenssymbol (-bekenntnis) ist immer nur bedingt, nie uneingeschränkt. Dies bedeutet keine Willkür für den einzelnen, sondern konkrete Verantwortung, die kein Gesetz verallgemeinern kann.

2.5. Wahrheitsfähigkeit

Vorausgesetzt ist die Wahrheitsfähigkeit des Menschen, denn andernfalls hat es überhaupt keinen Sinn, von Wahrheit zu sprechen. Zwei Wahrheitstypen sind, wie wir gesehen haben, zu unterscheiden. Die Unterscheidung der Wahrheitstypen und als Folge die Differenzierung der Theologie von der Naturwissenschaft darf nicht als Dualismus verstanden werden. Die eine Wirklichkeit ist vielmehr unter verschiedenen Gesichtspunkten zu erkennen, da sie durch unterschiedliche Dimensionen konstituiert wird. Was z.B. in einem zweidimensionalen Raum gilt, stellt sich ganz anders im dreidimensionalen Raum dar. Der Mensch hat eine objektivierbare und eine jeder Vergegenständlichung entzogene Dimension. Sie bilden eine Einheit, jedoch unvermischt und zugleich ungetrennt. Werden theologische und naturwissenschaftliche Wahrheit vermischt, dann entstehen die verheerendsten Fehlschlüsse, und theologische Wahrheit wird zum Mythos. Werden sie jedoch einfach getrennt, verliert die relationale Wahrheit ihren Gegenstandsbezug, und der Mensch selbst wird zu einer Dualität. Die Einheit, die nur in der Unterschiedenheit bestehen kann, wird dialogisch realisiert. Der Dialog konstituiert die lebendige Wechselbeziehung und bringt die unterschiedlichen Dimensionen der Wirklichkeit als Einheit zur Geltung.[88] Unter dieser Voraussetzung jedoch sind entsprechend dem Menschsein zwei Weisen der Wahrheit zu unterscheiden: Einerseits die gegenständliche, objektivierbare, metaphysische, naturwissenschaftliche, instrumentelle, kategoriale, die das analytische, rationale Wissen betrifft, und andererseits die Lebenswahrheit, der Vollzug, der personal, existenzbezogen, dialektisch und relational ist. Zwar ist der Dialog für die Erfahrung der Wirklichkeit als Einheit notwendig, die objektivierbare Dimension kann aber auch ohne ihn bestehen. Dies gilt nicht für die Beziehungswahrheit. Sie kann nur dialogisch eingelöst werden wie jede Glaubenswahrheit, die nicht zu einem Für-wahr-Halten verkommen ist. Diese „doppelte" Wahrheit liegt keineswegs auf derselben „ontologischen" Ebene, so daß sie nach Belieben gewählt werden könnte, sondern es besteht eine bestimmte Zuordnung, die seinsmäßig differiert. Die Wahrheit, die objektivierbar ist (und sich als rationales Wissen darstellt), ist immer sekundär. Vom Baum der Erkenntnis kann man nicht leben, wer davon ißt, also leben will, der stirbt. Nur der Baum des Lebens in der Mitte des Gartens Eden verspricht Lebensmöglichkeiten. Warum ist nun die relationale Wahrheit, die sich als Vollzug der Existenz darstellt, das Primäre? Entsprechend der intentionalen Struktur unseres Bewußtseins (Bewußtsein ist immer Bewußtsein von etwas) ist die Seinsweise des Menschen ein Sich-Einlassen auf das andere, das Nicht-Ich. Sie ist also Offenheit auf das andere; sie realisiert sich im Vollzug freier Selbstbestimmung. Ja, das Ich wird erst durch das Du konstituiert und ist als

---

[88] Vgl. V. Mortensen, Theologie und Naturwissenschaft, Gütersloh 1995; U. Lüke, „Als Anfang schuf Gott ..." Bio-Theologie. Zeit – Evolution – Hominisation, Paderborn 1997.

Objektivierungspunkt sekundär. Die vertrauende, bezugnehmende Weltoffenheit des Menschen ist die Bedingung der Möglichkeit, sich selbst zu vollziehen. Ohne vertrauendes Sich-Einlassen auf die Mutter würde das Kind sterben. Wenn ich Menschen auf der Straße begegne, vertraue ich, daß sie mich nicht töten wollen; ohne diese Beziehung wäre jeder Umgang mit Menschen unmöglich. Beim Kauf der Lebensmittel vertrauen wir, daß sie gut und nicht vergiftet sind. Erst durch Enttäuschungen fragt man sich, ob denn der Kaufmann seriös, die Straßenbekanntschaft ehrlich ist und eine Mutter, die ihr Kind mißhandelt, dieses Vertrauen verdient. Man fragt nach Gründen dieses Mißverhältnisses, und das Mißtrauen erwacht, man läßt sich nicht mehr so schnell auf einen anderen Menschen ein. Fühlt man sich durch andere ausgenützt, wird man vorsichtig und sichert sich ab, man vergewissert, ja man versichert sich. Bei Gegenständen hat das Versicherungswesen seine Berechtigung. Ein Flugzeug muß mit optimalen Sicherungsvorkehrungen gewartet werden. Vor Menschen solche Sicherungsvorkehrungen zu treffen bedeutet den Tod jeder Beziehung. Gegenständlich-objektive Wahrheit ist nicht der Grund für kommunikatives Handeln. Alle Absicherungsmechanismen sind nur sekundär bedeutsam, niemals entscheidend, wenn es sich um relational-intentionale Wahrheit handelt. Erst im Reflexionsakt, durch die Rückkunft, wird dieses Beziehung-Sein suspendiert (ἐποχή), die nur dann nicht zerstörerisch wirkt, wenn sie als Dienst an der Beziehung verstanden wird. Beziehung ist so nie a-rational, sondern ein Verstehensprozeß. Der Mensch versteht sich im anderen, indem er sich vollzieht und d.h. wählt. Relationalität ist daher immer ein Freiheitsakt und nicht Abhängigkeit. Der Mensch begibt sich verstehend in das andere, bezieht sich auf das andere (Mitmensch, Gesellschaft, Natur) und wird so in seinem Sein (in Freiheit) konstituiert. Da wir uns normalerweise mit Gegenständen beschäftigen, halten wir häufig diesen Umgang für primär. Durch diesen wird das Menschsein umgedreht, und wir leben verkehrt. So ist eine kopernikanische Wende für die Wahrheit des Lebens nötig, und die Wahrheit muß vom Kopf auf ihre Füße gestellt werden. Umkehr ist geboten (Jesus beginnt mit dem Umkehrruf seine Verkündigung), um recht leben zu können und Wahrheit des Lebens zu finden.

Das „Sprachspiel" der Glaubensbekenntnisse und der dogmatischen Aussagen ist nur dann in einem authentischen Koordinatensystem, wenn es dem relationalen Wahrheitstypos zuzurechnen ist und dialogisch verantwortet wird.

Damit stehen wir aber bereits beim Problem der Hermeneutik, der Interpretationsmethode eines Textes, denn der Glaubens„gegenstand" ist uns in Texten präsent. Nur sehr bedingt hat Theologie lebendige, gegenwärtige Menschen als Gesprächspartner, denn auch diese beziehen sich bei der Explikation des Glaubens auf Texte. Ein Text ist aber für die Erschließung der Wahrheit mit einem „verfestigten Menschen", mit „geronnener Wahrheit" zu vergleichen. Das bedeutet nicht, daß ein Text rein gegenständlich zu verstehen ist, vielmehr: Im Dialog mit der Bibel (und ihrer Tradition), die sich in späteren Formulierungen ausspricht, soll Glaubenswahrheit erschlossen werden.

III. HERMENEUTIK

1. Verifikation des Mythos

R. Bultmann entwickelte 1941 eine neue hermeneutische Methode im Rahmen der Bibelwissenschaft. Sie gilt aber ebenso für die Interpretation der Texte der Tradition (Dogma). Er nannte sie „Entmythologisierung" oder positiv formuliert „existentiale Interpretation". Es geht hier nicht um methodische Einzelheiten dieses Deutungsmusters, auch nicht um den historischen Kontext, sondern um den relevanten Grundansatz für das Glaubensverständnis und die Dogmatik überhaupt.

Es gibt unterschiedliche Definitionen von Mythos. Mythos gilt als Chiffre, als Vorstellungsbild, als Anschauungsform usw. Dahinter stehen bestimmte Meinungen, ob Mythos für menschliches Denken notwendig oder entbehrlich ist. Zwei Gruppen stehen sich hier gegenüber: die eine, die den Verstehenshorizont des Mythos als eine sinnvolle Möglichkeit gelten läßt; die andere, die eine ernstzunehmende Sinnhaftigkeit des Mythos bestreitet. Zu dieser zweiten Kategorie gehört auch die späte Schicht des Neuen Testaments zu Beginn des zweiten nachchristlichen Jahrhunderts. So meint der 1. Timotheusbrief (1,4), daß man auf Mythen und Genealogie nicht achten soll und daß die Mythen dem Glauben und der guten Lehre widerstreiten (1Tim 4,7). Und wir lesen weiter, daß die Hinwendung zum Mythos die Abkehr von der Wahrheit bedeutet (2Tim 4,4). Im Titusbrief (1,14) werden die jüdischen Mythen und Menschengebote besonders scharf gegeißelt und als verwerfliche Abkehr von der Wahrheit gewertet. Der 2. Petrusbrief (1,16) stellt die sophistischen Mythen der Verkündigung gegenüber, in der die δύναμις und παρουσία Jesu Christi wirken. Wahrheit und Mythos sind gegenläufig verstanden und schließen sich aus. Die katholische Kirche schien unter dem Eindruck des Entmythologisierungsprogramms von R. Bultmann 1943 erstmalig in der Enzyklika „Divino afflante spiritu" zuzugestehen, daß das Mythosproblem eine bibeltheologische Frage ist. Aber bereits 1950 lesen wir in der Enzyklika Pius' XII. „Humani generis" folgende althergebrachte Meinung: „Es können die der Hl. Schrift eingefügten volkstümlichen Erzählungen in keiner Weise mit Mythologien oder dergleichen auf gleiche Stufe gestellt werden, da diese mehr Frucht einer ausschweifenden Einbildungskraft sind als Frucht des Strebens nach Wahrheit und Einfachheit, das in den heiligen Büchern des Alten Testaments so sehr hervorleuchtet" (D 3899). Mythos wird hier auf eine „ausschweifende" Phantasie zurückgeführt, die mit dem Glauben nichts zu tun habe. Der Wahrheitsgehalt des Mythos wird nicht reflektiert. Christentum hat mit dem Mythischen nichts zu tun. Dagegen behauptete R. Bultmann, daß die ganze Bibel mythisch denkt, daß alle Vorstellungsbilder der Hl. Schrift mythologisch sind. Darunter versteht Bultmann – es ist sicher eine brauchbare

Umschreibung des Mythos – eine „Vorstellungsweise, in der das Unweltliche, Göttliche, als Weltliches, Menschliches, das Jenseitige als Diesseitiges erscheint"[89]. Der Mythos also „redet vom Unweltlichen weltlich, von den Göttern menschlich"[90]. Zudem werden ungeklärte Ursachen auf göttliche (auch englische oder teuflische) Einwirkung zurückgeführt. Das Ungegenständliche wird gegenständlich dargestellt. Dieser Rede- und Darstellungsweise liegt eine „Lebensform" zugrunde, die letztlich alles auf ein göttliches Wirken bezieht. Der Verstehenshorizont ist meist an der Vergangenheit orientiert (ἀρχή, „es war einmal", „in jenen Tagen sprach die Gottheit ..."), die jedoch jetzt neu vollzogen wird, die heute sich ereignet und geschieht. Dieser Mythos hat selbstverständlich seinen Logos, seinen Sinn und seine Rationalität und hat mit „Phantasterei" nichts zu tun.[91] Er ist Lebensorientierung und wird in der Praxis bewahrheitet.

Im Hinblick auf die mythische Weltapperzeption lassen sich zwei große Unterschiede in der Geschichte der Menschheit erkennen[92]: das früharchaische und das spätarchaische „Weltbild". Im ersteren hat jeder Gegenstand, jedes Seiende sein Numen, seine „göttliche" Dimension, seine „himmlische Aura". Die „jenseitige" Dimension ist wesentlich *im* Baum, *im* Berg, *im* Wasser, *im* Menschen usw. gegenwärtig. Die göttliche Welt ist in der sichtbaren Welt präsent und wirkt in ihr. Diese mythische Vorstellungsweise ist zu unterscheiden vom spätarchaischen Weltbild. Im Mittelalter werden Natur und Übernatur getrennt. Es gibt zwei Welten. Während im früharchaischen Denken die natürliche Sphäre „überschattet" wird vom Göttlichen und dadurch ihren Sinn erhält, wird in spätarchaischer Konzeption unsere natürliche Welt durch die göttliche kausal bedingt. Die mythische Welt wirkt auf unsere ein, und zwar so, daß sie jenseitig bleibt und durch kausale Einwirkung (z.B. Gnade, Engel) unsere Welt bestimmt. Dadurch kann die Einheit aller Wirklichkeit gewahrt bleiben. Spätestens durch das Aufkommen der Naturwissenschaften zerfällt diese Einheit. Gott und Welt werden nicht mehr synthetisch erfahren, es sind vielmehr zwei unterschiedliche und zugleich getrennte Bereiche (der Deismus ist ein typisches Beispiel). Im Positivismus (seit dem 19. Jh.) setzt sich die „Wissenschaft" absolut. Die physische Kausalität mit allen ihren Nebenerscheinungen streicht die göttliche Rechtfertigung menschlichen Daseins. Der „Mythos" wird eliminiert (durch den „Mythos" des naturwissenschaftlichen Fortschritts). Religiöse Mythen fallen nun unter die Kategorie dummer Märchen, Phantastereien usw.

---

[89] In: KM I, 22 nota 2. Neuauflage: E. Jüngel (Hg.): R. Bultmann, Neues Testament und Mythologie. Das Problem der Entmythologisierung der neutestamentlichen Verkündigung, München 1988, 22f.

[90] Ebd., 22.

[91] Vgl. K. Hübner, Die Wahrheit des Mythos, München 1985. Für ihn gibt es keine Religion ohne Mythos (343ff.). Die Darstellung leidet jedoch darunter, daß der Mythosbegriff unscharf bleibt und er daher auch R. Bultmanns Anliegen nicht verstehen kann.

[92] Vgl. W. Obrist, Die Mutation des Bewußtseins. Vom archaischen zum heutigen Selbst- und Weltverständnis. Bern/Frankfurt 1980.

Genau dagegen richtet sich die sog. „Entmythologisierung". Einerseits läßt R. Bultmann den Bereich der Wissenschaft voll gelten. Ungeklärte Ursachen sind grundsätzlich durch natürliche Faktoren zu erklären. Niemals darf ein Paradigmenwechsel im Bereich objektivierender, gegenständlicher Dimension der Wirklichkeit stattfinden, so daß Gott für Unerklärbares steht oder uns gar durch dieses etwas „zeigen" will (z.B. seine Weisheit und Macht). Wir können daher die mythische Einheit nicht wiederherstellen, indem wir im Glauben zum archaischen Denken verpflichtet werden. Die Atomenergie, so problematisch sie ist, läßt sich nicht auf die Geister- und Wunderwelt des Neuen Testaments zurückführen.[93] Wer eine solche Einheit konstruiert, unterscheidet Glaube und Wissen nicht entsprechend. Die mythische Einheit von Subjekt und Objekt, Sein und Haben, Zeit und Ewigkeit, gegenständlicher und relationaler Wahrheit läßt sich so nicht wiedergewinnen. Mythos und Wissenschaft gleichzusetzen ist auf unserer Reflexionsstufe nicht möglich. Aber andererseits: Würde der Mythos ersatzlos gestrichen, wäre eine Wirklichkeitsdimension verloren, wären Worte wie Glaube, Freundschaft, Liebe sinnlos. Die Dimension, die der Mythos im Menschen ansprechen will, nennt R. Bultmann (mit M. Heidegger) existential. Mit diesem Ausdruck ist das gemeint, was den Menschen in seiner Existenz trifft und nicht nur seinen technischen Verstand angeht. Wittgenstein spricht, wie wir gesehen haben, vom „Lebensproblem". Dieses hat seine eigene Verstehensstruktur und ist keineswegs irrational oder rein emotional. Heute mehr denn je ist diese Dimension menschlichen Lebens einzuklagen gegenüber der technisierten Lebenswelt. Trotzdem kann die Antwort nicht heißen: Zurück zum Mythos, denn der Mythos hat vom heutigen Betrachter aus ein objektivierendes Weltbild, in dem er alles (menschliche und göttliche) Leben einheitlich als objekthaft und observierbar darbietet. Dieses Selbstverständnis des Menschen ist heute erledigt und damit auch die gesamte biblische Weltapperzeption, die in kirchlichen Dokumenten bis in unsere Tage verfochten wird. Aber: Im Mythos ist etwas aufbewahrt, was zum Menschsein gehört. Es kann daher auch nach R. Bultmann keine Rede davon sein, daß der Mythos *nur* ein zeitbedingtes Kleid sei.[94] Die „Entmythologisierung" oder „existiale Interpretation" ist daher notwendig, damit das Menschsein nicht verkürzt wird. Sie ist eine Hermeneutik, die zwischen Mythos und Wissenschaft vermitteln will, wobei beide Pole festgehalten werden und nicht reduzierbar sind. Es geht darum, den Sinn, d.h. die Wahrheit des Mythos zu entdecken; sie liegt in ihrer anthropologischen Relevanz. Das Kriterium der „Entmythologisierung" ist die Bezugsmöglichkeit auf menschliche Existenz. Grund und Ziel der existialen Interpretation ist nicht – wie fälschlich immer wieder behauptet wird –, die Idee der Subjektivität, sondern die Überwindung der Subjekt-Objekt-Spaltung, ohne dadurch in das mythische Weltbild zurückzukehren. Einerseits sollen Wissenschaft und

---

[93] KM I, 18.
[94] Gegen K. Hübner, a.a.O., 339.

Technik uneingeschränkte Gültigkeit behalten, aber ohne einen Absolutheitsanspruch auf den Menschen zu erheben. Andererseits darf der Mythos nicht den gesamten Verstehenshorizont beanspruchen, hat jedoch die Aufgabe, den Menschen auf die existentiell zu vollziehende Wahrheit hinzuweisen. Es findet in der Entmythologisierung eine korrekte, dialogisch-dialektische Zuordnung von Mythos und Wissenschaft statt. Das eingeforderte Korrektiv ist der Verzicht auf den Absolutheitsanspruch bzw. auf die Deutung des Gesamthorizontes.

Ein konkretes Beispiel kann dies näher erläutern:

Auf einer Wanderung stehe ich nach langem Marsch vor einem Gebirge. Ich kann nun dieses einfach mit seinem Namen benennen. Ich kann seine geologische Geschichte betrachten und von den Faltungen sprechen, aber auch seine chemische Zusammensetzung beachten und von einem Kalksteingebirge reden. Ich kann an eine historische Schlacht denken und mich der Gefallenen erinnern. In bezug auf mich persönlich kann ich Überlegungen anstellen, ob es ein gutes Skigebiet ist, oder welches Hindernis es noch darstellt, um zum nächsten Ort zu gelangen. Dieser objektivierenden, feststellenden Betrachtungsweise steht die mythische gegenüber. Der früharchaisch denkende Mensch vermutet den Sitz einer Gottheit und wird vielleicht zu einer Kulthandlung schreiten. Der spätarchaische, mittelalterliche wird Gottes Schöpfertum preisen und diesen Berg als sein Werk bezeichnen.

Die Entmythologisierung anerkennt die objektive Feststellung, spricht ihr einen Wahrheitsgehalt zu (unbeschadet der Irrtumsmöglichkeit), bleibt aber dabei nicht stehen. Sie wendet sich aber auch nicht zurück auf das mythische Weltbild, in dem sie göttliches Tun am Werk sieht. Sie fragt jedoch, was im Mythos der Schöpfung oder des Göttersitzes für eine menschliche Wahrheit enthalten ist. Das Gebirge kann mir einen Sinn, eine Erfahrung von Größe, Schönheit und Majestät usw. vermitteln (disclosure-Erfahrung). Dadurch trete ich in eine Beziehung zum Gebirge, wodurch es eine neue Bedeutung bekommt. In dieser Erfahrung der Faszination, in der ich mich und die Bergwelt neu verstehe, stelle ich mich in eine Relation; das Gebirge wird für mich zum Symbol. Das Symbol gibt mir zu denken. Freilich nur dann, wenn ich mitmache, diese Beziehung verwirkliche, die Schönheit gleichsam mitvollziehe. Ohne diesen Mitvollzug, ohne dieses Erfaßtsein in der Begegnung sehe ich nichts, außer eben einen Gegenstand: Gebirge. Erst in diesem Zusammenstellen – dies ist auch der Sinn jedes Kultes – in diesem „συμ-βάλλειν", in dieser Beziehung gibt das Gebirge sein „Geheimnis" (μυστήριον) preis, andernfalls bleibt es verschlossen.

Genau dies ist der Sinn der Entmythologisierung der Bibel, nämlich die symbolische Interpretation des Mythos, wobei gerade das Wesen des Mythos gewahrt wird. Es besteht im Sinn einer Lebensform des Menschen und nicht einer objektivierten Weltanschauung, die mit der Wissenschaft kollidiert.

Die Entmythologisierung erhebt den Mythos zum Symbol. Der Götterberg drückt mythisch aus, was symbolisch das Erfaßtsein des Menschen von der

Schönheit dieses Gegenstandes bedeutet. Werte ich das Symbol zu einem belanglosen Zeichen ab, dann habe ich nicht verstanden, was damit für das menschliche Leben gemeint ist, nämlich eine bestimme Erfahrungsweise der Welt, eine Beziehung, die man nicht ungestraft aus dem menschlichen Leben herauskürzen kann.

Der Mythos legt nach Art der Naturwissenschaften eine „objektive Substanz" nahe, die auf mich wirkt, die mich überwältigt (und daher als göttlich gilt). Die Entmythologisierung bringt zur Geltung, worauf es ankommt: Auf das Beziehung-Sein des Menschen, das im Symbol ausgedrückt wird. Symbol ist daher weder subjektiv noch objektiv, weder materiell noch ideell, sondern stellt die Einheit beider „Pole" her als nunmehr relationale Wirklichkeit. Die Bibel und alle Dogmen werden (im heutigen Kontext) falsch verstanden, wenn sie als wissenschaftliche oder mythische Aussagen gewertet werden. Das einzig sinnvolle Verständnis ist das symbolische, wodurch der Sinn des Mythos gewahrt wird und die Wissenschaften ihren Freiraum erhalten. So müssen um der Wahrheit willen, wie sie sich uns heute zeigt, alle Glaubensaussagen (Erbsünde, Geburt, Tod und Auferstehung Christi, die Sakramente, Himmel und Hölle usw.) entmythologisiert werden, damit ihre symbolische Wirklichkeit gewahrt bleibt. Um also die Wahrheit des Mythos zu erkennen, ist Entmythologisierung geboten. Glaube und Wissenschaft erhalten so ihr je eigenes Recht, sie bleiben nicht als Konkurrenten auf derselben Ebene stehen, sondern sie werden vermittelt. Sie zerteilen den Menschen nicht und machen ihn nicht schizophren, sondern werden versöhnt, indem der eindimensionale Mensch (seine gegenständliche Ebene) eine zweite Dimension als Lebensraum erhält (seine relationale Ebene).

2. Analogie und Metapher

Oft rückt die symbolische Redeweise in die Nähe von Analogie und Metapher, die für die Theologie und Philosophie entscheidende Begriffe sind und oft mißbraucht werden. R. Bultmann selbst spricht von einer „analogen" Redeweise[95], die das Sprechen von Gott ermöglicht. Das Wort ἀνα-λογία kommt aus der griechischen Mathematik und meint, auf etwas hin oder der Reihe nach etwas sagen. Analog ist sinngebende Rede, und zwar so, daß auf *zwei* Realitäten *ein* Begriff einerseits gleich und andererseits verschieden angewendet werden kann. Ähnlichkeit und Unähnlichkeit werden ausgesagt. Das bedeutet aber, daß Analogie eine Beziehungsaussage ist. Die beiden Gegenbegriffe univok und äquivok verdeutlichen dies. Beide heben nämlich die Beziehung auf. Der Begriff Stein, Ameise oder Mensch wird für jeden dieser Art univok gebraucht und macht keine Aussage über die Beziehung z.B. der Menschen untereinander (wird hingegen für Schwarze und Indios dieser

95   G. Hasenhüttl, Der Glaubensvollzug. Eine Begegnung mit Rudolf Bultmann aus katholischem Glaubensverständnis, Essen 1963, 60 nota 119; 117ff.

Begriff Mensch nur analog gebraucht, so wird ihnen teilweise das Menschsein abgesprochen; vollends ist dies der Fall, wenn er nur äquivok verwendet wird). Univozität besagt Identität ohne Wesensunterschied. Äquivozität jedoch meint reine Andersheit, so daß nur das Wort gemeinsam ist (Strauß: Blumenstrauß, Vogel Strauß). Analogie meint also weder Identität (Parmenides) noch Widerspruch (Heraklit). Beide Begriffe heben die Beziehung auf, die Analogie setzt sie. Sie läßt das andere anders sein und negiert trotzdem nicht die Beziehung der beiden (Pole), sondern bringt diese zum Ausdruck. Analogie ist Verhältnisbestimmung, ist Beziehung gegenseitigen Andersseins.[96] Oder anders ausgedrückt: ein ähnliches Verhältnis unähnlicher Dinge.[97] Dies gilt vor allem für die Verhältnisanalogie (analogia proportionalitatis), um die es in unserem Zusammenhang geht, nicht so sehr um die Analogie der Zuteilung (analogia attributionis), durch die *verschiedene* Dinge auf *eines* bezogen werden (z.B. „gesunder Mensch": Im Hinblick auf ihn, das allgemein Bekannte – man weiß, was unter einem gesunden Menschen zu verstehen ist – werden verschiedene Dinge ebenfalls „gesund" genannt, insofern sie auf den Menschen bezogen werden; z.B. gesunde Nahrung, Farbe, Kleidung, Wohnung, Ausscheidung usw.). Bei dieser Analogie ist die Verhältnisbestimmung abgeleitet, nicht primär. Das Gesundsein ist nur in einem und ist daher keine Beziehung, sondern eine Eigenschaft. Aber auch die Dinge, denen das Prädikat „gesund" zugesprochen wird, werden nicht durch diese Beziehung konstituiert. Die Analogie bleibt äußerlich. Anders ist es bei der entscheidenden Verhältnisanalogie (analogia proportionalitatis). Bei ihr geht es nicht um den Vergleich von Dingen selbst (Nahrung – Mensch), sondern nur um das Verhältnis. Es gibt kein „princeps analogatum", keine „Ursache" der Analogie.[98] Ursprünglich ist sie als mathematische Gleichung verstanden: 8 : 4 = 6 : 3; die Beziehung, das Verhältnis wird als eine 2 dargestellt. Bereits Platon verwendet die Verhältnisanalogie philosophisch als ein kosmisches Strukturprinzip.[99] Sein (οὐσία) verhält sich zum Werden (γένεσις) wie das Verstehen (νόησις) zur Meinung (δόξα). Die Beziehung, die hier herrscht, drückt eine Seinsminderung aus: Wie das Werden eine Minderung des Seins darstellt, so die bloße Meinung gegenüber der wahren Erkenntnis. Freilich läßt es sich auch umgekehrt werten, so daß Werden, Veränderung gegenüber erstarrtem Sein und Meinen, Glauben, Vertrauen gegenüber bloßem gegenständlichen Erkennen als wertvoller angesehen werden. Wie immer man diese Beziehung wertet, eine Ähnlichkeit im Verhältnis ist festzuhalten. Diese Analogie sagt nicht notwendig Abhängigkeit aus und ist auch keine Beziehungsbestimmung wie Ursache und Wirkung. Nun ist die

---

96   Vgl. E. Przywara, Analogia entis, Einsiedeln 1962, 136.
97   Vgl. E. Jüngel, Gott als Geheimnis der Welt, a.a.O., 354ff.
98   Wenn Gott als Schöpfer der Welt bezeichnet und dies seinsmäßig verstanden wird, wird auf ihn die Analogie der Zuteilung (attributionis) angewendet. Dies setzt die Kenntnis der „Ursache" voraus. Gerade diese aber steht in Frage.
99   Vgl. H. Schwarz, Art. Analogie, in: HWP I, 214-229.

entscheidende Frage, ob der allgemeinste Begriff, den wir bilden können, nämlich der Seinsbegriff, eine Verhältnisanalogie darstellt oder ob er ein univoker bzw. äquivoker Begriff ist. Theologisch ist dies für die Rede von Gott von höchster Bedeutung. Verstehe ich ihn nämlich erkenntnistheoretisch univok, dann sind Gott und Welt als Identität aufgefaßt. Pantheismus, Monismus etc. ist die Folge. Ist der Seinsbegriff hingegen äquivok verstanden, dann folgt daraus der Agnostizismus. Da protestantischerseits häufig die Seinsanalogie abgelehnt wird, man jedoch von Gott sprechen möchte, wird in der dialektischen Theologie von der Glaubensanalogie (Röm 12,6: ἀναλογία πίστεως, K. Barth) gesprochen. Unter Glaubensanalogie wird verstanden, daß wir Menschen nur deshalb von Gott Aussagen machen können, weil Gott sich selbst geoffenbart hat. Durch das also, was er offenbart, können wir Kenntnis von Gott erhalten. Mittels des Glaubensgeschehens und der Glaubenserfahrung wird von Gott her eine Beziehungsgemeinschaft konstituiert. Diese ermöglicht die Glaubensaussagen. Da die katholische Theologie meist einen universalen Seinsbegriff vertritt (der Gott und Nirvâna einschließt), wird die Seinsanalogie (analogia entis) behauptet. Gott ist daher grundsätzlich erkennbar, aufgrund des analogen Seinsbegriffes, unter den alles fällt, dem Sein in irgendeiner Weise zukommt. Was ist das aber für ein Begriff, der nichts Seiendes angibt, sondern nur dessen Bedingung der Möglichkeit? Wenn wir Seiende (Menschen etc.) dialogisch (dialektisch) bestimmen, dann geschieht diese Bestimmung durch Spruch und Widerspruch. Daraus ergibt sich logisch das Widerspruchsprinzip. Dadurch entstehen Sinngebung und Wertgefüge. Diese Beziehungen zwischen Seienden sind aber nur möglich, weil das „Ist" des Widerspruchsatzes analog ist. Analogie ist eine Relation. Ist Sein selbst analog zu begreifen, ist der Seinsbegriff zugleich ein Relationsbegriff. Grundlegender also als die ersten logischen Prinzipien (Widerspruchsprinzip u.a.m.) ist das Analogieprinzip, das mit dem Seinsbegriff identisch ist. Letzter Grund und Möglichkeit aller Philosophie und Theologie ist daher die Analogie. Nach diesem Verständnis ist sie die Ermöglichung, daß Seiendes sich auf Seiendes bezieht, d.h. aber daß die Analogie und damit Sein selbst eine Beziehung einer Beziehung ist. Sowenig Menschen, die miteinander reden, nur Logik betreiben, sondern in ihrem Dialog einen Sachverhalt ansprechen und klären wollen, also das Wort (Logos), den Sinn auf die erfahrbare Wirklichkeit beziehen, so ist die Ermöglichung dieser Bezugnahme selbst auch nicht ein rein logisches Gebilde (nicht nur linguistisches Mittel), sondern Wirklichkeit wird angesprochen und gibt sich zu erkennen. Damit ist aber Sein, als analoger Begriff, selbst relational zu verstehen und als Realität Beziehung. Sein ist daher Beziehung, Relatio, und im Hinblick auf die Seienden Relatio von Relationen (die kategorial faßbar sind). Unser menschliches relationales Sein läßt sich nur verstehen von dem Sein als Beziehung. Nun ergibt sich eine grundlegende Schwierigkeit. Um eine Verhältnisanalogie aufstellen zu können, muß das Verhältnis selbst irgendwie bekannt sein. Z.B. der Vorsitzende X verhält sich zur CDU ähnlich wie Y zur

SPD. Ich muß das Verhältnis Vorsitzender und Partei kennen, muß also um diese Beziehung wissen. Ferner muß ich wissen, daß auch die SPD der Struktur nach eine demokratische Partei ist wie die CDU; erst dann kann ich schließen: Wer immer der Vorsitzende der SPD ist, er muß in einem ähnlichen Verhältnis zur Partei stehen wie der Vorsitzende der CDU (mathematisch ausgedrückt 8 : 16 = 2 : X; damit ist das X eine 4, es ist bestimmt). Unter Seienden läßt sich eine solche Formel bewahrheiten, auch unter den Seinsprinzipien, insofern sie abgrenzend sind, d.h. definierbar. So kann ich sagen: Existenz : Essenz = Akt : Potenz. Völlig anders stellt sich die Sache in bezug auf Gott dar. Eine Ahnung zeigte sich am 4. Laterankonzil 1215: „Zwischen dem Schöpfer und dem Geschöpf kann man keine so große Ähnlichkeit feststellen, daß zwischen ihnen keine noch größere Unähnlichkeit festzustellen wäre" (D 806). Die Differenz zwischen Gott und Welt wird als größer bezeichnet als die annähernde Identität. Diese Aussage ermöglicht der Seinsbegriff. Aber die Aussageweise ist irreführend, da der Schöpfer als ein Seiender vorgestellt wird.

In Analogie ausgedrückt: Gottes Sein verhält sich zu seinem Wesen ähnlich und zugleich noch unähnlicher als das Menschsein zu seinem Wesen. Weil es nicht möglich ist, Gott als bekannt vorauszusetzen, kann ich nur sagen, daß Gott unter der Voraussetzung seiner Existenz unter den Seinsbegriff fallen muß; Wesen (essentia) und Sein (esse) sind nicht zu unterscheiden, wenn ich ihn nicht in der Weise eines Vorhandenen, Seienden, denken will. Will ich das, dann ist Gott kein sinnvoller Begriff mehr. Das bedeutet, daß ich von Gott nur den Seinsbegriff aussagen kann, dieser aber analog und daher relational ist. Daher läßt sich von Gott, unter der Voraussetzung, daß ich von einer Wirklichkeit spreche, nur Beziehung aussagen; esse oder relatio „subsistens" (darüber wird noch gesprochen werden). Wenn Gott ist, ist er aufgrund der Seinsanalogie nur Beziehung und sonst nichts. Gott als Beziehung ist auch die einzig treffende Aussage, da sie Gott nicht vergegenständlicht. Wird Gott vollends als Liebe bezeichnet (wie in der christlichen Theologie), welche aber nur als Beziehung existiert, die je konkret verwirklicht wird, dann wird wiederum klar, daß von Gott nur Sein als Beziehung (als „Da" des Seins) ausgesagt werden kann. Sein, Beziehung sind die Begriffe, die keinen Gegenstand meinen, die nicht „etwas" setzen, die nicht vom Begriff her einschränken und abgrenzen wie alle übrigen Verstehensinhalte. So kann man sagen, daß der Sinn des Seins Gott ist, wobei „Gott" nur ein anderer Ausdruck für diesen Sachverhalt ist. Der analoge Seinsbegriff ermöglicht also von Gott zu sprechen, Sinn zu benennen. Gott und Mensch in ihrem „Wesen" sind total verschieden, aber im „Sein" besteht eine Analogie, weil eben der Seinsbegriff relational ist. Wie kann man aber von Gott Aussagen machen, wie: Gut, gerecht, mächtig etc.? Die Seinsanalogie (analogia proportionalitatis) ist die Ermöglichung der *metaphorischen* Redeweise von Gott. Metapher ist eine sprachliche Übertragung (translatio) gemäß der Analogie.[100] Als Beispiel die

---

[100] Vgl. H. Weinrich, Art. Metapher, in: HWP V, 1179-1186.

Verhältnisanalogie: Das Greisenalter verhält sich zum Leben wie der Abend zum Tag. So kann man metaphorisch sprechen vom „Abend des Lebens" und vom „Alter des Tages". Ein Wort, ein Begriff, aus der Erfahrung gewonnen, wird von einer Sache auf eine andere übertragen. So kann ich metaphorisch zu einem lieben Menschen sagen: Du bist mein Goldschatz. Diese Bezeichnung gründet in der Analogie, wobei die Beziehung der Wertschätzung ausgedrückt wird. Soviel wie einem Menschen Gold wert sein kann, so wertvoll bist du mir. Das Wort „Goldschatz" symbolisiert die Bedeutung, die dieser Mensch für mich hat; das Wort ist ein Sinnsymbol eines relationalen Sachverhaltes. „Goldschatz" ist hier keine Bezeichnung für ein Seiendes (viele kg Gold), sondern für den Sinn, die Liebe, die ich auf diesen Menschen beziehe. Die Metapher erschließt den Sinn einer Sache; der Mensch ist weder ein gefundener Schatz noch besteht er aus Gold, sondern die Beziehung wird damit ausgedrückt und die Bedeutung dieses Menschen für mich. Diese Metapher unterscheidet sich vom Vergleich oder Gleichnis durch die Streichung des Wortes „wie". Dies ist von größter Bedeutung, weil durch das Gleichnis die Identität gemindert ist. „Das Gottesreich ist *wie* ein Schatz im Acker". Auch hier herrscht die Analogie, aber die Identifikation findet nicht statt, die Bilder verdeutlichen z.B. das Gottesreich, aber die konkrete Beziehung wird gleichsam suspendiert, auch wenn sie als Schlußfolgerung gefordert wird. Wenn wir sagen: Du bist mir wie eine Mutter, dann werden Verhältnisse verglichen. Anders verhält es sich, wenn ich sage: Du bist meine wahre Mutter. Hier wird in der Beziehung „Muttersein" realisiert. Das Wort „wahr" bezeichnet die physische Nichtidentität (geboren hat mich eine andere Frau). Ein weiteres Beispiel: Was ihr dem Geringsten getan habt, habt ihr mir getan. Diese Aussage Jesu spricht von einer unmittelbaren Beziehung. Sie würde abgeschwächt, ja sogar zerstört, wenn es hieße: das habt ihr so getan, „wie wenn" ihr es mir getan oder gar, „als ob" ihr es mir getan hättet. Damit ist die relationale Identität aufgehoben. So kann von Gott das „Löwe-Sein" ausgesagt werden. Die Metapher als Relationsrealität heißt nicht: Gott ist wie ein Löwe – das wäre ein Vergleich, sondern: Gott ist ein Löwe, etwa: Was ein Löwe als stärkstes Tier ist, das bedeutet Gott für mich, nichts kann mir mehr schaden. Die Metapher ist eine Beziehungsaussage. So sprechen wir von Jesus Christus: Er ist „wie ein Gott", er ist „ein Gott", er „ist Gott". Gott fungiert als Signifikant. Wenn ich von „wie" Gott spreche, dann werden Eigenschaften Jesu Christi mit denen eines Gottes verglichen. Wenn ich ihn „einen" Gott nenne, dann schließe ich andere Götter nicht aus, so daß er nur eine relative Bedeutung für mich hat. Wenn ich hingegen von Gott spreche, dann drücke ich in dieser Metapher aus, daß Jesus Christus für mich absolute und unbedingte Bedeutung hat. Der Satz also: Jesus Christus ist Gott, ist nichts anderes als eine Metapher und daher von weit größerer Bedeutung als eine metaphysische Seinsaussage. „Gott" hat nicht den Sinn, ein Seiendes zu beschreiben, das als Gottwesen existiert, sondern ist Sinngebung bzw. Beziehungsaufnahme zu einem Menschen mit Namen Jesus. Jesus Christus als metaphysische Gottheit ist das Mißverständnis der wörtlich genommenen Metapher (wie: Jesus Christus ist mein Goldschatz). Wird also die Metapher wörtlich genommen, dann führt sie in die Irre, und wir stehen beim Mythos und schließlich beim Fundamentalismus. Wenn Reden von Gott nur in Analogien möglich ist, kann ich von ihm nur in Metaphern sprechen. Werden diese nicht als relationale Bedeutungsträger verstanden, stehe ich mitten in religiöser Mythenbildung. Werden sie aber als Metaphern erkannt, werden die Mythen zu Symbolen.[101] Das Symbol „verdichtet" die Wirklichkeitserfahrung, schließt zusammen, gibt die Beziehung zum Sachverhalt an. So kann z.B. „Jungfrau" Symbol für Ganzheit, Integrität usw. sein. „Jungfrauengeburt" ist eine Metapher für die ganzheitliche Bedeutung des geborenen Kindes für mich, für die Menschen. Diese metaphorische Rede verführt zum Mythos, wenn das Symbol nicht erkannt wird; es wird zu einem physischen Mirakel oder einer Kuriosität. Metapher als „Bildsprache" ist kein Indiz unklaren Denkens (L.S. Stebbing), Irrationalität oder gar Lüge (F. Nietzsche), sondern sie zeugt vom Verstehen der Wirklichkeit, von der Tiefe des Erkennens (J.J. Rousseau) und ist zugleich „erkenntnisfördernd" (H. Blumenberg). Die Metapher, begründet in der Analogie, bewirkt das Symbol, das Sinn des Mythos ist, und zielt nicht nur auf die intellektuelle Ebene des Menschen, sondern auf seine Ganzheit (Verstand, Wille, Gefühl, Sozialität), insofern dadurch der Mensch in seiner Existenz getroffen, sich zu seinem Sein verhalten, bzw. sich relational vollziehen soll. Symbol ist nur, indem der Mensch sich zu ihm verhält und sich ins Verhältnis bringen läßt, d.h. dieses lebt (das „Daß" der Beziehung).

3. Existentiale Interpretation

Wir sprachen von der Entmythologisierung auch im Hinblick auf religiös-dogmatische Aussagen. Das Interpretationskriterium für alle „symbola" fidei, Glaubensbekenntnisse, kann nur die Bezugnahme auf menschliches Sein sein. Eine theologische Aussage ist unmythisch, wenn sie zugleich eine anthropologische Aussage ist, in der der Mensch nicht als Objekt, sondern als eine sich frei entscheidende Existenz verstanden wird. Vom Wahrheitsverständnis her läßt sich sagen, ein (religiöser) Mythos läßt sich nur insofern „entmythologisieren", als in ihm eine relationale Wahrheit ausgesprochen ist. Was daher keinen Begegnungscharakter hat, kann nicht Wahrheit ausdrücken. Gilt nun für die Verkündigung diese Wahrheitsstruktur, ist „Gottes Wort" allein in diesem „Sprachspiel" zu vernehmen, dann ist all das, was sich an Glaubensaussagen in Schrift und Tradition findet, nur im Rahmen relationaler Wahrheit zu verstehen. Alles, was nicht in dieser Beziehung begriffen werden kann, ist keine Glaubenswahrheit. Es gehört zu einem veralteten Weltbild oder ist eine unsachgerechte Verobjektivierung. Es hat keinen Anspruch auf Glaubwür-

---

[101] Vgl. G. Hasenhüttl, Schwarz bin ich und schön. Der theologische Aufbruch Schwarzafrikas, Darmstadt 1991, 20-30.

digkeit. Die Entmythologisierung ist daher eine methodische Unterscheidung von Wahrheitstypen. Sie wird auch „Existentiale Interpretation" genannt, weil sie sich auf die menschliche Existenz bezieht. Indem der Mensch existiert, d.h. seine Existenz bewußt vollzieht, kann er diese deuten, interpretieren, zur Sprache bringen. Die Existentiale Interpretation ist die positive Kehrseite der Entmythologisierung und beschäftigt sich nur mit dem relationalen Wahrheitstypos. Das Wort „existential" meint die Struktur, nach der sich Menschsein vollzieht, während „existentiell" nicht die Seinsstruktur, sondern das Existieren selbst meint, die Verwirklichung der Daseinsmöglichkeiten des Menschen. Die Fragen menschlichen Lebens können zwar durch Daseinsanalyse erhellt, niemals jedoch gelöst werden. Nicht aufgrund des Verstehenkönnens, sondern indem man sich konkret entscheidet, existiert man. Der Mensch soll bzw. muß sein Leben existentiell vollziehen, indem er sich so oder anders entscheidet, er kann aber seine Existenz immer nur existential interpretieren. Die Existentiale Interpretation geschieht also von menschlicher Existenz her, auf diese hin und erschließt sie durch das Verstehen. Sie darf nie so formalisiert werden, daß sie sich vom menschlichen Vollzug löst. Damit hat sie eine wesentliche Grenze. Das Existieren selbst, das Sich-entscheiden-Müssen, das Leben kann nicht aufgehoben werden und in die Abstraktion eingehen; es kann nicht „auf den Begriff" gebracht werden, es geht vielmehr darüber hinaus. Zwischenmenschliche Begegnungen können aber durch die Existentiale Interpretation entschlüsselt werden, eine Deutung finden, die aus der Begegnung hervorgeht und auf sie verweist. Weil menschliche Existenz auf das andere bezogen ist (Intentionalität) und weder der Vollzug noch die Beziehung suspendiert werden kann, ist die adäquate Interpretation die existentiale. Dies gilt für alle Erfahrungswirklichkeit (Mensch, Gegenstände usw.). Von Gott kann aufgrund der Analogie aber keine „existentiale Struktur" ausgesagt werden, und daher ist auch keine direkte Begegnung möglich (die „mystische" Erfahrung soll hier ausgeklammert bleiben, auch wenn diese m.E. nur indirekt möglich ist). Um Gott nennen zu können, sind wir immer auf Vermittlung angewiesen. Diese geschieht durch die Begegnung mit Menschen (theologisch spricht man vom Verkündiger, Glaubenszeugen u.a.m.); aber auch durch die Texte, die „geronnene Wahrheit" darstellen können und Versteinerungen, Ver-buch-ungen des menschlichen Lebens sind. Solche Texte sind aus christlicher Sicht das Zeugnis der Hl. Schrift und der Tradition (Dogmen). Die Bibel soll, christlich verstanden, Lebensorientierung leisten, indem in ihr das gefunden wird, was „Gottes Wort" heißt. Ist es aber die Absicht der Schrift, den Menschen auf seinen Lebensentwurf hin anzusprechen, ist sie grundsätzlich darauf aus, ihn in seiner Existenz zu treffen und zum entsprechenden Tun aufzufordern, dann ist allein die Existentiale Interpretation imstande, dies zu leisten, weil nur so die Objektivierung menschlichen Seins und seines Verständnisses ausgeschlossen wird. Sicher, auch die Schrift gibt objektive Fakten wieder, erzählt im Stil damaliger Zeit usw. Dies alles aber sind nur Ausdrucksformen, die die Botschaft entsprechend der

Mentalität der unmittelbar angesprochenen Menschen verständlich machen will, was in einer anderen Zeit geradezu eine Verständnisbarriere sein kann. So können z.b. für ein jüdisches Existenzverständnis die Zahlen im Buch Numeri existentielle Bedeutung haben, heute jedoch nur noch für die historische Forschung von Belang sein. So war für das 4. Laterankonzil (1215) von „Glaubensbedeutung", daß die Engel die äußerste Himmelssphäre bewegen, weil nur so die göttliche Weltordnung gewahrt werden konnte und der Mensch von guten Geistern gleichsam seine Lebensbedingung empfängt. Für uns heute ist eine solche „Glaubensdeutung" eine Kuriosität, ein Mythos, der keine existentiale Relevanz besitzt und daher „erledigt" ist. Da nun die Absicht eines religiösen Textes (Schrift, Glaubensbekenntnis, dogmatische Formulierung) darin besteht und nur darin bestehen kann, den Menschen neu zu verstehen, ihn neu zu „ordnen" (koordinieren), damit er zu sich selbst findet, ist allein eine Interpretation möglich, die auf den existentiellen Anspruch hinweist. Ein mythisch verstandenes Symbol vergangener Zeit, eines fremden Volkes, kann den heutigen Menschen nicht unmittelbar ansprechen, d.h. ihm Wahrheit vermitteln, die ihn in seiner Existenz, in seinem Beziehung-Sein trifft. Dies gilt genauso für das Sprechen von Gott. Vorstellungen und Bilder können das Verständnis erschweren und irritieren. Die Existentiale Interpretation will methodisch die Vorbedingung leisten, daß eine echte Begegnung mit dem Text möglich wird. Die Entscheidung für oder gegen die Textaussage und -absicht ist eine andere Sache und nicht von der Interpretationsmethode zu leisten; diese kann jedoch eine echte Begegnung ermöglichen. So kann ich z.B. den Koran sachgemäß interpretieren und mich für oder gegen den Islam entscheiden. Ich kann das menschliche Selbstverständnis akzeptieren oder ablehnen und kann für beides meine Gründe anführen. Eine sachgemäße Existentiale Interpretation wird es jedoch nur dann geben, wenn die entsprechenden wissenschaftlichen Methoden einfließen (z.B. historisch-kritische Methode, sozialwissenschaftliche, psychologische u.a.m.). Immer wird es darauf ankommen, daß nach der Absicht des Textes gefragt, daß das zeitlich-geschichtlich Bedingte als solches erkannt und in Beziehung gesetzt wird im Hinblick auf die Neuorientierung menschlicher Existenz.

Wie jede wissenschaftliche Methode ist auch die Existentiale Interpretation umstritten und wird heute oft abgelehnt. Der Streitpunkt liegt im Anspruch, daß ein religiöser Text nur dann sinnvoll sei und Geltung beanspruchen könne, wenn er auf menschliche Existenz bezogen werde. Dadurch würde der Mensch zum Kriterium eines Textes, der sich aus der Offenbarung Gottes ableitet; Gottes Wort aber gehe über den Menschen hinaus. Könnte der Mensch in seiner Willkür den Menschen völlig manipulieren, so daß jede Aussage über den Menschen möglich ist, dann würde der Mensch selbst zum Kriterium (s)einer Wahrheit. Dieses Argument trifft jedoch nicht zu. Der Mensch entscheidet zwar über sein Sein, was er aus sich macht bis zur Negation seines Seins, er kann aber nicht darüber entscheiden, ob er von einem Text (Schrift, Tradition) gefordert ist oder nicht. Freilich, ein Irrtum ist auch da stets möglich. Sobald der Mensch erkennt, daß das Gesagte (Geschriebene) sich auf menschliches Sein bezieht, ist er in Relation (zum Text) gebracht und versteht, daß in dieser Beziehung Wahrheit des Lebens, relationale Wahrheit auf dem Spiel steht, unbeschadet dessen, wie er sich entscheiden wird. Die Relationalität will die Existentiale Interpretation sachgerecht verstehbar machen. Nur dann kann ein Text religiös für den Menschen relevant sein, wenn diese Bezugnahme geschieht. Dies ist nicht der Fall, wenn interessante, richtige Information über objektive Tatsachen geleistet wird, die nicht auf menschliche Existenz bezogen werden können. Das heißt: Eine theologische Aussage ist nur dann wahr, wenn sie zugleich eine anthropologische Aussage ist. Dies gilt auch für *alle* dogmatischen Lehräußerungen. Sicherlich ist damit inhaltlich der Streit nicht beendet, da unterschiedliche Meinungen zur Geltung gebracht werden. Diese können wiederum nur dialogisch vermittelt werden. Dadurch wird keineswegs das menschliche Subjekt zum Kriterium der Wahrheit, sondern die Beziehungsmöglichkeit von Text (Schrift, Dogma) und Mensch. Der Dialog, der zwischen diesen beiden stattfindet, realisiert die relationale Wahrheit und erschließt sie. Beide haben sich dialektisch voreinander zu verantworten, so daß dieser Dialog, in dem keiner der beiden „unbeweglich" bleibt, zur Wahrheit des Menschseins und zu seiner Identität führen kann. Was jedoch nicht diesen Bezugscharakter hat, kann nicht für den Menschen relevant sein und daher auch nicht als „Offenbarung Gottes" bezeichnet werden. Andererseits muß der Mensch diesen Dialog aus-stehen, will er nicht sein eigenes Sein verfehlen. Das Wahrheitskriterium ist also nicht das menschliche Subjekt, aber auch nicht der religiöse Text, sondern das Bleiben in der dialogischen Struktur. D.h., die relationale Wahrheit selbst ist ihr eigenes Kriterium. Ihr Vollzug konstituiert und offenbart sie. In dieser Analyse zeigt sich, daß zwar die Inhalte, Ausformungen und Anschauungsformen sich stets verändern, daß sie zeitlich-geschichtlich sind, daß aber die dialogische Struktur der Wahrheit grundsätzliche Geltung beanspruchen kann. Diese ist aber nichts „Bleibendes" in sich, als gäbe es einen „unveränderlichen Kern", sondern gerade die dialogische Struktur verweist uns darauf, daß der Dialog mit einem religiösen Text grundsätzlich nicht abgeschlossen sein kann, daß der „Weg" nie wegfällt, Wahrheit nie zu einem Resultat wird. So wie das menschliche Dasein nie abgeschlossen ist und der Mensch nur so lange lebt, wie er sich wandelt, neu wird, so ist es mit der Wahrheit seines Lebens und dem Text, der ihn trifft. Nur der Tod, ja nicht einmal er, ist ein immer gleichbleibendes Resultat. Im Bemühen um eine Veränderung im Glaubensbereich hat Johannes XXIII. (1962) die Formulierung der Wahrheit von ihrem Inhalt unterschieden. Kardinal Bea kommentiert: „Der Hl. Vater selbst hat in einem feierlichen Augenblick – in seiner Eröffnungsansprache beim Konzil – erklärt, daß die Wahrheiten … der Welt von heute in einer neuen Sprache übermittelt werden müssen, der Sprache des modernen Menschen, der einzigen, die ihm etwas sagt … Darum kann man bei treuer Bewahrung der reinen

Lehre diese doch entsprechend der Mentalität und Sprache der Menschen gut durch andere Begriffe zum Ausdruck bringen."[102] Wenn auch nicht erkannt wird, daß die Sprache für Wahrheit konstitutiv ist und Formulierungen nicht von ihrem Inhalt getrennt werden können, ohne Wahrheit selbst zu ändern, kommt doch zum Ausdruck, daß Glaubenswahrheit nur in bezug auf den Menschen gilt, ja der heutige Mensch zum Kriterium für die Sprechweise des Glaubens gemacht wird. Im geschichtlich-zeitlichen Ausdruck kommt die Wahrheit zur Sprache. Jede Zeit hat ihren Mythos. In ihm, als solcher erkannt, zeigt sich und erschließt sich dem Menschen in seiner jeweiligen Situation die relationale Wahrheit, die nur gleich bleibt, indem sie sich verändert. Jede Zeit dichtet ihre Wahrheit. Goethe irrt, wenn er meint, von Dichtung und Wahrheit sprechen zu können. Freilich meinte er damit seine Zugaben zu historischen Fakten, aber Wahrheit ist nur in der Form der Dichtung, sei sie Mythos, Symbol oder Metapher. In den sprachlichen Ausdrucksformen wird die Wahrheit ge-dichtet, haben wir dialogisch Zugang zu Sinn und Unsinn unserer Existenz.

4. Textinterpretation

Die existentiale Interpretation ist die Methode der Erschließung der relationalen Wahrheit. Bezüglich der Interpretation eines Textes ist wesentlich festzuhalten:
1. Die Deutung eines Textes muß von der Beziehung zwischen Text und Interpret ausgehen, in der die eigene wie die Situation, in der der Text verfaßt wurde, eingeht. Der Text geht mich an. Dies gilt für religiöse wie gleichermaßen philosophische und poetische Texte. Weder die Satzwahrheit noch meine ursprüngliche Meinung sind der Ausgangspunkt, sondern die Beziehung, durch die beide in den Dialog gebracht werden.
2. Die Auslegung eines Textes ist nicht voraussetzungslos. Texte, die in einer vergangenen Zeit verfaßt wurden, benötigen zur Entschlüsselung verschiedene wissenschaftliche Methoden (historisch-kritische, form-, sozial- und redaktionsgeschichtliche u.a.m.). Die Aneignung dieser Methoden ist für eine wissenschaftliche Beschäftigung mit Bibel und Dogmen unerläßlich. Das besagt jedoch nicht, daß der Text nur unter diesen Voraussetzungen zugänglich ist, wohl aber bewahren sie häufig vor Fehlschlüssen und Irrtümern.
3. Diese Voraussetzungen eines Dialogs mit dem Text dürfen die Grundperspektiven nicht verdunkeln. Die existentiale Interpretation ist das authentische Koordinatensystem für die Beziehung, das Lebensverhältnis zur Sache, das erkenntnisleitende Interesse. Solange ich im Rahmen objektivierenden Denkens verweile, ist diese Relation nicht erkannt. So wie ich einen Menschen nicht verstehe, solange ich ihn z.B. nur als ein medizinisches Objekt sehe. Den Sinn eines religiösen Textes kann ich nicht erfassen, wenn ich die Fragen

---

[102]   A. Bea, Einheit in Freiheit, Stuttgart 1964, 23f.

des Textes nicht zu den meinen mache. Die Richtung der Befragung muß mit der des Textes übereinstimmen, d.h. ich muß mich „hineindenken" und kann nur so das Wahrheitsgeschehen erfassen, gleich wie die Antwort ausfällt, ob ich mich abwende oder identifiziere.

4. Da die Intention des religiösen Textes die Aufforderung zur Begegnung ist, in der Wahrheit erschlossen werden soll, ist ein indifferentes Lesen unsachgemäß. Daher ist es nochmals zu betonen, daß ich zwar dem echten Dialog als Wahrheitsgeschehen verpflichtet bin (d.h. daß ich Schrift und dogmatische Aussagen „ernst" nehme), dieser Dialog aber durchaus auch zur Verneinung expliziter Inhalte des Textes führen kann. Auch der „heiligste" Text kann unrecht haben und kann nicht aus sich heraus Wahrheit beanspruchen, sondern allein als „Dialogpartner". Der Leser wie der Text selbst stehen auf dem Spiel, sind ins Spiel zu bringen und möglicher Revision ausgesetzt. Darüber hinaus ist die Erkenntnis möglich, daß der Text für mich keinen Sinn ergibt, ich damit den Dialog abbreche und mich negativ gegenüber dem Text entscheide. Objektive Schlüsse und Argumente können eine solche Entscheidung nicht widerlegen. Es handelt sich nämlich nicht primär um die objektive Richtigkeit einzelner Sätze, sondern um das menschliche Selbstverständnis, das in ihnen zum Ausdruck kommt. Dies kann ich ablehnen und mich dagegen entscheiden. Wissenschaftliche Methoden können nur die Bedingungen für die Entscheidung aufzeigen, sie also vorbereiten.

5. Das Verständnis der Bibel und der Dogmen ist nie definitiv; der Dialog zwischen Mensch und Text ist wesensmäßig nie abgeschlossen. Nur ein toter Text und erloschene menschliche Existenz sind endgültig. Menschsein heißt, offen sein für neue Möglichkeiten, für neue Begegnungen im Dialog. Sicher können Sätze, objektiv interpretiert, mitunter keine neuen Erkenntnisse mehr liefern, aber die Satzwahrheit ist nicht die ganze Wahrheit, sondern das einmal ausgesprochene Wort ist neu zu verstehen, d.h. in Beziehung zu bringen zu heutiger menschlicher Existenz, die in einer neuen Situation lebt, die psychologisch und soziologisch umweltbedingt ist. Antworten auf neue Fragen des Menschseins sollen gefunden werden, die nie zeit- und geschichtslos an uns herantreten, sondern uns ganz konkret zur Entscheidung zwingen.

4.1. Dogmeninterpretation

Was bedeuten diese hermeneutischen Grundsätze für die Deutung des christlichen Glaubens und für die Dogmen? Wenn sie irgendeinen Sinn haben sollen, dann gehören sie in den Bereich der Beziehungswahrheit und nicht der objektivierenden, die vom Lebensvollzug losgelöst werden kann. Zugleich hat die Anwendung der existentialen Interpretation zur Folge, daß die Dogmen in ihrer geschichtlichen Bedingtheit gesehen werden.

Unter dem Einfluß dieses theologischen Ansatzes erkannte das 2. Vat. Konzil die Geschichtlichkeit der Aussagen des kirchlichen Lehramtes. Wichtiger als die Aussage Papst Johannes' XXIII. über die Relativität aller dogmatischen

Formulierungen ist das Faktum, daß im 2. Vat. Konzil keine einzige Definition ausgesprochen wurde. Dies war das erste Mal in der gesamten Kirchengeschichte, daß ein ökumenisches Konzil kein Dogma aufgestellt und keine Lehrmeinung verurteilt hat. Darin kommt die prinzipielle Einsicht zum Ausdruck, daß alle dogmatischen Aussagen brüchig und bruchstückhaft sind und die Glaubenswirklichkeit durch keinen Satz definitiv fixiert werden kann. Verbindliche Festschreibungen, die über eine regulierende Funktion hinausgehen, sind Versuche, sich der Wahrheit zu bemächtigen, und genau dies wollte das 2. Vat. Konzil ausschließen. Johannes XXIII. wollte auch nicht, daß alte Dogmen wiederholt werden, was zumindest formal eingetreten ist. Was passiert jedoch, wenn ein Dogma nicht mehr weitergesagt wird? Ist es vom Wortgeschehen getrennt, ist es wie ein dürrer Ast am Baum oder wie Herbstblätter, die langsam zur Erde gleiten. Auch wenn sie einmal Bedeutung und Gültigkeit besaßen, jetzt müssen sie fallen, um Platz für neues Leben zu machen. Dieses Verständnis dogmatischer Aussagen hat Auswirkungen auf das Selbstverständnis der Kirche, sowohl im Verhältnis zu anderen Kirchen und Glaubensgemeinschaften als auch innerkirchlich im Hinblick auf die Glaubensformulierungen. Dogmatische Aussagen erhalten einen neuen Stellenwert und können nicht mehr von der „Toleranz" getrennt werden. Zur Verdeutlichung können 5 Thesen dienen.

1. Eine dogmatische Aussage steht von ihrer Struktur her in einer Differenz zum relationalen Wahrheitsvollzug. Sie ist das Resultat eines möglichen Wahrheitsprozesses (was freilich nur sehr bedingt stimmt, weil oft „verordnete Wahrheit" vorliegt), wobei dieses Ergebnis sofort wieder durch das Wahrheitsgeschehen überholt ist. Wohl kann ein Dogma als eine Sprachregelung angesehen werden, die zur Verständigung in einer Glaubensgemeinschaft nützlich und auch wichtig sein kann wie die Verkehrsregeln. In sich haben sie keine „Wahrheit", wohl erhalten sie ihren verpflichtenden Charakter durch die Verkehrsteilnehmer (es ist egal, ob die Regel links fahren oder rechts fahren lautet. Erst wenn man sich festgelegt hat, wird es gefährlich, die Regeln nicht zu befolgen). Solche Regeln haben in einer Gemeinschaft einen gewissen verpflichtenden Charakter, aber sie sind zugleich stets vorläufig und veränderbar. Mit einer dogmatischen Formulierung (Sprachregelung) kann nicht der Anspruch verbunden sein, daß sich genuiner Glaube *nur* in dieser Weise ausdrücken kann. Auch garantiert dies nie, daß der Sachverhalt nicht besser anders zur Sprache kommt. Sprachregelungen können eine Sache verdeutlichen, aber auch verschleiern. Sie können immer nur ein dialogischer Beitrag zur Wahrheitsfindung sein, im Bewußtsein, daß die Sache des Glaubens selbst im Geschichtsprozeß wird. In den sprachlichen Ausdrücken erscheint der Sachverhalt je anders. Für die dogmatische Rede gilt, daß in der Sprechweise der Glaubensinhalt nicht unverändert bleibt und Glaubenswahrheit mit der Formulierung sich ändert. Dogmen sind nicht zeitbedingte sprachliche Ausformungen ewiger Wahrheiten, sondern Ausdruck eines geschichtlich-relationalen Wahrheitsgeschehens, in dem sich Wahrheit realisiert.

Freilich ist zu betonen, daß auch ein Dogma irren und so den Glaubenden von der Wahrheit abbringen kann.

2. Dogmatische Aussagen sind immer menschliche Aussagen, sind Menschenwort.[103] Ein Dogma will wie ein menschliches Wort wahr sein. Da aber das ausgesprochene Wort nicht das Wahrheitsgeschehen selbst ist, steht es immer in einer Differenz zur Wahrheit, auch wenn „Richtiges" ausgesagt wird. Die Spannung zwischen dem Gesagten und Gemeinten (Vollzogenen) kann nicht aufgehoben werden, will man die Wahrheit nicht verfehlen und zu einem Objekt machen, das verfügbar ist. So ist ja auch der Mensch nicht auf seinen Ausdruck zu reduzieren, wie er nicht durch das Wort adäquat erklärt werden kann (Liebe ist zwar ein Wort, aber nur wenn sie mehr als ein Wort ist, ist sie ein Wert bzw. ist sie Liebe).

3. Die Glaubensformulierung ist daher nicht identisch mit dem Glaubensvollzug und auch nicht mit dem Kerygma, dem Verkündigungsgeschehen. Sicher bedeutet die Differenz keine Loslösung, da ein Dogma, ein Glaubenssymbol, auf das Kerygma, auf den Glaubensvollzug, hinweisen muß, wenn es ein sinnvoller Ausdruck des Glaubens sein soll. Daher ist ein Dogma nicht der Glaube selbst und auch niemals Gegenstand des Glaubens, sondern sein formulierter Niederschlag, der freilich hilfreich sein kann. Glaubensbekenntnisse, wenn sie nicht eine spontane Glaubensmeinung wiedergeben, sind immer ein Reflexionsgeschehen einer Gemeinschaft oder deren Autoritäten (Hierarchie). Reflexion ist theoretische Rückkunft auf den Sachverhalt, die ihn aber nie vollkommen widerspiegelt, stets jedoch an ihn gebunden bleibt und sich an ihm orientieren muß. Verselbständigt sich die Reflexion, objektiviert sie das Geschehen, dann ist ein Dogma vom Glauben der Gemeinde abgeschnitten und ein dürrer Rebzweig am Rebstock. Unsere Aufgabe ist es zu untersuchen, bei welchen Dogmen dies der Fall ist und wieweit die Kirche selbst sich vom gelebten Glauben entfernt.

4. Dasselbe gilt von der Identifikation von Dogma und Offenbarung. Dogmatische Aussagen sind kein Offenbarungsgeschehen, auch wenn Glaubensbekenntnisse etwas „offenbaren" können. Sie sind Interpretament der Offenbarung. Beide nehmen jedoch am Geschichtsprozeß teil und sind zeitlich bedingt. Es gibt keine Offenbarung, die uns als solche begegnet, die „rein" vorhanden wäre, sondern Offenbarung ist immer ein von Menschen bezeugtes Geschehen, d.h. ist immer *geglaubte* Offenbarung. Die offizielle Kirche hat auch erkannt, daß die Verkündigung eines Glaubenssatzes *nie* Offenbarung ist, sondern nur aus dieser sachlich richtig hervorgeht (sie spricht vom „Beistand des Hl. Geistes", assistentia divina negativa). Glaubenssymbole sind also nie mit göttlicher Offenbarung zu identifizieren.

5. Eine dogmatische Aussage unterscheidet sich von einer theologischen Einzelaussage. Glaubensregeln stellen nämlich den allgemeinen Ausdruck einer glaubenden Gemeinde dar und nicht nur den eines einzelnen. Diese allgemeine Bedeutung einer Aussage drückt den Willen einer Gemeinschaft aus.

---

[103] K. Rahner, Schriften zur Theologie IV, 11- 30.

Damit ist aber noch nicht über eine abweichende Meinung entschieden oder gar über den Abweichler selbst. Vielleicht ist gerade Toleranz geboten, wenn man in der Glaubenswahrheit bleiben will? Denn die allgemeine Gültigkeit bedeutet nicht, daß Wahrheit sich nur in ihr realisiert. Grundsätzlich ist es möglich, daß der einzelne in der Wahrheit ist und die Gemeinschaft von ihr abweicht. Wohl gilt die Vermutung, daß allgemein Erprobtes, bereits Bewährtes einen Wahrscheinlichkeitsgrad besitzt, den das Gegenteil erst zu erweisen hat. Ein Wahrheitskriterium aber kann die Allgemeinheit nie darstellen. Wenn viele etwas behaupten, ist es deshalb nicht wahr. Aber das Allgemeine besitzt auch einen Unwahrscheinlichkeitsgrad. Es hat ein großes Beharrungsvermögen und leistet bekanntlich Widerstand gegen neue Erkenntnisse. Ein Anspruch gar, für alle Zeiten gültig zu sein, zerstört die Wahrheit selbst und läßt Aussagen oft überleben, obwohl die dadurch bezeichnete Wirklichkeit schon längst nicht mehr existiert. Es ist wie mit einem längst erloschenen Stern – seit Jahrtausenden existiert er nicht mehr, und doch sehen wir noch heute sein Licht. Wer von einem solchen Irrlicht auf Realität schließt, zieht falsche Schlüsse. Auch das Moorlicht spiegelt Behausung vor, wer sich jedoch dahin begibt, versinkt und bezahlt es mit seinem Leben.

Allgemeine dogmatische Aussagen bieten keine zusätzliche Sicherheit gegenüber einer Einzelaussage, sie haben vielmehr stets nur eine beschränkte Gültigkeit, eingegrenzt durch die zeitlich-geschichtliche Situation.

IV. TOLERANZ

Diese theoretischen Überlegungen über die Wahrheit dogmatischer Aussagen führen uns zur praktischen Frage nach der Toleranz. Tolerant ist ein Mensch, der anderes ertragen kann; intolerant und intolerabel, unerträglich ist ein Mensch, der nur seine Meinung gelten läßt. Wer anderes ertragen kann, wird einen „Ertrag" ernten. Ist er beliebig? Ist es richtig, daß ein Irrtum sich frei verbreiten kann? Gesetzt den Fall, eine dogmatische Aussage würde Wahrheit ausdrücken, ihr Bestreiter wäre dann im Irrtum. Würde dieser Geltung erlangen, wäre offenbar Wahrheit in ihrem Ausdruck verfälscht und würde Menschen in die Irre führen. Wäre es Gleichgültigkeit gegenüber der eigenen geglaubten Wahrheit, wenn der Irrtum nicht bekämpft würde?

1. Gegen die Intoleranz

Was das kirchliche Verhalten betrifft, ist festzustellen, daß im Normalfall keiner wegen einer „irrigen" Lehrmeinung verurteilt wurde. Zur Definition eines Irrgläubigen (Häretiker) gehört es, daß er eine „falsche" Lehre nicht nur verkündet, sondern sie „hartnäckig" (pertinaciter) ausspricht, d.h. trotz Mahnung und Erklärung der kirchlichen Autorität bei seiner Meinung bleibt. Das kirchliche Gesetzbuch (CIC) stellt fest, daß erst in einem solchen Fall „Häresie" vorliegt. Der Codex (Can 751) bestimmt: „*Häresie* nennt man die nach Empfang der Taufe erfolgte beharrliche (pertinax) Leugnung einer kraft göttlichen und katholischen Glaubens zu glaubenden Wahrheit oder einen beharrlichen Zweifel an einer solchen Glaubenswahrheit; *Apostasie* nennt man die Ablehnung des christlichen Glaubens im ganzen (ex toto); *Schisma* nennt man die Verweigerung der Unterordnung unter den Papst oder der Gemeinschaft mit diesem untergebenen Gliedern der Kirche". Eine „beharrliche" Leugnung bestimmter, durch kirchliche Autorität festgelegter Glaubenssätze ist Häresie und innerkirchlich daher nicht zu dulden. Wahr ist ferner, daß die Katholiken, deren Aussagen als häretisch verurteilt wurden, die sich jedoch dem kirchlichen Urteil unterworfen haben, nicht selbst als Häretiker gebrandmarkt wurden, auch wenn sie wegen ihres Vergehens, nämlich Verbreitung „falscher" Lehren, bestraft wurden. Kirche hat jedoch, bereits angefangen mit den späten biblischen Zeugnissen bis heute[104], Abweichler und ihre Meinungen stets heftig bekämpft. Dies galt und gilt als Einsatz für den rechten Glauben. Folgende Überzeugung spiegelt sich darin wider:
1. Die christlich-kirchliche Wahrheit hat einen Absolutheitsanspruch, denn die Offenbarungswahrheiten sind absolut. Sie gelten nicht nur je konkret für

---

[104]   G. Hasenhüttl/J. Nolte (Hg.), Formen kirchlicher Ketzerbewältigung, Düsseldorf 1976.

den einzelnen, der sie als solche erkennt, sondern sind für alle verbindlich, weil sie absolute Wahrheiten an sich sind.

2. Es ist besser, Menschen zur Akzeptanz dieser Wahrheiten zu nötigen und zu zwingen, als tolerant zu sein. Die Toleranz führt zum Irrtum und zum moralisch Verwerflichen. So wie wir Diebe und Mörder nicht frei herumlaufen lassen, sondern von der menschlichen Gemeinschaft absondern, damit sie nicht noch größeren Schaden anrichten, so müssen wir all die maßregeln, die Unwahrheit in Glaubensdingen verbreiten, denn sie stehlen die Wahrheit aus den Herzen der Menschen und töten ihr „Gnadenleben". Ja, der Irrlehrer ist schlimmer als ein Mörder. Die meisten Menschen sind zu schwach, um dem Irrtum zu widerstehen, sie sind oft hilf- und wehrlose Kinder im Glauben, so daß sie sich, auf längere Zeit gesehen, dem Druck der öffentlichen Meinung beugen. Daher ist der Glaubenszwang – nicht nur zum äußeren Gehorsam, sondern ebenso für das innere Gewissen – für schwache Menschen notwendig. Durch lange Indoktrinierung wird die absolute Wahrheit auch innerlich angenommen, und ein Abweichen erzeugt mit Recht ein schlechtes Gewissen. Diese Haltung in der Kirche grenzt an das System der Gehirnwäsche, und so konnte Pius IX. in seiner Enzyklika „Quanta cura" von 1864 (er greift dabei die Enzyklika „Mirari vos" [1832] von Gregor XVI. auf) „guten Gewissens" die „Gewissensfreiheit" zu einem „albernen Zeug" (deliramentum) erklären; und er fügte hinzu, daß sie eine der „schädlichsten Wahnideen" (nocentissima vanitas) sei. Gegen diese Intoleranz hat sich allerdings das 2. Vat. Konzil gewandt, und in der „Erklärung über die Religionsfreiheit" (I, Art. 3, 1965) wird betont: „Er (der Mensch) darf nicht gezwungen werden, gegen sein Gewissen zu handeln" („Non est ergo cogendus, ut contra suam conscientiam agat"). Wie auf dem Konzil selbst gibt es dagegen eine starke Opposition in der Kirche (u.a. J. Ratzinger). Diese Aussage des 2. Vat. Konzils widerspricht einer mächtigen Tradition in der Kirche. Zwar standen der Kirche am Anfang keine ausgeprägten Machtmittel zur Verfügung, sobald sie jedoch Macht und Herrschaft ausüben konnte, hatte sie diese zur Verbreitung der „christlichen" Wahrheit eingesetzt. Die Geschichte gab ihr häufig recht, denn sie war in verschiedenen Regionen der Erde damit erfolgreich. Christlicher Glaube wurde auf dem Weg der Gewalt eingeführt. Als ganzer mußte er angenommen werden, keine Abweichung auch nur in einem einzigen Punkt konnte geduldet werden, da diese Toleranz eine Beleidigung Gottes wäre, als hätte er auch Dinge von geringer Bedeutung oder gar Gleichgültiges geoffenbart. Das 2. Vat. Konzil versuchte mit der „Hierarchie der Wahrheiten" eine Differenzierung, so daß es auch in der Offenbarung Wichtigeres und weniger Wichtiges gibt, Wahrheiten zu unterscheiden und einander unterzuordnen sind.

3. Gegen die Forderung nach Toleranz wird ferner angeführt, daß kirchliche Autorität gegen Abweichler einschreiten müsse, da die Gläubigen ein Recht auf Wahrheit hätten. Menschen wollen „nach der Wahrheit" leben, wollen wissen, was wahr und was falsch ist, zumal es um das Heil des Menschen geht. Gewissensfreiheit kann dies nicht garantieren. Die Wahrheit hat recht

und ist allein im Recht. Nur wenn die Kirche ein „Machtwort" spricht und den Irrtum klar benennt, wissen die Glaubenden, woran sie sind, und können sich so an der Wahrheit orientieren. Diese Argumentation hat Papst Johannes Paul II. aufgegriffen, um das unfehlbare Lehramt zu begründen. Diesem Wahrheitsverständnis folgend, ist die evangelische Kirche gegen R. Bultmanns Entmythologisierungsprogramm eingeschritten, die katholische Kirche tat es ebenfalls gegen eine Unzahl von Theologen (vgl. Hirtenbrief gegen H. Küng). Die Wahrheit wird in der Kategorie des Rechts gedacht und identifiziert durch Macht und Gewalt. Dies alles bestätigt die kirchliche Verfügbarkeit über die Wahrheit und stellt einen Absicherungsmechanismus dar. Geoffenbarte Wahrheit wird nur sichergestellt, wenn eine Entscheidungsinstanz Wahrheit und Unwahrheit einer Aussage bestimmt. So steht sie immer über der Wahrheit, und genau deshalb fällt sie aus der Wahrheit, selbst wenn sie Richtiges erkennt.

Gegen diese Ablehnung der Toleranz ist zu sagen:
Mit der Lehre Jesu und seinem Verhalten läßt sich Gewaltanwendung, zumindest im Glaubensbereich, nicht vereinbaren. Die Kirche verrät daher die Botschaft Jesu, indem sie die umfassende Liebe als christliche Grundhaltung aufgibt und zur Gewalt greift (physisch oder psychisch). Zwar hat Jesus konkret Menschen absolut gefordert, ohne Wenn und Aber, jedoch keinen allgemeingültigen Absolutheitsanspruch erhoben. Ganz im Gegenteil, sein Menschenbild ist durch die Aufgabe der Herrschaft des Menschen über den Menschen geprägt. Niemand darf sich zum Herrn des Glaubens aufspielen, sondern alle sind untereinander Geschwister auf gleicher Ebene, ohne Zwang auszuüben. In diesem biblischen Zeugnis liegt ein Hinweis auf das Wahrheitsverständnis. Über Wahrheit kann man nicht verfügen, genausowenig wie das Leben des Mitmenschen zur Verfügung steht.[105] Wahrheit, in der Gott ausgesagt wird, entzieht sich dem Zugriff. Der zupackende Mensch will seine eigenen Vorstellungen und Wertsysteme der Menschheit „zu ihrem Heil" aufdrängen. Weder rational noch moralisch läßt sich dies rechtfertigen. Wahrheit, der Gewalt angetan wird, wird manipuliert und dadurch zerstört. Wahrheit und Identität wird vom Menschen hergestellt (zumindest gnoseologisch) und ihm als Produkt aufgezwungen. Das ist aber unmoralisch. Vorausgesetzt wird, daß Wahrheit nicht nur ein Besitz ist, der weitergegeben werden kann, sondern auch, daß ein Mensch, eine Institution eine absolute Gewißheit hat, in der Wahrheit zu sein und die entsprechenden Ausdrücke dafür zu gebrauchen. Überdies wird Wahrheit mit Unveränderlichkeit gleichgesetzt, so daß ihre Gültigkeit ein für allemal feststeht. Wahrheit ist aber nie unveränderlich. Die Intoleranz stützt sich zudem darauf, daß es nur *eine* Wahrheit geben kann, die voll erkannt wird und nicht erst vollzogen werden muß, um „wahr" zu sein. Mit einem Wort, intolerant sind der Mensch oder die Institution, die sich

---

[105] Das Grundprinzip jeder Ethik kann nur lauten: Achte jeden Menschen, instrumentalisiere niemanden!

selbst absolut setzen und einen Besitzanspruch auf Wahrheit erheben. Die Identifikation der Wahrheit geschieht durch Machtausübung und institutionelle Herrschaft und nicht durch den Dialog. Der Wahrheit wird daher auch ihr personaler Charakter abgesprochen, und die Mühe um die Wahrheit ist für sie nicht konstitutiv. Intoleranz ist Zerstörung der Wahrheit. Wahrheit ist ein kommunikativer Prozeß, der gerade deshalb den konkreten Menschen absolut fordert. Wahrheit ist daher auf die freie Entscheidung aus und mit Freiheit untrennbar verbunden. Freiheit ist für das Menschsein konstitutiv. Wahrheit, die menschliche Existenz betrifft, den Menschen in seinem Sein bestimmt bzw. dieses eröffnet, ist befreiend. Wahrheit kann daher nie zur Unfreiheit führen, nie Intoleranz bewirken. Wird Wahrheit auf diese Weise eingefordert, so daß Freiheit zerstört wird, so zerstört sie sich selbst. Intoleranz ist daher identisch mit der Destruktion der Wahrheit. Der Wahrheitsanspruch ist wesensmäßig tolerant, aber absolut, denn indem der Wahrheitsanspruch verfehlt wird, wird das Menschsein selbst verfehlt. Intoleranz, gar institutionell abgesichert, ist Herrschaft über den Menschen und wesensmäßig Unwahrheit. Sie schließt die Wahrheitsfindung (als Lebensweg) aus. Intoleranz ist Verweigerung der menschlichen Identität, ist Entfremdung und als unmoralisches Verhalten Schuld und Sünde. Sicher ist auch die Toleranz keine Garantie der Wahrheit, und Mißbrauch ist stets möglich. Intoleranz ist aber eo ipso Mißbrauch der Wahrheit und des Menschen, selbst wenn es sein sollte, daß richtige Sätze eingepeitscht und indoktriniert werden.

Wo immer sich daher ein Mensch oder eine Institution (Kirche, Sekte, Staat) absolut setzt, ist der Andersdenkende ausgeschlossen, denn er kann zur Wahrheit nichts beitragen. Wer Wahrheit besitzt (vgl. Opus Dei, Fundamentalismen aller Art), wer ein „depositum fidei" hat, der kann vom Abweichler gar nichts lernen, er braucht ihn nicht zu Wort kommen zu lassen, ja er muß ihn mundtot machen. So wurden auch in klassischen Lehrbüchern der Dogmatik die „Adversarii" (Gegner der wahren Lehre) zwar angeführt, aber nicht, um mit ihnen in einen Dialog einzutreten, sondern nur um die Unsinnigkeit ihrer Behauptung aufzuzeigen, sie zu brandmarken und zu verwerfen. Religionsgemeinschaften, die in ihrem Wahrheitspathos meinen, Wahrheit zu besitzen, sind wesensmäßig intolerant. Der Absolutheitsanspruch des Christentums ist eine Folge des Mißverständnisses nicht nur der Botschaft Christi, sondern ebenso dessen, was sie meint, nämlich Wahrheit, die mich angeht. Zwang zerstört die Freiheit und mit ihr die Wahrheit des Lebens. Verzerrungen der Wahrheit in Bibel und Tradition lassen sich nicht durch Besitzanspruch und Autorität beheben, sondern einzig und allein durch das dialogische Prinzip, durch Verantwortung im Kommunikationsprozeß. Wahrheit kann nie nach Art eines vorhandenen Seienden absolut gelten, sondern als humane Seinsweise fordert sie ein Sich-selbst-Einlassen auf sie, wodurch sie selbst in der Entsprechung erst realisiert wird. Ort der Wahrheit kann nur der Dialog sein, denn sonst wäre sie unmenschlich und selbst Unwahrheit. Unwahr meint hier nicht „Unwahrhaftigkeit" im moralischen Sinne (mauvaise foi bei J.-P.

Sartre), sondern seinsmäßige Zerstörung des Menschen selbst (in seiner „ontologischen" Struktur). Diese Toleranz, die Aufgabe des Absolutheitsanspruches, der abstrakt allgemeingültigen „Wahrheit", bedeutet jedoch keineswegs Beliebigkeit oder Gleichgültigkeit gegenüber dem Anspruch der Wahrheit.

2. Gegen die Beliebigkeit

Heute, in der Postmoderne (der Begriff wird ab 1976 allgemein verwendet), wird der Toleranzgedanke anders verstanden (J.-F. Lyotard, J. Derrida u.a.m.). Toleranz wird zur Akzeptanz der Pluralität, wobei diese *absolut* ist. Es gilt, absolut plural zu sein. Alle Konfrontation ist durch ein friedliches Nebeneinander zu ersetzen. Es gibt keine „Streitkultur", die eine Weise der Wahrheitssuche wäre, sondern diese Suche selbst ist aufzugeben, weil sie einen totalitären Anspruch in sich birgt. Wahrheit im Singular verstanden ist Ausgeburt der sich totalisierenden Vernunft. Nur die Diversifizierung der Wahrheit in Wahrheiten realisiert die Toleranz. Die Toleranz ist der absolute Wert in sich; sie dient nicht als Rahmenbedingung für den Dialog, damit der andere genauso geachtet und respektiert wird in seinem Anderssein wie ich (also Dialog auf gleicher Ebene möglich wird), sondern Dialog als Wahrheitsfindungsprozeß ist überflüssig. Eine Übereinkunft in der kommunikativen Auseinandersetzung ist nicht erstrebenswert, sondern Rest von Intoleranz. Es gibt keine gemeinsamen Werte. Toleranz ist also nicht Ausdruck dafür, daß ich über Wahrheit nicht verfügen kann, wir aber gemeinsam auf dem Weg der Wahrheitssuche sind, sondern Toleranz ist die Bedingung für die Vielfalt des Angebotes von Wahrheiten. Das Anliegen ist, sich gegen jeden totalisierenden Zugriff zu stellen, dem Irrtum sein Recht zuzugestehen und Achtung zu zeigen vor den anderen. Die Wahrheitssuche wird weitgehend mit dem Begründungsversuch der Moderne identifiziert, der bekanntlich alles Heterogene auszugrenzen sucht. Die Postmoderne will mittels der Toleranz gerade das Ausgegrenzte wieder ans Licht bringen. So wie die Vielzahl der Sprachen unterschiedlich Dinge benennt und erfaßt und Sprachen niemals adäquat übersetzbar sind, also nicht auf *eine* reduziert werden können, so auch die Wahrheiten nicht auf eine Wahrheit. Gerade dieser Verzicht ist die Toleranz.

Das „Sowohl-als-auch", das katholische: et – et scheint zur Geltung zu kommen. Alles hat seinen Wert. Mit dem Verzicht auf Wahrheitssuche ist der Weg zur Wertfreiheit offen. Die Toleranz, so verstanden, ist keine Methode zur Differenzierung, zur Wertunterscheidung, sondern stellt alles auf die Ebene des Angebotes und damit der Ware. Toleranz ist der „Supermarkt" für alle Artikel des Lebens. Alles wird als Ware angeboten, alle können sich hier tummeln: Arm und Reich, Wertvolles und Wertloses, Gutes und Schlechtes, Opfer und Täter usw. Freilich bereits diese Unterscheidung setzt einen vorgängigen Maßstab voraus, der durch die Toleranz aufgehoben ist. Damit gibt es keinen Elan der Veränderung der Verhältnisse, keine Suche nach dem wahrhaft Wertvollen, sondern allein Angebot und Nachfrage bestimmen die Waren. Was aber bewirkt ein solcher Toleranzbegriff? Toleranz ist die Rahmenbedingung dafür, daß alles zu einem gleichwertigen Gegenstand wird. Die Wahrheit fällt darunter, genauso wie die Handlung. Diese Toleranz also vergegenständlicht die Wahrheit, sie diversifiziert, aber sie differenziert nicht. Damit wird alles in der Dimension des Habens erfahren. Die Suche nach Wahrheit und Wirklichkeit, der Versuch einer Sinn- und Wertbestimmung wird geleugnet.

Diese Position ist allerdings auf dem Hintergrund der Totalitarismen des 19. und 20. Jh. zu verstehen. Die Absolutsetzung einer Idee, die als wahr geglaubt wurde (bzw. wird), hat zum Terror geführt. Wirklichkeit ist nicht lieferbar und Versöhnung der Gegensätze nicht möglich. Die Sehnsucht nach dem Ganzen, nach einem universalen Sinn treibt uns in die Hände des Diktators, gleich welcher Couleur. „Hinter dem allgemeinen Verlangen ... vernehmen wir nur allzu deutlich das Raunen des Wunsches, den Terror ein weiteres Mal zu beginnen, das Phantasma der Umfassung der Wirklichkeit in die Tat umzusetzen. Die Antwort darauf lautet: Krieg dem Ganzen, zeugen wir für das Nicht-Darstellbare ...“[106] Wir können nur Anspielungen auf Wahrheit erfinden, aber das Eine, Wahre und Gute ist nicht darstellbar, Vielfalt und Toleranz ist die letzte Antwort, die wir auf unsere Suche geben können. So wichtig diese Warnung ist und so entscheidend es ist, Toleranz einzufordern, so wird doch „das Kind mit dem Bad ausgeschüttet“. Um die Skylla zu vermeiden, verfällt man der Charybdis.

Wer sich, wie auch die Kirche, im Wahrheitsbesitz wähnt, wer fest wie die Fundamentalisten die Wahrheit sein Eigentum nennt, dem ist durch die Forderung nach Toleranz dieser Besitz streitig zu machen, aber im Namen einer existentiellen Wahrheitssuche. Allen totalitären Säuberungstendenzen, die klare Trennungslinien ziehen wollen, ist das matthäische Gleichnis entgegenzuhalten, daß das Unkraut nicht ausgerissen werden darf, sondern beides, Unkraut und Weizen, zusammen aufwachsen muß.

Aber wird die Toleranz totalitär, so daß sie sich als letzte Antwort auf unsere Wirklichkeitserfahrung darstellt, wenn Pluralität schlechthin irreduzibel ist, dann wird alles doch wieder verfügbar, wir leben im „kulturellen Supermarkt“, und es gibt keinen Werteunterschied zwischen Täter und Opfer mehr, auch wenn dies nicht beabsichtigt ist und ein „Alle-leben-Lassen“ meint. In einer totalitären Pluralität haben alle ihre Argumente, der, der die Gaskammern baut und der vergast wird; der einen Krieg anzettelt und der ermordet wird; die Fabrik, die Minen herstellt, ist gleich der, die Kindernahrung produ-

---

[106] J.-F. Lyotard, in: W. Welsch (Hg.), Wege aus der Moderne. Schlüsseltexte der Postmoderne-Diskussion, Weinheim 1988, 203. Vgl. ders., Unsere postmoderne Moderne, Weinheim 1991.

ziert. Der gläubige Lebensentwurf ist genauso gleich-gültig wie der ungläubige. Es gibt kein Entweder – Oder mehr. Eine solche Toleranz hebt im Grunde die Entscheidungsforderung auf. Die Hegemonie der Solidarität gegenüber Geld und Macht wird geleugnet. Eine solche Toleranz hält als letzte Aussagen bereit: 1. Alles ist möglich, 2. Halte dich für alles offen, 3. Fühlst du dich gut? 4. Macht es dir Spaß? So sehr auch hier wichtige menschliche Anliegen ausgedrückt werden, so sehr wird das Menschsein genau um das Sein selbst verkürzt. Toleranz ist die Bedingung der Möglichkeit, Sinn und Wahrheit zu finden, aber sie ist immer nur die Rahmenbedingung dafür, daß ein Wahrheitsdialog stattfinden kann, daß Solidarität unter den Menschen möglich, daß Ungerechtigkeit abgebaut und Befreiung ermöglicht wird. Intoleranz und totale Toleranz vergegenständlichen alles, auch den Menschen. Intoleranz gibt sich zu früh als Sinn und Wahrheit aus und schneidet die Seinsdimension des Menschen weg, totale Toleranz kommt immer zu spät, indem sie Geschick und Wahrheit des Menschen für gleich-gültig erklärt, die Opfer in der Geschichte unsichtbar macht und keine Option für die Armen, die Befreiung und ein besseres Leben verheißt. Die bei aller Toleranz zu fordernde Entscheidung fällt weg. Toleranz hat der Solidarität, der Befreiung zu dienen.

Echte Toleranz bedeutet, die Mühe und das Wagnis der Wahrheitsfindung im menschlichen Kommunikationsprozeß auf sich zu nehmen. Sie steht im schroffen Gegensatz zum „laissez faire" wie zu jeder Absolutsetzung. Als Bedingung für jeden Dialog ist sie integrierend und nicht ausschließend. Die Toleranz ist das Ertragenkönnen und das Durchtragen der Gegensätze, um im Dialog zur Wahrheit zu gelangen. Wo kommunikatives Handeln verlassen, wo der andere Lebensentwurf nicht mehr ertragen wird, gebärden sich Menschen intolerant. Sobald ein einziger Glaubensausdruck aus der Toleranz herausgenommen wird und nicht mehr zur Diskussion steht, wird über Wahrheit verfügt und Ausdruck oder Formel absolut gesetzt. Absolutheitsanspruch und Intoleranz richten sich immer gegen die Wahrheit selbst. Wer z.B. ein Lehramt nicht der Kritik unterzieht, Autorität also formal begründet, zerstört die Wahrheit, weil er ihr dialogisches Wesen verkennt. Ein „Wahrheitsverräter" (ein Ketzer, Häretiker etc.) ist demnach der, der einen Absolutheitsanspruch erhebt und intolerant ist. Er kann noch so fest am Glaubenssymbol hängen und ein asketisches Leben führen, er hat trotzdem den Wahrheitsvollzug aufgegeben und befindet sich in einer Lebenslüge. Wohl fordert Wahrheit den Menschen in seiner Freiheit absolut, aber ohne den Absolutheitsanspruch als allgemeingültig zu erheben. In der staatlichen Gesetzgebung kann daher auch nur bestraft werden (Diebstahl und Mord), was und insofern es auf der Ebene des vorhandenen Seienden liegt. Bestrafung soll das Zusammenleben schützen. Von daher ist eine Todesstrafe auszuschließen, da der Toleranzrahmen gesprengt wird. Glaubenswahrheit liegt jedoch auf der Seinsebene, kann gesetzlich nicht erfaßt werden, wenn menschliches Sein und Wahrheit ernstgenommen werden. Das Christentum leben heißt Wahrheit in Toleranz leben. Glaube und ethisches Verhalten sind untrennbar.

V. MUSS ALLES BEGRÜNDET WERDEN?

Wie kommt es, daß Wahrheit und Absolutsetzung als Einheit gesehen werden und so Wahrheit sich selbst im menschlichen Denken negiert? Es kommt von der Tendenz des abendländischen Denkens, die Wahrheit abzusichern, sich ihrer zu versichern, für sie eine letzte Begründung zu suchen. Es ist das in der Denktradition fundierte „begründende Denken". Theologisch wird die Frage nach der Begründung der Lebenswahrheit gestellt: Wieso bin ich auf Erden? Wie läßt sich meine Existenz rechtfertigen? Es ist die Frage nach dem Grund, die aus der Erfahrung der Endlichkeit und Kontingenz entsteht. Unsere Ratio, unser Denken fordert einen verläßlichen Grund für alles. Nichts geschieht ohne Grund – lautet der Grundsatz. Daher muß alles Seiende, was immer uns begegnet, einen Grund haben. Zu Beginn der Neuzeit, seit R. Descartes (1596-1650) und G.W. Leibniz (1646-1716), wurde dieser Grundsatz zum Universalprinzip der Wahrheit. „Omnis veritatis reddi ratio potest", für jede Wahrheit kann der Grund erstattet werden, schreibt Leibniz (Specimen inventorum). Dieses Prinzip „reddendae rationis" gilt für jede Wahrheit ohne Ausnahme. Der Grund muß dem denkenden Subjekt einleuchtend sein, klar und deutlich muß er sich dem Denken darstellen. Das denkende Ich ist der Ort der Vergewisserung und der Absicherung der Wahrheit (wie bereits A. Augustinus [354-430] andeutete). Alles wird auf das vorstellende Ich zurückgeführt. In der Vorstellung wird dem erkennenden Ich der Grund zugestellt. Ort der Wahrheit, die nun mit Sicherheit identisch ist, ist das Ich. Das denkende Subjekt erhält eine letzte, ja bei Descartes sogar eine unfehlbare Autorität. Im sozialen Kontext wird diese auf bevorzugte Subjekte (z.B. Jesus Christus, Papst) oder Institutionen (Lehramt, Bibel) übertragen. Der philosophische Ansatz ist der Satz vom Grund: Nichts ist ohne Ratio, ohne Grund. Die Wahrheit wird durch einen bleibenden Grund identifiziert. Dieser Grundsatz leuchtet auch ein. Woran liegt dies? Unser Erkenntnisvermögen, der Intellekt, wo immer er tätig wird, fragt nach dem Grund dessen, was ihm begegnet. Der Verstand fordert Begründungen für Aussagen und Geschehnisse. Er will alles begründen. Wir suchen Gründe und wollen allen Dingen auf den Grund gehen. Es ist die Ermöglichung des Fortschrittes in der Naturwissenschaft und Technik. Der ganze abendländische Erfindungsgeist hat sich durch diesen Grundsatz entwickelt. Das begründende Denken ist die Ermöglichung unseres heutigen Wohlstandes. Wird etwas auf seinen Grund zurückgeführt, wird es solange befragt, bis das Seiende auf den Begriff gebracht ist. Der Mensch hat die Sache im Griff, und sie entzieht sich grundsätzlich nicht mehr der Machbarkeit. Daß wir über Menschen (in der Geschichte) und Natur verfügen, sie verfügbar machen können, ermöglicht das Prinzip, das unser Denken leitet: nullus effectus est absque causa – alles hat seine Ursache. Die Bedeutung dieses Prinzips kann nicht genügend unterstrichen werden. Für die gesamte Entwicklung der Menschheit ist es konstitutiv. Das Problem ist nur der Universalanspruch, der heute nicht nur für alle Geisteswissenschaften äußerst fraglich ist, sondern sogar für die Technik. Was geschieht dem Menschen und der Natur, wenn alles machbar wird? Was bedeutet diese Vergegenständlichung? Die Theologie selbst ist nicht unschuldig an dieser Entwicklung, weil sie Gott als den notwendigen, universalen Grund von allem gesehen hat. Gott ist das Universalsubjekt, die alles bestimmende, alles begründende Wirklichkeit und Autorität. Warum ist *etwas* und nicht nichts? Antwort: *weil* Gott es geschaffen hat. Mittels des Satzes vom Grund wird auch über Gott gesprochen. Gott ist ein begründender Gott, der universale Begründungsversuch für alles Seiende. Er ist daher auch das Subjekt, das alles schließlich manipulieren kann, wenn er will. Die fatale Konzeption eines „allmächtigen" Gottes hat hier ihren Grund.[107] Gott ist das Ende einer Kausalkette. Dadurch wird die religiöse Symbolsprache mit dem naturwissenschaftlichen Sprachspiel verwechselt. Dieses kann nur sinnvoll sein, wenn es nach dem Grund, der Kausalität fragt. Aber auch hier muß es sich seiner Grenzen bewußt sein, daß dadurch nämlich nicht die *ganze* Wirklichkeit erklärt wird. Andererseits gilt für theologisch-religiöse Aussagen, daß sie begründet werden müssen, sonst würden sie ins Beliebige abgleiten. Aber gerade solange die theologischen Aussagen im Begründungszusammenhang stehen, haben sie die religiöse Wirklichkeit in ihrem eigensten Anliegen nicht erreicht. Der Satz vom „zureichenden Grund", der sich in der Realität als richtig erweist, hat seine Grenzen, wo diese Logik der Begründungen die machbare Dimension der Wirklichkeit, die Gegenständlichkeit überschreitet. Wenn sich nicht die gesamte Wirklichkeit auf den Begriff bringen läßt, kann ein Universalanspruch dieses Prinzips nicht erhoben werden. Nach Leibniz setzt der Satz vom Grund voraus, daß die Wahrheit ihrem Wesen nach Identität ist. Echte Begründung kann nur glücken, wenn die Vielheit und Verschiedenheit auf eine Einheit zurückgeführt wird. Diese Einheit liegt im Subjekt. Zur „natura veritatis" gehört es, daß die Einheit von Subjekt und Prädikat hergestellt wird, wobei die Wahrheit sich im Subjekt findet. Das „Sub-jectum" ist das zu Grunde Liegende. Vor diesem Grund muß sich die Wahrheit ausweisen, ja beweisen.

Wenn nun das einzelne Subjekt der Grund ist, auf den Wahrheit zurückgeführt werden kann und muß, dann muß es notwendig auch einen universalen Grund von allem geben, der die Einheit herstellt und alles begründet. Dieser notwendige Grund von allem ist Gott. Gott wird nur im Rahmen des begründenden Denkens erfaßt. Weil der Satz vom Grund universal gilt, existiert Gott. Alle anderen Subjekte brauchen *einen* Grund zum Existieren. Nichts ist grundlos, und alle „Vordergründe" sind auf den einen „Hintergrund" zu sehen. Wahrheit erlangt alles nur in Gott, dem einen Grund. Damit Seiendes wahr und sinnvoll wird, muß es „zu Grunde gehen".

---

[107]   Vgl. G. Schiwy, Abschied vom allmächtigen Gott, München 1995.

Heidegger weist zu Recht darauf hin, daß der Satz vom Grund nichts über das Wesen des Grundes aussagt. Der Satz „Nichts ist ohne Grund" hat als Subjekt nicht den „Grund", sondern das „Nichts", wobei dies implizit als das Seiende gedacht wird. Jedem Seienden wird das Prädikat zugesprochen, einen Grund zu haben; dann ist es wahr. *„Der Satz vom Grund ist, nach der gewohnten Weise verstanden, keine Aussage über den Grund sondern über das Seiende, insofern es jeweils ein Seiendes ist."*[108] Seiendes wird als wahr vom einigenden Subjekt aufgefaßt, wenn es einen „Grund" hat. Diese nicht näher bestimmte Vorstellung vom Grund ermöglicht die Vergewisserung der Wahrheit. Sie wird durch begründende Sätze erstellt. Ohne Zweifel werden dadurch richtige Sachverhalte erkannt, aber gerade in seiner universalen Bedeutung verschließt uns der Satz vom Grund die Einsicht in den Grund selbst. Das „Wesen des Grundes" wird als selbstverständlich vorausgesetzt. Dadurch verspricht er dem denkenden Menschen Universalität, in Wahrheit aber führt er in die Irre, weil er nur Seiendes als Vorhandenes erklären kann. Weil wir die Kopula „ist" gebrauchen (Nichts *ist* ohne Grund), entsteht die Meinung, das Sein selbst werde dadurch benannt; Theologen meinen, so Gott ansprechen zu können. Aber weder ein Gott, noch das Sein selbst wird durch diesen Satz erfaßt, sondern nur Seiendes wird er- und be-gründet. Grund und Sein sind nicht dasselbe. Die Grenze unserer Begründung ist das Seiende. Das Sein kann nicht durch das gegenständlich Seiende erklärt werden. Es hat keinen Grund und begründet sich auch nicht selbst. Der Grund und alle Begründung mit ihm ist abgeleitet, sekundär. Auf der Seinsebene können wir höchstens vom „Ab-grund" sprechen. Und wir reden auch vom „Abgrund des Herzens" und meinen damit die unergründliche Tiefe eines Menschen bzw. seine Freiheit. Denn die Freiheit widersteht aller Begründung. „Unergründlich" sind wir nicht deshalb, weil wir uns nicht oder noch nicht kennen oder gar uns anderen nicht zeigen wollen, wie wir sind, sondern „grundsätzlich". Der Satz vom Grund erreicht die Freiheit des Menschen grundsätzlich nicht. Wird er aber auch auf die Freiheit appliziert, führt er logisch zu ihrer Leugnung. Freiheit wird ja definiert als Grundlosigkeit (nicht Beliebigkeit!), als Wirklichkeit, die ohne bestimmte Ursache ist, als Abgrund, der „hell", aber auch „dunkel" sein kann. Dies bedeutet, daß die Freiheit der Ursprung des Grundes, des begründenden Denkens, des Satzes vom Grund ist. Werden hingegen Grund und Wahrheit in eins gesetzt, ist Freiheit die Unwahrheit und kann sich nur bewahrheiten, indem sie sich dem Begründen preisgibt. Der Grund bzw. das begründende Denken engt den Wahrheitsbegriff ein und verkürzt das Menschsein auf Gegenständlichkeit, auf eine manipulierbare Masse. Die Absolutsetzung und der Universalitätsanspruch des begründenden Denkens führen zur Intoleranz (oder zur „totalen" Toleranz), zu autoritärem Verhalten (oder zur absoluten Beliebigkeit). Soll der Mensch nicht als ein total verfügbares oder total beliebiges Objekt verstanden werden, dann kann das begründende Denken nur ein sekundärer, aber in seinen Grenzen auch notwendiger

---

[108]   M. Heidegger, Der Satz vom Grund, Pfullingen 1971, 82.

„Wahrheitstypos" sein. Die „Warumfrage" kann uns nochmals die Grenzen verdeutlichen. Die Frage nach dem Grund wird durch das „Warum" gestellt. Das „Warum" wird mit einem „Weil" beantwortet. Warum soll ich studieren? Um einen Beruf zu erlernen. Und warum soll ich dies? Weil ich dadurch Entfaltungsmöglichkeiten habe und auch besser leben kann als ein ungelernter Arbeiter. Frage und Antwort sind im Rahmen vernünftiger und berechtigter Begründung. Schwieriger ist schon die Frage, warum man eigentlich leben soll. Man kann antworten, um Gutes zu tun, anderen zu helfen, um selbst Glück und Liebe zu erfahren usw. Aber auf die Gesamtheit eines sinnvollen Lebens ist damit nicht geantwortet. Einfach macht man es sich, wenn man die Frage umbiegt und antwortet: Du sollst leben, weil Gott es will und weil er dich durch deine Eltern „erschaffen" hat. Gott fungiert als Rationalisierung, als eine Begründung, die der Frage nicht entspricht. Meine Frage nach dem Leben wird auf einen Begründungszusammenhang zurückgeführt, und weiteres Suchen nach Sinn wird aufgehoben, weil „zu früh" rationalisiert. Eine Scheinantwort verweist auf eine Kausalkette, die nicht schlüssig ist, es sei denn, ich rekurriere auf den Begriff „Glaubenssatz" oder „Geheimnis". Das „Weil" stimmt nicht mehr. Das Sprachspiel wird unmerklich geändert, von innerweltlich sinnvollen Zusammenhängen wird auf einen Universalhorizont (im Sinne einer transzendentalen Metaphysik) übergewechselt. Für manche, die sich mit einer solchen Begründung zufrieden geben, mag die Antwort genügen. Sie führt aber doppelt in die Irre: Menschliches Leben wird in einer scheinbaren Kausalität aufgelöst bzw. eingebunden und daher seiner Freiheit beraubt. Zugleich ist die Frage nicht beantwortet, weil nach dem konkreten Leben gefragt wird und eine „allgemeingültige" abstrakte Antwort keine Antwort ist. Die Lebensfrage ist noch überhaupt nicht berührt. Noch einfacher macht man es sich, wenn man auf die Warumfrage mit Vorschrift, Gottes Gebot und der Gehorsamspflicht antwortet. Begründungen werden zu einem Machtmechanismus, den die Kirche, aber auch alle anderen totalitären Institutionen gerne spielen lassen. All diese Begründungsversuche überschreiten die Grenze und wechseln Sprachspiel und Wahrheitstypos. Ideologisierung und Pseudorationalisierung sind die Konsequenz.
Schon früh im Leben beginnt das Kind mit der „Warumfrage". Es möchte dadurch Grenzen abstecken und bringt die Eltern meist in Verlegenheit, weil sie keine Antwort mehr wissen. Die Reaktion darauf kann sein, daß weiteres Fragen verwehrt wird: Sei still, frag nicht so dumm! oder es werden Scheinantworten gegeben, die sich jeder Überprüfung durch das Kind entziehen. Die Situation ist gerettet und ein Grund für das Ende der Frage gefunden. Die Verlegenheit der Eltern ist jedoch unbegründet. Es liegt nicht notwendig daran, daß sie zu wenig nachgedacht haben (freilich ist dies auch möglich), sondern an der Meinung, auf alles eine Antwort geben zu müssen, sonst würde man versagen. Dies liegt daran, daß die Grenze des begründenden Denkens nicht gesehen wird und daß das Denken (und Nachdenken) als solches die Lebensfrage nicht lösen kann.

Durch die Verabsolutierung begründenden Denkens wird *eine* Wirklichkeitsdimension ausgeblendet. Leben wird auf Reflexion zurückgeführt, und der Mensch wird zur denkenden Maschine. Der Vollzug, der Kommunikationsprozeß selbst wird nicht gesehen oder als nichtig erachtet. Schon im alten Rom erzählte man sich die Geschichte von einem Weisen, der gefragt wurde, wie lange man wohl zu Fuß nach Pompeji brauche. Seine Antwort war das kürzeste lateinische Wort: I! Geh! Empört ging der Frager weg ob dieser Unverschämtheit, denn gehen könne er selbst und dazu brauche er keine Aufforderung. Als er nun ein Stück gegangen war, rief ihm der Weise zu, soundsoviele Stunden wirst du nach Pompeji brauchen. Verwundert fragte der Fußgänger, warum er ihm dies nicht gleich gesagt habe und er so unhöflich gewesen sei. Darauf der Weise: Du mußtest zuerst gehen, und an deinem Gehen konnte ich abschätzen, wie lange du brauchen wirst. Aus dem Tun, dem Vollzug selbst, der zuerst notwendig ist, lassen sich dann sekundäre Schlüsse ziehen und Begründungen angeben. So ist der Lebensvollzug die primäre Antwort auf die Frage: Warum soll ich leben? Erst aufgrund des Lebens selbst, des Existierens, des Seins kann ich Motive und Gründe für mein Vorhandensein als ein bestimmtes Seiendes angeben. Das hat nichts mit Irrationalismus zu tun. Ein Kind ist nicht irrational, wenn es seinen Eltern vertraut, vielmehr ermöglicht erst die vertrauende Eltern-Kind-*Beziehung*, daß die Warumfrage auftaucht und das Kind die Wahrheit zu hören erhofft. Das heißt, daß die relationale Wahrheit der begründenden vorausgeht. Kommunikation und Lebensvollzug ermöglichen den begründenden Reflexionsakt. Gerade die Grenze des begründenden Sprachspiels ermöglicht verstehbares, „rationales" Leben.[109] Denn begründendes Denken ist abstrahierend von der konkreten Existenz. Daher sind vor allem die „letzten Gründe" auch so leer und so ideologieanfällig. Gott als „letzter Grund" ist eine „Leerformel". Das „Warum" ist stets vordergründig und erhebt sich aus dem menschlichen Kommunikationsprozeß, aus der Erfahrung des Menschen, theologisch aus Glaube und Liebe, die vor aller Begründung die Wirklichkeit erschließt. Eine ganze Strecke über alle einzelnen Seienden hinweg mag uns dieses „Warum" sehr hilfreich sein, bis wir erkennen, daß das „Warum" selbst eine „Begründung" braucht, die nicht wiederum ein „Warum" sein kann, sondern eine *Erschließungserfahrung*, die uns Wahrheit im Modus des Seins erschließt. Das begründende Denken ist am Ende, nicht, weil es zufriedengestellt ist – die „schlechte Unendlichkeit" bleibt[110] –, sondern weil es sich selbst aufgeben muß, um nicht am Begründen zugrunde zu gehen, d.h. in Abstraktion aufgelöst zu werden. Gerade, indem es mit der Begründung die Abstraktheit

---

109 Kein Philosoph hat dies treffender aufgezeigt als J.-P. Sartre. Alle Versuche des Menschen, sich durch Begründung aus dem Leben zu stehlen, müssen scheitern. Spricht er von der „Absurdität" des Seins, dann will er aufzeigen, daß die Sinnfrage, die mit der Warumfrage gekoppelt ist, stets zu kurz greifen muß. Vgl. G. Hasenhüttl, Gott ohne Gott. Ein Dialog mit Jean Paul Sartre, Graz 1972.

110 „Bewahre uns Gott" davor, sie für den letzten Grund, für Gott zu halten!

aufgibt, behält sie ihr Recht in den Grenzen der analytischen Vernunft, objektiviert nicht, gibt Raum für die dialektische, die sich in den Grenzen des kommunikativen Wahrheitsprozesses vollzieht, so „objektiv" ist und das Denken für das Leben freigibt. Wo der Mensch sich rechnend Rechenschaft über gegenständliches Seiendes gibt, hat der Satz vom Grund allein Gültigkeit. Dieser Satz selbst hat nun freilich einen Grund; wir haben ihn bereits angegeben. Er liegt nicht in einem Seienden, und wäre es das Höchste: Gott, sondern in der nicht wieder zurückgebenden Vernunft (principium non reddendae rationis), die bereits in dem „ist" des Satzes: Nichts *ist* ohne Grund, angegeben ist. Das Sein kann nicht als ein Seiendes vorgestellt werden, denn dann, aber auch nur dann müßte es einen Grund haben. Dann aber müßte auch die Wahrheit begründet werden und sich Rechenschaft darüber ablegen, daß sie wahr ist. Damit wird die Wahrheit verrechnet und als Richtigkeit, als ein richtiger Sachverhalt oder Satz verstanden. Wahrheit würde auf das gegenständlich Seiende verkürzt. In der Gestalt des Satzes kann diese, ja muß sie begründet werden. Wahrheit, die jedoch mit dem Sein identisch ist, entzieht sich jeder Begründung, andernfalls stünde der Grund über der Wahrheit. Sie ist vielmehr der Grund von Seiendem, Gesetztem, von Sätzen. Wahrheit und Sein sind ohne Grund. Sie sind verstehbar und sinnstiftend, aber der Verfügbarkeit des Menschen entzogen. Die Wahrheit des Satzes vom Grund liegt nicht im Satz als Grundsatz, sondern im Sein selbst, in der Wahrheit. Das „Warum" muß wesensmäßig in diesem Umkreis verstummen. „Warum" liest du? Man wird viele Gründe angeben können. Schließlich wird die Antwort sein: Es gefällt mir, ich habe Freude am Lesen. Der „Grund" liegt im Tun selbst. Von der Begründung weg wird auf meine Lebensform verwiesen. Solange ich begründe, trifft es mich nicht in meinem Lebensvollzug. Er ist die Bedingung der Möglichkeit der Frage nach dem Grund. Wird beides im Reflexionsprozeß nicht mehr unterschieden, dann jagt uns die Warumfrage, wie Heidegger richtig sagt, von einem Grund zum anderen. Das Warum läßt und gibt uns keine Ruhe, es treibt nach vorn, immer weiter. Es ist der Impuls des Forschers und des Fortschritts der Wissenschaft, es erfaßt jedoch dann ohne Unterschied auch das Menschsein, bis der Grund und das Ergründen uns selbst als Menschen zu Grunde richtet. Unsere heutige Zeit ist ein beredtes Beispiel dafür.[111] Bereits Goethe gibt in seiner „Spruchsammlung" (1815)

---

[111] H.E. Richter, Der Gotteskomplex, Hamburg 1979, 230f., hat darauf hingewiesen, daß die universale Begründungssucht den Menschen selbst zu Gott machen möchte, ihm „All-Macht" verheißt. Das Bild, das der Mensch in seinem Machbarkeitswahn von sich entwirft, korrespondiert nicht mit dem Lebensvollzug selbst. Noch treffender spricht sich J.-P. Sartre aus. Durch diesen Alles-Begründungs-Versuch zerstört sich der Mensch selbst und handelt genau umgekehrt zu dem, was Christus intendierte. „Jede menschliche Wirklichkeit ist eine Leidenschaft (passion), insofern sie entwirft, sich selbst zu vernichten, um das Sein zu begründen (pour fonder l'être) und um zugleich das An-sich zu konstituieren, das als eigener Grund (propre fondement) der Kontingenz entgeht, das *Ens causa sui*, das die Religionen Gott nennen. Die Leidenschaft (passion) ist somit die Umkehrung der des Christus, denn der Mensch richtet sich als Mensch zu Grunde (se

einen interessanten Hinweis: „Wie? Wann? und Wo? – Die Götter bleiben stumm! Du halte dich ans Weil und frage nicht Warum". Das „Warum" expliziert sich in den Fragen: Wie, wann, wo – es sind die Fragen nach Zeit, Ort und nach dem Wie des Gesetzten. In der Forschung wird das „Warum" des Seienden durch Raum, Zeit und Gesetzmäßigkeit bestimmt. In dieser Dimension bleiben die Götter stumm. Das Göttliche und die Gottheit können auf der Ebene der Warumfrage nicht erreicht werden. Gott antwortet nicht. Würde er auf die Warumfrage sein Sein preisgeben, er wäre kein „göttlicher" Gott, sondern eine Idee vom höchsten Seienden.[112] Goethe meint, daß das „Weil" die Begründung verweigert. Dieses „Weil" ist nicht als Antwort auf das „Warum" zu verstehen, sondern es hat keinen Grund, vielmehr ist es in sich sinnvoll. Er meint mit diesem „Weil" ein „Dieweilen", d.h. so lange etwas noch währt, noch ver-weilt. Es ist das „Weilen", Währen, Innehalten, Still bleiben. Dieses „Weil-en" wehrt die Begründung ab. Vielmehr noch, es verweist auf das Währen, Gewähren, auf das Sein. In diesem Zusammenhang machen uns Leibniz, Hegel und Heidegger[113] auf einen Satz von Angelus Silesius (1624-1677) aufmerksam: „Die Ros' ist ohn' Warum; sie blühet, weil sie blühet, sie acht' nicht ihrer selbst, fragt nicht, ob man sie siehet."[114] Beide Begriffe, „Weil" und „Warum", finden wir hier wieder. Das „Warum" wird abgewehrt. Es geht nicht um ein stumpfes Dasein, das nicht fähig ist zur Frage „Warum", sondern um den Vollzug des Blühens, um das Identischsein mit sich. Aller Sinn liegt im „Blühen" selbst. Die Freude des Betrachters der Rose ist keine Antwort, aber auch nicht die Sorge um die eigene Existenz. Sie blüht einfach, *weil* sie blüht. Dieses „Weil" ist ein Verweilen im Vorgang selbst und keine analytische Zergliederung des Sachverhaltes. Wir werden an Jesu Wort von den Lilien erinnert, die ebenfalls in ihrer Schönheit genug sind und keine Leistung, keine Sorge kennen. Kinder können aus Freude am Tun selbst über Zäune klettern, Fangen spielen usw., was den Erwachsenen, die verzweckt sind, weitgehend abgeht. Das Verschwenderische, Überflüssige, das hier zum Ausdruck kommt und nicht nach dem Warum und Wozu fragt, braucht keine Begründung. Sicher im Fall der Rose lassen sich botanische Zweckbetrachtungen anstellen, der Duft und die Farbe usw. erklären, aber gerade das Blühen als solches kommt nicht in den Blick. Die Gründe, das Warum und Wieso treffen das Geschehen selbst nicht. Wird die Rose wissenschaftlich untersucht, wird das „Blühen" auf den gegenständlichen Wahrheitstypos reduziert, zerpflückt und aufgelöst.

---

perd), damit Gott entsteht (pour que Dieu naisse). Aber die Idee Gottes ist widerspruchsvoll (contradictoire) und wir richten uns umsonst zu Grunde (nous nous perdons en vain); der Mensch ist eine nutzlose Leidenschaft (l'homme est une passion inutile)" (L'être et le néant, Paris 1943, 708). Vgl. ausführlich 3. Teil: Gott, 626-636.

[112] Vgl. W. Strolz, Menschsein als Gottesfrage, Pfullingen 1965, 146f passim.

[113] Vgl. M. Heidegger, Der Satz vom Grund, Pfullingen 1957, 53ff.

[114] A. Silesius, Der cherubinische Wandersmann. Sinnliche Beschreibung der vier letzten Dinge, 1657, Nr. 289: Ohne Warum.

Gleiches läßt sich von der zwischenmenschlichen Liebe sagen.[115] Liebe und Güte sind ihrem Wesen nach grundlos[116], lassen sich nicht durch das „begründende" Denken erfassen.[117] Wird nach dem „Warum" der Liebe gefragt und eine Antwort gegeben, die sich darauf einläßt, mit einem kausal begründenden „Weil" zu antworten, ist der Vollzug der Liebe aufgelöst. Wenn ich sage, ich liebe dich, weil du schön bist, oder weil du diese guten Eigenschaften hast usw., ist die Liebe im Grunde zerstört. Der Grund zerstört sie, weil er sie in einen anderen Kontext, in ein anderes Sprachspiel stellt. Wenn die Antwort aber lautet: Ich liebe dich, weil du *bist,* dann ist dieses „Weil" etwas anderes, weil es nur auf den Bezugspunkt des Vollzuges hinweist und nichts anderes sagt als: Ich *liebe* dich, weil ich *dich* liebe. Der Grund wird aufgegeben, und in der Bejahung des Du erschließt sich selbst der Sinn des Vollzuges. Das Lieben hat also den Grund in sich bzw. hat keinen Grund außer sich selbst.

In diesen zwei Denk- und Wahrheitsweisen ist auch die Differenz von Seiendem und Sein zu sehen. *Seiendes,* in seiner Wesenheit (seinem „Was") betrachtet, wird immer auf ein Nächstes verweisen, und dieses wieder auf ein anderes; d.h. es wird unter diesem Aspekt sinnvoll auf den Grund geführt, bis ein allgemeinster Grund, also eine Grundlage oder ein Grundprinzip, gefunden ist, was aber stets auf der Ebene des Vorhandenen, eben des Seienden, bleibt, und würde es auch „Gott" genannt.

---

[115] In „Der kleine Prinz" von A. de Saint-Exupéry, Düsseldorf 1956, 62-66, wird diese „Grundlosigkeit" der Zuneigung geschildert. Der kleine Prinz meinte, daß es nur eine einzige Rose gäbe, die er liebt; nun entdeckt er einen ganzen Rosengarten. Diese Rosen sehen alle so wie seine aus. Der Fuchs klärt ihn auf, daß trotzdem ein wesentlicher Unterschied zwischen seiner und den vielen Rosen besteht, nämlich der Umgang mit ihr, das Vertrautmachen, das „Zähmen": „‚Gewiß', sagte der Fuchs, ‚noch bist du für mich noch nichts als ein kleiner Junge, der hunderttausend kleinen Jungen völlig gleicht. Ich brauche dich nicht und du brauchst mich ebensowenig. Ich bin für dich nur ein Fuchs, der hunderttausend Füchsen gleicht. Aber wenn du mich zähmst, werden wir einander brauchen. Du wirst für mich einzig sein in der Welt'..." (66). „Die Zeit, die du für deine Rose verloren hast, sie macht deine Rose so wichtig" (72). Der Vollzug der Beziehung ist der „Grund" dieser relationalen Wahrheit, für die die Zeit, das Werden reine Positivität ist. Der liebende Umgang ist die „grundlose" Wahrheit.

[116] Selbstverständlich lassen sich für Zuneigung und Wohlwollen *Motive* angeben. In diesem Sinne gibt es sehr viele Motive, warum ich mich zu und nicht anders verhalte, wieso ich gerade diesen Menschen besonders zugetan bin usw. Unser Handeln ist stets notwendig motivgebunden, es läßt sich aber kein strenger Kausalzusammenhang herstellen zwischen der Motivation und dem freien Vollzug. Die „Begründungen" reichen nicht aus, das Handeln hat den „Grund in sich". Der Liebe kann man nicht auf den Grund gehen, weil sie nicht in die Motive auflösbar ist, ohne zerstört zu werden, ohne „zugrunde zu gehen".

[117] „Wenn ich mich frage, warum ich immer gestrebt habe, ehrlich, für den anderen schonungsbereit und womöglich gütig zu sein und warum ich es nicht aufgegeben habe, als ich merkte, daß man dadurch zu Schaden kommt, zum Amboß wird, weil die anderen brutal und unverläßlich sind, dann weiß ich allerdings keine Antwort." S. Freud, Brief an J.J. Putnam vom 8. Juli 1915, in: Sigmund Freuds Briefe 1873-1939, E.L. Freud (Hg.), Frankfurt 1960. Vgl. ausführlich 3. Teil: Gott, 614-622.

Anders verhält es sich, wenn nach dem *Sein* gefragt wird; es hat den Grund in sich, es ist nicht wieder zu begründen, sondern von ihm her läßt sich überhaupt erst die Frage nach dem Grund stellen. Sein, Leben, Liebe, Treue, Freundschaft usw. haben wir aber nie unmittelbar, sondern immer nur gebrochen an einzelnen Seienden, die zugleich diesen Vollzug erst konkretisieren. So gibt es eine dialektische Vermittlung von der einen Wahrheit zur anderen, und im Suchen des Grundes kann uns aufgehen, daß wir nicht weitere Gründe suchen müssen. Hierher gehört auch der Spruch von B. Brecht: „Herr K. sah eine Schauspielerin vorbeigehen und sagte: ‚Sie ist schön.' Sein Begleiter sagte: ‚Sie hat neulich Erfolg gehabt, *weil* sie schön ist.' Herr K. ärgerte sich und sagte: ‚Sie ist schön, *weil* sie Erfolg gehabt hat.'"[118] Das Weil hat beide Male eine grundlegend andere Bedeutung. Einmal wird das Schön-Sein degradiert zu einem Grund für etwas anderes. Im zweiten „Sprachspiel" wird niemand im Ernst annehmen, daß der Erfolg der Grund für die Schönheit ist, obwohl ein erfolgreicher Mensch glücklicher und schöner sein kann. Vielmehr ist diese positive Relation „Erfolg" das Schöne an dieser Schauspielerin. Begründung ist hier fehl am Platz, obwohl ein Erfolg psychologisch wie soziologisch begründet werden kann. Ein falscher Ortswechsel aber zerstört das Verständnis für die „grundlose" Wahrheit. Selbst wer „um Gottes willen liebt", der liebt nicht konkret, sondern mißbraucht den Mitmenschen um einer Ideologie willen, auch wenn er ihm Gutes tut. Der Mitmensch verliert seinen Wert in sich, sein Leben wird als Objekt benutzt, Liebe hingegen ist „grundlos" bzw. hat den Sinn (und insofern den Grund) in sich selbst. Der Liebende weilt beim Geliebten. Wer beim Geliebten nicht verweilen kann, der liebt auch nicht, sondern gebraucht ihn nur. So ist Properz (2,22,14) zu verstehen: „*Quare*∗ non habet ullus amor" – die Liebe kennt kein Warum! Und Catull (II, 85) spricht davon noch ausführlicher: „… amo, *quare*∗ id faciam, fortasse requiris; nescio sed fieri sentio" – „ich liebe, warum ich dies täte, fragst du vielleicht; ich weiß es nicht, aber *daß*∗ es geschieht, fühle ich …" Die Reflexion kann den Vollzug des Liebens nie einholen, geschähe dies, wäre die Liebe bereits zerstört. So meint G.E. Lessing, daß das Tun des Guten den Sinn in sich trägt und kein Zukunftsmotiv (ewige Seligkeit) braucht. Die Belohnung kann kein Grund, kein „Warum" des Handelns sein. „Sie wird gewiß kommen, die Zeit der Vollendung, da der Mensch … das Gute tun wird, *weil*∗ es das Gute ist …"[119] Wo wirklich echte Mitmenschlichkeit gelebt wird, wird auch jetzt schon so gehandelt und nicht erst in einer künftigen Generation. Diese Gedanken sind in den verschiedensten Völkern verwurzelt. Das Mahâbhârata empfiehlt zu handeln „ohne Beweggrund", ohne Zorn und Bosheit, aber auch ohne ein bestimmtes Ziel zu erreichen.[120] Das Gute wird im Tun selbst erkannt. In China spricht Laotse davon: „Höchste Tugend (Tê wird auch als „Leben" übersetzt) … ist auch *ohne Grund*∗, warum sie handelt

---

118 B. Brecht, Geschichten vom Herrn Keuner, 35.
119 G.E. Lessing, Die Erziehung des Menschengeschlechts, § 85.
120 Mahâbhârata, Buch VI, Kap.: Die Bhagavad Gita.

... Höchste Menschlichkeit (jen) tut, aber ohne Grund, warum sie handelt."[121] Die Gedanken kreisen immer um dasselbe: Sein und Seiendes, Sein und Haben, Daß und Was, Warum und Weilen, sind klar zu differenzieren, weil sie verschiedene Seinsweisen und Wahrheitstypen sind. Begründende und kommunikative Wahrheit ist zu unterscheiden, wobei die relationale Wahrheit erst das begründende Denken ermöglicht. Jeder Ortswechsel hat für Mensch und Wissenschaft fatale Folgen. Theologisch sind Glaube, Hoffnung und Liebe der Seinsebene und -wahrheit zuzurechnen. Auf der objektivierenden Ebene liegt die Autorität. Daher kennt der Glaubende keine Heteronomie, keine formale Autorität. Glaube ist anti-autoritär, transautoritär und daher auch wesensmäßig tolerant.[122]

Aber kann denn die christliche Offenbarung nicht doch letzte Autorität sein?[123] Weitgehend wurden in der bisherigen theologischen Methode Bibel und Tradition als „Letztinstanzen" der Wahrheit beschworen. Werden sie als Wahrheitsquellen verstanden, so bleibt man den Beweis schuldig. Werden sie als Autoritätsbeweis angeführt, so müßte man spätestens seit Thomas von Aquin wissen, daß nicht die Autorität, sondern allein das Argument und die Einsicht die Wahrheit einlösen können. So ist die Frage, ob Offenbarung oder Erfahrung Kriterien darstellen, auf die sich der Glaube und die theologische Wissenschaft stützen kann. Was meint Offenbarung und was meint Erfahrung wirklich?

---

[121] Laotse, Tao-Tê-King, Kap. 38, 86.

[122] H. Albert, Traktat über kritische Vernunft, Tübingen ²1969 meint, daß dem christlichen Offenbarungsmodell das Problem der zureichenden Begründung zugrunde liegt. Es ist ein theoretischer Monismus, der das Denken an einem obersten Prinzip, an einem letzten nicht mehr hinterfragbaren Grund festmacht. So gerät es in das „Münchhausendilemma": Entweder führt es zu einem infiniten Regreß, d.h. zu der Frage nach dem Grund des Grundes und kommt so nie zu einer sicheren Grundlage, oder zu einem logischen Zirkel, denn das Denken setzt immer bei Dingen ein, die ihres Grundes bedürfen. Da nach seiner Meinung beide Wege ungangbar sind, muß man an einem bestimmten Punkt dezisionistisch, arbiträr haltmachen und eine Glaubensentscheidung treffen.
Diesem Glaubens- und Offenbarungsmodell stellt Albert ein Denken entgegen, das auf letzte Sicherung verzichtet. Man kann nur pragmatische, begrenzte, heuristische Ideen haben, also Leitideen, die ein operatives Modell aufstellen. Sie sind kritisch zu prüfen, wieweit sie tragen und hilfreich sind. Solches Denken fordert Alternativvorschläge und andere heuristische Ideen heraus. Was Wahrheit ist, kann man nur durch Dialog und kritische Analyse erkennen.
Aus einer antitheologischen Position heraus wird das begründende Denken in Frage gestellt, ohne freilich auf das relationale Wahrheitsmodell einzugehen. Es ist ein Ansatz der „Postmoderne", der mit der Ablehnung, der allmächtigen Begründung den Wahrheitsanspruch entweder fallen läßt oder zumindest „relativiert". Unsere Frage ist, ob das Offenbarungsverständnis nur als dezisionistisch-autoritär begriffen werden kann oder eben gerade so ein irriges Modell darstellt. Vgl. auch ders., Das Elend der Theologie, Hamburg 1979.

[123] Vgl. KKK, Nr. 51ff.

VI. ERFAHRUNG

1. Die katholische Eingrenzung der Erfahrung

Wenn wir von einer „grauen Theorie" sprechen, dann meinen wir ein Gedankensystem, das durch keine Erfahrung abgedeckt ist. Manches dogmatische System, in dem Theorie und Praxis nicht vermittelt sind, nimmt auf Erfahrung keine Rücksicht, sondern ist aprioristische Konstruktion. Dogmatische Aussagen stehen oft im „luftleeren Raum", so daß der Eindruck entsteht, Theologie sei keine Erfahrungswissenschaft.

Vielfach wird zwar angenommen, Erfahrung und Theologie überschnitten sich, von einer Deckungsgleichheit könne jedoch keine Rede sein. Gewisse Erfahrungen spielten bei der Entwicklung der Theologie eine Rolle, aber sie selbst gehe weit darüber hinaus.[124] Äußere und innere (religiöse) Erfahrung könne einen Beitrag leisten, sei aber niemals für die Theologie entscheidend. Der Wert der Erfahrung für die Theologie liege vor allem darin, daß sie apologetische Dienste leisten kann. Es sei aber verfehlt zu meinen, „daß ... die Wahrheit des Dogmas durch die Erfahrung bedingt und begrenzt (sei) ..., statt umgekehrt die Wahrheit der Erfahrung im Horizont des Glaubensverständnisses zu begründen".[125] Die Erfahrung wird hier als etwas Abgeleitetes, Sekundäres gegenüber der Glaubenswahrheit verstanden. Diese sei nicht auf Erfahrung angewiesen, sondern ihr Ursprung leite sich von einer Erkenntnis bzw. einem Glauben her, der jenseits der Erfahrungsdimension liegt. Eine solche Verhältnisbestimmung von Theologie und Erfahrung wird um so unverständlicher, wenn Erfahrung definiert wird als „eine Erkenntnis, die durch Begegnung von den wirklichen Dingen her gewonnen ist".[126] Wird die Theologie nicht „von den wirklichen Dingen" her gewonnen?

Das Bedenken der katholischen Theologie gegen die Erfahrung hat eine Wurzel in den Auseinandersetzungen des 16. Jh. Im sog. „Fiduzialglauben" der Reformatoren sah man einen Rückgriff auf die innere Erfahrung der Gewißheit, durch die die kirchliche Bindung des Glaubens gelockert wird; daher die Verurteilung der Notwendigkeit einer Erfahrung der Glaubensgewißheit. Ein

---

[124] „Wir können unmöglich bei der bloßen Erfahrung stehenbleiben" (Johannes Paul II., Enzyklika „Fides et ratio", 1998, § 83). Das Wort Gottes übersteigt alle Erfahrung. Hier liegt, wie wir sehen werden, ein weitgehend auf die Innerlichkeit reduzierter Erfahrungsbegriff vor.

[125] W. Lohff, Erfahrungstheologie, in: LThK[2] III (1959), 982. Ungenauer und z.T. historisch unrichtig sind die Ausführungen im LThK[3] III (1995) 752-759: Theologie wird nicht innerhalb der Grenzen der Erfahrung gesehen, sondern sie soll „sich von ihnen (Erfahrungen) zu *denken* geben" lassen (755).

[126] G. Siewerth, Art. Erfahrung, in LThK[2] III, 977.

sicherer Glaube ohne jeden Zweifel ist nicht notwendig, um die Vergebung der Schuld zu empfangen.[127]

Auch ist die innere Erleuchtung und die Erfahrung einer inneren Sicherheit nicht das Kriterium, wonach man beurteilen kann, ob man sich richtig oder falsch verhält.[128] In der Enzyklika gegen die Modernisten „Pascendi dominici gregis" (1907) wird auf die vorausgehende Verurteilung hingewiesen und der Verweis auf Erfahrung als eine pseudomystische Meinung abgetan. Der Glaubensausdruck, der Glaubenssatz kann niemals seinen Grund in der Erfahrung des einzelnen (in privata ... experientia) haben.[129] Alle Tendenzen, die menschliches Verhalten und den Glauben selber in der subjektiven Erfahrung des Menschen begründen wollen, werden zurückgewiesen. Die innere Erfahrung allein kann nicht der Ort der Theologie sein.

Hier wird der Erfahrungsbegriff wesentlich auf die innere Dimension eingegrenzt, die freilich auch nicht so leicht abgetan werden kann, weil sie der Raum der Freiheit (des Gewissens) und der Spontaneität ist.

2. Das evangelische Bedenken gegen die Erfahrung

Der Vorbehalt gegen die Erfahrung als theologischen Ort ist ebenfalls in der evangelischen Theologie verbreitet, besonders in Frontstellung gegen F. Schleiermacher. Zwar stimmen einige zu, daß in einem weiten Sinne jede Theologie in der Erfahrung entsteht, d.h. der Glaube „weiß sich durch eine überzeugende Wirklichkeit gewirkt".[130] Freilich wäre hier sofort zu fragen, ob auch diese „überzeugende Wirklichkeit" im Raum der Erfahrung oder ihr transzendent ist. Niemand bestreitet gerade auch im Hinblick auf die praktische Theologie die Bedeutung der Erfahrung; die Frage ist aber, ob sie den legitimen Horizont theologischer Aussagen bildet. Luther betont die Wichtigkeit der Erfahrung. „Von den jungen Theologen (sagt man), daß sie die Hölle mit Seelen füllen. Denn sie wollen alles ohne Erfahrung, die allein klug macht, nach ihren Gesetzen und Regeln fertig bringen; darum laufen sie an und irren, sehr den Menschen zum Schaden wie der Sache."[131] Durchlebte Erkenntnisse sind notwendig, um klug und besonnen mit Menschen umzugehen; auch die tiefsten theologischen Spekulationen entheben von dieser Erfahrung nicht. Luther stellt sich bei der Erörterung der „Lebenserfahrungen" nicht prinzipiell die Frage nach ihrer theologischen Relevanz.

Er verlangt jedoch Erfahrungen, sollte der Glaube nicht leer und dürr werden. „Denn wenn der Mensch also sicher hingehet ynn dem wahn, als habe er den

---

127 Vgl. D 1533-34, 1562-63.
128 Vgl. 1687 die Verurteilung von Michael de Molinos, D 2253.
129 Vgl. D 3484.
130 P. Althaus, Erfahrungstheologie, in: RGG³ II, 552.
131 M. Luther, WA, 42, 505.

glauben und doch nimer *erferet**, der mus verfaulen und verdorren ..."[132] „So mus sich ja solchs an euch beweisen, das jr es *fuelet** und bey euch *gespueret**, werde, ... das es nicht allein wort, sondern wahrheit und leben sey".[133] Das Gleiche gilt auch für Calvin; die Glaubenserfahrung ist unabdingbar. „Dies aber (Glaubensgewißheit) kann nicht eintreten, wenn wir nicht seine (Gottes) Güte wirklich in uns selbst fühlen und erfahren *(sentiamus et experiamur)**".[134] Die Erfahrung wird, wie bei Luthers Glaubenserfahrungen, stark auf den inneren Bereich eingeschränkt und bei aller anscheinenden Zuordnung zum Glauben diesem doch nachgeordnet. Der Glaube bringt Erfahrung mit sich, aber geschieht deshalb noch nicht in der Erfahrung.

In der neueren evangelischen Theologie werden in Fortführung des lutherischen Ansatzes das „Neue Sein", die „Wiedergeburt" und die Erfahrung auf zwei verschiedenen Ebenen angesiedelt: „Wie soll auf dem Wege der Erfahrung Gewißheit um den rechtfertigenden Gott zustande kommen?"[135] Die Rechtfertigung wird jeder Erfahrung vorgeordnet; diese bleibt ständig „bruchstückhaft" und „fraglich". Dagegen kann man fragen: Wie soll überhaupt ohne Erfahrung ein vernünftiger Glaube an Gott zustande kommen? Und zieht nicht gerade die fraglich gewordene Erfahrung Gott in Frage? Hilft da wirklich etwas anderes als neue, vielleicht bessere Erfahrung? Dient die Partikularisierung des Geltungsanspruchs der Erfahrung wirklich einer ernstzunehmenden Theologie?

2.1. Innerlichkeit und Wort Gottes: Schleiermacher und Barth

Schleiermacher wollte alle theologischen bzw. dogmatischen Aussagen vor der Erfahrung verantworten. Ja, Dogmatik sei nichts anderes als reflektierte Erfahrung. Diese Erfahrung ist in die reine Innerlichkeit zurückgenommen. „Alle eigentlichen Glaubenssätze müssen in unserer Darstellung aus dem christlich frommen Selbstbewußtsein oder der inneren Erfahrung des Christen gewonnen werden."[136] Die Dogmen sind demnach Ausdruck der inneren Erfahrung.[137] Ist eine Lehre nicht durch diese gedeckt, dann ist sie eine Leerformel, ist nicht als Glaubensausdruck anzusehen. Diese bewußte Einengung auf die „innere" Erfahrung machte die Erfahrung für die Theologie noch verdächtiger.

Im Gegenzug zu Schleiermacher entwickelte Barth seine Theorie von der Erfahrung des Gotteswortes, wobei hier fast nur die „äußere" Erfahrung ins Gespräch kommt.[138] Er versuchte in einem bestimmten Sinne, diese Erfahrung

---

132 Ebd., 36, 468, 29.
133 Ebd., 21, 266, 20; vgl. auch 10 I 2, 186, 15; 12, 500, 10; 10 I, I, 372-73.
134 Instit. (1536) III 2, 15; vgl. III 2, 9.
135 P. Althaus, Erfahrungstheologie, in: RGG³ II, 553.
136 F. Schleiermacher, Der christliche Glaube, § 64.
137 Ebd., § 100, 3.
138 K. Barth, Kirchliche Dogmatik I/I, 206-239.

wieder aufzuwerten. Ein Gegenstand, der von außen an den Menschen herangetragen wird, bestimmt durch seine Wahrheit die Existenz des erkennenden Menschen. Diese Bestimmung der Existenz des Menschen von außen nennt Barth Erfahrung. Der Mensch existiert durch dieses Bestimmtsein von außen als Mensch. Nun kann der Mensch auch durch das Wort Gottes bestimmt werden, und diese Bestimmtheit durch das Wort Gottes ist die Erfahrung vom Wort Gottes. Diese Erfahrung kann der Mensch nicht sich selbst geben, sie hebt aber seine Selbstbestimmung auch nicht auf. „Menschen können in ihrer Selbstbestimmung durch das Wort Gottes bestimmt sein"[139], d.h. Erfahrung des Wortes Gottes machen. Diese Erfahrung von außen schließt alles menschliche Vermögen ein, so daß auch das Gefühl oder Gewissen Erfahrung vom Wort Gottes machen kann. Diese Erfahrung ist eine so qualifizierte, daß sie Bestimmung der ganzen Existenz des Menschen ist. Gerade im Akt der Anerkennung dieser Totalbestimmung liegt die Erfahrung des Wortes Gottes. Wer dies anerkennt, unterwirft sich im Gehorsam Gott und entscheidet sich für das Bestimmtsein durch ihn. Der Mensch tritt selbst zurück und weicht der Autorität des anderen. Das Woher der Entscheidung des Menschen, sein Kriterium und der Sinn seiner Stellungnahme liegt außerhalb seiner selbst. So hat die Erfahrung des Wortes Gottes als ein Sich-bestimmen-Lassen von außen und daher als Anerkennung Sinn und Grund nicht in sich, sondern in dem, was dem Menschen entgegengesetzt ist. Damit hört nach Barth die Erfahrung gerade als Erfahrung auf, Erfahrung zu sein, d.h. „daß Erfahrung vom Worte Gottes *möglich* ist, daß sie aber gerade hinsichtlich ihres *Sinnes** und *Grundes**, ihres letzten Ernstes und eigentlichen Gehaltes, gerade hinsichtlich ihrer Wahrheit und Wirklichkeit, *nicht* Erfahrung, *mehr* als Erfahrung ist"[140]. Menschen können also ihre Existenz durch das Gotteswort bestimmt sein lassen, machen also Erfahrung mit ihm, diese hat aber ihre Wahrheit (also Sinn und Grund) nicht im Vollzug selbst, sondern in dem „Mehr", das über die Erfahrung hinausgeht und ihr Grund ist. Denn sonst wird das Wort Gottes zu einem Prädikat der menschlichen Existenz.[141]

Weil Barth das Gotteswort damit in die Verfügbarkeit und in den Besitz des Menschen geraten sieht, ist es für ihn notwendig, die Erfahrung einzuschränken und ihren Sinn in der Transzendenz anzusetzen. Wenn nun aber die Wahrheit, der Sinn der Erfahrung in ihr selbst liegt, indem sie intersubjektiv geteilt werden kann, dann wird Barths Konstruktion hinfällig. Im Horizont der Erfahrung wird das Wort von Gott nicht eigenmächtiger Besitzanspruch, sondern Mitteilung an andere Menschen. Die Erfahrungen, die der Mensch machen kann, sind dann in sich selbst sinnvoll und brauchen keine postulierte Begründung. Der Begriff der Erfahrung wird bei Barth ungenügend entwickelt und auf die „äußere" Erfahrung weitgehend eingegrenzt. Ein philosophisch erarbeiteter Erfahrungsbegriff könnte tatsächlich aufweisen, daß jedes

---

[139] Ebd., 210.
[140] Ebd., 218.
[141] Vgl. ebd., 224.

Dogma, jeder Glaubenssatz, ja jedes Bekenntnis nichts anderes sein kann als Ausdruck menschlicher Erfahrung.

3. Grundlegung

Nur in den Grenzen menschlicher Erfahrung ist es sinnvoll, von „Offenbarung" zu sprechen. Der Begriff soll hier weit gefaßt werden, so daß Offenbarungen verschiedenster Art darunter fallen („natürliche" und „übernatürliche", geschichtlich und ungeschichtlich verstandene, durch eine Gründerpersönlichkeit initiiert oder auch nicht). Im alltäglichen Leben gebrauchen wir den Satz: „Das war für mich eine Offenbarung". Nicht den alltäglichen Trott, in dem wir im Einerlei stumpf dahinleben und keine Erlebnisse haben, nennen wir Offenbarung, sondern Erfahrungen, die uns betroffen machen, durch die wir aufgeschreckt oder beglückt werden. Damit ist noch nichts darüber ausgesagt, ob wir die „Offenbarung" als positiv oder negativ für unser Leben werten. Auf jeden Fall wird deutlich, daß die Erfahrung mit einem „Offenbarwerden" zu tun hat und mir etwas erschließt. Ein Licht geht uns gleichsam auf. Damit wir ein Widerfahrnis haben können, müssen wir selbst davon einen Begriff haben, was solche offenbarende Erfahrung sein kann. Wir benötigen dazu jedoch noch keine (sprachliche) Reflexion über Erfahrung. Die Struktur der Erfahrung ist vorreflexiv.[142] Sie ist selbstverständlich immer eingebettet in das individuelle wie soziokulturelle Umfeld, bedingt durch Überlieferungen und Interessen. Je klarer diese doppelte Bestimmung jeder Erfahrung gesehen wird, umso eher entgeht der Mensch der Fremd- wie auch der Eigenmanipulation. So ist Erfahrung nicht pur, rein oder gar „unschuldig", aber sie ist auch nicht beliebig manipulierbar oder „unaussprechbar".[143] Sie ist schon eher mit

---

[142] Vgl. H. Wahl, Glaube und symbolische Erfahrung. Eine praktisch-theologische Symboltheorie, Freiburg 1994, 66ff.

[143] Wenn Erfahrung die Ermöglichung der Lebenswahrheit ist, ist sie selbstverständlich vor Zweideutigkeit und Irrtum nicht gefeit, aber trotzdem der Modus, durch den uns Wahrheit erschlossen werden kann. Es ist ein Mißverständnis meiner Ausführungen (Kritische Dogmatik 38ff), wenn mir ein *Vertrauen* auf die „*Eindeutigkeit*" menschlicher Erfahrung" (W.G. Jeanrond, Das Fragen nach Gott im westlichen Christentum der Gegenwart, in: Der eine Gott in vielen Kulturen (K. Hilpert/K.-H. Ohlig [Hg.], Zürich 1993, 163) unterstellt wird. Allerdings teile ich nicht die Ansicht der Postmoderne, daß der Erfahrung eine Beliebigkeitsstruktur eignet. „Die Zweideutigkeit jeder Erfahrung, der postmoderne Zweifel an der angemessenen Aussagbarkeit von Erfahrung überhaupt sowie die postmoderne Einsicht in die oft verborgenen Machstrukturen auch der ‚unschuldigsten' Erfahrung werden von *Hasenhüttl* noch nicht in Betracht gezogen. Erfahrung funktioniert hier noch als solides Fundament … aber eben noch nicht von einer Hermeneutik des Verdachts *(Ricœur)* beunruhigt" (a.a.O., 162). Nicht nur von Vorgaben ist Erfahrung mitbestimmt, die sie präformieren, sondern sie selbst ist ein ständiges Umformen dessen, was wir als Wirklichkeit und Wahrheit erkannt haben. Dies schließt aber die Wahrheit der Erfahrung nicht aus und stürzt sie keineswegs in den Supermarkt eines gleichgültigen Warenangebotes, unter dem auch „Erfahrung" vorkommt. Gorgias

dem „Faden der Ariadne" zu vergleichen, der im Labyrinth der Alltäglichkeit die Möglichkeit eröffnet, wieder ans Licht zu treten. Der Mensch geht nicht in seinem alltäglichen Sein auf, das vom Ich und dem Milieu bestimmt ist, vielmehr geht es ihm um das Selbst-sein-Können, um sein eigenstes Sein.[144] Und nach Heidegger ist Erfahrung als „Sein des Bewußtseins zu denken"[145]. Erfahrung ist die Anwesenheit des Seins, Erschließung des Seins. Gerade das Andersartige, das den Menschen aufrüttelt, ermöglicht Erfahrung. Der Widerstand, der nicht alltäglich handhabbar ist, der sich der Verfügung des Menschen entzieht, er ermöglicht die Erfahrung, wobei die eigene Existenz sich ebenfalls nicht als total manipulierbar erweist. Das bedeutet, daß wir Menschen selbst die Bedingung der Möglichkeit sind, ein Ereignis aufzunehmen, das Neues erschließt. Wir sind die Möglichkeit, begreifen zu können, was uns geschieht, wenn wir eine Erschließungserfahrung machen. Diese Möglichkeit ist unsere Fraglichkeit. Wir fragen nach der Wirklichkeit, nach Leben und Licht. Diese Fraglichkeit, die wir selbst sind, ist gleichsam der vorgängige Interpretationsrahmen für die Ereignisse, die als offenbarende Erfahrungen angesprochen werden können. In unserer Frage nach Wahrheit, Leben, Freundschaft usw. sind wir nicht allgemein unbestimmt, sondern ganz konkret physisch, psychisch und sozial bestimmt. Der „Interpretationsrahmen" ist erheblich beeinflußt, spezifiziert, ausgeweitet oder eingeengt, aber nicht determiniert. Was für andere Menschen in anderen Kulturen und sozialem Kontext eine Erschließungserfahrung sein kann, kann für mich nichts bedeuten. Das ändert aber nichts daran, daß wir grundsätzlich ein Vorverständnis haben bzw. besser: sind, was eine solche Erfahrung, die etwas offenbart, für die Wahrheit unserer Existenz bedeutet. Wir stehen in einem Lebensverhältnis zu dieser sich zeigenden und erschließenden Erfahrung. Wir fragen nach dem Sinn des Lebens, nach Lebensmöglichkeiten, und indem wir fragen, tendieren wir auf Erfahrung, die uns Möglichkeit und Sinn erschließt. Es ist ähnlich, wie wenn wir in der Dunkelheit das Licht suchen oder ein Blinder um das Licht weiß oder wie ein Ungeliebter und Freudloser um Liebe, Freude und Freundschaft weiß. So ist die Erfahrung die Möglichkeit in uns („Anwesenheit des Seins"), die uns Wirklichkeit erschließt. Zu unserer Struktur, zu unserem Menschsein gehört dieses Sein-Können, diese dynamische Möglichkeit des Erschließens, weil Menschsein offen auf Sein ist. Darum kann Sein offenbar werden. Diese Möglichkeit sind wir, und deshalb ist Erfahrung möglich, die nicht nur ein

---

(483-375 v. Chr.; in der Schrift: Über das Nicht-Seiende oder über die Natur), den die Postmoderne aufgreift, stimme ich nicht zu. „Es ist nichts. Wenn etwas wäre, so könnte es nicht erkannt werden. Könnte etwas erkannt werden, so könnte es nicht mitgeteilt werden" (Vgl. J. Fischl, Geschichte der Philosophie, Graz 1964, 46). Erfahrung ist mitteilbare Erschließung der Wahrheit der Wirklichkeit in der Weise der *Zweideutigkeit* alles kontingenten Seienden.

[144]   Vgl. Metaphysik und Erfahrung (R. Bubner, K. Camer, R. Wiehl), NHP 30/31 1991, 103.

[145]   M. Heidegger, Holzwege, Frankfurt [5]1972, 171 (Hegels Begriff der Erfahrung, 105-192).

Lernmechanismus ist, sondern uns etwas offenbart, wodurch wir es in einem ganz anderen Licht sehen.

3.1. Begriffsklärung

Wahrnehmung ist nicht gleich Erfahrung. Beide sind klar zu unterscheiden. Zur Abwertung und Eingrenzung des Geltungsbereiches der Erfahrung hat wesentlich ihre Gleichsetzung mit Wahrnehmung beigetragen, die im 17. Jh. von den englischen Empiristen nahegelegt wurde. J. Locke setzt häufig Wahrnehmung und Erfahrung in eins. Bis zu ihm wurde in die Erfahrung im weiteren Sinne[146] auch das Verstehen einbezogen, so daß Erfahrung ein Ergebnis menschlicher Vollzüge ist. Lockes „Essay Concerning Human Understanding" (I,2) „leitet einen Gebrauch von Erfahrung ein, nach dem dieser Terminus nicht mehr für das Resultat menschlicher Erkenntnis- und Verständigungsgeschichte, insbesondere das Ergebnis besonderer methodischer Bemühungen steht, sondern einen frei von menschlicher Arbeit vorgestellten Anfang jeder Erkenntniskonstruktion bezeichnen soll"[147]. Der menschliche Verstand ist so das „weiße Papier"[148], auf das die Erfahrungsdaten, d.h. die „reinen Gegebenheiten" (wie später Carnap sich ausdrückt), eingetragen werden. Erfahrung bzw. Wahrnehmung steht dem Vernunftakt gegenüber. Je nach Akzentsetzung wird dann später die Wahrnehmung oder die Erkenntnis betont, wobei diese scharfe Trennung beibehalten wird. Sicher war dies die Ermöglichung der Entwicklung der empirischen Wissenschaften und damit zugleich der weiteren Eingrenzung der Theologie auf Vernunft- bzw. Offenbarungsspekulationen. In dieser Tradition steht auch Kant. Häufig ist bei ihm Erfahrung gleichbedeutend mit Wahrnehmung, wenn er auch zwischen Wahrnehmungs- und Erfahrungsurteilen unterscheidet. Das begründete Erfahrungsurteil geht über den wahrgenommenen Einzelfall hinaus, hat aber noch keine Allgemeingültigkeit; es ist mit der „empirischen Erkenntnis" gleichzusetzen[149], oder Erfahrung wird als „Möglichkeit empirischer Erkenntnis"[150] charakterisiert. Sie ist dann nur eine durch die Vorstellung notwendige Verknüpfung der Wahrnehmungen.[151] Alle „inneren" Erfahrungen sind von der „äußeren" abhängig, wobei die Zeit die Anschauungsform der „inneren" Erfahrung ist. Bei allen Tendenzen, Wahrnehmung und Erfahrung gleichzuschalten, ist sich Kant bewußt, daß der Erfahrung die menschliche „Zutat", d.h. Aktivität nicht abgesprochen werden kann. Gerade diese Meinung Kants sollte in der Geschichte besondere Beachtung durch den deutschen Idealismus finden. Unter Schellings Einfluß ist auch Schleiermachers Reaktion auf die empiristi-

---

146   Wie z.B. bei Thomas v. Aquin, S. Th. I, q. 54, 5 ad 2; q. 68, 3 ad 3 u.a.m.
147   F. Kambartel, Art. Erfahrung, in: HWP II, 609-624, 613.
148   J. Locke, An Essay Concerning Human Understanding (1690) II, 1, § 2.
149   Vgl. I. Kant, Kritik der reinen Vernunft, ²1787, B 2ff.
150   Ebd., B 147.
151   Vgl. ebd., 218.

sche Position zu sehen. Er versuchte, der Erfahrung auf dem Weg der Verinnerlichung eine neue Bedeutung zuzuerkennen und sie von der äußeren Wahrnehmung klar zu unterscheiden. Stützt sich die Theologie aber auf dieses Erfahrungsverständnis (Verinnerlichung), dann ist ihre Wissenschaftlichkeit mit Recht weitgehend in Frage gestellt und ihr ein schlechter Dienst erwiesen. Wird die Theologie andererseits auf die „sinnliche" Erfahrung (Wahrnehmung) allein bezogen, dann ist sie wie auch die Philosophie erledigt. Verzichtet sie überhaupt auf Erfahrung, so ist sie Ideologie und reine Spekulation. Anders verhält es sich jedoch, wenn der Ort der Theologie als Erfahrung im vollen Sinne des Wortes angegeben wird. Der hebräische Begriff dafür ist: יָדַע (jāda'). Er bedeutet: Durch das Gesicht wahrnehmen, sehen und zugleich auch das geistige Wahrnehmen, also verstehen, erkennen; er umfaßt als Synthese das „Erkennen" zwischen Mann und Frau. Erfahrung beinhaltet daher das Wahrnehmen und Erkennen bzw. Sehen und Verstehen. „Ich nehme euch als mein Volk an, ich will euer Gott sein und ihr sollt erfahren, daß ich es bin, der Herr, euer Gott, der euch von der niedren Fron der Ägypter befreit hat" (Ex 6,7). Eine konkrete Wahrnehmung bildet den Ausgangspunkt der Erkenntnis, daß Gott ist. Die wahrgenommenen Ereignisse werden verstanden und interpretiert, d.h. erfahren. Natürlich nicht jede Interpretation kann sich als Erfahrung darstellen, sondern nur die, die das Verstehen eng an die Wahrnehmung bindet.

Damit ist aber schon eine wesentliche Aussage über den theologischen Ort gemacht. Ist die theologische Aussage an Erfahrung gebunden, so ist sie immer an konkrete Wahrnehmungen gekoppelt und kann als Erfahrungswissenschaft nie zu einer *spekulativ-abstrakten* Allgemeingültigkeit ihrer Aussagen gelangen. Die allgemeinen Lehrsätze haben dann nur insofern Bedeutung, als sie konkret verifizierbar sind. Sind sie durch keine Erfahrung abzudecken, besitzen sie auch keinen Wert und können keine Geltung für den konkreten Menschen bzw. die konkrete Gemeinschaft haben. Theologie als Erfahrungswissenschaft kann keinen abstrakten Absolutheitsanspruch erheben, muß vielmehr auf eine solche Allgemeingültigkeit verzichten, was aber nicht besagt, daß sie die Wahrheit aufgibt; vielmehr ist die Erfahrung der Weg, auf dem die Theologie ihren Wahrheitsanspruch erheben kann. Daß auch die Erfahrung mißbraucht wurde, ist genauso selbstverständlich, wie der Mißbrauch abstrakter Normen. Nicht der Mißbrauch, sondern die Erfahrungslosigkeit macht ein Wort (z.B. „Gott", „Liebe" usw.) zur Leerformel. Die Erfahrung garantiert ja auch allein das mögliche Interesse an der Theologie. Denn die menschliche Welt ist *Erfahrungswelt*. „Erfahrung bedeutet ... nicht nur sinnliche Wahrnehmung, sondern immer schon deren geistige Durchdringung im Denken und Verstehen."[152] Erfahrung, an sinnliche Wahrnehmung gebunden, ist immer schon mehr als eine Summe von Sinneseindrücken. Sie ist Verstehen von

---

[152] E. Coreth, Was ist der Mensch?, Innsbruck 1973, 60f, 65f, 82; vgl. auch Rahner, Schriften zur Theologie IX, Einsiedeln 1970, 161ff.

Sinn und Wert und daher niemals rein passives Hinnehmen, sondern verarbeitender Vollzug.

Daher ist die Erfahrung nie auf reine Wahrnehmungen, die nur ein Element darstellen, zu reduzieren. Selbst J. Locke hat dies im klassisch gewordenen Satz erkannt: „Nihil est in intellectu, quod non prius fuerat in sensu nisi intellectus ipse" – „Nichts (kein Seiendes) ist im Intellekt, wenn es nicht zuvor in den Sinnen (Wahrnehmung) war, außer der Intellekt selbst." Genau darauf kommt es an. Zwar nimmt jede Erkenntnis ihren Ursprung von „außen", durch Eindrücke wird die Erkenntnis gebildet, aber die Wahrnehmung wird erst menschlich relevant, wenn sie zur Erfahrung wird. Empirische Erkenntnis ist noch nicht Erfahrung. Die Aktivität unseres Intellekts ist notwendig (intellectus ipse), damit wir Wahrnehmungen verstehen können und über den Reiz oder eine Instinkthandlung hinausführen. Der Intellekt in seiner Aktivität als Selbstvollzug des Menschen ist notwendig, damit Wahrnehmung verstehbar wird. Erst wenn Verstehen stattfindet, ist von Erfahrung zu reden. Die Wahrnehmung stelle ich in einen Interpretationsrahmen, und so wird sie zur Erfahrung. Das wird schon daraus klar, daß Wahrnehmungen nicht falsch sein können. Täuschen wir uns, dann haben wir die Wahrnehmung falsch interpretiert und einem anderen Verstehenszusammenhang zugeordnet, wir hatten also eine andere Wahrnehmung, als wir meinten, oder überhaupt keine. Erst durch die Verarbeitung ergibt sich die Möglichkeit der Erfahrung, die wahr oder falsch sein kann. Zugleich erreicht die Erfahrung eine menschliche Dimension, die der Wahrnehmung unzugänglich ist. Zwar kann ich ein Lächeln, einen Händedruck, Sonnenschein und fallende Herbstblätter wahrnehmen, die Erfahrung aber, die darin liegt, Freundschaft, Liebe, Treue, Hoffnung, Trauer, Einsamkeit usw., umschließt die Wahrnehmung und stellt sie in einen völlig neuen Verstehenshorizont. So läßt sich die Erfahrung der Liebe usw. nicht auf Wahrgenommenes reduzieren, sie kann aber auch niemals ohne Wahrnehmung gemacht werden. In gleicher Weise ist die Rede von Gott und damit die Theologie auf Erfahrung radikal verwiesen.

Unsere Erfahrungen wollen wir anderen mitteilen. Die Weise der Vermittlung von Erfahrung ist in der Regel nicht die Argumentation, nicht die Weise logischer Beweisführung und der Begründung, sondern wenn wir eine Erschließungserfahrung gemacht haben, uns etwas offenbar geworden ist, dann *erzählen* wir es weiter. Wir berichten von unserem Widerfahrnis. Damit wollen wir aber primär nicht objektive Tatsachen feststellen wie in einem Polizeiprotokoll, sondern unser Erzählen ist Interpretation, deutende Weitergabe und Bezeugung von Erfahrungen. Ohne Deutung wäre der Bericht kein Erfahrungsbericht und hätte nicht den Charakter einer bezeugenden Übermittlung. Wir selbst müssen in der Übermittlung vorkommen. Um Erfahrung zu tradieren, müssen wir Zeugen sein, indem wir mit unserer ganzen Person Zeugnis für das Geschehene ablegen. In die vermittelte Erfahrung gehört daher der Tradierende selbst. Die Autorität in diesem überlieferten Erfahrungsgeschehen ist jedoch niemals die Person, als verkünde sie ein autoritäres Wort, sondern die Einsicht in den Sachverhalt, durch den ich angerührt, betroffen bin. Die Erfahrung spricht für sich selbst. Tut sie dies nicht, dann hilft auch keine dazukommende Autorität. Sie bleibt leer, sie nützt nichts und hat keine Geltung. Pocht jemand auf seine Erfahrung, so wird sie dadurch als vermittelndes Geschehen zerstört. Das Erzählen ist nicht geglückt. Es kann auch ein verschleierter Autoritätsanspruch darin sichtbar werden. Im Verhältnis Eltern – Kind kommt das häufig vor: Kind, glaub mir, ich habe die Erfahrung, und du hast sie nicht! Echte Übermittlung von Erfahrung geschieht allein beim Erzählen selbst, indem den anderen eine neue Dimension der Wirklichkeit erschlossen wird. Hierher gehört auch die Bedeutung der sog. *Narrativen Theologie*, insofern sie sich der Erfahrung verpflichtet weiß. Argumentation gilt nur sekundär. Die Bedeutung der unsystematischen Erzählungen in der Bibel liegt im Erfahrungscharakter. Erfahrungen des Volkes, Erfahrungen um Jesus werden berichtet. Sie waren alle zweideutig. Sie konnten als Bedrohung oder als Befreiung gedeutet werden. Die biblischen Autoren verstehen diese Erfahrungen positiv. Sie werden in der Hoffnung weitergegeben, daß die Erzählungen anderen diese befreiende Erfahrung vermitteln.

Diese Vermittlung der Erfahrung, die Wahrnehmung einschließt, ist zugleich eine doppelte Infragestellung. Nicht nur in der Tradierung wird für andere das Bisherige, Bestehende, Vorhandene fraglich, sondern gerade auch derjenige, der Erfahrung vermittelt, macht diese Erfahrung aus, indem er seine eigenen Ansichten, Meinungen, ja sich selbst in Frage zieht und revisionsbereit ist. Dies gilt für die Erfahrung selbst, in der man nicht mehr der Gleiche wie vorher ist, wie für den Vermittlungsprozeß, durch den in der Bezeugung der Zeuge wiederum nicht aus dem Veränderungsgeschehen herausgenommen wird, sondern streng relational verstanden werden muß. Erfahrung verändert sich als vermittelte und kann nur in diesem Veränderungsprozeß Bestand haben und ihre Identität wahren, „Objektivität" erlangen.

3.2. Erfahrungsgeschehen

Bevor wir über die „Objektivität" und ihre Dialektik im dialogischen Geschehen sprechen, ist die Bewegung der Erfahrung selbst nachzuzeichnen. In der Erfahrung ist eine doppelte Bewegung zu erkennen. Der wahrgenommene Gegenstand wird in eine Wirklichkeitsdimension gebracht, die er nur mittels des erkennenden Menschen erhält. Der Mensch als bewußtes Wesen wandelt sich durch den so erkannten Gegenstand, ist nicht mehr der gleiche wie vorher und hat selbst eine neue Dimension gewonnen. Seine bisherigen Ansichten, Verhaltensweisen usw. werden mit ihren Maßstäben einer Prüfung unterzogen. „Bittere Erfahrungen", die man mit einem Auto, einem Berufskollegen oder mit einem geliebten Menschen macht, sind neue Verhältnisbestimmungen zur Umwelt, zu sich selbst. Überall, wo diese dialektische Bewegung vom Erkannten und Erkennenden stattfindet, kann man zu Recht von Erfahrung sprechen. Nun ist es aber auch so, daß aus bestimmten Wahrnehmungen kein neuer „Gegenstand" entspringt, keine Erfahrung gemacht wird, oder einmal gemachte Erfahrung versteinert; sie läßt den Menschen selbst zu „Stein" werden, macht ihn unwandelbar. Erfahrung kann verbittern und daher verblenden und blind machen für neue Möglichkeiten. Eine Erfahrung zerstört also alle zukünftigen Erfahrungen und führt so selbst situationslos zur Erfahrungslosigkeit. Den umgekehrten und doch wieder denselben Vorgang charakterisiert das Sprichwort: Er hat aus der Erfahrung nichts gelernt. Was andere Menschen zu neuen Erkenntnissen brachte, verwandelte, ist an ihm abgeflossen, als wäre es nie gewesen. „Aus der Erfahrung nichts lernen" ist gleichbedeutend mit keine Erfahrung machen. Eine erfahrungslose Theologie muß nicht nur den Anspruch der Wissenschaftlichkeit fallenlassen, sondern auch auf ihre menschenverändernde Kraft verzichten. Eine erfahrungslose Rede von Gott ist reines Gerede, das auf die entscheidende, verwandelnde dialektische Bewegung verzichtet und zum „Theismus" führt.

Die ethische Kraft der Erfahrung ist daraus leicht ersichtlich. Damit ein Gegenstand, ein Mensch mir als Erfahrung erscheint, ist mein Fraglichwerden notwendig. Etwas wird nur dann zur Erfahrung, wenn ich mich dadurch mit meinen Maßstäben in Frage stellen lasse. Der neue Gegenstand wird zur Erfahrung, wenn eine Veränderung bzw. Umkehrung des Bewußtseins bewirkt wird. Nicht von ungefähr beginnt Jesus mit der Forderung der Umkehr, der μετάνοια: Kehrt um, denn nur so kann Gottes Nähe den Menschen geschenkt werden. Erfahrung, ein neues Erscheinen einer Wirklichkeit, kann nur durch Umkehr ermöglicht werden. Theologie ist damit zugleich eine handlungsbezogene Interpretation gewisser Wahrnehmungen. Sie kann sich ebenfalls nicht aus dem Prozeß des Werdens herausretten durch Behauptung der Geschichtslosigkeit einer Wahrheit. Als Wissenschaft von der Umkehrung des Menschen bleibt sie wesentlich auf Praxis bezogen und lebt von der Erfahrung. Theologie ist Wissenschaft von der Erfahrung des bewußten Menschen. Diese Aussagen über Erfahrung als Umkehrungsprozeß und Veränderung der Dinge wie der Maßstäbe haben bedeutende Folgen für das Verständnis von Theologie und ihrem eigensten Gegenstand. Der Gegenstand nämlich behält in der Erfahrung nicht seinen Standort und ist auch niemals der unveränderliche Maßstab eines Prozesses. Erfahrung prüft beide, Mensch und Gegenstand (im Falle der Theologie: Gott). „In der Prüfung, als welche das Bewußtsein selbst ist, besteht weder das Geprüfte noch der Maßstab die Prüfung. Beide bestehen sie nicht vor dem, was im Prüfen inzwischen selbst entstanden ist."[153] Der Gegenstand der Theologie erwächst also im Prozeß der Prüfung, in der Prüfender und Geprüfter einbezogen sind. An einem wahrgenommenen Objekt (Gegenstand), das sich durch das Subjekt (Mensch) zu einem Erfahrungsgeschehen verdichtet, entspringt der Gegenstand der Theologie, der sich als eine Neuheitserfahrung darstellt.

---

[153]   M. Heidegger, Holzwege, Frankfurt 1972, 165.

3.3. Die „Offenbarung" der Wirklichkeit: Die Erfahrung

Ganz allgemein ist die Erfahrung eine Weise der Eröffnung der Wirklichkeit. Was ist, offenbart sich in der Erfahrung. Das Erfahren ist ein Gewärtigwerden bzw. Gegenwärtigwerden eines Ereignisses, eines Wirklichkeitsgeschehens. Die Erfahrung erhält ihre Bestätigung im Handlungskontext, im Umgang mit dem, was ist. Dieser Umgang reißt gleichsam die Verdecktheit des alltäglichen Lebens auf, durchbricht das Dahinleben im Trott geschäftlicher und geschäftiger Besorgungen; er läßt uns einen Augenblick aufhorchen, zu uns selbst und zum Gegenstand finden. Sein, Wirklichkeit, eine neue Dimension menschlichen Daseins wird angesprochen, offenbart sich uns. Die Erfahrung, indem sie uns hellhörig, aufmerksam macht, ist ein nicht mehr reduzierbarer Prozeß. Sie ist etwas Absolutes. Indem sie uns etwas Neues erscheinen läßt, ist die Erfahrung selbst die Weise, in der sich – wenn überhaupt – Absolutes erschließen kann. Erfahrung, die uns eine neue Wirklichkeit, etwas Wahres offenbart, ist selbst nicht dieses „Etwas", dieses Besondere, was mir im Erfahrungshorizont aufgeht, sondern ist die Seinsweise, die Grunddimension dessen, was sich neu zeigt, was erscheint. Man kann daher sagen, daß die Erfahrung die Wahrheit der neuen Erkenntnis, des als neu erkannten Sachverhaltes ist. Damit ist aber der neue „Gegenstand" die Erfahrung selbst. Daß wir Gegenständen, Sachverhalten, menschlichen Äußerungen Wahrheit zusprechen können, liegt in der Erfahrung, die diese Wahrheiten legitimiert. Sie selbst ist nämlich für uns der Modus des Sich-Zeigens, des Sich-Offenbarens der Wirklichkeit.[154]

Erfahrung, die wir machen, zeigt sich nicht an dem Gegenstand selbst, sondern immer nur indirekt an etwas anderem. Mit uns selbst machen wir schlechte Erfahrungen nie unmittelbar, sondern nur indirekt, indem wir uns in einer Situation nicht bewähren. Gute Erfahrungen mit einem Mitmenschen machen wir, indem er uns in einer unangenehmen Situation verteidigt, mit seinem Hab und Gut für uns einsteht usw. Am anderen zeigt der Mensch, wie er wirklich ist. So zeigen auch die kontingenten Gegenstände, Erscheinungen und Ereignisse, wie sich die Wahrheit, das Absolute offenbart und was es ist. Da die Erfahrung und nur sie uns zu neuer Erkenntnis führt, uns die Wahrheit, bei aller Zweideutigkeit, erschließen kann, ist sie auch die einzige Weise, in

---

[154] Der Begriff „Wirklichkeit" meint nicht ein Seiendes, das getrennt von uns existiert, sondern eine Dimension, die unsere Existenz betrifft. Mit einem gewissen Recht kann daher der radikale Konstruktivismus die Erfahrung definieren als einen „Prozeß, in dem sinnliche, konzeptionelle und motorische Komponenten zusammenspielen, so daß neue ontische Elemente und Operationen, neues ontologisches und operationales Wissen und dadurch neue Wahrnehmungs- und Verhaltensmöglichkeiten entstehen können" (G. Rusch, H. Hauptmeier, Erfahrung und Wissenschaft. Überlegungen zu einer konstruktivistischen Theorie der Erfahrung, Siegen 1984, 7f). Erfahrung ist nicht eine Empirie oder gar nur passives Aufnehmen (vgl. auch Aristoteles, Meta. A 980 b 25f), sondern Tun des Menschen, in dem sich neue Möglichkeit erschließt. Gegen den radikalen Konstruktivismus ist jedoch einzuwenden, daß dies „Neue" als Neues nicht eingeebnet werden kann in die Kategorie des Seienden, bzw. Vorhandenen.

der sich letzte Wirklichkeit bei uns anmeldet. „Die Erfahrung ist das Sein, demgemäß das Absolute bei uns sein will".[155] Wobei zu bemerken ist, daß dieses „sein will" nur als eine mythologische Ausdrucksweise gewertet werden kann, da es eine Subjektivität nahelegt, die von der Erfahrung her so nicht belegt werden kann. In dem Augenblick, wo die Erfahrung nicht mehr als Raum letzter Wirklichkeit erkannt, sondern eingeschränkt wird, wird das Absolute (und damit der Gegenstand der Theologie) aus dieser Dialektik der Erfahrung herausgenommen und verselbständigt. Dann aber benötigt dieser Selbstand eines vorgestellt Absoluten einen Beweis. Der klassische Gottesbeweis, der auf diese Weise die erfahrbaren Gegenstände absichern will, zerstört die Erfahrung selbst, degradiert sie zu einem Mittel und beraubt sich seiner eigenen Grundlage. Absolutes wird aber nie ohne die Erfahrung gegenwärtig, ist nie „rein" zu haben, auch nicht durch den besten „Beweis", sondern immer nur im menschlichen Vollzug (der Erkenntnis, der Praxis) und immer nur am anderen, sei es ein Gegenstand oder vor allem ein Mensch. Die Erfahrung begründet die Theologie als Anthropologie. Auf der Ebene des Vollzugs der Begegnung kann sich Absolutes zeigen.

3.4. Die Objektivität der Erfahrung

Die „Objektivität" dieser Erfahrung (und damit der Theologie) erweist sich dann nicht in abstrahierender Argumentation, nicht in der Verideologisierung und damit in einem dogmatischen Anspruch, der gar autoritär verfügt wird, sondern in der Fähigkeit, intersubjektiv und gesellschaftlich teilbar zu sein. Die Mitteilbarkeit und gegenseitige prozessuale Erfahrung erschließt den Gegenstand der Theologie und gibt ihm seine „Objektivität". Diese Weise der „Objektivität" entspricht genau der Dialektik der Erfahrung. Diese Verifikationsweise der Erfahrung entspricht der Theologie als einem „dialektischen" Wort von Gott. Die Forderung der Bezeugung und des Glaubenschenkens ist nur in dieser Teilbarkeit der Erfahrung zu begründen. Sonst wäre sie Verknechtung und Vergegenständlichung des Menschen, sonst wäre sie Machtanspruch über fremde Subjektivität. Unter dem Vorzeichen der Erfahrung ist freilich der Gegenstand der Theologie nicht mehr so leicht verfügbar wie ein metaphysischer, theistischer Gott oder ein historischer Jesus, dem man seine Göttlichkeit ansieht. Von Gott zu sprechen wird hier die Mühe der Erfahrung voraussetzen und stets praxisbezogen bleiben, indem in der Rede von Gott die Umkehr steckt, die wesentlich die Erfahrung ausmacht. Gott begegnet in der Sprache des Lebens, die Erfahrung ist, und nur dort. Zu ihr gehört der antwortende Vollzug, denn sonst kann man nicht von Erfahrung im vollen Sinne des Wortes sprechen. Geantwortet wird hier aber nicht direkt einem Gott, der unmittelbar zu uns spricht und mit dem man „Zwiegespräch" hält, sondern man antwortet der Situation bzw. macht mit Dingen, Ereignissen und Menschen Erfahrungen. In der Erfahrung, die mir Wirklichkeit erschließt,

---

[155] M. Heidegger, a.a.O., 188.

steckt meine Antwort. „Können wir der Situation entsprechend antworten, so hat vielleicht *Gott* gesprochen! Gerade unsere Antwort ist dann die Bedingung dafür, die *ratio cognoscendi**, *daß* uns Gott in der Sprache des Lebens *begegnet.*"[156] Der Nächste kann dabei, indem wir unser Leben als Antwort bzw. Erfahrung einbringen, zum Inhalt des Wortes „Gott" werden. Die so oft verpönte Mitmenschlichkeitstheologie hat in dieser Struktur der Erfahrung ihre Legitimation. Freilich wehrt sich dagegen jede Theologie, die ungezwungen von Gott daherredet, was ihr ideologisch notwendig scheint. Jede theistische Theologie, die Gottes Objektivität festhält, um seine Subjektivität zu retten, muß die Erfahrung eingrenzen und die Theologie zur Spekulation machen. Aus der Perspektive der Erfahrung ist dies jedoch eine Degradierung der Theologie. Man kann sich sicherlich fragen, ob für diese Erfahrungswissenschaft das bisherige mißverständliche und mißverstandene Wort Theologie noch angebracht ist und man nicht besser – wie einst Heidegger vorgeschlagen hat – von Theiologie[157] spricht. Dadurch wird angedeutet, daß eine Erfahrung, die vom Absoluten sprechen will, vorsichtiger mit „Gott" umgeht, als es bisherige Theologie tat. Eine solche „Theiologie" wäre ganz anders relevant für das menschliche Leben, wäre eine radikale Kritik an der bisherigen Theologisiererei und müßte auch inhaltlich in weiten Strecken dem Herkömmlichen widersprechen.

3.5. Erfahrung und Argumentation

Am schlimmsten trifft es vor allem die Dogmatik, wenn die Erfahrung konsequent als Ort der Theologie gedacht wird. Sie kann sich auch nicht hinter einer Unterscheidung von Erfahrungs- und Argumentationsebene verstecken.[158] Denn die Argumentation muß durch Erfahrung bestätigt werden, wenn sie sich auch dadurch unterscheiden, daß die Argumentation nicht wie die Erfahrung als solche kommunikatives Handeln ist, sondern ein Diskurs. Eine systematische Darlegung kann „nur zugleich *unter Bedingungen* der Argumentation und *in den Grenzen* der vorgängigen Objektivierung des erfahrbaren Geschehens gebildet und fortgebildet werden"[159].
Die Argumentationsweise ist in allen Wissenschaften grundlegend gleich. Alle stehen nämlich unter der Bedingung, daß der Wahrheitsanspruch, der erhoben wird, diskursiv eingelöst werden muß. Grundsätzlich kann argumentativ ein Konsens hergestellt werden. Die Systeme können geprüft und auf ihre Stimmigkeit hin untersucht werden. Die Bindung an die Erfahrung wird nur unter einem Aspekt aufgehoben, insofern die Geltung und die Wahrheit

---

156   E. Fuchs, Glaube und Erfahrung, Tübingen 1965, 185f.
157   Das Wort „Theion" meint im griechischen Denken das „Göttliche", das stets mit Erfahrung verbunden ist; Theiologie bedeutet: Sprechen vom göttlichen Ereignis, das erfahrbar ist.
158   Vgl. J. Habermas, Erkenntnis und Interesse, Frankfurt 1973, 382-417.
159   Ebd., 392.

des Systems durch Argumente suspendiert und bewußt im Diskurs in Frage gestellt werden. Gerade aber auch von dieser Forderung her, daß Theologie stets argumentativ sein muß, wird sie (besonders jedoch die Dogmatik) gezwungen, ihren argumentationsfeindlichen Anspruch aufzugeben. Der Verweis auf formale Autorität wie Lehramt und Offenbarung helfen da nichts, sondern verweigern nur die Wissenschaftlichkeit der Theologie.[160] Wohl aber kann sie sich als Wissenschaft bewähren, wenn der argumentativ erzielte Konsens sich sachlich in den Grenzen der Erfahrung bewegt. Damit hat in der Theologie, im Sprechen aus, von und über Gott die erfahrungsfremde autoritäre Verfügung (in Schrift und Tradition, wenn diese nicht als Niederschlag einer Erfahrung gesehen werden) der Erfahrung zu weichen, denn nur in ihr zeigt sich genuin letzte Wirklichkeitsdimension an. So erweist sich, auch vom methodischen Unterschied zwischen Argument und Erfahrung her, die Erfahrung als Ort der Theologie, in dessen Grenzen die diskursive rationale Argumentation sich halten muß. Die Erfahrung bietet dann im analytischen Innewerden die Auflösung von Zwängen an und hat einen emanzipatorischen Zug. Es liegt auf der Hand, wieso die Dogmatik sich gegen die Erfahrung als ihre Grundlage wendet. Anders ist es bei der sogenannten „Praktischen" Theologie. Sie versteht sich von der dialogischen Situation der Erfahrung her. Ist nun die dialogisch wie dialektisch angelegte Erfahrung der Ort der Theologie, ist Theologie sich selbst auslegende Erfahrung und gründet die Praktische Theologie in ihr, so ist von ihrem Wesen her die Theologie als Erfahrungswissenschaft stets von „Praktischer" Theologie determiniert. Damit erweist sich nochmals die Erfahrung als einzig möglicher Ort der Theologie.

4. Zusammenfassung

Wir gingen vom gängigen Mißtrauen gegenüber der Erfahrung aus. In der katholischen wie evangelischen Theologie wird die Offenbarung, das Wort Gottes, wie auch der Glaube der Erfahrung vorgeordnet. Der Protest Schleiermachers, der einzig dasteht, hatte zwar Auswirkungen auf den Ansatz von Barth, wurde aber allgemein abgelehnt. Das hat seinen Grund darin, daß einerseits der Begriff der Erfahrung verengt gebraucht, andererseits nur mangelhaft reflektiert wurde. Überdies *ist* die Theologie autoritär verhaftet. Wird nämlich die formale Autorität absolut gesetzt, ihr ein unbedingter Vorrang eingeräumt, dann muß ihr jede Argumentation nachhinken und jede Erfahrung ihr untergeordnet werden. Sobald aber jede Autorität, und sei sie noch so göttlich, nur in der Erfahrung begründet werden kann, bildet diese den univer-

---

[160] Dem Argument weicht man in der Theologie durch den Verweis auf „Geheimnis", „Wunder" und „Autorität" aus. Dostojewskij hat in seiner Erzählung vom Großinquisitor diese drei Waffen treffend beschrieben, durch die die christliche Freiheit zerstört wird. Erfahrung gibt frei und schenkt Freiheit für das Argument, auch in der Theologie.

salen Horizont. Theologie läßt sich nur in diesem Raum als Wissenschaft begründen.

Die Darlegungen wollten sich dieser Aufgabe stellen und den Begriff der Erfahrung klären. Dazu ist notwendig, daß Wahrnehmung und Erfahrung nicht vermischt, sondern die Wahrnehmung als ein Teil der Erfahrung verstanden wird. Erfahrung ist auch kein analytischer Prozeß, in dem nur der Gegenstand sich zeigt, sondern eine dialektische Bewegung, in der Subjekt wie Objekt in Frage stehen. Daraus ergibt sich die Struktur der Erfahrung als Veränderung und Umkehrung, die auch eine ethische Komponente hat und mit der jesuanischen Grundforderung in Beziehung steht. Dieser Prozeß ist der einzige Modus, in dem sich dem Menschen die „Wirklichkeit" zeigt. Ja, die Erfahrung ist die Weise, in der sich die Wahrheit der Dinge enthüllen kann. Damit ist sie auch der Ort der Rede von Gott. Ihre Objektivität erhält sie nicht durch eine transzendente Begründung der Erfahrung, sondern durch die Vermittelbarkeit und Teilbarkeit. Erfahrung benötigt keine ihr übergeordnete Begründung, sondern vollzieht diese selbst. Jede Argumentation muß sich innerhalb der Grenzen der Erfahrung bewegen. Die Theologie macht hier keine Ausnahme, vielmehr ist sie als Wort von Gott wie keine andere Wissenschaft auf Erfahrung verwiesen. Damit verbunden ist die grundsätzliche Bedeutung der Praktischen Theologie für die ganze Theologie. Alle Disziplinen müssen eine praktisch-theologische Dimension haben. Nur so bleibt der einzig legitime Ort der Theologie die Erfahrung. Mittels des Erfahrungsbegriffes konnten wir also den Ort der Rede von Gott bestimmen und damit den Offenbarungsbegriff einer ersten Klärung zuführen. Erfahrung in ihrer Zweideutigkeit ist dialektisch-dialogischer Wahrheitsprozeß, d.h. Offenbarung der Wirklichkeit (bei aller konkreten Möglichkeit des Irrtums). So kann man sagen, diese Offenbarung ist Kriterium der Wahrheit, weil sie stets Erschließungserfahrung ist.

Innerhalb des Erfahrungshorizontes, in dem Wahrheit offenbar wird, ist ein Segment die sog. religiöse Erfahrung bzw. Gottes Offenbarung. Aufgrund besonderer Erfahrung in Zeit und Geschichte kann diese im religiösen Rahmen eine Deutung finden. Dies gilt für die zyklische Natur, für eine linear gedachte Geschichte, für zwischenmenschliche und soziale Phänomene, wie auch für historische Personen. So gibt es in den verschiedenen Religionen verschiedene Erfahrungsmodelle, die Wahrheit eröffnen sollen, die den Menschen Heil versprechen. Erfahrungen um die Person Jesu werden weitererzählt als Erfahrung von Offenbarung und Teilhabe an ihr. Gott als Metapher für die Erfahrung der Liebe, die Menschen in Freiheit setzt, spielt bei dieser religiösen Erfahrung eine entscheidende Rolle. Menschen, die diese Erfahrung um Jesus weitererzählen und sich der Interpretationsgemeinschaft anschließen, die also ein sog. „christliches" Erfahrungsmodell argumentativ einlösen, nennt man glaubende Menschen, und sie bezeichnen sich als Christen. Woran glauben die Christen? An die Offenbarung Gottes in Jesus Christus. Was meint Offenbarung?

VII. OFFENBARUNG

1. Ist Offenbarung möglich?

Erst in der Neuzeit erlangte der Offenbarungsbegriff vor allem für die christliche Religion eine zentrale Bedeutung. Der Widerspruch gegen die Möglichkeit der Offenbarung Gottes bewirkte dies. Der sog. Deismus des 17. und 18. Jh. nimmt zwar die Existenz eines höchsten Wesens an, leugnet jedoch die Möglichkeit einer Offenbarung dieses Wesens, auch wenn es einer sittlichen Verehrung würdig ist und uns nach unserem Leben auf Erden für gute oder böse Taten vergilt. E.H. Lord Cherbury (1582/83-1648) gilt als Vater des Deismus.[161] Die Vernunft gibt die Grenzen religiösen Glaubens an. Gesucht wird eine allgemein menschliche Vernunftreligion. Die Vernunft ist das Kontrollorgan für alle Religion. Ja, die Vernunft selbst ist die wahre Offenbarung. Besonders durch die deistische Bewegung in England, durch Vertreter wie J. Toland (1670-1722), A. Collins (1676-1729) und M. Tindal (1657-1733) wurde im deutschen Sprachraum H.S. Reimarus (1694-1768) beeinflußt. G.E. Lessing (1729-1781) entfaltete in seinem Werk „Die Erziehung des Menschengeschlechts" (1780) vor allem im Zuge der Aufklärung diese Grundgedanken. In seiner Offenbarungstheorie stehen sich Vernunft und Offenbarung nicht gegenüber, sondern die Offenbarung ist nur die geschichtliche Form der Vernunft. Die Offenbarungswahrheit ist inhaltlich identisch mit der Vernunftwahrheit. In der Geschichte, in ihrer Entwicklung kommt die Offenbarung zur Vernunft.

Das äußere Einwirken einer Gottheit ist nicht möglich. Wenn es auch einen Gott gibt, so hat er doch keinen Einfluß auf die Welt. Das Wirken eines Gottes läßt sich vernünftig nicht verifizieren. Gott wird hier stets als ein Gegenüber gedacht, das eine objektive Wirklichkeit ist, die nur durch unser objektivierendes Denken zu einer eingreifenden Wirkursache wird.

Durch die Behauptung eines so in die Geschichte der Menschheit eingreifenden Gottes, lassen sich beliebige Inhalte behaupten, die durch nichts auszuweisen sind. Ja, selbst in der Offenbarungsurkunde finden sich widersprüchliche Behauptungen. Daher kann der Offenbarungsinhalt nur mit dem Vernunftinhalt koextensiv, also identisch sein.

Die Offenbarung unterscheidet sich von der Vernunft nicht durch ihren Ursprung (keine „göttliche Anrede oder Befehl" ist im Spiel) und nicht durch ihren Inhalt (die vernünftige Einsicht in den Sachverhalt ist entscheidend). Wohl aber unterscheidet sich die Offenbarung von der Vernunft durch den Modus der Vorlage, nämlich Offenbarung ist ein im geschichtlichen Werden

---

[161] H. v. Cherbury, De veritate, prout distinguitur a revelatione, a verisimili, a possibili et a falso, London 1645 (Nachdruck Stuttgart 1967).

begriffenes Phänomen, das die geschichtliche Bedingtheit der Wahrheitserkenntnis aufzeigt, während die Vernunft als solche stets mit der Wahrheit identisch ist und keinem Veränderungsprozeß unterliegt.

Trotz des erstmaligen Ernstnehmens der Geschichtlichkeit wird die Geschichte als Erziehungsprozeß abgewertet und die Offenbarung unter das Kuratel der Vernunft gestellt. Die Vernunft wird als eine ungeschichtliche, ewig gleichbleibende Wirklichkeit begriffen.

Auch der deutsche Idealismus änderte daran nichts. J.G. Fichte (1762-1814) in seinem Werk „Versuch einer Kritik aller Offenbarung" (1791; 1793) verläßt die Spuren des Deismus und setzt die Gotteswirklichkeit *in* den Menschen. Gott in uns ist die Natur- bzw. Vernunftreligion. Gott ist das Sittengesetz in uns, das ewige Moralgesetz. Wer immer den Gott in uns anerkennt, ist religiös. Offenbarungsreligion hingegen setzt das Wesen Gottes außer uns und damit als religiös-übernatürliche Autorität. Fichte schließt nicht aus, daß sich beide religiöse Formen in einem Subjekt finden können. Etwas muß aber gesichert sein: Die göttliche Autorität muß vernunftgemäß sein, sonst würde sie dem Sittengesetz in uns widersprechen und Gott stünde gegen Gott. Der Offenbarungsinhalt muß grundsätzlich dem Vernunftinhalt entsprechen. Wie läßt sich jedoch der unterschiedliche Ursprung rechtfertigen, nämlich göttliche Mitteilung auf der einen Seite, sittliche Vernunfterkenntnis auf der anderen Seite? Fichte meint nun, daß unter der Voraussetzung einer Existenz Gottes außer mir Offenbarung logisch möglich ist, d.h. daß ich mich aufgrund einer Wahrnehmung durch Gott belehrt wissen kann. Aber die Vernunft muß erklären können, welche Bedingungen bzw. Kriterien gegeben sein müssen, damit sich eine Erscheinung als göttlich erweisen kann. A priori läßt sich das „Daß" der Offenbarung nicht ableiten. In der Innenwelt kann nicht erwiesen werden, daß eine bestimmte Erscheinung durch göttliche Kausalität bewirkt ist. Sehe ich aber auf das konkrete Subjekt (in seiner geschichtlichen Bedingtheit, also a posteriori) mit all seinen Schwächen behaftet, dann kann durch den Glauben an einen sich offenbarenden Gott der Gehorsam gegenüber der Moralität gefördert werden. Zwar kann ich auch in diesem konkreten Fall die Kausalität Gottes nicht nachweisen, da der „zureichende Grund" fehlt, aber die Möglichkeit wäre rein logisch gegeben. Auch in diesem Fall muß die Vernunft den Inhalt möglicher Offenbarung überprüfen und die Offenbarungsreligion in die autonome Religion, also Vernunftreligion einmünden; dann erlischt der Autoritätsglaube. Glaube an Offenbarung ist also nur unter zwei Bedingungen möglich: 1. daß der Wille, gut zu sein und das Sittengesetz zu achten, vorhanden ist und 2. die Offenbarung als ein Mittel, das Gute in mir hervorzubringen (z.B. wegen meiner sonst bestehenden ethischen Schwäche), anerkannt wird.

Sieht man also von der geschichtlichen Bedingtheit des Subjektes ab, so verliert die Offenbarungsreligion ihre Bedeutung bzw. geht in der Vernunftreligion auf. Der autoritäre Modus der Offenbarung verliert jede Bedeutung.

Selbstverständlich kann nur das als Offenbarungsreligion verstanden werden, was mit der Sittlichkeit übereinstimmt. Eine Religion z.B., die Angst einflößt, ist eo ipso unmoralisch und kann daher keine Offenbarungsreligion sein. So gelingt es Fichte, den Gott außer uns als offenbarende Autorität wegzukürzen, da sie für die ethische Subjektivität keine Bedeutung hat und nichts zur Vernunftreligion hinzubringt, außer der geschichtlichen Bedingtheit, die als ein negativer Seinsmodus verstanden wird.

Der Deismus, der noch im Kantschen „Ding an sich" seinen Niederschlag gefunden hatte, ist durch Fichte jeder Bedeutung beraubt. Gott als ein Gegenüber entbehrt letztlich jeden Sinnes, wenn man auf die autonome Subjektivität blickt. Bei aller Verschiedenheit im deutschen Idealismus bleibt diese Grundkonzeption bestehen.

Für G.W.F. Hegel wird das Christentum zur „offenbaren Religion", das sich von einer „geoffenbarten Religion" dahingehend unterscheidet, daß das Christentum nicht nur Gott, sondern das Wesen der Religion überhaupt offenbart, indem es zeigt, daß die geschichtliche Bedingtheit zu sich selbst gebracht, spekulative Wirklichkeit ist, d.h. Gott selbst in seiner Eigenbewegung. Offenbarungsbehauptungen im üblichen Sinne werden von der Vernunft verworfen. Vernunft und Religion sind identisch, bzw. alle Religion wird in der (göttlichen) Vernunft aufgehoben. Was bei Fichte stärker als Individualsubjektivität gesehen wird, wird bei Hegel zur gesamtgeschichtlichen Subjektivität.

Wenn sich auch auf der einen Seite durch diese spekulative Verankerung der Religion in der Vernunft der Absolutheitsanspruch der Religion (nicht nur des Christentums) ungeheuerlich steigern konnte, so war andererseits diese Denkbewegung (vom Deismus zum Idealismus) gerade unter dem Anspruch angetreten, im Namen der Vernunft und der geschichtlichen Bedingtheit jeder Religion grundsätzlich den Anspruch auf Absolutheit abzusprechen.

Hinter all der Offenbarungskritik steckt die Befreiungsbewegung des Subjekts gegenüber einer allmächtigen autoritären Gewalt. Die Voraussetzung eines objektiv vorhandenen Gottes, der sich in seiner Autorität offenbart, hat bewirkt, daß vor allem die sog. Offenbarungsreligionen einen Anspruch erhoben haben, der das Menschsein des Menschen reduziert, verstümmelt, ja verunmöglicht.

K. Jaspers (1883-1969) faßt diese Offenbarungskritik zusammen[162]:
1. Offenbarungsglaube setzt in seinem Ursprung stets eine Autorität. Diese fordert, als Gott gedacht, Allgemeingültigkeit und Verbindlichkeit. Sie ist der Orientierungspunkt des Lebens, dem Gehorsam geschuldet wird. Sie bleibt immer Fremdautorität und setzt den Menschen heteronom. Eine objektive, nicht mehr hinterfragbare Wirklichkeit, die dem Menschen gegenübertritt, bestimmt sein Leben. Nur so findet er sein Heil. Aus dieser Autoritätsgebundenheit folgt:

---

[162] K. Jaspers, Der philosophische Glaube, Hamburg 1958; ders., Der philosophische Glaube angesichts der Offenbarung, München 1962.

2. Offenbarung als Wort Gottes an die Menschen – besonders in monotheistischen Religionen – erhebt einen Exklusivitätsanspruch. Andere Formen von Offenbarung werden für nicht authentisch erklärt. Damit verbindet sich ein Überlegenheitsanspruch gegenüber anderen Religionen.

3. Aus dieser Privilegierung ergibt sich der Wahrheitsanspruch. Offenbarungswahrheit kann keine Wahrheit unter anderen sein, die etwa korrekturbedürftig ist, sondern ist absolut. Die Wahrheit erhebt den Anspruch, für alle Menschen aller Zeiten und in allen Situationen zu gelten. Die Geschichtlichkeit der Wahrheit ist eine zu vernachlässigende Größe. Ja, geschichtliche Tatbestände werden verewigt.

4. Offenbarungswahrheit, die ausschließlich und in einer Autorität verankert ist, ist daher wesensmäßig intolerant. Islam und Christentum sind besondere Beispiele, die in ihrer Geschichte diese Intoleranz bezeugen. Alle „fremden Götter" werden ausgemerzt und mit ihnen die Menschen, die sich zu ihnen bekennen.

5. Aus diesem Offenbarungsverständnis ergibt sich, daß die Menschen, an die die Offenbarung ergangen ist, alle Antworten auf die Fragen der Menschheit „haben". Offenbarungsgläubige wissen im Grunde alles; sie wissen es sogar „unfehlbar" durch die Offenbarungsautorität.

Dieses Gesamtverständnis von Offenbarung zerstört das Humanum, zerstört menschliches Leben. Existenz wird nicht erweckt, der Mensch nicht in Freiheit entlassen, sondern gebunden, gefesselt, geknebelt. Die transzendente Wirklichkeit wird vergegenständlicht und so – trotz gegenteiliger Behauptung – zu einem immanenten Gegenstand.

Gegen ein den Menschen entfremdendes Offenbarungsverständnis hat die Aufklärung bereits die menschliche Vernunft in ihre Rechte eingesetzt. Aber ist die Subjektivität wirklich allein von der Ratio her zu begreifen? Ist das Gefühl kein Ort der Offenbarung? Von der Zeit der Romantik bis in unsere Tage werden Religion und Offenbarungsgeschehen mit dem Gefühl (F. Schleiermacher) verbunden, wobei die Kraft der Phantasie, die Einbildungskraft (F. Schlegel) als ein „übernatürliches" Vermögen des Menschen gesehen wird. Damit wird das Lehrhafte der Offenbarung zurückgedrängt. Offenbarung ist primär nicht rational-lehrhaft zu verstehen, auch wenn es die Sittlichkeit betrifft, sondern als „Offenbarung des Inneren"[163], des frommen Selbstbewußtseins. Dies kann auch universal verstanden werden, indem der Geist Gottes die weltbildende Kraft ist, die die Welt als „vollkommene Offenbarung" erfaßt.[164] Entscheidend ist, daß das Gefühl (die Abhängigkeit) konstitutiv für Offenbarung ist und die innere religiöse Erfahrung Offenbarungsglauben begründet. Keine Offenbarung von außen ist notwendig.

Die radikale Offenbarungskritik folgerte daraus die Projektionstheorie (L. Feuerbach), die dann, ins Psychologische gewendet (S. Freud), schließlich

---

163 F. Schleiermacher, Der christliche Glaube, § 6,2 u. passim.
164 Ebd., § 169.

zur Bejahung der göttlichen Offenbarung in uns (C.G. Jung) führte. Die moderne psychologische Bibelinterpretation (E. Drewermann) weiß sich diesem Ansatz verpflichtet. Vernunft und Gefühl, reflektiert als psychische Phänomene, legen den Weg zur Offenbarung Gottes *in* uns offen. Wenn wir in uns selbst einkehren, dann erwartet Gott uns und zeigt sich in unserer Psyche als wahres Selbst.

Die neuzeitliche Linie der Subjektwerdung des Menschen sowie die Integration von Vernunft und Gefühl sind gut zu erkennen. Offenbarung, von einem Gegenüber bewirkt, ist ausgeschaltet, der Offenbarungsinhalt an Ratio und subjektives Erleben gebunden. Sowohl der Ursprung der Offenbarung wie auch ihr Inhalt sind in die Subjektivität verlegt, sei sie individuell, kollektiv oder universal verstanden.

So stand im 20. Jh. die Theologie vor dem Dilemma: Entweder ist Gott als objektive Größe zu verstehen, die den Menschen durch seine autoritäre Offenbarung verobjektiviert und gerade dadurch an der Selbstwerdung hindert, oder die Offenbarung Gottes wird als Grund des Subjekts gesehen, das durch Verstand und Gefühl, durch die eigene Psyche zum göttlichen Selbst gelangt, das sich im Rückgang auf sich selbst erschließt, d.h. Offenbarung Gottes ist.

D. Bonhoeffer (1906-1945) war einer der ersten, der den Offenbarungsbegriff sowohl vom objektivistischen (supranaturalen) wie vom subjektivistischen (naturalen) Mißverständnis befreien wollte. Für ihn ist die Offenbarung weder eine Lehre, die ein transzendenter Gott vermittelt, noch Gottes Selbstmitteilung (Objektivierung), weder ein psychisches Erlebnis, indem der Mensch eine Erschließungserfahrung macht (Subjektivierung), noch ist sie institutionell greifbar (kirchliches Mißverständnis, eine Spielart der Objektivierung). Offenbarung ist in keiner Weise irgendein Gegenstand, aber auch nicht ungegenständlich, so daß sie sich geistig verflüchtigt, sondern Offenbarung ist ein Geschehen zwischen menschlichen Personen (wobei die Dingwelt nicht ausgeschlossen ist), in dem Gegenwart Christi erfahren wird. Jesus Christus ist der Mensch für andere, in dem Gott erfahrbar ist. Der Mensch wird in seiner Person getroffen, nicht jedoch als einzelner, sondern in der Gemeinschaft (der Glaubenden, der Menschen). Die eigene Existenz wie die des anderen muß eingebracht werden, und durch dieses Geschehen wird Jesus Christus präsent. Offenbarung kann also weder als ein objektives noch als ein subjektives Faktum begriffen werden. Offenbarung wird als ein relationales Geschehen vermittelt.

In unmittelbar stärkerer Bezugnahme auf das Neue Testament versucht R. Bultmann (1884-1976) beiden Versuchungen der Objektivierung und der Subjektivierung der Offenbarung zu entgehen. Nach seiner Interpretation des NTs geht es in ihm nicht um den Inhalt (Was), der geoffenbart wird, „nichts ist geoffenbart", vielmehr ist die Offenbarung ein Geschehen, ein Ereignis. Zwei Elemente sind für das Offenbarungsgeschehen konstitutiv: Es ist kein

Produkt des Subjekts, sondern hat Geschenkcharakter, begegnet und ist nicht verfügbar; und es ist nur, wenn es den konkreten Menschen in seiner Existenz trifft. Bultmann versucht, aus der menschlichen Existenz heraus Offenbarung verständlich zu machen. Aus der Analyse des Menschseins (Subjekt) ergibt sich die Möglichkeit der Erkenntnis, das Subjekt zu überschreiten und für dieses ein Geschehen als sinnvoll zu erkennen, das den Sinn der Subjektivität in der Begegnung, im Ereignis, in der Relationalität erschließt.

Damit ein Mensch ein Ereignis begreifen und verstehen kann, muß er fähig sein, es aufzunehmen. Er muß also die Bedingung der Möglichkeit, sich in seinem Sein auf anderes beziehen zu können, in sich tragen. Bultmann nennt es das Vorverständnis. Im Mittelalter nannte man eine ähnliche Hinordnung des Menschen „potentia oboedientialis"; im 20. Jahrhundert „übernatürliches Existential" (K. Rahner). Worin besteht dieses Vorverständnis? In der Erkenntnis der Begrenztheit unseres Daseins, unserer Existenz, unserer Subjektivität. Sie ist nicht die Fülle, aus der heraus Offenbarung geschieht, wie im Idealismus, sondern kontingent, unbegründbar. Diese Bedingung gehört zu unserem Leben. Weil wir um unsere Begrenztheit wissen, wissen wir im Vorverständnis um Offenbarung. Die Fraglichkeit unseres Lebens, die Frage nach dem Leben ist die Frage nach Offenbarung. Es ist zugleich die Frage nach Liebe. Ich kann diese Frage nun beantworten durch die Eigenliebe; ich bin mir selbst genug. Damit, meint Bultmann, erkenne ich die Begrenztheit meines Seins nicht an. Wir akzeptieren unsere Grenze nicht, überschreiten sie und leugnen das andere als anderes, das für uns konstitutiv ist. Theologisch heißt die exklusive Eigenliebe: Unglaube, Sünde, Schuld.

Was meint nun Offenbarung? Offenbarung ist die Ermöglichung, unser begrenztes, kontingentes Dasein anzunehmen und zugleich unsere Grenze der Subjektivität zu überschreiten. Sehen wir auf unser Selbst, dann ist seine absolute Grenze der Tod, die Vernichtung des Lebens. Für den, der nicht von seinem Selbst, selbstisch lebt, sondern vom Geschenk der Beziehung, der Offenbarung, bedeutet diese das Leben. Die Annahme des Todes wird also im Offenbarungsgeschehen (im Beziehungsgeschehen) zum neuen Leben. Offenbarung bedeutet daher: Geschenk des Lebens, das den Tod überwindet.

Offenbarung ist also kein machbares Faktum, kein Produktionsgeschehen, sondern Leben, das wir je neu im Ereignis empfangen. Offenbarung als Begegnungsgeschehen ist immer „von außen", betrifft aber die „innerste" Existenz. Es geht also nicht um einen bestimmten Inhalt, sondern um die Struktur eines Geschehens, das für uns Menschen Leben bedeutet, das über das „Selbst" hinausgeht. In Jesus Christus, im Ereignis seines Gekommenseins wird uns gerade diese Struktur der Offenbarung evident. Annahme der Offenbarung ist Glaube, Vertrauen, indem man die eigene Kontingenz akzeptiert und dadurch befreit ist vom vergeblichen Begründungsversuch. Sinn des Daseins finden wir nicht in uns selbst, aber auch nicht in einer objektiven Gottheit, sondern im Vollzug des Offenbarungsgeschehens, in der Annahme des Ereignisses der Begegnung. Bultmann bezeichnet Offenbarung als ein

„eschatologisches Geschehen", d.h. als eine letzte geschenkte Möglichkeit des Menschen, die nur im Vollzug der glaubenden Annahme selbst wirklich und sichtbar wird. Fragt man nun über dieses relationale Geschehen hinausgehend nach dem Inhalt der Offenbarung, so gibt es nur eine Antwort: Liebe. Gott ist nichts anderes als die Liebe. Daher kann eine Religion als solche, auch die christliche, nie selbst Offenbarung sein, sondern nur das Vorverständnis dafür darstellen. Daher fällt notwendig jeder Absolutheitsanspruch irgendeiner Religion.

Die Offenbarung kann auch niemals abgeschlossen sein, wie dies ein Lehrgebäude ist. Für sie gilt nicht die lineare Zeitlichkeit und der Entwicklungsgedanke, sondern Offenbarung kann nur für jeden gleich ursprünglich sein und ist in existentialer Zeitlichkeit je neu Ereignis des eigenen Lebens, das Geschenk ist, das Begegnung der Liebe meint.

In der modernen Theologie berufen sich die unterschiedlichsten Offenbarungsmodelle auf das biblische Zeugnis.

2. Offenbarung in der Bibel

Allgemein läßt sich sagen, daß Offenbarung „eine bestimmte Art und Weise menschlicher Erfahrung"[165] ist. Offenbarungsgeschehen ist also eine Erfahrungswirklichkeit.[166] Durch diese wird den Menschen etwas offenbar. Wobei dieses „etwas" nicht primär irgendein Seiendes ist, vielmehr ein neuer Horizont, der den Menschen aufleuchtet. Allgemein: Wenn einem „ein Licht" aufgeht, dann wird das, was verhüllt war, offenbar. Wo eine unbekannte Wirklichkeit bzw. Wirklichkeitsdimension erschlossen wird, wo man über etwas staunt und gleichsam ein Schleier vor den Augen weggezogen wird, geschieht „Offenbarung". Nach M. Heidegger hat die Wahrheit nicht zu Unrecht die Struktur der Enthüllung, des Offenbarwerdens. Wahrheit und Offenbarung gehören zusammen, wie auch Erfahrung nur echte Erfahrung ist, wenn sie Wahrheit enthüllt. Nun ist der Unterschied zwischen Wahrheit und Unwahrheit nicht primär in einem Sachverhalt zu sehen, sondern im Vollzug der Aussage. Wahrheit ist in der Weise der Zusage, und sie ist das Enthüllte nicht als Gegenstand, sondern als sich selbst Enthüllende. Offenbarung ist Erfahrung, die Wahrheit erschließt. Sie geht der Ratio in diesem Sinne voraus. Sie ist nicht das Vertraute, Althergebrachte, sondern das „unverhofft Neue". Ohne weiter in die allgemeine Beschreibung von Offenbarung einzutreten, wird theologisch Offenbarung mit Gott in Verbindung gebracht, der ja als Wahrheit und Liebe bestimmt wird. Offenbarung geschieht also, wenn dem Menschen ein neuer Horizont erschlossen wird, der ihn Gott nennen läßt.

---

[165] J. Schmitz, Offenbarung, Düsseldorf 1988, 13.
[166] Neuzeitlich werden Offenbarung und Erfahrung oft als disparate Größe gesehen. Dies ist durch eine reduktive Begrifflichkeit bedingt. Vgl. Kap. VI. Erfahrung.

Wir haben im biblischen Zeugnis eine Vielzahl von Erfahrungen, die als Offenbarung ausgelegt werden, die also im theologischen Horizont interpretiert werden und Gott zur Sprache bringen. Die verschiedensten Erscheinungen, Epiphanien und Erfahrungen, die der alttestamentliche Mensch macht, werden als göttliche Offenbarungsphänomene gedeutet. Den Abraham besuchen drei Männer in Mamre (Gen 18) und verkünden ihm, daß er noch im hohen Alter einen Sohn bekommen wird; für ihn ist dies eine Offenbarung, eine Gotteserfahrung. In der religiösen Vorstellung, daß Gott die Erstgeburt von Menschen fordert, gehorcht Abraham religiöser Sitte. Aber genau die Durchbrechung der religiösen Gesetzlichkeit, indem er seinen Sohn nicht opfern muß, wird als Offenbarung, als Epiphanie Gottes gedeutet (Gen 22). Als Jakob allein bei der Furt des Jabbok schläft und voll Angst vor seinem Bruder ist, wird ihm klar, daß ihm nur zu helfen ist, wenn er sich von Gott El bestimmen läßt und seine Spuren am Hüftgelenk trägt (Gen 32). Das gewonnene Vertrauen deutet er als Begegnung Gottes in der Nacht. Ereignisse der Errettung, Bewahrung, Hilfen, die Menschen durch andere erhalten – sie alle sind im Alten Testament als Offenbarung Gottes verstanden. Wenn Mose in der Wüste einen nicht verbrennenden Dornbusch erblickt, erkennt er die Kraft Gottes und fühlt sich berufen, sein Volk in Freiheit zu führen (Ex 3). So kann das Rauschen der Bäume (2Sam 5,24) den Sieg verkünden, und ein sanftes Säuseln des Windes (1Kön 19,11ff) kann Elias veranlassen, Hasael zum König zu salben. All diese Ereignisse werden als Offenbarung, als Nähe Gottes verstanden. Auch in der kultischen Segenshandlung von Aaron und Mose wird die Herrlichkeit des Herrn epiphan (Lev 9,23), aber ebenso in Träumen (Gen 20,6 u.a.), im Losorakel (1Sam 10,17ff; 23,9ff) und im Gottesurteil (Num 5,11-31). Diese Reihe der Gotteserfahrungen, in der er sich enthüllt und offenbart, läßt sich beliebig bis zu den Makkabäerbüchern fortsetzen. In der Geschichte gibt es Ereignisse, die ein Heilsgeschehen offenbaren und so die Wahrheit Gottes, seine Treue und Liebe kundtun. In den Geschehnissen des Lebens läßt sich immer wieder Gott erfahren, bricht eine Dimension der Wirklichkeit durch und wird sichtbar: Gott offenbart sich. Offenbarungserfahrung als Heilserfahrung ist im geschichtlichen Leben des Menschen möglich. Kein bestimmter, bleibender, gar für alle verbindlicher Inhalt wird mitgeteilt, sondern Ereignisse werden als Heilsereignisse verstanden, die Gott offenbaren und das Leben des Menschen verändern, ihm ein positives Vorzeichen geben. Das Leben zeigt sich, trotz allem, als lebenswert – Gott kommt zur Sprache, das Leben hat einen Sinn. Das meint das Offenbarungsgeschehen.

Ähnliches gilt für das Neue Testament. Auch dieses kennt die verschiedensten Lebensphänomene, die als Offenbarung interpretiert werden. Träume können dies sein. Josef ist über Maria unglücklich, weil ihr Kind nicht von ihm stammt. Im Traum erfährt er, daß es nicht gegen seine Ehre ist, ein fremdes Kind aufzunehmen. Es ist für ihn eine Offenbarung, daß dieses Kind ein Gotteskind ist (Mt 1,20). Die Weisen aus dem Morgenland träumen und retten so das Gotteskind (Mt 2,12), und Paulus träumt vom ersten Europäer, der ihm zuwinkt, daß er doch zu ihm nach Europa kommen soll, um die frohe Botschaft zu verkünden (Apg 16,9). Neben den Träumen spielt bei der Berufung in den Zwölferkreis (Matthias) das Losorakel (Apg 1,26) eine Epiphanierolle. Inspirationen, Erleuchtungen, Charismen aller Art sind Offenbarungsereignisse (1Kor 12-14; 2Kor 13,3; Apg 2 u.a.m.). Besonders verdichtet sich der geschichtliche Offenbarungsgedanke um Jesus. Die Geschehnisse um und mit ihm werden als Offenbarung Gottes verstanden. Dies beginnt mit der Verkündigung Jesu (Lk 5,1par), betrifft seine verschiedensten befreienden Handlungen, auch seine „Wunder" (Mt 11,2ff; 12,28; Jo 2,11) bis hin zur Erfahrung, daß er nicht tot ist, sondern lebt. Die Auferstehungsgeschichten sind göttliche Epiphanieerzählungen (Mk 16,9-20; Mt 28,9f, 16-20; Lk 24,13-53; Jo 20f; 1Kor 15,3-8). So wird in Jesus „Gott mit uns" (Mt 1,23) erfahren, das „Wort Gottes" (Kol 1,25-27; Jo 1,1-18; Apk 19,11-16) Ereignis, „Heilszeichen Gottes" (Lk 2,34) gegenwärtig und das „Geheimnis" und die „Weisheit Gottes" sichtbar (Mt 11,16ff; 12.42; 1Kor 1,21.24.30; Kol 1,24ff; Eph 1,8ff u.a.m.). In der Begegnung mit Jesus erfahren Menschen, daß Gott sich zeigt, daß Offenbarung geschieht, daß befreiendes Heil zuteil wird.

Wieder haben wir hier keine bestimmenden Inhalte (noch viel weniger „ewige Wahrheiten"), sondern geschichtliche Erfahrungen, die Menschen aufgrund dieser als heilend und befreiend verstandenen Ereignisse von Offenbarung Gottes sprechen lassen. Die Epiphaniebegriffe wie ἐπιφάνεια und φανεροῦσθαι sind für das NT zentral. Im Christusereignis wird die ganze Menschenfreundlichkeit Gottes zusammengefaßt, und so wird in ihm letztes, endgültiges Heil für den Menschen epiphan. Heilserfahrung ist Offenbarungsgeschehen!

Es wird nun häufig zwischen einem Offenbarungsbegriff der Erfahrung und einem der Reflexion unterschieden. Gerade die biblische Darstellung der Offenbarungserfahrung ist selbstverständlich Interpretation (Erfahrung ohne Interpretation existiert nicht) und ein hoher Grad von Reflexion. Richtig ist, daß auf die Erfahrung, oft narrativ dargestellt, größter Wert gelegt wird, daß aber nur durch die reflexive Interpretation Erfahrungen als Offenbarung Gottes verstanden werden können.

In der darauffolgenden Zeit wurde in der theologischen Deutung weitgehend die Erfahrungsdimension vergessen und nur die abstrakte Reflexion gesehen. Es ist jedoch für die Theologie festzuhalten, daß Offenbarung weitgehend mit den Lebenserfahrungen zusammen gesehen wurde, so daß biblische und nachbiblische Offenbarung wie auch Schöpfungsoffenbarung und heilsgeschichtliche Offenbarung als eine Einheit betrachtet wurden. Die alte Kirche sah die Offenbarung noch nicht primär in bestimmten Inhalten, sondern in einem Geschehen, das den Menschen geschenkt wird und Gotteserfahrung ermöglicht. Erst im Mittelalter wurde ein Offenbarungsverständnis entwickelt, das weitgehend von der Erfahrung und damit vom Ereignis der Offenbarung absieht und es einseitig intellektuell reflektiert, so daß immer stärker nur nach dem

Inhalt und nach dem *Ursprung* der Offenbarung und nicht mehr nach dem Offenbarungs*geschehen* selbst gefragt wurde.

3. Offenbarung als Belehrung

Thomas von Aquin (1224/5-1274) markiert einen Einschnitt. Übernatürliche Inhalte, die der Vernunft nicht zugänglich sind und eines besonderen Ursprungs bedürfen, nämlich den der göttlichen Offenbarung, sind Merkmal dieses Offenbarungsmodells. Es wird heute als instruktionstheoretisches Offenbarungsmodell bezeichnet. Allerdings sieht Thomas von Aquin die Offenbarung noch in einem größeren Zusammenhang. Auch vielen Heidenvölkern ist Offenbarung zuteil geworden, wie Sibylla (heidnische Ergänzung der Propheten) lehrt.[167] Aufgrund seines Ordogedankens versteht er die Offenbarung immer geschöpflich vermittelt.[168] Dies erinnert noch an das biblische Zeugnis, in dem konkrete menschliche Erfahrungen mit einer geschaffenen Wirklichkeit als Offenbarung interpretiert wurden. In der Zeit des späten Mittelalters wird die Einheit von menschlicher Erfahrung und Offenbarung Gottes immer stärker getrennt, so daß es zu einem Dualismus von Natur und (übernatürlicher) Offenbarung kommt und schließlich die Erfahrungsdimension zugunsten einer rein intellektualistischen Offenbarungslehre ganz wegfällt.

Dieses instruktionstheoretische Modell übernimmt voll das 1. Vat. Konzil (1869/70) in der „Dogmatischen Konstitution über den katholischen Glauben" („Dei Filius") und bildet es im Gegenzug zur Offenbarungskritik weiter aus. Als erstes wird festgestellt, daß göttliche Offenbarung (revelatio divina) grundsätzlich möglich ist (D 3027). Gemeint ist, daß Gott als ein Gegenüber der Menschen so auf die geschöpfliche Wirklichkeit wirken kann, daß er Menschen über Gott und Kult, d.h. die göttlichen Wirklichkeiten belehrt. Das Konzil stellt gegen den Deismus nicht nur die Möglichkeit von Offenbarung fest, sondern zugleich, *daß* Offenbarung erfolgt ist; diese ist notwendig, da sie Dinge kundtut, die über die natürlichen Fähigkeiten des Geschöpfes hinausgehen (D 3028). Das wiederum ist für den Menschen notwendig, weil das Ziel des Menschen, der Sinn seines Lebens, nicht in der Natur und seinen natürlichen Gegebenheiten liegt, sondern in einem „übernatürlichen" Ziel (finis supernaturalis, bona divina); Gott ist letztlich der, der alle Natur transzendiert und daher in seinem wahren Wesen übernatürlich ist. Nur aufgrund der Offenbarung Gottes kann der Mensch dieses ihm ungeschuldete, übernatürliche Ziel erreichen. Daher ist Offenbarung für uns Menschen nicht nur faktisch möglich und gegeben, sondern für unser übernatürliches Heil absolut notwendig. Aus sich heraus ist der Mensch dieses Heiles nicht fähig. Wir können von uns her nur Wahrheit und damit auch Heil erkennen, wenn wir es einsehen. Unsere Einsicht hat aber ihre natürlichen Grenzen. Die Offenbarung

---

[167] S. Th. II/II q. 2 a 7 ad 3; q. 176 a 6 ad 1.
[168] S. Th. III, q. 55,2 c.

bzw. die geoffenbarte Wahrheit jedoch glauben wir nicht aufgrund unserer Evidenz, sondern allein aufgrund göttlicher Autorität. Glaube und Offenbarung werden als ein Autoritätsverhältnis begriffen. Glaube und natürliches Wissen unterscheiden sich aufgrund der Autorität. Beim Wissen ist der Mensch mit seiner Einsicht selbst die Autorität (er ist autonom), bei der Offenbarung ist Gott die Autorität (theo-heteronom). Beim Offenbarungsgeschehen glaube ich also die geoffenbarte Wahrheit wegen der Autorität des sich offenbarenden Gottes (D 3032: credo „revelata veritas propter auctoritatem Dei revelantis"). Offenbarung ist daher „locutio Dei autoritative docens" – eine Rede Gottes, der autoritär lehrt! Daher hat sich die Wissenschaft stets der Offenbarung unterzuordnen (D 3042), die wahre „mysteria" (geheimnisvolle Rätsel) enthält (D 3041) und durch „äußere Zeichen" (signa externa, z.B. Wunder) glaubwürdig (wenn auch nicht bewiesen) werden kann (D 3033). Damit soll der idealistische Anspruch, nur die innere Erfahrung vermittle Offenbarung, ausgeschlossen werden. Offenbarung ist ein göttliches Informationsgeschehen, das also „Geheimnisse" (D 3042), „Wahrheiten" (D 3032) mitteilt. Der Offenbarung entspricht der Gehorsamsakt des glaubenden Menschen. Alles Unheil kommt durch die Mißachtung der göttlichen bzw. kirchlichen Autorität.

So ist festzuhalten: 1. die Offenbarung ist eine übernatürliche Doktrin; 2. sie wird von außen an uns herangetragen und ist für uns innerlich nicht einsichtig; 3. sie wird angenommen durch den Gehorsamsakt des Glaubens; 4. der Grund dafür ist die göttliche Verursachung, indem Gott zu uns spricht.

Hier haben wir ein klassisches Beispiel eines „fundamentalistischen" Offenbarungsverständnisses.

Nun aber ist die Frage: *Wo* ist diese Offenbarung enthalten? Die Religionen, die sich auf ein Buch als Autorität beziehen (Hinduismus: Veden; Buddhismus: Pali-Kanon; Judentum: Altes Testament; Christentum: Altes Testament und Neues Testament; Islam: Koran) finden diese Offenbarung in ihren Büchern, wobei häufig die Tradition eine große Rolle spielt.

Im katholischen Verständnis des 1. Vat. Konzils ist die „übernatürliche Offenbarung" in den Büchern der Hl. Schrift (AT 46 Bücher, NT 27 Bücher) und in den Traditionen zu finden.[169] Sie enthalten „ohne Irrtum" die Offenbarung. Vom katholischen Standpunkt aus werden Schrift und Tradition nicht *einfach* identifiziert mit der Offenbarung (wie im Islam der Koran und z.T. im Hinduismus die Veden), sondern *in* ihnen ist Offenbarung, allerdings unfehlbar, enthalten.

---

[169] Der Plural ist bereits in Trient (1546) festgehalten (D 1501). Im 2. Vat Konzil werden wir sehen, daß die Tradition als Terminus technicus zum singulare tantum wird.

132

3.1. Inspiration und Beistand

Der Grund dafür ist die „göttliche Inspiration" (D 3006). Die Hl. Schrift ist inspiriert, d.h. Gott ist ihr Autor („Deus est auctor" D 1501; „Deum habent auctorem" D 3006). Es gibt die unterschiedlichsten Theorien, wie die „Inspiratio" zu verstehen ist: Im fundamentalistischen Sinne hat Gott den Bibelschreibern alles wortwörtlich diktiert, so daß sie nur auf das Wort Gottes, das ihnen eingegeben wurde, zu achten brauchten (höchstens ein Schreibfehler könnte sich eingeschlichen haben); dies ist die sog. „Verbalinspiration". Sie wurde von der prostestantischen Orthodoxie des 16./17. Jh. entwickelt und erst viel später von der katholischen Theologie teilweise übernommen.

Andere meinen, daß Gott zwar einen positiven Impuls setzt, dem Autor aber die Freiheit der Gestaltung läßt, so daß z.B. jeder der Evangelisten nach seinen Fähigkeiten das Wort Gottes wiedergegeben habe. Man versucht, der menschlichen Seite der Schrift Rechnung zu tragen. Es ist jedoch zu beachten, daß der Inhalt selbst voll und ganz von Gott geoffenbart ist. Diese Ansicht wird von vielen katholischen Theologen vertreten.

Ein drittes Inspirationsverständnis sieht darin einen Impuls („ich bin inspiriert worden von …"), Erfahrungen niederzuschreiben, die der Schriftsteller religiös als Offenbarung gedeutet hat. Wir werden uns damit noch näher befassen.

Bei allen Theorien ist jedoch der Unterschied von Offenbarung (revelatio divina) und Inspiration (inspiratio divina) festgehalten. Inspiratio meint den Vorgang der Verfasserschaft der Hl. Schrift, Offenbarung die Erkenntnis oder Erfahrung einer göttlichen Wahrheit oder eines Wahrheitsgeschehens (meist durch Gott oder einen seiner Boten verursacht bzw. vermittelt). Von diesen beiden Begriffen ist klar zu unterscheiden die sog. „assistentia negativa Spiritus Sancti Divina" – die göttliche Assistenz bzw. der göttliche Beistand. Damit ist gemeint, daß die Kirche bzw. ihr Haupt, der Papst, stets von göttlichem Beistand getragen und nicht von Gott verlassen ist. Was also in der Kirche zum Glauben mit letzter Autorität vorgelegt wird, das ist wahr und kann nicht irrig sein. Das heißt nicht, daß z.B. das *Dogma* der Aufnahme Mariens in den Himmel der Wille Gottes ist, – der Papst und die Kirche sind dazu von Gott nicht inspiriert, d.h. positiv angetrieben worden –, sondern der Beistand war negativ, d.h. obwohl sich Gott gegenüber dem faktischen Geschehen neutral verhalten hat, ist trotzdem im Inhalt des Dogmas kein Irrtum im Hinblick auf die Heilswahrheit enthalten. Auch kann dieser Inhalt des Dogmas niemals etwas Neues der Sache nach sein, sondern jedes Dogma ist nur eine weiterführende Interpretation ein und derselben Wahrheit der Schrift und Tradition, in denen die Offenbarung enthalten ist.

Daher hat das Dekret „Lamentabili" (1907) gegen den Modernismus festgehalten, daß die Offenbarung als katholisches Glaubensobjekt (d.h. die Offenbarung in ihrer Inhaltlichkeit [nicht als Geschehen]) mit den Aposteln abgeschlossen ist (D 3421).[170] Eine neue Belehrung durch Gott findet nicht mehr statt. Inhaltlich ist alles gesagt. Der Grund liegt darin, daß Jesus Christus das Wort Gottes ist und über diese Aussage Gottes keine weitere mehr möglich ist, denn Jesus Christus ist eben der Sohn Gottes, in dem sich Gott ganz ausgesprochen hat. Trotz dieser Konzeption erscheint es nicht ausgeschlossen, daß auch in der Zeit nach Christus sich Offenbarung Gottes als Geschehen ereignet, aber dies kann inhaltlich nichts anderes sagen, als in Jesus Christus gesagt wurde. Es ist in diesem Sinne durchaus möglich, daß z.B. Mohammed ein Prophet war. Insofern seine Botschaft mit der Bibel übereinstimmt, ist sie wahr, andernfalls ist Gottes Offenbarung verfälscht. (Hier haben wir genau die gleiche Position wie im Islam. Er erkennt andere Propheten an, aber inhaltlich ist ihre Botschaft nur insofern wahr, als sie mit dem Koran übereinstimmt; die Bibel ist eben verfälschte Offenbarung.[171])

4. Personale Offenbarung

Das 2. Vat. Konzil (1962-1965) hat versucht, neue Elemente ins Offenbarungsverständnis einzubringen, wobei es auch weiterhin am „Belehrungsmodell" festhält und so vielfach eine Mischung von Offenbarungsmodellen anbietet, die den unterschiedlichen Kräften, vor allem aber konservativ-reaktionären Tür und Tor öffnete. Das im Konzil favorisierte und neue Offenbarungsmodell wird als „personalistisches" bezeichnet oder auch als göttliches „Selbstmitteilungsmodell" („transzendent dialogisches Modell").

Ausgangspunkt der Offenbarungskonstitution „Dei verbum" (1965) war nicht die Frage nach der Offenbarung, sondern nach den Zeugnissen der Offenbarung, nämlich Schrift und Tradition und ihrem Verhältnis zueinander. Wie aber lassen sich von diesem Offenbarungszeugnis her neue Lehräußerungen rechtfertigen? Das Problem besteht darin, daß sich das Christentum einerseits auf eine geschehene, historisch ergangene Offenbarung beruft, die in den Zeugnissen (Hl. Schrift, Tradition) enthalten ist und damit als abgeschlossen angesehen wird, andererseits es in der Geschichte des Christentums eine Entwicklung der Dogmen, der Glaubensausdrücke, des Bibelverständnisses stattfindet, die nicht einfache Wiederholung des Vergangenen ist. Anders ausgedrückt: An der Einmaligkeit ($\mathring{\alpha}\pi\alpha\xi$ und $\mathring{\epsilon}\phi\acute{\alpha}\pi\alpha\xi$) des Christusgeschehens wird festgehalten, trotzdem gibt es Veränderungen im Glaubensverständnis. Gibt es ein Entwicklungsprinzip? Ist es die Tradition? Wenn ja, gibt es nur zwei Antworten: Entweder gehört die Tradition nicht zum Offenbarungszeugnis, dann kann sie alles Mögliche enthalten und hat Beliebigkeitscharakter. Oft wird der Traditionsbegriff so gebraucht. Meist meint man damit kirchliche

---

[170] KKK Nr. 66, 73 übernommen: Nach Christus gibt es keine weitere Offenbarung.
[171] Der Unterschied des Mediums der Offenbarung: Im Christentum Jesus Christus (= Offenbarungsreligion), im Islam der Koran (= geoffenbarte Religion), bleibt dabei unberührt.

Gebräuche und spricht dann von kirchlichen Tradition*en*. Oder aber die Tradition gehört zum Offenbarungszeugnis, dann ist sie aber wie die Hl. Schrift abgeschlossen und kann nicht als ein Entwicklungsprinzip fungieren. Damit verbindet sich die Frage nach dem inhaltlichen Unterschied dieser beiden Offenbarungszeugnisse. Ist etwas in der Tradition enthalten, was nicht in der Bibel steht? Oder sind beide inhaltlich identisch und nur zwei verschiedene Weisen, *wie* Offenbarung bezeugt ist? Außerdem ist zu bedenken, daß besonders das NT nicht am Anfang des christlichen Glaubens steht, sondern vielmehr eine Niederschrift der vorgängigen Tradition ist. Für das 2. Vat. Konzil sind Schrift und Tradition Quellen der Offenbarung, die mit dem Christusgeschehen abgeschlossen sind. Im Hinblick auf die Ökumene, die protestantische Christenheit, ist der Inhalt der Tradition bewußt nicht bestimmt worden, so daß man auch als Katholik an der materiellen, d.h. inhaltlichen Vollständigkeit der Hl. Schrift festhalten kann. Schrift und Tradition können als inhaltlich koextensiv verstanden werden. Die Tradition enthält nach diesem Verständnis keinen Offenbarungsinhalt, der nicht in der Schrift steht. Nur die Art und Weise, der Modus ist verschieden, *wie* Offenbarung vermittelt wird: Durch lebendig gesprochenes oder geschriebenes, schriftlich fixiertes Wort.

Daher kommt der inhaltlichen Interpretation der Bibel, in der Offenbarung enthalten ist, größte Bedeutung zu. Die erste kirchliche Lehräußerung von Gewicht, die die Bibelinterpretation betrifft, ist die Enzyklika „Providentissimus Deus" (1893) von Leo XIII. Alle modernen wissenschaftlichen Bemühungen um die Schrift werden abgelehnt. Allerdings waren diese häufig von antikirchlichen Voraussetzungen (Rationalimus, Liberalismus) geprägt. Als Institution gegen die neue Exegese wurde 1902 die Bibelkommission ins Leben gerufen. Ganz anders war die Situation 1943, als Pius XII. die Enzyklika „Divino afflante Spiritu" veröffentlichte. Unter dem Einfluß der Jesuiten und des Bibelinstituts in Rom (1909 von Pius X. gegründet) wurde zum ersten Mal in der Geschichte der (katholischen) Kirche bewußt positiv die moderne Methode der Bibelinterpretation aufgegriffen, vor allem die historisch-kritische Methode. 1959 fand unter diesen Vorzeichen in Padova ein Kongreß der Associazione biblica (P. Max Zerwick S.J. war Hauptreferent) statt, der in progressivem Sinne die Ergebnisse der modernen Exegese aufnahm, was aber den meisten teilnehmenden Professoren mit dem Entzug der Lehrerlaubnis honoriert wurde. 1965 jedoch griff die Offenbarungskonstitution „Dei verbum" die Ergebnisse dieses Kongresses auf, allerdings sehr verkürzt und abgeschwächt.[172] Der Text der Offenbarungskonstitution ist

---

[172] 1993 erschien ein Rundschreiben der Päpstlichen Bibelkommission: „Die Interpretation der Bibel in der Kirche", die die moderne Vielfalt der wissenschaftlichen Bibelinterpretation berücksichtigt. In den letzten 30 Jahren nach dem Konzil wurde die Alleinherrschaft der „historisch-kritischen Methode" gebrochen und neue Zugänge zur Bibel erschlossen, wie z.B. die soziologische, kulturanthropologische, psychologische, feministische, befreiungstheologische Methode u.a.m. All diese Methoden werden grund-

ein Kompromißdokument; man kann die Handschrift konservativer und progressiver Theologie erkennen. Aufgrund dieser Zweideutigkeit der Texte sind kontradiktatorische Interpretationen möglich. Diese Konstitution ist jedoch das ausführlichste offizielle kirchenamtliche Dokument über das Offenbarungsverständnis.

Im Sinne von Trient und dem 1. Vat. Konzil soll die „genuina doctrina" (Art. 1), die ursprüngliche Lehre über die göttliche Offenbarung dargelegt werden. Von Gott spricht das Dokument personaler als das 1. Vat. Konzil; es geht auch nicht von abstrakten Eigenschaften Gottes aus. So wird Offenbarung definiert als Selbsterschließung Gottes („Deus ... seipsum revelat" Art. 2). Gott selbst offenbart sich, und zwar indem er das „Geheimnis" (sacramentum) seiner Freiheit offenlegt und damit seine innerste Person. Ratzinger spricht von einem „dialogischen Verständnis der Offenbarung". Gott selbst teilt sich mit. Welchen Sinn hat nun diese Offenbarung? Das Konzil antwortet: Den Zugang zu Gott und die Teilhabe des Menschen an seiner „göttlichen Natur" (Art. 2). Der Mensch soll nicht nur auf seine Vernunft, sondern ganzheitlich angesprochen werden. Wie wird der Mensch angesprochen? Durch „Wort und Tat" heißt es, die offenbar im geschichtlichen Bereich liegen; das legt eine menschliche Vermittlung nahe. Zugleich aber wird – entsprechend dem Kompromiß – von der Offenbarung gesprochen, die *über* Gott und *über* das Heil des Menschen berichtet. Offenbarung wird damit zur Lehre über Gott und Mensch. Jesus Christus, ein bestimmter historischer Mensch, wird zugleich Vermittlungsprinzip der Offenbarung wie auch Fülle dieser Offenbarung. So zeigt sich einerseits ein Offenbarungsmodell, in dem Gott sich selbst mitteilt, und andererseits eines, in dem wir über Gott und Mensch durch Jesus Christus Kenntnis erhalten. Personalistisches und instruktionstheoretisches Offenbarungsmodell vermischen sich.

Um jedoch der Vorstellung zu entgehen, daß die Offenbarung eine zeitlose Idee Gottes mitteile, wird die Geschichtlichkeit der Offenbarung betont, die sich in Zeit und Raum ereignet. Offenbarung ist hier wieder ein Ereignis und primär keine Lehre. Der Ereignischarakter wird aber nicht betont, um deutlich zu machen, daß Menschsein nur durch den Selbstvollzug in Begegnung konstituiert wird, sondern um Offenbarung als etwas darzustellen, was über die menschliche Natur hinausgeht („via salutis supernae" Art. 3). Offenbarung ist ein höherer, bedeutungsvollerer Heilsweg für den Menschen. Es wird allerdings bewußt auf das Wort „übernatürlich" (das fälschlich in der deutschen Übersetzung gebraucht wird!) verzichtet, um den Dualismus von Natur und Übernatur (Gnade) zu vermeiden, der besonders die Neuscholastik prägte.[173] Das 2. Vat. Konzil will die Einheit von Natur und Gnade, von Mensch-

---

sätzlich bejaht, jedoch wird ihnen in diesem Schreiben der „kritische Zahn" gezogen (die sog. „Tiradente"-Methode) und, sie werden im Interesse einer reaktionären Kirche vereinnahmt.

[173] H. de Lubac in seinem Werk „Surnaturel" (1946) und später K. Rahner mit seinem Begriff „Übernatürliches Existential", das jedem Menschen von „Natur" aus zukommt und

sein und Offenbarungsgeschehen wahren. Der Mensch als ganzer wird von Gott durch Offenbarung beschenkt. So lehrt das Konzil, daß Offenbarung seit Beginn der Menschheit stattgefunden hat und die Offenbarung allen Menschen gilt; wobei zu beachten ist, daß all diese Offenbarung Gottes als Vorbereitung auf das Evangelium, auf Jesus Christus zu verstehen ist.

4.1. Schrift und Tradition

Damit stehen wir vor einem Problem: Wie verhalten sich das AT, aber auch die religiösen Schriften anderer Völker zum NT? Wie ist das Verhältnis: Christentum und andere Religionen zu bestimmen? Wir werden auf diese Fragen, die in „Dei verbum" nicht gelöst werden, noch zurückkommen. Soviel aber wird klar betont (Art. 4), daß Gottes Selbstmitteilung in vielen Offenbarungsworten bestand, in Jesus Christus jedoch Gottes Wort persönlich anwesend ist.

Das Heilsereignis (Jesus Christus) wird nun im Text mit dem Inhalt der ganzen Offenbarung identifiziert. Die Vorstellung des Konzils (wodurch Selbstmitteilung Gottes und Belehrung über Wahrheiten in eins gesetzt werden können) scheint folgende zu sein: Durch das Gekommensein Jesu Christi als geschichtliches Ereignis ist uns ein fester Offenbarungsinhalt mitgeteilt worden. Zwar bleibt Jesus Christus als (göttliche) Person für diesen Inhalt konstitutiv (Selbsterschließungstheorie), aber der fixierte Inhalt ist untrennbar mit ihm verbunden und genauso konstitutiv wie die Person (Belehrungstheorie). Daher ist Offenbarung einerseits ein ewig gültiger Inhalt von Wahrheiten und andererseits eine geschichtliche Person (Jesus Christus). Da Jesus Christus als Gott-Mensch verstanden wird, ist uns durch ihn *alles* über Gott und Mensch gesagt worden. Daher kann es keinen weiteren, neuen Offenbarungsinhalt mehr geben und Offenbarungsgeschehen ist ebenfalls in Jesus Christus abgeschlossen. Das bedeutet jedoch nicht, daß Jesus Christus nur als eine Erscheinung der Vergangenheit gesehen werden muß oder sollte, sondern die Menschen sind auch heute von Jesus Christus angesprochen, denn durch Jesus Christus spricht Gott immerwährend zu uns. So wird das Offenbarungsgeschehen überzeitlich („eschatologisch") und wirkt doch in jeder neuen Zeit immer fort. Aber dies sind dann keine neuen Offenbarungen mehr, sondern ein und dieselbe Offenbarung in Jesus Christus („nova revelatio publica" ist nicht möglich, Art. 4). Inhalt und Ereignis (Jesus Christus) bleiben stets identisch und genau bestimmbar. Nochmals, alle Offenbarungen, die nach Christus geschehen (eventuell Mohammed), können nur inhaltlich und als Ereignis auf das abgeschlossene Offenbarungsgeschehen hinweisen. Analog zur Vorbereitungszeit auf Jesus Christus (Altes Testament etc.) ist nach Christus Offenbarung als Retrospektive auf ihn denkbar. Dieses Offen-

---

auf Offenbarung hin ausgerichtet ist, versuchten, diese dualistische Trennung zu überwinden.

barungsverständnis begründet den Absolutheitsanspruch des Christentums für Gegenwart und Zukunft.

Was ist nun die rechte Antwort auf den sich so offenbarenden Gott? Sie ist der Glaubensgehorsam (Art. 5). Er besteht in der Unterwerfung des Verstandes und des Willens des Menschen unter das Wort Gottes. Glaube wird hier nicht als ein Vertrauensverhältnis bestimmt, sondern als Unterordnung des Denkens und Tuns. So erscheint die Offenbarung nicht als Befreiungsereignis, sondern als eine göttliche Vorgabe, der es sich zu unterwerfen gilt. Damit der Mensch diesen Gehorsam leisten kann, braucht er einen inneren Beistand, den Hl. Geist, die „helfende und zuvorkommende Gnade". Sie ermöglicht die Zustimmung. Diese selbst ist aber faktisch vom Menschen zu leisten, und erst dann lebt er in der Gnade (gratia sanctificans), die für ihn Heilsbedeutung hat. Die Zeichen und Argumente, mit denen das 1. Vat. Konzil die Offenbarung zu erweisen sucht, werden hier nicht erwähnt. Die Zustimmung im Glaubensgehorsam, bewirkt durch innere Gnade, erfolgt gegenüber dem sich offenbarenden Gott, der Revelatio selbst und nicht, wie im 1. Vat. Konzil, dem geoffenbarten Inhalt. Es geht primär um die göttliche Person, die sich mitteilt, und nicht um die Inhalte (Art. 6). Aber diese, als Verordnungen (decreta) Gottes bezeichnet, sind unmittelbar damit verbunden. Gott will sie uns offenbaren. Alle Inhalte der Offenbarung haben den Sinn, die göttlichen Güter (bona divina) dem Menschen zu seinem Heil zu vermitteln, denn diese gehen über die menschlichen Möglichkeiten hinaus.

Nachdem das 2. Vat. Konzil dieses Offenbarungsverständnis geklärt hat, das die Selbsterschließung Gottes mit einem festgelegten Inhalt verbindet und vom Menschen den Gehorsam im Glauben fordert, stellt sich die Frage: Wie wird Offenbarung weitergetragen, wie wird sie vermittelt? Wiederum ist charakteristisch, daß nicht gefragt wird, wie Gott heute offenbar wird, wie er sich im Leben des einzelnen ereignen kann, wie er konkret erfahrbar wird, auch in der Gemeinschaft, sondern: Wie läßt sich inhaltlich Offenbarung garantieren? Wie gelangen wir zur Gewißheit, daß der Inhalt der Offenbarung mit dem Geschehen, das vor 2000 Jahren stattgefunden hat, identisch ist (Art. 7)?

Die Heils- und Sittenlehren, die Jesus vorgetragen hat, sind in der Bibel niedergeschrieben. Die Offenbarung ist die Quelle (fons), ist der Grund, aus dem diese „kommunikativen Wahrheiten" (nicht „Gesetze", leges, wie Trient lehrte) hervorgehen, sind aber nicht einfach mit der Offenbarung identisch. Die Niederschrift der Bibel ist auch keine Offenbarung, sondern erfolgt durch „Inspiration". Diese Inspiration ist nach den 2. Vat. Konzil kein Diktat (Trient lehrte „dictante"), sondern ein Suggerieren („suggerente") durch den Geist Gottes, den Hl. Geist. Es ist ein erinnerndes Verstehen der Offenbarung. Niedergeschrieben wurde die neutestamentliche Botschaft durch „apostolische Männer" (nicht wie Trient: durch die Apostel[174]), Evangelisten und andere Autoren. Der Inspirationsgedanke garantiert die Wahrheit der Bibel. Nicht

---

[174] Mit diesen „apostolischen Männern" ist die Offenbarung abgeschlossen.

die Einsicht in die Wahrheit ist ausschlaggebend, sondern die göttliche Verursachung durch Inspiration. Wie wird nun diese Botschaft des Heiles unversehrt bewahrt? Die Antwort ist einfach und führt in das System der Kirche ein: Durch die Sukzession, die Nachfolge der Bischöfe. Sie garantiert das „Charisma der Wahrheit" (Art. 8). Die Bischöfe erkennen die Wahrheit im Spiegel (speculum), und dieser Spiegel der Wahrheit sind Schrift und Tradition.[175] Beide sind der ganze Inhalt des Glaubens. Aller Fortschritt kann nicht in neuen Inhalten, sondern nur in einem „tieferen" Verständnis ein und desselben Inhaltes liegen. Was „fortschreitet", ist nicht die Tradition, sondern lediglich das Verstehen. Das bischöfliche Lehramt kann daher nie produktiv sein, sondern hat die Aufgabe des kritischen Verstehens der Tradition. Dafür hat es den Beistand (assistentia) des Hl. Geistes. Damit wird nochmals klar, daß die Offenbarung von der Inspiratio zu unterscheiden ist und beide vom Beistand des Hl. Geistes, der der Kirche (Sukzession, Lehramt) – in diesem theologischen Verständnis – gegeben ist. Überall geht es dabei um den Inhalt einer göttlichen Botschaft, den es zu bewahren gilt. Das Offenbarungsgeschehen selbst hat nur eine kausale Bedeutung, nämlich als Ursprung, wie es zu diesem Inhalt gekommen ist. Freilich behält es als Erlösungs- und Heilsgeschehen konstitutive Bedeutung, der rechte Glaube aber wird an den inhaltlichen Ausdrücken gemessen. Den Inhalt bestimmen Schrift und Tradition (allerdings im „tieferen" Verständnis des Lehramtes der Kirche!). Die Tradition kann als ein rein gnoseologisches Prinzip verstanden werden, so daß die katholische Theologie an der Materialsuffizienz der Bibel festhalten kann. Inhaltlich ist alles in der Bibel enthalten, aber nicht formal. Das Traditionsprinzip ist ein Formalprinzip, durch das die Materialsuffizienz der Bibel erkannt wird. D.h., mittels der Überlieferung erkennen wir den ganzen inhaltlichen Umfang der Bibel, also konkret, welche Schriften zur Bibel gehören und welche nicht. Die Tradition ist so unterscheidend; sie ist ein abgrenzendes Prinzip. Beide Prinzipien (Schrift und Tradition) sind eng verbunden, denn sie sprudeln aus einer göttlichen Quelle (scaturigo, nicht fons, da im 2. Vat. Konzil nicht über die Zwei-Quellen-Theorie[176] entschieden werden sollte) und geben Sicherheit über das Geoffenbarte (Art. 9). Daher sind sie gleich zu achten. Sie sind der „Schatz" (depositum) des „Wortes Gottes" (Art. 10), der der Kirche anvertraut ist. Sie hat im Namen Jesu Christi die Autorität zu erklären, was verbindlich ist. Wenn auch das Konzil nicht soweit geht wie die Enzyklika Pius' XII., „Humani generis" (1950), in der die Schrift als

---

[175] Es ist nochmals darauf hinzuweisen, daß in „Dei verbum" des 2. Vat. Konzils Tradition nur in der Einzahl vorkommt (Ausnahme: Zitat 2 Thess 2,15); Ratzinger sieht in diesem Begriff einen Ansatzpunkt für ein traditionskritisches Element. Überlieferungskritik und biblische Sachkritik wären möglich.

[176] Zwei-Quellen-Theorie in diesem Zusammenhang meint nicht die biblische Zwei-Quellen-Theorie, die über die Entstehung der synoptischen Tradition Aufschluß gibt, sondern die Unabhängigkeit der Tradition von der Schrift und umgekehrt. Schrift und Tradition entstünden aus zwei Quellen göttlicher Offenbarung und gingen nicht aus einer einzigen Offenbarung hervor.

dunkel (obscure, implicite), das Lehramt als klar (illustrans, enucleans) bezeichnet wird, so geschieht doch eine ungeheure Hochstilisierung des Lehramtes, das jeder Kritik entzogen wird. Es mag bisher den Anschein gehabt haben, daß der Inhalt der Bibel der Offenbarungs*inhalt* (nicht das Offenbarungsgeschehen) sei. Dies aber ist nach dem 2. Vat. Konzil (Art. 11) falsch. Die Hl. Schrift *ist* nicht der Offenbarungs*inhalt,* sondern *in* ihr ist Offenbarungsinhalt enthalten. Beide sind also nicht identisch. Nun bedeutet dies nicht, daß manche Texte der Bibel Offenbarungsinhalt sind und andere nicht, sondern in allen Texten der Hl. Schrift ist Offenbarungsinhalt zu finden. Der Grund für diese Behauptung ist die sog. „Inspiration", denn die ganze Bibel ist „Spiritu Sancto afflante", durch den Geist Gottes geschrieben worden. Überall in der Schrift ist der gute Geist Gottes zu finden. Zwar gibt es in der Bibel wichtigere und weniger wichtige Teile, aber alle sind vom guten Geist erleuchtet.[177] Nach dem 2. Vat. Konzil sind aber die wahren, eigentlichen Autoren (veri auctores) der Hl. Schrift *nur* die Hagiographen. Die Menschen sind keine „lebendigen Instrumente" des inspirierenden Gottes, keine Handlanger, keine hypnotisierten Geschöpfe, die einen Auftrag willenlos ausführen (Zombie), sondern eigentliche Verfasser des Textes im Literalsinn. Die Urheberrechte liegen beim Schriftsteller und nicht bei Gott. Darum heißt es auch nur, daß Gott zwar als Inspirator, als Autor, bezeichnet werden kann, aber die wahre Autorenschaft beim Menschen liegt. Bis zum 2. Vat. Konzil wurde Gott umgekehrt als „auctor principalis" bezeichnet, als der Hauptautor, wodurch oft ein wörtliches Diktat Gottes nahegelegt wurde (Verbalinspiration). Wenn auch der Konzilstext daran festhält, daß der menschliche Autor „nur und alles", was Gott will, niedergeschrieben hat, so ist doch der strenge Kausalzusammenhang weitgehend in den Hintergrund gedrängt. Wenn man die Interpretationslinie auszöge – das 2. Vat. Konzil geht nicht so weit –, dann ließe sich der Inspirationsgedanke als „Anlaß" wiedergeben. Ein Sonnenuntergang z.B. kann einen Dichter zu einem herrlichen Gedicht inspirieren, also veranlassen. Der Dichter allein ist der Verfasser seiner Dichtung, aber die Sonne hat ihn gleichsam fasziniert, und so schrieb er das Gedicht. Wenn nun die Bibel als inspiriert bezeichnet wird, dann waren für die Niederschrift zwar nicht die Sinne, nicht eine herrliche Landschaft, nicht ein Bedürfnis oder Gefühl usw. der Anlaß, sondern die Autoren waren fasziniert von der Gotteswirklichkeit. Sie „inspirierte" sie, den Text zu schreiben. Freilich läßt sich eine solche Inspiration nicht exklusiv verstehen, als ob nur die Bibel inspiriert wäre. Viele Theologen sprechen zu Recht auch von einer Inspiration Platons, und wer könnte Schriften anderer

---

[177] Diese Unterscheidung hat zum Mißbrauch der Bibel durch die Kirche geführt. Z.B. ist biblisch das Schwören verboten, trotzdem wird in der Kirche der Eid verlangt. Bei der Ehegesetzgebung gilt plötzlich dieser Unterschied nicht. „Ihr alle seid Brüder" – der Satz gilt in der Kirchenstruktur nicht, wo es zu einer Hierarchie mit Über- und Unterordnung gekommen ist. Allgemein läßt sich sagen: Sätze, die für eine hierarchische Institution brauchbar sind, werden ernstgenommen, die anderen sind „weniger wichtig"!

Religionen die Inspiration absprechen? Aus vielen Büchern spricht der gute Geist, der Menschen Gotteserfahrung ermöglicht.

Von der Hl. Schrift sagt nun das 2. Vat. Konzil aus: Da sie, ganz von der Gotteswirklichkeit ergriffen, geschrieben wurde, sei sie irrtumsfrei (Art. 11). Diese Irrtumslosigkeit bezieht sich auf das Formalobjekt, d.h., wo immer unser Heil auf dem Spiel steht und wir uns an der Hl. Schrift orientieren, kann sie uns nicht in die Irre führen (veritas nostrae salutis causa), sie ist ja Zeugnis der Gotteswirklichkeit. Es geht hier also nicht um ein Materialobjekt, d.h. um einen Inhalt, der wahr ist (der Ausdruck „veritas salutis" wurde ausdrücklich gestrichen), auch nicht um die Heilswahrheiten als solche, ganz zu schweigen von den sog. „profanen Wahrheiten". Wer vielmehr die Bibel für sein Leben ernst nimmt, der ist auf dem rechten Weg und wird nicht in die Irre gehen, d.h. den Sinn seines Lebens verfehlen. Unter der Voraussetzung, daß *in* der Schrift Offenbarungsinhalte enthalten sind und unser Heil auf dem Spiel steht, wird Gott mit uns nicht „spielen", sondern die Schrift kann Wegbegleiter zum Heil sein. Der Ausdruck „ohne Irrtum" (sine errore, Art. 11) besagt also nicht, daß keine Irrtümer im Materialobjekt vorhanden sind, noch weniger, daß die Ausdrucksweise nicht zeitbedingt sei. Es wurde im Text ausdrücklich das „jeden" (ullo), d.h. ohne *jeden* Irrtum gestrichen, da auch die Verfasser der Hl. Schrift Gottes Wirklichkeit fehlerhaft vernommen haben, aber nicht grundsätzlich „heilsschädigend". Nicht nur naturwissenschaftliche und historische, sondern auch religiöse Irrtümer finden sich in der Bibel; z.B. daß Gott Rache befiehlt, daß sich böse Geister unter der Erde oder zwischen Himmel und Erde befinden, daß Gottes Weltgericht unmittelbar bevorsteht usw. Alles aber ist zu dem Zweck geschrieben, den Menschen auf das Heil hinzuordnen, und so ist die Schrift „irrtumslos". Genau aber wie Jesus sich in einzelnen Dingen geirrt hat, so auch die Schrift. Wie aber Jesus Christus deshalb nicht vom Heilsweg abgekommen ist (kirchlich heißt dies, daß er keine Sünde begangen hat, die andere Menschen verführt hätte), so führt auch die Hl. Schrift trotz irriger Ansichten nicht vom Heilsweg weg, sondern bewahrt vor Heilsirrtum, d.h. verführt nicht zu Schuld und Sünde. Es ist selbstverständlich, daß die Bibel jedoch nach den entsprechenden Methoden der Textinterpretation (Art. 12; 13) interpretiert werden muß, damit Offenbarungsinhalt zugänglich gemacht werden kann. Freilich schaltet sich nach dem 2. Vat. Konzil sofort wieder die kirchliche Behörde ein, ohne die nichts geschehen darf. Die Bibel sei zwar wissenschaftlich zu erforschen, aber nur „im Sinne der Kirche" (secundum sensum ecclesiae) und unter der Aufsicht des kirchlichen Lehramtes (sub vigilantia Sacri Magisterii, Art. 23). So erscheint doch wieder die Offenbarung als eine weitgehend verfügbare Größe, wenn auch von „Gottes Gnaden".

Das große Verdienst der Offenbarungskonstitution des 2. Vat. Konzils besteht ohne Zweifel darin, daß zum ersten Mal ein offizieller kirchlicher Text das instruktionstheoretische Modell zurückdrängt, Offenbarung primär nicht als Belehrung, sondern als Selbsterschließung Gottes faßt. Aber gerade dieses personalistische Offenbarungsmodell birgt schwerwiegende Probleme in sich. Bevor wir uns einem neuen Modell zuwenden, ist es sinnvoll, die bisherigen Modelle kurz zusammenzufassen.

5. Zusammenfassung der Offenbarungsmodelle

1. Das *monologische* Offenbarungsmodell (weltimmanente Offenbarung), das auf der Offenbarungskritik der Aufklärung beruht. Keine Offenbarung ist möglich, die nicht aus der Subjektivität bzw. den gesellschaftlichen Verhältnissen resultiert. Weder durch einen Gott außer uns noch in uns ist Offenbarung zu begründen. Gott ist entweder eine Gegebenheit, die mit uns Menschen nichts zu tun hat (Deismus), oder eine Projektion des Menschen (atheistischer Ansatz). Als regulative Idee oder als Projektion der vollkommenen Menschheit entwirft der Mensch die Gottes- und Offenbarungsidee. Offenbarung ist Produkt des entfremdeten Ichbewußtseins. Tiefenpsychologisch entstehen Götter, die sich offenbaren, durch die Berührung des individuellen Bewußtseins mit dem individuellen und kollektiven Unterbewußtsein. Offenbarung ist durch unsere mythenbildende Bewußtseinsstruktur konstituiert.
Man macht sich selbst die Offenbarung und den Offenbarer. Über die Idee hinaus hat Offenbarung keine Realität. Offenbarung ist Monolog und letztlich Illusion.

2. Vor allem gegen diese Reduktion des Offenbarungsgedankens wurde im 19. Jh. das *instruktionstheoretische* Offenbarungsmodell entwickelt. Offenbarung ist göttliche Belehrung des Menschen von einem transzendenten Gott, der autoritär spricht. Dadurch meinte man, die Objektivität der Offenbarung zu sichern. Offenbarung ist ein System von Sätzen, die als wahr verstanden werden. Die Wahrheit verbürgt die Autorität Gottes. Zwar wird an einem historischen Offenbarungsgeschehen festgehalten, an der Erfahrung mit Offenbarung oder gar mit dem offenbarenden Gott, doch zentral ist, was das Lehramt heute vorlegt, der Inhalt der biblischen Offenbarung, der im Glaubensgehorsam angenommen werden muß. Die allgemein gültige Offenbarung ist so festgeschrieben. Es wird nicht geleugnet, daß Gott sich auch heute offenbart, aber das ist nicht verbindlich, ist „Privatoffenbarung". Heutige Offenbarungserfahrung wird also privatisiert. Wer intellektuell an den vernunftübersteigenden Wahrheiten festhält, sie für wahr hält, an sie glaubt, der hält an der Offenbarung fest. Sie ist der Schlüsselbegriff für den einmaligen, stets gleichbleibenden Grund und Ursprung des christlichen Glaubens und bestimmt sein ganzes Wesen. Gott hat hier allein die Funktion, die angenommene Wahrheit zu begründen. Nicht die Wahrheit Gottes erschließt sich uns Menschen, sondern wir werden über Wahrheiten, die von Gott ausgesagt werden, informiert. Das Offenbarungsgeschehen wird nicht reflektiert, sondern naiv angenommen, ohne sich auszuweisen. Was Ereignis und Erfahrung für

Menschen bedeuten, spielt keine Rolle. Objektive Satzwahrheiten werden ihm ohne innere Begründung zum Glauben vorgestellt. Aller Grund ist eine formale Autorität, Gott, die gesetzt und angenommen wird. In dieser Reinheit wird die Theorie heute auch im katholischen Raum nur noch selten vertreten (Lefebvristen), weil sie den Menschen mit einem Lehrsystem konfrontiert, statt ihm Gott zu erschließen. Gott ist diese absolute Autorität, die uns Menschen bestimmte inhaltliche Wahrheiten mitteilt. Wahrheit wird nicht dialogisch eingelöst, sondern autoritativ mitgeteilt. Ich habe sie im Glaubensgehorsam anzunehmen. Gottes Autorität steht für die Absicherungen einzelner „geoffenbarter" Wahrheiten, die ich nun kenne und weiß.

Schema:

Gott → offenbart die *Lehre* → für die Menschen
aufgrund der *Autorität* Gottes ← die *Lehre* ← Der Mensch *glaubt*

3. Das kommunikationstheoretische bzw. *personalistisch*-dialogische Offenbarungsmodell, das auch das 2. Vat. Konzil favorisiert, wird heute meistens vertreten.[178] Gott teilt keine Lehre mit, die ihn auf die Menschen hin vermittelt, sondern Gott teilt sich selbst mit, und zwar christlich gedacht in Jesus Christus. Der Mensch hat daher personalen Kontakt mit Gott durch Jesus Christus. Offenbarung ist Heilsgeschehen, ist Heilswirken Gottes in der Geschichte an den Menschen. Gott selbst ist Urheber und Inhalt der Offenbarung, die uns Lebensfülle schenkt, die neue Lebensgemeinschaft mit Gott bedeutet. Offenbarung ist daher primär kein System objektiv gültiger und wahrer Sätze, aber auch nicht ein religiöses subjektives Gefühl, sondern eine Beziehung zweier Subjekte. Offenbarung ist Teilhabe an der Erlösungswirklichkeit Gottes. Weil der Mensch zeitlich-geschichtlich ist, muß die Vermittlung der Offenbarung auch geschichtlich sein. Die Begegnung von Gott und

---

[178] Wieweit der KKK dem Offenbarungsmodell des 2. Vat. Konzils entspricht, kann offen bleiben. Jedenfalls ist er weitaus stärker dem 1. Vat. Konzil und seinem instruktionstheoretischen Modell verhaftet. Der KKK geht von der Endgültigkeit der Offenbarung Gottes durch Christus aus, so daß der Offenbarungsinhalt festgelegt ist, aber „nicht vollständig ausgeschöpft" (Nr. 66; 73). Aber keine andere Religion kann die Offenbarung in Christus „übertreffen" oder „berichtigen" (Nr. 67). Wer also meint, eine Offenbarung in diesem Sinne erhalten zu haben, ist unvernünftig und beleidigt Gott (Nr. 65). Zwar offenbart Gott sich selbst, aber dem „depositum fidei" (Nr. 84), dem Inhalt gilt das besondere Interesse. Das Lehramt interpretiert diesen verbindlich. „Die Aufgabe, das Wort Gottes verbindlich auszulegen, wurde einzig dem Lehramt der Kirche, dem Papst ... anvertraut" (Nr. 100). Daher wird dann auch der Glaube umschrieben als „eine *persönliche Bindung an Gott* und zugleich, untrennbar davon, *freie Zustimmung zu der ganzen von Gott geoffenbarten Wahrheit*" (Nr. 150). Diese legt mir das Lehramt vor. Und so kann Augustinus für diese autoritäre Bindung an die kirchliche Institution gutstehen. (Vgl. 2.1. Das Mißverständnis des Glaubens, die Traditionstheorie). Das dialogische Selbsterschließungsmodell ist gleichsam nur die konstituierende Vorbedingung für den Offenbarungsinhalt, den die kirchliche Hierarchie verwaltet.

Mensch ist also geschichtlich. Offenbarung ist das in der Bibel „bezeugte geschichtliche Heilswirken Gottes, das seinen Höhepunkt im Christusereignis hat".[179] Dieses Modell ist uns durch das 2. Vat. Konzil vertraut. Diese personalistische Konzeption darf aber nicht darüber hinwegtäuschen, daß uns im Offenbarungszeugnis Gott als Inhalt genau bekannt ist und in Lehrsätzen (Dogmen) festgeschrieben wird. Das Ereignis der Offenbarung bringt uns zugleich eine bleibende Inhaltlichkeit. Der Inhalt der Offenbarung muß nun nicht nur einfach im Gehorsam akzeptiert werden (wie nach dem 1. Vat. Konzil), sondern ich muß mich noch mit meiner ganzen Person darauf beziehen, denn Gott ist Inhalt und Ereignis der Offenbarung (bzw. ihr Grund). Das kirchliche Lehramt kann in ganz anderer Weise nun Inhalte einklagen, weil sie nicht nur Mittel auf Gott hin sind, sondern gleichsam Gott in Person, allerdings in menschlicher Sprache, darstellen. Wegen der Rückbindung der gesamten Offenbarung auf eine personale Begegnung läßt sich der Inhalt der Offenbarung gar nicht mehr von dieser ablösen, auch wenn eine Differenz festgehalten wird. Gerade der Willkür des kirchliches Lehramtes wird durch dieses Selbstmitteilungsmodell der Offenbarung Tür und Tor geöffnet. Man ist nicht mehr nur einem autoritären Gott gegenüber ungehorsam, sondern man verletzt nun geradezu seine innerste göttliche und personale Liebe, wenn man nicht alle Offenbarungsinhalte annimmt.

Aber noch weitere Probleme ergeben sich aus diesem Modell. Die unbestrittene Voraussetzung für dieses Offenbarungsmodell ist, daß Gott dem Menschen ein „Gegenüber" ist. Dieses Gegenüber wird begriffen als ein Seiendes, das dem Menschen gegenübersteht, ihm „transzendent" ist. Zudem ist dieser Gott, der dem Menschen als ein Gegenüber begegnet, Grund und Ursache der Offenbarung. So ist dieses Modell weitgehend ein Versuch, Gott zu vergegenständlichen (wenn auch in einem „personalistischen" Sinne). Ferner ist dieses Modell dem kausalen Denken verhaftet: Gott wird als Ursache (Verursachungsprinzip, causa) der Offenbarung gedacht. Dies sind Voraussetzungen der sog. „prophetischen Religionen" (G. Mensching, von H. Küng übernommen). In den sog. „mystischen Religionen", die Gott in uns setzen bzw. allgemein monistisch denken, sei hingegen eine echte Offenbarung nicht möglich. Das würde die Offenbarungsmöglichkeit weitgehend auf Judentum, Christentum und Islam einschränken. Östliche Religionen (Hinduismus, Buddhismus, Taoismus und vielleicht auch Konfuzianismus) wären denn keine wahren Offenbarungsreligionen mehr. Auch viele sog. „Naturreligionen" könnten dann nicht mehr mit Offenbarung in Verbindung gebracht werden. Dagegen kann in einer monistischen Konzeption von echter Offenbarung gesprochen werden. Der Sinn ist allerdings gewandelt: Geschenkte Erleuchtung des Menschen ist göttliche Offenbarung. Das sog. personalistische Offenbarungsmodell hat außer den zwei genannten grundlegenden Problemen noch ein exegetisches. Es beruft sich auf eine Hl. Schrift, in der das Zeugnis

---

[179] G.L. Müller, Katholische Dogmatik. Für Studium und Praxis der Theologie, Freiburg 1995, 45.

der Offenbarung zu finden ist. Nun läßt sich zwar biblisch nachweisen, daß Erfahrungen so interpretiert werden; wird diese Interpretation wörtlich genommen, dann kann man sie zusammenfassend als „Selbsterschließung Gottes" bezeichnen. Aber genau das ist das fundamentalistische Mißverständnis der Bibelinterpretation. Die biblische Deutung mit den damaligen Mitteln der Sprache ist eben nicht das Offenbarungsgeschehen selbst, sondern seine zeitbedingte Aufnahme. Erfahrungen werden geschildert, die Gott zur Sprache bringen und als Gotteserfahrung verstanden werden. Nun wird diese Offenbarungserfahrung in ein kausal-objektivierendes, mythisches Denken übersetzt, und dann heißt die Gotteserfahrung: Gott als ein Gegenüber hat sich selbst in diesem geschichtlichen Ereignis geoffenbart. Genau diese Umdeutung hängt vom zeitbedingten Kontext des Denkaktes ab. Sie ist dem Modell des begründenden Denkens verhaftet. Dagegen lehrt das 2. Vat. Konzil, daß die Bibel nicht die Offenbarung Gottes *ist*, sondern daß sie Offenbarung enthält. Der biblische Buchstabe tötet wie jedes Buch, wenn es nicht im lebendigen Geist gelesen wird. So ist mit Recht festzuhalten, daß das Christentum keine Buchreligion ist.[180] Trotzdem setzt auch das 2. Vat. Konzil voraus, daß ein Gott in Jesus Christus auf uns zukommt und als Subjekt eine Beziehung zu uns aufnimmt. Er will mit uns Menschen in Jesus Christus in einen Dialog treten; er will, daß wir uns ihm frei erschließen. Dieses Modell wird auch als ein transzendental-dialogisches Modell bezeichnet. Es verläßt den Mythos nicht. Gott wird (personal) vergegenständlicht.

Schema:

Gott → erschließt sich in *Jesus Christus* (Person und Lehre) → den *Menschen*.

Gott selbst ← durch die Annahme *Jesu Christi* (Person und Lehre), *weil Gott* in ihm spricht ← Der *Mensch* öffnet sich

6. Offenbarung als Dialog

Das *relationale* Offenbarungsmodell schließt sich eng an die Offenbarungserfahrung an. Offenbarung wird als Ereignis *nicht* geleugnet, aber die Belehrung durch Gott (Instruktionstheorie) sowie die personalistische Vergegenständlichung Gottes in einer Pseudobegegnung von Person zu Person (Selbstmitteilungstheorie) werden nicht übernommen. Die Ansätze dieser Theorie haben wir bereits bei Bonhoeffer und Bultmann gesehen. Es geht darum, die Möglichkeit von Offenbarung aufzuzeigen, die diese weder objektiviert noch ins Subjekt hineinverlegt, also jede Vergegenständlichung vermeidet. Offenbarung kann nicht in der Kategorie des Habens reflektiert werden. Wenn von Offenbarung gesprochen wird, so ist hier nicht gemeint, daß die „Schöpfung"

---

[180] In Anlehnung an das 2. Vat. Konzil stellt dies der KKK Nr. 108 fest: „Der christliche Glaube ist jedoch nicht eine ‚Buchreligion'." Christentum ist keine Buchstabenreligion!

selbst, die Welt als ganze Offenbarung Gottes ist (Schöpfungsoffenbarung, „natürliche" Offenbarung), noch daß am Anfang der Schöpfung Gott mit den Menschen geredet habe (Paradies) und so eine „Ur-Offenbarung" im Wort ergangen sei, sondern es handelt sich um geschichtliche Ereignisse, die als Offenbarung gedeutet werden. Bei der Objektivierung der Offenbarung werden diese als „übernatürlicher" Eingriff Gottes in die Welt verstanden, bei der Subjektivierung als eine innere, von Gott gewirkte Erleuchtung. All diese Kausalität ist im relationalen Offenbarungsmodell nicht gemeint, genausowenig wie die Reduktion der Offenbarung auf eine reine Idee ohne Realität (monologisches Offenbarungsmodell). Der einzige Begriff, der all diesen Sackgassen und geistigen Fallen entgeht, ist die Beziehung, Begegnung, Relatio. Zwar setzt auch das personalistische Offenbarungsmodell eine Relatio, aber sie behandelt Gott als einen Terminus der Beziehung. Gott wird aber so zu einem objektiv Seienden, Vorhandenen, „Habbaren". Zugleich wird die Möglichkeit einer direkten Gottesbegegnung vorausgesetzt, als erschiene er und spräche er analog menschlichen Daseins. Dies ist aber eine Behauptung, die nicht der Spur einer Beweisführung standhält (Quod gratis affirmatur, gratis negatur. Auch Thomas von Aquin, wie wir gesehen haben, verneint diese Konstruktion). Wohl aber spricht die Bibel von verschiedenen Erfahrungen, die den Menschen eine neue Dimension des Lebens erschließen. Diese Erfahrungen werden als Offenbarung der Gotteswirklichkeit bezeichnet. Der Sammelbegriff dafür ist: Herrlichkeit כָּבוֹד (kābôd); die Herrlichkeit des Herrn ist erschienen. Im Neuen Testament wird dafür der Begriff δόξα verwendet. Er wird fast immer auf Jesus Christus bezogen, von der Geburt Christi (Lk 2,9.14) angefangen bis hin zur Bekehrung des Paulus, wo ihm „ein Licht aufgeht" und er die Herrlichkeit Jesu Christi erkennt (Apg 22,11). In der Bibel werden also Heilserfahrungen zu Recht Offenbarung genannt. Eine bestimmte Art und Weise der Erfahrung ist Heilserfahrung. Offenbarung ist Erschließungserfahrung des Guten für den Menschen, für ein Volk. Damit haben wir bereits ein Kriterium für Offenbarung: Nur für das Heil des Menschen Relevantes kann Offenbarung sein. Offenbarung ist also die Zusage, daß Gott für das Heil des Menschen bestimmend ist, bzw. daß die Heilserfahrung als Gotteserfahrung gedeutet, mit dieser identifiziert wird. Das Heil des Menschen ist als göttliches Ereignis zu denken. Diese Heilserfahrung bzw. Heilsfrage des Menschen ist das Kriterium des Inhaltes der Offenbarung. Offenbarung hat in diesem Sinne keinen Inhalt; in der je konkreten zeitlich-geschichtlichen Situation stellt sich ein bestimmter Inhalt heraus, der heilsrelevant ist. Die Verheißung wird Gegenwart. Das ist der „Inhalt" der Offenbarung. Wenn auch Offenbarung als Heilserfahrung keinen a priori bestimmten Inhalt hat, so hat sie sehr wohl eine klare, scheidende und unterscheidende Tendenz. Sie differiert nämlich zwischen Sinn und Unsinn, zwischen Heil und Unheil, zwischen gut und abträglich. Während sich nun in verschiedenen „Naturreligionen", aber auch im griechischen Denken, Offenbarungserfahrung in jeder geschichtlicher Situation gleich bedeutsam ereignen kann, im

Judentum diese Geschichtlichkeit weitgehend auf das Volk Israel beschränkt wurde, sehen andere Hochreligionen (Konfuzianismus, [Taoismus], Buddhismus, Christentum, [Islam]) in einer Person, einem Achsenpunkt eine privilegierte Zeit, einen besonderen Augenblick der Geschichte, an dem in ausgezeichneter Weise Heilserfahrung gemacht wurde. Diese hat sich in einem Buch (in Reden und Taten) niedergeschlagen. Diese Heilserfahrung soll selbstverständlich in allen Religionen zu einer Änderung des Lebens beitragen, ja, die Umkehr menschlichen Daseins bewirken. Der Christ bezieht seine Heilserfahrung auf Jesus Christus als einen „lichterfüllten Abgrund" (F. Kafka), als eine privilegierte Situation, in der besonders deutlich Heil erscheint. Warum? Weil Jesus Christus als Mensch für andere verstanden wird und in dieser Bedeutung aufgeht. D.h., Jesus Christus ist Bild eines Menschen, der von der Heilserfahrung, also von der Gotteserfahrung her lebt. Das wahre Menschsein wird nur im konkreten Menschen realisiert, *nie* in einer allgemeinen Lehre oder Idee. Das Humanum hat keinen a priori festgelegten Inhalt, sondern erweist sich in den Erfahrungen des Lebens als heilend, Leben erschließend, offenbarend. Daraus ergibt sich eine besondere „Universalität" – Heil nämlich geht jeden Menschen an. Offenbarung wird so zur unbedingten Heilswirklichkeit. Aber nicht als bestimmte Lehre, als eine bestimmte Religion, auch nicht als historischer Jesus, sondern als konkret geschichtliche Erfahrung, die den Menschen Identität und d.h. Heil verheißt. Offenbarung ist so gerade das Gegenteil von einem „Selektionsprinzip" („Wir haben die Offenbarung ein für alle Mal abgeschlossen"); Offenbarung ist ein „Solidaritätsprinzip" – kein Mensch soll von Heilserfahrung ausgeschlossen werden. Offenbarung ist keine Begründung für einen Absolutheitsanspruch, sondern für ein Miteinandersein in der Hoffnung auf Heil. Da Offenbarung nur im Bereich menschlicher Erfahrung möglich und sinnvoll ist, der Mensch aber Erfahrung nicht einfach produzieren kann, ist der Geschenkcharakter mit eingeschlossen. Heil ist zwar nie ohne Selbstvollzug, ohne Tun des Menschen möglich, aber es ist nicht verfügbar, machbar, weil es eben nicht in die Kategorie der Technik, des Habens fällt, sondern „nur" in den relationalen Selbstvollzug des Menschen. Offenbarungsgeschehen als Beziehung zu begreifen ist aber auch nicht unverfügbar – auch das trifft auf das Beziehungsein nicht zu. Mit diesem Vorbehalt kann man folgender Offenbarungsdefinition zustimmen: Offenbarung ist „*diejenige Wirklichkeit, die zur definitiven Überwindung der menschlichen Heilsdifferenz schlechthin notwendig und zugleich absolut unverfügbar ist*"[181]. Offenbarung ist die Realität, die die menschliche Entfremdung aufhebt. Ohne Beziehung der Heilserfahrung findet der Mensch nicht zu sich selbst.

Offenbarung ist also eine menschliche Erfahrung, die Wahrheit des Lebens erschließt. Offenbarung ist positive Erfahrung, ist das Plus vor der Erfahrung. Diese Erfahrung ist nicht als unmittelbare Gottesbeziehung zu verstehen, son-

---

181 W. Kern u.a. (Hg.), Handbuch der Fundamentaltheologie, Bd. II: Traktat Offenbarung, Freiburg 1985, 81.

dern als Umgang mit verschiedenen Gegebenheiten. Primär mit Menschen (Jesus Christus), aber auch mit Sachen (u.a. Bibel). In dieser Erfahrung, in dieser Entsprechung, die niemals ein Herrschaftsgefälle aufrichtet, wird „etwas" offenbar, was religiös, was heilsbedeutsam ist. Dieses wird erschlossen (disclosure-Erfahrung). Sachgerecht wird sie als Gotteserfahrung interpretiert, die sich im Verhalten des Menschen, in der Solidarität zu den Mitmenschen artikuliert und Geschenkcharakter hat. Offenbarung ist ein relationales Geschehen (zwischen Mensch und Mensch bzw. zwischen Mensch und Sachverhalten), in dem sich eine neue Wirklichkeitsdimension zeigt, nämlich Heil. Dieses besteht in der Bestimmung durch Gott (durch Liebe) und ist Gotteserfahrung. Offenbarung ist nicht Beherrschung, sondern Entsprechung. Gott „will" uns nicht in der Offenbarung (liebend) beherrschen, sondern uns entsprechen. Aus diesem Offenbarungsverständnis ergibt sich im Handlungskontext: Nicht herrschen, sondern entsprechen! Nicht Selbstbeherrschung (falsche Askese aufgrund autoritären Offenbarungsverständnisses), sondern Selbstentsprechung (die freilich nie ohne den anderen und seine Bejahung möglich ist), nicht Weltbeherrschung (alles ist ein „Untertan"), sondern Weltentsprechung usw. Offenbarung als Beziehung hat als Kriterium die Heilsentsprechung, die Entsprechung zur Freiheit des anderen, zur Gesellschaft, zur Welt. Freilich, all das darf nicht statisch verstanden werden, als wäre uns der Inhalt längst bekannt, sondern durch die persönlichen Erfahrungen im Umgang mit sich selbst, mit dem anderen und der Gesellschaft, mit der Kirche und der Bibel, wird der Inhalt je neu gewonnen. Das christliche Paradigma für den menschlichen Menschen und für den Ort möglicher Gotteserfahrung ist Jesus Christus. Jesus Christus bedeutet aber keine absolute Wahrheit, sondern Orientierungspunkt für konkrete Offenbarungserfahrung. Jesus Christus wird so für den Christen im Dialog mit der Bibel zur Offenbarungserfahrung und zum Interpretament der eigenen Heilserfahrung. Der Grund ist die sinnvolle Deutung des Humanums durch und mit Jesus Christus. Damit wird nicht bestritten, daß es nicht auch andere echte Offenbarungserfahrungen geben kann, die nicht durch Jesus Christus interpretiert werden. Das bedeutet jedoch keine Beliebigkeit. Die Offenbarungsinterpretation durch Konfuzius, Mose, Buddha, Mohammed etc. ist nicht gleich-gültig, sondern alle Achsenpunkte (besonders dichter Offenbarungserfahrung) müssen auf die Heilsrelevanz für den Menschen geprüft werden. Niemand hat das Heil, sondern Menschen müssen im Medium der Geschichte (z.B. der Geschichte Jesu Christi) ihr konkretes Heil finden und so zur Gotteserfahrung gelangen. Nur dieser Offenbarungsbegriff vermeidet Skylla (Objektivierung) und Charybdis (Subjektivierung) und ermöglicht ein echt relationales Verständnis des Menschen in seiner Heilsdimension.

Offenbarung also heißt nicht, einem sich offenbarenden Gott begegnen, nicht bestimmte Wahrheiten, die „vom Himmel" gefallen sind, als Wort Gottes annehmen, sondern Offenbarung ist Begegnung von Menschen, die ihre Erfahrung bezeugen, oder mit einem (religiösen) Zeugnis (z.B. Bibel), das Erfahrungen erzählt, die als Gotteserfahrung und Offenbarung gedeutet wurden und werden, machen. Das dialogische Offenbarungsmodell kann sich einzig und allein auf erfahrbare Gegebenheiten beziehen, mit denen der heutige Mensch in einen Dialog treten kann. In der Begegnung mit Menschen, mit Texten, mit gelebten Überzeugungen, kann sich uns eine Erfahrung erschließen, die Offenbarung, Gotteserfahrung, Erschließung der Wirklichkeit Gottes bedeuten kann.[182]

In dieser dialogischen Relation zwischen Gegebenheit (Mensch, Bibel u.a.m.) wird eine neue Wirklichkeitsdimension zugänglich. Insofern sich letzte Wirklichkeit erschließt, kann von Offenbarung Gottes gesprochen werden, d.h. die Erschließungserfahrung ist ein göttliches Ereignis, ist Offenbarung, in der Gott „sich zeigt", erfahren wird.

Schema:

In der Erschließungserfahrung zeigt sich (als privilegierter Ort Jesus Christus) die Heilswirklichkeit (Gott), d.h. geschieht

Offenbarung

↓

von Mensch <---------------------------> zu Mensch

↕   (Bibel, Tradition, Natur etc.)

Relatio als Entsprechung (dialogisch-dialektisch)

Der Offenbarungserfahrung entspricht im Menschen der Glaube. Was ist darunter zu verstehen?

---

182 Zum Begründungsversuch der Offenbarung vgl. J. Disse, Zeichen lesen und es verstehen. Zur Frage der rationalen Begründbarkeit des christlichen Offenbarungsglaubens, in: ThPh 71, 1996, 1-11.

VIII. GLAUBE

1. Die Zweideutigkeit

Das Wort Glaube wird doppelt verwendet. Oft bezeichnet es ein unsicheres Wissen. Ich glaube, daß gestern eine Sitzung im Sportverein stattfand, aber ich bin nicht sicher, oder: Ich glaube, morgen wird das Wetter schön, aber ich vermute es nur usw. Glauben ist hier auf der Ebene der Erkenntnis gesehen, die objektiv nachgewiesen und begründet werden kann, über die ich aber keine Gewißheit habe. Glaube an dich!, kann eine Aufforderung sein, mehr Selbstvertrauen zu haben und nicht mutlos zu sein. Hier findet bereits ein Übergang zu einem anderen Sprachgebrauch statt. Es wird nicht mehr ein unsicheres objektives Wissen angesprochen, sondern auf eine Lebensform hingewiesen. Die Beziehung zu sich selbst scheint gestört zu sein. Die Verhältnisbestimmung der eigenen Existenz bedarf einer Neuorientierung. Aber auch der Wunsch: Glaube doch an meine Liebe, soll ausdrücken, daß die Bezugnahme auf das Du Probleme bereitet. Hier wird kein unsicheres Wissen als solches angesprochen, sondern auf das menschliche Problemfeld der Beziehungen hingewiesen. Positiv heißt dies dann: Ich glaube dir, ich vertraue dir, wir können aufeinander zählen. Es wird primär nicht begründendes Wissen angesprochen, sondern das Beziehungsein des Menschen. Unter diesem zweiten Gebrauch des Wortes Glaube fällt auch der religiöse Begriff in seiner Grundstruktur. Glaube macht die Existenz in ihrem Vollzug gewiß, objektivierbares Wissen gibt gegenständliche Sicherheit. Vertrauen bringt mich in Beziehung bzw. *ist* Beziehung. Glaube, im religiösen Sinne, meint Vertrauen und ist mit dieser menschlichen Grundhaltung identisch. Glaube meint eine Beziehung vor allem zwischen Personen. Er ist die Treue, die zwischen ihnen herrscht. Schon bei den Griechen gehört der Glaube zur Freundschaft (Xenoph. An. I, 6, 3) und ist ein höheres Gut als aller Reichtum (Gorgias Fr. 11a, 21). Die Wahrheit, die sich mit dem Glauben (πίστις) vermählt hat, ist verläßlich (πίστις ἀληθής Parm. Fr. 1,30). Glaube herrscht zwischen Personen und nicht Sachen. Er ist nicht objektgebunden und kann daher auch absolut gebraucht werden, ohne nähere Angabe des Terminus. Allerdings ist im griechischen Denken der Glaube keine religiöse Grundhaltung, wenn er auch mit dem Nennen (νομίζειν) des Gottes identifiziert wird. Wer Gott nennt, ausruft, der glaubt (Aisch. Perser, 497f). Und weil die Vernunft (νοῦς) das göttliche Element menschlicher Existenz meint, ist er auch das Subjekt des Glaubens (wo der νοῦς verkehrt ist, nicht glaubt, ist er zu verändern; vgl. die jesuanische μετάνοια, die Umkehr als Ermöglichung der Nähe Gottes, seines Reiches). Er wird mit der Freiheit des Menschen zusammengedacht und meint die Beziehung zu sich selbst, und indem man sich zu sich selbst verhält, steht man immer in Relatio zu anderen. Eine Objektangabe ist

deshalb zweitrangig oder gar überflüssig. Auch im AT ist Glaube kein Terminus technicus. Werden aber Ereignisse und Erfahrungen zur Sprache gebracht, in denen Gottes Gegenwart erkannt wird, dann sagt der Mensch mit seiner ganzen Existenz Amen, אָמֵן ('āmen), d.h. er glaubt. Diese Geschehnisse bewirken das Vertrauen des Menschen. Durch Glauben erschließt sich Wirklichkeit, der Mensch hat Zugang zu einer anderen Wirklichkeitsdimension, in der er von Gott sprechen kann. In geschichtlichen Ereignissen erfährt er als Vertrauender Gottes Macht, seine Treue, אֱמֶת ('æmæt) und sein Erbarmen, חֶסֶד (ḥæsæd). Im Glauben wird der Mensch in seiner Seinsweise von Gott bestimmt. Bei Isaias wird der Unterschied deutlich, ob der König auf seine eigene Kraft vertraut und so politische Rettung erhofft oder ob er glaubt und Vertrauen hat, daß ihm Heil geschenkt wird (Jes 7,9). Glaube ist eine andere Seinsweise als eigene Leistungen zu erbringen.[183] Er ist eine Existenzform, in der Gott in seinem Leben zur Wirkkraft kommt. Gottes Wirklichkeit wird im Glauben ernstgenommen (Ex 14,31; Ps 22). So verbindet er sich mit Geborgenheit (Ps 57,2; 9,14), Ausharren und Hoffen (Jer 8,15; Ps 119,81).[184] Er hat einen Bezug zur Vergangenheit (zur bleibenden Treue) und zur Zukunft (zur möglichen Heilserfahrung). „Abwendung von der Welt" ist der Glaube nur insofern, als auf die Gegenständlichkeit kein Verlaß ist und auch nicht auf ein menschliches Werk, das niemals wirklich verläßlich ist, sondern jederzeit erschüttert und dem Untergang preisgegeben werden kann. Glaube heißt im Alten Testament nicht an die Existenz eines Gottes (Jahwe) glauben, es wird kein personales Verhältnis kreiert, sondern in geschichtlichen Ereignissen der Vergangenheit und Zukunft wird Gottes Gegenwart, sein „Kommen" gesehen. Der Glaube, das Vertrauen sieht in gegenständlichen Geschehnissen nicht einfach nur eine begründete innerweltliche Kausalität, sondern erkennt in ihnen eine andere Dimension der Wirklichkeit, die Gotteserfahrung ermöglicht. Diese kann auch negativ sein wie bei Hiob. Auch die namenlosen Kranken und Leidenden, die Gottes Wirklichkeit in Frage stellen, sind von ihm nicht verlassen, auch für sie ist Heilserfahrung möglich (Buch Hiob; Ps 73 u.a.).
Diese Grundstruktur des Glaubens finden wir auch im Neuen Testament. Freilich findet sich überall auch ein Glaubensbegriff, der Gott vergegenständlicht und vom Glauben an Gott so spricht, als wäre er ein Seiender, Dialogpartner. Aber es ist auffällig, daß im Neuen Testament das Verhältnis zu Gott „nie durch πιστεύειν εἰς"[185] bezeichnet wird. Ebenso ist es für die Synoptiker charakteristisch, daß der Begriff Glaube immer absolut, ohne Objekt ge-

---

183 Jes 40,30: Wer glaubt, der kann laufen und wird wie ein Jüngling nicht müde. Die physische Kraft wird der Lebensenergie des Glaubens gegenübergestellt.

184 Mit dem Begriff Amen, glauben, wird בָּטַח (bāṭaḥ, trauen, vertrauen), חָסָה (ḥāsāh, sich bergen) und חָכָה (ḥākāh, hoffen, harren) verbunden (vgl. ThWAT I, II, III).

185 ThWNT VI, 211: Der Glaube an Gott kommt nicht vor! Das Wort Glaube wird über 200 mal im NT ohne Objekt gebraucht und nur etwa 30 mal mit einem Objekt (εἰς, ἐν, ἐπί, πρός).

braucht wird. Nach den Heilungen etc. heißt es immer: Dein Glaube hat dir geholfen! Auch *an* Jesus glaubt man nicht. Vielmehr gilt das Vertrauen einem Menschen, und indem der Leidende glaubt, wird ihm Heilung zuteil und Hoffnung geschenkt. So wird im Menschen Jesus Gotteserfahrung möglich. Dem Glaubenden wird dadurch Gottes Macht geschenkt, so daß er „Berge versetzen" kann. Wie bei Gott „alles möglich ist", so auch für den Glaubenden. Damit ist wiederum nicht ein allmächtiges, mirakelhaftes Verfügenkönnen über alles und jedes gemeint, sondern die vertrauende Beziehung, der keine Grenzen gesetzt sind, die einen unbegrenzten Freiraum öffnet. Durch diesen Paradigmawechsel im Glauben wird diese Wirklichkeitsdimension selbst Gegenstand der Verkündigung. Jesus *als* Mensch für andere wird zum Verkündig*ten*, zum Kerygma. Verkündigt wird im Glauben aber nicht ein Inhalt, eine Lehre, sondern die andere Lebensform, die Jesus paradigmatisch darstellt. Dies wird bei Paulus nochmals deutlich. Er stellt Glaube und Werke als gegensätzliche Haltung dar. Werk ist etwas Gegenständliches, man kann es haben und besitzen. Der Mensch in seiner Subjektivität kann darüber verfügen. Wer daraus sein Heil erhofft, aus Besitz und Manipulation, der verfehlt sein Leben. Werke, Gegenstände, alles, was wir haben können, hat keinen Heilswert. Der Mensch lebt verkehrt, auf den Tod hin. Warum? Weil alle Leistung, alle Werke letztlich Selbstbegründungsversuche sind.[186] Werke begründen Ansprüche (καύχημα) gegenüber Gott und den Menschen. Sie kommen aus dem begründenden Denken und können daher die Lebensdimension nie einholen. Werke sind das begründende Tun des Menschen, der Glaube ist Beziehungsein und daher Wahrheit des Lebens. Der Glaube, der „nicht zu haben" ist, das „Seinsvertrauen" im Sinne der Relatio, ermöglicht Heil und damit Nähe Gottes. Abraham ist für Paulus das Beispiel: Der Glaube, das Vertrauen, daß Gott niemals ein Menschenopfer will, machte ihn recht. Der Glaube rechtfertigte sein Verhalten und nicht die religiöse Vorgabe der Erstgeburtstötung und auch nicht die nachfolgende Beschneidung, durch die eine neue Religion und ein neues Gesetz aufgerichtet wurde. Als Glaubensausdruck mag das eine oder andere Geltung besitzen, der Glaube aber ist nicht gegenständlich; er ist Relatio, und menschliches Leben muß von daher begriffen werden, wenn es sinnvoll sein soll (vgl. Röm 4). So gehören auch Glaube und Umkehr der Lebensrichtung zusammen; πίστις und μετάνοια (Apg 20,21). Ja, Abkehr (μετάνοια) von den toten und tötenden Werken und Glaube, in dem Gott erfahren wird (Hebr 6,1), machen christliche Existenz aus. Johannes denkt nicht anders, wenn er Glaube und „Sehen" (gegenständlich betasten) gegenüberstellt: Selig, die nicht sehen und doch glauben (Jo 20,29)! So werden auch nur die Nichtglaubenden gerichtet, weil ihr Leben vom Haben bestimmt ist und dies in den Tod führt. Der Glaubende hat das Gericht durchschritten (Jo 5,24). Im Glauben gelten andere Regeln als im alltäglichen vordergründigen Dahinleben; das ewige Leben ist im Glauben ge-

---

[186] Vgl. ThWNT VI, 221.

152

genwärtig. Ζωή, Leben ist der Glaube. Und daher ist nicht festgelegt, *was* zu tun ist. Das „Was" ist in der konkreten Lebensführung zu realisieren, denn der Glaube wirkt durch die Liebe (Gal 5,6) und hat als Inhalt das Einander-Lieben (Jo 15,11ff). Alle Abkehr von der Welt („Entweltlichung"), die der Glaube ist, meint die Umkehr der Maßstäbe, aber keine „Weltflucht". Entscheidend bleibt, woher ich mein „Leben" beziehe, was den Sinn meines Lebens ausmacht: Leistung und Erfolg oder Beziehung und Liebe.

Nun begegnen uns im NT ohne Zweifel viele Formeln, die nicht nur den Glaubensvollzug (fides qua), sondern auch seinen Inhalt (fides quae) meinen. Glaube an (εἰς) Jesus Christus, an das Kerygma wird gefordert. Dies alles sind nachösterliche Formeln, die leicht zu Mißverständnissen führen. Als Kurzformel oder missionarischer „Schlachtruf" mögen sie dienlich sein, wenn sie aber Inhalte fixieren wollen, führen sie vom Glauben ab, da sie die Glaubensbeziehung zwischen Mensch und göttlicher Wirklichkeit direkt behaupten. Paulus weiß, daß wir nicht getrennt von Christus oder in einer „Beziehung" zu ihm leben, sondern wir leben „in Christus" oder auch „in Gott". D.h. in der Beziehung zu anderen Dingen erschließt der Glaube die Möglichkeit, von Gott und Jesus Christus zu reden, weil er die Erfahrung ist, die uns letzte Wirklichkeit erschließt. „Eben daher wird auch der absolute Gebrauch von πίστις ... so beherrschend"[187] im Neuen Testament. Erst nach Ostern tritt der christologische Inhalt zum Glauben dazu, der aber wiederum nicht als Lehre, sondern als lebendige Norm zu verstehen ist. In der späteren Entwicklung jedoch wird der Glaube durch einen festgeschriebenen Inhalt als christlich bestimmt und dadurch auf die Ebene der „Werke" gehoben und in seinem Wesen mißdeutet. Glaube hat nur ein „Formalobjekt" und nur einen konstitutiven Inhalt: Einander lieben. Darin zeigt sich die christologische Bestimmtheit; indem wir das tun, erweisen wir uns als Menschen, die glauben, daß wir im Lieben selbst Gott erfahren, weil uns im Paradigma Jesus Christus die gott-menschliche Struktur der Wirklichkeit aufgeht. Wird der Glaube objektiviert, wird er zu einem „Für-wahr-Halten" einer Lehre. Dies verkennt das Element des „Erkennens" im Glauben. Es ist die uralte Versuchung der „Gnostiker", den Glauben in ein Wissen zu verwandeln und sich so seiner zu bemächtigen.[188] Das biblische „Erkennen" (γινώσκειν) ist vom Lieben nicht zu trennen. In der Liebe „erkennen" sich Mann und Frau. Glaube ist Erkennen der relationalen Wahrheit (Jo 8,32). Erkennen und Glauben haben das gleiche „Objekt"-Sein in der Wahrheit (des Lebens). So kann auch das Erkennen den Glaubensvollzug nie verlassen, als ob es eine höhere Seinsweise wäre. Erst in der Objektivierung des Glaubensinhaltes selbst löst sich dieser vom Vollzug und wird dadurch zu einem „objektiven Gegenstand".

---

187 R. Bultmann, Art. πιστεύω, in: ThWNT VI, 217.

188 Das kirchliche Lehramt ist in diesem Sinne „institutionalisierte Gnosis" und daher Zerstörung echten Glaubenslebens.

Schon Augustinus wehrte sich dagegen, auch wenn er in vielen Äußerungen dem objektivierenden Wahrheitstyp verfallen ist. Was heißt glauben, fragt er und antwortet: „Im Glauben lieben (amare et diligere) ... glaubend in ihn (Jesus Christus) eingehen, seinem Leib eingegliedert werden" (Tract. in Jo 29). Indem wir der Liebe vertrauen, „an" sie glauben (Gott ist ja Liebe), erfahren wir eine andere Lebensmöglichkeit, nämlich in Jesus Christus zu sein, d.h. im Menschen Gottes Nähe zu erfahren. Im hohen Mittelalter will Thomas von Aquin den Glauben zu seiner „Sache" führen und ihn von den „Lehr-Leer-Sätzen" befreien. „Der Glaubensvollzug hat seinen Sinn nicht in einer Aussage, sondern in der Sache selbst. Denn wir bilden Aussagen nur, um mit ihrer Hilfe Erkenntnis von der Sache zu erlangen."[189] Aussagen verdeutlichen und klären den Vollzug, sie sind aber nicht mit ihm zu identifizieren. Glaube ist keine Lehre. Die „Sache" des Glaubens ist die relationale Wahrheit, die Lebensform des Glaubenden ist bzw. sein soll.

2. Das verfehlte Glaubensverständnis

Kirchlich begegnet uns, vor allem seit dem 1. Vat. Konzil, ein völlig anderer Glaubensbegriff, der dem konziliaren Offenbarungsbegriff korrespondiert. Es ist jedoch zu betonen, daß es keine kirchlich definitive Aussage darüber gibt, was der Glaube ist. Wohl wurden verschiedene Ansichten über den Glauben ausgeschlossen.
1. Gegen die Autonomie der menschlichen Vernunft wird behauptet, daß der Glaube von Gott befohlen (imperari) werden kann (D 3031). Glaube ist also ein Unterwerfungsakt des Menschen vor Gott. „Durch den Glauben ordnet der Mensch seinen Verstand und seinen Willen völlig Gott unter."[190] Es wird auf den paulinischen Begriff „Glaubensgehorsam"[191] gepocht, der umgedeutet wird. Für Paulus ist es keine Unterordnung, sondern ein Hören auf Gottes Wort und Wirken, so daß damit eine Beziehung ausgedrückt wird, die das Beschenktsein durch die Erfahrung Gottes meint. In der kirchlichen Interpretation wird daraus ein Herr-Knecht-Verhältnis. Der Satz des Johannesevangeliums wird umgedeutet: Nicht Freunde nenne ich euch, sondern Knechte! Nicht einmal ein partnerschaftliches Verhältnis ist der Glaube, son-

---

[189] S. Th. II/II, 1,2 ad 2: „Actus autem credentis non terminatur ad enuntiabile, sed ad rem: non enim formamus enuntiabilia nisi ut per ea de rebus cognitionem habeamus."
[190] KKK 143.
[191] Röm 1,5; 16,26. Vgl. E. Käsemann, An die Römer, Tübingen 1973, 12; vgl. 407. Der Begriff „Glaubensgehorsam" hat keine ethische Konnotation, sondern hat einen eschatologischen Sinn (vgl. ἀκοὴ πίστεως Gal 3,2); er ist das Hören der Heilsbotschaft, durch die der Mensch in der Beziehung zum und auf das Kerygma eine neue Erfahrung macht: Gottes Wirklichkeit wird ihm geschenkt, und so wird er „sein Herr", weil das Kerygma in ihm lebt. „Gehorsam" heißt hier: Gott in seinem Leben gelten lassen. „Im Glauben stehen" ist gleich „im Herrn stehen" (1Thess 3,8). Vgl. H. Conzelmann, Grundriß der Theologie des NTs, München 1967, 192ff.

dern Abhängigkeit und demütigende Unterwerfung, wie unter einen Potentaten. Glaube ist die Unterwerfungsgeste der ganzen Person. Es geht darum, daß der Mensch alles absolut glaubt, *was* Gott sagt.[192] Zur fundamentalistisch-autoritären Haltung gesellt sich eine Naivität, als ob Gott direkt mit den Menschen spräche und ihm unmittelbare Anweisungen gäbe. Glaube ist als Unterwerfungsakt zugleich persönliche Bindung an Gott und Zustimmung zu allem, was er den Menschen an Wahrheiten mitteilt.[193]

2. Warum muß der Mensch all dem gehorchen, was Gott sagt? Wegen der Autorität Gottes (D 3032). Weil Gott die Wahrheit ist, ist er eine absolute Autorität. Gott kann auf drei Weisen mit der Wahrheit zusammen gedacht werden. „Gott sagt nur Wahres" kann ein analytischer Satz sein, der keinerlei Erkenntniszuwachs bringt, denn aus dem Begriff Gott geht hervor, daß er die „Wahrheit" ist. Die Aussage ist daher völlig „leer". Oder man erklärt, daß die Erkenntnis Gottes als die Wahrheit aus der Offenbarung hervorgeht und daher zu glauben ist. Damit wird jedoch wiederum die Wahrheit Gottes auf seine Autorität reduziert. Oder als dritte Möglichkeit kann behauptet werden, daß aus rationalen Induktionen Gott als Wahrheit bezeichnet werden muß. Dann aber wird der Glaubensgrund außerhalb des Glaubens als Beweisgrund gedacht, und Glaube vollzieht sich nicht mehr aufgrund der Autorität, die sich offenbart, sondern aufgrund eigener Einsicht. Daher ist in diesem Denksystem Gott ausschließlich als *formale* Autorität der Glaubensgrund. Glaube und Wissen unterscheiden sich nicht vom Objekt, nicht vom Wahrheitstypos her, sondern von der Art und Weise, wie der Mensch die Wahrheit aufnimmt. Es besteht ein formaler Unterschied: Ich glaube etwas, weil ich es einsehe (Wissen), oder weil es Gottes Autorität geoffenbart hat (Glaube). Der Inhalt kann möglicherweise identisch sein, der Grund, die ratio, ist bei Glaube und Wissen unterschiedlich: Entweder Autorität oder eigene Einsicht. Das Wesen des Glaubensvollzuges wird dadurch verkannt und wird zum Konkurrenten der menschlichen Einsicht und des Erkennens.

3. Das 1. Vat. Konzil hält ferner fest, daß der Glaube von „außen" und nicht von „innen" komme (D 3033). Nicht aus der Subjektivität (bzw. dem Unbewußten) entspringt der gottgewirkte Glaube, sondern er kommt durch äußere Zeichen, durch die Sinne, durch äußere Erfahrung zustande. Ja, durch Wunder (äußere Zeichen) kann der göttliche Ursprung der christlichen Religion echt bewiesen werden („divinam religionis christianae originem rite probari", D 3034). Der Glaube erfährt also seine Begründung durch die in der Bibel erzählten Wunder, die als historische Tatsachen verstanden werden.

---

[192] KKK 150.
[193] Ebd., Diese Autoritätshörigkeit ist „Eichmanngehorsam". Eichmann (1962 hingerichtet) war in der NS-Zeit maßgeblich an der „Endlösung" der Judenfrage beteiligt. Er berief sich auf einen Gehorsam gegenüber der staatlichen Autorität im Sinne des Kategorischen Imperativs von Kant. Nur im „Gehorsam" habe er gehandelt. Vgl. Ch. Große, Der Eichmann-Prozeß zwischen Recht und Politik, Frankfurt 1995.

4. Daraus ist jedoch nicht zu schließen, daß sich Glaube nicht in Freiheit vollzieht (D 3035). Er läßt sich nicht in Argumentation auflösen und geht nicht notwendig aus menschlichen Beweisen hervor. Der menschliche Verstand wird nicht gezwungen, wie bei einer mathematischen Aufgabe (2 + 2 = 4) zuzustimmen. Er bleibt frei im Glaubensvollzug. Er geht nämlich nicht aus eigener Einsicht, sondern aufgrund göttlicher autoritärer Anordnung hervor. Diese Autorität kann aber solche Zeichen wirken, daß es unvernünftig wäre, die Wunderbeweise nicht einzusehen. Der Zweifel wird aber trotzdem dadurch nicht ausgeschlossen.

5. Daher darf man mit dem Glauben nicht so lange warten, bis alle Zweifel beseitigt sind und ein wissenschaftlicher Beweis vorliegt. Die Wissenschaft ist kein Kriterium für den Glauben. Für ihn sind Einsicht und rationale Beweisführung sekundär. Wer so lange den Glauben aufschiebt, bis alle Einwände gelöst und alle Unsicherheit beseitigt ist, wird nie zum Glauben finden, denn er löst den Glauben ins Wissenschaftsmodell auf (D 3036). Der Glaube aber erkennt eine höhere Autorität.

6. Die Glaubenssätze können auch nicht rational einsichtig gemacht werden. Der Beweis der Satzwahrheit wird als ein falscher Rationalismus zurückgewiesen, der alles an der Vernunft des Menschen orientiert. Glaube ist nicht rational auflösbar, er ist vielmehr ein Geheimnis (Mysterium, mysteriös). Der Glaube an bestimmte Sätze, Dogmen ist ein Geheimnis. Zwischen rätselhaft und geheimnisvoll wird nicht unterschieden. Dagegen ist zu sagen, daß ein Satz nur dann ein Rätsel ist, wenn er unverständlich bleibt, das menschliche Herz hingegen kennt das Geheimnis, das ihm wesentlich ist und bleibt.

7. Der Rätsel- bzw. „Geheimnischarakter" des Glaubens geht nicht so weit, daß dadurch zwischen Wissenschaft und Glaube ein Widerspruch entstünde (D 3043). Entsteht ein solcher anscheinender Dissens, dann hat niemals die Wissenschaft, sondern stets der Glaube recht, wie ihn die Kirche in ihren dogmatischen Sätzen vorlegt. Hier wird nun der Glaubensvollzug nicht nur an die göttliche Autorität gebunden, sondern zugleich an die kirchliche Autorität, sprich Lehramt. Die Glaubenssätze, die die Kirche vorlegt, sind wahr, auch wenn die Wissenschaft ihnen widerspricht; dann irrt eben die Wissenschaft. Die Kirche kann ihre Kompetenz nicht überschreiten, nur die Wissenschaft, und daraus resultiert der scheinbare Widerspruch.[194]

---

[194] In der Enzyklika „Fides et ratio" (1998) bezieht sich Johannes Paul II. ganz besonders auf die Verhältnisbestimmung von Philosophie und Theologie des 1. Vat. Konzils. Es ist der „normative Bezugspunkt" der Deutung des Verhältnisses von Glaube und Vernunft (§ 52). Die Enzyklika geht davon aus, daß Vernunft und Glaube, also beide, aus Gott hervorgehen und daher zwischen ihnen kein Widerspruch möglich ist. Sie betont, daß die Vernunft nur von ihrer Endlichkeit eingeschränkt wird (§ 14, § 16), die Offenbarung aber zur Wahrheitssuche ständig antreibt. Der Glaube setzt die Vernunft voraus und vollendet sie (§ 43). Glaube und Vernunft sind nicht zu trennen. Die Offenbarung vermittelt über die natürliche Wahrheit hinaus eine ungeschuldete Wahrheit, d.h. die „übernatürliche" (§ 15). Daher steht der Glaube *über* der Vernunft (§ 53). Die Folge

8. Wenn nun die Wissenschaften versuchen, und dies gilt auch von der Theologie als Wissenschaft, die Glaubenssätze so zu interpretieren, daß sie wissenschaftlich haltbar erscheinen, dies aber nicht genau der Intention der Kirche entspricht, dann wird dadurch der wahre Glaube zerstört (D 3043). Nochmals also wird die Autorität der Kirche eingeschärft. Kirche meint natürlich nicht die Glaubensgemeinschaft, sondern die hierarchische Institution, die allein den Sinn der Glaubenssätze festlegt.

Prüfen wir diese definitorischen Aussagen der Kirche über den Glauben, dann stellen wir ein seltsames Gemisch von „Sprachspielen" fest. Zwischen Vollzugs- und Satzebene wird bedenkenlos hin und her gewechselt, einmal wird vom begründenden Denken her argumentiert, dann meint man wieder einen Ansatz des relationalen Denktypos vor Augen zu haben. Wahrheitsvorstellungen werden ständig verändert. Vielfach entsteht der Eindruck, daß der Glaube als eine höhere, göttliche Wissenschaft verstanden wird. Entscheidend für die Aussagen war das naturwissenschaftliche Erkenntnismodell. Trotzdem sind Spuren eines Glaubensverständnisses zu finden, das eher als ein Beziehungsgeschehen erscheint. Dies wird allerdings mißverstanden. Die Beziehung wird erstens bestimmt als Abhängigkeitsverhältnis. Einer absoluten Autorität, die nicht in Frage gestellt werden darf, steht ein knechtischer Mensch gegenüber, der seine Identität durch Gehorsam erlangt. Die Gehorsamskategorie ist völlig ungeeignet und zerstört jede Beziehung. Genausowenig wie sich Liebe einfordern läßt und niemand befehlen (imperare) kann, zu lieben, genausowenig ist der Glaubende Befehlsempfänger. Hörigkeit ist nicht Glaube. So befreit Gottes Wirklichkeit nicht den Menschen, sondern unterdrückt ihn mittels des Glaubens. Der Mensch wird zu seinem „Glück" gezwungen. Damit stimmt überein, daß die Autorität Gottes nicht befragt werden darf; daher wird sie zweitens als unabhängiger Grund aus dem Glaubensvollzug herausgenommen. So richtig es ist, einen Rationalismus abzulehnen, so falsch ist es, statt dessen als Grund des Glaubens eine Autorität einzuführen, der das Recht zukommt, den Glauben anzuordnen, wie etwa ein Staat Rechtsnormen anordnet.

---

ist, daß die Philosophie „unter der Autorität des Lehramtes" steht (§ 77), und Christus auch die Philosophie leitet (§ 92).
Die Enzyklika zeigt überhaupt kein Verständnis für die neuzeitliche Philosophie, während die antike und mittelalterliche Philosophie gelobt wird, weil sie die Einheit von Glaube und Vernunft gesehen habe. Johannes Paul II. geht von einer allgemeinen Wahrheit aus, die als Voraussetzung überhaupt erst einen Dialog ermögliche (§ 92). Es gäbe eine objektive unwandelbare Wahrheit (§ 69, § 71). Kirchlich sei diese Wahrheit, die die Geschichte übersteigt, in den Definitionen festgelegt (§ 95). Aber nicht nur die Wahrheit selbst, sondern auch die „Begriffssprache", bzw. die Satzwahrheit, besitzt nach der Auffassung des Papstes „immerwährende Gültigkeit" (§ 96). Über den Wahrheitsbegriff wird in keiner Weise reflektiert, sondern Wahrheit wird naiv als Anpassung an die objektive Wirklichkeit verstanden (§ 56). Wahrheitstypen werden nicht unterschieden, und Gott wird als Begründung herangezogen (§ 34, § 83). Wichtig ist für Johannes Paul II., daß das Lehramt für die rechte Erkenntnis und den rechten Glauben sorgt.

Nach irrationaler Art hat der Glaube dadurch im begründenden Denken seine Grundlage; er ist autoritär abgesichert. Gottes Autorität erhält eine Scheinrationalität. Drittens wird der Glaube als Beziehung zwischen Gott und Mensch gesehen, ohne kreatürliche Vermittlung. Gott ist für den Menschen der Gegenstand des Glaubens; er ist Terminus und Formalobjekt. Dadurch wird Gott zu einem dem Menschen analogen Seienden.

Auch in diesem pervertierten Ansatz einer Glaubensanalyse ist Glaube jedoch auf äußere Erfahrung angewiesen und ein freier Vollzug menschlicher Existenz. Die „äußere Erfahrung" ist das „Glaubwürdigkeitsmotiv". Es ist notwendig, um den Glauben als eine vernunftgemäße Angelegenheit darzustellen. Ein „credo quia absurdum", ich glaube, weil es absurd ist, wie es von Tertullian bis S. Kierkegaard vertreten wurde, wird zu Recht abgelehnt[195], ebenso die Reduktion des Glaubens auf das reine Subjekt, das kartesianisch an allem zweifelt, nur nicht an sich selbst. Glaube ist auf das andere angewiesen, ist nur als Relation. Dieses „andere", was von außen den Menschen trifft, wird jedoch wesentlich auf „Wunder" eingeschränkt.

Was Erfahrung ist, daß ihr Wahrheitskriterium die Mitteilbarkeit darstellt, wird nicht reflektiert, sondern auf logische Beweisverfahren verwiesen. „Wunder" steht für (äußere) Erfahrung. Zwar wird nicht definiert, was ein Wunder ist. Es ist jedoch offenkundig, daß es die Durchbrechung der Naturgesetze meint.[196] Wunder wird von einer besonderen Kausalität her verstanden, die nicht natürlich ist. Das Wunder hat das „Wunderbare" nicht in sich, nicht im Geschehen selbst, sondern in der Ursache des Geschehens, im Grund. Dieser wird nun ausnahmsweise durch Gott substituiert, was sich analytisch erkennen läßt. Damit wird das Wunder, wie man heute zu Recht sagt, zum Mirakel, zum übernatürlichen Machterweis einer Gottheit. Heute wird hingegen der Wunderbegriff dialektisch verstanden: In einem durchaus natürlichen Kontext erfahre ich etwas Neues, das mich verändert. Mir geht etwas auf, das ich bisher noch nicht erfahren habe. Es stellt sich das Wort „wunderbar" ein, und wenn ich frage: Wie kommt es, daß die Erfahrung (von

---

[195]   Treffend sagt B. Pascal, Pensées, Nr. 265: „Der Glaube lehrt wohl, was die Sinne nicht lehren, aber niemals das Gegenteil dessen, was diese sehen. Er ist darüber, aber nicht entgegen." Glaube geht also über die Wahrnehmung hinaus, aber nicht über die Erfahrung.

[196]   Vgl. S. Tromp, De revelatione christiana, Rom 1950, 131; A. Lang, Fundamentaltheologie I: Die Sendung Christi, München ³1962, 111f; A. Kolping, Fundamentaltheologie I, Münster 1967, 299 („praeter ordinem consuetum naturae"); L. Monden, Theologie des Wunders, Freiburg/Basel/Wien 1961, 26 (allerdings abweichend vom Stereotyp in ästhetisch-personalen Kategorien. Wunder = „ein neues Abenteuer gegenüber dem geordneten Lauf der Schöpfung"); 68ff nennt Monden verschiedene Kriterien des Wunders, die die „Durchbrechung der Naturgesetze" als sekundär erscheinen lassen. Vgl. auch Mondens Darlegungen in Sacramentum Mundi V 1417ff. Seit der allgemeinen Rezeption der Bultmannschen Unterscheidung von Mirakel und Wunder bemüht sich auch die katholische Theologie um einen Wunderbegriff, der den Schwerpunkt auf dessen Zeichencharakter und Glaubensbezug setzt, vgl. z.B. J.B. Metz, in: LThK² X, 1263ff.

Heil, Glück etc.) gerade mir zuteil wird?, dann spreche ich sinnvoll von „Wunder". Wunder ist also die Erfahrung des Beschenktseins im Augenblick des Vollzuges. Wunder ist eine Vollzugsbestimmung, die nur relational begreifbar ist.[197] In diesem Sinne ist der Glaube vernünftig durch die „Wundererfahrung". Das heißt aber nicht, daß die Sinnhaftigkeit des Glaubensvollzuges auf diese Erfahrung angewiesen ist. Jedoch ist die Wundererfahrung notwendig immer an den freien Vollzug gebunden. Die kirchlichen Lehrdokumente reflektieren über den freien Vollzug des Menschen nur in bezug auf den Glaubensvollzug, nicht auf die Wunder. Glaube ist niemals „naturnotwendig", sondern stets frei. Freiheit wird aber auf das liberum arbitrium, auf die Wahlfreiheit eingeschränkt, die nicht durch den Vernunftbeweis aufgehoben wird, wie G. Hermes (1775-1831) meinte.

Die Freiheit des Glaubens im relationalen Sinne hingegen ist eine Grundentscheidung, die die Person verändert und den Grundvollzug für alle Detailentscheidungen meint. So sehr man also den Glauben als freien Akt verstehen und ihm zustimmen wird, so sehr ist die Freiheit auf einer anderen Ebene anzusetzen als die Lehrentscheidungen es tun, nämlich auf der Ebene der Selbstwerdung durch die Entscheidung. Durch die Betonung der Glaubensfreiheit wird richtig festgestellt, daß nicht nur der Glaubensvollzug, sondern auch der Glaubensausdruck nicht nach Art begründenden Denkens aufgefaßt werden darf, sondern seine eigene Wahrheit hat.

Widerspruch zwischen *Glaube* und *Wissen* kann es nur dort geben, wo eine Kompetenzüberschreitung eines Bereiches vorkommt. Die Kirchengeschichte ist geradezu die Geschichte kirchlicher Kompetenzüberschreitung bezüglich aller Art von Human- wie Naturwissenschaft. Nur durch ständige Distinktionen: Es war kein Dogma, es ist historisch zu verstehen usw., rettet sich die Kirche in ihrer offiziellen Interpretation vor dem Irrtum, allerdings auf Kosten der Wahrhaftigkeit. Freilich, eine methodische Reflexion könnte manches richtigstellen; Naturwissenschaft und Glaubensausdruck sind vom Wahrheitstypos her verschieden und können nicht konkurrieren. Dagegen verwahrt sich aber die Kirche, weil sie den Wahrheitsbegriff nicht differenziert. Sicher hat die Wissenschaft (im engen Sinne des Wortes) nicht das Recht, einer Glaubensaussage ihre Interpretation aufzuoktroyieren. Dann liegen notwendig Kirche und Wissenschaft im Widerstreit, wobei es ohne Zweifel der Kirche zukommt, ihr Selbstverständnis zu interpretieren. Nun aber haben wir bereits gesehen, daß verschiedene Aussagen verwirrend, wenn nicht gar sinnlos sind. In diesem Sinne ist eine Neuinterpretation absolut notwendig, will man die Wahrheit des Anliegens verstehen und nicht mit der sinnlosen Ausdrucksweise auch die Wahrheit zerstören. Diese Interpretation muß dann sehr oft außerhalb des Sinnes liegen, den die Kirche ihrer Aussage gegeben hat.

---

[197] Vgl. R. Bultmann, Zur Frage des Wunders, in: GV I, Tübingen 1958, 214ff.

3. Der wahre Glaube

Nach unseren Voraussetzungen ist für das Glaubensverständnis festzuhalten:
1. Glaube ist ein Beziehungsgeschehen. Er ist eine bestimmte Ausrichtung des Lebens, die die Person fordert. Da sich Menschsein in freier Entscheidung realisiert, ist Glaube personkonstituierend. Der Sinn des Glaubens liegt im relationalen Vollzug.
2. Glaube und Wissen sind zwei unterschiedlichen Wahrheitstypen zuzurechnen. Ich bin Wissender, wenn ich das Objekt erkannt habe, d.h. wenn es mir in der Reflexion evident ist. Indem ich mir selbst vertraue, das Objekt recht zu erkennen, konstituiert sich Wissen (im naturwissenschaftlichen Modell). Da das Objekt auch unabhängig von mir nachgewiesen werden kann, bin ich für das Wissen nicht wesentlich, sondern nur als Einsichtträger gebraucht. Auch die Beziehung als solche ist nicht relevant, sondern der begründete und erkannte Sachverhalt.

a. Wissensmodell: Das objektivierbare Wissen ist gesichert, und der Wahrheitsgrund ist die Erkenntnis selbst.

Ich ----------> erkenne das Objekt
<----------------------------------⌐
und die Reflexion führt zur Evidenz.

b. falsches
Glaubensmodell: Die Evidenz in den Sachverhalt wird durch die göttliche Autorität ersetzt, und der Wahrheitsgrund ist eine Autorität. Es entsteht eine Pseudobeziehung:

Ich ----------> erkenne Gott als letzte Autorität
<-----------------------------⌐
und gehorche ihr fremdbestimmt.

c. richtiges
Glaubensmodell: Der Wahrheitsgrund ist weder die eigene Evidenz noch eine Fremdautorität, sondern der Dialog-prozeß selbst, d.h. die Beziehung. In diesem Sinne gibt es keine Glaubensbegründung.

Ich <-----------> lasse mich in einem dialektisch-
       ↑   dialogischen Verhältnis auf die
       | Sache (Jesus, Bibel, Erfahrun-
       | gen) ein
und Gotteserfahrung wird möglich.

3. Glaube als Relatio ist daher Vertrauen. Dieses betrifft mich wie den anderen. Entscheidend ist das „Vertrauen" in die dialogische Beziehung selbst.

Der Glaube hat seinen Glaubensgrund in sich selbst, als Vollzug. Er unterscheidet sich von allen Verkürzungen des Glaubensbegriffs, wie sie seit der Reformation üblich sind.

a. Die *fides historica*, der „historische Glaube", meint die denkerische Zustimmung zu bestimmten Glaubenssätzen (Trinität, Inkarnation, Erlösung usw.). Dieser Art von Glauben sprach Luther jede Heilsbedeutung ab, während katholischerseits Trient sie verteidigte.

b. Dagegen setzten die Reformatoren die *fides fiducialis*, den Fiduzialglauben, der in einem reinen Vertrauen auf Gottes Güte besteht und durch diese sein Heil zu erlangen hofft. Auch hier spielt die Autorität Gottes die entscheidende Rolle für den Glauben.

c. Beide schließen die *fides scientifica*, den Wissenschaftsglauben, aus, weil dieser aufgrund rationaler Überlegungen zustande kommt, und daher auch kein Geschenk Gottes ist.

4. Der Glaube ist als Begegnungsgeschehen immer auch Geschenk, da niemand z.B. zwischenmenschliche Beziehung als einzelner konstituieren kann. Wenn sich in dieser Relatio Gotteserfahrung erschließt, kann man von „Gnade" sprechen, obwohl dieser Begriff bereits wiederum ein Gefälle einschließt und nahelegt, daß der Mensch um „Gnade" zu bitten hat. Jedoch läßt sich keine Beziehung produzieren, wie wir Gegenstände herstellen und über sie verfügen können. Der Glaubensvollzug ist unserer Verfügung, unserer Manipulation entnommen. In einer Beziehung kann man nur sein und leben. Sie bleibt als Möglichkeit immer Geschenk.

5. Glaube ist daher auch wesentlich geschichtlich. Seinen Gegenstand und Inhalt erhält er durch zeitlich-geschichtliche Erfahrungen, die der konkrete Mensch selbst macht, oder die ihm als Dialogpartner überliefert sind (Bibel, Tradition u.a.m.). Da christlicher Glaube keine Buchreligion ist, ist sein Orientierungspunkt stets eine lebendige Norm, d.h. christlich: Die Existenzform Jesu Christi als Mensch für andere, der in seinem Leben Wahrheit verwirklichte. Der Glaubensvollzug (fides qua) hat einen „Gegenstand" (fides quae). Dieser sind aber nicht Dogmen oder Lehrsätze, also keine Satzwahrheit, sondern dieser „Gegenstand" bedeutet Rückbindung an das menschliche Leben in der Geschichte. Der konkrete Inhalt wird im Glaubensdialog selbst je neu gefunden. Er artikuliert sich in Sätzen, die als Leitplanken dienen oder wie Verkehrsregeln funktionieren.

6. Daraus ergibt sich als Wesen christlichen Glaubens:

a. Glaube ist absolute Entscheidung für den Menschen, wie Jesus Christus als Menschsein für andere existierte. Norm und Inhalt ist daher das volle Menschsein, der „homo absconditus", der in seiner Verwirklichung Bereich des Guten meint, d.h. Reich Gottes, Gotteserfahrung.

b. Glaube heißt (weil Beziehung), den Mitmenschen als seinesgleichen anzuerkennen. Geschwisterlichkeit und Verzicht auf Herrschaft sind die Merkmale.

Glaube ist die Verwirklichung der Grundregel, die schon Konfuzius 500 Jahre v. Chr. ausgesprochen hat und die von Mt 7,12 aufgenommen wurde: „Alles, was ihr wollt, daß euch die Leute tun, das sollt auch ihr ihnen tun; denn das ist das Gesetz und die Propheten."

c. Das Kriterium des christlichen Glaubens ist die Wahrheit, die frei macht. Sie ist kommunikativ, und d.h. Glaube als befreiende Beziehung läßt die Freiheit des anderen genauso gelten wie die eigene. Die Grenze der Freiheit im Glauben ist daher nur die Freiheit des anderen. Beide sind Korrelat des jeweils anderen. So wird Wahrheit des Lebens gefunden, und d.h. Gott kommt zur Sprache, wird erfahrbar.

7. Glaube ist immer eine verstehende Beziehung. Glaube und Verstehen sind ein und derselbe Akt. Werden beide getrennt, werden beide beschädigt. So hat sich die Kirche zu Recht dagegen gewehrt, daß rationale Begründung dem Glauben vorausgehen muß[198], aber genauso abwegig ist ein blindes Vertrauen, dem erst im nachhinein eine Rationalisierung folgt. Zwei Menschen, die sich lieben, verstehen sich, denn ohne Verständnis füreinander ist Liebe nicht möglich, wenn sie eine gegenseitige Beziehung sein soll. Zwar ist die Formel richtig: fides quaerens intellectum (Anselm von Canterbury), der Glaube sucht zu verstehen, aber indem er sich vollzieht, versteht er bereits. Wer versteht, ist sich der Sache auch gewiß und zweifelt nicht, auch wenn nie eine beweisbare Sicherheit vorliegt. Einer Beziehung kann man gewiß sein, über Gegenstände kann ich Sicherheit erlangen. Glaubensgewißheit ist nur in der personalen Relation „begründet". Indem wir uns auf etwas wirklich einlassen, erhalten wir Gewißheit. Das ist nicht mit einem „Alles-für-wahr-Halten" (was der andere sagt) zu identifizieren. Wenn ich einem Menschen vertraue, ihm glaube, dann halte ich nicht einfach alles für bare Münze, was er denkt und sagt. Gerade, *weil* ich ihn liebe und ihm glaubend vertraue, kann ich ihn getrost korrigieren, ihm auch widersprechen und so in einen „liebenden Kampf" (K. Jaspers) eintreten. Nur so bewährt sich der Glaube als Dialog. Hiob mag dafür ein mythologisches Beispiel sein. Er sagt nicht Ja und Amen zu Gott, sondern streitet mit ihm, macht Vorwürfe, fordert ihn heraus, aber er läßt vom Dialog nicht ab, weil ihm an Gottes Wirklichkeit etwas liegt, weil die Auseinandersetzung ein „Zusammensetzen" ist. Wenn nun gesagt wird, daß dies in bezug auf Gott nicht gilt, weil er die „Erstwahrheit" sei und so das „Formalobjekt" des Glaubens (d.h. als Terminus konstituiere er überhaupt erst den Glauben), dann geht diese völlig abstrakte Behauptung an der Wirklichkeit (an der Erfahrung) vorbei. Wo kommt denn Gott zur Sprache? Wo kann Gotteserfahrung wirklich, konkret werden? Doch immer nur in einem „geschaffenen" Niederschlag, in Bibel, Kerygma oder Jesus Christus. Und von ihm wissen wir, daß er sich in verschiedenen Aussagen geirrt hat. *Die* Wahrheit hat sich also geirrt! Jede „Glaubenswahrheit" ist daher immer im Rahmen

---

[198] Fides est „obsequium rationi consentaneum" (D 3009). Eine komplexe Glaubensdefinition gibt Thomas v. Aquin: „Fides est actus intellectus assentientis veritati divinae ab imperio voluntatis a deo motae per gratiam."

der Zweideutigkeit und des Irrtums. Nur indem ich mich auf diesen dialogischen Prozeß der Wahrheitsfindung einlasse, kann ich durch allen Irrtum hindurch Wahrheit erfahren, Gott erfahren und d.h. glauben. Christlich ist er, wenn ich den Glauben im Dialog mit der christlichen Verkündigung lebe.

8. Glaube ist daher Offenheit für Erfahrung, Beziehung auf Erfahrung hin. Wird der Glaube religiös qualifiziert, meint er das Offensein für die Erfahrung als absolutes Geschehen in aller Relativität. Diese Weise, Erfahrung zu verstehen, gibt die Möglichkeit, von Gott zu sprechen. Historisch konkretisiert sich diese Möglichkeit in der biblischen Botschaft in Jesus Christus. Glaube ist religiös, wenn er auf diese Weise Positives erschließt, Hoffnung als Offenheit für die Zukunft ermöglicht und Liebe als Angenommensein in der Gegenwart erfahren läßt.

9. Glaube ist der „entscheidende" Gesamtvollzug des Menschseins, der auf die Erschließung der Wahrheit (Gott, Jesus Christus) in dialogischer Beziehung mit Gegenständen (Bibel etc.) und Menschen (Mt 25) hofft und in der Liebe tätig wird. Glaube ist Verwirklichung des relationalen Wahrheitstypos vom Subjekt her gesehen. Glaube ist Leben in Vertrauen und in der Hoffnung, daß Liebe besser ist als alles andere und daß sie das letzte Wort über unser Leben „hat" bzw. ist.

Glaube ist die Beziehung auf die Erfahrung als Offenbarung neuer und letzter Wirklichkeitsdimension. An konkreten Gegenständen kann sich im Medium der Erfahrung „etwas" zeigen, das als ein Sich-Zeigen Gottes interpretiert und gelebt werden kann. Niemals kann sich Glaube direkt auf Gott beziehen, wohl aber kann sich an Gegenständen (Menschen) das Licht so brechen, daß es „hell" wird, und daß Gottes Wirklichkeit zum Scheinen ($\delta\delta\xi\alpha$) kommt, „sichtbar" wird. In menschlichen Erfahrungen erhält die dialogische Beziehung eine Qualifikation bzw. absolute Bedeutung, durch die man bewogen werden kann, von Gott zu sprechen und d.h. vom Glauben her zu existieren.[199]

---

[199] Vgl. G. Hasenhüttl, Der Glaubensvollzug, Essen 1963.

IX. GLAUBE UND RELIGION

Nachdem wir die Begriffe Offenbarung und Glaube analysiert und einander zugeordnet haben, ist nun zu fragen, wie Glaube und Religion sich zueinander verhalten.

Sind Glaube und Religion zwei Dimensionen einer Wirklichkeit, zwei getrennte Wirklichkeitsbereiche oder ein und dasselbe? Ist Glaube ohne Religion möglich, und ist Religion ohne Glaube ein erfahrbares Phänomen? Wenn Religion eine Bindung an Gott meint und Glaube von Gott spricht, dann scheinen beide Begriffe fast identisch zu sein. Aber: Gibt es nicht auch Religionen ohne Gott? Gilt nicht bei manchen Wissenschaftlern der Buddhismus als eine atheistische Religion, und sind nicht die frühen Christen als ἄ-θεοι – Atheisten – bezeichnet worden? Kann Religion bestehen, ohne eine göttliche Wirklichkeit zu nennen? Fragen wir weiter: Ist der christliche Glaube notwendig Religion oder ist ein religionsloses Christentum möglich? Widersprechen sich vielleicht sogar christlicher Glaube und Religion?

Tatsächlich wurde die These vertreten, daß die christliche göttliche Offenbarung als Aufhebung der Religion zu verstehen ist. Am ausführlichsten hat dies vor mehr als 50 Jahren Karl Barth (1886-1968) in seiner „Kirchlichen Dogmatik" getan. Auf über 100 Seiten handelt sie vom „religionslosen Christentum". Seine Auffassung war ein Vorzeichen des Paradigmawechsels im christlichen Selbstverständnis.

1. Religion ist Unglaube

Glaube im christlichen Sinne und Religion verhalten sich nach K. Barth wie Feuer und Wasser. Er lehrt ausdrücklich, daß beide sich widersprechen: „Religion ist Unglaube" (KD I/2, 327). Religion ist die Angelegenheit des gottlosen Menschen. Er beruft sich dabei auf M. Luther (WA 12, 291, 33), der alle menschliche Frömmigkeit als Gotteslästerung, ja als „die allergrößte Sünd" bezeichnet hat. Auch ein Türke und Heide kann ein frommer, religiöser Mensch sein, aber den wahren Glauben hat er deshalb nicht.[200] Vielmehr ist Unglaube in allen Religionen. Woran liegt dies? Religion ist immer nur „ein Spiegelbild dessen, was der Mensch selbst ... ist und hat" (KD I/2, 345). Religion ist nach Barth das Greifen des Menschen nach Gott. Religion ist babylonischer Turmbau, ist Versuch des Menschen, zu Gott zu gelangen und so vergöttlicht zu werden. Religion ist das menschliche Bemühen, mit seinem Dasein zurecht zu kommen. Selbst mit seiner Existenz fertig werden zu wollen, aus sich heraus Sinn zu finden, ist Widerspruch gegen Gott, d.h. Un-

---

[200]   Vgl. WA 21, 365, 12; 30 II 186, 15.

glaube. Der Mensch macht sich in der Religion ein Bild von Gott und wird dadurch Götzendiener. Alle Gottesbilder sind Götzenbilder, „simulacra omnia"[201]. Der menschliche religiöse Geist schafft ständig neue Gottesbilder, die menschliche Gebilde sind. Barth stimmt hierin mit der Feuerbachschen Religionskritik überein. Er meint jedoch, daß diese Religionskritik nur *dem* Menschen verständlich ist, dem die religiöse Welt der Götter Griechenlands, Indiens und Chinas etwas bedeutet, der darin hohe menschliche Werte erblickt. Das menschliche Tun soll in sich nicht abgewertet werden, und viele Religionen haben ein hohes menschliches Ethos. Aber kein Weltethos bringt Erlösung, Befreiung von Entfremdung. Diese Kritik trifft nach der Meinung Barths nicht nur Religionen, die durch ihre religiösen Praktiken göttliche Wirklichkeit erlangen wollen (Werkreligionen durch Bittgebet, Ritual, Kult etc.), sondern auch die sog. Gnadenreligionen.

Gerade dem Buddhismus werden Selbsterlösungspraktiken vorgeworfen. Von Buddha wird erzählt, daß er seine Schüler aufgefordert habe, mit aller Kraft an der Erlösung zu arbeiten. Der achtfache Pfad (rechtes Sehen, Gesinnung, Reden, Tun, Leben[sunterhalt], Streben, Überdenken, Sichversenken) kann wahre Buddhaschaft (Satori) eröffnen. Jedoch verschiedene Formen des Mahâyâna-Buddhismus, vor allem der japanische Jodobuddhismus (jodo = reines Land), der zur Zeit des Franz von Assisi, Thomas von Aquin und Dante (12.-13. Jh.) entstanden ist, wissen um die Güte und Gnade des Amida-Buddha, der Menschen beschenkt. Was als unser Verdienst erscheint, ist in Wahrheit sein Geschenk. Amida gewährt die Erlösung, die vollkommene Erleuchtung, und erschließt den Eingang in das Nirvâna. Auch den Frauen (anders als beim Theravada-Buddhismus) steht dieser Weg offen. Es ist der Weg der Gnade, auf dem Bittgebet, Magie, Buße und Fasten und auch das Mönchtum keinen Sinn haben. Diesem Weg der Gnade entspricht auf seiten des Menschen die Religiosität, die Hingabe bedeutet (ähnliches findet sich auch in der indischen Bhakti-Frömmigkeit). Als Franz Xavier (1549-51) nach Japan gelangte, glaubte er dort die „lutherische Ketzerei" wiederzufinden, so stark war offenbar die Betonung des Gnadengeschenkes gegenüber dem eigenen Tun.

Diese religiöse Hingabe, dieser „Glaube", darf nach Barth nicht mit dem wirklichen Glauben verwechselt werden, alles dies ist nur religiöser Unglaube. Der Weg dieser Religionen, seien sie Gnaden- oder Werkreligionen, kann auf zwei Weisen weiterentwickelt werden, nämlich in der Mystik und im Atheismus, die beide in gewisser Weise Aufhebung der Religion bedeuten.

Die Mystik (μύειν, Augen und Mund verschließen; μυεῖν, einweihen) ist die konservative Gestalt der kritischen Religionswende. Der Weg führt in die Stille, in das eigene Ich, in die innere Geistigkeit, so daß das menschliche Selbst mit der Gottheit verschmilzt. Von Gott wird im Namen des Schweigens der Innerlichkeit nicht mehr gesprochen. Eine säkulare Form dieser reli-

---

[201] Instit. I, 11, 1.

giösen Mystik sind die religionspsychologischen Versuche, die das Selbst mit Gott identifizieren und alle religiösen Gehalte psychologisch interpretieren (vgl. E. Drewermann). Der Religion wird daher im Namen der Mystik, der Psychologie widersprochen, aber nicht im Glauben.

Der Atheismus hingegen ist nach außen gewendete Kritik der Religion. Natur, Geschichte, Kultur und Soziologie stellen den Glauben des Atheisten dar. Für sie setzt er sich aktiv ein und ihnen gibt er sich hin. So erscheint der Atheismus meist in der Gestalt des Säkularismus. All diese Mächte, Natur und Ökologie, Kultur und menschliche Gesellschaft setzt er ein im Kampf gegen die Religion und nimmt so oft auch religiöse Formen an; er bleibt aber zutiefst Unglaube.

Diese beiden Aufhebungen der Religion (Mystik und Atheismus) haben nach Barth kein Ziel, das positiv benannt werden kann, und daher stellen sie keine echte Gefahr für die Religion dar, sondern münden stets in religiöse oder pseudoreligiöse Formen bzw. werden von der Religion schließlich wieder überwältigt (Säkularismus durch die neue Religiosität, östlicher Atheismus durch Wiedererstehen alter religiöser Praktiken).

All das bleibt aber im Unglauben. Daher die Frage Barths: „Was ist die Religion? Nichts. Ein psychologisches Faktum unter anderen."[202] Durch den Einfluß F. Overbecks, F. Nietzsches, aber auch L. Feuerbachs kommt K. Barth zu dieser Kritik aller Religion. „Die Religion vergißt, daß sie nur dann Daseinsberechtigung hat, wenn sie sich selbst fortwährend aufhebt."[203] Religion und Gesetz werden weitgehend identifiziert. Sie sind Gegner des Menschen, sie entfremden ihn von Gott und stiften kein Heil und keinen Sinn. Warum? Barth antwortet mit seinem Ansatz der dialektischen Theologie: Weil die Offenbarung Gottes die Aufhebung der Religion ist. Sie ist das Ereignis im Akt der Gnade Gottes in Jesus Christus (KD I/2, 377). Ihr entspricht nicht die Religion des Menschen, sondern der Glaube. So ist Gottes Offenbarung in Jesus Christus auch nicht an die Offenbarungsreligion (AT) gebunden, vielmehr „Gericht" über sie. Auch das Christentum, insofern es Religion ist, ist Menschenwerk wie andere Religionen (vgl. R. Bultmann). Gottes Handeln in Jesus Christus verweist jede Religion in ihre menschlichen und daher auch sündigen und schuldbeladenen Grenzen. „Um diese Begrenzung des religiösen Selbstbewußtsein geht es bei der Erkenntnis der Relativierung auch der christlichen Religion durch Gottes Offenbarung" (KD I/2, 363). Der Weg, den bereits die frühen Apologeten des Christentums beschritten haben, nämlich aufzuzeigen und zu erweisen, daß die christliche Religion die bessere sei und allem Heidentum weit überlegen, war ein „Bärendienst" und hat den christlichen Glauben zu einer inhaltlich besseren menschlichen Haltung degradiert und zu einer religiösen Meinung gemacht.

---

[202] K. Barth, Der Römerbrief (1919), Zürich 1963, 80; vgl. dazu auch: E. Feil, Die Theologie D. Bonhoeffers. Hermeneutik, Christologie, Weltverständnis, München ²1971, 326-340.

[203] K. Barth, Das Wort Gottes und die Theologie. Ges. Vorträge I, München 1924, 80.

Nicht zu Unrecht fragt sich Barth, was denn von dieser Religion in der Neuzeit geblieben ist. „Viel mehr als nun eben ein bißchen Monotheismus, Moral und Mysterium scheint nach der tausendjährigen angeblichen Herrschaft des Christentums nicht übriggeblieben zu sein" (KD I/2, 367). So wurden die Kirchen vielleicht noch zur nützlichen Erziehungs- und Ordungsmacht, aber nicht mehr. Das alles hat mit Offenbarung Gottes nichts zu tun. Es ist Gesetz und nicht Frohe Botschaft, Evangelium. Aber auch die christliche Religion bringt dem Menschen keine Befreiung und kein Heil, sondern allein Jesus Christus, seine Gnade und Liebe. „Die Wirklichkeit der Religion ist das Entsetzen des Menschen vor sich selbst. *Jesus Christus* aber ist der neue Mensch jenseits des menschenmöglichen Menschen, jenseits vor allem des frommen Menschen. Er ist die Aufhebung *dieses* Menschen in seiner Totalität."[204] Die Wahrheit, Jesus Christus, verhält sich zur Religion wie die Rechtfertigung zum Sünder. Nur in einer Dialektik des Widerspruchs kann man von der wahren Religion sprechen. Diese Wahrheit der christlichen Religion liegt nur im Heilshandeln Jesu Christi, also im Namen Jesu Christi und in sonst gar nichts. Weil in ihm Heil ist und nur in ihm, ist das Christentum als wahre Religion zu bezeichnen, aber nur streng auf Jesus Christus bezogen. „Die christliche Religion ist Prädikat an dem Subjekt des Namens Jesus Christus" (KD I/2, 381). Blickt man also auf die christliche Religion an sich, so ist sie Unglaube, Menschenwerk, wertlos wie jede andere! Blickt man aber auf Gottes Offenbarung in Jesus Christus, so ist sie die einzig wahre Religion. Alle Religion steht Jesus Christus gegenüber wie die Erde der Sonne. Er allein erleuchtet die Erde. So ist der Maßstab der christlichen Religion, die Bereitschaft für Jesus Christus, ihren Herrn, und d.h. der Glaube, der sich immer nur unter seinem Gegenteil, der Religion, als wahr erweist.

Die ganze Schärfe der Kritik Barths an aller Religion mündet im Offenbarungspositivismus, der sich in Jesus Christus konkretisiert. Daß es sich bei Jesus um eine konkrete, historisch bedingte Gestalt mit ihren eigenen religiösen Vorstellungen handelt, die zudem als Gotteslästerer verurteilt wurde, wird nicht reflektiert, weil in ihr nur der verborgene Gott (in persona) gesehen wird. So wird Jesus Christus wie ein Schibbóleth (Erkennungszeichen) eingesetzt. Jesus Christus und Glaube bilden eine Einheit, außerhalb dieses Schibbóleths gibt es nur Finsternis, Sünde und eben Religion als Unglaube. So wichtig die Unterscheidung von Glaube und Religion ist und so sehr Barth wie kein anderer die Zäsur erkennt, wird hier eine nicht mehr hinterfragbare Größe, Jesus Christus, eingesetzt, die wie ein magisches Zauberwort alles verwandelt.

---

204   Ders., Der Römerbrief (1922), München 1929, 252.

2. Religionsloser Glaube

Der zweite Theologe, der den Unterschied zwischen Glaube und Religion hervorhebt und von einem religionslosen Christentum spricht, ist D. Bonhoeffer (1906-1945). Jesus Christus hat keine neue Religion gebracht, sondern Reich Gottes verkündigt. Es geht nicht um Religion, sondern um Offenbarung und Glaube in Jesus Christus. Das Christentum ist keine neue Religion, die um Anhänger wirbt, sondern Gott hat die Menschheit in Christus begnadet. Als Religion ist das Christentum kein Weg zu Gott. Ja, die christliche Botschaft nennt Bonhoeffer „a-moralisch" und „a-religiös".[205] Im Wort Gottes, Jesus Christus, sieht er die Kritik aller Religion.[206] Bonhoeffer bindet aber, anders als Barth, diese Kritik in die Geschichte ein; die Kritik an der Religion wurde *von* Jesus Christus selbst vollzogen! Religion ist ein geschichtliches Faktum, aber keineswegs als ständiger dialektischer Widerspruch zum Glauben zu verstehen, sondern historisch aufhebbar. Bonhoeffer fragt sich, ob man nicht besser ohne Religion auskommen könne, ja ob sie nicht überflüssig sei. Zwar hatte das Christentum bisher immer eine religiöse Form, aber sie ist ein geschichtlich bedingter Ausdruck. Was bedeutet es nun, wenn die Menschen religionslos werden? Ist damit nicht notwendig der christliche Glaube getroffen?[207] Nein; Religion ist vielmehr die Gestalt des christlichen Glaubens aus einer vergangenen Epoche. Die Zeit der Religionen ist abgelaufen. „Wir gehen einer völlig religionslosen Zeit entgegen; die Menschen können einfach, so wie sie nun einmal sind, nicht mehr religiös sein."[208] Ob dies zutrifft, soll hier nicht erörtert werden. Es geht aus dieser Aussage hervor, daß Religion kein systematischer Begriff ist, vielmehr ein geistesgeschichtliches Phänomen, das in der Geschichte seine Funktion verlieren kann. Religion gehört nicht zum Menschsein.

Wie ist nun dieses geschichtliche Phänomen, vor allem im Gegensatz zum christlichen Glauben, zu beschreiben?

a. Religion besteht für Bonhoeffer wesentlich in der Innerlichkeit, in der Sorge um das Heil des Ego. Sie ist daher Versuch der Selbstrechtfertigung des Menschen. Im Gebet und in der Meditation drückt sich das religiöse Empfinden aus. Religion ist für Bonhoeffer individuell, individualistisch. Genau das Gegenteil ist der christliche Glaube. In ihm ist „der Gemeinschaftsgedanke wesenhaft mitgesetzt"[209]. Glaube heißt immer Glaubensgemeinschaft. Weil nun Bonhoeffer Kirche als Glaubensgemeinschaft definiert, ist sie in ihrem

---

[205] Vgl. D. Bonhoeffer, Sanctorum Communio, München ³1960, 104; GW, München ²1966, III, 49; P.H.A. Neumann (Hg.), „Religionsloses Christentum" und „nicht-religiöse Interpretation" bei Dietrich Bonhoeffer, Darmstadt 1990, 190ff; 238ff; 360ff; 422ff.

[206] DBA 1932/33, 1079 ist zu lesen: „religio caro est" – Religion ist „Fleisch"!

[207] Vgl. D. Bonhoeffer, Widerstand und Ergebung, München 1962, 178f.

[208] Ebd.

[209] D. Bonhoeffer, Sanctorum Communio, 89. Vgl. Widerstand und Ergebung, 180.

Wesen keine Religionsgemeinschaft. Diese ist nur das wandelbare Kleid, ist entsprechend der geschichtlichen Situation aufgebbar.[210]
b. Religion teilt die Welt in einen religiösen und einen profanen Bereich. Religion also schränkt ein, teilt auf, trennt. Er nennt es die „Partialität"[211] der Religion. „In der ‚religiösen Gemeinschaft' geht es um die Überordnung des Religiösen über das Profane, es geht um die Aufteilung des Lebens in Religiöses und Profanes, um eine Wert- und Rangordnung."[212] Das Evangelium hingegen betrifft alle Lebensbereiche, es gibt keine Beschränkung auf einen religiösen Bereich. Glaube also entgrenzt, erfaßt alle Dimensionen menschlichen Daseins. Religion engt die Welt ein. Glaube erfaßt die ganze Erde. Er ist radikal ganzheitlich, profan und religiös spielen als Abgrenzung keine Rolle. In Christus ist die ganze Welt versöhnt.[213]
c. Religion lebt von einem Gott „jenseits" der Welt. Im christlichen Glauben jedoch geht es um die geschichtliche Erlösung „diesseits der Todesgrenze".[214] Der Gott, so wie ihn die Religion denkt, ist das denkbar höchste, beste und mächtigste Wesen. Der religiöse Mensch erfährt Gott an seinen Grenzen. „Die Religiosität des Menschen weist ihn in seiner Not an die Macht Gottes in der Welt."[215] Religion und ihr Gott sind dazu da, um den Menschen glücklich zu machen, um ihm dort Macht zu geben, wo er sonst ohnmächtig wäre. Gott ist ein „Deus ex machina", der den glücklichen Ausgang der menschlichen Angelegenheiten garantiert. Gott ist die schützende, begründende Macht meiner Existenz, die ihr Sinn verleiht. Genau dieser religiöse Gottesbegriff ist dem christlichen Gott gegenläufig. Christlicher Glaube verweist den Menschen „an die Ohnmacht und das Leiden Gottes; nur ein leidender Gott kann helfen. Insofern kann man sagen, daß die Entwicklung zur Mündigkeit der Welt, durch die mit einer falschen Gottesvorstellung aufgeräumt wird, den Blick frei macht für den Gott der Bibel, der durch seine Ohnmacht in der Welt Macht und Raum gewinnt …, Christen stehen bei Gott in seinem Leiden, das unterscheidet Christen von Heiden. ‚Könnt ihr nicht eine Stunde mit mir wachen?' fragt Jesus in Gethsemani. Das ist die Umkehrung von allem, was der religiöse Mensch von Gott erwartet … Christsein heißt nicht in einer bestimmten Weise religiös sein, … sondern heißt Menschsein … Jesus ruft nicht zu einer neuen Religion, sondern zum Leben"[216]. Religion verwechselt die

---

[210] So kann Bonhoeffer die Kirche ganz vom Glauben an Jesus Christus her definieren und sie bezeichnen als „Christus als Gemeinde existierend".
[211] GW IV, 202.
[212] GW III, 330. Es ist hier allerdings zu bedenken, daß es Religionen (z.B. Islam) gibt, die eben nicht zwischen profan und religiös unterscheiden, sondern alle Lebensäußerungen der Religion unterstellen; so trifft für den Islam nur Punkt c. zu; für den Hînayânabuddhismus wohl nur a.; für den Mahâyânabuddhismus gilt wohl keiner der angeführten Punkte. Bonhoeffer hat offenbar nur an die christliche Religion gedacht.
[213] Ethik, München 1992, 218.
[214] Widerstand und Ergebung, 226, vgl. auch 247f.
[215] Ebd., 242.
[216] Ebd., 240ff.; 244, 246.

erkenntnistheoretische Transzendenz mit der Transzendenz Gottes. Gott ist „mitten in unserem Leben jenseitig"[217], d.h. die Transzendenz ist nicht das ewig unerreichbar Göttliche, vielmehr ist christlicher Glaube Teilhabe am Sein Jesu, der Mensch für andere ist. Die Transzendenz des Glaubens ist der erreichbare Nächste, ist neues Leben im „Dasein-für-andere". Transzendenzerfahrung im Glauben ist im „Für-andere-da-Sein" möglich. Der Glaubende darf daher wirklich weltlich und menschlich leben. „Der Mensch soll und darf Mensch sein. Alles Übermenschentum, alles Bemühen, über den Menschen in sich hinauszuwachsen, alles Heroentum, alles halbgöttliche Wesen fällt hier vom Menschen ab; denn es ist unwahr. Der wirkliche Mensch ist weder ein Gegenstand der Verachtung noch der Vergöttlichung, sondern ein Gegenstand der Liebe Gottes."[218] Sie ist in Jesus Christus, dem Menschen für andere, erfahrbar. „Jesus Christus, der Mensch, das bedeutet, daß Gott in die geschaffene Wirklichkeit eingeht ... Dennoch bedeutet das Menschsein Jesu Christi nicht einfach die Bestätigung der bestehenden Welt."[219] Dies würde Unglaube und Sünde bedeuten, wie auch die Religion, die über den Menschen und die Welt hinausgreifen will. Glaube hingegen bedeutet die Relativierung der menschlichen Ordnung und die Verurteilung der Sünde, d.h. der Verbrechen an der Menschlichkeit. Hier erweisen sich jesuanisches Menschsein und der mündig gewordene Glaube. Das Jenseits des Glaubens an Gott ist genau die Bejahung der Welt und die Kritik am Bestehenden. Der Gott des Glaubens hat diese Funktion. Sie führt zur Autonomie der Welt, während Religion diese aufhebt. Der Glaubende kann daher mit den Fragen seines Lebens fertig werden, ohne „Gott" zu Hilfe zu nehmen.[220] Der Glaube lebt vor Gott „etsi Deus non daretur". Daher beeinträchtigt der christliche Glaube an Jesus Christus in keiner Weise die Mündigkeit der Welt. So ist das religionslose Christentum in einer mündig gewordenen Welt zu bejahen und zu begrüßen. Bonhoeffer spricht hier von einer „verheißungsvollen Gottlosigkeit". Es ist dieser Glaube „das Teilnehmen am Leiden Gottes im weltlichen Leben"[221]. Er ist Widerspruch zu einer „platten und banalen Diesseitigkeit"[222]. Die neue Gestalt des christlichen Glaubens ist eben keine religiöse Weltbewältigung, sondern, wie Jesus Christus für andere da war, so ist die Gemeinschaft der Glaubenden für andere da. Jesus Christus ist von der Welt nicht zu trennen. Jesu Sprache war ganz unreligiös und so befreiend und erlösend.[223] Durch die Aufgabe der Bindung des Christentums an die abendländische Religiosität erwartet Bon-

---

[217] Ebd., 182.
[218] Ethik, München 1992, 81.
[219] Ebd., 149.
[220] Vgl. Widerstand und Ergebung, 215.
[221] Ebd., 244.
[222] Ebd., 248.
[223] Ebd., 207.

hoeffer eine neue Freiheit des Glaubens.[224] Erst so lernen wir, „in der vollen Diesseitigkeit des Lebens glauben"[225].

An Bonhoeffer können wir sehen, wie er das Barthsche Zauberwort „Jesus Christus" (befangen in einer Widerspruchsdialektik) auflöst. Jesus Christus ist kein Schibbóleth mehr, sondern schlicht Mensch für andere, der sich gegen die Unmenschlichkeit im persönlichen wie gesellschaftlichen Leben auflehnt, so durch sein Handeln und seine Lehren den neuen Lebensbereich Gottes verkündet, auch im Leiden die Liebe nicht verleugnet und gerade deshalb als Gotteslästerer zum Tod verurteilt wird. Für Bonhoeffer bedeutet dies, daß christlicher Glaube in die Welt verwiesen ist und in seinem Wesen nicht angegriffen wird, wenn Säkularität statt Religion herrscht. Selbst der Atheismus, der sich gegen alle Religion wendet, trifft den Glauben nicht.

Da Glaube, christlich qualifiziert, an den Menschen und an die Welt gebunden ist, kann er auf Religion verzichten, ja ist freier ohne Religion. Bonhoeffer zeigt also, wie Glaube von Religion zu unterscheiden ist. Glaube ist Bindung an das Humanum, an menschliche Werte, an sinnvolle Lebensgestaltung. Dafür steht zeichenhaft „der Mensch für andere" (Jesus Christus).

3. Jesuanischer Befreiungsglaube und religiöser Glaube (Religion)

Es ist für Jesus selbst charakteristisch, daß er, gemäß der synoptischen Tradition, zum Glauben auffordert, aber nicht zu religiösen Übungen, denen er vielmehr kritisch gegenübersteht. Glaube wird gefordert, Kleingläubigkeit getadelt, von Frömmigkeit und Religion kaum oder negativ gesprochen; nie hören wir die Aufforderung: Seid religiös! Auch spricht Jesus nie vom Glauben an Gott oder gar an ihn selbst. Glaube wird stets absolut gebraucht und bezieht sich je konkret auf verschiedene einzelne Objekte (wie Heilungswunder, Naturwunder, Predigt, Gleichnis u.a.m.).[226] Erst wenn sich dieses relationale Vertrauen, der Glaube ereignet hat, wird Gott gepriesen, daß den Menschen untereinander eine solche Vollmacht gegeben wurde. Durch den Glauben wird der Mensch beschenkt und Gott zur Sprache gebracht. Das wird dann theologisch in der Bibel als Glaube an Gott oder Christus gedeutet. Das aber ist eben bereits eine religiöse Interpretation des Glaubens im historischen Umfeld, wie wir bereits gesehen haben. Der durch Jesu Existenzform gelebte Befreiungsglaube hat nur ein „Formalobjekt": Menschsein für andere, das Humanum in der Welt zu realisieren, so vielfältig und so wenig eindeutig es auch sein mag. Sicher ist nicht zu vergessen, daß die Propheten auch im AT den wahren Gottesdienst auf den Mit-

---

[224] Bonhoeffers Blick ging dabei nach Indien zum Vorbild Gandhi, wo er mehr Christlichkeit zu finden glaubte als im abendländisch-religiösen Kirchentum. Vgl. dazu E. Feil, a.a.O., 380ff., 389, 392.

[225] Widerstand und Ergebung, 248.

[226] Vgl. GW, VIII, 1.

menschen beziehen (vgl. Amos u.a.m.: Witwen und Waisen nicht zu bedrükken ist wahrer Gottesdienst, ist Zeichen glaubender Existenz).
So wird nun Glaube als christlicher neu bestimmt. Christentum ist keine Gesetzes- und auch keine Gnadenreligion, sondern Befreiungsglaube. Dieser Glaube ist Umkehr (μετάνοια: Kehrt um, denn nur so ist euch Bereich Gottes nahe!), weg von allem Vorgegebenen, und sei es noch so göttlich (wie Sabbath, Natur u.a.), und radikale Hinwendung zum Menschen. Glaube ist Beziehungsaufnahme von Mensch zu Mensch und daher immer notwendig Gemeinschaft und gemeinschaftstiftend. Jesus hat aber keine Sondergemeinschaft, wie etwa Qumran, gegründet. Eine neue Religion erscheint nirgends am Horizont. Wohl aber geschieht eine Relativierung der jüdischen Religion, und das kostete ihn das Leben. Jesus ist kein Religionsstifter, sondern Befreier gegenüber (wenn auch nicht von) der jüdischen Religion und in Konsequenz wohl gegenüber aller Religion, insofern sie Menschen begrenzt, verbiegt, einen zu engen Rahmen darstellt. Alle Absolutsetzung von Religion wird durch den Befreiungsglauben aufgehoben, in seine Relativität verwiesen, nämlich relativ im Hinblick auf die Verwirklichung des menschlichen Menschen. So kann Paulus kurz und bündig sagen (Gal 5,13): „Zur Freiheit hat uns Christus befreit" und eben nicht zum Religionswechsel oder zu einer neuen Religion. Jesus steht für die Kritik an aller Religion mit ihrem Unmenschlichkeitsindex. Bei Jesus geht es auch in der Umkehr (μετάνοια) nicht um die Bekehrung zur „wahren" Religion, sondern um Abkehr von Gewalt, Herrschaft und Unterdrückung aller Art. Umkehr ist nicht Rückkehr ins Vorgegebene, Verordnete, sondern Befreiung zu einem vollen menschlichen Leben, wo der „geringste Mitmensch" christologischen Wert besitzt: Das habt ihr mir getan! Glaubensgemeinschaft kennt keine Grenze, Religion begrenzt sich notwendig auf ihre Mitglieder.
Daß die jesuanische Botschaft ursprünglich als ganzheitliche Befreiungsbotschaft verstanden wurde (als Aufforderung, im Befreiungsglauben daran teilzunehmen) und nicht als neue Religion, läßt sich leicht historisch nachweisen, wobei die Kritik an der bestehenden Religion eingeschlossen ist.
Im Laufe der Kirchengeschichte, vor allem durch die Trennung von der jüdischen Religion, wurde der befreiende Glaube, der auf die Vermenschlichung zielt, also Befreiung von Entfremdung meint (religiös formuliert: Erlösung), in eine religiöse Form gegossen und erhielt so die Dimension einer neuen Religion, eben der christlichen Religion. Da aber religiöser Ausdruck und Gemeinschaft nicht als Widerspruch zum Glauben verstanden werden konnten – Jesus selbst war, wie gesagt, praktizierender Jude – das jüdische Volk in seinen religiösen Vertretern ihn jedoch ablehnte, war der Übergang zu einer eigenen religiösen Form verhältnismäßig problemlos, so daß sich eine neue Religion aus jüdisch-griechischen und dann römischen Elementen bilden konnte, die beim Eintritt in den germanischen Raum auch daraus Ideen und Vorstellungen aufgriff.

So wurde aufgrund sozialer und geschichtlicher wie auch psychologischer Umstände aus dem durch Jesus Christus initiierten Glauben (der Befreiung des Menschen) eine bestimmte Religion, die sich nun nach den üblichen religiösen Regeln verhielt und in Konkurrenz zu anderen Religionen trat. Dieser historische Prozeß bestätigt die Richtigkeit der Unterscheidung zwischen Glaube (im vorgetragenen Sinne) und Religion. Sie sind nicht identisch.

4. Verhältnisbestimmung von Religion und Glaube

Nun werden unter Religion verschiedene Phänomene verstanden.[227] Das 2. Vat. Konzil (Nostra aetate 1) bezeichnet Religion als „Antwort auf die ungelösten Rätsel des menschlichen Daseins". Diese Antwort wird im Religionsverständnis als dem Menschen vorgegeben verstanden. Wird Religion stärker als Vollzug des Menschen gesehen, dann wird die Totalität dieses Aktes betont. (Der ganze Mensch mit Verstand, Wille und Gefühl etc. ist involviert.) So kann Religion als *erlebnishafte Begegnung mit dem Heiligen*"[228] oder als „Verehrung einer Manifestation des Geheimnisses der Wirklichkeit"[229] begriffen werden. Weniger Scheu, Gott selbst in die Definition einzubringen, hat Thomas von Aquin. „Religio proprie importat ordinem ad Deum" (S. Th. II/II 81,1). Religion bedeutet eine Hinordnung auf Gott. Er unterscheidet Religion und Glaube: „Religio est quaedam protestatio fidei" (S. Th. II/II 101,3 ad 1), Religion ist *ein* gewisser Ausdruck des Glaubens. Die Sprechweise des Thomas läßt offen, ob Glaube stets einen religiösen Ausdruck finden muß. Durch Religion wird der Mensch auf eine gewisse Weise auf Gott hingeordnet. Für Gott kann im heutigen Religionsverständnis auch das Heilige, das numinose Anziehende, das Unsagbare, das Geheimnis der Wirklichkeit, Absolute, Begründende, Letztgültige, was mich unbedingt

---

[227] Was unter Religion zu verstehen ist, war schon im Altertum umstritten. M.T. Cicero (106-43 v. Chr.) hat religio von relegere abgeleitet, so daß Religion die „sorgfältige Verehrung der Götter" (De deor. n. II, 72) meint. L.C.F. Laktanz (ca. 250 – ca. 320) widersprach ihm und leitete Religion von religare her. Religion ist also die „Wiederverbindung des Menschen mit Gott" (Div. Inst. VII, 28). Offenbarung ist für ihn als Christ und Platoniker das Einströmen göttlicher Weisheit. Religion ist daher mit Offenbarung fast identisch. Für beide aber hat Religion mit einer Beziehung zu tun, in der von Gott gesprochen wird.
Modern wird z.B. Religion definiert als „eine bestimmte Art der menschlichen Selbsttranszendierung" (vgl. P.L. Berger, Zur Dialektik von Religion und Gesellschaft, Frankfurt 1973, 26), oder: Religion ist „das, was den Menschen zum Menschen werden läßt" (Th. Luckmann, Lebenswelt und Gesellschaft, Paderborn 1980, 176). Hier gehört Religion zum Wesen des Menschen.

[228] G. Mensching, Die Religion, Erscheinungsformen, Strukturtypen und Lebensgesetze, Stuttgart 1959, 18 (ähnlich F. Heiler, Erscheinungsformen und Wesen der Religion. Stuttgart 1961, 563; Religion ist „Umgang mit dem Heiligen").

[229] G. Ebeling, Dogmatik des christlichen Glaubens, Bd. I, Tübingen 1979, 117.

173

angeht, die alles bestimmende Wirklichkeit usw. stehen. Charakteristisch für Religion sind drei Elemente: 1. Die Beziehung oder Hinordnung; 2. Das Gegenüber der Hinordnung, das meist absolut ist, und 3. die Erfüllung menschlichen Daseins, die in Aussicht gestellt wird (durch Werke, Tun, oder Gnade, Empfangen). Damit ist nicht entschieden über die Frage, ob dem Menschen notwendig Religion eigen sei. Heute scheint die These, daß zum Menschsein Religion gehört, zumindest fraglich. Auch darf das „desiderium naturale veritatis", daß der Mensch allgemein auf Wahrheit aus ist, nicht verwechselt werden mit dem „desiderium Dei", mit der Sehnsucht nach Gott. Die Aussage, daß Religion ein absolutes Gegenüber hat, ist auch nicht mit dem Absolutheitsanspruch einer Religion zu verwechseln. Auch andere Religionen können als Heilsweg anerkannt werden (wenn auch meist als weniger geeignet; so kam z.B. K. Rahner zu seinem Begriff des „anonymen Christentums"). Neben diesen drei mehr formalen Elementen impliziert Religion stets zwei Annahmen: 1. die Religion(en) stellen ein Einverständnis mit der Gutheit der ganzen Wirklichkeit dar. Das Ganze ist vertrauenswürdig, denn nur daraus resultiert die Heilserwartung. Aus diesem apriorischen Sinn ergibt sich die Annahme einer unbedingten vorgegebenen Ordnung. Sie bildet den absoluten Sinngrund des Existierens. Der religiöse Mensch stimmt in diesen ein. Er vertraut auf ein wohlwollendes Ordnungsgesetz. Dies kann verschiedene Formen annehmen. Es kann die Vorsehung Gottes sein, sein Heilswille, es kann als Logos bezeichnet werden, der den Sinn der Welt darstellt, griechisch auch εἱμαρμένη, es kann dies die Tora des Alten Testaments sein, aber ebenso Tao oder Dharma usw. All das entzieht sich der menschlichen Verfügung; der Mensch unterwirft sich dieser vertrauensvoll sinngebenden Wirklichkeit. Religion als diese Beziehung zum Gegenüber kann dieses „andere" oder auch „ganz Andere" unterschiedlich deuten. Es kann in die Innerlichkeit verlegt werden und das wahre „Selbst" bedeuten, es kann im menschlichen Antlitz begegnen oder sich als Leere (Nirvâna) darstellen. Bei all der Variationsbreite bleibt der Grundakt der Religion identisch, nämlich das Einverständnis, die Bejahung des Ganzen als eine unbedingte Ordnung, als eine absolute vorgängige Bezogenheit auf ein Letztes, das Heil und Sinn verspricht.
2. Jede Religion, so sehr sie sich auch mit faktisch bestehenden Situationen abfindet, ja verbindet und kollaboriert, will Kraft zum Widerstand gegen die tatsächlich bestehende Welt sein. Sie ist Protest gegen die Entfremdung und versteht Menschsein als noch nicht voll verwirklicht. Religion ist immer zugleich auch die Verweigerung des Einverständnisses, die Negation der vorhandenen Wirklichkeit. So hat K. Marx richtig erkannt, daß Religion „Protestation gegen das wirkliche Elend" ist.
Aus diesen Hinweisen ergibt sich nochmals klar der Unterschied von Glaube und Religion.
1. *Religion* geht immer von einem a priori gegebenen Sinn aus, sei es z.B. der Logos, Gott oder das Nirvâna. Das Ziel, das Sinn stiftet, ist vorgegeben. In

Ehrfurcht und Hingabe nähert sich der Mensch dieser tiefen Wirklichkeit, die Heil verspricht.

Glaube in jesuanischer Vollmachtserfahrung kennt diese Vorgabe nicht. Im Tun des Menschen selbst, in der Bejahung von Freiheit und Liebe, erschließt sich konkret Sinn und Wert des Lebens. Etwas von dieser Glaubensdimension ist z.B. im Alten Testament angedeutet, indem Gott erfahren wird als: Ich werde dasein, als der ich dasein werde (Ex 3). Gott ist kein Name, kein Sinn a priori, sondern nur im Tun (wie bei Moses) erweist sich eine befreiende Wirklichkeit, die als göttliches Ereignis bezeichnet wird. Der Vollzug selbst der menschlichen Existenz hat Sinn, wenn er sich als human herausstellt, über das Bisherige hinausführt und so Gott zur Sprache bringt.

2. *Religion* ist Protest gegen das Bestehende (die faktische Situation auf Erden) im Namen einer unbedingten Ordnung (Gotteswille, Dharma etc.). Das Leben auf Erden kennt einen Maßstab, der vorgegeben ist und Bestand hat. Von diesem Absoluten her ist das Leben zu messen (Deus-mensura-Satz). Der *Glaube* hingegen ist die revolutionäre Kraft der Freiheit und Liebe selbst. Er leitet sein kritisches Potential nicht von einer Vorgabe in einem Gott oder einem Weltgesetz ab, sondern erhält alle Kraft aus dem Vollzug selbst, der als sinnvoll erkannt wird, weil er den Menschen neue Möglichkeiten und Perspektiven eröffnet (Homo-absconditus, Humanum-mensura-Satz). Bei Jesus wird *alles* Vorgegebene (alles Ge-setz-te) auf den Menschen bezogen, so daß der Mensch nie für ein Gesetz da ist, sondern jedes Gebot (Gottes) für den Menschen. D.h., Menschsein wird nicht von einer „Vorgabe" her (und sei sie Gott) verstanden, sondern Sinn konstituiert sich im humanen Vollzug.

Gehen Glaube und Religion eine Verbindung ein, so ist dies nur dann sachgerecht, wenn sich die Religion relativieren läßt, sich auf Glaube bezieht, sich nicht absolut setzt und dialogisch ist, indem die Religion ihre Inhalte vor dem Glauben verantwortet. Daraus ergäbe sich ein echt dialektisch-dialogisches Verhältnis. Dazu ist es aber notwendig, daß die Religion ihre Vorgaben selbst auch in den Dialog einbringt, in Frage stellt, und nicht als unumstößlich voraussetzt.[230] Glaube also relativiert Religion, beläßt sie aber in ihrer Eigenart (als Protest), in ihren Ausdrucksformen und bedingt auch in ihrem theologischen Konzept. Andererseits wird der Glaube durch die Religion auf kon-

---

[230] Als Reaktion darauf haben sich, nicht nur im Christentum, fundamentalistische Tendenzen entwickelt. Unter religiösem Fundamentalismus ist eine Ansicht zu verstehen, die das „Heilige" und das „Überkommene" durch moderne Meinungen, Strukturen und Prozesse relativiert sieht. Dadurch wird die „heilige Ordnung" bedroht. Die Fundamentalisten behaupten dieses Überkommene, die heilige, „göttliche" Ordnung als einen letzten Wert. Sie wollen diesen Geltungsanspruch als einen absoluten, bleibenden Wert schützen. Ihm hat sich jeder Mensch unterzuordnen. Der Fundamentalismus ist Kritik der Moderne und Postmoderne. Es geht nicht um einzelne Irrtümer, die bekämpft werden, sondern die Kategorie des „Neuen" selbst wird in Frage gestellt. Im Hinblick auf die „ewigen Werte" kann es keine Neuerungen geben: „nihil novi sub sole". Dagegen stehen alle Bewegungen, die Veränderungen mit dem „Bleiben in der Wahrheit" in Verbindung bringen, oder auch die, die auf den Wahrheitsanspruch (grundsätzlich) verzichten.

krete Verwirklichungsmuster verwiesen, wie sich in der bestimmten psychisch-sozial-geschichtlichen Situation Freiheit und Liebe am besten verwirklichen lassen. Was bedeutet konkret dieses „neue" Verhältnis von Glaube und Religion?

5. Exkurs: Die Grundstrukturen des „Neuen" Denkens

In den 70er Jahren, besonders in Kalifornien verbreitet, verstand sich die New-Age-Bewegung als ein Ausdruck des gesellschaftlichen und universalen Paradigmawechsels. In ihr geht es um die ganzheitliche Gesundheit von Mensch und Natur sowie um eine Spiritualität, die von humanistischer Psychologie bestimmt ist, westliches und östliches Denken vereinen will und ein besonderes Interesse an okkulten und paranormalen Phänomenen zeigt. Dabei spielt die Astrologie eine Rolle. Aufgrund von Berechnungen treten wir nun in das Zeitalter des Wassermanns (bisher Fisch und vorher Widder) ein, das, wie jedes Zeitalter 2160 Jahre währt. Dies wird als ein Grund angegeben, warum sich das Leben der Menschen nun grundlegend neu gestaltet. Für die ursprüngliche New-Age-Bewegung gilt, daß ein gesellschaftlich-politisches Bewußtsein fast völlig fehlt. Kosmologie und Psychologie verhindern oft wirkliche gesellschaftlich-soziale Veränderungen. Daher verstehen sich Friedens-, Freiheits-, Frauenbewegungen und selbst „Grüne" nicht als „New-Age"-Bewegungen, obwohl sie zum Teil Ansichten von dieser übernommen haben. F. Capra gilt als einer, der diesen Gruppierungen (besonders New-Age) sehr nahe steht.[231] Entscheidend sind in dieser Vorstellungwelt:

1. Wirklichkeit muß ganzheitlich betrachtet werden. Theologisch gesprochen geht es um die Selbstmanifestation Gottes in der menschlichen Erfahrung. Erst von dieser ganzheitlichen Grunderfahrung her ist es sinnvoll, von Teilen zu sprechen, d.h. von einzelnen Dogmen, die diese ganzheitliche Erfahrung unterschiedlich zum Ausdruck bringen. Also nicht (wie bisher) die Summe der einzelnen Glaubensaussagen (Dogmen) machen den christlichen Glauben aus, sondern die vorgängige Ganzheit der Erfahrung des Göttlichen.

2. Diese Offenbarung des Göttlichen ist ein dynamischer Prozeß in Zeit, Raum und Geschichte. Gott zeigt sich in den geschichtlichen Widerfahrnissen stets neu, stets anders. Dieser Offenbarungsprozeß als Werden ist entscheidend. Offenbarung ist also nicht (wie bisher) eine Belehrung über ewige Wahrheiten. Dann würde nämlich die geschichtliche Offenbarung als unwesentlich gesetzt, so daß die stattgefundene Offenbarung nur als Conditio sine qua non für die Erkenntnis der Offenbarungswahrheiten gilt.

3. Glaubenswahrheiten sind nicht ohne persönlichen Glauben wahr. D.h. die gläubige Person konstituiert die Glaubenswahrheit mit. Diese Wahrheiten ha-

---

[231] F. Capra/D. Steindl-Rast, Wendezeit im Christentum. Perspektiven für eine aufgeklärte Theologie, Bern/München/Wien 1991.

ben nur Bestand, existieren nur, wenn der Mensch sie vollzieht. Dadurch können auch nichtbegriffliche, gefühlsmäßige, mystische Wahrheiten miteinbezogen werden. Also ist Theologie nicht wie bisher Feststellung objektiver Erkenntnis, die in sich keinen Bezug zum menschlichen Vollzug hat, der nur als eine Folgerung aus der objektiv festgestellten und gültigen Wahrheit verstanden wird.

4. Theologisch ist im neuen Paradigma die Wirklichkeit ein Netzwerk verschiedener Perspektiven von Transzendenz. Jede dieser Perspektiven und Erkenntnisse kann Wahrheit vermitteln. Damit eröffnet sich eine Vielzahl von Theologien, die alle ihre Berechtigung haben und nicht ausgeschlossen werden dürfen. Also ist nicht wie bisher nur ein *einziges* theologisches System als verbindlich zu verstehen. Theologische Aussagen sind nicht für alle Glaubenden unumstößlich gültig.

5. Wahrheit ist nicht in einer theologischen Aussage, in einem Satz als solchem zu finden, sondern nur in der Ganzheit, in der grenzenlosen Wirklichkeit selbst. Eine Aussage ist immer nur ein begrenzter Ausdruck, der relativ ist. Der Gläubige findet also nicht wie bisher seine letzte Wahrheit und Sicherheit mittels eines dogmatisch formulierten Satzes.

Diese *fünf* Grundgegebenheiten sind für das „neue Denken" konstitutiv. Sie haben mit unserer Grundkonzeption gewisse Berührungspunkte.

Nach dieser Ansicht artikuliert sich in ihnen der dynamische Prozeß der Selbstmanifestation des Göttlichen in der Ganzheit der Erfahrung, die vom konkreten Menschen nicht ablösbar ist und die die einzelne Benennung in der Vielzahl der Möglichkeiten übersteigt. Capra faßt sie mit dem Wort Spiritualität zusammen. Diese ist von der Religion unterschieden. Er hält es für möglich, daß Menschen Spiritualität besitzen, aber ohne konkrete Religion sind. Umgekehrt meint er, ist ohne diese Spiritualität heute keine Religion möglich. Spiritualität ist Erfahrung, Praxis und Einsicht. Religion ist stets Institutionalisierung der Spiritualität. Die Religion drückt sich aus in Theologie, Ethik und Ritual. In theistischen Religionen wird die letzte Wirklichkeit, die Sinn macht, als Gott bezeichnet. Die Zugehörigkeit zu dieser universalen, kosmischen Wirklichkeit drückt sich in der Ethik aus, wenn unser Wille sich mit dieser Erfahrung des Zugehörens (zur Gesamtwirklichkeit) befaßt. Im Ritual reagiert unser Gefühl auf die Erfahrung der Zugehörigkeit zu dieser letzten Wirklichkeit.

Wie immer Religion in ihren Grundzügen zu beschreiben ist, sie ist ein von der Spiritualität abgeleitetes Phänomen. Mit der Spiritualität wird der Glaube in Zusammenhang gebracht. Glaube ist an Erfahrung gebunden, und zwar so, daß sich Gott in uns offenbart, dem man sein ganzes Leben anvertraut. Glaube ist existentielles Vertrauen in das Göttliche in uns. Dieser Spiritualität folgt die Religion nach (oder kann es zumindest). Im Kontext der Spiritualität und des Glaubens wird Gott als das eigene Selbst erfahren, das uns von Entfremdung befreien kann. Nicht wir ziehen den Schleier weg, wodurch Gott sich offenbart, sondern die Braut entschleiert sich für den Bräutigam. Hier haben wir das Gegenteil der Machbarkeit und Technik, so wie Bacon sie versteht, indem er von der Natur als einer Frau spricht, der man nur durch Folter ihr Geheimnis entreißen kann. Letzte Wirklichkeitserfahrung ist Geschenk und nur in einem ganzheitlichen Verstehen möglich. In dieser Spiritualität geht es nicht um Selbstbehauptung wie in den Institutionen, sondern um Integration in den „Haushalt Erde". Daher geht das ökologische Gewahrsein aus der Ebene der Spiritualität hervor und nimmt religiös ökumenische Gestalt an, d.h. Verständigung der Religionen untereinander. Diese Spiritualität und dieser Glaube sind Zeugnis für die gemeinsame Humanität. Hier wird der Paradigmawechsel (in den fünf Punkten zusammengefaßt) zur Überlebensfrage. Ellbogenfreiheit zerstört den anderen und mit ihm das Ganze. Freiheit, die aus dieser Spiritualität erwächst, schiebt den anderen und das andere nicht zur Seite, sondern gewährt ihm Raum, läßt ihn wachsen und vermehrt so seine Freiheit. Denn die Erniedrigung des anderen ist gleichzeitig eigene Erniedrigung. In dieser ganzheitlichen Spiritualität ist Gott die ständige Beziehung, die alles verbindet; er ist der Horizont, der stets gleich bleibt und sich doch bei jeder Bewegung verändert, wie der Kosmos, der sich im ständigen Wandel gleich bleibt. Insofern wir im Glauben an dieser Ganzheit teilhaben, ist unser wahres Selbst, das Beziehung zu Gott ist, einfach Gott in uns. So sind wir selbst Worte Gottes, sind von Gott ausgesprochen und zugleich angesprochen. Freilich sind wir heute oft noch weit weg von diesem ganzheitlichen Denken. Meist bestimmt nicht die neue Spiritualität, sondern die Religionen das menschliche Leben. In ihren Institutionen sind sie autoritär und daher abspaltend. Macht wird als Herrschaft verstanden und nicht als Ermächtigung zum Handeln für andere. Was in den Religionen geschieht, ist genauso in Politik und Wissenschaft zu beobachten. Es ist eine Täuschung, wenn man meint, daß die Wissenschaft objektiv und neutral sei. Was in Religionen eine Autorität (z.B. Papst) bestimmt, entscheidet in der Wissenschaft das Geld. Nur *die* Forschungsprojekte kommen zum Zug, die politisch als förderungswürdig angesehen werden. Nicht das Gesamtinteresse der Menschheit entscheidet, sondern die Interessen der Geldgeber. Wie der religiöse Mensch sich von seiner Autorität abhängig macht, so der Wissenschaftler von der Macht des Geldes, das nicht demokratisch, sondern genauso autoritär vergeben wird. Das alles sind Abspaltungen von Sinnzusammenhängen, von der Ganzheit. Die neue Spiritualität ist die Überwindung all dieser Abspaltungen. Der Weg dieser Überwindung ist in der globalen Kommunikation, im Gewahrwerden der Frauen, der Armen, der Unterdrückten und in der Begegnung, im Dialog der großen Religionen zu sehen. Bei all dem geht es um die Veränderung der Gesamtkonzeption von Wirklichkeit und nicht um ihre Verbesserung. Die neue Spiritualität und der Glaube verändern die Religionen und „verbessern" sie nicht. Als Vergleich mag die Kunst dienen: Rubens wurde nicht durch Picasso verbessert, sondern eine andere Kunstauffassung spricht aus ihm. Der Dialog zwischen Romeo und Julia läßt sich nicht verbessern. Die Vorgänger von Mozart wurden durch ihn nicht falsifiziert, sondern in ihrer Gültigkeit für ihre Zeit bestätigt, aber zugleich „überholt". So wird auch unser Kindsein durch das Erwachsenwerden nicht ungültig, sondern als eine zwar vergangene, aber sinnhafte Periode anerkannt. Die Probleme entstehen, wenn das Kindsein nicht aufgegeben wird und künstlich bewahrt sein will. Das Gleiche gilt für Geschichtsperioden, in denen ein Paradigma von einem anderen abgelöst wird. So haben wir heute unsere Probleme mit Religionen, die vor ca. 2000 Jahren ihre Gestalt bekommen haben und nun, aufgrund der neuen Spiritualität in unserer neuen Zeit, durch neue Modelle in Theologie, Ethik und Ritual abgelöst werden sollen, aber nicht wollen!

Religion und Spiritualität müssen unterschieden werden. Der Begriff der Spiritualität bzw. des Glaubens, wie ihn Capra vorträgt, ist m.E. noch in einem Modell eingebettet ist, das von der Subjektivität her denkt, stark psychologisch beeinflußt ist und daher doch nicht so entscheidend zur Befreiung zum „Neuen" beiträgt, wie es scheinen mag. Das soll jedoch die Leistung nicht schmälern, die die Bewußtmachung der veränderten neuen Zeit darstellt.

6. Konkretion der Verhältnisbestimmung: Glaube – Religion

Genauso wenig wie es *die* Sprache oder *den* Menschen gibt, gibt es *die* Religion. Niemand spricht *die* Sprache (fälschlich: Koran = die Sprache Gottes, – arabisch), sondern jeder Mensch spricht eine bestimmte Sprache. So hat niemand *die* Religion, sondern immer eine konkrete Form von Religion.

Nachdem sich Christentum nicht nur als Glaube, sondern auch als Religion verstanden und Kirche sich nicht nur als Glaubensgemeinschaft begriffen hat, sondern eine Religionsgemeinschaft geworden ist, trat sie in Konkurrenz zu anderen religiösen Gemeinschaften. Erst durch das kirchliche Selbstverständnis wurde der christliche Glaube zu einer Religion, und zwar zur allein wahren Religion mit universaler, absoluter Gültigkeit. Natürlich verstehen sich auch andere Religionen wie z.B. der Islam, als die allein gültige Religion. Die absolute Glaubensentscheidung wurde zum religiösen „Absolutismus".

Genau das Gegenteil war bei Jesus und seiner befreienden Vollmacht der Fall. Sein „Vorgehen" bestand in der Relativierung der jüdischen Religion, die sich als die einzig wahre begriffen hat. Daher war Jesus kein Reformator dieser Religion, aber auch kein Gründer einer neuen, sondern einer, der Religion relativierte, und zwar in Bezug zu einem Glauben, der Menschen in Freiheit setzt und das Ziel hat, daß alle Menschen in diesem Bereich der Befreiung leben können und damit letzte Wirklichkeit, Gottes Reich nahe ist. Daß sich aus dieser Relativierung eine Veränderung in der Religion selbst ergeben kann, indem sie auf ihre Humanitas hin befragt wird, ist die sekundäre Folge, die sich aus dem Glaubensdialog ergibt. Glaube ist, um ein Bild zu gebrauchen, als Licht zu verstehen, das aber nur dann leuchtet, wenn es auf einen

Gegenstand fällt, der durch das farblose Licht in den verschiedensten Farben aufleuchtet.

Das NT wollte ursprünglich nicht ein Religionsbuch sein, ein zweites, „neues" Testament, sondern eine Glaubensinterpretation des Alten Testaments. In Gleichnissen und Bildern sind daher beide in einem echt dialektischen Verhältnis zu sehen. Das Alte Testament darf sich nicht absolut setzen, denn Tora und Propheten sind kein direkter Heilsweg. Aber von der neuen jesuanischen Vollmacht, von diesem Freiraum, kurz, vom Befreiungsglauben her behält das Alte Testament, die jüdische Religion ihre Gültigkeit.

Für Jesus und seine Jünger war das Alte Testament der notwendige religionsgeschichtliche Rahmen, der dann auch faktisch ständig das Neue Testament begleitete. Diese jüdisch-religiöse Einfärbung des „christlichen" Glaubens wurde zusätzlich mit griechisch-römisch-germanischen religiösen Elementen angereichert. Damit wird deutlich, daß der christliche Glaube primär keine bestimmte Religion ist, sondern sich in den verschiedenen Religionen als ein humaner Befreiungsimpuls verwirklichen kann. Glaube und Religion stehen in einem dialektischen Verhältnis, wobei diese Dialektik nur möglich ist, wenn die Aufhebung des Absolutheitsanspruches jeder Religion gelingt. Christlicher Glaube als „Licht" könnte die verschiedensten Farben annehmen und im ganzen Spektrum menschlicher Kulturen, Lebensweisen und religiöser Formen aufleuchten. So könnte man heute nicht nur von Judenchristen sprechen, was leider überhaupt keine Beachtung mehr findet, sondern auch von Heidenchristen, die wir alle sind, doch müßte dieser Begriff aufgeschlüsselt werden. Die Rede von Hinduchristen, Buddhachristen, Islamchristen, Taochristen, Konfuziuschristen usw. hätte einen eminent theologischen Sinn.[232] Dazu wäre auch noch auf die Menschen zu achten, die keine religiöse Bindung haben; das wären die Säkularchristen, vielleicht auch die atheistischen Christen, oder einfach die religionslosen Christen. Glaube muß nicht notwendig mit Religion ein dialektisches Verhältnis eingehen, sondern kann dies auch mit religionslosem menschlichem Selbstverständnis. Ähnliches gilt für die religiösen oder auch nichtreligiösen Dokumente. Im Mittelmeerraum ist uns primär die Dialektik von Altem Testament und Neuem Testament bekannt. Es ist aber nicht von der Hand zu weisen, daß z.B. der Koran mit dem Neuen Testament ein dialektisches Verhältnis für die

---

[232] Das Wort „Christ" erhält dadurch eine neue Bedeutung. Es meint nicht das dogmatische Bekenntnis zu der historischen Gestalt Jesus, die zum Christus wurde usw., sondern versteht unter „christlich" den Impuls, der von Jesus Christus ausgegangen ist, bzw. das Paradigma des menschlichen Menschen. „Christlich" meint dann die Humanisierung jeder Religion (auch des Christentums). In dieser Humanisierung ist befreiender Glaube und Erfahrung von Offenbarung möglich. Der Mensch *gilt, weil er Mensch ist* und nicht weil er Buddhist, Moslem oder Christ etc. ist.
R. Panikkar (Faith and Belief: A Multireligious Experience, in: Anglican Theological Review 53, 1971, 220) meint dazu: „Ich brach als ein Christ auf, ich fand mich als Hindu wieder und kehrte als ein Buddhist zurück, ohne je aufgehört zu haben, Christ zu sein."

Islamchristen eingehen könnte, und der Palikanon für die Buddhachristen usw., und daß dies nicht nur für die Hochreligionen, sondern auch für die sog. „Naturreligionen" gilt, wie die schwarzafrikanischen Urreligionen. Es ist bezeichnend für die afrikanische Bischofssynode 1994 in Rom (!), daß die von Missionaren in Lateinamerika und Afrika geübte Praxis a limine ausgeschlossen wurde, als Lesung in der Messe religiöse Texte der einheimischen Religion zu verwenden, auch wenn sie nichts Anstößiges (natürlich für europäische Maßstäbe!) enthalten. Wieviel „Anstößiges" enthält doch das Alte Testament! Es ist ein deutliches Zeichen, daß sich die römische Kirche als konkurrierende Religionsgemeinschaft versteht und von der jesuanischen Befreiungsbotschaft nichts hält.

Ebenso kann auch ein sog. profaner Text (die Unterscheidung ist nur von der religiösen Perspektive her möglich) in diesen Dialog eintreten (wie der katholische Exeget K.H. Schelkle lehrte, daß Platon genauso inspiriert war, wie die Autoren des Alten Testaments). Wenn diese Dialektik wirklich ernstgenommen wird, dann könnte eine neue Basis der Verständigung der Menschen untereinander gefunden werden. Glaube mit und ohne Religion wäre als volle menschliche Möglichkeit gesehen, die empfangen und verwirklicht wird. Der christliche Glaube hätte die Funktion, die Menschen von der Versklavung durch Absolutheitsansprüche aller Art zu befreien. Unter diesem Aspekt stellt sich die Frage des Verhältnisses der Religionen untereinander, sowie die Frage nach dem Sinn der Mission durch eine Religionsgemeinschaft.

X. RELIGION UND RELIGIONEN

Was unter Religion annähernd zu verstehen ist, haben wir bereits gesehen. Es geht hier nicht um die Frage, die Religion *in* den Religionen zu finden. Religion (Singular) ist oft mit dem Offenbarungsbegriff identifiziert worden; nicht ganz zu Unrecht. Alle Religionen beziehen sich auf Erfahrungen, die eine letzte Wirklichkeit zur Sprache bringen. Wie sie zur Sprache kommt, ist von der wahrgenommenen Erfahrung abhängig, die in einem historisch bedingten Kulturraum von psychologischen und sozialen Elementen bestimmt ist und die Offenbarungserfahrung mitkonstituiert.

Nun gibt es verschiedene Religionen, so wie es in der Vielzahl der Kulturen ein unterschiedliches menschliches Selbstverständnis gibt. Beide sind nicht monokausal, sondern dialektisch zu erklären. Menschliches Selbstverständnis bedingt Kultur und Religion, und diese ermöglichen das Verstehen des Menschseins. Nun begegnen sich Menschen aus unterschiedlichen Kulturräumen, mit unterschiedlichen Wertsystemen, und daher auch mit divergierenden Religionen. Oft versucht man diese Differenz aufzuheben durch Vernichtung des anderen (Hl. Krieg), durch Verachtung des anderen (ich habe die absolute Wahrheit) oder durch Überredung, indem ich dem anderen Veränderung aufzwinge und so Unterschiede nivelliere.

1. Der Dialog

Nach heutigem westlichen Selbstverständnis ist Einheit bei voller Achtung des anderen nur durch den Dialog möglich, der nicht nur intellektuell, sondern ebenso auf der Gefühlsebene usw. zu führen ist.[233] Dialog ist eine bestimmte Art und Weise der Begegnung von Menschen, die unterschiedliche, voneinander perspektivisch abweichende Anschauungen haben und die sich verständigen wollen.

1. Voraussetzung für jeden Dialog ist, daß Menschen miteinander Umgang haben möchten oder diesen zumindest akzeptieren. Wenn jemand mit einem anderen in keiner Weise in Beziehung treten will, ist jeder Dialog ausgeschlossen.

2. Vorauszusetzen ist, daß ich dem anderen im Dialog völlig aufrichtig und ehrlich begegne. Es ist subjektiv gefordert, daß ich den anderen nicht hineinlegen oder übervorteilen will, aber auch objektiv, daß ich meine Position klar darstelle und nichts Unrichtiges einfließen lasse. Weder menschlich noch intellektuell darf ich den anderen täuschen, indem ich etwa Schwächen meines religiösen Systems verschweige.

---

[233] Vgl. L. Swidler, Die Zukunft der Theologie. Im Dialog der Religionen und Weltanschauungen, Regensburg/München 1992.

182

3. Dialog kann nur unter Partnern geführt werden. Ich muß den Gesprächspartner menschlich und intellektuell so achten, daß ich ihn mir ebenbürtig betrachte. Über- und Unterordnung in irgendeinem hierarchischen Sinne sind a priori auszuschließen. Die Befehl-Gehorsamsstruktur macht jeden Dialog unmöglich. Solidarität und Geschwisterlichkeit sind gefordert. Achtung und Liebe sind die Bedingung für jede Verständigung.

4. Voraussetzung ist die Bereitschaft zur Veränderung. Nur wenn beide bereit sind, ihre Ansichten und Lebensführung durch den anderen befragen und korrigieren zu lassen, ist der Dialog sinnvoll.

5. Ein Minimum an Kritik und Selbstkritik ist notwendig. Wenn ich meine Meinung und meinen Lebensentwurf in keiner Weise in Frage stellen lasse, ist jedes Gespräch zum Scheitern verurteilt.

6. Gleiches kann nur mit Gleichem verglichen werden. Ich darf nicht meine Ansichten und Ideale mit der Lebensführung und Praxis des anderen vergleichen, sondern nur Ideale mit Idealen und Praxis mit Praxis. Ein Wechsel im Gespräch von Theorie auf Praxis und umgekehrt ist unredlich, obwohl beide selbstverständlich einander beeinflussen.

7. Meine Darstellung der Meinung meines Gesprächspartners muß so sein, daß er sich selbst darin wiederfinden kann. Verzerrte, einseitige oder gar polemische Darstellungsweise wird dem Dialog nicht gerecht.

8. Jeder der Teilnehmer am Dialog muß versuchen, die Ansicht des anderen „von innen" heraus zu verstehen, wie es zu dieser Meinung und Praxis kommt, wie sie sich selbst begreift und welche Konsequenzen sich daraus ergeben. Es geht darum, sich in den ganzen religiösen Erfahrungskomplex des anderen mit seiner Person hineinzudenken und hineinzubegeben.

9. Das bedeutet keine Indifferenz in dem Sinne, daß jede Religion gleichgültig sei, sondern meine eigene Ansicht und Lebensweise ist mit ihrer ganzen Glaubwürdigkeit darzustellen. Dialog widerspricht nicht den Überzeugungen. Im Gespräch will ich den anderen überzeugen. Ich bezeuge mich selbst in der eigenen Religion.

10. Bezeugung ist aber nie absolut in sich, sondern immer relational. Meine für mich gültige Ansicht und Lebensweise ist aufs Spiel zu setzen, so daß ich durch den Dialog als anderer zu mir zurückkehre. Das ist das Wesen der Umkehr, der μετάνοια, die Jesus als Grundbedingung für Gottes Nähe forderte.

Der Dialog dient als Methode nicht nur der Verständigung unter Menschen und Religionen, sondern ebenso als Weg der Wahrheitsfindung. Die historische Bedingtheit der Wahrheit, ihr Praxisbezug, ihre zeitliche Erscheinung, ihre soziale Einbettung und ihr sprachlicher Ausdruck sind nicht äußere Bedingungen, Erscheinungsformen ewig gleichbleibender Wahrheit. Wahrheit wird zerstört, wenn ihre konkrete Gestalt nicht ernstgenommen wird. Will man einem Menschen die gesamte Haut abziehen, das Fleisch von den Knochen lösen, dann hat man den Menschen getötet und nur noch tote Bestandteile in den Händen. Die Wahrheit ist der lebendige Mensch und nicht das Knochengerüst. Die Wahrheit der Kirsche ist nicht ihr Kern, sondern die ganze Frucht. Wahrheit ist nicht in sich exklusiv, indem sie alle anderen Möglichkeiten ausschließt, sondern Wahrheit, die von konkreter Existenz nicht abzulösen ist, erweist sich als inklusiv. In ihrer Kommunikationsfähigkeit, in ihrer Möglichkeit, sich anderen mitzuteilen, erweist sich die Wahrheit als „relativ", als relational. Gerade wenn Wahrheit in Beziehung treten kann zur Wahrheit eines anderen, entsteht neue Erkenntnis und damit neue Wahrheit, die sich im lebendigen Prozeß von Zeit und Geschichte ereignet und in diesem auch allererst wird, nicht nur aus der Verborgenheit heraustritt. So gelangt Wahrheit zu ihrer Ganzheit – sie wird ganzheitlich, holistisch (whole) verstanden und damit erreicht sie die Dimension, in der die Religionen vom „Heiligen" (holy) des menschlichen Lebens sprechen.

Von diesen Grundbedingungen her ist eine Begegnung der Religionen möglich, die religiöse Wahrheit erschließt und nicht unfruchtbar bleibt. Jede Religion ist ein Symbolsystem, wobei unterschiedliche Grundsymbole verwendet werden, die von der Kultur, von Zeit und Geschichte geprägt sind und unterschiedliche Zugänge zum Menschsein ermöglichen. Alle Systeme sind sekundäre Vergegenständlichungen primärer möglicher Offenbarungserfahrungen. Dies gilt auch für die christliche Religion. In den Symbolen sollen Erfahrungsmöglichkeiten konserviert werden, damit neues Erleben, aber religiös zugleich ein echtes „Überleben" möglich ist, so daß sich der Mensch in diesen Symbolen wiedererkennt bzw. den Sinn seines Lebens dargestellt finden kann.

2. Der religiöse Absolutismus

Nun erhebt jedoch das Christentum einen Absolutheitsanspruch, der in seiner Universalität wohl nur noch im Islam zu finden ist. Es gibt nun verschiedene Modelle dieses Anspruches.[234] Als religionstheologische Grundmodelle werden angeführt[235]:

1. Der *Exklusivismus* sieht die eigene Religion als einzig heilsvermittelnde Instanz an. Er ist radikal, wenn er die individuelle Heilsmöglichkeit aller anderen ausschließt (z.B. Franz Xaver: Wer nicht getauft ist, wird verdammt). Er behauptet unumstößlich, die einzig wahre Religion zu sein und für alle Menschen universal gültig zu sein. Jeder also muß, um in der Wahrheit seines Lebens zu stehen und sein Heil zu finden, der christlichen Religion (oder sogar der katholischen) anhängen und konsequent Glied dieser Gemeinschaft sein. Oder anders dargestellt: Jeder Mensch ist vom Ursprung her ein Moslem, und Allahs Wille ist es, daß jeder Mensch sich der Umma, der Moslemgemein-

---

[234] Vgl. R. Bernhardt, Der Absolutheitsanspruch des Christentums. Von der Aufklärung bis zur pluralistischen Religionstheologie, Gütersloh 1990.

[235] Vgl. K.-H. Ohlig, Die Religionen und die Sinnfrage, in: Imprimatur 28, 1995, 359f. H.G. Pöhlmann, Nebenwege zum Heil. Zur pluralistischen Theologie der Religionen, EvKomm. 11, 1995, 666.

schaft auf Erden, anschließt. Für das christliche Selbstverständnis konzentriert sich das Heil nicht primär auf ein Buch (Koran) und seine Befolgung, auch nicht auf das Gesetz (Tora, Judentum), um die drei „Abrahamsreligionen" zu erwähnen, sondern auf eine Person, Jesus Christus. Er ist das absolute Heil, das sich theologisch dadurch begründen läßt, daß er Gottes Sohn ist und Gott sich ein für alle Mal endgültig in ihm ausgesprochen hat. Ein solcher Standpunkt – nicht als subjektives, perspektivisches Bekenntnis gesehen, sondern als Absolutheitsanspruch – schließt den wahren Dialog aus.

Nun kann ich diesen Absolutheitsanspruch variieren. Als Christ muß ich nicht jeden Nichtchristen aus dem Heil ausschließen, ich kann auch einen Heilsweg für Nichtchristen als möglich ansehen. Der Exklusivismus ist gemäßigt, wenn er die Möglichkeit individuellen Heiles außerhalb der einzig wahren Religion für möglich hält (z.B. lehrte die mittelalterliche Theologie: facienti quod in se est Deus non denegat gratiam; wer alles tut, was ihm möglich ist, dem wird Gott die Gnade nicht verweigern).

2. Der *Inklusivismus* sieht in der eigenen Religion die höchste Verwirklichung der Wahrheit und des Heiles für den Menschen. Er spricht auch anderen Religionen die heilsvermittelnde Instanz nicht ab. Der Mensch findet also sein Heil *nicht trotz* (oder gegen) seiner abweichenden Religion (Exklusivismusbegriff), sondern *wegen* seiner Religion. Sie ist Hilfe für sein Heil, aber nicht die beste und auch vermischt mit Irrtümern. Nur die eigene Religion ist die einzige, voll wahre Religion. Diesen Weg hat das 2. Vat. Konzil in der Erklärung über das Verhältnis der Kirche zu den nichtchristlichen Religionen beschritten. Das Bemühen ging dahin zu zeigen, daß verschiedene religiöse Inhalte, Symbole mit der christlichen Religion übereinstimmen. Z.B. verehren die Muslime den „alleinigen Gott" (unicum Deum, Art. 3). Auch der Hinduismus kennt die „liebend-vertrauende Zuflucht zu Gott" (Art. 2). Der Buddhismus weist auf das Ungenügen der Welt und versucht, zur höchsten Erleuchtung zu gelangen (vgl. Art. 2). Die jüdische Religion hat die Offenbarung Gottes im AT empfangen (Art. 4). All diese religiösen Inhalte tragen zum Heil für die Menschen bei und sind gut und keineswegs verwerflich. Aber die Fülle der Wahrheit hat nur der Christ. Damit wird also keineswegs der Absolutheitsanspruch geschmälert oder in irgendeiner Weise relativiert. Ein Dialog kann also nur zwischen wesentlich Ungleichen stattfinden. So ist aber dieser Dialog bereits in der Wurzel pervertiert. Diese Haltung wird oft als „Christofaschismus" bezeichnet. Den Religionen in ihrem Eigenwert wird diese Universalität und Absolutheit des Christentums, so tolerant und human es sich auch aufführen mag, nicht gerecht. Selbst die Vollversammlung von Nairobi[236] legt ein solches christliches Selbstverständnis nahe. „Christus stellt das wahrhaft Menschliche in jeder Kultur wieder her und befreit uns zur Offenheit gegenüber anderen Kulturen." Als ein partikulares Bekenntnis mag dies angehen, aber nicht als Universalanspruch, der für jede Kultur gilt.

---

[236] Bericht aus Nairobi, Sektion II, 29; dt. Bericht, 49.

3. Der *Pluralismus* sieht in den Religionen eine gleichrangige Verwirklichung der menschlichen Heilsmöglichkeit. Er kann in allen Religionen ohne Ausnahme diese je gleiche Heilsmöglichkeit sehen oder nur in mehreren Hochreligionen, aber nicht in allen. In verschiedenen Religionen (z.B. Abrahamsreligionen) wird je verschieden die „Höchstform" religiösen Selbstverständnisses verwirklicht.

4. Der *Skeptizismus* sieht alle Religionen als unwahr an. Die wahre Religion gibt es nicht. Er kann nun eine atheistische Position darstellen, die Religion für eine Wahnidee hält, oder ein agnostisches Verständnis von Religion sein, das den Transzendenzbezug des Menschen affirmiert, aber jede Benennung (in Theologie, Kult etc.) ablehnt.

5. Der *relative Superiorismus* ist eine besondere Spielart des Inklusivismus.[237] Er meint zwar, daß die eigene Religion den besten Heilsweg darstellt, sieht aber in anderen Religionen nicht nur eine niedere Form der Wahrheit (Teilwahrheit), sondern anerkennt, daß andere Religionen Wahrheiten *besser* erkannt haben (und vielleicht auch leben) als die eigene Religion. Als Bild kann ein Blumengarten dienen. In diesem Garten gibt es verschiedene Blumen und auch Unkraut. Abgesehen davon, daß es schwierig ist zu definieren, was eigentlich ein Unkraut ist, ist die Schönheit der Blumen nicht gleich. Kann es nun mehrere „schönste" Blumen geben oder doch nur eine? Sicher wird es nicht leicht sein, einen Konsens zu finden, was wohl die schönste Blume sei, aber lassen sich nicht doch Kriterien finden, nach denen die verschieden große Schönheit der Blumen beurteilt werden kann? Es geht hier nicht nur um die subjektive Beurteilung, wie es die Sprache der Liebe, die „Zärtlichkeitssprache" (Knitter: love, caressing language) kennt: Du bist (für mich) der liebenswerteste Mensch, meine einmalige „Rose", die über allen steht, sondern es geht um eine „objektive" Beurteilung. Die Behauptung der „Gleichrangigkeit" mehrerer Religionen scheint kaum begründbar. Zwar sind die verschiedenen Religionen durchaus gottgewollt (wie furchtbar wäre es, wenn auf der Welt nur Katholiken herumlaufen würden), aber die religiöse Deutung des menschlichen Lebens ist nicht einfach gleichgültig, sondern unterschiedlich, auch im Hinblick auf die Güte, auf Sinn und Heil des Menschen. Religiöse Systeme sind Versuche, Mensch sein zu können. Sie lassen sich von der interpersonalen Praxis nicht trennen, da der Mensch ein relationales Wesen ist, das durch den Vollzug wird. In bestimmten Teilen ist es nun möglich, daß in Praxis und Deutung eine andere Religion besser dasteht, das tut aber der Überzeugung keinen Abbruch, daß die eigene Religion relativ überlegen ist. Der Dialog ist in dieser Position möglich, weil die Bereitschaft der eigenen Verbesserung durch die andere Religion gegeben ist.

---

[237] P. Weiß, Sind alle Religionen gleich wahr? Eine Antwort auf die Pluralistische Religionstheologie, in: ZMR 80, 1996, 26-43. Ein sehr niveauvoller Beitrag zum Stand der heutigen Diskussion. Vgl. G. Gäde, Viele Religionen – ein Wort Gottes. Einspruch gegen John Hicks pluralistische Religionstheologie, Gütersloh 1998.

Im Hintergrund dieser Überlegungen steht die Bedeutung Jesu Christi für den Glauben und die religiöse Selbstdarstellung. Ob nun Jesus Christus konstitutiv oder nur repräsentativ für die Gotteswirklichkeit steht, ist eine zweitrangige Frage, in beiden Darlegungen wird Jesus Christus als Objekt, als einmaliger Glaubensgegenstand gesehen und daher inhaltlich zur „besten" Heilsmöglichkeit. Genau da liegt die Fraglichkeit des relativen Superiorismus. Wenn Jesus Christus aber nicht als Objekt, sondern als ein Interpretationsprinzip gesehen wird, das nicht abstrakt fixierbar ist, dann ist damit eben eine „lebendige" Norm gemeint, die nur erkannt wird, „wenn ihr einander liebt" (Jo 13,35). Freilich ist es dann äußerst problematisch, von einer „Überlegenheit" zu sprechen – außer in der Sprache der Liebe –, da auch Konfuzius und andere ähnlich zu verstehen sind und z.B. auch ein Sun Yat-sen (1866-1925) als religiöses Grundprinzip die „umfassende Liebe" angibt.

Für den Christen ist ohne Zweifel Christus Symbol für die Ganzheit der Realität, Symbol für die gott-menschliche Struktur der Wirklichkeit. Leben im Geist Christi meint, ein wahrhaft menschenwürdiges Dasein für alle Menschen zu fordern und zu verwirklichen. So ist nicht zu bestreiten, daß das universale, normative Kriterium für den interreligiösen Dialog die Vermenschlichung, die Befreiung zu wahrem Menschsein ist. Der Christ darf dieses Menschsein in Jesus Christus voll verwirklicht sehen. Aber keine Religion kann für alle Menschen maßgebend sein. Wird Jesus Christus nicht als Symbol bzw. Metapher für erfülltes Menschsein verstanden, sondern mit der christlichen Religion identifiziert, dann wird Überheblichkeit, Intoleranz und Aburteilung anderer Religionen hervorgerufen. Wie läßt sich nun ein echter Dialog zwischen den Religionen mit der Bedeutung Jesu Christi vereinbaren?

3. Sollen alle Menschen Christen werden?

1. Woher wissen wir, daß es der „Wille Gottes" ist, daß alle Menschen Christen werden sollen? K. Rahner argumentiert richtig, wenn er sagt, daß wir die „vor"-christlichen Religionen nicht als illegitim betrachten dürfen. Legitim sind sie, weil wir sie als einen positiven Weg zum Heil dieser Menschen ansehen müssen und sie „gottgewollt" sind. Die Geschichte ist ernst zu nehmen, und auf der Welt gibt es verschiedene Stadien der Menschheitsentwicklung. Es ist daher möglich, daß auch heute in einer anderen Entwicklungsstufe, in einem anderen kulturellen Bereich eine andere Religion für Menschen die richtige Religion ist. Das muß nicht notwendig ein Werturteil einschließen, aber auch nicht die Behauptung, daß jede Religion zur vollen Entfaltung des menschlichen Heils beiträgt. In der Geschichte gibt es positive und negative Entwicklungen, Menschen in verschiedenen Kulturen leben zwar synchron, aber existieren keineswegs „gleichzeitig" und „gleichgeschichtlich" (Mensch „von gestern" – Mensch „von morgen"). Daher wird durch die Geschichtlichkeit des menschlichen Daseins die eigene Religion

(z.B. christliche Religion) relativiert und diskussionsfähig. Christentum ist eine, für mich vielleicht die beste Verwirklichung des Menschseins.
2. Muß Religion grundsätzlich universalisierbar sein? Bereits E. Troeltsch betonte dieses Merkmal. Eine Religion, die grundsätzlich national gebunden ist, nur für ein Volk, nur für ein Geschlecht, nur für eine Gesellschaft oder nur für einen Teil der Menschheit gilt, spricht eo ipso den anderen Menschen das volle Menschsein ab. Sie schließt aus. Eine solche Religion ist nicht zu einem interreligiösen Dialog fähig. Daher muß die Religion für alle Menschen offen sein. Jede Partikularisierung zerstört die humane Solidarität. Diese Universalität darf aber nicht zu einem Superioritätsanspruch werden. Religion ist durchaus – recht verstanden – ein Laden, der für alle Kundschaften offenstehen muß! Aber sie darf sich nicht als einziger verstehen, bei dem alle Menschen kaufen müssen. Wer Besseres woanders findet, soll es dort holen, aber auch der, der mit einer anderen Einkaufstüte kommt, ist willkommen. Eine Religion muß also in ihrem Selbstverständnis alle einladen, universal sein, aber nicht exklusiv. Religion muß human, aber nicht national gebunden sein. Die religiösen Symbole sagen etwas Grundsätzliches über menschliches Selbstverständnis aus.

Diese beiden Voraussetzungen, die geschichtliche Relationalität und die menschliche Universalität, sind die Bedingungen der Möglichkeit eines interreligiösen Gesprächs und einer humanen Verständigung.

So läßt sich sagen, daß das christliche Grundsymbol, Jesus Christus, niemanden grundsätzlich ausschließt, aber auch nicht alle anderen religiösen Symbole einschließt. Diese Diversifikation der Religionen favorisiert nicht einen Pluralismus, der alle und jedes gelten und Religion gleich-gültig (im doppelten Sinne des Wortes) werden läßt.

Aber ist denn nicht doch im Christentum ein einziger universaler Erlöser gefordert? Eine solche Forderung kann nicht mit einer konkreten Religion (Christentum) identisch sein. Religionen sind sekundäre Gestaltwerdung primärer Offenbarungserfahrung. Hier liegt das einigende Zentrum des Gesprächs der Religionen. Diese Erfahrung, individuell und in Gemeinschaft, ist immer einzigartig (d.h. geschichtlich) und intersubjektiv einlösbar (d.h. universal). Aus christlicher Sicht heißt dies: In Jesus Christus, im Umgang mit ihm wird den Menschen letzte (bzw. göttliche) Erfahrung zuteil. Die tiefste Wirklichkeit wird präsent. Echtes Menschsein wird möglich. Jesus ist so eine partikuläre Erfahrung im Spektrum universaler Offenbarungsmöglichkeit. Ein konkreter Mensch in einer bestimmten Zeit und Situation setzt dem Menschen grundsätzlich keine Grenze (Universalität). Geh hin und tue desgleichen, ist der daraus resultierende Auftrag. In Jesus Christus Gottes Wirklichkeit zu begegnen, kann reale Erfahrung, Offenbarung sein. In der Sprache der Liebe heißt dies, daß Jesus Christus für mich einzigartige Bedeutung hat und daß der mit ihm gemeinte Inhalt, nämlich der menschliche Mensch, für alle Menschen einzulösen ist.

Wie der menschliche Mensch geschichtlich konkret verstanden wird, ist unterschiedlich, weil der konkrete Mensch nicht ein Exemplar der menschlichen Natur ist, sondern einmalig. Religionen sind Ausdruck einer Offenbarungserfahrung, die sich je geschichtlich-zeitlich konkretisiert zeigt. Dieses gemeinsame Zentrum aller Religionen ist in jedem Dialog zu unterstellen. Menschen haben Erfahrung mit der letzten Wirklichkeit gemacht, ihnen ist Offenbarung zuteil geworden. Diese universale Annahme ist religiöse Dialogvoraussetzung. Sie ist das Zentrum, das Einheit in der Vielfalt ermöglicht. Worüber kann der Dialog der Religionen gehen? Sein Thema ist, ob die Symbole der Religionen inhaltlich das Humanum befördern. Dies wird zugleich zum Offenbarungskriterium. Christlich läßt es sich so ausdrücken: Offenbarung kann nur sein, was mich in meiner Existenz betrifft. Nichts, was nicht zur sozialen Gerechtigkeit beiträgt, nichts, was Menschen und Menschengruppen aufgrund geschichtlicher Gegebenheiten (Rasse, Geschlecht usw.) benachteiligt, nichts, was Menschen bedrängt und ihnen Angst einflößt, kann Offenbarung göttlicher Wirklichkeit sein. Nur von dieser Sicht kann Jesus Christus das „Universale Konkretum" sein, kann ganz konkret menschlich und doch von allgemeiner Bedeutung sein. Nichts aber bleibt vom Abolutheitsanspruch der christlichen Religion. So können wir Jesus Christus ganz bejahen, aber Buddha keineswegs als Heilsweg ausschließen. Ein „Christ", in diesem gewandelten Sinne, ist nicht notwendig Anhänger der abendländisch-christlichen Religionsgemeinschaft, sondern ein glaubender Mensch, der die Offenbarungserfahrung in Jesus Christus nicht ausschließt und sich an der Menschlichkeit des Menschen orientiert. Umgekehrt gilt das gleiche für die Mitglieder anderer Religionen. Alle stehen unter dem Wahrheitsanspruch des Dialogs und können nur in ihm die Wahrheit des eigenen Lebens finden.

Daraus ergibt sich, um der eigenen Wahrhaftigkeit willen, der Dialog, der die Werte anderer Religionen achtet und auch für mich als bedeutungsvoll erkennt. Sie tragen zur Ganzheit meines Menschseins bei. Weil alle Werte und Normen geschichtlich sind, sind sie nicht schon in der Offenbarungserfahrung als solcher enthalten, sondern im geschichtlichen Werden zu finden, ja zu erfinden. Im jeweiligen Resultat wird die Wahrheit der Offenbarungserfahrung ausgesprochen und im Medium der Reflexion und der reflektierten Tat ein Konsens hergestellt, der für möglichst viele Menschen ein volles menschliches Leben ermöglicht.

Menschen, die im Dialog miteinander stehen, können nur im Frieden miteinander leben. Dieser humane Friede ist aber die Voraussetzung für einen Frieden unter den Religionen und nicht umgekehrt. Nur wenn jede Religion sich als sekundäre Konkretion von Offenbarungserfahrung versteht, kann Achtung vor der religiösen Überzeugung des anderen einkehren. Daher kann es keinen Religionsfrieden geben, wenn nicht die humanen Voraussetzungen dafür geschaffen werden.[238] Dann allerdings können die unterschiedlichen Religionen den Frieden unter den Menschen fördern und bekräftigen. Wo immer Religion auftaucht, ist diese auf ihre Voraussetzungen hin zu befragen, ist das Humanum von ihr einzufordern. Dann kann offenbar werden, was der Mensch nicht nur de facto, sondern in Wirklichkeit ist. Sinn des Lebens kann sich für Menschen erschließen.

Welchen Sinn hat unter den dargelegten Voraussetzungen die Ausbreitung der eigenen Religion, des Christentums?

---

[238] P.F. Knitter, Die Zukunft der Erde. Die gemeinsame Verantwortung der Religionen, München 1998, versucht diese mit dem Begriff der „Sorge um den leidenden Mitmenschen und unseren Planeten" zu verdeutlichen. Der gemeinsame negative Boden des interreligiösen Dialogs ist das Leiden (vgl. ebd., 168). Ökologisch-humane Gerechtigkeit im gewaltlosen Dialog zu verwirklichen muß das grundlegende Wahrheitskriterium für die Religionen werden (vgl. ebd., 225, 230ff, 268). Dieses verweigert die Bindung der Wahrheit an gesellschaftliche Machtstrukturen. Die wahre Ökumene ist die Solidarität mit den Leidenden (vgl. ebd., 257). Gelingt es nicht, einen Konsens ohne Unterdrückung herzustellen, der gemeinsame Kriterien in diesem Sinne angibt, „dann wird letztlich das ‚Wahre' entschieden von denen, die im Besitz des Geldes oder der Gewehre sind" (ebd., 112). Keine besondere inhaltliche Grundwahrheit ist die Bedingung der Verständigung der Religionen, sondern der Prozeß des solidarischen Miteinander-Daseins (vgl. ebd., 155). Nur so geschieht Befreiung und Befriedung.

XI. MISSION UND INKULTURATION

Wozu ist es sinnvoll, sein Heimatland zu verlassen und mit Menschen fremder Kulturen zu leben, um ihnen den Glauben an eine letzte Wirklichkeit, an Gott oder Jesus Christus zu vermitteln?
In drei Abschnitten, anhand dreier unterschiedlicher Missionsmethoden, soll diese Frage geklärt werden.

1. Mission – destruktionistisch

Bis nach dem Zweiten Weltkrieg ging die christliche Missionstheologie von folgenden zwei Prämissen aus:
1. Das Christentum ist die einzig wahre Religion. Sie hat einen absoluten Geltungsanspruch (vgl. 1. Vat. Konzil).
2. Jeder Nichtchrist kann, wenn überhaupt, nur eine defiziente Gottesvorstellung haben. Daher ist jede andere Frömmigkeitsform mangelhaft und bedeutet letztlich Götzendienst (vgl. 2. Vat. Konzil).
Der logische Schluß dieses Missionsverständnisses war: Bekehrung oder Tod. Diese Logik galt besonders beim ersten großen missionarischen Aufbruch im 16. Jh. nach der Entdeckung Amerikas. Ein Bericht von Bartolomé de Las Casas, der bereits damals dieser Auffassung widersprach, illustriert diese Art der Glaubensverkündigung. „Als die Christen auf der Insel Cuba landeten, floh ... (ein) Cazique vor diesen ... Menschen ... aber er ward gefangen. ... Weil er sich gegen diejenigen wehrte ... beschlossen sie, ihn lebendig zu verbrennen. ... ein Geistlicher vom Orden des hl. Franciscus, ein gottseliger Mann, der sich dort aufhielt, (sagte ihm) Verschiedenes von Gott und unserem Glauben, wovon der Cazique noch nie das geringste gehört hatte. Der Geistliche suchte sich die wenige Zeit, welche ihm die Henkersknechte verstatteten, so gut als möglich zunutze zu machen, und versicherte ihm endlich, wenn er dasjenige, was er ihm da sage, glauben wolle, so werde er in den Himmel kommen und ewige Freude und Ruhe daselbst genießen; widrigenfalls aber werde er in der Hölle ewige Qual und Pein leiden müssen. Der Cazique dachte hierüber ein wenig nach und fragte sodann den Geistlichen, ob denn auch Christen in den Himmel kämen. Allerdings, sagte der Geistliche, kommen alle guten Christen hinein! Sogleich, und ohne weiteres Bedenken, erwiderte der Cazique, dort wolle er nicht hin, sondern lieber in die Hölle, damit er nur dergleichen grausame Leute nicht mehr sehen, noch da sich aufhalten dürfe, wo sie zugegen wären. So beförderten die Spanier, welche sich nach Indien begaben, die Ehre Gottes und unsere Religion!"[239]

---

[239] B. de Las Casas, Kurzgefaßter Bericht von der Verwüstung der westindischen Länder, Frankfurt 1981, 25ff.

Und Bartolomé de Las Casas klagt weiter an, indem er den Spieß umdreht und die Indios mit Christus identifiziert, die Spanier jedoch als die Verfolger Christi brandmarkt, die durch ihr Tun Gott verleugnen und sich selbst zu Unchristen machen: „Ich hinterlasse in Westindien Jesus Christus, unseren Gott, gegeißelt und bedrängt, geohrfeigt und gekreuzigt, und zwar nicht *einmal,* sondern Tausende von Malen, insofern die Spanier die Menschen dort niedermachen und zerstören und ihnen den Raum zur Umkehr und Buße stehlen und ihnen das Leben vor der Zeit nehmen."[240] Überall, wo Menschen, wo Religionen, wo Christen mit einem Absolutheitsanspruch auftreten und meinen, die Wahrheit zu besitzen, werden alle anderen Werte zerstört und vernichtet.

Wie die Kolonialherren die europäische Zivilisation und Kultur in den verschiedensten Ländern der Erde als die einzig richtige mit Gewalt einführen wollten, so die Missionare die christliche Religion. Alle anderen religiösen Ausdrücke und Empfindungen sind nichts anderes als Blendwerk des Teufels. Als Beispiel kann die Lehräußerung Papst Leos XIII. (im 19. Jh.) dienen: „Eine unermeßliche Wohltat aber wird es (= das Missionswerk) für jene, die es aus dem Schmutze der Laster und den Schatten des Todes herausführt, und ihnen nicht bloß den Besitz des ewigen Lebens gewährt, sondern sie auch aus einem rohen und ungesitteten Zustand auf die Stufe der Zivilisation und aller echt menschlichen Bildung emporhebt."[241] Hier wird das Programm dieser ersten Missionsmethode klar angegeben: Nichts wirklich Gutes ist im Missionsobjekt zu finden. Daher muß zuerst „tabula rasa" gemacht werden. Das Heidentum muß vernichtet werden, und erst, nachdem die Pflugscharen tief genug eingedrungen sind, kann die wahre Religion eingepflanzt werden, wie es im Ps 129,3 heißt: „Auf meinem Rücken pflügten die Pflüger, lang zogen sie ihre Furchen." Am Indio, am Schwarzafrikaner, am Philippino usw. versündigt man sich – in dieser Auffassung – nicht, wenn man ihn schindet, sondern nur, wenn man nicht seine Kultur und Religion mit den Wurzeln ausreißt. Eine solche Begegnung mit dem Christentum mußte ein menschliches Desaster bedeuten. Der Bekehrte ist ein Entwurzelter, ein psychisch Zerstörter. In seinem Innersten wird er verletzt, verwundet, ja vernichtet. So klagten mir gegenüber in Brasilien Missionare: Aus guten Indios haben wir schlechte Christen gemacht! Und ein afrikanischer Bischof äußerte sich mir gegenüber: „Wir produzieren Christen, aber das tägliche Leben nimmt sie wieder von uns." Auch die Missionsbemühungen der evangelischen Christen waren kaum anders, manchmal sogar noch radikaler, weil der hl. Augustinus Pate gestanden hat, der die Heiden als „massa damnata" angesehen hatte. Das „simul iustus et peccator" (zugleich Gerechter und Sünder) deklarierte alle Religionen als Sünde. In einer evangelischen Missionslehre kann man lesen, daß die Missionsaufgabe die Bekehrung in dem Sinne ist, „daß Nichtchristen bewegt werden zur Abkehr von ihrem bisherigen religiösen Irrtum und ungöttlichen Leben und zur Zukehr zu der Wahrheit und Heiligung, die in Christo Jesu ist,

---

[240]   B. de Las Casas, Historia de los Indios, Lib. III, Cap. III-V, Madrid 1957.
[241]   Sancta Dei Civitas 1880.

bzw. zu Jesus selbst (1Petr 2,25)"[242]. Wie aber Jesus Christus im Rahmen dieser Missionsweise erlebt wurde, schildert ein Mythos der Indios, der heute noch in Peru und Bolivien erzählt wird: „Da Jesus Christus schon zu einem starken jungen Mann herangewachsen war, wollte er seinen älteren Bruder, den Inka, besiegen ... Und er rief alle Pumas zusammen. Die Pumas, große und kleine, begannen, Inka zu verfolgen ... Wenn er ... zu einem Acker gehen wollte, um zu essen, verjagten ihn die Pumas, so daß er umkehren mußte und langsam am Hunger starb. Als der Inka ihm nun nichts mehr anhaben konnte, schlug Jesus Christus Mama Pacha (= göttliche Mutter Erde) und schnitt ihr den Hals ab. Dann ließ er Kirchen bauen ..."[243] Auch wenn sich diese Völker taufen ließen, so ist doch ihr Christentum mit dem Tschador vergleichbar, den man sofort ablegt, wenn man bei sich zu Hause ist. So bekannte mir gegenüber ein Indio freimütig, daß zwar sein Volk unterdrückt sei, ihr Glaube aber das Christentum besiegt habe. Und wenn er am Sonntag den Gottesdienst verläßt und ihn beim Hinaustreten ein Sonnenstrahl trifft, dann kniet er vor Inti, dem Sonnenlicht, nieder und verehrt die Sonne. Es sind spontane Gesten, die ihre wahre Religion durchscheinen lassen. Wenn in Rußland der Jakute, nach orthodoxer Christianisierung und kommunistischer Unterdrückung, heute den Schamanismus wieder pflegt, niederkniet, bevor er ein neues Stück Land betritt, und dem Geist, der dort wohnt, damit er ihm gnädig sei, Brot und Wodka opfert, dann zeigt dies, daß sowohl das Christentum als auch der Atheismus ihm fremd geblieben sind. In Afrika sieht es kaum anders aus, zumal man in Schwarzafrika erst seit gut hundert Jahren überhaupt Mission betreibt. Das Verbot der Ahnenverehrung ist nur ein Beispiel, wie fremd das Christentum bleiben mußte, wenn es nicht radikal entwurzelte und den Schwarzen zu einem Abklatsch des weißen Kolonialherrn machte. Was diese Mission charakterisiert, ist die völlige Unterwerfung des Missionsobjektes. Gehorsam ist der Schlüsselbegriff. Nur der willfährige Untertan ist ein Kind Gottes, wenn überhaupt! Charakteristisch für diesen Umgang der Weißen mit den Schwarzafrikanern scheint mir die Äußerung zu sein, die ein alter Mann in Togo (einst deutsche Kolonie) mir gegenüber tat. Das einzige deutsche Wort, das ihm noch im Gedächtnis geblieben war, ist: Stillgestanden, schwarzes Schwein! Diese mißachteten Menschen konnten im Christentum keinen Hoffnungsschimmer entdecken, obwohl bereits im Mittelalter Thomas von Aquin jede Zwangsbekehrung ablehnte: „Infideles, qui numquam fidem susceperunt, ut Judaii et gentiles, nullo modo sunt ad fidem compellendi."[244] (Die Ungläubigen, die den Glauben noch nicht angenommen haben, wie Juden und Heiden, sind auf keine Weise zum Glauben zu zwingen). Dies wiederholte mit Nachdruck das 2. Vat. Konzil (Ad gentes Nr. 13): „Die Kirche verbietet streng, daß jemand zur Annahme des Glaubens ge-

---

[242] G. Warneck, Evangelische Missionslehre, Gotha 1902, 216.

[243] Zit. nach E. Rosner, Gottes Indiogesichter, Mainz 1993, 69f.

[244] S. Th. II/II, 10,8: er fährt allerdings fort: „at infideles, haeretici et apostatae sunt cogendi, ut adimpleant quod promiserunt".

zwungen oder durch ungehörige Mittel beeinflußt oder angelockt werde, wie sie umgekehrt auch mit Nachdruck für das Recht eintritt, daß niemand durch üble Druckmittel vom Glauben abgehalten werde."

So darf man heute für die christliche Mission sagen, daß allgemein die Missionsmethode der Entwurzelung und kulturellen Zerstörung sowie die Zwangsmissionierung abgelehnt wird.

2. Mission – paternalistisch

An die Stelle der destruktionistischen trat weitgehend die *Missionsmethode der Akkommodation und des Paternalismus*. Sie besteht darin, zwar die fremden kulturellen Werte aufzugreifen, sie also nicht zu zerstören, aber zugleich die eigene Überlegenheit deutlich zum Ausdruck zu bringen. Bereits 1659 hat ein Erlaß der römischen Kongregation für die Ausbreitung des Glaubens eine „väterliche" Missionsmethode empfohlen, die aber erst 1938 im Zusammenhang mit der Zeremonienfrage in Afrika zum Tragen gekommen ist: „Hütet Euch davor, jene Völker durch Rat und Tat von ihrem Ritus, ihren Sitten und Gebräuchen abzubringen, sofern diese nicht allzu offensichtlich im Widerspruch zur Religion und zur Sittlichkeit stehen. Was wäre abwegiger, als den Chinesen Frankreich, Spanien, Italien oder einen anderen Teil Europas aufzunötigen? Nicht das sollt Ihr ihnen bringen, sondern den Glauben." Ferner weist das Schreiben darauf hin, daß man mit der Beurteilung des Fremden vorsichtig sein und eher durch stilles Wirken als durch Worte das als schlecht Erkannte beseitigen und ausmerzen solle.

Sicher wäre vieles in der Mission anders gelaufen, hätte man diese Ratschläge beherzigt. Das Christentum wäre nicht als ein totaler Fremdkörper empfunden worden. Trotzdem wird in dem Dekret der Glaubenskongregation vorausgesetzt, daß *die* einzige wahre Religion das Christentum ist, und daß der Missionar darüber zu entscheiden hat, was ein „religiöser Irrtum" ist. Beides ist typisch für eine paternalistische Mission: Mit väterlichem Wohlwollen wird das Unkraut vom Weizen getrennt und dieser im Christentum zur Reife und Vollendung gebracht. Das Christentum wird als vollkommene Religion verstanden, die alle belehrt und zur Wahrheit hinführt. Pius XII. spricht dies deutlich aus: „Wenn die Kirche nämlich die Völker unter der Leitung der christlichen Religion zu einer höheren Zivilisation und Kultur ruft, handelt sie nicht wie einer, der einen üppig wachsenden Wald planlos abholzt und ausrottet, sondern vielmehr wie einer, der ein Edelreis auf Wildlinge pfropft, damit sie einmal saftigere und süßere Früchte tragen und zur Reife bringen."[245] Die Religionen der anderen Völker sind „Wildlinge", das Christentum ist das einzige „Edelreis"! So wie man Kinder liebevoll verbessert, sie zum Gehorsam anleitet, sie aber nicht in ein Auto hinter das Steuer setzt, so ist mit den

---

[245]   Pius XII., Enzyklika „Evangelii Praecones", 1951 (AAS 43,522).

nichtchristlichen Völkern umzugehen. Diese paternalistisch-protektionistische Haltung ist völlig unfähig zum Dialog, so gut sie es auch meinen mag. Alle anderen Religionen können höchstens eine „praeparatio evangelica", ein Anknüpfungspunkt für die einzig wahre Religion sein. Die Möglichkeit, daß die „heidnische" Religion eine Antwort auf die eigenen religiösen Erfahrungen sein kann, kommt nicht ins Blickfeld. Daran hat auch das 2. Vat. Konzil (1962-65) kaum etwas geändert. So ist zu lesen (Ad gentes, Art. 9): „Was immer aber an Wahrheit und Gnade schon bei den Heiden sich durch eine Art verborgener Gegenwart Gottes findet, befreit sie (= die Missionstätigkeit) von der Ansteckung durch das Böse und gibt es ihrem Urheber Christus zurück, der die Herrschaft des Teufels zerschlägt und die vielfältige Bosheit üblen Tuns in Schranken hält." Es gibt also gute Elemente in den anderen Religionen, die aber mit vielen schlechten vermischt sind. Das Christentum befreit den λόγος σπερματικός, das Licht, das jeden Menschen erleuchtet, zur wahren Gegenwart Gottes, die eben nur in der einen wahren Religion zu finden ist.

Das Apostolische Schreiben „Evangelii nuntiandi" (1965) von Paul VI. unmittelbar nach dem Konzil greift denselben Ansatz auf, verbindet ihn jedoch stärker mit der sozialen Frage. Die Missionsarbeit, ein Wesenselement der Kirche, wird als eine Verkündigung der Frohen Botschaft verstanden, die der „Befreiung des Menschen" in all seinen Dimensionen, nicht nur in religiöser Hinsicht, dient. Dem entspricht auch die Missionsmethode, die weit dialogischer ist als eine autoritäre Missionierung. „Die Verkündigung muß vor allem durch ein Zeugnis erfolgen. Das geschieht z.B., wenn ... Christen ... ihre Lebens- und Schicksalsgemeinschaft mit den anderen, ihre Solidarität in den Anstrengungen aller für alles, was edel und gut ist, zum Ausdruck bringen ... Durch dieses Zeugnis ohne Worte wecken diese Christen in den Herzen derer, die ihr Leben sehen, unwiderstehliche Fragen: Warum sind jene so? Warum leben sie auf diese Weise? ... In der Tat, ein solches Zeugnis ist ... sehr kraftvolle und wirksame Verkündigung der Frohbotschaft" (EN 21). Hier wird also versucht, Theorie und Praxis als eine Einheit zu sehen und die Mission als ein Leben mit den anderen aufzufassen. Die Option für die Nichtchristen wird als Problem der Gerechtigkeit, und d.h. einer praktischen Christologie (Inkarnation) thematisiert. Im Schlußdokument der Bischofssynode von 1971 „De iustitia in mundo" kann es dann heißen (IM 6 vgl. auch EN 30,31ff.): „Der Einsatz für die Gerechtigkeit und die Beteiligung an der Umgestaltung der Welt (ist) wesentlicher Bestandteil der Verkündigung der Frohen Botschaft, d.i. der Sendung der Kirche zur Erlösung des Menschengeschlechtes und zu seiner Befreiung aus jeglichem Zustand der Bedrückung." Wir haben hier ein Beispiel, daß die Evangelisierung als ein ganzheitliches Geschehen verstanden wird und nicht als eine reine Verkündigung von Worten, Lehrsätzen und religiösen Sitten. Trotz des dialogischen Ansatzes bleibt auch in diesen kirchlichen Dokumenten die Voraussetzung paternalistisch, nämlich, daß die eine Wahrheit auf seiten des Christentums (im katholischen

Kontext) steht und überall sonst nur Bruchstücke der absoluten Wahrheit vorhanden sind.

Einen wesentlichen Schritt zurück geht die 1990 erschienene Enzyklika „Redemptoris missio" von Johannes Paul II. A limine wird der sog. „religiöse Relativismus" verurteilt, der annimmt, daß „eine Religion gleichviel gilt wie die andere" (RM 36). Das Christentum wird überdies ganz eurozentrisch gesehen, so daß die Kirchen der Dritten Welt als „Missionskirchen" (RM 83) verstanden werden, die selbst nicht wirklich Kirchen sind, sondern nur in Abhängigkeit von Rom als Kirchen gelten können. Die katholische Kirche „hat" daher in der Dritten Welt Kirchen, aber diese „sind" es nicht im vollen Sinne. Die römische (katholische) Kirche verleiht der Überzeugung Ausdruck, „daß die Kirche der *eigentliche Weg des Heiles* ist, und daß *sie allein* im Besitz der Fülle der Heilsmittel ist" (RM 55). So ist es selbstverständlich, daß Jesus Christus in der Verkündigung der Kirche der alleinige Erlöser ist (vgl. Kap. 1), die „endgültige Selbstoffenbarung Gottes" und die wahre Befreiung (vgl. RM 5; 7; 11). Das Ziel ist daher die Bekehrung der Menschen zu ihm (vgl. RM 46f) und die „Implantation der Kirche" (vgl. RM 48). Zwar werden auch einige Gedanken von „Evangelii nuntiandi" aufgegriffen, wie die „Befreiung von jeder Unterdrückung" (RM 14; 23; 42; 58), die der Auftrag der Mission wäre, aber sogleich wird gegen ein sog. „horizontales" Missionsverständnis polemisiert, das das Christentum auf Lehre und Praxis des guten menschlichen Lebens reduziert und anthropologisch verkürzt (vgl. RM 8; 11). Mission ist nicht horizontal, sondern vertikal und hat nicht „die Förderung im Bereich des Menschlichen" zum Ziel (RM 4). Mission wird ganz von der menschlichen Ebene abgehoben und ist kein Beitrag zur Entwicklung der Menschen. „Es geht ihr (= Missionsaufgabe der Kirche) wesentlich darum, den Völkern nicht ,Mehr Haben' anzubieten, sondern ,Mehr Sein', indem sie durch das Evangelium die Gewissen aufrüttelt" (RM 58). In Ländern, wo die elementarsten Lebensbedürfnisse nicht befriedigt werden, wo Hunger und Ausbeutung herrschen, ist ein solcher Satz reiner Zynismus, den man nur nach einem üppigen Mittagessen in Rom schreiben kann. Wir sehen in diesem letzten Schreiben wieder eine nur auf das Religiöse verkürzte christliche Botschaft. Eine reine Wortverkündigung von oben (vertikal) wird propagiert. Das Humanum wird nicht als konstitutiv für das evangelische Zeugnis verstanden – kommt dies nicht einer Leugnung der Inkarnation in praxi gleich? –, sondern eine transzendente göttliche Dimension soll eingepflanzt werden. Sie gilt für alle Völker gleichermaßen. Mit dieser Mißachtung der soziokulturellen Bedingtheit verbindet sich ein ungetrübter Absolutheitsanspruch der christlichen Religion. Glaubensgehorsam wird gefordert, von ihm allein hängt Heil oder Unheil der Menschen ab. Diese Enzyklika geht weit hinter Bartolomé de Las Casas zurück und befindet sich am Schnittpunkt zwischen der Tabula-rasa-Methode und der paternalistischen Akkommodationsmethode. Die Unterwerfungsmechanismen stehen im Vordergrund. Trotzdem hält Johannes Paul II. in seinen Ansprachen grundsätzlich fest, daß für die „Einwurzelung" des christlichen Glaubens die Achtung vor der Kultur und den menschlichen Werten der Völker notwendig sei.[246] Dies erklärt auch der KKK (1993), der von einem „*respektvollen Dialog*" (§ 856) spricht, der das „Wahre und Gute" in den Religionen als „Vorbereitung" (§ 843) auf das Christentum anerkennt und ebenfalls positiv ihre „Suche nach Gott" bewertet.[247]

Das Problem dieser zweiten Missionsmethode liegt darin, daß sie theologisch von einer Unterscheidung zwischen der zeitbedingten Form und dem geschichtlichen Ausdruck der Wahrheit einerseits und der ewig gültigen Lehre und ihrer bleibenden Wahrheit andererseits ausgeht. Kann man aber wirklich im Christentum von einem bleibenden, wesentlichen Kern sprechen, den es in allen Kulturen und zu jeder Zeit zu bewahren gilt, und andererseits von kulturellen, zeitlich-geschichtlichen Zutaten? Oft hörte ich den Einwand gutmeinender Bischöfe in den Entwicklungsländern, daß man zwar Sprache und Form etc. anpassen könne, aber es gäbe doch nur eine einzige universale Theologie, denn die christliche Wahrheit sei absolut und allgemeingültig. So wie es keine afrikanische Technik, keine asiatische Physik und keine lateinamerikanische Chemie gebe, so auch nur eine wahre Theologie. Sie zu verkünden sei der primäre Missionsauftrag! Schon Origenes (contra Celsum 3,12-13) meinte, daß gerade die Vielfalt und nicht die Beschränkung auf *eine* Theologie der Wahrheit gerecht wird. Er führt das Beispiel der Medizin an. Gerade verschiedene Heilmethoden sind nützlich für das Menschengeschlecht. Einem nützt diese Medizin, einem anderen, auch bei gleichem Leiden, eine ganz andere. So auch in der Theologie. Ihre Wahrheit ist stets konkret. Und ist es nicht wirklich so, daß die asiatische Medizin alternative Heilmethoden entwickelt hat, die auch vielen Europäern neben denen der westlichen Schulmedizin hilfreich sind?

Oder ist die Geschichte Asiens, Afrikas oder Amerikas, die ganz anders verlaufen ist als die europäische, weniger „wahr" als diese? Ist sie nicht genauso ein Zeugnis einer Jahrhunderte alten Lebensweise, eine Wahrheit menschlichen Lebens? Nur wenn man den Menschen als ein technisch-physikalisch-chemisches Objekt betrachtet, mögen sich gleiche Vorgänge abspielen. Dann kann vielleicht ein Mensch und ein Volk mit einem anderen beliebig austauschbar sein. Theologie ist keine mathematisch-naturwissenschaftliche Erkenntnis, sondern Ausdruck einer bestimmten Lebensweise. Ist Glaube aber eine Lebensweise, dann wird es fraglich, ob man aus dem Christen-

---

[246] Diese Aussagen werden allerdings durch Johannes Paul II. in seiner Enzyklika „Fides et Ratio" relativiert. Für eine Inkulturation gibt er genaue Vorschriften: 1. Wahre „Elemente" können einer anderen Kultur entnommen werden. Wegen der „Universalität des menschlichen Geistes" gibt es Identität unter den Kulturen. 2. Das „griechisch-lateinische Denken" darf nicht aufgegeben werden. Dem „Vorsehungsplan Gottes" würde die Aufgabe zuwiderlaufen. 3. Die Verschiedenheit und Gegensätzlichkeit der Kulturen darf nicht festgehalten werden (§ 72). Damit scheint jede echte Inkulturation ausgeschlossen. Trotzdem wird ein Dialog des guten Willens behauptet und empfohlen.

[247] In ähnlicher Weise sieht die internationale Theologenkommission, Das Christentum und die Religionen, Bonn 1996, die Verhältnisbestimmung.

tum einen bleibenden Kern herausschälen kann. Bleiben wir bei dem Beispiel, dann ist Christentum offenbar nicht das Kerngehäuse eines Apfels, sondern die ganze Frucht, wie sie gewachsen ist. Christentum gibt es *bisher* nur in der Gestalt des jüdisch-hellenistisch-römisch-germanischen Selbstverständnisses; von diesem läßt es sich nicht trennen, auch wenn man den Afrikanern und Asiaten gutmeinend nur das wesentlich und notwendig Christliche verkünden will. Wer entscheidet außerdem über das „Wesentliche", die „bleibende Wahrheit", und was ist sie überhaupt? Christ wird man nicht dadurch, daß man bestimmte Sätze für wahr hält, daß man ein Lehrsystem akzeptiert und daß man sich bestimmten Lehräußerungen und Sitten unterordnet. Dies ist aber bei den beiden bisher aufgezeigten Missionsmethoden der Fall.

Ihnen entsprechen zwei theologische Grundpositionen: Die erste verteufelt alles außerhalb des Christentums als Magie, Aberglaube und Götzendienst. Ich bin vielen solchen entwurzelten Theologen in der Dritten Welt begegnet, die stolz auf ihre „europäische Theologie" waren. Die zweite „einheimische" theologische Grundposition ist einzig darum bemüht nachzuweisen, daß das, was das Christentum lehrt, in nuce schon in ihren eigenen, ursprünglichen religiösen Anschauungen zu finden ist. So gilt es dann aufzuzeigen, daß Gott auch in ihrer „Naturreligion" als allmächtig vorgestellt, daß Menschwerdung Gottes gedacht wird, daß das Ideal der Ehelosigkeit nicht fremd ist usw.
Durch solche theologischen Positionen kann es zu keinem echten Dialog zwischen den Religionen kommen, weil der Andersdenkende entweder ausgelöscht wird, damit das wahre Licht des Christentums erstrahlt, oder weil er höchstens Steigbügelhalter sein kann für den Besitzer der wahren Religion. Dies ist Selbstverleugnung der eigenen Kultur, religiöse Selbstaufgabe und Kniefall vor dem überlegenen Christentum.[248]

3. Mission – dialogisch

Demgegenüber läßt sich ein *dritter Weg* aufzeigen, wie heute „Mission" sinnvoll sein kann. Sie ist keine Fütterung von Säuglingen und kein Angebot von Fertigwaren, die exportiert werden. Der einzige humane Weg, die christliche Botschaft zu verkünden, ist – wie bereits gesagt – der Dialog. Etwas davon haben der Päpstliche Rat für den Interreligiösen Dialog und die Kongregation für die Evangelisierung der Völker im Dokument „Dialog und Verkündigung" 1991 aufgegriffen. Da heißt es Nr. 32: „Dies bedeutet, daß Christen mit einer

---

[248] In geradezu provozierender Weise hat sich 1996 die Internationale Theologenkommission der römisch-katholischen Kirche in „Das Christentum und die Religionen" ausgedrückt: Alle positiven Elemente in anderen Religionen kommen in Wahrheit von Christus; dies ist „die beste Art und Weise, wie der Christ seine Wertschätzung für diese Religionen ausdrücken kann" (94). Denn „Nur in der christlichen Religion ist Gott selbst derjenige, der durch sein Wort zum Menschen spricht" (103).

offenen Einstellung in den Dialog mit den Anhängern anderer Religionen treten und diese in friedvollem Geist immer im Blick auf den Inhalt ihres Glaubens herausfordern sollen. Aber auch Christen müssen sich selbst befragen lassen ... die Art und Weise, wie Christen manchmal ihre Religion verstehen und praktizieren, (mag) der Läuterung bedürfen." Es wird also klar das christliche Selbstverständnis im Dialog auf den Prüfstand gebracht, und es muß sich von den anderen Religionen auf ihre Echtheit hin befragen lassen. Indem andere Religionen das Christentum in Frage stellen und selbstverständlich auch umgekehrt, ist grundsätzlich ein Dialog möglich.

Die zweite Voraussetzung, die unmittelbar damit zusammenhängt, ist die Toleranz, d.h. der Verzicht auf jeden Absolutheitsanspruch. In der buddhistischen Bibel, dem Pali-Kanon Udâna (6,4), ist dies in einer Parabel eindrücklich geschildert: „In alter Zeit, ihr Mönche, gab es einen König in dieser Stadt Sâvatthi. Und jener König befahl einem seiner Diener: ‚Heda, du Mann, gehe und versammle alle die von Geburt an Blinden, welche in Sâvatthi leben' ... Und der König begab sich dorthin, wo die Blinden versammelt waren, und hinzugekommen, sprach er zu diesen: ‚Ist euch, ihr Blinden, der Elefant gezeigt worden?' ‚So ist es, Herr, der Elefant wurde uns gezeigt.' ‚So sagt nun, wem gleicht ein Elefant?' Die Blinden, die das Haupt des Elefanten betastet hatten, sagten: ‚Ein Elefant, Herr, ist gleich einem Topf.' Jene, welche die Ohren befühlt hatten, sprachen: ‚Ein Elefant ist gleich einem Worfelsieb.' Und die den Stoßzahn berührt hatten, die sagten:... ‚Ein Elefant ist gleich einer Pflugschar.' Die allein den Rüssel in Betracht zogen, sprachen: ‚Ein Elefant ist gleich einem Pflugsterz', die den Körper betasteten, sprachen: ‚Ein Elefant ist gleich einem Nahrungsspeicher', die den Fuß befühlt hatten: ‚Der Elefant ist gleich einem Pfosten', denen der Rücken gezeigt wurde: ‚Der Elefant ist gleich einem Mörser.' Welche den Schwanz untersucht hatten: ‚Der Elefant ist gleich einem Stößel.' Und die von Geburt an Blinden, die nur die Schwanzquaste betasteten, sagten: ‚Der Elefant ist gleich einem Besen.' Und sie ereiferten sich und sprachen: ‚Dem gleich ist ein Elefant.' ‚Ein Elefant ist nicht so.' ‚Nicht ist der Elefant so, sondern so ist der Elefant.' Da drangen sie aufeinander mit Fäusten ein; darüber, fürwahr, belustigte sich der König."

Wir können hier erkennen, daß jeder seine Erfahrung mit dem Elefanten gemacht hat; jede Erfahrung war wahr und richtig. Und doch geraten sie in Streit. Warum? Weil jeder seinen wahren Anspruch absolut setzt und die Wahrheit des anderen nicht erkennt. Wo die eigene Religion absolut gesetzt wird und als einzig gültige religiöse Erfahrung geglaubt wird, wird sie falsch, unglaubwürdig und zerstört jeden Dialog und damit die Möglichkeit, neue Erfahrungen zu machen und die wahre Einheit in der Vielfalt zu erkennen. Lessing bringt in seiner Ringparabel in „Nathan der Weise", ähnliches zum Ausdruck: Christentum, Islam und Judentum sind drei Ringe vom Vater, jedoch zwei sind Nachbildungen. Wer hat das Original? Man kann es nicht sagen, vielleicht hat keiner den einzig echten Ring. „Jeder liebt sich selber nur am meisten" (III, 7, 506f). Die Echtheit kann sich nur so erweisen.: „Es eifre jeder seiner unbestochnen, von Vorurteilen freien Liebe nach! Es strebe von euch jeder um die Wette, die Kraft des Steins in seinem Ring an Tag zu legen, komme dieser Kraft mit Sanftmut, mit herzlicher Verträglichkeit, mit Wohltun, mit innigster Ergebenheit in Gott zu Hilf!" (III, 7, 525-532). Der Eifer, sich für seine Sache einzusetzen, ist nicht falsch, sondern gelebte Wahrheit. Nur sich selbst zu lieben ist verkehrt. Die Toleranz entscheidet über die Gültigkeit der Wahrheit, denn nur so bleibt die Wahrheit, auch die religiöse, menschlich und wirkt nicht menschenverachtend und -zerstörend. Die „Verträglichkeit" ist das dialogische Moment, und die Einheit in der Vielheit ist das Humanum. Nur in diesem Raum hat gelebte Religion Sinn. Mit religiösem Indifferentismus hat das nichts zu tun.

Die Basis jeder Missionsarbeit muß dialogisch verantwortete, gelebte Toleranz sein. Anders als bei der Überredung oder gar beim Zwang, wobei der andere psychisch oder physisch zu einem Tun oder einem Denken veranlaßt wird, das nicht sein eigenes ist, nimmt die Bezeugung der eigenen Meinung den Gesprächspartner völlig ernst und ist bereit, mit ihm zusammen die Wahrheit zu entdecken. Nach dem 2. Vat. Konzil haben sich Befreiungstheologie und Inkulturationstheologie diesem Ziel weitgehend verschrieben. Nicht der Missionar und nicht die andere religiöse Überzeugung haben die Wahrheit – nur wo Wahrheit rein objektives Wissen ist, trifft dies zu –, sondern in der dialogischen Begegnung wird die Wahrheit gefunden und erstellt.

Damit erkennen wir einen ersten Sinn der Mission. Warum sollen Christen in Länder gehen, die noch nicht oder nicht mehr christlich sind? Um die Möglichkeit einer herrschaftsfreien Kommunikation zu bezeugen, die der Ort der Wahrheit ist, und um dadurch ihr Christentum besser verstehen zu lernen. Ein Missionar ist daher ein Lernender, und nur, wenn er als ein anderer von der Mission zurückkehrt, nur dann war er erfolgreich, und nicht, wenn er viele getauft hat etc. Zugleich freilich müßte dieser Dialog auch in dem anderen etwas bewirken, so daß er ebenfalls lernt und als anderer nicht der gleiche bleibt. Wer also Glaubenszeuge sein will, der bezeugt nur dann seinen Glauben recht, wenn sich beide durch die Begegnung verändern und neu werden. Überzeugen im Hinblick auf Religion heißt ja, einen neuen Lebenssinn erfahren, eine neue Perspektive des Lebens einbringen, ein disclosure-Erlebnis haben. Und dies gilt stets für beide. Die Begegnung zweier Lebensentwürfe (christlich – nichtchristlich) muß beide verändern und eine neue Lebensperspektive erschließen. Der Christ braucht den Nichtchristen, den Andersdenkenden und Anderslebenden in seiner Kultur, um Wahrheit des Lebens zu erkennen. Damit ist das erste Missionsziel, *Dialog zu lernen*. Freilich, nur der kann sich diesem Ziel annähern, der selbst in seiner eigenen Kirche diesen Dialog eingeübt hat. Darum ist der Dialog mit der Bibel, der Dialog mit und in der Kirche von entscheidender Bedeutung, da nur so Wahrheit, die Lebenssinn erschließt, gefunden werden kann. Im Dialog ist jeder Lehrender und Lernender auf Wahrheit hin.

Mission ist daher herrschaftsfreie Kommunikation. Es ist die grundlegende christliche Wahrheit, die dem Inkarnationsprinzip entspricht. Gelingt diese Kommunikation, dann ist die jeweilige Gesellschaft wesentlich humaner geworden, und wenn wir davon ausgehen, daß Gott uns nur im Menschen begegnet, dann ist Bereich Gottes in dieser Gesellschaft verwirklicht. Theologen der 60er Jahre haben dies so formuliert: Die Begegnung mit dem Christentum hat den Sinn, aus einem Buddhisten einen guten Buddhisten und aus einem Muslim einen guten Muslim zu machen usw., und der Präfekt der Glaubenskongregation Ratzinger hat schon damals darüber gespottet und gesagt: Also müssen wir aus einem Menschenfresser einen guten Menschenfresser machen. Genau diese Äußerung zeigt, daß das Anliegen überhaupt nicht verstanden wurde. Es geht ja darum, daß die Menschenfresserei aller Religionen ein Ende findet. Daß der Muslim, der Buddhist sein möchte, nicht dem Todesurteil verfällt, sondern toleriert wird, daß keine Religionskriege geführt werden, denn der Krieg frißt die Menschen auf. Und auch der Hindu soll nicht mehr ein out-cast und enterbt werden, wenn er ein Muslim sein will, wie es in Indien die Rechtslage ist. Gut ist jede Religion nur soweit, als sie zur Vermenschlichung der Gesellschaft und des einzelnen beiträgt. Das grundlegende Humanum ist eben der tolerante Dialog oder anders formuliert: Menschlich ist, was die Liebe unter den Menschen fördert. Und das ist im Grunde die christliche Botschaft: Ihr alle, ohne Ausnahme, seid Geschwister, auf der gleichen Ebene, eingebunden in das Dasein füreinander. Dann erscheint dies, was wir unter Jesus Christus verstehen, auf jedem menschlichen Antlitz, in jeder Kultur, und ich füge hinzu, in jeder Religion. Mission heißt im christlichen Sinne jede Unmenschlichkeit abzuschaffen, wo immer sie anzutreffen ist, in den Religionen (auch im Christentum), in Kulturen, in gesellschaftlichen Strukturen usw. Das ist der grundlegende christliche Missionsauftrag.
In diesem Zusammenhang ist nochmals der sog. Postmoderne zu widersprechen, wie sie etwa durch J.-F. Lyotard und andere vertreten wird, die von einer absoluten Diversifikation ausgeht und einen Konsens als nicht wünschenswert bezeichnet. Unter diesen Voraussetzungen hat Mission keinen Sinn. Mission will Konsens herstellen, denn Liebe ist Konsens, ist als solche herrschaftsfreie Kommunikation. Der Konsens freilich besteht nicht in Uniformität und auch nicht darin, daß alle das gleiche Glaubensbekenntnis hersagen, sondern in dem „formalen Element" toleranter Dialogbereitschaft. Diese Konsenssehnsucht, einander verstehen zu können, ist nicht, wie die Postmoderne meint, ein „Ein-für-allemal-Komplex", sondern genau das Gegenteil, nämlich stets vom Partner zu lernen und selbst im Werden gehalten zu werden durch das Wort des anderen. Diese Verständigungsbasis, diese „Einheit", ist die Möglichkeit, inhaltlich das andere anders sein zu lassen, das andere und den anderen *als* anderen zu akzeptieren und nicht zu vergewaltigen. Belehrung, Anweisung und Rezepte für religiöse Lebensgestaltung haben keinen Platz, sondern nur das dialogische Prinzip, das in der Beziehung den rechten Lebensweg findet und so Sinn und Heil erfahren läßt. Was aber

ist dies anderes als Verwirklichung des Bereiches Gottes, seines Reiches der Freiheit und Liebe. Das ist Gottesbegegnung im inkarnatorischen Sinne. Das ist der christliche Missionsauftrag. Geschieht so, wie die ökumenische Studienkonferenz in Kandy 1967 bereits ausführte[249], eine „geistliche und sittliche Wiedergeburt" der Menschen, dann sind die weiteren Fragen sekundär. Denn Reich Gottes ist unter uns Menschen gegenwärtig.

4. Zusammenfassung

1. Es ist daher durchaus möglich, daß ein Mensch innerhalb einer anderen Religion seinen rechten Lebensweg sieht. Wer kann behaupten, daß es Gottes Wille ist, daß er seinen sozialen und religiösen Kontext verläßt? Daß er abendländisch-aristotelisch über Gott denkt? Ist von christlicher Sicht her nicht auch in anderen Religionen „Nachfolge Christi" möglich, und offenbart sich Gott als ihr Gott nicht auch in anderen religiösen Gemeinschaften? Wenn dies bejaht wird, dann kann primäres Ziel der Mission *nicht der Religionswechsel* sein, weder individuell noch kollektiv. Die Möglichkeit aber auch dieser Alternative müßte trotzdem offen gehalten werden.

Im Hinblick auf den Islam läuft in Bethlehem seit Jahren ein Projekt (Friendship Center), das zu folgender Konzeption gelangt ist[250]: „We want Muslims people to know the redeeming power and love of Christ. But we do not want to extract the individual from his or her community and culture, nor do we want to further alienate the larger Muslim community from the gospel. For this reason, we have developed a ‚Muslim followers of Jesus' model. In our model the Muslim coming to Christ does not convert to Christianity. He remains with his family in the Muslim community and works to maintain their support and respect in spite of his slightly ‚heretical' ideas about Jesus. The objective is for the whole families to come into Christ together". Hier wird das paulinische Prinzip: Allen alles werden, angewendet; den Juden ein Jude, dem Muslim ein Muslim, dem Heiden ein Heide. Jesus selbst hat doch offenbar die „falsche Religion" angenommen, denn er ist Jude geworden und hat (wie sich der KKK ganz besonders bemüht aufzuzeigen) die jüdische Religion mit ihren Gesetzen befolgt. Nie hat er zum Religionswechsel aufgerufen, sondern er wollte die jüdische Religion befreien von dem Unmenschlichkeitsindex, und diese Befreiung ist das Christliche *in* der jeweiligen Religion.

2. Damit ist eo ipso gegeben, daß es *nicht* um die *Bekehrung* zur christlichen Religion geht, *sondern* um die *Umkehr*, damit Bereich Gottes unter den Men-

---

[249] H.W. Gensichen, Christen im Dialog mit Menschen anderen Glaubens. Ökumenische Studien-Konferenz in Kandy (Ceylon), 20. 2. - 6. 3. 1967, in: Evangelische Missionszeitschrift 24, 88.

[250] D. Teeter, Dynamic Equivalent Conversion for Tentative Muslim Believers, in: Missiology 18, 1990, 306f.

schen wirklich wird. Umkehr meint die Abkehr von Gewalt, Herrschaft und Unterdrückung aller Art. Umkehr ist die Befreiung zu einem vollen menschlichen Leben, wo der „geringste Mitmensch" christologischen Wert besitzt: Das habt ihr mir getan!

3. Mission hat *nicht die Annahme der christlichen Religion* zum Ziel, insofern darunter die historisch gewordenen Dogmen und die jüdisch-abendländischen Sittlichkeitsvorstellungen zu verstehen sind. Diese Inhalte sollen gerade erst neu gewonnen werden durch den Dialog, durch die christliche Liebe. Nur so findet Inkulturation statt, und Jesus Christus selbst erhält ein neues Antlitz. Insofern christliches Selbstverständnis zur Befreiung dient – Paulus schreibt: „Zur Freiheit hat uns Christus befreit" – und zu einem menschenwürdigen Leben führt, ist dieser Glaube schon Ziel missionarischen Dialogs.

4. Es kann *nicht Ziel* der Mission sein, möglichst viele zu *taufen*. Kein Apostel war getauft, als Jesus mit ihnen das Abendmahl hielt. Der Taufbefehl in der Bibel ist nur das Zeichen für die Umkehr, aber nicht für die Bekehrung zu einem anderen theologischen System oder einer anderen Religion.

5. Die Mission kann *nicht* das Ziel haben, *Kirchen* in den „heidnischen" Ländern zu *gründen*. Wie Jesus sich immer an das ganze Volk gewandt und keine Sondergemeinschaft gegründet hat, so ist christliche Botschaft nicht auf eine besondere Gemeinschaft gerichtet, auf Proselytismus und Konvertitentum. Die conversio ad Ecclesiam Dei, die als erster Irenäus, der Erfinder der hierarchischen Sukzession, propagierte (Adv. haer. III, 3,4), ist eine falsche Engführung und oft mit einem Machtanspruch verbunden. Die Devise heißt nicht: Werdet Kirchenmitglieder, sondern verwirklicht Geschwisterlichkeit! Das heißt freilich nicht, daß nicht auch kirchliche Gemeinschaften in nichtchristlichen Staaten möglich sein müßten.

Aus dem Gesagten geht hervor, daß das Wesen des christlichen Glaubens darin besteht, keine Religion zu sein. Alles, was zum Christentum *als* Religion gehört, gehört nicht zu seinem Wesen. Der christliche Glaube ist primär keine bestimmte Religion, sondern soll sich in den verschiedenen Religionen verwirklichen als ein humaner Befreiungsimpuls. Christentum als Licht könnte so die verschiedensten Farben annehmen und im ganzen Farbenspektrum menschlicher Kulturen, Lebensweisen und Religionen aufleuchten. Christlicher Glaube ist eine bestimmte Weise der Mitmenschlichkeit, der Solidarität, des Kampfes gegen alles Inhumane.

Wenn wir heute das Humanum, das gesuchte Menschliche und Menschenwürdige, umschreiben als ein Leben in Freiheit ohne Unterdrückung und ohne vermeidbares Leid und als Fähigkeit, die Bedürfnisse und Interessen der Menschen politisch, sozial und religiös durch freies solidarisches und konsensfähiges Handeln zu realisieren und in Entsprechung zur Natur zu entfalten, dann ist dieses Selbstverständnis m.E. wohl keinem Menschen fern und, christlich gesprochen, Ziel der Inkarnation und jeder „missionarischen" Tätigkeit.

Nur in diesem dritten methodischen Kontext ist Verständigung zwischen den Völkern möglich, ist Theologie „inkulturierbar", ist „Mission" ein sinnvolles Unterfangen und Gottesbegegnung auch in anderen Kulturen möglich.

Für den christlichen Glauben hat freilich Jesus Christus eine bleibende Bedeutung. Was ist damit gemeint? Nach den „Prolegomena" zum christlichen Selbstverständnis ist es daher sachgerecht, zuerst von Jesus Christus zu handeln.

Zweiter Teil
JESUS CHRISTUS

I. EINLEITUNG

1. Hat Jesus gelebt?

Der Glaubensvollzug des Christen ist nicht beliebig, sondern von der abendländischen Tradition über Jesus Christus geprägt. Der primäre Inhalt oder besser das Formalobjekt, durch das sich christlicher Glaube konstituiert und spezifiziert, ist die jesuanische Tradition, die sich im Bekenntnis kristallisiert: „Jesus ist der Christus, der Herr". Wenn wir uns als Christen bezeichnen und glaubende Menschen sein wollen, dann sind wir vor die Frage nach Jesus Christus gestellt. Welche Bedeutung hat er für uns? Diese Frage ist zentral, denn alle Rede von Jesus Christus hat theologisch nur Sinn, wenn ihm eine Bedeutung für den Glaubenden zukommt. So ist grundsätzlich, aber auch historisch die Christologie von der Soteriologie nicht zu trennen. Alle Fragen nach Jesus Christus sind Fragen nach dem Heil des Menschen. Jesus Christus hat insofern eine Heilsbedeutung, die der Glaubende unterstellt, aber auch kritisch prüft. Diese Prüfung setzt den christlichen Glaube nicht voraus, wohl aber das Interesse an der Erkenntnis, was Jesus Christus für den christlichen Glauben bedeutet.

Es ist vorauszuschicken, daß sich mit der Frage nach der Heilsbedeutung Jesu Christi kein Absolutheitsanspruch verbinden und die Toleranz nicht aufgehoben werden darf. Verabsolutierung bedeutet stets Erstarrung und Untergang menschlichen Lebens: Wird z.B. die Natur absolut gesetzt, wird der Mensch als ein Stück von ihr gesehen und aufgesogen vom Blühen und Vergehen des rhythmischen Naturablaufes. Setzt der Mensch sich selbst als absolute Größe, wird alles machbar, und er verliert sich in Macht und Technik (die uns heute bedrohen). Sind Geschichte und menschliche Gesetze die absolute Norm, wird der einzelne ins Prokrustesbett gelegt und seine Individualität zerstört. Weder der „gestirnte Himmel" noch die „Technik", noch das „äußere" oder „innere Gesetz" sind Fixpunkte, die einen Absolutheitsanspruch erheben dürfen. Das gleiche gilt für Tradition, Bibel, Jesus Christus und Gott. Wer die Tradition verabsolutiert, gelangt zu einer unfehlbaren Kirche und erkennt die Irrtümer nicht. Auch die Bibel als Buch ist nicht das „unbedingt Verläßliche", sondern als absolute Norm gerade tödlicher und todbringender Buchstabe. Die Bibel als Buch ist tot und tötet, wo sie als absolute Richtschnur ohne Sachkritik angewendet wird. So hat sie Menschen getötet und in menschlicher Gesellschaft als Leichengift gewirkt. Statt Lebenshilfe für ein menschliches Leben wurde sie Tötungshilfe. Wir wissen, wieviel Menschen im Namen Jesu Christi und im Namen Gottes getötet wurden. Absolutsetzungen fordern Fanatismus heraus und umgekehrt. Der Anspruch, daß etwas „unbedingt verläßlich", absolut sein soll, ruiniert das Leben der Menschen, wenn das Absolute nicht allein als ein rein subjektives, individuelles Bekenntnis gesehen wird, das jede Verallgemeinerung ausschließt. Ein Satz wie: „Das unbedingt Verläßliche ... ist Gott selbst, wie er für die Glaubenden durch Jesus Christus gesprochen hat"[1], ist eine fundamentalistische Behauptung. Bestimmte Inhalte werden absolut gesetzt und sind im Glauben anzunehmen. Ähnlich versuchte vor hundert Jahren A. v. Harnack (1851-1930) das „unbedingt Verläßliche" zu beschreiben: „Allein der Vater gehört in das Evangelium, wie es Jesus verkündigt hat"[2], wobei er Jesus als „Kraft und Verwirklichung des Evangeliums" bezeichnet und behauptet, „daß hier das Göttliche so rein erschienen ist, wie es auf Erden nur erscheinen kann"[3]. Auch hier wird die biblische Sprechweise von Jesus und vom Vater verabsolutiert. Harnack aber war sich trotzdem bewußt, daß es den „wirklichen Christus" oder gar den „ganzen Christus" nicht gibt. Wer meint, den „echten Christus" gefunden zu haben, verknechtet damit Menschen. Unser Verstehen ist stets zeitbedingt und kann keinen absoluten, letztgültigen Anspruch erheben.[4]

Wer Jesus oder Gott absolut setzt, ist immer versucht, für sie Menschen zu schlachten, sei es durch primitive Menschenopfer, sei es durch Verbrennung Andersdenkender (Hexen, Ketzer u.a.m.), sei es durch Formen des Totschweigens oder der gesellschaftlichen Diskriminierung. Sie sind oft so subtil, daß sie nicht leicht durchschaut und als harmlos eingestuft werden. Gottes Alleinvertretungsanspruch durch Jesus Christus schürt nicht nur das Höllenfeuer, sondern läßt auf Erden Scheiterhaufen aller Art brennen. Nichts auf dieser Erde ist eindeutig und nichts kann daher absolute Geltung beanspruchen. Wenn wir davon sprechen, daß Gott oder die Liebe einen absoluten Wert darstellt, dann kann das keine allgemeingültige Lehre sein, sondern nur ein eigener, konkreter Lebensvollzug, in dem liebendes und geliebtes Dasein als letzter Sinn des Lebens erhofft, geglaubt und erliebt werden kann.

Wer nun christlichen Glauben zur Sprache bringen will, wer von Jesus Christus redet, kann es nur in der menschlich-zweideutigen und stets relativen Sprache tun. Die Einsicht in die Vorläufigkeit all unserer Erkenntnis und Bekenntnisse befreit unser Personsein, da so „Irren menschlich" wird. Vor uns liegt ein unendlich weites Feld von Möglichkeiten. Wir können uns korrigieren, verbessern, neu anfangen. Nichts ist absolut festgeschrieben, weder ein Ausdruck noch das eigene Leben. Machtausübung, auch für einen „guten Zweck", kann unterbleiben. Die Jesusfigur der Bibel wird nicht notwendig jeder Kritik standhalten; Sachkritik ist auch hier die Aufgabe des denkenden und fühlenden Menschen. Die Frage nach Jesus hat die christliche Denk- und Sprachstruktur, auch -kultur geprägt. Gott und Menschen, Letztes und Vorletztes sollten zusammen bedacht und als Einheit gesehen werden. Die Metapher der Menschwerdung Gottes sollte dies ausdrücken. Wird sie absolut gesetzt, wirkt der Inkarnationsgedanke wie die afrikanische Bananenfalle. Der

---

[1] H. Küng, Christsein, München 1974, 155.
[2] A. v. Harnack, Das Wesen des Christentums, München 1964, 92 (1. Aufl. Berlin 1900).
[3] Ebd., 93.
[4] Vgl. ebd., 21.

Affe greift nach ihr in einem Baumloch. Er faßt sie und kann sie (aufgrund seiner Psyche) nicht mehr auslassen. Mit der Banane aber kommt er mit der Hand nicht mehr aus dem Baumloch. So wird er gefangen und getötet.

Christlicher Glaube ist nur recht verstanden, wenn er dem anderen keinen religiösen Ausdruck aufzwingt, sich selbst vom Festhalten am Vorgegebenen distanziert, sich selbst relativiert, Freiheit gewährt, und so offen für Liebe wird. Den „glimmenden Docht" löscht er nicht aus, er zerbricht nicht und wird seine Ansicht rücksichtsvoll, ohne Herrschaft ausüben zu wollen, darstellen. Allein so erweist sich die christliche Glaubenshaltung als Vermenschlichung unmenschlicher Lebensbedingungen. In Jesus Christus scheint sich für viele Menschen diese menschliche Erfahrung verdichtet zu haben. Der biblische Jesus gibt dazu Anhaltspunkte. Entsprechend unserem Ansatz, daß sich jeder Glaubensinhalt vor der Erfahrung auszuweisen hat, kann auch unser Ausgangspunkt für das Verständnis von Jesus Christus nur die Erfahrung sein.

Wir setzen also sonst nichts voraus, nicht den Glauben, nicht die Meinung, daß die Bibel Gottes Wort ist, nicht eine dogmatische Aussage, daß Jesus Christus Gott und Mensch sei usw. Allerdings ist neben der Erfahrung als Bedingung wahrer Erkenntnis auch das Interesse an Jesus Christus Voraussetzung: Kommt ihm eine Bedeutung für unser Leben zu? Wenn ja, welche?

In der Bibel konzentriert sich das dargelegte Geschehen um einen Menschen, der griechisch Ἰησοῦς, lateinisch Jesus heißt. Der Name kommt vermutlich aus dem Semitischen und ist wohl von Jeho-schua abgeleitet.[5] Eine besondere Bedeutung kommt im AT, dem Nachfolger des Mose, Jehoschua (latinisiert Josua, Jeschua) als Führer und Befreier Israels zu. Das Wort bedeutet „Jahwe hilft". Diese Namensgebung (in der Bibel auf einen göttlichen Auftrag zurückgehend) hat bereits eine beabsichtigte Bedeutung. Im Namen wird die Person in ihrer gesellschaftlichen Signifikanz wiedergegeben. D.h., in der Deutung der Schrift hat Jesus Heilsbedeutung. Freilich muß ausgehend vom Namen erst erwiesen werden, ob er vor der Erfahrung zu verantworten ist oder bereits eine ideologisierte Aussage vorliegt.

Mit großer historischer Sicherheit war dieser Jesus ein Jude.[6] Seine historische Existenz wurde (nur) im 19. Jh. von einigen Wissenschaftlern geleugnet.[7] Heute gibt es keinen Gelehrten, der die historische Existenz des Juden Jesus leugnet. Aus den biblischen Angaben ist mit historisch großer Wahrscheinlichkeit zu schließen, daß Jesus spätestens 4 v. Chr. (eventuell 7 v.

---

[5] Etwa 25 x werden im AT ähnliche Namen aufgeführt.

[6] Von den „Deutschen Christen" wurde seine jüdische Abstammung geleugnet. Vor allem Walter Grundmann (ein bis heute namhafter neutestamentlicher Exeget), der 1939 Leiter des Institutes „Zur Erforschung des jüdischen Einflusses auf das deutsche kirchliche Leben" wurde, tat sich dabei hervor und entjudaisierte Jesus. Selbst Martin Dibelius stimmte ihm 1939 zu.

[7] Im 19. Jh. wurde auch die historische Existenz von Homer, Agamemnon u.a. bestritten, sowie die Existenz der Städte Troja, Mykene u.a.m. Heinrich Schliemann (1822-1890) war anderer Ansicht und fand, entsprechend den Angaben von Homer, Troja und Mykene.

Chr.) geboren wurde, weil König Herodes in diesem Jahr starb (vgl. Lk 1,5; Mt 2). (Unsere heutige Zeitrechnung stammt vom Mönch Dionysius Exiguus, der 525 bei der Umrechnung von der römischen auf die christliche Zeitrechnung irrte.) Jesu Eltern hießen wohl Mirjam und Josef, und auch von seinen Brüdern wird berichtet (Mk 6,1-4). Im 15. Regierungsjahr des Kaisers Tiberius (1.10.27-30.09.28 n. Chr.) ließ sich Jesus von Johannes dem Täufer taufen (Lk 3,1). Jesus war (Lk 3,23) etwa 30 Jahre alt. Seine Hinrichtung erfolgte unter dem römischen Prokurator Pontius Pilatus (26-36 n. Chr.), vermutlich um 30. Wann er gekreuzigt wurde, bleibt offen. Das Paschafest, als Auszugsfeier aus Ägypten, erstreckte sich vom 14. bis 21. Nissan (Mitte März bis Mitte April) und war beliebt für aufständische Zusammenrottung, weshalb die Römer zu dieser Zeit besonders wachsam waren und schnell zum Tode verurteilten.

Auch außerbiblische Autoren sprechen – in diesem Zeitraum – von einer historischen Gestalt Jesus.

1. Jesus zeitlich am nächsten steht unter den Zeugen der Jude Josephus Flavius (Joseph ben Mathitjahn, 37/38 - ca. 100 n. Chr.), der „De bello Judaico" schrieb. Er selbst nahm an dem Krieg teil, wurde 67 n. Chr. gefangen und vor den römischen General Vespasian, der den Aufstand niederzuwerfen hatte, gebracht. Da er Vespasian vorhersagte, daß dieser Kaiser würde, ließ er ihn nicht töten, sondern schenkte ihm zwei Jahre später, als seine Weissagung in Erfüllung ging, die Freiheit. Etwa zur gleichen Zeit, als das Johannesevangelium verfaßt wurde, schrieb er um 93 das Buch „Jüdische Altertümer" (Antiquitates XVIII, 63f). Es war in der Regierungszeit des Domitian (81-96 n. Chr.), dem zweiten Sohn Vespasians, der von antijüdischen Vorurteilen geprägt war. Da der Text christlich überarbeitet wurde, müßte der Originaltext etwa folgendermaßen lauten: „Nun entstand zu dieser Zeit *eine Ursache weiterer Unruhen* in Jesus, einem weisen Mann, der erstaunliche Taten vollbrachte, einem Lehrer solcher Menschen, die gern bereit sind, *sonderbare Dinge* aufzunehmen. Er führte viele Juden und auch viele Heiden in die Irre. Er war der Christus *genannt*. Als Pilatus ihn auf Informationen hin, die er von unseren Führern erhielt, zum Kreuzestod verurteilte, hörten doch seine früheren Anhänger nicht auf, *Unruhe zu stiften;* und der Stamm der Christen, der diesen Namen von ihm erhielt, ist bis zum heutigen Tag nicht verschwunden."[8]

2. Die Existenz Jesu Christi wird auch von Tacitus (Annalen XV, 44, entstanden 115-117 n. Chr.), erwähnt, der vom Brand Roms unter Kaiser Nero (64 n. Chr.) berichtet. Die Schuld wurde den Christen zugeschrieben, „eine Sorte Menschen, verabscheut wegen ihrer Laster", und er fährt fort: „Dieser Name stammt von Christus, der unter Tiberius vom Prokurator Pontius Pilatus hingerichtet worden war. Dieser verderbliche Aberglaube war für den Augenblick unterdrückt worden, trat aber später wieder hervor und verbreitete sich

---

[8]   Zit. nach F.F. Bruce (Hg. E. Güting), Außerbiblische Zeugnisse über Jesus und das frühe Christentum, Gießen/Basel 1991, 28 (Kursiv Geschriebenes = Rekonstruktion).

nicht nur in Judäa, wo er aufgekommen war, sondern auch in Rom, wo alle Greuel und Abscheulichkeiten der ganzen Welt zusammenströmen und geübt werden."

3. Der kaiserliche Legat der römischen Provinz Bithynien (Nord-West-Kleinasien), Plinius Caecilius Secundus (um 111 n. Chr. Legat) hatte einen regen Briefwechsel mit Kaiser Trajan (98-117 n. Chr.). Er fragt an, wie er sich den Christen gegenüber verhalten solle. Die Christen ließ er nicht töten, sondern wieder frei, wenn sie „nach einer von mir vorgesprochenen Formel unsere Götter anriefen und vor Deinem Bilde, das ich zu diesem Zweck zusammen mit den Statuen der Götter hatte bringen lassen, mit Weihrauch und Wein opferten, außerdem Christus fluchten, lauter Dinge, zu denen wirkliche Christen sich angeblich nicht zwingen lassen." Auch die auf diese Weise abgeschworen haben, fährt Plinius weiter, beteuern, daß ihre Schuld und ihr Irrtum darin bestand, „daß sie sich an einem bestimmten Tage vor Sonnenaufgang zu versammeln pflegten, Christus als ihrem Gott einen Wechselgesang zu singen und sich durch Eid nicht etwa zu irgendwelchen Verbrechen zu verpflichten, sondern keinen Diebstahl, Raubüberfall oder Ehebruch zu begehen, ein gegebenes Wort nicht zu brechen, eine angemahnte Schuld nicht abzuleugnen. Hernach seien sie auseinandergegangen und dann wieder zusammengekommen, um Speise zu sich zu nehmen, jedoch gewöhnliche, harmlose Speise ..." (Briefe X, 96). Trajan antwortete, daß Plinius recht handele, daß er aber keine anonymen Anzeigen annehmen dürfe und die Christen nicht aufspüren solle. In diesem Zeugnis haben wir eher eine Notiz über das frühe Christentum in Kleinasien als eine historische Aussage über Jesus Christus.

4. Sueton (um 120 n. Chr.) verfaßte eine Biographie der ersten zwölf römischen Kaiser, worin es heißt: „Die Juden vertrieb er aus Rom, weil sie, von Chrestos aufgehetzt, fortwährend Unruhe stifteten" (Vita Claudii 25, 4). Sueton geht hier auf das Jahr 49 n. Chr. zurück, von dem auch Apg 18,2 berichtet, daß Claudius die Juden aus Rom vertrieben habe und Paulus um 50 n. Chr. Aquila in Korinth traf, der aus Italien kam. Chrestos erscheint bei Sueton als Verschreibung des Namen Christus. Näheres erfahren wir auch bei ihm nicht.

5. Ein weiteres außerchristliches Zeugnis für die Existenz Jesu ist der Brief eines Heiden Mara bar Serapion an seinen Sohn (nach 72 n. Chr.), in dem er auf die Strafe derer hinwies, die den Gerechten töten. Er vergleicht Sokrates, Pythagoras und Jesus. „Welchen Vorteil hatten die Juden davon, ihren weisen König hinzurichten? Bald darauf hatte ihr Königreich ein Ende. Gott verschaffte ... gerechte Rache: ... die Juden – (wurden) ruiniert und aus ihrem Land vertrieben – (und) leben (jetzt) in völliger Zerstreuung"[9].

6. Der (jüdische) Talmud (die nachbiblische Gesetzesüberlieferung und -interpretation) verfügt über keine selbständige Nachricht über Jesus, sondern stellt ihn als historische Figur in einen polemischen Kontext. Mirjam, selbst von

---

[9] Brit. Museum Syriac Manuscript Additional 14,658. Die Handschrift wird auf das 7. Jh. datiert, der Brief selbst aufs 2. Jh.

fürstlicher Abstammung, hurte mit einem Tischler, und so entstand Jesus, der Zauberer und Abfallprediger (vgl. b Sanhedrin 106a u.a.).

Wir sehen: Zwar gibt es einige historische Zeugnisse von Jesus und der Christengemeinde, aber sie sind spärlich und nicht sehr aussagekräftig. In keiner Weise geben sie wieder, was Jesus für die Christen wirklich bedeutete, noch was Menschen mit ihm für Erfahrungen machten. Diese aber machen die Jesusfigur erst interessant. Das objektive Faktum seiner Existenz gibt kaum etwas her. Wir können nur sehen, daß Menschen Jesus Christus verehrten und andere ihn ablehnten, wie es fast jedem Menschen ergeht, daß er Befürworter fand und zurückgewiesen wurde. Jesus Christus ist so ein beliebiger, zweideutiger Mensch. Wie kommt es aber, daß er trotzdem in der Geschichte eine solche Wirkung hatte? Welche Erfahrungen mit ihm treffen Menschen in ihrem Menschsein?

2. Jesuserfahrung und ihre Deutung

Im Umgang mit Jesus machten Menschen bestimmte Erfahrungen. Soweit sie für uns heute faßbar sind, sind sie in der Bibel niedergeschrieben. Sie informiert uns über Erfahrungen, die Deutungen von mehr oder weniger gesicherten Tatsachen sind. Die biblische Erfahrung stellt Jesus als eine sympathische Autorität dar; dies ist selbstverständlich, weil für die Evangelisten Jesus der Orientierungspunkt ihres Lebens war und ihnen viel „bedeutete". Will man begründen, warum Jesus sich als eine Autorität darstellt, dann kann man auf die damaligen autoritären sozialen Strukturen verweisen, aber auch auf die christlichen Gruppen, die Jesu Autorität als Kampfmittel zur Selbstbehauptung benötigten. Sicher hat Jesus auch auf seine Zuhörer eine starke Wirkung gehabt, die als Autorität gedeutet wurde (die christologischen Hoheitstitel, Gottessohn, Herr usw. waren die spätere Folge). Nun geht aus der jesuanischen Überlieferung hervor, daß im historischen Kontext die Jesuserfahrung in ihrer Bedeutung nicht darstellbar und nicht zu rechtfertigen war. Gesetz, Kult und soziale Gebilde der damaligen Zeit konnten für Jesu Auftreten keine adäquate Legitimation erbringen. Jesus machte mit der institutionalisierten Gesellschaft schlechte Erfahrungen. Die bestehende Ordnung sah offenbar in Jesus ein störendes Element. Nur Christen, die sich in ähnlicher sozialer Lage befanden, gesellschaftlich angefeindet waren, konnten Jesus als „Außenseiter" darstellen.[10] Von den Machthabern wird er als kriminell eingestuft. Er ist ein Rechtsbrecher, mißbraucht Gott für sein freiheitliches Gebaren und wird als Gotteslästerer aufgehängt. Es ist ein beinahe alltäglicher Vorgang und

---

[10] Vgl. A. Holl, Jesus in schlechter Gesellschaft, Stuttgart 1971. Allerdings haben bereits im 1. Jh. die Christen die gleichen „pharisäischen" Methoden ergriffen und ihre Gegner moralisch fertig gemacht und ihnen Gottlosigkeit vorgeworfen, so wie es Jesus geschehen ist (vgl. z.B. den Judasbrief des NT).

212

auch heute in anderen Spielarten nicht unüblich. Solange die christliche Minderheit gesellschaftlich noch nicht akzeptiert war, empfing sie von Jesus ihre Existenzberechtigung. Wenn Jesus recht gehandelt und sich recht verhalten hat, dann ist das Christsein gerechtfertigt. So ist es das Anliegen der biblischen Autoren nachzuweisen, daß Jesus recht hatte und von Gott „bestätigt" wurde (Auferstehung). Daher ist es notwendig aufzuzeigen, daß Jesus eine sympathische Autorität ist. Eine Autorität wird bis in unser Jahrhundert als „von Gottes Gnaden" verstanden und in Gott verankert. Hier spiegelt sich nicht mehr die Erfahrung um Jesus wider, sondern die Suche nach Begründung und Rechtfertigung. Wenn Gott für Jesus einsteht, dann ist die Lebensorientierung an ihm gültig. Eine solche Begründung verlangt aber eine historische Erklärung. Nun ist aber das Problem, daß historische Wahrnehmungen und Erscheinungen immer zweideutig bleiben. Die Evangelisten erkennen dies treffend, da Jesu historisches Auftreten eine doppelte Wirkung hervorgerufen hat, Ablehnung und Bejahung. Für Christen ist er jedoch eindeutig positiv in seiner Wirkung, und so wird ihr Glaube in einer gesellschaftlich feindlichen Situation betätigt. Wir haben hier die zwei großen Versuchungen, Gott und die Historie absolut zu setzen, die sich in Jesus die Hände reichen und denen die Bibelinterpretation erliegt, wenn sie sich nicht an der Erfahrung orientiert.

2.1. Warum Jesus Christus?

Drei Deutungen Jesu unterscheiden sich radikal:
1. Jesus Christus hat seine Autorität aufgrund seiner *Gottessohnschaft*, die die Kirche lehrt. Durch diese metaphysische Qualität kommt Jesu Aussagen, Taten usw. unbedingte Verläßlichkeit zu, wobei die Kirche mitkonstitutiv für diese Wahrheit ist. „Weil Jesus es gesagt hat und die Kirche ihn bezeugt, darum glaube ich es." Jesus Christus in seiner Autorität bürgt für die Wahrheit meines Glaubens. Seine Autorität ist *formal*, sie ist der Grund der vollzogenen Wahrheit. Daß ich z.B. den Feind lieben soll, hat seine Wahrheit in der Autorität Jesu: Weil er es befohlen hat. Dieser Befehl hat seine pseudorationale Erklärung in der Gottheit Jesu, die wiederum nur bei aller Rationabilität thetisch behauptet werden kann. Formale Autorität kann nicht hinterfragt werden, sie ist etwas Letztes und erhält hier die entscheidende Verbindlichkeit durch das kirchliche Lehramt. Das „erkenntnisleitende Interesse" ist im begründenden Denken zu finden, das einen festen Grund einfordert. Dieser ist aber nur dann genügend abgesichert, wenn er mir heute durch eine verkündigende Institution zugesprochen wird, nämlich durch die Kirche. Die Unsicherheit, die durch die Distanz: Ich heute – biblischer Jesus Christus damals eine gewisse subjektive Eigenverantwortung heraufbeschwört, wird getilgt durch die Präsenz kirchlicher Autorität.
2. Jesus Christus hat seine Autorität aufgrund *historischer Verankerung*. Jesus kommt eine absolute Autorität zu, die sich aus seinen historisch gesprochenen

Worten und Taten ergibt. Dabei ist es nicht entscheidend, ob es „ipsissima verba" sind oder ob sie nur die Intention Jesu treffen. Aber dies ist wichtig: Daß die biblische Verkündigung in einer *inneren Kontinuität* mit dem historischen Ereignis Jesu steht. Die historische Analyse und ihre Ausfaltung in der Exegese eruiert also Jesus, der sich als eine einmalige Autorität herausstellt. Das erkenntnisleitende Interesse in der Frage nach dem historischen Jesus ist hier die Erforschung des Glaubensgrundes und die Absicherung in einer historischen Gegebenheit. Die Unsicherheit wird also zumindest teilweise aufgehoben, indem man der Historie auf den Grund geht und von ihr die Versicherung erwartet: Mit Jesus hat es sich tatsächlich so verhalten. „Weil es also Jesus getan und ausgesprochen hat (zumindest der Intention nach), ist es wahr", ist prinzipiell der Gedankenschluß. Jesus ist eine formale Autorität, die natürlich auch durch humane Motive rational verantwortet wird. Wenn also Jesus nicht der war, als der er uns in der Bibel begegnet, sondern vielleicht ein ganz anderer, dann hätte das Christentum seinen Anspruch verloren, denn es hätte seine Autorität, das, „worauf" man sich berufen kann, nicht mehr. Der Christ hätte keinen Boden mehr unter den Füßen, der Grund wäre weg. Dieser Denktypos, der sich in unzähligen Jesusbüchern niederschlägt, ist bei aller Wissenschaftlichkeit letztlich doch auch dem objektivierenden Denken verfallen, zumindest so weit, als der historische Jesus zum Maßstab der Beurteilung der Wahrheit dient. Bei aller Verschiedenheit der Positionen 1 und 2 muß man von der Gemeinsamkeit der Anerkennung der formalen Autorität Jesu sprechen. Sie wird nicht dialektisch „aufgelöst", sondern analytisch beibehalten und der Revision entzogen. So hat der Glaube einen festen Grund.

3. Jesus Christus hat seine Autorität nicht in sich als historisches Ereignis, auch nicht aufgrund einer Gottessohnschaft oder der kirchlichen Verkündigung, sondern allein aufgrund seiner *anthropologischen Einsehbarkeit.* Jede formale Autorität Jesu wird abgelehnt, weil sie grundsätzlich nicht relational ist, d.h. in den Dialog nicht ernsthaft eingebracht und in Frage gestellt wird. Ist der Dialog aber selbst der Wahrheitsprozeß und zugleich sein Kriterium, dann muß jeder Terminus (Jesus und ich) im Gespräch radikal in Frage gestellt werden, da sich nur aus diesem Prozeß heraus Wahrheit finden und erstellen läßt. Jesus Christus ist Autorität, insofern er mitteilbar wird, sich dialogisch im dialektischen Prozeß der Wahrheitssuche und -findung in der Geschichte mitteilt. So ist Jesus Christus keine formale, sondern allein „Sachautorität", und nur als solche ist er das „Wahrheitskriterium".

Das besondere Interesse an Jesus (warum *er* und nicht Buddha, Mohammed, Konfuzius oder Platon usw.) ist allerdings durch die abendländische Tradition historisch bedingt. Das erkenntnisleitende Interesse ist die anthropologische Wahrheitsfindung, die keine analytisch aufgelöste Versicherung der Wahrheit mit sich bringt. Formale Autorität muß gleichsam versichert werden. Sachkompetenz ist im Prozeß ihrer selbst gewiß, ohne Sicherheiten bieten zu können. In diesem Wahrheitstypos ist eine formale Sicherheit grundsätzlich unmöglich, weil dadurch die Wahrheit selbst, die Jesus Christus im Vollzugsgeschehen zur Darstellung bringt, zerstört wird.[11] In Jesus Christus werden also anthropologische Sachverhalte entdeckt, die den Menschen über sich selbst Aufschluß geben können, ihn im Werden halten. Der Glaube hat keinen festen Grund, hat nichts unbedingt Verläßliches außer der Kommunikation selbst, in der Wahrheit erschlossen wird und in der der Mensch zu sich selbst findet. Jesus ist ein *Modell*, das, oberflächlich betrachtet, Orientierungshilfe leistet. Daher ist er theoretisch für objektivierendes Denken nicht notwendig. In dieser Perspektive erscheint Jesus geradezu beliebig auswechselbar und nicht konstitutiv für systematische Betrachtung. Er ist aber dabei gerade in dieser dritten Position wie in keiner anderen konstitutiv, allerdings nur im Geschehen selbst und nicht außerhalb des (gläubigen) Vollzugs. Der Glaube in seinem Vollzug entdeckt die anthropologische Relevanz Jesu Christi und qualifiziert ihn so als Sachautorität und nicht als „Vor-gesetzten".

Von diesen drei typisierten Positionen wird nur die dritte voll dem nichtobjektivierenden Wahrheitsanspruch gerecht. Alle anderen haben einen fixierten Rest, der sich nicht in den Vollzug der Wahrheit hinein „auflöst", sondern als „Rückstand" bleibt, der Rückendeckung für das sich versichernde Denken gibt und darin „zu Grunde" geht („rückständig" ist).

2.2. Bekennende Kirche und Deutsche Christen

Die *Bekenntnisse von Barmen* (1934) und der *Deutschen Christen* (1933) können die Diskussion veranschaulichen. Das Glaubensbekenntnis der nationalkirchlichen Bewegung lautete:

„1. Wir Deutschen Christen glauben an unseren Heiland Jesus Christus, an die Macht seines Kreuzes und seiner Auferstehung. Jesu Leben und Sterben lehrt uns, daß der Weg des Kampfes zugleich der Weg der Liebe und der Weg zum Leben ist. Wir sind durch Gottes Schöpfung hineingestellt in die Blut- und Schicksalsgemeinschaft des deutschen Volkes und sind als Träger dieses Schicksals verantwortlich für seine Zukunft. Deutschland ist unsere Aufgabe, Christus ist unsere Kraft!

2. Quelle und Bestätigung unseres Glaubens sind die Gottesoffenbarungen in der Bibel und die Glaubenszeugnisse der Väter. Das Neue Testament ist uns die heilige Urkunde vom Heiland, unserem Herrn, und seines Vaters Reich. Das Alte Testament ist uns Beispiel göttlicher Volkserziehung. Für unseren Glauben ist es von Wert, soweit es uns das Verständnis für unseres Heilands Leben, Kreuz und Auferstehung erschließt.

3. Wie jedem Volk, so hat auch unserem Volk der ewige Gott ein arteigenes Gesetz eingeschaffen. Es gewann Gestalt in dem Führer Adolf Hitler und in dem von ihm geformten nationalsozialistischen Staat. Dieses Gesetz spricht zu uns in der aus Blut und Boden erwachsenen Geschichte unseres Volkes. Die Treue zu diesem Gesetz fordert von uns den Kampf für Ehre und Freiheit.

---

[11]   Vgl. Kap. Offenbarung.

4. Der Weg zur Erfüllung des deutschen Gesetzes ist die gläubige deutsche Gemeinde. In ihr regiert Christus, der Herr, als Gnade und Vergebung. In ihr brennt das Feuer heiliger Opferbereitschaft. In ihr allein begegnet der Heiland dem deutschen Volke und schenkt ihm die Kraft des Glaubens. Aus dieser Gemeinde Deutscher Christen soll im nationalsozialistischen Staat Adolf Hitlers die das ganze Volk umfassende Deutsche Christliche Nationalkirche erwachsen. Ein Volk! – Ein Gott! – Ein Reich! – Eine Kirche!"[12]

Neben der Autorität Jesu Christi haben die deutschen Christen Hitler als Autorität anerkannt, der Gruß „Heil Hitler" in seiner Zweideutigkeit, den jeder Deutsche sprechen mußte, meinte, daß in Hitler Heil sei, daß der Führer das Heilsgesetz des deutschen, erwählten Volkes ist. Der deutsche Christ also sieht in Jesus Christus und gleichsam präsentisch inkarniert im Führer das Heil, die Autorität, auf die absoluter Verlaß ist. Der Glaube wird hier „situationsgerecht eingefärbt", ist nur mittels dieser Autoritäten der Heilsweg.

Dagegen stand die *Barmer Erklärung* der *Bekennenden Kirche*.

„Wir bekennen uns angesichts der die Kirchen verwüstenden und damit auch die Einheit der Deutschen Evangelischen Kirche sprengenden Irrtümer der Deutschen Christen und der gegenwärtigen Reichskirchenregierung zu folgenden evangelischen Wahrheiten: … Jesus Christus, wie er uns in der Hl. Schrift bezeugt wird, ist das *eine* Wort Gottes, das wir zu hören, dem wir im Leben und Sterben zu vertrauen und zu gehorchen haben. Wir verwerfen die falsche Lehre, als könne und müsse die Kirche als Quelle ihrer Verkündigung außer und neben diesem *einen* Wort Gottes auch noch andere Ereignisse und Mächte, *Gestalten* und Wahrheiten als Gottes Offenbarung anerkennen."[13] In den folgenden fünf Punkten wird jeder Versuch verworfen, diese Einbindung auf die alleinige Autorität Christi zu lockern.

Hier wird also alles zentriert auf die Autorität des in der Schrift ergangenen Wortes Gottes. Diese eine Autorität sichert das Christentum ab. Neben Jesus Christus gibt es keinen zweiten Herrn, sondern nur er ist die Quelle der Wahrheit. Ein dazu kommendes, situationsbedingtes, neues Vermittlungsprinzip kann es nicht geben, Jesus ist die Offenbarung Gottes schlechthin. Es ist bezeichnend, daß diese Kontroverse über das Glaubensbekenntnis in der katholischen Kirche – bei aller vorübergehenden Nazibegeisterung – nicht aufkommen konnte. Diese Funktion der situationsgerechten Aneignung christlichen Gedankengutes hatte sich von vornherein die Kirche usurpiert, und daher war theologisch für eine weitere Autorität (den „Führer") kein Platz. Die „Deutschen Christen" hatten in diesem Sinne eine katholisierende Tendenz: Die Autorität eines Jesus Christus gab nicht genug Sicherheit her, weil sie als vergangene erfahren wurde, die einer autoritativen Interpretation bedarf. Der Führer auf der einen, die katholische Kirche mit dem Papst auf der anderen Seite konnten dies leisten, beide bedienten sich einer erdachten unbedingt verläßlichen Autorität, die in der *Gegenwart* erfahrbar war bzw. ist.

---

[12] R. Kekow, Das Glaubensbekenntnis im Widerstreit der Meinungen, Frankfurt 1970, 14f.
[13] Ebd., 13f.

216

2.3. Die Autoritätsfrage

Bei aller politischen Komponente, die übrigens der theologischen stets notwendig beigegeben ist, handelte es sich allein um die Autoritätsfrage. Heute ist es leicht, den „Deutschen Christen" unrecht zu geben und ihren Irrtum einzusehen. Ihr entscheidender „Fehler" aber lag wie bei der bekennenden Kirche in der den Glauben begründenden Autorität. Nicht also weil sie neben Jesus Christus noch eine andere gelten ließen, hatten sie sich geirrt, sondern weil überhaupt Autoritätsgläubigkeit ihr Christentum bestimmte. Faktisch spielen immer „Autoritäten" neben Jesus Christus eine Rolle, sei es die Wissenschaft, die exegetische Methode, eine Philosophie oder die Ablehnung jeder Hermeneutik.[14] Wird aber diese undialektische und daher immer autoritäre Auflösung vermieden, dann kann es kein „Führerprinzip" geben, dann ist dieses auch nicht in Jesus Christus zu finden (wie es etwa einst der Heliand meinte), sondern beide „Erklärungen" müßten in dialogischer Vermittlung jeweils hinterfragt und in das Wahrheitsgeschehen eingebracht werden, im Sinne der oben beschriebenen dritten Position, wobei die auffälligen Irrtümer mehr Anlaß dazu geben als anscheinend „wahre Positionen", die nur von ihren *Voraussetzungen* her in Frage gestellt werden müssen. Das „Sprachspiel" ist bei beiden „Erklärungen" gleich.

Diese Autoritätsfrage ist für das Selbst- und Wahrheitsverständnis des Glaubens von größter Bedeutung und unterscheidet das Christentum in seinen Vertretern, den Christen, radikal. Es braucht nicht eigens betont zu werden, daß aufgrund unseres bisherigen Verständnisses weder Kirche noch Jesus Christus eine absolute Autorität sein können. Jede nicht in den Dialog eingebrachte (formale) Autorität zerstört glaubende Existenz.

So ist für die Christologie festzuhalten:

1. Das autoritätsfixierte Bewußtsein stützt sich auf die Kirche. Wir lernten bereits die Ansicht des Augustinus kennen, der meint, daß nur die kirchliche Autorität den Glauben an das Evangelium ermöglicht.[15] Jesus Christus hat nur durch die Kirche die Bedeutung als Lebensorientierung.

Das meint a., daß Jesus Christus und die Kirche eine solche Einheit bilden, daß die Kirche der „fortlebende Christus" ist. Die kirchliche Lehre ist Selbstdarstellung Jesu Christi, beide können sich nie widersprechen. Daher: Roma locuta, causa finita. Wenn Rom, das Zentrum der Kirche, sich geäußert hat, ist jede Diskussion beendet. Der Mensch in der Kirche, die Leib Christi ist, empfängt das Brot der Sicherheit und weiß sich getragen von einer Gemeinschaft,

---

14 Sicher ist bei dem Bekenntnis der „Deutschen Christen" nicht zu übersehen, daß sich durch die zweite Autorität, nämlich Hitler, die Praxis als völlig inhuman darstellte und von ihr her die grundsätzlich gleiche Autoritätshörigkeit als belanglos erscheinen mag. Die inhaltliche Bestimmung des Humanen ist entscheidend wichtig. Trotzdem liegt vor der richtigen ethischen Entscheidung das Problem im formalen Autoritätsglauben als solchem.

15 Vgl. Augustinus, fund. 5,6 Nr. 119; PL 42,176.

die sich auf göttliche Verfügung beruft. Der Preis dafür ist der Ausschluß andersdenkender Menschen und der Verzicht auf Wahrheit, die nicht verfügbar ist. Kirche kann jedoch nie Ausgangspunkt einer Besinnung auf Jesus Christus sein.

Dies gilt b. auch dann, wenn der in der Kirche geglaubte Jesus Christus der kritische Maßstab für die Kirche ist. Zwar wird hier die Kirche Jesus Christus untergeordnet und auch kritisierbar, aber nie so, daß die Beziehungseinheit zwischen beiden je aufgelöst werden könnte, denn die Kirche kann grundsätzlich nicht aus seiner „Gnade" herausfallen. Jesus Christus ist immer der Geglaubte, und der Glaube wird durch die Kirche konstituiert. Sicher haben wir Kenntnis von Jesus durch die Bibel, die eine Sammlung kirchlich anerkannter Schriften ist. Die Vermittlung der Kirche ist aber „zufällig" und keineswegs notwendig, auch wenn sie historisch betrachtet die Bedingung für die Beschäftigung mit der jesuanischen Botschaft ist. Die Funktion der Kirche für die Christologie, für die Aufschlüsselung der Botschaft, kann nur darin bestehen, das Gespräch um Jesus zu fördern und in Gang zu halten. Nur so kann sie zur Wahrheitsfindung beitragen.

2. Die andere Seite der Münze sind die, die sich allein an Jesus Christus orientieren wollen.[16] Er allein ist die Autorität, vor der das eigene Denken Halt macht.

Dies kann a. in kirchlichem Sinne geschehen, wenn Jesu Autorität als göttlich angesehen wird. Weil er von Gott bestätigt wurde oder weil er selbst ein Gott, Sohn Gottes ist, kommt ihm diese unzweifelhafte Autorität zu. Gott wird nicht als Metapher für Jesus gebraucht, sondern im ontologischen Sinne. „Jesus hat nur dann Heilsbedeutung ... wenn er auch (ontologisch) der von Gott in die Welt gesandte Christus ist."[17] Diese „Rückendeckung" Jesu macht seine Bedeutung aus.

b. Die „Jesuaner" verlassen sich außerhalb der Kirche auf die historische Autorität Jesu. Kirche wird nicht nur von ihm her kritisch geprüft, sondern hat keine entscheidende Heilsbedeutung. Sie kam und wurde untreu. Sie ist nicht die „casta meretrix" (H.U. v. Balthasar), die „reine Hure" (oft Idealbild der Männer), sondern sie ist ganz und gar „verdorbenes Christentum" und für den Zugang zu Jesus hinderlich. Ich glaube also nicht, weil die Kirche dieses oder jenes lehrt, sondern weil es Jesus gesagt hat. Jesus begründet die Wahrheit des Glaubens und seiner Aussagen. Jesus ist als formale Autorität der Glaubensgrund. Durch ihn wird der Glaubensvollzug konstituiert. Der historische Jesus ist also die Glaubensautorität, die meinen Glauben begründet. Auch hier

---

[16] Vgl. G. Hasenhüttl, Christentum ohne Kirche, Aschaffenburg 1972. Sowohl im Namen des einzelnen (S. Kierkegaard) wie im Namen der Gemeinschaft (C. Torres) kann Christsein von der Kirchenzugehörigkeit getrennt werden.

[17] G.L. Müller, Katholische Dogmatik, Freiburg 1995, 256. Das Zitat richtet sich nicht auf ein kirchenfreies Christentum, ist aber typisch für die Autoritätsbegründung Jesu in Gott. Nur durch Gott erhält Jesus seine Heilsbedeutung. Dies ist jedoch absurd und entleert Jesus seines konkreten Sinnes.

haben wir eine Autoritätsgläubigkeit, die Jesus grundsätzlich der Kritik entzieht und vor jedem Wahrheitsdialog anzusiedeln ist. Zu diesem grundsätzlichen Problem, daß jede formale Autorität, die sich der Sachkritik entzieht, der Wahrheit vorgeordnet wird, kommt das Problem der „historischen" Autorität, die schon für Lessing einen „garstigen Graben" darstellt, denn wie ist es möglich, den Sinn seines Lebens an eine historisch zufällige Autorität zu knüpfen, die nie eindeutige Sicherheit geben kann, in der Wahrheit zu sein?

c. Jesus kann als ethisches Vorbild dienen. Sein Leben und seine Taten stellen eine überzeugende Lebenshilfe dar, die sinnvolles Leben garantiert. Jesus ist eine Autorität, die konstitutives Vorbild für menschliches Leben ist und letztlich die Lebensgestaltung begründet. In der „imitatio", im Ethos Jesu, wird das Heil gesehen. Die Subjektivität des einzelnen steht im Vordergrund. Sicher besteht hier die Gefahr, daß in Jesus das eigene subjektive Empfinden hineingelegt wird, aber in jeder Überzeugung, die rational zustande gekommen ist, ist das Subjekt ein integrierender Bestandteil und stellt kein „Vorurteil" dar, wenn es bereit ist, sich durch die Sache korrigieren zu lassen. Ein Verstehensprozeß ist nicht vom „Eigenen" zu trennen, weil er immer vom Vorverständnis (R. Bultmann) des konkreten Menschen geprägt ist. Außerdem ist „Allgemeinheit" oder „Mehrzahl" kein Wahrheitskriterium. Jesus hatte offenbar die Mehrheit nicht hinter sich. Auch in diesem Jesusverständnis wird der irdische Jesus eine autoritative Instanz ethischen Verhaltens. Wenn er nicht dialogisch verantwortet wird, erheben sich grundsätzlich die gleichen Schwierigkeiten wie bei den vorhergegangenen Positionen.

Wird die Orientierung an Jesus nicht sachlich aus der Erfahrung abgeleitet, bleibt christlicher Glaube autoritär begründet und verkürzt so den Menschen um den dialogischen Wahrheitsvollzug. Wenn tatsächlich Menschen um Jesus einmalige Erfahrungen gemacht haben, kann daraus nie ein Wahrheitskriterium abgeleitet werden, daß nur in ihm Glaubenswahrheit zu begründen ist. Der entscheidende Schritt geschieht von einer faktisch, für mein Leben einmalig bedeutungsvollen Erfahrung zum theoretisch Grundsätzlichen. Durch dieses wird Jesus Christus zu etwas Einmaligem, ganz Besonderem, das nur in ihm zu finden ist und das nur er realisierte. „Ich aber sage euch … " ist die letzte Ratio des Glaubens an Jesus Christus. So wird die theologische Einmaligkeit in den Hoheitstiteln (Herr, Gottes Sohn usw.) gefunden, die ihn schließlich kirchlicherseits zu einem Gott hochstilisieren. Soziologisch ist dies gut als Ausdruck einer Sehnsucht Unterprivilegierter zu verstehen. Er führt zu einer spekulativen Theologie, die die Basis jeder Erfahrung verlassen hat. Wenn wir heute von Jesus Christus sprechen, stehen wir vor einer langen christologischen Interpretationsgeschichte. Um deren Wahrheitsgehalt zu entdecken, müssen wir fragen: Welche Erfahrung hat am Beginn dieses Prozesses gestanden? Wieso hat Jesus von Nazareth eine solche Bedeutung für die Sinngebung menschlichen Lebens erhalten?

3. Jesus Christus für uns?

Menschen, die mit Jesus (gute) Erfahrungen gemacht haben, waren offenbar der Meinung, daß etwas Wichtiges für ihr Leben in ihm zum Ausdruck kommt; freilich wurde auch die gegenteilige Erfahrung gemacht. Menschen werden allgemein eingeordnet: Kann ich ihm vertrauen oder nicht? Die Bibel fragt sich immer wieder: Sind Glaube und Vertrauen möglich und richtig oder ist eine feindliche Macht am Werk? Die Autoren des NT meinen nun offenkundig, daß sich im jesuanischen Geschehen etwas *für uns* ereignet hat. Dieses „Für uns" ist die gleichbleibende Konstante und hier ganz unprätentiös zu nehmen. Menschen interessieren sich für etwas, da sie meinen, es ist für sie gut und von Nutzen. So ist es auch bei Jesus. Im jesuanischen Geschehen entdeckten Menschen, daß für sie Gutes geschieht. Das ganze Interesse der Christologie beruht darauf, daß Jesus *für uns* Bedeutung hat, daß er zu einem sinnvollen Leben führt. Die Menschen der ersten Generation, die dies schriftlich festhielten, meinten, daß es nicht nur für sie, sondern auch für spätere Generationen gilt. Dieser felsenfeste Glaube hat sich faktisch bis heute bestätigt. Jesus ist auch heute noch gesellschaftlich wirksam. Auch wenn Kirchen meinen, daß dies ihr Verdienst sei, so ist es doch vielmehr die Anziehungskraft der Gestalt Jesu, die Menschen zur Beschäftigung mit ihm veranlaßt. Welche Erfahrung ist es, die Menschen auf Jesus Christus lenkt? Bevor wir uns dieser Frage stellen, ist das Verhältnis Historie und gegenwärtige Botschaft von Jesus Christus zu klären. Welche Bedeutung hat Jesus, der Christus für uns? Ist es der historische Befund seines Lebens? Ist es seine Lehre? Was wissen wir über das irdische Leben des Jesus von Nazareth? Manche Theologen meinen sehr viel zu wissen, andere sind sehr skeptisch. Ein beliebter Topos ist Jesu Anrede: „Abba", Vater. Daraus leiten manche die einmalige Stellung Jesu zu Gott ab. Was aber resultiert wirklich aus einem so dürftigen Befund? Manche meinen das „Urgestein" christlicher Überlieferung gefunden zu haben, wenn sie Aussprüche und Taten Jesu feststellen, die keine religionsgeschichtliche Parallele aufweisen. Andere versuchen Jesus zu nivellieren, indem sie für alles Parallelstellen finden und zeigen können, daß Jesus nichts Neues gesagt hat. In der Schrift wird oft nicht nur das Vorverständnis, sondern vielmehr das Vorurteil verifiziert. Die Wissenschaft wird als willfährige Dienstmagd gebraucht, um eigene Anliegen verwirklicht zu sehen. Aber all das erklärt nicht die Bedeutung, die die Beschäftigung mit Jesus Christus erlangt hat. Was dann? Das Spektrum der Jesusdeutungen kann zur Klärung beitragen. Die Autoritätserfahrung Jesu ist offenbar in diesem „Für uns" enthalten, bzw. wird durch dieses begründet. Die Soteriologie geht jeder Christologie voraus. F. Nietzsche erkannte in Jesus eine Gestalt, die menschliches Leben in einen sinnvollen Kontext stellt: „Es ist möglich, daß unter der heiligen Fabel und Verkleidung von Jesu Leben einer der schmerzlichsten Fälle vom Martyrium des *Wissens um die Liebe* verborgen liegt."[18] Und:

---

[18] F. Nietzsche, Jenseits von Gut und Böse, Nr. 269.

„Jesus ... hat jede Kluft zwischen Gott und Mensch geleugnet, er *lebte* diese Einheit von Gott und Mensch als *seine* ‚frohe Botschaft'."[19] Von F. Kafka wird berichtet, daß er den Kopf neigte, als er nach Jesus Christus gefragt wurde, und sagte: „Das ist ein lichterfüllter Abgrund. Man muß die Augen schließen, um nicht abzustürzen." Für E. Bloch gilt: „Ein Mensch wirkte hier als schlechthin gut, das kam noch nicht vor. Mit einem eigenen Zug *nach unten,* zu den Armen und Verachteten, dabei keineswegs gönnerisch. Mit *Aufruhr nach oben,* unüberhörbar sind die Peitschenhiebe gegen die Wechsler und alle, ‚welche die Meinen betrüben'."[20] J.-P. Sartre meint in seinem Weihnachtsspiel, das er 1940 im deutschen Kriegsgefangenenlager schrieb: „Wenn ein Gott für mich Mensch würde, *für mich,* liebte ich ihn, ihn ganz allein. Es wären Bande des Blutes zwischen ihm und mir, und für das Danken reichten alle Wege meines Lebens nicht."[21] Schlägt man die Werke moderner bekannter Autoren auf, so findet sich die Gestalt Jesus verschlüsselt oder offen in Romanen, Theaterstücken und Gedichten. Mit dem Erwachen des historischen Interesses wurde Jesus im 19. Jh. zur Romanfigur. Meist waren es unkritische, glorifizierende und oft auch unkirchliche Betrachtungsweisen Jesu (Renan, Bahrdt, Venturini, Mauriac, Daniel-Rops, Papini u.a.m.).

Zur Zeit des Zweiten Weltkrieges und unmittelbar danach entfaltete sich eine reiche christliche und traditionell kirchliche Literatur, die die persönliche Glaubensproblematik in den Mittelpunkt, Jesus und den Glauben an ihn jedoch nicht in Frage stellte. P. Claudels „Seidener Schuh", G. Bernanos' „Tagebuch eines Landpfarrers", „Die Sonne Satans", G. Greens Schnaspriester in „Die Kraft und die Herrlichkeit", „Das Herz aller Dinge", oder „Das Ende einer Affäre"; E. Langgässer, G. v. le Fort, B. Marshall u.v.a.m. sind Zeugen für eine kirchliche Jesusfigur.

In der jüngsten Zeit findet sich ebenfalls eine Vielzahl von belletristischen Werken, die sich mit dem Christusimpuls auseinandersetzen; sie zeichnen sich fast alle durch einen kritischen Dialog aus. Jesus Christus wird als Herausforderung verstanden, durch die die Welt und der Mensch eine spezifische Deutung erfahren. Diese kritische Literatur hat freilich ihre Vorläufer im 19. Jh., wobei es von dezidierter Ablehnung, z.B. Strindbergs „Am offenen Meer" bis zur eindrucksvollen Umgestaltung, wie bei Dostojewskijs „Der Idiot" kommen konnte. In der heutigen Literatur wird der Christusimpuls besonders in drei Themenkreisen behandelt:

a. Jesus hat eine Funktion für soziale, gerechte Verhältnisse unter den Menschen. Allerdings wird auch darauf verwiesen, daß die Jesusfigur falsch gebraucht wird, indem in Jesu Namen Duldung und Opferbereitschaft gefordert werden. Der Jesusimpuls kann nur zur Aufhebung sozialer Ungerechtigkeit und Ungleichheit dienen, so etwa P. Weiß in seinem Stück „Marat / Sade"

---

[19]   Ders., Antichrist, Nr. 41.
[20]   E. Bloch, Das Prinzip Hoffnung, Frankfurt 1973, Bd. III, 1487.
[21]   J.-P. Sartre, Bariona oder der Donnersohn V, 2 (G. Hasenhüttl, Gott ohne Gott, Graz 1972, 309; neue Übersetzung: A. Spingler, Hamburg 1991, 57).

(1964). St. Heym legt in seinem Roman „Ahasver" (1981) auch einen sozial-kritischen Maßstab an Jesus an, sieht in ihm aber zugleich den, der gegen „den Lauf der Dinge" steht, aber auch der aus Revolutionären Ordnungshüter gemacht hat. „Und da er und Gott eins waren, werde auch ich eins mit Gott, ein Wesen, ein großer Gedanke, ein Traum." Für Silone („Brot und Wein") hat Jesus revolutionäre Bedeutung, und selbst bei G. Grass, „Die Blechtrommel", ist Jesus als Protest gegen das Bestehende verstanden.

b. Jesus ist der Name, der wider Macht- und Normprinzip steht. Die „christliche Ordnung" ist unmenschlich und zerstört Jesus Christus selbst, da sie Leben verneint. Gerade das Leben, das nicht „passend" ist (Prokrustesbett!), ist an Jesus Christus orientiert. Die Überwindung der Normierung des Menschen ist jesuanisches Ziel. In den „Ansichten eines Clowns" hat H. Böll wie kein anderer die Gegenwart Christi unter uns Menschen in einem nichtnormierten Leben dargestellt.

c. Nicht weniger eindrücklich steht Jesus auch für die Würde des einzelnen und seine Verantwortung. Nur in einem Menschen, der Individuum geworden und zu einem Wir fähig ist, liegt echter Jesusimpuls und damit Erlösung, meint P. Handke in seiner Erzählung „Wunschloses Unglück" (1974). Individuelle Verantwortung auf sich zu nehmen und „Nein" zu sagen gegen Kriegsmaschinen aller Art ist Nachfolge Christi. „Jesus macht nicht mehr mit" (1949), schreibt W. Borchert. Freilich warnt F. Dürrenmatt vor der Überforderung des einzelnen, denn gerade auch in einer unvollkommenen Entscheidung für die Liebe sind wir bejaht, lebt Jesusimpuls unter den Menschen weiter. So in: „Ein Engel kommt nach Babylon" (²1970).

Diese Reihe der Autoren kann man beliebig fortsetzen.[22] In den verschiedenen modernen Filmen fanden die Jesusbilder ihren Niederschlag wie „Jesus von Montreal" (D. Arcaud 1989), „Die letzte Versuchung Christi" (M. Scorsese 1988), „Maria und Joseph" (J.L. Godard 1984) oder ganz zu schweigen von den Filmwerken eines I. Bergman „Das siebente Siegel" (1956), „Das Schweigen" (1963) u.a. oder auch F. Fellini „La Strada" (1954), „Die Gauner" (1955) u.a.[23]

Bei fast allen Autoren richtet sich die kritische Jesusdarstellung gegen soziale Ungerechtigkeit, gegen Normierung und Unterdrückung der menschlichen Person. Jesus steht für ein echtes menschliches Leben gut. Mittels der Jesusfigur, explizit oder implizit verdeckt in anderen Gestalten, wird das Humanum eingeklagt. Theologisch könnte man formulieren: Im Verständnis der modernen Literatur hat es nur Sinn, von Jesus Christus zu sprechen, wenn dadurch humanere Bedingungen der Menschheit bewirkt werden. Der Jesusimpuls kann zeigen, daß im Menschen ein „Mehr-Wert" liegt, der ihn über sein bisheriges Sein hinaushebt, vorwärts bringt und neue Lebensmöglichkeiten erschließt.

---

[22]   Vgl. K.J. Kuschel, Der andere Jesus. Ein Lesebuch moderner literarischer Texte, Einsiedeln 1983.

[23]   Vgl. P. Hasenberg, u.a. (Hg.), Spuren des Religiösen im Film, Mainz/Köln 1995.

II. HISTORISCHER RÜCKBLICK

Diese ganze Bewegung ist nur verständlich, wenn man sich der theologischen Forschung bewußt ist, die im 18. Jh. begonnen hat, Jesus aus einem erstarrten dogmatischen Korsett zu befreien. Diese Befreiung geschah aber nicht im Namen eines relationalen Wahrheitsverständnisses, sondern im Namen der Geschichte. Wurde die Wahrheit bisher im Dogma verankert, so jetzt im historischen Ereignis. „Historicum et verum convertuntur." Die Historie ist nicht mehr ein negativer Seinsmodus, sondern wahrheitskonstituierend. Die Historie ist der Ort der Wahrheit, und so wird nach Jesus als historischem Objekt geforscht. So erwartete man von der Geschichte die Befreiung vom ideologischen Überbau der Dogmatik. Das historische Faktum allein und exklusiv sollte über die Wahrheit des Glaubens entscheiden. Vom Dogmatismus geriet man auf diese Weise in die „Diktatur der Historie". Sie entsprach dem Modell des begründenden Denkens.

1. Jesus – rationalistisch

Der erste große Erklärungsversuch Jesu in einem historischen Rahmen ist der sog. Rationalismus. Die historische Autorität wird gegen die dogmatische, „göttliche" Autorität ins Feld geführt. Das Fanal gab Lessing mit der Herausgabe des Wolfenbüttelschen Fragments „Von dem Zweck Jesu und seiner Jünger" (1778). Geschrieben hatte es Samuel Reimarus (1694-1768). A. Schweitzer bemerkt dazu: „Vor Reimarus hatte niemand das Leben Jesu historisch zu fassen versucht."[24] So ganz stimmt die Aussage nicht, wenn auch die historische Forschung erst in der Aufklärung wirksam wurde. Denn Kasper Waler OFM († 1527), eng verbunden mit den Gedanken des Nikolaus von Kues (1401-1464), als Herodot des Abendlandes bezeichnet, entdeckte das historische Element, besonders im Bezug auf Jesus. Ihm wurden von der Inquisition die Finger der rechten Hand abgeschnitten, damit er nicht mehr schreiben konnte. Später, vom Papst rehabilitiert, schrieb er mit der linken Hand die erste Papstgeschichte. Auch der Franzose Richard Simon, Katholik und Oratorianer, schrieb bereits 1687 eine „Kritische Geschichte des AT" und verwendete für die Lektüre des AT und NT eine empirisch-kritische Methode. Nicht nur katholischerseits, sondern ganz besonders von den evangelischen Kirchen wurde das Werk abgelehnt. Reimarus erst verhalf der historischen Betrachtungsweise zum Durchbruch. Er formulierte das Problem (§ 3): „Ich finde große Ursache, dasjenige, was die Apostel in ihren eigenen Schriften vorbringen, von dem, das Jesus in seinem Leben wirklich selbst

---

[24] A. Schweitzer, Geschichte der Leben-Jesu-Forschung (1913; 1906 war der Titel: Von Reimarus zu Wrede), Tübingen 1966, 56.

ausgesprochen und gelehrt hat, gänzlich abzusondern." Die Intention Jesu und die Absichten seiner Jünger müssen für Reimarus keineswegs historisch identisch sein, vielmehr vermutet er, daß zwischen beiden ein großer Unterschied besteht. Was Jesus historisch beabsichtigte, meint er aus den Übermalungen der Evangelisten erkennen zu können. „So ist denn die Absicht der Predigten und Lehren Jesu auf ein rechtschaffenes thätiges Wesen, auf eine Änderung des Sinnes, auf ungeheuchelte Liebe Gottes und des Nächsten, auf Demuth, Sanftmuth, Verläugnung seiner selbst, und Unterdrückung aller bösen Lust gerichtet. Es sind keine hohen Geheimnisse oder Glaubens-Punkte, die er erkläret ... es sind lauter moralische Lehren und Lebenspflichten" (§ 6). Rational verantwortete Humanität schwebt als Ideal vor und ist im historischen Jesus zu finden. Lessing kommentiert: „Jene, die Religion Christi, ist diejenige Religion, der er als Mensch selbst erkannte und übte; die jeder Mensch mit ihm gemein haben kann; die jeder Mensch um so viel mehr mit ihm gemein zu haben wünschen muß, je erhabener und liebenswürdiger der Charakter ist, den er sich von Christo als bloßem Menschen macht."[25] In dieser aufgeklärten Humanität spielt freilich die „religiöse Dimension" des Menschseins kaum eine Rolle, weil diese völlig vom Dogmatismus usurpiert war. Der historische Jesus sollte Helfer sein im Befreiungskampf vom Dogma.[26]

In der Dogmatik fand sich ja keine Herberge für den lebendigen, irdischen Jesus. Dieser Jesus wird nun mit der „Vernunftwahrheit" erfaßt, Wunder werden „natürlich" erklärt (z.B. bei der Brotvermehrung war das Brot im Berg versteckt), der Tote wird als Scheintoter deklariert[27] usw. Die „historischen Tatsachen" werden ohne „kerygmatischen Überbau" erklärt. Ihre Wahrheit liegt im nüchternen Faktum.

Aber welche Bedeutung hat eine solche Faktizität? Kann mittels der Geschichte, als Autorität hochstilisiert, Menschsein wirklich befreit werden? Sicher kann die Erinnerung an unabgegoltene Wahrheit Impuls für heutige Menschen sein, das Leben zu revidieren, neu zu gestalten und gegen das „Vergessen" anzugehen, aber dadurch entsteht keine Autorität. Jesus als eine historisch-moralische Autorität ist genauso fraglich wie seine Gottessohn-schaft. In der rationalistischen Bibelkritik versuchte man Jesus als eine liebenswerte Gestalt darzustellen, die eine humane Ethik verkündete. So auch J.G. Herder (1744-1803): „Die Lehre Jesu war einfach und faßlich für alle Menschen: Gott ist euer Vater, ihre alle seyd gegeneinander Brüder."[28] So ist das echte Evangelium „Freundes- und Brudergesinnung". Jesus werden ein

---

[25] G. E. Lessing, Die Religion Christi 1780,§ 3.

[26] Vgl. A. Schweitzer, a.a.O., 47.

[27] Bis heute lebt diese historisch unsinnige Behauptung. Z.B. J. Reban, Christus wurde lebendig begraben, Zürich 1976.

[28] J. G. Herder, Christliche Schriften, Vom Erlöser der Menschen, 1796/97, zit. nach: M. Baumotte (Hg.), Die Frage nach dem historischen Jesus. Texte aus 3 Jh., Gütersloh 1984, 34f. Vgl. auch: Ideen zur Philosophie der Geschichte der Menschheit, 1784, 17. Buch.

reines, heiteres, nachahmenswertes menschliches Gemüt und ethische Integrität bescheinigt, die Grund für unser humanes Handeln sein soll. So wichtig der Hinweis auf die Humanität ist, so scheint Jesus doch rationalistisch verkürzt und die Wahrheit des Menschseins auf *einen* Typos reduziert zu sein.

2. Jesus – mythologisch

Aufgrund des rationalistischen Minimalergebnisses leitete bereits Schleiermacher (1768-1834) eine Wende ein. Er sieht Jesus nicht unter dem historischen Gesichtspunkt, sondern als Christus des Glaubens. Im Johannesevangelium spiegelt sich das wahre Selbstbewußtsein des Erlösers. Schleiermacher versucht aufzuzeigen, welches historische Persönlichkeitsbild am besten dazu paßt. Er spricht daher lieber von Christus, der historische Jesus beginnt sich langsam wieder aufzulösen. Man erkennt, daß sich im historischen Jesus kein wahrer Halt finden läßt. D.F. Strauß (1808-1874) ersetzt das Historische durch das Mythische.[29] Zum ersten Mal taucht in der Theologie die „Mythosdiskussion" auf, die im 20. Jh. zu einem zentralen Thema werden sollte. Alles, was von Jesus scheinbar historisch berichtet wird, ist von Mythen durchsetzt. So können die Wunder Jesu weder historisch noch rationalistisch gedeutet werden, sondern nur mythisch. Strauß kritisiert den Rationalismus: „Wenn Christus nicht mehr gewesen ist und gethan hat, als diese rationalistische Lehre ihn sein und thun läßt: so sieht man nicht, wie die Frömmigkeit dazu kommt, ihn zu ihrem besonderen Gegenstand zu machen, und die Dogmatik, eigene Sätze über ihn aufzustellen" (§ 147). Die Historie kann nicht der Grund für die Bedeutung Jesu Christi sein. Der „gute Mensch" allein genügt nicht. Die Ursache ist vielmehr in der Entwicklung der Geschichte der Menschheit zu sehen, die die Idee des Gottmenschen hervorbringt. „Ist die Menschheit einmal reif dazu, die Wahrheit, daß Gott Mensch, der Mensch göttlichen Geschlechts ist, als ihre Religion zu haben, so muß, da die Religion die Form ist, in welcher die Wahrheit für das gemeine Bewußtsein wird, jene Wahrheit auf eine gemeinverständliche Weise, als sinnliche Gewißheit, erscheinen, d.h. es muß ein menschliches Individuum auftreten, welches als der gegenwärtige Gott gewußt wird" (§ 150). So kann er bereits in seiner Vorrede sagen: „Christi übernatürliche Geburt, seine Wunder, seine Auferstehung und Himmelfahrt, bleiben ewige Wahrheiten, so sehr ihre Wirklichkeit als historischer Faktor angezweifelt werden mag." Für ihn ist der Jesus von Nazareth historisch bedeutungslos. Entscheidend ist der Mythos, bzw. die religiöse Idee. Die Herkunft der Mythologumena ist nicht aus dem historischen Jesus zu erklären, sondern einer selbständigen Entwicklung unterworfen. Das Christentum hat nun Historie und Mythos zu einer Synthese geführt. Im historischen Jesus realisierte sich nach Strauß die Gottmenschlichkeit als „höchste Idee" des menschlichen Denkens. Jesu Bedeutung ist in diesem Ideal

---

29   D.F. Strauß, Das Leben Jesu kritisch bearbeitet, Tübingen 1835.

der Menschheit zu sehen, das sich historisch zu dem entsprechenden Zeitpunkt realisierte. Diese Idee soll sich als Ziel nicht nur in einer vergangenen Geschichte, sondern in jeder Persönlichkeit verwirklichen. Das ist die entscheidende und bleibende Bedeutung des historischen Jesus. Keine Kritik kann je dieses Ideal zerstören.

Damit ist die Entdeckung der historischen Wahrheit faktisch wieder preisgegeben. Das erkenntnisleitende Interesse sucht die Begründung in einer überzeitlichen Idee zu finden, die sich historisch realisiert. Jesus ist keine formale Autorität, hat aber auch keine Sachkompetenz, sondern ist Ausdruck eines anthropologischen Ideals. Wahrheit wird als „Bewußtseinsphänomen" aufgefaßt. Der Begegnungscharakter der Wahrheit und ihre Relationalität finden keine Beachtung.

3. Jesus – projektionistisch

Aufgrund der Wegrationalisierung und Wegidealisierung Jesu kam Bruno Bauer (1809-1882) zur Auffassung, daß es eine historische Persönlichkeit *Jesus nie gegeben* habe.[30] Das religiöse Bewußtsein der Urgemeinde habe ihn hervorgebracht. Bauer versuchte die Existenz Jesu mit den damaligen Mitteln wissenschaftlich zu bestreiten. Alle historischen Schwierigkeiten, die man damals gegen die Evangelien vorbringen konnte, hat er scharfsinnig zusammengetragen. Der historische Jesus ist Produkt der Reflexion. Das Christentum ist aus dem Stoizismus (Seneca) und aus dem Judentum (Philo von Alexandrien) entstanden. Die Jesusfigur will den Gegensatz von Gott und Mensch auflösen. Jesus ist Symbol für die Überwindung „entfremdeten Daseins", er ist Produkt des entfremdeten Bewußtseins. Die Person Jesu ist also eine schriftstellerische Projektion, ist Widerhall des sich selbst entfremdeten Menschen und Sehnsucht nach der Aufhebung der Entfremdung. Bauers Thesen hatten großen Einfluß auf Marx und Engels. Ähnliche Auffassungen des historischen Jesus als Symbol finden sich bei Kalthoff, Niemanjewski, Fuhrmann, Smith, Drews u.a.m. Jesus als mythologische Projektion sahen Dupuis, Volney, Robertson, Jensen (der die Gestalt Jesu mit dem Gilgameschepos verglich) u.v.a.m. Die Religionsgeschichtliche Schule der zweiten Hälfte des 19. Jh. bestritt zwar nicht die Historizität Jesu, relativierte sie aber durch religionsgeschichtliche Parallelen und Betonung des allgemeingültigen sittlichen Ideals. Der historische Jesus wurde faktisch theologisch weggekürzt, weil bedeutungslos.[31] Die Kirche hat nie definitorisch behauptet, daß Jesus von Nazareth wirklich gelebt hat. Erst in Frontstellung gegen den katholischen Modernisten

---

[30] B. Bauer, Kritik der evangelischen Geschichte des Johannes, Bremen 1840; Kritik der Synoptiker, 2 Bde., Leipzig 1841-42. Seine radikalste Schrift: Das entdeckte Christentum, Zürich 1843 (sofort nach dem Erscheinen eingestampft).

[31] Für das AT sind die Arbeiten von Gunkel, Greßmann u.a. ausschlaggebend, für das NT Eichhorn, Weiß, Bousset, Heitmüller u.a.

A. Loisy[32] und die liberale protestantische Theologie, die beide das historische Element geringschätzten, äußerte sich Pius X.: Der Christus der Historie
dürfe nicht „als viel unbedeutender erachtet" werden „als der Christus, der
Gegenstand des Glaubens ist"[33]. Der historische Jesus wird nicht als Gegenstand des Glaubens (objectum formale fidei) bezeichnet; bis heute ist es in der
Theologie umstritten, ob der historische Jesus zum Formalobjekt des Glaubens gehört. Selbst das Verbot der „Geringerachtung" ist keine dogmatische
Definition. Wohl wird die Existenz eines historischen Jesus als selbstverständlich vorausgesetzt. Die Existenz Jesu wird heute von keinem ernsthaften
Historiker geleugnet. Damit ist aber über die Bedeutung der irdischen Existenz noch nicht entschieden, und deren theologische Relevanz wird sehr unterschiedlich eingeschätzt.

4. Jesus – rekonstruktivistisch

Einige Strömungen der *liberalen* Theologie hingegen versuchten, von neuem
einen Zugang zu Jesus zu finden und sein Bild, „wie er wirklich war" zu re-
konstruieren. Man besann sich neuerdings auf die Historie und ihren Wahrheitswert und versuchte, Jesus von allen kerygmatischen Übermalungen zu
befreien, seien sie dogmatischer oder auch biblischer Art. Im Markusevangelium glaubte man eine historisch zuverlässige Quelle zu besitzen und
ein Vorbild zu finden, das uns den Weg zu einem „gottseligen" Leben zeige.
Als zweites Prinzip diente die damals „moderne" Psychologie. Man untersuchte das Selbstbewußtsein Jesu (z.B. inwieweit er sich als Messias verstand), seine Gefühle, Enttäuschungen und Freuden. Als drittes Grundprinzip
sah diese liberale Theologie die sittlich-religiöse, autonome Persönlichkeit.
Der Ansatz war ein religiöser Individualismus. Nicht die Gemeinschaft,
sondern die ethisch hochstehende Persönlichkeit ist das, woran der Mensch
sich orientieren muß. So war es selbstverständlich, daß Jesus keine Kirche
gründen konnte, sondern eben den einzelnen zur sittlichen Tat aufrief. Jesus
wird Ende des 19. Anfang des 20. Jh. immer stärker von seiner Frömmigkeit
und vertrauenden Hingabe an Gott her interpretiert, auch wenn Harnack
schließlich einsah, daß es nicht möglich sei, ein Leben Jesu zu schreiben
(„Vita Jesu scribi nequit"). Jesus hat aber Vorbildfunktion für die Vater-Kind-
Beziehung zu Gott. Gott und meine Seele sind die Pole religiösen Verhaltens
und Glaubens. Im katholischen Bereich wurde die *historisch-kritische* Arbeit
durch die römischen Behörden (S. Officium, Bibelkommission etc.) stark
behindert. E. Renan (1823-92) leugnete in seinem Leben Jesu (1863) zwar
nicht die Existenz des irdischen Jesus, verstand aber die Evangelien als
legendäre Biographien. Bereits bei seiner Antrittsvorlesung verlor er den
Lehrstuhl; der Episkopat war in unzähligen Schriften darauf bedacht, die

---

[32] A. Loisy, Autour d'un petit livre, ²1903.
[33] Dekret „Lamentabili", 1907, D 2029.

Gottheit Christi mittels der Wunder zu retten. Als klarer Beweis gegen die liberale Theologie wurde A.K. Emmerichs (1774-1824) „Bitteres Leiden unseres Herrn Jesu Christi" angesehen, sowie C. Brentanos „Leben Jesu", das nach seinem Tod (1842) als dreibändiges Werk erschienen war (1858-60). Der durch sie initiierten Herz-Jesu-Verehrung wurde in der katholischen Kirche freier Lauf gelassen. Diese Spielart der Frömmigkeit war ohne Zweifel eine Reaktion auf den Rationalismus. Bis in die dreißiger Jahre des 20. Jahrhunderts konnte sich diese Richtung halten, die den historischen Jesus zum Objekt der Frömmigkeit machte und glaubte, in sein „Herz" blicken zu können. Bei aller Variationsbreite war das Interesse, das die Erkenntnis bestimmte, das Vertrauen auf die religiöse Relevanz der Historie, sei sie als äußerer Ablauf oder als innerliches Phänomen zu sehen. Diese religiöse Relevanz gilt für die Einzelpersönlichkeit, die in Jesus ein ewig gültiges Ideal einer Gottesbeziehung erkennen kann. Da in dieser Theologie kein wirklich geschichtliches Denken vorliegt, konnte auch kein Verständnis dialogischer Wahrheit aufkommen, sondern nur eine „Nachahmung Jesu". A. Schweitzer faßt in seiner „Geschichte der Leben-Jesu-Forschung" (Schlußkapitel) treffend zusammen: „Es ist der Leben-Jesu-Forschung merkwürdig ergangen. Sie zog aus, um den historischen Jesus zu finden und meinte, sie könnte ihn dann, wie er ist, als Lehrer und Heiland in unsere Zeit hineinstellen. Sie löste die Bande, mit denen er seit Jahrhunderten an den Felsen der Kirchenlehre gefesselt war und freute sich, als wieder Leben und Bewegung in die Gestalt kam und sie den historischen Menschen Jesu auf sich zukommen sah. Aber er blieb nicht stehen, sondern ging an unserer Zeit vorüber und kehrte in die seine zurück."

5. Jesus – eschatologisch

Die liberale Theologie wurde durch J. Weiss'[34] und A. Schweitzers *konsequente Eschatologie* abgelöst. Nach ihrer Meinung kann der historische Jesus nur nach menschlichen Maßstäben gemessen werden; diese sind aber notwendig zu klein für die Bedeutung, die Jesus Christus in der Geschichte erlangt hat. Statt der Historie muß die von ihm ausgehende gewaltige „geistige Strömung" in der Geschichte gesehen werden, die unsere Zeit noch durchflutet. Die historischen Ereignisse können die eschatologische Botschaft Jesu vom Reich Gottes nicht erschüttern. Sie beruht allerdings auf dem Irrtum der Naherwartung. „Die ganze Geschichte des Christentums ... beruht auf der Parusieverzögerung, d.h. auf dem Nichteintreffen der Parusie, dem Aufgeben der Eschatologie, der damit verbundenen und sich auswirkenden Enteschatologisierung der Religion."[35] Die Geschichte des Christentums versperrt uns den Zugang zum historischen Jesus. Diese Dynamik kann weder durch den

---

[34] J. Weiss, Die Predigt Jesu vom Reiche Gottes, 1892.
[35] A. Schweitzer, a.a.O., 407.

historischen Jesus begründet noch durch ein Resultat der historischen Forschung geschmälert werden. „Diese Tatsache wird durch eine historische Erkenntnis weder erschüttert noch gefestigt."[36] Jesus selbst erwartete den Einbruch der Parusie, des Reiches Gottes. Die Bergpredigt und die empfohlenen zwischenmenschlichen Verhaltensweisen stellen eine „Interimsethik" dar, die ganz auf das Erscheinen der Parusie, der Ankunft Gottes ausgerichtet ist. Da diese ausblieb, versuchte sie Jesus durch seinen Tod schließlich herbeizuführen. Plastisch schildert Schweitzer: „Stille ringsum. Da erscheint der Täufer und ruft: Tuet Buße! das Reich Gottes ist nahe herbeigekommen! Kurz darauf greift Jesus, als der, welcher sich als den kommenden Menschensohn weiß, in die Speichen des Weltrades, daß es in Bewegung komme, die letzte Drehung mache und die natürliche Geschichte der Welt zu Ende bringe. Da es nicht geht, hängt er sich dran. Es dreht sich und zermalmt ihn. Statt die Eschatologie zu bringen, hat er sich vernichtet. Das Weltrad dreht sich weiter und die Fetzen des Leichnams des einzig unermeßlich großen Menschen, der gewaltig genug war, um sich als den geistigen Herrscher der Menschen zu erfassen und die Geschichte zu vergewaltigen, hängen noch immer daran. Das ist sein Siegen und Herrschen."[37] In F. Kafkas Erzählung „In der Strafkolonie" (1914, erschienen 1919) erinnert manches an Schweitzers Ausführungen. Das Räderwerk (Weltrad) bringt dem Opfer Erlösung, wenn es seine im Rücken eingetragene Schuld entziffert, ein „Ausdruck der Verklärung" liegt auf seinem Antlitz. Der Nachfolger (Offizier, Sohn) des Kommandanten (Erfinder, Vater) gibt allen Verurteilten die Freiheit und begibt sich, um Erlösung zu offenbaren, in das Räderwerk; das Zeichen der versprochenen Erlösung bleibt aus. „Das Blut floß in hundert Strömen ... Und nun versagte noch das letzte, der Körper löste sich von den langen Nadeln nicht ... Es war, wie es im Leben gewesen war; (kein Zeichen der versprochenen Erlösung war zu entdecken;) was alle anderen in der Maschine gefunden hatten, der Offizier fand es nicht; die Lippen waren fest zusammengedrückt, die Augen waren offen, hatten den Ausdruck des Lebens, der Blick war ruhig und überzeugt, durch die Stirn ging die Spitze des großen eisernen Stachels." Und am Grab des Kommandanten ist zu lesen: „Es besteht eine Prophezeiung, daß der Kommandant nach einer bestimmten Anzahl von Jahren auferstehen und aus diesem Haus seine Anhänger zur Wiedereroberung der Kolonie führen wird. Glaubet und wartet!"[38]
Es geht hier um die Qualifizierung der Geschichte durch Jesus: Seine eschatologische Hoffnung scheiterte, aber gerade dieses Scheitern verursacht die Dynamik der Geschichte. „In einer Religion ist so viel Verstehen des historischen Jesus, als sie starken und leidenschaftlichen Glauben an das Reich

---

[36] Ebd., 621.
[37] A. Schweitzer, Von Reimarus zu Wrede. Eine Geschichte der Leben-Jesu-Forschung, Tübingen 1906, 367. Diese Stelle fehlt in den folgenden Auflagen ab 1913.
[38] F. Kafka, Die Erzählungen, Frankfurt 1961, 121f.

Gottes besitzt."[39] Da Jesu Ethik nur vorläufig war, die Parusie aber nicht stattgefunden hat, kommt Jesus zu uns nur als „ein Unbekannter und Namenloser"[40]. Nur wer sich den Kämpfen und Leiden der Geschichte in seiner Gemeinschaft stellt, wird erfahren, *wer* er ist! Im Scheitern den Sieg in der Geschichte zu proklamieren, ist die Wahrheit Christi.

Die „konsequente Eschatologie" läßt sich auf keine formale Autorität ein, sie sieht aber auch nicht die relationale Struktur der Wahrheit.

6. Jesus – modernistisch

In diese Diskussion um den historischen Jesus hat sich katholischerseits besonders der sog. Modernismus (A. Loisy[41] u.a.) eingeschaltet, der ein geschichtliches Wahrheitsverständnis entwickeln wollte. Weder Historie noch Autorität können einen festen Grund geben; allein im Glaubensgeschehen ist Jesus zugänglich und erfahrbar. Der Christus des Glaubens gibt sich im Geschichtsprozeß zu erkennen; so kommt geschichtliche Wahrheit zur Sprache. In völlig ungenügender Erkenntnis der Problematik verurteilte Pius X. 1907 im Dekret „Lamentabili" folgenden „Irrtum" des Modernismus (D 3429): „Man darf zugeben, daß der Christus, den uns die Historie zeigt, viel unbedeutender ist als der Christus, der Objekt des Glaubens ist." Das erkenntnisleitende Interesse ist hier fundamentalistisch, d.h. man glaubte aufgrund historischer Tatsachen die Legitimität des christlichen Glaubens aufweisen zu können. Daher war jede Schmälerung des historischen Fundaments ein Angriff auf die Sicherheit des Glaubens. Welches Wahrheitsverständnis hier im Spiel ist, haben wir zu Genüge gesehen.

In den bisher dargestellten sechs Versuchen, die die Bedeutung Jesu für uns verständlich machen wollen, ist zu erkennen:
a. Gemeinsam war ihnen ein antidogmatischer Zug, denn die dogmatische Starre verhindert den Zugang zu Jesus. Sie gingen nicht von der Gottheit Jesu aus, ja sie wurde durchgehend bestritten. Auf eine dogmatisch festgelegte und bis zu einem Gott hochstilisierte Autorität Jesu läßt sich kein Glaube gründen.
b. Daher versuchte man es mit der historischen Autorität Jesu. Er war eine vorbildliche Persönlichkeit. Diese aber erwies sich ebenfalls als nicht tragfähig, denn eine historische Wahrheit kann nicht der Grund einer Wahrheit sein, die dem menschlichen Leben Sinn gibt und letzte Entscheidung fordert.[42]

---

[39] A. Schweitzer, Geschichte der Leben-Jesu-Forschung, 627.

[40] Ebd., 630.

[41] A. Loisy, L'Évangile et l'Église, 1902; Les Évangiles Synoptiques, 2 Bde. 1907/8.

[42] G.E. Lessing, Über den Beweis des Geistes und der Kraft (1777): „Zufällige Geschichtswahrheiten können der Beweis von notwendigen Vernunftwahrheiten nie werden ... Wir alle glauben, daß ein Alexander gelebt hat, welcher in kurzer Zeit fast ganz Asien besiegte. Aber wer wollte, auf diesen Glauben hin, irgendetwas von großem dauerhaften Belange, dessen Verlust nicht zu ersetzen wäre, wagen? Wer wollte, diesem

Zudem ist uns der Zugang zum irdischen Jesus weitgehend durch die Überlieferungsweise verwehrt, so daß die historische Forschung nur einen verstümmelten Jesus in den Händen hält.

c. Da der historische Jesus uns verließ und der dogmatische Jesus blutleer in der Phantasie existiert, bleibt die zeitlose Idee (Mythos, Symbol, Ideal); Jesus ist ein humanistisches Ideal, die höchste geschichtlich bedingte Idee. Mehr als die Einheit von Gott und Mensch ist für die Ratio nicht denkbar. Nach diesem Ideal sein Leben auszurichten, ist vernünftig und begründet eine humane Ethik.

d. Die konsequente Eschatologie versuchte Jesu historische Botschaft vom Reich Gottes ernst zu nehmen. Aus dem historischen Scheitern aber ergab sich eine Dynamik in der Geschichte, die das Entscheidende an Jesus ist. Die „Autorität" dieser Dynamik bleibt bei uns. Jesus ist nicht nur eine Idee, aber auch kein Gott und keine historische Autorität, er ist geschichtsmächtig, ist Geschichtswirkung, ist ein geschichtliches (nicht zu verwechseln mit historisch faktischem) Ereignis. Er ist Willens- und Lebensenergie für uns und nicht eine reine „Vernünftelei". Diese Energie verpflichtet uns, den Glauben an das Reich Gottes, d.h. an den Sinn der Lebensdynamik in der Geschichte zu bewahren.

7. Jesus – dialektisch

Diese ganze Diskussion wurde in Deutschland jäh abgeschnitten durch die *dialektische* Theologie, während in Frankreich[43] und im englischsprachigen Raum[44] die Leben-Jesu-Forschung ohne Bruch weiterging. Im Gegensatz zur liberalen Theologie und entgegen dem Historismus wurde schon 1892 von Martin Kähler festgehalten – auf den sich die Problemstellung der dialektischen Theologie bezog –, daß es niemals eine Rekonstruktion des sog. historischen Jesus geben und die Forschung nicht hinter den verkündigten Jesus Christus zurückgehen könne.[45] Die Idee der Geschichtswirkung, wie sie die liberale Theologie verstand, wird modifiziert aufgegriffen, und zwar so, daß nur in der kirchlichen Verkündigung Gegenwart Jesu erfahren wird. Der „Sitz im Leben" der Gemeinde ist der bevorzugte Topos, der über Bedeutung der Worte und Taten Jesu Aufschluß gibt. Der historische Jesus wird den Flammen der Wissenschaft preisgegeben, er ist der Jesus „dem Fleische nach", der

---

Glauben zu Folge, aller Kenntnis auf ewig abschwören, die mit diesem Glauben stritte? Ich wahrlich nicht." Es ist nicht zumutbar „mit jener historischen Wahrheit in eine ganz andre Klasse von Wahrheiten herüber springen, und von mir verlangen, daß ich alle meine metaphysischen und moralischen Begriffe danach umbilden soll" (Werke Bd. VIII, München 1979, 12ff).

[43] M. Goguel, Jésus, 1932, neben Schweitzers Buch ein Standardwerk.

[44] Vgl. M. Robinson, Kerygma und historischer Jesus, [2]1967.

[45] M. Kähler, Der sogenannte historische Jesus und der geschichtliche, biblische Christus, München [4]1969.

nicht interessiert.[46] Beeinflußt ist dieser theologische Ansatz, den besonders R. Bultmann ausarbeitete, von S. Kierkegaard: „Hätte die gleichzeitige Generation nichts hinterlassen als diese Worte: Wir haben geglaubt, daß Gott sich anno soundsoviel in geringer Knechtsgestalt gezeigt, unter uns gelehrt und gelebt hat und darauf gestorben ist – das wäre mehr als genug."[47]

Konkret ist die dialektische Theologie eine Reaktion auf die konsequente Eschatologie, die den *Inhalt* der Verkündigung Jesu als Irrtum erklärte. Was immer über den historischen Jesus inhaltlich ausgesagt wurde, es ist für die dialektische Theologie weitgehend belanglos, da das christliche Kerygma dadurch nicht getroffen wird. Von der formgeschichtlichen Methode bis zur Redaktionsgeschichte hat im wesentlichen alles der kirchlichen Verkündigung zu dienen, in der Christus gegenwärtig ist. Das erkenntnisleitende Interesse hat sich gewandelt. Es wird kein fester, gleichbleibender, objektivierbarer Grund mehr gefordert, sondern der Versuch unternommen, eine Begegnung mit Jesus Christus zu begründen. Sie ist in der Verkündigung zu finden. Die Wahrheit wird hier als Begegnung mit Jesus verstanden, der in der Verkündigung präsent ist. Die Verkündigung, die Bezeugung Jesu Christi in der Kirche vermittelt ihn und setzt mich bei gläubiger Annahme in die eschatologische Existenz, in die Wahrheit ein. Diese erhält eine dialogische Struktur und wird geschichtlich gesehen.

Was aber bei aller Dialektik nicht hinterfragt wird, ist die Verkündigung. Sie erhält daher eine formale Autorität, obwohl ein sachlicher Ausweis gefordert wird. Die Relationalität der Wahrheit wird hier zwar erstmalig wirklich gedacht und durchgeführt, sie wird aber nicht radikal genug gesehen, da doch wieder vor einer Autorität, der Verkündigung, Halt gemacht wird.

8. Jesus – historisch

Die *neuere christologische Diskussion* hält sich nicht an das Frageverbot der dialektischen Theologie und fragt wieder nach dem historischen Jesus, der Kriterium der Verkündigung sein soll. E. Käsemann schrieb 1953 seinen Aufsatz über das Problem des historischen Jesus; E. Fuchs kommentierte: Käsemann warf seinen Ball, und die Lawine rollte zu Tal.

Was hat der historische Jesus mit dem christlichen Kerygma zu tun, ist erneut die Frage, und welche Bedeutung hat Jesus für den Glauben, für uns heute? „Die neue Problemstellung versucht weder einseitig vom historischen Jesus noch von dem Kerygma der Urgemeinde auszugehen, sondern will die Korrelation weiter bestimmen" (F. Hahn). Die theologische Fragestellung geht nicht vom historischen Jesus aus, sondern vom Kerygma, vom verkündigten

---

[46]   R. Bultmann, GV I, 1958, 101: „Wie es in Jesu Herzen ausgesehen hat, weiß ich nicht und will ich nicht wissen."

[47]   S. Kierkegaard, Abschließende unwissenschaftliche Nachschrift, Köln 1959, 156f.

Christus und geht zurück zum irdischen Jesus[48] und versucht, diese Beziehung zu bestimmen. Gibt es eine sachliche Kontinuität zwischen beiden? In der Kontinuitätsfrage liegt ein doppeltes Problem: a. Wie kann ein historisch zufälliges Element den Glaubensvollzug nicht in die Relativität stürzen, und b. wie wird aus dem Verkündiger der Verkündigte, d.h. wie wird Jesus Christus zum Glaubensgegenstand und -grund und damit auch die zeitliche Distanz überwunden? In den meisten Religionen existiert diese Fragestellung nicht, weil die Religionsstifter nur Anlaß zum Glauben sind. Zwar tragen die Religionsgemeinschaften häufig den Namen ihres (vermeintlichen) Stifters, aber er ist eine vergangene Größe, und die Ungesichertheit der Historie spielt keine Rolle. Dies gilt für Konfuzius (551-473 v. Chr.), Lao Tse (6. Jh. v. Chr.?), Zarathustra (um 630 v. Chr.) und auch Mohammed (570-632 n. Chr.) u.a.m. Die einzige Ausnahme neben Jesus Christus ist Śâkyamuni-Buddha (560-480 v. Chr.). Auch bei ihm wurde aus dem Verkündiger der Verkündigte, da jeder buddhaförmig werden soll.[49] Sein Wirken umfaßt nicht nur die Vergangenheit, sondern ebenso Gegenwart und Zukunft. Er allein kann dem Menschen Heil eröffnen.[50] Wenn der Verkündiger nicht Verkündiger bleibt, sondern zum Verkündigten wird, konstituiert er den Glauben (das gilt für das Christsein wie Buddhistsein).

---

[48]   Anders verhält es sich mit den meisten modernen Jesusbüchern. Sie haben als „Formalobjekt" nicht den Glaubensvollzug, sondern wollen die im sozialen oder psychologischen Kontext historische Bedeutsamkeit des Jesus von Nazareth für den heutigen Menschen aufweisen oder auch verwerfen. Jesus erhält einen „Vorbildcharakter" (vgl. R. Augstein, Jesus, Menschensohn; M. Machoveč, Jesus für Atheisten; A. Holl, Jesus in schlechter Gesellschaft; F. Alt, Jesus der erste neue Mann; L. Swidler, Der umstrittene Jesus usw.; vgl. ThR 87, 1991, 441ff und StZ 117, 1992, 751ff).

[49]   „Buddha-Natur (Wesen, Geist)" – „Anima naturaliter christiana"!

[50]   Vgl. im Mahâyânabuddhismus: Bodhisattva (männlich und weiblich).

III. HISTORISCHER JESUS – KERYGMATISCHER CHRISTUS

In der Diskussion um das Verhältnis von „historischem Jesus" zum „kerygmatischem Christus" werden vier grundlegend verschiedene Positionen vertreten. Nicht mitgezählt werden die, die Jesus von Christus trennen oder den christliche Glauben auf ein reines Fürwahrhalten reduzieren (also entweder nur eine „fides qua" oder umgekehrt nur eine „fides quae" in ihre Überlegungen einbeziehen).

1. Historischer Jesus als reines Faktum

Die von R. Bultmann begründete, heute schon klassische Position, die wesentlich von der dialektischen Theologie herkommt, ist der Ursprung der drei anderen Theorien, die gleichsam ihre „drei Kinder" sind. Jede *Inhaltlichkeit* des *historischen Jesus* ist für den Glauben *irrelevant*. Die Aussage dieser Position, daß der historische Jesus nicht Gegenstand und Grund des Glaubens sein kann[51], ist allerdings dort mißverstanden (vgl. E. Käsemann), wo sie nicht mehr streng auf das Was des historischen Jesus bezogen wird, sondern auch sein Daß nur zur Vorbedingung für den Glauben erklärt. Die Kirche vertritt in ihrem Kerygma den historischen Jesus (ersetzt ihn nicht), insofern der Glaube an Christus Glaube an die Kirche ist, der Glaube an Christus aber notwendig die Identität mit dem historischen Jesus festhält. Das historische Daß (wohl zu unterscheiden vom eschatologischen Ereignis-Daß), das heißt das Gekommensein Jesu, ist unbedingt notwendig, nicht nur als Conditio, sondern als konstitutives Element für den Glaubensgrund. Die historische Inhaltlichkeit (Predigt und Taten Jesu) allerdings ist nur Vorbedingung, vielleicht auch Vorbild, nie aber Grund des Glaubens. Das historische Daß ist deshalb notwendig, weil Jesus Christus als der Offenbarer die Wahrheit, die er bezeugt, nicht nur als Lehrer bringt, sondern selbst ist. Durch dieses Ereignis (Jesus Christus) ist uns die Wahrheit der eigenen Existenz erschlossen und Selbstwahl als neues Sein ermöglicht. Jesus Christus ist also für den Glauben konstitutiv, abgesehen von der historischen Inhaltlichkeit, die in der Begegnung mit dem Kerygma erst werden muß und nicht vorgegeben ist. Jesus Christus begegnet nur im Kerygma. Die Distanz der Zeit ist durch die kerygmatische Präsenz des Christus, der mit dem historischen Jesus paradox identisch ist, überbrückt, und die historische Relativität ist auf das Faktum

---

[51] Vgl. R. Bultmann, Das Verhältnis der urchristlichen Christusbotschaft zum historischen Jesus, Heidelberg 1965, 7.

reduziert. „Der einzige historische Fixpunkt ist in der Tat das nackte Dagewesensein Jesu."[52] Die Zeitlichkeit und Geschichtlichkeit des Menschen wird ernstgenommen und damit der Begegnungscharakter der Wahrheit gewahrt. Die Frage bleibt, was dieser historische Fixpunkt für eine Funktion hat und wieweit er nicht doch aus dem eigentlichen dialektischen Prozeß der Wahrheitsfindung herausgenommen wird, so daß zumindest dieses „Daß" eine historische Rückversicherung darstellt, eventuell sogar als eine „Tat Gottes" verstanden wird, die autoritativ gesetzt ist.[53]

2. Historischer Jesus als Legitimation

Der *historische Jesus legitimiert* das *Kerygma*. Als notwendiger Beweisgrund für den Glauben ist der historische Jesus in seiner Inhaltlichkeit gefordert. Die historische Legitimation des Kerygmas durch den irdischen Jesus ist für den Glauben konstitutiv. Der historische Jesus wird aber unabhängig vom Glauben gewonnen. Der Glaube gründet im Historischen, und dazu gehört der Erweis der Glaubwürdigkeit. Daß damit der Glaube auf einem gesicherten Fundament steht, erweisen die fünf Schutzwälle der modernen Forschung (Formgeschichtliche Methode, Literarkritik, Zeitgeschichte, Muttersprache Jesu, eschatologischer Charakter der Botschaft Jesu). In dieser Position werden zwei Schritte vorgenommen:
a. Der historische Jesus wird in seinem Daß, Was und Wie aufgewiesen.
b. Daraufhin nimmt der Glaube das Kerygma an. Damit kann nur ein Glaubwürdigkeitsmotiv oder die Beweisbarkeit der Vernunftgemäßheit des Glaubens angestrebt sein. Der Glaubensgrund liegt in dieser Position wenigstens zum Teil außerhalb des Glaubens selbst; die Sicherheit wird durch das historische Wissen geliefert. Die Vergegenwärtigung ist dann aber auch vom Offenbarungsgeschehen getrennt und dem Historiker überlassen. Für die Bedeutung des historischen Jesus als Legitimation des Kerygmas und des Glaubens plädieren J. Jeremias und einige katholische Theologen (im Sinne des motivum credibilitatis, vgl. R. Schnackenburg u.a.). Bei allen Autoren ist das begründende Moment vorgelagert. Die Vernunftgemäßheit des Glaubens wird zuerst aufgewiesen; aufgrund dieses Erweises glaubt der Christ. Die relationale Wahrheit ruht ganz auf der objektivierbaren Wahrheit. Der wissenschaftlich erwiesene historische Jesus wird zur formalen Autorität. Mittels der Verkündigung (Kerygma) treten wir mit ihm in Verbindung.

---

52 H. Conzelmann, Jesus, in: RGG, Bd. III, Tübingen ³1959, 651.
53 Vgl. zu den einzelnen Positionen: G. Hasenhüttl, Füreinander Dasein, Freiburg 1971, 139ff.; zu R. Bultmanns Ansicht: Ders., Der Glaubensvollzug. Eine Begegnung mit Rudolf Bultmann aus katholischem Glaubensverständnis, Essen 1963, 62ff.

In gewisser Weise wird hier versucht, Wahrheit als Begründung und Wahrheit als Beziehung zu synthetisieren. Jesus ist nicht der Glaubensgrund im Vollzug des Glaubens selbst, sondern der Grund zum Glauben.

3. Historischer Jesus als Faktum und Inhalt

3.1. Kriterium

Das Kerygma verkündet Jesus Christus bzw. Jesus als den Christus, den auferstandenen, den erhöhten Herrn. Um was es hier geht, ist nicht eine formale Verkündigung, nicht ein abstraktes Kerygma als solches, sondern konkret Jesus Christus, das heißt der historische Jesus als Bezeugter, als Lebendiger, als Herr. Das bedeutet aber offenbar, daß Historie als Kerygma vermittelt wird. In der Verkündigung ist ein historisches Element, ohne welches nur mehr Kerygma verkündet würde, eine solche Verkündigung hätte einen Mythos oder eine Lehre zum Gegenstand. Selbst dort, wo es scheint, daß kein Interesse an dem historischen Jesus besteht (bei Paulus und Johannes), ist es doch auffallend, daß das Kreuz, also der historische Jesus als Gekreuzigter, für das Kerygma konstitutiv ist. Bei Johannes ist dies noch auffälliger als bei Paulus, da er ja ein Evangelium geschrieben hat, in dem der verkündigte Christus mit dem historischen Jesus identisch und nicht von diesem ablösbar ist. So spricht das Kerygma vom historischen Jesus. Jedes Osterkerygma, wie immer verschieden es zur Sprache kommt, verweist auf den historischen Jesus. Nicht so, daß dadurch das Kerygma selbst hinterfragt würde, sondern so, daß sich durch ihn Verkündigung konstituiert. Ist nicht das Kerygma der Gemeinde die im Glauben angenommene Bedeutsamkeit des historischen Jesus? Ist es möglich, über Jesus Christus etwas auszusagen, was nicht im historischen Jesus begründet ist? Es scheint offenbar die Voraussetzung der Schrift zu sein, daß die christologische Aussage im historischen Jesus ihren Grund hat. Sonst ist es nicht einzusehen, daß selbst die Auferstehung dem historischen Jesus als Vorhersage in den Mund gelegt würde. Die Entscheidung gegenüber der Verkündigung ist dann aber Entscheidung gegenüber dem historischen Jesus. Die Verstehensbedingung für jede christologische Aussage des Kerygmas wird im historischen Jesus zu suchen sein, der der Ermöglichungsgrund dafür ist. Selbstverständlich gehört zur christologischen Aussage der durch den Tod Jesu verschärfte Entscheidungsruf Jesu. Das christologisch geprägte Kerygma ist durch die vom historischen Jesus qualifizierte Situation entstanden. Die christologischen Aussagen sind die Antwort des Glaubens auf die durch den historischen Jesus herbeigeführte Situation. Der historische Jesus macht die im Glauben vollzogene christologische Aussage verstehbar. Nicht so, als ob – wie in der späteren kerygmatischen Identifikation – der historische Jesus den Christus verkündigt bzw. Christologie gelehrt hätte, sondern so, daß in seinem historischen Auftreten (in Wort oder Tat) eine Christologie impliziert war.[54] Das Kerygma von Christus gründet also in Jesus. Daher stellt die Verkündigung wesensmäßig eine Relation dar zwischen der im Glauben vollzogenen Interpretation des historischen Jesus und dem Faktum seines Auftretens. Die Verkündigung als diese Bezogenheit schöpft ihren inhaltlichen Grund aus dem historischen Jesus, insofern er in die Verkündigung selbst eingegangen ist. Eingehen bedeutet aber nicht aufgehen. Daher ist der kerygmatische Christus nur verkündbar, wenn er im historischen Jesus gründet. Das Gefälle, die Beziehung aber ist nicht umkehrbar. Zwar interpretiert das Kerygma den historischen Jesus, aber vorgängig interpretiert der historische Jesus das Kerygma. Wir befinden uns dabei in einem kerygmatischen Zirkel, aus dem nicht auszubrechen ist. Der historische Jesus ist nur insofern bedeutungsvoll, als er ins Kerygma eingegangen ist, selbst zur Verkündigung gehört bzw. verkündigt wird (profane biographische Angaben scheiden aus). Insofern stellt er aber zugleich eine Distanz her im Vorgang der Verkündigung selbst, so daß er nicht in der Bezeugung aufgeht. Der Glaubenszeuge, die Gemeinschaft (Kirche) kann ihn nicht ersetzen und nur insofern vertreten, als sie in einer anderen Zeit und einem anderen Raum den historischen Jesus als Verkündigten zur Sprache bringt. Wer aber zur Sprache kommt, ist nicht die Kirche, auch nicht das Kerygma, sondern der historische Jesus, insofern er der Verkündigte (der auferstandene Herr) ist. Das bedeutet, daß der historische Jesus im Raum der Verkündigung *Kriterium* der christologischen Interpretation ist. Dieses Kriterium (historischer Jesus) ist nicht Glaubensbegründung jenseits des Glaubens, sondern ist der kritische Maßstab, an dem rechte und falsche Botschaft zu unterscheiden ist. Von hierher wäre verständlich, wieso vornehmlich im hellenistischen Raum im Rahmen der Verkündigung der historische Jesus zur Darstellung gebracht wird. Wo etwa verfügbares, manipulierbares Pneumatikertum auftritt, kommt es zur Erzählung vom Verkündiger, um das Kriterium der Scheidung sichtbar zu machen. Die Vergangenheit (historischer Jesus) gibt der Gegenwart das Kriterium der Scheidung der Geister. So hat der historische Jesus eine eminent kerygmatische Funktion und ist nicht der neutrale Ruhepunkt außerhalb der Bezeugung. Wenn E. Käsemann darauf aufmerksam macht, daß das Kerygma Jesus Christus nicht nur präsent macht, sondern zugleich vom Hörer distanziert, so ist sachlich damit dieses Kriterium des historischen Jesus gemeint. So sind die christologischen Aussagen der Verkündigung auf den historischen Jesus hin zu befragen, ob sie in ihm Halt und Grund finden können. Die weitere Interpretation und Übermittlung des Heilsgeschehens hat sich am historischen Jesus als legitim zu erweisen, so daß neben dem österlichen Bruch die sachliche Kontinuität aufweisbar ist.

---

54 Schon 1929 sagte R. Bultmann in GV I, 204f, wir können zustimmen, daß „Jesu Entscheidungsruf eine Christologie impliziert".

3.2. Das konkrete Was

Genügt es aber in dieser innerkerygmatischen Bezogenheit, auf den historischen Jesus zu verweisen, insofern er ein reines Faktum ist? Würde dadurch Gottes Offenbarung und Heilsansage für den Menschen sich nicht mit einem x-beliebigen Menschen verbinden? Genügt aber der x-beliebige Mensch, um den kerygmatischen Inhalt verstehbar zu machen? Sicher, das Ereignis als solches würde genügend expliziert sein, aber seine Inhaltlichkeit bliebe unverständlich. Zwar bestätigt Gottes Wirken, insofern er Jesus von den Toten auferweckt, das Leben des historischen Jesus, aber Gott kann nicht den historischen Jesus erklären, vielmehr wird Gott durch das Wirken des historischen Jesus bekannt gemacht, erfahren, zur menschlichen Sprache gebracht. Das „Daß" allein aber genügt nicht, um den Ort anzugeben, wo Gott gehandelt hat. Diese Ortsbestimmung ist aber entscheidend, um Gottes Willen zu erkennen. Es muß hier deutlich werden, warum *dieser* Mensch und eben nicht irgendein Mensch Gott zum Menschen bringt. Die raum-zeitliche Situation, ihre geschichtliche Einmaligkeit unterscheidet den historischen Jesus von allen anderen Menschen. Das Fehlen der individuellen Konkretheit bei dem historischen Jesus würde sein *Menschsein* zutiefst problematisch machen. Zugleich aber ist diese Konkretheit, wenn sie verkündigt wird und überhaupt verkündbar ist, nicht vom Kerygma und Ziel, Glauben zu wecken, abzulösen. Ebenfalls aber genügt es nicht – wie es die Gefahr eines rein inkarnatorischen Denkens ist –, nur von der *Menschheit* Jesu zu sprechen, denn diese ist eine enthistorisierte Größe, allein vom „Daß" des Gekommenseins bestimmt, in ihrem „Was" und „Wie" völlig von der Gottheit bzw. vom Logos geprägt.

Ist aber von einem wahren, konkreten Menschen zu sprechen (vere homo), dann bildet die Geschichte seinen Horizont. Im inkarnatorischen Denken der hypostatischen Union dagegen wird die Menschheit Jesu a priori bestimmt. Das „Wie" und „Was" darf aber nicht auf der Ebene der menschlichen *Natur* lokalisiert werden: Wie verändert sich die menschliche Natur in Jesus Christus durch seine Gottheit; sondern die unio muß auf der Ebene der *Geschichte* verstanden werden, das heißt als geschichtliches Ereignis, für das die raum-zeitliche Dimension, die Erstreckung wesentlich ist, und das nicht mit der Inkarnation abgeschlossen ist und nichts Neues mehr bringt. Schalte ich das Leben des historischen Jesus aus und bestimme ihn nur von Geburt oder Tod her, dann ist der konkrete historische Jesus niemals relevant für die Verkündigung. Erweist sich aber Jesus erst in seiner Geschichte als der, der er ist, so ist seine raum-zeitliche Erstreckung notwendig mitzubedenken. Die Zeit ist aber nicht formal, sondern bestimmte, gefüllte Zeit. Geschichtliches Leben ist nicht nur durch die Zeitlichkeit, sondern zugleich durch den Raum bestimmt, in dem es sich erstreckt. So ist der historische Jesus gleichsam erst a posteriori zu verstehen und erweist sich dann von seinem Tod und seiner Auferstehung her als der, der er konkret war. Davon zu abstrahieren wäre „erinnernde Geschichtsschreibung" und würde den historischen Jesus nie in den Raum des Kerygmas stellen können. Durch Ostern darf die Historie nicht auf einen Punkt zusammenschrumpfen, sondern das Auferstehungsereignis braucht seine vorgängige zeitlich-geschichtliche Explikation. Dann aber ist es einsichtig, daß der historische Jesus nicht nur in seinem Dagewesensein, sondern auch in seinem ganz konkret bestimmt gelebten Leben für die Verkündigung und dadurch für den Glauben interessant ist. Die Bedeutung des historischen Jesus (in seinem „Daß" und „Was") liegt aber nicht in der Geschichte selbst, nicht die Historie als solche ist von dieser Tragweite, sondern nur insofern dieser konkrete Mensch Glauben verlangt, wirkt und begründet, das heißt, insofern er mich fordert, er mich angeht. Darum ist es charakteristisch, daß die Verkündigung nie einfache Wiedergabe der Verkündigung des historischen Jesus war, sondern stets bezeugendes, interpretierendes Wort. Denn nur so kommt der historische Jesus als Auferstandener, der mich trifft, zur Sprache. Aber das, „was" im historischen Jesus zur Sprache gekommen ist, muß heute wieder zur Sprache kommen. Der Glaube, der den historischen Jesus bekennt, kommt dadurch selbst in die Beziehung zur Geschichte, und zwar so, daß das Bekenntnis des Glaubens sagen kann, was damals eigentlich geschehen ist. So macht die christologische Glaubensaussage die Geschichte des Jesus von Nazareth verständlich. Der Glaube eröffnet den Einblick in die Geschichte, er will in sie hineinkommen, um sie in ihrer Glaubenslosigkeit zu sprengen.

3.3. Die Glaubensforderung

Diese Behauptung bedarf freilich der Verifikation. Wenn sich nämlich ergäbe, daß der Glaube im historischen Jesus überhaupt keinen Halt und Grund hat, dann wäre der christliche Glaube nach dieser Auffassung am Ende, weil er halt- und grundlos wäre. Die Auslegung des Daseins des historischen Jesus ist in seinem *Anspruch* zu finden. Seine Aufforderung zur Entscheidung, die sich an ihm vollzieht, wird in seinem Anspruch (in seiner ἐξουσία) laut, die Nähe Gottes zu verkünden, da die Gottesherrschaft nahegekommen ist. Sein Anspruch, die Nähe Gottes zu bringen, erweist sich in seinem Sein auf die Menschen hin, zeigt sich darin, daß er die Zeit zur Liebe gekommen sah, daß er den Sünder miteinbezog, indem er das eschatologische Mahl vorwegnahm. So ist in seinem Anspruch ein Sich-Einlassen auf Gott bezeichnet, in dem die absolute Scheidung vorgenommen wird. Ohne diesen konkreten Anspruch, der sich freilich erst in der Auferstehung bewährt, kann der historische Jesus nicht als Glaubensgrund erscheinen. Die historische Inhaltlichkeit ist gefordert, um den Glauben als christlich zu qualifizieren. Die historischen Grunddaten aber haben nur dann ihre gültige Auslegung im Glauben gefunden, wenn die Glaubensforderung im historischen Jesus laut wird. Hier treffen wir aber auf den eigenartigen Sachverhalt, daß πίστις im Rahmen des historischen Jesus fast immer absolut gebraucht wird. Jesus ist in synoptischer Darstellung nie Gegenstand des Glaubens, und auch vom Glauben „an Gott" wird nicht explizit gesprochen. Dies ist charakteristisch für den noch zu verdeutlichenden Glaubensgrund. Fast immer wird die Glaubensforderung von *Jesus* ausgesprochen und die ὀλιγοπιστία (Kleingläubigkeit) gescholten. Das Bild vom Senfkornglauben, der Berge versetzt, drückt die ungeheure Macht des Glaubens aus, denn alles vermag der, der glaubt, ähnlich wie alles bei Gott möglich ist (Mk 9,23; 10,27par). In den Heilungsgeschichten wird der Glaube als entscheidender Faktor angesprochen. Glaube ist in den Wundergeschichten Glaube an die Macht Jesu. Der Glaube ist aus dem Grunde auf Jesus bezogen, weil er am Glauben beteiligt ist, durch ihn Glaube geweckt wird und von ihm nicht zu trennen ist. Zugleich aber spricht er auch Glauben zu: Vielleicht nicht einmal sich dessen bewußt, hört der Geheilte: „Dein Glaube hat dich gerettet!" Offenbar kommt Jesus die Vollmacht zu, den Glauben herauszufordern. Sein Verhalten im Ruf der Nachfolge bezeugt Ähnliches. So schließt G. Ebeling: „Wenn aber der Glaube, zu dem Jesus erweckte, Glaube schlechthin war und eo ipso Glaube an Gott, dann ging es darin offenbar um konkreten Glauben, das heißt darum, Gott konkret zu begegnen."[55] Der historische Jesus tritt als der auf, in dem der Glaube Halt findet, und zwar in seinem konkreten Verhalten und in konkreten Worten. Die Formel: Glaube *an* Jesus Christus, ist selbstverständlich erst vom Ende des historischen Jesus her zu begreifen. Er ist erst als Auferstandener der Glaubensgrund; aber das konstitutive Element ist der historische Jesus. Nur so wird der Glaube nicht seiner Konkretheit entleibt. Der historische Jesus ist Glaubensgrund, insofern in seinem *konkreten* Leben die Glaubensforderung laut wird und diese durch die Auferstehung von Gott bezeugt ist. So ist der historische Jesus nicht ohne Christus der Glaubensgrund, aber auch nicht als Christus ohne Jesus oder bloß als „Daß", sondern christlicher Glaube hat in Jesus Christus seinen Bestand, und der historische Jesus hat konstitutive Bedeutung als Glaubensgrund in seinem Wort und Werk, das mit seiner Person identisch ist. Sicherheit, jenseits von Zeit und Geschichte, geht auf Kosten des menschlichen Daseins. Freilich ist das menschliche Element nicht allein der Grund, auf dem der Glaube aufruht, vielmehr ist es Gottes Handeln; aber nicht nur als ewiger, sondern zugleich als raum-zeitlicher Akt, der sich im historischen Jesus konkretisierte, einmal geschehen ist, aber als Gottes Tat die Bedeutung des Ein-für-alle-Mal angenommen hat, ohne sich dadurch von der konkreten historischen Einmaligkeit zu lösen.

Indem das Kerygma den Namen Jesus weitergibt, verweist es auf die konkrete Situation der Geschichte, aus der es entstanden ist, begibt sich dadurch in diese hinein, ohne sich je von ihr trennen zu können. So liegt im Kerygma selbst sein Kriterium, insofern es auf den historischen Jesus verweist und so Glauben fordert. Der Glaube allein findet in Jesus das Handeln Gottes, nicht blind, sondern verstehbar. So ist sein Grund und Halt zwar sicher, aber nicht jenseits der Geschichte zu gewinnen. Der Auferstandene ist der, dessen *Leben* ihn ans

---

[55]   G. Ebeling, Wort und Glaube, 1. Bd., Tübingen ³1967, 242.

Kreuz gebracht hat, und nur als solcher ein für allemal der Grund unseres Glaubens.

Dieses Verständnis von Jesus Christus in seiner Bedeutung für uns, für den Glaubensvollzug wird heute noch immer von den meisten evangelischen und katholischen Theologen vertreten. Alle Glaubenswahrheit wird im Glaubensvollzug selbst gesehen, der relational zum Kerygma, zur Verkündigung ist. Im Kerygma selbst aber ist das kritische Moment der historische Jesus. An ihm wird es gemessen, er ist die Autorität, die freilich wiederum nur im Glauben wahrgenommen wird. Dadurch wird das historische Element zum festen Kriterium für die Wahrheit des Glaubens, allerdings innerhalb der Glaubens-Kerygma-Relation. Der historische Jesus innerhalb der Verkündigung aber entzieht sich der Sachkritik. Dadurch wird die Dialektik des Wahrheitsgeschehens verlassen. Bei R. Bultmann geschah dies nur formal als Ereignis (Daß), hier (bei G. Ebeling, E. Fuchs u.v.a.) historisch inhaltlich (Was) bestimmt. Diese Position setzt einen „Eingriff" Gottes durch den historischen Jesus, der der Christus des Glaubens ist, voraus. Ein solcher Eingriff läßt sich aber nicht aufweisen, sondern nur thetisch behaupten. Ferner wird ein historisches Element *als solches* in der Bibel, *im* Kerygma gesucht. In Schrift und Verkündigung wird damit ein Absicherungsversuch unternommen, der wieder der dialogischen Wahrheit voraus ist und diese begründet. Der historische Jesus wirkt wie ein Rettungsanker für den Glaubensvollzug.

4. Historischer Jesus als anthropologische Konstante

Der historische Jesus und alle historischen Elemente einschließlich der Verkündigung sind *anthropologisch* zu deuten. Durch das historische Ereignis Jesus wird die Möglichkeit der Intentionalität und Relationalität der Wahrheit über den Menschen konstituiert. Durch den historischen Jesus wird klar, daß mein Selbstverständnis mir von außen zukommt. Die anthropologische Reflexion wird nur vollständig durch Erfahrung; der Mensch kann das Heil also nicht aus sich heraus produzieren, sondern ist auf ein „Zukommen" von außen angewiesen. Aber nicht das Ereignis von außen oder sein Inhalt sind das letztgültige Element, sondern alles wird in den geschichtlichen Dialog eingebracht. Das gilt für den historischen Jesus wie für die ganze Christologie mit ihren Voraussetzungen. Was zählt, ist allein Sachkompetenz, die sich in der Konstante des anthropologischen Interesses ausdrückt. Jesus wird hier einbezogen mit all seinen kerygmatischen Ausformungen (den verschiedenen Christologien, die im NT zu finden sind) und ist der Sachkritik zu unterwerfen, nämlich: Welche Relevanz kommt Jesus Christus für den Wahrheitsprozeß zu, und zwar nicht als formale Autorität, sondern als ein modellhafter anthropologischer Entwurf, der stets neu zu überprüfen ist?

Den Vertretern dieser Position ist leicht der Vorwurf einer anthropologischen Auflösung oder Engführung des Glaubens zu machen (dies ist z.B. gegenüber H. Braun, D. Sölle, auch R. Panikkar u.a. geschehen). Es geht ihnen jedoch um ein Glaubensverständnis, das unserem geforderten Wahrheitstypos entspricht und die Exklusivität der dialogisch-dialektischen Wahrheit festhält, die nur die Mitteilbarkeit als Kriterium[56] anerkennt und nicht ein letztlich undialektisches Kriterium wie Autorität der Historie etc. Glaube ist hier als anthropologischer Selbstvollzug begriffen, der in Jesus Christus seinen Dialogpartner hat und in dem dialogische Wahrheit erstellt wird.

5. Glaube und Geschichte

Wir kehren wieder zu unserer Frage zurück: Warum kümmern wir uns um Jesus Christus? Einige Antworten wurden oben skizziert. Je nach Position wird die Antwort verschieden ausfallen. Die erste, zweite und dritte laufen auf eine Autoritätsfrage hinaus. Vom zugrundegelegten Wahrheitsverständnis wird abhängen, ob wir diese Autorität akzeptieren oder ablehnen. Die zuletzt skizzierte theologische Position soll der Ausgangspunkt für unsere weiteren Überlegungen sein. Wir haben hier einen völlig anderen, neuen Ansatz. Jesus Christus wird in dieser Position in seiner Bedeutung für uns völlig anders interpretiert, als es bisher theologisch üblich war.

Wir Menschen leben zeitlich-geschichtlich, und daher muß Jesus für uns ebenfalls in Zeit und Geschichte relevant sein. Diese Relevanz hat aber nichts mit der Frage zu tun, ob und wie Jesus historisch gelebt hat. Zwar bestreitet die heutige historische Forschung nicht, daß es einen Jesus von Nazareth gegeben hat, aber was änderte sich, wenn Jesus nie gelebt hätte? Sicher das gängige theologische Selbstverständnis, aber doch nicht die Erfahrung, die uns übermittelt wird! Was ändert sich, wenn Hiob nie gelebt hat? Ist die Erfahrung des Leides, die Auflehnung dagegen und die Ergebung, die sich in der Erzählung widerspiegelt, dadurch weniger treffend und wahr? Und wenn Jakob nie mit dem „Engel" gekämpft hat, ist seine Bestimmung durch Gott (Isra-el) deshalb weniger wahr? Auch wenn man sich heute einig ist, daß das Paradies kein historischer Ort war, so zeigt sich im Bild des Paradieses doch eine wesentliche geschichtlich-menschliche Wahrheit. Nicht nur die Beispiele in Bibel und religiösen Schriften, sondern in der gesamten Menschheitsliteratur lassen sich beliebig vermehren und zeigen an, daß es nicht um „nackte Tatsachen" geht.

Daraus folgt: 1. Die historisch-faktische Existenz Jesu als solche ist nicht das Entscheidende, an ihr liegt gar nichts, sie „macht" es nicht. 2. Ebensowenig heißt die Alternative: Überzeitliche, ewige Wahrheit, die symbolhaft in der Schilderung einer menschlich-historischen Existenz ihren Niederschlag findet. Die allgemeine und daher auch abstrakte Idee vom Menschen ist eben-

---

[56]   Vgl. Kap. Erfahrung.

falls nicht die Quintessenz der jesuanischen Botschaft. Was dann? 3. An der historisch-geschichtlichen Erfahrung, die in den Zeugnissen zum Ausdruck kommt, liegt alles, weil Menschen durch sie zur Sinnfindung (zur eschatologischen Existenz) geführt werden können – nicht jedoch a priori (wie durch ein göttliches, historisches Faktum, oder durch ein Menschheitsideal), sondern a posteriori, d.h. durch das Leben selbst. Dazu dient das jesuanische Geschehen.

Damit soll nicht bestritten werden, daß Erfahrungen von historischen Wahrnehmungen gespeist werden. Die „historische Oberfläche" (superficies historica, Augustinus) ist für jeden Künstler (z.B. M. Chagalls „chut de l'ange") eine Komponente, aber letztlich doch belanglos. Millionen haben vielleicht die gleichen Frauen und die gleichen Häuser in Rußland gesehen wie Chagall, die Erfahrung und ihre Wahrheit aber kam nur bei ihm zum Ausdruck. Historische Einzelheiten mögen zum Verständnis eines Bildes beitragen, das Faszinierende liegt aber im Kunstwerk, das den Horizont des Betrachters erweitert und ihn in seiner Existenz trifft oder treffen sollte. Nicht der historische Jesus, der im „Kunstwerk" der Verkündigung, der biblischen Botschaft, gefunden wird, ist das entscheidende Kriterium, sondern die Erfahrung, die freilich in aller menschlichen Zweideutigkeit verbleibt und die Bedeutung Jesu Christi für uns entschlüsseln will. Kein „Daß" und kein „Was" machen das biblische Gemälde so bedeutsam, sondern seine Wirkung auf den Menschen in seiner Gesamtheit. Eine Frucht hat Kern, Fleisch und Schale, wer sich auf den Kern, auf das „Wesentliche" der Bibel und christlichen Botschaft zu besinnen meint, ist ein „Kernbeißer" und verhungert daran. So nützlich wie ein Kern sein kann, so sind es auch die Ölfarben für ein Bild. Wer in ihnen aber den Wert des Bildes sieht, verfehlt das Ganze.

Christliche Minimalformeln (dogmatische, ethische) oder gar historisch gesicherte Tatsachen machen es nicht. Ein Satz wie: „Daß Jesus gelebt hat, daß er ein Dämonenaustreiber und Wundertäter war, daß er die Nähe des Reiches Gottes verkündigte, daß er am Kreuz starb"[57] sei historisch gesehen sicher – was nützt er? Ist er nicht so allgemein, erfahrungsleer und bedeutungslos, daß man ihn ad acta legen kann? Aber bereits Begriffe wie „Dämonen und Wunder" sind Interpretament einer Erfahrung. Gibt es Dämonen, was ist ein Wunder? War die Naherwartung Jesu des Reiches Gottes berechtigt? Selbst solche „gesicherten Tatsachen" rufen unendlich viele Fragen hervor. Die Erlebnis- und Anschauungswelt damaliger Menschen war eben mythisch und ist daher nicht zu verabsolutieren. Im Umgang mit der Bibel können wir nur sinnvoll auf die Erfahrungen achten, die Menschen schildern, die wir kritisch daraufhin prüfen müssen, wieweit ihnen Bedeutung für unser Menschsein zukommt. Was wirklich historisch an Jesu Leben und Lehre ist, interessiert letztlich nicht. Sicher kann man sich fragen, ob Jesu Tod eine solche Sinnerfahrung hätte vermitteln können, wenn seine Theorie und Praxis nicht übereinstimmend gewesen wären, wenn er gewaltsam zum Kreuz geschleppt

---

57   H. Ott, Die Antwort des Glaubens, Stuttgart 1972, 222.

worden wäre und er Gott und sein Schicksal verflucht hätte.[58] Die Überlegungen zu historischen Wahrnehmungen ändern nichts an der feststellbaren, übermittelten Erfahrung. Sie allein ist für unseren Lebensvollzug anthropologisch relevant und interessant, so wie der „gedichtete" Jesus im Sinne verdichteter Erfahrung, so wie die Bibel als „Legende", als immer neu lesenswertes Buch, das uns auf die Nichtabgeschlossenheit und -abschließbarkeit unserer Existenz verweist.

1. Die Wahrnehmungen (historische Fakten) um das Jesusgeschehen sind grundsätzlich nicht von der Erfahrung (die die Interpretation einschließt) zu trennen, die wir in der Bibel erkennen können. In der Bibel ist jedoch deutlich zu unterscheiden, welche Texte Erfahrungen widerspiegeln und welche theoretische (spekulative, theologische) Reflexion sind; was also dem Erfahrungsglauben und was dem Formulierungsglauben (Glaubenssätze, Lehre) angehört.

2. Ist ein Glaube Heldenverehrung, dann mag das historische Faktum für ihn konstitutiv sein. Jesu Bedeutung jedoch besteht nicht in seinem Sein als Vorbild, als moralische Autorität, als Opferheros oder -lamm. Jesus Christus war kein Held und Star. Das alles ist reiner Christusmythos und macht seine Bedeutung nicht aus. Leitbildverehrung ist, anthropologisch gesehen, Entfremdung. „Heiligenlegenden" können dort nützlich sein, wo Menschen dadurch aktiviert werden, „Gutes zu tun". Das aber benötigt wiederum die historische Wahrheit nicht.

3. Jesu Bedeutung besteht aber auch nicht in seiner Lehre, in seinen Ideen. Der Glaube an ihn wäre ein „Für-wahr-Halten". Glaube würde Übernahme von Bekenntnissätzen. Jede Religion, die in ihrem Wesen Annahme einer Orthodoxie oder Orthopraxie ist, macht ihren Religionsstifter zu einem Lehrer, der maieutische Hilfe leistet und zugleich „Offenbarer" einer göttlichen Lehre ist. In diesem zu leistenden Gehorsam entfremdet sich der Mensch. Außerdem ist es richtig: „Jesus war nicht Stifter einer neuen Religion."[59]

4. Historische „Oberfläche" (superficies historica; verum et historicum non convertuntur) und die Lehre als solche (Heilslehre, göttliches Geheimnis) sind im Bezug auf Jesus Christus für den Glauben nicht konstitutiv. Die Erfahrungen, die Menschen um Jesus gemacht haben, sind als „Termini" des Dialogs wesentlich. Sie binden den Glaubenden insofern an Jesus Christus, als er davon abhält, ihn als historische Person und als Lehrer zu verehren. Das Leben selbst in seiner Relationalität, in seiner zeitlich-geschichtlichen Eingebundenheit, in Jesus Christus realisiert, ist die Orientierungsnorm für den Glauben. Jesus Christus hat die Bedeutung für uns, das Leben nicht in Wissen, Lehre oder Autorität erstarren zu lassen, sondern zu erkennen, daß Wahrheit ein Weg und so mit dem Leben untrennbar verbunden ist. Historisch-geschicht-

---

[58] So kann man fragen, ob sich an der sokratischen Wahrheit etwas geändert hätte, wenn ihm der Schierlingsbecher gewaltsam eingetrichtert worden wäre. P. Weiss in seinem Marat/Sade legt kommentierend einer seiner Figuren in den Mund: Ich hasse Vorbilder!

[59] G.L. Müller, Katholische Dogmatik, 285.

liche Erfahrungen sind nicht so auf eine inhaltliche Gestalt fixiert, daß sie darauf verpflichten könnten, sondern in der Bezugnahme auf sie zeigen sich Lebensentwürfe, die für mich von Bedeutung sind, wenn ich mich zu ihnen in Beziehung setze. Dies kann eine „gefährliche Erinnerung", eine Erzählung („narrative Theologie"), eine Handlung, ein Geschehnis usw. sein. An all dem Bezeugten kann uns etwas verstehbar werden, aufgehen, das für unser Leben relevant ist. Aus dieser Erfahrung können wir ein neues Selbst- und Handlungsverständnis gewinnen, das uns selbst verändert. Handelt es sich um „erlösende" Erfahrung, dann kann sie von Entfremdung befreien und solidarische Menschlichkeit initiieren. Für den christlichen Glauben als befreiende Grundhaltung des Menschen ist es daher wesentlich, daß aus dem Verkündiger der Verkündigte wird. Bliebe der historische Jesus in der vermittelnden Erfahrung ein Lehrer, der bestimmte Inhalte bzw. Lehren verkündigt, dann wäre er ein x-beliebiger Religionsstifter; so aber versteht sich christlicher Glaube zu Recht nicht. Das gleiche gilt, wenn jesuanisches Verhalten als göttlich handelnde Autorität verstanden wird. Er selbst würde dann zur Lehre, und Glaube wäre dann deren Akzeptanz. Eine Identifikation mit dem geringsten Mitmenschen (Mt 25) wäre nicht möglich bzw. eine leere, „fromme" Rede. Daß der Verkündiger zum Verkündigten wird, meint vielmehr den Verweis auf ein erfahrungsbestimmtes, dialogisches von Wahrheit und Liebe geprägtes Leben. In ihm ist Sinn möglich. Theologisch interpretiert heißt dies, daß Heils- und Gotteserfahrung möglich sind. Der Ausdruck „Verkündigte" meint den menschlichen Menschen als Handlungsnorm. Keine autoritative Vorgabe wie die „Heilsverkündiger": „Dort ist Christus" – „Hier ist Christus" – „glaubt es nicht!" (Mt 24,23), sondern befreiende Erfahrung kommt im jesuanischen Geschehen auf uns zu. In dieser eröffnet sich ein neuer Horizont sinnvollen menschlichen Lebens; dies meint das Wort: Verkündigter: Befreiung von fixierter Lehre und jeder Art „göttlicher" Autorität.

IV. DER SINN DER JESUSERFAHRUNG

1. Die Vollmacht Jesu

Welche Bedeutung liegt in der Erfahrung um das jesuanische Geschehen für den Sinn menschlichen Lebens? Welche positiven oder negativen Erfahrungen finden wir in der Schrift bezeugt? Wie wird Erfahrung gedeutet? Wir gehen also – es ist die einzige sinnvolle theologische Möglichkeit, die den Menschen nicht vergewaltigt – vom Erfahrungsglauben und nicht von einem Autoritäts- oder Formelglauben aus.

Die allgemeine Voraussetzung der Umwelt und Zeit Jesu bildete folgende Lebensorientierung: „Auf drei Dingen steht die Welt, auf der Tora (gesetzmäßige Weisung), auf dem Kult (Tempeldienst) und auf der Liebestätigkeit (Almosen)".[60] Diese drei Säulen werden, zumindest in ihrem apriorischen Geltungsanspruch, durch die jesuanische Erfahrung fraglich. Die Jünger, das Volk, die Menschen um Jesus machen eine neue Erfahrung, es ist eine uneingeschränkte Vollmachtserfahrung. Der Begriff, in dem die einzigartige freigebende Macht Jesu in der Schrift ausgedrückt wird, ist das griechische Wort: ἐξουσία.[61] Es besagt die Möglichkeit, ungehindert zu handeln. Kein Recht, keine Instanz oder Norm stehen über dieser Kraft zum Handeln. Sie ist die Vollmacht, Erlaubnis und Freiheit. Vor allem wird dieser Begriff für die unumschränkte Herrschaft Gottes gebraucht. Im AT entspricht ihm besonders die Vorstellung, daß der Mensch „in der Hand Gottes" ist. Gottes herrscherliche und zugleich gütige Vollmacht wird dadurch betont. Aber auch sein Machtbereich selbst, sein „Reich" kann damit bezeichnet werden (1Makk 6,11). Es ist die Vollmacht, die durch das Wort gebietet. „Er sprach – und es ward!" Gottes Macht hat auf der Welt, bei den Menschen „zu sagen"! Besonders im Judentum wird die Allmacht Gottes als grenzenlose Vollmacht verstanden, ohne den Machtbereich, auf den sie sich bezieht, näher anzugeben.[62]

Die Macht, die den Engeln oder dem Satan zu eigen ist, ist durch die Vollmacht Gottes umklammert und so stets nur verliehene Macht, die nicht unumschränkt walten kann, sondern nur für eine bestimmte Zeit oder einen festgesetzten Raum gegeben ist, letztlich aber nie dem Willen Gottes entgleiten kann.

---

[60] Abot I,2; vgl. H. Braun, Jesus, Stuttgart 1969, 17ff.

[61] Vgl. W. Foerster, Art. ἐξουσία, in: ThWNT II, 557-572. Im Hebräischen verwandte Begriffe sind: שָׁלַט (schlṭ, unumschränkt herrschen); מֶמְשָׁלָה (mæmeschālāh, Machtbereich); רָשָׁה (rschh, erlauben, ermächtigen). Vgl. G. Hasenhüttl, Charisma, Ordnungsprinzip der Kirche, Freiburg 1969, 19ff.

[62] H. v. Campenhausen, Kirchliches Amt und geistliche Vollmacht in den ersten drei Jahrhunderten, Tübingen ²1963, 5.

Es ist nun auffallend, daß diese Beschränkung bei Jesus wegfällt. Ihm ist zwar die Vollmacht gegeben (Mt 28,18), aber sie ist *nicht* auf einen bestimmten Bereich *beschränkt*. In derselben unumschränkten Weise wie bei Gott heißt es, daß Jesus in Vollmacht durch Wort und Tat wirkt. Kein Widerstand kann gegen ihn aufkommen. Jesus ist aller bisherigen Autorität überlegen, er ist der „Herr" jeder Situation. In ihm ist nicht nur eine prophetische Vollmacht am Werk, sondern Gottes Macht leuchtet in ihm auf. Mose und Elija stehen ihm als Zeugen zur Seite. In ihm wird die Herrlichkeit des Vaters gegenwärtig. Ohne hier die christologische Deutung der Gestalt Jesu als theologische Interpretation der Erfahrung durch die Evangelisten vorwegzunehmen, gibt der Begriff der Vollmacht wohl den unmittelbaren Eindruck wieder, den Jesu Auftreten erweckte. Nicht irgendein Machtanspruch wird laut, der die gegebene Ordnung durchbricht, sondern auf Schritt und Tritt drückt sich im Verständnis der Synoptiker eine Nähe Gottes aus, die bisher nicht erfahren werden konnte. So beansprucht Jesus diese unumschränkte ἐξουσία nicht in Anmaßung, sondern weil sie ihm gegeben ist. Im Verständnis der Evangelisten anerkennt das Volk diese Macht, die im Beziehungsfeld den Mitmenschen beschenkt. Am Ende der Bergpredigt staunen die Zuhörer über seine Worte. Er lehrt sie wie einer, der „Macht hat" (ἐξουσία ἔχων), nicht wie die Bibelgelehrten und Priester (Mt 7,29). Diese Macht erweist sich in der Synagoge bei der Verkündigung der Schrift, die in Kraft geschieht und nicht „wie bei den Schriftauslegern" (Mk 1,22). Ja selbst die Knechte der Priester verstummen vor der Freiheitsmacht Jesu; denn so hat noch kein Mensch geredet (Jo 7,46). Was hat dieser Mensch zu sagen, daß er seinen Gegnern „das Maul stopft"? Was ist das für eine „neue Lehre" (διδαχὴ καινὴ κατ᾽ ἐξουσίαν), die in Vollmacht vorgetragen wird? Die Unreinheit, der „böse Geist" ist dieser Macht erlegen. Die letzte Verfügungsgewalt über die Menschen wird ihm genommen, und er hat dem Geist der Freiheit zu gehorchen (Mk 1,27). Das ist eine Frohbotschaft; hier hat jemand wirklich etwas zu sagen. Die Machtbefugnis, die sich in diesem Geschehen durch Jesus erweist, umfaßt auch die Souveränität Gottes (Dtn 4,14), wie sie die Schriftlehrer damals verstanden. Er vergibt die Schuld, er spricht den Menschen in seinem Wort frei von seiner verkehrten Existenz. Durch dieses erlösende Wort, durch die Befreiung von der Schuld, die er den Menschen zuspricht, stellt er nicht nur das Gesetz in Frage, das die Verurteilung des Sünders fordert, sondern tritt gleichsam an die Stelle, an der im Verständnis des jüdischen Volkes nur Gott stehen kann, denn nur er vergibt die Sünden (Mk 2,7par). Jesus verwirklicht die Macht, die er beansprucht. Der Paralytiker wird auf seine eigenen Füße gestellt und trägt sein Bett nach Hause (Mt 9,6ff par). Das hatte bisher noch niemand zu sagen! So etwas wurde noch nicht gesehen, noch nicht erfahren (Mk 2,12). Matthäus fügt noch hinzu, daß das Volk von Angst ergriffen ist durch das Unerklärliche, was hier geschieht, nämlich daß *den* Menschen Gottes Macht gegeben ist (Mt 9,8); und Lukas nennt dieses Machtereignis paradox, παράδοξα (nur hier im NT!), unverständlich, wunderbar, ja beinahe absurd (Lk 5,26). Absurd und unerklärlich ist es für die Menschen dieser Zeit nicht, daß Gott (Lk 12,5; Apg 1,7) oder die Geistermächte (Lk 4,6; 22,53; 1Kor 15,24; Eph 21;3,10; 6,12; Kol 1,16; 2,10.15; 1Petr 3,22) solche Vollmacht beanspruchen, sondern daß menschliche Existenz diese Macht und Freiheit hat, daß ein Mensch „zu sagen" und nicht nur dem Gesetz zu gehorchen hat.

1.1. Das Woher der Vollmacht

Woher nur kommt diese Souveränität, diese Freiheit, diese schöpferische Macht? Sie ist ja keine Jesus innewohnende, physische oder geistig vorhandene, gegenständliche Gewalt (wie κράτος, ἰσχύς, δύναμις), sondern die Macht, die sich entzieht, die im Grunde unsichtbar ist und doch auf dieser Welt zu befehlen, „zu sagen" hat.[63] Woher dies Geschehen? Wer ermächtigt dich zu diesem Handeln, fragen die Hohenpriester und Ältesten Jesus. Die Frage wird ihm am Ende seines Wirkens gestellt, absolut, ohne das Objekt des Machtbereiches anzugeben (Mt 21,23; Mk 11,28). Nur Lukas verweist auf die Verkündigung im Tempel (Lk 20,1); aber auch hier ist nicht eine einzelne Lehre oder ein auffallendes Wunder angegeben, sondern das Verkündigungsgeschehen als solches. Seine Geburt, seine Herkunft können die Frage nach dem Woher nicht erklären (Mt 1,18; 13,55; Lk 1,26ff); die rabbinische Weisheit ebensowenig. Was dann? Die Antwort scheint auszubleiben. Jesus stellt die Gegenfrage, ob die Verkündigung des Johannes innerweltlich erklärbar war oder nicht. Die Priesterschaft schweigt über sein Woher und ebenso Jesus (Mt 21,27; Mk 11,33; Lk 20,8). Das Woher ist aus dem Gegebenen, Vorhandenen unableitbar.[64] Diese befreiende Lebensmacht braucht keine Begründung, sie hat ihren Grund in sich selbst. Indem sie vollzogen und als positiv erfahren wird, ist sie einsichtig. Sie bringt das Humanum zur Sprache, zur Wirklichkeit. Nicht das Vorgegebene begründet sie, nicht eine zukünftige Verheißung gibt ihr den Sinn, sondern menschliches Leben ist nur am Lebensvollzug selbst zu messen. In der jesuanischen Erfahrung wird Lebensorientierung gefunden, die Verwirklichung des menschlichen Menschen scheint möglich zu sein. Die befreiende Vollmachtserfahrung im jesua-

---

[63] Vgl. W. Foerster, a.a.O., 563; M. Hengel, Nachfolge und Charisma, Berlin 1968, 76 meint, „daß Jesu Vollmachtsanspruch am ehesten mit der Kategorie des ‚eschatologischen Charismatikers' umschrieben werden kann".

[64] Nur die Theologie des Johannesevangeliums nennt ausdrücklich das Woher: den Vater. Die Macht, über den Kosmos zu richten (Jo 5, 27), das Leben hinzugeben für die Seinen und wieder zu erhalten (Jo 10,18), diese Vollmacht über alles Fleisch (Jo 17,1) ist nicht Willkür und nicht eine finstere Macht, die über die hilflose Welt hereinbricht, sondern die Macht der Liebe, „väterliche" Vollmacht, die das ewige Leben schenkt (Jo 17,2; vgl. Mt 11,27; Jo 1,12). „Wer mich gesehen hat, hat den Vater gesehen" (Jo 14,9) und „Ich und der Vater sind eins" (Jo 10,30). So hebt auch Johannes wiederum jede Begründung des Geschehens auf und sieht allen „Grund" in der Erfahrung der Vollmacht, im Lebensvollzug Jesu.

nischen Geschehen macht Jesus Christus zu einer „lebendigen Norm". Orientierung an ihm läßt Menschen aufatmen, setzt sie in Freiheit. Weil also im Umgang mit ihm Heilserfahrung gemacht wurde, darum hat er Bedeutung für uns, ist er Christus (der Verkündig*te*). Er ist das „prae" vor unserer Existenz, das positive Vorzeichen unseres Lebens.[65] Die Bibel also bezeugt eine ἐξουσία-Erfahrung. Sie läßt sich nicht durch ein „Woher" legitimieren. Da sie nicht ableitbar ist, auf nichts Bestehendes zurückgeführt werden kann, wird sie in der Glaubenserfahrung der Jünger als ein „göttliches" Ereignis qualifiziert und interpretiert. Die Nichtglaubenden werten sie als etwas „Dämonisches", als Hybris, als politisch notwendig vernichtungswürdig.

1.2. Die relationale Bindung der Vollmacht

Nun wird aber diese Vollmacht im biblischen Erfahrungskontext auch als „eingebunden" verstanden. Damit wird eine neue, freilich ganz andere Grenze dieser ἐξουσία sichtbar. Wir haben merkwürdige Sätze in der Bibel, die diese Vollmacht unendlich schwächen, ihr den göttlichen Schein nehmen und mit der Ohnmachtserfahrung koppeln. Was geschieht, wenn Menschen mit Jesus Christus in keiner Beziehung stehen oder die Relationalität abbrechen? Es ist geradezu erstaunlich, welches Gewicht die Evangelisten auf den Begegnungscharakter der jesuanischen Vollmacht legen. Ohne Beziehung fällt die Vollmacht ins Nichts zusammen. Markus schildert diese Doppeldeutigkeit besonders eindringlich. Die blutflüssige Frau, unrein wegen ihrer zwölf Jahre währenden Blutungen und daher gesellschaftlich ausgestoßen, zugleich durch Ärzte bis zur Verarmung ausgebeutet, berührt Jesus; nur noch das Beziehungsein auf Jesus hin kann ihr Hoffnung geben. Sie wagt es, obwohl sie weiß, daß sie Jesus ebenfalls (zumindest für diesen Tag) unrein macht. Nur der verbotene körperliche Kontakt scheint ihr ihre Leiden überwindbar zu machen. Da geschieht das nun Notwendige: Sie empfängt eine Lebenskraft und -energie. Jesus kann gar nicht anders, als diese Beziehung aufzunehmen und sich mit seiner Vollmacht hineinzubegeben. Jesus spürt, daß eine Dynamik (δύναμις) ihn erfaßt, von ihm ausgeht. „Jesus fühlte an sich selbst die Macht (Energie), die von ihm ausgegangen war ... und sprach: wer hat mein Gewand angerührt?" (Mk 5,30). Der darauf folgende Blickkontakt bestätigt nur das Geschehen. Der Glaube hat geholfen. Wer sich in diese Beziehung vertrauend hineingibt, dem wird Heil zuteil. Durch die Beziehung hat sich zwischen zwei Menschen Heil ereignet, Lebensenergie ist ausgegangen.[66] Und überall, wo dieser „Glaube" (absolut, ohne Objekt), d.h. eben Beziehungsaufnahme erfolgt, so daß das eigene Sein, die eigene Existenz eingebracht

---

65 In diesem Sinne hat Jesus Christus die „Präexistenz". Vgl. G. Hasenhüttl, Von der Menschlichkeit Gottes, in: R. Laufen (Hg.), Gottes ewiger Sohn. Die Präexistenz Christi, Paderborn 1997, 228-237.

66 Vgl. dazu die ausgezeichnete Darlegung in: P. Trummer, Die blutende Frau. Wunderheilung im NT, Freiburg 1991, besonders 90ff.

wird, wird eine Vollmacht gegenwärtig, die das Leben heilt, Sinn gibt, neue Möglichkeiten eröffnet und den Menschen aufatmen läßt. Da wird für die Menschen auch Gott zum erfahrbaren Ereignis. Da Jesus Beziehung nicht abbricht, sondern initiiert, Lebensenergie nicht verweigert, sondern mit Vollmacht vermittelt, kann er diesen Kontakt nicht verweigern. Aber es geht hier nicht um magisch-mythische Wunderheilung, sondern um eine exemplarisch gelebte Beziehung. Dieser kranken Frau Lebensmöglichkeit zu verweigern, käme einer Vernichtung menschlichen Lebens gleich. Genau dagegen steht aber die jesuanische Erfahrung, die Menschen mit seiner ἐξουσία machen. Beim entgegengesetzten Paradigma wird ebenfalls dieser „Zwang" dargestellt, der sich in der Ohnmacht (dieser Vollmacht) zeigt. Das Beispiel ist Nazareth, Jesu Heimatort. Die Menschen dort können sich nicht erklären, woher Jesus diese Macht nimmt, da alles von seinem Ursprung her geklärt ist. Eltern und Geschwister sind bekannt. Jesus verweist auf einen Prophetentopos. In seiner Vaterstadt gilt ein Prophet nichts. Alle Evangelisten weisen darauf hin (Mk 6,4; Mt 13,57; Lk 4,24; Jo 4,44). Und Markus schließt: „Er konnte dort keine einzige Machttat (δύναμις) wirken" (Mk 6,5). Jesus ist machtlos. Er ist auf die Akzeptanz angewiesen. Matthäus kommentiert: „Und er wirkte dort nicht viele Machttaten wegen ihres Unglaubens" (Mt 13,58). Bei Lukas kommt es zu einem Aufstand gegen ihn. Nachdem Jesus in Nazareth sein Grundsatzprogramm entwickelt hat, das im Gnadenjahr mündet (Lk 4,19), erweist er sich im Widerspruch dazu als ein machtloser Arzt, der sich nicht einmal selbst heilen kann. Dieser Ohnmachtsgedanke wird nicht nur bei seinem Ursprung, sondern nochmals bei seinem Tod betont. „Anderen hat er geholfen, sich selbst kann er nicht helfen" (Mt 27,42). Ein Zauberer, eine Gottheit, ein Allmächtiger könnte dies doch – so die objektivierende Vorstellung von Gott, Wunder und Vollmacht! Wo Unglaube, wo Abbruch der Beziehung, wo jede echte Begegnung ausgeschlossen wird, ist Jesus machtlos. Der beziehungslose Mensch, der die Beziehung verweigert, abschneidet, zerstört seine Lebenskraft, zerstört ihn. Vollmacht, ἐξουσία ist nur in Beziehung, und außerhalb dieser *ist* sie *nicht*. In Nazareth (Ort seines Lebensbeginns), in Jerusalem, auf Golgotha (Stätte seines Todes) wird ihm Beziehung verweigert. Wer aber ausschließlich von Beziehung lebt, und dies ist Jesu Vollmacht, wird durch diese Verweigerung vernichtet. Vollmacht ist nur in Beziehung, ja sie ist nichts anderes als Relatio vitae, als Leben weckende Beziehung. Außerhalb dieser Relationalität gibt es kein Wunder, gibt es das Wunder des Lebens nicht, gibt es keinen Logos, keinen Sinn, keine Heilung, keine Hoffnung und Erlösung.

Jedes individualistische Verständnis dieser Vollmacht als einer besonderen Eigenschaft des Individuums Jesus von Nazareth ist von vornherein ausgeschlossen. Jesus würde durch eine solche Interpretation gerade als ein Seiender in sich und für sich definiert und nicht als Mensch für andere, als Beziehungsein. Von hier her kann Jesus erst verständlich werden, und er wird sich selbst verstehbar. Jesu Vollmacht ist daher nur insofern Macht, als sie in

Beziehung ist, als sie ein Beziehungsgeschehen ist, in dem Menschen, die sich von dieser Beziehung her verstehen, heil werden, ihr Heil, ihren Lebenssinn finden. Die befreiende Vollmacht ist also nicht nur Vollzug, der in sich selbst einsichtig ist, sondern zugleich relationale Wirklichkeit. Das verstehbare, befreiende Geschehen ist nur als relationaler Vollzug. Daraus ergeben sich zwei Folgerungen.

1.2.1. Die Vollmacht als Entscheidung und Umkehr

Weil diese ἐξουσία ansprechende Beziehung ist, ist sie zugleich κρίσις, d.h. Entscheidung. An ihr entsteht der Gegensatz zwischen denen, die sich auf sie einlassen, und denen, die sich ihr verweigern. Gerade an den Autoritäten, den Schriftgelehrten und Pharisäern wird dies im NT demonstriert. Sie lassen sich auf das jesuanische Geschehen nicht ein, sie qualifizieren es nicht als göttlich wie die, die es annehmen, sondern als satanisch, als dämonisch. Mit dem Teufel treibt Jesus die Dämonen aus (vgl. Mk 3,22). Jesuanische Vollmacht ist Gotteslästerung. „Der Vorwurf der Lästerung benennt den unüberbrückbaren Gegensatz".[67] Der Glaube der (religiösen) Autoritäten, ihre Gottesvorstellung und die Meinung von Gottes Handeln in den Gesetzen ist ihr Unglaube. Sie halten fest für wahr, was sie als Gottes Offenbarung benennen, und sind daher in der Unwahrheit. Sie verweigern sich, weil sie sich nicht in Beziehung bringen lassen. Sie setzen ihre (göttliche) Autorität absolut und lassen sich nicht relativieren. Weil sie darauf beharren, daß nur Gott Sünden vergeben kann, nehmen sie Gottes Nähe nicht wahr und bleiben in der Sünde. Dieser Konflikt wäre nur lösbar, indem diese Autoritäten jesuanische Befreiungserfahrung in der ἐξουσία wahrnähmen und bejahten. Sie tun dies nicht. Jesuanischer Entscheidungsruf stellt vor eine Alternative, die nur ein Ja oder ein Nein zuläßt.[68] Genauso wenig wie es für die Vollmacht Jesu „objektive" Gründe außerhalb der Erfahrung gibt, genauso wenig gibt es für die Ablehnung „objektive" Gründe, es sei denn, die Verweigerung hat ihren Grund in der Objektivierung der Wahrheit und d.h. im Wahrheitsverlust. Wer diese Vollmachtserfahrung nicht annimmt und nicht akzeptieren will, der muß sie eliminieren. Daher die Todespläne. Es geht primär nicht um Sachfragen, sondern um das jesuanische vollmächtige Wirken. Die Autoritäten bewerten es negativ, sind daher zum Bösen fest entschlossen. So steht für die Evangelisten der Bereich Gottes dem Reich des Bösen gegenüber. Daher ist die logische Konsequenz, daß Jesus die Nähe des Reiches Gottes, des Reiches der Freiheit und Befreiung verkündet, die Autoritäten des Unglaubens alles Gute der Vernichtung preisgeben und der Unheilsmacht dienen. Die Reich-Gottes-Verkündigung ist daher die jesuanische Interpretation der angebotenen ἐξουσία, der Aufforderung, an diesem Vollmachtsgeschehen Anteil zu nehmen und in den Heilsbereich

---

[67] R. Kampling, Israel unter dem Anspruch des Messias. Studien zur Israelthematik im Markusevangelium, Stuttgart 1992, 86.
[68] Vgl. ebd., 112, 131ff.

einzutreten, in dem Menschen von dieser Beziehung leben und nicht vom eigenen Ich her (egoistisch). Daher ist die befreiende Macht in Beziehung zugleich die Umkehrung der gesamten Lebensrichtung, μετάνοια wird bewirkt, wenn Menschen sich auf diese Erfahrung einlassen, die sie mit Jesus machen. Nicht zu Unrecht kann daher gesagt werden, daß diese ἐξουσία-Erfahrung bereits eine Christologie impliziert, d.h. in nuce verständlich macht, daß Jesus nicht „etwas" verkündet, nicht Lehrer einer besonderen inhaltlichen Lehre ist, sondern selbst Befreiung, Lebenssinn, d.h. eben ἐξουσία-Erfahrung wird. Das aber heißt wiederum, daß es nur darauf ankommt, diese Erfahrung weiterzutragen, zu verkünden. Wird aber diese frohe Botschaft verkündigt, dann wird ein lebendiger Mensch, Jesus, zur Norm des Christen und damit zum Verkündig*ten*. Nicht als historische Persönlichkeit und nicht als ein göttlicher Mensch, sondern als eine relationale Erfahrung, die Menschen mit dem jesuanischen Geschehen machten; als Befreiung von den Gesetzesfesseln, als Sinngebung des sinnlosen Lebens. So kann dann auch dieser Verkündigte im Mitmenschen, dem geholfen wird, sichtbar werden und gegenwärtig sein.

Damit es offenkundig ist, daß es sich nicht um Tun eines jenseitigen Gottes handelt, sondern um menschliche Erfahrung, die so mächtig sein kann, daß nicht mehr das Ich die Priorität besitzt, sondern in der Beziehung das Du, – das dialektisch-dialogisch zu verstehen und ontologisch vorrangig ist –, wird Jesus als einer gezeigt, der *lernt*.

1.2.2. Die Vollmacht als Lernprozeß

Die Vollmacht Jesu ist *human*, da sie in einem Lernprozeß zu verstehen ist. So nimmt Jesus ganz allgemein gesprochen zu an „Weisheit und Alter" (Lk 2,52) und auch an χάρις vor Gott und Mensch. Es ist die Situation jedes Menschen, der sich als lernfähig erweist. Wiederholt wird jesuanisches Tun so dargestellt, daß es nur durch das Drängen von Menschen, die in Not sind, geschieht, ein Eingehen auf den anderen bedeutet und Jesus selbst dadurch verändert wird. Besonders auffällig ist, daß es *Frauen* sind, die ihn zu einem Umdenken veranlassen, und sich so ἐξουσία ereignet. Da ist Maria, die ihren Sohn auffordert, etwas gegen den Weinmangel bei der Hochzeit zu unternehmen, bis Jesus zugunsten der Gastgeber eingreift. Frauen dringen auch in die Männerrunde ein, und Jesus wird vor die Wahl gestellt, etwas für oder gegen sie zu tun. Er entscheidet sich für die Prostituierte gegen die Pharisäer. Und als ihn eine unbekannte Frau im Haus des Simon den Kopf salbt – es ist beinahe ein prophetisches Handeln wie die Königssalbung – erkennt Jesus seinen Auftrag, bis zum Tod seine Vollmacht durchzuhalten (Mk 14,3-9). Ganz besonders eindringlich ist die Szene zwischen Jesus und der kanaanäischen Frau, also einer Heidin. Jesus meint, seine Macht stehe nur in Beziehung zum jüdischen Volk. Und weil die Frau mit ihrer Bitte für ihre kranke Tochter nicht aufhört, beschimpft sie Jesus als Hündin (wenn wir jemanden als Hund betiteln, zeigen wir unsere tiefste Ablehnung). Sie schlägt ihn mit seinen eigenen Worten: Hunde essen die Brosamen vom Herrentisch. Jesus erkennt, daß seine Vollmacht, seine δύναμις, nicht nationalistisch begrenzt werden kann und darf (Mt 15,28). Wie Schuppen fällt es Jesus von den Augen. Er verändert sich und *lernt*. Alles Lernen Jesu aber ist stets ein Prozeß der Humanisierung, des Aufgebens von Vorurteilen, der Begrenzung und Enge, und so lernt er selbst in diesen Erfahrungen, auf die anderen zu hören. Es ist auch ein Leidensweg, den jeder Mensch durchmacht, indem er durch andere zur Veränderung gezwungen wird. Der Hebräerbrief (5,8) formuliert: „so hat er ... an dem, was er litt, den Gehorsam *gelernt"*. Gehorsam natürlich nicht im Sinn eines demütigen Beugens unter einen Herrn, sondern als Hingabe, als Beziehungsaufnahme, als Erfahrung der Macht in Beziehung. Jeder andere Gehorsam führt nicht zur freiheitlichen Vollmacht und Erlösung, sondern nur zur Endlösung. „Jesus (also) lernt von Menschen, denen er begegnet, und setzt sich zu ihnen in einer Art und Weise in Beziehung, daß dies die Heilung ihres, durch unterdrückerische Strukturen verletzten, Selbst ermöglicht."[69] Menschliche Beziehung ist stets ein Lernprozeß. An ihm nimmt Jesus teil, und die Menschen machen diese Erfahrung mit dem jesuanischen Handeln. Dadurch wird die ἐξουσία selbst nicht ins „Göttliche" aufgelöst, sondern dialektisch eingelöst. Sie wird nicht von einem Gott hergeleitet, sondern in Zeit und Geschichte in Pflicht genommen. Sie steht in einem dialektisch-dialogischen Prozeß und zeigt sich in ihm als göttlich-befreiendes Geschehen. Sie ist nicht als souveräne Tat eines einzelnen gesehen, sondern als Gemeinschaftsgeschehen, in dem befreiende Vollmacht erfahren wird. Diese ἐξουσία ist zeitlich-geschichtlich („Lernprozeß") immer auf den anderen als anderen angewiesen, damit sie Wirklichkeit wird. Sie ist die Beziehungsmacht, die durchaus auch als eine „erotische Macht" zu verstehen ist. Der Eros ist nicht Verschmelzung und daher Aufhebung des anderen als anderen, sondern eben die „Schwebe", die drängende Beziehung auf den anderen hin, der aber in seinem Anderssein belassen wird. Zugleich wir er jedoch von dieser liebenden Macht ganz erfaßt. Diese „erotische" Macht, diese befreiende Vollmacht als Beziehung steht in krassem Widerspruch zur Herrschaft und brutalen Gewalt, wie sie sich in den Autoritäten der bestehenden Gesellschaftsordnung zur Zeit Jesu ausdrückt. Zwei grundlegende Erfahrungen stehen sich hier gegenüber: Religiös-politische Herrschaft, die Menschen klein hält und unterdrückt, und werbende, erotisierende Macht, die Menschen in Beziehung und durch diese in Freiheit setzt. Hier entscheiden sich die beiden Grundeinstellungen: Relationalität oder Hierarchie. Eine dritte gibt es nicht.

---

[69] D. Strahm/R. Strobel (Hg.), Vom Verlangen nach Heilwerden. Christologie in feministisch-theologischer Sicht. Fribourg/Luzern 1991, 158f.

Schema:

A. *Hierarchie:*

Gott
↓

Jesus Christus (ἐξουσία)   →   Jünger (Menschen)

↑————————————————————↓

antworten im Glauben an Gottes Wirken

B. *Relationalität:*

Jesus Christus   <————>   Jünger (Menschen)

↕

in der Beziehung erweist sich die ἐξουσία (Vollmacht) als göttlich, als „Nähe" Gottes (Gotteserfahrung, Reich-Gottes-Gedanke).

Nun wird aber auch diese ἐξουσία-Erfahrung (als akzeptierte) inhaltlich konkret aufgefüllt. Wie zeigt sich nun diese befreiende und sinnstiftende Vollmachtserfahrung konkret? Was läßt sich am Verhalten Jesu im biblischen Zeugnis ablesen?

2. Die Befreiung durch Jesus

2.1. Die Freigabe gegenüber dem Gesetz

Wie verhält sich diese „Herrschaft" zum Gesetz? Ist sie diesem unterstellt, ist die jüdische Orthopraxie der Maßstab, an dem die Befugnis eingegrenzt wird, oder hat sie auch der (jüdischen) Religion gegenüber Maßgebendes zu sagen? Oft wird angeführt, daß Gottes Gesetz durch Jesu Machtbefugnis nicht entkräftet wird, sondern sinngemäß bestätigt gegenüber einer Buchstabenerfüllung.[70] Andererseits wird wiederholt behauptet, daß mit Jesus „das ganze bisherige gesetzliche Wesen erledigt"[71] sei. Es fällt auf, daß sich Jesu Vollmacht der religiösen Gesellschaftsordnung einfügt. Er ist den Eltern untertan, der jüdische Ritus wird an ihm vollzogen, der Tempelbesuch wird vorschriftsgemäß erfüllt. Das Ja zum Gesetzesgehorsam scheint das Vorzeichen vor der Vollmacht Jesu zu sein. Ja das Gesetz wird durch ihn noch *verschärft*. Die Ehescheidung wie das Schwören werden verboten (Mk 10,6-8par; Mt 5,33-37), das öffentliche Beten und die Korbanpraxis (Mt 6,6; Mk 7,10par) werden zurückgewiesen, wenn man sich dadurch der Pflicht, für den Mitmenschen da zu sein, entziehen will. Wo es bei der Gesetzeserfüllung an Barmherzigkeit und Liebe fehlt, da seiht man Mücken und verschluckt Kamele (Mt 23,23f). Darum setzt Jesus mit aller Schärfe seine Vollmacht für die Erfüllung des Zentrums des Gesetzes ein: Die Liebe (Lev 19,18; Dtn 6,5; Mt 22,37ff;

---

[70] KKK 577-582. Es wird versucht zu zeigen, daß Jesus „die vollkommene Erfüllung des Gesetzes" (580) ist.

[71] H. v. Campenhausen, a.a.O., 7.

Mk 12,29ff; Lk 10,27ff; vgl. Röm 13,10; Gal 5,14). Die Verschärfung des Gesetzes will dieses jedoch nicht sprengen.[72] Auch die Sätze, die mit „Ich aber sage euch" beginnen[73] und in denen die wichtigsten Gebote zur Sprache kommen, durchkreuzen das Gesetz nicht, vielmehr wird die Autorität des Ursprungs eingesetzt, um dem Gesetz verschärfte Gültigkeit zu verschaffen, ja erst die Verschärfung (im Gegensatz zu Mose) bringt die eigentliche Gesetzeserfüllung. Während in der älteren Schicht[74] der Jesusüberlieferung die Verschärfung auf das Zentrum des Gesetzes zurückbezogen wird[75], formuliert die palästinensische Gemeinde[76], vielleicht gegen die Gesetzesfreiheit der christlichen Hellenisten[77], die Pflicht des Gesetzesgehorsams allgemein: Das *ganze* Gesetz ist bis zum i-Punkt zu erfüllen, sonst wäre man der Kleinste im Himmelreich (Mt 5,17ff). In dieser Ansicht trifft sich die junge Gemeinde mit dem Judentum, besonders mit der Qumransekte. Für diese ist es wesentlich, daß *alle* Gebote strikt zu befolgen sind. Die Forderung, von Fall zu Fall zu entscheiden, tritt nicht in den Vordergrund.[78] Gerade diese aber steht in der jesuanischen Verkündigung an erster Stelle; im Hinblick auf sie geschieht die Verschärfung und wird die Macht der angebrochenen Gottesherrschaft eingesetzt. Sie geht aber in der Gesetzesverschärfung nicht auf, sondern ist die freie Macht, die den Geboten gegenübersteht. So ist es auch äußerst schwer, den Grundsatz, nach dem die Gesetzesverschärfung vollzogen wird, zu erkennen.

Es geht nicht an, die äußere Tat der Herzenshaltung gegenüberzustellen, denn so sehr diese gefordert wird (Mt 5,33ff; 6,1ff; 7,15par; 23,25par; 23,27par), wird auch die Tat verlangt (Mt 5,31f par; 6,7-15; 7,9-13par). Weder die Unterscheidung von wichtigen und unwichtigen Gesetzen (Mt 23,23par) noch

---

[72]   J. Schmidt, Les écrits du Nouveau Testament et le texte de Qumran, in RScRel 29, 1955, 269. E. Percy, Die Botschaft Jesu, Lund 1953, 163-165, nimmt dagegen an, daß Jesus das Gesetz nicht verschärft habe, sondern daß die Bergpredigt etwas ganz Neues darstelle.

[73]   Mt 5,22ff; sie stammen vielleicht aus der Katechese der jungen Gemeinde (vgl. H. Braun, Spätjüdisch-häretischer und frühchristlicher Radikalismus, 2 Bde., Tübingen 1957, 5f. Nota 2; E. Käsemann, Exegetische Versuche I, 206f dagegen hält sie für authentisch).

[74]   Man kann zur ältesten Schicht rechnen: Gesetz: Mt 15,6 (A*C); 22,36, Lk 10,26, Gebot: Mk 7,8; 7,9par; 10,5; 10,19par; 12,28par, 12,3par, Lk 15,29.

[75]   D. Howlett, The Essenes and Christianity, New York 1957, 162.

[76]   Hinzugekommene Stellen (Evangelist, Gemeinde): Gesetz: Mt 5,17; 5,18par 7,12; 11,13par; 12,5; 22,40; 23,23; Lk 2,22ff 39; 24,44. Gebot: Mt 5,19; 22,38; Lk 1,6; 23,56.

[77]   W. Schrage, „Ekklesia" und „Synagoge", in: ZThK 60,1963, 201. Vgl. E. Käsemann, Exegetische Versuche II, 85f.

[78]   Das „πάντα" (Mt 5, 18), קוֹל (qwl) in der Gemeinderegel (1QS) von Qumran ist der häufigst gebrauchte Begriff (192 Stellen). „Alles Geoffenbarte" (1QS 1,8.9; 5,9; 8,1.15; 9,13.19), „alle Satzungen" (1QS 3,8; 5,7.20.22), „alles, was er geboten hat" (1QS 1,17; 5,1.8; 9,25), „alle Worte Gottes" (1QS 1,14; 3,11) usw. sind zu halten (vgl. Strack-Bill. III, 54). Vgl. zur ganzen Qumranfrage H. Braun, Qumran und das NT, 2 Bde., Tübingen 1966.

die Reinheitsvorschriften[79] bilden solche Kriterien. Auch die Intention, die Absicht des Gesetzes ist nicht das Entscheidende.[80] Selbst die Bindung an den Nächsten scheint nicht der Grundsatz zu sein, nach dem die Verschärfung der Forderung vollzogen wird (Mk 1,16-20par; Lk 9,57-62par; 14,26f par; 17,33par). Die Gesetzesverschärfung ist nicht von einem Grundsatz ableitbar, der sämtliche Forderungen erklären würde. Die grundsätzliche Unableitbarkeit der Vollmacht dessen, der zu sagen hat, bleibt bestehen. Diese grundsätzliche Unmittelbarkeit der Machtbefugnis wird noch deutlicher bei der Sabbatfrage. Zwei Situationen werden uns besonders vor Augen geführt, in denen der Tag des Herrn der Tag für die Menschen wird: Eine unmittelbare Not und eine dauernde Notsituation. Unmittelbar hungern die Jünger, sie raufen Ähren aus und essen. Es ist verboten. Das Gesetz wird übertreten, obwohl die Jünger (absolut gesehen) bis zum nächsten Tag hätten warten können (Mt 12,1ff; Mk 2,23ff; Lk 6,1ff). Der Hinweis auf die Schlachtung der Lämmer, die von den Priestern jeden Sabbat vorgenommen wurde (Num 28,9f), auf die Beschneidung (Jo 7,22) und auf David, der auf der Flucht vor Saul die Schaubrote aß, die den Priestern vorbehalten waren (1Sam 21,7), erklärt die Übertretung nicht hinreichend. Auch die langjährige Notsituation des Mannes mit der verdorrten Hand (Mt 12,10), der seit 18 Jahren gekrümmten Frau (Lk 13,11) und des Mannes mit der 38 Jahre währenden Krankheit (Jo 5,5ff) fordert von der Sache her nicht die Heilung gerade am Sabbat. So stellt Jesus mit den Heilungen kein neues Prinzip auf, das uns erlaubt, den Sabbat zu durchbrechen, noch behauptet er, daß das Sabbatgebot keine Geltung habe. Wie bei der Gesetzesverschärfung wird auch bei der Gesetzesübertretung kein Prinzip aufgestellt. Sie geschieht von Fall zu Fall.[81] Die Freiheit gegenüber dem Gesetz kommt darin zum Ausdruck.[82] Das Lehren, Handeln und Heilen legt den Akzent auf das Entscheidende[83] und enthält das Ja zum Zentrum des im Gesetz Geforderten[84]: Die Liebe. Sie ist aber inhaltlich nicht festgelegt.[85] Wie weit eine Polemik in der Gesetzesübertretung beabsichtigt ist, etwa gegen die Leistungsfrömmigkeit der Qumransekte[86], ist nicht sicher, sicher wird jedoch damit ein Antilegalismus begründet. Aber alle diese Gesichtspunkte rechtfertigen nicht den freien Umgang Jesu mit dem Gesetz. Gerade darum ist die

---

[79]   Vgl. H. Braun, Spätjüdisch-häretischer und frühchristlicher Radikalismus II, Tübingen 1957, 62-73.

[80]   Ders., 10 (Nota 2).

[81]   Vgl. W. Brant, Wer war Jesus Christus?, Stuttgart 1957 passim.

[82]   Vgl. O. Cullmann, The Significance of the Qumran Texts for Research into the Beginnings of Christianity, The Scrolls and the New Testament, New York 1957, 18-32.

[83]   Vgl. M. Burrows, Mehr Klarheit über die Schriftrollen, München 1958.

[84]   Vgl. D. Howlett, The Essenes and Christianity, New York 1957.

[85]   Vgl. J. Daniélou, La communauté de Qumran et l'organisation de l'Église ancienne, in: RHPhR 35, 1955, 104-115.

[86]   Vgl. A. Vögtle, Das öffentliche Auftreten Jesu auf dem Hintergrund der Qumranbewegung, Freiburg 1958. Er vertritt die These, daß Jesus bewußt gegen die Gesetzesfrömmigkeit von Qumran gepredigt habe.

Frage der Schrifttheologen berechtigt: Woher hast du die Erlaubnis (ἔξεστιν, ἐξουσία), wie kommst du zur Vollmacht, Herr über Gottes Gebot zu sein? Die Antwort begründet diese Verfügungsgewalt nicht durch einen Rückgriff auf ein Handlungsprinzip, sondern verweist auf das Geschehen selbst, das in der Frage formuliert ist: Ist den Menschen die Vollmacht gegeben, Gutes zu tun, auch wenn ein Gebot dagegen steht (Mt 12,12; Mk 3,4; Lk 6,9)? Antwort: Die Liebe fordert dieses Tun, das Opfer des Gebotsgehorsams wird zurückgestellt (Hos 6,6); und selbst wenn man diese Meinung nicht teilen sollte: Der Menschensohn ist Herr über das Gebot Gottes, den Sabbat (Mt 12,8; Mk 2,28; Lk 6,5). Johannes deutet es in diesem Zusammenhang als Gottgleichheit Jesu (Jo 5,18), weil kein Schiedsgericht mehr angerufen werden kann. Das Ereignis dieser freiheitlichen Macht schließt insofern andere Menschen ein, als sie nicht für das Gebot da sind, sondern das Gebot für die Menschen.[87] Gebote und das Gesetz haben keinen objektiven Sinn und Wert in sich, sondern nur, insofern sie Vermittlung auf menschliche Beziehung darstellen; insofern sie also der Relationalität dienen. So ist der Menschensohn dem Gebot nicht unterstellt, er geht darin nicht auf, sondern das Ereignis der Vollmacht steht darüber. Aber nochmals: Gegen kein Gebot wird grundsätzlich polemisiert, vielmehr wird es von Fall zu Fall verschärft. Zugleich ist der Mensch für kein einziges Gebot da, sondern ihm soll die Vollmacht erschlossen werden, durch die das Gebot für den Menschen da ist.

Die Macht (ἐξουσία) Jesu zeigt, daß das Gesetz nicht der Schlüssel zu seiner Verkündigung ist. Daher werden auch seine Nachfolger nicht aufgefordert, die Tora zu studieren.[88] Vielmehr ereignet sich eine Ermächtigung, die Freigabe bedeutet – allerdings nicht einfach vom Gesetz, sondern *gegenüber* dem Gesetz, das seine Gültigkeit behält. Die treibende, lebendige Kraft aber ist nicht die Tora, nicht Gottes Gebot, sondern die ἐξουσία, die Vollmacht, die Nähe Gottes, die in ihr erfahren wird. Die gesamte christliche Ethik hat hier einen Anhalt: Sie ist Befreiung vom Gesetz als Heilsweg für den Menschen. Christliche Ethik ist Freiheit gegenüber jedem Gesetz.

2.2. Die Freigabe gegenüber dem Tempel

Wie das Gesetz, so erfährt auch der Tempel eine Neuinterpretation vom Ereignis der Vollmacht her. Der Tempel ist die heilige Stätte, der ausgegrenzte Bezirk, in dem sich Begegnung mit Gott ereignet. Das Heiligtum ist der Profanität entnommen, ist das Zentrum des religiösen Lebens, der Religion und wird als solches hoch geschätzt. Im Heiligtum ist Gott anwesend, dem Volk nahe. Wie verhält sich nun Jesus dieser geheiligten, sakralen, religiösen Sphäre gegenüber? Ist die Religion als kultischer Vollzug für die Verkündigung

---

[87]   Mk 2,27. In diesem Satz ist eine klare Polemik gegen das Jubiläenbuch (2,18) enthalten, in dem Gott das Volk für den Sabbat geschaffen (ἐγένετο) hat: „Das Volk ist um des Sabbats willen da, denn Gott hielt den Sabbat, bevor das Volk ihn hielt."
[88]   H. Braun, Spätjüdisch-häretischer und frühchristlicher Radikalismus II, 15-17.

Jesu konstitutiv? Der heilige, aus dem Profanen ausgegrenzte Raum wird von Jesus wie vom Judentum hoch geschätzt,[89] ja die Hochschätzung Jesu übersteigt das im späten Judentum übliche Maß.[90] Beim Tempel durfte man schwören, ohne dadurch gebunden zu sein, nur beim Gold des Tempels hatte der Schwur verpflichtende Kraft (Mt 23,16). „Ihr Narren und Blinden! Was ist größer: das Gold oder der Tempel, der das Gold heiligt?" So fragt Jesus in der Darstellung des Evangelisten. „Und wer da schwört bei dem Tempel, der schwört bei demselben und bei dem, der darin wohnt" (Mt 23,21), also bei Gott. Auch wenn hier formal von der verlogenen Schwurpraxis gesprochen wird, so drückt sich darin doch klar die Achtung vor dem Tempel aus, da Gott in ihm gegenwärtig ist. Die Anerkennung des Reinigungsopfers bei der Aussatzheilung (Mk 1,40ff par) schließt die Anerkennung des Tempeldienstes ein; ebenso das kultische Kolorit der lukanischen Kindheitsgeschichte Jesu (Lk 1,5ff, 2,24ff u.a.m.). Die spätere, nach dem Legendenmotiv (Ring des Polykrates) gebildete Erzählung vom Tempelgroschen zeigt die Verbundenheit mit dem Tempelkult an. Selbst die Reserve gegenüber dem Opferkult bleibt im Rahmen rabbinischer Tradition, in der auch die vorherige Versöhnung mit dem Bruder gefordert wird.[91] Nirgends findet sich in der jesuanischen Verkündigung ein Trennungsstrich zwischen Tempel und Jüngerschaft, wie es bei den Sekten üblich war. Ja selbst die Tempelreinigungsgeschichten sind vornehmlich positiv am Tempel interessiert (Mt 21,12ff; Mk 11,11ff; Lk 19,44f; Jo 2,14f). Er ist zum Gebet da und nicht fürs Geschäft. Trotzdem ist in der Tat der Tempelreinigung nicht nur eine Reform des Kults gemeint. Die Vollmachtsfrage, die im Tempel an Jesus gestellt wird (Mt 21,23), schließt mehr ein. In der Verbindung mit der Tempelzerstörung kommt bei den Evangelisten die ganze Spannung zwischen Tempeldienst und jesuanischer Machtbefugnis zum Ausdruck. In den Niederbruchsworten, in der Ankündigung der Vernichtung des Tempels (Mt 24,1ff; Mk 13,1ff; Lk 19,44ff; 21,6) und schließlich im Zerreißen des Vorhangs (Mk 15,38par) spricht sich ein bedingtes Nein zum Tempel[92] aus. Dieses Nein aber ist nicht grundsätzlich.[93] Diese Ungrundsätzlichkeit finden wir auch bei der Kritik an den Priestern (Lk 10,31), deren religiöse Rolle durchaus anerkannt wird. So kommt es auch bei Jesus nicht zur Ausbildung eines eigenen Priesterstandes wie bei den Sekten (Qumran). Die jüdischen Priester der heiligen Stätte bleiben für Jesus und

---

89 Vgl. dazu Qumran, Gemeinderegel (1QS) 9,3ff, Habakukmidrasch (1QpHab 8,13; 12,8f.), Damaskusschrift (CD) 6,11-14. Die Hochschätzung des Tempels bei den Sekten führt zur Nichtbeteiligung am Tempelkult, da dieser durch die Priester unrein vollzogen wird (Frevelpriester 1QpHab 8,8ff).

90 Zur Wertschätzung des Tempels im Judentum: Strack-Bill. I, 931f. KKK, 583-586, sieht die Bejahung des Tempels völlig einseitig.

91 Vgl. Strack-Bill. I, 287.

92 Vgl. dazu die Darstellung der verschiedenen Interpretationen bei H. Braun, Qumran und das NT I, 73ff.

93 Mt 23, 37f. Vgl. dazu die ausführliche Untersuchung bei R. Bultmann, Das Evangelium des Johannes, Göttingen 1959, 88f.

seine Jünger die anerkannten Priester. So wie die Tora nicht durch etwas Neues ersetzt wird, der Gesetzesgehorsam aber für das Heil gefährlich werden kann, wenn die freiheitliche Vollmacht geleugnet, das Gesetz also zum Heilsweg wird, so wird auch der Priesterstand nicht durch einen neuen ersetzt, auch wenn die Annahme ihrer Haltung den Weg zum Heil versperrt. Kulttag, Tempeldienst und Tempel behalten ihre Gültigkeit; trotzdem spüren die Hörer der Abbruchworte über den Tempel genau, daß seine grundsätzliche Heilsbedeutung fraglich wird (Mt 26,61; Mk 14,58; Jo 2,19-21). Wer die Heilsnotwendigkeit aber in Frage stellt, lästert den Tempel. Auf Lästerung des Tempels oder der Tora stand die Todesstrafe. Es ist nicht von der Hand zu weisen, daß diese Worte den Vorwurf der Gotteslästerung begründen können; denn wollte Jesus tatsächlich den Tempel abbrechen, dann würde er sich an seine, d.h. Gottes Stelle setzen.[94] Ja, gerade das Matthäusevangelium, in dem die Wertschätzung des Tempels aufs äußerste betont wird, überliefert den Satz: „Ich aber sage euch, hier ist der, der größer ist als der Tempel" (Mt 12,6), als die heilige Stätte, als die Gegenwart des „vorgegebenen Gottes". Vor der Machtbefugnis Jesu schwindet der heilige Bezirk in seiner absoluten Bedeutung; der Tempel ist zwar nicht Nichts, ist nicht bedeutungslos, aber er macht es nicht, er ist im letzten vor dem Vollmachtsereignis machtlos. Johannes interpretiert dieses Geschehen theologisch als Erscheinen der Gotteswirklichkeit, vor der ein lokal gebundener Kult aufgehoben wird (Jo 2,13-22; 1,14.51; 4,23.38), wo der Geist der Ermächtigung das Gebet spricht und der Mensch in der Wahrheit lebt und sich nicht mehr an einen bestimmten Kult binden muß. Der Besuch Jesu zum Tempelweihfest (Jo 10,22f) kann wohl kaum in diesem Zusammenhang als volle Bejahung des Heiligtums verstanden werden.[95] Der echte Kult liegt ja nach Johannes in der Bejahung der Gotteswirklichkeit in Jesus. Der gegenständliche Kult hat sein letztes Recht verloren.[96]

Trotzdem muß man zugeben, daß jede Polemik gegen den Tempelkult fehlt. Den Grund in der Bedeutungslosigkeit des Kultes zur Zeit Jesu zu suchen und das Judentum zu einer „Religion der Observanz"[97] zu machen scheint mehr die wahre Stellung Jesu zum Tempel zu verschleiern als zu erhellen. So sehr Jesu Stellung zum Tempel als Angriff auf das jüdische Heiligtum verstanden werden mußte[98], so wenig darf man sagen, daß Jesus geächtet wurde, „weil er die Geltung des Gesetzes und des Tempels in Frage stellte"[99] oder gar eine offene Polemik gegen den Tempelkult führte.[100] Wenn auch durch die

---

[94]   Vgl. G. Friedrich, Beobachtungen zur messianischen Hohepriestererwartung in den Synoptikern, in: ZThK 53, 1956, 265-311.

[95]   Vgl. E. Stauffer, Jesus und die Wüstengemeinde am Toten Meer, Stuttgart 1957, 17.

[96]   Vgl. H. Braun, Qumran und das NT I, 126.

[97]   R. Bultmann, Theologie des NTs, 16-17.

[98]   Ders., Das Evangelium des Johannes, 91.

[99]   L. Goppelt, Die apostolische und nachapostolische Zeit, in: Die Kirche in ihrer Geschichte, Hg. v. K. D. Schmidt und E. Wolf, Göttingen 1962, A 18.

[100] So O. Cullmann, The Significance of the Qumran Texts for Research into the Beginnings of Christianity, in: JBiblLit 74, 1955, 222f.

Vollmacht Jesu die Grundlagen des Tempeldienstes angegriffen werden[101], so kann doch nicht seine Tempelfeindlichkeit durch die markinische Gleichsetzung des Tempels mit der Gemeinde (Mk 14,58) bewiesen werden[102], die ja ein apokalyptischer Topos des messianischen Tempels ist, den Gott baut.[103] Auch ist es wohl zu viel behauptet, wenn man die Ablehnung des Tempelkultes mit der von Qumran identifiziert und sie sogar noch stärker bei Johannes finden will.[104] Während die Sekte sich vom Tempeldienst abschließt, einen neuen Priesterstand gründet und den endzeitlichen Tempel erwartet, ist die jesuanische Verkündigung dem Kult gegenüber kritisch offen, und das Heiligtum wird nicht grundsätzlich abgelehnt. So stiftet die Botschaft Jesu auch keine Sekte, sondern gibt Freiheit *gegenüber* dem Tempel, aber nicht Freiheit *von* heiliger Stätte. Bei Johannes wird der Tempeldienst noch stärker relativiert, der religiöse Brauch noch weniger berücksichtigt, grundsätzlich wird der Tempel jedoch auch bei ihm nicht abgelehnt. Auf was es ankommt, ist der Geist Christi, der Freiheit durch göttliche Ermächtigung bedeutet.

Tempel und Gesetz, Heiligtum und Gottes Gebot, beide bleiben, beide werden nicht durch Neues ersetzt, beide aber erfahren im Ereignis um Jesus eine ungrundsätzliche Einschränkung:

Dem Menschensohn ist die Vollmacht gegeben, in Freiheit diesen Gegebenheiten gegenüberzustehen. Er ist nicht für Gesetz und Tempel da, sondern der heilige Bezirk für ihn. Die Kraft, die den Menschen Jesus bestimmt, ist nicht Kult und Legalismus, sondern ἐξουσία, die Zeichen der Nähe Gottes ist und Gotteserfahrung vermitteln kann. Das gesamte christliche gottesdienstliche Verhalten im Sinne eines Kultes hat hier seinen Anhalt: Es ist die Befreiung vom Kult als Heilsweg, und d.h. Freiheit gegenüber allem „religiösen" Tun (z.B. sakramentalen Handlungen).

2.3. Die Freigabe gegenüber der politischen Macht

In der jesuanischen Verkündigung können wir eine ähnliche Erfahrung im politischen Bereich erkennen wie bei der Tora und dem Kult. Wir finden keine prinzipielle Ablehnung der politischen Macht, nicht einmal in der damals bestehenden Form, nämlich der staatlichen Fremdherrschaft der Römer. Andererseits wird die Staatsgewalt kritisch relativiert. In der Darstellung der Evangelisten wird freilich Jesus als Zelot ans Kreuz geschlagen. Die Inschrift: „König der Juden", als Kreuzigungsgrund bedeutet, daß Jesus als Rebell gegen den römischen Staat starb; dieser Konflikt wird auf die Jünger über-

---

[101] E. Schweizer, Gemeinde und Gemeindeordnung im NT, Zürich ²1962, 26 (Nota 88).

[102] Vgl. O. Cullmann, L'opposition contre le temple de Jérusalem, motif commun de la théologie Johannique et du monde ambiant, in: NTS 5, 1959, 157-173.

[103] Vgl. H. Braun, Qumran und das NT I, 74.

[104] Vgl. J. Daniélou, Qumran und der Ursprung des Christentums, Mainz 1958, 30f; 136; 142-146. C. Spicq, L'épître aux Hébreux, Apollos, Jean-Baptiste, les Hellenistes et Qumran, in: Revue de Qumran 1, 1959, 365-390.

tragen und zur Zeit des Matthäusevangeliums (10,17) erfahren: „Vor Fürsten und Könige werdet ihr um meinetwillen geschleppt werden, ihnen und den Völkern zum Zeugnis." Wie ist dieser Konflikt zu verstehen, wenn der Staat grundsätzlich bejaht wird?

Palästina war auf politisch-gesellschaftlichem Gebiet voller Gegensätze. Die Oberschicht, das Synedrium (der Hohe Rat), der Priesterstand, die Schriftgelehrten (Laientheologen mit hohem Bildungsgrad), die Ältesten des Volkes (der Laienadel) standen alle der Sadduzäerpartei nahe; trotz religiöser Unterschiede untereinander (Auferstehungsfrage) arbeiteten sie mit den Römern zusammen, bedacht auf ihre Klassenvorrechte. Die Sadduzäer (sadduqi, gerecht) bejahten die Römerherrschaft. Die Gruppe der Privilegierten war die Gruppe der Kollaborateure. Jede Veränderung war ihnen verdächtig und mußte im Keim erstickt werden. Wer die μετάνοια (Umkehr, Veränderung) propagiert, ist eo ipso ihr Feind. Die Essener spielten offenbar wegen ihrer Absonderung politisch keine so große Rolle. Die Auseinandersetzung mit der Partei der Pharisäer, der Mittelschicht, der bürgerlichen Klasse war bestimmt vom Legalismus und der unterschiedlichen Tora-Interpretation. Die Pharisäer stellten sich gegen die Priesteraristokratie mit ihrer hellenistischen Verweltlichung, aber zugleich auch gegen die Unterschicht, dem sog. „gesetzlosen Volk" (Am-harez). Sie waren zwar keine Opportunisten wie die Sadduzäer und standen in einer Differenz zum heidnischen Staat, weil Gottes Gesetz als absolute Lebensmitte angesehen wurde, unterdrückten aber im Namen Gottes die Unterschicht. Wer das Gesetz relativierte, wurde als Erzfeind betrachtet und war zu töten. Die Unterschicht formierte sich vornehmlich in revolutionären Bewegungen. Das einfache Volk, die ärmeren Bauern und die Deklassierten aller Art fanden in der Zelotenbewegung Hoffnung. Die Zeloten (ζῆλος, Eifer) waren der extreme Flügel der antirömischen Widerstandspartei; zu dieser Bewegung rechnet man die Sikarier (sicarii, Messerhelden), weil sie stets ein Messer bei sich führten und in der Menge Morde ausführten[105], auch die erwähnten „Galiläer" (Lk 13,1), die Pilatus abschlachten ließ, wie die „Barjonassen" (ein akkadisches Lehnwort, zu übersetzen mit „Terroristen").[106] In dieser skizzierten Gesellschaftsstruktur ist jesuanische Erfahrung zu verstehen. Es wird geschildert, daß Jesus Zeloten als seine Jünger ausgewählt hat. Sicher: Simon der Zelot (Mk 3,18; ὁ καναναῖος Mt 10,4 nicht aus Kanaan, sondern vom semitischen kana, Eifer), sehr wahrscheinlich Judas Iskariot sowie Petrus Barjona (Mt 16,17); möglich auch die Zebedäussöhne, die Donnersöhne genannt werden, die offenbar zelotische Tendenzen aufwiesen, als sie Feuer vom Himmel regnen lassen wollten, weil die Samariter Jesu Botschaft nicht annahmen (Lk 9,54).

---

[105] Vgl. im 19. Jh. die sog. „Anarchisten" mit ihrer „Propaganda der Tat"!
[106] Vgl. O. Cullmann, Der Staat im NT, Tübingen 1956; B. Forte, Jesus von Nazareth. Geschichte Gottes – Gott der Geschichte, Mainz 1984, 224-234.

Andererseits werden von Jesus (Mk 2,15; Mt 9,10; 10,3) auch die Zöllner berufen, so daß zumindest einer, Levi, der Sohn des Alphäus, auch Matthäus genannt, in den Jüngerkreis Aufnahme fand, also ein Ausbeuter und Kollaborateur. Größere Feinde als Zeloten und Zöllner sind nicht denkbar. Hierin zeigt sich wieder diese „Ungrundsätzlichkeit" gegenüber dem politischen Bereich. Es findet eine Relativierung statt, jedoch nicht zugunsten des Bestehenden, sondern für die Menschen, zugunsten eines menschlichen Umgangs miteinander. Politik ist nur als Vermittlung auf menschliche Relatio hin zu verstehen. Trotzdem kann man von einer Bejahung des Staates sprechen, nicht nur, daß Jesus den Steuergroschen bezahlt (Münze im Fischmaul), sondern indem er, wohl nicht nur diplomatisch, die Worte formuliert: „Gebt dem Kaiser, was des Kaisers ist" (Mk 12,17). Und vor Pilatus gesteht Jesus diesem die Staatsgewalt zu, so daß die Gewalt von oben (nicht Gott !) legitimiert wird.[107] All das wird aber gegen Jesus verwendet. Warum? Weil staatliches Gesetz und politische Macht nicht schrankenlos akzeptiert werden. Der Totalitätsanspruch des Staates wird verworfen. Der Staat als solcher wird nicht grundsätzlich bekämpft (wie keine Institution als solche), wohl aber wird er radikal relativiert.

Jesus und die Jünger erfahren die Versuchung der Macht. Für Jesus ist es die teuflische Versuchung kat'exochen in der Wüste. Das Wirken Jesu ist keine politische Machtergreifung; für Lk 4,13 ist diese Versuchung noch mal in Gethsemani aktuell. Ja, jeder Titel, wie Rabbi etc., der Herrschaft meinen könnte, wird radikal zurückgewiesen. Geradezu mit Ironie widerspricht Jesus der Sitte der Herrscher, die Gewalt anwenden über die Völker und sie „befrieden" und sich dafür noch „Wohltäter" nennen lassen (Lk 22,25). Es ist eine Kritik an der politischen Macht, die radikaler nicht sein kann. In wessen Namen wird sie geführt? Im Namen der Unterdrückten, im Namen der Menschlichkeit: Bei euch soll es so auf keinen Fall zugehen. Diese Kritik mußte von der herrschenden Schicht und dem römischen Staat als Umsturzgefahr gewertet werden. Die Umstürzler aber sind eben die Zeloten, also mußte Jesus als Zelot verurteilt werden. Klar und deutlich zeigen die Evangelisten auf, daß Jesus Machtverzicht leistet. Gerade die Ohnmacht ist heilswirksam. Nach Mt 26,53 könnte er den Vater bitten, und mehr als zwölf Legionen Engel stünden ihm dann bei. So machtlos soll Jesus nicht erscheinen, aber auch wenn ein Machterweis abstrakt gedanklich möglich wäre, er leistet grundsätzlich Gewaltverzicht. Er ist Zeichen dafür, daß Herrschaft für Menschen schädlich ist: Macht pervertiert und beschädigt. Auch nützt sie den Unterdrückten nichts. Das läßt sich wieder an der Jesuserfahrung verdeutlichen. Gewaltverzicht aber ist selbst da kein neues Prinzip, nach dem sich alles abspielen müßte. Es ist erstaunlich, daß die Anhänger Jesu Schwerter tragen. Und Lk 22,35ff fordert zur Schwertergreifung auf: „Wer kein Schwert hat, verkaufe sein Kleid und

---

[107] Wohl nicht so wie Paulus, der später in Röm 13,1 betonen wird, daß die Christen der ἐξουσία, der Obrigkeit untertan sein sollen, weil sie von Gott komme. Das ist eine Verkehrung der Jesuserfahrung!

kaufe ein Schwert". Und es ist nicht so rätselhaft wie die Exegeten meinen, wenn davon geredet wird, daß der Bereich Gottes Gewalt erleidet und nur die Gewalttätigen ihn an sich reißen (Mt 11,12; Lk 16,16). Jesus spricht auch hier im Namen der Unterdrückten, so daß die Interpretation Pauls VI. in seiner Enzyklika „Populorum progressio" (1967), die 1986 in der römischen Instruktion „Über die christliche Freiheit und Befreiung" aufgegriffen wurde, nicht von der Hand zu weisen ist, nämlich daß revolutionäre Gewalt als Gegengewalt dem jesuanischen Befreiungsimpuls entspricht, so sie eine „eindeutige und lange dauernde Gewaltherrschaft" beendet, „die die Grundrechte der Person schwer verletzt und dem Gemeinwohl des Landes schwer schadet". So wird die befreiende Vollmacht, die sich für den Freiraum der Menschen einsetzt, zur Gegengewalt. Sie ist keine destruktive Gewalt, sondern, wie bereits erwähnt, Gewalt mit Eros, eben befreiende Macht. In dem Augenblick aber, wo daraus das Zelotenideal wird, nämlich die Errichtung eines neuen totalitären Staates, ist der Gebrauch des Schwertes Versuchung zum Bösen, und Petrus wird aufgefordert das Schwert wieder zurückzustecken (Mt 26,52). Als der Traum von Zelotenreich aufkommt und die Jünger sagen: Sieh Herr, zwei Schwerter haben wir bereits, da läßt Lk (22,35ff) Jesus die Diskussion abbrechen: Darüber haben wir jetzt genug geredet! Ja, „alle, die das Schwert nehmen, werden durchs Schwert umkommen" (Mt 26,52). Trotzdem aber gilt, daß Jesus nicht einen Frieden bringt, der nichts ändert, der das Bestehende und die Oberschicht fördert, sondern das Schwert (Mt 10,34). Zwar wird hier auf die Verfolgung angespielt, die aus der Relativierung der politischen Macht hervorgeht, aber der Gebrauch des Schwertes wird nicht ausgeschlossen. Das Prinzip der Gewaltlosigkeit wird grundsätzlich nicht aufgestellt, auch wenn wir dem Bösen keinen Widerstand leisten sollen (Mt 5,39ff; vgl. Tolstois Leitgedanken!). So kann die zelotische Turmbesetzung der Achtzehn in Siloah nicht gutgeheißen werden, weil in dieser Gewaltaktion keine Umkehr, kein wirklich „revolutionärer" Elan steckte, sondern nur neue Gewaltherrschaft. Völlig falsch freilich wird deren Tod durch die Staatsgewalt als Gottesgericht interpretiert. Sie waren keine schlechteren Menschen als die anderen, aber ihnen fehlte die Relativierung der politischen Macht. Heil und Politik haben sie gleichgesetzt. Das ist genauso falsch wie die Identifikation von Gesetz und Kult mit menschlichem Heil. Nicht der Staat ist Heilsbringer, und sei es auch der beste Staat, die herrlichste Realutopie! Allein mit den Unterdrückten sollen wir uns identifizieren und an ihnen menschlich handeln. Darum ist Jesus von den Römern als „Zelot" verurteilt worden. Kritik am totalitären Staat zu üben, auch ohne deshalb schon die Macht ergreifen zu wollen, ist tödlich. Befreiung vom Staat als Heilsweg und daher Freiheit *gegenüber* der politischen Macht ist jesuanische Botschaft. Die Freiheit ist zwar ein ungrundsätzlicher Machtverzicht, schließt aber nicht notwendig jeden Gebrauch des Schwertes (der Gewalt) aus. Damit ist eine Orientierung für politisches Handeln gegeben. Worauf es ankommt, ist die Identifikation mit dem Unterdrückten, ohne selbst Unterdrück*er* zu werden. Von daher ist die jesuanische Vorliebe für Frauen und Kinder ebenfalls gut verständlich, die in der damaligen jüdischen Gesellschaft unterjocht wurden. Daher auch seine Forderung nach Entgrenzung der zwischenmenschlichen Beziehung. Gegenüber Gesetz, Kult und politischer Macht hat die jesuanische ἐξουσία etwas zu sagen. Alles gipfelt in der Befreiung von zwischenmenschlichen Schranken. Ἐξουσία wird in der Aufhebung jeder Unterdrückung praktisch.

2.4. Die Freigabe gegenüber zwischenmenschlichen Schranken

Jesu Machtbefugnis erstreckt sich vor allem auf das zwischenmenschliche Verhalten. Die Zusammenschau von Gottes- und Nächstenliebe (Mk 12,28-34par) betont zwar die Bedeutung des Nächsten, findet sich aber auch im Spätjudentum.[108] Auch aus dem Sprachgebrauch von ἀγαπᾶν, lieben, das nie mit Sachobjekten (aber auch bei den Synoptikern nur selten mit einem persönlichen Objekt) verbunden wird, läßt sich keine Vollmacht aufzeigen, die den religiösen Rahmen der damaligen Zeit sprengt.[109] Höchst bedeutsam ist es allerdings, wenn auf die Frage nach der Erlangung des Heiles nicht allgemein auf das Gesetz verwiesen wird, sondern sechs konkrete Verhaltensweisen gegenüber dem Nächsten angegeben werden, die größtenteils der zweiten Tafel des Dekalogs entnommen sind (Mk 10,17-22par). Im konkreten Verhalten Jesu zeigt sich eine Entgrenzung der zwischenmenschlichen Beziehung. Der Gerechte und der Sünder, in der Gesellschaftsordnung getrennt, haben gleichen Kontakt mit Jesus. Die Berührung mit Zöllnern und Dirnen macht den Menschen nicht mehr unheilig, sondern die vergebende Kraft, das Heil wird auch ihnen zuteil. Ja, so wird Jesus ein „Freund der Zöllner und Sünder" (Mt 11,19par; Mk 2,15-17) und „Fresser und Weinsäufer" (Mt 11,19) gescholten. Der Samariter wird zum Nächsten für den separatistisch denkenden Juden (Lk 10,30-36).Wie weit Jesus damit den Heiligkeitsdünkel und den qumranischen Separatismus treffen will, kann offenbleiben[110], jedoch ist es auffallend, daß kein Noviziat, kein Eid den Jüngerkreis von den anderen trennt. Selbst moralische Eintrittsbedingungen scheinen zu entfallen. Eine Abgrenzung vom Volk findet nicht statt. Die später stilisierten Berufungsgeschichten (Mk 1,16-20par; 2,14par) zeigen dies noch deutlich. Die Entschränkung des Nächsten geht so weit, daß die Stellung zum Jesuskreis nicht

---

[108]   Heute wird von vielen Exegeten die Zeit um Jesus und unmittelbar danach als „Frühjudentum" bezeichnet. Strack-Bill. I, 907f.; Philo, De spec leg II 63; XII Testamente Dan 5, 3 Issach 5, 2; 7, 6; Vgl. M. Burrows, Mehr Klarheit Über die Schriftrollen, München 1958, 63-95; 162.

[109]   (ה)בהא ('hb(h), verbal und substantivisch) richtet sich auf Verhaltensweisen (1QS 1,3.4; 2,24; 4,24; 5,4.25; 8,2; 10,26) oder Menschen (1QS 1,9; 3,26; 1,10; 4,1; 9,21).

[110]   A. Vögtle, Das öffentliche Auftreten Jesu auf dem Hintergrund der Qumranbewegung, a.a.O., spricht sich für die Polemik gegen Qumran aus; H. Braun, Qumran und das NT I, 95 läßt es offen.

berücksichtigt wird. Während die Sekte sich vom übrigen Volk abkapselt[111] und die Priester und Bibeltheologen sich vom Sünder, vom Gesetzesübertreter, fernhalten, damit sie heilig bleiben[112], ist der Anschluß an Jesus nicht fest umrissen, und es entsteht selbst der Anschein, daß die Zugehörigkeit zum Jüngerkreis nicht in jedem Fall heilsnotwendig ist.[113] So wird jedes sektenhafte Sich-von-der-Welt-Trennen vermieden, der Nächste ist nicht in einem bestimmten Kreis zu finden, sondern überall.[114] Der Nächste wird radikalisiert und gesteigert, so daß jede Abgrenzung unmöglich wird.[115] Fragt man, wie oft man vergeben muß, um dann eine Ausgrenzung zu treffen, so erhält man die Antwort, daß die Schuld nicht trennen darf, sondern unendlich oft, 7 x 70mal, vergeben werden muß (Mt 18,21f par). Jedes Richten gegenüber dem Nächsten wird grundsätzlich verboten (Mt 7,1-5par). Diese schrankenlose Offenheit im Verhalten gegenüber dem Nächsten erfährt noch eine entscheidende Ausweitung: Die freiheitliche Macht Jesu erweist sich am Feind. Die Bruderliebe endet nicht an der Grenze der eigenen Anhängerschaft, sondern schließt auch die Gegner ein. So ist es im Leben Jesu (Lk 23,34), so ist es in der katechetischen Formulierung der Jesustradition: „Ihr habt gehört, daß gesagt wurde: Du sollst deinen Nächsten lieben und deinen Feind hassen. Ich aber sage euch: Liebet eure Feinde" (Mt 5,43f.). Dies ist eine radikal gewandelte Ermächtigung! Eine Vollmacht, die radikal neu das Leben bestimmt und doch nicht zu einer handgreiflichen, fixierbaren Regel werden kann. So wie der Nächste je konkret werden kann und nicht von vornherein definiert ist, so ist es auch beim Feind. Wo er aber erscheint, da gilt: Du sollst deinen Feind lieben. Wenn auch das Gebot des Feindeshasses nicht aus dem AT belegt werden kann[116], so findet es sich doch klar in der qumranischen Gemeinde-

---

[111] Vgl. J. Daniélou, Qumran und der Ursprung des Christentums, a.a.O.; J. Jeremias, The Qumran Texts and the New Testament, in: ET 70,1958, 68f.

[112] F.F. Bruce, Die Handschriftenfunde vom Toten Meer, München 1957, 126-128; 164-172. Vgl. Lk 7,39.

[113] Vgl. die Erzählung vom reichen Mann (Mt 19,17-21); ebenso Mk 5,18f par, wo der geheilte Besessene nicht bei Jesus bleiben darf. Das würde auch nicht aufgehoben, wenn Mk 9,40 par tatsächlich sekundär wäre, wie R. Bultmann, Die Geschichte der synoptischen Tradition, Tübingen ²1931, 23, gegenüber Mt 12,30par („Wer nicht mit mir ist, ist wider mich") meint.

[114] Vgl. S. Kierkegaard, Der Liebe Tun, Düsseldorf 1966, 57: „Will man in bezug auf die christliche Liebe eine Ausnahme machen mit einem einzigen Menschen, den man nicht lieben will, dann ist eine solche Liebe nicht auch christliche Liebe, sondern sie ist unbedingt nicht christliche Liebe." Vgl. zum Verständnis der christlichen Liebe bei S. Kierkegaard und R. Bultmann: G. Hasenhüttl, Der Glaubensvollzug, Essen 1963.

[115] Im späten rabbinischen Judentum ist allerdings auch eine ähnliche Tendenz zu bemerken (Strack-Bill. I, 358): Nichtpharisäer → Mitjude → Vollproselyt → Mitmensch. Vgl. auch J. Fichtner, Der Begriff des Nächsten im AT mit einem Ausblick auf Spätjudentum und Neues Testament, in: WoDi, NF IV, 1955, 44.

[116] Ex 34,12; Dtn 7,2; 23,6 gebieten nicht ausdrücklich den Haß. Vgl. Strack-Bill. I, 366-368; E. Percy, Die Botschaft Jesu, Lund 1953, 154.

regel[117] ausgesprochen. Der Außenstehende, der Sohn der Finsternis, der Mann der Grube ist zu hassen, wenn auch die offene Auseinandersetzung bis zum Tag der Rache aufgespart wird (1 QS 10,19). Im offiziellen Judentum ist der Haß zwar nicht geboten, aber doch durch die alttestamentliche Kriegsmoral nahegelegt und relativ erlaubt.[118] In der jesuanischen Verkündigung wird damit radikal Schluß gemacht.[119] Auch der Feind darf nicht mehr ausgesondert werden. Die Erwählten bilden keinen Rest eines heiligen Israel. Unkraut und Weizen wachsen zusammen auf und dürfen nicht getrennt werden (Mt 13,24-30). Der religiöse Außenstehende und der persönliche Feind, beide sind mit inbegriffen.[120] Die Jüngerschar genießt kein Sonderrecht, sondern der Sauerteig (Mt 13,33) muß vermengt werden, das Salz gehört in die Erde (Mt 5,13). Eine Sondergemeinschaft, die ein fest umgrenzter, aufzeigbarer Kreis von Menschen ist, hat keine Berechtigung mehr.[121] Die Vollmacht, die sich die Freiheit gegenüber Gesetz und heiligem Bezirk wahrte, verlangt hier die konkrete, unseparatistische Bindung an den Nächsten, an den Feind. So erweist sich die Macht, die zu sagen hat, als Wort der Liebe.

Es wäre jedoch unhistorisch gedacht, wollte man die unseparatistische Jesustradition einfach als universalistisch bezeichnen. Sicher steht Jesu Verkündigung gegen die enge nationale Heilsauffassung, die Feindesliebe jedoch entschränkt den Nächsten noch nicht von jeder Grenze der Nation und des jüdischen Glaubens. Jesus hat das jüdische Nein zur Heidenwelt in seinem historischen Raum bedingt geteilt (Mt 15,26). Wenn daher auch der Begriff des Nächsten nicht grundsätzlich von vornherein alle nationalen Schranken durchbricht, so ist doch in der radikalen Feindesliebe zumindest die *Möglichkeit* einer totalen Entgrenzung ins Auge gefaßt.[122] Die grundsätzlich-universalistische Haltung (vgl. Lk 13,29; Mt 28,19) wie auch die von der Welt abgrenzende johanneische Bruderliebe, die sogar die Fürbitte für den Sünder verweigern kann (1Jo 5,16), sind wohl erst Richtungen im nachösterlichen Gemeindeleben, wie die Spannungen in der jungen Gemeinde beweisen. Die jesuanische Verkündigung kennt eine radikale Offenheit, in der sich die Möglichkeit eines Universalismus zeigt. Die Verschärfung der Beziehung zum Mitmenschen liegt jedoch nicht bloß in der Ausweitung des Verständnisses des Nächsten, sondern vielmehr in seiner Intensivierung. Während die universale Extension nur in der Möglichkeit gefordert ist, ist die konkret-intensive Entscheidung und Verantwortung dem Nächsten gegenüber absolut geboten. Das zeigt die Erzählung vom Samariter (Lk 10,30ff), das zeigen

---

[117] 1QS 1,10; 9,21. Damit scheint das Gebot des Feindeshasses erstmalig belegt zu sein.

[118] Vgl. Strack-Bill. I, 364-366.

[119] Die Diskussion darüber ist kurz zusammengefaßt bei H. Braun, Qumran und das NT I,17f.

[120] Vgl. E. Klostermann, Das Matthäusevangelium, Tübingen ²1927, 116.

[121] E. Schweizer, Gemeinde und Gemeindeordnung im NT, 2 e. Für gemäßigt separatistisch halten W. H. Brownlee, Messianic Motives of Qumran and the New Testament, in: NTS 3, 1956, 57, 15f. und D. Howlett, a.a.O., die jesuanische Verkündigung.

[122] Vgl. dazu H. Braun, Qumran und das NT I, 71f; II, 239f.

noch einschneidender die Berufungsgeschichten und die konkrete Forderung der Trennung (Mt 8,22; Lk 9,62). Keine Bindung an die Gesellschaft, an ein System, an Verwandte darf die individuelle Entscheidung entschärfen. Und so sehr keine generelle Trennung von der menschlichen Lebensweise mit ihrer Beziehung gefordert ist wie bei den Sekten, so sehr kann das persönliche Getroffensein alle Bindung zerschneiden. Dort, wo die Macht, die in Gottes Nähe ruft, den einzelnen trifft, hat er ihr zu entsprechen, will er nicht sein Leben verwirken.

Der einzelne wird zur Nachfolge gerufen, und kein Verschanzen hinter einer Volksgemeinschaft entledigt ihn seiner Entscheidung. Sowenig grundsätzlich die Isolierung und Trennung des einzelnen vom vorgegebenen System verlangt wird, so sehr kann sie notwendig sein, um dem konkreten Anspruch gerecht zu werden. So kann der Nachfolger Jesu wie der Rufende selbst nicht aus einer vorgegebenen Größe verständlich gemacht werden, und wäre dies das auserwählte Gottesvolk, sondern allein von seiner konkreten Aufgabe her, von seiner Verpflichtung, die ihm die Macht auferlegt, die ihn ruft.

Die Nachfolge Jesu hebt den Menschen aus seiner bisherigen Bindung heraus. Die Verflochtenheit in die Welt bestimmt nicht mehr sein Leben. Die liebende Zuwendung des Nachfolgers umfaßt sogar den Feind. Dadurch werden seine natürlichen Maßstäbe zerbrochen und seine natürlichen Fähigkeiten überfordert. Ja selbst die bisherigen religiösen Bindungen können in dieser Nachfolge nicht mehr bestimmend sein. Dies wäre aber unmöglich, wenn dem Jünger Jesu nicht eine neue Macht geschenkt wäre, wenn er nicht an der Vollmacht Jesu durch den Glauben teilhätte. Die uneingeschränkte Bereitschaft, die völlige Ungesichertheit, die Gefährdung und Diffamierung des Meisters hat auch der Jünger auf sich zu nehmen, denn es ist ja genug für den Schüler, daß es ihm geht wie seinem Lehrer, und für den Sklaven, daß es ihm geht wie seinem Herrn (Mt 10,24par). Damit wird dem Jünger das gleiche Schicksal zuteil, das Jesus hatte. Zur Erfüllung des Auftrags, in der Freiheit der Nachfolge Jesu zu stehen, muß dem Jünger ein neuer Ermöglichungsgrund geschenkt werden: Er erhält die Vollmacht durch Jesus. Sicher, solange Jesus lehrt, tritt die Vollmacht der Jünger völlig in den Hintergrund. Im Ruf zur Nachfolge, in der Entbindung von der Welt, in der Freiheit der Sendung ist sie aber zu erkennen[123], und nach Ostern wird sie zur Geltung kommen, da allen Nachfolgern Jesu die Vollmacht geschenkt wird, Kinder Gottes zu werden (Jo 1,12). Jeden trifft konkret der Anspruch Jesu und die Ermächtigung zur Nachfolge. So ist der eine angesprochen, nicht zurückzuschauen, der andere gefordert, seine Familie zu verlassen, und ein dritter, seine Erbschaft aufzugeben. Den einen trifft die Nachfolge auf diese, den anderen auf jene Weise.

Aber all das besagt nicht eine Frontstellung gegen den Nächsten, gegen jene, von denen die Trennung gefordert ist, sondern es besagt eine Aufgabe seiner selbst, seines bisherigen Selbstverständnisses. So gibt es einen legitimen

---

[123]   M. Hengel, Nachfolge und Charisma, Berlin 1968, 87f.

„Haß", der eigentlich nicht Vater, Mutter, Frau oder Kind trifft, sondern sein eigenes Selbst (Lk 14,26f par). „Indem in der Jesusbewegung das Ich als der entscheidende Feind gilt, wird dies Ich gerade frei zur liebenden Begegnung mit dem Nächsten, und der Nächste hört auf, wie in der Sekte diejenige Stelle zu sein, welche de facto die Kosten bezahlt für die Separation des Frommen."[124] Durch die freiheitliche Macht der jesuanischen Verkündigung wird alles Sektenhafte gesprengt, jeder Mensch soll dem anderen nahe gebracht werden. Die Heilsbotschaft ist ihrer Möglichkeit nach *universal,* alle Menschen sollen ihr geöffnet werden. Zugleich ist sie unendlich *konkret,* so daß jeder einzelne gefordert ist und auf den Nächsten verwiesen wird, sei es in der Bereitschaft für ihn, sei es im bitteren Verzicht auf ihn. Damit wird aber der konkrete Mensch in Jesu Machtbereich hineingestellt und nimmt an der freiheitlichen Vollmacht teil. Niemand aber hat das Wort des Hasses zu sagen, sondern es gilt das Wort weiterzusprechen, das die Macht hat, allen kleinlichen Separatismus aufzuheben, alle Trennungslinien zu zersprengen, Sünder und Gerechte unter die eine Forderung zu stellen, unter die Forderung der ἀγάπη.

Wie wir gesehen haben, braucht diese Forderung der Offenheit gegenüber dem Mitmenschen ein neues Zentrum. Gesetz und Kult im bisherigen Sinne genügen Jesus nicht. So ruft er die Menschen zu sich. Er beruft sie zu seinen Jüngern (Mt 4,21; Mk 1,20); er beruft die Sünder, nicht die „Gerechten" (Mt 9,13; Mk 2,17; Lk 5,32). Durch diese Berufung hat der Mensch die Berechtigung, die Möglichkeit, die Vollmacht, ihm nachzufolgen. Die Berufung ist der Ruf und die Ermöglichung zur Nachfolge. „Folge mir nach" (Mk 10,21)! Diese Nachfolge ist der Ausweg aus der Unmöglichkeit, im Gesetz und Kult den Heilsweg zu finden. Ein neuer Weg, der zur Offenheit der Liebe ruft, soll den Menschen erschlossen werden: Die Nachfolge Jesu! Es ist ganz bezeichnend, daß dieser Begriff nie im NT für die Beziehung der Jünger untereinander gebraucht wird, obwohl auch hier ein „Schüler-Lehrer-Verhältnis" wie etwa zwischen Paulus und Timotheus gegeben ist.[125] Nur *eine* Jüngerschaft, nur *eine* Nachfolge gibt es, nämlich die Nachfolge Jesu. Wer seinen Ruf hört und sich ihm anschließt, für den gibt es, wie wir gesehen haben, kein Zurückschauen mehr; der Jünger verläßt alles, um Jesus nachzugehen (Mk 1,18; 10,28; Lk 5,11). Das Sich-Halten an Jesus ist die neue geforderte Lebensform, ist die Möglichkeit der Gotteserfahrung in seinem Bereich. Aufgrund der Berufung wird durch die Nachfolge eine Lebensverbindung mit Jesus hergestellt. Dies schließt selbstverständlich die Teilung des Geschicks Jesu mit ein (Mt 8,19f par). Diese Teilhabe an Jesus bedeutet Anteil an dem

---

[124] H. Braun, Spätjüdisch-häretischer und frühchristlicher Radikalismus II, 95 (Nota 2).
[125] Vgl. G. Kittel, Art. ἀκολουθέω κτλ, in: ThWNT I,215; A. Schulz, Nachfolge und Nachahmen im NT , München 1962; H. D. Betz, Nachfolge und Nachahmung Jesu Christi im NT, Tübingen 1967; Die Aufforderung des Paulus 1Kor 4,16, ihm nachzufolgen, meint „Nachahmung, μίμησις".

sich in Jesus darbietenden Heil.[126] Die Frage nach dem ewigen Leben wird durch die Nachfolge gelöst (Mk 10,28). Nicht die objektive Norm garantiert dem Menschen die Erlangung seiner Bestimmung, sondern in der Hinwendung zum jesuanischen Geschehen kommt er zum Ziel. Damit ist nicht mehr die eigene Person, das eigene Ich im Zentrum, sondern das Beziehungsgeschehen. Daher verbindet sich mit der Nachfolge die Selbstverleugnung. Das eigene Ich ist nicht länger der Maßstab. Der Mensch handelt „um Jesu willen" (Mt 5,11). Hier wird wiederum der Vollmachtsanspruch Jesu laut, so daß dieser in Zukunft der Orientierungspunkt des Menschen sein soll. Das Leben des Menschen wird durch diese Berufung „umzudenken" in den Raum eines neuen Berufes hineingestellt, nämlich: Jünger zu sein! Die Nachfolge ist Neuorientierung der ganzen Existenz des Menschen am jesuanischen Geschehen, d.h. am Vollmachtsereignis.

So ist Jesu Vollmacht zwar durchaus einmalig, aber die Jünger haben an ihr Anteil. Man könnte formulieren, daß die Einmaligkeit, die christologische Bedeutung der Vollmacht Jesu gerade darin besteht, daß er auf seine Einmaligkeit verzichtet und sie ganz den Jüngern, den ihm Nachfolgenden, den Glaubenden anvertraut. In ihrer Zuwendung zu den Menschen dürfen sie daher wie Jesus niemanden ausschließen, sondern jeder, der sich Jesus glaubend anschließt, hat an ihm Anteil.

Diese Erfahrung der Entgrenzung zwischenmenschlicher Beziehung, die sich in der Akzeptanz des jesuanischen Geschehens niederschlägt, will nicht ein neues System der Allversöhnung andeuten oder propagieren im Sinne des aufgeklärten: „Seid umschlungen, Millionen" und des „Kusses der ganzen Welt". Es geht nicht um einen gesellschaftlichen Idealtypos, in dem alle Menschen alle gleich lieben. Keine schrankenlose Gesellschaftsordnung soll verkündet werden, sondern die Relativität aller Gesellschaftsordnung. Sie ist auf den konkreten Menschen zu beziehen; für ihn gilt ein unbedingtes Ja. Freigabe, also nicht *von* jeder Strukturierung der Gesellschaft, aber Freiheit gegenüber jeder Gesellschaftsordnung, *gegenüber* jeder Art von zwischenmenschlichen Schranken. Das ist „Nachfolge", d.h. Leben in der Vollmachtsbeziehung. Es geschieht zugunsten des Nächsten und auch im Namen des Feindes. Darin liegen eine radikale Systemkritik und eine Transformation bisheriger gesellschaftlicher Tabus.[127]

---

[126] G. Kittel, a.a.O., 214.

[127] Die grundlegende Systemkritik stellt treffend J. Sobrino, Christologie der Befreiung, Bd. 1, Mainz 1998 dar. Seine Ausführungen ergänzen und konkretisieren in einem wesentlichen Punkt das Dargelegte. Aus der Perspektive der Befreiungstheologie wird zu Recht auf den Adressaten der Verkündigung Jesu Wert gelegt. Es ist der Arme, für den Gott parteiisch eintritt (118). Die Entgrenzung geschieht konkret dadurch, daß die „Grenze" der Gesellschaft, nämlich die Armen, befreit werden. Es sind die ökonomisch Armen und die sozial Verachteten, die die Mehrheit des Volkes bilden. Das Reich Gottes, das Jesus zentral verkündet, ist das Leben der Armen in Gerechtigkeit (186). Es wird durch die Reichen verhindert. Sie tun es, weil sie den Reichtum absolut setzen und zum Götzen erheben; daher wirkt er entmenschlichend (243), und die sozialen Schranken

2.5. Zusammenfassung

In dieser vierfachen Befreiungserfahrung ist ein ungeheurer Anspruch an uns enthalten.

1. Mensch und Gesetz sind keine Alternativen; der Mensch geht grundsätzlich vor. „Es ist besser, ein Gesetz zu brechen, als ein Herz" (E. Drewermann). Gesetze sind regulativ und niemals konstitutiv für menschliches Leben. Der Mensch ist im jesuanischen Geschehen durch Freiheit und Mündigkeit bestimmt. Auch die göttliche Tora hat ausgespielt, wenn sie formale Autorität darstellt und nicht sachlich verstehbar ist. Ständige Revisionsbereitschaft ist notwendig, und es gibt kein unaufgebbares Grundgesetz oder Dogma. Dialogbereitschaft ist geboten. Die Freiheit gegenüber dem Gesetz ist ein grundlegendes Menschenrecht. Der Mensch kann und darf nicht subsumiert oder normiert werden unter eine allgemeine Regel. Konkrete Relation hat Vorrang vor abstrakter Allgemeingültigkeit, sonst wird die Einmaligkeit menschlichen Beziehungseins zerstört.

2. Religiöse Ausdrücke sind ebenfalls kein absoluter Wert. Kult, Gottesdienst und Riten sind nur für den Menschen da und nicht umgekehrt[128]; der Mensch würde sich sonst in seine religiöse Idee hinein verfremden. Dies gilt für alle religiösen Ausdrucksformen. Ihre Bedeutung erhalten sie in bezug auf den Menschen. Sie können wichtig sein für die Verwirklichung des Menschseins. In den religiösen Symbolen soll der Mensch einen Freiraum erhalten und vom Leistungsdruck befreit werden. Kult ist ein religiöses (Mysterien-)Spiel, durch das angezeigt wird, daß der Mensch nicht von seiner Leistung her zu verstehen ist, sondern von der Möglichkeit, sich selbst frei ausspielen zu können. Kult ist der Protest gegen die Beurteilung des Menschen nach seiner Produktivität, ist Protest gegen eine Leistungsgesellschaft, die den Menschen ver-

---

werden unüberwindbar. Diese können nur aufgebrochen werden, wenn der Ort der Christologie die Armen, sowie die Kirche der Armen sind (50, 53, 345ff). Freilich, genausowenig wie das Gesetz an sich schlecht sein muß, ist es auch der Reichtum an sich. Aber er steht wesentlich in der Beziehung zur Armut und stellt sich daher als Unterdrückung dar. Entscheidend ist die not-wendige Relativierung auf den Armen hin. Jeder Besitz, an sich indifferent, ist zu relativieren, d.h. in Beziehung zu setzen zum Armen (242). So ist von der jesuanischen Verkündigung her die „Entgrenzung" des Reichtums zugunsten der Armen, d.h. die Freiheit *gegenüber* Besitz und Reichtum gefordert, denn sie sind ohne Grenze für die Menschen da und nicht nur für eine privilegierte Gruppe. So wird der Überbringer der Erlösung das „gekreuzigte Volk" (354ff), durch das der Unterschied zwischen Reichen und Armen aufgehoben werden kann und Reich Gottes vermittelt wird.

Nach Sobrino könnte man sagen, daß die Basis der Freigabe gegenüber der bestehenden Gesellschaftsordnung, d.h. Ermöglichung der Entgrenzung gesellschaftlicher Beziehungen, die Aufhebung von Arm und Reich zugunsten der Armen und Marginalisierten ist. Die Option für die Armen ist Ausdruck der Erlösungsgeschichte des geschichtlichen Leibes Christi (356ff).

[128] Schon im AT wird bei den Propheten auf den „wahren Gottesdienst" hingewiesen, der im Dienst am Mitmenschen besteht. Die Opferpraxis kann ihn nicht ersetzen.

zweckt für eine Sache (Geld, Wohlstand, Ware, Mehrwert u.a.). Es geht dem Christentum also um Freiheit gegenüber dem Kult, aber nicht vom Kult, wenn er dem Mensch-werden dient.

3. Der Staat ist ebenfalls keine absolute Größe, die den Menschen eindeutig einbinden könnte. Menschen sind keine Termiten, die der Königin restlos dienen. Jede Diktatur zerstört den Menschen. Wiederum ist der Jesusimpuls Befreiung des Menschen von staatlicher Vereinnahmung und Unterdrückung. Christentum ist ein „subversives" Element für jeden staatlichen Anspruch. Es geht aber auch nicht darum, daß der beste Staat kreiert wird, kein Utopia wird angestrebt. Der christliche Glaube ist daher völlig a-politisch und zugleich eine eminent politische Kraft. Die jesuanische Vollmacht ist Befreiung von politischem Druck und Freiheit gegenüber jeder Staatsform (wobei auch Demokratien durchaus kritikwürdig sind), aber eben nicht Freiheit von staatlicher, relativer Einbindung. Der Staat hat nur Sinn, wenn er für die Menschen da ist und eine Atmosphäre schafft, die Menschen in die Freiheit entläßt.

4. Die gesellschaftlichen Normen und der Umgang miteinander sind ein berechtigter Erwartungshorizont, aber kein Instrument der Diskriminierung. Der Begriff der „Nachfolge" dient der Deutung der Beziehung der Menschen untereinander. Wenn Beziehungen zerbrechen, ist dies kein Zeichen sinnlosen Lebens, sondern Veränderung der geforderten Erwartung. Schranken, die wir errichten, sind immer wieder zu durchbrechen. „Binden und lösen", ist das „Werden" im menschlichen Umgang miteinander, jedoch kein Freibrief für subjektive Willkür (z.B. Eltern-Kind-Beziehung: Bindung in liebender Sorge und zugleich „Ent"-Bindung des Kindes). So ist wiederum jesuanische Erfahrung Freigabe gegenüber zwischenmenschlichen Schranken, aber nicht von zwischenmenschlicher Beziehung. Gesellschaftliche Formen können relativ gut sein, wenn sie den Menschen dienen, sind jedoch zerstörerisch, wenn sie Menschen oder Menschengruppen abwerten (,,Ausländer", „Klassenfeind" usw.). Jesuanische Botschaft negiert Wertungen wie klug und dumm, arm und reich usw., ja Paulus wird sagen, daß in Christus, d.h. in seiner freiheitlichen Vollmacht, kein bewertender Unterschied zwischen Mann und Frau, Jude und Heide, Schwarz und Weiß, Christ und Buddhist usw. besteht. Jede Gesellschaft, die ihren „Juden", ihr Feindbild braucht, pervertiert menschliches Denken und Sinn.

Die vierfache Befreiung wird jedoch nur real, wenn wir selbst jesuanische Vollmacht verwirklichen und so dialogisch existieren. Diese dialogische Freiheit ist nicht unverbindlich (sie ist ja Freiheit gegenüber ... und nicht Freiheit von ...), vielmehr steht die eigene Existenz auf dem Spiel. Entweder realisieren wir in unserem Leben diese ἐξουσία, die befreiende gütige Macht, und nehmen so an der jesuanischen Erfahrung Anteil, oder wir orientieren uns am Vorgegebenen, Bestehenden, zu dem auch unser eigenes Ich gehört, und wir bleiben machtlose Menschen der Gewalt. Ein Beispiel dafür ist Paulus, der meinte, zur Ehre Gottes Menschen Gewalt antun zu müssen. Wie Schuppen fällt es ihm plötzlich von den Augen, als er vom Christenverfolger zum Christen wird, der nun für die Menschen da ist und so Gott die Ehre gibt. Wenn Menschen diese Vollmacht im Dialog mit jesuanischer Erfahrung empfangen, so ist dies keine autoritäre Machtübertragung – wie oft der Satz: „Empfanget den Hl. Geist" mißverstanden wurde, als eine bestimmte Vergebungsvollmacht –, sondern dialogische Vermittlung, d.h. jeder, der sich in dieses Geschehen begibt, erhält eo ipso an der jesuanischen Vollmacht Anteil. Sie ist nicht nur Geschenk des Dialogs, sondern zugleich Anspruch, Imperativ: Uns ist die Vollmacht zur Verwirklichung anvertraut, und wenn wir sie nicht in praxi vollziehen, so *ist* sie nicht. Dieser Auftrag wird biblisch mit dem erwähnten Begriff der Nachfolge umschrieben. Es ist keine inhaltliche Imitation Jesu gemeint, sondern die Bereitschaft, diese Vollmacht mit Jesus zu teilen. Nachfolge ist daher eine Neubestimmung meiner Existenz, eine Veränderung meiner selbst sowie der Beziehungen und Verhältnisse. Nachfolge Jesu ist Vollmacht. Nachfolge Jesu ist Veränderung, Umkehr, μετάνοια. Daher steht der Umkehrruf am Anfang jesuanischer Verkündigung, da das Einlassen auf ihn die Umwertung aller Werte einschließt. Die Norm des Lebens kann nicht mehr die eigene Person, die „Subjektivität" sein, nicht das eigene Ich ist das Zentrum, aber auch nicht mehr die „Objektivität", das Vorgegebene, das in der Institution „geronnene" Ich (oder Wir), sondern allein die vermittelte Vollmacht, die nur ist, wenn sie gelebt wird, wenn sie in der Praxis relational vollzogen wird.

Im NT wird den Jüngern die jesuanische Verfügungsgewalt geschenkt. In der biblischen Erfahrung ist die jesuanische Vollmacht zwar als ein einmaliges Geschehen verstanden, aber diese Einmaligkeit besteht gerade darin, daß Jesus auf seine Einmaligkeit verzichtet und sie ganz den Jüngern anvertraut. Es bleibt kein einmaliger „Rest", der nur Jesus zukommen würde, sondern seine ganze Vollmacht geht in die seiner Jünger ein. Wer das jesuanische Geschehen verstanden hat und in seinem Leben verwirklicht, hat die ganze Vollmacht und kann sie dialogisch weiter vermitteln. Am deutlichsten wird dies bei der ἐξουσία, die sich als Vergebungsmacht zeigt. Hier wird diese Vollmacht ausdrücklich als göttliches Geschehen qualifiziert.

2.6. Die Umkehr des Menschseins

Diese Teilhabe an der jesuanischen Vollmacht hat aber die Entscheidung zur Bedingung, d.h. die eigene Veränderung. Die Veränderung heißt biblisch μετάνοια. Sie ist nicht die Rückkunft in die vorgegebene Ordnung, von der man abgewichen ist, nicht die Rückkehr des reuigen Schafes, sondern gerade das Durchbrechen vorgegebener Normen.

Die Umkehr geschieht daher gerade nicht durch eine Bekehrung zum Vorgegebenen, zum Ge-setzten, sondern durch die Kontaktnahme mit gesellschaftlich ausgestoßenen und deklassierten Gruppen. Durch sie realisiert sich das nahe Reich Gottes, das nur durch den Vollzug der „Umkehr" menschlicher Maßstäbe kommt. Das Programm Jesu, das er selbst in seinem Leben verwirklicht, ist eben dieser Ruf am Anfang seiner Tätigkeit: „Kehret um; denn nahe ist der Bereich Gottes" (Mk 1,15par). Der Mensch soll befreit werden vom Vorgegebenen, soll Exodus feiern aus den verhärteten Zuständen und Institutionen. Schon der ursprüngliche griechische Begriff μετάνοια meint die Wandlungsfähigkeit des Menschen. Eine neue Sinngebung des menschlichen Lebens wird vollzogen. Wo die jesuanische Vollmacht wirkt, kann der Mensch in Distanz zu sich selbst treten und befreit seinem Leben einen neuen Sinn geben.

So meint diese Umkehr, die das Reich der Freiheit bringt, die Sinnesänderung; „Bekehrung" ist der Verzicht darauf, sich an das Bestehende, Institutionelle zu klammern und zu Entscheidungen bereit sein, die noch nicht programmiert sind. Und wer ist weniger eingeplant als Jesus selbst, der diese Entscheidung verlangt? „Umkehr" ist eine Aufforderung zum Experiment, das Menschen um Jesus als geglückt erfahren, auch wenn es von etablierten Kräften zertreten wird. Im Modell Jesus, in der unmittelbaren und rechtfertigungslosen Einsichtigkeit seiner Worte und seiner Taten haben bisherige Maßstäbe keine Geltung mehr, das menschliche Leben erhält eine neue Grundausrichtung, eine völlige Neuorientierung. Nicht die religiöse Institution ist der Orientierungspunkt, sondern das Reich der göttlichen Freiheit, für das Jesus modellhaft bürgt. Daher ist diese „Umkehr" der einzige Imperativ der Reich-Gottes-Predigt. Insofern die zwischenmenschlichen Beziehungen entgrenzt werden, hat das Ereignis der „Umkehr" eine soziale Dimension. Sie ist immer auch politisch, weil die bisherigen gesellschaftlichen Verhältnisse in Frage gestellt werden. Vertreter bestehender Institutionen müssen in ihr eine Aggression sehen, da sie bisherige Zustände als unmenschlich entlarvt. Weil die μετάνοια keine „Planwirtschaft" ist, sondern Entscheidung, die ihren Wert erst im Vollzug enthüllt, ist sie stets revisionistisch. Sie weiß um ihre eigene Überholungsbedürftigkeit und hat keinen vorgezeichneten Weg, sondern „Jesus Christus" ist ihr Weg, d.h. seine gegenüber jeder Institution „autoritäre" Vollmacht, die den Menschen gegeben ist und sich im Tun als schöpferisch erweist. Die menschlichen Verhältnisse werden so nicht mehr primär vom Bestehenden her beurteilt, sondern von ihrer Veränderbarkeit zur Gleichheit aller Menschen; „der Sünder wie der Gerechte" haben im „Reich Gottes", im Reich der Freiheit gleiche Chancen. Während das Gesetz und mit ihm jede gesetzte Institution faktisch Ungleichheit aufrichtet, indem sie Maßstäbe bildet, so ist die Reich-Gottes-Idee diesen Bestrebungen gegenläufig. Sie enthält den revolutionären Funken. Die μετάνοια ist ja nicht nur eine geistige innerliche „Umkehr", sondern verhältnisändernde „Vollmacht", die umwälzend, d.h. „revolutionär" wirkt. Und was ist revolutionärer als eine echte Solidarität mit allen Menschen? Diese Solidarisierung wird biblisch, wie wir gesehen haben, mit dem Begriff der Liebe ausgedrückt. Die μετάνοια im Hinblick auf den bedürftigen Menschen ist die Liebe. Wer ein Essen veranstalten will, der soll nicht seine Freunde einladen, sondern die Armen, Krüppel und Blinde (Lk 14,12ff). Während der vornehme Grieche sein Symposion mit ausgesuchten Freunden feiert, soll der Christ seine Einladung an die Deklassierten verschicken. Zwar wird schon bei Aristoteles die Freundschaft theologisch qualifiziert, indem die Menschenbeziehung an die Stelle der direkten Gottesbeziehung tritt, aber es bleibt bei einem exklusiven Sonderkreis. Der Freund wird in der jesuanischen Tradition entgrenzt, so weit, daß die Begriffe Freund-Feind ihre Bedeutung verlieren. Und beim „letzten Gericht" ist das zentrale Wort: Was ihr dem Geringsten getan habt, habt ihr mir getan (vgl. Mt 25,40). Im Tun, das keine Grenze kannte oder eben an der Grenzenlosigkeit versagte, zeigt sich, wieweit „Bereich Gottes" realisiert wurde, und wieweit menschliches Versagen die Vermenschlichung aufgehalten hat. So wird nach denen gefragt, die gut waren und den „Letzten" gleich dem „Ersten" achteten, keine Herrschaftsstrukturen duldeten, und nach denen, die den „Geringsten" verachteten und damit die jesuanische Vollmacht blockierten. Nicht gefragt wird nach Kult- und Sittengesetz, nicht gefragt wird nach der Zugehörigkeit zu einer Institution, und sollte sie sich auch Kirche nennen. So verlangt das in sich selbst verständliche Wort und Tun Jesu die „Umkehr" als grenzenlose Liebe. Sie ist Vollmacht, die religiöse und ideologische Vorurteile überwindet. So wird das Verhalten der Christen eine ständige Provokation und ein Protest gegen die etablierten Kräfte. Jesus selbst ist Modell dafür und zeigt eine neue Existenzform an. Sie ist der Verzicht auf jede formale, institutionell legitimierte Macht und Herrschaft. So kann man in der Jesuserfahrung herrschaftsfreies („anarchisches") Wirken entdecken, das den Menschen befreien, „erlösen" will.

Die jesuanische Vollmachtserfahrung der Menschen wird noch deutlicher durch die Darstellung Jesu als jemanden, der Menschen die Macht vermittelt, Sünden zu vergeben. Die Anstiftung dazu ist mehr als deutlich. Die Vergebung und Verzeihung dem Mitmenschen gegenüber ist ein göttlicher Akt, die Vergebung im Himmel steht nämlich dadurch fest. Im verzeihenden Wort wird der Mitmensch zur Identität zwischen Soll und Sein gebracht: Was er sein soll, nämlich einer, der nicht schuldig am anderen wird, wird ihm dadurch zugesprochen, daß ich ihm vergebe und ihn zu einem mache, der nicht mehr schuldig ist. Diese Vergebung ist offenbar stets als göttlich verstanden worden und wird auch im NT so begriffen. Der Mensch, zu sich selbst gebracht, offenbart eine „göttliche" Dimension. Er erhält im Akt der Vergebung die Identität zwischen seiner Person und seinem Tun, und das ist ein „göttliches Ereignis". Wie die ganze Darstellung der Vollmacht Jesu die Aneignung göttlicher Vollmacht als Geschenk ausdrückt, so ebenfalls die Vergebung (Mt 16,18; 18,18, Jo 20,21 u.a.m.). Wenn einer dem anderen vergibt, ist es sinnvoll, von Gott zu sprechen. „Und das Volk pries Gott, der eine solche Vollmacht *den* Menschen gegeben hat" (Mt 9,8). Bisher dachte der Mensch, daß nur Gott Sünden vergeben könne. Es ist klar, daß dies eine Entthronung eines transzendenten, göttlich handelnden Subjekts bedeutet. Jesus ist in seiner Vollmacht die Figur, die sich damit gegen ein spätjüdisches Gottesverständnis auflehnt und bildhaft die Einsicht in die Richtigkeit dieser

Auflehnung mitteilt. In der zwischenmenschlichen Vergebung erhält die Vollmacht Jesu ihre historisch-geschichtliche Bedeutung als Veränderung menschlichen Verhaltens, durch das Gott zur Sprache kommt und als mythisches Subjekt seine Geltung verliert. Gott wird offenbar. Jesus ist so das Bild des Menschen, in dem er sich erkennen kann als Spontaneität und Freiheit, die er ist, indem er sich verwirklicht, und zwar so, daß ihm dabei wie den nächsten Menschen das „Gute" erscheint, d.h. Gott zum Scheinen gebracht wird. Theorie und Praxis bilden in diesem Tun eine Einheit. In der johanneischen Tradition heißt dies dann „Wahrheit tun". Damit ist nicht gemeint, daß man zuerst die Wahrheit erkennen und dann sich einen ethischen Ruck geben soll und sich so selbst der Wahrheit angleicht, vielmehr wird im Tun selbst die Wahrheit „verwirklicht, realisiert", kommt „zum Scheinen" bzw. zum „Vorschein". Wahrheit ist nur als Tun, und zwar wenn dieses weder heteronom (fremdbestimmt) noch autonom (selbstbestimmt) ist, sondern Vollzug der Vollmacht, die dem Menschen geschenkt ist. Im Bild des Kranken (Mt 8,9), dem Jesus vergibt und der daher gesund wird und sein Bett am Sabbat nimmt, ist angedeutet: a) daß sein Tun ihn als befreit von Sünden aufzeigt, b) ihm die Fremdbestimmung durch das Gesetz genommen ist und c) sein Tun selbst die Ermächtigung zu diesem tun ist, wenn auch als Geschenk. Jesus ist dafür der Ermöglichungsgrund. Aber nicht, weil er ein „historischer Wundermann" ist, sondern weil er paradigmatisch des Menschen eigene befreiende Möglichkeit figurativ darstellt. Als Bild des Menschen wirkt er geschichtlich, menschliche Situation verändernd. Jesus ist also ein bildlicher Niederschlag der menschlichen Erfahrung, daß nur dann der Mensch zu sich selbst kommt, wenn er im Vollzug, im Tun Wahrheit realisiert, d.h. Theorie und Praxis als eine Einheit vollzieht. Dafür steht die Vollmachtserfahrung.

3. Exkurs: Theorie und Praxis

Die Einheit von Theorie und Praxis, die Jesus durch sein Leben verwirklicht, soll noch im Hinblick auf allgemein menschliche Möglichkeiten verdeutlicht werden. Angesichts der vielfältigen Verwendung der Begriffe „Theorie" und „Praxis" soll zunächst eine Begriffserklärung versucht werden:
Theorie: Ist die Anschauung göttlichen Seins als Suche nach der Erkenntnis der letzten Gründe (griechische Philosophie); ist die Erkenntnis der Natur als ewiger, unwandelbarer Kosmos (Naturphilosophie); ist kontemplatives Denken um seiner selbst willen und damit Entgegensetzung zur Praxis (dualistische Systeme); ist die Überwindung des Theorie-Praxis-Dualismus in verschiedenen Vermittlungsversuchen (Kant, Hegel, Marx etc.). Theorie kann in ihrem kognitiven Inhalt eine hypothetische Feststellung unterschiedlicher Abstraktheit und Allgemeinheit sein sowie eine konventionelle Festsetzung. Oder: „Theorien sind … syntaktisch-semantische Systeme mit pragmatischer

Relevanz."[129] Gemeinsam ist den Theoriebegriffen, daß unter Theorie stets eine Erkenntnis gemeint ist die – systematisch geordnet – Allgemeinheit beansprucht. In diesem Anspruch ist eine Valorisation enthalten, die – wie vage er auch sein mag – auf einen Praxisbezug hinweist. Theorie ist immer mit Abstraktion behaftet.

Praxis kann ganz allgemein gehäufte Erfahrung bedeuten; ein Mensch „hat" Praxis, wie ein Pfarrer oder ein Gericht verschiedene Praktiken hat. Praxis ($\pi\rho\tilde{\alpha}\xi\iota\varsigma$) wird oft vom Hantieren ($\pi o\acute{\iota}\eta\sigma\iota\varsigma$) unterschieden. Dann fallen das technische Verfügen und das instrumentale Handeln nicht darunter. Praxis ist dann eine eingelebte Interaktion, ist politisches Handeln oder, allgemeiner, ein geschichtlich situiertes Denken, Sprechen und Handeln (Merleau-Ponty). Die Praxis kann auch, bei aller inhaltlichen Variabilität, mit Neuorientierung zusammen gedacht werden, durch die allgemeinverbindliche Sollansprüche gestellt werden.[130] Gemeinsam ist hier die Praxis als Vollzug verstanden, der auf die Umwelt Einfluß nimmt und so eine gewisse Allgemeingültigkeit erhält, die jedoch nicht abstrakt wird, sondern konkret der Wirklichkeit verbunden bleibt. In ihrem Charakter einer gewissen Allgemeinheit ist sie auf die Theorie hingeordnet.

Die Zuordnung von Theorie und Praxis kann als ein *analytischer* Vorgang verstanden werden, in dem entweder die Theorie oder die Praxis den Primat innehat und in einer auflösenden Denkbewegung diese auf ihre Prinzipien und Ursachen zurückführt, oder als ein *dialektischer*. In dieser Hinordnung aufeinander ist eine Interdependenz gegeben, in der das eine durch das andere und umgekehrt bedingt ist. Es ist also nicht so, daß die Theorie sich entwickelt und sich in der Konsequenz die Praxis ändert oder umgekehrt, sondern die Veränderung betrifft beide Pole in strenger Abhängigkeit voneinander. Der eine stellt den anderen in Frage und damit zugleich sich selbst. Keiner der „Termini" kann ruhen, wenn der andere in Diskussion steht. Die Bewegung ist eben „dialektisch". Adorno beschreibt diese Dialektik richtig als eine gewisse Diskontinuität. „Kein stetiger Weg führt von der Praxis zur Theorie – das eben wird vom Hinzutretenden als dem spontanen Moment gemeint. Theorie aber gehört dem Zusammenhang der Gesellschaft an und ist autonom zugleich. Trotzdem verläuft Praxis nicht unabhängig von Theorie, diese nicht unabhängig von jener. Wäre Praxis das Kriterium von Theorie, so würde sie dem Thema probandum zuliebe zu dem von Marx angeprangerten Schwindel und könnte darum nicht erreichen, was sie will; richtete Praxis sich einfach nach den Anweisungen von Theorie, so verhärtete sie sich doktrinär und fälschte die Theorie obendrein."[131] Theorie und Praxis sind also nicht nach Art eines allmählichen Übergangs zu verstehen – das wäre undialektisch, sondern

---

[129] H.F. Spinner, Art. Theorie, in: HPhG, 1491.
[130] Vgl. H. Fahrenbach, in: Rehabilitierung der praktischen Philosophie Bd. I, (Hg. M. Riedel), Freiburg 1972, 40f; ausführliche Definition.
[131] Th.W. Adorno, Stichworte, Kritische Modelle 2. Frankfurt 1969, 189f. Marginalien zu Theorie und Praxis.

in der Weise eines qualitiativen Umschlages, der sich in ein und demselben Vollzug ereignen kann. Erst das dialektische Verständnis von Theorie und Praxis ermöglicht, die Frage nach der Vermittlung radikal zu stellen. Und wenn „radikal" von der Wurzel her meint und auf den Menschen deutet, ist der konkrete Mensch selbst der Ort dieser Vermittlung und nur er.

Diese Vermittlung läßt sich umschreiben als *kritische maximal freie Entscheidung*, die sich *kommunikativ* verantwortet. Die Einheit von Theorie und Praxis wird *kritisch* vollzogen. Sie ist stets Kritik am Bestehenden und damit Beginn der Überwindung von „Not" aller Art. So stellt sich Kritik als das Gute dar, das den entfremdeten Menschen zu sich bringt. Der Mensch tritt in die Krisis ein. Diese aber darf sich nicht als etwas Absolutes gebärden, sondern stets ist Kritik der Kritik gefordert, d.h. die Kritik ist ebenfalls zu hinterfragen, genau wie alle Theorien und Praktiken.
Kritik darf auch nicht selbstentfremdet dirigiert, dem Menschen als Heilmittel verordnet werden, sondern ist nur dann nicht Instrument der Fremdherrschaft, wenn die konkrete Existenz sie vollzieht. Die Subjektivität, die der Mensch ist, muß diese aus ihrer Spontaneität heraus im freien Selbstbesitz der *Entscheidung* verantworten. Diese freie Entscheidung darf aber nicht wieder einer vorgegebenen Norm (sei es eine Gesellschaftsordnung, das Kerygma, ein sich offenbarender Gott usw.) untergeordnet werden, die den Menschen doch wieder versklavt und um seinen Selbstbesitz bringt, auch nicht mittels einer Versprechung eines „Reichs der Freiheit" bzw. „Gottes", das als Zielpunkt anvisiert und erhofft wird. Die kritische Entscheidung kann nur ein Akt des Selbstvollzuges sein, in dem die Praxis in sich kognitiv ist, Wirklichkeit realisiert und der Mensch in befreiender Kritik zu sich findet. Die Entscheidung muß rational verantwortet werden und kann nicht in einem unverstandenen Glauben ihren Sinn finden. In diesem Sinn verhindert der Glaube die Selbstwerdung des Menschen. Nur ein solch kritischer Selbstvollzug befreit, wirkt emanzipatorisch. Dieser Selbstvollzug in Selbstkritik und Kritik der Kritik ist als rational verantwortete Einheit *kommunikativ*. Nicht so, daß sie in eine kerygmatische Fremdbestimmung verfällt, sondern so, daß die Entscheidung zugleich für den Mitmenschen geschieht, d.h. dialogisch zu rechtfertigen ist. Die dialektische Struktur der Zuordnung von Theorie und Praxis ist keine dem konkreten Menschen übergeordnete Instanz, der er sich zu beugen hat, kein seinsgeschichtlich vorgegebenes Fatum, sondern der apersonale Ausdruck der dialogischen Existenzweise des Menschen. Durch diese hat die Entscheidung zugleich gesellschaftliche Rationalität, ohne sich einer Gesellschaftsordnung fügen zu müssen. Es ist hier die „Rationalität des zwanglosen Dialogs kommunizierender Menschen"[132] gemeint. Die Spontaneität des konkreten Menschen ist gesellschaftlich eingebunden, intersubjektiv „reguliert", ohne daß Herrschaft ausgeübt wird. Sonst bliebe der Mensch einer Dialektik verhaftet, in der er noch nicht zu einem mündigen Dialog be-

---

[132]   J. Habermas, Theorie und Praxis, Frankfurt 1971, 331.

freit ist. Unmündig gehaltene Massen (durch Partei, Kirche und andere Institutionen) verhindern den Dialog freier Subjektivität.

So scheinen drei Elemente dieses einen Vollzuges wesentlich, damit die Vermittlung von Theorie und Praxis gelingen kann: 1. *selbstkritische Kritik*, 2. *freier Selbstvollzug* und 3. *dialogische Verantwortung*.

Die Angst uneigentlicher Existenzweise könnte darin aufgehoben werden. In der christlichen Tradition ist Jesus Christus ein Modell, das diesen Lebensvollzug realisiert hat. Die Christologie ist Explikation dieser Einheit, da sie ja nur als Soteriologie sinnvoll entwickelt werden kann.[133] Gegen Gesetz und vorgegebene Normen wurde den Menschen um Jesus klar, daß hier etwas geschieht, das in sich Rationalität trägt und bedeutungsvoll ist.[134] Diese Einheit von Wort und Tat ist nach biblischem Verständnis spezifisch – wenn auch nicht exklusiv – christlich. Jesus vollzieht in seinen Wundern, Reden etc. etwas, das in sich als kritisch und befreiend verstanden wird und für andere sinnvoll erscheint. Christologie könnte hierin als Typos für Anthropologie fungieren.

4. Person oder Sache Jesu? Weder – noch!

Christologie macht nur Sinn, wenn darin eine Aussage vom Menschen gemacht wird. In der beschriebenen Vollmachtserfahrung kommt zum Ausdruck, daß in ihr, d.h. in Jesus, der Mensch Identitätserfahrung machen kann. Der Mensch kommt zu sich selbst angesichts des anderen. Die Jesusfiguration, das Modell oder perspektivistisch ausgedrückt das „Jesuskonstrukt" will anzeigen, daß über geschichtlich-befreiende Erfahrung nicht hinausgegangen werden kann, daß hier theologisch Relevantes, nämlich „Göttliches" geschieht. In der Theologie lautete die Frage, ob es auf die Person oder auf die Sache Jesu ankommt. Ist also die Lehre Jesu entscheidend, oder seine Person, die freilich wiederum zur Lehre wurde als ein theologisches Konstrukt. Wird Jesu Person zur Lehre, ist sie ein Fallstrick für die Menschen, da sie ihn sklavisch an Jesus bindet. Auf befreiende Erfahrung kommt es dagegen an, die volles menschliches Leben angesichts des anderen ermöglicht. So wird der Verkündiger zum Verkündigten. Der Verkündigte ist nicht wieder ein Lehrsatz, an dem sich Glaubensaussagen erschließen, sondern es geht um das Ereignis, durch das Identitätsfindung angesichts des anderen (Jesus) möglich wird. Paradox formuliert: Es geht weder um die Sache noch um die Person Jesu, und zugleich geht es genau um die Sache und Person, die nicht zu trennen sind. Gegen die Trennung wehrt sich die Aussage, daß der Verkündiger zum Verkündigten wurde. Zugleich wird durch diese Bestimmung der Verkündiger als Lehrer (mit einer bestimmten inhaltlichen Aussage) „aufge-

---

[133] Dazu das Standardwerk: K.-H. Ohlig, Fundamentalchristologie. Im Spannungsfeld von Christentum und Kultur, München 1986.

[134] Vgl. G. Hasenhüttl, Charisma, Ordnungsprinzip der Kirche, Freiburg 1969, 19ff.

hoben" im Verkündigten, der kein Naturkuriosum ist und nicht als spekulative Lehre verkündet wird, sondern nur als Ereignis festgehalten werden kann, insofern sich der Mensch durch den anderen versteht und verwirklicht. In der herkömmlichen Theologie hat Melanchton den vielzitierten Satz geprägt, der von der Väterzeit bekannt, von vielen Theologen (R. Bultmann, W. Marxsen u.a.) aufgegriffen wurde: „Hoc est Christum cognoscere beneficia eius cognoscere non quod isti (sc. scholastici theologistae) docent, eius naturas modo incarnationis contueri."[135] Es geht nicht um die Erkenntnis der Natur und Person Jesu, was und wie er wohl war, sondern um die Heilsbedeutung für den Menschen. Wer Jesus Christus erkennen will, muß das Heilsereignis für uns erkennen, was für „Wohltaten" für uns in diesem Geschehen enthalten sind. Dabei geht es nicht um eine einmalige entlastende Tat wie etwa das Kreuz; niemand kann uns das eigene „Kreuz" abnehmen, mein Leben wird nicht durch eine heroische Tat eines anderen sinnvoll, und wäre es ein Gott, sondern nur durch die Beziehung auf das andere, das mich verändert und zur Identität führt. Aber auch Jesu Lehre war nicht diese „Wohltat", denn absolut gesetzt, würde sie sich sofort ins Gegenteil verkehren und den Menschen fesseln, so nützlich auch viele jesuanische Aussagen sind. Ebenfalls ist sein „Gekommensein" als Person nicht die „Wohltat Gottes". Wäre dies der Fall, müßte es berechtigt sein, nach seiner „Natur", seinen Eigenschaften usw. zu fragen. Genau dies aber will die Aussage Melanchtons ausschließen. Über Jesus „an sich" brauchen wir uns, ja können wir uns gar keine Gedanken machen. Jesus als ein „Ding an sich" ist völlig wert- und sinnlos. Als ein „Für uns" ist die Beziehung entscheidend und niemals von mir, von meiner Einstellung und Perspektive zu trennen. Die herkömmliche Dogmatik wie die modernen Jesus-Bücher versuchen, einen Jesus „an sich" zu konstruieren. Sie scheitern, denn „Wohltaten" und Heilsrelevanz lassen sich nicht objektivieren. Jesus ist keine griechische Pandora menschlicher Erfüllungshoffnung. Im jesuanischen „Für uns" kann nur die Möglichkeit einer aufleuchtenden Identität für uns Menschen gesehen werden. Die biblische Wiedergabe der Erfahrung spricht davon, daß Jesus mit Macht lehrte – befreiend, überwältigend. Vollmacht und Lehre sind eins. D.h., Jesus hat keine Theorie aufgestellt, die zu erfüllen, keine Zielvorstellung, die zu realisieren wäre. Zugleich ist Jesus nicht durch eine vorgängige Praxis bestimmt, aus der sich eine Theorie ergäbe, sondern im Vollmachtsvollzug selbst entwickelt sich die „Theorie", die Sinnhaftigkeit des Handelns konstituiert; der Mensch kann aufatmen, weiß sich befreit und frei. Die Jesusfiguration ist Erfahrung des Menschen, die er empfängt und zugleich im Vollzug erschafft, wodurch ihm gleichsam ein neues Licht aufgeht über sein eigenes Sein, das durch den anderen (mit)konstituiert wird. Jesus ist ein Grundmodell für gelebte Theologie, d.h. er ist Aussage von Gott; also eine Figuration, „Konstrukt" für die Möglichkeit menschlicher Erfahrung der Einheit von Theorie und Praxis. In Jesus kommt das mögliche Gelingen menschlichen Lebens zum Ausdruck. Das

---

[135] Melanchthon, ed. Kolde ⁴1925, 63. CR 21,85; Stud. Ausg. 1952, II, 1,7.

menschliche Leben ist charakterisiert durch Zerspaltung, Zweideutigkeit und fragliche Sinnhaftigkeit. Im Jesusmodell wird uns Sinn als reale Hoffnung vor Augen geführt. Die jesuanische Verkündigung hat die Funktion, den entfremdeten Menschen zu sich selbst zu bringen, d.h. Erlösung in Aussicht zu stellen. Dies alles ist nur möglich im Beziehungsnetz zwischenmenschlichen Verhaltens, nicht als apriorische Vorgabe. Wird nämlich Jesus zum absolut verläßlichen Maßstab des Menschseins erklärt, wird er historisiert bzw. objektiviert, aus dem relationalen Zusammenhang herausgeschält und zum Fixpunkt gemacht, der mit einer transzendenten „totalen, einmaligen Offenbarung" behaftet wird. Wie die Fliege zum Licht fliegt und nicht erkennt, daß es ein künstliches Licht ist, und sich daher verbrennt und stirbt, so stirbt menschliches Leben den Wärme- oder Kältetod, wenn es sich an das Absolute heftet. Es ergeht ihm wie einem Erfrierenden, der sich in Eis und Schnee träumend an einem warmen Ofen wähnt. Oder, um ein anderes Bild zu gebrauchen, das Absolute wirkt wie eine Fata Morgana, zu der sich der dürstende Wanderer in der Wüste schleppt und umkommt. So vernichtend wirken Sache und Person Jesu, wenn sie zur unverrückbaren Norm deklariert werden. Gerade der Befreiungsimpuls, die befreiende Vollmacht wird weggekürzt, und der Mensch wird schlimmer als je zuvor durch ein absolut göttliches Gesetz unterjocht. Aus dem Befreier wird der Pantokrator, der Allherrscher. Die Jesuserfahrung hat nur dann Bedeutung und Sinn für den Menschen, wenn sie zur Verwirklichung des Humanum beiträgt. Jesus verifiziert sich also, indem der Mensch sich selbst durch das (den) andere(n) gesellschaftlich verifiziert bzw. verifiziert wird und sich so als beschenkt erfährt. Die Jesuserfahrung wird also nicht durch die Historie, nicht durch die Wissenschaft, nicht durch einen Glauben an Lehre und Person, nicht durch eine Autorität, und sei sie noch so göttlich, nicht durch eine Willensanstrengung oder ein Gefühl verifiziert, sondern allein durch die als Geschenk erhoffte Sinnverwirklichung im Leben angesichts des anderen bewahrheitet. Geschieht dies, ist die Jesuserfahrung verwirklicht, und metaphorisch gilt, daß Jesus dann das Reich dem Vater übergibt, und er alles in allem ist. Die Jesusfiguration ist dann als solche überflüssig, bzw. hat ihre Funktion voll und ganz erfüllt. „Dies enim septimus etiam nos ipsi erimus."[136] Wir Menschen selbst werden der siebte Schöpfungstag, d.h. die Erfüllung sein. Das in der Jesustradition ausgesprochene Anliegen ist erfüllt, wo sich uns Menschen Sinn erschließt, durch den wir uns im Vollzug mit uns als relationale Wesen eins wissen. Die hypothetische Sinndeutung des Jesusmodells verifiziert sich, wo der Mensch aus jeder Vergesetzlichung und Normierung, sowie aus sozialem Ungleichgewicht befreit wird. Der Jesusimpuls findet seine Bestätigung als Humanisierungstendenz. Das Kriterium für die Echtheit der Jesusfiguration kann nur ihre Bewährung an unserer Erfahrung sein[137], d.h. sie muß in unserem Leben einlösbar sein. Kein noch so fundamentalistisch gesonnener Christ wird leugnen,

---

[136] Augustinus, De civ. Dei, XXII, 30,4.
[137] W. Pannenberg, Wissenschaftstheorie und Theologie, Frankfurt 1973, 347.

daß der Glaube an Jesus Christus eine Form der Identitätsfindung des Menschen sein will. Die Jesuserfahrung war dazu in der Geschichte wirksam. Das spezifisch „Christliche" kann nur Hilfe zur Sinnfindung des Beziehungswesens Mensch sein. Jesuanische Verkündigung soll Hinweis auf die Menschwerdung des Menschen sein. Immer aber bleibt sie nur eine Möglichkeit und kann nur je konkret für mich die beste Möglichkeit werden, sie muß es aber nicht. Sie ist eine sinnvolle Möglichkeit, weil in der beschriebenen vierfachen Befreiungsbewegung der Mensch angesichts des anderen heute tatsächlich Identitätserfahrung machen kann und damit Verwirklichung des Humanum möglich ist. Und wenn eine Formel wie: Liebe deinen Nächsten wie (als) dich selbst, jesuanisch als Erfahrung der Aufhebung der Entfremdung bestätigt wird, dann ist in ihrer Verwirklichung der Mensch in der Gesellschaft zu sich selbst gekommen.

Nochmals ist darauf hinzuweisen, daß es sich bei Jesus nicht um einen „zufälligen Kristallisationspunkt" einer „überzeitlichen" Idee vom Menschen handelt[138], sondern um *einen* Brennpunkt zeitlich-geschichtlich zu realisierender Sinnzusammenhänge des Menschseins. Der „wahre und wirkliche Jesus Christus" ist nicht als überzeitliche Idee verifizierbar – dies ist reine Illusion und kein Realprojekt –, sondern nur, wenn der Mensch sich so vollzieht, daß Humanisierung der Welt verwirklicht wird. Die Wahrheit Jesu Christi liegt in der Realisierung menschlichen Lebens in den noch unmenschlichen Verhältnissen. Vor der Erfahrung des heutigen Menschen kann jesuanische Verkündigung auf diese Weise standhalten. Wer diesen Sinn in der Jesusfiguration erblickt, kann sich Christ nennen. Er läßt sich auf die biblische Perspektive ein und macht in ihr Jesuserfahrung; er ist m.a.W. ein „Bibliker". Es ist eine Option für ein sinnvolles menschliches Leben.

Genauso wie Jesus keine „überzeitliche Idee" ist, genausowenig ist die jesuanische Botschaft eine „vorlaufende Sinndeutung" (W. Pannenberg) menschlichen Daseins. Die Antizipation einer Sinntotalität in Jesus zu sehen, ist theologische Alleswisserei. Sie setzt voraus, a) daß die biblische Botschaft letztgültiger Ausdruck gläubiger Existenz sei; b) die Idee der Sinnerfüllung geschichtlicher menschlicher Möglichkeiten vorausgeht und vom „Jenseits" her, von einem Gott erstellt wird; c) Jesus als historische Gestalt diese Sinnerfüllung antizipiert hat, so daß er selbst zu Gottes einmaliger Tat wird. Dazu ist zu sagen, daß keine solche Sinntotalität als einzig gültige erkennbar ist. Sinnentwürfe sind stets perspektivisch, also Konstrukte der Menschen, die sich in ihrem Leben orientieren und darin Wertvorstellungen realisieren wollen. Ferner wird durch die Annahme einer vorgegebenen Sinntotalität das Ergebnis höher gewertet als der Vollzug selbst. Durch das Ziel wird der Lebensvollzug des Menschen weitgehend entwertet.[139] Sinnerfüllung ist dann vor-konzipiert, und der Mensch wird Mittel zum Zweck, selbst dann, wenn

---

138 R. Augstein, Jesus – Menschensohn, München 1972, 294.
139 Vgl. Aristoteles, Nik. Ethik, I, 1094 a ff.

ihm das „Gottesreich" als Geschenk in den Schoß fällt. Werden Ziel (Sinnvorstellung) und Handeln auseinandergerissen, ist dieser Sinn insofern Unterjochung des Menschen, als er sich diesem anzugleichen hat. Das Resultat allein wird interessant. Das mag berechtigt sein, wo das Ziel ein „Haben" ist: Das Haus als Gebautes ist wichtig und nicht das Bauen selbst (außer für den Bauarbeiter, der dadurch einen Lohn erhält, also zählt auch hier nur das Resultat). Geht es aber um die Selbstverwirklichung des Menschen, um sein „Sein", dann ist die schöpferische Tätigkeit entscheidend. Diese wird religiös nochmals gebrochen, wenn die Sinntotalität als „freies Geschenk der Gnade Gottes" gesehen wird, die an einem eschatologischen Zeitpunkt dem Menschen gegeben wird. Gott hält diese Sinngebung als „Reich Gottes" für den Menschen nach Art eines Resultats bereit. Wird es nicht als ein stets im Leben zu erfüllender Sinnhorizont gesehen, so daß es „mitten unter uns" ist, sondern als sog. „Verheißung", dann ergeht es dem Menschen wie dem Tantalus. Schon im ersten Jahrhundert, wie auch in den späteren Jahrhunderten haben die Menschen nach der verheißenen Wiederkunft, der Erfüllung, dem Reich Gottes gegriffen und jedesmal, wenn sie dachten, jetzt kommt sie, entschwand sie wieder und traf nicht ein. Sie kann so überhaupt nicht eintreffen, denn dieser Sinnhorizont ist eben ein Horizont, der uns begleitet, aber grundsätzlich nicht erreicht werden kann, außer er wird in die Beziehungsdimension hineingenommen, so daß der Sinn dieses Horizonts darin besteht, „mitten unter uns" zu sein und humaneres Leben zu ermöglichen. Die geschundene Kreatur wurde aber davon abgelenkt und auf den Reichsgründungstag durch Gott vertröstet, so daß Geduld in der Wartezeit angepriesen und ein „reines Leben" empfohlen wurde. Auch wurde diese Reichsidee mit der Kirche kombiniert, die sich in cäsaro-papistischen Zeiten bewährt hat. So wurde die Kirche als göttliches Resultat gesehen, und Kirche wie Reich Gottes waren nicht mehr für den Menschen da, sondern der Mensch für sie. Es ist die radikale Pervertierung des „Für uns"! Ganz ähnlich verfuhr man auch mit dem Leben des historischen Jesus selbst. Ob dieses auf einen Punkt zusammenschrumpft (Geburt oder bevorzugt: Kreuzestod) oder als historische Entwicklung gesehen wurde, die sich erst vom Ende her zeigte, immer ist es nur eine Pseudogeschichte, die vom Resultat her gesehen wird. Die Bemühungen um den historischen Jesus verkehrten das „Für uns" in eine Versklavung an eine historische Person, die den Menschen, wenn auch noch so liebenswürdig, in Ketten legte. Jede vorgegebene Sinntotalität zerstört den Menschen in seiner je eigenen Sinnfindung, von der sich niemand dispensieren lassen kann, auch nicht von Gott.

Wir versuchten der Jesuserfahrung nachzugehen, um die Bedeutung der Jesusfiguration kennenzulernen. Ihre Bedeutung für uns ist keine Sinnvorgabe, sondern Befreiung zur Sinnfindung, Befreiung auf Humanisierung hin. Darum sind die Befreiungserfahrungen gegenüber den Bereichen: Gesetz, Kult, Politik und soziale Situation so entscheidend. Diese befreiende

Vollmacht ist aber keine „Lockerung", sondern Verschärfung der Vermenschlichung. Das „Für uns" läßt sich nur als zwischenmenschliche Beziehung erkennen und „festmachen". Die Aufforderung zu Umkehr, Vergebung und Nachfolge ist keine Sinnvorgabe, an die Angleichung gefordert wird, sondern Anstiftung zum Vollzug. Es geht um den verstehenden Vollzug christlich-jesuanischer Existenzform und nicht um Person oder Sache Jesu. Beides sind Objektivierungen und keine Alternative. Alle Versuche, an irgendeinem Punkt eine „absolute" Sinnvorgabe zu konstruieren, trennt notwendig zwischen Jesus Christus an sich und für uns. Gerade diese für sachlich notwendig gehaltene Unterscheidung zerstört den Menschen in seinem freien Entwurf. Jesus Christus kann nicht Sinn meines Lebens sein – wir würden uns an ein Traumbild verlieren und durch dieses für „Höheres" verzweckt werden – sondern „nur" Bedeutung für mein Leben gewinnen – also Jesus Christus pro nobis – und zur Befreiung des Menschen von aller Fremdherrschaft, auch der göttlichen, beitragen.[140]. Wo Jesus in zwei Aspekte zerfällt, in ein „An-sich-Sein" und „Für-uns-Sein", wird auch der Mensch in Theorie und Praxis auseinandergerissen und seine Selbstentfremdung nur noch vertieft. Das „An-sich" Jesu, als Gott und Mensch in sich gedacht, gibt den Grund seines Tuns an (agere sequitur esse) und stellt es als Folge einer „Substanz" dar und nicht als Realisierung der eigenen Existenz. Jesus Christus geht dann nicht in seinem „Sein-für-uns" auf, ist daher nicht mehr Vermittlung des Mensch-seins und -werdens, sondern sein Sein „an-sich" garantiert seine Funktion. Diese Objektivierung, die Entfremdung und Autoritätshörigkeit bedeutet, ist zu überwinden, wenn der Mensch zur Einheit von Verstehen und Vollziehen gelangen will. Jesus Christus kann als sinnvolle anthropologische Figuration erscheinen, wenn er charakterisiert wird als „Mensch für andere" (D. Bonhoeffer). Der Sinn christologischer Aussagen und jesuanischen Geschehens liegt einzig und allein in diesem „Für-andere". Darin liegt auch die Wirksamkeit Jesu Christi. Wieder stehen wir bei der „Einmaligkeit" Jesu. Sie liegt gerade darin, alle Einmaligkeit aufzugeben und so zur Bestimmung des Menschseins zu werden. Unsere vermeintliche „Einmaligkeit" besteht oft darin, daß wir uns an sie klammern und meinen, „wichtig" zu sein – genau das aber macht unsere Bedeutungslosigkeit aus. Einmalig ist wirklich nur der, der auf Einmaligkeit verzichtet. Es ist richtig: „Das Bekenntnis zu Jesus ist nicht zu trennen von Jesu Bedeutung für uns." Alles andere ist Historisierung oder Mythologisierung der Gestalt Jesu und mißversteht Jesu Bedeutung als Verdeutlichung des anthropologischen Anliegens. Nur hier ist Jesu „Sitz im Leben", nur hier liegt die Erfahrungsbasis. P. Tillich ist zuzustimmen, wenn er sagt: Christologie ist eine Funktion der Soteriologie. Jesus ist eine Prädikatio vom Menschen. Jesus „für uns" als Christus ist Aussage vom Menschen. Die jesuanische Einmaligkeit liegt darin, daß der Verkündiger der Verkündigte ist, d.h. er ist nur als Bestimmung des Menschseins. Insofern der eine Mensch dem anderen Hoffnung, Freiheit, Liebe u.a.m. zuspricht, und der an-

---

[140] Vgl. J. Nolte, „Sinn" oder „Bedeutung" Jesu? WuW. 28, 1973, 322ff.

dere Mensch dies als Chance zur Identität, zum Lebenssinn zu gelangen erfährt, ist der Verkündigte Prädikat des Menschen. Christsein heißt daher, eine bestimmte Art Mensch zu sein, angesichts des anderen zu sich selbst zu finden, und zwar mittels der Jesusfiguration, die die ersehnte Einheit von Theorie und Praxis anzeigt. Die Prädikation Christus oder Christ vom Menschen gibt die Vollmacht an, sich von Fremdbestimmung zu befreien und wie das Jesusgeschehen in der menschlichen Gesellschaft zu fungieren, nämlich sie zu vermenschlichen. Von daher sind auch die biblischen Identifikationsformeln Jesu mit den Mitmenschen zu verstehen. Wo ein Mensch geminderte menschliche Möglichkeiten aufhebt und beseitigt („Ich war nackt und du hast mich bekleidet" usw.; Mt 25), wird in diesem Tun, in der Identifikation der Liebe, Jesus Christus vom Menschen prädiziert („Was ihr dem Geringsten meiner Geschwister getan habt, habt ihr mir getan"). Im Einsatz für den Mitmenschen *ist* der Mensch, was er *tut*. Der Sinn des jesuanischen Geschehens ist erfüllt. Bestimmt sich ein Mensch in seinem Tun *so* menschlich, dann ist dies „christlich", dann kann Jesus Christus von diesem menschlichen Vollzug ausgesagt werden. Jesus Christus wird damit historisch und real. Der „Mensch für andere" kann freilich nur im Augenblick dieses Vollzugs ausgesagt werden, d.h. nur indem die eigene Existenz in Relation zum anderen verwirklicht wird. Die Prädikation Jesus Christus ist im Vollzug erfahrbar, und die Rede von ihm ist sinnvoll und anthropologisch bedeutsam. Ein solches relationales Geschehen, von dem Jesus Christus ausgesagt wird, ist kein idealistisches noch theistisches Projekt des Menschen, sondern Deutung eines historischen und realen Ereignisses.

Damit keine Verwechslung aufkommt: Der Angelpunkt ist nicht der „irdische Jesus", das wäre naive Faktengläubigkeit und autoritäre Anhänglichkeit an ein vergangenes Geschehen, und sei es ein „göttliches Ereignis" –, sondern der gegenwärtige, reale Vollzug des „Für uns"! Der Vorwurf, durch das „pro nobis" würden Christologie und Rede von Gott aufgehoben und ein „Anthropomonismus"[141] gelehrt, verkennt, daß von Gott oder Jesus Christus nur gesprochen werden kann, wenn damit eine menschliche Erfahrungswirklichkeit angesprochen wird, die den Menschen in seinem Sein (Dasein angesichts des anderen) und Tun (Zu-sich-selbst-Kommen im Einsatz für den anderen) bestimmt. Wenn nicht Jesus Christus vom Menschen ausgesagt werden kann, dann ist diese religiöse Figuration sinn- und wertlos. Die Formel „Für uns" will Sinn und Wert der Metapher Jesus Christus verdeutlichen. Sie übersteigt auch alle Versuche einer sog. Christologie „von unten" oder „von oben". Wenn mit dem „von unten" mehr gemeint sein will, als daß das „Für uns" eine Erfahrungsbasis braucht, um sinnvoll zu sein, dann ist damit ein Bemühen charakterisiert, in Jesus ein Ideal moralischer Vollkommenheit zu erblicken und eine „personale" Begegnung anzustreben. Viele Jesusbücher zeu-

---

[141] K. Barth, KD, IV, 4,21ff. Von der dialektischen „Transzendentaltheologie" her verständlich. Äußerst problematisch ist jedoch die Voraussetzung eines „ganz anderen Gottes".

gen davon. Aber auch eine „Entgöttlichung" kann damit verbunden sein, so daß Jesus nun Herr von Volkes Gnaden wird. Man fixiert dadurch Jesus und *hat* ihn, in einer bestimmten Gestalt, er *ist* aber nicht mehr „Bestimmung des Menschen", wie es im „Für uns" ausgedrückt ist. Eine Christologie „von oben" sieht in Jesus Christus die Gottheit, die zu uns Menschen aus Erbarmen herabsteigt. Jesus ist der Christus von Gottes Gnaden. In der alten Kirche knüpften daran die Theorien, daß der Mensch mittels Christus vergottet werden soll (Theopoiesis. Irenäus, Athanasius u.a.). Auch die mittelalterliche, germanische Satisfaktionstheorie (Anselm von Canterbury) hat im „Von oben" ihren Anhalt. Damit ein Gott versöhnt wird, steigt sein Sohn herab und opfert sich. Die Reformatoren der Neuzeit, besessen von der Alleinwirksamkeit Gottes, sahen in Jesus Christus den göttlichen Akt, durch den aus Sündern Gerechte werden. Auch in diesen Theorien geschieht eine Fixierung Jesu, der sich als Mensch hingibt, um Heil zu stiften. Ob Gott oder Mensch, Jesus Christus, als Fixpunkt objektiviert, zerstört die Befreiung des Menschen, verknechtet ihn. Das „Für uns" kann nur Interpretament der Jesuserfahrung sein und als Bestimmung des sich verwirklichenden Menschen wirken.

5. Die Abendmahlsformeln

Die Erfahrung des „Für uns" fand ihre erste geschichtlich wirksame Interpretation in den biblischen *Abendmahlsformeln.*[142] Das jesuanische Vollmachtsgeschehen ist vom Lebensvollzug nicht zu trennen. Gerade in den Abendmahlsformeln und im Tod Jesu kommt dies zum Ausdruck. Wort und Tat, Verkündiger und Verkündigter sind eine Einheit. Die Abendmahls-Hingabeworte drücken die Bedeutung Jesu für unser Leben aus. Im jüdischen Denken damaliger Zeit wurde durch solche Formeln die Bedeutung hervorragender Männer wie z.B. der Hohen Priester und ihrer Hingabe bis in den Tod verdeutlicht. Jeder Hohe Priester starb für das Volk. Der Nutzen einer Gestalt für andere im Leben und Tod wird ausgesagt. „Für viele" (ἀντὶ πολλῶν) meint die Bedeutung Jesu. Darin ist die Erfahrung überliefert, daß das Jesusmodell vielen helfen kann, ihr Menschsein zu realisieren. Brot und Wein sind Lebenssymbole und versinnbildlichen die Aufgabe ihrer selbst im anderen, damit durch sie das Leben für Menschen möglich wird. Jesus Christus in seiner Brot- und Weinwerdung meint die Aufgabe alles menschlichen Selbststandes in sich, den Verzicht auf das An-sich-Sein. Nichts ist eine allgemeinere Lebensbedingung als Brot und Wein. Jeder Verdacht einer Einmaligkeit wird dadurch abgewiesen. In der Speise, in Grundnahrungsmitteln wird die reine Bestimmung sichtbar, die sie für Menschen sind. Hat der Mensch Brot und Wein, dann wird von ihm die Lebensmöglichkeit ausgesagt. Materie, materielle Lebensbedingungen werden zum Symbol des Lebens. Schon im AT wird der Entzug des Brotes, das zum Leben nötig ist, gegeißelt und über

---

[142]   M. Löhrer, u.a. (Hg.), MS III, 2, 338ff.

einen Menschen, der dies tut, das Verdikt gesprochen. „Das Brot ist das Leben der Armen, wer es ihnen vorenthält, ist ein Mörder. Den Nächsten mordet, wer ihm den Unterhalt nimmt; Blut vergießt, wer dem Arbeiter den Lohn vorenthält."[143] Besonders die Befreiungstheologie macht in diesem Zusammenhang auf das eucharistische Brot aufmerksam. Es ist Entäußerung ins Leblos-Materielle, um menschliches Leben zu ermöglichen. Dabei ist zu beachten, daß Brot und Wein keine einfachen Naturgegebenheiten sind, sondern Produkte menschlicher Arbeit. Der Gesellschaftsbezug und die Relationalität werden dadurch offengelegt. Kein Leben ohne Bezug auf den anderen! Nur durch die Arbeit wird das Grundnahrungsmittel Brot hergestellt, und ohne menschlichen Bezug gibt es weder Brot noch Wein. Die Angewiesenheit des Menschen auf den Menschen wird deutlich und die Beziehungsstruktur dieser Wirklichkeit. Jesus Christus ist nur real in der zwischenmenschlichen Beziehung, in seinem Tun auf materieller Basis, andernfalls ist er nicht, denn er ist sonst nicht „für uns". Eucharistie läßt sich von der menschlichen Arbeit und damit von der Wirtschaft nicht trennen. Mt 25 wird wieder deutlich: Wo der Mensch dem Menschen das Produkt Brot vorenthält, den anderen zum Armen degradiert, ist Eucharistiefeier nicht mehr möglich, „Gegenwart Jesu" aufgehoben, und jesuanische Vollmacht zerstört. Brot und Wein werden zum Symbol des Todes, den man sich „anißt".

Wiederum geht es nicht um eine Sache „an sich" – Nahrung ist nur bedeutungsvoll „für mich – für dich – für uns"! Wenn also der Mensch leben kann, einen Spielraum für seine Existenz hat, ihm die nötigen Lebensmittel zukommen, dann wird vom Menschen Jesus Christus prädiziert. Da das Mahlhalten immer zwischenmenschlich zu denken ist und kein eigensüchtiges in sich „Hineinfressen" meint, ist die Teilnahme an der Mahlfeier (Eucharistie) ein treffendes Symbol. Jesus Christus als sozial verantwortete Materie wird zur lebendigen Speise und als solche zum Prädikat des Menschen. Damit ist nicht gesagt, daß der Mensch etwa neue Eigenschaften bekomme, eine neue „Natur", oder gar „göttlich" würde, sondern durch die Teilnahme am Abendmahl wird der Mensch in diesem Symbol Christ, d.h. er zeigt, daß er nicht für sich allein lebt, sondern, indem er mit dem anderen teilt, zu sich kommt. Im gemeinsamen Mahl als Lebenssymbol löst sich Jesus Christus gleichsam auf in die Aussage vom Menschen. Der Mensch gewinnt in dieser Vollmacht eine neue Lebensgrundlegung, die im Für-einander-Dasein erfahrbar wird. Jesus Christus als prädikatorische Figuration ist realer Hinweis auf die Selbstannahme des Menschen durch das Sein-für-andere. Das Konstrukt des eigenen Ichs wird durchschaut und nicht mehr als bestimmende Größe festgehalten. Als Zeichen dafür kann gelten, daß das Johannesevangelium (16,7) davon

---

143 Sir (Jesus Sirach) 34,18-22. Vgl. den befreiungstheologischen Ansatz: E. Dussel, Herrschaft und Befreiung. Freiburg/Schweiz 1985, 46ff; G. Hasenhüttl, Manifest der Gerechtigkeit und Freiheit. Der befreiungstheologische Weg, in: V. Hochgrebe, H. Meesmann (Hg.), Warum versteht ihr meine Bibel nicht?, Freiburg 1989, 116-126. Vgl. Bd. II, Kap.: Eucharistie.

spricht, daß es gut ist, daß Jesus in der historischen Gestalt (als ein Ich) genommen wird, nicht mehr faßbar, fixierbar und so kein „Gegenüber" mehr für den Menschen ist. Als „Geist" qualifiziert er menschliches Dasein als Offenheit für den anderen, d.h. als Liebe. So ist Jesus Christus Bestimmung des Menschen. Das Mahl erhält eucharistische Qualifikation. Eucharistie heißt Dank. Dank dafür, daß der einzig mögliche Selbstbesitz durch die Vollmacht der Liebe geschieht, durch Befreiung von eigener Ich-Person für andere. Dadurch erhält dieses Mahl eine „Opferstruktur" (der Opfermythos des Kreuzestodes ist eine Vergegenständlichung), insofern die Aussage „Für uns" von Jesus Christus nur legitim ist, wenn sie für den Vollzug „für andere" konstitutiv ist. Eucharistie ist keine mythische Präsenz von Göttlichem und auch nicht Dank für eine einst bewirkte Opfertat eines Gott-Mensch-Wesens, sondern symbolisches Opfermahl als Figur für das Einstehen der Menschen füreinander. Es ist daher Aufgabe der Abspaltung der einzelnen Ich-Subjekte voneinander. Die Einheit von Theorie und Praxis nimmt die Form der „Selbst"-überwindung an. Die Spaltung von Selbst-ich und Vollzug wird überwunden, und ich bin, was ich tue. Diese Freiheit in der Liebe hat als Einheit die Struktur eines „Opfers". Die Spaltung der Menschen ist der neuen Einheit „geopfert". Ohne diese Mahlfeier der ersten Christen, bei der sie sich bewußt waren, daß Jesus Christus mitten unter ihnen ist, hätte Jesus nie zu Christus, dem Verkündigten werden können, sondern Jesus wäre als ein Religionsstifter, wie viele andere auch, verstanden worden. Durch die Mahl-erfahrung, in der menschliches Leben eine sinnvolle Deutung fand, konnte es zum Verzicht auf die Historie als Autoritätsbeweis kommen (jedoch nicht ohne Gott-metapher) und Jesus Christus wurde zur Aussage von Menschen, die im freien, geschichtlichen Miteinander sinnvoll leben. Umkehr des Lebens findet durch die neue Lebensgrundlage, Brot und Wein, in der Jesus Christus erfahren wird, statt. Durch diese so verstandene Mahlfeier der Christen war nicht nur die Vollmachtserfahrung im Lebensvollzug des irdischen Jesus bedeutungsvoll, sondern ganz besonders die Aufgabe des Lebens, durch die neues Leben entsteht. So erlangte Jesu Tod zentrale Bedeutung, ja wurde zur christlichen Drehachse. Daher die Frage: Was bedeutet Jesu Tod für uns?

6. Der Tod Jesu

Als historische Notiz mag dienlich sein, daß der eventuelle messianische An-spruch des historischen Jesus kein todeswürdiges Verbrechen war, wohl aber seine „Lästerung" (Relativierung) des Tempels und der Tora. Die darin ent-haltene Gotteslästerung wird zwar angedeutet, die jüdische Art der Todes-strafe dafür war aber nicht das Kreuz, sondern die Steinigung (vgl. Apg 7,54-60). Eine rein religiöse Anklage hätte bei einem römischen Statthalter auch kaum zum Erfolg geführt. Es mußten also politische Motive geltend gemacht werden, so daß die Todesart der Kreuzigung möglich wurde. Die jesuanische

Stellungnahme gegenüber der politisch-gesellschaftlichen Macht war Motiv genug, um ihn zwischen politischen (zelotischen?) Aufrührern zu kreuzigen. Sicher ist in diesen vier Dimensionen (Tora, Tempel, Politik und Gesellschaft) der Ermöglichungsgrund für Jesu Tod angegeben und zugleich auch die Bedeutung dieses Todes, der die Radikalisierung der jesuanischen Erfahrung ist. Diese Radikalisierung drückt sich im Verzicht auf den absoluten Wert des Lebens aus. Nicht nur Gesetz, religiöser Kult, Politik und Sozialordnungen verlieren ihren Absolutheitsanspruch, sondern auch das Leben selbst. Die Macht der Liebe ermöglicht auch die *Freiheit gegenüber Leid und Tod*. Sie gehört wesentlich zur jesuanischen Grundeinstellung, die radikale Vermenschlichung vollzieht. Jesuanisches Verhalten wurde als lebensmächtig und daher als befreiend und erlösend erfahren. Damit ist aber die biblische Erfahrung noch nicht erschöpft. Solange Jesus Christus an die historische Oberfläche gebunden bleibt, solange die ἐξουσία sich nur als sichtbare Lebensmacht erweist, bleibt sie in der Nähe eines Bergsonschen élan vital oder einer Lebensphilosophie, so richtig und bedeutungsvoll diese auch ist. Was hat diese freiheitliche Lebensmacht Jesus selbst eingebracht? Eine bessere Lebensqualität? Eine Gesellschaft, in der Schwerter zu Pflugscharen wurden? Simone Weil meint dazu lakonisch: Wer das Schwert ergreift, kommt durch das Schwert um. Und wer es nicht ergreift, der wird am Kreuz umkommen. Die christliche Botschaft scheint durch das Kreuz zur Torheit zu werden. So war es auch für die Jünger: Petrus wird in Jesu Worten zum Satan, wo er beim Machtanspruch verharrt, wo er ihn aus der Todesgefahr retten will und historisches Leben absolut setzt. Erst nach Jesu Tod lernen die Jünger die andere Dimension der ἐξουσία verstehen. Der Tod wird, anders als bei den meisten Religionsstiftern, zum christlichen Mittelpunkt. Im Tod für andere einzustehen, für das Leben der Gemeinschaft zu sterben, ist nicht sinnlos, ist kein bitteres Ende, sondern letzte Freiheitstat für andere. Seinen Tod trotz aller Angst und Furcht zu bejahen, zeigt an, daß er nicht das Ende des Lebens, sondern der letzte Vollzug des Lebens ist, die Ratifizierung dessen, was man ist. Die Vollmachtserfahrung wird nicht vom Tod begrenzt, ist nicht allein Selbstbesitz im historischen Leben, sondern zeigt, daß auch im Tod Lebenssinn erfahrbar ist. Kreuz ist nicht das Ende des Lebens, sondern Lebensmöglichkeit in Selbstaufgabe. Tod hat Heilsbedeutung, wenn er Sinn vermitteln kann. Nicht Leid und Tod als solche sind die Absurdität des Lebens, sie sind es nur dann, wenn sie als sinnlos angesehen werden. Jesus konnte offenbar in seinem Sterben und Tod Sinn für die Jünger vermitteln. Es war eine „Propaganda der Tat". Die freiheitliche Lebensmacht ist keine Lehre, aus der die Person sich herausstehlen könnte, sondern sie wird so gefordert, daß der Sinn der Freiheit nur dann gewahrt bleibt, wenn man für das Leben mit seinem eigenen Leben einsteht. Ein positiveres Symbol für das Engagement für das Leben kann es nicht geben, als sein eigenes Leben dafür einzusetzen. Diesen Lebenseinsatz als sinnvoll zu erkennen und nicht nur stumpf hinzunehmen – wir alle verbrauchen uns im Leben, verbrauchen unser Leben, unser

Sein ist Sein zum Tode –, ist die Überbietung des Lebens durch die Liebe, auch wenn sie den eigenen Tod bedeutet. Das Leben wird in die Liebe hinein aufgehoben. Leid und Tod, innergeschichtlich gedacht, sind Lebensminderung. In verschiedenen Religionen (z.B. in Afrika) ist ein gewaltsamer Tod Zeichen der Niederlage im Kampf um die Lebenskraft. Leid als Lebenshindernis ist nach solchen Vorstellungen zu vermeiden und zu überwinden. Leid und Tod können zugleich Zeichen moralischer Schwäche sein.[144] Zwar kann man sich vielleicht mit dem Tod nach einem langen und geglückten Leben aussöhnen, Leid und Kreuz sind dann jedoch nicht erlösend, sondern bleiben gegen das Heil gerichtet. Es ist richtig, daß Gewalt gegen den Menschen stets unmenschlich und widergöttlich ist, jedoch ist das Vermeiden des Leides und Todes nicht bereits der Heilsweg, sondern nur deren Überwindung in der Liebe. Leid steht daher nicht notwendig gegen die Lebensmacht. Diese wirkt trotz des Kreuzes. Das Ärgernis darf nicht überspielt werden. Heil und Erlösung sind auch für das anscheinend sinnlose Leben möglich. Trotz des Kreuzes können wir uns also als Erlöste verstehen. Das ist nur möglich, weil die freiheitliche Vollmachtserfahrung der Jünger den Tod überwindet. Die Alternative Leben – Tod wird „aufgehoben", der Mensch wird zwar nicht befreit *vom* Tod, auch nicht vom gewaltsamen, aber er ist durch ihn nicht eindeutig bestimmt, sondern er ist frei *gegenüber* dem Leid und Tod. Im Symbol des Todes Jesu bzw. durch Jesu Tod wird die freiheitliche Lebensmacht zur Liebesmacht. Die Liebe – und nur sie – ist stärker als der Tod. Der Mensch, der an ihr in seiner Existenz Anteil hat, ist vom Tod zum „Leben" hinübergeschritten. Nur wenn der Tod jedoch das Negative bleibt, wenn er nicht mystifiziert wird, kann man davon sprechen, daß wir nicht nur trotz, sondern auch wegen des Kreuzes erlöst sind. Wegen der Liebe, die die Alternative zwischen Tod und Leben überwindet, ist der Mensch zum Heil befreit. Er muß nicht verzweifelt an seinem Leben hängen. Ubi caritas et amor ibi Deus est. Die ἐξουσία erweist sich mächtiger als alle Lebens- und Todesmacht. Sie ist Macht der Liebe. Sie ist ein göttliches Geschenk.

Keiner hat eine tiefere Liebe, als der, der sein Leben für andere einsetzt (vgl. Jo 15,13). Gerade für gequälte Menschen wird dies einsichtig, und so verstand man auch das Blut der Märtyrer als Same oder Dünger für ein neues Leben, für neue Christen. Es geht nicht um eine „Selbstaufopferung" um ihrer selbst oder einer Idee willen[145], sondern um die Identifikation mit dem Nächsten. Auch handelt es sich im Kreuzestod nicht um einen „radikalen Glauben"[146], der uns begegnet, nicht um ein „Mitgekreuzigt-Werden mit Chri-

---

[144] Vgl. H. Rückert, Afrikanische Theologie. Darstellung und Dialog. Innsbruck/Wien 1985, 210.

[145] J. Pallach, Pfarrer Brüsewitz u.a. mit ihrer Selbstverbrennung sind nicht gemeint, ebensowenig wie die Lebensaufgabe im Jainismus oder mancher buddhistischer Mönche.

[146] H. Ott, Die Antwort des Glaubens, Stuttgart 1972, 225ff.

stus"[147], nicht um eine juridische Versöhnung bzw. Sühneleistung[148], nicht um einen „Gestus der alles gebenden Liebe"[149] Gottes, und nicht um einen Akt Gottes selbst, indem er sich selbst aufopfert, entsprechend dem Diktum: „Nemo contra Deum nisi Deus ipse"[150], sondern um die Konsequenz der gelebten Befreiungserfahrung. Diese hat mit dulden und sich be- und unterdrücken lassen nichts zu tun, auch wenn sie in Frustration, Scheitern und Durchkreuztwerden nicht nur Negativität erblickt. Die Aufgabe des Selbst, des eigenen Ich zugunsten anderer kann Treue zum eigenen Selbstvollzug ausdrücken, ohne deshalb auf die Überwindung von Leid und Tod zu verzichten. Kreuzespropaganda hebt den Absolutheitsanspruch des individuellen Lebens auf, ohne deshalb auf die Vermenschlichung zu verzichten. Kreuz und Tod haben so eine Funktion der Umkehr. Die jesuanische Metanoiaforderung wird im Kreuzestod radikalisiert. Die „normalen" menschlichen Maßstäbe führen nicht zur Vermenschlichung, sondern Menschen bleiben einander fremd, ja sogar Feind (homo homini lupus). Individuelle Interessen, geprägt durch Mangelerscheinungen (wie das Fehlen von materiellen und geistigen Gütern wie der liebenden Wärme zwischenmenschlicher Beziehungen), bewirken Konkurrenz bis zur Vernichtung des Rivalen. Die Umkehrfunktion des Kreuzestodes ändert die Norm des menschlichen Zusammenlebens, bewirkt Solidarität im Umgang miteinander. Nicht das eigene subjektive Leben ist der Maßstab, sondern die relationale Befreiungserfahrung, einschließlich Leid und Tod. So bringt der Mensch den Menschen Bereich Gottes nahe, die Solidarität bis in den Tod ist ein göttliches Ereignis, und so gilt: homo homini Deus. Die Neubestimmung der Wertmaßstäbe ermöglicht die Liebe zum anderen *als* anderem und verhilft so dem Menschen zum wahren Menschsein (homo homini vere homo). In der Jesuserfahrung kann der Mensch auch im Tod von einer Menschlichkeit sprechen, von der Gott ausgesagt wird. Der Tod ist nicht notwendig gottlos, sondern von ihm kann Vollendung, und d.h. Gott ausgesagt werden. So wird auch die Sohnschaft Jesu zum Prädikat des Kreuzes.[151] Der Mensch erfährt hier „göttliche" Möglichkeit. Er ist nicht ohne Hoffnung. Im Tod zu sagen: Es ist gut (A. Gide), ist christlich. Es trägt zur Humanisierung bei, wenn der Mensch sein bisher Erreichtes, seine Leistungen und Erfolge nicht mehr wie einen Raub festhalten muß und auch seine kümmerliche Existenz nicht der Maßstab ist. In der Kreuzeserfahrung lernen wir, daß es auch im Sterben sinnvoll ist, für andere zu sein. Die Liebe ist der Index der Vermenschlichung auch im Tod. Sie ist ein göttliches Ereignis, das uns zeigt, daß jede Absolutsetzung, auch die des Lebens, nichtig ist. Liebe ist der Befreiungsindex, in der individuelles Leben um des Lebens willen über-

---

[147] R. Bultmann, Neues Testament und Mythologie, München 1988, 57 (Neudruck 1991, in: KM I, 43).

[148] Anselm von Canterbury, Cur Deus homo, Darmstadt 1970, Kap. 25.

[149] J. Ratzinger, Einführung in das Christentum, München 1968, 204ff.

[150] J. Moltmann, Der gekreuzigte Gott, München 1972, 144ff.

[151] Vgl. H. Leroy, Jesus von Nazareth – Sohn Gottes, in: ThQ 154, 1974, 234.

wunden wird. Der Kreuzestod Jesu ist die Konsequenz der gelebten Freiheit auch gegenüber meiner konkreten geschichtlichen Existenz. Daß die Macht der Liebe stärker als der Tod ist, ist ein göttliches Ereignis. Unsere Ermächtigung lautet: Geh hin und tue desgleichen!

6.1. Geburt und Tod

Noch einige Aspekte sind unserer Grundaussage über den Kreuzestod hinzuzufügen. Der Tod Jesu ist kein additives Moment seiner Verkündigung, vielmehr qualifiziert bzw. verifiziert er sie. Wort und Tat sind nicht zu trennen, wo es um die Wahrheit der Existenz, des Lebens geht. Diese Wahrheit ist nichts anderes als die Liebe, und diese ist nach Origenes: Leiden, „Caritas est passio"[152]. Leben gibt es nur im Werden, im Prozeß der Veränderung. Veränderung ist immer Aufgabe, „Aufhebung" und daher „Leiden-schaft". Es gibt nun die sanfte Leiden-schaft, das sanfte Leiden am anderen, durch das Leben weitergegeben werden kann. Leiden findet seinen Ausdruck im Vergießen des Blutes. Nicht um seiner selbst willen, sondern für den anderen, um einer Beziehung willen. Erste Liebe zwischen zwei Menschen, zwischen Frau und Mann, Beziehung also, durch die Leben weitergegeben werden kann, ist mit Blut verbunden. Ebenso der monatliche Mondzyklus der Frau, und weibliche Religionen (Mondreligionen) sehen die Voraussetzung für neues Leben in der blutigen Geburt. Daher ist es nicht erstaunlich, daß der Islam mit Christi Tod nichts anzufangen weiß, ja ihn sogar leugnet (wohl im gnostischen Sinne). Es sei eine Verleumdung, sagt der Koran, zu sprechen: „Siehe wir (Juden) haben den Messias Jesus, den Sohn der Maria, den Gesandten Allahs, ‚ermordet' – doch ermordeten sie ihn nicht und kreuzigten ihn nicht … nicht töteten sie ihn in Wirklichkeit, sondern es erhöhte ihn Allah zu sich" (4. Sure, 156-158). Wichtig für den Islam ist hingegen Jesu besondere Geburt. Das mythische Bild der Jungfrauengeburt wird ganz historisch real als ein Eingriff Allahs verstanden. Als der Engel kommt, läßt Mohammed Maria sprechen: „Mein Herr, woher soll mir ein Sohn werden, wo mich kein Mann berührte? Er sprach: Also schafft Allah, was er will; wenn er ein Ding beschlossen hat, spricht er nur zu ihm: Sei!, und es ist" (3. Sure, 42 [47]). Noch deutlicher spricht sich die 19. Sure 20 aus: „Sie (Maria) sprach: Woher soll mir ein Knabe werden, wo mich kein Mann berührt hat und ich keine Dirne bin?" 21: „Er sprach: Also sei's! Gesprochen hat dein Herz: Das ist mir ein Leichtes; und wir wollen ihn zu einem Zeichen für die Menschen machen und einer Barmherzigkeit von uns." Daher kann es in der 4. Sure, 169 (171) heißen: „der Messias, der Sohn der Maria, ist der Gesandte Allahs und sein Wort (Kalima), das er in Maria legte, und Geist von ihm". Es ist beachtlich, was der Koran aus dieser besonderen Geburt ableitet, nämlich daß Jesus der Logos, das Wort Gottes (kalâm Allâh) ist. Jesus vollbringt auch nicht nur prophetische Zeichen und Taten, sondern nach dem Koran *ist* Jesus Zeichen Gottes

---

[152] Origenes, Selecta in Ezechielem c. 16; PG 13,812 A; vgl. auch PG 13,714f.

für den Menschen. So läßt sich bei aller Einschränkung sagen, daß Jesus aufgrund seiner besonderen Geburt nicht nur Verkündiger ist, sondern von Allah zum Verkündigten, zum Zeichen, zum Wort Gottes gemacht wurde.[153] Der Zusammenhang zwischen Geburt und dem Blut als Heilszeichen und Bewahrheitung der Existenz wird durch den Vollzug des Beschneidungsritus verdeutlicht, der jüdisch nur das männliche, islamisch in manchen Regionen auch das weibliche Geschlecht betrifft. Intensität der Beziehung will offenbar auch in einer „Blutsbrüderschaft", „Blutsgeschwisterlichkeit" ausgedrückt werden. Blut und Lieben verbinden sich, „caritas est passio".

In den Religionen, die stärker sonnenorientiert sind, spielt der blutige Tod, nicht die sanfte Leidenschaft, sondern die gewalttätige, eine größere Rolle.[154] Der Tod wird zur Ermöglichung der Neugeburt, des neuen Lebens. Im Christentum erhält dies noch einen gesellschaftlichen Bezug, nämlich zur Gewalt in der Gesellschaft, zum Reich der Ungerechtigkeit. Jesus stirbt im biblischen Verständnis zu Unrecht, unschuldig. Nur so kann auch sein Wort der Feindesliebe in den Lebensvollzug selbst hineingenommen werden. Auch die unmenschliche Gesellschaft kann ihn nicht zum Menschenfeind machen. Die Liebe ist nicht nur stärker als der Tod, sondern stärker als das absurde menschliche Verhalten, in dem der Mensch zu des Menschen Feind wird. Auch für den Feind gilt, daß nicht der Tod, sondern das Leben ihn in der Gestalt der Liebe besiegt. In dieser Brechung menschlichen Lebens durch die fundamentale Gewalttat findet die Aussöhnung mit dem Tod nicht dadurch statt, daß der Mensch in den Kreislauf der Natur hineingenommen wird, wo der Tod ja letztlich nichts anderes ist als das „gleich-gültige" Moment am Zyklus natürlichen Lebens. Der Tod ist denaturalisiert und kann nicht durch das allgemeine Werden „gut" geheißen werden, sondern nur durch eine andere Wirklichkeitsdimension, die trotz des Unrechts, trotz der Absurdität, die nicht aufgehoben werden kann, Sinn stiftet, das Konkrete, und damit auch Fragmentarische bejaht, und diese Dimension des Seins sinnvoll als Liebe bezeichnet. Solidarische Liebe ist möglich. Sie läßt sich durch nichts brechen, auch nicht durch den gewaltsamen Tod. Gegen eine oft rasch endende Mitmenschlichkeit[155], die sich in Notsituationen nicht bewährt, steht die jesuanische Kreuzeserfahrung. Die Aussöhnung im Tod und seine Heilsbedeutung liegen nicht in der Akzeptanz des natürlich-gewaltsamen „Stirb und Werde",

---

[153]   Gott bleibt aufgrund dieser theologischen Konstruktion außerhalb des Geschehens, wird nicht zum Ereignis für die Menschen. Außerdem spielt in dieser „Geburtschristologie" (christlich = Inkarnationschristologie) die jesuanische Erfahrung, die Menschen im Umgang (relational) mit ihm machen, keine entscheidende Rolle, wodurch die Geschichtlichkeit und Zeitlichkeit nicht in den Blick kommen können.

[154]   Z.B. bei den Mayas und vor allem Azteken wurden Tausende bei lebendigem Leib zu Ehren der „blutigen" Sonne, damit sie ihre Kraft behält, das noch zuckende Herz herausgerissen, bzw. mit Obsidianmessern herausgeschnitten, und auf den Chac-mool gelegt (Sonnengott Tonatiuh; Kriegsgott Hutzilopochtli).

[155]   „Donec eris felix multos numerabis amicos, tempora si fuerint nubila solus eris". Vgl. W. Shakespeare, Timon von Athen.

nicht in der Akzeptanz ungerechter Gewalt, sondern im Gegensatz dazu. Die Sinnlosigkeit und Absurdität, die in der Fragmentierung jeden Lebens besteht, bleiben, der Widerspruch wird nicht versöhnt, aber im Kampf dagegen liegt der Sinn, der durch Unsinn und Gewalt nicht einfach nichtig wird.

6.2. Daseinsangst

An Schärfe gewinnt dies noch in der biblischen Erfahrung, wenn Jesus dargestellt wird als einer, der seine *Daseinsangst* überwindet. Das Problem der Grundangst des Daseins, es nicht absichern zu können, wird im Kontext der Jesuserfahrung dargestellt: Die Angst des Lebens, die Ungesichertheit der Existenz und die Bedeutungslosigkeit des einzelnen im Weltgetriebe, treibt die Menschen dazu, Boden unter die Füße bekommen zu wollen. Die Lebensbegründung suchen wir in gesellschaftlichem Ansehen, in politischer Macht als kleine „Kollaborateure"; wir suchen sie in Normerfüllungen, im Besitz (aller Art) und schließlich auch in religiösen Symbolen, bis hin zu Gott, der unsere letzte Begründung wird. Die vier Dimensionen der ἐξουσία werden durch die Angst pervertiert. Jesus wird in dieser Angstsituation geschildert, angefangen von der Versuchungsgeschichte bis zu Gethsemani. Immer wieder wird die befreiende Vollmacht fraglich und kann nur in der ständigen Überwindung, im ständigen Werden, im ständigen Verzicht auf einen festen Grund, Bestand haben und sich allein im Vollzug als sinnvoll erweisen, trotz Unsinn und Tod. Die Macht der Beziehung wird so verstanden, daß alles Woraufhin dieser Beziehung zerbricht, jedoch nicht das Beziehungsein selbst. Jesus sucht Hilfe bei den Aposteln. Diese helfen nicht; sie schlafen und gewähren keinen Beistand. Diese Beziehung scheint ins Leere zu gehen. Einer verrät ihn, ein anderer verleugnet ihn, alle laufen sie weg. Vom Volk und von der Priesterschicht war nichts zu erwarten, auch keine Gerechtigkeit vom Staat. Die Frauen sind es noch am ehesten, die zwar hilflos sind, aber in Sympathie „von ferne zusehen" (Mk 15,40). Jesus scheint, entäußert von allen Beziehungen, die menschliches Leben ausmachen, zu sterben. Obwohl offenbar keine Beziehung wirklich gelingt – alle Beziehungen zerbrechen –, hält er in biblischem Verständnis an dem Beziehungsein fest. Er flucht nicht der Welt und stirbt, sondern er bezieht sich bis zuletzt auf sie, so bei Lukas auf die Mitgekreuzigten, so bei Johannes auf seinen Jünger und auf Maria als Symbolträger neuer Gemeinschaft. Damit aber niemand auf die Idee kommen kann, daß die Beziehung zu Gott im Tod noch trägt, wird der (historisch vielleicht sicherste) Schrei aufgezeichnet: Mein Gott, mein Gott, warum hast auch du mich verlassen! Der Gegenstand: Gott ist endgültig genommen, kein Du erfährt er mehr, keine Begründung seiner ἐξουσία ist zu finden, er scheint in den Abgrund zu versinken, in die letzte Sinnlosigkeit der Existenz. Wie viele Millionen Menschen (auch Heilige; z.B. Theresia von Lisieux) sterben so. Er tritt in ihre Solidargemeinschaft, aber so, daß er das Dasein für andere nicht verleugnet, sondern weiter als sinnvoll bejaht, und er „seinen Geist hingab" (παρέδωκεν τὸ πνεῦμα); Jo 19,30 meint offenbar die Übergabe des guten Geistes (πνεῦμα – ἐξουσία) an die Seinen.[156] Wenn Lk 24,46 vom Zurückgeben des Geistes in die Hände des Vaters spricht, dann ist er die Macht der Liebe, der Jesus weiter vertraut, auch wenn kein Gott begegnet.[157] Sein für andere ist der Glaube an die Macht der Beziehung. Sie ist ohne Begründung und sinnvoll auch in der Sinnlosigkeit des Lebens, ja des Todes. Es bleibt dabei: Im Leben wie im Tod ist das einzig Sinnvolle das Sein-in-Beziehung und zu lieben, auch wenn niemand da ist, der die Liebe erwidert und Liebe schenkt. Zu lieben ohne Gegenliebe ist sinnvoll – das ist die Radikalität der Kreuzesbotschaft. Nur so verzichtet mein Selbst auf den Begründungs- und Absolutheitsanspruch, und nur so gewinnt das Fragment, der einzelne, das konkrete menschliche Leben, Sinn, ohne die Sinnlosigkeit menschlicher Existenz zu leugnen.

Das Kreuz wird, als real-geschichtliche Konsequenz, zur Radikalität der jesuanischen Verkündigung, ohne freilich von Jesus selbst verkündigt worden zu sein. Die biblische Erfahrung aber lehrt uns, daß Jesus die Apostel dort als „Satan" betitelt, wo sie sein Leiden und seinen Tod als rein negativ und sinnlos verstehen wollen. (vgl. Mt 16,23: εἶπεν τῷ Πέτρῳ· ὕπαγε ὀπίσω μου, σατανᾶ σκάνδαλον εἶ ἐμοῦ), denn das wirklich „göttliche Geschehen" darin erkennen sie nicht.

6.3. Der historische und der spekulative Karfreitag

Hegel versucht in seiner Religionsphilosophie den Sinn des Todes zu erkennen: „Der Tod Christi ist einerseits der Tod eines Menschen, eines Freundes, der durch Gewalt getötet worden ist; aber geistig aufgefaßt ist er es, der selbst zum Heile, zum Mittelpunkt der Versöhnung wird ... Der Tod, das Negative ist das Vermittelnde, daß die ursprüngliche Hoheit als erreicht gesetzt ist".[158] Es geht hier um die Bedeutung des Todes Christi als Vermittlung. Was soll vermittelt werden? Die Differenz zwischen dem Leben und der „Hoheit". Setzt man dafür Liebe als ein letztes und damit göttliches Geschehen, dann wird durch den Tod der Unterschied zwischen Leben und Liebe vermittelt. Beide sind nicht identisch, sondern es besteht eine Differenz. Die Einsicht in diese soll vermittelt werden und damit auch diese Praxis. Hegel meint, daß „mit dem Tod Christi ... die Umkehrung des Bewußtseins" beginnt[159], denn

---

[156] Im klassischen Griechisch wird die Formel „seinen Geist aufgeben" *nie* für das Sterben als solches gebraucht.

[157] Die Ideologie der TheologInnen, die Gott als Fixpunkt verstehen, wird offenkundig, wenn Jesu Erfahrung gegen Gottes Sein gestellt wird. „Wenn sich Jesus von Gott verlassen fühlt, heißt dies noch nicht, daß Gott Jesus verlassen hat!" D. Strahm/R. Strobel (Hg.), Vom Verlangen nach Heilwerden. Christologie in feministischer Sicht, Freiburg/Schweiz 1991, 191.

[158] G.F.W. Hegel, Vorl. über die Philosophie der Religion, Ausg. Meiner, Hamburg 1966, III, 171.

[159] Ebd., 169f.

der gewaltsam verfügte Tod ist die „vollkommene Revolution gegen das Bestehende".[160] Die vorgegebenen üblichen Wertmaßstäbe werden umgewertet. Hegel schließt richtig: *„Es ist hier also kein anderer objektiver Zweck als diese Liebe."*[161] Und Sölle fügt treffend hinzu: „Aber Christus ist nicht zufällig gestorben, sondern um der Liebe willen."[162] Freilich: Das historisch einmalige Geschehen ist der zufällige Tod eines einzelnen, in der biblischen Erfahrung jedoch wird dieser historischen Kontingenz grundsätzliche Bedeutung zuerkannt. Der historische Karfreitag erhält als Überwindung des Todes durch die Liebe einen definitiven Sinn. Daher sagt Hegel, daß der historische Karfreitag zum „spekulativen Karfreitag" werden muß, d.h. zu einem begriffenen Geschehen, das für jeden Menschen grundsätzlich Sinn erschließt. Der Tod Jesu hat also nicht als historisches Faktum Heilsbedeutung, sondern nur als Erschließung einer Wirklichkeitsdimension, die tiefer greift, die Neubewertung menschlichen Lebens in Liebe, die Sinn in der Unsinnigkeit menschlicher Existenz ermöglicht.[163] Die Geschichte erhält für jeden von uns größte Bedeutung. Denn der spekulative Karfreitag als bleibende Einsicht für den Menschen ist nur, wenn er vom Menschen ratifiziert wird, d.h. historisch-geschichtlich gelebt wird. So wird der Karfreitag nicht zu einer Idee oder einem abstrakten Ideal, sondern bleibt an die Geschichte gebunden. Eine idealistische Aufhebung des Leides und Todes in ein alles begreifendes Bewußtsein ist unmöglich. Aber in der Gebrochenheit unseres Seins und unserer Erfahrungen läßt sich Sinn über den Tod hinaus erfahren. Leben, in aller Kontingenz und Zweideutigkeit, läßt erkennen, daß die Gültigkeit und Bedeutung des Lebens nicht vom Erfolg abhängt, sondern Leben kann als geglückt gelten, wenn es ein realer Beitrag zur Verwirklichung des „wahren" Lebens, d.h. der Liebe, ist, die aber den „unendlichen" Schmerz und Tod nicht aufhebt.

Diese Vermittlung, die der Tod Christi meint, zeigt wieder seine Einmaligkeit darin, daß alle einmalige Bedeutung aufgehoben wird und so jedes Menschenleben unter den gleichen Bedingungen realisiert, einmalig wird und seine einmalige Geltung empfängt. In diesem Verständnis, das genau der überlieferten jesuanischen Erfahrung entspricht, hat natürlich eine Recht- und Verdienstkategorie keinen Sinn. Jesus vollzieht weder einen besonderen Opfertod (außer den, den jeder Mensch sterben kann), noch nimmt er ein Strafleiden für uns auf sich, noch fungiert er als Stellvertreter. Zu diesen Vorstellungen ist zu sagen, daß sie 1. einen verobjektivierten gegenüberstehenden Gott voraussetzen und 2. Jesus Christus selbst zu einem solchen Gott machen. Es sind sadomasochistische Phantasien von Gott, die besonders der mittelalterlichen Theo-

---

160 Ebd., 161.
161 Ebd., II, 284.
162 D. Sölle, Atheistisch an Gott glauben, Olten 1968, 102.
163 Hegel meint, durch den spekulativen Karfreitag den historischen aufheben zu können, was jedoch einer Leugnung der faktischen Geschichte gleichkommt und menschliche Existenz wegkürzt.

logie Pate gestanden haben. Weder in der jüdischen noch in der jesuanischen Tradition fordert Gott je ein Menschenopfer. Das AT bezeichnet jedes Menschenopfer als ein Greuel vor Gott (Lev 18,21; 20,2-5; Dtn 12,31; 18,10; Jer 7,30ff; 32,35; Ez 16,20f; 20,26), und im NT steht ein solches Gottesbild überhaupt nicht zur Debatte, vielmehr widerspricht es der gesamten jesuanischen Verkündigung. Der Gedanke des „stellvertretenden Strafleidens" ist eo ipso auszuscheiden. M. Luther sah im Kreuzestod Jesu das Zorn- und Strafgericht Gottes, und selbst moderne Theologen (K. Barth, W. Pannenberg, J. Moltmann, H.U. v. Bathasar, J. Ratzinger u.v.a.m.) stehen diesem Gedanken nahe.

Was ist das für eine Gottheit, die vor Zorn rast und besänftigt werden muß? Anselm von Canterburys „verdienstliche Genugtuung" Jesu als ein Rechtsakt göttlicher Gerechtigkeit, der die unendliche Beleidigung Gottes durch die Sünde aufhebt, kann nur aus einer Prügelknabenmentalität entstehen. Auch die Vorstellung der Kirchenväter, in denen Jesus zum „Lösegeld" für einen Tausch wird, durch den sein Tod der Sieg über Tod und Teufel ist, entstand aus einer glühenden mythischen Phantasie.

Die Kategorie des Opfertodes als kultisch-sakralen Aktes setzt eine despotische Gottesvorstellung voraus. Der Opfergedanke hat nur insofern Bedeutung, als Treue zum eigenen Tun die Bereitschaft einschließt, auch sein Leben für Menschen einzusetzen. Das Stellvertretungsmodell[164] hat die Funktion, zu solidarischem Handeln zu provozieren. Der Stellvertreter ersetzt ja nicht den anderen Menschen, sondern vertritt ihn auf Zeit, bis er die Handlungsfähigkeit wieder erreicht (eine Freundin vertritt die Mutter bei deren Kindern, bis sie wieder gesund ist u.a.m.). Dieser Gedanke der Stellvertretung ist mit der Solidarität identisch, die im jesuanischen Geschehen erfahren wird (K. Rahner, E. Schillebeeckx, die Befreiungstheologen u.a.). Der Stellvertretungsgedanke verknüpft das Kreuzesgeschehen mit dem Sollensanspruch. Unheilssituationen wie das Nichtgeliebtwerden sollen wir durchstehen, und auch die Bedrohung durch den Tod soll uns nicht in Angst und Schrecken versetzen und lähmen. Das Soll der Menschwerdung will das Kreuz vermitteln, damit wir menschliche Menschen werden und trotz Leid und Tod die Liebe nicht verraten. D. Bonhoeffer meint, daß Jesus Christus Paradigma für uns ist, und er fordert die Christen auf: „Wir wollen uns auch über unser fragmentarisches Leben nicht beklagen, sondern sogar dessen froh werden."[165]

Zusammenfassend ist also zu sagen:
1. Das Kreuz durchkreuzt jede Verabsolutierung, es ist die radikalste Kritik und Aufhebung jedes vorgegebenen Anspruchs, so daß es gegenüber jedem System befreit.

---

[164] Vgl. F. Schiller, Die Bürgschaft (1798), „Mich, Henker!" ruft er, „erwürget! Da bin ich, für den er gebürget!"; D. Sölle, Stellvertretung. Ein Kapitel Theologie nach dem „Tode Gottes", Stuttgart 1965.

[165] D. Bonhoeffer, Widerstand und Ergebung, München/Hamburg ²1965, 115.

2. Das Kreuz ist auch Befreiung von jeder moralisch-individuellen unbedingten Geltung und Freiheit gegenüber meinem eigenen Ich.

3. Jede Leistung gegenüber einer Gottheit (Recht, Verdienst) wird durch das Kreuz zum tiefsten religiösen Mißverständnis; gegenüber Gott wird der Mensch von Angst und Furcht befreit. Die Liebe treibt sie aus.

4. Das Kreuz vermittelt uns vielmehr zeitlich-geschichtliche Solidarität bis in den Tod. Diese Seinsdimension bezeichnen wir als Liebe, die uns ermöglicht, neu von Gott zu sprechen.

5. So wird der Verkündiger zum Verkündigten, insofern wir nicht mehr auf Lehre, Gesetz und Dogmen rekurrieren können; der *lebendige Mensch* wird zur *Norm*. Dies geschieht, indem wir historisch-geschichtlich so handeln, daß Solidarität bewirkt wird und sich Freiheit gegenüber dem eigenen Leben erschließt. Die ἐξουσία ist die Freiheit zur (je konkreten) Liebe.

Die Bibel überliefert uns ein Bild, ein Symbol für diese Freiheit und Befreiung zur konkreten Liebe: Das Kreuz.[166] Die bleibende Gültigkeit des Kreuzes fand ihren Ausdruck in den Auferstehungsbekenntnissen und Auferweckungserzählungen.

---

[166] Vgl. F. Schüssler Fiorenza, Fundamentale Theologie. Zur Kritik theologischer Begründungsverfahren, Mainz 1992, 1. Kap. Fundamentaltheologie und Auferstehung Jesu, 13-69.

7. Auferstehung

7.1. Auferstehungstexte[167]

1Kor 15,3-8:

Denn vor allem habe ich euch überliefert, was auch ich empfangen habe: Christus ist für unsere Sünden gestorben, / gemäß der Schrift, und ist begraben worden. / Er ist am dritten Tag auferweckt worden, / gemäß der Schrift, und erschien dem Kephas (ὤφθη Κηφᾷ), dann den Zwölf. Danach erschien er mehr als fünfhundert Brüdern zugleich; die meisten von ihnen sind noch am Leben, einige sind entschlafen. Danach erschien der dem Jakobus, dann allen Aposteln. Als letztem von allen erschien er auch mir, dem Unerwarteten, der „Mißgeburt".

1Kor 9,1:

Bin ich nicht frei? Bin ich nicht ein Apostel? Habe ich nicht Jesus, unseren Herrn gesehen (ἑόρακα)?

Gal 1,15-17:

Als aber Gott, der mich schon im Mutterleib auserwählt und durch seine Gnade berufen hat, offenbarte in mir in seiner Güte seinen Sohn, damit ich ihn unter den Heiden verkündige, da zog ich keinen Menschen zu Rate ...

2Kor 4,6:

Denn Gott, der sprach: Aus Finsternis soll Licht aufleuchten!, er ist in unseren Herzen aufgeleuchtet, damit wir erleuchtet werden zur Erkenntnis des göttlichen Glanzes auf dem Antlitz.

Phil 3,7.8:

Doch was mir damals ein Gewinn war, das habe ich um Christi willen als Verlust erkannt. Ja noch mehr: ich sehe alles als Verlust an, weil die Erkenntnis (γνῶσις) Christi Jesu, meines Herrn, alles übertrifft. Seinetwegen habe ich alles aufgegeben.

---

[167] Zit. n. K.-H. Ohlig, Christologie I [= Beinert, W. u.a. (Hg.), Texte zur Theologie, Abt. Dogmatik 4.1], Graz u.a. 1989, 38ff.

Mk	Mt	Lk	Jo

<u>16,1-8</u>
Frauen (Maria Magdalena, Maria; die Mutter des Jakobus, Salome) gehen zum Grab, der Stein ist w e g g e w ä l z t; <u>im</u> Grab: Ein Jüngling, der ihnen mitteilt: Jesus ist auferstanden, das Grab ist leer. Auftrag an Jünger und Petrus: Jesus wird ihnen nach <u>Galiläa</u> vorausgehen.

F u r c h t, F l u c h t, Schweigen der Frauen.

Unechter Mk-Schluß 16,9-20, vorwiegend nach Lk, im 2. Jh.

<u>28,1-15</u>
Frauen (Maria Magdalena, andere Maria) zum Grab.

<u>Einschub:</u> Erdbeben, ein Engel des Herrn, setzt sich <u>vor</u> das Grab, Wächter. Folgendes im wesentlichen nach Mk. Frauen voll Furcht und Freude.

<u>Einschub:</u> <u>Jesus</u> begegnet Frauen; nochmaliger Hinweis auf <u>Galiläa</u>. Frauen auf dem Weg zu den Jüngern.

E r w e i t e r u n g : Betrugsgeschichte

<u>28,16-20</u>
Sehen Jesus auf einem Berg in <u>Galiläa</u>. Vollmachtsspruch und Taufbefehl.

<u>24,1-11</u>
Frauen (nach V. 10: Maria Magdalena, Johanna – nach 8,3 Frau des Chusa, eines Verwalters bei Herodes – und Maria, die Mutter des Jakobus) gehen zum Grab: Der Stein ist weggewälzt. Entdeckung des leeren Grabes. Ratlosigkeit. <u>Zwei</u> J ü n g l i n g e. Theologischer Hinweis, Erinnerung an Worte Jesu <u>in Galiläa</u>.

Meldung an die Elf. Unglauben der Jünger.

<u>Unsicherer V. 12:</u>
Petrus geht zum Grab, wundert sich und kehrt zurück.

<u>24,13-35</u>
Emmauserzählung, Erscheinung vor Petrus.

<u>24,36-53</u>
Erscheinung vor den Jüngern in Jerusalem: Jesus ist kein Geist, Hinweis auf Hände und Füße. Essen des Fisches. Schriftbeweis, Verkündigung „von Jerusalem angefangen", Geistverheißung. Himmelfahrt bei <u>Bethanien</u>. Freudige Rückkehr der Jünger nach Jerusalem.

(Vgl. Apg 1,9-11)
(Christophanie vor Damaskus, vgl. Apg 9,22.26)

<u>20,1-10</u>
Maria Magdalena zum Grab. Als der Stein weggewälzt ist, sofort zurück. Petrus und Lieblingsjünger zum Grab. Leeres Grab. Glauben aufgrund des leeren Grabes.

<u>20,11-18</u>
Maria Magdalena sieht in leerem Grab zwei Engel, dann draußen Jesus. Verkündigung an die Jünger.

<u>20,19-20</u>
Erscheinung Jesu vor Jüngern in <u>Jerusalem</u>. Geistmitteilung und Vollmacht zur Sündenvergebung. „Ungläubiger" Thomas.

<u>Nachtragskapitel 21</u>
Erscheinung am See Tiberias. Hirtenamt des Petrus, Worte zum Lieblingsjünger.

299

7.2. Das leere Grab

Die weit verbreitete theologische Argumentation sieht den Grund für den Glauben im (objektiven) Faktum der Auferstehung Jesu und nicht im Kreuzesgeschehen. Mit der Auferstehung Jesu Christi stehe oder falle der ganze christliche Glaube. So schreibt J. Blank: „Wer dies (daß die Auferweckung Jesu von den Toten von zentraler Bedeutung ist) theologisch nicht mehr anerkennt, löst den christlichen Heilsglauben auf."[168] In manchen apologetischen Werken wird in der Auferstehung Jesu geradezu der Wahrheitsbeweis des Christentums gesehen. Während man die Wunder Jesu vielleicht noch wissenschaftlich plausibel machen könne, gilt dies sicher nicht für die Auferstehung, die das größte Wunder sei. Es beweise die göttliche Sendung Jesu und der Schrift. Wenn man heute auch keinen fundamentaltheologischen Beweis aus der Auferstehung macht, so ist doch zu lesen: „Weil die Auferweckung die Rettung und Vollendung Jesu darstellt, ist sie auch die göttliche Bestätigung seiner irdischen Geschichte."[169] Dieser Satz ist charakteristisch für viele christliche Theologen. Wie wir sehen werden, höhlt diese Aussage gerade den christlichen Glauben aus. Gelegentlich wird auch der Topos des „leeren" Grabes dazugenommen. Das Argument ist, daß niemand von der Auferstehung Jesu als realem Geschehen hätte reden können, wenn nicht das Grab leer gewesen wäre. Man hätte nur auf das Grab verweisen müssen, um die Unwahrheit der Auferstehung zu demonstrieren.[170] Sicher wird von vielen Theologen anerkannt, daß ein leeres Grab auch andere Ursachen haben kann. In der Bibel wird von einem Erdbeben berichtet, wie auch von der Verdächtigung, daß die Jünger den Leichnam Jesu stehlen könnten und daher die Wachen nötig seien (Mt 27,64); aber ohne leeres Grab sei die Auferstehungsverkündigung nicht möglich. Nun läßt sich sicher nicht leugnen, daß gegen gnostische Spiritualisierung das „leere Grab" einen Hinweis auf den Sinn der Auferstehung enthält, nämlich daß Auferstehung nicht als ein rein seelisches Geschehen verstanden werden kann, sondern den ganzen Menschen, auch seine Leiblichkeit, betrifft. Der Topos des leeren Grabes setzt aber bereits eine weitere späte theologische Entwicklung voraus, und alle Texte des NT, die davon sprechen, gehören zu den relativ jüngsten Dokumenten. Paulus, dessen Auferstehungsargumentation hätte gestärkt werden können, wenn er das leere Grab 1Kor 15,3b-5 angeführt hätte, erwähnt es nicht. Offenbar waren ihm diese

---

[168] J. Blank, Die überforderte Rationalität: Zur Aktualität des Mythos. In: Kairos NF XXIX, 1987, 41. Gegen K.-H. Ohlig, Fundamentalchristologie, München 1986, in der der Auferstehung Jesu dieser Stellenwert nicht zuerkannt wird.

[169] H. Kessler, Christologie, in: Th. Schneider (Hg.) Handbuch der Dogmatik I, Düsseldorf 1992, 427.

[170] Dagegen G. Lüdemann, Die Auferstehung Jesu. Historie, Erfahrung, Theologie, Göttingen 1994, 66ff; 149ff. Weder die Jünger noch Verwandten hätten sich um die Beerdigung gekümmert, und die frühe Gemeinde wußte nichts von einem Grab Jesu. Wahrscheinlich sei er anonym beerdigt worden. Erst um 300 n. Chr. wurde ein „Grab Jesu" unter einem Venustempel gefunden.

Erzählungen unbekannt. Zudem war es im Volksglauben damaliger Zeit durchaus möglich, trotz des bekannten Grabes von der Auferstehung zu sprechen. Mk 6,14 berichtet: „Und man sagte: Johannes der Täufer ist von den Toten auferstanden."[171] Die apokalyptischen Vorstellungen der Zeit Jesu, daß Elias und Henoch wieder erscheinen werden, und die Affirmation der Pharisäer gegen die Sadduzäer, daß Auferstehung möglich ist und durch Gott gewirkt wird, werden in der Darstellung der Evangelisten durch Jesus bejaht (Mt 22,23.31-33). Dies ist wohl der konzeptionelle Horizont, der den Glauben an die Auferstehung Jesu entstehen ließ. Das leere Grab hat dabei keine Funktion.

7.3. Die Erscheinungen

Liegt wirklich in der Auferstehung Jesu das Fundament christlichen Glaubens? Oder ist nicht vielmehr die gläubige Lebensorientierung an der jesuanischen ἐξουσία, die Leben und Kreuzestod erschließt, der Grund des Auferstehungsglaubens? Anders gefragt: Welche Korrelation besteht zwischen der menschlichen Erfahrung im jesuanischen Geschehen und der Auferstehung Jesu? Ist eine wie immer geartete „Erscheinung" der Grund des Auferstehungsglaubens? Ist die Erscheinungsformel, der ὤφθη-Bericht, der vermutlich schon vorpaulinisch ist, der genetische Ursprung des Auferstehungsglaubens? In 1Kor 15,5 einer der ältesten, allerdings bereits erweiterten Texte, die wir über die „Auferstehung" besitzen, heißt es: „Und er erschien dem Kephas, dann den Zwölf". Was meint das „Erschien" bzw. das „Wurde gesehen"? Es kann nach griechisch-lexikalischem Befund empirisches Sehen bedeuten, es kann aber ebenso meinen, daß Jesus als Lebendiger dem Petrus und allen anderen offenbar wurde, wie Paulus auch als Ursache seiner Bekehrung das Offenbarwerden Jesu Christi angibt (Gal 1,16), das Anlaß zur Verkündigung wird. Das „ὤφθη" (Aorist, passiv) will die Offenbarung der Wahrheit jesuanischen Geschehens manifest machen. Das Bild, die Metapher dafür war in der damaligen Zeit der Tod und die Entrückung bzw. Auferstehung des leidenden Propheten. Die Wahrheit des jesuanischen Ereignisses soll durch die Apostel verkündigt werden, sie sind aufgrund des „Offenbarwerdens" der Wahrheit Jesu dazu legitimiert, ermächtigt. Die Wahrheit, der Sinn der Jesuserfahrung, veranlaßt die Jünger, Jesus Christus als lebendige Wirklichkeit zu verkünden. So kann in den Auferstehungsberichten eine Legitimation dafür gesehen werden, daß die Zeugen berechtigt sind, ihn zu verkündigen. Durch das „Gesehen werden" wird die Legitimation und Berechtigung aufgewiesen;

---

[171] Selbst die scholastische mittelalterliche Theologie sieht im leeren Grab und der Auferstehung keinen notwendigen Konnex, da die anima als forma corporis jede beliebige Materie zu der ihren machen kann. Sollte einmal nachweislich Jesu Leichnam gefunden werden, so ist dies kein Erweis gegen die Auferstehung.

die Jesuserfahrung ist für uns von größter Bedeutung.[172] Durch das „ὤφθη"
wird also nicht die Entstehung des Osterglaubens begründet, sondern die Erfahrung der Bedeutung Jesu für uns bestätigt, bzw. bildlich aufgezeigt, legitimiert. Es ist so, daß auch die Erscheinungserzählungen der Evangelien allesamt von den Erscheinungen Jesu nicht als von den Auferstehungsglauben begründenden Begegnungen erzählen; sie setzen den Auferstehungsglauben jeweils voraus.[173] Es gibt nach Pesch keinen wirklichen Anhaltspunkt im NT,
daß die Jünger erst aufgrund der Erscheinungen zum Glauben an Jesus
Christus gekommen wären. Nach neutestamentlicher Darstellung war es auch
so, daß die Jünger Johannes des Täufers nach seinem Tod an ihm festgehalten
haben, ja an seine Auferstehung glaubten, sie verkündeten und tauften (Apg
19,1-7). So wie also nach der Enthauptung Johannes' des Täufers seine Bewegung weiterging, kann dies historisch auch mit der Jesusbewegung geschehen
sein.

Muß die Erschütterung durch den Kreuzestod wirklich solche Wirkung gehabt
haben, daß erst ein neues Ereignis, eine Erscheinung oder ähnliches, den Auferstehungsglauben bewirken konnte? Die Erscheinungen sind, wie im AT,
vielmehr als Berufungserzählungen aufzufassen. Wie im AT die Theophanien
(ein Offenbarwerden Gottes) die Berufung der Propheten legitimieren, so im
NT die Christophanien (ein Offenbarwerden Jesu Christi) das Wirken der
Apostel. F. Schüssler Fiorenza[174] schließt daraus: „Folglich ist Paulus zur
Verkündigung des Evangeliums Jesu Christi bevollmächtigt, weil ihm die
Stellung und die Bedeutung Jesu im Glauben umfassend offenbar geworden
ist." Die Erscheinungen sind also Bilder, Metaphern für die Vollmachtserfahrung der Verkündigung der Botschaft Jesu Christi. Die ἐξουσία zeigt sich als
weiterhin in der Geschichte mächtig, indem der Auferstandene die Christophanie bis zum Ende der Tage bei uns bleibt. So kann auch exegetisch stich-
haltig in der Auferweckung Jesu die bleibende Bedeutung der Autorität Jesu
gesehen werden.[175] Diese Bilder und Metaphern der Sinn- und Vollmachtserfahrung dürfen nicht so verstanden werden, als würde durch die Ausdrücke:
„Legitimation" und „Autorität" der Grund angegeben, wieso Jesus Christus
bedeutend für uns ist. Die Christophanien meinen keine Begründung oder formale Autorität, sondern sie stellen symbolisch die befreiende Vollmacht dar,
die nicht durch eine historische Begrenzung wie den Kreuzestod an Macht
und Dynamik verliert; ja gerade das Gegenteil soll bildhaft zum Ausdruck
kommen.

Nun haben die Evangelisten das Fluchtmotiv und die Zerstreuung der Apostel
stark hervorgehoben. Damit soll klar werden, daß die Jünger Jesu zu seinen
Lebzeiten die Tragweite des jesuanischen Geschehens noch nicht voll er-

---

172   R. Pesch, Zur Entstehung des Glaubens an die Auferstehung Jesu, in: ThQ 193, 1973,
      201-228.
173   Vgl. ebd., 216.
174   F. Schüssler Fiorenza, a.a.O., 56.
175   Vgl. H. Braun, Jesus, Stuttgart 1969, 154.

kannt, bzw. mißverstanden haben. Ohne die Todeserfahrung bliebe Jesus ein Torso. Erst durch den Karfreitag wird eine radikale Wende bewirkt. Und Schillebeeckx[176] bemerkt richtig: „Die christliche disclosure-Erfahrung setzt somit das Lebensganze Jesu voraus. Erst in Jesu Tod, dem Abschluß seines irdischen Lebens, kann unsere Geschichte von Jesus beginnen." Erst „nach dem ersten Schock des Sterbegeschehens wird die Erinnerung an das Leben ... Jesu eine wesentliche Rolle im Prozeß ihrer Bekehrung zum Glauben, an Jesus als den Christus, den von Gottes Geist erfüllten, spielen"[177]. Auferstehung Jesu ist daher eine Metapher für die Umkehrerfahrung der Jünger.[178] Die μετάνοια, die die jesuanische Grundforderung war und als befreiende Ermächtigung erfahren wurde, wird nun radikal erkannt und gelebt. Die Umkehr der Jünger ist ihre ihnen geschenkte Vollmacht. Beide Aspekte lassen sich nicht voneinander trennen. Die Bewertung dieser Erfahrung geschieht durch das Bild des Auferstandenen. Die Auferstehungs- und Erscheinungserzählungen sind axiologische Aussagen stärkster Prägung. Mehr konnte über den Wert, die Bedeutung Jesu, für uns nicht ausgesagt werden: Wir sind wirklich befreite Menschen durch die Vollmacht, die unsere Wertmaßstäbe und uns selbst umkehrt.[179]

Wie dem auch sei, alle Auferweckungs- und Erscheinungsberichte sind Bilder und Metaphern für den Glauben, daß Jesus Christus eine lebendige Wirklichkeit für uns ist und unser Leben neu bestimmt. Die befreiende Lebensmacht, die in der Liebe wirkt, ist am Werk: Schon jetzt und auch in Zukunft; Wiederkunft Christi heute und morgen, eben bis ans Ende der Welt (Mt 28,20). Der

---

[176] Ders., Jesus, Freiburg 1974, 568.

[177] Ders., 277.

[178] In großer Nähe zu Schillebeeckx entwickelt G. Lüdemann (a.a.O.) diesen Gedanken weiter, wobei er stärker eine psychologische Rekonstruktion versucht. Weil Petrus und Paulus an Jesus schuldig geworden sind, wird Jesus mit der Vergebung der Schuld und Sünde, mit der Versöhnung in Verbindung gebracht (213). Das Schuldgefühl der Jünger wird durch die Gnadengewißheit abgelöst (111), es handelt sich um ein Bekehrungserlebnis (202). Es ist „Trauerarbeit" (128), die durch die Christophanien geleistet wird. Sie sind „bildhafte Vergegenwärtigung des verlorenen geliebten Menschen" (113). Dieser Position widerspricht heftig W. Pannenberg (Die Auferstehung Jesu – Historie und Theologie, in: ZThK 91, 1994, 318-328). Er hält an einer historischen Selbstbekundung des Auferstandenen fest und will so die „Objektivität" wahren. Das heißt aber nicht, daß dieses geschichtliche Ereignis mit den Mitteln der historisch-kritischen Forschung adäquat zu erfassen ist.

[179] Exegetisch ist umstritten, ob die Rede von der Auferstehung, bzw. Auferweckung ursprünglicher ist, als die Bilder von der „Aufnahme in den Himmel", der „Erhöhung als Sitzen zur Rechten Gottes" oder der „Wiederkunft", die eine größere Rolle in den Texten spielt als die Auferstehung. Die Wendung der ἐξουσία in die παρουσία (vgl. Mt 23,27.37,39 Wiederkunft des Menschensohnes) scheint gerade in den Thessalonicher-Briefen (also den ältesten Texten des NT) eine ganz entscheidende Rolle zu spielen, so daß Exegeten (wie Marxsen) der Meinung sind, Paulus habe bei seiner Verkündigung in Thessaloniki entweder die Auferstehung Jesu gar nicht erwähnt oder sogar noch nicht gekannt. Erst später habe er diese Erzählungen kennengelernt.

Glaube an die Macht Jesu Christi für unser Leben bedingt also diese Bilder und Symbole und nicht umgekehrt.

7.4. Die Kurzformeln

Die frühesten Texte über die Auferstehung sind nicht die vom leeren Grab, aber auch nicht die ὤφθη-Formel, nicht die Erscheinungserzählungen, sondern die Auferstehungsbekenntnisse in der Kurzformel. Sie sind sog. Eulogien, d.h. liturgische Lob- und Gebetsformeln. Einen Sinn im Kreuzestod zu sehen, zu glauben, daß die Liebe stärker als der Tod ist, zur Freiheit in Vollmacht befreit zu sein, an vorgegebene Maßstäbe und menschliche Normen nicht absolut gebunden zu sein, das ist ein göttliches Ereignis; Gott wirkt in uns, Gott wirkte in Jesus Christus. Es ist selbstverständlich, daß nur das Wort „Gott" dieses Geschehen adäquat umschreibt. Es ist ein Ereignis Gottes, Gott kann ausgesagt werden, Gott wirkt in Jesus Christus. Daher ist, mythologisch formuliert, die Auferstehung Jesu Tat Gottes. Ohne Wirken Gottes gibt es nicht einmal begrenzt-historisches Leben; d.h., Auferstehung kann nur ein göttliches Geschehen sein. So lautet die biblische Grundformel: „Gott hat Jesus von den Toten auferweckt" (Röm 4,29b; 8,11a.b; 2Kor 4,14; Gal 1,1; Eph 1,20; Kol 2,12; 1Petr 1,21); vielleicht ist allerdings die partizipiale Gottesprädikation noch früher als der angeführte Aussagesatz, nämlich: „Gott, der Jesus aus den Toten auferweckt hat", so daß eben – griechisch gedacht – der Sinn des Satzes der ist: Es ist Gott, daß Jesus vom Tod erweckt wurde, oder Jesu Erwecktsein, daß Jesus lebt, ist ein göttliches Ereignis (vgl. Apg 3,15; 1Thess 1,10; 1Kor 15,12.15.20; Röm 19,7.9; 2Tim 2,8; Mk 16,6par; Jo 21,14; mit dem Akzent auf die Auferstehung [nicht Erweckung] 1Thess 4,14; Mk 8,31par; als Lebendigwerden: Röm 6,10; 1Petr 3,19; Apk 1,18). Der Maranatha-Ruf (1Kor 16,22; Apk 22,20) unterstreicht dies und schließt die Bitte um die Nähe dieses Ereignisses, ja um seine Ankunft bei den Menschen ein.

Diese knappen Bekenntnisformeln, die die Auferstehungserfahrung mit der Gotteserfahrung koppeln, werden bald weiter ausgestaltet; die ὤφθη-Formeln sind als die ersten Interpretationen zu werten. Die erste Erweiterung der Auferstehungserfahrung ist wahrscheinlich der Gedanke der Heilsmittlerschaft Jesu (vgl. Röm 1,3f 10,9; Apg 5,30f u.a.), dann der Tod des Messias „für unsere Sünden" und der Auferweckung am dritten Tage. Schließlich folgten reflex-argumentativ die Auferstehungserzählungen. Diese fügen zu der Grunderfahrung eine ganze Palette von Motiven dazu. Allen Erzählungen gemeinsam ist ein gewisser Zweifel, der sich offenbar in der ersten Reflexionsstufe zeigt. Ist es wirklich Jesus Christus oder ist es ein Phantom? Dieser Zweifel wird auf verschiedene Weise überwunden:

1. Jesus wird nach einem Prozeß der Belehrung *wiedererkannt*. Die Emmausjünger erkennen im fremden Wanderer, den sie beherbergen und beim Mahl verköstigen, Jesus Christus in der Gestalt des Fremden wieder: Er ist es (Lk 24,13-31). Auch Maria Magdalena erkennt ihren Rabbi Jesus wieder, indem

sie sich mit dem Gärtner unterhält, aus ihrer Trauer herausgerufen wird und wieder zu sich selbst findet (sie wird bei ihrem Namen *gerufen!*, Jo 20,14ff). Sie erkennt ihn, aber nicht gegenständlich, nicht (an)faßbar (Jo 20,17: „Berühre mich nicht!"). Das visionäre Bild kann nicht festgehalten werden.

2. Neben diesem Wiedererkennungsmotiv fungiert der *Identitätsbeweis*. Jesus Christus ist nicht zu Geist geworden, Auferstehungsleben ist keine Entleiblichung, sondern Jesus Christus ist nur dann lebendig, wenn er als ganzer Mensch Leben bedeutet. Dazu dient das Zeigen seiner Hände, der verwundeten Seite, ja er ißt mit ihnen (Lk 24,36ff; Jo 20,19ff). Der Gekreuzigte ist wirklich der Auferstandene und nicht ein anderer. Damit soll bereits der im hellenistischen Raum verbreitete Doketismus getroffen werden.[180]

3. Ein wichtiges Motiv ist das der *Beauftragung*. Fast alle Erscheinungen sind verbunden mit der Aussendung; sei es, daß die Frauen ihre Erfahrung den Aposteln berichten sollen, sei es, daß die Jünger selbst einen Sendungsauftrag erhalten, der schließlich universal gilt (Mt 28,16ff; Lk 24,36ff; Jo 20,19ff; 21,15ff). Dieses Motiv lenkt uns auf den Zusammenhang zwischen dem historischen Jesus (Verkündiger) und dem Christus (als Verkündigten). Beides ist nicht zu trennen, sonst würden die Glaubensgemeinschaft und ihr Verkündigungsauftrag zunichte. Die Auferstehungserzählungen sollen also nicht als Beweis der Auferstehung Jesu dienen, sondern sollen die Identität Jesu Christi mit der Jüngerverkündigung, also ihrer Vollmachtserfahrung aufzeigen. Durch diese Bezeugung hat das Jesusgeschehen bleibende Bedeutung. Da von keinem Evangelisten die widersprüchlichen Erzählungen harmonisiert wurden, kann es sich nicht um Auferstehungsbeweise handeln. Jeder hat seine spezifischen Auferstehungsberichte. Gerade diese Widersprüche haben die Funktion, uns wegzuweisen von einer historisch fixierbaren Verankerung und hinzuführen zur Verkündigung, zur Vollmacht, die uns geschenkt und identisch mit der Jesu Christi ist.

Vor allem in der Theologie des Johannes ist der Gekreuzigte der Auferstandene, der Verherrlichte. Kreuz und Auferstehung sind für ihn ein und dasselbe Ereignis. Im Kreuz wird Jesus „erhöht", und als dieser Erhöhte wird er alle an sich ziehen (Jo 12,32f), und wie bei Mose die Schlange, so ist der Gekreuzigte das Heilszeichen schlechthin (Jo 3,14), und bereits als „Erhöhter", ja „Aufgestiegener" erscheint er den Jüngern (Jo 20,22), und diese erhalten die ganze Vollmacht (Jo 20,23).[181] Damit wird zugleich unser Auferstehungsleben (Vollmacht) so mit der Auferstehung Jesu verbunden, daß sie untrennbar sind. Wir sind vom Tod zum Leben hinübergegangen, indem wir in der Liebe sind

---

180 Sehr bedingt kann ein doketischer Einfluß konstatiert werden, wenn Jesus durch die verschlossenen Türen geht (Jo 20,19); Lk 24,36 erwähnt nur das plötzliche Kommen, nicht die verschlossene Tür. Wohl schwebt Athene (Homer, Od. 6,19f) „wie wehende Luft" in die verschlossene Kammer und Hermes (ebd., 7,135ff) dringt durch die verschlossene Tür als Nebel; bei Jesus ist es eher eine Metapher, wie etwa „Er will mit dem Kopf durch die Wand". Bei Jesus werden Mauern und Wände durchdringbar, kein Hindernis kann seiner ἐξουσία entgegenstehen.

181 Vgl. R. Bultmann, Das Evangelium des Johannes, Göttingen 1959, 537.

(1Jo 3,14). Und Paulus in 1Kor 15 (eine der ältesten erweiterten schriftlichen Zeugnisse der Auferstehung) argumentiert in einer Weise, die meist nicht genügend Beachtung findet. Er verschränkt die Auferstehung Jesu Christi mit unserem Auferstehungsleben so, daß dieses geradezu einen Beweis dafür liefert, daß Jesus Christus lebt, d.h. auferstanden ist.

„Εἰ δὲ ἀνάστασις νεκρῶν οὐκ ἔστιν, οὐδὲ Χριστὸς ἐγήγερται" (1Kor 15,13) und: „εἰ γὰρ νεκροὶ οὐκ ἐγείρονται, οὐδὲ Χριστὸς ἐγήγερται" (1Kor 15,16). Zweimal, um es zu betonen, verwendet Paulus diese Formulierung: „Wenn wir, die Toten, nicht auferstehen, dann ist Christus nicht auferstanden". Er argumentiert mit unserer ἐξουσία, mit unserem Leben in der Liebe, mit unserem Auferstehungsleben, um daraus zu schließen, daß auch Jesus Christus auferstanden ist. Freilich argumentiert er auch umgekehrt (1Kor 15,14), aber diese Umkehrung ist die Reziprozität des Verhältnisses. Ohne Jesus Christus ist uns das wahre Leben nicht möglich ... ohne uns ist Jesu Christi Auferstehung keine Wirklichkeit, keine Realität.

Dieser Ansatz ist zwar nur bei Paulus und Johannes ausdrücklich ausgeführt, er geht jedoch auch aus den Synoptikern hervor. Denn: Ohne Glaube an den lebendigen Jesus Christus gibt es keine Erscheinung. Nur den Glaubenden ist Jesus Christus erschienen. Allen anderen bleibt diese Erfahrung verschlossen. Weder steigt Jesus vom Kreuz noch erscheint er dem ungläubigen Pilatus. Kein Mirakel ist es, das beweiskräftig ist, sondern es ist strikte Glaubenserfahrung, allerdings in objektiven Bildern und Metaphern ausgedrückt. Auch Thomas, als Symbol eines hartnäckigen Zweiflers, der keinem Menschen vertraut, ist schließlich gläubig. Sein Glaube wird mit der Schelte verbunden, daß er sehen und so, doketistisch gedacht, erst von der objektiven Erkenntnis her glauben wollte. Die sind selig, die nicht objektivierend denken, sondern sich auf den Glauben einlassen und so in diesem Glauben Gotteserfahrung machen können: Es ist wirklich Gott, so daß Jesus Christus in der Jüngergemeinschaft weiterlebt (Jo 20,28f).

7.5. Verschiedene Auferstehungstheorien

Aus all dem geht hervor:

1. Die Auferstehung Jesu ist kein historisches Faktum. Historisch ist nur der Auferstehungsglaube der Jünger. Jesu Auferstehung ist keine Rückkehr in das historisch-sichtbare Leben, was theologisch selbstverständlich ist, denn dann wäre er doch wieder gestorben. Seit der Aufklärung gab es rationalistische Erklärungen, die die Auferstehungsberichte verständlich machen wollten. Es gibt die Verwechslungstheorie, die schon gnostischen Ursprungs ist, so daß für Jesus z.B. Simon von Cyrene gekreuzigt wurde (Jesus hat sich heimlich davongestohlen). Oder daß Jesus nicht wirklich tot gewesen sei, nur scheintot, er gesund gepflegt wurde und dann z.B. nach Indien ging, und dort bis zu

seinem Tod predigte.[182] Andere, die eine Bewußtseinsveränderung bei Jesus annehmen, sehen im Auferstandenen, wie beim Voodoo, ein zombisiertes Wesen. Soziologisch wird Jesus Christus als Auferstandener als eine Projektion und Verdichtung der spätjüdischen Auferstehungserwartung gesehen. Die jüdische Apokalyptik hat ohne Zweifel wesentlich zur Ausformung der Auferstehungsbilder beigetragen. Der heutige allgemeine theologische Konsens versteht den Auferstandenen als nicht fotogen (K. Rahner). Wenn jemand bis zum dritten Tag am Grab Jesu mit Kamera oder Fotoapparat ausgeharrt hätte: Nichts wäre zu sehen gewesen. Der Reporter wäre unverrichteter Dinge zurückgekehrt. Die Auferstehung Jesu ist kein objektivierbares Ereignis.

2. Die Auferstehung Jesu ist auch kein objektives Ereignis, d.h. sie ist weder Glaubensbegründung noch -bedingend. Sie ist nicht ein Ereignis in sich. Der Auferstandene ist kein „Ding an sich", das zwar mit dem Glauben zusammen gesehen wird, aber uns doch als ein objektives Faktum (nicht notwendig historisch) gegenübersteht. Ja, Jesus als ein „Gegenüber" widerspricht dem biblischen Zeugnis; es ist gut, daß er als Gegenstand genommen wird, denn nur so kann der Beistand kommen. Vorgestellt wird diese Theorie der Objektivität so, daß Gott an Jesus selbst die Auferstehung bewirkte und er in den Jüngern ein Widerfahrnis setzte, das sie zum Bekenntnis der Auferstehung kommen ließ. Ohne daß die Auferstehung ein neues Handeln Gottes ist, also ein objektives Faktum, läßt sich angeblich das nachösterliche Verhalten der Jünger nicht erklären. Sie bekennen aber, daß Jesus lebt, auferweckt wurde, also muß es ein objektives Faktum gegeben haben, das ihre Überzeugung änderte, und das ist eben die Auferstehung Jesu Christi. „Alle Versuche, das Zustandekommen der Auferstehungsaussagen ohne außergewöhnliche österliche Erlebnisse ausschließlich aus psychischen oder reflexiven Verarbeitungsprozessen der Jünger allein (durchgehaltener oder wiederauflebender Glaube und daraus erwachsende psychogene Visionen; allmähliche innere Bekehrung und Reifung; Reflexion, Deduktion aus vorhandenen Vorstellungen, Debatten und Konsensbildung) zu erklären, widersprechen dem gesamten Duktus der neutestamentlichen Quellen und haben keinen Anhalt an ihnen."[183] Also: Das Verhalten der Jünger, ihr Osterglaube ist psychologisch nicht zu verstehen, wenn nicht irgendein objektives Faktum diese psychologische Veränderung ausgelöst hätte und sie eben durch ein neues Handeln Gottes wieder zum Glauben gekommen wären. *Was* es genau war, wissen wir jedoch nicht.

Zwei Aussagen sind darin enthalten: 1. Gott handelt an Jesus Christus und 2. Gott handelt an den Menschen. Die Details sind unbekannt, aber beide Aussagen verbindet das Handeln Gottes.

---

182 Heute z.B. vertritt dies u.a. F. Alt: Jesus – der erste neue Mann, München 1989. Immer wieder taucht diese absurde These, bzw. Dichtung auf.

183 Th. Schneider (Hg.), Handbuch der Dogmatik I, Düsseldorf 1992, 290.

Gottes Handeln an den Menschen wird häufig mit der sog. objektiven Visionshypothese[184] dargestellt. Sie wird auch heute noch katholischerseits vertreten. Die Visionen sind wirklichkeitsentsprechende Erfahrungen, die von außen – durch Gott – gewirkt wurden. Ob sie psychologisch oder mehr soziologisch zu verstehen sind, individuell oder Kollektiv, wird unterschiedlich gedeutet. Hätte es keinen göttlichen Anstoß von außen gegeben, also keine „objektive" Vision, dann wäre psychologisch die Veränderung der Jünger nicht erklärlich.

Selbstverständlich ist es psychologisch und sozial einsichtig, daß ein Schock zu einer Bewußtseinsveränderung führen kann, die entweder positiv oder negativ ist. So kann sich auch aus einem Zusammenbruch der Phönix erheben. Eine „objektive" Auferstehung ist dafür nur dann notwendig, wenn die Theologie dem begründenden Denken verhaftet ist.

Wenn moderne Theologen auch diese Visionstheorien häufig ablehnen, so hängt das damit zusammen, daß die biblisch späteren Erscheinungserzählungen den Auferstehungsglauben bereits voraussetzen. Trotz dieser Einsicht wird von namhaften Theologen ein Handeln Gottes an Jesus Christus „an sich" vorausgesetzt. Primär ist die Auferstehung Jesu ein Ereignis für Jesus Christus und sekundär für die Jünger. K. Barth[185] spricht von der Auferstehung Jesu als einer objektiven Tat Gottes, die den Glauben begründet und die vom Glauben des Menschen verschieden ist. Auch die Theologen, die von der „Zukunft Gottes" sprechen, sehen die Auferstehung Jesu als Geschehen Jesu *in* sich, auf Gott *hin*. So ist „Jesus in die Zukunft Gottes hinein auferweckt ... (er ist) nicht ins Kerygma hinein auferweckt oder in den Glauben hinein auferstanden, denn Kerygma und Glauben verstehen sich ja selbst eschatologisch als Verheißung und Hoffnung auf Kommendes. Er ist in das Endgericht Gottes hinein auferstanden"[186], von dem Kerygma und Glauben zeugen[187], oder: „Jesus ist in die kommende Herrlichkeit des Vaters auferweckt."[188] Diese Projektion der Auferstehung nach „vorne", in die Zukunft Gottes, will Auferstehung und Wiederkunft Christi verbinden, wobei beides eine Tat Gottes an Jesus Christus in sich und aus sich ist. Auch H. Küng[189] meint, daß die historische (!) Person Jesu eine *objektive* Wirklichkeit bei Gott ist. Die Auferweckung Jesu bewirkt, daß die „identische personale Wirklichkeit, *dasselbe Ich* mit seiner ganzen Geschichte" aufersteht. Noch deutlicher ist H. Kessler[190]:

---

[184] Die subjektive Visionshypothese im Sinne einer Halluzination, von der Aufklärung vorgetragen und zum ersten Mal theologisch bei D.F. Strauß in seinem „Leben Jesu" vertreten, wird kaum noch behauptet. Sie lautet: Weil sich die Jünger Jesu mit seinem Tod nicht abfinden konnten oder wollten, haben sie halluziniert und dies als Wirklichkeit angesehen.

[185] Vgl. K. Barth, KD IV, 1, 331ff.

[186] U. Wilckens, Auferstehung, 145f.

[187] Vgl. J. Moltmann, Der gekreuzigte Gott, 155.

[188] Ders., Trinität und Reich Gottes, München 1980, 104.

[189] H. Küng, Christsein, München 1974, 340.

[190] H. Kessler, in: Handbuch der Dogmatik, Bd. I, Düsseldorf 1992, 427.

„,Auferstehung' ist nicht nur ein Ausdruck dafür, daß die Jünger die Sache Jesu weiterverkünden, oder daß Jesu Lebenspraxis und Tod von endgültiger Bedeutung sind. Gott hat nicht allein den Glauben der Jünger an Jesus ... wiedererweckt, sondern er hat grundlegend Jesus selbst aus dem Tod auferweckt ... Nur eine derart ‚persönliche' Auferstehungsinterpretation, welche die Auferweckung als eine – dem Kreuzesgeschehen gegenüber andere – neue ... Tat Gottes *im* Tode Jesu begreift, wird dem neutestamentlichen Zeugnis gerecht." Für ihn bestätigt Gott das Leben und die Person Jesu durch einen „kreativen Akt", nämlich die Auferstehung.

Etwas weniger deutlich, aber auch mit dem Akzent auf die göttliche Bestätigung Jesu durch die Auferweckung, sagt F. Schüssler Fiorenza[191]: „Der Glaube an die Auferstehung Jesu als Glaube an die Gerechtigkeit Gottes, die das Leben und die Praxis Jesu *rechtfertigt*, hat den Effekt, sich zu Leben und Praxis Jesu zu bekennen." Jesu Leben und Tod braucht also hier eine Rechtfertigung, und diese gibt Gott durch die Auferweckung, wodurch wir einen begründeten Glauben erhalten bzw. zum Glauben kommen.

Was geschieht gedanklich durch diese Theologumena? Die Auferstehung Jesu wird nicht als eine axiologische Aussage verstanden, nicht als eine Wertung des Lebens und Todes Jesu für uns, sondern als ein neues Faktum in sich und an sich, als ein Bestätigungsakt Gottes. Abgesehen davon, daß all diese Ansichten einen objektivierten Gottesbegriff voraussetzen, wird durch eine solche nachträgliche Bestätigung des Lebens Jesu dieses selbst in seinem Vollzug entwertet. Er wird „wieder" lebendig. Dieses „Wieder", dieser zweite Akt, nachdem der Vorhang gefallen ist, ist eine überaus bedenkliche Zurücknahme des Anspruchs Jesu. Ein transzendentaler Schein nimmt dem realen Leben Jesu seine Gültigkeit in sich. Der ganze Sinn des Lebens und Todes Jesu hängt von der nachträglichen Ratifizierung durch Gott ab. Die Auferstehung als Bestätigung des Lebens Jesu durch Gott ist als zweiter Akt Gottes gedacht und die radikale Entwertung des Lebens und Todes Jesu. Die Auferstehung Jesu ist dann der Stempel, wie bei einer Briefmarke, die nur dadurch entwertet wird. Das Leben hat als Vollzug keinen Sinn mehr, sondern erhält ihn erst durch das Ziel. Erst durch dieses Ziel, die Fremdbestätigung durch einen transzendenten Gott, wird das Leben im Nachhinein wertvoll. Jesu Lebensvollzug selbst ist sinnlos. Die Kategorie des zeitlich-geschichtlichen Lebens wird in eine ontologische Kategorie gefaßt, die begründende Funktion erhält. Die Auferstehung als ein zweiter bestätigender göttlicher Akt setzt einen grundlegenden Widerspruch zwischen historischem Jesus und kerygmatischem Christus, zwischen Verkündiger und Verkündigtem. Der Verkündiger wird nicht durch sein Leben und seinen Tod zum Verkündigten, sondern erst durch eine nachträgliche Tat Gottes. Der historische Jesus wird sinnleer, und der Auferstandene ist durch Gott sinnvoll. Diese Vernichtung der Bedeutung des Lebens Jesu ist ja auch in der Theologiegeschichte

---

[191]   F. Schüssler Fiorenza, a.a.O., 67.

weitgehend geschehen. Der historische Jesus wurde nur als Inkarnationspunkt (Gottheit und Menschheit) gesehen und nicht mehr als ein konkret-zeitlich-geschichtlicher Lebensvollzug. Erst die Bestätigung durch einen Gott macht nachträglich das historische Leben Jesu sinnvoll. Die Sinngebung ist damit eine Fremdbestimmung. Sie ist die Absicherung der Geltung des Lebens Jesu. Damit ist also die Existenzform des historischen Jesus nicht von bleibender Bedeutung als Verkündigte, sondern diese wird als in sich ungenügend und unvollständig verstanden. Der existentielle Ernst ist aus dem Leben Jesu entwichen, obwohl die biblische Darstellung gerade diesen verdeutlichen will. Eine „objektive Garantie" für Jesus würde als Gottesurteil wieder das Gesetz usw. einführen, als etwas Absolutes und so ebenfalls in Widerspruch zur Verkündigung Jesu geraten. Ja, die Auferstehung würde Lohncharakter annehmen für das sinnlose, mühevolle Leben, und gerade diesen Lohngedanken kritisiert die jesuanische Verkündigung. Sehr treffend sagt F. Schupp in seiner ausgezeichneten Christologie[192]: „Soweit wir von der Gerichts-Verkündigung Jesu etwas wissen, war es Jesu Überzeugung, daß die im Tod erreichte End-Gültigkeit des Lebens ihre Gültigkeit als Wertung bereits in sich habe, und so keiner Ratifikation mehr bedürfe (vgl. Mt 25), also nur das, was im Leben geworden ist, als bleibend gültig (positiv oder negativ) angesehen werden kann. Keine Bestätigung und kein Urteil von außen her kann daran noch etwas ändern oder dazu etwas hinzufügen." Die Auferstehung Jesu an sich als ein göttlicher Bestätigungsakt ist keine Aufwertung, sondern eine radikale Abwertung der jesuanischen Verkündigung und seines Lebensvollzuges, sie steht also gegen Theorie und Praxis Jesu selbst, wie sie das NT darstellt. Alle theologischen Theorien, die die Auferstehung objektivieren, nehmen dem Lebensvollzug seinen Sinn in sich, bejahen nicht das Leben um seiner Werthaftigkeit willen, sondern lösen es in einen jenseitigen Gnadenakt Gottes auf. Die Objektivität der Auferstehung zerstört nicht nur die Subjektivität, sondern vielmehr noch die Relationalität des Lebens. Die Theologen, die mit einer solchen begründenden These die Göttlichkeit retten wollen und meinen, der Theologie einen Dienst zu tun, zerstören die Theologie, d.h. das wahre Sprechen von Gott, und bestreiten, daß der Verkündiger wirklich der Verkündigte ist.

D. Bonhoeffer[193] sagt dazu: „Nur wenn man das Leben und die Erde so läßt, daß mit ihr alles verloren und zu Ende zu sein scheint, darf man an die Auferstehung der Toten und an eine neue Welt glauben." Und K. Rahner[194] meint nicht ganz zu Unrecht: „Selbst der, der in seinen reflektierten Vorstellungen sagt, er meine, mit dem Tod ‚sei alle aus', dabei aber lebt in radikaler Ehrfurcht vor der Würde des Menschen, bejaht in seiner Lebenstat, was er in seiner Theorie leugnet, eben seine ‚Auferstehung'."

---

[192] F. Schupp, Vermittlung im Fragment. Überlegungen zur Christologie, Innsbruck 1975, 34.

[193] D. Bonhoeffer, Widerstand und Ergebung, München-Hamburg ²1965, 86.

[194] K. Rahner, Chancen des Glaubens, Freiburg 1971, 49f.

Daher kann das Bild der Auferweckung Jesu nur eine Wertaussage sein, daß Jesu Leben und Tod, die *ganze* jesuanische Verkündigung in Theorie und Praxis, einen bleibenden Wert hat. Damit ist dies aber eine strikte Glaubensaussage. Nicht irgend etwas *anderes* sieht der Mensch, der sein Leben auf Jesus Christus bezieht, sondern er sieht Jesu Leben und Tod *anders.* Die Kategorie: Auferstehungsleben wirft ein neues Licht auf das Leben, gibt die Sinnerfahrung wieder, die wir auch Liebe nennen. Sie öffnet die „geschlossenen Türen", und mitten unter uns „lebt Jesus Christus". Erst in dieser Beziehung, konventionell formuliert, im Glauben, erfährt der Osterglaube seinen Grund.[195] Jede Aussage von Jesus Christus, dem Auferstandenen, ist sinnlos, wenn sie nicht als lebendige Glaubenserfahrung gedeutet wird. Nur dem Glaubenden „erscheint" Jesus.

3. Diese relationale Einheitstheorie, die jede Verobjektivierung und auch jede losgelöste Objektivität der Auferstehung Jesu a limine zurückweist, wird von vielen Theologen vertreten, wobei allerdings oft ein objektivierter Rest mitgedacht wird. Die klassische Position vertritt R. Bultmann. Nur in der Gemeinschaft der Glaubenden, in der Verkündigung begegnet der Auferstandene. Auferstehung ist nichts anderes als die Bedeutung des Gekreuzigten für uns. Identifizieren wir uns mit ihm, so sind wir mit ihm auferstanden. Jesu Auferstehung ist nichts für sich und in sich, aber alles für uns. Jesus ist „ins Kerygma auferstanden"[196]. Wenn wir die christliche Botschaft hören und verwirklichen, geschieht Auferstehung. Treffend führt E. Fuchs Bultmanns anthropologischen Ansatz weiter, indem er formuliert: „Der Gekreuzigte ist also ins Wort der Liebe auferstanden."[197] Daß Liebe möglich ist, auch im fragmentarischen Leben, und daß sie den Tod überwindet, ist der ganze Inhalt der Auferstehungsbotschaft. Außer der gelebten Liebe fügt die Auferstehung nichts hinzu. Liebe kann vom geschichtlichen Menschen ausgesagt werden. „Das Bekenntnis zur Auferstehung Jesu Christi ist für den Christen der Ausdruck der Gewißheit, daß das Wort wahr ist, das nur ein schöner Traum zu sein scheint: ‚Stark wie der Tod ist die Liebe' (Hl 8,6)."[198] Wenn man vom mythologischen Hintergrund bei Ratzinger absieht, ist dies eine hervorragende Formulierung und Interpretation des Auferstehungssymbols. Und er fährt fort: „Nur wo für jemand der Wert der Liebe über dem Wert des Lebens steht, d.h. nur wo jemand bereit ist, das Leben zurückzustellen hinter der Liebe und um der Liebe willen, nur da kann sie auch stärker und mehr sein als der Tod ... Da würde sie seine Grenze – den Tod – überschreiten und Einheit schaffen, wo er trennt."[199] Auferstehung ist also Metapher für den letzten Wert der

---

[195] Ders., Schriften zur Theologie, VII, 161ff.

[196] R. Bultmann, Das Verhältnis der urchristlichen Christusbotschaft zum historischen Jesus, Heidelberg 1965, 27.

[197] E. Fuchs, Marburger Hermeneutik, 1968, 200. Auch für Origenes geschieht Auferstehung im göttlichen Wort und Leben: „Resurrectio in ipsa dei sapientia et verbo ac vita consisteret", De principiis I, 31, 15.

[198] J. Ratzinger, Einführung in das Christentum, München 1971, 221.

[199] Ebd., 223.

Liebe. Daß es sinnvoll ist, von Jesus zu sprechen, erweist sich allein im Vollzug, der den Menschen geschenkten Vollmacht, zu lieben. Das ist ein göttliches Ereignis. Und in der Bibel wird Gott durch die Liebe definiert. So kann J. Pohier[200] sagen, „daß Auferstehung die Auferweckung der Gotteserkenntnis (für das gegenwärtige Leben) ist", denn Gott erkennen, heißt lieben. Die Befreiungstheologen sehen diese Realisierung der Liebe noch stärker in der Relationalität auf den geschichtlichen Kontext hin. Jesus Christus ist in die Geschichte hinein auferstanden.[201] „In die gerechte Verteilung der Güter ist Jesus auferstanden, denn Jesus ist nicht ohne seinen Leib. Das Osterfest gilt der ganzen Geschichte."[202] Oder die Inschrift auf dem Grab des ermordeten Pater A. Jarlan, Chile: „Du wirst im Kampf des Volkes wieder auferstehen" oder O.A. Romero[203] „Wenn sie mich töten, werde ich im Volk von El Salvador wiedererstehen". So kann auch L. Boff formulieren: „Auferstehung besagt ... die totale und erschöpfende Verwirklichung aller latent im Menschen vorhandenen Möglichkeiten."[204] Es geht dabei primär um die Dimension der Liebe, die in der Geschichte wirksam wird. Dies will auch das Bild der „Wiederkunft Christi" verdeutlichen, wie es in der Apg 1,11 überliefert ist. Auf der Erde muß seine Wiederkunft stattfinden, und da hilft kein Schielen nach dem Himmel. Auferstehung Jesu Christi ist nur dann wahr, wenn die Liebe in der Geschichte ernst genommen wird und zur Veränderung aller ungerechten Verhältnisse beiträgt. Daß Liebe sinnvoller ist als alles Unrecht und aller Haß, das ist der Inhalt „der Propheten und des Gesetzes", das ist der Inhalt der biblischen Auferstehungsbotschaft. Gott ist den Menschen nahe, wenn der eine dem anderen hilft, wenn eine bessere Lebenswelt geschaffen wird, wenn wir lieben. Von einem Menschen, der sein Leben in dieser jesuanischen Vollmacht vollzieht, kann dann Jesus Christus ausgesagt werden: Was wir dem Geringsten tun, haben wir ihm getan! Und weil dieses Einstehen füreinander Liebe ist, kann auch Gott von diesem Geschehen prädiziert werden. Indem wir diese Welt wirklich vermenschlichen, vergöttlichen wir sie. So wird im Auferstehungssymbol die „gott-menschliche" Struktur der Welt zum Ausdruck gebracht. Der Mensch ist weder Jesus Christus noch Gott, aber er lebt in der Ermächtigung, trotz allem zu lieben. In dieser Vollmachtserfahrung werden Gott und Jesus Christus zum Realprinzip menschlichen Lebens und sind der Vermenschlichungsindex der Welt und der menschlichen Gesellschaft. So kann es dann durchaus auch sinnvoll zur dogmatischen Ausformung kommen, indem durch die „Klammer" der Liebe eine Vollzugsidentität zwischen Gott und Jesus Christus ausgesagt wird. Die Auferstehung ist

200   J. Pohier, Wenn ich Gott sage, Olten 1980, 297ff.
201   Vgl. G. Koch, Die Auferstehung Christi, Tübingen ²1965, 106.
202   C. Bussmann, Befreiung durch Jesus. Die Christologie der lateinamerikanischen Befreiungstheologie, München 1980, 140ff, besonders Gutiérrez, Comblin u.a.
203   O.A. Romero, Aus seinem letzten Interview (zwei Wochen vor seinem Tod), in: Blutzeuge für das Volk Gottes, Olten 1986, 131.
204   L. Boff, Was kommt nachher? Das Leben nach dem Tod, Salzburg 1982, 22.

die Sinngebung des sinnlosen Kreuzes bis zum Schluß und über den individuellen Tod hinaus, denn Liebe ist sinnvoll der letzte Wert. So ist Jesus Christus zwar nicht vor seinem Tod glücklich zu preisen, denn immer noch ist die Wende in die Lieblosigkeit möglich, aber im Tod wird er bildhaft durch die Metaphern der Auferstehung „glücklich gepriesen" als Macht der Liebe. Die Einheit, die dann von Jesus Christus mit Gott ausgesagt wird, hat hier ihren Anhaltspunkt. Liebe ist daher stets ein gott-menschliches Geschehen. Sie ist das positive Vorzeichen für jedes Leben und kann Entfremdung aufheben. Damit wird in und durch das jesuanische Geschehen „Erlösung" angeboten. Der Erlösungsindex ist gefunden, der freilich in der Geschichte jedes und aller Menschen verwirklicht werden muß, wenn menschliches Leben sich nicht verfehlen, sondern glücken soll. In einem Leben, in dem Sinn, Liebe und Gott sich zeigen, ist das Leben für alle (in Geschichte und Gesellschaft) erstanden.

8. Jesuanische Titel

Bisher sprachen wir über die *Erfahrung*, die uns in der Bibel überliefert ist und die Menschen um Jesus mit dem jesuanischen Geschehen machten. Es ist eine radikale Befreiungserfahrung ($\dot{\epsilon}\xi o v \sigma \acute{\iota} \alpha$), die die Liebe über das Leben stellte (Kreuzestod) und die in ihr den letzten Wert (Auferstehung) sieht. Die Auferstehungsmetapher urgiert die Erfahrung in dem Sinne, daß auch der Schein einer rein theoretischen Betrachtungsweise ausgeschlossen wird. Ohne die Wertung für mein Leben kann das Leben Jesu, d.h. daß Jesus lebt, nicht gedacht werden. Die axiologische Auferstehungsaussage ist nur gültig, wenn sie mein Leben verändert, d.h. mein Leben bestimmt wird durch die jesuanische Erfahrung. Dies geschieht, wenn wir jesuanische Vollmacht in unserem Leben vollziehen, in der theologischen Sprache heißt dies: Glaube. Er ist die Teilhabe und Realisierung der Befreiungserfahrung in meinem Leben, im Leben der Gesellschaft.
Nun finden wir in allen Schichten der Evangelien und der neutestamentlichen Briefliteratur nicht nur die Wiedergabe dieser Erfahrung, sondern Deutemuster, die diese Erfahrung interpretieren und in vorgegebene Denkschemata einordnen. D.h. bereits in der Bibel haben wir die ersten Reflexionen über das Jesusgeschehen, die dessen Bedeutung für uns klären wollen. Wie ist Jesus in seiner Heilsbedeutung für den Menschen zu interpretieren? Das ganze Interesse an Jesus Christus ist ein soteriologisches Interesse. Wichtig ist nicht Jesus in sich, an sich, sondern für mich, für uns. Um diese Heilsrelevanz zu betonen, entwickelt das NT *verschiedene Christologien*. Jesus wird mit theologischen Deutekategorien in Verbindung gebracht, damit seine Bedeutung im historischen Kontext verstehbar ist und einleuchtet. Ausgedrückt werden diese Christologien durch die sog. „christologischen Hoheitstitel". Bei allen ist umstritten, ob sie bereits im historischen Jesus einen Anhalt haben, ob sie zu seinen Lebzeiten gebraucht wurden und ob er sich vielleicht selbst mit dem

einen oder anderen Titel bezeichnet hat, um die Wichtigkeit seiner Sendung aufzuzeigen, oder aber ob ein Teil oder alle erst nachösterlich sind.

8.1. Messias

Für die jüdischen Hörer, für Judenchristen, war sicher das wichtigste Deute- und Interpretationsschema der *Messiastitel*. Jesus wird ca. 500mal als Messias und griechisch als Christus bezeichnet. Die frühe Glaubensgemeinde verwendet diesen Titel, um zu zeigen, daß Jesus der Erwartete des jüdischen Volkes ist, daß er die Hoffnung auf den Heilsbringer in Israel erfüllt hat. Nach J. Moltmann ist der Messias die Hoffnung der Besiegten, die Zukunft des armen Volkes.[205] Messias ist die Gestalt, die die Not wendet. Auch seine Reich-Gottes-Verkündigung kann als messianisches Reich gedeutet werden, als Jubeljahr, als Neubeginn, der charakterisiert ist durch Schulderlaß, Befreiung der Unterdrückten und Beendigung der Ausbeutung. Ja, der Gedanke war nicht fremd, daß mit dem messianischen Reich die Tora, das Gesetz enden. Das synoptische Messiasgeheimnis klärt, daß erst nach dem Tod Jesu Jesus als Messias verstanden werden konnte. Als Jesus bereits zum Verkündigten wurde, sah man für ihn die Kategorie des Messias als geeignet an, ihn als Heilserfüllung für das jüdische Volk darzustellen. So konnten die Juden ihn durch diesen Titel als den ihren erkennen und in ihm den Hoffnungsträger des jüdischen Volkes sehen. In dieser Linie, mit Bezug auf das AT, bleibt wohl auch die griechische Übersetzung, Christus. Diese Bezeichnung meint den Gesalbten, den von Gott Beauftragen. Da Jesus als die Heilszusage Gottes verstanden wurde, konnte Christus mit dem Eigennamen Jesus so verschmelzen, daß daraus der Doppelname Jesus Christus wurde. Mit der Messiasbezeichnung hängen die Titel Lehrer und Prophet zusammen. Jesus wird zum alles überbietenden Propheten (Lk 7,16; Apg 3,22; 7,37; Jo 6,14; 7,40-45). Das Volk hat ziemlich sicher in Jesus einen Propheten gesehen. Aber erst nach Ostern erkennen die Jünger, daß er der leidende Prophet und Messias ist. Der Prophetentitel wird aber in der Christologie sehr bald zurückgedrängt, weil damit „nur" das Prophetsein gemeint sein könnte, was der frühen Kirche bereits zu wenig war. Als Lehrer ist er, Jesus, das Maß aller Lehrer (Mt 23,8), steht über Mose (Mt 5,17) und trägt seine Lehre eben mit Vollmacht vor, wodurch er alle anderen Lehrer depotenziert, was zur tödlichen Spannung führte (Mk 1,22.27; 2,12; 3,16). Der Lehrer-Prophet-Messias wird in seinem wahren Anspruch vom jüdischen Volk verkannt.

8.2. Kyrios

Neben der Messiaschristologie ist die *Kyrioschristologie* überaus bedeutsam. Jesus wird ca. 350mal als Kyrios betitelt. Während in der LXX Jahwe mit Ky-

---

[205] J. Moltmann. Der Weg Jesu Christi. Christologie in messianischer Dimension, München 1989, 28.

rios, Herr, übersetzt wird, gebrauchen die Synoptiker bewußt diesen Titel für Jesus. In ihm ist wirklich Gott am Werk, er ist nicht mit einem anderen zu vergleichen, in ihm geschieht wirklich Gotteserfahrung. So ist Jesus dann auch Herr der Schöpfung (Phil 2,11). Vor allem aber ist dies ein liturgischer Titel. In der gottesdienstlich versammelten Gemeinde ist der Herr Jesus mitten unter ihnen. Ob dieser Titel erst in heidenchristlichen Gemeinden entwickelt wurde und von orientalischen Mysterienreligionen beeinflußt ist (W. Bousset, R. Bultmann), indem im Kult Gottes Gegenwart erfahren wird, oder ob er gegen den römischen Kaiserkult (O. Cullmann) formuliert wurde (vgl. 1Kor 12,3), ist umstritten. Sicher wurde Jesus Christus als im Geist gegenwärtig verstanden (2Kor 3,17) und als Kyrios verehrt. Alles menschliche Herrsein hat in ihm ein Ende gefunden. Die menschlichen Verhältnisse können seither nurmehr geschwisterlich geregelt werden. Wir alle sind ein „Christusleib", und dieser ist der Herrenleib, den wir im Mahl vergegenwärtigen. Sein Herrsein geht ganz in die Gemeinde ein und befreit von aller menschlichen Herrschaft und allen übergeordneten Herren. In Affinität dazu wird Jesus Christus als Lamm, ja als Opferlamm verstanden, das ganz für andere da ist und nur in seiner radikalen Pro-existenz ist er Herr, nämlich als Diener aller, der auch sein eigenes Leben hintansetzen kann. Auch die Hirtenchristologie ergänzt diesen Gedanken. Der Hirte sorgt bleibend für die Seinen; er führt sie in den freien Lebensraum und schützt sie vor Gefahren wie dem Wolf. Das Hirtesein wird auch im Raum des Priesterseins gesehen. So spricht der Hebräerbrief ständig von Jesus Christus als dem einzigen Hohenpriester, der alle Opfer mit dem gesamten Priestertum abschafft. Niemand braucht uns auf Gott hin vermitteln als eine höhergestellte Instanz.

Auch ist in diesen christologischen Vorstellungen Jesus als Ebed-Jahwe (Gottesknecht) interpretiert. Wie der Hohepriester für die Sünden des Volkes stirbt, so ist der Sühnetod Jesu zu verstehen. Ausdrücklich wird auf das AT, den leidenden Gerechten verwiesen (Jes 53; vgl. Mt 8,17; 12,18-21; Lk 22,37; Apg 2,23; 8,32f Röm 4,25; 8,32; 15,31; 1Kor 15,3-5; Phil 2,6-12; 1Petr 2,21ff; Mk 1,11par u.a.). Er ist auch das Lösegeld (Mk 10,45par), wodurch wir in Freiheit gesetzt werden und in den liturgischen ὑπέρ-Formeln (Mk 14,24; Mt 26,28; 1Kor 1,24; Lk 22,20) kommt die Verbindung des Herrseins mit dem Dienersein nochmals sehr deutlich zum Ausdruck. Hier, in dieser Christologie wird vor allem die Befreiung von aller Unterdrückung reflektiert, die uns in Jesus Christus geschenkt ist. Der weltliche und religiöse Herr ist endgültig abgeschafft.

8.3. Menschen- und Gottessohn

Ein weiterer wichtiger biblischer Christologieentwurf war der Titel *Menschensohn* (ca. 80mal), Davidsohn (ca. 20mal) und *Gottessohn* bzw. Sohn (absolut) (ca. 75mal). Gegenüber dem Messiasbegriff kann man im Menschensohntitel eine Erweiterung sehen. Der Messias blieb auf das jüdische

Volk fixiert, während der Menschensohntitel alle Völker grundsätzlich einschließt. Ohne Zweifel knüpft er auch an die Menschensohngestalt (Dan 7,13ff) im AT an. Jesus selbst spricht in den Evangelien immer nur in der dritten Person vom Menschensohn. Die Logienquelle sieht Jesus als den zukünftigen Menschensohn. Mit dieser Gestalt verbinden sich Leiden, Sterben und die Auferweckung am dritten Tag (Mk 8,31; 9,8) und der erwartete himmlische Richter (Mk 8,38), der aber auch schon jetzt wirksam ist (Mk 2,10). Ob diese Menschensohnworte für ein „Ich" stehen oder kollektiv zu deuten sind, muß offen bleiben. Diese Bezeichnung für Jesus Christus wurde auch bald ganz zurückgedrängt. War sie apokalyptisch gemeint, dann wurde sie durch den Wiederkunftsgedanken so abgelöst, daß das Menschsein nur wenig Beachtung fand, war sie hingegen als Benennung des Humanen zu deuten, dann spielte dieses eine untergeordnete Rolle, weil es auf die Bedeutung Jesu für uns kaum aufmerksam machen konnte. Der Davidsohntitel in der vorpaulinischen Formel (Röm 1,3) hatte den Sinn, auf die wahre Menschheit Jesu hinzuweisen. Die Genealogien bei Mk und Lk mögen auch auf seinen menschlichen Ursprung hindeuten, womit sich freilich der Verheißungsgedanke verbindet (vgl. Mt 21,9; Lk 1,32).

Der Gottessohntitel erlangte größere Bedeutung, weil er auf den Sinn des Jesusgeschehens viel eindrücklicher hinweisen konnte. Der Sinn des Umgangs mit Jesus liegt in der Erfahrung der Nähe Gottes. In der Darstellung der Synoptiker geschieht bei der Taufe am Jordan (Mk 1,9-11par) Gotteserfahrung. In diesem Geschehen wird Jesus zum Sohn Gottes. Wobei der kirchliche Hintergedanke wirksam ist, daß jeder Mensch durch die Taufe zum Sohn (Kind) Gottes wird. Diese Überlegung kann nun so erweitert werden, daß bereits die Geburt Jesu ein göttliches Ereignis ist (Mt 1,20-2,15; Lk 1,31.35). Wird Jesus gar der Zeit enthoben, also präexistent (Jo 1,1; Phil 2,6; Kol 1,15; Hebr 4,3; 13,18), dann hat die ganze Schöpfung den Sinn durch Jesus Christus.[206] Er ist der Schöpfungsmittler (Eph 1,21f; Kol 1,16; Hebr 1,2; Jo 1,3) und behält diese Bedeutung bis zum Endgericht bei (1Kor 15,28; 1Thess 1,9f). Wer sich an Jesus Christus orientiert, wird daher selbst als Sohn Gottes adoptiert (Gal 4,4-7; Röm 8,14-17; Eph 1,5). Woher diese Vorstellung kommt, ob sie durch die Wertaussage des Auferstehungsbildes bedingt war oder ob es eine hellenistische Vorstellung des θεῖος ἀνήρ ist (R. Bultmann), was für die frühen Texte unwahrscheinlich erscheint, kann offen bleiben. Der Gottessohngedanke (Jo 10,33ff) schließt an die alttestamentliche Tradition an (Ps 82,6; 1Kön

---

[206] Der Topos der Präexistenz dient vor allem zur Begründung der Heilsbedeutung Jesu. Es ist ein mythisches Motiv, daß Heil nur aus einer anderen Welt (Jenseits, Himmel etc.) kommen kann, daß ein Gottwesen herabsteigt, um uns zu heilen. Solche Begründungen hat gerade Jesus zurückgewiesen. Allein als eine Metapher dafür, daß der Mensch nur als Beziehungswesen, durch das andere im Sinne des Beschenktseins, zu sich selbst finden kann, ist sie ein sinnvoller Hinweis. Vgl. G. Hasenhüttl, Von der Menschlichkeit Gottes, in R. Laufen (Hg.), Gottes ewiger Sohn, die Präexistenz Christi, 1997, 227-237; K.J. Kuschel, Geboren vor aller Zeit? Der Streit um Christi Ursprung, München/Zürich 1990.

8,5), in der es heißt: „Götter seid ihr allesamt" – dies gilt für alle, an die Gottes Wort ergangen ist! Umso mehr kann von Jesus, der durch den Vater geheiligt ist, im johanneischen Verständnis „Gottessohn" ausgesagt werden. Der Titel ist keine Gotteslästerung, da in Jesus Christus die Taten, die den Vater bezeugen, offenbar werden. Weil Jesus Christus Gott verstehbar macht, „offenbart", kann er auch einfach „Sohn" heißen (Jo 10,30). Dieses Prädikat verwendet Johannes im absoluten Sinn (Ohne Erklärung durch das weitere Prädikat: Gott). Im bekennenden Glauben kann sogar in Jesus Christus eine solche Erfahrung ausgedrückt werden, daß der höchste Gott zur Sprache kommt (Jo 20,28). Letzter Sinn, Gott, wird in Jesus Christus erfahren – er bildet einen Universalhorizont menschlicher Sinnerfahrung. Sonst wird von Jesus Christus als Gott (ohne Artikel, d.h. *ein* göttliches Ereignis) nur noch einmal gesprochen (Röm 9,5). Im Titusbrief (2,13) ist Jesus Christus als unsere Hoffnung ein „großer Gott", wobei dies eine typisch griechische Redeweise ist, für ein bedeutendes und für Menschen gültiges Ereignis.

Diese unterschiedlichen christologische Entwürfe wollen also je auf ihre Art die Bedeutung Jesu reflex zur Sprache bringen und durch Interpretationsmuster verständlich machen. Sie sind auf keinen Fall so gedacht, daß alle zusammen etwa eine umfassende Christologie ergeben, sondern wollen, als zeitbedingte, der Situation entsprechende Deuteschemata die jesuanische Heilsbedeutung begreifen lassen. Sie alle verlassen die Erfahrung und sind auf der Argumentationsebene zu sehen.

8.4. Weisheit und Wort Gottes

Zwei wichtige christologische Entwürfe sind noch zu erwähnen. Es sind dies die σοφία- und die λόγος-Christologie. Vor allem bei manchen Apologeten, den frühen Kirchenvätern spielt die σοφία-Lehre eine wichtige Rolle. Dabei ist der Einfluß von Philo von Alexandrien († 45 n. Chr.) nicht zu verkennen. Für ihn ist die σοφία (Weisheit), die „Tochter Gottes" und der λόγος (das Wort), der „erstgeborene Sohn Gottes". Beide sind ein Gott „zweiter Ordnung", δεύτερος θεός, der präexistent ist. Er greift damit eine jüdische Tradition auf, die im AT zu finden ist. Dort ist in nachexilischer Theologie die σοφία, Chokmah (d.h. Weisheit, Erfahrung) die Mittlerin der göttlichen Offenbarung. Dieser Gedanke wird in der neutestamentlichen Theologie auf Jesus übertragen. Im AT (Spr 1-9 [ca. 300 v. Chr.]; Sir 24 [ca. 180 v. Chr.]; Bar 3,15-4,4 [ca. 120 v. Chr.] und Weish 6-9 [ca. 50 v. Chr.]) ist die Weisheit ein Wesen, das vor der Schöpfung ist, am Beginn der „Wege Gottes" (Spr 8,22ff) steht. Sie ist Gottes Lebensgefährtin, seine Geliebte, sie ist Beisitzerin (Paredros) seines Thrones (Weish 8,3; 9,4.20). Sie erfreut Gott bei der Welterschaffung durch ihre Scherze (Spr 8,22-31), ist dabei seine Helferin, aber auch Ratgeberin (Weish 7,12.21; 8,4; 9,2.9). Als solche durchwaltet sie das All (Weish 7,24; 8,1.5). Aber sie wirkt nicht nur in der Schöpfung, sondern auch in der Geschichte Israels, sogar der ganzen Menschheit (vgl.

Weish 10,1-19). Ihre Wohnstatt nimmt sie natürlich im auserwählten Volk (Sir 24,8-19.23; Bar 3,15-4,4), sie durchstreift aber den ganzen Kosmos. Sie lädt die Menschen zu ihrem Gastmahl (Spr 9,1-5), und jeder, der sie sucht, findet bei ihr Zuflucht und Nahrung. Als palästinensisch-ägyptische Baumgöttin sättigt sie mit ihren Früchten alle, die am Symposion unter dem Baum teilnehmen (Sir 24). So geht sie ein in ihre Freunde und in die Propheten Gottes (Weish 7,14.27f) und wer von ihr inspiriert wird, wird Gottessohn genannt (Weish 2,12-18). Dieses vorgegebene Bild war überaus geeignet, in der theologischen Reflexion auf Jesus Christus angewendet zu werden. So lehrt Jesus, wie die personifizierte Weisheit (Mk 6,30-8,21), ja Jesus ist viel mehr als die ganze, vielgerühmte Weisheit Salomos (Mt 12,2par; Lk 11,31). Diese göttliche Weisheit offenbart sich gerade in den Kleinen, Unmündigen und Schwachen (Mt 11,25ff. So erhält die Weisheit ihr Recht durch all ihre Kinder (Lk 7,35). Die Frage nach dem Woher der Weisheit im Jesusgeschehen kann nicht geklärt werden (Mt 13,54; Mk 6,2). Sie zeigt sich in Jesus selbst, wobei ein „Wachstum" zu verzeichnen ist. Die Weisheit macht die Geschichtlichkeit, Zeitlichkeit Jesu mit (Lk 2,40.52). Und bei der Taufe Jesu offenbart sich die σοφία als Taube, ein altes Symbol für die Liebesgöttin bzw. für die Liebesbotschaft der σοφία-Göttin. Und wie die Weisheit das Mahl bereitet, so geschehen die wichtigsten Heilszeichen beim jesuanischem Mahl. Die Weisheit ist der Ursprung der Apostel und Propheten, die sie sendet (Lk 11,49; vgl. Mt 23,34), sie werden aber getötet. Andererseits vermögen alle Verfolger gegen die Weisheit nichts (Lk 21,15). Und die jesuanische Weisheit ist seinen Jüngern gegeben, wie an Stephanus abzulesen ist (Apg 6,3.10).

Daher *ist* Jesus Christus die Weisheit Gottes (Röm 11,33). Gottes ἐξουσία und σοφία *ist* der lebendige Christus (1Kor 1,24 vgl. 1,30; 2,7; 1Kor 10). Das Kreuz Christi ist, gegen alle menschliche Weisheit und Maßstäbe die göttliche Weisheit. Sie tritt die universale und kosmische Herrschaft an, wie sie nicht nur in jüdisch-hellenistischer Theologie gepriesen wird, sondern auch Affinität zum Isiskult zeigt (vgl. Phil 2,6-11; 1Tim 3,16; Kol 1,15ff; Eph 2,14ff; Hebr 1,3; 1Petr 3,18). Und schließlich kehrt die σοφία (1Henoch 42,1-2) in den Himmel zurück wie Jesus Christus zu Gott und wird über die Welt erhöht. Wir haben hier eine präexistente kosmische Denkfigur, die die Heilsbedeutung der σοφία-Jesus hervorheben will. Auch im Kreuzestod erweist sich göttliche Weisheit, und diese ist universal, bedeutsam für den ganzen Kosmos. Die σοφία-Christologie will aber nicht nur den allgemeingültigen Sinn Jesu Christi verdeutlichen, sondern zugleich, daß er Heilszeichen für die Armen und Unterdrückten ist. Zu diesen νήπιοι (Unmündigen/Ungebildeten) gehörten damals auch die Frauen. Das Freudenmahl gilt besonders ihnen. Und die σοφία selbst ist ja eine Frauengestalt, mit der Jesus Christus in eins gesetzt wird. So versucht heute gerade die feministische Theologie die Wichtigkeit der σοφία-Christologie zu unterstreichen.[207] Die Kirchenväter favorisier-

---

[207] S. Schroer, Jesus Sophia, in: D. Strahm/K. Strobel (Hg.), a.a.O., 112-128.

ten vielfach diese Christologie. Für sie ist Gott von Ewigkeit her allein, aber in seiner Ewigkeit gründet er die immanente Person, Weisheit, die Ausgangspunkt und Prinzip der zukünftigen Welt sein wird. Alles erschafft Gott in der Weisheit. Die personale Weisheit ist im Gedanken Gottes, hat jedoch ihre eigene Existenz. Mittels Gottes Geist bringt diese Weisheit das Wort hervor und tritt als solches in die Welt.

Es geht nun nicht um die einzelnen philosophischen Spekulationen, sondern vielmehr darum, daß die Weisheit dem Wort (Logos) vorgeordnet wird. Die theologische Hauptrichtung aber orientierte sich am männlich gedachten λόγος. So wird die σοφία-Christologie abgedrängt und sollte im Mittelalter zum mariologischen Topos werden. Nicht Jesus Christus, sondern Maria ist die Weisheit Gottes, die er sich geschaffen hat.

Die Theologiegeschichte wird daher durch die λόγος-Christologie beherrscht. Das λόγος-σάρξ-Schema ist für sie bestimmend. So hat das Johannesevangelium trotz der relativ wenigen Schriftstellen für die wirksamste Christologie Pate gestanden (Jo 1,1-18). Zwar wird viel von dem gesprochenen Wort und auch vom Gotteswort Jesu geredet, aber kaum in christologischem Sinn. Das Wort Jesu und Gottes ist ein alles befruchtendes Wort, es ist der Same, der ins Herz gelegt wird. Die spätere Theologie im Anschluß an griechisch-philosophische Ideen wird dann vom λόγος σπερματικός sprechen, vom Samenwort, das sich überall in der Welt als göttliche Wirklichkeit zeigt. Gotteswort und Wahrheit werden im Johannesevangelium (17,17) zusammengedacht, und jesuanisches Wort ereignet sich in der ἐξουσία (Lk 4,32). Nur im Johannesevangelium (1,1-18) wird Jesus Christus als λόγος im absoluten Sinn bezeichnet. Dieser λόγος war im Anfang der Schöpfung, und er war auf Gott hin, und der λόγος selbst war ein göttliches Ereignis. Dies nicht nur für die Welt. Vor allem für die Menschen bedeutet dieses göttliche Geschehen Licht und Leben, d.h. Heil, und zwar von Anfang an für alle Lebensbereiche. Gegen gnostische Tendenzen wird klar ausgedrückt, daß auch die niedrigste Sphäre, auch das Fleisch, die σάρξ, von diesem göttlichen Ereignis erfaßt wird. Der Logos geht in die σάρξ ein (Jo 1,14). Genau dieses Denkschema sollte für die Christologie bestimmend werden und auch die Probleme bzgl. der Menschheit Jesu Christi bereiten, denn der Mensch ist ja nicht nur diese äußerste materielle Sphäre des Fleisches. Vor allem die Apologeten (2. Jh., Justin, Athenagoras, Tatian, Theophil von Antiochien) beeinflußt von der stoischen und mittelplatonischen Logoslehre, versuchten mittels dieses Schemas, die Bedeutung Jesu Christi für die Christen und auch Heiden verständlich zu machen. Bei Justin wird Jesus Christus zum „Weltlogos". Wie im Johannesevangelium wird er bei Irenäus (Adv. Haer. 3,18,3) als Offenbarer der göttlichen Wirklichkeit begriffen und auch als Abschluß dieses Geschehens gedeutet. Verschiedene Kirchenväter (z.B. Klemens von Alexandrien sowie Origenes, Eusebius von Cäsarea u.a.) übernehmen diese Gedanken, dachten aber oft subordinatorisch, d.h. für viele bis hin zu Arius war dieser λόγος zwar ein göttliches Ereignis, aber doch dem höchsten Gott unter-geordnet, ein Gott zweiter Ordnung. Schließlich wurde der Logos ausdrück-lich zum Geschöpf. Im Reflexionspozeß kann Jesus auch als „Wort des Lebens" (1Jo 1,1) oder als „Wort Gottes" (Apk 19,13) bezeichnet werden, wobei diese Stellen verschiedene Interpretationen zulassen und nur bedingt als christologische Aussagen zu werten sind. Jesus als Verkündigter ist der Logos, der der Gemeinde Leben spendet, während Jesus als „Wort Gottes" in apokalyptischen Bildern das Wort ist, das die Gerichtsentscheidung bedeutet. In diesen Bildern geht es nicht um das Erfahrungsgeschehen, sondern um eine theologische Interpretation der Bedeutung Jesu Christi. Sicher wollten die Theologen, vor allem bis ins 5. Jh. hinein durch ihre Theologumena, die Erfahrung „aufbewahren". Unser heutiger Verstehenshorizont hat sich jedoch gewandelt und ist nie auf vergangene Interpretationen zu verpflichten. Heute gibt es verschiedene Versuche, Jesus Christus neue „Hoheitstitel" zu geben; z.B. Jesus Christus als Befreier[208], Jesus Christus als Ahn[209], Jesus Christus als Buddha u.a.m. Ihre Bedeutung liegt in der Verbindung Jesu Christi mit der je-weiligen Kultur (z.B. schwarzer Christus, schwarze Madonna) und deren so-zialen Problemen. In der Jesuserfahrung werden Dimensionen sichtbar, die heutige menschliche Fragen in ein neues Licht stellen und zur Problemlösung beitragen.

---

[208] Vgl. Anhang.
[209] Vgl. G. Hasenhüttl, Schwarz bin ich und schön, Darmstadt 1991, 113-129: Jesus Chri-stus als Ahn, Häuptling, Initiationsmeister und Heiler.

V. DIE KIRCHLICHE DEUTUNG JESU CHRISTI

Diese Jesuserfahrung, die uns in der biblischen Deutung begegnet, hat eine lange, abgeleitete Geschichte. Sie beginnt mit den verschiedenen Christologien im NT, die erste Interpretationsversuche sind und die zu den frühkirchlichen Deutungen überleiten. Menschen, denen die Jesuserfahrung übermittelt wurde, machten sich Gedanken und fragten, was diese Figuration in der eigenen geschichtlichen Situation für eine Bedeutung haben kann, welche Erfahrung sie ausdrückt und wie, mit welchen Worten sie wiedergegeben und anderen überliefert werden kann. Das Konzil von Chalkedon (Kadiköy, heute Stadtteil von Istanbul) im Jahre 451 bildet hier einen entscheidenden Einschnitt. Alle christologische Spekulation, auch die, die weit von jeder möglichen Erfahrung entfernt ist, wollte die Bedeutung des Jesusereignisses für uns wahren. Mit anderen Worten, die uns heute so abstrakt-abstrus vorkommenden Christologien behalten bis ins 7. Jh. (hier werden ihre Grundzüge abgeschlossen) ihre soteriologische Relevanz. Christologie bleibt Soteriologie, und daraus erklärt sich auch die Heftigkeit der Auseinandersetzungen. Es ging um den Bestand des Christentums, um das „Für uns". Alle weiteren Debatten haben zwar die Kirchen gespalten, aber es ging nie mehr in dieser Weise um Sein oder Nichtsein christlicher Existenz. Es ist historisch nicht richtig, wenn man aus den abstrakten Formeln soteriologische Bedeutungslosigkeit erschließt. Bei aller Metaphysik, die zur Sprache kommt, ist offenbar, daß die Soteriologie der Grund christologischer Neuprägungen ist. Dabei findet allerdings ein Standortwechsel statt. Was biblisch noch Erfahrungsnähe besitzt, wird jetzt spekulativ und argumentativ ausgedrückt. In den kirchlichen Lehräußerungen wird – abgesehen von der verfehlten autoritären Verankerung – nicht Erfahrung vermittelt, sondern spekulativ argumentiert. Diese Struktur ist bei der Interpretation bzw. Eliminierung der verschiedenen dogmatischen Dekrete zu beachten. Wenn es richtig ist, daß das soteriologische Interesse die Christologie geprägt hat, dann ist unter den Aussagen über Jesus Christus, ja mittels ihrer, das „Für uns" wieder zu entdecken. Nachbiblische Aussagen von Jesus Christus sind uns primär in den Glaubensbekenntnissen überliefert. Sie stellen damit das gläubige Aussprechen des Selbstverständnisses dar. Sie sind Akte der Bezeugung und als solche ein Versuch, glaubende Praxis theoretisch zu formulieren. Sie wollen diese Einheit bewahren, auch wenn sie inhaltlich der Wortkonstruktion nach einfache Behauptungssätze sind. Sie bleiben eingebettet durch das „Ich glaube" in der Bezeugung gelebter Erfahrung und sind als Bekenntnisformeln christologisch verankert in der soteriologischen Aussage: „der für uns Menschen und für unser Heil Mensch(lich) geworden ist (D 125 ἐνανθρωπήσαντα, σαρκωθέντα). „Die soteriologische Ausrichtung der Symbole wird ... dadurch unterstrichen, daß der Heilsbezug der im 2. Artikel genannten Christusereignisse ausdrücklich hervorgehoben wird."[210]

1. Gnosis

Die Gnosis stellte Ende des 1. und im 2. Jh. Jesu „wahres Menschsein" in Frage. Ihre defiziente Anthropologie wurde dadurch gefördert, daß die Massen, aufgrund ihrer sozialen Lage, das Heil nicht durch den menschlichen Selbstvollzug erwarteten, sondern wo immer ihnen Heilserfahrung aufging, sofort einen Gott vermuteten, der in die Geschichte eingreift. Die Erfahrung des Heiles (das „Für uns"), der Identität oder Erlösung usw. wird also vom Ereignis weg auf eine Person hin interpretiert. Diese Tendenz vulgärer Vergegenständlichung hat auch im Herrscherkult einen systemstabilisierenden Faktor gefunden. Heil wird „von oben" erwartet. Der Heilsbringer hat das vorgefertigte Gut und bringt es herab. In diesem Raum des Denkens ist es geradezu selbstverständlich, daß die Jesusfigur nicht als Mensch für uns bedeutungsvoll war. Jesus, zu einem Gott hochstilisiert, wurde zur Heilserfahrung. Jüdischer Mentalität angepaßt war die Vorstellung vom Sohn Gottes. Griechischem Denken entsprechender war dieser ein „göttlicher Mensch" oder ein Gott in Menschengestalt. Dieser Denkstil wird uns klar, wenn wir die Inschrift von Priene (Kleinasien) lesen, in der um 9. v. Chr. die Hoffnung längst vergangener Herrlichkeit wieder wach wurde: „Dieser Tag (der Geburtstag des Kaisers) hat der ganzen Welt ein anderes Aussehen gegeben; sie wäre dem Untergang verfallen, wenn nicht in dem nun Geborenen für alle Menschen ein gemeinsames Glück aufgestrahlt wäre ... von keinem anderen Tag empfängt der Einzelne und die Gesamtheit so viel Gutes als von diesem allen gleich glücklichen Geburtstage ... Unmöglich ist es, in gebührender Weise Dank zu sagen für die so großen Wohltaten, welche dieser Tag gebracht hat ... die Vorsehung, die über allem im Leben waltet, hat diesen Mann zum Heile des Menschen mit solchen Gaben erfüllt, daß sie ihn uns und den kommenden Geschlechtern als Heiland gesandt hat; aller Fehde wird er ein Ende machen und alles herrlich ausgestalten ... In seiner Erscheinung sind die Hoffnungen der Vorfahren erfüllt; er hat nicht nur die früheren Wohltäter der Menschheit übertroffen, sondern es ist auch unmöglich, daß je ein Größerer käme ... Der Geburtstag des Gottes hat für die Welt, die an ihn sich knüpfende Freudenbotschaft (εὐαγγελία) heraufgeführt ... Von seiner Geburt muß eine neue Zeitrechnung beginnen."[211] Wir haben hier eine Kurzfassung synoptischen Gedankenguts, das knapp 100 Jahre später in gleicher Deutlichkeit ausformuliert wurde. Johannes geht noch weiter und nennt den Jesus-Logos einen Gott,

---

[210]   MS III/2, 373.

[211]   Zit. n. A. v. Harnack, Dogmengeschichte I, Darmstadt ⁴1964, 137.

und im Thomasbekenntnis wird er „*Mein* Herr und *mein* Gott"[212] genannt. Dabei ist zu beachten, daß „Herr" mehr bedeutet als „Gott"[213], d.h. dieser eine (unbestimmter Artikel!) Gott ist mein Herr und mein Heil. Wie im AT der El (Gott) als Jahwe spezifiziert wird, als Herr des Volkes, so wird der Jesus-Logos zu dem Kyrios (Herr). Kyrios ist damit wohl als „ein Gott für mich" zu übersetzen; genauso wird die Jesuserfahrung interpretiert! Jesus ist ein Gott (bzw. Gottes Sohn) und als solcher mein Herr, d.h. mein Heilsbringer und Erlöser. Damit liegt die Umkehrung des ganzen Sachverhaltes interpretatorisch nahe. Jesus als ein Gott ist mein Heil: Die Heilserfahrung wird nach soziologisch-psychologischen Gesetzen interpretiert, vergegenständlicht und vergöttlicht. Aus dem Vollzug des „Für-uns" wird eine Theorie über das „An-sich". Dieser vulgäre Vergottungsprozeß hatte zur Folge, daß dem Menschen Jesus sein Menschsein genommen und der Gottnatur übereignet wurde. Darin besteht die Wurzel der Gnosis, die den Menschen anthropologisch verkürzt. Wo der Mensch nicht Mensch sein kann, weil seine Lebensbedingungen unmenschlich sind, kann ein Erlöser (σωτήρ), kann ein Herr (κύριος) nicht *nur* ein Mensch sein. Das „wahre Menschsein" genügt nicht, sondern es muß ein höheres Wesen her. „Die Formel, daß Jesus ein purer Mensch (ψιλὸς ἄνθρωπος) gewesen sein, galt unzweifelhaft von Anfang an und allezeit als anstößig; nicht mit derselben Sicherheit aber erscheinen umgekehrt Formeln verworfen worden zu sein, welche die Person Jesu ihrem Wesen nach mit der Gottheit selbst identifizierten."[214] So ist es verständlich, daß, sobald Jesus zum „Herrn" geworden war, sein Menschsein zu verschwinden drohte. Die sogenannte Gnosis versuchte schon die Bibel abzuwehren. Die Gnosis geht von der Funktion eines solchen „Herrn", eines solchen „Erlösers" (σωτήρ) aus. Wer und was ist zu erlösen? Wie findet der Mensch zu seinem Heil, zu seiner Vollendung? „Wer waren wir; was sind wir geworden; wo waren wir; wohin sind wir geworfen, wohin eilen wir; wovon werden wir frei; was ist Geburt, was Wiedergeburt?"[215] Das Heil kann für den Menschen nicht in der materiellen Welt liegen. Die Verstrickung in die Materie bereitet den Menschen nur Unheil. Sie ist das finstere Element im menschlichen Leben, Arbeit, Schweiß, Not und Elend. In der damaligen soziologischen Situation war keine Veränderung dieser gesellschaftlichen Gegebenheit in Sicht. Leid und Qual der Menschen ist bedingt durch die Materie. Materie ist nicht erlösungsfähig. Von Ewigkeit her besteht diese Materie. Ihr ewiger Ursprung liegt in einem Schöpfer (Demiurg). Der wahre Gott hat das Elend der materiellen Welt nicht hervorgebracht. Er ist Licht, und keine Finsternis ist in ihm. Wie kommt es

---

212 Nach Sueton ließ Domitian (51-96, Kaiser seit 81) sich so anrufen. Dagegen die johanneische Formulierung (Jo 20,28)! Oktavianus (63 v. Chr. - 14 n. Chr.), seit 27 v. Chr. Kaiser Augustus, heißt: θεὸς ἐκ θεοῦ, in Nikaia wird so Jesus Christus genannt, D 54.

213 A. v. Harnack, a.a.O., 136.

214 Ebd., 216-217.

215 Excerpta ex Theodoto 78; zit. n. H. Jedin (Hg.), Handbuch der Kirchengeschichte Bd. 1, Freiburg 1962, 215.

aber, daß wir Menschen von diesem Licht wissen, daß wir von dem unnahbaren Gott Kunde erhalten und selbst in der Sehnsucht an diesem Licht Anteil haben? Der Mensch drängt nach Vereinigung und Erfüllung in den wahren, vollkommenen und unbekannten Gott. Er sucht nach Befreiung aus seiner unabänderlich erscheinenden materiellen Notlage. Dies kann er nur, weil Gott sich durch Individualisierungen offenbart. Gott vermittelt sich in die Schöpfung hinein. Diese Vermittlung Gottes sind die Äonen, die immer bleibenden (ἀεί) herabsteigenden Grade der Gottesnähe. Und in diesen Vermittlungen geschieht es, daß die Materie angerührt wird und so Göttliches der Materie vermittelt wird. Durch diese nicht mehr gottlose Materie wird der Kosmos, die geordnete Welt. Aber das Bedrückende der materiellen Existenz bleibt. Das Licht hat nicht die Möglichkeit, die materielle Bedingtheit zu integrieren. Der Mensch, insofern er vom göttlichen Licht erfaßt ist (nicht jeder Mensch ist es), kann von der Erdenschwere befreit werden. Dazu genügt nicht die herabsteigende Offenbarung Gottes, sondern zugleich ist eine aufsteigende Epiphanie notwendig, d.h. ein Äon, der als Befreier, Erlöser fungiert.

Als Beispiel mag der naassenische Hymnus (Ophiten, Naassener und Sethianer bilden eine gnostisch-hellenistische Gruppe) in den Philosophumena (V, 10), die wahrscheinlich von Hippolyt (Ende 2. Anfang 3. Jh.) stammen, dienen: „Urprinzip von allen Dingen, erster Grund des Seins und Lebens ist der Geist / Zweites Wesen, ausgegossen von dem ersten Sohn des Geistes, ist das *Chaos* / Und das Dritte, das von beiden Sein und Bildung hat empfangen, ist die *Seele* (= Mensch). / Und sie gleicht dem scheuen Wild, / das gehetzt wird auf der Erde / Von dem Tod, der seine Kräfte / Unentwegt an ihr erprobt / Ist sie heut' im Reich des Lichtes / Morgen ist sie schon im Elend / Tief versenkt in Schmerz und Tränen /.../ Und im Labyrinthe irrend / Sucht vergebens sie den Ausweg / Da sprach *Jesus:* Schau' o Vater / Auf dies heimgesuchte Wesen / Wie es fern von deinem Hauche / Kummervoll auf Erden irrt / Will entfliehen dem bittern Chaos / Aber weiß nicht, wo der Aufstieg / Ihm zum Heile sende Vater / Mich, daß ich herniedersteige / Mit dem Siegel in den Händen / Die *Äonen* all durchschreite / Die Mysterien alle öffne / *Götterwesen* ihm entschleire / Und des heil'gen Wegs Geheimnis / *Gnosis* nenn' ich's, / ihm verkünde."

In der christlichen Gnosis ist dieser Erlöser Jesus. Es ist umstritten, ob vor Jesus dieser Christus-Erlöser schon theologisch existierte oder ob es erst durch Jesus zur gnostischen Ansicht eines Christus gekommen ist. Auch die Funde der hermetischen Schriften von Nag Hammadi (1945/46) geben darüber keinen endgültigen Aufschluß.[216] Die Forschung ist hier von beiden Seiten tendenziös: die, die das christliche Element religionsgeschichtlich möglichst nivellieren wollen, plädieren für die Christusgestalt vor Jesus; die, die die Einmaligkeit des Christentums hervorheben, meinen, daß erst die christliche Gnosis von Christus spricht. Belegbar ist keine der beiden Theorien. Sicher ist

---

[216] Die Schriften stammen aus den 4./5. Jh. und gehen auf griechische Originale z.T. aus dem 2. Jh. zurück.

es richtig, daß Jesus und Christus zwei verschiedene Qualifikationen über die Erlösergestalt aussagen. Bis in die Mitte des 2. Jh. gab es keine allgemein angenommene Theorie über Jesus, wenn auch die Gnosis eine solche Theorie versuchte.

1.1. Doketismus

Die erste große Auseinandersetzung in der Christologie um die Heilsbedeutung Jesu Christi war der Doketismus (δοκεῖν, scheinen). Er verwarf Jo 1,14 als realistische Aussage: Die σάρξ, die Materie, hat keine Heilsrelevanz. Damit wurde die Heilsbedeutung Jesu Christi für uns reduziert: Heil gibt es nur ohne Materie. Unterschiedlich wurde in diesem Denkschema Jesus Christus interpretiert.

1. Die *adoptianische* Christologie: Jesus ist der von Gott erwählte Mensch, den der Geist Gottes erfaßt hat und der von Gott adoptiert wurde und als Herr(scher) eingesetzt ist.[217] Der Erlöser-Christus hat den irdischen Jesus, z.B. in der Epiphanie der Taufe Jesu[218], erfüllt. Vor dem Leiden hat der himmlische Christus jedoch den irdischen Jesus, den Sohn Marias wieder verlassen. Denn die Welt des Leidens ist primär von der Materie geprägt und daher unmöglich zu erlösen. In Jesus Christus ist ein doppelter Messias vereinigt, der psychische und der pneumatische, d.h. der jüdische und der religiöse Weltheiland. Der pneumatische Christus, von Gott angenommen, verkündet die Wahrheit des Absoluten und hat die Aufgabe, die pneumatischen Christen in die Fülle des geoffenbarten göttlichen Lebens einzuführen. Damit die erwählten Christen aus der bedrückenden Materie befreit werden, wirkte Jesus Christus. Durch die Verbindung mit dem jüdisch-psychischen Messias (Sohn Marias) haben auch die Christen, die nicht Gnostiker (bzw. πνευματικοί) sondern nur Pistiker (bzw. ψυχικοί) sind, die Chance, zumindest eine begrenzte Vollendung zu finden, die ihrer „Lichtfähigkeit" entspricht. Freilich für die rein materiellen Menschen (d.h. ὑλικοί) gibt es nur die Erlösung durch das Versinken ins Nichts. „Der Soter wird die Achamoth (= die in die Welt verirrte und begierlich gewordene Sophia, Weisheit) als seine Genossin und die pneumatischen Christen in das Pleroma (= göttliche Fülle) einführen, der Demiurg in Friede und Freude als der Freund des Bräutigams mit den psychischen Christen auf der Grenze des Pleroma walten, die Materie aber mit ihren Erzeugungen in ihr Nichts zurücksinken."[219] Hier wird also das Heil für alle Menschen offenbar beschränkt, an der Adoption durch Gott nehmen nicht alle Menschen teil, sondern nur die, die als Christen in Beziehung zum Erlöser (Soter) leben, also von seinem Licht erhellt sind. Die Verstrickung in die Materie, in Not, Leid und Tod kann so tief sein, daß kein Entrinnen möglich ist,

---

[217] Vgl. Hirt des Hermas, der allein als vollständiges Werk des 2. Jh. diese Christologie zum Ausdruck bringt.
[218] Wie Basilides Mitte des 2. Jh. und die Basilidianer.
[219] Zit. n. Karl v. Hase, Kirchengeschichte I, Leipzig 1885, 315f.

das Leben des so verstrickten Menschen also sinnlos bleibt. Menschen werden damit in unabänderliche Klassen und Kasten eingeteilt, wobei es Menschen gibt, die überhaupt nicht heilsfähig sind, andere nur teilweise, während allein die Gnostiker das volle Heil erlangen. Das „Für uns" gilt nur eingeschränkt, es ist kein „Für alle"!

2. die *pneumatische* Christologie: Jesus Christus, ein himmlisches Geistwesen, das höchste nach dem unsichtbaren Gott, ist auf Erden erschienen und hat ein menschliches Leben durchlaufen. Nach der Vollendung ist es wieder zu Gott zurückgekehrt und hat für die Menschen so den Heilsweg eröffnet. Drei Tendenzen, die in den späteren Jahrhunderten weiterentwickelt wurden, sind festzustellen: a) der Erlöser ist bloß im Fleisch erschienen, hat also nur einen Scheinleib (φανεροῦσθαι ἐν σαρκί), b) er hat als ewiges Wort (Λόγος) wirklich das Fleisch des Menschen (σάρξ) angenommen, oder c) er hat das menschliche Fleisch verwandelt (γίγνεσθαι σάρξ).[220] Alle drei Spielarten – wenn auch mit verschiedenen Einschränkungen – müssen als ursprünglich in der Kirche geduldet betrachtet werden. Sie prägten die spätere Theologie. Aus b) hat sich die arianische, aus c) die monophysitische Ansicht entwickelt; a) ist die klassisch gnostisch-doketistische Meinung. Aufgrund der θεῖος ἀνήρ-Vorstellung war es möglich, die Fixierung auf den „historischen" Jesus aufzugeben. Da Christus nur einen Scheinleib hatte, konnte er die Weltalter durchschreiten und die Gestalt Adams, Henochs, Abrahams, Moses, Elias und Jesu annehmen, immer als derselbe Urmensch, als dieselbe Möglichkeit, daß Menschen zu ihrer Identität finden. Wenn also die Juden tun, was Mose vorgeschrieben und die Christen, was Jesus befohlen hat, dann werden beide zu ihrer Vollendung finden. In der Selbstverwirklichung des Juden als Juden und Christen als Christen liegt also der Heilsweg, findet der Mensch den Sinn seines Lebens.[221] In diesem Ansatz einer „pneumatischen" Christologie sind natürlich Geburt, Leiden und Tod nur scheinbare Wirklichkeiten, von denen der Erlöser befreit ist und uns befreit, indem er uns in das Lichtreich versetzt. Für dieses „geistige" Heil sind die Johannes-Akten (wohl aus der frühen 2. Hälfte des 2. Jh.) ein gutes Zeugnis. Dem Johannes erscheint Christus zur Stunde der Kreuzigung in einer Höhle am Ölberg, in die der Apostel geflohen ist. ,,,Johannes, für das Volk da unten werde ich (in diesem Augenblick) in Jerusalem gekreuzigt und werde mit Lanzen und mit Rohrstäben gestoßen und werde mit Essig und Galle getränkt. Mit dir aber rede ich und was ich sage, das höre! ... was der Jünger vom Meister vernehmen muß und der Mensch von Gott.' Und als er das gesagt hatte, zeigte er mir ein Kreuz aus Licht ... ,Dieses Kreuz aus Licht wird bald Logos von mir genannt

---

[220] Vgl. A. v. Harnack, a.a.O., 212ff.

[221] Erstaunlich ist, daß in diesen doketistischen Tendenzen, die das Heil auf die Gnostiker einengen, zugleich eine Umkehrung stattfindet: Das Heil wird ausgeweitet, auf alle Religionen. Ende des 2. Jh. waren der syrische Gnostiker Bardesanes (Bar Daizan) und im 4. Jh. der gnostische Ebionismus der Meinung, daß das Heil grundsätzlich immer allen Menschen offensteht.

euretwegen, bald Vernunft, bald Jesus, bald Christus, bald Tür, bald Weg, bald Brot, bald Same, bald Auferstehen, bald Sohn, bald Vater, bald Geist, bald Leben, bald Wahrheit, bald Glaube, bald Gnade. So wenigstens den Menschen gegenüber. Was es (das Kreuz) aber wirklich ist ... : es ist das, was alle Dinge in Grenzen hält und das ... kraftvoll emporführt; es ist Harmonie der Weisheit, Weisheit nämlich in (vollendeter) Harmonie ... Dies Kreuz also ist es, das das All durch das Wort befestigt ... Wenn jedoch des Menschen Natur und Geschlecht, indem es sich an mich anschließt (und) meiner Stimme gehorcht, erst einmal emporgehoben sein wird, dann wird der, der (bereits) jetzt auf mich hört, mit diesem (erlösten Geschlecht) vereinigt werden, und was er jetzt ist, wird er dann nicht mehr sein, vielmehr über ihnen (wird er stehen), genau wie ich (schon) jetzt! ... dies ... hielt ich bei mir fest, daß der Herr alles symbolisch durchgeführt hat und gemäß der Heilsordnung zur Umkehr und Rettung der Menschen'" (Jo Akt. 97-102). Vom Erlöser werden für uns Symbole gesetzt, damit wir am Kreuz von Golgotha das Lichtkreuz erkennen, wobei alles Materielle und mit ihm Leid und Tod außerhalb der Erlösung bleiben. Die echte Erkenntnis und Vernunft (Gnosis) weiß, daß der Mensch nur außerhalb der bedrückenden materiell-sozialen Bedingtheit zu seinem Logos (Sinn) und damit zur Identität findet. Die Entfremdung auf dieser Erde ist unabdingbar und so ernst zu nehmen, daß sie aussichtslos ist. Keine Veränderung ist möglich. Die Entfremdung in der im 2. Jh. bestehenden gesellschaftlichen Struktur ist als total erkannt. Christologie und Anthropologie sind hier in einer Nähe gesehen, die die Großkirche vielfach scheute.[222] Dadurch wurden für den christlichen Gnostiker zwei Verhaltensweisen möglich, nämlich die Freiheit vom Leistungsdruck und die Freude. Da diese Welt vergänglich und nicht veränderbar ist, ist Leistung nicht gefordert, ja selbst die Forderung des Martyriums wurde fraglich, weil es als körperliches Leiden nichts einbringt. Zugleich sind die irdischen Nöte letztlich nicht ernst zu nehmen. Man kann sich freuen und glücklich sein, im Wissen um den Erlöser und die Erlösung von dieser Welt. Der Gnostiker weiß sich in der Nähe Gottes, denn sein Licht scheint in die Finsternis dieser traurigen Welt.

So ist auch für den wohl bedeutendsten christlichen Gnostiker Markion (Mitte 2. Jh.) der Erlöser-Christus in seinem Erdenwandel Epiphanie Gott selbst, er ist die doketische Erscheinungsform des guten Gottes (circumlator Dei). Sein Evangelium beginnt mit den Worten: „Im 15. Jahr der Regierung des Tiberius kam Gott nach Kapernaum und lehrte an den Sabbaten." Wie bei Markus fällt die Geburtsgeschichte weg, freilich hier aus doketischen Motiven; Christi Mutter sind die, die den Willen Gottes tun, und nicht eine physische. Christus ist die vollkommene Offenbarung Gottes, und sein Leben ist das Urbild der Befreiung von der Materie. Daraus ergeben sich die ethischen Folgen der Mißbilligung der Ehe usw., denn solange die Frauen noch gebären, werden

---

[222] Vgl. A. Adam, Lehrbuch der Dogmengeschichte I, Gütersloh 1965; dazu auch: Thomasev., Log 8,15.

Elend und Tod herrschen.[223] Andererseits ist diese Christologie darin begründet, daß der gute Gott sich als Liebe in Jesus Christus den Menschen vermittelt. Für Gott kann wie im ursprünglich griechischen Denken[224] einfach ἀγαθός, das Gute, stehen. Die *ganze* Wirklichkeit stammt aber nicht von ihm, der das höchste Ursprungsprinzip ist. Der alttestamentliche Gott der Gerechtigkeit, der als Jahwe schlimmer ist als die Schlange (ophitischer Einfluß?) und dem Gott der Liebe diametral entgegengesetzt, wirkt ebenfalls. Auch ein Gott der Heiden existiert, der dem Daimon ähnlich ist und vielleicht auch als ein Urwesen gilt. In diesen Ansichten sahen die Gnostiker keinen Widerspruch zur kirchlichen Lehre. Ihren Ausschluß empfanden sie als ungerechtfertigt. In Rom begann Markion seine Ansprachen mit: „Mitgehaßte und Mitverfolgte!" Für die meisten Strömungen des Doketismus des 2. Jh. war hingegen nur *ein* Gott der höchste; der Dualismus war dadurch gemindert. Alles jedoch, was nach ihrer Vorstellung letztlich nicht von dem Gott der Liebe aufgenommen werden konnte, würde vernichtet und verfiele der Finsternis.

Erst der Manichäismus (Mani[225] [215-277] oder Manes) hat den Dualismus so stark betont, daß ihm die Großkirche eine Zwei-Götter-Lehre unterstellen konnte. Faustus von Mileve (Ende 4. Jh.), der hervorragend gebildete Gegner des Augustinus (selbst einst Manichäer)[226], räumte zwar zwei Urmächte ein, schwächte jedoch die manichäische Position wieder ab, indem er nur das Prinzip für alles Gute Gott nannte. Christus als Lichtwesen hat natürlich nur eine Scheinform und ist nicht durch Körperlichkeit befleckt. Seine Leiden sind Symbol für das gefesselte Licht, das der Befreiung harrt und durch den Erlöser-Christus zurückgebracht wird. Ehe und Zeugung halten diesen Prozeß auf, da dadurch das Licht weiter in die Materie zerstreut und Leid und Elend fortgesetzt wird. Daher auch der angebliche Brauch bei den Manichäern, mit der Eucharistie männlichen Samen zu konsumieren, damit er so durch das göttliche Licht gereinigt werde.[227] In dieser Sehnsucht nach Befreiung aus den bedrückenden menschlichen Verhältnissen wurde der Gott des AT und damit das AT selbst abgelehnt. Aber auch das NT wurde nur dort angenommen, wo es den „wahren Christus" verkündet. Wir finden hier also zum ersten Mal Textkritik, wenn auch natürlich mit ungenügenden Mitteln, die der Groß-

---

223 Ähnliche Gedanken finden wir im Buddhismus.

224 Vgl. G. Hasenhüttl, Gott ohne Gott, Graz 1972, 203ff.

225 Mani hat offenbar die Erneuerungsbewegung des Zoroastrismus der Sassaniden in Persien als einen radikalen Dualismus verstanden. Unter Schapur I. (241-272) konnte er ungehindert öffentlich seine Lehre vortragen; unter Bahran I. (274-277) jedoch wurde er verurteilt und starb in Ketten (er wurde „gekreuzigt", d.h. er starb den Glaubenstod). Entscheidend war, daß Ahuramazda (der Lichtgott) nicht mehr als der alleinige höchste Gott galt, wie im Zoroastrimus, sondern Ahriman (Angra Mainyu), das Negative, ihm gleichgestellt wurde. Obwohl es im Parsismus solche Tendenzen gab, war Manis Ansicht offenbar zu weitgehend.

226 Augustinus, Conf. V, 3, 3ff; sein Werk: Contra Faustum Manichaeum, PL 42, 207-518.

227 Vgl. Augustinus, de Haeres, c. 46.

kirche bis in unser Jahrhundert fremd geblieben ist. Faustus schreibt: „Wir nehmen vom NT nur dasjenige an, was zur Ehre des Sohnes der Herrlichkeit von ihm selbst oder von seinen Aposteln, aber nur wenn sie schon vollkommen waren, niedergeschrieben ist. Wir möchten nichts wissen von dem übrigen, was die Apostel, da sie noch in der Wahrheit unerfahren waren, in Einfalt gesprochen, oder was in böser Absicht vom Feinde unterschoben ist. Ich meine dies, daß Er sollte schmachvoll vom Weibe geboren, wie ein Jude beschnitten, auf irdische Weise getauft, vom Teufel durch die Wüste geführt und aufs elendste versucht worden sein. – Unser im NT verheißener Paraklet lehrt also, was wir aus demselben annehmen und was zurückweisen sollen."[228] Kriterium der Auswahl ist hier die Heilsfrage: In der Überwindung der materiellen Bedingtheit liegt das Heil für uns. Daher ist es absurd, wenn Christus durch die menschliche Leidensgeschichte konstituiert wird. Die Bibel ist der Kritik zu unterwerfen. Die Autorität der Bibel liegt nicht in einer Fremdbestimmung durch sie, sondern in ihrem Gehalt als wahre Erkenntnis (Gnosis) für den heilsuchenden Menschen. Kriterium ist das „Für-uns". In dieser bibelkritischen Haltung (die nicht nur inhaltlich, sondern auch formal von der Großkirche verworfen wurde), konnte Mani auch die Jesusworte korrigieren: „Ich bin nicht erbarmungslos wie der Christus (= der Großkirche) und verleugne den nicht, der mich verleugnet vor den Menschen, vielmehr nehme ich auch den mit Freuden auf, der um seiner Rettung willen lügt und aus Furcht den eigenen Glauben leugnet." Die materielle Entfremdung verführt den Menschen zum Fehlverhalten, er kann unter den gegebenen Lebensbedingungen nicht gut sein.[229] Nachsicht ist geboten. Er ist auf dem Weg zum Ziel, und dieser Weg darf nicht mit den Maßstäben des Zieles, des Lichtes allein gemessen werden. Das Heil für den Menschen ist eine „geschichtliche" Entwicklung, bis er zu sich, zu seiner Identität findet.

In diesen gnostischen Systemen müssen wir den Anfang einer Religionsphilosophie, wie F.Chr. Baur richtig sagt, sehen. Sie versuchen zum ersten Mal christlich die Vermittlung zwischen Gott und Mensch zu denken. Man kann zu Recht fragen, „ob die ‚christliche Philosophie' der Kirchenväter mehr wert ist" als der philosophische Vermittlungsversuch der Gnosis.[230] Die gnostische Deutung des Christentums finden wir im Mittelalter bei den Albigensern und Katharern. Diese hatten maßgeblichen Einfluß auf die Tendenzen in der Großkirche. Im 19. Jh. fanden sich noch im heutigen Irak etwa 15.000 Johannes-Gnostiker. Obwohl die Gnosis von der biblischen Zeit an bekämpft wurde, legen die Synoptiker eine adoptianische und Johannes eine pneumatische Christologie nahe. Trotzdem halten die biblischen Texte an der Fleischwerdung des Logos und an einer gewissen Universalität fest. Jo 1,9 meint, daß das göttliche Licht *alle* Menschen erleuchtet hat. Keiner ist hoffnungslos in diese materielle Welt verstrickt. Wenn Jesus Christus mit den Händen betastet

---

[228] Zit. n. K. v. Hase, a.a.O., 331.
[229] Vgl. B. Brecht, Der gute Mensch von Sezuan.
[230] MS III/2, 627.

werden konnte, wie 1Jo 1,1 schreibt, mag dies ein Versuch sein, den Doketismus auszuschließen. Paulus, obwohl er von Jesus dem Fleische nach nichts wissen will (2Kor 5,16), polemisiert gegen die Gnostiker in Korinth, die Jesus verfluchen, aber Christus bejahen (1Kor 12,3). Diese Texte sind natürlich kein Beweis gegen die gnostische Religionsphilosophie, sondern zeigen nur gegenläufige Tendenzen auf.[231] Sie sind verstärkt bei Ignatius von Antiochien zu finden. Jesus ist „wirklicher" (ἀληθῶς) Mensch[232], echter (σαρκοφόρος) „Fleischträger".[233] Der letzte Ausdruck meint nicht notwendig eine echte Fleischwerdung des Erlösers, denn genauso heißt es von den Christen, daß sie θεόφοροι „Gottträger"[234] sind. Deshalb können sie nicht als „Gott" bezeichnet werden. Eine gewisse Identifikation ist jedoch angedeutet, die auch für die materielle Dimension gilt. In der gnostischen Auseinandersetzung entwickelt Irenäus von Lyon eine kosmologische Christologie, in der der Schöpfungsgedanke integriert wird. Origenes, der manche natürlich-menschlichen Vorgänge bei Jesus leugnete (körperliche Ausscheidungen), behauptet doch die echte Geburt und das echte Leiden, nicht nur zum Schein (κατὰ δόκησιν), des Erlösers. Auf dieser Linie liegen auch die Aussagen von Tertullian[235]. Ausschlaggebend ist das Argument, daß die ganze, auch materielle Welt und vor allem alle Menschen die Möglichkeit des Heils haben. Jeder Mensch kann zu seiner Identität finden, auch in seiner Materialität. Cyrill von Jerusalem[236] formuliert klassisch: Wenn die Menschwerdung nur Phantasie war, dann auch unsere Erlösung (εἰ φαντασία ἦν ἡ ἐνανθρώπησις, φαντασία καὶ ἡ σωτηρία). Man kann die großkirchliche Argumentation auf den Satz reduzieren: „Quod assumptum non est, non est sanatum"; was der Erlöser nicht angenommen hat, ist nicht heil. Jedoch ein „Für-uns" (Erlöser) hat nur Sinn, wenn er die Menschen in ihrem ganzen Sein annimmt, also auch das menschliche Fleisch, die Körperlichkeit. Die Argumentation ist exklusiv von der Heilsmöglichkeit des Menschen her, vom „Für-uns" der jesuanischen Erlösergestalt zu verstehen. Jesus Christus hat nur als Heilsgeschehen für den Menschen Sinn, insofern dieser dadurch als Ganzer zum Heil, zu seiner Identität gebracht wird.

Verschieden sind die gnostische und die großkirchliche Antwort auf das Problem der Heilsverheißung. Es ist leicht gesagt, daß auch die materielle Bedingtheit des Menschen eine sinnvolle Bedeutung hat. Wie dies realisiert werden kann, haben die orthodoxen Väter nicht gezeigt. Heute können wir zwar, dank der Sozialphilosophie, der großkirchlichen Lösung formal Recht geben, damals aber war sie eine reine Idee, die unmöglich zu verwirklichen

---

[231] Weitere Bibelstellen, die häufig angeführt werden: a) menschliche Entwicklung Lk 2,40.52; b) Menschensohnaussagen, Davidsohnschaft sowie Jungfrauengeburt (Lk 1,26ff; Mt 1,18f; Röm 1,3 u.a.m.).
[232] Vgl. Ad Smyrn, 2-5; Ad Trall. 9ff.
[233] Ad Smyrn, 5,2.
[234] Ad Eph, praescr.
[235] De carne Christi 5.
[236] Catech. 4.

schien. Die Gnosis hingegen konnte eine Befreiungspraxis mittels ihrer Theorie vorlegen, die dem Menschen tatsächlich eine Lebensmöglichkeit aufzeigt, nämlich die Befreiung *von* Materie. Das jesuanische „Freiheit gegenüber" materieller Bedingtheit wird in der Gnosis zur „Freiheit von" Materie. Diese Ansicht ist aber unmenschlich, weil sie die bestehenden Zustände, die materiellen Bedingungen verfestigt, und die Universalität des Heiles weitgehend in Frage stellt. Manche Menschen haben keine Möglichkeit, ihrem Leben einen Sinn zu geben. Der Jesusimpuls galt zwar allen, aber er konnte nicht so konkretisiert werden, daß er für alle eine lebensverändernde Qualität erhielt. Das „Für-uns" der Erlöseridee wurde eben entmaterialisiert. Erst im 19. Jh. erhielt die Materialität anthropologisch ihre Bedeutung zurück. Heute sieht der Mensch, wie sein Ziel realisierbar sein könnte, ohne dieser Erde untreu zu werden, ohne Ausflucht auf eine „jenseitige", rein geistige Welt.

Bei kaum einer Lehrdifferenz war die Großkirche so vorsichtig wie bei Gnosis und Doketismus. Erst im 5. Jh., im Konzil von Chalkedon (451 n. Chr.), ist die volle Menschlichkeit der Erlösergestalt dogmatisch behauptet (D 301: τέλειον ἐν ἀνθρωπότητι … ἄνθρωπος ἀληθρῶς … ἐκ ψυχῆς λογικῆς καὶ σώματος). Gegen gnostische Tendenzen im Mittelalter finden wir die professio fideii Michaelis Palaeologi, das 2. Lyoner Konzil 1274 und das Dekret für die Jakobiter im Florenzer Konzil 1441.

Die 2. Frage der Heilsuniversalität, die die Gnosis zumindest in Frage stellte, wurde erst im Jansenistenstreit (1653) beantwortet: Nicht nur für das Heil der von Gott Vorherbestimmten ist Christus gestorben, sondern grundsätzlich für alle (D 2005: Der Gottesbegriff und die Prädestinationslehre sind allerdings hier völlig anders als in der Gnosis).

Die Erfahrung, die an der Jesus-Christus-Figuration gemacht wurde, faszinierte die Menschen weiter. Längst war der Reich-Gottes-Gedanke durch den Erlöser (Soter) abgelöst, der in seiner menschlichen Perspektive Jesus genannt wurde. Im Verlauf der Geschichte änderte sich wieder die Fragestellung.

2. Arianismus

Ist mit Jesus Christus alles ausgesagt, was vom Menschen und von Gott zu sagen ist? Ist das θεῖον, das Göttliche so anwesend, daß nichts mehr darüber hinaus erfragt werden kann? Ist in der Vollmacht (ἐξουσία) Jesu Christi Gott ganz anwesend (παρ-ουσία)? Ist göttliche Anwesenheit (οὐσία) in höchster und letzter Weise im Menschen Jesus, oder braucht der Mensch einen Mittler, der zwischen dem Göttlichen und Menschlichen steht? Diese Frage besagt: Ist alle *mögliche* Erfahrung Gottes in Jesus Christus gemacht, oder bleibt der Mensch in einer gewissen Distanz zu Gott? Für den damaligen Menschen war es die Frage nach der „Deificatio", nach der Vergöttlichung menschlicher Wirklichkeit. Ist sie möglich oder nicht? Wieweit kommt der Mensch mittels einer Erlösergestalt an das Göttliche heran, und wieweit kommt er mit göttlicher Anwesenheit (οὐσία) in seinem Erfahrungsbereich in Berührung? Ist der Erlöser Jesus Christus ein Mittlerwesen, oder ist in ihm aufgrund der Vollmachtserfahrung (ἐξουσία) das Göttliche anwesend (οὐσία), so daß in dieser Identitätserfahrung Offenbarung (παρουσία) geschieht, d.h. der Mensch in die Identität Gottes (συνουσία) gebracht wird? Der Erlöser ist dann nichts an sich und für sich, sondern nur die Identitätserfahrung: Der Mensch kann vergöttlicht werden. In der menschlichen Selbstverwirklichung ist das θεῖον (Göttliche) gegenwärtig.

In der Gnosis reichte das Heil nicht bis in die Materie. Nun wird fraglich, ob das Heil des Menschen bis in Gott selbst hinein reicht. Ist menschliches Heil grenzenlos, weder durch die Materie noch durch Gott eingegrenzt? Werden Materie und Gott von menschlicher Heilsmöglichkeit ausgeschlossen?

Für Arius (Areios, 260-336 n. Chr.), von Lukians Christologie, einem Vetreter der antiochenischen Schule, beeinflußt, war der Erlöser, der den Menschen eine sinnvolle Existenz bringt, ein eigenständiges Mittlerwesen, ein An-sich-Seiendes. Sein funktionales Denken, das vom Mittelplatonismus geprägt war, fordert eine Vermittlung zwischen Gott als Erfüllung des Menschen und den Menschen in seiner Nichtidentität auf dieser Erde. Das Logos-Sarx-Schema, das in der apologetischen Tradition gegen den Doketismus vorgegeben war, benützte Arius für seine Ansicht. Schon Origenes sprach von ὁ θεός, dem Vater Gott, von θεός, als Logos, dem Sinn göttlicher Anwesenheit und Gegenwart und von θεοῦ, d.h. von den Geschöpfen, die von Gott kommen. Die klassische Stelle von Spr 8,22 wurde auf den Mittler angewendet. Gott ist und bleibt in sich unzugänglich (bei Arius finden wir bereits eine sog. „negative Theologie"); Gott ist der Eine, dem nichts gleicht. Daher kann der Logos, die göttliche Weisheit, die vom Menschen erfahrbar ist, nur geschaffen (ἐξ οὐκ ὄντων) sein. Die Weisheit als Sinnerfahrung ist real auch in der Sphäre des Materiellen. Der Mittler in seiner Leiblichkeit zeichnet sich durch seine Geduld und sein beispielhaftes Leben aus. Dieses Logos-Sarx-Wesen hat seinen eigenen Sinn, seine eigene Wahrheit (οὐσία). Sie ist nicht einfach menschlich, aber auch nicht mit dem Göttlichen identisch. Daher ist der Mittler nicht ewig, aber er ist *vor* allen Dingen, da durch ihn alles geschaffen ist. Er ist das vollkommene Geschöpf (κτίσμα τέλειον), wie Arius in seinem, für das Volk verständlichen Werk, der Thalia (Gastmahl), sagt. Zwar kann er als δεύτερος θεός (Gott zweiter Ordnung) bezeichnet werden, aber wahrer Gott (θεὸς ἀληθινός) ist er nicht, höchstens der „Benennung" nach. Sein besonderes Verhältnis zu Gott ist durch Adoption bedingt. Er ist ein „geschaffener" Gott, ähnlich wohl den griechischen „Göttern", im Unterschied zum griechischen Gott, θεός.[237] Zugleich weist er eine Affinität zum gnostischen Demiurgen auf, der, untergeordnet dem höchsten Gott, Weltenschöpfer ist. So kann diese Vermittlergestalt von ihrem Hervorgang her als theogonisch begriffen werden (πατρικὴ θεογονία).[238] Arius fällt es daher auch nicht schwer, die

---

[237] Vgl. G. Hasenhüttl, Gott ohne Gott, 203-217.
[238] Vgl. A. v. Harnack, a.a.O., Bd. II, 207.

bereits üblichen trinitarischen Formeln zu gebrauchen, zumal auch der Geist vom Logos ausgeht, diesem untergeordnet ist, aber doch seine eigene Seinsweise besitzt (οὐσία oder auch ὑπόστασις, die für Arius häufig synonym sind). Arius ruft Gott aus mit: „Ehre sei dem Vater und dem Sohn und dem Geist". Daran, daß Arius den Sohn und den Geist dem Vater untergeordnet hat, also subordinatianisch dachte und ganz von patriarchalischen Gesellschaftsstrukturen geprägt war, hat niemand zu diesem Zeitpunkt Anstoß genommen. Für Bischof Alexander aus Alexandrien, den großen Gegenspieler von Arius, war das Urbild (Vater) selbstverständlich größer als das Abbild (Sohn). Aber für den Menschen kann nur dann Vermittlung Gottes (παρουσία) wirklich stattfinden, wenn der Logos zugleich ewiges Wort Gottes ist und daher nicht geschaffen. Wegen der Subordination ist dem Vater und dem Sohn eine verschiedene ὑπόστασις und οὐσία zu eigen. Bischof Alexander vermeidet absichtlich das aus der Gnosis stammende Wort „ὁμοούσιος", das auf der Synode von Antiochien 268 n. Chr. verurteilt wurde. Bei aller Unsicherheit der Gegenpartei galt es, die wesentliche Einheit zwischen dem höchsten Gott (Vater) und dem Erlöser (Jesus Christus, Sohn) festzuhalten, weil sonst das Göttliche nicht wirklich eine menschliche Möglichkeit ist. Athanasius, der später für die Nikaiische Entscheidung am entschiedensten kämpfen sollte, liegt auf der gleichen Linie, weil der Erlösungsgedanke, also das „Für-uns", seine ganze Christologie prägte. Gott selbst muß in die Menschheit eingegangen sein, sonst hat der Mensch keine Chance, zu sich selbst zu finden, frei zu werden und selbst am Göttlichen (θεῖον) teilzunehmen. „Gott ist Mensch geworden, um uns zu vergöttlichen."[239] Die Theopoiesis (Deificatio, Vergöttlichung), d.h. das Heil des Menschen steht auf dem Spiel, sollte es zwischen dem letzten θεῖον und uns Menschen einen Vermittler geben, der nicht in ein und demselben Vollzug Mensch und Gott ist. Nur wenn in Jesus Christus das Göttliche selbst anwesend (οὐσία) ist, ist es zugleich bei uns Menschen und der ganzen Menschheit anwesend (παρουσία). Diese Idee will die Erfahrung der Vollmacht Jesu (ἐξουσία) bewahren. Jede andere Überlegung tritt bei Athanasius zurück. Auch alle Widersprüche, in die er sich zusammen mit dem Konzil verstrickt, sind für ihn zweitrangig. Die Folgen für die Christologie und Anthropologie waren so gewaltig, daß wir hier bei einer einmaligen Wende der Theologiegeschichte stehen.

Die Anwesenheit (οὐσία) Gottes bei den Menschen wird nun nicht mehr so sehr von der Schöpfung her verstanden (Logoslehre), sondern als ein Heilsprinzip für den Menschen gesehen. Die Theologie der Apologeten, die im Lo-

---

239 Athanasius, Orationes contra Arianos I, 38; geschrieben nach dem Konzil, wohl im Exil in Trier (um 338 n. Chr.). Er war zum Teil von Irenäus beeinflußt; auch De Inc. 54; vgl. MS III/1, 428ff. Die Logik ist nicht stringent, da die „Vergöttlichung" keine strikte „Gottwerdung" besagt, sondern Annahme als Sohn; dafür könnte aber ein Mittlerwesen genügend leisten, so daß Gott nicht notwendig anwesend sein muß. Vgl. J. Hick (Hg.), Wurde Gott Mensch?, Gütersloh 1979, 38ff.

gos eine für die Schöpfung (!) notwendige Vermittlung sahen, ist damit erledigt. Gott selbst ist nach Athanasius als Heilsprinzip in Jesus Christus anwesend. In ihm hat der Mensch die Möglichkeit, den *höchsten* Gott zu erfahren, von seiner Entfremdung befreit und erlöst zu werden. Diese Einheit mit Gott, die in Jesus Christus offenkundig wird, ist nun entscheidend. Dafür kämpft Athanasius, dafür geht er in die Verbannung und unternimmt alles, um den Priester der Armengemeinde von Alexandrien, Arius, zu vernichten. Für beide geht es um den Menschen. Für Athanasius ist der Mensch als gottunmittelbar zu verstehen; dies ist seine einzige Rettung. Für Arius, in den Slums von Alexandrien, ist das soziologisch nicht denkbar. Die Größe Gottes, die Entfremdung von ihm als obersten Herrn, fordert ein Mittelwesen. Unter den gegebenen sozialen Bedingungen erhoffte Arius allein von einem Wesen *zwischen* Gott und Mensch die Befreiung. Auch Athanasius zögerte zuerst noch, das Wort „ὁμοούσιος" („wesenseins"), das Gott und Jesus in eins setzt, zu verwenden. Paul von Samosata hat diesem Ausdruck einen modalistischen (sabellianistischen) Sinn gegeben und wurde deshalb 268 n. Chr. verurteilt. Athanasius hatte am Konzil von Nikaia größte Bedenken, dieses Wort ins Glaubensbekenntnis einzufügen, zumal es kein biblischer, sondern philosophischer Terminus ist. Selbst der Begriff der οὐσία ist für ihn nur ein Hilfsbegriff. Gegen die Eusebianer verwendete er ihn nur, um eine reine Gesinnungsgegenwart Gottes in Jesus Christus auszuschließen. Würde Jesus Christus nur die Gesinnung Gottes, d.h. die Idee Gottes vermitteln, wäre er überflüssig. Grundsätzlich ist dies jedem Menschen und Geschöpf möglich.[240] Gottes *Sein* muß gegenwärtig sein, muß für uns Menschen anwesend sein. Daher ist bei Athanasius an eine Seinseinheit zwischen dem höchsten Gott und seinem Mittler Jesus Christus zu denken. Diese göttliche Wirklichkeit bezeichnet er mit verschiedenen Ausdrücken (θεότης, οὐσία, ὑπόστασις, ἰδιότης [οἰκειότης] τῆς οὐσίας). Sie werden völlig synonym gebraucht. Wohl aber unterscheidet er die οὐσία von der φύσις, die als Natur und damit als Komplex der Eigenschaften verstanden wird.[241]

2.1. Wesenseins

Das Wort οὐσία (lat. meist als substantia übersetzt) kann ein Seiendes bezeichnen, aber auch die Fülle des Seins. Beides gebraucht Athanasius, und für ihn ist die göttliche Wesensart das „τὸ ὄν", das Sein, nicht die φύσις, die Natur. Der Begriff οὐσία kann daher auf zwei wesentlich verschiedene Weisen gebraucht werden: Er kann eine Erfahrung bezeichnen, die durch Anwesenheit letzte Möglichkeit dem Menschen erschließt, oder er kann einfach das Seiende als Wesenheit und damit als Idee meinen, die auch wirklich existieren kann, aber nicht muß. Erfahrung hingegen hat immer ein real existierendes Element.

---

[240] Athanasius, vgl. Orat. III, 11.
[241] Vgl. de synod. 45, zit. n. Harnack, a.a.O. II, 216f.

Diese schillernde Bedeutung des Begriffs, die zu abstrakten Wesensaussagen führen kann oder aber Erfahrung expliziert, geht schon auf Platon zurück, der besonders im Theaitetos (185c-186e) diesen Begriff entfaltet. Er erläutert den Unterschied zwischen Wahrnehmung (Anschauung) und Erkenntnis (Verstehen). Die Vermittlung zwischen beiden, die die Erfahrung ist, wird nicht gedacht, daher wird sie entweder mit der Erkenntnis (ἐπιστήμη) gleichgesetzt, oder mehr der Wahrnehmung (αἴσθησις) zugeordnet. Genau in dem Übergang aber von der Wahrnehmung zur (abstrakten) Erkenntnis zeigt sich die οὐσία der Dinge, d.h. nach Platon das Sein oder Nichtsein (τὸ ἔστιν = οὐσία und τὸ οὐκ ἔστιν = τὸ μὴ εἶναι, 185c). In der Erfahrung wird die Wirklichkeit, die οὐσία der Dinge gegenwärtig.[242] Sie ist das, wodurch die verschiedenen seienden Einzeldinge erkannt werden. Die Erkenntnis der οὐσία geschieht nicht abstrahiert von Zeitlichkeit, sondern als Erfahrung ereignet sie sich in den Dimensionen der Vergangenheit, Gegenwart und Zukunft; das Künftige ist der leitende Erfahrungshorizont. Nach Platon ist die οὐσία nicht nur in den zeitlichen Dimensionen anwesend, sondern sie fordert, damit sie erkannt (erfahren) wird, den Vollzug, die Praxis (πρᾶγμα) und die Bildung, die gewonnene Erfahrung (παιδεία). Die οὐσία wird also dort gegenwärtig, wo Theorie und Praxis sich annähern, wo eine gewisse Identität hergestellt wird. Die Erfahrung also ermöglicht οὐσία-Erkenntnis. So ist der Mensch bei der Wahrheit. Die Anwesenheit der Wahrheit ist οὐσία. Sie ist die Wahrheit der Dinge, das „wahrhafte Sein".[243] Heidegger verdeutlicht das griechische Denken, wenn er meint, daß das Seiende in seinem Sein als Anwesenheit (οὐσία oder παρουσία) aufgefaßt wird. Die Bestimmung des Sinnes (der Wahrheit) von Sein als παρουσία und οὐσία bedeutet Anwesenheit.[244] Es handelt sich dabei um die Gegenwart eines Seienden. Dieses Gegenwärtigsein irgendeiner Wirklichkeit in der menschlichen Zeit ist οὐσία. „Jenes εἶναι aber sagt: anwesen. Das Wesen dieses Anwesens ist tief geborgen in den anfänglichen Namen des Seins. Für uns aber sagt εἶναι und als παρ- und ἀπουσία zuvor dies: Im Anwesen waltet ungedacht und verborgen Gegenwart und Andauern, west Zeit. Sein als solches ist demnach unverborgen aus Zeit. So verweist Zeit auf die Unverborgenheit, d.h. die Wahrheit von Sein".[245] Zeit und Erfahrung erschließen uns die οὐσία. Die Wahrheit des Seins ist ihre Anwesenheit, ihr Gegenwärtigsein.

Von der Antike her aber ist, wie wir schon bei Platon gesehen haben, dieser Begriff doppeldeutig. „Der Ausdruck meint bald das *Sein* eines als Substanz Seienden, *Substantialität,* bald das Seiende selbst, *eine Substanz.*"[246] „Allein

---

242   Vgl. Kap. Offenbarung.

243   Bei Aristoteles scheint die οὐσία stärker in Richtung „Wesenheit" gedacht zu werden. So wird die menschliche Seele als Wesenheit nach Maßgabe des Wortes bezeichnet (ἡ ψυχὴ οὐσία γὰρ ἡ κατὰ τὸν λόγον. De An. II, 1,412 b 10. Anders übersetzt: Die Seele ist ein Sein als Sinnentwurf).

244   Vgl. M. Heidegger, Sein und Zeit, Tübingen 1927, 25.

245   Ders., Was ist Metaphysik?, Frankfurt [10]1969, 17.

246   Ders., Sein und Zeit, 89f.

‚Substanz' ist, seinsgeschichtlich gedacht, bereits die verdeckende Übersetzung von οὐσία , welches Wort die Anwesenheit des Anwesenden nennt und meistens zugleich aus einer rätselhaften Zweideutigkeit das Anwesende selbst meint."[247] Eine als Substanz verstandene οὐσία wird dann in der neuzeitlichen Philosophie zum subiectum, bzw. zur Subjektivität des Selbstbewußtseins; Gott wird als Subjektivität gedacht.[248] Das hat für unsere Frage zur Folge, daß die οὐσία Gottes entweder die Anwesenheit Gottes im Christusgeschehen bedeuten kann oder aber eine göttliche Substanz (substantia), die bei oder in Jesus Christus vorhanden ist. Diese zweite ist offenbar die spätere Deutung, die in der Theologiegeschichte wirksam wurde. Zu dieser Zweideutigkeit des οὐσία-Begriffs tritt noch ein weiteres Problem hinzu: „Die Metaphysik stellt die Seiendheit (= οὐσία) des Seienden in zweifacher Weise vor: Einmal das *Ganze des Seienden* als solchen im Sinne seiner allgemeinsten Züge (ὄν καθόλου, κοινόν); zugleich aber das Ganze des Seienden als solchen im Sinne des höchsten und darum *göttlichen Seienden* (ὄν καθόλου, ἀκρότατον, θεῖον). Die Unverborgenheit des Seienden als eines solchen hat sich in der Metaphysik des Aristoteles eigens in dieses Zweifache herausgebildet (vgl. Met Γ, E, K)".[249] Hier zeigt sich die Wirklichkeit in der Doppelgestalt des Seins und des Göttlichen; für beide gilt οὐσία. Für die gott-menschliche Struktur der Wirklichkeit und damit für die Frage: Was bedeutet Jesus Christus, ist dieses Seinsverständnis entscheidend. Göttliche οὐσία muß sich in der Jesusfiguration als anwesend erweisen, sonst ist keine Heilserfahrung für den Menschen möglich. Wenn Jesus Christus und Gott heute zusammengedacht werden, verdanken wir dies dem griechischen Denken. Göttliches als οὐσία ist nur anwesend, wenn damit im Umgang Erfahrung gemacht wird. Ja, die Erfahrung ist diese Gegenwart (οὐσία) des Seins bzw. θεῖον.[250] Während die Erfahrung, die mit dieser οὐσία gemacht wird, in der Schwebe bleibt, doppeldeutig ist, liegt ihr nach Heidegger zumindest noch eine tiefere Erfahrung zugrunde, die vorsokratisch durch Parmenides ausgedrückt wurde. „Es (= das ἔστιν des Parmenides) nennt das ἐόν, das Anwesen des Anwesenden. Das ἔστιν entspricht dem reinen Anspruch des Seins vor der Unterscheidung in eine erste und zweite οὐσία, in existentia und essentia."[251] Das Sprechen von οὐσία ist demnach schon abgeleitetes Denken und setzt schon ein gutes Stück Weg des abendländischen Denkens voraus, wobei aber noch die Nähe zur Identität mit der Wirklichkeit gewahrt wird. Οὐσία ist als Ort der Erfahrung und Anwesenheit der Wirklichkeit dieser näher als die spätere Unterscheidung von Wesenheit (essentia) und Existenz (existentia), die in Chalkedon mitgedacht wird und die Christologie gründlich verdirbt. Wir stehen bei Athanasius und im Konzil von Nikaia am Scheideweg. Entweder

---

247   Ders., Über den Humanismus, Frankfurt 1949, 18.
248   Vgl. ders., Holzwege, Frankfurt ⁵1972, 218.
249   Ders., Was ist Metaphysik?, Frankfurt ¹⁰1969, 19.
250   Vgl. ders., Holzwege, a.a.O., 180.
251   Ders., Holzwege, 324.

wird die Erkenntnis von der Erfahrung getrennt, dann wird Theologie zur Spekulation, oder die Erfahrung wird als Ort gesehen, an dem allein sich die Anwesenheit (οὐσία) des θεῖον, die göttliche Präsenz zeigt. Diese Gegenwart, diese Anwesenheit in der Erfahrung kann vom „Seinsbegriff" der οὐσία her nur *eine* sein. Die göttliche οὐσία ist eine. Der höchste Gott ist in Jesus Christus anwesend; göttliche οὐσία (Anwesenheit) Jesu Christi und die Gottes, des Vaters ist eine. Eine reine Ähnlichkeit zwischen Gott und Jesus Christus kann nicht bestehen (ὁμοῖος), sondern sie müssen zugleich, d.h. eins sein (ὁμός).

Der Ausdruck ὁμο-ούσιος bedeutet daher nicht die Wesensgleichheit, sondern die göttliche Anwesenheit bei den Menschen, und zwar so, daß zugleich die Einheit mit dem Vater gegeben ist.[252] Nach Athanasius sind auch alle Menschen untereinander eine Einheit, also ὁμοούσιος.[253] Das Problem der Unter- und Überordnung wird hier nicht angeschnitten; ὁμοούσιος hat mit der Frage des Subordinatianismus wenig zu tun. Ob eine Rangordnung unter den Menschen besteht (der Sohn wurde in der Sozialordnung dem Vater streng untergeordnet), wird mit diesem Begriff nicht entschieden, wohl aber, daß das Menschsein als eines in allen Menschen gegenwärtig ist. Die Erfahrung, die mit der Jesusfiguration gemacht werden kann, ist ganze Anwesenheit Gottes. Was sich in der Bibel als ἐξουσία, als Vollmacht herausstellt, die den Menschen durch die Jesuserfahrung zur Identität verhilft, erlöst, wird hier nun als οὐσία gedeutet, die in der Einheit mit dem höchsten Gott zu denken ist und die Anwesenheit der gott-menschlichen Struktur der Wirklichkeit paradigmatisch demonstriert. Diese Gegenwart der letzten Heilsmöglichkeit für den Menschen gilt auch für die Zukunft und hat so Parusie(παρουσία)-Charakter. In diesen drei Ausdrücken wird die wirksame Gegenwart und Anwesenheit des Heiles beschrieben. Den Menschen trifft ein glückliches Ereignis! Seine zeitlichen Dimensionen wirken nicht mehr entfremdend, sondern erlösend, da menschliche Zeit von der wirksamen göttlichen Gegenwart erfüllt ist, und es sich lohnt, im Heute zu leben, weil hier und jetzt die Chance besteht, zu sich selbst zu finden, d.h. vergöttlicht zu werden und die Anwesenheit Gottes zu erfahren. So steht und fällt jede Christologie und damit die Gotteserfahrung mit dem ὁμοούσιος.

2.2. *Das Konzil von Nikaia*

Wegen des Streites zwischen den Arianern und deren Gegnern berief Kaiser Konstantin 325 n. Chr. das Konzil von Nikaia ein. Nicht ohne Intrigen, kai-

---

252 P. Hünermann (ThQ 1984) übersetzt: „gleich-wesentlich"; es ist zwar nicht falsch, aber irreführend. In seiner Denzingerausgabe (1991) wird daraus falsch: „Wesensgleich", D 125; das entspricht auch nicht der lateinischen Übersetzung „una substantia", denn „Substanz" ist auch nicht gleich „Wesen" (vgl. Bd. II, Kap. Eucharistie).

253 Athanasius, de synod., 52ff.

serliche Willkür und feige Nachgiebigkeit vieler Bischöfe unterlag Arius. Der Kaiser diktierte das ὁμοούσιος τῷ πατρί wohl mehr unter westlichem als östlichem Einfluß. Hosius (Ossius) von Córdoba scheint hier dem Kaiser das Stichwort geliefert zu haben. Seit Tertullian[254] sprach man im Westen von „consubstantialis", „eiusdem substantiae" oder „ex unitate substantiae". Ein „ὁμοιούσιος", im Sinne einer annähernden Einheit, wäre Arius bereit gewesen anzunehmen, so aber mußte er in die Verbannung ziehen. Was der Kaiser und die Konzilsväter sich bei diesem Wort gedacht haben, ist ziemlich undurchsichtig. Sicher wurde eine Vermittlung, d.h. ein Zwischenwesen ausgeschlossen und gott-menschliche Einheit betont. Der Kaiser scheint in diesem Wort eine politische Lösung der Streitigkeiten gesehen zu haben, die ein „Geheimnis" ausdrückt. Im Konzil wurde damals noch nicht zwischen οὐσία und ὑπόστασις unterschieden. Wegen all dieser Unschärfen und der Zweideutigkeit des ὁμοούσιος sollte Nikaia nicht Abschluß, sondern Beginn heftigster Auseinandersetzungen werden, in deren Verlauf jeweils die unterliegende Partei in die Verbannung geschickt wurde.

Worum ging es also im Konzil von Nikaia (325)? Es ging um die Heilserfahrung, die, wie die Texte der Kirchenväter und Philosophen zeigen, mit der *Unsterblichkeitssehnsucht* verbunden wurde. Nur ein Gott, ein göttliches Ereignis kann diese Sehnsucht erfüllen und Heil schenken. Für Arius trifft der Mensch aber nicht unmittelbar auf Gott, hat keine Gotteserfahrung, in der er sprechen kann: Gott ist da! Nur durch ein Mittelwesen hat Gott mit den Menschen eine Beziehung. Das aber bedeutet:

a) Gott ist radikal von der Erfahrung und vom Geschehen abgelöst. Sein Bereich ist streng transzendent. Gott wird zum ersten Mal wirklich total „jenseitig". Ein statischer Monotheismus trennt die Vielheit von der Einheit.

b) Der Logos ist nicht mehr auf die menschliche Erfahrung ausgerichtet, sondern kosmisch objektiviert. Er wird zum Weltprinzip, durch das diese Welt verstehbar ist. Der Logos ist eine hellenistisch-stoische Spekulation.

c) Der Mensch erfährt nicht Gott in der Begegnung mit dem Menschen Jesus Christus, sondern er begegnet einem Zwischenwesen, das ihn auf Gott hin vermittelt. Die Erfahrung des Bejahtseins (bzw. der Erlösung) ist keine Gotteserfahrung mehr, sondern nur die Zusage eines Mittlerwesens.

Dagegen wehrte sich nun heftig Athanasius und mit ihm das Konzil von Nikaia. In Nikaia ging es also darum, die Gotteserfahrung des Menschen zu verteidigen. Auf drei wesentliche Elemente kam es an:

a) Auf die Gottunmittelbarkeit des Menschen, so daß im Jesusereignis tatsächlich Gott erfahren wird. Der Zugang zu Gott ist durch einen Menschen den Menschen eröffnet und nicht durch einen Halbgott, durch ein Zwischenwesen.

b) Auf die Einheit in der Vielfalt, so daß Gott sich nicht in Halbheiten aufsplittert; ein Gott zweiter Ordnung existiert nicht. Die Vielfalt der Welt wird direkt auf die Einheit Gottes bezogen.

---

[254] Tertullian, Adv. Valent. 12,37.

338

c) Auf die Verflochtenheit Gottes mit dem eintretenden Ereignis. Die Geschichte ist der Ort der Gotteserfahrung. Im Geschehen selbst, das den Menschen widerfährt, leuchtet Heil auf.

Welchen Preis mußte man dafür bezahlen?

Der Preis war das ὁμοούσιος. Selbst die „orthodoxe" Richtung auf dem Konzil hatte ihre Bedenken aus folgenden Gründen:

1. Ὁμοούσιος steht nicht in der Heiligen Schrift.
2. Der Ausdruck wurde in Antiochien 268 n. Chr. verworfen.
3. Es ist ein philosophischer Hilfsbegriff.
4. Er leistet einer Materialisierungstendenz bei der Gottheit Vorschub, weil das „ἐκ τῆς οὐσίας" Teilbarkeit nahelegt.
5. Die Unterscheidung zwischen Vater und Sohn wird verwischt (Sabellianismus).

Sicher war das ὁμοούσιος τῷ πατρί (*unius substantiae cum patre*), die „Wesenseinheit" mit dem Vater in der johanneischen Aussageweise fundiert, aber durch diesen Begriff konnte sich zum ersten Male die philosophisch-theologische Spekulation verselbständigen und Jesus Christus als Ereignis, als geschichtliches Geschehen vernachlässigt, ja ausgeschaltet werden. Nur zögernd war Athanasius in Nikaia geneigt, von „Wesenseinheit" zu sprechen. Für ihn war aber ausschlaggebend, daß man sonst das Mittelwesen und die damit gegebene Vermittlung nicht ausschalten konnte. Mit Hilfe der Philosophie bzw. eines philosophischen Begriffs mußte der Feind geschlagen werden. Sicher, auch dieses Wort war nicht eindeutig, aber es setzte genau dort an, wo Arius nicht mehr mitmachen konnte.

So fügte also das Konzil von Nikaia (D 125 f) in das alte Glaubensbekenntnis (wahrscheinlich von Caesarea) folgende Zusätze ein:

1. ἐκ τῆς οὐσίας τοῦ πατρός   –   „aus der Substanz (dem Wesen) des Vaters"

2. γεννηθέντα οὐ ποιηθέντα   –   „gezeugt, nicht geschaffen"

3. ὁμοούσιον τῷ πατρί   –   (das war das Entscheidende) "„Wesenseins dem Vater"

4. ἀναθέματα   –   Als Abschluß der Bekenntnisformel die „Verurteilung" der Arianer

Mit Ausnahme des Arius und zweier anderer unterschrieben alle. Der erste Zusatz ist mit dem dritten identisch, reichte aber nicht aus, den Arianismus in jeder Hinsicht auszuschließen; erst der dritte tat es.

Der zweite Zusatz: γεννηθέντα οὐ ποιηθέντα – „gezeugt, nicht geschaffen", ist eine Doppelaussage: „Gezeugt" wird von der Schrift her übernommen, ist ein biblischer Ausdruck, jedoch auch beeinflußt vom griechischen Zeus, der ebenfalls „zeugt". „Nicht geschaffen" wird eingefügt, um arianische Aussagen der Erschaffung des Logos zurückzuweisen. Jesus Christus steht auf seiten Gottes, ist kein Geschöpf, das sich von Gott her empfängt, ist kein

Adoptivsohn, sondern geht durch Zeugung hervor, d.h., er hat die gleiche Wesensstruktur wie der Vater, auch wenn Rangunterschiede gegeben sind. Das „wahrer Gott vom wahren Gott" verdeutlicht dies gut. Gerade der Zeugungsgedanke stellt in der patriarchalischen Gesellschaft ein Abhängigkeitsverhältnis und daher eine Subordination fest.

Die Formel ist zugleich gegen einen Kaiserkult gerichtet, der den Herrscher vergöttlicht, wie das „Licht vom Licht" eine Polemik gegen den iranischen Sonnenkult enthält. Zugleich spielt die neuplatonische Vätertheologie hinein; so wie die Sonne (nach damaliger Vorstellung) durch die aussendenden Lichtstrahlen nicht weniger wird, so der Vater nicht durch die Zeugung des Sohnes. Der Lichtstrahl ist vom Wesen der Sonne, zugleich aber vermittelt er die Sonne, die ohne Lichtstrahlen unsichtbar wäre. So ist Christus als Lichtstrahl die Eröffnung des Vaters, in dem die Sonne der Gerechtigkeit aufgeht. Weiter ist im „nicht geschaffen" enthalten, daß der Hervorgang nicht zeitlich, sondern ewig ist. Ins Credo geht dieser Gedanke jedoch erst im Konzil von Konstantinopel (381) ein: γεννηθέντα πρὸ πάντων τῶν αἰώνων, „vor aller Zeit gezeugt".

Der Grund dieser ewigen Zeugung wird im ersten Zusatz angegeben: „Aus der Substanz (οὐσία) des Vaters". Da Jesus Christus aus seiner Wesenheit genommen ist, muß er auch mit ihm eine Einheit bilden. Daher der dritte Zusatz: ὁμοούσιος – „wesenseins[255]". Der neue Begriff ὁμοούσιος kann dreifach interpretiert werden. In ihm zeigt sich ein Wendepunkt des Verständnisses von Gott und Mensch an. Die beiden Begriffe werden neu bestimmt.

2.2.1. Interpretation des Konzils

1. Man kann darin die Wesensbeschreibung eines einmaligen Sonderfalles erblicken. Ein einmaliger Mensch, Jesus von Nazareth, steht in einer einmaligen Wesenseinheit mit dem höchsten Gott. Dieser Sonderfall ist *nicht* wiederholbar. Er unterscheidet sich wesentlich von allen anderen Menschen. Jede Verbrüderung und Identifikation ist ausgeschlossen, denn diese Wesenseinheit ist qualitativ von jeder zwischenmenschlichen Einheit verschieden. Jesus Christus ist in seinem (metaphysischen) Wesen einmalig. So wurde Jesus von

---

[255] In der alexandrinischen Kirche wurde dieser Ausdruck im dritten Jahrhundert ins Glaubensbekenntnis aufgenommen. Der Ursprung liegt unbestreitbar in der Gnosis des zweiten Jahrhunderts, die durch diesen Begriff die Emanation aus der Gottheit aussagte. Origenes verwendete ihn und auch Tertullian das lateinische Äquivalent: *de substantia patris*. Auf der Synode von Antiochien (268) wurde das ὁμοούσιος verurteilt. Der Streit um das Wort dauerte bis zum Konzil von Konstantinopel und ist auch heute noch nicht verstummt. Aus der Kirchengeschichte des Eusebius geht hervor, daß dieses Wort vom Kaiser Konstantin gewünscht wurde; seine Mittlerstellung wurde durch einen himmlischen Mittler gefährdet; daher mußte Jesus Christus mit Gott-Vater eins sein. In der nachfolgenden Zeit schwächten die sogenannten Semiarianer den Ausdruck ὁμοούσιος ab. Der Logos sei nur Gott ähnlich, ὁμοιούσιος. Sie konnten sich aber nicht durchsetzen, obwohl manche dieses Wort in einem orthodoxen Sinne verstanden.

der Großkirche interpretiert; es ist die traditionelle Auffassung, daß Jesus Christus ein qualitativ anderes Wesen sei als wir, auch wenn ihm ein ganzes Menschsein zugesprochen wird. Jesus Christus ist der Allherrscher in Wesenseinheit mit der Gottheit. Alle Menschen sind ihm untergeordnet. Wir können der Gottheit nahen, weil er unsere Menschheit angenommen und sie mit Gott versöhnt hat.

Diese Einmaligkeit eines göttlichen Herrn zerstört nicht nur die Möglichkeit einer echten Erfahrungsbasis für das „Heilsgeschehen", sondern richtet auch ein eigenartiges Herr-Knecht-Verhältnis auf, das den Menschen in Abhängigkeit und Unmündigkeit hält. Zudem wird das Mitleid auf Jesus fixiert, der „so viel für uns getan hat". Diese Vorstellung lehnt sich an den griechisch-mythischen Volksglauben an.

2. Man kann von der ursprünglichen Bedeutung des Wortes οὐσία ausgehen. Hier handelt es sich um die wirksame Gegenwart letzter Wirklichkeit. Jesus Christus ist der Ort, an dem die Anwesenheit des Göttlichen erfahren wird, wobei keine historische Fixierung gemeint ist, sondern: Wo die Identität von Theorie und Praxis gelebt wird (ἐξουσία) und die Identifikation mit dem Mitmenschen geschieht (Für-uns), da ist Gott anwesend. Diese Gegenwart kann nicht mehr gesteigert werden, denn der „höchste" Gott ereignet sich. Jesus Christus zeigt die Existenzform dieser Wirklichkeitserfahrung an. Die Vollmacht (ἐξουσία) vermittelt die Erfahrung der Anwesenheit (παρουσία)[256] Gottes bei den Mitmenschen in der Gegenwart (οὐσία). In diesem Geschehen sind Mensch und Gott gleich anwesend (ὁμοούσιος). Dem Menschen ist in dieser erfüllten Gegenwart die Epiphanie (ἐπιφάνεια) des Göttlichen geschenkt.

Wenn die Hypostatisierung Jesu Christi aufgegeben wird, löst sich deshalb keineswegs die Christologie auf. Sie wird aber Funktion der Anthropologie. Diese zeigt wiederum ein völlig anderes Menschenbild. Gott gehört in die Definition des Menschen (A. Delp S.J.). Im Menschen ist Gottesbegegnung möglich. Im Menschen können wir Gottes Wirklichkeit erfahren. Athanasius hat das Verdienst, die historisierende Fixierung Jesu zugunsten der Anwesenheit des Göttlichen aufzugeben. Allerdings leistet er dadurch einer metaphysischen Sicht Jesu Christi Vorschub, die ihn völlig abstrakt zu einem Sonderwesen macht. Die Christologie wird von der realen Erfahrung abgeschnitten. Harnack meint dazu, daß „in dessen (= Athanasius) Christologie nahezu alle Züge der Erinnerung an den geschichtlichen Jesus von Nazareth ausgetilgt sind."[257] Aber wir können uns weder an ein historisierendes Jesusbild noch an einen metaphysischen oder ethischen Christus klammern, der einen transzendenten Gott an sich vermittelt. Wohl aber kann die Jesusfiguration, insofern sie als eine spezifische Weise der Wirklichkeitserfahrung und -bewältigung fungiert, als Realprinzip dienen, durch das der Mensch zu sich

---

256 Παρουσία meint im griechischen Denken häufig die hilfreiche Gegenwart des Asklepios, bzw. σωτήρ, des Retters und ist ein göttliches Geschenk.
257 A. v. Harnack, a.a.O. II, 224.

selbst kommt, also von seiner Entfremdung befreit (erlöst) wird und so im zwischenmenschlichen Umgang die Anwesenheit letzter Wirklichkeit, d.h. göttlicher Präsenz erfährt, so daß Gott und Mensch zu einer (An)wesenheitseinheit gebracht werden und die gott-menschliche Struktur der Wirklichkeit sichtbar wird.

3. Die rein anthropologische Auffassung leugnet die Gegenwart göttlicher Wirklichkeit und deutet sie um in eine anthropologische Zukunftsdimension. Das Letzte ist der Mensch in sich und nicht in Gott. Das ὁμοούσιος ist Ausdruck für den Menschen, der an Gottes statt eingesetzt wird. Gott wird so „entthront".[258] Seine Realität übernimmt der Mensch. Jesus ist die Figuration des vollendeten Menschen *ohne* Gott. Sicher kann diese Position den historischen Kontext nicht für sich buchen, ist aber eine in sich stimmige Weiterinterpretation. Das jesuanische Geschehen stürzte das bisherige Gottesbild und wird an dessen Stelle gesetzt. Nikaia ist revolutionär, da seitdem Gott und Mensch anders bestimmt werden müssen. Konservativ wird die Christologie durch ein metaphysisches Gottwesen immunisiert. Progressiv und positiv wird dem Menschen durch Gotteserfahrung im Menschen (Jesus Christus) neu Lebensmöglichkeit geschenkt. Atheistisch wird der Mensch selbst zur Gottwerdung aufgefordert. Als Beispiel einer solchen a-theistisch-marxistischen Deutung kann ein Text von E. Bloch.[259] dienen, der Nikaia positiv würdigt, jedoch in der letztgenannten Umdeutung. „Die Frucht (= des ὁμοούσιος) war derart, daß der Himmel aus einer Privatheit des Gottes in eine Menschenstadt verwandelt wurde: das neue Jerusalem. Die Gegenbewegung zum Oben war derart, daß dies neue Jerusalem, gerade als himmlisches, zu den Menschen – herabzufahren hatte; nicht ohne die völlige Anthropozentrierung dieses neuen Himmels, dieser neuen Erde: … ,bereitet wie eine geschmückte Braut ihrem Mann' (Off. Jo 21,2). Ja mit solchem zuletzt hat jesuanische Homousie das Vaterbild mitsamt der ihm zugeordneten alten Sonne- und Mondwelt völlig annektiert: ,Und die Stadt bedarf keiner Sonne noch des Monds, daß sie ihr scheinen, denn die Herrlichkeit Gottes erleuchtet sie, und ihre Leuchte ist das Lamm' (Off. Jo 21,23). Dessen Leuchten wird derart völlig gleich mit dem Leuchten der Herrlichkeit Gottes, es soll also an diesem Christus – völlig anders als bei den nicht-messianisch auftretenden Religionsstiftern Moses, gar Mohammed – nicht Gottähnlichkeit, Homoiousie, sondern eben Gottgleichheit, Homoousie bis zuletzt, genau zuletzt triumphieren. Bloße Gottähnlichkeit hatten die Arianer behauptet und mit ihr wäre ja kein Selbsteinsatz des Menschensohns in den Vater, keine Leuchte des Lamms und seiner Stadt als göttliche Herrlichkeit selber behauptbar gewesen. Statt dessen hat gerade eine Orthodoxie, indem sie auf dem Konzil von Nikaia die arianische Lehre verdammte und die Lehre des Athanasius von der Homoousie mit dem Vater kanonisierte, dem Christus den angegebenen, den – revolu-

---

[258]   Auch im relationalen Gottesverständnis geschieht „Entthronung", aber durch Beziehung und nicht durch den Menschen an sich.

[259]   E. Bloch, Atheismus im Christentum, Frankfurt 1968, 230f.

tionärsten Topos gebilligt, den je ein Stifter, je eine Parusie innehatte. Das geht auf, unvermeidlich, wenn die Kategorie Menschensohn in mythische, aber auch mystische Wunschmysterien eingeht und macht, daß Christimpuls leben kann, auch wenn Gott tot ist."

Das ὁμοούσιος wird hier als Befreiung von einem Gott verstanden, der Garant des Herrschaftssystems ist. Gott selbst wird negiert. Auch in der zweiten Position findet eine Befreiung *gegenüber* Gott statt, aber nicht *von* Gott. Er wird nämlich nicht mehr als ein Gegenüber verstanden, sondern in jesuanischer zwischenmenschlicher Erfahrung kann Gottes Wirklichkeit präsent werden.

Die großkirchliche, erste Position ist die mythische und kann Jesu „Gottsein" nicht als Metapher verstehen. Wie immer man dieses ὁμοούσιος deutet, es bleibt der anstößigste und zugleich entscheidendste Topos in der Theologiegeschichte der abendländischen Tradition. Kein Wunder, daß bis zum Konzil von Konstantinopel, 381 (also fast 60 Jahre) der Streit um die Rezeption anhielt, bis Kaiser Theodosius aus reichspolitischen Überlegungen der Diskussion ein Ende setzte. In der Zwischenzeit gab es vier Sirmische Formeln, die entweder das ὁμοούσιος einfach wegließen oder eine Ähnlichkeit Jesu Christi mit dem Vater behaupteten und sich auf die Schrift beriefen. Die dritte Formel (358 n. Chr.) hat auch der Papst Liberius (352-366) unterschrieben und Athanasius verurteilt. Nach heutigem Verständnis stimmte der „unfehlbare" Papst einem Irrtum im Glauben zu!

In dieser Diskussion vollzog sich jedoch die immer stärker werdende Fixierung auf eine metaphysische Betrachtungsweise der Person Christi. Die Frage war nicht mehr primär, wie werden Gott und Mensch vermittelt, wie ist Heilserfahrung möglich, was bedeutet Jesus Christus für uns, sondern *woraus besteht* Jesus der Christus?

3. Apollinarismus

Apollinaris von Laodizäa griff den Entscheid von Nikaia auf. Er war im 4. Jh. der heftigste Gegner der Arianer und spekuliert über das „Wesen" Christi. Die Heilsfrage des Menschen wird zwar berührt, sie wird jedoch nicht mehr von der Erfahrung her bestimmt. Die Frage nach einer Erfahrung, die letzte Wirklichkeit, d.h. Gott vermittelt (gegen Arius) und auch der materiellen Welt Heil verheißt (gegen den Doketismus), wird jetzt zur Überlegung nach der Menschheit und Wesenheit Jesu Christi in sich. Die Heilsfrage wird umgepolt: Wurde bisher nach der Erfahrung einer göttlichen Wirklichkeit im menschlichen Dasein (die Leiblichkeit eingeschlossen) gefragt, so wird bei Apollinaris danach geforscht, wie sich Gott und Mensch in Jesus Christus zueinander verhalten. Kann Gott in einem *ganzen* Menschen (Leib, Seele, Verstand, Wille) anwesend sein (οὐσία haben) oder wird der Mensch von Gott absorbiert, aufgesogen? Läßt Gott den Menschen wirklich Mensch sein oder stirbt der Mensch in Gott hinein, verliert er seinen Verstand, seine Seele, wenn er Gott „sieht"? Kann er am Leben bleiben, so daß ihm dadurch sein eigentliches Menschsein geschenkt wird, oder verliert er seine Identität, sein vollständiges Menschsein? Für Apollinaris kann es nur *ein* Lebensprinzip geben, wenn von Gottes Anwesenheit (οὐσία) gesprochen wird. Wo Gott vom Menschen ausgesagt werden kann, lebt er ganz vom Logos, vom Wort Gottes. Daher meint er, daß der Mensch Jesus keine αὐτεξουσία (Eigenvollmacht)[260] haben konnte. Das Vollzugsprinzip der eigenen Existenz ist allein göttlich. Wer Jesus Christus begegnet, der wird mit Gott und nicht mit menschlichem Vollzug konfrontiert. Gott wird nicht in der Begegnung zwischen Menschen gegenwärtig, sondern göttlicher Vollzug wird unmittelbar an Jesus erfahren. Diese Vollzugsunmittelbarkeit hält Apollinaris fest, da sonst, wie er meint, die Einheit Jesu Christi nicht erhalten bleiben kann und Gott nicht mehr anwesend (οὐσία) ist. Apollinaris, Philosoph und Aristoteliker, meint auch als Bischof (360 n. Chr.), daß zwei vollständige Wesenheiten keine Einheit bilden können.[261] Ein in sich abgeschlossenes Wesen kann sich mit einem anderen nicht so verbinden, daß sie eine Seinseinheit werden, höchstens eine Relations- oder moralische Einheit. So aber würde in Jesus Christus keine direkte Gotteserfahrung möglich sein, sondern nur eine über ein menschliches Wesen vermittelte. In diesem Denkschema bedeutet dies, daß der Mensch zurückgenommen werden muß. Wo Gott anwesend ist, muß der Mensch in seiner Integrität weichen. Es wird vorausgesetzt, daß Mensch und Gott als Seiende addiert werden müssen. Das ist nach Apollinaris nicht möglich, weil zwei vollständige Seiende keine Einheit ergeben können; also muß der Mensch, damit er Heil in Gott finden kann, auf sein Vollzugsprinzip verzichten. Von modernen Theologen wird kritisiert, daß der menschliche Geist doch eine seine Endlichkeit übersteigende Offenheit besagt und daher gerade von seiner Geistnatur her capax infiniti ist, d.h. Gottes Gegenwart in sich aufnehmen kann. Apollinaris aber hat die Sache tiefer erfaßt, denn auch der aristotelische νοῦς (Geist) hat diese „Offenheit", aber sie gilt eben nur auf der Erkenntnis- und Willensebene und kann nicht eine seinshafte Einheit schaffen. Gerade weil der Mensch auf der Ebene der Erkenntnis und Liebe zur Vereinigung mit Gott fähig ist, schließt diese Verbindung mit Gott eine Wesensvereinigung aus. Daher ist dort, wo der Mensch mit Gott identisch wird, wie bei Jesus Christus, die Eigenbewegung des νοῦς, der geistige Selbstbesitz des Menschen, auszuschließen. Hier liegt nun bereits reine Spekulation vor. Die Anwesenheit Gottes (οὐσία) und die Natur des Menschen (φύσις) werden metaphysisch-spekulativ auf einer Ebene gesehen, d.h. Gottes Anwesenheit beim Menschen wird in der Kategorie des Seienden gedacht und damit vergegenständlicht (auch wenn er als Subjekt gedacht wird). Die Frage ist

---

[260] Bei Origenes bedeutet dieser Begriff die menschliche Freiheit; vgl. Von den Prinzipien (περὶ ἀρχῶν), III, 1,1.

[261] Δύο τέλεια ἕν γενέσθαι οὐ δύναται. Ps.-Athanasius c. Apollinaris 1,2; PG 26, 1096 B.

nicht mehr: Ist Gott selbst als letzte Wirklichkeit (und Sinnerfüllung des Menschen) in Jesus Christus anwesend (also ὁμοούσιος), sondern: Wie kann ein Gottwesen mit dem Menschenwesen eine Einheit bilden? Apollinaris interpretiert erstmals Nikaia eindeutig in die Richtung der Vergegenständlichung Gottes und des Menschen, wie es die ganze Dogmengeschichte tun wird; es war ein Holzweg. Noch aber denkt Apollinaris dynamisch und seine οὐσία, wie φύσις sind nicht statische Limitationsbegriffe, sondern Vollzugs- und Lebensprinzipien, jedoch vom Seienden. Das eintretende Ereignis und damit die Erfahrung sind sekundär. Die abstrakte Logik treibt ihre Blüten. Nachdem Gottes Anwesenheit (οὐσία) gleichbedeutend mit der Wesenheit (φύσις) geworden ist (allerdings als dynamisches Prinzip), ist der Mensch in seinem Wesen nur Organ für die Gottheit. Er hat keinen Eigenstand vor Gott. So ist in Jesus Christus nur *eine* Wesenheit (φύσις), nur *eine* Anwesenheit des Lebensprinzips (οὐσία), nur *ein* Vollzugsprinzip (ἐνέργεια), nur *eine* Person (πρόσωπον), nur *ein* Personprinzip (ὑπόστασις)[262], nur *ein* Subjekt(ivität) (ὑποκείμενον), denn für all das ist der Sitz der Selbstbewegung (des Selbstvollzuges) das Leitungsprinzip (ἡγεμονικόν) der Logos. Die Logos-Sarx-Christologie ist nun perfekte Spekulation. Weil also nur von einem Seienden, einer Wesenheit gesprochen werden kann, muß dem Menschen Jesus das Entscheidende fehlen, nämlich was den Menschen zu einem vollkommenen Seienden macht, und das ist der menschliche Verstand (νοῦς), oder besser: Das Prinzip des menschlichen Selbstbewußtseins, also die spezifisch menschliche Seele (als οὐσία). Der Logos, das Gottwesen nimmt also das menschliche Fleisch an (σάρξ). Nach 362 (Synode von Alexandrien) ist für Apollinaris diese Sarx, entsprechend der aristotelischen Trichotomie, durch die Leibseele (ψυχή), aber nicht durch eine Geistseele (νοῦς) formiert. Die Folgerungen aus diesem Ansatz sind grundlegend für die Entwicklung der Theologie. Tritt Gottes Anwesenheit an die Stelle des menschlichen Vollzugsprinzips (νοῦς), dann eignet dem Menschen keine Freiheit. Die Alternative ist: Entweder Gottes oder des Menschen Freiheit! Für Apollinaris ist es klar: Er nimmt dem Menschen Jesus die Freiheit und gibt sie Gott. So wird der Mensch vor Gott unfrei. Eine religiöse Unterdrückungsgeschichte beginnt. Am Anfang der Neuzeit begehrt der Mensch auf. Im 16. Jh. ist der Auxilienstreit ein Beispiel; im 19. und 20. Jh. schließlich wird dem Gott diese Freiheit genommen und dem Menschen zurückgegeben. Bei Apollinaris raubt Gott den Menschen nicht nur die Freiheit, sondern wie in Jesus Christus auch seine menschliche Person. Die personale Existenz wird aufgesogen von Gottes Persönlichkeit, seinem Logos. Freilich, wir Menschen, die wir nicht in einer solchen Gottesnähe leben, haben unsere Eigenvollmacht, haben unser Vollzugsprinzip in uns und sind daher freie Personen. All das verfällt aber einer negativen Bewertung. Damit wird eine wesentliche Zäsur zwischen

---

[262] Für Apollinaris sind diese Begriffe nicht thematisch unterschieden und werden häufig synonym gebraucht. Die gegenteilige These vertritt A. Grillmeier (vgl. A. Grillmeier und H. Bacht (Hg.), Das Konzil von Chalkedon, Würzburg ³1962, Bd. I, 108-117).

Jesus Christus und uns Menschen gesetzt. Sie besteht nicht mehr nur darin, daß Jesus (ethisch) „sündenlos" ist, d.h. seine Identität in Theorie und Praxis gelebt hat, von Entfremdung befreit, und so Gottes Anwesenheit erfahrbar macht, sondern darin, daß Jesus Christus nur in „abstracto" mit uns Menschen eine Wesenseinheit (ὁμοούσιος) bildet. Er ist ein Sonderwesen geworden und qualitativ von uns verschieden. Apollinaris als Exeget hat eine Reihe von Aussagen des Paulus im NT hinter sich, in denen dieser davon spricht, daß Jesus Christus „wie" ein Mensch erfunden wurde, daß er in der Geistgestalt Gottes erschienen, ein zweiter Adam und ein himmlischer Mensch ist. Wird diese besondere Wesenheit Jesu Christi geleugnet, dann ist die Einheit von Gott und Mensch nach Apollinaris nicht mehr denkbar; Jesus Christus ist dann nur noch „gotterfüllt" bzw. „gottbegeistert" (ἄνθρωπος ἔνθεος). An einen solchen Menschen können aber auch Heiden und Juden glauben. Apollinaris will also abwehren:

1. daß zwei Söhne in Jesus Christus sind, ein göttlicher und ein Adoptivsohn (gegen die Gnosis, die Jesus und Christus trennte),

2. daß in Jesus Christus eine rein ethische Präsenz Gottes gegeben ist (gegen das ἔνθεος von Paul von Samosata, Marcellus und Plotin),

3. daß Jesus Christus die freie Selbstbestimmung und eigene Wesenheit (οὐσία) besitzt (gegen Origenes wie gegen Arius). Apollinaris will damit Jesus ganz Mensch sein lassen und zugleich die Einheit mit der höchsten Gottheit wahren. „Keinerlei Trennung zwischen dem Logos und seinem Fleisch wird in der Heiligen Schrift vorgetragen, sondern derselbe (αὐτός) ist eine Physis, eine Hypostase, eine Lebenskraft (ἐνέργεια), ein Prosopon, ganz Gott und ganz Mensch."[263]

So wie Apollinaris, der das Heil „für uns" durch diese Lebenseinheit festhalten wollte, in seiner Argumentation die Ebene der Erfahrung verlassen hat und sich in rein abstrakte Spekulationen verlor, so taten dies noch mehr seine Gegner, die sich in der Großkirche durchsetzen konnten. Apollinaris' Verurteilung auf der Synode von Alexandrien 362 hatte zwar eine kleine Korrektur seiner Ansicht zur Folge, die aber vor allem die Kappadokier (Basilius, Gregor von Nyssa und Gregor von Nazianz, die die spekulative Trinitätslehre erfanden und die im Mittelalter so wirksam wurde) nicht zufriedenstellen konnte. So denunzierte der Heilige (!) Basilius seinen Amtskollegen. 377 verurteilte ihn Damasus in einer römische Synode, der sich 379 Antiochien anschloß, bis 381 das allgemeine Konzil von Konstantinopel Apollinaris ausdrücklich verdammte.[264]

---

[263] Apollinaris, de fide et incarn. 6, ed. Lietzmann 198/9.

[264] In Chalkedon 451, aber nicht mehr ausdrücklich gegen Apollinaris, werden das volle Menschsein Jesu und die nikänische Wesenseinheit mit dem Vater sowie die Wesenseinheit mit den Menschen (ὁμοούσιος ἡμῖν) betont; das Menschsein ist ganz in Jesus Christus anwesend. Im Mittelalter gegen Petrus Johannis Olivi (1298) wurde vom Konzil von Vienne (1311-12) betont, daß die vernünftige Seele (per se et essentialiter) auch bei Christus die Form(a) des Körpers ist (D 900-902).

Die Orthodoxie folgte der althergebrachten Argumentationsweise, die erst in Chalkedon fraglich wurde und ihre Gültigkeit einbüßte. Wenn Gott den Menschen heilt, von seiner Entfremdung befreit, dann muß Gott *für sich* (und das ist die entscheidende metaphysische Voraussetzung) alles vom Menschen auf- und annehmen. Was nicht angenommen ist, ist nicht geheilt (τὸ ἀπρόσληπτον ἀθεράπευτον)![265] So muß auch das menschliche Lebensprinzip (νοῦς) in Jesus Christus aufgenommen werden. Alles, was zum Menschen gehört, muß auch in ihm vorhanden sein.[266] Dabei geht es weder der Orthodoxie noch der Heterodoxie um den historischen Jesus, dieser hat z.B. für Gregor von Nyssa nur vorläufige Bedeutung, sondern es geht ihnen allen um den gegenwärtigen Christus, der für uns das Heil wirkt, uns zu uns selbst und damit zu Gott (Deificatio) bringt. Beide, noch mehr die Großkirche, abstrahieren völlig von der Erfahrungsbasis und vermitteln so allein eine „graue" Theorie, die folgende metaphysischen Voraussetzungen macht:

1. Gott wird nicht von seiner Präsenz (οὐσία), nicht vom Geschehen und Ereignis her gedacht. Gott ist ein in sich geschlossenes vollkommenes Wesen. Er wird losgelöst von menschlicher Erfahrung definiert und als ein Seiendes mit dem Menschen in Beziehung gebracht. Dieser Gott als in sich Seiendes saugt durch seine Selbstpräsenz den Menschen auf. Je näher die Begegnung, umso weniger Selbststand und Freiheit kommt dem Menschen zu. Gott wird als eine absolute Größe gesetzt. Dies wird eine fraglose Voraussetzung für die spätere Theologie. Der Ausgangspunkt ist nicht der Gott für die Menschen, sondern Gott in sich, der eine bestimmte Beziehung zu den Menschen aufnehmen kann. Von Gott reden heißt nicht mehr vom Menschen reden, sondern zwei Wesenheiten in sich stehen sich gegenüber.

2. Dies bringt ein defizitäres Menschenbild hervor. Der Mensch wird nicht mehr von seinen Vollzügen her begriffen, sondern statisch als eine bestimmte Wesenheit gesehen. Der Mensch *wird* nicht im Vollzug und entwirft nicht sein Wesen, sondern seine Natur (φύσις) ist ihm vorgegeben. Apollinaris hat wesentlich zu dieser Entwicklung beigetragen. Damit eine Verbindung zwischen Gott und Mensch möglich wird, wird der Mensch reduziert. Seine Vollzugswirklichkeit (νοῦς) wird durch den göttlichen Vollzug (λόγος) abgelöst. Die Gottheit aber wird nicht vom Ereignis, sondern von ihrer Natur (φύσις) her gesehen; das gleiche gilt vom Menschen. So wird die Anwesenheit (οὐσία) Gottes und des Menschen zur dynamischen Natur (φύσις) und schließlich zur abstrakten Natur (essentia), die vom realen Vollzug seinsmäßig unterschieden wird.

Damit sind endgültig die Weichen für die künftige Christologie und für das Verständnis von Gott und Mensch gestellt, das sich in der abendländischen Tradition verhängnisvoll auswirken sollte. Die Kontroverse der ersten vier Jahrhunderte um Jesus Christus (2. Jh.: Doketismus, 3. Jh.: Arianismus, 4. Jh.:

---

265 Gregor v. Nazianz, ep. 101. PG 37, Sp. 181 c.
266 Über das „Personsein" wurde nicht reflektiert; nach offizieller kirchlicher Lehre hat Jesus Christus das Wichtigste, nämlich die menschliche Person *nicht* angenommen!

Apollinarismus) brachte eine Christologie hervor, die das „Für uns" als sekundär ansieht. Hauptsächlich ist Jesus Christus *in sich,* seine metaphysische Konstitution, interessant. Gott und Mensch sind in diesem einmaligen und kuriosen Fall Jesus Christus vereint. Mit uns hat diese Spekulation nichts mehr zu tun.

Damit ist zugleich die Möglichkeit für ein geschichtliches Denken verbaut. So lange Gott Ausdruck für ein Geschehen ist, das sich für uns ereignet hat und in der Geschichte weiter ereignet und gesellschaftlich wirksam ist, ist das geschichtliche Werden des Menschen erkannt, das in unserer täglichen Erfahrung wirksam ist. Wird aber über eine einmalige Wesensvereinigung reflektiert, haben solche Überlegungen mit dem geschichtlichen Werden nichts mehr zu tun, sondern höchstens mit einem historischen Sonderfall. Hier wird das theologische Denken radikal ungeschichtlich. Es entsteht die berüchtigte Inkarnationstheologie, die Jesus Christus nur unter dem Gesichtspunkt einer von Geburt an einmaligen gottmenschlichen Verbindung sieht. Seine Entwicklung im Leben ist uninteressant.[267]

4. Nestorianismus

Das „Für-uns" in seinem Erfahrungsgehalt ist nicht mehr der Diskussionsgegenstand der Christologie. Die Debatte handelt nicht mehr primär von der soteriologischen Fragestellung. Wohl aber ist die Antiochenische Schule (Nestorius 381-451) an der Menschheit Jesu interessiert. Im Gegenzug zu Apollinaris und aller σάρξ-λόγος-Schemata wird Jesus Christus in sich als ganzer Mensch gesehen. Wie steht der ganze Mensch (ἄνθρωπος) Jesus zu Gott, zum λόγος? Entscheidend für das Menschsein ist die Freiheit. Daher ist christologisch gesehen der freie Wille das Zentrum des Menschen Jesus. Ist die Freiheit die grundlegende Wirklichkeit des Menschen, dann ist eine Seinseinheit zwischen Gott und Mensch nicht möglich (also keine ἕνωσις φυσική bzw. ἕνωσις κατ' ὑπόστασιν), da diese die Freiheit aufheben würde. Wohl aber hat Gottes Wort von Anfang an im Menschen Jesus gewohnt. Gemäß Gottes Wohlgefallen an ihm ist Gott ähnlich wie bei anderen Menschen gegenwärtig (also κατ' εὐδοκίαν und nicht κατ' οὐσίαν, wobei οὐσία schon ganz im Sinne einer substantiellen Gegenwart verstanden wird). Gott wohnt in Jesus wie in einem Tempel, daher kann man auch nicht von der Menschwerdung Gottes reden, sondern nur von der „Annahme" des Menschen. Es besteht also eine moralische Einheit, Beziehung in Jesus Christus von Gott und Mensch. Da die Freiheit den Menschen charakterisiert, ist diese Einheit nicht vom Subjekt her zu verstehen, dieses ist vielmehr Gott

---

[267] Die sog. Kreuzestheologie versucht zwar einer menschlichen Entwicklung Jesu gerecht zu werden (vgl. W. Pannenberg, a.a.O. 295ff), bleibt aber der Gott-Mensch-Lehre verhaftet und kommt so mit allen Strampelversuchen nicht über den Stall von Bethlehem in der Retrospektive der Geschichte hinaus.

gegenüber selbständig. Daher sprachen die Antiochener von zwei Personen (δύο ὑποστάσεις bzw. πρόσωπα). Nur wenn Jesus Christus menschliche Person ist, ist sein Menschsein voll zur Geltung gebracht. Wie kann es sich bei Jesus um einen Menschen handeln, wenn er keine Freiheit besitzt und damit keine menschliche Person ist? Handelt es sich um einen wirklichen Menschen, dann um einen ganzen Menschen. Trotzdem wird auch in der antiochenischen Schule von der *Einheit* der Person gesprochen. Nur ein Herr wird verehrt und nicht zwei. In der Beziehung auf den Glaubensvollzug der Gläubigen also wird die Einheit von Jesus Christus hergestellt. Die Einheit zwischen Gott und Mensch besteht im Bezug auf den gläubigen Menschen. Wenn Menschen bejahen, daß in Jesus Christus Gott begegnet, ist die Einheit hergestellt. Dies würde heute einen Ansatz für eine Begegnungschristologie bieten. Im Tun an dem Geringsten ist Christus und damit auch Gott gegenwärtig. Der glaubende Vollzug des Menschen vermittelt Gotteserfahrung, die symbolisch an Jesus Christus zu erkennen ist. Dieser sinnvolle Ansatz der Antiochener, der eine metaphysische Christologie ablehnt, wurde nicht weiter verfolgt, sondern an Begriffen des Glaubenssymbols entzündete sich der Streit.

Seit Beginn des 4. Jahrhunderts war es üblich, Maria als Gottesgebärerin (θεοτόκος) zu bezeichnen. In diesem Begriff fand sich die Volksfrömmigkeit wieder. Er gab eine gewisse Sicherheit, daß Jesus Christus von Anfang an Gott war und berücksichtigte das Verlangen der Menschen, Gott greifbar zu machen, menschlich zu haben. Die antiochenischen Prediger polemisierten schon vor Nestorius gegen diesen Ausdruck und setzten dafür Menschengebärerin (ἀνθρωποτόκος); nur uneigentlich könne man von der Geburt Gottes sprechen. Der Mönch Nestorius sollte in Konstantinopel als Bischof vermitteln und schlug (wie später im 3. Brief an den Papst Cölestin) die Bezeichnung χριστοτόκος, Christusgebärerin, vor und meinte, daß man die jungfräuliche Maria nicht zur Göttin machen dürfe. Wenn das genügend berücksichtigt wird, könne man auch den Ausdruck „Gottesgebärerin" gelten lassen. Viel unversöhnlicher war sein großer Gegenspieler Cyrill, der Bischof von Alexandrien. Ihn interessierte nicht das menschliche Leben Jesu, seine menschlich-geschichtliche Dimension, sondern das göttliche Wort (θεός λόγος). Den Begriff οὐσία verwendet er nicht mehr, sondern er bevorzugte den eindeutigeren Ausdruck φύσις, Natur, wobei für ihn bei Gott die Natur mit der (persönlichen) Substanz (ὑπόστασις) zusammenfällt. Jesus Christus ist kein individueller Mensch, sondern sein Menschsein ist der reale Beginn einer neuen Menschheit.[268] Er verteidigt aber das *ganze* Menschsein Jesu Christi. Den Gedanken, daß Jesus Christus einen freien Willen hatte, lehnt er ab, denn damit wäre er ein konkreter, handelnder Mensch. Nach der Menschwerdung gibt es jedoch nicht mehr zwei Naturen (φύσεις), sondern nur mehr *eine* physische Kraft, die Zweiheit der Naturen besteht nur mehr gedanklich

---

[268] Vgl. A. Harnack, a.a.O. 351; dazu die heutige Diskussion bei Pannenberg, a.a.O., 298 nota; sie bringt keine wesentlich neuen Aspekte.

(θεωρία μόνη). So ist Gott wirklich Mensch *geworden*, er leidet an seinem Fleisch (auch wenn die Gottheit nicht leidensfähig ist). Cyrill spricht sogar vom „gekreuzigten Gott" (θεός σταυρωθείς).[269] Diese „physische" Einheit (ἕνωσις φυσική) machte den historischen Jesus völlig uninteressant, ja hob ihn auf. Ein neues Verständnis des Menschen, eine anthropologische Konstante, im jesuanischen Geschehen initiiert, war für ihn uninteressant. Gott allein zählt. Anthropologie löst sich in Theologie auf. Cyrill kommt durch seinen Ansatz auch zu einer extremen Idiomenkommunikation, die besonders im Mittelalter eine Rolle spielte.[270] Nestorius polemisierte gegen diese Aussageweisen und erklärt die Rede vom ans Kreuz geschlagenen Gott als Fabel. Beide streitenden Parteien riefen den Papst an. Stets waren die Päpste mehr auf der Seite der Alexandriner als auf der Seite der Patriarchen von Neu-Rom (Konstantinopel). Dazu kam, daß Nestorius die nach Konstantinopel geflohenen Pelagianer, die vom Papst verurteilt waren, nicht exkommunizieren wollte. So stand a priori fest, daß der päpstliche Legat auf der Seite der Gegner von Nestorius zu finden war, was immer die einzelnen Glaubensaussagen beinhalten mochten. Nestorius hatte an Cölestin geschrieben: „utraque natura quae per coniunctionem summam et inconfusam in una persona unigeniti adoratur".[271] Wobei hier persona als das eine πρόσωπον zu verstehen ist, das angebetet wird; zwei Substanzen (φύσις sowie ὑπόστασις) sind jedoch vollkommen und unvermischt in Jesus Christus. Eine solche Formel war im Abendland üblich und von Augustinus geprägt, der zum Teil dieselben Bedenken wie Nestorius gegen die Sprechweisen des Cyrill hatte. Es bestand daher kein Grund, Nestorius zu verurteilen, zumal er bei der Frage der „Gottesgebärerin" zu Konzessionen bereit war. Das Konzil zu Ephesus (431) sollte den Streit auf kaiserlichen Wunsch schlichten. Cyrill wartete die Ankunft der antiochenischen Bischöfe nicht ab, sondern ließ vorher über seinen zweiten Brief an Nestorius (der päpstliche Legat war ebenfalls nicht anwesend) abstimmen. Nestorius wurde verurteilt, und Cyrill erreichte seine Absetzung durch den Kaiser. In diesem Brief wird dekretiert, daß die Einigung (ἕνωσις) zwischen Wort (Gottes) und den Menschen (Jesus) der Person (καθ' ὑπόστασιν) nach geschehen ist und nicht bloß dem Willen (θέλησιν) oder dem Wohlgefallen nach (εὐδοκίαν). Die reale Einheit von Gott und Mensch wird betont, und eine moralische Einigung aufgrund göttlicher Huld ausgeschlos-

---

[269] Vgl. J. Moltmann, Der gekreuzigte Gott, München 1972, der diesen monophysitischen Gedanken aufgreift.

[270] Ontologisch gründet sie in der Einheit der Person Christi, der zwei Naturen zugesprochen werden. Logisch gilt die Idiomenkommunikation nur für die konkrete Redeweise, nicht für die abstrakte (z.B. Gott hat gelitten, aber nicht die Gottheit; der Mensch Jesus ist allmächtig, aber nicht die Menschheit oder menschliche Natur Jesu ist allmächtig). Ebenso gilt sie nur positiv und nicht negativ (z.B. falsch ist: Gott hat nicht gelitten, der Mensch Jesus ist nicht allmächtig); bei positiven Aussagen gilt sie auch nur, wenn sie nicht reduplikativ genommen wird (z.B. falsch ist: Jesus hat *als* Gott gelitten, Jesus ist *als* Mensch allmächtig).

[271] Nestorius ad Coelestin, Ep. II., Mansi IV, 1024.

sen. Überdies wird auch die Einigung durch die Annahme der (menschlichen) Person (πρόσωπον) zurückgewiesen. Die Vollzugs- und Relationseinheit ist zu wenig. Keine Gott-Mensch-Beziehung ist in Jesus Christus, sondern Identität. Erst recht wird diese Einheit nicht durch Anbetung, d.h. durch die Beziehung des Menschen zu Jesus Christus hergestellt, sondern ist ein metaphysisches Geheimnis. Die Kategorie der Beziehung wird radikal ausgeschlossen. Maria ist daher „Gottesgebärerin"[272].

Hier ist der Ursprung des Monophysitismus zu sehen. Der Streit ging nach dem Konzil ungebrochen weiter. Zwei Jahre später, 433, wurde durch kaiserliche Vermittlung ein Unionssymbol verfertigt, das den Frieden herstellen sollte. Darin wird an dem Ausdruck „Gottesgebärerin" festgehalten, jedoch ebenso werden die zwei Naturen (φύσις) betont. Cyrill hat es unterschrieben. Er wollte seine Machtposition nicht verlieren. Nestorius hätte diese Formel von seiner Theologie her unterschreiben können, er blieb aber in der Verbannung, und 435 ordnete der Kaiser die Verbrennung seiner Schriften an.

Das heutige Urteil über Nestorius fällt milder aus, und nicht wenige Theologen (z.B. auch J. Ratzinger) sind der Meinung, daß Nestorius eine kirchlichorthodoxe Christologie vertreten habe.[273] Für Cyrill stand fest: Jesus Christus ist *eine* einmalige metaphysische Wirklichkeit (Gottmensch). Eine Erfahrungswirklichkeit steht nicht zur Diskussion. Nestorius wollte durch den Begriff „Anbetung" die Beziehung des Glaubenden zu Jesus Christus als wesentlich festhalten. Dieses letzte Aufscheinen einer Erfahrungstheologie wurde endgültig abgeblockt, auch wenn sich das „theologische Pendel" wieder in die andere Richtung zu bewegen schien. Mit dem Unionssymbol beginnend, konnte von Ferne Nestorius langsam die faktische Rehabilitierung seiner Lehre heranreifen sehen, bis in Chalkedon ein Schlußstrich unter diese christologischen Spekulationen gezogen wurde.

5. Monophysitismus

Durch den Sieg der Alexandrinischen Schule wurden die Tendenzen einer unabhängigen ägyptischen staatlichen und kirchlichen Einheit verstärkt. Das bedeutete für das alte und neue Rom Gefahr. Das Schreiben und die Legaten des Papstes Leo I. behandelten Dioskur, den Patriarchen von Alexandrien (444-451), äußerst abfällig, so daß dies zur erbitterten Feindschaft führte. Der Bund zwischen Rom und Alexandrien gegen Konstantinopel zerbrach, und der

---

[272] Cyrill ging in seinen zwölf Anathemata, die Zustimmung fanden, gegen Nestorius noch weiter. Die zwölf Verurteilungen gelten nicht in gleicher Weise als dogmatisch verbindlich. Darin wird im 3. Kanon auch die physische Einheit zwischen Gott und Mensch behauptet (καθ' ἕνωσιν φυσικήν, D 254). Nach heutigem kirchlichen Verständnis eine glatte Häresie, die die damalige Großkirche zum Glauben vorschrieb.

[273] Vgl. A. Grillmeier, a.a.O. I, 160ff und ders. Zum Stand der Nestoriusforschung, in: Theologie und Philosophie 41, 1966, 401-410.

Papst suchte seinen neuen Bundesgenossen beim Kaiser und beim Patriarchen von Konstantinopel. Das Dogma wird dadurch sehr stark an politische Gesichtspunkte geknüpft. Die „Christologie (wurde) eine Rüstkammer vergifteter Waffen zu kirchenpolitischem Gebrauch geschaffen".[274] Dioskur setzte alles daran, die zwei Naturenlehre auszumerzen. In diesem Sinne begann in der Hauptstadt Konstantinopel der cyrillisch gesinnte Archimandrit Eutyches zu predigen, verwarf damit das Unionssymbol von 433 und leugnete das ὁμοούσιον ἡμῖν (nicht: τῷ πατρί). Flavian, der Bischof von Konstantinopel, wollte diesen Prediger, der alexandrinisch orientiert war, los werden. Er stand auf dem Boden des Symbols von 433 und interpretierte es im antiochenischen Sinne (ὑπόστασις und πρόσωπον wurden gleichgesetzt und von der φύσις wesentlich unterschieden). In diesem Streit gelangten beide zu Leo I. Nach anfänglichem Zögern erkannte der Papst, daß der politische Feind Nr. 1 nicht Konstantinopel, sondern Alexandrien hieß. Eutyches wurde als Häretiker verurteilt, und Flavian bekam Recht. Der Papst aber will, anders als der Kaiser, auf keinen Fall eine Konzilsentscheidung. Er beteuert, daß alles schon entschieden und Eutyches als Doketist zu werten sei. Er wiederholt die alte abendländische Formel von zwei Substanzen (substantiae vel naturae) in einer Person, wobei seine Auffassung der Natur die Verbindung zweier hypostatischer Substanzen nahelegt. Er liegt völlig auf der Linie der antiochenischen Christologie. Beim Konzil von Ephesus 449 präsidiert Dioskur, der päpstliche Legat nimmt die zweite Stelle ein. 135 Teilnehmer beschließen – bei Stimmenthaltung des römischen Legaten –, daß allein die Formel der einen Natur (φύσις) rechtgläubig ist. Flavian wird verurteilt. Nach Dioskur ist dadurch das alte Bekenntnis von Nikaia und Ephesus (Cyrill) wiederhergestellt. Sein Sieg war triumphal. Flavian appelliert an den Papst. Leo I. legt in seinem Tomus ad Flavianum (449) seine Ansicht dogmatisch dar und verurteilt die Beschlüsse des Konzils. Er nennt es eine „Räubersynode".[275] Dioskur spricht den Bann über Papst Leo I. aus, dem auch sein Einlenken, nur auf der Verurteilung des Eutyches zu bestehen, nichts half. 450 stirbt der Kaiser Theodosius II. Die Situation ändert sich völlig. Seine Schwester Pulcheria heiratet Marcian, der sich als Kaiser auf die Seite des Papstes schlägt. Zwar wollte der Papst auch diesmal kein neues Konzil, sondern nur die Bestätigung seiner Schreiben. Der Kaiser aber brauchte unbedingt ein Konzil gegen die äußere Gefahr (Hunneneinfall) und die inneren Abspaltungstendenzen (Ägypten). Für 451 wurde das Konzil zuerst nach Nikaia, dann in letzter Minute nach Chalkedon einberufen, um die persönliche Anwesenheit des Kaisers zu ermöglichen. Fast 600 Bischöfe waren anwesend. Die meisten davon dachten wie Cyrill und Dioskur, ließen sich aber von Papst und Kaiser die Zweinaturenlehre aufnötigen. 448 stimmten diese Bischöfe für Flavian, 449 für Dioskur und nun zwei Jahre später für den Papst.

---

[274] A. Harnack, a.a.O., Bd. II, 375.
[275] „Illo Ephesino, non iudicio, sed latrocinio" Ep. 95, 2, PL 54, 943.

Dioskur hatte als Angeklagter keinen Sitz beim Konzil, wurde abgesetzt und der inzwischen verstorbene Flavian rehabilitiert. Nicht weniger „räuberisch" ging es zu, nur daß die meisten Bischöfe noch zusätzlich ihre eigene Ansicht verrieten. In der 5. Sitzung wird die kaiserlich-päpstliche Formel angenommen. Wir glauben wie Leo! Der Monophysitismus wurde verurteilt, und die erste Kirchenspaltung bahnte sich an. In Chalkedon wurde der Ausdruck „Gottesgebärerin" übernommen und betont, daß es sich immer um „ein und denselben" (ἕνα καὶ τὸν αὐτὸν) Christus handelt. Dieser eine Christus aber ist *in* zwei Naturen (ἐν δύο φύσεσιν und nicht ἐκ). Die Monophysiten hielten zwar fest, daß Christus aus zwei Naturen besteht, aber nach der Vereinigung beider, der göttlichen und der menschlichen, nur mehr eine Natur vorhanden ist. Als Beispiel wird das Meer (göttliche Natur), in das ein Tropfen Wein (menschliche Natur) fällt, angeführt. Nach Chalkedon hingegen sind diese zwei Naturen nicht vermischt (ἀσυγχύτως, inconfuse), sind unveränderlich (ἀτρέπτως, immutabiliter), sind unteilbar (ἀδιαιρέτως, indivise), und sind untrennbar (ἀχωρίστως, inseparabiliter). Da beide Naturen vollkommen sind, ist Jesus Christus vollkommen in seiner Gottheit und vollkommen in seiner Menschheit (τέλειος ἐν θεότητι – ἐν ἀνθρωπότητι), ebenso ist derselbe Christus wahrhaft Gott und wahrhaft Mensch (θεὸς ἀληθῶς – ἄνθρωπος ἀληθῶς), wesenseins mit dem Vater und mit uns (ὁμοούσιος τῷ πατρί – ἡμῖν), ausgenommen die Sünde, geboren vor aller Zeit aus dem Vater und am Ende der Tage für uns und um unseres Heiles willen aus Maria geboren der Menschheit nach. All das ist der eine und derselbe Jesus Christus in *einer* Person (ὑπόστασις, πρόσωπον). Damit war die klassische Christologie, die bis heute ihre Gültigkeit beansprucht, abgeschlossen. Der erste Teil des Textes (D 300 ff) stammt aus dem Unionssymbol, die technischen Termini z.T. aus dem Brief des Leo. Sie gehen auf Tertullian und Porphyrius (unvermischt, eine Person), auf Chrysostomus, Diodymos und Plotin (unveränderlich), sowie auf allgemein eingebürgerte Ausdrücke zurück. Fragt man also, „*wer*" Jesus Christus ist, ist die Antwort: Das ewige Wort des Vaters, der Sohn, der sich als Person (ὑπόστασις) vom Vater und Geist unterscheidet und als Mensch lebt. Fragt man, „*was*" Jesus Christus ist, ist die Antwort: Ein vollkommenes Gottwesen (φύσις, natura divina) und ein vollkommenes Menschenwesen (φύσις, natura humana). Der soteriologische Aspekt ist völlig in den Hintergrund getreten. Es geht nur um das, was Jesus Christus *an sich* ist. Menschliche und göttliche Natur sind nur mittelbar vereinigt, und zwar in der Person des ewigen Sohnes. Damit wird in diesem Denkschema ein für alle Mal die Begegnung mit Gottes Wirklichkeit, seine ereignishafte Gegenwart, auf diesen einen Punkt fixiert. Der metaphysische Jesus Christus ist der Mittler zwischen Gott und Mensch. Die menschliche Erfahrung ist nicht mehr der Ort der Gottesbegegnung. Ein einmaliger Sonderfall, eine einmalige Person wirkt das Heil und vermittelt Gott. Faktisch (wenn auch theoretisch überspielt) ist damit ein besonderes Wesen zwischen Gott und Mensch geschaffen, auch wenn sich alle Aussagen entweder auf Gott oder auf den Menschen verteilen lassen. Eine radikale „Entgöttlichung" der Welt ist initiiert, denn nur mehr in Jesus Christus scheint Gott erfahrbar zu sein. Eine gewisse Säkularisierung der Welt wird eingeleitet, die in der Aufklärung und schließlich im Atheismus enden sollte. Freilich: Die „Gläubigen" sind weiter der Meinung, daß in Jesus Gott gehandelt hat, bzw. daß Jesus Gott ist, aber Chalkedon hat ihnen die mögliche Erfahrungsbasis entzogen. Die Christologie wird als reine Spekulation festgeschrieben. Daran ändert auch die weitere geschichtliche Entwicklung nichts mehr.

Ἑπόμενοι τοίνυν τοῖς ἁγίοις πατράσιν,	Sequentes igitur sanctos patres,	In der Nachfolge der heiligen Väter
ἕνα καὶ τὸν αὐτὸν ὁμολογεῖν υἱὸν τὸν κύριον ἡμῶν Ἰησοῦν Χριστὸν συμφώνως ἅπαντες ἐκδιδάσκομεν,	unum eundemque confiteri filium dominum nostrum Iesum Christum consonanter omnes docemus,	also lehren wir alle übereinstimmend, unseren Herrn Jesus Christus als ein und denselben Sohn zu bekennen:
τέλειον τὸν αὐτὸν ἐν θεότητι, καὶ τέλειον τὸν αὐτὸν ἐν ἀνθρωπότητι,	eundem perfectum in deitate, eundem perfectum in humanitate,	derselbe ist vollkommen in der Gottheit und derselbe ist vollkommen in der Menschheit;
θεὸν ἀληθῶς, καὶ ἄνθρωπον ἀληθῶς τὸν αὐτὸν ἐκ ψυχῆς λογικῆς καὶ σώματος,	deum verum et hominem verum, eundem ex anima rationali et corpore,	derselbe ist wahrhaft Gott und wahrhaft Mensch aus vernunftbegabter Seele und Leib;
ὁμοούσιον τῷ πατρὶ κατὰ τὴν θεότητα, καὶ ὁμοούσιον ἡμῖν τὸν αὐτὸν κατὰ τὴν ἀνθρωπότητα,	consubstantialem patri secundum deitatem, consubstantialem nobis eundem secundum humanitatem,	derselbe ist der Gottheit nach dem Vater wesenseins und der Menschheit nach uns wesenseins.
„κατὰ πάντα ὅμοιον ἡμῖν χωρὶς ἁμαρτίας"·	„per omnia nobis similem absque peccato";	„In allem uns gleich außer der Sünde" [vgl. Hebr 4,15];
πρὸ αἰώνων μὲν ἐκ τοῦ πατρὸς γεννηθέντα κατὰ τὴν θεότητα,	ante saecula quidem de patre genitum secundum deitatem,	derselbe wurde einerseits der Gottheit nach vor den Zeiten aus dem Vater gezeugt,
ἐπ' ἐσχάτων δὲ τῶν ἡμερῶν τὸν αὐτὸν δι' ἡμᾶς καὶ διὰ τὴν ἡμετέραν σωτηρίαν	in novissimis autem diebus eundem propter nos et nostram salutem	andererseits der Menschheit nach in den letzten Tagen unseretwegen und um unseres Heiles willen
ἐκ Μαρίας τῆς παρθένου τῆς θεοτόκου κατὰ τὴν ἀνθρωπότητα·	ex Maria virgine dei genitrice secundum humanitatem;	aus Maria, der Jungfrau (und) Gottesgebärerin, geboren;

---

276 D 301f.

ἕνα καὶ τὸν αὐτὸν Χριστὸν υἱὸν κύριον μονογενῆ	unum eundemque Christum filium dominum unigenitum	ein und derselbe ist Christus, der einziggeborene Sohn und Herr,
ἐν δύο φύσεσιν ἀσυγχύτως, ἀτρέπτως, ἀδιαιρέτως, ἀχωρίστως γνωριζόμενον,	in duabus naturis inconfuse, immutabiliter, indivise, inseparabiliter agnoscendum,	der in zwei Naturen unvermischt, unveränderlich, ungetrennt und unteilbar erkannt wird,
οὐδαμοῦ τῆς τῶν φύσεων διαφορᾶς ἀνῃρημένης διὰ τὴν ἕνωσιν,	nusquam sublata differentia naturarum propter unitionem,	wobei nirgends wegen der Einung der Unterschied der Naturen aufgehoben ist,
σωζομένης δὲ μᾶλλον τῆς ἰδιότητος ἑκατέρας φύσεως,	magis salva proprietate utriusque naturae,	vielmehr die Eigentümlichkeit jeder der beiden Naturen gewahrt bleibt
καὶ εἰς ἕν πρόσωπον καὶ μίαν ὑπόστασιν συντρεχούσης,	et in *unam personam atque subsistentiam* concurrente,	und sich in einer Person und einer Hypostase vereinigt;
οὐκ εἰς δύο πρόσωπα μεριζόμενον ἢ διαιρούμενον, ἀλλ' ἕνα καὶ τὸν αὐτὸν υἱὸν μονογενῆ θεὸν λόγον, κύριον Ἰησοῦν Χριστόν,	non in duabus personas partitum aut divisum, sed unum et eundem filium unigenitum deum verbum dominum Iesum Christum;	der einziggeborene Sohn, Gott, das Wort, der Herr Jesus Christus, ist nicht in zwei Personen geteilt oder getrennt, sondern ist ein und derselbe,
καθάπερ ἄνωθεν οἱ προφῆται περὶ αὐτοῦ καὶ αὐτὸς ἡμᾶς Ἰησοῦς Χριστὸς ἐξεπαίδευσεν, καὶ τὸ τῶν πατέρων ἡμῖν παρέδωκε σύμβολον.	sicut ante prophetae de eo et ipse nos Iesus Christus Dominus erudivit et patrum nobis symbolum tradidit.	wie es früher die Propheten über ihn und Jesus Christus selbst es uns gelehrt und das Bekenntnis der Väter es uns überliefert hat.

6. Monotheletismus

Nach Chalkedon beginnen in vollem Umfang, vor allem im 6. Jh., die mono-physitischen Streitigkeiten. Gleich nach dem Konzil sah Leo I. die Haupt-gefahr für die Vormacht Roms wieder in Konstantinopel, dessen Patriarch zu den gleichen Vorrechten wie Rom gelangte (vgl. 28. Kanon von Chalkedon). Daher schlug sich der Papst wieder auf die Seite von Alexandrien. Neu- und Alt-Rom bekämpften sich (484-519). Überall witterte man entweder Nestoria-ner oder Monophysiten am Werk. Zur weiteren Vergiftung der Situation tru-gen die theopaschitischen Streitigkeiten bei, nämlich ob es zulässig sei zu sa-gen, „Gott habe gelitten" usw. Der Papst zweifelte an der Korrektheit der al-ten Formel.

Um die Jahrhundertwende erhält die Diskussion durch Leonz von Byzanz (485-543) eine neue Färbung. Er will mit aristotelischen Begriffsdistinktionen zur Aussöhnung seinen Beitrag leisten. Menschliche Erfahrung spielt selbst-verständlich keine Rolle. Er ist der Vorläufer des Johannes von Damaskus (ca. 650-750), mit dem der Beginn der Scholastik einsetzt.[277] Zur Klärung und Beendigung des Streites, der zur Zerrüttung des Reiches wesentlich beitrug, berief schließlich der Kaiser Justinian I., der sich selbst immer mehr als Theo-loge gebärdete[278], für 553 unter Protest Papst Vigilius, das 2. Ökumenische Konzil von Konstantinopel ein. Zwar wurde Chalkedon bestätigt, aber fak-tisch war das Konzil eine Korrektur des Konzils von Chalkedon im Sinne Cyrills. Die Worte werden wiederholt, der Sinn hat sich in Richtung eines monophysitischen Verständnisses entwickelt. Die ehemaligen Hauptgegner Theodoret von Cyrus und Ibas von Edessa sowie der Hauptvertreter der an-tiochenischen Schule Theodor von Mopsuestia wurden verurteilt. Es entstand der sogenannte „Dreikapitelstreit". Vigilius beugte sich dem kaiserlichen Wunsch und unterschrieb. Abgesehen von der ungerechten Verurteilung bie-tet das Konzil formal keine neue Formel. Allerdings zeigt die Interpretation der Formel in zwei Naturen (D 421-438) deutlich die monophysitische Ten-denz, denn diese zwei Naturen sind bloß theoretisch zu verstehen und nicht zu trennen (denn dann gäbe es zwei Hypostasen). Ist aber etwas nur theoretisch „θεωρία μόνη", intellectu tantummodo zu unterscheiden, ist schwer einzu-sehen, wie die Differenz der beiden Naturen über eine rein gedankliche (distinctio rationis) hinausgehen soll. Es wird eine reale Untrennbarkeit be-hauptet (distinctio realis minor). Diese Formel kann jedoch auch im ortho-

---

[277] In der Auseinandersetzung kommen die Begriffe der Anhypostase und der Enhypostase auf. Die menschliche Natur ist nicht schlechthin ohne (ἀν-) Hypostase, sondern existiert in der Hypostase des Logos, ist in diese aufgenommen. Ebenso wird von der Perichorese (in der Scholastik: circumincessio, ab dem 13. Jahrhundert, damit konkurrierend, auch circuminsessio) gesprochen, d.h. vom inneren Verhältnis zueinander (Ineinandersein), sei es der beiden Naturen, die durch die Person Christi vermittelt (Christologie), sei es der einen göttlichen Natur, die durch die drei Personen vermittelt sind (Trinitätslehre).

[278] A. v. Harnack nennt ihn treffend den Diokletian der theologischen Wissenschaft und den Konstantin der Scholastik.

doxen Sinne interpretiert werden. Mit dieser Neuinterpretation von Chalkedon war die Diskussion nicht abgeschlossen, auch wenn sie ihre politische Wirkung verfehlte.

Die Spannung zwischen alexandrinischer und antiochenischer Christologie brach nochmals im Energienstreit aus, der erst 680-681, also mehr als ein Jahrhundert später im 3. Ökumenischen Konzil zu Konstantinopel seinen Abschluß fand, womit Chalkedon endgültig geklärt und verfestigt wurde. Das 3. Konzil von Konstantinopel stellt den Gegenschlag zum 2. Konzil von Konstantinopel dar. Rom schreibt erneut mit Billigung des Kaisers dem Orient seine Formel vor. Papst Agatho läßt die Monotheleten verurteilen, darunter auch den Papst Honorius, der von *einem* Willen in Christus gesprochen hat. Der Mönch Maximus Confessor hatte zu dieser Verurteilung wesentlich beigetragen. Der Grund für diese neuerliche Beschäftigung mit der chalkedonensischen Christologie war das Bemühen, die Monophysiten wiederzugewinnen. Die offene Frage war, ob mit der einen Hypostase auch die Freiheit Christi als eine zu verstehen ist. Freiheit ist ja zentral für die menschliche Existenz; ist sie es auch für die menschliche Natur (φύσις)? Ist sie vollständig, wenn nur *eine* Freiheit (θέλησις) und nur *eine* ihr folgende Wirkweise (ἐνέργεια) vorhanden ist? Die Einheit in der Hypostase blieb offenbar eine leere Einheit. Was Person bedeutet, wurde noch nicht bedacht. Die Einheit verlangte *ein* freiheitliches Handlungsprinzip. Man könnte sich mit Recht auf die jesuanische Vollmacht, ἐξουσία beziehen. Ist sie eine? Sowohl in Alexandrien, als auch in Antiochien wurde die Einheit des Willens gelehrt. Im bereits vorhandenen aristotelisch-scholastischen Denkschema wurde die Freiheit nicht auf der Seite der Person, sondern allein auf der Seite der Natur gesehen. Ist die Natur aber das Grundlegende, so muß das freiheitliche Handlungsvermögen (θέλησις) und der freie Vollzug (ἐνέργεια) von ihr her kommen und abgeleitet werden. Daher gibt es zwei natürliche, freie Handlungsprinzipien in Jesus Christus und zwei Vollzüge (D 553 ff). Die Einheit ist nur *ethisch* zu verstehen, insofern sich der menschliche Wille in Jesus Christus ganz dem göttlichen unterwirft. So bleiben die Naturen säuberlich getrennt, und die menschliche Freiheit ist Folge seiner Natur. Anthropologisch wird der Mensch in seinen Vollzügen ganz von seiner ihm vorgegebenen Natur her verstanden und nicht von seiner freien, konkreten Personalität.

Mit diesem Konzil bleibt Chalkedon die bestimmende Richtschnur, und das christologische „Für uns" auf ein Minimum reduziert. Menschliche Freiheit muß sich ethisch an das Vorgegebene angleichen. Das Verständnis des Menschseins wird grundlegend pervertiert.

Sehr verschieden wird die chalkedonische Christologie, die das Abendland in seiner gesamten Theologie geprägt hat, beurteilt. Einhellig wird jedoch erklärt, daß Chalkedon nicht die ganze Christologie zur Sprache gebracht hat. Welche Metaphern waren richtig, welche irreführend?

Unbestreitbar scheint diesen Lehräußerungen ein Verdienst zuzukommen: Es ist die Erkenntnis, daß zwischen Natur und Person eine Differenz besteht und daß beide Begriffe, wie auch immer sie gedeutet werden mögen, seit Chalkedon nicht mehr identisch sind. Diese Nichtidentität ist die Voraussetzung für die Erkenntnis, daß der Mensch Person ist und nicht auf die Natur, auf seine Gattung reduziert werden kann. Mit dieser Einmaligkeit menschlicher Person ist eine besondere Werthaftigkeit insinuiert; sie wurde aber nicht für das christliche Verständnis des Menschen wirksam. Die Einsicht in die Freiheit der menschlichen Person und ihre Nichtreduzierbarkeit auf die Menschheit begründete jedoch eine befreiende Bewegung gegenüber dem Vorgegebenen, den Naturzwängen und institutionellen Machtmechanismen. Das heißt nicht, daß in der kirchlichen Christologie tatsächlich schon eine Befreiungstendenz angelegt oder gar verwirklicht ist, wohl aber, daß durch die Erkenntnis der ontologischen Differenz zwischen Natur und Person die Möglichkeit einer Theologie der Befreiung eröffnet wurde. Dieser Tendenz gegenläufig wirkte allerdings die Fixierung auf diesen einmaligen Sonderfall Jesus Christus und die sich damit konstituierende Herrschaftsstruktur der Kirche.

7. Exkurs: Natur und Person

Der historische Weg der Christologie entwickelte sich von der ἐξουσία über die παρουσία zur οὐσία. Die ereignishafte Erfahrung verschwindet durch zwei neue Begriffe, die in das theologisch-kirchliche Denken Eingang finden und die bisherigen Begriffe weitgehend verdrängen. Es sind das die Begriffe φύσις und ὑπόστασις.

Der Begriff φύσις (Natur) kommt von werden, wachsen; er bedeutet daher ursprünglich die Beschaffenheit eines Dinges, aber auch seine Entstehung und Geburt. Beide Bedeutungen kommen darin überein, daß mit φύσις ein Endergebnis gemeint und daher auch das eigentliche Wesen bezeichnet ist. Handelt der Mensch böse, so handelt er gegen seine φύσις, seine Natur. Er achtet nicht auf das, was er von seiner Konstitution her ist, d.h. welches Endergebnis er als Mensch darstellt. Bei Platon hat der Ausdruck noch eine unspezifische Bedeutung, meint aber auch bei ihm häufig das wahre Wesen (an sich) bzw. die Idee.[279] Oft wird mit diesem Begriff nur der „natürliche" Bereich bezeichnet, im Gegensatz zur Kunst (τέχνη). Zwar gilt bei Aristoteles φύσις auch für den Menschen, jedoch nicht für den Bereich seiner Kunstfertigkeit. Er bereitete den mittelalterlichen Naturbegriff vor, indem er sagt: „Die φύσις eines jeden Dinges ist das, was ein jedes Ding als Endergebnis seines Werdens ist."[280] In der Aristotelesinterpretation geht Heidegger weiter zurück und fragt,

---

[279] Vgl. Crat. 389 b-c; Phaid. 87 e; Phaidr. 270 c.
[280] Polit. I 2 p, 1252 b, 32ff.

wie das Wesen der φύσις vom Werden her begriffen werden kann.[281] Die φύσις ist demnach die Auslegung des Seienden im Ganzen. Das Wort birgt eine Entscheidung über die Wahrheit des Seienden in sich. Die Grundweise des Seienden ist sein Bewegtsein. Φύσις ist der Anfang (ἀρχή) der Bewegung und zugleich die Verfügung über die Bewegung. Dieses Verfügen hat die φύσις in sich selbst. Insofern sie über die Bewegtheit verfügt, ist sie nicht nur Anfang, sondern auch Ende der Bewegung; die umwandelnde Bewegung geht daher von der φύσις aus und auf sie zu. Die φύσις ist „in ihrem Wesen als die *ausgängliche Verfügung über die Bewegtheit des von ihm selbst her und auf sich zu Bewegten* faßbar".[282] Indem sie beides umfaßt, ist sie eine Weise der Anwesenheit (οὐσία) des Seins; und zwar in der Weise des Weges. Die φύσις definiert sich als Weg aus der φύσις auf die φύσις hin.[283] Er führt in die Offenheit (παρουσία) der Anwesenheit (οὐσία). Φύσις ist in diesem Sinne eine *Seinsweise* und ist nicht als ein Seiendes zu verstehen. Entscheidend ist nun in der historischen Entwicklung des Begriffs seit dem Mittelalter, daß diese Anwesenheit des Seins in der Bewegung (der φύσις) nicht mehr gesehen wurde und die οὐσία für die φύσις keine Bedeutung mehr hat. Φύσις ist dann nicht mehr Anwesenheit des Seins (der Wirklichkeit) im Vollzug des Weges, der Veränderung, sondern eben „Endergebnis des Werdens". Bereits bei Aristoteles ist dieser Begriffswandel zu erkennen. Dies wird noch deutlicher dadurch, daß die φύσις als ὕλη (Stoff) und als μορφή (Form) begriffen wird. In der Zuordnung dieser zwei Prinzipien hat die Form den Vorrang. Sie ist mehr Φύσις als der Stoff, d.h. sie ist das Ende der Bewegung und Entwicklung; sie ist vollkommener als die anfängliche Φύσις. Die Form nimmt die Weise der ἐντελέχεια an, d.h. des Sich-*im*-Ende-Habens.[284] So wird die Seinsweise, die die Φύσις ist, vom Resultat her verstanden. Im Sinne einer festen, vorgegebenen Größe wurde der Begriff wahrscheinlich im Konzil von Chalkedon verwendet; sicher jedoch einige Jahrzehnte später bei Leonz von Byzanz. Bereits im dritten bzw. vierten Jahrhundert bringt Φύσις die grundsätzliche Begrenztheit des menschlichen Daseins zum Ausdruck. Diese Linie wird im Begriff der Natur als Wesen *(essentia)* des Menschen im mittelalterlichen Denken weiter ausgezogen; *essentia* meint dann *limes existentiae,* Grenze der Existenz als Vollzug. Natur bedeutet daher Abgrenzung und Grenze, nicht Werden, sondern Ende des Vorgangs.

Götter können eine „Natur" haben. Dies gilt nicht nur im Gegensatz zu den „technischen" Gebilden des Menschen, wie die Atomisten behaupteten, sondern auch, insofern ihnen im Unterschied zu anderen Gottwesen eine bestimmte Beschaffenheit zukommt. Bei einer Gottheit neben anderen kann man von Φύσις sprechen, nie aber ist dieser Begriff ursprünglich für Gott (ὁ

---

[281] Vgl. M. Heidegger, Vom Wesen und Begriff der ΦΥΣΙΣ. Aristoteles, Physik B 1, Milano 1960.

[282] Ebd., 25.

[283] Vgl. ebd., 49ff.

[284] Vgl. Aristoteles, Meta. 8, 1049 b, 1011.

θεός bzw. θεῖον) gebraucht.[285] Wo Φύσις aber mit der göttlichen Weltvernunft, mit der Allnatur zusammenfällt, wird diese mit der Gottheit identifiziert. Daraus entwickelte sich das „göttliche" Naturgesetz und -recht.[286] Der Begriff φύσις wird als letzte Instanz, als Bleibendes, Vorgegebenes bestimmt. Die unveränderliche, unverrückbare Gottheit ist dann φύσις. Wenn die Septuaginta von der φύσις Gottes spricht (4Makk 5,25), dann ist diese „Natur" eine feststehende Größe, insofern sie sich von anderen abgrenzt.[287] Wie die Gottheit wird auch die Menschheit von ihrer Natur her determiniert. Der Mensch wird vom Vorgegebenen her verstanden. Das Vorgegebene als Zeitkategorie ist die Vergangenheit. „Wesen ist, was gewesen ist", ist die Hegelsche Definition der Φύσις des Menschen, die die Existenzphilosophie zum Anlaß genommen hat, den Menschen gerade nicht mehr von seiner „Natur" her zu bestimmen, sondern von seinem aktiven Veränderungsprozeß. Der Mensch ist kein Ergebnis, sondern Vollzug, Werden und daher zukunftsorientiert.

Wieweit gilt diese Aussage für Gott? Der Naturbegriff, auf Gott angewendet, verändert das Gottesbild radikal, wenn φύσις in der Bedeutung des Vorhandenen verwendet wird und nicht im ursprünglichsten Sinne des Werdens. Die Scholastik hat den in Chalkedon gebrauchten Naturbegriff verteidigt, indem sie zu analysieren versuchte, was die menschliche φύσις eigentlich enthält.[288] Danach ist sie nichts Geschlossenes in sich, sondern bedeutet „Offen-Sein", „Beim-anderen-Sein". Es ist jedoch zu fragen, wieweit diese formale Offenheit durch eine abgeschlossene (nicht aber geschlossene!) Wesenheit determiniert ist. Ist diese die apriorische Bedingung des Handelns und damit der Intentionalität (die selbstverständlich Sein bei einem anderen zugleich mit aussagt sowie die Bedingung des Für-sich-Seins), dann gehen diese Überlegungen nicht über die klassische Definition der menschlichen Natur bzw. Seele, wie sie Thomas von Aquin gibt, hinaus: *Secundum esse immateriale … res non solum est id, quod est, sed est etiam quodammodo alia* bzw. *omnia*.[289] Die abgeschlossene Natur ist der Möglichkeit nach *(quodammodo)* das andere und alles. Das bedeutet aber nicht, daß sich im Vollzug erst herausstellt, was der Mensch ist, sondern seine Natur ist vorgängig definiert und kann sich dann „akzidentell" alles aneignen bzw. werden. Die menschliche Natur bleibt

---

[285] Aristoteles unterscheidet die Wissenschaft als φυσική und θεολογική; nur in dieser wird das θεῖον sichtbar (Meta. 5, 1 p 1026 a 18ff.). Im 3. Jh. n. Chr. wird Gott öfters als „Vater" der Natur bezeichnet.

[286] Freilich konnte „Natur" auch als Waffe gegen den νόμος, das Gesetz, die Institution verwendet werden und so einen Freiheitsraum gegen gesellschaftliche Repressionen einfordern (dies geschah bei den Sophisten sowie am Anfang der Neuzeit bei Francisco de Vitoria (1483/93-1546) gegen den Sklavenhandel). Aber öfters wurden sie auch gleichgesetzt; so ist für Philo das Naturgesetz die Tora und erhält göttliche Prädikate.

[287] Vgl. H. Köster, Φύσις, in: ThWNT IX, 246-271; R. Spaemann, Natur, in: HPhG IV, 956-969; S. Otto, Natur, in: HThG II, 211-221.

[288] Vgl. B. Welte, Homoousios hemin, in: Das Konzil von Chalkedon, Bd. III, 51-80.

[289] Thomas v. Aquin, De anima II, 5.

immer dieselbe, soviel sie auch „das andere" wird. Als universale Seinsoffenheit der Möglichkeit nach bleibt sie trotzdem ein abgeschlossenes Seiendes. Nach dieser Auffassung ist die Natur die Bedingung dafür, daß der Mensch zu sich selbst zurückkehren kann, daß er, vermittelt durch sein Beim-anderen-Sein, bei sich selbst ist. Und dieses Bei-sich-selbst-Sein wäre die Person, die ὑπόστασις.

Bevor über das Personsein zu sprechen ist, muß vermerkt werden, daß der Naturbegriff in seiner Bedeutung für die menschliche Praxis stark variiert. Wenn Veränderungen nur der „Natur" gemäß erlaubt sind, wenn die Natur als a priori sinnvoll verstanden wird, ist der menschliche Selbstvollzug immer sekundär, Angleichung an die Natur, nie aber Strukturveränderung. Erst in einer Gesellschaft, die vom Gedanken der Selbsterschaffung der menschlichen Welt geprägt ist, besonders im radikalen Konstruktivismus, ist ein solcher Naturbegriff hinfällig.

Sicher kann der Mensch sich selbst und die Natur zerstören, aber diese Perversion hebt nicht die Emanzipation auf, die nicht nur Befreiung von der Herrschaft des Menschen über den Menschen will, sondern auch die Emanzipation als Befreiung von der Herrschaft der Natur über ihn. Nur so kann auch die Natur selbst befreit werden, zu ihrer Bestimmung im Menschen gelangen. Das heißt nicht Willkür – diese ist Herrschaft –, sondern Entsprechung. Indem der Mensch die Natur entsprechend verändert, überschreitet er die Gegebenheiten und schafft sie neu, d.h. in Verzicht auf Herrschaft und damit Selbstbegründung transzendiert der Mensch seine „Natur" und befreit die äußere „Natur" von ihrer Unmenschlichkeit. Der Vollzug des Menschen ist so nichts Sekundäres, nicht nachläufige Kunst, τέχνη, aber auch nicht Gesetz, νόμος, sondern Selbstveränderung und Veränderung der gesamten Verhältnisse in Richtung auf die Einheit von Theorie und Praxis, von Vollzug und Selbstwerdung. In diesem Sinne hat aber der Mensch keine „Natur", sondern höchstens eingrenzende und einengende Strukturen, die im Selbstvollzug überschritten werden. Ist es aber schon unter solchen Voraussetzungen unrichtig, von einer Natur zu sprechen, die als vorgegebene den Selbstvollzug ermöglicht, so ist es erst recht absurd, von einer „Natur" Gottes zu sprechen. Wird also der Naturbegriff, der in Chalkedon zugrunde gelegt wurde, nicht künstlich umgedeutet, so ist zu sagen, daß eine Gottnatur und Menschennatur, wie sie in diesem Konzil gelehrt werden, heute schlechterdings unsinnige Begriffe sind. Das eigentliche Wesen des Menschen, seine „φύσις", *wird* im Vollzug und ist kein vorgegebenes Resultat, das *historisch-geschichtlich* lediglich verifiziert zu werden braucht.

Der zweite entscheidende Begriff, der mit der Christologie verbunden ist, ist der der Person, ὑπόστασις. In Chalkedon wird dieser Begriff gleichgesetzt mit πρόσωπον. Dies kann als Gesicht, Maske und unter dem späteren westlichen Einfluß als „Person" verstanden werden. Im Unterschied zu ὑπόστασις ist hier stärker der äußere Schein betont. Jeder Mensch muß die ihm zugedachte Rolle in seinem Leben spielen. Auf sie kommt es an, ob das „Theaterspiel" des Lebens glückt oder nicht, πρόσωπον ist die entscheidende Gegenwart. Wo das πρόσωπον ist, dort ist die Person. Πρόσωπον, auf Gott übertragen, bedeutet seine dem Menschen zugewandte Seite, sein Antlitz, die Rolle, die er spielt. Wo der Mensch Erfahrung macht, die er mit Gott in Verbindung bringt, da ist πρόσωπον Gottes, seine Gegenwart. Gottesbegegnung findet statt. Von dieser Gottesgegenwart kann dann auch rituell im Gottesdienst gesprochen werden, so daß der Besuch der Kultstätte Gottes gleichbedeutend mit Gottesgegenwart, πρόσωπον θεοῦ, ist. Auch biblisch ist das strahlende Antlitz Jesu (Mt 17,2; Lk 9,29), sein πρόσωπον, Epiphanie.[290] Mit πρόσωπον wird also die Erfahrung der Gegenwart eines Gottes (wie auch eines Menschen) zum Ausdruck gebracht. Die gelebte Gegenwart hat Epiphaniecharakter. Wird dieser zurückgedrängt, dann kann πρόσωπον modalistisch verstanden werden (daher die kirchlichen Bedenken gegen den Ausdruck), als reines Erscheinen, ohne Wirklichkeitscharakter. Meint πρόσωπον aber gerade die Wirklichkeit der Epiphanie, des Ereignisses, wobei die Betonung auf der Wirklichkeit, der realen Existenz, liegt, dann ist es identisch mit ὑπόστασις.

Ὑπόστασις meint genau diese Wirklichkeit, das In-sich-Stehen, was das Erscheinen, Begegnen, die Gegenwart bewirkt. Das kann nun einfach das Sediment sein, das sich nach unten setzt und der kompakte Rückstand eines Prozesses ist (Gold nach dem Schmelzungsprozeß, Hefe bei Milch, Schlamm bei Wasser usw.), dann heißt sie *sub-stantia;* oder sie wird als das gegenwärtig Vorliegende gefaßt (ὑποκείμενον), dann wird sie zum *subiectum.* Immer meint aber ὑπόστασις die Realwerdung, das In-die-Existenz-Treten, das eigentlich Reale, Wirkliche. Ὑπόστασις ist also die Wirklichkeit in ihrer Gegenwärtigkeit. Als Wirklichkeit des Seins kann ὑπόστασις synonym sein mit οὐσία. Wobei die οὐσία als Anwesenheit in der ὑπόστασις konkret wird. Diese kann gleichsam als der Rückstand und als Subjekt der οὐσία, der Anwesenheit (Gottes) verstanden werden, (wobei οὐσία durch den Begriff der φύσις verdrängt wird). Ὑπόστασις aber bleibt das, worauf es eigentlich ankommt. Sie ist die οὐσίωσις (subsistentia) der οὐσία und φύσις. Sie bringt zur Erscheinung und ist daher Wirklichkeit, Grundlage der konkreten Epiphanien. Ὑπόστασις meint daher auch die Lebensgrundlage.[291] Diese Lebensgrundlage, religiös verstanden, ist Gott allein. Ὑπόστασις ist dann Gottes Wesen, seine Wirklichkeit (Hebr 11,1), auf der das Dasein der Glaubenden (Gemeinde) beruht. Bei allem Bedeutungswandel meint ὑπόστασις fast immer die Wirklichkeit und Existenz von etwas (einem Ding, einem Menschen, Gottes). Das gilt auch für Chalkedon, wo dieser Begriff auf Gott in Jesus Christus angewendet wird.

---

[290] Alttestamentlich ist Gotteserfahrung kein Schauen Gottes, denn das bedeutet Tod für den Menschen; meist wird die Gottesepiphanie durch Wort oder Symbol vermittelt.

[291] Ὑπόστασις kann Allnatur, Plan, Entwurf, ja Besitz (Ackerland) in seiner Realität als Lebensbedingung bedeuten.

Es ist zu fragen, ob ὑπόστασις mehr meint als diese Wirklichkeit. Zusammen gebraucht mit πρόσωπον ist eine reale, wirkliche Epiphanie angedeutet, die Gott und Mensch zugleich vergegenwärtigt. Jesus Christus ist nach Chalkedon nur *eine* Wirklichkeit, eine Existenz, die göttlich ist. Sie stellt sich aber dar als menschlich-göttliche Gegebenheit, Natur. Damit ist erstmalig in der Geschichte die Einsicht in die ontologische Differenz zwischen der Natur (φύσις) als Vorhandenem, Seiendem und der Wirklichkeit bzw. Existenz, ὑπόστασις vollzogen worden. Die Ergebnisse, die uns in der Natur, in den Wesenheiten vorliegen, sind nicht einfach die Wirklichkeit. Existenz (ὑπόστασις) und Natur (φύσις) sind nicht einfach dasselbe.

In der lateinischen Übersetzung wird die Wirklichkeit, Existenz zur *persona*, aus der unser heutiger Personbegriff hervorging und seit der Neuzeit eine völlig gewandelte Bedeutung hat.

In einem aber ist die Kontinuität gewahrt: diese Wirklichkeit, Existenz, ὑπόστασις *ist* der Mensch, während ihm Leib und Seele (φύσις) in der Weise des *Habens* zukommen. Ich *bin* Person, aber ich *habe* eine menschliche Natur. Konkrete Existenz läßt sich nicht von der allgemein menschlichen Natur herleiten, aber auch nicht aus einem Gott*wesen*. Jeder Gottesbeweis verliert so für den konkreten Menschen seine Gültigkeit. Menschsein heißt konkret Selbstvollzug, heißt existieren als Wirklichsein. Im Denkmodell Jesus Christus wird diese konkrete Existenz als Epiphanie Gottes gedeutet. Darin liegt Christi ganze Existenz und Wirklichkeit. Dabei ist nicht das Erscheinen irgendeines Gotteswesens gemeint (was allerdings sehr wohl *auch* ausgedrückt wird durch die göttliche φύσις), sondern einer Realität, die sich als göttlich erweist. Konkrete Erfahrung mit dem Wesen Jesus Christus bleibt nicht bei dem Wesen (φύσις) stehen, sondern transzendiert es auf eine Wirklichkeit hin, die göttlich ist. Diese Erfahrung wird zum Wort Gottes, d.h. Ansprache an den Menschen. Der Mensch wird so angesprochen, er deutet seine Erfahrung so, daß sie ihn Gott ausrufen läßt. Wird dies vergegenständlicht – und Chalkedon kann man von diesem Vorwurf nicht ausnehmen –, wird daraus eine göttliche Person. Mit ihr beginnen all die theologischen Spekulationen, die in Absurditäten münden. Jesus Christus ist ganz Mensch, aber doch keine menschliche Person, wie es dogmatisch gelehrt wird. Es kommt dann nicht mehr auf die Erfahrung an, die in der Jesusfiguration den Menschen deutlich wird und eine Wirklichkeit erschließt, die das Prädikat Gott verdient, sondern vielmehr auf Jesus als einen handgreiflichen Menschen, der Gott in Person ist, aber nicht personaler Mensch. Ein Sprechen von Jesus Christus in chalkedonensischer Ausdrucksweise, abgelöst vom Erfahrungsprozeß, bleibt sinnlos.

Im Anschluß an Chalkedon hat man den Begriff Person unzählige Male definiert. *Persona est rationalis naturae individua substantia*[292] ist eine klassische Definition, die von vorhandener Substanz her die Person begreifen will. Der

---

[292] Boethius, PL 64, 1343 C.

oft zitierte Richard von St. Viktor († 1173) formuliert: *naturae intellectualis incommunicabilis existentia*[293]. Die „Nichtmitteilbarkeit" wird zum Konstitutivum des Personseins gemacht. Als zentral wird die Existenz und nicht die Subsistenz angesehen. Die Existenz wurde unterschiedlich gedeutet. Existieren meint eine Wirklichkeit, die von etwas her und auf etwas hin ist. Duns Scotus wird als Zeuge angeführt, daß Personsein unmittelbare Beziehung zu Gott besagt.[294] Das Wesen der Person wird in dieser Interpretation aus der Beziehung bestimmt. Die Person verwirklicht sich selbst, indem sie beim anderen ist. Sie ist so In-sich-selbst-Stand *(individua substantia, existentia incommunicabilis)*, daß das Aus-sich-Herausgehen in keiner Weise das Personsein gefährdet. Ja die Person verwirklicht sich in der Relation, in der Weise des Beim-anderen-Seins, und zwar mittels der geistbegabten Natur. Dieses Bezogensein der Person ist Beziehung zu ihrem Grund, zu Gott. Damit ist Person als Beziehung zu Gott konstituiert; sie ist Teilhabe an ihm. „Gott selbst gehört in die Definition der menschlichen Person."[295] Von diesen Überlegungen her ist der Mensch um so mehr Person, je enger er sich (ontologisch) auf Gott bezieht. Jesus Christus bezieht sich als Wort Gottes ganz auf Gott, also ist er ganz Person.[296] In Chalkedon bleibt jedoch die menschliche Person Jesu Christi ausgeschlossen.

Häufig wird heute das Personsein vom Bewußtsein her bestimmt. Person ist das Aktzentrum selbstbewußter Subjektivität. Diese Definition hat mit Chalkedon nur das Wort gemeinsam.[297] Bewußtsein ist die Grundstruktur des menschlichen Wesens. An der Grenze der Objektivierung in der Bewußtseinsreflexion tritt das menschliche Ich auf. Ich und Bewußtsein sind ontologische Strukturen der menschlichen φύσις, seines Wesens, seiner *essentia* und nicht der ὑπόστασις, Existenz, Person. Thomas von Aquin hat in diesem Punkt schärfer gesehen als die Moderne. *Conceptus personae pertinet non ad essentiam sive naturam, sed ad subsistentiam essentiae.*[298] Für ihn ist diese οὐσίωσις (Subsistenz) nicht das Wesen, auch nicht das bewußt Geistige, sondern das *esse,* das Sein, Konkret-Sein und Existieren. Dies ist real zu unterscheiden von allem Vorhandensein, von allen Wesenheiten, ist ontologisch different. Person ist dann nicht ein Ich, ein Selbst-in-Sich, ein Bewußtsein, eine Beziehung auf einen Gott an sich, sondern ist Existierenkönnen, Lebenschance, Verwirklichung der Möglichkeiten, die in der Wirklichkeit liegen. Solches kann in der Jesusfigur symbolisch gefunden werden, so daß

---

293 R. v. St. Viktor, De Trinitate IV, 22, 24. Pl 196, 945-947.
294 Vgl. D. Scotus, Ordinatio, lib I, dist 23, q. 1.
295 W. Kasper, Jesus der Christus, Mainz 1974, 292.
296 Vgl. P. Schoonenberg, Ein Gott der Menschen, Zürich/Einsiedeln/Köln 1969 passim.
297 Vgl. H. Köster, Ὑπόστασις, in: ThWNT VIII, 571-588; E. Lohse, Πρόσωπον, in: ThWNT VI, 769-781; vgl. M. Müller/W. Vossenkuhl, Person, in: HPhG IV, 1059-1070; J. Ratzinger, Zum Personenverständnis in der Dogmatik, in: J. Speck (Hg.), Das Personenverständnis der Pädagogik und ihrer Nachbarwissenschaften, Münster 1966, 157-171.
298 S. Th. I, q 39, a 1.

sinnvolle Lebensgestaltung als Gotteserfahrung interpretiert werden kann. Chalkedon hat all das nicht bedacht.

8. Abschließende Bemerkungen

Die Kritik an Chalkedon, die oft durch eine Fehlinterpretation des Konzils hervorgerufen wird, setzt an folgenden Punkten an[299]:

1. Chalkedon sei nicht biblisch, sondern hellenistisch gedacht. Dazu ist zu bemerken, daß a priori das biblische Denken in sich nicht besser und nicht schlechter ist als das hellenistische. Sachkriterien müssen entscheiden, welches Denken die Erfahrung besser interpretiert. In beiden Denkweisen sind Impulse zur Reflexion über das Menschsein gesetzt. Auch ist nichts dagegen einzuwenden, wenn neue Begriffe und Terminologien gebraucht werden. Alle theologischen Ausdrücke sind zeitbedingt, abhängig von der Reflexionsstufe in einer bestimmten sozial-politischen Situation. Die Darstellungsweise des NT hat den Vorteil, daß sie lebendig-bildhaft und narrativ ist und daher die Pluralität der Christologien erfahrungsnäher verdeutlicht. Verschiedene Erfahrungskomplexe mit der Jesusfigur bleiben nebeneinander stehen und gelten. Die philosophische Terminologie hat demgegenüber mehr Präzision und Denkschärfe. Bibeltheologen, die als alleinigen Maßstab das NT gelten lassen, sind genauso einseitig und erfahrungsfremd wie die Denzingertheologen. Ferner ist gegen solche Kritik anzuführen, daß Chalkedon mittels griechischer Denkweise andere, noch erfahrungsfremdere Christologien (vgl. Arianismus, Monophysitismus u.a.m.) ausgeschaltet hat.

2. Chalkedon denke nicht funktional und geschichtlich, sondern ontologisch und statisch-physisch. Dieser Vorwurf ist voll und ganz berechtigt, wenn Chalkedon unter dem Aspekt gesehen wird, wie es in der Geschichte wirksam wurde und Jesus Christus erfahrungsfremd hochstilisierte. Wohl aber kann Chalkedon auch als Frage nach Jesu Menschsein, nach seiner Person und nach der Bedeutung Gottes für den Menschen gesehen werden. Auch wenn die gefundenen Lösungen unbefriedigend waren, setzen sie dennoch Impulse zur Begriffsklärung.

3. Chalkedon löse das Personsein des Menschen in Gott hinein auf. Diese Kritik ist richtig, und die Auflösung stellt eine grundlegende Reduktion des Menschen dar. Chalkedon geht es aber um die Einheit Jesu Christi und darum, wie Göttlichkeit und Menschlichkeit zusammen gedacht werden können. Dadurch wird die gottmenschliche Struktur der Wirklichkeit festgehalten. Außerdem ist in dieser Kritik der Personbegriff keineswegs genügend reflektiert. Bei aller Fehldeutung ist in Chalkedon erstmalig die ontologische Differenz zwischen konkreter Existenz und allgemeiner menschlicher Wesenheit gesetzt worden, die ein neues Selbstverständnis des Menschen in seiner Subjektivität

---

[299] Vgl. P. Schoonenberg, Christologische Diskussion heute, in: ThQ 123, 1975, 105-117.

ermöglichte und dadurch die Möglichkeit individuellen Freiheitsraums eröffnete.

Trotz dieser positiven Aspekte der Aussagen von Chalkedon ist die Entwicklung der Christologie äußerst problematisch verlaufen. Statt einer Relationschristologie wurde eine Naturchristologie zur Grundlage der Theologie. Statt des „Für uns/mich" wurde ein Jesus Christus in sich zum Gegenstand der Christologie, statt Realisation im Leben abstrakte Spekulation, statt Veränderung Verharren im Bestehenden, statt Befreiung Herrschaft und Unterdrückung, statt Bekenntnis Dogmatismus und Vergewaltigung des Glaubens. Dazu konnte es kommen, weil die Erfahrung vom Glauben abgekoppelt wurde und sich so statt lebendiger Vielfalt im Glauben ein starres theologisches System etablierte.

Übersicht über die entscheidenden abweichenden christologischen Meinungen:

1) 2. Jh.: **Doketismus**: Jesus Christus hat nur einen Scheinleib; die Materie ist nicht heilsfähig.
Dagegen: Chalkedon: Jesus Christus ist wahrer Mensch.

2) 3. Jh.: **Arianismus**: Jesus Christus ist ein Mittelwesen zwischen Gott und Mensch; eine direkte Gotteserfahrung ist nicht möglich.
Dagegen: Nikaia 325 und Konstantinopel 381: Jesus Christus ist wahrer Gott, ist wesenseins mit Gott. Stellungnahme gegen das Logos-Sarx-Schema. In Jesus Christus ist eine direkte Gottesbegegnung möglich.

3) 4. Jh.: **Apollinarismus**: Jesus Christus ist ontologisch kein vollkommener Mensch, er hat zwar Leib (σάρξ) und Seele (ψυχή), aber keine Geistseele (νοῦς).
Dagegen: Konstantinopel 381 und Chalkedon 451: Jesus Christus hat eine vollkommene Menschheit (τέλειος ἄνθρωπος).
Es gilt: quod assumptum non est, non est sanatum (was Jesus Christus nicht angenommen hat, ist nicht geheilt).
In dieser Auseinandersetzung geschieht der Übergang von der Heilsfrage zur Frage nach Jesus Christus in sich, nach seiner seinsmäßigen Konstitution.

4) 5. Jh.: **Nestorianismus**: Jesus Christus besteht aus zwei Naturen und zwei Subjekten (Personen). Zwischen beiden besteht eine moralische Einheitsbeziehung; vom Menschen her wird die Einheit durch die Beziehung der Anbetung hergestellt. Der Mensch Jesus Christus ist nicht Gott, sondern Gottesträger (θεοφόρος Ignatius von Antiochien (Eph 9,2), gilt für jeden Christen).
Dagegen: Ephesus 431: Jesus Christus ist eine seinsmäßige Einheit, ein Subjekt, eine Person (ὑπόστασις) und eine Natur (μία φύσις). Maria ist daher nicht nur Christusgebärerin, sondern Gottesgebärerin (θεοτόκος).

5) 5.-6. Jh.: **Monophysitismus** (Eutyches): Jesus Christus ist nicht nur eine Person, sondern er besitzt auch nur eine Natur, nämlich die göttliche, in der die menschliche Natur aufgeht (sie wird aufgesaugt und verschmilzt).
Dagegen: Chalkedon 451 und Konstantinopel II 553: Jesus Christus ist eine Hypostase (Person) in zwei Naturen, nicht nur aus zwei Naturen; der eine göttliche Logos (Wort) hat eine vollständige göttliche und eine vollständige menschliche Natur (φύσις).

6) 7. Jh.: **Monotheletismus**: Jesus Christus hat nur einen Willen (θέλημα), und zwar den göttlichen, da der Wille zur Person und nicht zur Natur zu rechnen ist.
Monergismus: Jesus Christus hat zwar zwei Willen, entsprechend seiner beiden Naturen, aber nur eine Wirkweise (ἐνέργεια) der Willen, da dieser Vollzug zur Person gehört.

Dagegen: Konstantinopel III 680-681: Jesus Christus hat zwei Willen und auch zwei Wirkweisen, die jedoch nicht entgegengesetzt sind, da der Mensch Jesus in allem Gott gehorsam ist.

In der ersten Phase der Entwicklung der Christologie stand die *Heilsfrage* im Vordergrund: Durch die Erfahrung im Umgang mit dem jesuanischen Geschehen wird letzte Wirklichkeit (Gott) gegenwärtig. Im griechischen Raum wandelte sich der Verstehenshorizont; Heil und Erlösung wurden als Vergöttlichung (theopoiesis, deificatio) des Menschen begriffen. Dies leitet über zur zweiten Phase: Wer kann die Ursache der Erlösung, des Heils sein? Vergöttlicht kann man nur durch einen Gott werden, der alles annimmt vom Menschen, was vergöttlichungsfähig ist. Daher müssen die Gedanken um die Gestalt Jesu Christi kreisen, wobei schließlich die Heilsfrage selbst kaum noch eine Rolle spielt. Aus der soteriologischen Frage nach Jesus Christus (was bedeutet er für uns?) wird eine rein christologische Frage (woraus besteht der einmalige Sonderfall Jesus Christus?). Alle Erfahrungs- und Heilsbasis wird verlassen und nur mehr nach dem Wer und Was Jesu Christi gefragt.

Im Mittelalter, das die dritte Phase darstellt, gilt es, nicht mehr die Frage zu klären: *Wer* war Jesus Christus, sondern *warum* Gott Mensch geworden ist. Cur Deus homo (1098)? fragt sich Anselm von Canterbury (1033/4-1109). Die mittelalterliche Feudalstruktur germanischer Provenienz beeinflußt wesentlich das Denken. Die Rechtsordnung nach der Sünde des Menschen muß wiederhergestellt werden. Gott verlangt Genugtuung für menschliche Verfehlung. Da die Beleidigung Gottes durch die Sünde unendlich ist, kann nur Gott selbst in seinem Sohn stellvertretend Genugtuung leisten. Gehorsam, Opfer und Verdienst Jesu stellen die Ordnung wieder her. Die Satisfactio Jesu Christi bringt den ordo iustitiae ins Gleichgewicht. Gott wurde Mensch, damit er stellvertretend für uns den Sühnetod auf sich nimmt. Der Grund für diese Interpretation des Jesusgeschehens ist der Ordo-Gedanke des Mittelalters. Was der Mensch durcheinanderbringt, muß Gott selbst durch seinen Sohn ordnen, denn sonst wäre er ewig beleidigt.

Abgesehen von der Vergegenständlichung Gottes zu einem absoluten Souverän, der um der Ordnung willen Menschenopfer verlangt, ist er psychologisch gesehen der Patriarch, der überhöhte gewalttätige Vater. Der Mensch wird unter den Kategorien von Gehorsam und Opfer gesehen, d.h. im Schema der radikalen Unterordnung, was für Feudalherren ganz besonders wichtig war. Nur im Befehl-Gehorsam-Schema wird hier eine Überlebenschance für den Menschen gesehen.

Auch für Thomas von Aquin (1224/5-1274) ist die Sünde, die als Beleidigung Gottes aufgefaßt wird, der Grund der Menschwerdung Gottes. Gott selbst versöhnt uns mit ihm, und erst dann ist das Heil wieder möglich (vgl. S.c. Gent. III,122). Dabei steht nicht so sehr die allgemeine Ordnung, als vielmehr die persönliche Schuld im Vordergrund. Das Schuldgefühl wird den Menschen eingehämmert. Wie schlecht muß ich als Mensch sein, daß Gott seinen Sohn ans Kreuz schlagen läßt. Die Interpretation des Todes Jesu als Sühnetod ist ein Mythos und konnte die Menschen klein halten. Wohl ist es richtig, daß unsere Schuld und Rücksichtslosigkeit andere Menschen „kreuzigt", anderen Leid und Schmerz, sei er seelisch oder körperlich, zufügt. So verletzen wir die Liebe (Gott), aber wir erzürnen nicht ein mächtiges Wesen

(Gott), das uns bedroht und versöhnt werden muß. Solche mythischen Gottesvorstellungen beschädigen das Menschsein.

Freundlicher denkt Duns Scotus (1265-1308), indem er vom Willen Gottes ausgeht und diesen Willen in der Liebe zu den Menschen sieht. Aus Liebe stirbt Jesus Christus, und diese Liebe ist als „summum opus" unabhängig von jeder Ordnung und jeder Sünde. Was immer der Mensch tut, Gott will in seiner liebenden Nähe sein und wird auf jeden Fall Mensch. Hier sehen wir bereits im Mittelalter den emanzipatorischen Zug der Liebe. Wir können Gott nicht als liebenden erfahren, wenn wir ihn nicht in einem Menschen erfahren, der so radikal liebt, daß er auch den Tod dafür in Kauf nimmt. Wenn auch der Weg bis zur Aufklärung mit theologischen Stolpersteinen gepflastert ist, bei Scotus ist ein erstes Aufleuchten der Emanzipationsgeschichte zu erkennen, die die vierte Phase christologischen Verständnisses ausmacht. Dazu war es aber notwendig, daß die dogmatischen Entscheidungen der ersten christlichen Jahrhunderte in Frage gestellt wurden. Liebe und Freiheit und ein menschliches Dasein werden dem Menschen nur dadurch zuteil, daß jede Heteronomie ausgeschaltet wird und er den menschlichen Menschen findet. Für den Glaubenden ist dies kein „homo absconditus", kein verborgener Mensch, sondern ein menschlicher Mensch, Jesus Christus, in dem wir letzte Wirklichkeit, Gott, erfahren können.

Die heutige Befreiungstheologie[300] sieht in Jesus Christus den Befreier von allen inhumanen Bedingungen menschlichen Daseins. Befreiung des Menschen in all seinen Dimensionen ist möglich. Damit kehren wir zum biblischen Befund zurück und stehen wieder bei der jesuanischen ἐξουσία, indem der Ballast der dogmatischen Starre abgeworfen wird, ohne die positiven Impulse gering zu achten, die in den Dogmen anthropologisch relevant sind. Freilich hat die Glaubenskongregation davon nichts begriffen und versucht eine mythische Christologie stereotyp zu wiederholen.

„Zu diesem Glauben stehen in offenem Widerspruch Meinungen, wonach es uns nicht geoffenbart und bekannt sei, daß der Sohn Gottes von Ewigkeit her im Geheimnis der Gottheit, unterschieden vom Vater und vom Heiligen Geist, subsistiere; das gleiche gilt von der Ansicht, wonach der Begriff von der einen Person Jesu Christi, ihrer göttlichen Natur nach vor der Zeit von Gott gezeugt und ihrer menschlichen Natur nach in der Zeit aus der Jungfrau Maria geboren, aufzugeben sei; und schließlich trifft dies zu von der Behauptung, wonach die Menschheit Jesu nicht in die ewige Person des Gottessohnes aufgenommen existiere, sondern in sich als menschliche Person, so daß das Geheimnis Jesu Christi darin bestehe, daß der sich offenbarende Gott in höchster Weise in der menschlichen Person Jesu gegenwärtig sei. Wer so denkt, ist vom wahren Glauben an Christus weit entfernt, auch wenn er erklärt, die einzigartige Gegenwart Gottes in Jesus bewirke, daß er den höchsten und unüberbietbaren Ausdruck der göttlichen Offenbarung darstelle; er hat den wahren Glauben an die Gottheit Christi auch dann nicht voll erreicht, wenn er hinzufügt, Jesus könne deshalb Gott genannt werden, weil, wie sie sagen, in seiner menschlichen Person Gott in höchster Weise gegenwärtig sei."[301]

---

[300] Vgl. Anhang.
[301] Vgl. HerKorr 26, 1972, 228f.

An solchen Lehräußerungen sind die letzten Jahrhunderte spurlos vorübergezogen, und die biblische Botschaft ist in einer vergangenen Dogmatik eingefroren. So aber wird das Jesusgeschehen von aller Erfahrung des heutigen Menschen getrennt, und kirchliche Lehräußerungen stehen zwischen den Menschen und der jesuanischen Befreiungsbotschaft.

Die Geschichte der Christologie bleibt zweideutig. Sie verführt und befreit, sie verknechtet und schenkt Vollmacht, sie unterdrückt und gibt Hoffnung – je nachdem, wohin die Deutung Jesu Christi führt, wer sie gebraucht und nutzt. Christologie kann als Schaden und Nutzen für die Menschen fungieren, je nachdem, ob die Jesusfigur entweder als absolute Autorität oder als Befreiungsimpuls gesehen wird. Christologie ist und bleibt Fragment menschlicher Erfahrung in einer Interpretationsgeschichte. Die Erfahrung, die mit der Jesusfiguration wiedergegeben wird und in der abendländischen Tradition so große Bedeutung erlangt hat, daß Jahrhunderte völlig von ihr bestimmt waren, scheint auch heute noch von größter Aussagekraft zu sein. Denn kaum in einer anderen Tradition der Menschheit wird Göttliches und Menschliches so eng zusammengedacht. Sie bedingen sich gegenseitig. Theologie ist in diesem Denkansatz, wenn er nicht von der Erfahrung abgelöst wird, Anthropologie, und Anthropologie ist Theologie. Vom Menschen sprechen heißt von Gott sprechen und umgekehrt. Diese Einheit der Wirklichkeit, diese Einheit der Verwirklichung des Lebens ist die zentrale Aussage der Christologie. Diese Identität, die figurativ in Jesus Christus ausgesprochen wird, hat in sich die Anlage, Menschen zu einem menschlichen Leben zu verhelfen. So können Menschen auch durch diese positive Erfahrung sinnvoll von Gott sprechen, und in der Beziehung auf den anderen kann menschliche Existenz gelingen. In der Christologie sind Heilsmöglichkeiten für uns angedeutet.

Trotzdem bleibt am Ende christologischer Aussagen die Frage: Was bedeuten die beiden entscheidenden Begriffe Gott und Mensch, die zusammen gedacht werden und in deren Zuordnung neue menschliche Möglichkeit gesehen wird? Ist die Wirklichkeit in ihrer Struktur gott-menschlich? Sind die beiden entscheidenden Fragen für den Menschen: Wer bin ich und wer ist Gott? Was heißt Menschsein und was bedeutet der Gebrauch des Wortes: Gott? Die Christologie verlangt die Klärung dieser beiden Begriffe bzw. Aussagen, die wir im Kapitel „Gott" und im 2. Band in Kapitel „Mensch" versuchen.

Der folgende Anhang über die Theologie der Befreiung soll uns das befreiende Wirken Jesu Christi vor Augen führen. In der Vielfalt befreiungstheologischer Aussagen ist der Kernpunkt die Christologie. Gott und Mensch werden im sozialen Kontext interpretiert und durch das Modell Jesus Christus zum Befreiungsimpuls.

VI. ANHANG:
DIE BEFREIUNGSTHEOLOGIE

1. Die Verwendung des Begriffs: Theologie der Befreiung geht auf das Buch des peruanischen Theologen Gustavo Gutiérrez, Teología de la liberacíon, Lima 1971, (Theologie der Befreiung, München/Mainz 1973) zurück. Die Theologie der Befreiung ist aufgrund der Neubesinnung der katholischen Kirche im 2. Vat. Konzil (1962-65), der lateinamerikanischen Basisgemeinden und der 2. lateinamerikanischen Bischofskonferenz in Medellín (1968) entstanden. Sie versteht sich als ein neues Gesamtkonzept theologischer Arbeit. Das Heil, das Jesus Christus den Menschen verheißt, wird in die Kategorie der Befreiung gefaßt. Befreiung meint eine umfassende Freisetzung des Menschen und der Menschheit von aller Entfremdung, wobei der in der herkömmlichen Theologie zentrale Begriff der Erlösung (Soteriologie) mitgemeint ist. Befreiung meint mit Paulus: „Zur Freiheit hat uns Christus befreit" (Gal 5,1). Für die Theologie der Revolution gibt es darüber hinaus für diese Befreiung nur einen Weg: den Bruch mit dem Vorgegebenen. Die Umkehr, die Jesus predigte, wird nicht nur als Bruch mit der persönlichen Sünde verstanden, sondern als ein radikaler Umbruch aller Verhältnisse, d.h. als Revolution, die unblutig oder auch blutig verlaufen kann.

2. Entscheidende *biblische Grundlagen* der Theologie der Befreiung sind im Exodusbuch angegeben, in dem Gott sein Volk aus der ägyptischen Gefangenschaft befreit: „Ich habe das Elend meines Volkes ... gesehen. ... Darum bin ich herabgestiegen, um es ... zu befreien" (Ex 3,7.8). Ebenso bedeutungsvoll sind prophetische Aussagen, die sich gegen Unrecht und Unterdrückung wenden. „Trachtet nach Gerechtigkeit, helft den Bedrückten" (Jes 1,17; vgl. Sach 7,10). Ähnliche Texte sind in der alttestamentlichen Weisheitsliteratur aufgezeichnet: „Brot ist das Leben der Armen; wer es ihnen vorenthält, ist ein Mörder. Den Nächsten mordet, wer ihm den Unterhalt nimmt; Blut vergießt, wer den Arbeitern den Lohn vorenthält" (Sir 34,21.22). Ebenso beruft sich die Theologie der Befreiung auf das NT. Jesus beginnt nach Matthäus (4,17) und Markus (1,15) die Verkündigung der Nähe des Gottesreiches mit dem Ruf zur Umkehr, und Lukas (4,18-20) interpretiert diesen als Jesu Sendung: „Armen Frohbotschaft zu bringen, zu heilen die bis ins Herz Getroffenen, Gefangenen Befreiung zu verkündigen und Blinden das Augenlicht, Bedrückte in Freiheit zu entlassen, auszurufen ein Gnadenjahr des Herrn." In Jesus Christus, seiner Frohbotschaft, ist dies verwirklicht. Diese befreiende Umkehr wird auch von der jüdischen „Revolutionärin" namens Maria in ihrem Magnifikat verkündet: „Gott stößt die Herrschenden vom Thron und erhebt die Gedemütigten. Die Hungernden erfüllt er mit Gütern und die Reichen läßt er leer weggehen" (Lk 1,52 f). Da Gott niemals direkt handelt, sondern immer durch Menschen, liegt es an uns, diese Botschaft zu bewahrheiten, und

d.h. Befreiung von Unrecht zu wirken. Nicht anders drückt es der Jakobus-brief (1,27) aus: „Der wahre Gottesdienst ist, die Waisen und Witwen in ihrer Not aufzusuchen." Die Worte sind Einweisung in die Solidarität, die zum Ausdruck gebracht wird durch den Satz: Nur einer ist Lehrer und Vater, ihr alle aber seid Geschwister (vgl. Mt 23,8-10).

3. In diesen Bibelsätzen ist die *Grundintention* der Theologie der Befreiung vorgezeichnet. Sie ist keine konfessionsgebundene Theologie, wenn auch auf-grund der lateinamerikanischen Bevölkerungsstruktur ihre Theologen über-wiegend katholisch sind.[302] Alle Themen der Theologie werden von den Theoologen der Befreiung angesprochen[303] und gemäß ihrem Grundanliegen methodisch neu dargelegt. a) Theorie und Praxis sind wie bei Jesus Christus untrennbar. Praxis ist nicht nur eine aus der Theorie abgeleitete ethische For-derung. b) Der Mensch als ganzer bedarf der Befreiung. Befreiung in christ-licher Sicht muß auf allen Gebieten initiiert werden: kulturell, wirtschaftlich, gesellschaftlich, sozial, naturwissenschaftlich, politisch, kirchlich, religiös und theologisch. c) Jesus Christus wird als Befreier in diesem umfassenden Sinn verstanden. d) Die christliche Grundentscheidung ist daher die Option für die Armen und Unterdrückten. e) Die gesellschaftlichen Strukturen sind ungerecht. Der Mensch lebt daher in der „strukturellen Sünde". Heil des gan-zen Menschen bedeutet Strukturveränderung. Die Befreiung als relationales Geschehen ist vordringlich Freiheit von sozialer Sünde. Herrschaft des Men-schen über den Menschen ist von Übel. Jeder Mensch ist Subjekt der Ge-schichte. Die Armen müssen Subjekt ihrer eigenen Befreiung sein. f) Allein eine Kirche, die nicht von Herrschaftsgedanken, sondern von jesuanischer Communio lebt, trägt „effektiv zur Verwirklichung von Gemeinschaft und Solidarität bei".[304]

4. Damit ist eine erste wichtige *Themenstellung* benannt, die *Ekklesiologie*. Sie geht von der Notwendigkeit einer ständigen Erneuerung und Umkehr der Kirche (LG 8) aus. Kirche ist nicht ungeschichtlich ewig gleichbleibend, sondern bezogen auf die konkrete soziale Situation. Daher ist für sie die

---

[302] Unterschieden wird häufig zwischen Theologen der Grundlegung und der Ausformung oder der 1. und 2. Generation. Zur ersten werden u.a. gezählt: R. Alves (* 1933), H. Assmann (* 1933), L. Boff (* 1938), J.M. Bonino (* 1924), J. Comblin (* 1928), G. Gutiérrez (* 1928), J.L. Segundo (* 1925); zur zweiten u.a.: M.C.L. Bingemer (* 1949), C. Boff (* 1944), E. Dussel (* 1934), J. Ellacuría (* 1939-89), S. Croatto (* 1930), J.B. Libânio (* 1932), R. Muñoz (* 1933), J.C. Scannone (* 1931), J. Sobrino (* 1938), R. Vidales (*1943).

[303] L. Boff/S. Torres/G. Gutiérrez, (Hg.): Colección Teología y Liberación (50 Volumenes), Buenos-Aires/Madrid/Petrópolis, 1985ff, deutsch: Bibliothek Theologie der Befreiung (bisher 16 Bände) 1987ff; sowie: I. Ellacuría/J. Sobrino, (Hg.): Mysterium Liberationis. Conceptos fundamentales de la teología de la liberación I, II, Madrid, 1990; deutsch: Mysterium liberationis. Grundbegriffe der Theologie der Befreiung, 2 Bde., Luzern 1995.

[304] P.E. Arns, Gemeinschaft und Austausch zwischen den Kirchen, in: Conc 17, 1981, 335; vgl. G. Hasenhüttl, Freiheit in Fesseln. Die Chance der Befreiungstheologie. Ein Erfahrungsbericht, Olten 1985, 84-105.

„Option für die Armen" konstitutiv. Die Kirche als Glaubens- und Lebensgemeinschaft im Christussymbol hat geschichtliche Bedeutung für die Welt und ist politisch im Sinn der Befreiung von jeder Art der Unterdrückung. Das kann Kirche nur sein, wenn sie selbst Kirche des Volkes ist. Die „Volkskirche" (Iglesia popular) versteht sich nicht als eine alternative Konstruktion gegenüber den bestehenden Kirchen, sondern als eine im biblischen Sinne transformierte Kirche Christi. Die Kirche Christi ist Solidaritätsgemeinschaft. Die vertikalistischen, autoritären, pyramidalen und hierarchiezentrierten Strukturen müssen überwunden werden.[305] Daher sind die einzelnen Gnadengaben, Charismen, die Grundstruktur der Kirche; die Institutionen (Hierarchie) sind sekundär (wie es LG 8 bestätigt hat).[306] Privilegierter Ort der Kirche sind die Basisgemeinden, die von der jesuanischen Botschaft her Lebensorientierung geben, Hilfe für alle Dimensionen des Menschseins leisten und eine demokratische und herrschaftsfreie Spielregel leben. Ämter in der Kirche werden allgemein nicht abgelehnt, aber sie dürfen nur solidarisch und demokratisch ausgeübt werden. Dem Laien ist größere Teilnahme an der Kirchenführung einzuräumen. Für diese Ekklesiologie spielt auch Maria eine Rolle. Sie ist Typos für die arme und unterdrückte Frau, der auch die Leitung in der Kirche nicht abgesprochen werden darf. In ökumenischer Hinsicht wird kirchlicher Pluralismus vertreten, der entsprechend LG 8 („subsistit in") den anderen Glaubensgemeinschaften das „Kirche-Christi-Sein" nicht abspricht. Kirchen sind Kirche Christi, wenn sie geschichtliches „Sakrament" der ganzheitlichen Befreiung des Menschen sind.[307] Mit diesem Kirchenverständnis beruft sich die Theologie der Befreiung auf Jesus Christus.

Sein geschichtliches Handeln ist für die *Christologie,* die Mitte der Theologie ist, entscheidend.[308] In Wort und Tat will Jesus Christus die vorhandene Wirklichkeit umgestalten, damit das Reich Gottes, der göttliche Bereich dem Menschen nahe komme und das Dämonische, Unmenschliche im Menschen ausgetrieben werde. Sein Handeln ist Einladung, dieses Tun in der Nachfolge, in der Gemeinschaft der Glaubenden fortzusetzen, Bereich Gottes zu verwirklichen. Die christologische Praxis, daß Jesus Christus sich mit den Ärmsten identifiziert, sich mit der unterdrückten und gestrandeten menschlichen Existenz solidarisiert, ist die Option für die Armen. Es geht nicht primär um historische christologische Lehren (Zwei-Naturen-Lehre, Satisfaktionstheorie usw.), die geschichtlich jeweils bestimmte Funktionen hatten, sondern um die konkrete Realisierung: Das, was wir dem Geringsten tun oder antun, haben wir Ihm getan (Mt 25). Ein abstrakter Christus, der anscheinend unparteiisch ist, nützt den Mächtigen und wird zum Unterdrückungssymbol („Unrecht er-

---

[305] A.Q. Magaña, Ekklesiologie in der Theologie der Befreiung, in: Mysterium liberationis, 243-261.

[306] L. Boff, Charisma und Amt, Düsseldorf 1981, 263.

[307] I. Ellacuriá, Conversión de la Iglesia al Reino de Dios para anunciarlo y realizarlo en la historia, Santander, 1985, 179-216.

[308] J. Sobrino, Jesús en América Latina, Santander, 1982, 112f.

dulden", „Ungerechtigkeiten auf sich nehmen" etc.). Jesus Christus als himmlischer Monarch hat eine herrschaftsstabilisierende Funktion; anders das Bild
von Jesus als Befreier.[309] Er bringt uns den Bereich des Guten nahe, und wir
sollen das „Reich Gottes" vollziehen. Christologie der Befreiung ist konstitutiv auf das Reich Gottes, auf den göttlichen Bereich unter den Menschen
bezogen.

Durch die Christologie erhält die *Gotteslehre* eine neue Bedeutung, die
freilich durch die Befreiungserfahrung des AT grundgelegt ist. Gott wird
nicht als Herr verstanden, der die vorgegebene Ordnung sanktioniert, sondern
als ein „mitgehender" Gott, der im Bereich der Menschen dort Gegenwart
wird, wo Ungerechtigkeit abgeschafft und das Reich der Liebe verwirklicht
wird. Gegenüber aller Unterdrückung ist dieser Gott „dissident".[310] Reich ist
ein Gemeinschaftsbegriff, und gerade von diesem Begriff her ist auch
verständlich, daß Gott sich christlich nicht als ein Seiender darstellt, sondern
als eine Persongemeinschaft. Gerade der trinitarische Gott verweist auf eine
Gesellschaftsstruktur, die keine Herrschaft, sondern nur liebende Gemeinschaft kennt. Gott ist, wo Befreiung in Liebe geschieht und dieses Geschehen
unmenschliche Verhältnisse zu menschlichen transformiert. Modell dafür ist
die jesuanische Reich-Gottes-Verkündigung.

Daraus resultiert eine andere Sicht der *Eschatologie.* Letzte Wirklichkeit,
sinnerfülltes Leben, ist mit der Erwartung einer neuen Erde verbunden und
nicht mit einem abstrakten „Jenseits". Die Theologie der Befreiung hält daran
fest, daß irdischer Fortschritt und Wachstum des Gottesreiches zwar nicht
identisch sind, aber ein und dasselbe Ziel verfolgen: Gesellschaftliche Befreiung, durch Jesus initiiert, ist der Motor des Reiches Gottes.[311] Ohne geschichtliche Befreiung kann das Reich Gottes nicht kommen, so wie ein Gedanke ohne Gehirn nicht möglich ist, beide jedoch nicht einfach identisch
sind. Reich Gottes ist Produkt des Menschen und in dialektischer Einheit zugleich Beschenktsein, Gnade. Ein Eingriff eines Gottes am Ende ist sachlich
nicht notwendig. Hier finden sich Parallelen zu Teilhard de Chardin, der
allerdings das Reich Gottes stärker kosmologisch sieht, während in der Theologie der Befreiung der soziologische Aspekt im Zentrum der Überlegungen
einer eschatologischen Vollendung in Jesus Christus steht.[312]

5. Im *historischen Rückblick* sind nach Meinung der peruanischen Indioorga-
nisation Jesus Christus und die Bibel in der Institution Kirche gerade gegenteilig verwendet worden. Im Namen der Befreiung gab sie Johannes Paul II.
in Cusco (Januar 1985) die Hl. Schrift zurück: „Sie (die Bibel) hat uns in fünf
Jahrhunderten weder Liebe noch Frieden oder Gerechtigkeit gegeben. Nehmen Sie bitte ihre Bibel wieder, und übergeben Sie sie unseren Unterdrük-
kern; ... Seit der Ankunft von Christoph Kolumbus nämlich zwang man

---

[309] L. Boff, Jesus Christus der Befreier, Freiburg 1986.
[310] J. Lois, Christologie in der Theologie der Befreiung, in: Mysterium liberationis I, 229.
[311] G. Gutiérrez, Theologie der Befreiung, 171.
[312] J.B. Libânio/M.C.L. Bingemer, Eschatologia Cristiana, Buenos Aires, 1985.

Amerika mit Gewalt eine Kultur, eine Sprache, eine Religion und europäische Werte auf. Die Bibel gelangte zu uns als Bestandteil der aufgezwungenen Kolonialisierung. Sie war die ideologische Waffe dieses kolonialistischen Angriffs."[313]

Diese Anschuldigung trifft ein Theologieverständnis, das den Herrschafts- und Ordogedanken als zentral versteht und Jesus Christus nicht als Befreier sieht. Darin spiegelt sich der Ansatz einer *Herrschafts*theologie. Sie ist die Bedingung der Möglichkeit einer Theologie der *Sklaverei*. Politisch waren zwei Faktoren für diese entscheidend: a.) seit 1434 kamen Schiffsladungen aus Afrika mit gefangenen Schwarzafrikanern nach Portugal, die als Sklaven in Haus und Landwirtschaft und vor allem auf den Zuckerrohrplantagen auf der Insel Sâo Tomé arbeiten mußten; b.) in Spanien fand bis 1492 die „Reconquista" statt, durch die Juden und Moslems vertrieben wurden und die spanische Halbinsel von allen „Glaubensfeinden" gereinigt wurde.

Diese politischen Faktoren erhielten ihre Legitimation durch die Herrschafts- theologie, die Papst Nikolaus V. in der Bulle „Dum diversas" (1452) festleg- te: „Die Länder der Ungläubigen zu erobern, diese zu unterwerfen und zu ver- sklaven ist den Christen erlaubt." Jesus Christus erscheint hier als Sklavenhal- ter. Allerdings hat Pius II. 1462 die Negersklaverei verurteilt (spätere Dekre- te: Urban VIII. (1639), Benedikt XVI. (1741) und Gregor XVI. (1839)), aber wirksam blieb die Theologie der Sklaverei mit ihren Argumenten:

a. Neger und Indios sind von Natur aus Untermenschen; die auf dem AT gründende Lehre vom „gerechten Krieg", wie vor allem Aristoteles' Lehre, daß es Sklaven von Natur aus gäbe ($\phi\acute{u}\sigma\epsilon\iota$ $\delta o\widetilde{u}\lambda o\varsigma$ $\acute{e}\sigma\tau\acute{\iota}\nu$, Polit., 1254 a 2), lieferte die Begründung (z.B. Tomás Ortiz, Sepúlveda).

b. Indios sind Götzendiener, bringen Menschenopfer dar und widersprechen in ihrem sexuellen Verhalten dem Gebot Gottes. Die Spanier handeln im Auf- trag Gottes, sie sind das „Strafgericht für die Sünder", die „Rache Gottes" (z.B. der Chronist López de Gomara, Fernández de Oviedo u.a.).

c. Die Indios leben in einem „ungerechten Herrschaftssystem". Im Namen falscher anthropologischer Vorstellungen werden sie von ihren Herrschern ty- rannisiert (z.B. der Publizist Pedro Cieza de León, der Vizekönig von Peru, Francisco de Toledo u.a.). Die „Conquistadores" sind keine Unterdrücker, sondern Befreier, im Namen Jesu Christi, weil sie die gerechte Herrschafts- struktur wiederherstellen. Befreiung durch Versklavung ist ein Argument, das an Zynismus kaum noch zu überbieten ist.

d. Krieg und Sklaverei sind ein „notwendiges Übel" um des Heiles der Indios willen. Nur dadurch können die Indios die Botschaft Jesu Christi, des Evange- liums hören, annehmen und so zu Christen gemacht werden, was für ihr See- lenheil geboten ist. Dieses Argument findet sich bereits abgewandelt bei Au- gustinus (354-430), der der Kirche die Macht zuspricht, für die Bekehrung der Ungläubigen Zwangsmittel einzusetzen. Er berief sich auf Lk 14,23:

---

313 Zit. n.: E. Rosner, Missionare und Musketen. 500 Jahre lateinamerikanische Passion, Frankfurt 1992, 252f.

„Ἀνάγκασον εἰσελθεῖν", „compelle intrare", (Vulgata; Brief an den Presbyter Donatus 173 [alt 204]).

e. Allerdings blieb schon im Mittelalter diese Theologie nicht unwidersprochen. Gegen die augustinische Position lehrte Thomas von Aquin (1224/5-1274), daß Juden und Heiden niemals zum christlichen Glauben gezwungen werden dürfen. „Infideles, qui numquam susceperunt fidem, sicut gentiles et Judaei, nullo modo sunt ad fidem compellendi" (S. Th. II/II,10,8). Er trat für die Glaubens- und Gewissensfreiheit ein. Das entscheidende Argument der Theologie der Sklaverei war das aristotelische aus der „Natur". Erstmalig nahm Papst Paul III. (1537) in seinem Breve „Pastorale officium" (D 1495) kirchenamtlich dagegen Stellung: „Da Wir also die Absicht haben, daß diese Indios, auch wenn sie sich außerhalb des Gremiums der Kirche befinden, dennoch nicht ihrer Freiheit oder der Herrschaft über ihren Besitz beraubt oder zu berauben seien, da sie Menschen und deshalb fähig zum Glauben und zum Heil sind (cum homines ideoque fidei et salutis capaces sint), daß sie nicht durch Sklaverei vernichtet (non servitute delendos), sondern durch Predigten und Beispiele zum Leben eingeladen werden sollen." Wer die Indios versklavt, soll exkommuniziert werden (1538 unter dem Druck der spanischen Regierung hob der Papst die Exkommunikation auf). Ermutigt durch die päpstliche Lehräußerung, entwickelte sich in Spanien gegen die Theologie der *Sklaverei* eine *Naturrechts*theologie. Francisco de Vitoria (1483/93-1546), Prof. der Univ. Salamanca, berief sich auf das „ius gentium" und schrieb den Indios als freien Mitgliedern unabhängiger Nationen das gleiche Recht und die gleiche Pflicht wie den Spaniern zu (15 Relectiones [posthum veröffentlicht] „De Indis", „De iure belli" [Selbstverteidigungsrecht] u.a.). Als „Vater" der modernen Völkerrechtswissenschaft (nicht erst Grotius) sprach er dem Papst das Recht ab, im Namen Christi die Welt zwischen den Kolonialmächten aufzuteilen.

In Lateinamerika war der erste, der gegen den Holocaust der Indios im „encomienda-System" Stellung bezog und das konkrete Unrecht an den einzelnen im Namen Christi anprangerte, der Dominikaner Antón de Montesinos, 1511 in einer Predigt auf der Insel Hispaniola (Haiti/Dominikanische Rep.). Er betonte das Menschsein der Indios, denn ihnen komme die allgemein menschliche Natur zu. Ihr erster großer Verteidiger wurde Bartolomé de Las Casas (1474-1566). Er argumentierte erstmalig vom Standpunkt der Indios aus. Mt 25 deutend, läßt er Christus sagen: „Ich war bekleidet und ihr habt mich entkleidet." Die ersten Anzeichen einer Theologie der Befreiung findet man in seinem Werk „Apologética Historia Sumaria" (1526).

Um das Herrschaftssystem abzumildern, begannen die Orden (OP, OFM, SJ) seit 1513 Reduktionen (reducciones von reducirse = sich fügen, reduzieren) einzurichten. (Dieser Gedanke wurde von Thomas Morus, Utopia (1515) aufgegriffen und beeinflußte maßgebend die späteren Ausformungen der Reduktionen). Sie stellen einen Versuch dar, ein System zu schaffen, das die Indios „befriedet", ihnen aber zugleich einen gewissen Freiraum und Selbstverwaltung gewährt. „Ad ecclesiam et vitam civilem essent reducta". Mit der Ausweisung der Jesuiten 1767 begann die Zerstörung dieser Reservate, bis 1848 die letzten Gemeinschaften endgültig beseitigt wurden.

Im portugiesischen Herrschaftsgebiet gilt Antônio Vieira S.J., der Prediger von Marañón (1608-1697; 1661 ausgewiesen!), als der große Indiobefreier. Der Indio ist Mensch und hat ein Recht auf Freiheit, Wohnraum, Land und Erlösung. Die Theologie der Sklaverei bekämpfte er in bezug auf die Indios (allerdings nicht in bezug auf die Negersklaven). Alonso de Montafur OP, Erzbischof von Mexico, stellte hingegen in einem Brief an Spaniens König Philipp II (1527-1598) fest: „Wir wissen nicht, welchen Grund es gibt, daß die Neger *mehr** Sklaven seien als die Indios."[314] Besonders für die Neger setzte sich Pedro Claver (1580-1654) in Cartagena (Kolumbien) ein. Er bezeichnete sich als „Sklave der Neger" (er wurde 1888 von Leo XIII. heiliggesprochen). Bei allem Eintreten für die Befreiung stellten all diese Theologen das System der Herrschaftstheologie selbst nicht in Frage, auch wenn sie mit der Liebe Jesu Christi argumentierten.

Als erster Befreiungstheologe könnte Miguel García S.J., Prof. in Bahia (Brasilien), im 16. Jh. bezeichnet werden. Er war der erste, der das Kolonialsystem selbst negierte und Sklaverei und Herrschaftsanspruch der Spanier und Portugiesen ablehnte. In Jesus Christus läßt sich keine Herrschaft begründen. Gerade die Frage nach der Berechtigung eines Herrschaftssystems und einer Herrschaftstheologie ist das zentrale Thema der Befreiungstheologie.

In Abhängigkeit von der traditionellen Herrschaftstheologie hat sich in der Moderne die Theologie der *Entwicklung* herausgebildet (desarrollismo). Aus den Sozialwissenschaften (in humanistischer Perspektive) hat der Gedanke in die lehramtlichen Dokumente (Mater et magistra, 1961; Pacem in terris, 1963; Gaudium et spes, 1965 u.a.) und in die Theologie (J. Alfaro, J.-M. Aubert, J.-Y. Calvez, F. Houtart, R. Laurentin) Eingang gefunden. Die Theologie der Befreiung sieht hingegen die sog. „Unterentwicklung" im Kontext der Abhängigkeit und als Produkt der Unterdrückung. Entwicklung kann daher auch theologisch nicht zum Ziel führen. „Der Begriff ‚Befreiung' … bringt das unabdingbare Moment des Bruches zum Ausdruck, das dem gängigen Gebrauch des Begriffes Entwicklung fremd ist."[315]

6. Mit dem Wort „Bruch" ist die Affinität der Theologie der Befreiung zur Theologie der Revolution angedeutet. Der Ausdruck Theologie der Revolution wurde zuerst 1964 durch den evangelischen Theologen M. Schröter gebraucht.[316] „Die Sprache der ‚Befreiung' ist die Sprache des Artikulierens der revolutionären Konsequenzen."[317] Trotzdem legen die meisten Befreiungstheologen von Anfang an großen Wert darauf, nicht mit der Theologie der

---

314 Zit. n. H.J. Prien (Hg.), Lateinamerika: Gesellschaft-Kirche-Theologie, Bd. I: Aufbruch und Auseinandersetzung, Göttingen 1981, 198.

315 G. Gutiérrez, Theologie der Befreiung, 29.

316 E. Feil, R. Weth (Hg.), Diskussion zur „Theologie der Revolution", München 1969, 291.

317 H. Assmann, Teología desde la praxis de la liberación, Salamanca 1973, 122.

Revolution identifiziert zu werden. Für diese ist die marxistische Analyse bzw. Methode konstitutiv, während die Theologie der Befreiung sie nur als ein nützliches, aber entbehrliches Instrument benutzt. Außerdem wird die Ungrundsätzlichkeit der Gewalt in Jesus Christus betont. „Einerseits ist die Befreiung umfassender als die Revolution, die nur eine ihrer Dimensionen darstellt. Wenn sich aber auf der anderen Seite die Befreiung als ein Emanzipationsprozeß ... konstituiert, dann gelingt ihr das nur im Rahmen einer Weltrevolution ..., die Veränderung muß universal sein."[318] Nicht nur die Methode unterscheidet beide Theologien, sondern auch ihre Entstehung. Spuren führen zurück zu den sog. „Fliehdörfern Lateinamerikas", die von den entflohenen Negersklaven im 17. Jh. gegründet wurden und jede Herrschaft abschütteln wollten. Sie stellten eine Aufstandsbewegung von Laienkatholiken dar. Berühmt wurden die Quilombo-Republiken, vor allem Palmares (sie wurde 1694 vernichtet). Es war ein kriegerisch-revolutionärer Katholizismus, der zwar auch Priester von außen holte, aber die Führung hatten Laien inne, in deren Hände auch die Katechese lag. Die heutigen Basisgemeinden sind nicht unbeeinflußt von diesen Ideen. Das Thema der Theologie der Revolution wurde erstmals Ende des 19. Jh. Anfang des 20. Jh. durch den religiösen Sozialismus angesprochen (in Nordamerika: „Social Gospel", W. Rauschenbusch; in der Schweiz: H. Kutter, L. Ragaz; in Deutschland: P. Tillich u.a.m.). Allerdings erst in den 60er Jahren erhielt die Theologie der Revolution ihre Aktualität, in Brasilien und Lateinamerika durch Carlos Pinto de Oliveira[319], in Europa durch E. Bloch.[320] Im Zusammenhang mit der Konferenz über „Kirche und Gesellschaft" hat der Weltrat der Kirchen (ÖRK) in Genf 1966 diese Thematik aufgegriffen. In Abhängigkeit vor allem von E. Bloch und seinem revolutionären Anspruch hat sich besonders in Deutschland die sog. neue „politische Theologie" entwickelt (N. Greinacher, J.B. Metz, J. Moltmann u.a.). Glaube wurde nicht als Privatsache verstanden, sondern bei Beibehaltung der Differenz von Religion und Politik sollte zwischen beiden durch den kritischen Dialog vermittelt werden. Die politische Theologie übte vor allem Kritik an der neuzeitlichen bürgerlichen Gesellschaft und an der verbürgerlichten Religion. Die Theologie der Revolution hingegen sieht den Sozialismus als einzig gangbaren Weg.

Keine geringe Rolle spielten die „Neue Linke", die Frankfurter Schule und die Studentenbewegung von 1968. Theologische Positionen, wie die von H.

---

[318]   L. Boff, Eine kreative Rezeption des II. Vatikanums aus der Sicht der Armen: Die Theologie der Befreiung, in: E. Klinger/W. Wittstadt (Hg.): Glaube im Prozeß. Christsein nach dem II. Vatikanum, Freiburg 1984, 632f.

[319]   C. Pinto de Oliveira, Evangelho e revolução social, São Paulo 1962.

[320]   E. Bloch, Thomas Müntzer als Theologe der Revolution, Berlin 1960 (Erstauflage bereits 1921).

Gollwitzer[321] und J. Cardonnel[322] sowie J. Comblin[323], der eine systematische Darstellung der Theologie der Revolution vorlegte, favorisierten revolutionäre Tendenzen.[324] Vorgängig wurde jedoch in Lateinamerika die Theologie der Revolution praktiziert. Einer der radikalsten Vertreter war Camilo Torres Restrepo (1929-1966, von kolumbianischen Regierungstruppen erschossen).[325] Für ihn ist das Christentum ein vollständig auf die Nächstenliebe konzentrierter Weg.[326] „Aus diesem Grunde ist die Revolution dem Christen nicht nur gestattet, sondern sie ist seine Pflicht, wenn sie die einzige, wirksame und hinreichende Möglichkeit ist, die *Liebe zu allen* durchzusetzen ... Wir Christen dürfen und müssen gegen die Tyrannei zu Felde ziehen ... aus Nächstenliebe habe ich mich der Revolution verschworen. Ich habe es aufgegeben, die Messe zu lesen, um in der Lage zu sein, den Nächsten zu lieben ... Nach der Revolution werden wir Christen sagen können, daß wir ein System errichtet haben, in dem die Liebe zum Nächsten oberster Grundsatz ist."[327] So wird Jesus Christus für unser Leben Wirklichkeit werden. C. Torres wollte eine friedliche Revolution, wenn die Mächtigen auf Gewalt verzichten, der Kampf war für ihn eine Notlösung. Der Christ muß nicht nur gut sein, sondern er muß eine bessere Welt schaffen, so wie sie Gott will, eine Welt der Gerechtigkeit und des Friedens, und das schließt auch Gewaltanwendung ein.
Die Enzyklika Pauls VI. „Populorum progressio" (25. 5. 1967) wurde als Bestätigung dieser Theologie der Revolution gedeutet. Zwar spricht sie von einer friedlichen radikalen Änderung der Verhältnisse, sie schließt aber auch eine gewaltsame Revolution als christliche Möglichkeit nicht aus. Die Revolution ist berechtigt, wenn es sich „um eine offensichtliche und lang dauernde Gewaltherrschaft handelt, durch die die Grundrechte der menschlichen Person verletzt werden und dem Gemeinwohl eines Staates schwerer Schaden zugefügt wird" (D 4453). In der römischen Auseinandersetzung um die Theologie der Befreiung wurde dieser Gedanke 1986 wieder aufgegriffen und der bewaffnete Kampf als letzter Ausweg theologisch gerechtfertigt.[328] Die Konferenz der Dritte-Welt-Bischöfe (15. 8. 1967) nahm die zitierte Enzyklika zum Anlaß, für die gerechte Verteilung der Güter und die fundamentale Gleichheit

---

321 H. Gollwitzer, Die reichen Christen und der arme Lazarus, München 1968.
322 J. Cardonnel, L'évangile et la révolution, Paris 1968.
323 J. Comblin, Théologie de la révolution, Paris 1970; Théologie de la pratique révolutionnaire, Paris 1974.
324 Vgl. auch E. Feil, R. Weth (Hg.), a.a.O.
325 G. Hasenhüttl, Christentum ohne Kirche, Aschaffenburg 1972, 72-83. Vgl. R. Wind, Bis zur letzten Konsequenz. Die Lebensgeschichte des Camilo Torres, Weinheim/Basel 1994.
326 H. Lüning, C. Torres, Priester und Guerillero, Hamburg 1969, 14.
327 C. Torres, Revolution als Aufgabe des Christen, Mainz 1969, 26f: Aufruf an die Christen (3. 8. 1965).
328 Instruktion der Kongregation für die Glaubenslehre über die christliche Freiheit und Befreiung (22. 3. 1986), Bonn 1986, Kap. V, Nr. 79.

aller einzutreten. Das Christentum stellt den „wahren Sozialismus" her.[329] Politisch fand die Theologie der Revolution ihren ersten konkreten Halt zur Zeit Salvador Allendes (1970-1973) in der Gruppe „Christen für den Sozialismus" (1971 begründet von Gonzalo Arroyo S.J.). In diesem Zusammenhang wurde auch der später umstrittene Begriff „la Iglesia del Pueblo" (Kirche des Volkes) geprägt.[330] Marxismus und Christentum werden als Einheit gesehen, wobei Religion kein Opiat, sondern Faktor des Befreiungskampfes der Menschheit ist. Besonderen Auftrieb erhielt die Theologie der Revolution durch den Sieg der Sandinistischen Bewegung 1979 in Nicaragua. Man sah darin den historischen Beweis, daß Christentum und Marxismus zusammen Befreiung erwirken. Rechtfertigt der Glaube die Herrschaft oder die Befreiung von der Herrschaft?, wurde gefragt.[331] Und der Episkopat von Nicaragua führte in einem Hirtenbrief aus, daß gegen den Sozialismus vom Christentum her kein Einwand bestehe.[332] Ernesto Cardenal sprach daher von der „Heiligkeit" der Revolution (Santidad en la revolución)[333] und konnte in der vollendeten humanistischen Gesellschaft das von Jesus Christus verkündete Reich Gottes aufleuchten sehen. Zwar ist die Nächstenliebe unaufkündbar, der Widerstand gegen die strukturelle Gewalt aber kann nur durch einen Bruch geschehen. Bedingungslose Gewaltlosigkeit ist kein Gottesgebot. Man kann „die wirkliche Änderung der Gesellschaft nur als Bruch mit dem herrschenden System sehen. In diesem Rahmen spricht man von einer revolutionären Moral".[334] „Der Sozialismus muß sich in der Geschichte verwirklichen als Veränderung des Menschen und als Bruch mit einer Welt der Ungerechtigkeit, als einziger Weg, um zu einer Welt der Brüderlichkeit zu gelangen."[335] In diesem Kontext versteht sich die Theologie der Revolution als *eine* konkrete Ausarbeitung der Theologie der Befreiung. Wie für diese gilt, daß die frohe Botschaft Christi streng auf die gesellschaftlichen Verhältnisse zu beziehen ist, eine Option für die Armen stattfindet und Schuld wie Sünde strukturell verankert sind.

Die Theologie der Befreiung nimmt stärker die ganze Breite der menschlichen Existenz wahr. So entwickelte sie von Anfang an eine „Pädagogik der Befreiung"[336], indem zwischen einer Erziehung „bancaria" und einer „problematizadora" (vorgefertigte oder problembewußte Erziehung) unterschieden wurde. Aber auch die „Schwarze Theologie", die „Feministische Theologie" und die „Theologie der Inkulturation" sind konkrete Ausformungen der Theologie der

---

[329] N. Greinacher (Hg.), Konflikt um die Theologie der Befreiung, Einsiedeln 1985, 22.

[330] J. Lozano, La Iglesia del Pueblo, Mexico 1983.

[331] J. Sobrino, Liberación y cautiverio, Mexico 1970, 177ff.

[332] Erklärung der Nationalen Direktion der Sandinistischen Befreiungsfront zur Religionsfreiheit, Punkt 2, in: Nicaragua, Revolution und christlicher Glaube, 1982, 173.

[333] E. Cardenal, Die Stunde Null, Gütersloh 1979, 14-41.

[334] C. Boff, Die Befreiung der Armen. Reflexionen zum Grundanliegen der lateinamerikanischen Befreiungstheologie, Freiburg/Schweiz 1986, 46.

[335] I. Ellacuría SJ, in: Conc 13, 1977, 339ff.

[336] P. Freire, Pädagogik der Unterdrückten. Bildung als Praxis der Freiheit, Stuttgart 1971.

Befreiung. Sie alle wollen emanzipatorische Theologie treiben, die sich dialogisch entfaltet.[337]

7. Wegen der Nähe zwischen der Theologie der Befreiung und der Theologie der Revolution wurden in den *Auseinandersetzungen* beide weitgehend miteinander identifiziert.[338] Eine größere Differenzierung ist auch nicht bei der *römischen Glaubenskongregation* zu finden.[339] Zwar wird die Theologie der Befreiung als „vollgültiger Ausdruck" (III,4) bezeichnet, die Instruktion will aber auf die Gefahren aufmerksam machen, „die den Glauben und das christliche Leben zerstören, wie sie gewisse Formen der Theologie der Befreiung enthalten, die in ungenügend kritischer Weise ihre Zuflucht zu Konzepten nehmen, die von verschiedenen Strömungen des marxistischen Denkens gespeist sind" (Vorwort). Nicht verurteilt wird die geforderte vorrangige „Option für die Armen" und das Engagement für soziale Gerechtigkeit und die Menschenrechte. Verurteilt wird jedoch die Dialektik der Theologie der Befreiung zwischen personaler und struktureller Sünde. Die Wurzel des Bösen liegt primär in der Person und sekundär in den Strukturen (IV,15). Ebenso wird die Notwendigkeit von Herrschaftsstrukturen betont (IX,13; XI,4) und die „Kirche des Volkes" (IX,11) abgelehnt. Für die Theologie der Befreiung ist der jesuanische Gedanke der Solidarität und Herrschaftsfreiheit unaufgebbar. Daher urteilt diese Instruktion, daß die Theolog*en* der Befreiung Positionen beziehen, „die mit dem christlichen Menschenbild unvereinbar sind" (VIII,1). Besonders im Zusammenhang mit dem Marxismusvorwurf werden die Befreiungstheologien allgemein verurteilt. „Dieses so beschaffene System ist eine Perversion der christlichen Botschaft, wie Gott sie seiner Kirche anvertraut hat. Diese Botschaft wird also in ihrer Ganzheit bei den ‚Befreiungstheologien' in Frage gestellt" (IX,1). Von den verschiedensten Befreiungstheologen und auch von vielen Bischöfen (P.E. Arns, A. Lorscheider u.a.) wurden vor allem der Marxismusvorwurf und die globale Verurteilung zurückgewiesen.[340] Der Vorsitzende der Deutschen Bischofskonferenz hat hingegen die Verdammung der Theologie der Befreiung mit aller Schärfe ausgesprochen und selbst die „Option für die Armen" in Frage gestellt.[341] Von der

---

337 G. Hasenhüttl, Schwarz bin ich und schön. Der theologische Aufbruch Schwarzafrikas, Darmstadt 1991; Y. Gebara, Die Wiedergeburt der Unterdrückten. Wie die „Option für die Armen" zur „Option für die Frau" wird, in: Publik-Forum 15, 1995, 20-22.

338 R. Vekemans, Teología de la liberación y Cristianos para el Socialismo (Theologie der Befreiung und Christen für den Sozialismus), Bogotá 1976; B. Kloppenburg: Informe sobre la Iglesia popular, Mexico 1978; K. Lehmann: Theologie der Befreiung, Einsiedeln 1977 (Schlußdokument der Internationalen Theologenkommission).

339 Instruktion der Kongregation für die Glaubenslehre über einige Aspekte der „Theologie der Befreiung" (6. 8. 1984), Bonn 1984.

340 Die Brasilianische Bischofskonferenz (10.-19. 4. 1985) im Hirtenbrief: „Christliche Freiheit und Befreiung" an die Pastoralträger und Gemeinden, in: Aktionskreis P. Beda für Entwicklungsarbeit, 1985.

341 J. Höffner, Soziallehre der Kirche oder Theologie der Befreiung, Fulda 1984 (Eröffnungsreferat bei der Herbstvollversammlung der Deutschen Bischofskonferenz, Fulda 24. 9. 1984).

Kongegration für die Glaubenslehre folgte 1985 die „Notifikation", die L. Boffs OFM Theologie verurteilte.[342] In der zweiten Instruktion[343] 1986 fanden sich die brasilianischen Bischöfe bestätigt. Die Verurteilungen von 1984 wurden zwar nicht aufgehoben, aber die Theologie der Befreiung wird weit positiver gesehen. Das Prinzip der Theologie der Befreiung, die Solidarität, wird fundamental mit der Würde des Menschen verbunden gesehen (V,73) und Ungleichheit und Unterdrückung als Widerspruch zum Evangelium bezeichnet (III,57). Auch wird der Marxismusvorwurf nicht wiederholt, wenn auch die Dialektik von Gesellschaft und Person nicht gesehen wird. Als abschließendes Urteil heißt es: „Daher ist eine Theologie der Freiheit und der Befreiung als treues Echo des *Magnifikat* Mariens, das im Gedächtnis der Kirche bewahrt wird, eine Forderung unserer Zeit" (Schluß, 98).

Gegen diese Theologie formierte sich bereit in der Mitte der 80er Jahre in Lateinamerika eine Bewegung, die sich als Theologie der *Versöhnung* bezeichnet.[344] Auf den Kongressen (1985 Arequipa, 1986 Callao, 1987 Tacna) bei denen sich verschiedene Bischöfe engagierten (Kard. J. Tomko, Präfekt der Kongregation für die Glaubensverbreitung, Kard. A. López Trujillo, Medellín, K.J. Romer, Rio de Janeiro, Kard. J. Landázur Ricketts, Lima u.a.m.) wurde zwar betont, daß diese Theologie nicht in Konkurrenz zur Theologie der Befreiung steht, vielmehr eine umgreifendere Konzeption ist. Im Sinne Johannes Pauls II. wird Versöhnung als Aussöhnung des einzelnen mit Gott verstanden, also als Befreiung von der Sünde. Soziale Versöhnung ist nur dann in vollem Maße wirksam, wenn die Wurzel aller Konflikte beseitigt ist, d.h. die individuelle Sünde.[345] Das bedeutet: a) Struktur und Individuum stehen in keinem dialektischen Verhältnis, sondern Strukturen sind sekundärer Ausfluß individuellen Handelns.[346] b) Die Versöhnung mit Gott ist das Erste und Wichtigste, alle andere Versöhnung, auch die mit dem Feind, ergibt sich daraus. c) Strukturen bedürfen der Reformen im Sinne der Soziallehre der Kirche, wenn sie Unrecht ausdrücken. d) Veränderungen im Sinne der Versöhnung geschehen nicht, wie die Theologie der Befreiung oder gar der Revolution betonen, durch einen Bruch, sondern durch langsame Veränderungen im Sozialsystem. Es gibt nur einen einzigen Bruch, nämlich den mit der Sünde.[347] Klassenkampf ist abzulehnen, und alle Antagonismen in der Gesellschaft sind reformerisch abzumildern. e) Jede Revolution ist gegen die Ver-

---

[342] Ekklesiologische Fragen entscheidend, in: OR 29. 3. 1985. Die ganze Dokumentation, in: J. Ratzinger – L. Boff, Dokumente eines Konfliktes um die Theologie der Befreiung, Frankfurt 1985.

[343] Instruktion der Kongregation für die Glaubenslehre über die christliche Freiheit und die Befreiung (22. 3. 1986), Bonn 1986.

[344] L.F. Figari, Aportes para una Teología de la Reconciliación, Lima 1985. Dagegen: J. Comblin, Reconciliación y Liberación, Santiago de Chile 1987.

[345] Johannes Paul II., Reconciliatio et paenitentia, Bonn 1984.

[346] Th. Herr, Versöhnung statt Konflikt. Sozialethische Anmerkungen zu einer Theologie der Versöhnung, Paderborn 1991, 157ff.

[347] Vgl. Johannes Paul II., ebd., 4.

söhnung gerichtet. Die Reichen sind durch Almosen und Werke der Barmherzigkeit in die Pflicht zu nehmen. Almosen bedeuten eine „Form, soziale Hilfe zu leisten bzw. wirtschaftlich und gesellschaftlich Unterdrückte zu befreien."[348]
Von der Theologie der Befreiung und a fortiori von der Theologie der Revolution aus gesehen, wird die Kategorie der Versöhnung theologisch „zu früh" gebraucht, da die Strukturveränderung in ihrer Notwendigkeit nicht genügend gesehen wird. Versöhnung ist nur möglich, wenn das strukturelle Unrecht abgeschafft und die Option für die Armen verwirklicht wird.[349]
Die Gedanken der Theologie der Versöhnung nahm die 4. Generalversammlung der lateinamerikanischen Bischöfe in Santo Domingo 1992 auf. In ihr spiegeln sich die Veränderungen in der Haltung der katholischen Kirche zur Theologie der Befreiung und zur Theologie der Revoltution sehr gut wider. In der 1. Generalversammlung von 1955 in Rio de Janeiro ging es primär nur um innerkirchliche Fragen. Die soziale Verantwortung für die Welt wurde noch nicht wahrgenommen. Ganz anders nach dem 2. Vat. Konzil (1962-65) die 2. Vollversammlung von 1968 in Medellín. Sie geht von der grundlegenden Geschwisterlichkeit aller Menschen aus, versteht die Kirche von der charismatischen Grundstruktur her und verlangt kirchlich einen Strukturwandel (XI,8), der die Autorität (im Sinne des Dienstes und der Sachkompetenz) befreit von jedem „Autoritarismus" (III,15) lebt. Ebenso werden die Notwendigkeit einer „wahrhaften Befreiung" (D 4481) und die Aufhebung der gesellschaftlichen Ungleichheit gefordert. „Wir werden keinen neuen Kontinent haben ohne neue und erneuerte Strukturen" (D 4481). Friede gibt es nur durch eine gerechte Ordnung (D 4486), wobei der Christ „nicht schlechthin Pazifist (ist), weil er fähig ist zu kämpfen" (D 4489). Glaube und soziale Verantwortung sind nicht zu trennen (II,10). Basisgemeinden werden empfohlen (III,10), und die Option für die Armen wird betont (D 4495). In dieser 2. lateinamerikanischen Bischofkonferenz ist klar ein Wegbereiter für die Theologie der Befreiung zu erkennen, ja Medellín wird oft als ihre „Geburtsstunde" bezeichnet.[350]
Eine deutliche Akzentverschiebung ist bei der 3. Generalversammlung der lateinamerikanischen Bischöfe 1979 in Puebla zu erkennen. Es wird, wie in Medellín, die Revision der Strukturen der Kirche gefordert (IV,1.3, Nr. 1157) und eine Konversion auf die vorgängige Option für die Armen (IV,1.1, Nr. 1134; D 4632). Der Mensch ist Subjekt der Geschichte (D 4628). Diese wird durch echte Brüderlichkeit neu (D 4613). Ebenfalls wird die Notwendigkeit der ganzheitlichen (in allen Dimensionen des Menschseins) Befreiung betont und die absolutistische Machtausübung verworfen (II,4.4, Nr. 502). Zugleich

[348] J. Baertl Gómez, Crónica. Congreso sobre Liberación, Reconciliación y Solidaridad, Tacna 1987, 121f.

[349] H. Goldstein, Selig ihr Armen. Theologie der Befreiung in Lateinamerika ... und in Europa?, Darmstadt, 1989, 52ff.

[350] R. Gibellini, Handbuch der Theologie im 20. Jahrhundert, Regensburg 1995, 337.

aber wird von der Gefahr der Basisgemeinden gesprochen (I,2.2, Nr. 261: „anarquia organizata" und „elitismo cerrado o sectario") und gefordert, daß sie sich völlig der Hierarchie unterordnen (D 4611). Zwar wird eine neue, gerechte, internationale Ordnung eingefordert, die Solidarität und Gerechtigkeit verwirklicht (III,4.3, Nr. 1279), aber zugleich wird jede Gewaltanwendung und auch die Dialektik des Klassenkampfes ausgeschlossen (D 4628). Die Theologie der Befreiung wird nur mit Einschränkung bejaht – anders als die Lutherische Kirche Lateinamerikas[351] –, eine Theologie der Revolution strikt abgelehnt. Die 4. Generalversammlung von 1992 in Santo Domingo spricht von einer „Kultur der Versöhnung" (II/1,1.3.2; Nr. 77) und der „Inkulturation des Evangeliums" (III; Nr. 230). Die Theologie der Befreiung wird nicht mehr erwähnt, obwohl auch von Strukturen der Sünde (a.a.O.) und von einer unverrückbaren, vorrangigen Option für die Armen gesprochen wird (II,2.2.4; Nr. 178). Diese wird aber in einen größeren Kontext gestellt, so daß u.a. auch eine „vorrangige Option für die Jugend" stattfindet (I,1.3.6; Nr. 144). Entscheidend sind das „uneingeschränkte Vertrauen auf das Kirchliche Lehramt" (II,1.1.; Nr. 33) und die vollständige Integration der Basisgmeinden in die Pfarreien (I,1.2.3; Nr. 63). Die Kategorie der Versöhnung löst die der Befreiung ab (Einleitung, Nr. 46).

Nach den politischen Veränderungen durch die Auflösung des ehemaligen Ostblocks haben die Theologie der Befreiung und der Revolution ihre politische Brisanz eingebüßt, aber die Frage ist, ob ihre theologische Konzeption und ihre Forderungen nicht bleibende Gültigkeit haben, solange sie kirchlich und gesellschaftlich nicht eingelöst sind.[352]

Die Forderungen der Theologie der Befreiung sind begründet in der Christologie, die ihr Zentrum ist. Wenn Jesus Christus das menschliche Befreiungsmodell ist, dann gilt es dieses in der heutigen Gesellschaftsordnung zu realisieren. Gerade die bedingte Bejahung unserer vorgegebenen Welt ist die Befreiung ihr gegenüber. Transformation ist geboten. Jesus Christus war in der Erfahrung der Menschen kein Reformer, sondern ein „Revolutionär", der die Begriffe arm und reich, gerecht und ungerecht, Kind und Erwachsener umwertete und einen „neuen" Menschen verkündete. Daher heißt Christsein, an der biblischen, jesuanischen Erfahrung maßzunehmen. Die heutigen Menschen und die heutige Gesellschaft haben dringender denn je die christliche Verwirklichung der Befreiungserfahrung nötig. Jesus Christus als Befreier ist ein Modell, das Menschen verändern könnte. Und wer kann sich mit der heutigen Welt aussöhnen, ohne Befreiungsarbeit zu leisten?

---

[351] W. Altmann, Lutero e liberataçaõ, São Paulo 1994.
[352] B. Dietschy, Theologie der Befreiung - Nicht mehr gefragt?, in: Publik-Forum 8, 1995, 31-32. R. Fornet-Betancourt (Hg.), Befreiungstheologie: Kritischer Rückblick und Perspektiven für die Zukunft, 3 Bde., Mainz 1997. G. Hasenhüttl, Theologie der Befreiung; Theologie der Revolution, in: HWPh, Bd. 10, 1998, 1095-1098.

Dritter Teil
GOTT

I. EINLEITUNG

1. Gott – ein leeres Wort?

Das Wort „Gott" kommt in allen Sprachen der Welt vor. Es wird in unserer Sprache auf verschiedene Weise gebraucht. Es kann als Grußformel verwendet werden: „Grüß Gott" und zum Abschied sagt manch einer: „A-dieu" – „Gott befohlen". Wenn etwas Schreckliches geschehen ist, ruft man aus: „O Gott, mein Gott! – wie konnte so etwas passieren!" Aber nicht nur in der Begegnung mit anderen Menschen und in fast ausweglosen Situationen wird Gott genannt, sondern auch, wenn man sich über etwas ärgert, erzürnt ist und die Arbeit nicht gelingt, stoßen Menschen Flüche aus, sei es gegen den Gekreuzigten: „Kruzifix", „Sakrament", gegen Maria: „Schweinemadonna" (porco la Madonna) oder gegen Gott selbst: „verfluchter Gott" (depemti Boga). Kein Wort, kein Begriff und kein Name wurde so vielfältig in der Geschichte gebraucht wie die Bezeichnung: Gott. Im Namen Gottes wurde gemordet, im Namen Gottes wurde geliebt. Im Namen Gottes wurden Menschen um ihrer Überzeugung willen verfolgt, im Namen Gottes wurde Toleranz gelebt. Im Namen Gottes wurden Herrschaftssysteme sanktioniert, im Namen Gottes wurden Sklaven befreit. Im Namen Gottes wurden Kriege angezettelt, in Namen Gottes wurde Frieden gestiftet. Beliebig kann man diese Aussagen fortführen – alles Unmenschliche und alles Menschliche wurde mit dem Wort „Gott" bemäntelt, vieles im „guten Glauben" wie etwa bei Saulus, der die Christen im Namen Gottes verfolgte, vieles wider besseres Wissen und Gewissen in vielen Inquisitionsverfahren.

Gerade dieser widersprüchliche Gebrauch des Wortes „Gott" stellt seine Existenz so wie seine Funktion für menschliches Dasein in Frage. Bezeichnet dieses Wort überhaupt eine Wirklichkeit, oder ist es eine Leerformel oder gar eine Flucht aus der Realität? Der Umgang mit dem Wort eröffnet uns seine Bedeutung. Den Gebrauch des Wortes „Gott" kann man in drei Grundkategorien zusammenfassen:

1. Das Wort Gott steht für eine Macht, für eine göttliche Herrschaft, für ein allmächtiges und allwissendes Wesen, für einen Pantokrator. Er ist das Furchterregende, das „tremendum", vor dem man nur gehorsam in die Knie sinken kann. So wie hinter der Polizei die Macht des Staates steht, so hinter den Hierarchen die Macht Gottes. Nur vor Gott gibt es keinen Datenschutz. Herz und Nieren erforscht er, der Mensch ist vor ihm gläsern. Das Auge Gottes sieht alles. Gegen diesen „durchdringenden" Gott bezieht Sartre Stellung: „Einige Jahre lang verkehrte ich … mit dem Allmächtigen … Ein einziges Mal hatte ich das Gefühl, es gäbe Ihn. Ich hatte mit Streichhölzern gespielt und einen kleinen Teppich versengt; ich war im Begriff, meine Untat zu vertuschen, als plötzlich Gott mich sah. Ich fühlte seinen Blick im Innern meines

Kopfes und auf meinen Händen; ich drehte mich im Badezimmer bald hierhin, bald dorthin, grauenhaft sichtbar, eine lebende Zielscheibe. Mich rettete meine Wut: Ich wurde furchtbar böse wegen dieser dreisten Taktlosigkeit, ich fluchte, ich gebrauchte alle Flüche meines Großvaters. Gott sah mich seitdem nie wieder an".[1] Dieser Allmachtsgedanke drückt sich in den Worten „mehr als ..." aus; er ist stets der Übermächtige. Hölderlin meint dazu: „Ich bin gegen alle Monarchie, auch gegen die Monarchie Gottes." Wie fungiert ein solch mächtiger Gott? Ist er die bedrohende Macht, garantiert er den Machterhalt der Mächtigen und damit die bestehende Ordnung, oder stürzt er die Mächtigen vom Thron und hilft den Machtlosen, ist also in der Not präsent? Wirkt er überhaupt in der menschlichen Geschichte, oder ist er ihr entrückt? Kann er Kriegsgefahr und Umweltkatastrophen bannen, oder ist ihm der Weltenlauf egal? Wie verschieden kann ein solcher Allmachtsgedanke in menschlichen Gesellschaften wirken! Systemstabilisierend oder revolutionär, uninteressiert am Menschen oder stets zum Eingriff (durch Wunder) bereit.

2. Das Wort Gott kann aber auch für eine Person stehen, die den Menschen fasziniert, also als ein „fascinosum" wirkt und anzieht. Neben der Macht kommt Gottes Güte zur Geltung. Er ist eine umfassende Persönlichkeit, die zur Nachfolge ruft und den Menschen für die gerechte Sache kämpfen läßt. Er ist der Freund, der ihm beisteht, er ist gerecht, schafft Recht und ergreift keine „Partei". Gott wird in einer familiären Atmosphäre gedacht, als Vater und Sohn. Die Abba-Papa-Familiarität einer Gottesanrede gibt Trost und Sicherheit. Der Vater gibt Ratschläge und bewahrt uns. Er hält seine schützende Hand über uns, und wir können geborgen sein. Freilich auch in diesen Vorstellungen kann die Angst mitschwingen, sobald Gott als gestrenger Vater auftritt und uns Schuld und ein schlechtes Gewissen einschärft. Daher wird gerade heute immer wieder auf die mütterliche Seite Gottes verwiesen. Mutterrechtliche Kulturen dienen als Hinweis, daß bei vielen Völkern die Grundgottheit mütterlich ist, wie etwa die Pachamama bei Indiostämmen, oder im alten Griechenland die Gaia, die Mutter Erde, oder bei den Ägyptern die Himmelsgöttin Nut.[2] Wieder ist zu fragen, wie Gott in diesem Kontext fungiert. Ist Gott „anziehend" als Befreiungserfahrung, als einer, der das Leben lebenswert macht, oder ist für diese Sicherheit mit Wohlverhalten und Gehorsam zu bezahlen?

3. Das Wort Gott kann auch die Tiefe der Wirklichkeit bedeuten. Ganz nahe an das Unbewußte in uns, als Selbst, kann der Gottesbegriff heranreichen, so daß Gott und Mensch nicht getrennt werden können. A. Silesius (1624-1677), als Vertreter der Mystik, kann hier als Beispiel dienen:

„Gott lebt nicht ohne mich.

Ich weiß, daß ohne mich Gott nicht ein Nu kann leben;

Werd ich zunicht, er muß von Not den Geist aufgeben ...

---

[1]   J.-P. Sartre, Die Wörter, Hamburg 1965, 78.

[2]   Während in den meisten Sprachen die Erde feminin und der Himmel maskulin ist, ist es in Ägypten umgekehrt (*die* Nut (Himmel), *der* Geb (Erde)).

Die Gottheit ist mein Saft: Was aus mir grünt und blüht,
Das ist sein heiliger Geist, durch den der Trieb geschieht ...
Gott sind alle Werke gleich: Der Heil'ge, wann er trinkt,
gefällt ihm so wohl, als wenn er bet und singt".[3]
Wo immer man die „Tiefe des Seins" erfährt, ist Gott gegenwärtig, wird er erfahren. Nicht nur in der eigenen Tiefe ist Gott wirksam, sondern überall kann er als Grund, Ur-grund, Wurzel-grund („roots") vernommen werden. Das Unergründliche, der „Abgrund" des Seins kann als Gott bezeichnet werden. Ist er „Unter-grund", das Verborgene, durch das alles lebt? Wie fungiert in einer solchen Betrachtung der Wirklichkeit Gott? Ist er der, der den Menschen sich selbst entfremdet, entpersönlicht, ihn im „All" aufgehen läßt, oder bringt er den Menschen zu sich selbst und läßt ihn gelten in seiner konkreten Seinsweise?

Wie gehen wir mit dem Wort Gott um? Meinen wir damit den Mächtigen, den Vater, die Tiefe unserer Welt? Und immer stehen wir vor der Frage: Wie würde ich mit mir selbst, mit anderen Menschen, mit der Welt umgehen, wenn Gott nur ein Wort wäre, wenn er in unserer Welt nicht wirksam wäre, ja wenn alles genauso ohne ihn seinen Bestand hätte, er also nichts mit der Welt zu tun hätte? Um den Umgang mit diesem Wort Gott heute zu verstehen, ist zu bedenken, wie es dazu gekommen ist.

2. Der Sinn der Rede von Gott

In der abendländischen Geschichte sind zwei Wurzeln wesentlich:
1. Die griechisch-philosophische Tradition und 2. die jüdisch-christliche. Beide Quellen fließen ineinander, so daß oft kaum zu unterscheiden ist, was der einen oder anderen Überlieferung zuzuordnen ist. Grundsätzlich ist zu fragen, ob es eine spezifisch christliche Lehre von Gott überhaupt geben kann.
Theologie heißt Rede von Gott. Wie wir bereits bei der Frage „Was soll ich glauben?" gesehen haben, war Platon (427-347) der Erste, der das Wort Θεο-λογία prägte. In scharfer Frontstellung gegen die Mythen, die „unvernünftigen Gottesvorstellungen", lehrt er, wie man sachgerecht von Gott sprechen soll, wie das Wort „Gott" zu gebrauchen ist (Θεο-λογεῖν). Er gibt folgende Richtlinie: „So wie Gott ist (οἷος τυγχάνει, wie es zutrifft, ὁ θεὸς ὤν, daß Gott ist), muß man ihn auch allezeit darstellen, ob man ihn nun in einem Epos, in lyrischen Gedichten oder in einer Tragödie auftreten läßt" (Polit. 379 a). Platon meint also, daß wir Gottes Sein erkennen und es begrifflich erfassen können. Wir können verstehen, was Gott meint, allerdings nur vermittelt durch das Wort, den λόγος. Er bezeichnet die Art und Weise, wie Gott zur Sprache kommt. Wenn wir Gott sagen, dann erscheint er in menschlicher

---

[3]   A. Silesius, Der Cherubinische Wandersmann, 1. Buch.

Aussprache. Nur im anthropologischen Medium artikulieren wir Gott. Wenn wir uns mitteilen, dann tun wir das immer auf menschliche Art, selbst wenn wir meinen, „übermenschlich" oder auch „unmenschlich" von Gott zu reden – jedes Wort (λόγος) bleibt in seiner Art und Weise menschlich. Aristoteles (384-322) war der erste, der diesen Begriff: λόγος zu definieren suchte: „Φωνὴ σημαντικὴ κατὰ συνθήκην, ἧς τῶν μερῶν τι σημαντικόν ἐστι κεχωρισμένον, ὡς φάσις, ἀλλ' οὐχ ὡς κατάφασις ἢ ἀπόφασις" (Περὶ Ἑρμηνείας IV, J 16 b 26ff). Frei übersetzt: „Der Logos ist eine verweisende Rede auf Konsens hin, im Gegensatz zum bloßen Gerede; im Unterschied dazu erscheint (durch den Logos) das Bezeichnete (auf das die Rede verweist) selbst; wobei es möglich ist, daß (der Logos) entdeckend und verdeckend ist".

Bei Aristoteles wird die (φωνή), das Sichaussprechen, mit der Seele (ψυχή) in Verbindung gebracht, die das Von-Woher des Lebendigsein, des Lebens ist. Der Logos ist daher ἔμψυχος, etwas Lebendiges, das sich ausdrückt und sich im materiellen Bereich (ὕλη) verwirklicht. Diese materielle Verwirklichung des menschlichen Logos geschieht jedoch nur zeichenhaft, als Hinweis (σημαντικὸν). Ein Zeichen kann durch sich selbst sprechen (αὐτοσημαντικὸν, wie Rauch Zeichen des Feuers ist) oder es erschließt sich erst aus einem Interpretationskontext (συνσημαντικὸν, wie Verkehrsschilder und alle konventionellen Zeichen). Wenn wir heute etwa einen Donner nicht mehr notwendig mit Gottes Zorn verbinden, der Donner also nicht mehr kausal als unmittelbare Wirkung Gottes gesehen wird, dann kann das Wort Gott nur ein συνσημαντικὸν sein, also ein Begriff, der sich erst aus dem Kontext erschließt.[4] Die Reflexion über die Bedeutung des Logos betrifft daher auch den Gottesbegriff. Der Logos ist, wie aus der Umschreibung hervorgeht, eine Vollzugswirklichkeit: Durch ihn geschieht etwas, nämlich ein Konsens wird erzielt. Ein Schmerzensschrei, ein tierisches Signal u.a. sind noch kein Logos. Weil er auf Übereinstimmung abzielt, ist er nur in der Weise des Dialogs anwesend. Durch ihn wird ein Sachverhalt (z.B. Gott) erschlossen. Platon verfaßte seine Schriften in Dialogform, weil das Gespräch für ihn die einzige Weise der Wahrheitsfindung ist.[5] Theologie, das Wort von Gott, muß daher dialogisch entwickelt werden, da nur so sein Wirklichkeitsgehalt erkannt werden kann. Theologie muß also konsensfähig sein. Ein theologischer Dialog findet aber nicht zwischen Mensch und Gott statt, sondern zwischen Mensch und Mensch. In diesem kann Gott zur Sprache kommen, d.h. in der Weise des Logos anwesend sein. Bereits Heraklit war der Meinung, daß der Mensch nur insoweit die Wahrheit erfaßt, als er in seinem Sprechen mit dem universalen Logos in Einklang steht. Hier finden wir die ersten Ansätze einer Habermasschen Konsenstheorie.

Wichtig ist für die aristotelische Logosdefinition, daß der Logos sich verstofflichen, d.h. materialisieren muß, um in menschlicher Weise zu sein.

---

4   Nur wenige Theologen sind anderer Meinung. Vgl. R. Leuze, Gotteslehre, Stuttgart 1988.

5   Vgl. Aristoteles, Meta. III, 6, 1006 a, 15.

Daher ist er wahrnehmbar, aber nicht direkt, sondern nur im Verstehenskontext, und d.h., er muß erfahrbar sein in dem Konsensgeschehen. Ist Theologie der Logos von Gott, dann ist hier bereits eine erste fundamentale Bedingung aller Theologie ausgesprochen: Sie muß im Horizont der Erfahrung betrieben werden.[6] Wenn es wahr ist, daß nichts in unserem Bewußtsein ist, was nicht zuvor in den Sinnen war, außer unser Intellekt selbst[7], dann kann es keine theologische Aussage geben, die sich nicht vor der Erfahrung ausweisen muß. Wenn das Wort Gott einen Sinn (Logos) haben soll, dann nur im Rahmen menschlicher Erfahrung. Im zweiten Teil der Logosdefinition des Aristoteles grenzt er den Logos, die sinnvolle Rede, vom bloßen Gerede, φάσις, ab. Wo der Mensch etwas „daherfaselt", ein Geschwätz von sich gibt, da ist kein Logos, kein Sinn. Wenn es nicht dialogisch um die Sache geht, wenn etwas autoritätsgestützt behauptet wird, der andere überredet werden soll, da findet „Geschwätz" (φάσις) statt. Der Logos, der seines Sinnes beraubt ist, ist bloßes Daherreden. Logos ist kein einfaches Sagen, sondern durch die Rede soll hinweisend die Sache selbst zur Sprache kommen, indem sich bei der Konsensfindung zeigt, was „Sache" ist oder was nicht. Daher fordert Platon für die Rede von Gott einen konkreten Seinsbezug. Nur so kann im Logos Wahrheit sein. Worte selbst, wie Pflanze, Tier, Mensch und Gott, sind in sich weder wahr noch falsch, sondern erst in der dialogischen Rede kann sich Wahrheit zeigen. Freilich meint Aristoteles zu Recht, daß der gefundene Konsens selbst kein eindeutiges Wahrheitskriterium ist, vielmehr Wahrheit auch verdecken kann. Auch wenn Theologen sich einig sind, kann der Umgang mit Gott in der Theologie falsch sein, auch wenn man meint, bei der Sache zu sein. Ja, es kann ganze Geschichtsperioden geben, wo die rechte Rede von Gott sich den Menschen entzieht. So wie es Liebesentzug gibt und Heidegger vom Seinsentzug spricht, so kann sich Gott dem denkenden Zugriff so entziehen, daß wir nur leere Begriffshülsen in der Hand halten, die wert- und sinnlos sind. Aristoteles meint, daß der Logos jedoch Wirklichkeit erschließen kann, die den Namen Gott verdient. Der Logos von Gott kann einen Sinn erhalten. Welchen? Sinn ist nicht einfach identisch mit Existenz. Über Figuren der Dichtung hat es Sinn zu sprechen, auch wenn ihnen nur eine gedachte Existenz zukommt. Auch wenn die vergangenen Jahrhunderte kaum einen Zweifel an der Existenz eines Gottes aufkommen ließen – wie überhaupt an einer unsichtbaren Welt, in der es Engel, Teufel, verstorbene Menschen usw. gibt –, ist mit der Behauptung ihrer Nichtexistenz nicht eo ipso schon die Sinnlosigkeit dieser mythischen Bilder festgestellt. Es wird darauf ankommen, wie die Rede, der Logos, verstanden wird und worin der Sinn liegt. Wer nach der Existenz des „kleinen Prinzen" fragt, wer meint, die „Frau Holle" müsse wirklich gelebt haben, da sonst das Märchen sinnlos sei, hat nichts vom Sinn der Dichtung erfaßt. Der Sinn der Rede von Gott ist daher nicht erloschen, wenn es Gott nicht geben sollte. Wenn etwas im

---

[6]   Vgl. G. Hasenhüttl, Kritische Dogmatik, Graz 1979, 38-49; 1. Teil: Offenbarung.

[7]   „Nihil est in intellectu, quod non prius fuerat in sensu, nisi intellectus ipse."

menschlichen Leben eine Funktion hat, kann diese schädlich oder nützlich sein, auch wenn es kein vorhandenes Seiendes ist.

1. Die grundlegende Schwierigkeit der Rede von Gott liegt darin, daß mit Gott kein Gegenstand bezeichnet wird, der in unserer Welt vorzufinden ist. Er ist auch keine Wirklichkeit, zu der wir einen unmittelbaren Zugang haben. Ebensowenig ist er ein Seiendes, das noch nicht entdeckt ist, wie ein Stern am Himmel, den ein besseres Fernrohr nun endlich gefunden hat. So sagte schon Empedokles (490-423): Niemals können wir die Gottheit in erreichbare Nähe uns bringen, daß wir mit Augen sie sehen, mit Händen ergreifen sie könnten! Wir befinden uns in einer Aporie („Weg-losigkeit"), wenn wir das Wort Gott gebrauchen. Zwar berichten die verschiedensten religiösen Texte von Gottes-erscheinungen, von Verwandlungen und Verkleidungen der Gottheit, und christlich spricht man von einer Menschwerdung Gottes. Aber nie wird Gott selbst direkt als ein Gegenstand erfahren, sondern immer nur vermittelt durch unterschiedliche Erscheinungsformen, mit denen er nicht einfach identisch ist. Selbst pantheistische Ansätze wissen sehr wohl zu unterscheiden zwischen den Phänomenen und Gott, auch wenn alle Wirklichkeit in bzw. als Gott er-fahren wird. Das Problem der Rede von Gott artikulierte Cyrill von Jerusalem († 386), indem er eine unmittelbare Erfahrung Gottes ausschließt: „Sollte jemand es versuchen wollen, *über** Gott zu sprechen, so muß er eigentlich zuerst die Grenzen der Erde umschreiten. Du bewohnst die Erde, und doch kennst Du nicht die Grenzen der Erde. Wie wird es Dir möglich sein, ihren Schöpfer vorstellen zu können" (6. Katechese). Wie begrenzt ist die Erfor-schung unseres Weltalls und wie hinfällig unsere Erkenntnis! Die Erkenntnis Gottes aber ist qualitativ anders und auf der Linie der Erforschung nicht zu erreichen. Gott meint etwas anderes als die vorhandenen Dinge, obwohl schon in bezug auf sie unsere Vorstellungskraft versagt. Ganz gleich, ob man Gottes Existenz bejaht oder verneint, wenn von Gott sinnvoll gesprochen wer-den kann, dann nur, wenn er nicht nach Art von Gegenständen oder Lebe-wesen begriffen wird. Ähnlich denkt K. Barth (1886-1968), indem er von der Unmöglichkeit einer direkten Rede von Gott spricht. „Die menschliche Unmöglichkeit der ... Verkündigung besteht schlicht in der Unmöglichkeit des Versuches von Gott zu reden ... Gott gehört nicht zur Welt und also nicht in die Reihe der Gegenstände, für die wir Kategorien und also Worte haben ... Von Gott kann man nicht reden, weil er kein Ding ist, weder ein natürliches noch ein geistiges. Reden wir von ihm, so reden wir schon nicht mehr von ihm ...".[8] Oder: „Ich möchte diese unsere Situation in folgenden drei Sätzen charakterisieren: Wir sollen als Theologen von Gott reden. Wir sind aber Menschen und können als solche nicht von Gott reden. Wir sollen beides – unser Sollen und unser Nicht-Können – wissen und eben damit Gott die Ehre geben. – Das ist unsere Bedrängnis. Alles andere ist daneben

---

[8]   K. Barth, KD I/2, 838f.

Kinderspiel."[9] Wir Menschen sprechen von Gott, und doch ist das Sprechen selbst in ein Unvermögen eingehüllt, das grundsätzlich nicht aufhebbar ist. Keine Weltraumfahrt kann die Rede von Gott sinnvoller oder sinnloser machen.

2. Weil Gott nicht gegenständlich werden kann, ergibt sich das Problem, daß wir ihn nicht definieren können. Wir haben daher im eigentlichen Sinne keinen „Begriff" von Gott. Gott läßt sich nicht auf den „Begriff" bringen, wie Hegel es wollte. Die mystischen Bewegungen schließen daraus, daß eine Rede von Gott unmöglich ist, wir daher schweigen müssen und nur in Anbetung, Dank und Lob verharren können. Bereits Augustinus (354-430) empfiehlt das ehrfürchtige Schweigen vor Gott. Meister Eckehart (1260-1328) strebt eine mystische Vereinigung mit Gott an. Begriffe und Gedanken über Gott sind nicht entscheidend. „Der Mensch soll sich nicht genügen lassen an einem gedachten Gott (= Gottesgedanken), denn wenn der Gedanke vergeht, so vergeht auch der Gott; man soll vielmehr einen wesenhaften Gott haben, der weit erhaben ist über die Gedanken des Menschen und aller Kreatur. … Wer Gott so, im Sein hat (= mystische Vereinigung), der nimmt Gott göttlich und dem leuchtet er in allen Dingen, denn alle Dinge schmecken ihm nach Gott und Gottes Bild wird ihm aus allen Dingen sichtbar. … Wer Gott eng anhaftet, dem haftet alles an, was göttlich ist, und den flieht alles, was Gott ungleich und fremd ist."[10] Schweigen, sich Versenken und Verehren ermöglicht die Nähe zu einem Gott. Goethe denkt ähnlich: „Gott ist in der Mitte, alles in uns schweige und sich innigst vor ihm beuge! … Das Unerforschliche ruhig verehre." Ohne diese innere Gestimmtheit gering zu achten, kann sie leicht als Ausflucht dienen, um sich über das Sprechen von Gott keine Rechenschaft ablegen zu müssen. Wird Gott zu einem unaussprechlichen Geheimnis, so erspart man sich dadurch die „Mühe des Begriffs". Aus ihr sind wir jedoch als reflektierende Menschen niemals entlassen.

3. Auf etwas sehr Wichtiges weist uns die Mystik hin. Ein Gott, der mit unserer menschlichen Existenz nichts zu tun hat, ist völlig bedeutungslos und „der Rede nicht wert". Der Gebrauch des Wortes Gott hat nur Sinn, wenn es in irgendeiner Weise auf menschliches Dasein bezogen wird. Ein Gott, der vielleicht die Welt erschaffen hat, sie aber danach ganz und gar ihr selbst überläßt, ist eine Größe, die man wegkürzen kann. „Deistische" Vorstellungen, wie sie die Aufklärung und mit ihr die Freimaurer vortrugen, unterscheiden sich kaum vom Atheismus, da ein funktionsloser Gott sich wohl nicht von überhaupt keinem Gott unterscheidet.[11]

Jede Religion behauptet richtig, daß der Name Gott etwas mit dem Menschen zu tun haben muß. Sonst ist er unsinnig, wertlos und überflüssig. Gott hat also

---

9   Ders., Das Wort Gottes und die Theologie. Gesammelte Vorträge, München 1924, 158.
10   M. Eckehart, Reden der Unterweisung, n 6 und 5, Deutsche Predigten und Traktate (hg. u. übersetzt von J. Quint, München 1955, 60; 58).
11   Der sog. „Deus otiosus", wie er scheinbar bei „Naturreligionen" (Neuguinea, Afrika u.a.) anzutreffen ist, darf nicht mit dem Gott des Deismus identifiziert werden.

nur Sinn, wenn er auf irgendeine Weise funktional gedacht wird. Wir sahen bereits, daß Funktion und Existenz nicht miteinander zu vermengen sind. Man kann den Gottesbegriff streichen, der seine Existenz bezeichnen sollte, aber keine Funktion hat. Jedoch kann etwas eine Funktion ausüben, auch wenn es nicht existiert, vielmehr nur eine von Menschen ausgedachte Wirklichkeit ist. Aus der Funktion läßt sich keine Existenz erschließen, wohl aber der Sinn und Wert einer Rede. In der Geschichte von Herrn Keuner stellt B. Brecht die Frage, ob es einen Gott gibt. „Einer fragte Herrn K., ob es einen Gott gäbe. Herr K. sagte: ‚Ich rate dir, nachzudenken, ob dein Verhalten je nach der Antwort auf diese Frage sich ändern würde. Würde es sich nicht ändern, dann können wir die Frage fallenlassen. Würde es sich ändern, dann kann ich dir wenigstens noch so weit behilflich sein, daß ich dir sage, du hast dich schon entschieden: Du brauchst einen Gott‘". Abgesehen von der Kritik jedes Gottesglaubens, die in der Geschichte enthalten ist, wird klar und richtig gesehen, daß ohne Funktion Gott ein leerer Begriff ohne Sinn ist.

Das bedeutet nun nicht, daß es nur dann Sinn hat, von Gott zu sprechen, wenn er „die alles bestimmende Wirklichkeit ist", wie Pannenberg und andere Theologen[12] behaupten. Wer sagt uns überhaupt, daß Gott alles für den Menschen sein muß? Vielleicht will er gar nicht alles sein![13] Hat Eckehart ganz Unrecht, wenn er sagt, daß Gott erst Gott wird, wenn die Geschöpfe Gott sagen? Allgemeinsätze, so radikal sie klingen mögen, stellen keinen Bezug her und sind für menschliche Existenz weitgehend nutzlos. Nur wenn Gott eine Wirklichkeit für mich ist, die meine konkrete Existenz bestimmt (R. Bultmann), kann die Rede von Gott Sinn gewinnen. Gott muß mit meinem Leben irgendwie im Zusammenhang stehen. Anthony Flew macht uns dies in seiner bekannten Geschichte vom „unsichtbaren Gärtner" deutlich: „Es waren einmal zwei Forschungsreisende, die kamen zu einer Lichtung im Dschungel, wo viele Blumen und Kräuter wuchsen. Da sagte der eine Forscher: Es muß einen Gärtner geben, der dieses Stück Land bebaut. Der andere widersprach: Es gibt keinen Gärtner. Da schlugen sie ihre Zelte auf und überwachten die Lichtung. Aber kein Gärtner ließ sich blicken. Vielleicht ist er ein unsichtbarer Gärtner. So zogen sie einen Zaun aus Stacheldraht und setzten ihn unter Strom. Und sie schritten ihn mit Spürhunden ab. Kein Schrei aber ließ jemals vermuten, daß ein Eindringling einen Schlag bekommen hätte. Keine Bewegung des Drahtes deutete jemals auf einen Unsichtbaren hin, der hinüberkletterte. Auch die Spürhunde schlugen niemals an. Dennoch war der Gläubige nicht überzeugt. Es gibt doch einen Gärtner, unsichtbar, unberührbar, unempfindlich gegen elektrische Schläge, einen Gärtner, der keine Spur hinterläßt und keinen Laut von sich gibt, der aber heimlich kommt und sich um den Garten kümmert, den er liebt. Schließlich sagte der Skeptiker verzweifelt: Was ist denn eigentlich von deiner ursprünglichen Behauptung übrig

---

[12] Vgl. H. Küng, Gott neu entdecken, in: Conc 26, 1990, 1, 59: „Gott … (ist) die unsichtbar-ungreifbare, alles bestimmende und alles durchdringende erste-letzte Wirklichkeit".

[13] Vgl. J. Pohier, Wenn ich Gott sage, Olten, 1980, 325.

geblieben? Wie unterscheidet sich denn dein unsichtbarer, unberührbarer, ewig ungreifbarer Gärtner von einem eingebildeten oder gar von überhaupt keinem Gärtner?"[14] In der Behauptung der Existenz dieses Gärtners ist keinerlei Funktion für den Dschungelgarten zu erkennen. Etwas völlig Funktionsloses aber kann gestrichen werden. Im Hinblick auf den Garten hat dieser Gärtner keinen Sinn. Es besteht zwischen beiden keine Beziehung. Die Erfahrungslosigkeit trifft sich mit der Funktionslosigkeit. Eine bestimmte Erfahrung kann für den Menschen eine Funktion besitzen, was aber grundsätzlich nicht erfahrbar ist, kann auch nicht bedeutungsvoll für den Menschen sein. Ist der Logos von Gott ohne jede Erfahrung und ohne jede Funktion, ist er sinn- und wertlos. Wenn ich Gott sage, dann muß diese Rede irgendeine Bedeutung für mich, für mein Leben haben, eine Rolle in meinem Leben spielen, d.h. eine Funktion besitzen. Diese muß dann auch erfahrbar sein. Wer aber *über* Gott spricht wie über einen Stern, koppelt die Rede von der Funktion wie von der Erfahrung ab. Er spricht über Gott wie über einen wahrnehmbaren Gegenstand. Daher lehnt die moderne Theologie (allen voran R. Bultmann) ein Sprechen *über* Gott grundsätzlich ab. Die Psychologie spricht in diesem Zusammenhang von einer konkretistischen Vorstellung. Ein Sprechen über Gott würde ihn vom Bezug zur menschlichen Existenz trennen und verobjektivieren. Gott und Mensch könnten als zwei Seiende addiert werden. Eine Rede von Gott aber darf und kann nicht vom Bezug abstrahieren. Daher ist nur „von oder aus Gott" zu sprechen und nicht „über" Gott. Denn wenn sich keine relevante Beziehung zwischen Gott und menschlicher Existenz erkennen läßt, ist eine Rede von ihm reine Zeitverschwendung. Plastisch schildert das A. Camus (1913-60) in seiner Erzählung „Der Fremde". Zu Meursault, der nach einem Mord zum Tode verurteilt ist, kommt ein Priester, der ihn auf den Tod vorbereiten will. Der Geistliche „wollte wieder von Gott sprechen, aber ich ging auf ihn zu – mir fehlte einfach die Zeit, mich für das zu interessieren, was mich nicht interessierte – und so versuchte ich ihm ein letztes Mal klar zu machen, daß ich nur noch wenig Zeit hätte. Die wollte ich nicht mit Gott vertrödeln." Ein Gott, ohne Bezug zu ihm, ohne Funktion für sein Leben und Sterben, ist für Meursault uninteressant, verschwendete Zeit.

4. Rede von Gott ist also nur sinnvoll, wenn sie im menschlichen Erfahrungshorizont eine Funktion hat. Wir sahen, daß der Logos konsensfähig sein muß, da er dialogische Struktur hat. Das bedeutet, daß es sich nicht allein um eine Funktion handelt, die für mich als Individuum wichtig sein mag, sondern sie muß auch für andere Menschen bedeutungsvoll sein. Die Funktion Gottes muß plausibel gemacht werden können. Worte sind Kommunikationsmittel, die recht eingesetzt werden, wenn sie für den anderen Bedeutung erhalten. Also: Mein Gott muß auch immer ein Gott anderer sein, oder werden können. Die Differenz des jeweiligen individuellen Verstehenshorizontes wird dadurch nicht ausgeschlossen. Rede von Gott hat daher nur dann eine Funktion,

---

14 Die Erzählung vom unsichtbaren Gärtner von A. Flew, in: P. v. Buren, Reden von Gott in der Sprache der Welt. Zur säkularen Bedeutung des Evangeliums, Zürich 1965, 8f.

wenn sie für menschliche Gemeinschaft relevant ist und nicht zu einem Privatbesitz verkommt. Da der Mensch eine soziale Dimension hat, in seinem Wesen gemeinschaftlich bestimmt ist, tendiert der Gottesbegriff notwendig auf Konsensfähigkeit. Ein Gott, der im subjektiven Erleben allein existiert, ist kein Gott der Menschen. Im Logos von Gott ist also eine gesellschaftlich relevante Komponente enthalten. Er ist nicht monologisch, sondern dialogisch. Diesem Dialog muß sich gerade die Gemeinschaft stellen, die Gott als für sich konstitutiv betrachtet, also die Kirche. Verläßt sie den Ort der Wahrheitsfindung, den Dialog, dann begibt sie sich ins Getto, und ihr Sprechen von Gott wird unverständlich und wertlos. Grundsätzlich läßt sich sagen, daß ein Gottesglaube, der nichts zur Humanisierung der menschlichen Gesellschaft beiträgt, funktionslos oder gar schädlich ist, denn er kann die Entfaltung des Menschseins hindern, beschädigen und sogar zerstören.

5. Als Christ stellt sich zusätzlich die Frage, ob das christliche Reden von Gott spezifisch ist, sich von allen anderen unterscheidet. Verändert sich etwas an dem Gottesbegriff, ob ich christlich, moslemisch, konfuzianisch, platonisch usw. von Gott spreche? Sicher hat die christliche Tradition inhaltlich andere Aussagen als ferne Kulturkreise. Christliches Sprechen ist besonders vom jüdisch-griechischen Traditionsstrom beeinflußt. Erweitert oder vertieft der christliche Gebrauch des Wortes Gott die allgemeine Gottesvorstellung oder verändert er diese grundlegend? Anders gefragt: Ist der überlieferte Monotheismus die Bedingung der Möglichkeit eines christlichen Sprechens von Gott, oder stellt er gerade die falsche Voraussetzung dar, die zum heutigen Atheismus geführt hat? Wie verhält sich der griechische Gott ($\theta\epsilon\delta\varsigma$), wie Jahwe, wie Allah u.a.m. zum Gott der Christen? Gibt es ein konsensfähiges Element, oder sind die Gottesvorstellungen völlig verschieden? Besonders protestantischerseits (von Luther über Barth zu Jüngel und Moltmann) werden griechisches Gottdenken und christliches Gottbekennen als Vater, Sohn und Hl. Geist gegeneinander ausgespielt. Katholischerseits neigt man stärker dazu, eine gemeinsame Basis zu bejahen. Die Frage ist insofern sehr wichtig, als sie das Verhältnis der Religionen zueinander betrifft. Gibt es eine Gemeinsamkeit aller, die an Gott glauben, oder ist der Gottesbegriff äquivok? Niemand behauptet, daß Gott in den verschiedenen Religionen univok sei, da sich schon auf den ersten Blick die unterschiedlichsten Formen des Gottesglaubens zeigen. Es spricht manches dafür, daß der Gottesbegriff *analog*[15] ist.

All diese bisherigen Überlegungen sollen noch nichts über das Wesen oder die Existenz Gottes aussagen, sondern nur zur Klärung beitragen, unter welchen Bedingungen es überhaupt Sinn hat, eine Lehre von Gott zu entwickeln. Unter den heutigen Gegebenheiten können wir nicht – wie in vergangenen Zeiten – Gottes Existenz voraussetzen noch ihn als „höchstes und größtes Wesen" bestimmen. Denn die abendländische Metaphysik hat ihre Geltung

---

[15] Vgl. 1. Teil: Offenbarung. Ob eine analogia entis oder fidei vorliegt, kann vorläufig offen bleiben.

verloren, und der Säkularisierungsprozeß läßt eine unmittelbare ehrfürchtige Bewunderung der Welt nicht zu. Vor dem gestirnten Himmel verneigen wir uns nicht mehr, und wir glauben nicht, wie es die alten Ägypter dachten, daß die Sterne die Seelen der Verstorbenen sind, die als helle Punkte am himmlischen Nil leuchten und die Hoffnung zusagen, selbst einmal ein solch leuchtender Stern zu werden. Welt und Weltraum werden vielmehr unerbittlich erforscht, die Technik vertraut nicht auf Gott, sondern auf das Funktionieren der Computer. Unsere Kultur ist weitgehend nicht mehr mit einer religiösen Kultur identisch. R. Bultmann hatte mit seinem Entmythologisierungsprogramm (1941) Recht: „Man kann nicht elektrisches Licht und Radioapparate benutzen, in Krankheitsfällen moderne medizinische und klinische Mittel in Anspruch nehmen und gleichzeitig an die Geister- und Wunderwelt des NTs glauben." Wir leben in einer anderen Zeit und anderen Welt, so daß wir uns in den vergangenen Glaubensausdrücken und -vorstellungen nicht wiederfinden können. Das hat mit Glaubenslosigkeit oder mit einem bösen Willen nichts zu tun. Die heutige Zeit ist nicht schlechter als die vergangene, aber der Denkhorizont hat sich geändert, wir konstruieren unsere Welt mit anderen Denkvorgaben. Gerade sie geben uns die Möglichkeit, von den Zwängen der Weltbilder von gestern befreit zu werden. Dadurch stehen uns neue Wege offen, auf denen wir von Gott sprechen lernen, weil das allgemeine Gerede von Gott keinen Sinn mehr ergibt. Wer *so* Gott nicht mehr ausspricht, ist ihm vielleicht näher als der Theologe, der „Redner von Gott". S. Weil (1909-1943) meint dazu: „Von zwei Menschen ohne Gotteserfahrung ist der, der ihn leugnet, ihm (vielleicht) am nächsten."[16]

Bei allem Umbruch und aller Zurücknahme des Gebrauches des Wortes Gott[17] ist festzuhalten:

1. Gott ist kein materieller (Statue, Sonne etc.) noch ein geistiger („gasförmiges Wirbeltier", E. Haeckel) Gegenstand. So etwas bezeichnet man als „Götzen". Auch polytheistische Religionen trafen solche Vereinfachungen nicht, wie alttestamentliche Polemik ihnen unterstellt.

2. Da wir keinen logischen Oberbegriff (außer vielleicht den Seinsbegriff – idea entis) haben, ist Gott nicht definierbar. Im weiten Sinne ist Gott (hypo-

---

16 S. Weil, Schwerkraft und Gnade, München 1981³, 156.

17 In satirischer Weise zeigt H. Böll die Problematik des Wortes Gott in „Doktor Murkes gesammeltes Schweigen", Köln 1958, auf. Das Wort „Gott" wird aus dem Manuskript gestrichen, und dafür werden andere Worte eingesetzt. Was hier satirisch ausgedrückt wird, ist den Indiovölkern in Lateinamerika durch die Spanier geschehen. Man hat ihnen das Wort Gott geraubt und dafür bis heute den spanischen Ausdruck für Gott „Dios" eingesetzt. Dieser „Gott" mußte den Indios fremd bleiben, obwohl es in der Inkakultur das Wort „Apunchic Taita" gibt, d.h. väterliches Licht bzw. Vater des Lichtes. Vgl. G. Hasenhüttl, Freiheit in Fesseln, 134-138. Das deutsche Wort Gott kommt von guda (ĝhutô-m), ist sächlichen Geschlechts, da die benannte Wirklichkeit weibliche und männliche Elemente umfaßt. Es ist mit dem griechischen θεῖον zu vergleichen. Vgl. Kap. Am Ursprung der Gotteserfahrung. Der sumerische Begriff „me", der göttliche Seinskraft meint, gehört auch in diesen Erfahrungskomplex.

thetisch gesprochen) ein analoger Begriff, so daß eine Verständigung unter verschiedenen Religionen möglich erscheint.

3. Wenn Gott nicht als eine bestaunenswerte Kuriosität (wie etwa die Dinosaurier) verstanden wird, dann hat der Gottesbegriff eine Affinität zum menschlichen Leben. Von Gott zu sprechen ist nur sinnvoll, wenn er in Beziehung zum Menschen steht, sowohl individuell wie gesellschaftlich. Damit stehen wir wieder bei der Frage nach der Funktion Gottes. Gibt Gott dem Menschen Sicherheit? Begründet er alles, wo unser Verstand nicht ausreicht (Lückenbüßer)? Gibt er Antwort auf das menschliche Leid? Schenkt er Zukunftshoffnung? Befördert er die Mitmenschlichkeit und Nächstenliebe? Sehr unterschiedlich kann das Wort von Gott gelten. Rede von Gott ist immer auf historische Erfahrung und Denkformen, sowie auf das kommunikative Sprachgeschehen bezogen. Das Wort Gott zeigt aus dem Kontext seine Verständlichkeit und Geltung (Synsemantikon).

So ist zuallerst nach der Funktion Gottes in der Gesellschaft zu fragen. Typologisch seien drei Funktionen des Gottesbegriffs und -glaubens beschrieben: 1. die bürgerliche, 2. die zukunftsorientierte und 3. die vermenschlichende.

II. DIE FUNKTION DES GOTTESBEGRIFFS

1. Gottes Funktion in der bürgerlichen Gesellschaft

Kein Gottesbild ist ohne sozialen Bezug. Und wenn laut Umfragen 1991 nur noch 27% der Deutschen an Gott glauben, dann ist ihre Antwort nur aus dem sozialen Kontext zu verstehen, der sich so stark wandelt, daß er mit traditionellen Gottesvorstellungen nicht mehr in Einklang gebracht werden kann. Das hängt auch damit zusammen, daß die offiziellen Kirchen ein Gottesbild propagieren, das eine besondere Affinität zu den Denkformen des Spätbürgertums hat. Freilich liegen die Wurzeln dieser Entwicklung in der gesamten abendländischen Geschichte, und die bürgerliche Gottesvorstellung geht aus ihr hervor, aber wichtig ist die heutige Einbettung des Gottesbegriffs im Bürgertum. Geht man davon aus, daß das Bürgertum in einer hochindustrialisierten, arbeitsteiligen und spezialisierten Gesellschaft nicht mehr die entscheidende politische Kraft ist und auch das Bewußtsein der Menschen nicht mehr prägt, dann kann ein Gottesbegriff, der an eine solche Gesellschaftsordnung gebunden ist, nicht mehr funktionsfähig sein. Für gläubige Menschen tritt ein Realitätsschwund Gottes ein, da er Selbstverständnis und Selbstvollzug verhindert. Die Gefahr, die sich aus einer einseitigen Bindung des Christentums an das Bürgertum ergibt, haben beispielhaft S. Kierkegaard, F.M. Dostojewskij, L. Bloy, H. Böll u.a.m. aufgezeigt. Nach dem Zweiten Weltkrieg wurde der Begriff „bürgerliches Christentum" zum Schimpfwort für unchristliches Verhalten christlicher Bürger. Die Gottesvorstellung des 1. Vat. Konzils (1870) war seine feste Grundlage.

Der Begriff „Bürgertum" ist widersprüchlich. Im Altertum meint Bürger (πολίτης, civis) die rechtliche und soziale Unabhängigkeit gegenüber den Sklaven. Im Mittelalter, seit dem 12. Jh., versteht man unter „Bürger" den freien Gewerbetreibenden der städtischen Kultur mit allen politischen Rechten. Das Bürgertum war als Stand neben dem Adel, der Priesterschaft und dem Bauerntum ein Sammelpunkt wirtschaftlicher, sozialer und politischer Unabhängigkeit. Damit verbunden war ein wohlhabender Besitzstand, so daß z.B. in Köln die Bürgerschaft „Gesellschaft der Reichen" genannt wurde. In der frühkapitalistischen Epoche des 15. und 16. Jh. stellte das Bürgertum ebenfalls eine wirtschaftliche Macht dar. Unter dem Einfluß der Soziallehre des Calvinismus bildete sich eine harte Wirtschaftsgesinnung heraus, die als Ursache der technisch-industriellen Revolution angesehen werden kann. Die „innerweltliche Askese" verstärkte den Unterschied zwischen armen und reichen Bürgern und führte schließlich zur Weisheit der Unternehmer, Freizeit und Löhne möglichst niedrig zu halten, damit niemand zum „Trunk" und zum „Müßiggang" verleitet werde. Die Zwangsarbeit wurde für „Müßiggänger" eingeführt, und Tausende Kinder wurden zum Arbeitseinsatz gezwungen. Staat und Kirche waren Verbündete, und als Grund dieser Maßnahmen wurde Gottes Wille angegeben. Von der Französischen Revolution (1789), die im Namen der Gleichheit, Freiheit und Brüderlichkeit die „Bürgerrechte" erkämpfte und eine bürgerliche Demokratie versuchte, ging vom Bürgertum ein gewisser religiöser Indifferentismus aus, zumal diese Rechte gegen den Widerstand von Adel und Klerus errungen wurden. Der Einfluß der Aufklärung, des Rationalismus und Liberalismus prägten das Bürgertum. Zwar waren die Bürgerrechte als Menschenrechte konzipiert, praktisch aber galten sie nur als Standesrecht. Die liberale Eigentumsordnung bestimmte die bürgerliche Auffassung von Besitz und Bildung, die in Gott verankert wurde. Dies verstärkte sich durch das Aufkommen des vierten Standes, des Proletariats. Da die Angst wuchs, seinen Besitzstand nicht mehr wahren und ausbauen zu können, wurde das Bürgertum zur staatshörigen Macht und erkannte die Kirchen mit ihrem Gottesbegriff als deren nützliche Stützen. Der „Untertan" war geboren, der Typ des Bürgers, der für alle faschistoiden Bewegungen größte Anfälligkeit zeigte. „Bürger" wurde zum Schimpfwort: Bourgeois! Der ursprüngliche Impuls des Bürgertums, einzutreten für Freiheit, Initiative, wirtschaftliche und politische Selbstbestimmung sowie für die gleichen Rechte aller, hätte eine Veränderung der Funktion Gottes im Denken der Menschen hervorrufen können, so aber wurden diese „Ideale" zum Klasseninteresse bestimmter Individuen, die Gott für ihre Besitzstandswahrung funktionalisierten.

Die Kritik an der spätbürgerlichen Gesellschaft hat religiöse, humane und sozialrevolutionäre Ursprünge. Das antibürgerliche Klassenbewußtsein wurde wesentlich durch K. Marx beeinflußt. Das Bürgertum stellt für ihn eine antirevolutionäre Kraft dar, die zur Wahrung ihres Besitzstandes alle Unterdrückungsmechanismen in Bewegung setzt. Es ist unproduktiv, insofern die Veränderungen der menschlichen Welt auf angeblich ewig gültige Normen zurückgeführt und an Bestehendem gemessen werden. Die bürgerliche Religion sanktioniert das bestehende Unrecht; Gott garantiert die bestehende Ordnung. Ordnung, nicht Strukturveränderung ist sein Wille. Darum mußte Marx im Kampf gegen das Bürgertum auch die Religion bekämpfen. Neubürgerlich kann auch das Sprechen von der „Bewahrung der Schöpfung" so verstanden werden, daß auf Veränderung und Humanisierung verzichtet wird. Es gibt ein produktionsfeindliches Revierverhalten mancher Bürgerinitiativen, in dem sich ein Naturgefühl dokumentiert, das Zeichen der Sorge um ein „Zu-Hause" ist und keine Weltoffenheit vermittelt. So wichtig das Bemühen um die Umwelt ist, so darf doch nicht der Auftrag vergessen werden, die Welt zum Besseren zu verändern, in Offenheit gegenüber allen neuen Möglichkeiten.
Zur Zeit von Marx kritisierte in Dänemark der Philosoph S. Kierkegaard (1813-1855) das bürgerliche Christentum. Der Mensch kann nicht programmiert werden, sondern Wagnis und Verantwortung sind die Forderungen des Christentums an den einzelnen. Es ist eine unendliche Forderung für den

Christen, Mensch zu werden vor Gott. Das bürgerliche Christentum ist „ermäßigtes" Christentum, ist sein Ausverkauf zum Spottpreis, da es die Vergangenheit und das Bestehende vergöttlicht. Das „Bestehende" ist jedoch nach Kierkegaard ein völlig unchristlicher Begriff. Daher ist auch die institutionelle Absicherung der Sakramentenpraxis und die hierarchische Kirchenstruktur, die Sicherheit und Ordnung verspricht, zu verurteilen. Sicher ist seine Kritik am bürgerlichen Christentum von diesem nicht unbeeinflußt, zumal der einzelne gegen die Masse ausgespielt wird, aber die Verharrungstendenz und die Versicherung in einen Gott, der den Menschen versklavt, ist von ihm richtig gesehen. Das Bürgertum versklavt den freien Menschen durch Besitzstandswahrung und Gottesgehorsam, der an die bestehende Ordnung gebunden ist. Nach dem Ersten Weltkrieg protestierte die Jugendbewegung gegen die verlogenen bürgerlichen Konventionen und brach mit dem Honoratiorenbürgertum, das auf Äußerlichkeiten (Kleidung, Wortwahl usw.) größten Wert legte, Freiheit, Wahrhaftigkeit und Natürlichkeit, die christliche Grundwerte sind, aber klein schrieb. Nach dem Zweiten Weltkrieg vollzog der Existentialismus im Namen der Freiheit des einzelnen Menschen eine Abrechnung mit dem Bürgertum, seinen Werten und seiner Gottesvorstellung. Gott diente als Begründungshypothese. Diese Kritik und der Hinweis auf die historische Entwicklung des Bürgertums machen verständlich, was das bürgerliche Christentum auszeichnet und welche Funktion Gott zugewiesen wird. Auch heute ist diese gesellschaftliche Konzeption und ihre religiöse Einordnung noch wirksam.

Die Funktionsbestimmung Gottes hat im Bürgertum folgende Voraussetzungen:
1. Das Verharren in traditionellen Formen und Vorstellungen. Das Bedürfnis nach Sicherheit und Absicherung und die daraus resultierende mangelnde Weltoffenheit. Ein Zeichen dafür ist in Europa die Affinität der Kirchen zu konservativ-reaktionären Parteien. Aller revolutionärer Elan innerhalb und außerhalb der Kirche wird als unchristlich und widergöttlich hingestellt. Dulden und Ausharren in Demut werden zu den bevorzugten christlichen Tugenden. Gottes Wille sanktioniert sie.
2. Die bürgerliche Gesellschaftsordnung und die Eigentumsverhältnisse gelten als Vorgaben der Natur, die Gott geschaffen hat. Die bestehenden Besitzverhältnisse rechtfertigt das Naturrecht. Die Natur wird zudem als unveränderlich betrachtet.[18] Gott ist der „Besitzer" und Herr aller. „Herr, wir sind dein Eigentum", singt der „fromme" Christ. Vor Gott, dem Allherrscher gilt es sich zu ducken wie vor der besitzenden Klasse.
3. Gottes Herrschaft gilt vor allem auch der privaten Sphäre. So wird die Kleinfamilienkultur als Zelle christlichen Lebens angesehen. Die heuchlerische Prüderie nach außen verwandelt die Intimsphäre zum Schlachtfeld

---

[18]   Ein Widerschein dieser Auffassung ist in der Enzyklika „Veritatis splendor" (1993) wiederzufinden.

päpstlicher Enzykliken und Hirtenbriefe der Bischöfe. Das Sexualverhalten im Schlafzimmer wird mit wachem Auge von Gott verfolgt und darf sich nur nach bestimmten Regeln in der Ehe vollziehen. Als logische Folge darf es keine Geburtenregelung geben, außer durch Enthaltsamkeit. Gott schenkt ja die Kinder mittels der Naturordnung. Da bürgerliche Interessen auf dem Spiel stehen, werden Militärdienst, Krieg und Todesstrafe jedoch keineswegs verurteilt. Und auch gegenüber Faschismus, Nationalismus und Judenverfolgung zeigte sich das bürgerliche Christentum sehr großzügig.

4. Eine starke Jenseitsbezogenheit wird hervorgehoben. Etwaiges Unrecht, das durch einzelne verschuldet wird, niemals jedoch durch die Gesellschaftsordnung, wird im Jenseits ausgeglichen. Die Gerechtigkeit wird in den Himmel geschrieben, zum Trost der Menschen, die von anderen geknechtet werden. Gott selbst schafft also im Jenseits den Ausgleich. So wird im Unrechtssystem dem Verlangen nach Gerechtigkeit Genüge getan.

5. Ein Fundament bürgerlichen Denkens ist die hierarchische Struktur. Ohne sie kann eine solche Gesellschaftsordnung nicht bestehen. Die Kirche steht in ihrem hierarchischen Selbstverständnis ganz auf der Seite des Bürgertums.[19] Gott ist der höchste Hierarch!

Als Funktion Gottes läßt sich im spätbürgerlichen Christentum angeben: Die Rechtfertigung des Beharrens im Habenwollen. Das heißt nicht, daß alle Beharrungstendenzen in der Geschichte darauf zurückzuführen sind, sondern nur, daß Gott in diesem religiösen Sinnhorizont den Grund alles Bestehenden darstellt, Eigentum und Familie schützt, die Sozialstruktur bejaht und im Jenseits die Gerechtigkeit aufrichtet, da er gut ist und alles sehr gut ist, was er erschaffen hat; er steht dafür gerade. Gott fungiert also als Begründung des Vorhandenen und der bestehenden Verhältnisse.

In polemischer Weise karikiert B. Brecht den bürgerlichen Gottesbegriff:

> Der eine ist reich und der andere ist arm
> Und man sieht nicht, woraus es kommt, denn
> Da sind Törichte reich, und weise Leute
> Wissen nicht, wo ihren Kopf verstecken vor dem Regen.
> Da also nichts nach Verdienst geht,
> Muß es doch einen Gott geben
> Der nach seinem Gutdünken verfügt.

> Was ist eine Banknote, die doch ein Papier ist
> Ohne Gewicht, und doch
> Das ist Gesundheit und Wärme, Liebe und Sicherheit.
> Hat sie nicht ein geistiges Wesen?
> Das ist etwas Göttliches.

---

[19] Vgl. Johannes Paul II., die Enzyklika „Redemptor hominis" (1979) bis zur Instruktion zu einigen Fragen über die Mitarbeit der Laien am Dienst der Priester (1997).

Warum steigen die Ausgehungerten in die Kohlenschächte?
In ihren großen Händen haben sie Hacken und Hämmer.
Und die Begüterten gehen doch unter ihnen am Samstag mittag
Ohne Furcht herum.
Gott beschützt sie.

Aber vor allem: der Tod!
Da wird uns das Leben entrissen
Wie sollen wir Entreißer uns etwas entreißen lassen?
Immer haben wir etwas bekommen dafür, daß wir lebten
Sollen wir für unsern Tod nichts bekommen?
Gott schenkt uns ein besseres Leben.[20]

In diesem Gedicht wird Gott zur Rechtfertigung der bestehenden Sozialstrukturen verwendet. Ihre Stabilität ist gottgewollt, er beschützt sie. In seiner Weisheit hat er die einen zur Armut, die anderen zum Reichtum vorherbestimmt, die einen leben auf der Sonnenseite, die anderen auf der Schattenseite. Für den Bürger der freien Markwirtschaft zählt der Erfolg. Das Geschäft selbst, die „Banknote" erhält göttliche Qualität, wie sie am Calvinismus abzulesen ist. Eigentum wird auf Kosten des Gemeinwohls und anderer Menschen groß geschrieben. Wer in dieser Grundeinstellung lebt, der kann Verzicht auf Besitz nicht begreifen. Also muß auch der Tod ihm etwas einbringen. Dazu ist Gott notwendig, der im Jenseits belohnt. Als Motive der Funktion Gottes im Bürgertum finden wir: Die Willkür der sozialen Struktur, der göttliche Besitzstand, die Stabilität der Ordnung und den Lohn. Gott firmiert für all das und verhindert als Begründung des Bestehenden die Veränderung. Ähnlich greift Th. Mann die „Gottesbürgerlichkeit"[21] an. Gott ist der Garant des Bürgers, daß alles, wie es ist, gut ist. Gott beschützt das Geschäft (von Konsul Buddenbrook). Die „Firma" selbst erhält göttliche Eigenschaften. Da man selbst gut ist, betet man gemeinsam am Weihnachtsabend, bei üppig gedecktem Tisch, für die Armen und Bedürftigen. So wird auch für ein Wiedersehen nach dem Tod gesorgt.[22] Die ganze Tragik dieses Gottesbildes schildert A. Strindberg (1849-1912). Wer nicht in die Gesellschaftsordnung paßt, wird ausgeschieden, ja seelisch ermordet. Gott ist gegen ihn. Nur der Tod draußen im Meer bleibt dem Akademiker und Fischmeister Axel Borg am Ende des Romans „Am offenen Meer" (1890): „ ... und als er einen dreiarmigen Weihnachtsleuchter im Fenster des Zollhauses bemerkte, wo der Mörder Jesus feierte, Jesus, den Vergeber, den Abgott aller Verbrecher und Schurken, ... wandte er sich um, spuckte aus ... und legte sich voll an den Wind ... Hinaus

---

20   B. Brecht, Über den bürgerlichen Gottesglauben, in: Gesammelte Werke 10, Frankfurt 1967, 864f.
21   Th. Mann, Doktor Faustus, Frankfurt 1971, 490.
22   Vgl. dazu H. Lehnert, Thomas Mann, Fiktion, Mythos, Religion, Stuttgart 1965, 77, 80, 82, 200 u.a.m.

zu dem neuen Weihnachtsstern ging die Fahrt, hinaus über das Meer, die Allmutter, aus deren Schoß der erste Lebensfunke emporgestiegen war, die Fruchtbarkeit, der unerschöpfliche Brunnen der Liebe, der Ursprung und Feind des Lebens." Gott fungiert als eine Macht, die ihn in den Tod treibt durch die Christen, die das andere als anderes in ihrer beschränkten bürgerlichen Lebensweise nicht akzeptieren können und wollen. Katholischerseits hat diese Funktion Gottes als Garantie des Bestehenden ihr theologisches Fundament im 1. Vat. Konzil (1870) erhalten, in dem sein Wesen beschrieben wird. Der eine wahre Gott hat alles erschaffen, schützt und leitet alles in seiner Vorsehung. Er selbst ist von allem unabhängig und in sich unendlich glücklich und vollkommen. Die Vollkommenheit besteht in der Allmacht, Unermeßlichkeit, Unbegreiflichkeit und Ewigkeit. Unendlich ist er an Verstand und Willen, vollkommen geistig und unveränderlich (D 3001-3003). Es ist leicht zu erkennen, wie diese Aussagen von Gott im bürgerlichen Kontext zu verstehen sind. Das Bestehende ist von Gottes Vorsehung so gewollt. Sein Wille ist ewig fest und gültig. Als unveränderlich vollkommen ist sein Wesen stets gleich, und nichts entgleitet seiner Führung. So rechtfertigt er Hierarchie, Eigentum, Familie, kurz den ganzen Besitzstand. Nicht die bürgerliche Ordnung ist schlecht, sondern höchstens die einzelnen. Da die Gesellschaftsordnung durch Gott legitimiert ist („Herrscher von Gottes Gnaden" – gibt es heute allerdings nur noch in der Kirche), kann sich ihrer Verpflichtung niemand entziehen. F.M. Dostojewskij läßt daher Pjotr St. Werchowenskij im Roman „Die Dämonen" sprechen: „Wenn es keinen Gott gibt, was bin ich dann noch für ein Hauptmann? Und er nahm seine Mütze und ging." Gott begründet die hierarchische Ordnung, die ohne ihn zusammenstürzen würde.

Gott als Begründung der bestehenden kirchlichen Hierarchie hat die gleiche Funktion. So ist nach dem 1. Vat. Konzil Gott die Ursache der Zweiklassengesellschaft Kirche, indem er den Klerikern die Vollmacht zum Herrschen verliehen hat, den Laien die zu dienen. „Die Kirche Christi ist jedoch nicht eine Gemeinschaft von Gleichgestellten, in der alle Gläubige dieselben Rechte besäßen. Sie ist eine Gemeinschaft von Ungleichen und dies nicht nur, weil unter den Gläubigen die einen Kleriker und die anderen Laien sind, sondern vor allem deshalb, weil es in der Kirche eine von Gott verliehene Vollmacht gibt, die dem einen zum Heiligen, Lehren und Leiten gegeben ist, dem anderen nicht" (NR 394). Sicher hatte der mittelalterliche Ordo-Gedanke diese Vorstellungen in einer ständischen Ordnung propagiert, nun aber tritt eine erhebliche Verschiebung ein. Die Gesamtordnung von Gott über Engel, Mensch und Tier spielt keine Rolle mehr, ebensowenig eine innergöttliche Bewegung, die durch das trinitarische Verständnis Gottes konzipiert ist; vielmehr wird nun Beziehung, Relatio, nicht mehr gedacht, statt dessen eine statische Über- und Unterordnung, die Gott ganz und gar ungeschichtlich versteht. Er wird eben benutzt, um das Beharren im Bestehenden zu rechtfertigen. Die Menschwerdung ist bedeutungslos. Gott ist der völlig unabhängige Souverän. Der Untertan aber ist vollständig abhängig. Das Spätbürgertum versteht sich im

Gegensatz zum vierten Stand (Proletariat) auf der Seite dieses Gottes. Es ist unmittelbar einsichtig, daß sich der vierte Stand gegen einen solchen Gott erheben mußte. Die erste atheistische Massenbewegung war die Folge des Protests gegen die Bourgeoisie.

Treffend hat C. Amery[23] gezeigt, wie im kleinbürgerlichen Moralverhalten das Bedürfnis steckt, das Erreichte abzusichern. Gott liefert dafür die Begründung. Ruhe und Ordnung ist die Parole. Es herrscht „Mißtrauen gegen alle Exzesse und gegen alles Schillernde, Zweideutige, Ambivalente, sowie Gehorsam gegen die Obrigkeit"[24]. Nicht zu Unrecht geißelt L. Bloy die bürgerliche Mittelmäßigkeit. Besonders verwerflich wirkt sich das, seiner Meinung nach, auf die Rolle der Frau aus. „Zwischen beiden (= Heilige und Hure) gibt es nur *die anständige Frau,* das heißt das Weibchen des Bürgers, des heillos Verworfenen, den kein Opfer loskaufen kann. Eine Heilige kann in den Schmutz fallen und die Hure ins Licht steigen, aber dies blöde Viehzeug ohne Hirn und Herz, das man eine ‚bessere Frau' nennt ... leidet an der ewigen Ohnmacht, seinem Nichts durch Fall oder Aufstieg zu entrinnen."[25] Das „geordnete" Leben ist Spiegelbild des Bürgertums, das durch das Einnisten im Bestehenden jede echte Zukunftschance verspielt. Wie diese in Gott abgesicherte bürgerliche (Doppel-)Moral sich auf eine echte Liebesbeziehung auswirken kann, hat H. Böll faszinierend in seinen „Ansichten eines Clowns" beschrieben. Das Große einer nicht gesetzlichen Liebe wird durch ein „göttliches Gesetz" zerstört und durch die Mittelmäßigkeit einer geregelten „christlichen" Ehe zertrampelt. Gottesglaube wird in diesem bürgerlichen Rahmen als enttäuschungsfeste Orientierungssicherheit gegenüber einer sich in menschlicher Umgestaltung befindlichen, nicht durchschaubaren Welt angeboten. Wagnis, Ungewißheit und vor allem das noch nicht abgegoltene Menschliche werden unterschlagen. Polemik gegen die Machbarkeit der technischen Welt wird nicht im Namen humanerer Bedingungen getrieben, sondern zur Begründung des einzelnen in Gott. Gott ist Garant der „freien Persönlichkeit". Öffentliche Vorgänge werden im Bezugsrahmen familiär verbindlicher Normen und Moral wahrgenommen. Die „Fiktion der Privatsphäre als individuell disponibler Raum liegt den kirchlichen Normen für Alltagshandeln voraus"[26]. Die apriorischen ethischen Normen werden vom bürgerlichen Verständnis des Individuums hergeleitet und im Namen Gottes verordnet. „Moralische Beschwörung ist ein Ritual der Versicherung, das die Eingliederung in die gewohnte Erfahrung und Ordnung ermöglicht; sie bringt normative Ordnung in den Ereignisstrom."[27] Der den Menschen absichernde

---

23   C. Amery, Die Kapitulation oder Deutscher Katholizismus heute, Hamburg 1963.
24   Ebd., 22.
25   L. Bloy, Briefe an seine Braut, Heidelberg 1950, 131.
26   W. Sachs, Bistumspresse und bürgerliche Ideologie, in: Y. Spiegel (Hg.), Kirche und Klassenbindung, Frankfurt 1974, 251.
27   Ebd., 254.

Gott, der in dieser bürgerlichen Individualmoral praktisch wird, stellt den universalen Sinnhorizont her, der dem einzelnen die bleibende Transzendenz zusichert. „Rette deine Seele!" ist charakteristisch für das bürgerliche Christentum bis in die Mitte des 20. Jh. Den großen Theologen des Mittelalters war dieses Denken völlig fremd. Eschatologie ist nun primär individuelle Versicherung durch Gott und kein geschichtlicher Prozeß, in dem Gott gegenwärtig wird. Das bürgerliche Gottesbild stellt die fiktive Unerbittlichkeit bestehender Verhältnisse dar. Gott garantiert dieses menschliche Selbstverständnis und seine Moral. Deren Wirksamkeit in manchen Schichten der heutigen Gesellschaft ist nicht zu unterschätzen, und die offizielle Kirche ist dieser Funktion Gottes noch weitgehend verbunden. Wo immer die moderne Gesellschaft sich von diesem bürgerlich-kirchlichen Verständnis des Menschseins abwandte, produzierte diese unheilige Liaison den Atheismus. An einen Gott, der als Grund und Ziel bestehender Verhältnisse fungiert, kann man zu Recht nicht mehr glauben. Ein solcher Theismus hat seine Glaubwürdigkeit verloren, denn die gesellschaftlichen Verhältnisse haben sich gewandelt. Zwischen diesem und einem neuen Gottesbild besteht eine abgrundtiefe Differenz. Neue, „revolutionäre" Kräfte zerstörten dieses Gottesprojekt von Grund auf.

Grundsätzlich ist also festzuhalten: In einer Konsumgesellschaft ist das hergestellte Produkt entscheidend. Die jeweils produzierte Vergangenheit bestimmt den Wohlstand. Der Gottesbegriff verbindet sich folglich mit dieser Vergangenheit. Ist eine Kultur und soziale Struktur vergangenheitsorientiert, dann wird Gottes Funktion auf die Erhaltung der bestehenden Zustände projiziert. Aus der bevorzugten Zeitkategorie, der Vergangenheit, die die Gegenwart bestimmt, wird Gottes Ewigkeit verstanden. Sie ist eine unwandelbare, geronnene, versteinerte, eben „verewigte" Vergangenheit. Im Satz: „Im Anfang war Gott" spiegeln sich solche Tendenzen wider. Freilich umfaßt Gottes Ewigkeit alle Zeitdimensionen, auch die Zukunft, aber Gott als Erster und Letzter hat mit dem Werden, der Veränderung nichts zu tun; und echte Zukunft bleibt ihm fremd. Gottes Ewigkeit ist seine Unveränderlichkeit. Sein hat ontologische Priorität vor dem Werden. Dieses ist immer nur ein reduzierter Seinsmodus. Gesellschaftlich heißt dies, daß Gott als Bewahrer fungiert. Für die gesellschaftlichen Veränderungen ist Gott ein Bremsklotz und Hemmschuh und daher zu beseitigen.

2. Gottes Funktion in der Produktionsgesellschaft (Laborismus)

Ist die soziale und kulturelle Struktur einer Gesellschaft nicht statisch, sondern dynamisch orientiert und in diesem Sinne antibürgerlich und hat sich die Konsumgesellschaft in eine Produktionsgesellschaft gewandelt, dann ist sie nicht primär am Bestand, sondern am Werden ausgerichtet und daher zukunftsorientiert. Die Philosophie hat bereits in der Aufklärung bis in unsere

Zeit auf den Primat der Zukunft hingewiesen, angefangen von Kant über Hegel und Marx bis zur Existenzphilsophie (besonders der frühe Heidegger). Die Kultur einer Produktionsgesellschaft – so zweideutig sie auch ist und ausbeuterisch sein kann – projiziert für den Menschen und die Menschheit in der Kategorie der Veränderung, des Werdens, eine bessere Zukunft.[28] Hat es Sinn, unter diesen veränderten geschichtlichen Bedingungen von Gott zu reden? Sicher nicht, wenn nicht ein anderes Verständnis von Gott projektiert wird. Soll dem Gottesbegriff in einer zukunftsorientierten Gesellschaft eine Funktion zukommen, muß er sich indirekt im Medium der Produktionsgesellschaft kritisch verifizieren lassen, sonst wird er bedeutungslos. Die Bedingung dafür ist, daß Gott den Menschen eine bessere Zukunft erschließt. Gottes Funktion muß daher zukunftsweisend sein. Der Begriff Gott muß von der Zukunft her gedeutet und verstanden werden. E. Schillebeeckx sagt dazu mit Recht: „Er (nämlich der Glaubende) wird Gott deshalb in Zusammenhang mit der Zukunft des Menschen und, weil dieser Person in einer Gemeinschaft von Menschen ist, letztlich mit der Zukunft der Menschheit überhaupt bringen. Das ist dann der besondere Nährboden des neuen (gesellschaftlich relevanten) Gottesbildes in unserer neuen Kultur."[29] Gott manifestiert sich in der Zukunftsdimension, er fungiert als Eröffnung des Zukunftshorizontes für die Gegenwart. Gott ist mit anderen Worten Hoffnungsprinzip, Ermöglichung der Zukunft. Wird von einem Menschen Zukunft ausgesagt, dann sind ihm Lebensmöglichkeiten geschenkt. Erschließt nun Gott Zukunft, dann ist er für menschliche Existenz relevant. Verifiziert sich in der offenen Zukunft je neu der Mensch in der Gesellschaft, und zwar im Medium des Gottesglaubens, dann wird dadurch Gott selbst indirekt verifiziert; d.h., er hat Funktion für menschlich-sozial verantwortetes Dasein. Ein Gottesbegriff, der so fungieren kann, hat eine Affinität zum Werden, zur Veränderung und damit zur Kategorie des „Neuen". Ein solcher Gottesbegriff hält grundsätzlich die Zukunft offen und ist mit dem Wort: „Ganz neu" charakterisiert. Das unterscheidet sich wesentlich vom Begriff des „ganz Anderen", der häufig für Gott gebraucht wird. Der ganz Andere ist am Bestehenden gemessen. Das überraschende Moment kommt von „oben", von dem, was über mir ist. „Ehre sei Gott in der Höhe!" Er ist eine Überhöhung, Transzendierung des Bestandes. Das „ganz Neue" garantiert nicht den Besitzstand auf einer höheren Ebene, sondern verweigert seine bleibende Geltung, zerreißt und zersprengt das Vorgegebene. Nur als das Überraschende ist es das Erwartete: Genau das ist es, was gegen alle Hoffnung erhofft wurde! Es ist der neue Wein, der die alten Schläuche sprengt. „Siehe, ich mache alles neu!" Die Kategorie des apriorisch nicht bestimmbaren „Neuen" muß, soll es Zukunft eröffnen, schon jetzt eine Funktion haben, die hier und jetzt verändernd wirkt. Soll also der christliche Gottesglaube eine Funktion haben, dann muß er, um gesellschaftlich relevant zu sein, schon jetzt durch seine Hoffnung verändernd auf diese unsere Welt

---

28   Vgl. E. Bloch, Das Prinzip Hoffnung, 3 Bde., Frankfurt 1959.
29   E. Schillebeeckx, Gott – die Zukunft des Menschen, Mainz 1969, 153.

wirken. Kann sich wirklich die menschliche Geschichte im Medium des Glaubens an Gott dem Heil nähern, macht er die Geschichte neu? Nur von der Weltveränderung erhält Gott Bedeutung für das menschliche Leben. Ein solcher funktionaler und gesellschaftlich relevanter Gottesbegriff, der verhältnisbestimmend ist, schließt die radikale Kritik an der bisherigen Gottesidee ein. Er trifft ebenso jene Gottesvorstellungen, die von einer fertig-geschaffenen Schöpfung ausgehen und Gott als Garant und Grund von Bestehendem ansehen.

Unter den modernen Produktionsverhältnissen und den damit verbundenen sozialen Strukturen, die keineswegs in ihrer Gesamtheit rein positiv zu werten sind, hat es jedoch nur Sinn, von Gott zu sprechen, wenn dadurch die Zukunft offen gehalten und im Heute bessere Zukunft für die Menschheit initiiert wird. Wenn der Glaube an Gott die Geschichte und Gesellschaft heute nicht zum Guten verändert, dann ist es nicht ersichtlich und sinnvoll, von einem „Später" zu reden, und sei dies auch „transirdisch"! Wirkt hingegen der Gottesglaube verändernd, dann ist er ein Index der Wahrheit des noch ausstehenden Humanum in den entfremdeten und entfremdenden Produktionsverhältnissen. Diese Wahrheit, die aussteht, ist selbst ein Geschehen, wie die Johannesbriefe lehren; „Wahrheit tun" meint kein ethisierendes Nachvollziehen einer bestehenden Wahrheit, sondern Selbsterweis der Wahrheit im Werden. E. Bloch greift richtig den Satz Spinozas auf: „Verum nondum index sui, sed sufficienter iam index falsi."[30] Glaube an Gott könnte aufzeigen, wo sich Unheil und Unwahres in der Geschichte der Menschheit zeigt. Auch eine eschatologische Hoffnung verifiziert sich nur, wenn sie tendenziell die irdische Geschichte zu einer Heilsgeschichte macht. Gott fungiert hier nicht als ein senkrecht von oben kommendes Heil, so daß die Welt einem „Einschlagstrichter" (K. Barth) gleicht, die rein passiv transirdisches Heil aufnimmt, sondern als reale Veränderung unheilvoller Verhältnisse.

Was unterscheidet diesen weltverändernden Gottesglauben von der bürgerlichen und marxistischen Ideologie? Auf die Definition von Ideologie wird es ankommen. Ist damit ein System gesellschaftlichen Denkens gemeint, das von Interessen gesteuert wird, dann fällt auch der angedeutete Gottesglaube unter das Verdikt der Ideologie. Wir alle sind in unserem Denken von erkenntnisleitenden Interessen bestimmt und konstruieren selektiv. Ohne, von einem Vorverständnis geleitet, auszuwählen, ist keine systematische Erkenntnis möglich. Meint hingegen Ideologie: Verfälschung der Wirklichkeit, und zwar dadurch, daß ein konkretes, vorgeplantes Ziel erreicht werden soll, dann fällt diese neue Funktion des Gottesbegriffs nicht unter den Ideologieverdacht. Denn: Der bürgerliche Gottesgedanke schützt das genau angebbare Bestehende (gesellschaftliche Ordnung, Besitzstand, Moral etc.), und der Marxismus tut dies im Namen einer vorgeplanten klassenlosen Gesellschaft, die der Endpunkt der Entwicklung bzw. Veränderung ist. Die Funktion dieses Gottes-

---

[30]   E. Bloch, Antrittsvorlesung, Tübingen 1961, 180: Das Wahre ist zwar noch nicht Hinweis auf das Wahre selbst, wohl aber schon hinreichend auf das Falsche.

glaubens ist jedoch insofern keine ideologische, weil sie wesensmäßig kein konkretes Stadium der Geschichte als Endpunkt angibt. Ist dies der Fall, dann hat Gott die Funktion, die Welt im Werden zu halten und ihr neue Möglichkeiten zu erschließen. Soziologisch gesehen gründet eine solche Funktion Gottes eine stets für Neues offene Gesellschaft. Die „Neuheit" ist so radikal, daß die Funktion Gottes durch kein Ergebnis (auch kein zukünftiges) angegeben werden kann.

Konkret heißt das: Der Einsatz für eine menschenwürdige Welt muß jedes Erreichte, jedes Ergebnis relativieren. Alles Denkbare und zu Erhoffende kann nur *ein* Stadium auf dem Lebensweg der Gesellschafts- und Menschheitsgeschichte sein. Kein erreichtes Ergebnis kann die Erfüllung sein, und unmöglich kann in einer bestehenden gesellschaftlichen Konstellation die „Neue Erde" erkannt werden. Die kommende Enderfüllung kann nicht positiv benannt werden. Geschieht dies, würde sofort die Zukunft von der Vergangenheit bestimmt, denn jeder Plan ist determiniert durch vergangene Vorstellungen und daher wesensmäßig nicht wirklich „neu". Zugleich bewirkt ein nicht revisionsbereiter Plan und ganz besonders das Plansoll eine Verzweckung des Menschen. Er wird der Autorität des „Planes" untergeordnet. Ideologie bewirkt immer Herrschaft (Hierarchie), ein funktional-relativierend angelegter Gottesglaube hingegen Herrschaftsfreiheit (An-archie). Damit erfüllt er ein Desiderat humaner Gesellschaft. Die Zukunft hat in ihm ein Maß größtmöglicher Offenheit. Zugleich ist ein so verstandener Gottesglaube kritisch gegenüber jeder Ideologie, gegenüber jedem Plan und jeder Verplanung, da keine „Endlösung" aller Möglichkeiten angegeben werden kann. Eine solche Funktion des Gottesbegriffs ist gesellschaftlich relevant gegenüber der noch unerfüllten Geschichte der Menschen. Ein Glaubender distanziert sich jedoch nicht von ihr, sondern formt sie mit, ohne einen Bereich auszugrenzen. Alle Bereiche sind „säkular", und doch wird jeder von einem solchen Gottesbegriff tangiert. Das ist möglich, weil die kritische Funktion des Gottesglaubens mit keinem bestimmten Plan oder Weltentwurf identisch ist, sondern nur die Weltumgestaltung und den Veränderungsprozeß vorantreibt. Der Gottesglaube selbst ist jedoch kein „vollkommenerer Plan", aber auch kein Ersatz für gesellschaftliche Strukturen, noch weniger eine Alternative zu ihnen. Weder ergänzt noch durchkreuzt er die Zukunftsentwürfe. Wohl aber zeigt er die Grenzen dieser Entwürfe auf und weist auf die unabgegoltenen Hoffnungen der Menschen hin. Die gesellschaftlich kritische Funktion Gottes ist daher negativ. D.h. nicht, daß die Unzufriedenheit mit allem und jedem hochgehalten wird und ätzende Kritik alles zerstört, sondern daß sie vielgestaltige Planungen eröffnet und Pluralität zu verwirklichen sucht. „Negativ" meint in diesem Zusammenhang eine grundlegende Offenheit für die tastenden Versuche der Menschheit, das Menschenwürdige zu finden. Gott hat keine Interventionsfunktion (wie sich leider zu oft kirchliche Stellungnahmen verstehen), sondern Befreiungsfunktion von Vergesetzlichung und fungiert daher als Zulassung konkreter menschlicher Möglichkeiten, die nicht durch Vorgegebenes abgesichert sind. Weil also keine bestimmte, positive Planung vorliegt, ist die Funktion des Gottesglaubens kritisch, negativ. Der so verstandene Gottesbegriff hat in bezug auf die Gesellschaft die Funktion der „kritischen Negativität"[31]. Sie entwertet jedoch nicht die Pläne und Hoffnungen des menschlichen Lebens, vielmehr ist diese „Negativität" eminent positiv, insofern sie einen heilsamen Druck auf gesellschaftliche Strukturen ausübt, um den Unmenschlichkeitsquotienten der Gesellschaft zu verringern und eine bessere Welt zu initiieren, ohne daß das Menschsein selbst geopfert wird. Keine Weltflucht, sondern positive Hinwendung zur Geschichte, Bejahung der „weltlichen" Welt meint diese Funktion. Sie hat daher die Gestalt der Menschenliebe. Im Widerstand gegen eine Unheilsgeschichte soll aus ihr eine Geschichte des Heiles werden. Es wird dabei vorausgesetzt, daß die Menschheit in ihrer Geschichte auf der Suche nach dem Menschenwürdigen ist, indem sie plant, Pläne verwirft, neue Versuche unternimmt usw. In diesem ständigen Umformen steckt gleichsam die „Revolte" gegen menschenunwürdige Situationen und Verhältnisse. Die gesellschaftliche Funktion des Gottesglaubens besteht darin, die Welt im Werden zu halten, jedoch nicht in einem beliebigen Werden, sondern mit der Tendenz auf das Menschenwürdige hin, das nicht gefunden ist, aber angestrebt wird. Mit Hilfe von Kontrasterfahrungen gibt es sich zu erkennen und wird teilweise verwirklicht.

Die gesellschaftskritische Funktion des Gottesglaubens wirkt gegen jede Verabsolutierung und wird so konkret im Hinblick auf politische Formationen: Er erhebt Einspruch
a) gegen alle rechtspolitischen Strömungen, die das Erreichte, die konsolidierte soziale Ordnung absolut setzen und mit dem „ewigen Gott" sanktionieren wollen.
b) gegen alle linkspolitischen Versuche, die dem Menschenwürdigen einen endgültigen, positiven Namen geben und bereit sind, für dieses Ziel (z.B. die „klassenlose Gesellschaft") Menschen zu opfern.
c) gegen alle revisionistischen Tendenzen, die in rein negativer Kritik verharren und unfähig sind, einen positiven Druck auf die Verhältnisse auszuüben, um diese zu vermenschlichen.
d) gegen eine uneingeschränkte Vormachtstellung der Technik, die aufgrund rein wissenschaftlich-technologischer Planung eine vollkommene Zukunft der Menschheit bescheren will (die „Bescherung" haben wir ja bereits teilweise). Die Reduktion menschlicher Möglichkeiten durch eine solche Planung tritt uns heute in der Schädigung der Umwelt wie noch nie vor Augen.
Die gesellschaftliche Funktion eines solches Gottesglaubens besteht also in der kritischen Negativität, die einen positiven Druck auf unmenschliche Verhältnisse ausübt. Er offenbart die Tendenz, die begrenzten Pläne und Realisierungen auf das undefinierbare, maximal Menschliche hin zu übersteigen und so über alle menschlichen Erwartungen hinauszugehen. Das Humanum läßt

---

[31] Vgl. Th.W. Adorno, Negative Dialektik, Frankfurt 1966.

sich nicht definieren, denn sonst könnte der Mensch definiert werden, und er würde damit auf ein vorhandenes Lebewesen ohne Freiheit reduziert. Ist der Mensch jedoch frei, ein geschichtlich-gesellschaftliches Wesen, das die Verhältnisse beeinflussen und verändern kann, sind der Mensch und das Menschenwürdige nicht zu definieren. Das schließt nicht aus, daß wir eine Richtung, eine klare Tendenz angeben können, was Lebensmöglichkeiten für alle eröffnet; es ist das, was Freiheit für alle schenkt, was der Liebe dient. So ist die Tendenz des Menschlichen, Humanen deutlich verstehbar. Jede menschliche Gesellschaft ist jedoch aufgrund ganz bestimmter geschichtlicher Gegebenheiten und eines Welt- und Selbstverständnisses organisiert. Alle sozialen Formen und Institutionen sind begrenzt und spiegeln ein konkretes Menschenbild wider. Gerade gegenüber diesen, gegenüber jeder erreichten historischen Realisierung hat der Gottesglaube kritische Funktion. Er drängt darauf, das bereits Erreichte bis hin zum „maximalen" Heil des Menschen zu transzendieren. Die Funktion Gottes ist daher wesentlich und konsequent gesellschaftskritisch. Die neutestamentliche Botschaft kennt daher aus sachlich-funktionalen Gründen keinen sozial- oder gesellschaftspolitischen Aktionsplan, sondern „nur" den radikalen Einsatz für Mensch und Gesellschaft. Für das jesuanische Wirken bedeutete das, auf die faktisch bestehende Gesellschaft und ihre Struktur einen Druck auszuüben. Alles Erreichte schließt Deformation des Menschseins ein und kann inhaltlich nur eine vorläufige Form menschlicher Solidarität sein. Der Gottesglaube ist daher nicht inhaltlich bestimmt, sondern formal, im Sinne der angegebenen Tendenz. Jeder Plan ist wesenhaft „alt", Offenheit auf Zukunft ist wesentlich „neu". Weil der Gottesbegriff kein Programm enthält, wohl aber eine Tendenz auf das Humanum, darum hat er eine Funktion für die menschliche Gesellschaft. Der Gottesglaube ist wesentlich programmlos, aber nicht tendenzlos. Er ist auf das Heil der Menschen und Menschheit, d.h. auf das menschenwürdige Leben ausgerichtet, auf die noch nicht verwirklichte Identität des Menschen. In seiner kritisch-gesellschaftlichen Funktion wirkt er gegen jeden Individualismus wie gegen jeden Kollektivismus. Er stellt das kritische Korrektiv dar. Er hat jedoch kein eigenes politisches Programm, keine eigene Soziallehre oder Anthropologie, die spezifisch gläubig oder gar christlich wäre. Eine solche Funktion des Gottesglaubens hat eine Affinität zur Theologie der Befreiung und zur Politischen Theologie, nicht zu verwechseln ist mit einer Theologie, die politisiert. Wo immer die Menschenwürde verletzt oder beschädigt wird, dort müssen Menschen mit den Glaubenden, mit den Christen rechnen dürfen. Mit Wort und Tat wird er Einspruch erheben. Wo Unheilssituationen Menschen zerstören, hat der in Wahrheit die „schmutzigen Hände", der seine Hände „rein" bewahren möchte.[32] Die gesellschaftskritische Funktion des Gottesbegriffs liegt in der Tendenz auf die Humanisierung der Welt und der Verhältnisse. Auf diese Weise ist eine Funktion Gottes für die Menschen aufzeigbar.

---

[32]   Vgl. J.-P. Sartres Drehbuch: „Im Räderwerk" (L'Engrenage), Darmstadt o. J.; Paul VI., Enzyklika „Populorum progressio" Nr. 31; 2. LA Bischofskonferenz, Medellín II, 19.

Gott als Verringerungsfaktor des Unmenschlichkeitsquotienten hat eine eminent wichtige Funktion. Sicher, dadurch ist die Existenz eines Gottes weder aufgezeigt noch bewiesen. Wohl erweist sich aber durch diese Funktion die Existenzberechtigung des Gottesglaubens; und das ist nicht wenig.

3. Gottes Funktion in der Dienstleistungsgesellschaft

Zwar hat auch heute Gott eine gesellschaftskritische Funktion, aber der Wandel von einer Produktionsgesellschaft zu einer Dienstleistungsgesellschaft ist unverkennbar. Diesem Wandel muß die Funktion des Gottesbegriffs Rechnung tragen, auch wenn diese Veränderung kritisch zu sehen ist. Die industrielle Dynamik, die bis in die 80er Jahre des 20. Jh. dauerte, wird abgelöst von der Dynamik der Serviceleistungen. Man nennt dies die Tertiarisierung[33] der Volkswirtschaft, die sich quantitativ von der Landwirtschaft über die Industrialisierung zur Ausbildung des Dienstleistungssektors entwickelt hat. So sind heute noch etwa 3% der Beschäftigten im Agrarbereich tätig, 36% in der Industrie, aber bereits 61% im Dienstleistungsbereich. Während in den beiden erstgenannten Bereichen immer mehr Arbeitsplätze verloren gehen, nehmen diejenigen im Dienstleistungsbetrieb ständig zu. Diese Umschichtung ist ein wesentlicher, strukturell bedingter Faktor der Arbeitslosigkeit. Freilich bleibt die Industrie ein integrativer Bestandteil der Dienstleistung, aber der gesellschaftliche Wandel bedingt eine Bewußtseinsveränderung.

Der Begriff Dienstleistung ist sehr weit gefaßt. Auch ein Arbeiter in einer Fabrik erbringt eine Dienstleistung, indem er ein Produkt herstellt. Dies wird als indirekte Dienstleistung bezeichnet und gilt für jede Produktionsgesellschaft. Als Dienstleistungen im direkten Sinne werden nur diejenigen bezeichnet, die in einem unmittelbaren Zusammenhang mit dem Konsumenten stehen. Sie können sachbezogen sein (wenn man ein Auto in die Werkstatt bringt, kann man mit der Bedienung zufrieden oder unzufrieden sein), indem die (bereits) produzierte Leistung verkauft wird (face-to-face-Situation) oder personenbezogen (ein Beratungsgespräch beim Arzt, Rechtsanwalt usw.), so daß Produktion und Konsumtion räumlich und zeitlich zusammenfallen. Diese direkten personenbezogenen Dienstleistungen können nur in dem (zeitlich und räumlich) synchronen Kontakt zwischen Produzent und Konsument erbracht werden. Dienstleistungen geschehen nach dem sog. „uno-actu-Prinzip" (Herder-Dorneich). Die Produktion und ihre Nutzung vollziehen sich in ein- und demselben Akt.[34] Dienstleistungen reichen von Vermietungen, Rechts-, Wirtschafts-, Vermögensberatungen über Haareschneiden, (ärztliche) Untersu-

---

[33] Vgl. J. Fourastié, Die große Hoffnung des 20. Jahrhunderts, Köln 1954; D. Bell, Die nachindustrielle Gesellschaft, Frankfurt/New York 1975.

[34] Vgl. P. Gross, Die Verheißungen der Dienstleistungsgesellschaft. Soziale Befreiung oder Sozialherrschaft?, Opladen 1983, 15.

chungen, Pflege von Kranken, Kinderbetreuung bis zur Hygiene und Freizeitgestaltung. Produzent und Konsument sind in ihrer Beziehung zueinander nicht zu trennen. Während in der Produktionsgesellschaft das Produkt als Resultat entscheidet, der Mensch sich in das Produkt entfremdet, ist seine Arbeit von der personalen Beziehung weitgehend abgelöst. Daher spricht man bei der Dienstleistung von einer Reetablierung der menschlichen Beziehung in der Produktion. Während also in der Industriegesellschaft Produktion und Konsum wesentlich zwei unterschiedliche Vollzüge sind, ist in der Dienstleistungsgesellschaft nur einer, und zwar als *eine* Beziehung gegeben. Daher besteht in diesem Tun ein Trend auf das eigentlich Menschliche hin. Die quantitative Verlagerung der gesellschaftlichen Arbeit auf Dienstleistungen sagt natürlich noch nichts über die Qualität aus, aber sie stellt eine Chance für ein anderes Verständnis des Menschen und seiner Beziehungen dar, die auf Kommunikation abzielen. Durch die ständig wachsenden Informationsmöglichkeiten wird die auf echte Kommunikation abzielende Dienstleistungsgesellschaft immer stärker zu einer Informationsgesellschaft, die im Computer Beziehungen simuliert. Simulierte Kommunikation reduziert wieder die Bezugnahme auf die lebendige Person. Dienstleistung wird eingeengt, wenn nicht gar verfälscht. Unverkennbar haben die personbezogenen Dienstleistungen einen kommunikativen Charakter. Ja, unter dem ökonomischen Gesichtspunkt produziert der Konsument mit. Es besteht ein dialektisches Verhältnis zwischen Produzent und Konsument, weil es grundsätzlich dialogisch verankert ist. Fragt man, was in der Dienstleistung eigentlich produziert wird, so ist es die Tätigkeit selbst. Bin ich von einer Spitalpflege zurück, so war das Wichtigste gerade der Vollzug der Pflege, wobei meine Gesundheit als Gut das Resultat dieses Tuns ist. Die Tätigkeit selbst aber war das „Produzierte", wobei meine Mitwirkung ein konstitutiver Faktor war und so das spätere Gut ermöglichte. Der Mensch in seinen relationalen Vollzügen bleibt konstitutiv und ist nicht nur wie in der Industrie die Bedingung der Möglichkeit, die durch Maschinen, die besser funktionieren, abgelöst werden kann. Sachgüter können fast ohne Menschen hergestellt werden, und es ist ein altes Desiderat der Menschheit, die Sachgüterproduktion zu automatisieren. In früheren Gesellschaften dienten dazu die Sklaven, die man selbst als Sachen behandelte und denen man das Menschsein absprach. Die Maschine konnte sie ersetzen, und die totale Arbeitslosigkeit in der Industrie ist durchaus anstrebenswert. Produktion von Sachwerten ist monoton und monologisch, personale Dienstleistung ist personbezogen, dies gilt für das Abputzen des Kinderpopos genauso wie für das Halten einer Vorlesung an der Universität. Grundsätzlich sind drei Elemente für eine Dienstleistung wesentlich: 1. noch unbekannte Menschen (Fremde) treffen aufeinander, 2. sie haben die Absicht, ein Problem zu lösen (Haare sind zu lang, Information fehlt u.a.) und 3. sie nehmen daher auf Zeit einen persönlichen Kontakt auf, im weiten Sinne eine persönliche Beziehung. Bei der Sachgüterproduktion ist nur die Problemlösung gefragt (Menschen brauchen einen Kühlschrank). Aufgrund der nun stärkeren Menschenorientierung der Arbeit gegenüber der Produktorientierung erhält die zwischenmenschliche Beziehung einen neuen Wert im Vollzug der Tätigkeit selbst. Darin besteht der positive Fortschritt in der menschlichen Arbeit. Nicht zu Unrecht bezeichnen manche diesen gesellschaftlichen Wandel als eine „Vergeistigung" der Arbeit.[35] Ich würde allerdings lieber von einer menschlichen Bindung der Arbeit sprechen, die sich nicht von der menschlichen Person lösen läßt. „Vergeistigung" hat immer den Nebenklang der Geringachtung der Körperlichkeit. Sicher ist die Dienstleistungsgesellschaft eine Kommunikationsgesellschaft. Etwa im Multimediabereich sind Teamarbeit und eine zumindest virtuelle Gemeinde gefordert. Durch die Personenbezogenheit sind anders als bisher Kreativität und mehr Flexibilität nötig. Mit diesem Strukturwandel verbinden sich Schlagworte wie: Risikobereitschaft, individuelles Engagement, permanente Qualifikation, Mobilität, Interaktion, Lernbereitschaft usw. Produktivität verbindet sich mit persönlicher Kreativität. Nicht das vorgegebene Pensum ist primär zu erfüllen und mit Überstunden vielleicht noch zu ergänzen, sondern innovative Phantasie ist notwendig, um Dienstleistungen zu gestalten, denn die Arbeit bezieht sich primär nicht auf tote Materie, sondern auf Menschen. In einem gewissen Sinne verwischen sich daher auch die Grenzen zwischen Führungskräften und Mitarbeitern, d.h. althergebrachte Hierarchien zerbröckeln. Hierarchisches Denken verliert immer mehr an Einfluß (ein Beispiel ist die kirchliche Hierarchie; sie meint nämlich auch heute noch, allein für die Produktion der Heilsmittel verantwortlich zu sein, ohne sich als Dienstleistung zu verstehen; so wird der „Laie"[36] weiter abgewertet). So könnte man in den heutigen Umbrüchen der Dienstleistungsgesellschaft für das 21. Jh. Hoffnung auf eine menschlichere Gesellschaft erblicken.

Wo immer eine Gesellschaft menschlicher wird, stellt sie einen Schritt auf eine bessere Zukunft hin dar. Dem Gottesbegriff kann eine Bedeutung in diesem Prozeß zukommen. Zwei entscheidende Probleme zeigen sich nämlich in dieser Gesellschaft: 1. In unserem Bewußtsein verbindet sich noch immer mit dem Begriff der Dienstleistung der Charakter einer niederen Arbeit. Unsere Einstellung gegenüber dem Dienen ist negativ geprägt. Jeder von uns will gerne gut verdienen, aber keiner möchte dienen. Dienst gilt höchstens als eine Sekundärtugend. Wir haben Ansprüche und stellen sie an die Gesellschaft; Dienst am anderen aber wird weitgehend klein geschrieben. Selbstverwirklichung steht im Vordergrund. Aber diese ist stets an ein Gegenüber gebunden, vom Dienst aneinander und füreinander leben wir. Gerade in einer arbeitsteiligen Gesellschaft ist die Angewiesenheit aufeinander offenkundig. Wir sind vielfältigst auf den anderen verwiesen. Damit ich tun kann, was ich kann, brauche ich den anderen, der das kann, was ich nicht kann, aber was für mein Tun notwendig ist. Durch den anderen kann ich meine Möglichkeiten

---

[35] Vgl. K. Mangold (Hg.), Die Zukunft der Dienstleistung. Fakten – Erfahrungen – Visionen, Frankfurt 1997, 221.

[36] Instruktion zu einigen Fragen über die Mitarbeit der Laien am Dienst der Priester, 1997.

entfalten und kann sie besser verwirklichen als allein. Dieses Angewiesensein aufeinander macht deutlich, daß wir dem anderen Helfer und Mitmensch sein sollen. Dienen ist daher nicht eine moralische Forderung, sondern eine Lebensbedingung. Dies erfahren wir gerade auch in Situationen, in denen wir nichts (Kind) oder nichts mehr (Kranker, Alter) tun können und auf die Dienstleistungen anderer angewiesen sind.

Ein Gottesbegriff nun, der so fungiert, daß er Menschen nicht zum Herrschen, sondern zum Dienen auffordert, hat eine entscheidende Bedeutung auf mehr Menschlichkeit hin. Ein solcher Gottesbegriff nimmt auch den Makel vom Dienen weg. „Wer unter euch groß sein will, der sei euer Diener ...“ und „Der Menschensohn ist nicht gekommen, um sich bedienen zu lassen, sondern um zu dienen“ (Mt 20,26f). Und der gleiche Evangelist, wie Paulus im 1. Korintherbrief, weist darauf hin, daß der Dienst am anderen dem Menschen Lebensmöglichkeiten erschließt. Von der Befähigung (Charisma) des anderen leben wir. Gerade der Dienst am anderen ist die Gottesgabe und Gottesdienst. Der Gottesbegriff stellt hier die Aufforderung dar, einander zu dienen und so Leben der Menschen untereinander zu ermöglichen. Dienen ist nicht minderwertig, sondern das Wichtigste, was ein Mensch erbringen kann. Daher läßt der biblische Gottesbegriff keine Hierarchie zu. Kein Dienst ist niedriger als der andere. Der Generaldirektor steht nicht über dem Schuhputzer. Es gibt nur andere Dienste, aber keine Dienstgrade. Kein Tun des Menschen ist „höher“ oder „niedriger“ – als Dienst am Menschen sind alle gleichwertig. Das müßte sich auch grundlegend in der Geldwirtschaft niederschlagen. Sie darf nicht abgekoppelt sein von den Dienstleistungen, da sonst „Arm“ und „Reich“ notwendig immer stärker auseinandertriften. Wird die Geldhierarchie zum Maßstab des „Dienstgrades“, so pervertiert sie bereits in der Wurzel die Dienstleistung. Gott begründet keine Diensthierarchie. Der Letzte ist der Erste und umgekehrt. Paulus hat das Bild des Körpers dafür gebraucht. Magen und Herz, beide sind fürs Leben gleich wichtig. Niemand kann sich über den anderen stellen. Ein Gottesbegriff, der also enthierarchisiert und den Dienst als Grundkategorie des Lebens bewertet, kann dazu beitragen, daß eine Dienstleistungsgesellschaft den vermittelnden Dienst ernst nimmt und als ihr eigenes „Wesen“ erkennt. Er fungiert als soziale Befreiung gegenüber jedem Herrschaftsanspruch und wertet um. Dadurch geschieht auch echte Umverteilung. Der geringste Dienst hat keinen geringeren Wert als der höchste (in den Augen der Menschen). Da das Wort „dienen“ einen oft sehr moralinsauren Beigeschmack hat, wird dieses Wort oft durch „Service“ ersetzt. Service bietet der eine dem anderen an, durch den er ihm hilft, zu leben oder angenehmer, aufwands- und kostengünstiger zu leben. Ein Gottesbegriff, der den Menschen immer wieder auf diese Grunddimension menschlichen Lebens hinweist, hat eine entscheidende Funktion in der Dienstleistungsgesellschaft, nämlich sie vor hierarchischem Denken zu bewahren und zugleich Dienst oder Service als eine menschliche Grundbedingung für das Leben zu verstehen.

2. Das zweite entscheidende Problem liegt in der Verbindung von Dienst und Leistung; Dienst-Leistungs-Gesellschaft! In archaischen Gesellschaften herrscht eine wechselseitige Hilfe ohne bewußte Form der Institution dieser Gegenseitigkeit. In der „Kulturgesellschaft" (z.B. Mittelalter) wird die Mildtätigkeit und damit ein gewisser Altruismus zur Standespflicht. Hilfe und Dank werden jedoch getrennt. Nur sehr bedingt wird der Dienst institutionalisiert; der Willkür des Besitzenden bleiben die Mehrzahl der Mensch ausgeliefert. Je weiter nun in einer Dienstleistungsgesellschaft die Dienste institutionalisiert werden, umso mehr verbinden sich Dienst und anerkannte Leistung (z.B. die Forderung nach bezahlter Dienstleistung im Haushalt; Hausfrauengehalt und -rente sollen die Willkür des Mannes sowie die Abhängigkeit von ihm eindämmen). Zwei Elemente verbinden sich: Die kooperativ-solidarische Hilfebeziehung und die wirtschaftlich-zweckrationale Tauschbeziehung. Ist das eine Bedrohung oder Entlastung des modernen Menschen? Sicher ergibt sich eine Spannung zwischen wirtschaftlicher Erfordernis und Personenbezug. Manche führen die heutige, geradezu „pathologische" Gesamtlage auf die umfassende Institutionalisierung des Dienstes zurück.[37] Depressionen, die Angst und der Verlust von Lebenssinn seien durch die Dienstleistungsgesellschaft verursacht. „Daß der ‚menschliche Faktor' sich in den personbezogenen Dienstleistungen durchsetzen könnte, scheint ein Mythos zu sein".[38] Und in der Tat, die Pervertierung ist auch zur Stelle. Wo in der Dienstleistung nur noch Verdienstabsicht die Rolle spielt, wo man dem anderen etwas „aufschwatzt", was er gar nicht braucht, wo der andere nur als möglicher Markt gesehen wird, wo also die Dienstleistung von der personalen Bezogenheit abgelöst wird, wo es zu keiner personalen Zuwendung kommt (zu unterscheiden von personaler Bindung), ist der Konsument zum reinen Objekt erstarrt. Das Leben des anderen wird nicht erleuchtet, man steht ihm bei der Problemlösung nicht bei, sondern kreiert neue Probleme und „erleichtert" ihn von seinem Geld! Man lächelt dann eher einer Maschine zu, als einem Menschen. Daher kann die Verobjektivierung in der Dienstleistungsgesellschaft eine Radikalität annehmen wie in keiner anderen Gesellschaft. Trotzdem gilt, daß der Markt die Verortung der Dienstleistungen sein muß. Jede Arbeit ist ihres Lohnes wert. Dem „dreschenden Ochsen" nicht das Maul zu verbinden, ist biblisch. Gerade in einer Gesellschaft, die vom Service entscheidend bestimmt wird, ist ein kritisches Korrektiv notwendig, da Dienstleistung eben nicht automatisch unsere Gesellschaft vermenschlicht. Wird die Dienstleistung entpersonalisiert und der andere als Objekt eigener Bereicherung benutzt, wird der Umgang der Menschen miteinander nochmals pervertiert und Beziehung selbst mißbraucht und zerstört.

37 Vgl. J. Baudrillard, Das perfekte Verbrechen, München 1996. Er sieht die Dienstleistungsgesellschaft in der Kommunikationsgesellschaft übersteigert, so daß wir nicht mehr allein unsere Arbeitskraft, sondern uns selbst vollkommen verkaufen. Die „visuellen Techniken" konstituieren Prostitution.
38 P. Gross, a.a.O., 84.

Wer keinen Finger mehr rührt, wenn er nicht für jedes und alles bezahlt wird, degradiert den Mitmenschen. Ein Lächeln, ein gütiges Wort, darf nichts kosten. Ein gesellschaftskritischer Gottesbegriff hat die Funktion, immer wieder auf die Mitmenschlichkeit hinzuweisen, denn Menschen sind kein Supermarkt. Gott fordert menschliche Beziehung in der Dienstleistung und verhindert die Objektwerdung des Menschen. Die durch Geld vermittelte Herrschaft des Menschen über den Menschen muß im Service aufgehoben werden, denn „ihr alle ohne Ausnahme seid Geschwister" (Mt 23,8). Da Dienstleistung strukturell personale Beziehung initiiert, hat eine solche Gesellschaft in sich eine Affinität zu dem beschriebenen Gottesglauben. Der Gottesbegriff einer Dienstleistungsgesellschaft hat die Funktion, vor reiner Verdienstabsicht zu bewahren und so vermenschlichend zu wirken. Das bedeutet nun andererseits nicht, sich ausnutzen zu lassen, um für „Gottes Lohn" zu arbeiten. Gerade die bürgerliche Gesellschaft und die feudalen Systeme arbeiteten mit einem Gott, der alles vergilt, so daß die Arbeit nicht bezahlt werden mußte. „Vergelt's Gott" oder noch treffender: Dios lo paga – Gott bezahlt es! Gott wird gebraucht als Bejahung des Bestehenden und zugleich als Verneinung zwischenmenschlicher Beziehung. Gottes Funktion kann nicht darin bestehen, daß Dienstleistungen nicht bezahlt werden, umgekehrt aber auch nicht darin, daß die Gesellschaft heil ist, wenn jeder Handgriff in Geld verwandelt wird. Der Gottesglaube ist vielmehr kritisch gegenüber beiden Grundhaltungen und hält damit die Dienstleistungsgesellschaft offen für mehr Humanität. Entscheidend ist, daß Dienst nicht in reines Tauschgeschäft umschlägt, sondern daß die Grundkategorie die menschliche Beziehung bleibt. Die zwischenmenschliche Beziehung ist mehr als jede Sache. Die Funktion des Gottesbegriffs und seiner Botschaft besteht heute in der Vermenschlichung der Dienstleistungsgesellschaft. Im Vorgriff auf unsere Darlegungen ist dazu zu sagen, daß nur auf diese Weise auch der mögliche Ort einer Gotteserfahrung gewahrt wird.

III. AM URSPRUNG DER GOTTESERFAHRUNG

1. Mythen und Gotteserfahrung

Am Ursprung des abendländischen Denkens steht die griechische Philosophie und ihre Deutung der Gotteserfahrung. Sie wird als polytheistisch bezeichnet. Es liegt ihr aber kein naiver oder primitiver Vielgötterglaube zugrunde, wie später die Christen interpretierten und sich darüber lustig machten, sondern auch bei aller Überschwenglichkeit der mythischen Götterwelt werden die vielen Gestalten auf einen Gott zurückgebunden.

Zwei Vorstellungen sind wichtig:

1. Der Gottesgedanke wird von der menschlichen Erfahrung her entwickelt. Im frühen Griechenland wird Gott immer in und mit der weltlichen Wirklichkeit gesehen. Neben originären Erfahrungen spiegeln sich selbstverständlich auch gesellschaftliche Verhältnisse im Gottesbegriff wider. In Homers Epos etwa erkennen wir patriarchalische Herrschaftsstrukturen, die sich bei Zeus als Vater der Götter und Menschen wiederfinden. Trotz solcher Projektionen des menschlichen Geistes erschließt der Gottesgedanke bei den Griechen eine umfassende Deutung der Welt. Gott und Welt bilden eine Einheit, ohne deshalb identifiziert oder gar pantheistisch entfaltet zu werden. Da diese Einheit betont wird, ist ein Schöpfungsakt, selbst bei Aristoteles, nicht denkbar. Schöpfung, wenn sie kausal verstanden wird, setzt eine Objektivierung Gottes voraus, Gott steht der Welt gegenüber. Zwar personifizieren Homer und der erste griechische Theologe Hesiod in mythischer Sprechweise Gott, aber sie abstrahieren ihn nicht von der erfahrbaren Welt. Der Gottesbegriff wird verwendet, um etwas *von* etwas auszusagen. Unter bestimmten Bedingungen kann vom Menschen in seiner Zweideutigkeit, in seinen Situationen und Lebenslagen in der Welt ein Prädikat ausgesagt werden: Θεĩον, göttlich. Gott wird von einer Weltwirklichkeit prädiziert; jedoch nicht von jeder beliebigen, sondern nur von ganz bestimmten „privilegierten" Situationen. Welche Bedeutung kann diese griechische Gotteserfahrung für uns erlangen, die wir in einer von der Sozialordnung der Antike völlig verschiedenen Dienstleistungsgesellschaft leben? Werden durch sie menschliche Grundsymbole angesprochen, ohne daß wir uns mit den griechischen Göttermythen im Detail beschäftigen müssen?

Da wir Menschen in der Dreidimensionalität leben, liegt es nahe, daß in Griechenland wie später in Rom eine göttliche Triade gebildet wurde. Bereits vorher im Hinduismus (um 1000 v. Chr.) taucht eine solche Triade auf, die Tre Murti: Brahma, Vishnu und Shiva. In Griechenland sind es Uranos, Kronos und Zeus. Der regenspendende Uranos (Himmel) umarmt die Gaia,

Ge (Erde), und es entsteht eine Fülle von göttlichen Geschöpfen.[39] In diesem mythischen Bild wird der Kreislauf der Natur symbolisiert. In ihm liegt ein tiefer Sinn, ein Logos, und der Grieche kann θεός ausrufen. Dieser Naturkreislauf ist aber überwunden im Kronos, in der Zeit. Durch sie wird die Natur geschwächt, hinfällig, aber ebenso tritt sie erst durch die Zeit richtig hervor. Kronos entmannt Uranos. Erst in der Zeit werden Werden und Vergehen möglich. Die Zeit aber verschlingt alles, Kronos frißt die „Göttersöhne" wieder auf. So wie die Natur der Herrschaft der Zeit unterliegt, so wird auch der Fluß der Zeit durchbrochen, und zwar durch den Augenblick, durch das Aufleuchten, durch die Helle des eintretenden Ereignisses, durch Zeus. Zwar ist Zeus ganz an die Welterfahrung des Menschen gebunden, aber er dominiert die Natur und die Zeit. So wie der Blitz den dunklen Nachthimmel zerreißt und erhellt, so erhellt die gute und freudige Erfahrung des Menschen sein Leben. Sie ist der Augenblick, das Licht, das unser Leben erleuchtet, den eintönigen Lauf der Zeit durchbricht und sich dem Kreislauf der Natur verweigert. Mehr als nur Natur und Zeit kann der Mensch erfahren. Erst dieses „Mehr" macht menschliches Leben sinnvoll. Genau diese Erfahrung wird im indogermanischen Raum durch die Wurzel δι∫, aufleuchten, angegeben. Das indische „diva" meint ein göttliches Leuchten und ist im Wort Zeus (gen. Dios) enthalten sowie im Lateinischen dies (Tag) und im geheimnisvollen Wort θεός (Deus, Gott). Gott ist vom Begriff her ein „erhellendes" Wort, ein positives Widerfahrnis, das Hoffnung weckt. Diese eine, in die Welt gebundene göttliche Wirklichkeit macht das Leben des Menschen hell und lebenswert. Angefangen bei Homer bis zur Zeit der griechischen Klassik verschaffte dieser Gottesglaube (den man auch als Hochgottglauben bezeichnen könnte) den Menschen jenes stille und verhaltene Glück, das aus den lächelnden oder ernst verhangenen Gesichtern der archaischen und klassischen Statuen spricht. Selbst Schicksal und Geschick, Tyche, Heimarmene, Moira und Ananke jagen keinen Schrecken ein, sondern erscheinen als Ordnung der von Gott durchwirkten Welt.[40] Der spätantike Mensch jedoch sieht in ihnen furchterregende Mächte, denen er ausgesetzt ist. Um von diesen finsteren Mächten erlöst zu werden, braucht der Mensch einen Helfer, den „Soter", den Retter und Heiland. Er wird angerufen und nimmt schließlich im Christentum Gestalt an. In der Ursprungserfahrung der Griechen ist ein solcher Heilsbringer nicht zu finden, da er eine Verobjektivierung Gottes und des Bösen voraussetzt.

2. Das eine Göttliche (θεῖον), das im Augenblick Ereignis wird und von Menschen erfahren werden kann, erweist sich gerade in der Vielfalt als das wahre Göttliche; sei es in den Stadtstaaten mit ihren konkreten göttlichen Gestalten, sei es in der Vielzahl der Meinungen demokratischer Verhältnisse, sei es im dialogischen Logos der Wahrheitsfindung. Gottes Größe drückt sich notwen-

---

[39] In Ägypten umarmen sich Nut (die Himmelsgöttin) und Geb (der Erdgott), und aus dieser Liebe geht eine Vielzahl göttlicher Wesen hervor.

[40] Die mittelalterliche „potentia ordinata" Gottes kommt dieser Vorstellung nahe.

dig in den vielfältigen göttlichen Ereignissen aus. Sie werden benannt und schließlich unterschiedlich personifiziert. Wird ein Fluß als wohltuend empfunden, gelingt eine Jagd, wird ein Sohn geboren, so können diese Ereignisse den Griechen dazu veranlassen, von Gott zu sprechen, der dann in den vielen Göttern verobjektiviert wird. Trotz Personifikation und Objektivierung bleiben aber alle Götter auf die eine Gotteserfahrung konzentriert. Sie alle sind Erscheinungen der einen göttlichen Wirklichkeit. Daher preist noch im 3. Jh. n. Chr. Plotin, gegen das Christentum (wohl in gnostischer Gestalt) den Polytheismus des Altertums, weil er Ausdruck der Größe des Einen Gottes ist: „Man muß die Götter der verstehbaren Welt preisen, vor allem aber den großen König dort. Denn durch die Vielheit der Götter wird seine Größe offenbar. Denn nicht, indem man das Göttliche (τὸ θεῖον) in einem Punkt zusammenquetscht, sondern indem man es (das Göttliche) in seiner Vielfalt ausbreitet in seiner ganzen Ausdehnung, in der er (der König) es selbst offenbart, zeigt man, daß man die Macht (δύναμις) Gottes kennt, der, wenn er viele (Götter) schafft, bleibt, der er ist, denn alle sind von ihm abhängig, sind durch ihn und von ihm."[41] Gott konkretisiert sich also in der Vielfalt, die der menschlichen Erfahrung zugänglich ist. Die Vielfalt ist kein rein negativer Seinsmodus, ganz im Gegenteil. Die Vielzahl offenbart die Einheit! Der göttliche Gott erweist seine Göttlichkeit, sein θεῖον-Sein in den unterschiedlichen Erfahrungen der Welt. Die Welt selbst aber ist auch nicht identisch mit den vielen Göttern. Die Götter wurden nie mit ihren Bildern oder Statuen gleichgesetzt, wie es jüdisch-christliche Polemik nahelegt. Zwar wurden die ἱερὰ ἀγάλματα (Heiligenstatuen) verehrt und als eine „himmlische" Wirklichkeit betrachtet, es wurde jedoch nie das Bild mit dem Abgebildeten identifiziert.[42] Die Götter sind zwar in der Welt erfahrbar, aber niemals sind sie „Welt". Sie sind aber auch nichts jenseits der Welt, in einer „Hinterwelt", sondern in und mit der weltlichen Vielfalt erfahrbar. Sie mündet in dem Ereignis ein, das unsere Existenz erhellt, in θεός, im „Aufleuchten" des Positiven.[43] In den Mythen hat sich diese Erfahrung verselbständigt, und der Grieche kann daher die Götter als ein „Du" anreden. Dies entspricht dem allgemeinen religionsgeschichtlichen Befund; Götter werden versöhnt, verherrlicht und angebetet. Die Götterwelt aber ist das Abgeleitete, Sekundäre. Das Du-Sagen wird sofort aufgehoben, sobald von Gott in der Einzahl gesprochen wird.

---

[41] Plotin, Enneaden II, 9,9.

[42] Diese griechische Tradition hat sich in der orthodoxen Ikone fortgesetzt. Die Ikone ist nicht einfach eine profane Malerei, sondern ihre Erstellung ist eine heilige Handlung, durch die eine besondere Beziehung zwischen Ikone und dem Dargestellten verwirklicht wird.

[43] Zeus meinte ursprünglich das Aufleuchten und wurde in der Vergegenständlichung zum „Erleuchteten".

2. Gott als Ereignis

Die beiden Voraussetzungen griechischen Denkens von Gott sind also:
1. Daß Gott von der Welt nicht zu trennen ist und 2. Daß Gott in der Welt der
Vielfalt erscheint und sich selbst in seiner „Größe" vermittelt. Ausgehend von
diesen Vorbedingungen und Erfahrungen ist nun der Begriff Gott, θεός, oder
ὁ θεός bzw. τὸ θεῖον zu klären. Es fällt auf, daß in der griechischen Sprache
ursprünglich der Vokativ (Anrufformel, 5. Fall) für Gott fehlt. Auch im
Nominativ wird θεός nicht angerufen. Erst in nachchristlicher Zeit, bei jüdischen und christlichen Autoren, findet man den Vokativ θέε. Warum wird
Gott nicht angerufen? Θεός ist im griechischen Denken ein *Prädikatsbegriff*.
Gott ist ursprünglich kein Subjekt, von dem oder über das etwas ausgesagt
wird. Er ist kein Seiender, sondern er bestimmt etwas und wird daher *von
etwas* ausgesagt. Seiender, Natur, Zeit, Mensch u.a.m. werden durch ihn
bestimmt, spezifiziert. Gott ist nicht „etwas", sondern Aussage *von* etwas. Als
Vergleich kann das Licht dienen. Es ist selbst kein Gegenstand, sondern es
erleuchtet und erhellt die Gegenstände. Von Gott zu sprechen hat nur in unmittelbarer Beziehung zu den Ereignissen und Geschehnissen der Welt Sinn.
Er ist auch keine verborgene, unaussprechliche Wirklichkeit, die hinter den
Dingen steht, sondern streng auf die menschliche Existenz bezogen. Als Bestimmung von einem Ereignis, mit dem der Mensch Umgang hat, wird Gott
ausgesagt. Er wird nicht kausal verstanden, weder physikalisch noch metaphysisch; denn wäre er der „Grund", die Causa eines Geschehens, würde er zu
einem Subjekt, das handelt, und wäre keine Aussage von einer Handlung,
einem Ereignis mehr. Die altorphische Spruchweisheit, daß Gott Anfang, Mitte und Ende ist, bzw. „hält", ist als Bestimmung besonderer Situationen des
Lebens und der Welt gemeint.[44] Vom Neubeginn des Lebens bis zur Vollendung kann Gott ausgesagt werden; durch θεός wird etwas bestimmt, ohne
mit diesem zu verschmelzen. Dieses Gottesverständnis durchzieht die philo-
sophisch-theologischen Überlegungen bis zur Zeit Platons und Aristoteles'.
Gedanken jedoch, die von Gott als Prädikat absehen, schwingen häufig mit.
Dichter haben oft ein besseres Gespür, die Gotteserfahrung zur Geltung zu
bringen, als Philosophen. So läßt Euripides (5. Jh. v. Chr.), gegen die sophisti-
sche Aufklärung, Helena, im gleichnamigen Drama, überwältigt von Freude
über das unerwartete Ereignis, daß sie ihren Gatten erkennt, ausrufen: ὦ θεοί·
θεὸς γὰρ καὶ τὸ γιγνώσκειν φίλους. O Götter! Es ist wirklich Gott, wenn
das Erkennen (Wiedererkennen, Wiedersehen) den Liebenden geschenkt
wird. Die Götter also werden angerufen. Gott aber ist das Ereignis der Erfahrungen, die in der Begegnung Liebender gemacht wird. Γιγνώσκειν, liebendes Erkennen, ist bestimmt durch θεός. Gott wird von der liebenden Begegnung ausgesagt; er wird nicht angerufen, sondern ausgerufen. Aber nicht nur
von der Liebe, sondern von jedem helfenden Dienst der Menschen unterein-

---

[44]   H. Diels/W. Kranz (Hg.), Fragmente der Vorsokratiker, 3 Bde., Weidmann [17]1974; hier:
       Bd. I, Altbezeugte Fragmente B 6.

ander gilt diese Aussage. Plinius der Ältere (1. Jh. n. Chr.) überliefert uns ein Wort, das wahrscheinlich Menander (4. Jh. v. Chr.) aussprach: „Deus est mortali iuvare mortalem!" Wenn ein Mensch dem anderen hilft, dann ist Gott. Gott wird also als eine Bezeichnung für eine besondere Erfahrung verwendet (auch wenn „einander helfen" eine Selbstverständlichkeit ist). Ein Geschehen wird durch Gott bestimmt, von einem Ereignis wird Gott prädiziert. Eine Anrede in Du-Form ist nicht möglich. Dadurch wird aber Gott nicht zu einem anonymen „Es-Ereignis", sondern er wird als ein „Er" ausgerufen. Ähnlich ist eine Begrüßungsformel: „Ecce Deus", „Siehe, Gott (ist da)", zu verstehen. So hat auch der Gruß: „Grüß Gott" einen Sinn, nämlich Gott wird ausgerufen, wo zwei oder drei Menschen sich begegnen. Eine „Anrufung" Gottes hat in diesem Kontext keinen Sinn. Sprachlich wird θεός als Prädikat verwendet. Es wird damit ausgedrückt, daß ein besonderes Geschehen, Ereignis, erfahren wird und Gott für dieses konstitutiv ist. Niemals wird jedoch Gott zu einem allgemeinen Prädikat, so daß jede Liebe und jedes Helfen automatisch durch Gott qualifiziert würde, sondern nur das, was je und je geschieht und als etwas erfahren wird, das zur Rede von Gott veranlaßt. Der Mensch ist „überwältigt", und der adäquate Ausdruck für diese Erfahrung ist der Ausruf: Gott. Gott und Widerfahrnis gehören zusammen. Θεός hat keine weltjenseitige Existenz, sondern ereignet sich im konkreten Geschehen. Da ist er real für den Menschen erfahrbar. Im Gegensatz dazu wird in manchen, kaum ursprünglichen Texten des AT Jahwe häufig vor dem Ereignis als Wirklichkeit gedacht. Daher die Formulierung: Er sprach – und es ward! Beide Sprechweisen versucht der Johannesprolog im NT zu verschmelzen: Im Anfang (ἀρχή) war das Wort auf Gott hin; er erscheint als Wirklichkeit vor dem Ereignis. Der Nachsatz korrigiert diesen Eindruck: καὶ θεὸς ἦν ὁ λόγος. Das Wort war ein göttliches Ereignis. Hier wird Gott zum Prädikat.

Auch bei den Griechen gibt es den Versuch, Gott unabhängig vom Ereignis zu denken; die Frage nach der ἀρχή verführte zum Teil dazu. In dieser Objektivierungstendenz steht Gott über dem Ereignis, und das bietet dem Menschen die Möglichkeit, der Gottheit habhaft zu werden. Der eine Gott, ὁ θεός, wird vergegenständlicht. Wird die vielfältige Erfahrungsweise Gottes in der Welt substantiiert, dann entstehen die vielen Götter, οἱ θεοί, die hinter den einzelnen Ereignissen stehen. Ursprünglich (nicht notwendig zeitlich früher) wird ὁ θεός mit dem Ereignis zusammengedacht, das relevant für das menschliche Leben ist, also Lebenserfahrung vermittelt. Sie wird nur vermittelt, wenn man dem Widerfahrnis recht begegnet. Nur dann kann Gott, ὁ θεός ausgerufen werden. Für diese rechte Begegnungsweise verwendet der Grieche den Begriff συν-ουσία, Umgang. Dieser schließt ein Vertrauensverhältnis ein. Umgang pflegt man nur mit Personen, an denen einem etwas liegt, bei denen man *sein* will. Zuneigung spielt eine Rolle. Von einer Person oder einem Ereignis kann man ergriffen sein. Die Ergriffenheit gehört zum Umgang. Bedeutet ein Mensch für einen nichts mehr, dann ist das Beisammensein fad und langweilig. Keiner möchte mit einem langweiligen Menschen zusammen

sein oder leben. Der Umgang als ein vertrautes Ergriffensein ist richtungge-
bend. Durch das Auf-mich-Zukommende wird mein Leben in eine bestimmte
Richtung geführt. Der Austausch, der zwischen den Betroffenen im Umgang
stattfindet, ist keine anbiedernde Vertraulichkeit, sondern achtsame Distanz.
Die συν-ουσία ist keine mythisch-mystische Verschmelzung mit der Gottheit,
sondern eine Erfahrung bewahrender Distanz, die nur in „sorgfältiger" Begegnung geschenkt wird. Im Umgang findet keine Identifizierung statt. Weder
ich noch das Ereignis noch Gott sind miteinander identisch. Von Gott zu sprechen hat nur Sinn, wenn die Distanz, die Unterscheidung von Gott und
Mensch gewahrt bleibt. Im Umgang wird die achtsame Unterscheidung jedoch nicht dadurch bewahrt, daß ein Objekt-Subjekt-Verhältnis entsteht, sondern dadurch, daß der Mensch im Ereignis, das ihm widerfährt, erkennt, daß
er beschenkt ist, und daß diese Erfahrung ὁ θεός ist. Das Beschenktsein ist
nur im Ereignis selbst göttlich und nicht als ein abstrakter Zustand. Die συν-
ουσία kann der Mensch als Geschenk verstehen, wenn der Mensch diese positive Erfahrung mit Dingen, Menschen und Geschehnissen macht. Im Umgang
erfährt der Mensch durch die achtsame Unterscheidung eine Nähe, in der er
sich als Beschenkter versteht und Gott ausruft. Die Nähe Gottes im Umgang,
der Ergriffensein und zugleich Distanz besagt, ist unmittelbar. In ein und
demselben Akt, in dem man mit „etwas" Umgang pflegt, erschließt sich Gott.
Er ist für den Menschen nur im Vollzug der συν-ουσία. In ihr aber geschieht
wirklich Gott, ὁ θεός ereignet sich in diesem Lebensvollzug. Für ὁ θεός
gebraucht der Grieche noch öfter, vielleicht auch ursprünglicher, τὸ θεῖον.
Damit ist aber kein anonymer Sachverhalt gemeint, sondern eben die Prädikatio: Gott. Da das Wort „Gott" in der Versuchung steht, als Subjekt verwendet
zu werden, wird häufig der Ausdruck τὸ θεῖον gebraucht. Von Gott wird als
einem göttlichen Ereignis gesprochen. Gott ist Bestimmung des Menschen im
Umgang mit einem Ereignis.
Wird nun Gott in jedem beliebigen Ereignis erfahren? Nein, nur in einem solchen Geschehen, in dem Gutes erfahren wird. Gott ist immer ein Ereignis als
ἀγαθός, als Gutes.[45] Die ursprünglichste Aussage von Gott, die ein Hellene
macht, ist ἀγαθός, gut. Vor jeder philosophischen Reflexion wird das göttliche Ereignis immer als gut verstanden. Das oder der Böse ist, anders als in
manchen Religionen, kein Gott.[46] Sicher gibt es bei den griechischen Göttern
in der Mehrzahl auch sehr Zweideutiges, aber ὁ θεός, der Gott, ist immer
positiv, ist immer gut.[47] Es wäre ein Mißverständnis, wenn Gott zum Subjekt
würde, dem die Eigenschaft „gut" zukommt. Vielmehr ist die Aussage: „Gott

---

45 Während καλός (gut, schön) absolut gebraucht wird, ist ἀγαθός (gut) immer in Beziehung auf einen Menschen zu verstehen.

46 Jeder religiöse Dualismus wird ausgeschlossen. Für die Göttin Febris (Fieber), wie in
Rom, einen Altar aufzustellen, ist unmöglich. Die Zweideutigkeit der indischen Kali
(Durga) ist griechisch nicht denkbar. Und selbst τύχη (Schicksal), die im späten Helle-
nismus zur Göttin wurde, hat es nicht zu einer kultischen Verehrung gebracht.

47 Jesus sagt: „Was nennst du mich gut? Einer ist das Gute, ὁ θεός" (Mt 19,17).

ist gut", ein Pleonasmus. Wenn in einem Geschehen „Gott" aufleuchtet, wenn der Mensch „überwältigt" Gott sagt, dann ist damit das Gute für den Menschen gemeint.[48] Das Ereignis ὁ θεός ist immer ἀγαθός für den Menschen, und in der συν-ουσία wird vom Menschen das Gute ausgesagt. Der Mensch erfährt sich als beschenkt.

Der Grieche aber weiß auch, daß der Mensch nicht von Gott her lebt, nicht eindeutig bei ihm, dem Guten beheimatet, sondern zweideutig ist. Die Zweideutigkeit menschlichen Daseins umschreibt er mit dem Begriff δαίμων (Daimōn). Er ist der Zuteiler, wodurch der Mensch entweder Gutes oder Böses erfährt. Er ist die noch unbekannte Wirklichkeit, die offen läßt, ob der kommende Tag Glück oder Unheil bringen wird, also ein göttliches Ereignis oder eine gottlose Situation. Δαίμων ist eine unverfügbare göttliche Zweideutigkeit; δαίμων ist ein „Noch-nicht-Gott". Der Daimōn ist die Wirklichkeit, die den Menschen umhertreibt, ihn im Schwanken, im Ungewissen hält. Wird der Daimōn in einer Situation durch das Gute bestimmt, wird er gleichsam ὁ θεός und zur positiven Aussage vom Menschen. Die drei Grundbegriffe: Daimōn, Gott und Götter ordnet Euripides (480-406 v. Chr.) am Schluß der Tragödien Andromāche und Helena einander zu:

πολλαὶ μορφαὶ τῶν δαιμονίων	Viele Schicksalsformen gibt es vom Zuteiler her,
πολλὰ δ' ἀέλπτως κραίνουσι θεοί·	Vieles nicht mehr Erhoffte erfüllen die Götter
καὶ τὰ δοκηθέντ' οὐκ ἐτελέσθη,	Und das Vermutete erfüllt sich nicht,
τῶν δ' ἀδοκήτων πόρον ηὗρε θεός·	den Weg des Unvermuteten (pl!) aber fand Gott.
(τοιόνδ' ἀπέβη τόδε πρᾶγμα.)	(so ging es auch hier).

Der zweideutige Zuteiler (δαίμων) schickt uns Menschen verschiedene Schicksale; sie sind unbestimmt. Die Götter (θεοί) haben gewisse Möglichkeiten, etwas zu einem guten Ende zu führen. Viele Hoffnungen aber bleiben unabgegolten. Gott (ὁ θεός) aber findet einen unvermuteten Ausweg, d.h., was der Mensch nicht mehr zu hoffen wagte, das Überraschende, das über alle Erwartungen hinausgehende Gute, das ist Gott. Der Mensch selbst bleibt zweideutig – es ist das menschliche Geschick – aber das göttliche Ereignis ist für ihn ein Heilsereignis, das ihn positiv bestimmt.

Heraklit (ca. 550-480) drückt dies so aus: ἦθος ἀνθρώπῳ δαίμων (Fr. 119). Es wird häufig übersetzt, daß „die Eigenart dem Menschen ein Dämon" sei.

---

[48] Ein Bild dafür gibt uns Lk 9,28ff in seiner „Verklärungserzählung". Die Apostel sind überwältigt vom Aufleuchten der göttlichen Wirklichkeit in Jesus. Das ist das Gute bzw. καλός für uns. „Gott" und „Gott für uns" ist identisch. Will man dieses Ereignis einfangen (Hütten bauen), dann entschwindet es; vom Vollzug ist es nicht ablösbar.

Heidegger[49] bemerkt richtig, daß ἦθος in diesem Zusammenhang wohnen, Beheimatetsein heißt. Der Mensch ist also beheimatet, bzw. wohnt in der göttlichen Zweideutigkeit, in der Unentschiedenheit. Es wird sich erst herausstellen, woraufhin sich der Mensch bestimmt bzw. bestimmt wird. Seine Eigenart ist die zweideutige, die δαίμων-Existenzweise. Noch ist die Nähe Gottes nicht eingetreten. Wird ihm ein göttliches Ereignis geschenkt, dann wird er von ὁ θεός eindeutig bestimmt, jedoch nicht als Besitz, sondern als Vollzug. Gott und Daimōn sind also klar zu unterscheiden. Das Beglückende im Leben ist Gott allein.

Seit Sokrates spielt in diesem Zusammenhang der Begriff der εὐ-δαιμονία eine wichtige Rolle. Wird der Mensch durch ein göttliches Ereignis durch das Gute bestimmt, dann empfindet er dies als Heil und Glück. Die εὐ-δαιμονία ist dem Menschen subjektiv geschenkt, wenn er objektiv von Gott qualifiziert wird. Der Mensch selbst wird nicht zu Gott, aber er wird glücklich, weil der zweideutige Daimōn aufgehoben und das Gute (εὐ) erfahren wird. Die εὐ-δαιμονία bedeutet also das Zusammensein (συν-ουσία) von subjektiver Heils- und Glückserfahrung und objektivem Heil und Glück, das auf den konkreten Menschen zukommt.

In dieser Erfahrung lebt der Mensch nicht nur glücklich im Guten, bei ὁ θεός, sondern zugleich „überwältigt" sie ihn und reißt ihn aus der bisherigen Existenzweise heraus. Er wird im Umgang damit über sich selbst, über sein Selbst, auch über das delphische: γνῶθι σεαυτόν[50] hinausgehoben auf das Gute hin, das sich als τὸ κρεῖττον erweist. Es ist das Stärkere und Größere und mächtiger als der Daimōn, als sein zweideutiges Menschsein.

So findet sich im griechischen Gottesbegriff ein zweites wesentliches Element: Gott ist nicht nur das Gute, sondern zugleich das Überwältigende. Das hat wiederum nichts mit einer Eigenschaft eines Gottwesens zu tun, so daß dieses mächtig oder gar allmächtig sei, sondern Gott ist als Bestimmung des Menschen mehr, als der Mensch „von Haus aus" (ἦθος), von sich her ist. Menander formuliert: Τὸ κρατοῦν γὰρ πᾶν νομίζεται θεός[51], das Überwältigende nennen alle Gott! Es liegt keine Wesensbeschreibung vor, sondern wie „das Gute" ist auch das „Überwältigende" ein Pleonasmus. Das Ereignis: Gott, bringt den Menschen weiter als sich selbst, führt ihn über sich hinaus. Das κρεῖττον ist das „Mehr", der Mehrwert, bzw. der Mehr-sinn seines Daseins. Gott wird darin offenbar, epiphan. Der Gott der Griechen ist ein Epiphaniegott. Durch die Epiphanie wird das menschliche Dasein mit dem göttlichen Ereignis in die συν-ουσία, in das Zusammensein, gebracht. Damit wird das dritte Moment im griechischen Gottesbegriff deutlich.

---

[49] M. Heidegger, Über den Humanismus, Frankfurt 1949, 39. Vgl. G. Hasenhüttl, Einführung in die Gotteslehre, Darmstadt 1980, 11f.
[50] Vgl. Heraklit, Fr. 116; 101 (von sich selbst gesagt).
[51] Zit. n. Wilamowitz, Der Glaube der Hellenen, Darmstadt 1984, I, 18.

Gott ist wesentlich gegenwartsbezogen. Was dem Menschen in der Gotteserfahrung geschenkt wird, ist erfüllte Gegenwart, ἡ παρουσία.[52] Die Zukunft ist
noch offen in ihrer Zweideutigkeit, sie ist vom δαίμων bestimmt, und wird
erst in der παρουσία, in der Gegenwart als Gottesgegenwart qualifiziert. Die
Vergangenheit kann auch nicht mit Gott zusammengedacht werden, da sie
keine Vollzugswirklichkeit mehr ist, vielmehr wird sie in die Gegenwart
„aufgehoben". Die Gegenwart ist die primäre Dimension der Zeitlichkeit.
Überall dort, wo eine tiefe Wirklichkeit auf den Menschen zukommt, er Gutes
und Überwältigendes erfährt, kann er ausrufen: Hier geschieht ὁ θεός, hier ist
Gott! Das zweideutige Grau in Grau des menschlichen Lebens wird erhellt, er
faßt Mut und Vertrauen. Daher ist Gott nichts Unheimliches, kein unbekanntes „Numinosum", nichts Furchteinflößendes. Gott ist die Bereicherung
menschlicher Existenz. Immer ist uns diese Möglichkeit geschenkt, immer
kann sie Gegenwart werden. Daher nennt Anaximander (6. Jh. v. Chr.) das
Göttliche (τὸ θεῖον) das ἀθάνατον γὰρ καὶ ἀνώλεθρον, das Unsterbliche und
Unverderbliche.[53] Aristoteles interpretiert diesen Satz bereits als eine abstrakte, allgemeingültige Wesensbeschreibung Gottes. Der Vorsokratiker verfolgte
jedoch keine solche Absicht. Von seinem Denkansatz her meinen „unsterblich" und „unverderblich" keine göttliche Eigenschaft, sondern das Ereignis,
das durch Gott qualifiziert ist. Die Vergangenheit dieses Geschehens ist kein
Zugrundegehen und Verderben, sondern ist Hinweis auf die Möglichkeit der
παρουσία, der Gegenwart Gottes auch in Zukunft. Gott darf, als Überwindung
der Zweideutigkeit, erwartet und erhofft werden. In dem Sinne also, daß die
Gotteserfahrung je neu gegeben werden kann, „verdirbt" sie nicht und ist „unsterblich". Ein Ereignis und kein abstraktes Gottwesen wird durch diese
Worte beschrieben. Gott ist nur mit dem Ereignis zusammen denkbar und erfahrbar. Gott ist in diesem Sinne ein „zahlloses Geschehen". Die historische
Einmaligkeit kommt wegen des zyklischen Weltverständnisses nicht in den
Blick. Eine einmalige, privilegierte Situation gibt es nicht. Die gleiche Gotteserfahrung ist je neu möglich. Eine besondere Tradition, eine „Heilsgeschichte" ist nicht denkbar, sie wird aber wettgemacht durch die Hoffnung auf
die Zukunft, die an keine vorgegebenen Bedingungen geknüpft wird. Jeder
neue Tag schenkt uns die Freiheit möglicher Gotteserfahrung. Sie ist an keine
bestimmte Menschengruppe, an keinen Priesterstand, an keine magische Formel gebunden. Es gibt eine Fülle von Möglichkeiten, ὁ θεός in einem Ereignis zu erfahren. Im Medium des Umgangs (συν-ουσία) ist Gottes Gegenwart
(παρ-ουσία) möglich. Im Dienst am Nächsten, in der Begegnung Liebender,
in ausweglosen Situationen – überall kann sich ein Licht zeigen, so daß Gott
ausgerufen werden kann. Gott kann aufleuchten in den Lebenssituationen von
der Geburt über die Hoch-zeit bis zum Tod. Selbst im Kampf oder Krieg (als
πατὴρ παντῶν!) kann sich Gott zeigen als das Gute und Überwältigende, das

---

52   Die Gegenwart der „Heilszeit" unterscheidet sich wesentlich von der zukünftigen Zeit
      (παρελθὼν oder μέλλων χρόνος).
53   Aristoteles (Phys., Γ 4, 203 b 6) zit. Anaximander (Originaltext existiert nicht).

dem Menschen die Tiefe seiner Existenz zur Erfahrung bringt. Auch an Gegenständen selbst ist das Aufleuchten des θεῖον möglich. Wo das Salz als unentbehrlich und als kräftigende Würze, das Licht als Wegbegleiter in der dunklen Nacht, der Wein, der bis auf den Grund der Schale (zur Ehre Gottes oder eines Menschen kultisch) ausgetrunken wird, als heilbringend verstanden werden, kann von der Erfahrung des θεῖον gesprochen werden.[54] Biblisch ist dieser Gedanke vertraut: Ihr seid das Salz der Erde, ich bin das Licht der Welt, und der Wein wird zur Materie der Eucharistie! Ohne die griechischen Wurzeln hätte sich das Christentum nicht in diese Richtung entwickeln können.

Heraklit[55] geht noch weiter und nennt die allerbanalste Tätigkeit unter besonderen Umständen ein göttliches Geschehen.

Ἡράκλειτος λέγεται πρὸς τοὺς ξένους εἰπεῖν τοὺς βουλομένους ἐντυχεῖν αὐτῷ οἳ ἐπειδὴ προσιόντες εἶδον αὐτὸν θερόμενον πρὸς τῷ ἱπνῷ ἔστησαν, ἐκέλευε γὰρ αὐτοὺς εἰσιέναι θαρροῦντας· εἶναι γὰρ καὶ ἐνταῦθα θεούς.

Von Heraklit erzählt man ein Wort, das er zu den Fremden gesagt habe, die zu ihm vorgelangen wollten. Herzukommend sahen sie ihn, wie er sich an einem Backofen wärmte. Sie blieben überrascht stehen, und dies vor allem deshalb, weil er ihnen, den Zaudernden, auch noch Mut zusprach und sie hereinkommen hieß mit den Worten: Auch hier nämlich wesen Götter an.

Der berühmte Heraklit enttäuscht. Er lebt wie jeder andere Mensch. Er denkt nicht tiefsinnig nach, sondern er wärmt sich einfach. Er steht ganz banal am Backofen – büke er Brot, wäre das noch eine lebenswichtige Tätigkeit – so aber friert er. Ein solcher Denker ist keine Sensation. Jeder Besucher kennt am eigenen Leib die Winterkälte in Griechenland. Trotzdem meint Heraklit, daß das „Sich-wärmen" auch für die ankommenden Besucher ein göttliches Ereignis sein kann. Das Wort „Götter" steht hier für die vielgestaltige Erfahrung des Gottes. Auch das Gewöhnliche ist nicht notwendig „nur" gewöhnlich, sondern kann eine Tiefe erschließen, die Gott nennen läßt.

Freilich, sowohl im Volksglauben wie in der philosophischen Abstraktion liegt die Versuchung, vom Umgang und Vollzug abzusehen, Gott vom Ereignis zu trennen und zu vergegenständlichen. Irgend jemand oder irgend etwas wird dann als Gott bezeichnet. Die Götter leisten diesem Mißverständ-

---

54   Vgl. im indischen Kulturraum, Rig-Veda VIII, 48,3: „Soma haben wir getrunken, unsterblich sind wir geworden, gekommen sind wir zum Licht, die Götter haben wir gefunden." Soma ist die Quintessenz aller Nahrung für den Brahmanen und vereinigt ihn mit Gott Brahma, jenseits aller Religionen. Die Somapflanze vermittelt daher die Gotteserfahrung.

55   Aristoteles, De partibus animae A 5, 645a 17; H. Diels/W. Kranz, a.a.O., 22 A 9.

nis Vorschub. Symbole, Bilder (ἱερὰ ἀγάλματα) werden dann selbst vergöttlicht und erscheinen als selbständige Subjekte. Ein konkretes Beispiel ist
das Tun der Bürger von Lystra und Derbe (Apg 14,11). Nach der Heilung des
Gelähmten wollen sie Paulus als einen Gott verehren. Das Volk und die Priester der Städte kommen mit Kränzen und Stieren, um ihm zu opfern; er wird
als ein Gott in Menschengestalt gefeiert. Auf Malta (Apg 28,6) wird Paulus
als ein Gott bezeichnet, da ihm der Biß der Giftschlange nicht schadet. Eine
ähnliche Vergegenständlichung liegt im Kaiserkult vor. Im Orient heißt, wie
bereits erwähnt, Augustus „θεός ἐκ θεοῦ", Gott von Gott[56], und Domitian
(nach Sueton) läßt sich als „Dominus et Deus meus", „mein Herr und mein
Gott" ausrufen.[57] Gott wird Gegenstand als Mensch oder in einem Menschen.
Magische und spekulative Vorstellungen stehen Pate. Der Gottesbegriff wird
mißbraucht und von der genuinen Erfahrung abgelöst. Ein „Götze" wird
gebildet und als Gott verehrt.

3. Gott und der Anfang aller Dinge

Abgesehen von diesem vulgären Mißbrauch der Erfahrungsqualität „Gott"
versuchten die Vorsokratiker, Gott näher zu verstehen und ihn im Weltzusammenhang zu deuten. Sie gehen den Weg eines philosophisch „gereinigten" Gottesbegriffs. Es wäre jedoch ein Irrtum zu meinen, die Vorsokratiker
lösten Gott vom Ereignis ab oder setzten gar die Götterwelt voraus. Ihr Anliegen ist, Gott zu erkennen. Sie meinen, daß die Gotteswirklichkeit eine Affinität zum Ursprung, zur ἀρχή hat, wie sie die Naturphilosophie zu entdecken
sucht. Wenn das ursprünglichste Element gefunden wird, aus dem die ganze
Welt besteht, dann ist man dem θεῖον nahe, dann läßt sich verstehen, wieso
Gott sich unter den Menschen ereignet. Unter den sog. „sieben Weisen" war
es *Thales von Milet* (7.-6. Jh. v. Chr.), der Gott mit der ἀρχή, dem Anfang
und Ursprung, verband. Mit Thales beginnt die abendländische Philosophie,
die bis ins 20. Jh. immer zugleich auch Theologie war. Wer den Ursprung der
φύσις, der Natur erforscht, meint Thales, ist ein θεόλογος, ist ein Theologe,
der sich um die Gotteserkenntnis bemüht. Das Göttliche und die Welt bestimmt er in ihrem Verhältnis zueinander. Er kommt zum Schluß, daß das Ursprungselement der Welt das Wasser sei, das alles zusammenhält; es ist die
ἀρχή. Ein Element ist also das Letzte in der Reihe der Ursachen und Begründungen. Stößt unser begründendes Denken auf diesen elementaren Grund,
dann ist es an sein Ende gelangt. Weiter zu fragen, woher das Urelement
Wasser kommt, hat keinen Sinn. Es ist die ἀρχή, und eine weitere Kausalität
ist nicht mehr denkbar. Die Begründung hat ihren Grund gefunden. Gott kann

---

56   Im Glaubensbekenntnis wird Jesus Christus als Gott von Gott bezeichnet. Die Vergegen-
     ständlichung ist unverkennbar.
57   Domitian verfiel allerdings wegen seines überzogenen Anspruches der „damnatio me-
     moriae".

nicht als Ursprung und Grund angesehen werden. Im Kausalzusammenhang ist eine Aussage von Gott sinnlos. Unser Fragen ist damit jedoch noch nicht zu Ende. Zwar können wir keine weitere Begründung erwarten, aber die ἀρχή läßt sich noch näher bestimmen, von ihr kann „etwas" prädiziert werden. „Ἀρχὴν δὲ τῶν πάντων ὕδωρ ὑπεστήσατο, καὶ τὸν κόσμον ἔμψυχον, καὶ δαιμόνων πλήρη."[58] Als Urgrund von allem ist das Wasser (voraus)gesetzt, der Kosmos, die Welt ist lebendig und erfüllt von göttlicher Zweideutigkeit. Die erste nähere Bestimmung des Wassers und damit der Welt ist ihre Zweideutigkeit – Wasser ist positiv und negativ, d.h. es kann sinnvoll oder sinnlos sein. Sinn aber hat etwas mit der göttlichen Dimension des Elements zu tun. Daher: „Νοῦν τοῦ κόσμου τὸν θεὸν, τὸ δὲ πᾶν ἔμψυχον ἅμα καὶ δαιμόνων πλῆρες."[59] Thales betont die Zweideutigkeit alles Seienden, was zugleich lebendig ist. Aber diese ist nicht die letzte Aussage und Bestimmung des Urelements Wasser, sondern lapidar heißt es: Der Sinn der Welt ist Gott. Beide Sätze betonen die Zweideutigkeit, die die Welt bestimmt und „dämonisch" macht. Die Welt als lebendige Vollzugswirklichkeit ist immer mit der Sinnfrage verbunden. Das Wasser gibt den letzten rationalen Grund einer Kausalkette an. Das Wasser, auf den Menschen bezogen, ist bestimmt durch die Sinnfrage (die zweideutig ist). Das Wasser ist nicht der λόγος, der Sinn der Welt, es stellt nur die Frage und reicht damit in die Dimension des Göttlichen (bzw. des Daimōn). Erst wenn die ἀρχή durch Gott bestimmt wird, erhält der Kosmos seinen Sinn. „Πάντα πλήρη θεῶν εἶναι." „Alles ist erfüllt von Göttern." Falls dieser dritte Satz auch von Thales stammt, darf der Ausdruck „Götter" nicht als ein Synonym für Daimōn verstanden werden, denn dann würde er nur das bereits Gesagte wiederholen, sondern er ist ein Synonym für νοῦς und bedeutet: Alles, ganz und gar bestimmt das Sein der Götter bzw. Gottes. Nicht nur der Sinn des Wassers in bezug auf den Menschen ist Gott, sondern alles kosmische Geschehen hat einen göttlichen Sinn, bzw. der Sinn von allem ist Gott, ὁ θεός, θεοί, θεῖον! In allem läßt sich ein Sinn erkennen, d.h. in allem Gott finden. Gott steht also nicht in einem Begründungszusammenhang. Thales kann die Welt ohne Gott begründen. Das Weltgeschehen aber kann er ohne Gott nicht als sinnvoll erkennen. Damit der Kosmos einen Sinn hat, muß Gott von ihm ausgesagt werden. In ihm erhält die lebendige Welt ihre Eindeutigkeit, und die Sinnfrage findet eine positive Antwort.

Bei den meisten Vorsokratikern herrscht die Ansicht, daß das Urelement[60] aus sich verständlich ist, keiner kausalen Begründung in Gott bedarf, θεός jedoch das Ursprungselement bestimmt.

Als ein weiteres Beispiel mag *Anaximander* (6. Jh. v. Chr.), der Nachfolger des Thales aus Milet, dienen. Für ihn ist kein konkretes Element der Ur-

---

58   H. Diels/W. Kranz (Hg.), a.a.O., I, 67ff., ebenfalls die weiteren Zitate von Thales.

59   Es ist charakteristisch, daß Cicero (I, 20, 25) den Satz kausal interpretiert: „Aquam dixit esse initium rerum, deum autem eam mentem, quae ex aqua cuncta fingeret."

60   Fast alle Vorsokratiker geben nur ein Grundelement an, die ἀρχή oder auch αἰτία kann als Luft, Feuer u.a.m. benannt werden.

sprung, sondern die ἀρχή ist das ἄπειρον, die unendliche Möglichkeit. Die unbegrenzte Möglichkeit der Materie ist das Ursprünglichste, ist der Anfang aller Dinge. Bereits in der Orphik werden das Chaos, die Dunkelheit und die Nacht als der Ursprung alles gegenständlich Seienden konzipiert. Diese unendliche Potenz konkretisiert sich in Himmel und Erde, in der Zeit und im hellen Augenblick, der die Nacht durchbricht. Für Anaximander ist diese unendliche Möglichkeit, das ἄπειρον zugleich eine unbestimmte (indefinite) δύναμις, Kraft. Sie ist der treibende Motor allen Lebens. So entwickelt er als erster Philosoph eine Evolutionstheorie und läßt aus dem Urfisch im Wasser den Menschen entstehen. Was hier spekulativ gedacht wurde, konnte zweieinhalbtausend Jahre später Darwin empirisch nachweisen. Für Anaximander ist das ein unendlicher Prozeß in unendlichen Welten. Als unbestimmbare Möglichkeit ist dieser Prozeß zugleich ewig. Er wirkt in allem und wird bei Anaximander religiös als göttlicher Prozeß qualifiziert. Wird er vom Menschen erfahren, dann kann in ihm zugleich Gott erfahrbar werden. Da der Prozeß der Welt ewig ist, kann sich Gott immer neu im menschlichen Leben ereignen. In diesem Sinne ist θεός, wie wir bereits gesehen haben, „unsterblich und unvergänglich". Die ewige Weltbewegung wird durch Gott bestimmt. Wiederum selbstverständlich nicht kausal, sondern von dieser unendlichen prozessualen Möglichkeit kann Gott ausgesagt werden. Dadurch wird Gott selbst, in den Überlegungen Anaximanders, als Prozeß verstanden. Dem Ereignischarakter entsprechend wird Gott als das Gute und Überwältigende, als ständiges Werden aufgefaßt. Die Bewegung des Werdens schafft je neu den Ausgleich unter den Seienden – geboren werden und sterben – und ist ein Prozeß, der Gotteserfahrung ermöglicht. Das ἄπειρον wird ein οὐράνιον – grenzenlose Möglichkeit wird als himmlisch und göttlich bezeichnet. Und diese ἄπειροι οὐράνιοι erhalten ausdrücklich ein göttliches Prädikat, sie sind θεούς. Zum ersten Mal wird in der abendländischen Philosophie das Werden positiv gewertet, so daß sich in ihm die Fülle der Wirklichkeit zeigt und Gott vom Menschen erfahren werden kann. Aristoteles wird gegen die Zusammenschau Gottes mit dem Werden gegen Anaximander polemisieren, da er das Werden von Gottes Sein ausschließt, da Werden ein verminderter Seinsmodus sei. Von Anaximander aber läßt sich eine Linie des philosophischen Denkens verfolgen, die Heraklit aufgreift und die bis zu Hegel und ins 20. Jh. zu Teilhard de Chardin reicht.

Heraklit aus Ephesus (535-475 v. Chr.) durchdachte die Frage nach dem Werden noch radikaler und brachte sie noch stärker als Anaximander in Verbindung zum Gottesbegriff. Wir haben bereits gesehen, daß der Vorgang des „Sich-wärmens" Gott offenbar machen kann, denn einerseits ist dieses Geschehen ein Werden und andererseits ist nach ihm die ἀρχή, das grundlegende Naturelement das Feuer, τὸ πῦρ. Die Wahrheit der Welt ist das Feuer, denn die Erde entstand aus einem Feuerball und wird im Weltenbrand wieder zu Feuer werden. So zeigt sich die göttliche Wirklichkeit im Aufleuchten des

Feuers, das nur im Prozeß des Werdens ist und Bestand hat. Für Heraklit aber gibt es nicht nur eine ἀρχή, das Feuer, sondern auch ein zweites Prinzip, das alles bestimmt, nämlich den λόγος. Er ist der eine Sinn der Welt, der immer war. Der Sinn, der λόγος, aber ist kein ruhendes Prinzip, sondern Gegensatz und Widerspruch. Die Dialektik des Denkens hat Heraklit erstmals erfaßt. Πῦρ und λόγος sind das konstitutive Doppelprinzip der Welt. Der λόγος rückt sehr nahe an das Weltgesetz, der εἱμαρμένη, heran. Sowohl das Feuer wie der Sinn sind für ihn Umwandlungsprozesse. Diese konstituieren sich durch den Widerspruch, der sich in Sein und Nichtsein manifestiert, das Werden bewirkt und die Welt konstituiert. Die vulgäre religiöse Kultpraxis und den Götterglauben kritisiert er von diesem Ausgangspunkt her. Was verehren die Menschen? Es sind die ἱερὰ ἀγάλματα, die Kultbilder, in denen Gott anschaulich wird. Diese sind aber das Ruhende. Daher werden auch die Götter als Seiende und ruhende Substanzen vorgestellt. Das „Ruhende" aber ist der Nicht-λόγος, der Un-sinn der Welt und das Unwahre. Das Bestehende ist das Dämonische (δαίμων). S. Kierkegaard wird es zweieinhalbtausend Jahre später als das Unchristliche schlechthin bezeichnen. Wenn Heraklit daher Gott nennt, dann ist er meist die eine positive Wirklichkeit, die mit dem werdenden λόγος und dem Feuer (πῦρ) zusammengedacht wird. Selbst wenn er als Zeus benannt wird, wird er kein gegenständliches Subjekt, sondern ist die positive Helle eines Geschehens. Unter diesen Voraussetzungen ist folgender Satz zu verstehen (Fr. 67):

ὁ θεὸς ἡμέρη εὐφρόνη, χειμὼν θέρος, πόλεμος εἰρήνη, κόρος λιμός (τἀναντία ἅπαντα· οὖτος ὁ νοῦς), ἀλλοιοῦται δέ ὅκωσπερ (...) ὁπόταν συμμιγῆι θυώμασιν, ὀνομάζεται καθ' ἡδονὴν ἑκάστου.	Gott ist Tag-Nacht, Winter-Sommer, Krieg-Friede, Sattheit-Hunger sämtliche Gegensätze, das ist gemeint; und er wandelt sich, wie ... das Feuer[61], wenn es mit Räucherwerk[62] gemischt ist, je nach dem Duft von jedem einzelnen benannt wird.[63]

In der Zweideutigkeit, den Widersprüchen, den Gegensätzen des Lebens ist Gott das Einigende, was von allen Dingen ausgesagt werden kann. Gott ist

---

61   In die Textlücke wird meist πῦρ eingefügt; möglich ist auch μύρον, Öl.
62   Wird πῦρ eingefügt, heißt θυώματα Weihrauch; heißt es μύρον, dann sind mit θυώματα Gewürze gemeint.
63   Vgl. H. Fränkel, Wege und Formen frühgriechischen Denkens, München 1955, 237-250. Ähnliche Aussagen finden wir in den Upanishaden (800-600 v. Chr.), Hymne zum Preis des āman oder brahma: „Wahrlich, dieses Selbst ist brahma, bestehend aus ... Kraft und Nicht-Kraft, Wunsch und Nicht-Wunsch, Zorn und Nicht-Zorn, Recht und Unrecht ... aus allem bestehend; dies ist gemeint mit ‚aus diesem bestehend, aus jenem bestehend' (sarvamayas tad yad etad idaṃmayo 'domaya iti) ... Wahrlich, die Welt war damals undifferenziert. Sie wurde differenziert eben durch Namen und Gestalt (nāman und rūpa)." Die letzte Wirklichkeit bestimmt sich in den Widersprüchen des Lebens, durchwirkt sie, aber ist mit ihnen nicht identisch.

immer mit und unter den zweideutigen Dingen des Lebens. So ist er zum Fassen nahe und in den Lebenserfahrungen anwesend, aber niemals mit diesen identisch. Zugleich entzieht er sich jedem Zugriff und ist daher nicht anwesend. Gott ist wesenhaft nichts Bleibendes, sondern der Wandel selbst. In einem Bild veranschaulicht das Heraklit: Feuer, Licht (oder Öl) wird immer mit irgendeinem Stoff gemischt und wird daher stets anders erfahren, d.h., die Kraft des Lichts (oder Öls) ist die gleiche, ob es rot, grün oder gelb ist (bzw. mit welchem Gewürz auch immer das Öl gemischt wird). In ein und demselben Erkenntnisakt werden das Feuer und seine Farbe wahrgenommen. So sind die Lebenserfahrungen verschieden, in ihnen ist es möglich, Gott zu erfahren, als lebendiges Licht, das sich stets verändert. In dieser Dialektik sieht Heraklit: 1. Gott als einen, 2. als mit den Ereignissen des Lebens verbunden, 3. als das eindeutig Gute, 4. als jede Dinghaftigkeit abwehrend (Gott ist kein Seiendes oder Seiender) und 5. als Prozeß, insofern er den dialektischen λόγος qualifiziert. Gott ist der positive Faktor in allem, was geschieht. Die Widersprüche des Lebens und selbst das Unrecht werden durch ihn aufgehoben. Gott macht das Werden, den Prozeß, das Geschehen mit und bestimmt es in den Grundelementen πῦρ und λόγος als positiv.[64] Gott wird jedoch nur erfahren, wenn er in der werdenden Welt am „anderen" wird. Der „werdende Gott" wird gerade bei Heraklit als Relationswirklichkeit zwischen den Gegensätzen gesehen. Das Werden wird daher positiv in den Gottesbegriff einbezogen.

4. Gott wird abstrakt – zwei Welten entstehen

Im Zuge der sog. griechischen Aufklärung betritt *Xenophanes* (580-485 v. Chr.) einen anderen philosophischen Weg und übt schärfste Götterkritik. Während bei den bisher besprochenen Autoren Gott die menschliche Erfahrung qualifiziert, ist für ihn zwischen Gott und Mensch eine absolute Zäsur. Er „entmythologisiert" die Welt. Sie hat keine göttliche Dimension. Auch ist der Kosmos nicht lebendig (ἔμψυχον), und die menschliche Seele ist nicht göttlich. Alle Götter – er vernachlässigt ganz die ursprüngliche Unterscheidung zwischen Gott und den abgeleiteten Göttern – sind nichts anderes als menschliche Projektionen[65]: „Alles haben Homer und Hesiod den Göttern angedichtet, was nur immer bei den Menschen Schimpf und Schande ist: Stehlen, Ehebrechen und sich gegenseitig Betrügen ... Die Äthiopier stellen

---

[64] Auch andere Vorsokratiker wie Anaxagoras (5. Jh. v. Chr.), wegen „Gottlosigkeit" verbannt, sahen Gott als Bestimmung des Geistes (νοῦς), bzw. des λόγος. Wie bei Heraklit geht aber Gott nicht einfach in dem Prozeß auf, sondern ist von ihm zu unterscheiden (B 108). Empedokles (5. Jh. v. Chr.) bestimmt Gott im Zusammenhang mit dem Vollzug der Liebe (φιλία).

[65] Zweieinhalbtausend Jahre später lehrt L. Feuerbach, daß Gott reine menschliche Projektion sei, und knüpft an Xenophanes' Gottesvorstellung an.

sich ihre Götter schwarz und stumpfnasig vor, die Thraker dagegen blauäugig und rothaarig ... Wenn Kühe, Pferde oder Löwen Hände hätten und damit malen und Werke wie die Menschen schaffen könnten, dann würden die Pferde pferde-, die Kühe kuhähnliche Götterbilder malen und solche Gestalten schaffen, wie sie sie selber haben" (Fr 11, 16, 15). Diese Projektion menschlichen Verhaltens und menschlicher Vorstellungen in die Götterwelt lehnt er entschieden ab. Er stellt sich jedoch nicht, wie andere Vorsokratiker, die Frage, wie Gott für die Menschen erfahrbar ist und welche Wirklichkeit der Welt von Gott zeugt, sondern er versucht, aus den beschriebenen Göttern ein gereinigtes Gottesbild zu abstrahieren. Es geht zum ersten Mal im Abendland um einen reinen Gottesbegriff, der alles Negative ausschließt und wohl erstmalig einen Monotheismus propagiert. Er stellt aber aufgrund dieses Ansatzes nichts anderes dar als einen reduzierten „gereinigten" Polytheismus. Indem Xenophanes zu Recht die Götter als menschliche Projektionen ablehnt, verliert er zugleich die Erfahrbarkeit des Gottes, $\theta\epsilon\acute{o}\varsigma$, aus dem Auge und erschließt einen Gott, der nach Art der Götter ein Seiender ist. Dieser Monotheismus sollte dann zur abendländischen Tradition werden. Sein Gottesbegriff beinhaltet: 1. Es gibt nicht viele, sondern nur einen Gott. Dieser eine Gott, $\tau\grave{o}$ $\H{\epsilon}\nu$, das Eine, ist dem Menschen ganz unähnlich. 2. Während wir der Veränderung unterworfen sind, ist Gott absolut unveränderlich und ohne Bewegung. „Er verharrt immer an derselben Stelle, ohne sich zu bewegen (B 26). 3. Während wir aufgrund unserer Veränderungen leidensfähig sind, ist Gott „jedem Leid entrückt" (A 35). Gott ist also unfähig zu leiden. Der $\dot\alpha\pi\alpha\theta\acute{\iota}\alpha$-Gedanke prägte das Gottesbild bis auf unsere Tage. 4. Während alles, was wir erfahren, vergänglich ist, ist Gott unvergänglich ewig und immer der Gleiche. 5. Während wir Menschen in Unrecht verstrickt sind, ist Gott nur gerecht. 6. Während wir dem Weltgeschehen ohnmächtig gegenüberstehen, ist Gott der Größte und Mächtigste. 7. Während wir es oft an Geist und Weisheit fehlen lassen, ist Gott „geistiger als der Geist" (A 35), also ein absolut vernünftiges Wesen und daher ganz Weisheit (A 1). 8. Während all unsere äußeren Formen stets unvollkommen sind, ist Gott die vollkommenste Form, gleicht in nichts den Menschen (A 1) und ist kugelförmig. „Ganz sieht er, (ganz denkt er), ganz hört er" (B 24). Mit Ausnahme der Kugelform, von der allerdings noch das Mittelalter schwärmte, können wir in diesen Aussagen weitgehend ein herkömmliches Gottesbild erkennen. Dieser sog. „gereinigte" Gottesbegriff wird im Widerspruch zu unserer Erfahrung mit der Welt gebildet. Er stützt sich auf den menschlichen Mangel und negiert ihn. Die einfache Projektion menschlicher Erfahrungen in die Götterwelt wird ausgeschlossen; dafür wird durch die menschliche Vorstellungskraft und Sehnsucht ein vollkommenes Seiendes projiziert, das als Erfüllung aller menschlichen Träume vorgestellt wird. Die Abstraktion potenziert die Projektion. Keine Erfahrung spricht mehr für sie. Wie aber soll ohne Erfahrungshorizont von einem Gott als Realität noch gesprochen werden? Es bleibt nur die abstrakte Deduktion eines spekulativen Vorganges ohne jede Erfahrungsbasis. Verstanden die meisten Vorsokratiker Gott nur in und mit den Ereignissen des Lebens als eine erfahrbare Wirklichkeit, wird nun Gott zu einem abstrakten Wesen, dem besondere Eigenschaften zukommen. Gott wird zu einem transzendenten Seienden, ein Seiender „an sich". Da nach Xenophanes die Induktion und Konkretion zum falschen Götterglauben führt, beschreitet er zum ersten Mal den Weg der konsequenten Abstraktion und der Deduktion des Gottesbegriffs. Das Ereignis und die Erfahrung spielen keine entscheidende Rolle.

In diesen Dunstkreis geraten, kann *Parmenides* (539-480 v. Chr.) in aller Konsequenz zwei Welten konstruieren: Die Welt der δόξα, des Scheins, der Bewegung, der Erfahrung und die Welt des εἶναι, des Seins, der Wirklichkeit, der ewigen Wahrheit. Unser Denken zielt auf diese Welt des Seins. Zwar spricht er noch von Gott, der für ihn der Eros, die strebende Liebe, ist und durch die Zweideutigkeit (δαίμων) hindurch wirkt, aber weder ein Gott noch die Götter spielen für ihn eine Rolle. Xenophanes' Gott ist bei Parmenides „*das Sein*". Seine Grundaussage lautet: „Ἐστὶν γὰρ εἶναι", es ist nämlich Sein.[66] Das Sein ist die wahre Welt. Alle Eigenschaften, die Xenophanes dem Gott gab, erhält nun das Sein. Es ist ewig, eins, ungeworden, unveränderlich und kugelförmig. Es enthält keine unbestimmte Möglichkeit, ist ganz bestimmt, ohne Potenz, reine Wirklichkeit. Ob Parmenides im Zusammenhang mit dem Sein einen Gott gedacht hat, läßt sich nicht mehr feststellen, auf jeden Fall hätte ein solcher Gott mit der Welt des Scheins, der Veränderung und des Leides nichts zu tun. Auf diese philosophischen Vorgaben treffen die beiden großen Philosophen, die das ganze abendländische Denken prägen sollten: Platon und Aristoteles. Im Kern finden wir bei den Vorsokratikern alle späteren Probleme der Gottesfrage, einschließlich der Alternative: Ohne Erfahrung keine Rede von Gott, versus: Gott kann nur durch Abstraktion erkannt werden!

Die Abstraktion übte eine ungeheure Anziehungskraft aus, so daß auf dem Boden der Skepsis und Sophistik erstmals bei *Sokrates* (470-399 v. Chr.) die Frage nach der Gewißheit der Gotteserkenntnis auftaucht. Die Unmittelbarkeit einer Gotteserfahrung war durch den Abstraktionsprozeß genommen. Nicht die Erfahrung, sondern der Gedanke ist der Grund der Gewißheit. Von Gottes Sein aber gibt es keine verläßliche Aussage. Daher verkündet *Protagoras* (485-415 v. Chr.) den „Homo-mensura"-Satz und lehrt: „Über Götter kann ich nichts wissen, weder daß sie sind, noch daß sie nicht sind, noch wie etwa an Gestalt" (B 4). Soweit wir dagegen die Ansicht Sokrates' kennen, scheint er der Meinung gewesen zu sein, daß wir sehr wohl eine Gewißheit Gottes erlangen können, nämlich in unserem Inneren. Die intentionale, relationale Erfahrung, die auf die Außenwelt angewiesen ist, wird nun durch eine innere Erfahrung ersetzt, wie wir sie aus ihrem Nachhall bei Schleiermacher im 18. Jh. kennen. Die Gewißheit liegt nun im Selbst, in der eigenen Seele.

---

[66] Vgl. die Interpretation M. Heideggers, in: Über den Humanismus, a.a.O., 22ff.

Auf Augustinus und Descartes übte dieser Grundansatz eine große Faszination aus.

Platon (427-347 v. Chr.) entwickelt auf dieser Grundlage seine philosophische Theologie. Er zweifelt zwar nicht an der Existenz Gottes, in seinem Alterswerk ‚Nomoi' (Gesetze) fordert er aber die Sicherheit der Gotteserkenntnis und führt zum ersten Mal in der abendländischen Geschichte einen „Gottesbeweis". In seinen frühen Werken jedoch bindet er die Rede von Gott (θεο-λογία) noch an die Erfahrung des Guten. Die Sinnenwelt spiegelt die Idee des Guten wider. Diese Idee ist in der Rangordnung der Ideen die höchste. Entsprechend der Tradition der Vorsokratiker setzt er das ἀγαθόν, das Gute, mit ὁ θεός gleich. Gottes Sein ist Gutsein.[67] Spreche ich von Gott als einer Wirklichkeit (ὁ θεὸς ὤν, P 379 a), dann spreche ich vom wahrhaft Guten. Werden Gott und das Gute getrennt, dann treibt man nicht mehr Theologie, sondern Mythologie. Gott und Gutsein sind ein und dasselbe, auch wenn bei Platon das Verhältnis der Ideenlehre zur Gotteslehre nicht restlos geklärt ist.[68] Die Idee des Guten ist für ihn die Ursache (αἰτία) des „Richtigen und Schönen" (P 517 c) und von „Verstehen und Wahrheit" (P 508 e). Das Gute[69] geht über alles andere hinaus, auch über das Sein (τὸ εἶναι) und das „Wesen" (ἡ οὐσία), denn alles geht aus dem Guten hervor, auch das Sein. Daher ist das Gute keine οὐσία, keine Wesenheit (P 509 b). Gott aber ist das Gute. Dieses ist aber nicht die Ursache (αἰτία) von allen beliebigen soseienden Dingen, sondern nur von dem, was sich gut verhält (εὐ-έχειν vgl. εὐ-δαιμονία), was als gut bestimmt ist. Platon braucht den Gedanken der Ursache (αἰτία), weil er das Reich der Ideen[70] vom Reich der Erfahrungen, der erfahrbaren Welt trennt und einen Grund angeben muß, warum die erfahrbare Welt Anteil am Guten hat, dieses aber nicht ist. Steht nun Gott auf der Seite des Reichs der Ideen, ist er das Gute, dann kann er nur mittelbar erkannt werden und benötigt einen Aufweis. Er geschieht im kausalen Denken nach Art von Ursache und Wirkung. Damit wird Gott ätiologisch gedacht und von unserer Welt getrennt. Gott ist „in jeder Hinsicht das Beste" (P 381 b). Das Göttliche ist daher „schön, weise, gut und alles, was dergleichen ist" (Phr 246 d-e). Alles Gute in unserer Welt partizipiert am Guten schlechthin und hat in ihm seine Ursache. Aber auch nur das Gute kann vom Guten verursacht werden, das Übel kann nicht im Guten seine αἰτία haben.[71] Das Gute ist am Bösen unschuldig, ursachlos (ἀν-αίτιον). Gott kann daher nicht am Bösen schuldig sein, sondern es muß eine andere Ursache haben (P 379 c). Die

---

67 Ἀγαθὸς ὅ γε θεὸς τῷ ὄντι (P 379 b).
68 Wenn Platon von der Idee des Guten spricht, identifiziert er diese Idee nie ausdrücklich mit Gottes Sein.
69 Ἡ τοῦ ἀγαθοῦ ἰδέα oder einfach τὸν ἀγαθόν.
70 Die Herrscherin (κυρία) dieses Reiches ist die Idee des Guten.
71 Es ist von Bedeutung, daß bei Platon der ἀρχή-Begriff gegenüber der αἰτία zurücktritt. Nicht der Ursprung, der Beginn, sondern die Ursache, die Kausalität, steht im Vordergrund.

Ursache des Guten in der Welt ist Gott allein (P 380 c). Ursache steht hier für die Teilhabe an Gott, ist also eine Verhältnisbestimmung. Kein Schöpfungsgedanke liegt hier zugrunde. In den Menschen ist aber oft nur sehr wenig Gutes zu finden (mehr δαίμων als εὐ-δαιμονία), und so ist Gott auch nur die Ursache von Wenigem im Menschen. Aber alles Gute im Menschen kommt von Gott. Gott selbst ist das Vollkommenste. Ist es nun möglich, daß Gott sich selbst schlechter oder geringer macht als er ist? Dann würde Gott etwas Mangelhaftes und Schlechteres anstreben. Das ist unmöglich. Daher wandelt und verändert er sich nicht. Auch kann er keine menschliche Gestalt annehmen. Er bleibt vielmehr immer, wie er ist. „Unmöglich (ist es) ... für Gott, daß er sich ändern will, sondern ... er bleibt immer ganz einfach in seiner eigenen Gestalt" (P 381 c). Er ist wahrhaftig, und keine Lüge ist in ihm. „Gott ist einfach und wahr in Wort und Tat" (P 382 e). Die Idee des Guten ist unwandelbar, und so ist auch Gott keinem Wandel unterworfen. Ein solcher Gott kann nie und nimmer ein Mensch werden, denn Gott ist von den Ereignissen der Welt getrennt und als Ursache von ihnen abstrahiert. Gott ist der Gute, Eine – nur *ein* Gutes ist denkbar – und unveränderlich. Da das Gute über dem Sein steht, ist Gott das „Überseiende".

Ist er als der Gute auch die Liebe? Ist der ἔρως ein Gott?[72] Die Gesprächspartner des Sokrates behaupten es: Er sei ein Gott, der älteste und jüngste, groß und bewundernswert; es gäbe kein größeres Gut als den Eros; er ist der Menschenfreundlichste, ohne jedes Unrecht. Hätte in den Mythen nicht das Schicksal, ἀνάγκη, sondern die Liebe, der ἔρως, geherrscht, dann hätte es nur Friede zwischen den Wesen gegeben. Durch die Liebe entsteht alles Gute, und sie schenkt Freiheit. Der Eros ist himmlisch, οὐράνιον, ist allgemein, πάνδημον. Er verbindet die Menschen und ist die entscheidende Tugend, ἀρετή. Er ist daher der Schönste und Beste und folglich Gott. Gott und die Liebe gehören zusammen (S 197 d, e; vgl. 1Kor 13). Dagegen nimmt Sokrates Stellung. Die Liebe ist doch eine Kraft, δύναμις, die nach dem Schönen und Guten strebt. Wonach man aber strebt, das besitzt man nicht. Liebe ist begehrend und die treibende Kraft, zum Wahren, Guten und Schönen zu gelangen. Wer aber nach etwas strebt, ist nicht vollkommen, sondern ist auf der Suche nach dem Vollkommenen und Guten. Daher ist die Liebe kein Gott (οὐδὲ θεός, S 202 c). Den Eros kann man nicht Gott nennen (οὐ θεὸν νομίζειν). Aber die Liebe ist auch nichts Sterbliches, Vergängliches und nicht rein menschlich. Vielmehr ist die Liebe die Mittlerin zwischen Gott und Mensch, zwischen Sterblichen und Unsterblichen. Gott selbst nämlich verkehrt nicht unmittelbar mit den Menschen (S 203 a). Der Eros ist der Hermeneut, der alles vereint. Selbst ist er aber nicht eindeutig. Als Mittler ist er vielmehr der große Daimōn, δαίμων μέγας. Er ist die Zweideutigkeit, insofern der Mensch nach dem Guten strebt, selbst aber nicht gut ist, denn nur Gott ist gut. Wer das Gute ist, hat keinen Anteil am Eros. Weil Gott das Gute ist, kann er nicht lieben. Würde er lieben, würde er sich verändern. Wäre Gott

---

[72]   Es ist eine grundlegende Frage in seinem Werk: Symposion oder über die Liebe, 202ff.

die Liebe, würde er eine verminderte Seinsweise und bedürftig sein. Gott wäre nicht mehr Gott. Der Mythos spricht richtig vom Eros, der am Fest der Aphrodite entstand, indem Poros (der Ausweg) und die Penia (Armut) einander umarmten. Die Liebe ist nie reich und nie arm. Sie ist nicht der Ausweg selbst (Gott), aber auch nie die Hoffnungslosigkeit (Chaos). Immer steht sie dazwischen und ist die Kraft des Strebens, „das Gute immer zu sein" (S 206 a). Als Streben ist der Eros noch nicht das Gute selbst und daher der Daimōn schlechthin, der stets noch ausgeschlossene Gott, der „Noch-nicht-Gott". Er bewegt alles auf Unsterblichkeit hin, indem er alles entstehen läßt. Jede Zeugung ist auf Unsterblichkeit aus, denn in den Kindern, besonders in der „Seelengemeinschaft" lebt man weiter. Was erstrebt nun eigentlich der Eros? Den Umgang, die συν-ουσία, die Vereinigung, das Einswerden mit dem Geliebten als Gut. Der Umgang zweier Menschen miteinander ist dann ein θεῖον. Im Umgang, der durch den Eros angestrebt wird, wird Gott gegenwärtig. Platon führt hier nahe an die ursprüngliche Gotteserfahrung heran. Aber nicht dieses Geschehen ist das Ziel selbst, sondern der Eros steht im Dienst des Einen und Guten. Obwohl es scheint, daß das Ziel der Liebe eine Verhältnisbestimmung ist, eine Beziehung im Umgang, wird sie dem einen Guten untergeordnet. Durch dieses Verständnis von Liebe, so hoch sie auch Platon schätzt, wird sie als Beziehung vom Gottesbegriff ferngehalten. Beziehung wird als δύναμις, als Entwicklungsmöglichkeit verstanden und daher vom Gottesbegriff ausgeschlossen. Beziehung als Bewegung ist Veränderung. Die Wirklichkeit, die nur gut ist, aber hat keinen Mangel. Gott kann nicht lieben. Der Mensch aber kann mit Hilfe des Eros die sichtbare Welt transzendieren, auf das absolut Gute und Schöne hin. Nach Platon führt der rechte Weg über die körperliche Schönheit zur schönen Wissenschaft und Erkenntnis bis zum Erfassen des Wesens des Schönen. „Denken wir uns, es wäre möglich, daß ein Mensch das Schöne selbst erblickte, lauter, rein und ohne Beimischung, nicht belastet mit Fleisch und Blut und Farben und anderem sterblichen Flitterkram, ja die göttliche Schönheit selbst (τὸ θεῖον καλόν) in ihrer Einfachheit würde er erschauen können. Meinst du wohl, daß das ein schlechtes Leben sei?" (S 211 d, e). Die Antwort lautet selbstverständlich: Nein! Indem der Mensch zu der Ideenwelt aufsteigt, findet er Gott.

Das ist die Voraussetzung für den Gottesbeweis, den Platon in seinem Alterswerk (Nomoi) führt. Einen Beweis aus der Ordnung der Welt, die aus dem Zusammenspiel von Erde, Mond, Sonne, Gestirnen und Gezeiten etc. besteht, hält er für ungenügend.[73] Ebenso den Beweis aus der Übereinstimmung aller Völker; Griechen und Barbaren erkennen an, daß es Götter gibt (N 886 a). Eine wahre Gewißheit, daß Gott existiert, geben diese Überlegungen nicht. Aber ein Beweis Gottes ist notwendig (N 891 b), da es Menschen gibt, die Gott leugnen. Sie behaupten, daß alles, was geworden ist, nicht durch (διά) Gott geworden ist, sondern durch die Natur (φύσις) und durch den blinden Zufall,

---

[73] Thomas v. Aquin wird jedoch im Mittelalter aus dem Ordo-Gedanken einen Gottesbeweis führen.

der τύχη (Schicksal). Indem sie das vortragen, setzen sie den νοῦς, den λόγος und die ψυχή, also alles Geistige als sekundär, als das Abgeleitete. Damit verkennen sie notwendig auch das Wesen (οὐσία) des Göttlichen. Platon gibt die Schuld am Atheismus seiner Zeit den Vorsokratikern, die als erste Wirklichkeit (πρῶτον) ein materielles Element angegeben haben wie Wasser oder Feuer (N 892 c). Platon deutet die Vorsokratiker also von seinem eigenen kausalen Ansatz her und sieht nicht, daß für sie die Gottesfrage nicht in einem Kausalzusammenhang gelöst werden konnte, da die Kausalkette nur für die materielle Welt gilt. Platon leugnet diese Selbstbeschränkung und dehnt erstmals das Kausalprinzip aus, macht das physische Prinzip zu einem metaphysischen und stellt einen Kausalzusammenhang zwischen Gott und Welt her. Seine Frage nach der ἀρχή ist die Frage nach der Ursache, der αἰτία. So kann er den Gottesbeweis antreten. Die vergängliche Welt ist in Bewegung. Geburt und Tod, Wachstum und Altern – alles ist der Vergänglichkeit unterworfen. Es sind jedoch zwei Arten von Bewegung zu unterscheiden. „Die eine, die anderes bewegen kann, nicht aber sich selbst ... die andere, die stets sich selbst und anderes bewegen kann" (N 894 b). Der Ursprung (ἀρχή) der Bewegung kann aber nicht das Bewegtwerden, sondern nur die Selbstbewegung sein. Was sich aber selbst bewegen kann, hat eine Seele. Daher ist die Seele das Prinzip der Bewegung des Lebens. Sie ist das Erste und nicht die Materie. Ist sie das Erste, dann ist sie das führende Prinzip von allem, im Himmel, auf der Erde und im Meer (N 896 e). Wie aber muß eine solche Seele beschaffen sein, daß sie die Macht über den Himmel, die Erde und den gesamten Kreislauf hat und ihn begründet? Sie muß vernünftig sein, ein νοῦς sein, denn sonst könnte sie nicht alles bewirken und lenken. Die Unvernunft hingegen bringt nichts Richtiges und keine εὐ-δαιμονία hervor. Wohl aber die Vernunft, die alles in geordnete Bahnen laufen läßt und sich nach ihrem Gesetz vollzieht. Dieser νοῦς kann im Menschen nur einer sein. Wenn nun die eine Seele die αἰτία von allem ist, dann ist sie auch die Ursache des Schlechten. Da im Menschen Unvernunft herrscht, ist sie der Grund der Schlechtigkeit der Menschen. Anders in der Welt. Betrachten wir die Bewegung der Himmelskörper, dann ist diese nur vernünftig und gut. Was bedeutet das? Eine „beste Seele" sorgt für den ganzen Kosmos; sie ist nur Vernunft und voll Tugend (N 897 b-e). Und das ist genau der eine Gott (θεός, N 899 a). Das Göttliche ist nur gut. Die menschliche Seele, wenn sie der Vernunft folgt, *strebt* nach dem Guten (P 505 d-e). Im Streben danach hat jede Seele „mit dem Göttlichen Gemeinschaft" (Phr 246 d) und ist daher „gottgestaltig" (θεοειδές, gottebenbildlich, Ph 95 c). Neben den Göttern ist die menschliche Seele „das Göttlichste" (N 726). Daher ist das Vernünftige am Menschen „das Göttliche" (τὸ θεῖον, P 590 d). Ist nun die Seele das Göttliche und Ursprung von allem, dann ist, wie Thales sagt „alles voll von Göttern" (N 899 b), d.h. alle vernünftige Selbstbewegung hat Anteil an dem einen Guten. Das nun aufgewiesene Göttliche als „vernunftbegabte Seele" ist des Weltalls Führungsprinzip; Gott ist der Weltregent. Indem Platon die Vorsokratiker umdeutet, spricht er von ὁ θεός, der „Anfang, Ende und Mitte von allem Seienden hält" (N 715 e – 716 a). Gegen Protagoras' Homo-mensura-Satz nennt er Gott das „Maß aller Dinge" (N 716 c). Dieser Gott sorgt für das All, indem er es erhält und auf die Vollkommenheit des Ganzen ausrichtet (N 903 b). Sogar um „das Kleinste" kümmert er sich (N 903 a). Daher ist letztlich alles „Fügung Gottes" (N 875 c, 759 c). Besonders in seinen Werken Sophistes und Timaios wird Gott nicht nur als die vollkommene, sorgende Vernunft dargestellt, sondern vor allem als Ursache (αἰτία) aller Ordnung. Die ganze Natur ist durch göttliches Wirken (τέχνη) gemacht (Soph. 265 e). Menschen, Tiere, Pflanzen, Wasser und Feuer sind Erzeugnisse (γεννήματα) und Kinder Gottes (Soph 266 b). Die ganze werdende Welt hat eine Ursache (αἰτία), und diese ist „der Urheber und Vater des Weltalls" (ποιητὴς καὶ πατήρ, T 28 c). Da er gut ist, ordnet er alles nach der Vernunft. Aus der Unordnung und dem Chaos erstellt er die Ordnung und macht die Welt zum „schönen Kosmos" (T 29 a, 30 a). Er ist der große δημιουργός, Demiurg und Ordner (συνιστάς, T 29 e). Der gute Gott bringt die Dinge in das richtige Verhältnis, so daß sie in einer „Analogie" (T 69 b) zueinander stehen. Gott selbst ist keine Verhältnisbestimmung, sondern er verursacht die rechte Beziehung der Dinge zueinander. Gott ist kein Schöpfer aus dem Nichts, aber die Ursache der rechten Verhältnisse. Gott ist nicht der Grund des Seins, sondern der rechten Beziehungen, die ein ganzes Ordnungsgefüge ergeben. Gott ist nicht Ursprung der Welt (in ihrem Daß), sondern in ihrem Sosein (Was). Durch Gottes Vernunft ist der Sinn der Welt konstituiert. Gottes Vorsehung (πρόνοια, Fürsorge) ist immer am Werk und gilt nicht nur für die Zukunft (T 34 a). Er ist der „immerbleibende" (P 611 e) und ist mit der Idee des Guten letztlich identisch. Das Gebet zu Gott hat nicht den Sinn, den unveränderlichen Gott umzustimmen, sondern uns einsichtig zu machen, daß wir den Plänen der göttlichen Vorsehung zu folgen haben.

Platon nimmt der werdenden Welt ihre Selbständigkeit (Substantialität) und Autonomie, degradiert die Liebe zur zweideutigen Wirklichkeit[74] und im Gegenzug verselbständigt er die Ideen, als Gipfel schließlich die Idee des Guten bzw. Gott. Damit erhält das Allgemeine als Allgemeines Substanz, wird zu einer selbständigen Welt und ist nicht mehr allein eine reale Aussage *von* unserer Welt. Da Platon Gott mit der Idee des Guten weitgehend gleichsetzt, wird Gott im Sinne der Allgemeinheit der Idee ein selbständiges Seiendes, wenn auch über allem Sein. Er ist von unserer Welt entfernt, hat seine eigene Welt und Substanz. Zugleich nimmt dieser Gott auch einzelne Züge der Götter an. Damit ist der entscheidende Schritt zur Vergegenständlichung und Verobjektivierung Gottes im abendländischen Denken getan. Dieser Gott, der keine unmittelbare Wirklichkeit im Ereignis des Weltgeschehens ist, der also nicht erfahrbar und nicht wirklich gegenwärtig ist, braucht eben einen Beweis. Er wird als Ursache des Soseins der Welt bewiesen. Gott ist Ursache und Grund für den Sinn in unserer Welt. Platon verficht dies aber noch nicht

---

74 Platon spricht fast ausschließlich von ἔρως und nicht von der ἀγάπη.

mit aller Konsequenz, da seine Gedankengänge manchmal auch eine unmittelbare Anwesenheit Gottes nahelegen.

5. Gott wird zum unbewegten Beweger

Die letzte Konsequenz zog *Aristoteles* (384-322 v. Chr.).[75] Die Frage der Theologie ist für ihn die Frage nach Gott als erstem Ursprung von allem (πρώτη ἀρχή). Sein Denken ist ganz von der Kausallogik bestimmt, er treibt „Theo-logik". Die Frage nach dem ersten Ursprung ist die Frage nach der ersten Ursache. Diese kann nur eine ursprüngliche, erste Wesenheit (οὐσία) sein. Οὐσία wird nicht mehr von der Anwesenheit einer Wirklichkeit her gedacht, sondern meint die Wirklichkeit eines Seienden, meint das, „was das wirklich Seiende" ist.[76] Οὐσία wird dadurch zur Substantia, zum ὑπο-κείμενον. Daher definiert Aristoteles die οὐσία: „Ἅπαντα δὲ ταῦτα λέγεται οὐσία ὅτι οὐ καθ᾽ ὑποκειμένου λέγεται, ἀλλὰ κατὰ τούτων τὰ ἄλλα".[77] All das wird οὐσία, Wesenheit, genannt, was nicht von einer anderen Substanz, sondern von der alles andere (Eigenschaften) ausgesagt wird. D.h. die οὐσία ist die Substanz aller Dinge; oder einfach: Die οὐσία ist „τὸ τί ἦν εἶναι", die Washeit, die Substanz, das Was, das in der Weise des Gewesenseins ist. Diese Wirklichkeit des Seienden als Seiendem (τὸ ὂν ᾗ ὄν) befragt Aristoteles nach seinem Ursprung, nach seiner Ursache. Der Gegenstand der Metaphysik[78] ist die Frage nach der letzten Ursache.[79] Und die Antwort auf die Frage ist: Der „erste und beherrschende Ursprung aber ist das Göttliche" (τὸ θεῖον).[80] Gott ist also das Seiende, das gegenüber allem anderen Seienden als Ursprung zu begreifen ist.

Wie läßt sich dies beweisen? Aristoteles gilt als erster, der einen streng wissenschaftlichen Gottesbeweis versuchte. Er geht von der Erfahrung aus. In der Natur erkennen wir vielfältige Veränderungen, qualitative und quantitative, örtliche und zeitliche Bewegungen. Überall begegnet uns Werden, Vergehen und Anderswerden.[81] Das Werden ganz allgemein ist ein Zeichen, daß sich ein Seiendes unterwegs von seiner Möglichkeit zu seiner Verwirklichung befindet. Alles strebt danach, sich zu verwirklichen. Dieses Streben setzt aber voraus, daß das Seiende bereits eine gewisse Verwirklichung ist. Denn wäre es reine Möglichkeit (potentia, δύναμις), dann wäre es eben nur ein „δυνάμει

---

[75]   Vgl. F.P. Hager (Hg.), Metaphysik und Theologie des Aristoteles, Darmstadt 1969.

[76]   Platon gebraucht den οὐσία-Begriff noch öfter im Sinne der Anwesenheit von etwas. Bis in die nachchristliche Zeit wurde dieser Gebrauch nicht ganz vergessen (vgl. Konzil von Nikaia).

[77]   Aristoteles, Meta. Δ 8, 1017 b 13-14.

[78]   Ebd., E 1025 b f.

[79]   Ebd., 1064 b 3.

[80]   Ebd., 1064 a 37; b 1.

[81]   Ebd., Meta. Δ, 1, 1069 b.

ὄv" ein nur „Möglichsein", und daher nicht wirklich. Wäre alles nur ein „Seinkönnen", dann wäre nichts verwirklicht und nichts wirklich. Die Wirklichkeit muß also der Möglichkeit ontologisch vorgeordnet sein, auch wenn in den sich verändernden Dingen die Möglichkeit die Voraussetzung der Verwirklichung ist, d.h. die Potenz (δύναμις) dem Akt (ἐνέργεια, ἐντελέχεια) vorausgeht. Aber nur weil bereits irgend etwas Wirklichkeit ist, kann dieses sich weiter verwirklichen. Für Aristoteles ist dies seinsmäßig und nicht zeitlich zu verstehen. Also: „Es ist offenbar, daß der Akt den Vorrang hat vor der Potenz."[82] Daraus zieht er den Schluß, daß die Ursache selbst (αἰτία) eine Wirklichkeit (ἐνέργεια) sein muß. Nicht die Nacht, das Chaos oder eine Urmaterie, eine unendliche Möglichkeit, ist das Erste von allem, sondern die Wirklichkeit (ἐντελέχεια). Nun machen wir aber die Erfahrung, daß alles, was ist, sich verändert. So scheint es also, daß die Bewegung des Werdens immer stattfindet, also ewig ist. Ist eine immerwährende Bewegung möglich? Ja, als Kreisbewegung ist sie denkbar.[83] Denn diese ist zusammenhängend und hat keinen Anfang und kein Ende. Das Ziel (τέλος) liegt nicht außerhalb der Bewegung, sondern in ihr selbst (ἐν-τέλος-ἔχειν). Haben wir für dieses Werden eine Erfahrungsbasis? Ja, und zwar doppelt. Der „bestirnte Himmel", die Planeten führen diese Bewegung aus und ebenso die Vernunft, der νοῦς. Das Vernünftige allein kehrt auf sich selbst in der Reflexion zurück. Nur das Denkende denkt über sich selbst nach, kommt denkend auf sich selbst zurück und vollführt die „redditio completa". Der νοῦς, der auf sich selbst zurückkommt, vollzieht eine Kreisbewegung, und nur in ihr ist er. Die Erfahrung lehrt uns, daß sowohl die denkende Vernunft wie der ewige, planetarische Himmel sich selbst bewegen. Als Kreisbewegung ist sie ewig, denn das Ziel selbst liegt in ihr. In der erfahrbaren Welt hat also alle Bewegung ihre Ursache in der ewigen Bewegung des Sternenhimmels; er ist der „erste Himmel", „ein in unaufhörlicher Bewegung immer Bewegtes".[84] Der erste Beweger bewegt sich also selbst.[85] Weil er sich kreisförmig bewegt, hat er keinen Anfang und kein Ende. „Es ist unmöglich, daß die Bewegung entsteht oder vergeht."[86] Sie war und wird immer sein. Die Bewegung also, die sich vom „ersten Himmel" her auf alles Seiende überträgt, ist „etwas Unsterbliches und Unaufhörliches".[87] Der „erste Himmel" ist nach Aristoteles mit den Fixsternen verbunden, trägt sie ewig und heißt „Äther" (αἰθὴρ ἀπὸ τοῦ ἀεὶ θεῖν). Er ist die Substanz des Himmels, der erste Beweger, der keines Bewegens von außen mehr bedarf. Daher ist der „erste Himmel", der Äther etwas Göttliches, denn er ist ungeworden (ἀγένητον), unvergänglich (ἄθαρτον), qualitativ unveränderlich (ἀναλλοίωτος) und obwohl er mit Stoff (ὕλη) behaftet ist,

---

82 Ebd., 1049 b 10f; 1072 a.
83 Ebd., 1072 b 8f.
84 Ebd. 1072 a 21ff.
85 Aristoteles, De Coelo 300 b 21.
86 Ders., Meta., 1071 b f.
87 Ders., Phys., 251 b 13f.

leidensunfähig (ἀπαθής) und vernünftig, beseelt (ἔμψυχος).[88] Er ist die erste οὐσία, die ursprüngliche Wesenheit. Daher ist der Äther das πρῶτον θεῖον, der höchste Gott. Nichts Göttlicheres kann es geben. Als Gott ist diese Himmelssphäre das κρεῖττον, das Überwältigende. Er ist der Grund aller Bewegung (ἀρχὴ κινήσεως). Diese göttliche Wirklichkeit ist für den frühen Aristoteles *im* Kosmos. Gott ist in der Welt eingebunden, ist ihr Lebensprinzip, das sich im νοῦς, in der Vernunft manifestiert. Zwar ist dieser Gott eine eigene Substanz, aber nicht von der Welt losgelöst und an die Erfahrung gebunden. Gott ist Interpretament der erfahrbaren Welt, dem eine höchste und erste Wesenheit (οὐσία) zukommt, die vollkommen ist, d.h. ohne Möglichkeit, sich noch weiter zu vervollkommnen (οὐσία, ἐνέργεια).

Der alternde Aristoteles ist aber mit dem jungen nicht zufrieden.[89] Er verläßt die Erfahrungsbasis und deduziert logisch Gottes Sein. Der erste sich selbst bewegende Himmel kann doch nicht die ἀρχή, die Ursache von allem sein. Wäre die Selbstbewegung das Letzte, ergäbe sich ein Widerspruch: Das Seiende würde nämlich zugleich und in derselben Hinsicht aktiv und passiv, bewegt und bewegend sein. Ist aber ein Seiendes in all seinen Teilen sich selbst bewegend, wie der Äther, ist dies ein Sichverändern, wenn auch in gleicher Weise. Dieses Sich-selbst-Vollziehen ist dann jedoch zugleich und in derselben Hinsicht Akt und Potenz. Es ist Akt (ἐντελέχεια) und damit bereits am Ziel, es ist Möglichkeit (δύναμις) und daher noch nicht am Ziel, sondern im Werden. Das aber ist ein Widerspruch. Daher muß das Sichselbstbewegende, -verändernde notwendig aus zwei Seinsprinzipien bestehen; dadurch entgeht das eine Seiende dem Selbstwiderspruch. Es ist zwar zugleich am Ziel und doch nicht am Ziel, aber unter verschiedener Hinsicht. Es ist also ein τὸ μὲν κινούμενον und τὸ δὲ κινοῦν ἀκίνητον.[90] So ist der „erste Himmel", der Äther zugleich bewegend und bewegt[91], und braucht daher eine Ursache, die Grund seiner kreisförmigen Veränderung ist. Veränderung nämlich setzt nach Aristoteles immer Abhängigkeit voraus. Ist die letzte erfahrbare Wirklichkeit (Äther) in Bewegung, dann muß es etwas geben, was sie bewegt, auch im Sinne des „etwas bewegt mich", da sie ja beseelt, also ein νοῦς ist. Die Abhängigkeit kann nicht ins Unendliche weitergehen, denn dann gäbe es einen „regressus in (ad) infinitum", und der ist nicht möglich. Würde die Reihe der sich verändernden (ἀλλοίωσις) Dinge kein Ende nehmen, mündete sie im Unendlichen, aber „vom Unendlichen gibt es kein Erstes".[92] Nun lehrt uns die Erfahrung, daß es Veränderung und Bewegung gibt, also muß es einen Ursprung der Veränderung (ἀρχὴ τῆς κινήσεως) geben. Dieser

---

88   Ders., De Coelo, 270 a.
89   Aristoteles entwickelt seine Gotteslehre besonders in den Büchern: Physik, Kap. 6 und Metaphysik, Kap. 12; das Kap. 8 mit seinen Problemen klammern wir aus, da es wahrscheinlich unecht ist.
90   Aristoteles, Phys. 257 b 22, 23.
91   Ders., Meta., 1072 a 24.
92   Ders., Phys., 256 a 17ff.

Anfang aller Bewegung kann selbst nicht der Veränderung unterworfen sein, kann also keine Möglichkeit, sondern nur Verwirklichung in sich bergen. Daher bewegt der Ursprung, ist er der Grund aller Veränderung, ohne selbst bewegt zu werden oder sich zu verändern.[93] Die Logik zwingt uns daher zu erkennen, daß ein „erstes unbewegtes Bewegendes (πρῶτον κινοῦν ἀκίνη-τον) ist".[94] Die Einführung dieses „unbewegten Bewegenden" leugnet nicht das den Dingen innewohnende Wachstums- und Veränderungsprinzip, sondern behauptet nur, daß diese die ἀρχὴ, den Ursprung, nicht in sich haben können, abhängig sein müssen und eine metaphysische Ursache benötigen, um zu sein. Das Seiende, was also die Ursache von allen erfahrbaren Dingen ist, ist ganz Akt (ἐνέργεια) ohne jede Potenz (δύναμις). Was aber reiner Akt, nur Vollkommenheit ist, ist ganz und gar unveränderlich. Dies gilt auch im Hinblick auf die Zeit, d.h. es ist ewig. Dieser ewige, unbewegte Beweger ist also die Ursache aller erfahrbaren Veränderung (δυνάμει ὄν). Weil er selbst unveränderlich ist, verursacht er immer dieselbe Bewegung. Auch im Verhältnis zum Bewegten, zur erfahrbaren Welt kann niemals ein Wandel eintreten. Daher muß die Welt, die sich verändert, im Verhältnis zum unbewegten Beweger immer gleich, d.h. ewig sein. Aus der Unveränderlichkeit der ersten οὐσία, ἐνέργεια schließt Aristoteles die Notwendigkeit der Ewigkeit der Welt. Ein Schöpfungsakt, der einmal begann und nicht ewig ist, ist unsinnig, da er eine Veränderung in den Schöpfer selbst hineinlegt. Ewig ist die Bewegung des Weltalls, ewig die Veränderung, ewig das Werden der materiell-geistigen Welt.[95] Aristoteles beweist durch seinen Gottesbeweis zugleich die Ewigkeit des Weltprozesses. Um diesen verstehen zu können, ist der unbewegte Beweger notwendig. Da beide in einem Ursache-Wirkung-Verhältnis stehen, beide ewig sind, ist eine reale Beziehung zwischen beiden gegeben.[96] Erkennt man, was Veränderung bedeutet, dann versteht man sofort, daß der unbewegte Beweger existiert. „Wie ein Seemann, der von weitem ein Schiff mit gutem Wind und vollen Segeln nahen sieht, sich sagt, daß darauf ein Steuermann sein wird, der es lenkt und in den Hafen leitet, … so haben die, welche zuerst zum Himmel aufschauten und die Sonne sahen, wie sie von

---

[93] Ders., Meta., 1072 a 25.

[94] Ebd., 1073 a 27; Phys. 258 b 4-9.

[95] Aristoteles war die indische Theorie des Weltenjahres bekannt. Eine Affinität zu modernen wissenschaftlichen Theorien über den Ursprung der Welt ist zu erkennen. Wenn man vor ca. 20 Milliarden Jahren eine gigantische Explosion (Urknall, „Big Bang") annimmt, durch die das heutige Weltall, das sich ständig ausdehnt, entstand und etwa in 60 Milliarden Jahren zur Ruhe kommt, zusammenfällt und in einem neuen Urknall wieder explodiert, dann hat man ein pulsierendes, sich ewig bewegendes Weltall, das zwar stets ein völlig neuer Kosmos ist, aber aus der gleichen Materie besteht.

[96] Thomas v. Aquin, geprägt von der Vorstellung eines zeitlichen Anfanges der Welt (wenn er auch Aristoteles konzediert, daß dieser nicht von der reinen Vernunft erkannt werden kann), muß die reale Beziehung zwischen Gott und der Welt leugnen, da Gott sonst in Abhängigkeit gerät. Der Welt allerdings kann er eine reale Beziehung zu Gott zubilligen.

Anfang bis zum Niedergang ihren Lauf nimmt, und den wohlgeordneten Reigen der Sterne, einen Werkmeister dieser herrlichen Weltordnung gesucht, da sie sagen mußten, daß sie nicht von ungefähr entstanden ist, sondern von einem gewaltigen und unveränderlichen Wesen herrühre, welches Gott ist."[97] Wie bewirkt dieser Gott die veränderbare Welt? Selbst unveränderlich kann er nur als Finalursache wirken. Wenn wir Menschen ein Bauwerk bewundern, eine beeindruckende Landschaft besuchen, so wirken diese allein durch ihr bloßes Dasein. Durch ihre Schönheit wird der Mensch in Bewegung gesetzt und macht sich auf, dorthin zu gelangen. Das gleiche gilt im Bereich der Erkenntnis. Wenn wir erkennen und einsehen, werden wir durch dieses verändert, ohne notwendige Veränderung des anderen. Gott zieht die Welt an wie ein Magnet das Eisen. Er bewegt „in der Weise eines Geliebten".[98] Auch wenn der Geliebte durch den Liebenden nicht verändert wird, bewegt der Geliebte den Liebenden, verändert ihn und bestimmt sein Handeln. So wird das Weltall in seinem Werden vom unbewegten Beweger verändert; als ewig unbewegte οὐσία ist er die vollkommenste[99] und die notwendigste Wesenheit[100]. Als reiner Akt transzendiert er alles Körperliche, Stoffliche und hat keinen wahrnehmbaren Leib (αἰσθητὸν σῶμα). Er ist absolut transzendent. „Daß es nun ein ewiges, unbewegtes, und zwar von der sinnlich wahrnehmbaren Welt getrenntes Wesen ist, ist aus diesen Ausführungen zu erkennen. Es ist auch erwiesen, daß dieses Wesen keine Größe haben kann, sondern ohne Glieder und unteilbar ist; denn es hält die Bewegung die unendliche Zeit hindurch aufrecht. Nichts Begrenztes hat aber eine grenzlose Kraft."[101] Den ersten, ewigen, unbewegten Beweger, der notwendig, transzendent, nichtmateriell und reine Wirklichkeit ist, nennt Aristoteles ausdrücklich ὁ θεός.[102] Dieser Gott ist aber kein totes Seiendes, vielmehr im höchsten Sinne Leben; er ist als das beste Seiende (ἀρίστη οὐσία) „das vollkommenste und ewige Leben".[103] „Wir sagen also, der Gott sei ein ewiges, höchst vollkommenes Lebewesen, so daß Leben (ζωή) und zusammenhängende und ewige Dauer (αἰών)[104] dem Gott zukommen; dies nämlich ist der Gott"[105]. Alles strebt daher zu ihm, weil alle nach unsterblichem Leben verlangen. Die Aufgabe des Menschen ist es, am Göttlichen Anteil zu haben, soviel er nur vermag, und sich unsterblich zu machen.[106] Von Haus aus hat der Mensch Anteil am göttlichen Bereich durch seinen sich selbst vollziehenden Geist (ποιοῦν νοῦς). Ihm hat er zu folgen, denn das vollkommenste Leben ist das Leben

97 Zit. n. V. Rose, Aristoteles qui ferebantur fragmenta, Leipzig 1886, Fr. 11.
98 Aristoteles, Meta., 1072 b 3: κινεῖ δὲ ὡς ἐρώμενον.
99 Ebd., 1074 b 20.
100 Ebd., 1072 b 8ff.
101 Ebd., 1073 a.
102 Ebd., 1072 b 25.
103 Ebd., 1072 b 28.
104 Ders., De Coelo 179 a 23ff: ἀεὶ εἶναι.
105 Ders., Meta., 1072 b 28.
106 Ders., Nik. Ethik, 1177 b 33.

nach der Vernunft (νοῦς). Die Tätigkeit des Geistes ist die reinste Tätigkeit, denn sie geht nicht auf das andere über wie beim Handeln, sondern bleibt in sich (θεωρία).[107] Wir Menschen sind nicht allein von dieser Tätigkeit bestimmt, wohl aber Gott. Daher ist er der lebendige Geist (νοῦς). Wir Menschen denken alles Mögliche und sind so nicht wirklich bei uns. Gott aber kann nur das Göttliche und damit das Vollkommenste denken. Würde Gott auch an das Geringe denken, wäre das eine Minderung seines Seins. Was denkt also Gott? „Entweder sich selbst oder etwas anderes? Und wenn etwas anderes, dann entweder immer dasselbe oder immer etwas Verschiedenes? Soll das gar nichts ausmachen, ob er etwas Edles denkt oder irgend etwas Beliebiges? Oder ist es nicht schon Frevel, diese Fragen zu stellen? Es ist doch klar, daß der göttliche Geist nur das Göttlichste und Wertvollste denkt und sich hierin nicht ändert. Denn jede Änderung wäre hier nur eine solche ins Geringere, und sie bestünde schon in einer Art von Bewegung … Folglich denkt der göttliche νοῦς sich selbst, wenn anders er das vollkommenste Wesen (οὐσία) ist."[108] Indem Gott sich selbst weiß, weiß er alles, was an Vollkommenheit ist, alles, was verstehbar ist. Gott denkt also sein eigenes Denken (νόησις νοήσεως). Gott ist daher „das reine Denken seiner selbst in alle Ewigkeit".[109] Da das absolute Denken alle Vollkommenheit einschließt, kann es nur eines sein. 1. Reicht das Eine aus, weil es ewig der Ursprung von allem ist[110]; 2. kann es logisch nur einzig sein, da alles in der Welt auf das Eine hingeordnet ist[111]; 3. ist der erste Himmel einer[112], von dem alle andere Bewegung abhängt und der Äther ist ewig[113]. Das vollkommenste Wesen kann nur eines sein, denn es gibt auch nur ein Universum. Die Welt wird durch den Allherrscher monarchisch regiert. Aristoteles erkennt sein politisches Ideal, die Alleinherrschaft Alexanders des Großen, dessen Lehrer er war, in der Weltordnung Gottes wieder. Der Monotheismus ist damit der Gipfel menschlicher Denkmöglichkeit. So verkündet er als Endergebnis seiner Überlegungen im 11. Buch der Metaphysik die monotheistische Weltanschauung: „Nichts Gutes kommt von der Herrschaft vieler, nur einer soll Herrscher sein!"[114] Der eine Gott ist der All- und Alleinherrscher. Der erste Gottesbeweis, der wissenschaftlichen Anspruch erhebt, schließt auf Gott als den einen, lebendigen, reinen Geist, der transzendent, notwendig und der erste

---

107   Ebd., 1178 b 21ff.
108   Ders., Meta., 1074 b.
109   Ebd.
110   Ders., Phys. 259 a.
111   Ders., Meta., 1075 a 18f.
112   In der Metaphysik Kap. 8 (wahrscheinlich unecht) werden einmal 55 unbewegte Beweger erwähnt, die je einer Himmelssphäre zugeordnet werden. Sollte diese Ansicht (unter politischem Einfluß) von Aristoteles stammen, werden diese vielen trotzdem dem einen unbewegten Beweger untergeordnet. Dieser „Henotheismus" widerspricht m.E. völlig dem Denken des Aristoteles.
113   Ebd., 1075 a 25f.
114   Ebd., 1076 a: „Οὐκ ἀγαθὸν πολυκοιρανίη, εἷς κοίρανος ἔστω".

ewige unbewegte Beweger des ganzen Universums ist. Gott ist die reine Wirklichkeit und das vollkommenste Seiende. Aristoteles will in diesem Gott die erfahrbare, veränderbare Welt begründen; alles soll auf die erste Ursache (ἀρχή, αἰτία) zurückgeführt werden. Aus dem begründenden Denken wird dieser Gott rein logisch deduziert. Gott ist keine Erfahrungswirklichkeit mehr, wie ursprünglich bei den meisten Vorsokratikern, sondern Gott ist notwendig zur Begründung der Erfahrung, bzw. wahrnehmbaren Welt. Die Erfahrung selbst wird also nicht aufgeschlüsselt und gedeutet, sondern wird transzendiert auf ein Seiendes hin, das nur im logischen Denken zugänglich ist.

Wenn man die Gottesvorstellung mancher christlichen Theologen, vor allem der Kirche des 1. Vat. Konzils, damit vergleicht, dann unterscheiden sich die beiden Gottesbegriffe nur in zwei Punkten: 1. christlich wird Gott als ein Schöpfer gedacht, der die Welt aus dem Nichts hervorbringt (creatio ex nihilo). Für Aristoteles ist dies undenkbar, weil dadurch eine Veränderung in Gott gesetzt wird. 2. In der christlichen Theologie wird eine reale Beziehung Gottes zur Welt negiert, weil er dadurch von ihr abhängig würde. Aristoteles kann, weil er den Schöpfungsgedanken ausschließt, eine reale Beziehung annehmen, da Gott „von Ewigkeit her" Ursache des Weltalls ist.

Diese eigenartigen Probleme entstehen, da Gott als ein Seiender, bzw. als ein Wesen verstanden wird, Begründungsfunktion erhält und damit verobjektiviert wird. Er wird von der erfahrbaren Welt getrennt. Das große Fragezeichen des Gottesbeweises liegt darin:

1. Daß Gott und menschliche Erfahrung unmittelbar nichts mehr miteinander zu tun haben, sondern durch abstrakt-logische Denkvorgänge vermittelt werden.

2. Daß Gott vom begründenden Denken allein erfaßt und so als Begründungshypothese eingesetzt wird. Es ist ein ätiologischer Gottesbegriff, der jede Erfahrbarkeit ausschließt. Gott ist nur auf syllogistischem Weg zu erreichen, und zwar mittels eines metaphysischen Kausalprinzips.

Was ist das noch für ein Gott? Weder das metaphysische Kausalrinzip noch die Verobjektivierung Gottes dienen einer sinnvollen Rede von Gott.

6. Zusammenfassung

1. Im ursprünglichen Denken der Hellenen ist es nur sinnvoll, *in* und *mit* dem Ereignis, d.h. in der geschehenden Weltwirklichkeit von Gott, ὁ θεός, zu sprechen. Gott ist nicht hinter dem Ereignis verborgen, sondern im Ereignis wird er erfahren, offenbar und gegenwärtig. Wird Gott vom Ereignis getrennt, treten wir in die mythische Götterwelt ein.

2. Gott wird ausgesagt von einem Ereignis, also *von* etwas, was in der erfahrbaren Welt geschieht. Sprachlich ist daher Gott ein Prädikat. Gott wird vom Menschen, im Umgang mit den Ereignissen des Lebens, ausgesagt. Er wird

niemals angerufen, sondern als *Er* ausgerufen. „Du" sagt man zu den Göttern; „Er", d.h.: „Siehe Gott!", sagt man zum θεός.

3. Gott, der in den Beziehungen des Menschen erfahrbar wird, ist immer nur in der Einzahl, d.h. ein Singularetantum. Für ὁ θεός kann auch der Begriff τὸ θεῖον verwendet werden. Dieser Begriff vermeidet noch stärker eine Subjektivierung Gottes und erhöht die Ereignisbezogenheit. Da Gott vielfältig erfahren wird, kann er auch mit θεοί bezeichnet werden; gemeint ist dann die vielfache Erscheinungsweise des einen Gottes.

4. Gott ist nichts Zweideutiges. Er unterscheidet sich nicht nur radikal von den vielen Göttern, sondern auch vom Daimōn, der die Zweideutigkeit menschlicher Existenz ausdrückt, die als göttlich oder gottlos bestimmt werden kann. Der Daimōn ist daher gleichsam ein „Noch-nicht-Gott".

5. Gott ist immer nur das eindeutig Positive. Daher ist er für den Menschen das Gute (ἀγαθόν) und das Überwältigende (κρεῖττον). Dadurch wird der Mensch mehr, als er von Haus aus sein kann. Sinn und Wert werden zu Bestimmungen des Menschen. Gott als Macht des Guten wird nicht durch Eigenschaften umschrieben, sondern das machtvolle Gute ist Gott selbst.

6. Im Umgang (συν-ουσία) ist der Mensch beschenkt. Das Beschenktsein ist θεός. Der Mensch, der sich im Ereignis neu empfängt, erfährt in der Fülle des Augenblicks der Gegenwart Gott. Gott ist Geschenk für den Menschen, aber Gott beschenkt nicht die Menschen. Nur so glückt menschliches Leben, d.h., der Mensch lebt in der εὐ-δαιμονία.

7. Die Gotteserfahrung ist wesentlich gegenwartsbezogen (παρ-ουσία). Gott, das positive Vorzeichen menschlicher Existenz, ereignet sich in der Gegenwart. Er ist Geschenk im Augenblick. Die Vergangenheit braucht den Menschen nicht zu belasten, und für die Zukunft ist keine Sorge nötig. Gott ist nicht zeitlich bestimmt oder begrenzt. Auch wenn das Heute leer erscheint, der Grieche hofft für die Zukunft. Da Gott ein zahlloses Ereignis und nicht an die Einmaligkeit der Geschichte gebunden ist, ist die Möglichkeit stets offen, in der Zukunft wieder Gotteserfahrung machen zu können. Die Vorstellung der zyklischen und nicht linearen Weltgeschichte ermöglicht, daß in jedem relationalen Geschehen Gott für den Menschen erfahrbar werden kann.

8. Im Volksglauben und in der späteren philosophischen Reflexion erliegt der Grieche der Versuchung der Vergegenständlichung Gottes. Mythologisch verflüchtigt sich die Gotteserfahrung in den Glauben an die vielen Götter, die Ereignisse bewirken, aber selbst vom Ereignis abgelöst existieren. Philosophisch werden die Götter in *eine* Gottheit hinein aufgelöst. Die Folge ist, daß Gott vom Geschehen abstrahiert wird und Gott nur durch ein Schlußverfahren ermittelt werden kann. Gott wird zu einem philosophischen Konstrukt. Der Mythos und die späte klassische Philosophie machen das Göttliche zu einem Seienden, einer in sich existierenden Substanz.

9. Zwar protestieren viele Vorsokratiker gegen diese Objektivierung Gottes, indem sie Gott von einer ἀρχή, einem Ursprung, der materiell (Thales) oder als Möglichkeit (Anaximander) gedacht wird, prädizieren und damit die

Einheit mit dem Ereignis wahren. Ebenso denken sie Gott mit dem Werden zusammen (Anaximander, Heraklit), das sie als Fülle der Wirklichkeit begreifen.

Wegen des vulgären Mißverständnisses wird Gott bei Xenophanes von allem Makel dieser Welt „gereinigt" und der Abstraktion unterzogen. Er wird zu einem Subjekt, von dem Aussagen gemacht werden. Seine Eigenschaften sind gegenläufig zur menschlichen Erfahrung. So kommt es zur Zweiweltentheorie (Parmenides); Gott, wenn von ihm gesprochen wird, lebt in der Welt des Seins, wir in der Welt des Scheins.

10. Dadurch wird die Frage nach der Gewißheit der Gotteserkenntnis aufgeworfen (Sokrates). Gott wird zur Ursache von allem (Platon) und radikal von der Welt der Erfahrung getrennt, so daß er die Liebe selbst nicht sein kann, da sie strebt und sich verändert. Gott wird zum Vater und Urheber der Ordnung der Welt. Insofern die Welt sinnvoll ist, ist Gott die Ursache und ihr Grund. Gottes Bedeutung für den Menschen liegt nicht in der Erfahrung, sondern in der Begründung des Menschen und der Welt. Im ersten wissenschaftlichen Gottesbeweis (Aristoteles) wird die abstrakte Begründung Gottes radikalisiert. Er wird zum Endpunkt des Weges der Abstraktion. Der unbewegte Beweger als Zielursache wird für das Weltall notwendig. Die Erfahrung als bleibender Horizont für die Rede von Gott wird bedeutungslos. Das begründende Denken tritt die Alleinherrschaft an.

Die große Bedeutung des ursprünglichen griechischen Denkens liegt darin, daß von einer Gotteserfahrung – nicht nur von einer Idee oder Funktion Gottes – gesprochen wird, die mit den Ereignissen des Lebens verbunden wird. Die Erfahrung des Menschen als eine Heilserfahrung ist Gott. Gott wird nicht hinter die Wolken des Denkens verbannt, als unsichtbarer Seiender, sondern im Weltzusammenhang erfahren. Lebenserfahrung des Menschen wird zur Heilserfahrung, wenn sie ihn über das vordergründige Dahinleben hinausführt und mehr ist, als der zweideutige Mensch erhoffen konnte. Die Rede von einer Erfahrung Gottes bezeugt die Grundeinsicht: Nicht das Negative, sondern das Gute dominiert das menschliche Leben. Wer das Gute als Geschenk des Lebens annimmt und es lebt, ist von Gott bestimmt. Das leugnet nicht die negativen Erfahrungen (Haß, Lieblosigkeit u.a.m.) im Leben. Trotz dieser gibt der Mensch, der Gott erfährt, der positiven Erfahrung den Vorrang vor aller Negativität. Diese wirft ihn nicht auf die Beziehungslosigkeit zurück, verdammt ihn nicht zur Einsamkeit, sondern, indem der Mensch Gott nennt, bezeugt er das Licht auch in dunklen Tagen. Er ist beschenkt; Gott ist nichts Fernes, nichts Allgemeines, sondern das Konkreteste, konkreter als der existierende Mensch, weil Gott ihn zur positiven Erfahrung bestimmt. Gott braucht aber auch den Menschen, der Umgang hat, um in die Geschichte einzugehen. Von Gott zu sprechen hat nur Sinn, wenn er real in unserer Welt erfahrbar ist und erfahren wird.

Um ihn real im eigenen Leben zu erfahren, ist das Du-Sagen zu ihm nicht ein absolut notwendiges, konstitutives Element. Der Verlust des Du-Gottes besagt keineswegs Gottlosigkeit, Atheismus. Das griechische Denken ist ein Beispiel für ein Angebot einer anderen Denk- und Glaubensmöglichkeit. Die Gotteserfahrung ist viel unmittelbarer als in der Distanz der Aussprache mit einem „Gegenüber". Die einzige „Distanzierung" ist der Umgang (συνουσία), das Beisammensein, die Qualifizierung der Beziehung, die mich bestimmt, ohne daß ich selbst zu Gott werde, und ohne daß ich mich vor ihm davonschleichen kann. Gott ist zwar auch hier die „ganz andere" Wirklichkeit, aber nicht so, daß sie sich aus dem Geschehenszusammenhang löst, sondern insofern sie „ganz meine" Realität prägt.

Daher ist die bevorzugte Zeitdimension der Gotteserfahrung die Gegenwart, παρουσία. Das Geschenk der Gegenwart veranlaßt aber nicht zu einem passiven Abwarten und Verfügenlassen, sondern zeigt als Umgang eine Tendenz der Vermenschlichung, Humanisierung, die eine positive Dynamik für die Zukunft ermöglicht. Zugleich ist eine Warnung enthalten, die menschliche Verfügungskraft nicht nur als Technik (τέχνη) anzusehen und sie zur allherrschenden Göttin zu erheben, sondern die „heillose" Verfügung in den vermenschlichenden Umgang zu verwandeln, so daß sich Mensch-Werdung verwirklicht. Offenheit für die Zukunft heißt, sich den nicht planbaren, unbestimmten Möglichkeiten aufschließen. Die θεός-Erfahrung transzendiert den Menschen und seine Möglichkeiten auf das Positive, das Größere und Gute, das *Menschlichere* hin. Diese „Transzendenz" als reale Erfahrung fungiert folglich positiv für gesellschaftliche Umgestaltung und bewirkt eine Verwandlung der Verhältnisse auf das Gute hin. Platon qualifiziert ein solches Tun als göttlich und weise. „Und den nenne ich weise, welcher, wenn unter uns Übles erscheint und ist, die Umwandlung bewirken kann, daß Gutes erscheint und ist."[115] Trotz dieser verändernden Zukunftsperspektive ist nicht zu leugnen, daß aufgrund des zyklischen Zeitbegriffs eine wirkliche geschichtliche Entwicklung nicht in den Blick kommt. Dadurch wird auch die geschichtliche Einmaligkeit nicht gesehen, was für die Betrachtung der konkreten Geschichte und das Menschenbild große Auswirkungen hat. Die Geschichte wird nicht wirklich ernst genommen und der konkrete, einmalige Mensch philosophisch nicht bedacht. Ohne Zweifel ist die Nichtreflexion dieser Erfahrungsdimension ein Defizit, das auch den Gottesbegriff affiziert und das Gewicht des „versäumten" Augenblicks nicht erkennt. So gibt es zwar Hoffnung in der Zukunft, aber keine wirkliche Verwandlung der Zukunft und daher auch nichts „Neues". Das hat bei Platon und Aristoteles zur Folge, daß das Werden nicht als positiver Prozeß gedeutet wird, sondern als Mangel und letztlich als eine ständige Wiederholung. Die Abstraktion vom Werden führt aus der wirklichen Welt hinaus in eine abstrakt-spekulative Welt. Das Konkrete als Konkretes zählt nicht, und so wird die Erfahrung

---

[115] Platon, Theait., 166 d: „Αὐτὸν τοῦτον καὶ λέγω σοφόν, ὅς ἄν τινι ἡμῶν, ᾧ φαίνεται καὶ ἔστι κακά, μεταβάλλων ποιήσῃ ἀγαθὰ φαίνεσθαί τε καὶ εἶναι."

Gottes vernachlässigt und damit seine Mensch- und Konkretwerdung. Gott wird auf einen fernen Thron entrückt. Nur wenn die menschliche Abstraktionsfähigkeit auf die Erfahrung verwiesen bleibt, ist sie als Real-logik, als reale Theo-logik von unschätzbarem Wert. Wo sie sich verselbständigt und in der Suche nach der Begründung und Verursachung nur mehr sich selbst als alleinigen Wahrheitsfindungsprozeß kennt, wird sie leer und zur Projektion menschlicher Verfügungssehnsucht.

Gott kann im ursprünglichen griechischen Denken etwa so umschrieben werden: Gott ist die dem zweideutigen Menschen geschenkte Eindeutigkeit, die sich im Umgang mit dem Ereignis erschließt, sich als gut und mächtig erweist, so daß der Mensch sich als beschenkt erfährt. Gott ist die Bestimmung des werdenden Menschen, der das Werden mitmacht. Gott ist das Plus vor dem menschlichen Dasein, das dieses menschlicher macht. Der Hellene bezeugt diese Gotteserfahrung. Kann Gott auch heute so oder ähnlich erfahren werden? Bevor wir darauf antworten, ist die Besinnung auf die Bibel notwendig.

IV. DIE JÜDISCH-SEMITISCHE GOTTESVORSTELLUNG

(ALTES BZW. ERSTES TESTAMENT)

1. Polytheismus oder Monotheismus?

In der Religionsgeschichte wird der griechische Gottesglaube meist als polytheistisch, der Glaube Israels, wie er uns im AT überliefert ist, als monotheistisch bezeichnet. Die grundlegende Kommunikationsform des Polytheismus ist die Gewaltenteilung, der Machtausgleich und das Beziehungsgeschehen. Die Kommunikationsform des Monotheismus ist Alleinherrschaft und Abhängigkeit des Untertans. Dies kommt im AT dadurch verstärkt zum Ausdruck, daß der Gott Israels grundsätzlich gegen das Königtum ist, da Gott über Israel herrscht, er der alleinige Herr ist, auch wenn er sich schließlich dem Volksbegehren beugt und Könige akzeptiert (1Sam 8,4.7.10-22a). Die Bibel ist bemüht, den Monotheismus des Volkes Israels und seinen versuchten Abfall immer wieder herauszustreichen.

In der Religionswissenschaft des 19. und der ersten Hälfte des 20. Jh. war die Ursprungsfrage heftig umstritten: Waren die Menschen ursprünglich polytheistisch oder monotheistisch? Für die einen war der Monotheismus der Anfangspunkt der Menschheitsgeschichte, für andere ein Resultat historischer Vereinheitlichung.[116] Die Diskussion war entscheidend durch die moderne Missionsarbeit beeinflußt, durch die neue Völker entdeckt und ihnen ein Eingottglaube zugeschrieben wurde.[117] Bereits in der Romantik sah man den „edlen Wilden" durch die Brille eines idealen Ursprungs. Da die Natur aus Gott hervorgeht, sei sie im Keim gut. Andere Forscher hingegen, die evolutiv dachten, fanden den Poytheismus als Ursprungsform. Beide waren in ihren Aussagen durch ideologische Vorgaben bestimmt.

Der Ausdruck Monotheismus stammt aus der Zeit der Aufklärung und diente dazu, die Gottesfrage zu präzisieren. Er meint die Existenz eines einzigen Gottes. Unter Henotheismus versteht man den „Hochgottglauben"; der eine Gott schließt nicht aus, daß es auch andere Götter niederer Ordnung gibt. Davon zu unterscheiden ist die Monolatrie, nämlich die Verehrung nur eines einzigen Gottes, den man für sich oder seine Gruppe für wirkkräftig hält. In manchen alttestamentlichen Texten finden wir henotheistische Gotteskonzepte. Auf die Monolatrie wird auch bei dieser Gottesvorstellung größten Wert gelegt. Die Unterscheidung zwischen Deismus und Theismus ist erst im 16. Jh. (Pierre Viret, 1511-1571) belegt, vorher wurden die Worte synonym

---

[116] Vgl. F. Stolz, Einführung in den biblischen Monotheismus, Darmstadt 1996.

[117] Besonders die Steyler Missionare (P. Schebesta, W. Schmidt u.a.) bemühten sich um den Nachweis.

gebraucht. Die Aufklärung favorisierte den Deismus, d.h. den „Uhrmachergott", der zwar existiert, aber in den Weltenlauf nicht eingreift, dem aber ein moralisch geprägter Gottesdienst zu leisten ist und der uns ewiges Leben verspricht. Der deistische Gottesbegriff steht sehr nahe dem „deus otiosus", dem ruhenden Gott. Die alttestamentliche Gottesvorstellung ist großteils theistisch, da Gott in die Welt eingreift und eine Beziehung zu den Menschen unterhält. Unter die monotheistischen Religionen zählt man heute die sog. „abrahamitischen" Religionen, nämlich Judentum, Christentum und Islam. Selten spricht man von einem „inklusiven" monotheistischen Gotteskonzept als einem echten Monotheismus, da sich in dieser Vorstellung der eine Gott in den vielen Götter konkretisiert, während der abrahamitische Monotheismus diese ausschließt, also exklusiv ist. Diese Exklusivität des alttestamentlichen Gottes verursache auch eine Entgöttlichung, Entzauberung der Welt.

Der alttestamentliche Monotheismus hat eine Geschichte. Seine Deutung fällt sehr verschieden aus, je nachdem, welches ideologische Raster man benutzt. Geht die Entwicklung des Monotheismus vom Positiven zum Negativen oder umgekehrt? Gibt es Brüche? Ferner: Ist diese Geschichte nur unsere Perspektive oder eine Wandlung Gottes selbst, so daß das AT als eine „Biographie"[118] Gottes gelesen werden kann? Wandelt Gott sich selbst, so erfährt er in der Beziehung zum Menschen die Wahrheit über sich selbst. Einen kosmischen Gegner hat der alttestamentliche Gott nicht. Der Monotheismus bewirkt vielmehr, daß nicht nur ein Gott konzipiert wird, sondern daß er auch alle Imaginationskraft des Menschen an sich bindet und aufsaugt. Anders ist es, wenn Gott sich in die Welt der Vielfalt hinein konkretisiert; viele Vorstellungsbilder werden möglich. Dies ist z.T. im Christentum gegeben, weil die Einheit Gottes nicht monarchisch versteinert ist. Obwohl das AT die Vielfalt nicht mitvollzieht, macht das alttestamentliche Gottesprojekt die Schwankungen menschlichen Selbstverständnisses mit. Eine Tendenz ist die, daß die Nähe Gottes immer weniger stark empfunden wird und Gott in die Ferne rückt. Das Leben Gottes ist im AT nur im Zusammenhang mit den menschlichen Geschöpfen zu verstehen. Es schillert aktiv wie passiv; Gott ist allmächtig, aber auch relativ ohnmächtig, er erscheint unwissend und doch auch allwissend, er redet und schweigt, er ist besorgt und zürnend, er liebt und schlachtet Menschen usw. So ist der Gott des AT mit allen Widersprüchen menschlichen Lebens behaftet; er ist Zerstörer und Schöpfer. Zugleich manifestiert sich in ihm ein ungeheurer Anspruch auf den Menschen. Und während die Menschen die Gottheiten des alten Orients weitgehend abschütteln konnten, ist der Gott Israels der einzige Gott, der überlebte. Welche Erfahrungen spiegeln sich im Gott des AT wider, welche Erfahrungsbasis ist in ihm ausgedrückt?

---

[118]   J. Miles, Gott. Eine Biographie, München 1996.

2. Götter und Jahwe-Gott

In Frontstellung gegen den griechischen Gottesbegriff zeichnet Martin Buber die jüdische Gotterfahrung. Entscheidend ist für ihn, daß der Jude von der Du-Erfahrung lebt. Gott wird nicht ausgerufen als „Er", sondern angerufen als „Du". Gott ist Dialogpartner. Mit ihm wird verhandelt, gehandelt und werden Bundesverträge abgeschlossen. In seinem autobiographischen Werk ‚Begegnung' (1960) schreibt Buber: „Wenn an Gott glauben bedeutet, ... von ihm in der dritten Person reden zu können, glaube ich nicht an Gott. Wenn an ihn glauben bedeutet, zu *ihm** reden zu können, glaube ich an Gott".[119] Und er fährt fort, indem er den jüdischen Gottesbegriff erklärt und damit die Grundbedeutung des Wortes „Gott" deutet: „Wo fände ich ein Wort, das ihm gliche, um *das Höchste** zu bezeichnen! ... Sie [die Menschen] haben dafür getötet und sind dafür gestorben; es trägt ihrer aller Fingerspur und ihrer aller Blut ... Gewiß, sie zeichnen Fratzen und schreiben ‚Gott' darunter; sie morden einander und sagen ‚in Gottes Namen'. Aber wenn aller Wahn und Trug zerfällt, wenn sie ihm gegenüberstehen im einsamsten Dunkel und nicht mehr ‚Er, Er' sagen, sondern ‚Du, Du' seufzen, ‚Du' schreien sie alle das Eine, und wenn sie dann hinzufügen ‚Gott', ist es nicht der wirkliche Gott, den sie alle anrufen, der Eine Lebendige, der Gott der Menschenkinder? Ist nicht er es, der sie *hört?* Der sie – erhört? Und ist nicht eben dadurch das Wort ‚Gott', das Wort des *Anrufes**, das zum *Namen* gewordene Wort, in allen Menschensprachen geweiht für alle Zeiten?"[120]
In diesem Kontrapunkt scheint gerade der griechische Gott endgültig erledigt zu sein, dem ja der Anruf nicht gilt. Es scheint also, als würde im jüdischen Denken Gott zum „Du" befreit. Wirft man nur einen Blick ins AT, dann wird man überall – besonders in den Psalmen – die Ansprache an ein göttliches Du finden. „Gott ist ... keine verfließende und unfaßbare Macht, sondern ein Du, das als ein reales Gegenüber dem Menschen sich kundtut und in sein gewohntes Denken und Erkennen eingreift, um in der Durchbrechung seiner Schranken ihm eine neue Welt aufzuschließen."[121]
So groß der Unterschied zwischen der griechischen und jüdischen Welt sein mag, auch der griechische Gott ist nicht ein „Es", eine anonyme Kraft und Macht, sondern ein „Er". Wenn wir damit die älteste Sprechweise von Gott im AT vergleichen, dann finden wir auch hier die dritte Person, das „Er". Niemals redet z.B. Josef Gott an! „Er" erweist sich im Leben der Nomadenstämme, und erst jünger ist die Form, in der Gott als „Ich" spricht und erscheint und so die Voraussetzung für eine „Du"-Ansprache schafft.[122] Diese setzt eine bestimmte Entwicklung voraus, in der Gott als ein Gegenüber begriffen wird

---

[119] M. Buber, Begegnung. Autobiographische Fragmente, Stuttgart 1960, 35.
[120] Ebd., 43.
[121] W. Eichrodt, Das Gottesbild des Alten Testaments, Stuttgart 1956, 5.
[122] Vgl. E. Zenger, Gott, in: A. Grabner-Haider (Hg.), Die Bibel und unsere Sprache. Konkrete Hermeneutik, Wien/Freiburg/Basel 1970, 16.

und als Bundesherr gilt. Der Hellene konnte den Gott, den er ausruft, und den, den er anruft, unterscheiden. Für ihn gibt es die Diastase zwischen Gott und Göttern. Der Jude vereint alles in seinem Gott. Er darf die Götter nicht anrufen, obwohl es für ihn eine ständige Versuchung ist; nur seinen Stammesgott Jahwe kann er anrufen. Dieser, da er alle Mächte in sich vereinigt, nimmt auch die Züge Satans in sich auf. Der Grieche konnte den Daimōn als zweideutigen Zuteiler des Schicksals verstehen, ohne ihn mit Gott zu identifizieren. Bevor jedoch der Satan depotenziert wurde, mußten er und Jahwe eine Einheit bilden. So tritt er als Dämon dem Mose entgegen und will ihn töten. Durch das Beschneidungsblut seines Sohnes wird er gerettet und zum „Blutbräutigam" (Ex 4,24-26). Ja, Jahwe – Satan reizt David zur Volkszählung und bringt so das Unglück über sein Volk (2Sam 24,1; 1Chr 21,1). Da also jede Differenzierung, jedes dualistische Prinzip abgelehnt wird, ist das Dämonische ursprünglich in Jahwe selbst beheimatet.[123] Freilich ist zu fragen, ob diese Einheit nicht doch bereits eine erste Reflexionsstufe des Jahweglaubens darstellt und daher nur noch eine gebrochene Ursprungserfahrung wiedergibt. Jahwe zieht gleichsam wie ein Magnet alle irgendwie göttlichen Eigenschaften an, die sich wenigstens in einer gewissen Weise mit der Jahwe-Erfahrung vertragen. Jahwe ist so im tiefsten Sinne alles, und alles ist erschöpfend und ausschließlich in ihm gegenwärtig. Es gibt kein Pantheon, so sehr, ursprünglich und selbstverständlich, andere Götter in ihrer Existenz vorausgesetzt werden. Die Einheit aller Wirklichkeit ist nicht nur in der Grundwirklichkeit (wie bei den Griechen) gewahrt, sondern auch in der Vielfalt der Erscheinungen. Die verschiedenen Erscheinungsformen haben keine göttliche Eigenständigkeit, sondern bleiben strikt zurückgebunden auf den einen Gott. Wie wird dies aber erreicht? Wie setzt sich Jahwe durch und warum? Welche Erfahrung muß Jahwe konstituiert haben?

Auf jeden Fall finden wir beim Eindringen der Jahwe-Leute in Kanaan eine Tendenz der Ablehnung, der *Eliminierung* anderer Götter, durch das Banngebot (Ex 22,19) und durch rigorose Abgrenzung gegen die Umwelt (Ex 24,14). Nach der Etablierung verweigert das Bilderverbot (Ex 20,4) die Aufnahme anderer Götter in den sozio-kulturellen Bereich, und selbst die Verschiedenheit des Jahwekultes wird ausgeschlossen (Dtn 6,4f) um die Einheit zu wahren. Besonders stark ist der Versuch, Baal, den Fruchtbarkeitsgott, zu eliminieren, obwohl Jahwe selbst im Bild des Wolkenreiters (Ps 68,4.33) als Baal erscheint. Im übrigen aber ist Baal *der* Gegner Jahwes. Auch El steht in gleicher Gegnerschaft zum Baal, sei dieses Wort ein Gattungsbegriff oder ein

---

[123] Vgl. ebd., 19; G. Mensching, Die Weltreligionen, Darmstadt o. J., 165: „Jahve ist zutiefst ein dämonischer Gott." Er erschlägt Osa, weil er die Bundeslade anfaßt (2Sam 6,7), er gibt den „Lügengeist" ein (Ri 9,23; 2Kön 8,10) und er lauert wie ein Panther am Weg (Hos 13,7ff).

Eigenname.[124] Es mag mit der Betonung der kultischen Sexualität zusammenhängen, die vom Kreislauf der Natur bestimmt wird und Tod und Auferstehung symbolisiert. Der Gott Israels widersetzt sich dem Kampf der zyklischen Natur, fordert aber nicht minder menschliche Sexualität ein. Die Fruchtbarkeit ist dem El/Jahwe unterstellt, sie ist sein Eigentum. Daher verlangt er in der Beschneidung ein Stück des Penis, denn ihm kommt die Kontrolle über das Leben zu. Fordert der Mensch eine autonome Sexualität wie in Sodom, so ist dies ein direkter Affront gegen Gottes Machtanspruch, den er mit der Vernichtung des Lebens beantwortet. Später wird von diesem Gott auch die Aufgabe der geistigen Autonomie des Menschen gefordert. Nicht nur sein Geschlecht, sondern auch sein Geist und seine Phantasie müssen beschnitten werden (Dtn 10,12-16). Im baalischen Kreislauf erscheint der Mensch als Natur- und Göttersklave, wie auch die babylonische Kosmogonie nahelegt. Den jüdischen Menschen ist dies fremd, da weder Himmel noch Erde göttlich sind – eine „Heilige Hochzeit" gibt es nicht –, sondern den Menschen untertan gemacht werden. Ja, die oft entmenschlichende Praxis (Menschenopfer) dieser „Naturreligionen" wird abgelehnt. Aber nicht nur eliminiert, sondern auch *depotenziert* werden fremde Götter. Sie gelten als kraftlos, müssen vor Jahwe weichen, sind null und nichtig (wie Jesaja im 8. Jh. v. Chr. meint oder wie Ezechiel im ausgehenden 7. Jh. v. Chr. die Götter als Kot- und Scheißgötter beschimpft oder Deuterojesaja im 6. Jh. v. Chr. sie zu Wind und Hauch erklärt). Auf diese Weise können die anderen Götter keine Sympathie hervorrufen, denn wer will schon einem kraftlosen Götzen anhangen, wie Elija es bei der Kraftprobe mit den Baalspriestern demonstriert, deren Gott nicht fähig ist, das Feuer zu entzünden (1Kön 18,21ff). Dort aber, wo brauchbare Aussagen von Göttern gemacht wurden, die Antwort auf Fragen der Juden gaben, wurden sie mit Jahwe *identifiziert*. Der „Gott des Vaters", der als Weggott den Nomaden begleitete, wurde aufgenommen, ebenso der „Gott Abrahams, Isaaks und des N.N.", der sich als Weidelandgott darstellt. Ursprünglich verschiedene Götter begegnen uns in der Bibel als Jahwe, und sie sind nicht mehr von ihm zu trennen. Die stärkste Anziehungskraft übte El aus, der Götterkönig des kanaanitischen Pantheons. El ist das allgemeine Wort für Gott bzw. Gottheit (mit τὸ θεῖον zu vergleichen). Er fungiert als Vater der Götter und Menschen (wie Zeus), ist Schöpfer der Welt, freundlich, heilig, mitleidig, altehrwürdig und ruht auf seinem Thron mit seiner Gemahlin Aschera, die als Matrone dargestellt wird. Wegen der allgemeinen Bedeutung, die auch mit „Elohim" häufig wiedergegeben wird und abstrakt „Gottheit" bedeutet, ließ sich wohl relativ leicht diese Gottesbezeichnung auf Jahwe übertragen; zudem scheint El mächtig und nicht ortsgebunden zu sein (wie sein Sohn Baal). Während dieser dionysische Züge besitzt, hat El etwas Apollinisches an sich. Jahwe-El ist wegen dieser ganzen (bereits späten) Genese nicht einheitlich,

---

[124] אֵל, Il/El (ilāh → Allah) ist ein ursemitisches Wort und dient zur Bestimmung des Geschehens. Ob Ugarit entscheidenden Einfluß auf die israelische Gotteskonzeption hatte, kann offen bleiben.

obwohl er der Eine ist. Die vielen Vorstellungen über den einen Jahwe lassen sich nicht harmonisieren, da sie Antworten auf völlig verschiedene soziokulturelle Situationen sind. Und die jeweilige dominierende Gottesidee wirkt wieder zurück auf das geschichtliche Verhalten der Menschen. Jahwe-El ist also in der Geschichte geworden, er hat gleichsam eine geschichtliche (und z.T. mythische) Theogonie, aus der er mit bestimmten Prädikaten versehen hervorgeht.

Durch Jahwes Streit mit Baal macht gleichsam die ganze Natur einen Sprung zurück und erfährt eine unwahrscheinliche Vergegenständlichung (z.B. wird die Sonne ein erst am vierten Tag geschaffener Beleuchtungskörper). Das eintretende Ereignis wird von Gott distanziert. Als Folge davon kann Gott vom Geschehen abgelöst werden, *vor* ihm existieren, also zu einer Präexistenz gelangen, und, wenn auch die Erfahrung erst relativ spät ist, leicht zum *Schöpfer* werden, der unabhängig vom Geschöpf zu existieren scheint, sein Wort spricht – und schon ist die besprochene Wirklichkeit eingetreten: Er sprach – und es ward!

Um Gott als Schöpfer denken zu können, muß bereits ein langer Objektivierungsprozeß stattgefunden haben, verstärkt durch das Exil, das als Gottferne aufgefaßt wurde und die Distanz zu jeder Gotteserfahrung betonte. Erst in der Gottferne, die in Natur und Geschichte erfahren wurde, stellte man sich die Frage nach dem Ursprung von allem, nach dem Anfang. Dieser wird auf den Herrn Jahwe zurückgeführt – wie könnte es auch anders sein?

Im babylonischen Exil also wird Jahwe erstmalig bei Deuterojesaja zum Schöpfergott, um nicht den dortigen anscheinend stärkeren Göttern zu verfallen (Jes 42,5f.; 43,1-5; 44,24-26; 51,9f; 54,5)[125], wie auch der priesterliche Schöpfungsbericht überliefert (Gen 1,1-2,4 a). So kann er dann auch im Gebet angesprochen werden (Ps 74; 77; 89). Eine im Schöpferglauben naheliegende Objektivierung Jahwes ist Jahwe als *Vergelter*. Indem er seinen eigenen Wohnsitz, den Tempel, aufgibt, entzieht er sich seinem Volk. Auch wenn die Propheten (Ez 8ff; Jer 7) versuchten, diese an einen Ort gebundene Gottesvorstellung zu verändern und die Menschen zur Umkehr zu mahnen, wird das Unglück des Volkes in der Zerstörung Jerusalems als Zorngericht Jahwes gesehen (Ps 79,5. 8a; 44,24f). Die Unterwerfung unter Babel bedeutet Verborgenheit des Heiles und Strafgericht (Jer 29,4ff; 32,15; Ez 8-11 u.a.m.). Die Klagelieder berichten davon, wie sehr Jahwe das eigene Volk den Händen der Feinde überliefert hat (z.B. Ps 44; 74; 79; Jes 63,7ff). Jahwe steht hier Israel gleichsam als feindliche Macht gegenüber, die im Vergelten freilich zugleich die Chance läßt, wieder zu ihm umzukehren. Denn Jahwe ist nicht nur der Vergelter, sondern galt schon davor als freundliches Gegenüber, als *Bundesgott, de*r zugleich jedoch immer auch Richter ist. Hier ist die Sinaitradition wirksam (die von der Exodustradition zu unterscheiden ist und von Gesetzes- und Bundesschluß am Sinai nichts weiß: Vgl. Jos 24,1-13; Dtn 26,5 b-10 a),

---

[125] Vgl. dazu: C. Westermann, Das Buch Jesaja, Kap. 40-66, Göttingen 1966, 196; A.H.G. Gunneweg, Geschichte Israels bis Bar Kochba, Stuttgart/Berlin/Köln/Mainz 1972, 120f.

die ein gegenseitiges Treueverhältnis begründet, in dem Jahwe richterliche Funktion hat. So geht aus diesem Bundesverhältnis notwendig der Gesetzesgehorsam hervor; von der Bundestreue des Volkes hängen Segen, Glück und Wohlstand der Nation ab. Dieser Bundesgedanke setzt die Landnahme voraus, wodurch das innere und äußere Zusammenleben des Volkes und seine Überlebenschancen gesichert werden sollten (vgl. Ex 20,3; Dtn 28; Ri 2,1ff u.a.m.). Der Gottesbund überhöht den zwischenmenschlichen Verpflichtungscharakter und wacht gleichsam über das „Menschsein der Menschen"[126]. Diese Tendenz setzt Gott als Gegenüber und damit als Begründungsfaktor für bestehende Verhältnisse voraus. Das Verbindende dieser vielfältigen Gottesvorstellungen (die ideengeschichtlich nicht so gesehen werden können, als ob der Mensch immer tiefere Einsichten über Gott gewonnen hätte) ist die Verobjektivierungstendenz. Sie zeigt sich dort, wo Jahwe im Streit mit den anderen Göttern liegt und diese *eliminiert,* absorbiert sowie *depotenziert* oder sich mit ihnen *identifiziert,* sie zeigt sich aber auch, wenn Jahwe zum *Bundesgott,* zum *Vergelter* und schließlich zum *Schöpfer* wird. Dabei muß nochmals betont werden, daß auch diese Objektivierungen untereinander teilweise widersprüchlich sind und kein Gesamtbild Jahwes ergeben.

3. Der gegenwärtige Herr-Gott

In all diesen Verobjektivierungstendenzen läßt sich eine Grundrichtung des Denkens und Sprechens von Gott angeben. Das unbedingte Festhalten an der Einheit – Jahwe bleibt das einzig gültige Summationszentrum aller religiösen Erfahrungen – bewirkt eine absolute Differenz zwischen der Weltwirklichkeit und Gott. Ja noch mehr: Diese Diastase hat zur Folge, daß in einer Gesellschaftsordnung, in der das Herr-Knecht-Verhältnis bestimmend ist, Gott nur als *Herr* verstanden werden kann. Im ganzen orientalischen Raum sind die Götter die unumschränkten Herren, die auch das Schicksal lenken. Jahwe als der Eine ist dies noch im gesteigerten Maße. Der Herr gebietet, und alles hat zu gehorchen; nicht nur der Mensch, sondern auch der ganze „himmlische Hofstaat". So ist Gott ein „Herr-Gott", ein „Allherrscher". Die Bedenken gegen das irdische Königtum, die im AT anfänglich bezeugt sind, werden nicht im Namen einer Demokratie verfochten, sondern im Namen einer absoluten Theokratie. So wie alljährlich durch die Straßen Babylons der Heils- und Freudenschrei: „Marduk (Gott) ist König!" erscholl, so verkündet am Laubhüttenfest im Tempel zu Jerusalem der Jubelchor: „Jahwe ist König!" Dieses Herrschaftsdenken ist dem Hellenen ziemlich fremd. Für ihn ist das Herr-Sein Gottes nicht charakteristisch. Das Gottesverhältnis wird nicht durch das Begriffspaar: κύριος – δοῦλος (Herr – Knecht) dargestellt. Gott und Mensch werden nicht in dieser soziologischen Differenz gedacht, die für den Juden eine ontologische bedeutet. Politisch hat dies zur Folge, daß der Grieche mehr

---

[126] G. v. Rad, Theologie des Alten Testaments, 1. Bd., München 1957, 197.

zur Demokratie neigt, während das jüdische Denken eher monarchisch bestimmt ist. Dies gilt für den Nomadenführer Mose genauso wie für die davidische Zeit bis hin zu den Makkabäern. „So ist es von vorneherein nach Form und Inhalt ein ausgesprochener *Herrnwille*, der in der ungeheuren Intensität der Gotteserfahrung des ATs sich kundtut."[127] Sei es, daß der Herr, אֲדֹנָי ('adonāi), der König, מֶלֶךְ (mæleḥ); oder der Gebieter, גְּבִיר (gᵉbijr) spricht, überall übt er seine Herrschergewalt aus. Und wenn mit propagandistischer Wucht am Schluß des Psalms 134 (135) neben dem Haus Israel, Aaron und Levi alle Gottesfürchtigen zum Preis des Allherrschers aufgerufen werden, so wird Jahwe-El als Herr des Kosmos proklamiert. Gott ist absoluter Monarch. Es ist daher nicht zufällig, wenn seine Anordnungen mit dem Brüllen des Löwen verglichen werden, wie es Amos (3,8) in der Unheilsankündigung über Samaria tut: „Der Löwe brüllt, wer hat keine Furcht? Es redet der Gebieter und der Herr, wer wird da nicht Prophet?" Dieses „Brüllen" als absoluter Machterweis zeigt sich im Kampfschrei Jahwes. Er ist als Herr der Führer, der im Kampf mit auszieht und die Heidenstämme unnachgiebig ausrottet. Der heilige Krieg, den Israel unter Gottes Kriegsherrschaft führt, bedeutet Tod und Untergang für alles, was dem Herrn nicht zu Willen ist. Jahwe, der Herr ist Gott (1Kön 18,39), denn Herr ist sein Name (Ex 15,3; Ps 24,8). Der heilige Schrein ist das Symbol der Gegenwart des Herrn. Er ist ein Führergott, der keine Gefangenen macht, sondern alles ausrottet, was ihm im Wege steht. Wer den Bann an allem, einschließlich dem ungeborenen Kind, nicht vollzieht, sondern Schonung übt, wird selbst vernichtet. Er ist der *kämpfende*[128] und *herrschende Du-Gott,* der dem ihm Dienenden Sieg verleiht. Gar bald mußten die Jahweleute jedoch erkennen, daß Krieg und Erfolg nicht göttlich sind. Zwar zieht Jahwe dem Volk voran wie ein Führer und eröffnet so als Sieger dem Gehorsamen auch Zukunft, aber entscheidend ist seine machtvolle *Gegenwart.* Der Kriegsgott Israels, der die Abenteuer wie den Auszug aus Ägypten sanktioniert, hat mit Zukunft recht wenig zu tun. Er *herrscht,* und zwar absolut und intolerant in der *Gegenwart. So* beherrscht er natürlich nicht nur wie der ohnmächtige Baal den Kreislauf der Natur, sondern selbstverständlich alle Geschicke der Menschen, d.h. also auch die Geschichte. So ist er *Geschichtsgott* und wahrt die Einheit der Geschichte wie die des Volkes, denn Ein-Herrscher ist er. Selbstverständlich beherrscht er auch die Zukunft, aber wohl weniger im Sinne einer noch offenen Zukunft, denn als Herr, der das Heft fest in der Hand hat und dem niemand entrinnen kann. So ist das AT durchzogen von diesem Herrschaftsgedanken; im Namen dieses Herrn wird auch theologische Politik bzw. „politische Theologie" getrieben. Die Theokratie ist ja wesensmäßig politisch. Insofern macht er Geschichte und ist er der, der die Geschicke lenkt.

---

127 W. Eichrodt, a.a.O., 16.
128 Vgl. E. Zenger, Wie spricht das Alte Testament von Gott?, in: Möglichkeiten des Redens über Gott, Düsseldorf 1978, 60f.

Aus diesem *Herrschafts-Du* Gottes werden die verschiedenen Eigenschaften verständlich, die dieser Gott Israels annimmt. Der *eine Herrscher* schließt das Bündnis, ist Richter, ein gerechter Vergelter und schließlich durch seinen universalen *Willen* Weltenherr und Schöpfer. Von daher ist er unnahbar und *verborgen* und den Menschen nur über seine Willensäußerung, d.h. Offenbarung zugänglich. Als herrschende Macht, die sich im Willen ausdrückt, ist er natürlich ein Gegenüber, wie es die Anrede beweist. Der Ausdruck „Person" kommt zwar nicht im AT vor, aber liegt nahe.

Noch nicht geklärt ist, warum all diese Umgestaltungen und Objektivierungen den Namen Jahwe bekommen, warum sich also gerade dieser Gott der Jahweleute durchsetzt. Bei allen Unterschieden muß offenbar eine Erfahrung entscheidend sein, die Gott mit Jahwe unbedingt in Verbindung bringt. Welche ist es?

Häufig wird Jahwe (weniger El) unter der Perspektive der Zukunft, der Verheißung gesehen. Er wird als Verheißungsgott bezeichnet, der Zukunft erschließt. Bloch stellt ihm den Apollinischen Gott der Griechen gegenüber, der als εἶ (Du bist) charakterisiert wird. Weitgehend scheint sich diese Ansicht zu bestätigen: Abraham wird aus seinem Heimatland herausgerissen und erhält die Verheißung, Vater eines Volkes zu werden, das an die Sternenzahl am nächtlichen Himmel herankommt. Mose muß aus Ägypten ausziehen, und Jahwe zieht vor ihm her als Feuersäule in der Nacht und als Wolke am Tag. Und schließlich vermehren sich die Verheißungen in nachexilischer Zeit, daß es wieder besser werden soll und ein Heilbringer eintreffen wird. Gott wird als „mitwandernder Horizont", der stets vor dem Volk herzieht und Zukunft verheißt, gepriesen.[129] Auf den ersten Blick wirkt diese Erkenntnis der Funktionalität Gottes auf Zukunft hin bestrickend. Die Bedeutung des Gottesglaubens in seiner Funktion für das geschichtliche Werden der menschlichen Gesellschaft scheint im AT einmalig grandios erkannt zu sein.

Aber ist nicht ein „Herr", der Macht ausübt – wie wir gesehen haben –, wesentlich von der *Gegenwart* geprägt? Das Herrn-Du, das man ausruft, dem man sich im Gehorsam beugt, hat wenig Zukunft in sich, auch wenn man weiß, daß es auch in Zukunft bestimmend sein wird. Außerdem wissen wir, daß diese Berichte alle im Heiligen Land, also im Land dieser Verheißung selbst, geschrieben wurden. Der Jude hat die Verheißung erlangt, er *ist* im Land, das von Milch und Honig fließt. Er reflektiert nun und zeigt auf, daß die *Vergangenheit* mit der Gegenwart übereinstimmt. Gott hat die Verheißung, die einst zukünftig war, nun eingelöst. Der gleiche Gott von damals handelt auch heute. Freilich, in der Zeit, in der das Unglück über Israel hereinbricht, erhofft man Befreiung, die aber wiederum auf die Vergangenheit bezogen wird: Wie es damals bei David war! In der Zeit des glücklichen Besitzes wird auf den Gott Abrahams, Isaaks und Jakobs hingewiesen. Gott selbst gibt seine Selbstbeschreibung in diesen Begriffen der Vergangenheit wieder. Gott ist der Feststehende, ausgedrückt in der Zeitdimension des Per-

---

[129] Vgl. J. Moltmann, Theologie der Hoffnung, München 1964, 36f.

fektum. In der vielzitierten Stelle vom Dornbusch (Ex 3,6) beginnt Jahwe mit der Selbstvorstellung, indem er auf Vergangenes zurückverweist (und sich bereits mit anderen Gottesnamen vereinigt hat): „Ich bin der Gott Deines Vaters, der Gott Abrahams, der Gott Isaaks und der Gott Jakobs!" Dazu kommt, daß die hebräische Sprache zwar die verschiedenen Formen der Intensivierung kennt, sich aber eher präsentisch ausdrückt, mit dem Akzent auf der Vergangenheit. Die Zukunft ist eigentlich nur das Imperfekt, insofern die Handlung, die schon geschehen ist, noch nicht abgeschlossen wurde. Ferner haben die Verheißungen, die ausgesprochen werden, nicht den Charakter einer offenen Zukunft, sondern es werden ganz bestimmte Dinge verheißen: Nachkommenschaft, Land, politische Führer, die es wieder recht machen, und schließlich der Messias. Die „noch unbestimmte Zukunft" wird gerade durch die Verheißungen recht handgreiflich, gegenständlich bestimmt; was kann kompakter sein als Vermehrung des Volkes und Besitz des Landes Kanaan? Jahwes „Seinsweise" erscheint kaum als zukünftig. Einige Beispiele können dies verdeutlichen:
„Ihr aber seid meine *Zeugen**, spricht Jahwe, und mein *Knecht** ist's, den ich erwählt habe, damit ihr erkennt, mir vertraut und besinnt, daß *ich der** bin הוא אֲנִי ('anij hû')."[130] Anschließend stellt sich dieser Gott vor: „El wurde *vor* mir nicht gebildet, wird nach mir auch nicht da-sein, doch ich, doch *Ich bin da**, außer mir kein Befreier; ich verkündete und machte es vernehmbar: Kein Fremder war bei euch; ihr also seid meine Zeugen, spricht Jahwe, und so bin ich El. Ehe ein Tag war, bin ich dieser הוא אֲנִי ('anij hû'): Kein Erretter aus meiner Hand! Handle ich, wer will's vereiteln?"[131] (Jes 43,10ff). An diesem Text können wir die verschiedenen Züge ablesen: Er ist Herr, denn niemand kann sich ihm widersetzen. Für Israel soll es eine Verheißung sein, die aber ganz von der Gegenwart mit Bezugnahme auf die Vergangenheit lebt. Ehe ein Tag war, bin ich Jahwe-El, dieser Gott.[132] Am stärksten kommt diese gegenwärtige Abhängigkeit von Gott im Prediger (3. Jh. v. Chr.) zur Sprache. Gott ist nicht ein in die Zukunft weisender „Geschichtsgott", sondern er bestimmt die Gegenwart als Herr, und von daher berühren sich Vergangenheit und Zukunft. „Alles hat er gut gemacht für die rechte Zeit, auch die Weltgeschichte gab er ihnen (den Menschen) zur Überlegung; freilich, der Mensch kann nicht ergründen das, was Gott tut vom Anfang (der Zeit) bis

---

[130]   Übers. nach M. Buber/F. Rosenzweig, Bücher der Kündung, Köln 1958, 137.
[131]   Ebd.
[132]   Jahwe wird im AT ca. 6700mal genannt; El ca. 2500mal. Zur Zeit der Landnahme haben sie sich, wie wir bereits gesehen haben, verbunden. El geht aber ganz von der Gegenwart mit Bezugnahme auf die Vergangenheit verschiedene andere Verbindungen ein, wie El schaddaj (Gen 17,1; Ex 6,3), Allherrscher; El eljon (Gen 14,18ff), der Höchste (über den Himmeln); El roi (Gen 16,13), der alles durchschaut; El olām (Gen 21,33), der Zeitüberlegene (Immerwährende); Dan 7,9 kann er als „Hochbetagter" auftreten u.a.m. In allen Bezeichnungen kommt die wirksame Gegenwart zum Ausdruck. Daß Jahwe bewußt durch El(ohim) ersetzt wird (Ps 42-83) und im Buch des Predigers nicht vorkommt, hat sicher nicht den Grund in Jahwes Zukunftsperspektive.

zum Ende ... Ich erkannte alles, was Gott tut, das gilt für immer; dem kann man nichts hinzufügen und von ihm nichts wegnehmen, und Gott hat es getan, damit man sich vor ihm fürchte. Was *ist**, ist längst schon *gewesen**, was sein wird, längst war es da und das Vergangene, Gott sucht es hervor ... nichts Neues unter der Sonne!" (Koh 3,11.14.15; 1,9).

Aus all dem kann man leicht erkennen, daß nicht die offene Zukunft den Gott (Jahwe-El) bestimmt, sondern die herrschaftliche Gegenwart. Gott ist ein numen *praesens*.[133] Sind so aber nicht die meisten Gottheiten der Umwelt zu verstehen? Warum setzt sich gerade dann Jahwe-El durch? An der Zeitdimension kann es nicht allein liegen. Woran? Die auffallende Herren-Rolle, die Gott spielt, kann es wohl auch kaum sein. Ist hier nicht im Herrenmachtgedanken die Schattenseite einer viel ursprünglicheren Erfahrung angesprochen, die die Semiten bzw. vor allem die Jahweleute machten und sich daher durchsetzten? Könnten all diese Aussagen von Gott nicht einfach nur Objektivierungen dieser grundlegenden Erfahrung sein?

Vielleicht läßt sich doch in eine andere Dimension hineinfragen, die ähnlich wie bei den Hellenen mehr hergibt als die Welt der sekundären Mythen?

4. Der erfahrbare Gott

Entscheidend ist die Feststellung, daß die Bezeichnung El für Gott primär *prädikative* Funktion hat. Auch der Semit denkt ursprünglich wie der Hellene vom *Ereignis* her. Zwar sind El und Adam polare Begriffe, so daß Gott – Mensch sich genau ausschließen wie בָּשָׂר (bāśār, Fleisch) und רוּחַ (rûah, Geist), aber in den theologisch nicht durchreflektierten und z.T. mythischen Stellen des AT wird Gott mit den Menschen zusammengedacht. So gibt es die בְנֵי הָאֱלֹהִים (bᵉnêj hā æ'lohijm, Gottessöhne, Gen 6,2), die die starken Männer der Urzeit zeugten. Im Buch Hiob lesen wir (38,7) vom Jubel der Gottessöhne (oder Kinder), die den himmlischen Hofstaat bilden (1,6; 2,1). Jesus selbst weist (Jo 10,34), um seine Göttlichkeit zu begründen und sich gegen Gotteslästerung zu verteidigen, auf Ps 82 (81),6 hin: „Wahrlich, ich habe es gesagt: Gott (æ'lohijm) seid ihr und Gottessöhne (bzw. Söhne des Höchsten, æ'lohijm) alle zusammen." Wegen des Unrechts an den unterdrückten Mitmenschen jedoch werdet ihr, fährt er fort, wie Adam (Menschen) sterben. „Elohim" bedeutet hier eine bestimmte Seinsweise des Menschen, ähnlich dem griechischen θεῖον. Dies wird noch durch den Fundamentalsatz bestärkt: אֱלֹהֵי יִשְׂרָאֵל (æ'lohij jiśrāē'l). Das jüdische Volk spricht sich aus, indem El(ohim) sein *Prädikat* ist (Isra-El): das Volk der Juden ist Gottes, bzw. zum Volk gehört der Gott.[134] Durch Gott wird das Volk qualifiziert, erhält seinen besonderen Namen. Es weiß sich verdankt. El bedeutet die Macht, die Kraft,

---

133 Vgl. ThWNT III, 1061.
134 Daß El (Gott) Prädikat wird, findet sich in den verschiedensten Namensbezeichnungen: Micha–el, Rapha–el, Gabri–el, Samu–el, Emanu–el, Dani–el etc.

die Vollkommenheit (ähnlich dem κρεῖττον der Griechen), so wie Sein הָוָה (hā'jāh – Jahwe) hebräisch mächtig, wirkkräftig sein meint und nicht einfach das Vorhandensein. Von Jahwe-El erfährt sich das Volk als das Stärkere, das Mächtigere, das Siegreiche: Es ist das Volk des El, es ist Isra-el! In diesen Kontext gehört die Jakoberzählung, die Bloch[135] und Gardavský[136] zum Anlaß nahmen, den noch verborgenen Menschen als Gott bzw. „gottgleich" zu erklären, wodurch Gott selbst abgeschafft würde. Jakob kämpft mit Gott (Gen 32,25-32), Gott kann Jakob nicht verlassen, bevor er ihn segnet und so selbst sein *Prädikat* wird: Jakob wechselt den Namen, er heißt in Zukunft Israel. Freilich, Jakob bzw. Israel wird sein ganzes Leben an dieser Nähe leiden: Er hinkt an seiner Hüfte. So wird Gott vom Volk stets ausgesagt werden. Der El ist beim Volk. Und von Jakob (als Volkssymbol) heißt es: „Siehe, ich bin *mit Dir*; ich werde dich behüten überall, wohin du gehst. Ich werde dich nie verlassen" (Gen 28,15). Freilich, El als Macht, als ἐξουσία, die dem Volk gegeben ist, ist nicht nur reines *Interpretament* des Menschen, sondern meint eine Wirklichkeit, die auf den Menschen als ihm geschenkte Macht zukommt. In derselben Geschichte bittet Jakob um den Namen des El, nachdem dieser ihn neu benannt hat. Der Name wird ihm verweigert. Was bleibt, ist der Segen und die damit verbundene Macht und der Sieg, aber die Frage nach den Namen bleibt unbeantwortet. Der El wird nicht greifbar, nicht gegenständlich, nicht im eigentlichen Sinn ein *Gegenüber*. Als Prädikat des Volkes entzieht er sich dem Zugriff.

Diese dem semitischen Volk geschenkte Macht erfährt noch eine weitere Spezifikation durch die Gruppe, die aus Ägypten kommt: Der zu *Israel* gehörige Gott, seine Gottheit (El[ohim]) ist näher bestimmt durch *Jahwe*. Ganz klar läßt sich die ursprüngliche Erfahrung nicht mehr erhellen, wie Jahwe den El bestimmt. Sicher ist die Objektivierung zum Herrn, zum κύριος, wie ihn die „Septuaginta" übersetzt, sekundär. Die klassische Stelle Ex 3,14 gibt uns die einzige alttestamentliche Erklärung des Gottesnamens. Sie gibt einen Anhaltspunkt für die zugrundeliegende Erfahrung. In dieser Berufungserzählung fragt Moses nach dem Namen Gottes. Als Antwort erhält er kein Haupt- oder Eigenschaftswort, sondern ein Zeitwort. Der zugrundeliegende Stamm von Jahwe ist הוה, *hjh* (hā'jāh). Es kann bedeuten: „Er ist da" oder „Der da ist". Wie bei Jakob haben wir es mit einer Theophanie zu tun. Gott wird epiphan.[137] Er tritt ein, wird gegenwärtig, geschieht, ist eben da! Dies ist die wesentliche Grundbedeutung von *hjh*. Wenn die „Septuaginta" diesen Exodusvers übersetzt mit: ἐγώ εἰμι ὁ ὤν, dann hat das in ihrem Verständnis mit dem hebräischen אֶהְיֶה אֲשֶׁר אֶהְיֶה (æ'h^ejæh a'schær æ'h^ejæh) nur den gramma-

---

[135] Vgl. E. Bloch, Atheismus im Christentum. Zur Religion des Exodus und des Reichs, Frankfurt 1968, 117ff.

[136] Vgl. V. Gardavský, Gott ist nicht ganz tot, München 1968, 40ff.

[137] Epiphanien werden uns von der Paradieserzählung bis zum 2. Makkabäerbuch, das ausdrücklich nur die Epiphanien Gottes in der Geschichte erzählen will, in der Bibel als zentrale Ereignisse berichtet.

tikalischen Bestand gemeinsam und nicht den semantischen. Nicht „ruhendes Sein", sondern „hereinbrechen, fallen", kurz „Ereignis" ist hier die grundlegende Bedeutung.[138] Jahwe bezeichnet also den, der „da-ist". „Ich bin da, als der ich da bin." Jahwe ist der *gegenwärtige* Gott! Er ist wirksam, und zwar in den jeweiligen Ereignissen. Die hilfreiche Nähe Gottes ist in den Geschehnissen da. Gott ist, bedeutet: Da-Sein. Jahwe wirkt – Mose braucht seinen Namen nicht zu wissen, er muß ihn nicht fassen, ihn nicht unter die Gegebenheiten einreihen können, sondern er wird ihn erfahren, er erfährt ihn. So ist Jahwe wesentlich ein *Erfahrungsbegriff*. Was wird erfahren? Nun, daß Gott *da ist*; daß Moses nicht allein ist, nicht einsam sein Unternehmen starten muß, denn Gott ist mit ihm. Die Epiphanie Gottes macht ihm klar, daß seine Unfähigkeit nicht entscheidend ist: In seinem menschlichen Tun wird sich Jahwe-El zeigen! Es ist korrekt, wenn Buber übersetzt: „Ich werde dasein, als der ich dasein werde ... So sollst du zu den Söhnen Israels sprechen: *Ich bin da**, schickt mich zu euch." In der Gegenwart wird Gott erfahren: „Ich *bin* da!" Freilich, will Mose noch näher seinen Namen wissen, ist er mit dieser Auskunft nicht zufrieden, so gilt das Imperfekt mit futurischer Bedeutung: Ich bin da, ich bin im Geschehen und werde auch weiter im Ereignis, im Widerfahrnis für dich, für das Volk dasein. Ohne Zweifel ist der Name damit verweigert; Jahwe läßt sich nicht unter den Begriff vorhandener Gottheiten subsumieren und setzt sich nicht einer „objektiven" Wesensbeschreibung aus. Und gerade dadurch wird Mose motiviert, zum Pharao zu gehen, da sich erst in diesem Tun Jahwe erweisen, für ihn dasein wird! Mose erhält keine objektivierbare Antwort, sondern vielmehr eine ungeheure Zusage, wodurch sein Tun nicht nur eine vordergründige innerweltliche Dimension hat. Sein Eintreten für das Volk ist nicht nur eine profane Beziehung zwischen Führer und Masse, sondern hat eine Tiefe, die Heil und Befreiung verspricht. Im Gang zum Pharao Ägyptens ereignet sich mehr als ein erfolgreiches Wirken, Gott selbst ereignet sich, erweist sich als ein Gott, der dem Volk Freiheit schenkt. Die Zusage des Da-Seins meint ganz konkret Jahwes Gegenwart im Tun dieses Menschen Mose. Nicht im Mangel, sondern in der Fülle der Bereitschaft, für die Menschen, die Volksgenossen einzutreten, erschließt sich dieser Gott Jahwe.

So sind später alle Wüstenerzählungen stets Epiphanie Gottes: Er ist DA! Die Zusage Jahwes gilt für heute und selbstverständlich auch für morgen. Sie ist aber nicht von vornherein bestimmbar, so daß unabhängig vom Tun des Mose Jahwe sich ereignet, sondern *in* seinem Tun wird er gegenwärtig und wird sich auch in Zukunft als „DA-Sein" erweisen. Dies ist zu erkennen an der Befreiungsaktion aus der Sklaverei in Ägypten. Jahwe erscheint nicht als Subjekt (Mose und das Volk stehen in einer Subjekt-Subjekt bzw. Subjekt-Objekt-Relation), sondern Jahwe gibt es nur dort, wo Menschen sich prägen lassen von einer gemeinsamen Freiheit, die ihnen im Vollzug selbst eröffnet

---

138 Vgl. A. Deissler, Der Gott des Alten Testaments, in J. Ratzinger (Hg.), Die Frage nach Gott, Freiburg 1972, 52.

wird. Jahwe wird gleichsam zum Gott, indem für die Freiheit der Menschen gelebt wird.[139] Jahwe-El wird damit zum soteriologischen Begriff. Exodus, Auszug aus dem Bestehenden, Bedrückenden charakterisiert diesen Gott. Er ist eine Bezeichnung für die wider Erwarten das Unheil aufhebende Erfahrung. „Im Exodus erhält die Gotteserfahrung, die hinfort mit dem Namen Jahwe benannt wird, die entscheidenden Strukturen: Jahwe ist der Gott des Exodus, d.h. der Gott, der ... Leben und Freiheit ist ... Von Jahwe reden heißt deshalb in der biblischen Tradition, von wahrhaft befreienden und erlösenden Erfahrungen erzählen, sei es im Tempus der Vergangenheit, Gegenwart oder Zukunft.“[140] Diese Befreiungserfahrung ist es, die sich im jüdischen Denken durchsetzt, und daher setzt sich auch der Name dieser Erfahrung durch: Jahwe. Im Geschenk der Freiheit liegt mehr als nur besseres Leben, es bedeutet gleichsam ein neues Leben, das auf den Menschen zukommt. So ist Jahwe ein *Dankname* und primär kein Rufname. So *ist* er als Dank für die Zusage, die in Erfüllung geht, eine Aussage vom Menschen. Er ist Prädikat des befreiten Menschen. Er ist Aussage des Menschen, die ihn zu neuer Menschlichkeit befreit. Jahwe ist Huldzusage, die sich am Menschen in seiner Geschichte mit anderen Menschen erweist. Dieses partielle Befreiungsgeschehen aus ägyptischer Gefangenschaft ist Symbol und Paradigma für die Sinnerfahrung und d.h. Gotteserfahrung der Menschen. Dies bedeutet: Mose erfährt sich im mythischen Bild der Theophanie als beschenkt. Gott gibt sich ihm als Da-Sein; er erweist sich, und zwar ganz konkret an einer Situation. Mose und das Volk erfahren sich als *bejaht*. Das Volk in all seinem Elend erfährt sich als reich beschenkt, es ist *erwählt*; es erfährt sich von Jahwe her! Nicht so, daß er ergänzen muß, was dem Volk fehlt (diese Erfahrung ist sekundär, so denken Hiobs Freunde!), sondern bei allem Unglück erfährt das Volk die Verheißung, ein glückliches zu sein. Es ist erwählt, bejaht, beschenkt und hat die Zusage, daß ihm diese Freiheit je neu in allen Geschicken und Schicksalen geschenkt werden wird. Freilich, diese Zusage ist kein paradiesischer Zustand, sondern zugleich *Forderung*. Diese ist die Konsequenz der eigenen Befreiung, des Beschenktseins. So ist der Jude zur Sorge für den „Fremdling“, die „Witwe und Waisen“ und „Sklaven“ (Dtn 15,12) verpflichtet. Ja überhaupt allen, die in Not geraten sind, gilt es aufgrund dieser Befreiungserfahrung beizustehen

---

139 Vgl. E. Zenger, a.a.O., 68ff. Auch das Buch Kohelet (Prediger) ist sich bewußt, wenn man überhaupt von Gott sprechen kann, dann nur als Bestimmung des menschlichen Seins. „Ich habe in meinem Herzen über die Angelegenheit (עַל דִּבְרַת) der Menschensöhne (בְּנֵי הָאָדָם) nachgedacht hinsichtlich ihres Bestimmt-Seins (לְבָרָם) als/durch die göttliche Wirklichkeit (הָאֱלֹהִים) (Koh 3,18). Er kommt aber zum negativen Ergebnis, da die Menschen „doch nur Tiere sind“. Der Redaktor hat dann die Gottesdimension, jedoch in völlig objektivierter Weise, eingetragen und Gott vom Menschsein distanziert. Gott ist als furchtgebietende Majestät der Herr über den wehrlosen Menschen. (Vgl. V. Rose, Gott bei Qohelet, in: Protokoll der Tagung Alter Marburger, Hofgeismar 1998, 18-42).

140 E. Zenger, Die Mitte der alttestamentlichen Glaubensgeschichte, in: Kat. Bl. 101, 1976, 6.

(vgl. Lev 19,33ff; Dtn 24,17ff). Sie ist die Richtlinie, nach der ein sinnvolles Leben gestaltet und zwischenmenschliche Gerechtigkeit aufgerichtet wird. Der Jude weiß, daß er nicht in dem Beschenktsein ausruhen kann, sondern daß dies für ihn eine Forderung ist, der er gerecht werden muß. Seine Erwählung, sein Beschenktsein fordert ihn heraus, desgleichen zu tun. Wenn er den Auftrag, der aus dem Beschenktsein hervorgeht, nicht erfüllt, kann es geschehen, daß Jahwe-El nicht mehr gegenwärtig ist, daß zukünftige Ereignisse gottlos sein werden und daß er in der Leere und Bedürftigkeit lebt. Jahwe-El ist so die *Erfahrung des Bejahtseins* (bzw. Befreit-, Beschenkt- und Erwähltseins). Diese Erfahrung ist Erfahrung der Macht, der *Vollmacht*, die dem Volk gegeben ist.

5. Der fordernde Gott – auch als Liebe

Diese Erfahrung schließt die *Forderung* ein, der Begabung entsprechend zu handeln. Entspricht das Volk diesem Beschenktsein, dann hat es auch für die Zukunft die Zusage weiterer Erwählung und Befreiung; d.h., das Ereignis „Gott" wird nicht aufhören! Handelt es selbständig ohne Beziehung auf Jahwe, dann ist es gott-los! Und die Folgen stellen sich ein.

Ein Beispiel ist die Paradieserzählung: Der Mensch ist beschenkt. Das ist das Erste und Grundlegende. Dieses Beschenktsein wird als Umgang mit Gott dargestellt. Der Mensch hat Umgang mit dem Göttlichen, unmittelbar, weil er sich ganz bejaht weiß. Statt vom Lebensbaum zu essen und ewig zu leben, will er die Zweideutigkeit von Gut und Böse erfahren. So fällt er hinein. Auch das Beschenktsein wird zweideutig und ebenso Gott: Der Mensch beginnt sich zu fürchten. Die Geschichte Israels ist nichts anderes als eine Ausfaltung und Darlegung dieses Ereignisses: Der Mensch ist beschenkt, er hat ein positives Vorzeichen „*vor*" seinem Leben.[141] Dies ist nicht allein ein Produkt seines Handelns, sondern anteilgewordene Freiheit, die er (ähnlich wie der Grieche) ausrufen darf. Aber das Jahvevolk hat überdies die Zusage: Wenn es an diesem Bejahtsein festhält, wird sein Leben weitergetragen sein von Jahwe, dem „Liebhaber des Lebens". Das Gut ist nicht nur gegenwärtig, so daß jede beliebige Zukunft es wieder entreißen könnte, sondern Gott wird auch künftig der Ausweg aus Bedrängnis und Unfreiheit sein. Freilich, diese Zusage der Huld wird immer wieder fraglich, wo der Mensch die Wirklichkeit verfehlt; und so deutet er die Brüchigkeit als Strafe Gottes. Damit tritt sofort im Denkprozeß selbst die Objektivierung Gottes ein, allerdings selbst in der Zweideutigkeit des Unheils immer als „Lehre" zur Besserung.

Sobald nun über dieses Ereignis des Beschenkt-Bejaht-Seins hinausgegangen wird, macht der Mensch sich ein *Bild* von Gott. Jahwe wird Objekt, wird zur „objektiven Wirklichkeit". Und nirgendwo wird so scharf gegen das Bildhafte

---

[141] Vgl. ders., in: Möglichkeiten des Redens über Gott, 73.

polemisiert wie im AT, obwohl der Jude ihm immer wieder erliegt.[142] Es gibt nur *ein* gültiges Bild von Gott, und das ist, wie die Propheten stets ermahnen: Dem geknechteten Menschen sein Recht zu geben, d.h., nur der Mensch (im Befreiungsvollzug) ist *Gottes Bild*, sonst nichts. Theologisch formuliert, in Form späterer mythischer Sprache: „Machen wir den Menschen in unserem Bild, uns gleich!" (Gen 1,26). Was immer der mythische Grund des Bildverbotes ist: Der Mensch ist Gottes *Bild*, keines außer ihm ist möglich, alles andere ist Vergegenständlichung, ist Namengebung Gottes, ist ein Über-das-Beschenkt-sein-Hinausdenken in die Dimension hölzerner oder eiserner Vorstellungswelt. Diese lenkt nur vom eigentlichen *Bild* Gottes ab.

Deus hominibus, Gott ist den Menschen, wenn sie „Gottes Bild" achten. So heißt es, daß es nicht auf die „Opfer" ankommt, denn diese verleiten zu dem besagten Götzendienst und zu „Bildern", die Gott „an sich" darstellen. „In der Schrift finden sich deshalb *keine* Aussagen über Gott an sich."[143] Gott ist da, wo der Mensch geliebt wird und der Befreiungsimpuls weitergetragen wird. „Liebe gefällt mir und nicht Opfer" (Hos 6,6). „Was soll mir die Menge von Opfer?" (Jes 1,11). „Gehorsam ist besser denn Opfer" (1Sam 15,22). Die Mißachtung des Nächsten ist der Ungehorsam und die Sünde. „Die Sünden lassen sich nicht versöhnen mit viel Opfer" (Sir 34,23). Und der beschenkte Mensch bekennt: „Opfer und Speiseopfer gefallen Dir nicht" (Ps 40,7). Für Gott gilt nämlich ein anderer Grundbegriff als für die Götzen. So kommt Jahwe-El im Schlüsselwort: חֶסֶד (hæsæd) zur Sprache: Huld, Beschenktsein bis ins tausendste Glied! Alles, was von Gott her geschieht, ist hæsæd! Er ist diese Huld selbst; Huld aber nicht nach Laune, sondern in Treue, אֱמֶת (æ'mæt)! Es ist Treue-Huld, die den Menschen widerfährt. Er ist der getreue Gott; er ist Fels, Schutzwehr usw. Alles Bilder für das ständige Bejahtsein des Menschen. So kann und soll der Mensch sich von daher festmachen, d.h. *glauben!* Diese Treue-Huld, die den Menschen entgegenkommt, ist so groß und mächtig, daß selbst der Ehebruch die Huld nicht entziehen kann. Hosea (8. Jh. v. Chr.) geht die Ehe mit einer Dirne ein, um zu zeigen, was *Treue, Huld* und *Liebe* bedeuten, wie Gott wirkt, was er ist. „Mit ewiger Liebe habe ich Dich geliebt. Darum habe ich dir hæsæd bewahrt" (Jer 31,3). Oder: „Wird eine Frau ihres Kindes vergessen, daß sie sich nicht erbarmte des Sohnes ihres Leibes? Und ob sie gleich seiner vergäße: Ich, ja ich will deiner nicht vergessen" (Jes 49,15). Der Mensch kann hier nicht mehr begründen, warum er geliebt ist. Die Bewegung des Begründenwollens des Menschen endet im Grundlosen. Sein Bejaht- und Umfangensein drückt die Schrift mit dem Wort: רֶחֶם (ræhæm) aus. Es ist der Mutterschoß, der dem Kind immer nur als beschenkende Macht entgegentritt und es trägt.

Die Beispiele lassen sich beliebig vermehren, immer ist im Raum dieser alttestamentlichen Erfahrung Gott der, der da-ist, der das Umsorgtsein des Men-

---

142   Wir haben dies in den „Bildern" vom Bündnispartner, Richter, Vergelter und Schöpfer
      gesehen.
143   E. Zenger, Die Bibel und unsere Sprache, 17.

schen bedeutet. Der Mensch ist also beschenkt, und als Beschenkter ist er gefordert, dem Bild Gottes zu entsprechen.

Diese Erfahrung des grundlosen Geliebtseins durchzieht das AT: „Und das war deine Geburt: am Tage, da du geboren wurdest ... warst aufs flache Feld hingeworfen, ... ich aber trat zu dir und sah dich, wie du zappeltest in deinem Blut, und ich sprach zu dir in deinem Blut: Lebe!" (Ez 16,4ff). Die Liebe begegnet dem Menschen, wo er Befreiungserfahrung macht und sich angenommen weiß. Zu diesen Bildern gehört auch die Bezeichnung Jahwe-El als Vater. Erstmals erscheint sie in der Not des Exils (Jes 63,15f; 64,7). Es steht weniger der Aspekt der Zeugung im Vordergrund, als vielmehr die Fürsorge (vgl. 3Makk 6,2-4), wie sie bei den vorexilischen Propheten bereits bezeugt ist. „Ich war wie Eltern, die ihr Kind liebkosen" (Hos 11,4; vgl. 2,4). Die Gefahr in diesem Begriff liegt nicht nur in einem vergöttlichenden Partizipationsgedanken, sondern auch in den patriarchalischen Vorstellungen, die der Vaterbegriff impliziert. Erst in der Liturgie des palästinensischen Judentums konnte sich dann die Anrede „Unser Vater in den Himmeln" entwickeln. Was sich aber unterschwellig im Vater-Sohn-Bild durchhält, ist die liebende Sorge, die Jahwe ist.[144] Ein Hinweis auf diese Liebe, die Jahwe ist, findet sich im Lied der Lieder des AT. Im Lieben wie im Geliebtsein geschieht Jahwe-El. Es ist das aufschlußreichste Buch über die Gotteswirklichkeit im AT, obwohl bzw. *weil* es (neben dem Buch Esther) das einzige Buch ist, in dem das Wort: Gott (sowohl Jahwe als auch El) nicht vorkommt.[145]

Dies ist gleichsam ein Paradigma, wie man von Gott sprechen kann, ohne das Wort Gott zu gebrauchen.[146] Rabbi Akiba, der die Schrift für etwas Heiliges ansah, das Lied der Lieder jedoch als das Allerheiligste, ahnte in der Liebe selbst eine Tiefe, in der die *Gott als Liebe* erfahren, gefunden und erlebt wird. Das Ereignis des Beschenktseins liegt in der liebenden Begegnung selbst, im zwischenmenschlichen Umgang, nicht „dahinter", nicht „davor", sondern mitten im Leben des Beschenktseins, d. h. der Liebe, ist Gott erfahrbar. „Aber kennt die Schrift einen anderen Ausdruck für das, was *geistliches* Leben ist, als eben jenes Durchdringen in die Realität und jenen spontanen Drang des ,Sinnlichen'? Kann etwas totaler, ,ganzheitlich' sein, das sich weigert, Fleisch zu werden? Ist es verwunderlich, daß ... das Lied der Lieder die ... Lesung am Passahfest wurde?"[147] Die Liebe selbst bezeugt das „Passah", das „Vorübergehen" des Jahwe, seine Gegenwart als Heil. Die Beziehung, wie sie

---

[144] Andere Stellen, die für Jahwes Vatersein angegeben werden: Dtn 32,6; 2Sam 7,14; Jes 9,5; Jer 3,19; 31,9; Mal 1,6; 2,10; Sir 23,1; 51,14; Ps 2,7; 68,6; 89, 27.

[145] Zwar wird auch im Buch der Sprüche erst ab Kap. 29 das Wort „Gott" gebraucht, die Radikalität des „Hohen Liedes" weist es jedoch nicht auf.

[146] Zwei Interpretationen des Liedes der Lieder sind unhaltbar: Wird es im buchstäblichen Sinne verstanden, dann ist es ein rein „profanes" Hochzeitslied. Die reine Tatsache der Aufnahme in den jüdischen Kanon des AT schließt diese vordergründige Deutung aus. Die andere Möglichkeit, das Lied als Allegorese zu deuten, in der die Braut die Seele und Gott der Bräutigam wird, ist weder ursprünglich noch im Text begründet.

[147] K. H. Miskotte, Wenn die Götter schweigen, München 1963, 269.

im „Hohen Lied" geschildert wird, ist *Umgang* mit dem absoluten Ereignis und daher sich selbst genug, denn es ist Vollzug Gottes. „Bräutigam und Braut im Hohelied haben keine Kinder: Sie sind einander alles und genug, und alle Fruchtbarkeit liegt im geschlossenen Kreis dieses Zueinander miteingefaßt: hortus conclusus, fons signatus." Und er fährt fort, wie Glaube, d.h., Festgemachtsein in der Treue Gottes zu begreifen ist und sich das Beschenktsein des Menschen darstellt: „Glaubhaft ist nur Liebe, es muß und darf aber auch nichts anderes geglaubt werden als die Liebe. Das ist die Leistung, das ‚Werk' des Glaubens, dieses absolute und durch nichts einholbare Prius anzuerkennen. Glaube, daß es Liebe, absolute Liebe gibt – und dies als Letztes und dahinter nichts mehr. Gegen jede Wahrscheinlichkeit der Existenzerfahrung ... gegen jeden ‚vernünftigen' Gottesbegriff ... das ... Sein entschleiert sich als absolute Liebe."[148]

Einen Hinweis auf diesen Sachverhalt bietet das Verständnis von Gott als offener und nicht geschlossener Einheit. Gott hat in den meisten Religionen eine Gattin. Denn erst Mann und Frau sind eine vollständige Wirklichkeit, ein vollkommenes Seiendes. Beim Menschen wird dies im AT ganz selbstverständlich vorausgesetzt. Bei Jahwe scheint dies jedoch anders zu sein. Warum hat der Gott des AT keine Frau, keine Paredra? Oder wurde ihm eine Göttin zugeordnet, die später, zur Zeit des Hosea durch die Jahwe-allein-Bewegung[149] unterdrückt wurde? Die Inschriften, die in Kuntillet 'Agrūd und Kirbet el Qōm gefunden wurden, nennen „Jahwe und seine Aschera". Handelt es sich tatsächlich um eine Gemahlin Gottes, oder ist nur eine hypostasierte Abstraktion gemeint? Ist die jüdische Entscheidung im 8. Jh. v. Chr. gegen eine Göttin (sowie gegen polytheistische Tendenzen[150]) eine Entscheidung für die kriegerische, patriarchalische Gewalt gewesen, also für die Unterdrückung lebenliebender Wirklichkeit, oder war es ein Ringen gegen die Vergöttlichung der Natur und ihrer Gewalt, gegen die Einbettung Gottes in den Naturkreislauf und so für eine Welttranszendenz Jahwes? Oder ging es um eine ganz andere Dimension, nämlich um die Entobjektivierung Gottes? Wenn ja, dann wäre zu fragen, wie diese geschieht. So sehr in der jüdischen Gottesvorstellung eine Dominanz männlicher Aggressivität festzustellen ist, so sind doch in die Jahwevorstellung verschiedene weibliche Elemente integriert worden. Die Mütterlichkeit Gottes wird z.B. bei Jes 49,15 hervorgehoben. Mehr als je eine Mutter für ihren Sohn sorgen kann, sorgt Gott für den Menschen. Das Bild der stillenden Mutter kann für Gott verwendet werden (Num

---

[148] H. U. v. Balthasar, Glaubhaft ist nur Liebe, Einsiedeln 1963, 67f, 72.
[149] Vgl. B. Lang (Hg.), Der einzige Gott. Die Geburt des biblischen Monotheismus, München 1980, 63ff. Zur ganzen Diskussion: G. Braulik u.a. (Hg.), Der eine Gott und die Göttin. Gottesvorstellungen des biblischen Israel im Horizont feministischer Theologie, Freiburg 1991.
[150] Vor dem Exil (6. Jh. v. Chr.) kann man kaum)n einem Monotheismus sprechen, wohl aber seit dem 8. Jh. v. Chr. von einer Monolatrie.

11), und seine erbarmende Liebe ist dem Mutterschoß (ræḥæm) zu vergleichen. Unzählige Bilder wie Geburtshelferin (Ps 22,10f; Jes 66), Pelikanin (Ps 102), Henne (Ps 57 a), Adlerin (Dtn 32,11f, Ex 19,4; Jo 40,31f) und Bärin (2Sam 17,8; Hos 13,7-8), die ihre Jungen verteidigt und geradezu sich im Abwehrkampf wie eine „rasende Gottheit" (vgl. Vajrayânabuddhismus) gebärdet, aber auch Begriffe wie Haushälterin (Ps 123,2), Helferin, Bäckerin, Geliebte usw. werden für Gott verwendet.[151] Es wird also kaum aufrechtzuerhalten sein, daß Jahwe-El deshalb keine Frau hat, weil eine totale Subordination des weiblichen Elementes angestrebt wurde.

Ohne Zweifel wehrten sich die Propheten gegen die Vergöttlichung der Natur, gegen Baal, den Kreislauf der Natur und gegen die damit verbundene Tempelprostitution, die ja im wesentlichen ein Fruchtbarkeitskult war. Der erste Geschlechtsverkehr, priesterlich im Heiligtum vollzogen, sollte den Mutterschoß öffnen, damit er von der Gottheit Gebärkraft empfängt. In den Augen der Israeliten wurde durch diesen Göttinnen-Kult die Frau entehrt und die Gottheit in den Naturablauf hineingezogen. Dies kann sehr wohl ein Grund der Zurückdrängung der weiblichen Gottheit sein. Jahwe selbst ist die Garantie für die heile Natur, und eine zusätzliche Liebes- und Fruchtbarkeitsgöttin wird dadurch überflüssig. Es gibt jedoch keinen Anhaltspunkt, daß Jahwe wegen der Welttranszendenz ohne Aschera fungiert. Gerade das Gegenteil ist der Fall. Eine Welttranszendenz Jahwes würde geradezu ein vollständiges jenseitiges Seiendes fordern, und das ist nur dann gegeben, wenn die Gottheit – gemäß dem Menschenbild – Mann *und* Frau ist. Entsprechend mag im 8. Jh. eine populäre Segensformel gewesen sein: „Sei gesegnet von Jahwe und seiner Aschera."[152] Nun geht es im Jahweglauben aber gerade darum, daß Jahwe nicht ohne sein Volk zu denken ist. Daß seine „Transzendenz" nur in der „Immanenz" erfahren wird. Ein Gott in sich braucht kein Volk, er wird durch sich selbst bestimmt. Ein Gott, der Mann *und* Frau ist, braucht niemand, um selbst zu sein. So ist aber Gott ein Götze, nämlich ein In-sich-selbst-Seiender. Genau dies ist Jahwe nicht. Also gegen die Objektivierung Gottes (die sich im Standbild nochmals verfestigt), gegen das Projektsein-Gottes aus menschlicher Phantasie, wird der Gottheit das volle Sein, im Sinne eines Seienden abgesprochen. Die ca. 466 theophoren Namen, die im AT vorkommen (und meist Jahwe-haltig sind), zeigen die enge Verbindung der Gottheit mit dem Menschen, mit seinem Volk an. Der „ganze" Gott ist niemals ohne sein Volk, ohne uns; er ist Gott nur als Gott mit uns. So wird Gott zu Gott in der menschlichen Beziehung, und Gott ohne reale Liebe ist kein Gott. Nur im objektivierenden Denken kann Gott Vater und Mutter sein, ist er Frau und Mann. Gerade dadurch würde uns Menschen die gebärende Kraft entzogen, der Mensch wäre nicht mehr schöpferisch, sondern rein empfangend. Christlich könnte man formulieren: Weil Gott *nur* unser Vater ist, da-

---

151 Vgl. V. R. Mollenkott, Gott eine Frau? Vergessene Gottesbilder der Bibel, München 1985.

152 Vgl. M. Th. Wacker, E. Zenger (Hg.), Der eine Gott und die Göttin, Freiburg 1991, 112.

rum sind *wir* Mutter Gottes. Jahwe ist nur, indem er an seinem Volk „aufleuchtet", erfahrbar ist. Wird Jahwe-El so sehr als Aussage vom Volk verstanden, geht er eine solche Bindung ein, daß er als Beziehung erscheint, dann ist es verständlich, daß dieser Gott überhaupt kein zweites Prinzip (weibliches Prinzip) neben sich haben kann. Denn dann würde er radikal objektiviert und wäre ein Gott ohne uns. So aber ist Gott nie ohne uns, und seine Transzendenz ist nur in der Immanenz. Vielleicht ist gerade dies das Großartige am AT-Gottesgedanken. Anders als fast alle Völker hat Gott keine Göttin zur Seite, ist kein vollständig Seiender in sich, sondern nur als Gott für uns. Als Beziehung und als Liebe ist er, und dies wiederum nicht als Beziehung in sich selbst, sondern nur als Bestimmung der Menschen. Das Volk wird durch Gott bestimmt und nur so ist Gott überhaupt. Und umgekehrt durch die Beziehung der Menschen untereinander, d.h. durch das Lieben erhält die Immanenz ihre Transzendenz. Sie ist nur als Beziehung auf den Menschen verständlich. D. Sölle schreibt richtig: „„Im Anfang war die Beziehung'. Gott ist hier nicht als höchstes Objekt ausgesagt, sondern als die gegenseitige, ... handelnd gelebte Beziehung ... Gott wird nicht gefunden wie ein kostbarer Stein oder die blaue Blume, sondern Gott ereignet sich ...".[153]

Dieses Gottesverständnis ermöglicht neben dem erwähnten Motiv die Verwerfung jedes Königtums in Israel, denn durch das Königtum wird Gott jenseitig, in die Objektivierung gedrängt, und die Beziehung Gottes auf sein Volk wird nun durch den König vermittelt, der an Gottes Stelle tritt. Es ist andererseits durch diese Verweigerung der Objektivierung Gottes möglich, nicht nur Gott von seinem Volk zu prädizieren, sondern auch vom konkreten Menschen auszusagen. So kann Mose für den Pharao zu Gott werden. Jahwe macht Mose zu Elohim für den Pharao (Ex 7,1). D.h., Mose ist in seiner Existenz von Jahwe bestimmt und dadurch, weil Mose sich beschenkt weiß, ist er für den Pharao ein göttliches Ereignis. Sein Tun, bestimmt von Gott, ist ein göttliches Geschehen. Sein Tun, seine Beziehung ist von Gott qualifiziert. Selbst für Aaron kann Mose zu Gott (Elohim) werden (Ex 4,16). Aaron, der „Mund Moses", ist im Geschehen Gottes Offenbarung. Mose ist in seinem Sprechen so von Gott bestimmt, daß dieses zu einem göttlichen Ereignis wird. Diese enge Bindung des Menschen an Gott und diese Hinordnung der göttlichen Wirklichkeit auf den Menschen kann nicht genug betont werden, um die Prädikatsfunktion Gottes für den Menschen zu erkennen und der Vergegenständlichung Gottes zu entgehen. Ein wesentliches Zeugnis dafür ist der Verzicht des AT-Gottes auf sein vollständiges Sein als Mann und Frau, so daß es keinen Sinn mehr hat, von Gott ohne den Menschen zu sprechen; und der Mensch ist nur Mensch in der zwischenmenschlichen Beziehung, die durch Gott und d.h. durch Liebe bestimmt ist. So vollzieht sich im AT die „Entmythologisierung" Gottes.

---

[153] D. Sölle, Gott denken. Einführung in die Theologie, Stuttgart 1990, 241f.

6. Zusammenfassung

1. Wir fanden im jüdischen Denken eine starke Tendenz, alles Göttliche in *einem Zentrum* zu vereinen. Gott, Götter und sogar Dämon ist Jahwe, der eine Gott, der sich als mächtiger El erweist.

2. Daher werden die anderen Götter und Mächte *entmachtet*, ja sogar als nichtig erklärt und *eliminiert*. Aber Jahwe nimmt selbst verschiedene Züge anderer Gottheiten an, er *assimiliert* sie.

3. Daher treten uns verschiedene göttliche Eigenschaften in Jahwe entgegen, die Leihgabe anderer Götter sind und zu vielfältigen Gottesbildern führen, die sich nicht vereinigen lassen und auch nicht als ein tieferes Eindringen in die Gottheit oder gar als „sukzessive Offenbarung" gedeutet werden können. Entscheidende Eigenschaften sind: *Schöpfer, Vergelter, Richter* und *Bundesgott*.

4. Diese sind wiederum vereinigt in der grundlegenden Eigenschaft aller verobjektivierten Gottesbilder, dem *Herrsein*. In diesem kommt ein stark voluntaristischer Zug in den Gott des AT, der oft in späterer katholischer Deutung zurückgedrängt wurde.

5. Gott ist Herr in der *Gegenwart*. So ist die Dominante dieses Gottesverständnisses das Präsens. Die theologische These, in Jahwe einen Zukunftsgott zu sehen, wurde insofern nicht bestätigt, obwohl er nicht nur über Vergangenheit und Gegenwart verfügt, sondern auch die Zukunft bestimmt.

6. Wir fragten uns: Wie kommt es, daß sich in dieser vielfältigen Objektivierung Gottes Jahwe-El durchsetzt? Welche Grunderfahrung ist der Ausgangspunkt? Vom Text und Begriff Jahwe-El her sind wir auf eine Urerfahrung gestoßen: Die *Befreiungserfahrung* der Jahweleute. Sie wissen sich als beschenkt. Der Mensch erfährt Gott als Geschenk. Gott ist ursprünglich prädikativ, Aussage vom befreiten Menschen. Er ist Beistand, ist im Ereignis, aber nicht als Macht, die nur die verlängerte Steigerung der menschlichen Ohnmacht ist, sondern als das Stärkere und Gute, das dem beschenkten, auserwählten Volk zukommt.

7. Im Unterschied zu den Griechen kann der alttestamentliche Mensch nicht im Bejahtsein, in der Gotteserfahrung ausruhen und sich an ihr freuen, sondern er ist *gefordert,* diese Befreiungserfahrung weiterzugeben. Nur in dieser Entsprechung weiß er sich für die Zukunft in dieser Wirklichkeit. Entscheidend dafür ist: *Ich bin da!* Zugleich verbindet sich mit der Forderung die Zusage, daß dieses Ereignis ihm weiter geschenkt ist und er sich als Beschenkter und Befreiter auch in alle Zukunft verstehen darf.

8. Weil Gott Aussage vom Menschen ist, kann und darf er sich *kein Bild* von Gott machen; wo immer das geschieht, verfällt er dem Götzendienst. Das einzige Gottesbild ist der Mensch. Von da her wird auch deutlich, wieso der Mensch auf seinen Mitmenschen verwiesen wird und auch im Kultopfer keinen Ausweg vor dieser Verpflichtung suchen darf. Gott als Erfahrung des Beschenkt- und Befreitseins ist das Gute für den Menschen, läßt ihn die Fülle als

Anwesenheit Gottes erfahren und verpflichtet ihn, den anderen die gleiche Erfahrung zu vermitteln.

9. Von diesem Gott kann dann ohne Objektivierung *Treue-Huld-Liebe* ausgesagt werden, bzw. er ist dieses Ereignis für die Menschen. Das wird nochmals deutlich durch die offene Einheit: Gott wird „halbiert", indem ihm keine „himmlische" Partnerin zugesprochen wird. Er wird auf den Menschen verwiesen, um *sein* zu können. Gottes Sein geht in die menschliche Erfahrung ein. Er qualifiziert den Menschen in seinem geschichtlichen Leben als Bejahtsein. Der Mensch, durch Jahwe-El bestimmt, ist als Liebender gefordert.

10. *Diese Erfahrung konstituiert* grundlegend den *Jahwe-El,* macht seine Bedeutung aus und ermöglichte seine Durchsetzung gegen andere Gottesvorstellungen. Selbst in der Objektivierungsbewegung (1.-5.) bricht immer wieder dieses „Gottesbild" durch.

Gott ist daher im AT primär Geschenk- und Befreiungserfahrung des Menschen und daher Aussage vom Menschen, die ihn fordert. Jahwe-El bedeutet: Das Volk Israel und wer an ihm Anteil hat, ist beschenkt, befreit und letztlich bejaht. Das Gute und Mächtige, das den Menschen über sich hinaushebt, ist Gott. Gott ist im AT als eine Wirklichkeit gedacht, die den Menschen so bestimmt, daß er sich in den geschichtlichen Ereignissen angenommen, befreit und beschenkt weiß, so daß das Volk Gutes erfährt und sich als mächtig(er) erweist, wenn es sich unter die Forderung stellt, für Gottes Ebenbild *da zu sein*, und in diesem Sinne handelt. Gott ist hier ansatzweise dialektisch gedacht, insofern er *da* ist (Geschenk im Ereignis ist) und zugleich aber jeder Habhaftwerdung *entgeht,* indem er eine Macht ist, die Menschen fordert.[154]
Mit diesem Ergebnis fällt ein neues Licht auf die Diskussion um den Ursprung des Monotheismus. Der Ansatz der Diskussion erweist sich als verfehlt. Der Mensch macht in der Welt eine Erfahrung, die sich vielfältig darstellt und die er mit dem Wort Gott oder göttlich (El, θεῖον) bezeichnet. Erst in einem Reflexionsprozeß interpretiert er diese Erfahrung von der Vielfalt her; Götter konstituieren sich. Die Erfahrung wird vergegenständlicht. Da Erfahrung aber als Erfahrung immer nur *eine* ist, kommt es zu einem Abstrak-

---

[154] Können wir aufgrund neutestamentlicher Überlegungen Spuren der Trinitätslehre im AT entdecken? In den älteren Schriften des AT versucht man im „Malak-Jahwe", im Engel-Jahwe, eine Andeutung zu finden. Er ist wohl ein Verhältnisbegriff und vermittelt zwischen Gott und Mensch. Auch in den Gottesnamen, die als Selbsterschließung Gottes gedeutet wurden, sah man oft Anklänge. In den späteren Schriften treten besonders das Wort, die Weisheit und der Geist Jahwes hervor. Im Wort ist Jahwe gegenwärtig, durch dieses wirkt er. In der Weisheitsliteratur wird die Weisheit Gottes personifiziert und hypostasiert. Ähnliches gilt auch vom Geist Gottes. Durch diesen greift Gott in die Geschichte ein und weckt Leben. Sicher, die im indogermanischen Raum vorfindliche Trinitätsvorstellung (angefangen bei den indischen Trimurti) ist auch den Semiten nicht ganz fremd, obwohl sie weitgehend zurückgedrängt wurde bzw. wegen der Gefahr der Vielgötterei keinen Einlaß gefunden hat. Der Eingottglaube im AT ist durchaus nicht punktuell, sondern weist verschiedene Dimensionen auf.

tionsprozeß, durch den der sog. Monotheismus entsteht. Je weniger ein Volk die vielfältige Erfahrung als vielfältig erlebt, weil sich etwa das Landschaftserlebnis als eintönig erweist (z.B. die Wüste), umso stärker tritt ein Eingottglaube hervor. In Kanaan, das am fruchtbaren Halbmond liegt, wird daher auch der Polytheismus zu einer großen Versuchung des Volkes Israel. Monotheismus als Objektivierung der einen Gotteserfahrung kann für den Menschen schlimmere Folgen als der Polytheismus haben, weil er den Menschen stärker einschränkt und Herrschaftstendenzen fördert. Andererseits ist im Polytheismus meist ein stärkerer Totenkult zu finden und damit eine Ahnenverehrung, die den Menschen auf seine Vergangenheit verpflichtet und seine Zukunftsperspektive fesselt. Beide Objektivierungen, Monotheismus und Polytheismus, sind Projektionen des Menschen, die durch einen verobjektivierenden Reflexionsakt entstehen, die Theorie von der Erfahrung abkoppeln und sie verselbständigen. Der Mensch in seinem echten Beziehungsein wird nicht mehr gesehen, und Ersatzbeziehungen werden konstruiert. Entsprechend dem allgemeinen religionsgeschichtlichen Befund ist dieser Tendenz auch das AT erlegen, wenn es auch die Gotteserfahrung in einigen Texten bewahrt hat, wie wir sie auch in Griechenland finden. Jahwe-El als Erfahrung kann jedoch zu einem sinnvollen Menschsein beitragen.

V. DIE CHRISTLICHE GOTTESERFAHRUNG
(NEUES BZW. ZWEITES TESTAMENT)

1. Herr- und Knechtsein

Wer meint, im Gegensatz zum AT im NT ein einheitliches Gottesbild zu finden, wird enttäuscht. Ja, selbst Jesu Sprechen von Gott widersetzt sich „jedem harmonisierenden Ausgleich."[155] Einmal wird von Gottes Gericht, dann von seinem Erbarmen gesprochen, von der Ferne und der Nähe, vom schenkenden und fordernden Gott, von einem Gott Israels und einem für alle Menschen. Sicher lassen sich mittels der Dialektik all diese Aussagen in eine Gottesvorstellung integrieren, aber diese wird dann kaum den Texten gerecht. Wohl kann man aber im NT eine Tendenz entdecken, mittels der der „dunkle Begriff ‚Gott' ins Menschliche übersetzt" wurde.[156] In welcher menschlichen Erfahrung kommt im NT Gott zur Sprache?

Sicher gibt es durchgehend Texte, die eine theologische Reflexionsstufe wiedergeben, die in ihrer Explikation Objektivierungen Gottes enthält. Unsere Frage aber ist: Wo wird eine Wirklichkeit offenbar, die den Menschen, die Jesus dazu nötigt, von Gott zu sprechen, ja, die nur mit dem Wort Gott adäquat bezeichnet werden kann? So kritisch auch die Evangelien durchleuchtet und Jesu Worte zerpflückt bzw. relativiert werden, so seltsam unkritisch steht man häufig der Gottesvorstellung Jesu gegenüber. Doch auch für diese Gotteserfahrung gilt, daß weltbildliche Voraussetzungen immer Begrenzungen bedeuten und nicht ohne Übersetzung Geltung haben können, falls eine solche Geltung überhaupt zu beanspruchen ist.

Der neutestamentliche Mensch versteht sich in Kontinuität mit dem AT als einer, der einem Herrn untergeben ist. Er ist kein freier Herr über sich selbst, sondern einem Herrn ausgeliefert und unterstellt. Von diesem Beherrscht-Sein zeugen die Dämonen, die über den Menschen verfügen. Besonders im Römerbrief spricht Paulus den Herrschaftsgedanken aus. Im Kolosserbrief (1,12f) wird die Erlösung als ein Herrschaftswechsel verstanden, indem der Mensch aus der Macht der Finsternis herausgerissen und der Herrschaft des Sohnes unterstellt wird. Der Mensch hat also stets einen Herrn, dem er verpflichtet ist, dem er zu dienen hat.

In dieses Verständnis fügen sich lückenlos die jüdisch-patriarchalischen Vorstellungen ein. Alle sind dem Hausvater unterstellt. Es ist selbstverständlich,

---

[155] G. Lohfink, Gott in der Verkündigung Jesu, in: M. Hengel/R. Reinhardt (Hg.), Heute von Gott reden, München 1977, 52.

[156] Vgl. J. Blank, Jesus von Nazareth. Geschichte und Relevanz, Freiburg/Basel/Wien 1972, 86.

474

daß er auch über die erwachsenen Söhne gebietet. Die ungleichen Söhne, der Ja- und der Neinsager, beide haben den Willen des Vaters zu erfüllen und im Weinberg für ihn zu arbeiten (Mt 21,28). Nur wer für den Vater arbeitet, wer ihm dient, der kann auch sein Erbteil sicherstellen. So bleibt der Sohn immer im Haus, in der Gemeinschaft mit dem Vater (Jo 8,35). Alles, was er hat, hat er vom Vater. Solange der Vater lebt, ist er der Größere, Stärkere, von dem Wohl und Wehe des Sohnes abhängen. In diese Herrschaftsvorstellung gehört auch die Macht des Herrn, den Sünder ohne Hochzeitskleid oder den Knecht, der nicht vergibt, in die äußerste Finsternis zu werfen und den Peinigern zu übergeben (Mt 22,1ff; 25,14ff) sowie ins ewige Feuer zu verstoßen (Mt 25,41.46). Es ist klar, daß dieser Herr gereizt werden kann, daß er in Zorn gerät. Sein Zorn aber hat furchtbare Wirkungen, nämlich das Zorngericht (Röm 2,5f; 3,5-8), Unheil und Verderben (Röm 2,8f, 12). Am Tag des Zornes, also beim Endgericht, prasselt es nieder auf die bösen Knechte bzw. Sklaven (Röm 2,5; 2Thess 1,3-10); aber auch schon jetzt ist die Macht dieses Zornes gegenwärtig (Röm 1,18; 1Thess 2,16). All diese Vorstellungen und Bilder verweisen auf den Herrn, der auch in der irdischen Ordnung anzutreffen ist und dem man zu gehorchen hat (vgl. Röm 13,1-6 u.a.m.). Aber: Kein orientalischer Fürst hat eine solche Macht wie Gott, der Herr, der mit dem Menschen wie ein Töpfer mit seinen Töpfen, also nach Belieben verfahren kann. Aus derselben Masse macht er eine herrliche Vase oder einen verächtlichen Nachttopf (vgl. Röm 9,20ff). Wir sind hier am Höhepunkt objektivierenden Denkens. Gott ist der Souverän, der den Menschen absolut gegenübersteht. Diese Züge des neutestamentlichen Gottesbildes, die nur skizziert werden sollten, darf man nicht übersehen, da sie fast alle Texte, besonders die paulinischen, durchziehen und eine theologische Aussagekette bilden. Die Vorstellungen spiegeln eine gewisse Gesellschaftsordnung wider und gehören wesentlich zum damaligen Weltbild der Christen. Sie sind ein theologisierter, gesellschaftlich-objektivierter Niederschlag, der aus dem Verhältnis: Mensch-Mensch und Mensch-Welt gewonnen wurde. Dieses „Gottesbild" ist allerdings zu zerbrechen und aufzugeben.[157]

Wir knüpfen daher bei unserer ursprünglichen Frage an: Welche Grunderfahrung gibt das NT wieder; was ereignet sich, daß in der neutestamentlichen Botschaft Gott zur Sprache kommt?

2. Der eine Gott

Es ist von nicht geringer Bedeutung, daß das NT keine eigene Gotteslehre ausgebildet hat.[158] Jesus spricht lieber vom Bereich Gottes als von Gott. Der Vaterbegriff wird bevorzugt, der eo ipso ein Relationsbegriff ist und daher nur

---

[157] Vgl. W. Thüsing, Das Gottesbild des NTs, in: J. Ratzinger (Hg.), Die Frage nach Gott, Freiburg 1972, 86.

[158] Vgl. H.D. Betz, Art. θεός, in: EWNT II, ²1992, 346-352.

bedingt objektiviert werden kann. Das Reich Gottes will einen Lebensraum für den Menschen angeben und ist daher wiederum nicht von der Beziehung auf den Menschen zu trennen. Paulus, als Pharisäer, ist selbstverständlich stärker an das Gottesverständnis des späten Judentums gebunden und objektiviert daher oft den Gottesbegriff. Gott als ein Seiendes erhält positive und negative Züge, wie dies bei einem Souverän und Herrn selbstverständlich ist. Der Jakobusbrief scheint gegen den Gottesbegriff des Paulus (vor allem im Römerbrief) wie gegen seine Rechtfertigungslehre zu polemisieren. Nach Jak 1 ist Gott nur gut und hat nichts Zweideutiges an sich. Umso interessanter ist es, daß Paulus selbst im Römerbrief eine populärjüdische Voraussetzung der Gottesvorstellung korrigiert. Es fällt auf, daß Paulus überhaupt nur einmal vom „εἶς ὁ θεός", von „einem Gott" spricht (Röm 3,30).[159] Wäre der Glaube an den einen Gott und Herrn wirklich die tragende, konstitutive Voraussetzung für Paulus, wäre diese Zurückhaltung kaum verständlich. Zudem liegt in der Sprechweise vom „einen Gott" im Römerbrief ein vorpaulinisches Traditionsstück vor, das nun Paulus mit dem Glaubensbegriff verbindet. Das mythische Rechtfertigungsgeschehen Jesu vor und durch Gott wird in die Gegenwart projiziert. Der eine Gott wird nicht als ein Seiender in sich gesehen, sondern indem Paulus in dem Text „durch den Glauben" (διὰ [τῆς] πίστεως) einfügt, werden der eine Gott und das Heilsgeschehen mit dem Glauben verknüpft. Gott ist nur eine Heilswirklichkeit durch den Glauben. Indem Paulus „die Rede vom Handeln Gottes ausdrücklich an die πίστις bindet, zieht er zugleich Konsequenzen gegenüber dem Gottesverständnis der urchristlichen Tradition."[160] Während die traditionelle Vorgabe von Gott und seiner Gerechtigkeit an und für sich spricht, wird bei Paulus der Bezug zum Menschen für das Gottesverständnis konstitutiv. „Erst durch den Glauben als ein Beziehungsgeschehen erschließt sich Gott als Gott."[161] In der Beziehung des Menschen zum Christusgeschehen wird Gott offenbar. Die Rede von Gott wird in ein Beziehungsgeschehen eingebettet, und Paulus bricht hier mit der objektivierenden Rede von Gott. Nur im relationalen Geschehen wird Rede von Gott sinnvoll. Damit aber wird der eine Gott selbst im Beziehungsgeflecht von Mensch und Jesus Christus, der sich mit dem Geringsten identifiziert, verstehbar. Rede von Gott hat nur in der Beziehung Sinn, nicht als deren Begründung oder gar als ein Gegenüber. Gott qualifiziert diese Beziehung und ist selbst als Beziehung zu bestimmen. Würde Gott aus der Beziehung herausgenommen und dadurch in ein Jenseits gesperrt, hätte der paulinische Zusatz „durch den Glauben" keine konstitutive Bedeutung, und Gottes Gerechtigkeit wäre kein Beziehungsgeschehen, sondern würde zur Eigenschaft

---

159 Paulus gebraucht diesen Ausdruck nur noch in 1Kor 8,4; 8,6 und unspezifisch in Gal 3,20. Vgl. den vorzüglichen Artikel von P.G. Klumbies: Der Eine Gott des Paulus. Röm 3,21-31 als Brennpunkt paulinischer Theologie, in: Protokoll der Tagung Alte Marburger 4.-6.1.1993, Marburg 1993, 67-87.
160 Ebd., 73.
161 Ebd., 74.

eines bestimmten Seienden. Genau dies sieht Paulus im jüdischen Gesetzes-
verständnis. Das Gesetz, als Gabe Gottes, vermittelt den Juden auf Gott hin.
Dadurch wird der eine Gott als ein Gegenüber begriffen, zu dem man durch
Gesetzeswerke in Verbindung tritt. Dadurch ist Gott selbst partikularisiert,
denn nicht jeder Mensch, allein der Jude steht in der Beziehung zu Gott.
Ferner ist nicht die Relation das Primäre, sondern das vollbrachte Werk des
Gesetzes. Durch den Glaubensbegriff entnationalisiert Paulus Gott: Nicht allein der Jude, jeder Mensch kann als Glaubender Gott erfahren. Zugleich wird
die Rechtfertigung und das Heil der Menschen zu einem Beziehungsbegriff,
der jeden Menschen auf die Begegnung mit Jesus Christus, den Menschen für
andere, verpflichtet. In dieser Relation steht jedem Menschen die Möglichkeit
der Gotteserfahrung offen. Durch die christologische Einbindung wird die
Theologie umgeformt und Gott selbst zur Bestimmung der Glaubensrelation.
Gott wird nicht mehr als der „eine Gott" vorausgesetzt, sondern im Glaubensvollzug erfahren; er ist von der Beziehung nicht zu trennen, ist vielmehr selbst
nur in der Relatio gegenwärtig bzw. ist sie als Rechtfertigungs- und Heilsgeschehen. Auch wenn Paulus diesen Gottesbegriff in seinen Briefen nicht
durchhält, hat er damit die allgemeinen religiösen Voraussetzungen durchbrochen und einen neuen Ort der Gottesbegegnung angegeben. In der Beziehung
des Menschen zum geringsten Menschen, Jesus Christus, ist Gott als Relation
offenbar und damit auch als Liebe, die für alle Menschen offensteht. So gibt
die Aussage von dem „einen" Gott eine Erfahrungswirklichkeit an; es gibt nur
ein Heilsereignis, nur „eine" Gotteserfahrung. Der „Monotheismus" ist erst
eine abgeleitete Objektivierung der *einen* Gotteserfahrung, die Heiden und
Juden offensteht. In ihr spiegelt sich jesuanische Botschaft wider.
Es ist auffallend, daß die Äquivalente zu 'adonäi (Herr) ungebräuchlich sind
und daß κύριος (Herr) für Gott sehr selten gebraucht wird. Ja, bei den Synoptikern wird Gott nur in Zitaten als κύριος bezeichnet. Noch interessanter ist,
daß zwar oft von der βασιλεία τοῦ θεοῦ gesprochen wird, daß Gott aber nur
mit größter Zurückhaltung als βασιλεύς bezeichnet wird. Die alttestamentliche Scheu, von Gott zu sprechen, ist im NT dagegen nicht zu finden, außer
bei Matthäus, der für „Gott" „die Himmel" einsetzt (βασιλεία τῶν οὐρανῶν),
was etwa auch im chinesischen religiösen Verständnis üblich ist. Wie kommt
es aber, daß Gott kaum als κύριος (Herr) bezeichnet wird?[162] War auf palästi-
nensischem Boden, in den Gemeinden, die die „Septuaginta" gebrauchten,
κύριος keine Bezeichnung Gottes?[163] Das scheint doch ein sehr auffallender
Befund zu sein, zumal Jahwe mit κύριος übersetzt wurde. Zwar wird von
Gott (θεός) gesprochen und seine Existenz vorausgesetzt, aber nur sehr zurückhaltend wird der alttestamentliche El als θεός im neutestamentlichen
Raum bezeichnet. Was geschieht aber mit Jahwe, dem „Herrn"? Gerade Jahwe, der viel häufiger im AT genannt wird, scheint nicht mehr vorzukommen

---

[162] In 1Tim 1,17; 6,15f wird der Titel „Herr" als Doxologie auf die ewige Herrschaft Gottes
angewendet.
[163] So W. Foerster, in: ThWNT III, 1086.

bzw. in den Hintergrund zu treten. Stimmt dies wirklich? Im AT werden alle heidnischen Götter durch den einen Gott, der durch den Doppelnamen El-Jahwe charakterisiert ist, aufgesogen. Nun scheint dieser Gott wieder gespalten zu werden, indem ihm das Herr-Sein entrissen wird. In der Darstellung des NT ist Jesus Christus der κύριος. Dadurch wird Gottes Herrschaft(sanspruch) *humanisiert*. Jesus, ein Mensch, ist der neue Herr! Aber auch hier wird der κύριος-Titel im alten Herrschaftssinne erst im paulinischen Raum zur Geltung gebracht. Der Erhöhte, der in die Himmel Erhobene, erst dieser wird im Vollsinn wieder zum Herrn. Der irdische Jesus wird zwar auch κύριος genannt, aber sehr zurückhaltend. Jesus hat alles eher als einen Herrschaftsanspruch erhoben.

3. Die Humanisierung Gottes

Was der Mensch um Jesus dagegen erfährt, ist, daß er *gesucht* wird. Nicht der Mensch muß sich anstrengen, um zu Gott emporzusteigen, es ist nicht die Aufgabe des Menschen, Gott zu suchen, wie es später wieder (Apg 17,27) anklingt, sondern der Mensch erfährt sich als Gesuchter. Wenn uns in den Evangelien etwas Ursprüngliches zukommt, dann ist es das Verhalten Jesu, das den Menschen Gott als Suchenden vermittelt. Die besondere Liebe zu den deklassierten Menschen zeigt dies. Der Ausgestoßene, Verachtete, der körperliche und moralische Krüppel erfährt sich im jesuanischen Geschehen plötzlich als akzeptiert. Dem Zöllner und Betrüger gilt auf einmal das Wort, daß diesem Haus Heil widerfahren ist, und die Hure weiß, daß sie vor den Pharisäern ins Himmelreich eingehen wird. Beim Trinkgelage mit Jesus erfährt die unglückliche und weinende Sünderin, daß sie nicht zu verzweifeln braucht, denn sie ist angenommen; ihr Glaube und ihre Liebe, die sie für Verirrungen hielt, haben ihr geholfen.

Dieses Gesucht-Sein der Menschen wird durch die überlieferten Gleichnisse unterstrichen: Der Pharisäer und der angenommene Zöllner (Lk 18,9-14); der Mann, der ständig auf den Marktplatz läuft und immer wieder noch einen Arbeitslosen findet und ihm eine Chance gibt (Mt 20,1-25); die verlorene Drachme, deretwegen das ganze Haus auf den Kopf gestellt wird (Lk 15,8-10) und das verlorene Schaf, das unter allen Umständen und unter Vernachlässigung der Hirtenpflicht gesucht wird (Mt 18,12-14). Die Gleichnisse und Reden verdeutlichen, was sich in der Erfahrung des neutestamentlichen Menschen ereignet: Er ist gesucht. Faktisch wird er von Jesus von Nazareth gesucht; diese zwischenmenschliche Erfahrung, die ein Affront gegen Gesetz und Tempel ist, die die ganze Gesellschaftsordnung von unberührbaren Sündern und heiligen Männern durcheinanderbringt, wird als Gottesnähe begriffen. Der Mensch begreift sich im jesuanischen Geschehen als einer, der nicht in innerweltliche menschliche Ordnungen hinein verurteilt und verkettet ist, sondern er erfährt sich als entbunden, als befreit. Dem Menschen kommt etwas zu, ihm geschieht etwas, das nicht zu erhoffen war: Befreiung von zwischenmenschlich-gesellschaftlicher Versklavung. Neue Möglichkeiten, die nicht vorhersehbar waren, werden ihm erschlossen.

Hat aber der Mensch diese neue Möglichkeit, ist er befreit von gesellschaftlichem Druck, dann ist er nicht nur gesucht, sondern zugleich erfährt er sich als *umsorgt*. Für den Menschen wird gesorgt. Nicht so, daß er faulenzen kann und nicht mehr Wasser holen muß, wie die Samariterin meint; nicht so, daß er sich nicht um das Brot kümmern muß, wie die Brotvermehrung ausgelegt und übersehen wird, daß das Wunder im Teilen besteht und kein Mirakel ist; aber doch so, daß er sich in seinem täglichen Besorgen als *gehalten* erfährt. Wer gesucht wird, wem Jesus nachläuft, für den ist gesorgt. So kommt es zu den Aussagen, daß wir uns nicht ängstlich sorgen sollen, daß unsere Haare gezählt sind, daß die Lilien über unsere Kleidungssorgen den Kopf schütteln, denn über jedem geht die Sonne auf und um jeden einzelnen kümmert sich jemand; das ist ein Ereignis Gottes! Jeder Mensch als einzelner hat seine Würde und Integrität; unabhängig von seiner sozialen Stellung ist für ihn gesorgt. *Gesucht* und *umsorgt* ist der Mensch. Dies erfährt er im jesuanischen Geschehen. Dies überwältigt ihn, und aus der Fülle dieser Erfahrung spricht er das Wort: Gott.

Was legitimiert ihn zu dieser Rede? Ist das Gesucht-Sein und das Für-ihn-gesorgt-Sein etwas Willkürliches, etwas Zufälliges, oder läßt es sich begründen? Sicher nicht als Lehrsatz: Für den Menschen ist gesorgt, er ist gesucht. Jedoch als Ereignis, das im Erstaunen dem Menschen ein befreites Aufatmen schenkt, ihn überwältigt, so daß er sagen kann: das ist es, der ist es, den wir ersehnten!

Genau das wird uns vom neutestamentlichen Menschen berichtet, der jesuanisches Geschehen erfahren hat: Jesus erweist sich als einer, der die Durchbrechung menschlicher Schranken mit Vollmacht durchführt, er hat ἐξουσία. In seinem Wirken ereignet sich das Überwältigende (κρεῖττον). So ist der Mensch, der Sünder, die Dirne und der Zollbeamte gesucht, und sie können wieder aufatmen – ihr Leben ist noch nicht verpfuscht.

In den verschiedensten Ereignissen um Jesus wird Vollmacht gegenwärtig, und der Mensch erschaudert freudig: das ist das Erwartete bzw. Überraschende und Erhoffte. Wird Jesus, wird diese menschliche Begegnung jedoch personalistisch mißverstanden, soll er König werden, laufen sie ihm in hündischer Anhänglichkeit nach, dann werden sie enttäuscht, weggeschickt und zurückgewiesen. Auch personal darf das Ereignis nicht vergegenständlicht werden. Nur so kann das, was geschieht, als unumschränkte Vollmacht erfahren werden, die im AT nur Gott zukommt. Wie bei Gott, so erweist sich im jesuanischen Geschehen in Wort und Tat die ἐξουσία.

Wem sonst kommt die Sündenvergebung zu als Gott allein? Im NT erfährt sie der Mensch in zwischenmenschlicher Beziehung. Daher interpretiert sachgerecht die Urgemeinde: Alle waren gepackt von dem paradoxen Geschehen, daß Sünden vergeben werden, ja, daß den Menschen (Plural!) die Macht zukommt, Sünden zu vergeben (Mt 9,8). Im Gesuchtsein und in der jesuanischen Sorge empfängt der Mensch auch Vergebung. Die Erfahrung der Sorge, der Suche und der Vergebung verbindet das Ereignis der Vollmacht. Nicht feindliche Macht wird erfahren, sondern vergebende Nicht-Herrscher-Macht. Das Jesus-Geschehen versetzt nicht in Angst und Sorge, sondern schenkt umsorgende, befreiende Ermächtigung. Nicht abstoßende, vergewaltigende Übermacht zerschlägt den Menschen, sondern der Mensch empfängt sich neu als Gesuchter.

Dieser Erfahrung des Geschehens entspricht deren Deutung: Die Lehre, die das Geschehen, die Erfahrung begleitet, ist nicht pharisäisches Klischee, sondern „neue Lehre in Vollmacht".[164]

Diese Erfahrung darf nicht historisch fixiert und ihre Einmaligkeit nicht überbetont werden, da sie sonst notwendig in der Vergangenheit versinkt. Sowohl den Zwölfen, die Israel symbolisieren, wie den Zweiundsiebzig, die die Völkerwelt darstellen, wird diese ἐξουσία weitergeschenkt. Die Erfahrung des machtvollen Beschenktseins in der Vergebung und Sorge soll weitergetragen, neu aktualisiert werden, wie es die nachösterliche Gemeinde tun wird. Jesu Einmaligkeit besteht im radikalen Verzicht auf seine Einmaligkeit bzw. in der Forderung, desgleichen zu tun! Jesus selbst interpretiert diese Vollmacht, dieses überwältigende Geschehen: Sie ist keine magische Kraft, wie der Volksglaube meint, nicht Zaubermacht, die durch Berührung übertragen wird, sondern Macht, die nur adäquat mit Vollmacht Gottes (βασιλεία τοῦ θεοῦ) umschrieben werden kann. Der δαίμων muß den Menschen verlassen, die teuflische Zweideutigkeit, in die die Pharisäer die ἐξουσία hineinmanövrieren wollen, zerbricht. Jesus interpretiert sie vor denen, die die Eindeutigkeit der Vergebung, der Sorge und Suche nicht verstanden und die keine Erfahrung damit gemacht haben: „Wenn ich aber durch den Gottesfinger die Dämonen entmachte, dann ist unter euch Reich Gottes aufgeleuchtet."[165] Also die τά δαιμόνια zerbrechen; Gottesmacht ist am Werk. Unter den Menschen leuchtet etwas auf, was nicht „Teufelsreich" noch „Menschenreich", sondern Gottesbereich ist, der sich im Menschlichen ereignet. Brechung der Zweideutigkeit und der Negativität, Vergebung und Umsorgtsein sind Ereignisse, die überwältigend sind und daher Nähe Gottes bedeuten. In dem Ausdruck: „Gottes Finger", der im AT Gottes Handeln besagt, übernimmt Jesus die *Funktion* Gottes.[166] Im Handeln Jesu mit den Menschen wird dynamisch θεός als Machtereignis gegenwärtig.

Zwar spricht Jesus auch allgemein von Gott, er tut es aber relativ selten. Wenn er vom Geschehen und Ereignis spricht, dann wird Gott als Genetivbestimmung verwendet. Was sich dem Menschen naht, in welcher Nähe er lebt,

---

[164] Vgl. Mk 1,22; dazu: G. Hasenhüttl, Charisma. Ordnungsprinzip der Kirche, Freiburg 1969, 19-37.

[165] Lk 11,20; Mt 12,28 hat statt: ἐν δακτύλῳ θεοῦ, ἐν πνεύματι θεοῦ (im Gottesgeist).

[166] Vgl. E. Stauffer, in: ThWNT III, 104.

sie ist θεοῦ, Gottes.[167] Das Geschehen ist durch θεός qualifiziert. Sehr häufig heißt dieses Geschehen: ἡ βασιλεία τοῦ θεοῦ. Wir sahen bereits, daß im Geschehen um Jesus von Nazareth der neutestamentliche Mensch Vollmacht (ἐξουσία, τὸ κρεῖττον) erfährt. Das Ereignis ist mächtiger als alle menschliche Ordnung. Es ist daher θεός, d.h., das Reich Gottes ist nahe, der Mensch lebt in Gottes Nähe; er erfährt am Menschen Jesus Gott. Das Reich Gottes ist streng vom Geschehen her zu interpretieren. Es ist keine statische, objektive Wirklichkeit, die vom Ereignis ablösbar wäre. Reich Gottes ist also eine Bestimmung eines Geschehens als göttliches Ereignis!

Häufig wird der Begriff Reich Gottes nach spätjüdischer Art als Gottesherrschaft interpretiert. Allgemein anerkannt wird jedoch, daß Jesus gegen damals übliche Vorstellungen polemisiert und das Reich Gottes 1. nicht vom allgemeinen Schöpfungsgedanken her begreift, 2. nicht im ethischen Tun des Menschen erkennt, der es erstellen will (wie es das pharisäische Mißverständnis nahelegt), 3. nicht apokalyptisch versteht als zweiten Äon nach dieser Welt und 4. auch nicht politisch deutet. Wohl aber wird diese βασιλεία τοῦ θεοῦ 5. als Herrschaftsanspruch Gottes verstanden. Soweit damit nur gesagt ist, daß das Reich Gottes den Menschen von außen als befreiendes Geschenk zukommt, ist dieser Deutung zuzustimmen. Aber impliziert es nicht mehr? Sollte nun doch durch den βασιλεία-Begriff ein Herr-Sein Gottes eingeführt werden, das durch den veränderten Gebrauch des κύριος-Titels gerade abgelehnt wurde? Auch die Vollmacht (ἐξουσία) bezeichnet, wie wir gesehen haben, keine Herrschaft. Betrachten wir die Gleichnisse des Gottesreiches, dann liegt der Ton nicht auf der souveränen Herrschaftstat Gottes. Menschen liegen im Gottesreich zu Tische und werden bedient – für sie ist gesorgt! Das Senfkorn entfaltet seine Dynamik und ist stärker als alles andere. Der gute Same, der gesät wird, ist so wichtig, daß alles Unkraut bis zur Erntezeit mitwachsen soll. Der Sauerteig, der dem vielen Mehl beigemischt wird, gibt diesem Kraft. Der Schatz wird entdeckt, und der Mensch ist glücklich darüber, daß ihm diese Bereicherung geschenkt ist; alles andere hält er für sekundär. Das Netz führt die guten Fische ihrer Bestimmung zu, während die kleinen nochmals ins Wasser zurück müssen usw. So schwer die einzelnen Züge dieser Reden vom Reich Gottes zu erklären sind, so wird doch eines deutlich, das allen gemeinsam ist: Das Reich, der *Bereich Gottes* ist gut für den Menschen. Reich Gottes ist der Bereich des ἀγαθόν. Es ist eine Bestimmung des Menschen, die er im Ereignis um Jesus erfährt und die gut für ihn ist. Gottes Bereich kommt den Menschen vielfältig zu, ist ein Ereignisbegriff (keine allgemeine Formel!) und bedeutet: Heil ist da! Das ist eine gute Botschaft, die der neutestamentliche Mensch erfährt, das ist ein Evangelium! Mit Jesu Vollmacht ist dieses Heil gekommen, und daher wird die βασιλεία τοῦ θεοῦ auch mit seiner Person identifiziert.[168] Sie ist dort mit Jesus identisch, wo von ihm her die Grunderfahrung des befreienden Heiles empfangen wird. Der Mensch erfährt sich durch das Ereignis der ἐξουσία Jesu in der Nähe des Bereiches Gottes, des Guten, und kann sich von daher im Raum der Vergebung begreifen, so daß für ihn, auch als Armen, das „Selig" gilt.

167 Der Genetiv wird gegenüber einer rein prädikativischen Aussageweise bevorzugt, obwohl diese auch verwendet wird. 2Kor 5,19: Von Christus wird θεός ausgesagt. Vgl. zum Begriff „Reich Gottes", Kap.: Zukunft.

168 Mk 11,10; Lk 19,38; Mt 21,9; Mk spricht von der βασιλεία, Lk und Mt nur von der Person Jesu. Mk 10,29; Lk 18,29; Mt 19,29 sind βασιλεία und Person Jesu austauschbar. Diese Identifizierung gilt aber nicht einer vergegenständlichten metaphysischen Person, sondern einem Geschehen, indem um Jesus Bereich Gottes erfahren wird. Die Vorstellung des Origenes der αὐτοβασιλεία Jesu (Person Jesu = Reich Gottes) hat daher nur insofern Sinn, als durch Jesus der Mensch das Gute erfährt; und nur „Gott allein ist gut".

Wird nun der „Reichs"-Begriff von dieser Erfahrung losgelöst, bleibt er nicht streng mit dem jesuanischen Geschehen verknüpft, dann erhebt sich sofort die abstrakte Frage: Ist das Reich Gottes zukünftig oder gegenwärtig? Wenn man die Vorstellungen Jesu befragt, wird man diese oder jene Antwort bekommen; heute harmonisiert man gerne beide Vorstellungen.

Jedoch nur auf der Ebene des Geschehens läßt sich eine Antwort finden: Ohne Erfahrung ist der Begriff Spekulation. Erfahrung aber ist immer gegenwärtig. Der Bereich Gottes, das Reich des Guten, wird erfahren. Und mit Jesus erhofft der neutestamentliche Mensch, daß diese Erfahrung ihm auch in Zukunft geschenkt wird. So ist die Zukunft offen, nicht auf das Heute reduziert, denn auch in Zukunft ist dieser „Bereich des Lebens" zu erhoffen, in dem der Mensch bejaht ist.[169] Bereich Gottes, Bereich der befreienden Heilserfahrung ist nicht *als* Zukunft, wohl aber in Zukunft zu erhoffen, weil heute schon der Mensch im Geschehenszusammenhang mit dieser Wirklichkeit steht.

In diesem Bereich, der also mit Macht nahe kommt und den Menschen erfaßt, herrscht Fürsorge für den Menschen. So spricht Jesus von Gott als *Vater*.[170] Abgesehen von den naturalen (Zeugung) und sozialen (Patriarchat) Beiklängen, die sich mit dem Vaterbild mischen, wird durch dieses Stichwort der Bereich des ἀγαθόν personal und entgeht der Sachhaftigkeit. Jesus hat den Bereich Gottes als väterlichen Bereich gedeutet. Das Wort ἀββᾶ verrät ohne Zweifel die Erfahrung einer unmittelbaren Vertrautheit, die ebenfalls für den glaubenden Menschen gilt, der von „unserem Vater" sprechen kann, weil er Sorge, befreiende Vergebung und Gesuchtsein als väterliche Macht empfindet, die ihm zukommt. So ist θεός im Geschehen nicht nur als Macht, die das ἀγαθόν vermittelt, verstanden, sondern zugleich als ἀββᾶ qualifiziert.[171]

---

[169] Den Armen gilt schon jetzt die Seligpreisung „Glücklich die Augen, die sehen, was ihr seht"! (Lk 10,23f.). So wird zum Gottesreich der Parallelbegriff „ewiges Leben" gebildet. Wer in den Bereich Gottes eingeht, wer sich jesuanischer Botschaft aussetzt, der „geht ins ewige Leben" (Mk 9,43. 45. 47par); wer das Erbteil am Gottesreich erhält, der ist auch Erbe des Lebens (Mt 25,34; Mk 10,17par). Wer dieses Leben hat, der geht in die Freude ein (Mt 25,21.23), hat teil an der Herrlichkeit (Mk 10,37) und am Licht (Lk 16,8). Was heute geschieht, das dürfen wir auch für die Zukunft erhoffen.

[170] Vom Vaterbegriff her wird öfters der spezifisch neutestamentliche Gottesbegriff entwickelt. Vgl. J. Auer, Gott der Eine und Dreieine (= KKD Bd. II), Regensburg 1978, 168ff.

[171] Meist wird auf die Einmaligkeit dieses ἀββᾶ, Vater, hingewiesen, das eine familiäre Bezeichnung ist und unserem Papa entspricht. Wir haben zwar für diese Gottesbezeichnung keinen alten rabbinischen Beleg, aber der Rabbiner sagt immerhin zu Gott „mein Vater" wie „unser Vater". Der Unterschied ist wohl nicht groß. Hieraus, wie J. Jeremias in seinem Buch: Abba (Vater), Göttingen 1966, die Einmaligkeit Jesu zu erschließen, scheint mir sehr fraglich. Auch läßt sich aus der johanneischen Unterscheidung zwischen „mein Vater" bei Jesus und „euer Vater" bei den Jüngern nur die spätere theologische Ausdeutung erkennen, aber keine ursprüngliche Erfahrung. Vgl. A. Strotmann, „Mein Vater bist du" (Sir 51,10): Zur Bedeutung der Vaterschaft Gottes in kanonischen und nichtkanonischen frühjüdischen Schriften, Frankfurt 1991.

Es ist wiederum charakteristisch, daß das väterliche Moment, das in der jesuanischen Verkündigung den Menschen begegnet, mit dem ἀγαθόν verbunden wird. Wenn schon die Menschen gute Gaben untereinander austauschen, wieviel mehr wird den Menschen, die das Ereignis um Jesus annehmen, der πατήρ die ἀγαθά geben (Mt 7,11). Und in einem späten Text des NT, im Jakobusbrief (1,17), finden wir die Vorstellung, daß all das, was dem Menschen Gutes zukommt, Erfahrung des „Vaters des Lichtes" ist.[172] Der Text ist deshalb so interessant, da dieser Brief einen griechischen Vers aufgreift: πᾶσα δόσις ἀγαθὴ καὶ πᾶν δώρημα τέλειον ἄνωθέν ἐστιν – „Jede gute Gabe und alles, was Erfüllung für den Menschen bedeutet, kommt von oben, dem Vater, der das menschliche Dasein erhellt." In der apostolischen Verkündigung bedeutet „Vater" immer die Gabe des Heiles, die unmittelbare προσαγωγὴ εἰς χάριν (Eph 2,18; vgl. Röm 5,2).

Ἀββᾶ im ursprünglichen Sinn meint den Bereich der Geborgenheit, die gut für den Menschen ist. Dieser Bereich ist nicht kraftlos, sondern mit ἐξουσία erfüllt, die den Menschen in der sorgenden Suche Jesu, in seiner Vergebung zukommt und sich im Verhalten Jesu ausdrückt, indem er sich mit Huren, Zöllnern und Armen in eine Linie stellt gegen menschlich aufgebaute Ordnung. Das ist Bereich Gottes, da ist θεός, da ist die βασιλεία τοῦ θεοῦ! Gott kommt in seiner βασιλεία den Menschen nahe, er darf auch als „Verlorener" wieder hoffen.

So ist es selbstverständlich, daß diese Erfahrung des neutestamentlichen Menschen im *Umgang* mit Jesus bzw. mit dem jesuanischen Verkündigungsgeschehen als *Liebe* verstanden wird. Wenn die johanneischen Schriften von Gott als Liebe sprechen, so ist damit wiederum nicht eine statische Wesensdefinition gemeint, sondern die Erfahrung, die im Jesusgeschehen dem Menschen begegnet: Gott ist nicht nur das den Menschen überwältigende Ereignis, nicht nur das noch zu sachlich klingende ἀγαθόν, sondern als väterlicher Bereich die ἀγάπη. Gott erweist sich als Liebe; er hat sich als Liebe gezeigt, er wird wieder so erfahren werden, er ist als *Liebe da!* Das DA der Liebe ist Gotteserfahrung. Der Mensch jedoch, der den Bereich der Gotteserfahrung in zwischenmenschlicher Beziehung überschreiten und direkt Transzendenzerfahrung erleben will, wird in seine Schranken gewiesen, wie wir es an der Philippusbitte sehen: „Herr, zeige uns den Vater, und dann sind wir zufrieden" (Jo 14,8.10), dann ist unser Mensch-Sein erfüllt! Und Jesus weist sie zurück. So lange hast du schon Umgang mit mir, so viele Erfahrung hast du mit der ἀγάπη gemacht, wie kannst du die Erfüllung deines Mensch-Seins in dieser abstrakten Direktheit erwarten! „Wer mich sieht, sieht den Vater!" Ich und der Vater sind ja Eins! Im Umgang mit Jesus, in der Erfahrung des Beschenktseins durch ihn begegnet der Mensch Gott bzw. dem Bereich des ewigen Lebens. Über den Menschen, der vergibt, verzeiht, sich sorgt und müht um die anderen Menschen, über den Menschen, der die ἐξουσία hat, die die Erfahrung des Bereiches Gottes vermittelt, kann der Mensch nicht hinaus-

---

172 πατρὸς τῶν φωτῶν ist nur in der Apk Mos 36,38 belegt.

kommen, er darf es auch nicht. Gott wird mit dieser Aussage dem Menschen der Nächste.

So sind auch die Worte der Synoptiker zu deuten, wenn sie davon sprechen, daß nur in Jesus der Mensch Zugang zu Gott hat: „Niemand kennt den Vater als der Sohn und wem der Sohn es offenbaren will" (Mt 11,27), oder bei Mk 8,38 bleibt den Menschen Gott verschlossen, wenn er sich dem Jesusgeschehen und den Worten Jesu entzieht.

Obwohl Jesus θεός-Erfahrung bedeutet und zum κύριος wird, der auch die Macht des El beansprucht, gibt es keine statische Identität zwischen θεός und Jesus. Im Bekenntnis kann von „mein Herr und mein Gott" gesprochen werden, im Geschehen der jesuanischen Verkündigung erschließt sich der Bereich Gottes, indem dem Menschen Gutes widerfährt, er angenommen und bejaht ist und daher glücklich (bzw. selig) sein darf. Auch für Jesus löst sich das „Beschenktsein" nicht auf, denn ihm ist alle Macht *gegeben*, er ist gesandt und empfängt als Mensch stets neu θεός. Der Vorbehalt des „Geschenkt" löst sich im zwischenmenschlichen Bereich nicht auf, auch Jesus und niemand anders verweist eindringlicher auf Gott; nicht im Sinne einer „Jenseitigkeit", sondern in der Erfahrung des Geschehens als befreienden Heils. So ist auch Bitte und Gebet Jesu und der Menschen sinnvoll, da sich niemand sich selbst verdankt.

Wie problematisch aber die Anrede Gottes im Gebet ist, zeigen die Synoptiker, da Jesus selbst nur an drei Stellen Gott im Gebet anredet. Wäre Jesus ein frommer Beter gewesen, müßte man die Gebetsanrede viel häufiger finden. Auch lehrt Jesus die Jünger nur widerstrebend beten; eine ausdrückliche Bitte der Jünger ist nötig, damit Jesus ihnen „vorbetet". Außerhalb des Passionskontextes spricht Jesus nur in Mt 11,25ff Gott an, und zwar als Vater im sog. johanneischen Preislied: „Ich preise dich Vater, Herr ..., daß die Offenbarung, die Einsicht nicht den Weisen, sondern den Unmündigen, den Gesetzesunkundigen zuteil wird." Sofort folgt darauf die Gleichstellung von Vater und Sohn. Alles ist dem Sohn übergeben, der sich mit dem Geringsten identifiziert. Diese Gebetsanrede ist Ausdruck der Selbsterfüllung der Bitte. Gleiches finden wir bei Homer (Od. III,62). Athene findet Verständnis beim gerechten Sohn des Nestor, und sie betet: „Verwirf nicht unser frommes Gebet; erfülle, was wir begehren! ... Also betete sie und erfüllte selber die Bitte." Das Gebet ist Selbstaussage der Athene. Kaum anders, wenn auch als menschliche Tragik, ist die Gethsemani-Situation zu verstehen. Kein Mensch steht zum Gespräch bereit – die Jünger schlafen –, Jesus spricht sein ganzes Vertrauen aus, daß er auch im Leid umsorgt ist: Abba, Vater, wird angerufen, und unter dem Gegenteil verborgen, wird seine Bitte erhört (Mk 14,36par). Der Tod selbst begegnet Jesus als väterliche Macht, indem er seinen Geist in die väterlichen Hände legt (Lk 23,46). Eine einzige Ausnahme bildet Mk 15,24par. Im Zitat (Ps 22) spricht Jesus von der El-Macht, die nun als Ohnmacht von ihm erfahren wird. Seine eigene Hilflosigkeit ist Gottes Ohnmächtigsein. Gott wird hier von einem Menschen in Gebetsform ausgerufen. Wo

Leid und Tod den Menschen umfängt, er keine menschliche Möglichkeit (Mt 11,25ff) mehr hat, wird Gott als vertrauenswürdig zur Sprache gebracht. Leid und Tod des Menschen schließen die Heilsmöglichkeit nicht aus. Sie sind zwar zweideutige Ereignisse für den Menschen, erlangen aber durch den Beziehungsbegriff „Vater" ein positives Vorzeichen. Aus diesen wenigen Gebetsanreden läßt sich kein göttliches Gegenüber konstruieren, wohl aber ein Prädikat: Gott, Vater, Abba, das für den Menschen bestimmend ist und bei Jesus zu einem „Dauerprädikat" wurde („Gott", „göttlich"); nicht deshalb, weil eine besondere göttliche Substanz oder Subjektivität in ihm war, sondern weil die Aussage: Gott, für sein Leben bestimmend war. Beten heißt nicht, Gott als ein Gegenüber verehren, sondern aus einer Beziehung leben, die vermenschlicht, also vom Vertrauen auf Güte und Sinn lebt. Beten heißt nicht objektivieren und Gott zu einem Seienden mit verschiedenen Eigenschaften machen, sondern sich im Leben mit den Machtlosen identifizieren. Darum spricht Jesus nur wenig von Gott und noch weniger mit oder gar zu Gott, aber er lebt diese Wirklichkeit, und so wurde sie zur Aussage von ihm.

Das Gebet als Zeichen des Beschenktseins erhält aber noch eine besondere Dringlichkeit, weil der neutestamentliche Mensch wie Jesus selbst den Bereich Gottes zugleich als *Forderung* erfährt.

Wenn eine Gedankenlinie unumstritten ist, dann ist es die Verbindung der Gotteserfahrung mit der Ethik, mit dem Gefordert-Sein des Menschen. Gefordert ist der Mensch im Heute für die Zukunft. Wäre jesuanische Erfahrung heute nicht mehr zu machen, verlöre sie ihre Bedeutung als Forderung. „Heute" meint hier jedoch nicht eine zeitlose Gegenwart, sondern ein je neues Ereignis, das den Menschen herausfordert. Daher ist der christliche Gott auch nicht ein zeitlos-ewiger, sich ereignender Gott, sondern mit konkreter Vergangenheit und Zukunft in der Gegenwart verknüpft und schließt somit Verantwortung, Verpflichtung, Forderung mit ein. Eine solche entscheidende Grundforderung gegenüber der Erfahrung, dem Beschenktsein, ist die *Umkehr*, die μετάνοια.[173] Der Mensch, der sich selbst begründet durch Werke, durch Religion usw., ist für den Bereich Gottes, für Vergebung und Beschenktsein nicht offen. Darum wird das Gottesreich mit dem Ruf der μετάνοια gekoppelt. Jesus selbst unterzieht sich der Umkehrtaufe durch Johannes. Umkehr und damit Einkehr in den Bereich Gottes bedeutet Verzicht auf das In-sich-selbst-begründen-Wollen.[174] Der Mensch als Begründender ist nicht beschenkt bzw. kann sein Beschenktsein nicht erkennen. Als Beispiel mag die sonderbare Lohnverteilung an die Arbeiter im Weinberg dienen. Der Lohn ist grundlos und nicht in menschlicher Arbeit und Leistung begründet. Genauso wird die „Kleingläubigkeit" der Jünger gescholten, weil sie nicht vertrauen wollen und

---

[173] Vgl. G. Hasenhüttl, Beichte noch aktuell? Die christliche Metanoia und das Sakrament der Buße, in: Kat. Bl. 99,1974, 291-298.
[174] Zum begründenden Denken vgl. G. Hasenhüttl, Kritische Dogmatik, Graz 1979, 28ff.

daher nicht θεός erfahren. An Für-Sorge wird nicht geglaubt.[175] In der μετάνοια des Glaubens ist Gottes „Allmacht" aber keine abstrakte Feststellung, sondern Erfahrung aufgrund des Beschenktseins, aufgrund des Umgangs mit Jesus. Diese Umkehr menschlicher Haltung wird durch den Reich-Gottes-Gedanken nochmals in seiner Dringlichkeit vor Augen gestellt: Dieser Bereich ist Ereignis und kann daher übersehen, verscherzt werden. Es bleibt keine Zeit übrig, vielmehr muß sich der Mensch im jeweiligen Augenblick auf dieses Reich einstellen, denn plötzlich ist es da! Dann wird der eine aufgenommen, der andere aber erfährt nichts. Die Entscheidung ist gefordert. Trotzdem kann der Mensch das Reich nicht einkassieren; es bleibt Gabe! Der einzelne und das Volk stehen aber auf dem Spiel, wenn das eintretende Ereignis, θεός, übersehen wird. In dieser Forderungsstruktur erhält der Bereich Gottes noch einen tieferen Ernst als im griechischen oder jüdischen Denken. Dies wird einsichtig, da sich die Umkehr auf den zwischenmenschlichen Bereich bezieht und sich als Forderung absoluter Liebe darstellt. Wer die Erfahrung des Beschenktseins nicht mitteilt, kann sich selbst nicht als Empfangender verstehen. Jesuanische Erfahrung wird ausbleiben, wo sie nicht weitergetragen wird, wo der Mensch nicht liebt. Der Mensch kann sich nur so weit bejaht wissen, als er selbst die Menschen bejaht. Daher die Kombination von Gottes- und Nächstenliebe.

Die neutestamentliche Gotteserfahrung vollzieht einen vollkommenen Kreislauf (einen Circulus vitalis und nicht vitiosus!). Der Mensch erfährt sich in zwischenmenschlicher Beziehung, im Umgang mit Jesus als beschenkt, bejaht, geliebt. Dies schlägt in ein und denselben Vollzug um, als Forderung, andere Menschen das gleiche erfahren zu lassen, sie zu beschenken, zu bejahen und zu lieben; so wird Gott gegenwärtig.

In der jesuanischen Erfahrung wird Gott als Herr so *humanisiert*, daß der nächste Mensch dieses „Mehr" des „Herr-Seins" darstellt. Mein Lieben entscheidet daher darüber, ob der Bereich Gottes anwesend wird oder nicht. Der Größte wird der Diener aller. Damit wird das Herr-Knecht-Verhältnis radikal aufgehoben. Auch Gott ist kein Herr-Gott mehr, der uns zu Sklaven macht, sondern „Freunde" sind wir, da uns alles mitgeteilt wurde, was erfahrbar gemacht werden kann.

Gilt dies auch nach Ostern? Solange jesuanische Erfahrung unmittelbar gegeben ist, mag das einsichtig sein, aber was ist danach? Gibt es eine Erfahrung, die den Umgang mit Jesus und die damit gegebene Erfahrung mit Gott weiter bezeugt? Ist die Beteuerung richtig: „Aber ich sage euch die Wahrheit; es ist gut für euch, daß ich hingehe" (Jo 16,7)?

---

[175] Die Umkehr als Glaubens- bzw. Vertrauensforderung hat, wie der Glaube (πίστις), selbst kein Objekt; beide stehen absolut. Wem oder was zu glauben ist, wird nicht spezifiziert. Jesus ermöglicht diese Haltungen. Besonders der Glaube eröffnet alle Möglichkeiten, da für den Glaubenden alles möglich wird (Mk 9,23). In dieser Haltung findet der beschenkte Mensch einen Ausweg, er erfährt Gott als eine Macht, die nichts ausschließt und alles zum Guten wendet (Mk 10,27).

4. Die Gotteserfahrung nach Ostern

Die Jünger Jesu erfahren, daß sein Geist in der Gemeinde weiterwirkt. Das Beschenktsein der ersten Christen zeigt sich an den *Charismen*. Die Vollmacht (ἐξουσία) Christi, die in der Gemeinde lebt, ist das große Charisma, das sich in dem Vielen zeigt. So wie Jesus nicht statisch mit θεός identifiziert wird, so auch nicht direkt mit dem Geist bzw. seinen Begabungen. Die Charismen sind weder gleich θεός, noch gleich Jesus; sie lassen aber im Geist, im πνεῦμα, beide göttliche Seinsweisen erfahren.

Wahrscheinlich unter dem Eindruck auffallender Ereignisse (wie sie ja auch um Jesus geschahen), aufgrund außerordentlicher pneumatischer Erfahrungen entstand nach Ostern der Glaube, daß Gottes Geist weiter wirkt. Im 1. Korintherbrief und im Römerbrief, wie auch später im Epheserbrief wird von dieser Erfahrung gesprochen. Jeder der Glaubenden weiß sich beschenkt; seine Erfahrung im Umgang mit dem jesuanischen θεός macht ihn glücklich. Immer wieder erfahren die ersten Christen neu, daß Vergebung, Sorge und das Gesuchtsein nicht mit dem Tod Jesu erloschen sind, sondern daß die Vollmacht weitergeht, daß sie weiter Gutes erfahren. Da gibt es die Sprachereignisse, die Krafttaten, die Heilungen, da sind Menschen, die andere trösten, die teilen können von ihrem Hab und Gut, die sich erbarmen, die zu jedem Dienst bereit sind usw. Das alles ist Erfahrung des Guten, ist Gotteserfahrung. Da aber die Korinther ähnlich veranlagt sind wie die Leute bei Heraklit und immer nur Außergewöhnliches suchen, um es als ihren Gott zu krönen, weist Paulus eindringlichst darauf hin, daß die alltäglichen Geschehnisse die Nähe Gottes bezeugen, daß der Gottesgeist im Alltag erfahren werden muß. So holt er, was anfänglich als außerordentlich erlebt wurde, heim an den Ort, wo Gott zu erfahren ist: Im alltäglichen Dienst. Nur wenn diese Erfahrungen mit dem Aufbau der Gemeinde verbunden sind, nur wenn sie zwischenmenschliche Erfahrungen werden und nicht solipsistische Selbstbefriedigung, nur dann sind die Gaben gut, nur dann θεός. So wird der Nutzen des Beschenktseins des einzelnen für die Gemeinschaft Kriterium der „guten Gabe", des Charismas. Es handelt sich hier um dieselbe Verschränkung und Koppelung wie bei der Gottes- und Nächstenliebe. Gotteserfahrung als Bejahtsein ist nur echt, und keine Pseudoerfahrung und Selbsttäuschung, wenn sie sich als Bejahung des anderen, d.h. als Gott für dich darstellt. Freilich, anders als im griechischen Gottesverständnis (θεός als zahlloses Ereignis) gibt Paulus ein zweites Kriterium echter Gotteserfahrung an: Diese ist nicht nur an die zwischenmenschliche Beziehung gebunden, sondern auch ganz konkret an das jesuanische Geschehen. Ohne die Ermächtigung durch dieses Geschehen, d.h. ohne Bekenntnis zu Jesus Christus, verliert die Gotteserfahrung ihre Einheit und zerflattert in eine nutzlose Vielheit, die die Menschen auseinanderleben läßt. Wird aber in diesem Bereich Gottes (nun als Christus-Leib bezeichnet) gehandelt, dann wird in den Begegnungen Charisma geschenkt, Christus gegenwärtig. Ja, der Mensch ohne Gotteserfahrung, der in eine solche Gemeinschaft kommt, wird überwältigt sein, seine Gedanken des Herzens werden offenbar, und er wird niederfallen und bekennen: Ja wirklich, Gott ist epiphan unter euch (1Kor 14,25). So wird also in der nachösterlichen Gemeinde, in den Charismen (die den zwei Kriterien unterworfen sind) Gott als *Gabe, als Geschenk* erfahren, bzw. in der menschlichen Begabung, die auf den Mitmenschen gerichtet ist, ist Gott am Werk, ist das πνεῦμα als *Heilsgut* da.[176] So kann diese nachösterliche Gotteserfahrung als „Geist Christi" oder als „Geist Gottes" (beides ist austauschbar) erfahren werden (1Kor 2,11.14; 3,16; 6,11; Röm 8,9.14 usw.). So kann die Erfahrung des Beschenkt- und Bejahtseins „in Christus sein" oder „im Heiligen Geist sein" heißen (2Kor 3,17) usw. Diese Geisterfahrung (Charisma) ist nichts anderes als das Überwältigtsein von dem Guten, das den Menschen doch noch geschenkt wird, trotz der Karfreitagskatastrophe. Dieses „Trotzdem" verdankt er nicht sich selbst. Gott ist gegenwärtig als Geschenk. Anders ausgedrückt: Der Geist ist die „Erstlingsgabe" (Röm 8,23), das „Angeld" (2Kor 1,22; 5,5). Freiheit, Friede, Freude, Herrlichkeit, Liebe usw. sind andere Worte für diese Erfahrung, die als Erfahrung der Fülle des Lebens nur θεός heißen kann. Wie selbstverständlich entschlüpft den Menschen der Ausruf: „Herr Jesus Christus" oder „Abba, Vater" (1Kor 12,3; Röm 8,17.26; Gal 4,7; 1Jo 5.5). So ist der Gebetsausruf gleichsam Folge dieser Gotteserfahrung. Der väterliche Bereich ist gut für den Menschen, und die jesuanisch qualifizierte überwältigende Erfahrung ist befreiendes Geschenk, das sich in der Liebe charismatisch erweist.

5. Trinitarische Formeln

Diese Gotteserfahrung im NT steuert auf trinitarische Formeln zu. Christliche Existenz legt sich in einem trinitarischen Zusammenhang aus.
Es ist nicht verwunderlich, wenn wir gerade im Charismakapitel die älteste *trinitarische* Formel des NT haben: 1Kor 12,4-6:
Ein Geist (πνεῦμα) – aber verschieden sind die Geisterfahrungen (Charismen).
Ein Herr (κύριος) – aber verschieden sind die zwischenmenschlichen Dienste.
Ein Gott (θεός) – aber verschieden werden wir durch die Ereignisse überwältigt, erfahren Vollmacht.
Aus der Erfahrung des christlichen Handelns können verschiedene Seinsweisen erkannt werden, die aber alle eine *Einheit* bilden. Diese drei Abschattungen bilden das eine Heilsereignis, das der Mensch in vielfältiger Form erfährt. Alle haben „Zutritt zu Gott" und erfahren das eine befreiende Heil. Die Trennungswand ist niedergerissen, Juden und Heiden können zusammen leben, alle, die von Gott Fernen und die ihm Nahen haben Frieden erlangt. Und dann wieder eine klassische Trinitätsformel: „Denn durch ihn [Jesus Christus] ha-

---

[176] So können auch, wie der Bereich Gottes, die Charismen als ewiges Leben beschrieben werden.

ben wir beide [Juden und Heiden] Zutritt in dem einen Geist zum Vater" (Eph 2,18).

Nicht nur als Lebensäußerung und Handlungsprinzip kann trinitarisch gesprochen werden, sondern auch in der Liturgie drückt sich dieses Selbstverständnis christlicher Existenz aus. So gebraucht Paulus die liturgisch geprägte Grußformel (2Kor 13,13): „Die Gnade unseres Herrn Jesus und die Liebe Gottes und die Gemeinschaft des Heiligen Geistes sei mit euch allen."

Durch Jesus weiß sich der Mensch akzeptiert, begnadet, er darf sein Angenommensein als Liebe deuten, die Gott erfahren läßt, ja er muß es sogar als Liebe deuten, denn nur so ist Gemeinschaft im Geist möglich, der wiederum θεός ist. Ganz selbstverständlich stellt der Christ den Beginn seines neuen Lebens unter diesen Gott, indem er bekennt, daß er von dieser Erfahrung her in Zukunft leben will. Den Ritus der Taufe, der den Neubeginn anzeigt, formuliert der Christ trinitarisch[177]: „ ... und tauft sie im Namen des Vaters, des Sohnes und des Heiligen Geistes" (Mt 28,19). Im Bereich väterlicher Güte, jesuanischer Vergebung und zwischenmenschlicher Erfahrung der Liebe (die alle drei θεός sind) will der Christ leben und der Forderung, desgleichen zu tun, entsprechen.

Diese vier Formeln, die christliche Gotteserfahrung nach Art eines Bekenntnisses wiedergeben, zeugen von einer ursprünglichen Gotteserfahrung des NT, die gleichsam dreidimensional ist und das menschliche Leben als Ganzes umfängt.

Etwas sehr Wesentliches haben wir bisher nur gestreift: Es ist die Erfahrung des Leides, der Negativität. Sie wird von den ersten Glaubenden christologisch gelöst und gehört daher mehr der Christologie als der Gotteslehre an. Von Jesus Christus läßt sich ohne Leiderfahrung nicht adäquat sprechen. Für die weitere Deutung des triadischen Gottesgedankens ist dies wichtig. Christliche Existenz weiß sich dreifach beschenkt, bejaht und geliebt. Θεός ist christliche Daseinserfahrung. Unser Dasein ist bejaht. Wir leben im Bereich des ἀγαθόν. Wir können uns selbst annehmen, so wie wir sind. Wir müssen nicht aus unserer Haut fahren, um bejaht zu sein, wir sind es. Sollten selbst die Eltern nein zu meinem Dasein sprechen, trotzdem habe ich die Chance, die Erfahrung des beschenkten Daseins zu machen. Das ist die Zusage, die vom θεός im christlichen Raum den Menschen zukommt und geschenkt ist. In der Trübe und Langeweile des Alltages, da gibt es für mich Gott, da erreicht mich θεός. Freilich, die Forderung des Überwältigenden (κρεῖττον) und Guten (ἀγαθόν), die Forderung dieser Vollmacht bleibt uns nicht erspart! Auch wir müssen unser Dasein bejahen, unser Dasein als beschenkt, als qualifiziert durch θεός annehmen. Gott ist da, ist für mich da, besagt Aufgabe der Selbstbegründung und Überantwortung meines Daseins im Glauben.

---

[177] Wahrscheinlich älter ist die Taufe auf den Namen Jesu allein. Bald bedurfte es offenbar einer Verdeutlichung, um den Heiden(christen) klarzumachen, zu welchem θεός sie sich nun neu bekennen.

Mein Dasein ist aber immer auch gekennzeichnet durch Verlassenheit, durch Mangel, durch die zweideutigen Lebenserfahrungen. Sie sind am Leben Jesu zu deuten, d.h. am Leid und letztlich am Tod. Jesus Christus aber ist das Ja zu meinem Leid. Auch in der Mangelsituation menschlichen Lebens gibt es Möglichkeiten für mich. Auch im Leid sind wir bejaht. Die ἐξουσία ist stärker als der Tod. Ostern bezeugt es. Nicht so, als ob wir das Leid nicht abschaffen müßten; Krankheit, Tod und Leid bleiben bei Jesus aufzuhebende Negativität und werden nicht in etwas Positives umgelogen (im Sinne etwa eines: Gott prüft uns, um so herrlicher werden wir belohnt usw.). Aber der Bereich Gottes verläßt uns auch im Leid nicht, auch dort kann Erlösung geschehen, auch in der extremsten Grenzsituation dürfen wir uns bejaht wissen. In der Verlassenheit ist Erfahrung des Angenommenseins möglich. Das bedeutet „Sohn-Sein". Eine Forderung ist freilich eingeschlossen: Das Ja zum Leid am anderen. Nur so ist christliche Hoffnung möglich. Wir erfahren nicht nur den Himmel am anderen (wie Gabriel Marcel meint), sondern auch die Hölle (wie Sartre in seinem Stück „Bei geschlossenen Türen" expliziert). Das Leid am anderen Menschen bleibt uns nicht erspart, weder individuell noch gesellschaftlich. Aber im Ja zum Leid am anderen haben wir das Ja zu uns, daß auch wir im Leid bejaht sind. Auch hier ist kein Dualismus, wie er noch griechisch vielleicht möglich ist, sondern das ἀγαθόν, θεός übertrifft, beherrscht auch die Zweideutigkeit des Leides. Das bedeutet radikale Hoffnung.

Das dritte ist der Geist, das Charisma, die ἀγάπη. In der Liebe sind wir bejaht, beschenkt. Die Erfahrung der Liebe ist für den Christen Gegenwart. Er hat die Zusage, geliebt zu sein. Der Bereich Gottes als Geisterfahrung kommt ihm als Liebe zu. Die Zweideutigkeit wird in der Liebe aufgehoben. Gottesgeist (θεός-πνεῦμα) bedeutet: Du bist geliebt. Freilich auch hier wieder als Forderung. Nur soweit wir lieben, gibt es für uns Liebe. Christliche Existenz verwirklicht sich in der Eindeutigkeit der Liebe.

So bringt jesuanisches Geschehen in Ereignis und Wort eine gute Botschaft, das Evangelium der Trinität bzw. einer dreidimensionalen Gotteserfahrung: im Dasein, im Leid, in der Liebe beschenkt und bejaht! Im Glauben, im Hoffen und Lieben selbst schenkend, bejahend. Der Christ des NT bezeugt uns so in dieser dreifachen Weise, daß Gott als Geschenk an uns Menschen erfahrbar ist.

6. Zusammenfassung

1. Wir sind davon ausgegangen, daß auch im NT in der Darstellung Gottes Zeitbedingtes mitschwingt, vor allem die soziale Struktur von *Herr und Knecht*. Dieser eine Herrgott wird aber im Glauben relativiert.

2. Wir konnten eine *Humanisierungstendenz* feststellen. Jahwe, Gott, wird in die menschliche Sphäre geholt. Besonders deutlich geschieht dies beim κύριος-Titel, der auf Jesus übertragen und auch bei ihm nur sehr vorsichtig

gebraucht wird. Erst nach Ostern wird er Titel für den Erhöhten. Aber selbst da bleibt die Uminterpretation des Herrn auf das Humanum hin bestehen. Die „Menschenfreundlichkeit" Gottes ist erschienen (Tit 3,4f).

3. Diese Vermenschlichung äußert sich in der Erfahrung des *Gesucht-Seins*. Auch der letzte Mensch bleibt nicht ausgestoßen, er ist gesucht und hat Anteil am Heilsereignis.

4. Diese Erfahrung umschließt auch die *Sorge* und Vergebung. Der Mensch erfährt sich im jesuanischen Geschehen als umsorgt und von Schuld und Pervertiertheit befreit.

5. Er macht die Erfahrung des Überwältigtseins, der ἐξουσία.

6. Von daher weiß der Mensch sich in dem *väterlichen* Bereich Gottes. Dieser begründet Gemeinschaft, die für ihn gut ist und sich im Gebet als Aussprache vertrauend ausdrückt.

7. Gemeinschaft wird dem Menschen durch die zwischenmenschliche Beziehung im Jesusgeschehen vermittelt, in dem Gott als DA *der Liebe* offenbar wird, trotz der Zweideutigkeit menschlichen Leides.

8. Ein *Transzendieren* dieses Geschehens auf ein „Jenseits" hin ist *nicht möglich* und wird zurückgewiesen. Das besagt jedoch nicht, daß dieses Ereignis innerweltlich adäquat erklärbar ist.

9. Auch für Jesus gilt, daß seine ἐξουσία *geschenkt* ist, obwohl der, der Jesus sieht, den Vater sieht.

10. Diese Gotteserfahrung verbindet sich mit der *Forderung* der μετάνοια und Liebe.

11. Nach Ostern geht diese Erfahrung in der Gemeinde als Forderung, einander zu dienen, weiter. Dazu wird den Menschen der *Gottesgeist* gegeben.

12. Durch diese vielfältige Gotteserfahrung, die stets in eine Einheit zurückgebunden wird, kommt es zur Ausbildung *trinitarischer Formeln*.

Gott ist so im NT ein Begriff für eine vielfältige Erfahrung des Menschen. Gott ist tatsächlich eine gewisse Weise der Mitmenschlichkeit. Dabei liegt der Akzent auf dieser „gewissen Weise"; sie meint eine Mitmenschlichkeit, die den Rahmen innerweltlicher Prinzipien sprengt und durch die Existenzform Jesu vermittelt ist.

Im Umgang mit Jesus von Nazareth erfährt der Mensch sich als gesucht, bejaht, umsorgt und befreit, so daß ihm die Macht geschenkt ist (ἐξουσία), alle Macht des Menschen über den Menschen zu disqualifizieren, den Menschen freizusprechen und eine Gemeinschaft zu stiften, die das Reich der Freiheit für alle heraufführt. Diese Ermächtigung ist die Nähe Gottes, ist Bereich Gottes, so daß Gott unter den Menschen zu leben beginnt; damit geschieht Menschwerdung Gottes.

Gott ist eine Beziehung, die als Geschenk erfahren wird und den Menschen fordert, Mensch zu werden. Pointiert ausgedrückt: Gott ist weder Subjekt noch Objekt. Gott ist aber auch nicht Eigenschaft, Attribut des Menschen, sondern Prädikatio, Aussage von und über den Menschen (im Sinne des

Satzes: Der Mensch wird geliebt, liebt etc.). Er meint also eine bestimmte (bzw. absolute) Relatio unter den Menschen. Gott ist ein reiner Vollzugsbegriff. Gott als Prädikat ist nur vom Ereignis her zu denken.

Welche Identität und Differenz können wir nun bei den bisherigen Gottesbildern feststellen?

Das NT stellt eine korrigierende Synthese der griechischen und jüdischen Gottesvorstellungen dar. Die Korrektur zielt in Richtung auf die *Vermenschlichung* des *Gottesbildes.*

Stärker dem griechischen Denken ist der Geschenkcharakter verwandt, während die Forderungsstruktur dem jüdischen Denken entspringt. Die Gegenwart wird betont, aber auch eine größere Offenheit der Zukunft gegenüber bahnt sich an. Der Tendenz der Vermenschlichung entspricht es, daß Gott weniger transzendent als im AT erscheint, zugleich aber auch weniger „augenblicklich" als bei den Griechen. Das Dasein (Gottes) wird durch die Vollmacht ausgedrückt, die befreit und jede Herrschaft von Menschen über Menschen vernichtet. Was aber könnte eine Gottesvorstellung mehr leisten, als Freiheit für alle Menschen zu bewirken?

Der Mangel neutestamentlicher Gottesvorstellung liegt in der Naherwartung, die verhindert, daß die Vermenschlichung bzw. die Menschwerdung Gottes sich in der soziologischen Strukturveränderung thematisch niederschlägt. Gott als prädikativisches Ereignis, das Raum für menschliche Freiheit schafft, kann soziologisch im NT noch nicht wirksam werden. Diese Wirkkräftigkeit muß vielmehr erst Stück um Stück (bei aller Pervertierung in der Geschichte) erkämpft werden. Dabei schwindet langsam der Traum vom eingreifenden, mythologischen Gott, der bis heute noch am Weltende seinen Platz zugewiesen bekommt. Auch ein Gott, der den Schlußpunkt der Geschichte setzt, ist ein Naherwartungsgott der Mythologie. Ob dabei die Geschichte einen Tag, fünfzig Jahre oder Jahrmillionen dauert, spielt keine wesentliche Rolle. Das NT war in seinem Gottesbild diesen mythologischen Vorstellungen verpflichtet. Es erschöpft sich aber nicht in ihnen, sondern stellt einen Impuls dar, der nichts von der Initialzündung menschlicher Befreiung als Bereich Gottes eingebüßt hat.

EXKURS

Die Einheit von Gottes- und Nächstenliebe

In mythischen Bildern wurde die Einheit von Gottes- und Nächstenliebe besonders im griechischen Raum betont. Die Gottheit verkleidet sich als ein sterblicher Mensch. In dieser Hülle besucht der unbekannte und unerkannte Gott den Menschen. Wie der Mensch ihn aufnimmt, entscheidet über sein Heil und Unheil. Sein Schicksal hängt davon ab, wie er dem verkleideten Gott begegnet, wie er den mitmenschlichen Gott empfängt. Im Menschen Gott begegnen heißt, daß in jeder menschlichen Beziehung die Möglichkeit liegt,

492

daß das „Göttliche" gegenwärtig wird. Wo es übersehen wird, ist eine Heilschance des Menschen verpaßt. Diese Vorstellung kann jedoch umschlagen und ins massiv Mythische absinken, indem den Menschen als Zeus, Hermes etc. geopfert wird (vgl. Apg 14,11; 28,6). Das mythische Bild wird dann vergegenständlicht, ein Mensch wird „vergöttlicht". Dadurch werden die Möglichkeiten, das Ereignis „Gott" zu erfahren, auf einige seltene Ausnahmen reduziert und vom alltäglichen Geschehen abgekoppelt. Damit zerfällt die Einheit der Liebe; zwischen dem „Empfang" Gottes und der Menschen wird wieder unterschieden, bzw. beide werden getrennt.

Das ursprüngliche Bild aber meint, daß Gott nicht im Raum der Unsichtbarkeit anzutreffen ist, sondern in der menschlichen Erfahrung. Daher kann, wie besonders der erste Johannesbrief betont, das Unsichtbare und Ungreifbare nicht Gegenstand der Liebe werden. Wer den Bruder nicht liebt, den er sieht, der kann auch Gott nicht lieben, den er nicht sieht (1Jo 4,20). Die Wirklichkeit, die Gott genannt wird, kann auf die Dimension des Sichtbaren, Gegenständlichen nicht verzichten. Gott kann nicht geliebt werden, wenn der Mitmensch für diese Liebe nicht konstitutiv ist. Nur so weit reicht die Gottesliebe, wie die Nächstenliebe verwirklicht wird. B. Marshalls Einfall im „Wunder des Malachias" gibt zwar eine menschliche Empfindung wieder, wenn er schreibt, daß der Priester in der Straßenbahn die Augen schließen mußte, um die Menschen nicht zu sehen, die er lieben sollte; aber auch so gibt es keinen direkten Zugang zu Gott, sondern er bleibt menschlich vermittelt. Die Welt der konkreten Schicksale kann der Mensch nicht verlassen, menschliches Ungenügen und Leid lassen sich nicht abstreifen. Der Mensch kann nicht in eine jenseitige Welt emporsteigen. Wo dies geschieht, begegnet er nur seiner eigenen Idee, seinem „platonischen Ideal", er findet den Gottesgedanken, aber macht keine reale Gotteserfahrung. Eine Liebesbeziehung zwischen meiner Seele und Gott ist eine idealistische Selbstbefriedigung.

Der Grieche und Jude wie auch der Christ haben dies gespürt und jeweils in ihrer Eigenart die Gotteserfahrung expliziert. Im Glauben der christlichen Gemeinde kann Jesus sagen: „Ich und der Vater sind eins." Gott ist nicht das unbekannte X am Horizont und an den Grenzen des Menschen, sondern mitten im Leben ist er anwesend. Gott und Mensch werden so aneinander gebunden, daß „Blutbande" sie verknüpfen. Keine Liebe zum „unsichtbaren Gott" ist möglich, sondern alle Liebe ist in einem sichtbaren Menschen Ereignis. Gottesliebe wird in Jesus Christus konkret. Die Funken der Liebe sind nicht im fernen Weltall verstreut zu suchen, um sie zu erhaschen, sondern mitten in der Geschichte, in den Augenblicken des Lebens, am nächsten Menschen werden sie erfahrbar.

„Wer mich sieht, der sieht den Vater" (Jo 14,8), antwortet der johanneische Jesus dem Philippus, wie wir bereits gesehen haben. Gott ist in dieser Aussage der Nächste für den Menschen, in Jesus Christus geschieht Gott. Sicher, als „Nächster" ist er zugleich der „Fernste", da aufgrund dieses Gottesverständnisses Gott niemals als direkt gegeben anzusehen ist. Jeder direkte Zugang zu

Gott ist ausgeschlossen. Trotzdem könnte man meinen, daß dadurch nur die Gottes- und Christusliebe miteinander verbunden werden. Außerdem fragt es sich, ob dies nicht nur eine Scheinantwort ist. Die historische Existenz Jesu ist längst vergangen, Jesus Christus ist genauso unsichtbar und ungreifbar wie Gott selbst. Und wenn man auch der Meinung ist, daß wir immerhin ein Bild von ihm haben wie von einem lieben Menschen, den wir verehren, persönlich jedoch nie kennenlernten, so ist dies doch wieder eine reine Idee für uns, ein mythisches Bild im besten Falle. Das metaphysische Verständnis der Gottheit Jesu hat tatsächlich häufig Gottes- und Nächstenliebe wieder zerrissen. Diese „historische Mythologie" würde die angestrebte Einheit wieder in die Vergangenheit versinken lassen: Es war einmal ... Das Johannesevangelium berichtet jedoch, daß es gut ist, wenn die historische Gestalt Jesu genommen wird, wenn sie der Vergangenheit und dem Tod ausgeliefert ist. Die historische Einmaligkeit würde sonst dazu verführen, an einer vergangenen Erscheinung zu kleben und sie zu verabsolutieren. Dann aber gibt es keine Einheit mehr zwischen Gottes- und Nächstenliebe, es sei denn in einer abgemilderten, ethisierenden Weise. Daher: „Ich sage euch die Wahrheit, es ist gut für euch, daß ich hingehe" (Jo 16,7). Indem die historische Figur Jesus sich selbst aufhebt bzw. aufgehoben wird, ermöglicht sie die geschichtliche Erfahrbarkeit der Wirklichkeit Gottes. Darum muß Jesus hingehen, muß sich aus der Welt herausdrängen lassen und der Ohnmacht und Nichtigkeit des Kreuzes verfallen. Im Kreuz zeigt sich nochmals eine Dialektik. Nicht in der Allmacht und Vollkommenheit ist Gott zu finden, sondern gerade in der Schwäche und im Leid. Die Liebe, die den Verachtetsten gilt, hat als „Objekt" Gott, nämlich als äußerste menschliche Möglichkeit, die allen innerweltlichen Maßstäben zuwiderläuft. So könnte man formulieren: Weil die Nächstenliebe vor nichts haltmacht, auch nicht vor dem ausgestoßensten Verbrecher, darum ist sie Gottesliebe. Das Absolute ist im Vorläufigen, das Unbedingte im Bedingten zu finden. Im Vergänglichen, das unserem Blick entschwindet und dem wir nachtrauern, im Vorläufigen, gegen das sich in uns alles sträubt, da ist die Möglichkeit, Gott zu erfahren, letzte Liebe, die bis zum äußersten geht, zu verwirklichen. Gottesliebe wird dann real und bleibt in der Identität der Nächstenliebe. Wo Jesus sich bis zur Selbstauflösung aufgibt, da ist er auf dem Weg nach Emmaus im menschlichen Tun zweier Jünger anwesend. In der Begegnung zwischen dem Gärtner und Maria Magdalena ereignet sich Offenbarung der Wirklichkeit Christi.[178] Von diesen Erfahrungen her wird dann die Identifikation Jesu nicht nur mit dem Vater verständlicher, sondern auch die mit dem ärmsten Menschen. „Wahrlich, ich sage euch: alles, was ihr einem von diesen meinen geringsten Brüdern getan habt, das habt ihr mir getan" (Mt 25,40). Die Aufnahme eines hilflosen Kindes, dessen man sich erbarmt, ist Tun an Jesus Christus selbst (Mt 18,4). Wer die Verkündiger des Gotteswortes aufnimmt, nimmt Jesus und den Vater auf (Mt 10,4; Jo 13,20). Wer sie aber verachtet, verachtet Gott und Jesus (Lk 10,16). So kann Saulus

---

[178] Vgl. G. Hasenhüttl, Der unbekannte Gott, Einsiedeln 1965, 56ff.

den Ruf vernehmen: „Saul, Saul, warum verfolgst du mich?" (Apg 9,4). Paulus wird später, verwandelt durch die Liebe, die den Mitmenschen nicht um Gottes willen verfolgt, sondern achtet, diese Liebe die höchste Verwirklichung christlicher Existenz nennen (1Kor 13). Es scheint, daß er gar nicht mehr ausdrücklich von der Gottes- *und* Nächstenliebe sprechen muß, sondern daß das ganze Gesetz und alle Propheten in der Nächstenliebe erfüllt sind (Röm 13,8). Sie hat ja eine Dimension gewonnen, die im Tun Gültigkeit besitzt, also ein göttliches Ereignis ist. Gott ist in dieser Beziehung gegenwärtig, entweder als Angenommener oder Zurückgestoßener. Gott von ganzem Herzen lieben heißt dann konkret nichts anderes als den Nächsten wie sich selbst lieben. In der radikalen Hinwendung zum Mitmenschen realisiert sich Liebe, von der Gott ausgesagt wird.

Im Verstehenshorizont metaphysischer Christologie wird häufig diese Identität depotenziert und ein „als ob" eingefügt. Sowenig der Mensch vor Gott nur so tut, „als ob" er gerechtfertigt wäre, genausowenig kann und darf er den Mitmenschen in seinem Tun nur so behandeln, „als ob" er Christus wäre. Wer nur „um Gottes bzw. Christi willen" geliebt wird, wird gar nicht geliebt. Er dient nur als Mittel zum Zweck für das eigene Gerechtigkeitsstreben. Die Person des anderen wird mißachtet. Gott wird zum direkten Gegenstand der „Liebe" und der Nächste nur Anlaß, Gutes zu tun. Dagegen gilt, daß die Gottesliebe sich nur in der Liebe zum Mitmenschen erweisen kann, und zwar gerade ohne Seitenblick auf einen „jenseitigen" Gott. Ja, man darf es gleichsam gar nicht wissen, daß in der Nächstenliebe Gottesliebe konkret wird. Wo aber der eine am anderen in Liebe handelt, in der Liebe, die diesen konkreten Menschen trifft und ihm allein auch gilt, in dieser Liebe Tun ereignet sich Gott, ist Jesus Christus und der Vater gegenwärtig. Auch hier handelt es sich nicht um eine statische Identifikation, so daß eine Gleichung aufgestellt werden könnte: Gott = Jesus = Mitmensch, sondern im Vollzug, im Tun der Liebe geschieht „gegenständlich" an einem Mitmenschen Gottes Wirklichkeit. Er erfährt bzw. kann Gott erfahren. Aus einem Mitmenschen kommt mir Gottesliebe entgegen, wird Göttliches anwesend.[179] So ereignet sich Gott in den banalsten menschlichen Vollzügen: Im Schluck Wasser, im Bekleiden und im Krankenbesuch; aber auch in besonderen Situationen wie der menschlichen Zuneigung, im totalen Dienst am Nächsten und in der Hingabe des Lebens. Gott ist dem Menschen unendlich nahe, wenn der eine dem anderen hilft!

In der Einheit dieser „gott-menschlichen" Liebe ist der erstaunte Ausruf mancher Heiden über die ersten Christen nicht verwunderlich: Seht, wie sie einander lieben! Was will damit anderes gesagt werden als: Seht, Gott wird in ihrer Mitte gegenwärtig, Gott ist da, Gott geschieht! In der Nächstenliebe ist die Gottesliebe an ihr Ziel gekommen.

---

[179] Vgl. ders., Füreinander dasein, Freiburg 1971, 196ff.

Mythische, metaphysische und historische Bilder wie Vorstellungen nicht-christlicher Religionen zeugen von dieser Grunderfahrung des Menschen, daß Liebe nur dann echt menschlich bzw. mitmenschlich ist, wenn sie gott-menschliche Struktur hat und sich in der grenzenlosen Zuwendung, im Voll-zug füreinander ereignet.

Wenden wir uns nun den außerchristlichen, nichteuropäischen Erfahrungen Gottes in den unterschiedlichen Religionen zu.

VI. DIE GOTTESERFAHRUNG IN VERSCHIEDENEN RELIGIONEN

Bisher haben wir drei Entwürfe gesehen, wie die Gotteserfahrung bei den Griechen, Juden und Christen eingelöst wird. Stets konnten wir eine Objektivierungstendenz menschlicher Erfahrungen erkennen, die Gott vergegenständlicht. Trotz dieser Tendenz gibt es aber eine ursprüngliche Schicht der Erfahrung, in der Gott als ein Ereignis verstanden wird; was der Mensch an Gutem und Überwältigendem erfährt, erhält das Prädikat göttlich. Nur die Erfahrung berechtigt zum Ausruf: „Gott", und nicht eine Abstraktion von der Erfahrung oder gar eine rein logische Deduktion. Wie verhält es sich bei anderen Religionen?

1. Jen – Gott in der Mitmenschlichkeit

Kaum ein anderer „Religionsstifter" hat zwischen Ontologie und Ethik, dem Gottesbegriff und der menschlichen Sittlichkeit einen so engen Zusammenhang hergestellt wie Konfuzius (K'ung Fu Tzu, 551-479 v. Chr.).[180] Im Neokonfuzianismus (im beginnenden 10. Jh. n. Chr.), in dem eine ähnliche Umbildung der Gedanken des Konfuzius stattfand, wie derjenigen Jesu in den christlichen Kirchen, wird Konfuzius als Gottheit verehrt, bis er 1906 durch ein kaiserliches Edikt (Dogma) sogar dem (höchsten) Himmelsgott gleichgestellt wurde und man ihm bis 1927 öffentliche Opfer darbrachte. Konfuzius selbst entwickelte seine Gedanken 1. im Umfeld des mythisch geprägten „Himmelsgott"-glaubens und 2. im Umfeld eines absoluten Immanentismus, der atheistische Züge besaß und ca. 100 Jahre vor Konfuzius in China aufkam. Gegen beide Richtungen kämpfte er und wollte im Raum der Erfahrung und des ethischen Handelns die Dimension des Göttlichen aufzeigen. Im Alter von 73 Jahren starb er einsam und von Zweifeln geplagt, ohne den Erfolg seines Wirkens erleben zu dürfen.

Konfuzius lehnt den vorgegebenen Gottesbegriff nicht ab, denn sonst hätte man ihn sofort ins atheistische Umfeld eingereiht. Wie Jesus von dem alttestamentlichen Gott sehr zurückhaltend spricht, so Konfuzius von T'ien (im 12. Jh. v. Chr. bereits bezeugt), Himmel. Der Allerhöchste wird im chinesischen Raum auch als Shang-ti bezeichnet und meint den Herrn in der Höhe; Gott kann auch einfach als Ti, Herr, benannt werden. Alle drei Begriffe drük-

---

[180] Vgl. A. Schweitzer, Die Mystik des Apostels Paulus, Tübingen 1981, 300 (1. Aufl. 1930).

ken die höchste Gottheit aus.[181] Wenn Konfuzius sich zwar gegen Zauberei und Hexen stellte, so lehnte er doch auch die Götter nicht ab, da er traditionsverbunden war. Ahnen(kult) und Riten spielten eine wichtige Rolle. Wie die drei Gottesbegriffe zu verstehen sind, ist umstritten, je nach Interpretationsraster wird von Gott Personalität ausgesagt oder nicht. Sicher liegt keine solche Verobjektivierung vor, daß ein personales Seiendes vorgestellt wird, und als logische Folge gibt es auch keine Schöpfungslehre. Wohl aber kann ausgesagt werden: „Himmel-und-Erde sind Vater-und-Mutter aller Dinge, und der Mensch ist von allen Wesen das am reichsten beschenkte."[182] Oder: „Oh Himmel weit und ferne, (du) heißt Vater und Mutter".[183] Man kann von einem göttlichen, väterlichen Horizont sprechen, der die Erde einschließt und die große Harmonie ermöglicht. In der „Lehre der Mitte" (Kap. 22) erhält der „Weg des Himmels" (T'ien-Tao) vorrangige Bedeutung. Er ist die allumfassende Harmonie, die Einheit von Himmel und Mensch. Tao ist λόγος und ὁδός, Sinn und Weg. Auf diese Dimension der Wirklichkeit kommt es Konfuzius an, ohne sie zu vergegenständlichen. Das Tao ist das Umgreifende, das Göttliche. Menzius (Mong Dsi, 372-289 v. Chr.) zog aus der Nichtgegenständlichkeit des Himmels den Schluß, daß der Himmel nur im Herzen der Menschen sein kann. Wer sein Herz erkennt, der kennt den Himmel.[184] Die „atheistischen" Strömungen hingegen, die bereits vor Konfuzius begonnen hatten und schließlich im Konfuzianer Hsün-tzu (ca. 298-230 v. Chr.) einen gewissen Höhepunkt erreichten, trennten Himmel und Mensch, wodurch der göttliche Bereich der Nichtigkeit verfiel. Die Entmythologisierung der Gottheit(en) schloß nicht nur sie als Seiende, als Gegenüber aus, sondern strich die Dimension des Göttlichen ganz. Der Himmel ist inaktiv, ist stumm und blind. Ein Gebet ist sinnlos; ob es regnet oder nicht, hängt nicht vom Gebet ab. Eine göttliche Wirklichkeit ist zu verneinen. Konfuzius selbst zog aus seinem Ansatz nicht diese Konsequenzen, sondern schlug einen anderen Weg ein. Sein Rückgang auf den Anfang, das „goldene Zeitalter" (Tat'ung), soll nicht zum „Maßnehmen" an einem Gott führen, so wichtig ihm der „Wille des Himmels" ist, sondern soll zur Korrektur der sozialen Verhältnisse dienen und das menschliche Maß herstellen. Im Buch der Wandlungen (I-Ging) ist zu lesen: „Wenn das Maß des Menschen die absolute Gerechtigkeit ist, dann ist es schwierig, ein wahrer Weiser zu sein; wenn aber der Mensch das Maß des Menschen ist, haben rechtschaffene Menschen ein Vorbild, dem sie folgen

---

[181] Das chinesische Zeichen für Himmel ist ein symbolisierter Mensch. Eine weitere Bezeichnung für Gott war T'ien-chu, Himmelsherr, den die Katholiken verwenden; wird „Chu" im dritten Ton gesprochen, heißt es „Herr", wird es dagegen im ersten Ton gesprochen, wie es die Gegner des Christentums taten, heißt es „Schwein". Heute meinen viele Christen, daß dieser Begriff ungeeignet sei.

[182] Zit. n. J. Ching, Konfuzianismus und Christentum, Mainz 1989, 127.

[183] Ebd., 128.

[184] Vgl. ebd., 132.

können."[185] Der Mensch ist auf das soziale Verhalten verwiesen, wenn er recht leben will. Dabei ist für Konfuzius und auch den späteren Neokonfuzianismus der Grundbegriff der Sittlichkeit, „jen". Der Begriff bezeichnet die Menschlichkeit, Güte und Liebe und meint eine kosmische Kraft. Am besten wird „jen" wohl mit Mitmenschlichkeit übersetzt. Das chinesische Zeichen dafür besteht aus dem des Menschen und der Zwei. Jen bedeutet ein reziprokes Verhältnis zwischen Menschen, Liebe und ewig-währender Treue, die rechte Gestalt der zwischenmenschlichen Beziehungen. Jen ist das oberste Gebot, ist nicht zu trennen vom Himmel und hat daher eine „religiöse" Dimension. Er ist der Weg zur Harmonie, zur Ausgleichung der Gegensätze, der Weg zur Einheit der Wirklichkeit, der Weg des Lebens. Jen ist Güte als menschliche Beziehung. Dieses Gutsein ist weder einfach vorgegeben noch eine individuelle Eigenschaft, sondern eben das rechte Verhalten in Mitmenschlichkeit. Der einzelne ist eingebunden in den sozialen Kontext. Das Handlungsprinzip ist die Gegenseitigkeit, das gegenseitige Verstehen.[186] Die erste inhaltliche Regel, die sich daraus ergibt, ist die sog. Goldene Regel: „Was du nicht willst, das man dir tu, das füge auch keinem anderen zu."[187] Der Dienst am Mitmenschen ist der Maßstab.[188] Die erste Pflicht gilt den Mitmenschen gegenüber. Ihnen sollen wir dienen, nicht den Geistern oder anderen Wesen, seien sie auch göttlich.[189] Jen transzendiert das Individuum, ohne es aufzuheben, und bindet in die Gemeinschaft ein. Daraus ergibt sich, daß der Dienst am Mitmenschen niemals Herrschaft über ihn sein kann.[190] Jen nähert sich dem Begriff der „herrschaftsfreien Kommunikation". Das, was Trauer bereitet, ist: „Den anderen nicht zu verstehen".[191] Der Weise, der edle Mensch, läßt keinen verlorengehen.[192] Auch den „unbrauchbaren Menschen" verwirft und verabscheut er nicht.[193] So nimmt Konfuzius Stellung gegen die Strafe, ganz besonders gegen die Todesstrafe, da sie kein mitmenschlicher Dienst ist.[194] Durch das Gute kann das Böse überwunden werden.[195] Der gerechte Mensch ist bereit, sich selbst zu opfern. Mo-ti erläutert diese Menschlichkeit: „Einen Menschen töten, um die Welt zu retten, das bedeutet nicht, für das Wohl der Welt handeln, aber sich selbst opfern, um die Welt zu retten, das bedeutet, für das Wohl der Welt zu handeln."[196] Das Wesen des Guten, die

---

185 Zit. n. A. Cavin, Der Konfuzianismus, Stuttgart 1981, 64. Vgl. Li-Ki (Ritenbuch) Kap. 30; 32. Im 5. Jh. v. Chr. formulierte Protagoras den „homo-mensura-Satz".
186 Konfuzius, Lun Yün, 15,23.
187 Ebd., 15, 23, vgl. Mt 7,12par.
188 Ebd., 6, 20.
189 Ebd., 11, 11.
190 Vgl. ebd., 11, 25.
191 Ebd., 1, 16.
192 Vgl. ebd., 15, 7.
193 Vgl. ebd., 8, 10.
194 Ebd., 13, 11.
195 Vgl. ebd., 2, 3.
196 Zit. n. A. Cavin, a.a.O., 255.

Menschenliebe wird dadurch offenbar.[197] Daraus folgt, daß der Mensch, der jen vollzieht, keine Grenze für seine Mitmenschlichkeit angeben kann. Auch wenn Konfuzius selbst anscheinend eine Abstufung kennt, indem das Böse mit Gerechtigkeit und das Gute mit Gutem abgegolten werden soll[198], so ist für Motzu bereits im 5. Jh. v. Chr. und für Menzius im 4. Jh. v. Chr. jen so allumfassend, daß jeder und alle zu lieben sind, auch der Feind. Und Menzius nennt diese mitmenschlichen (jen) Menschen „Herren des Himmels". Sie bilden das „neue Volk" und sind selbst vortrefflich, indem sie anderen helfen. Chang kommentiert, indem er eine Parallele zum Christen zieht. „Dies ist der Zustand des ‚Neuen Menschen' Christi (von dem Paulus spricht), der seinen Nächsten liebt wie sich selbst."[199] Jen ist als Möglichkeit jedem Menschen geschenkt. Aber der Mensch selbst ist nicht eindeutig gut; das Gute ist zu gewinnen, zu wählen.[200] Wer sich gegen jen verhält, der ist böse. Und das Böse macht Schule, weil Menschen Tag für Tag freveln. Der Mensch greift in die ursprüngliche Harmonie ein, und die Verhältnisse werden gestört. Daher ist der Sinn für die Mitmenschlichkeit zu wecken. Denn: Wer gut (jen) ist, ist nie unglücklich.[201] So ist die „wahre Natur" des Menschen zu erwecken. Die natürliche Güte, jen, ist wie das Wasser, das sich am Talgrund sammelt. Der „homo absconditus", das verborgene Menschsein, ist zu erkennen. Der Weg dahin ist das Lernen.[202] Dieser Weg (Tao) kann die Menschen auf das Gute hin verwandeln. Daher darf niemand von diesem ausgeschlossen werden. „Bei der Belehrung gibt es keine Klassenunterschiede."[203]

Jen verwirklicht sich nun in konkreten Bedingungen, Situationen und Formen. Die äußere Gestalt der Mitmenschlichkeit (jen) wird als T'ien-li, als ein himmlisches Prinzip oder einfach als li, Prinzip, bezeichnet. Die konkrete Verwirklichung von jen ist li. Li meint das konkret soziale Verhalten, das sich in rituellen Formen ausdrückt und dem religiöse Bedeutung zukommt. Im li realisiert sich das menschliche Maß des In-Beziehung-Seins. Gerechte soziale Beziehungen sind dabei stets das Grundprinzip. Konfuzius nennt fünf Beziehungen der Gegenseitigkeit, wobei ihre Ausarbeitung unter ganz bestimmten gesellschaftlichen Bedingungen erfolgt ist. Der Sinn jeder Veränderung, jeder Verbesserung ist die bessere Lebensmöglichkeit. So ist Konfuzius auch nicht unkritisch in der Darstellung menschlicher Beziehungen. Sogar in der Eltern-Kind-Beziehung, in der Pietät und Ahnenverehrung ist eine gewisse Distanz zu erkennen, so daß z.B. der Sohn durchaus auch den Eltern widersprechen darf.[204] Die li-Formgebung findet einerseits eine Parallele in

197 Vgl. Konfuzius, Lun Yün, 12, 22.
198 Ebd., 14, 36.
199 A.B. Chang Ch'un-shen, Dann sind Himmel und Mensch in Einheit. Bausteine chinesischer Theologie, Freiburg 1984, 50.
200 Konfuzius, a.a.O., 4, 1.
201 Ebd., 9, 28.
202 Ebd., 7, 8.
203 Ebd., 15, 38.
204 Ebd., 4, 18.

der jesuanischen Befreiung gegenüber, aber nicht von den vorgegebenen Normen, andererseits in der paulinischen Aufnahme zeitbedingter stoischer Regeln, wie in den „familiären" Ratschlägen, den sog. „Haustafeln".
Alle Auslegung der einzelnen Verhaltensweisen (li) hat ihren Grund in der Mitmenschlichkeit (jen). Diese erhält eine transzendente Qualität, nicht nur, weil sie über den einzelnen hinausgeht oder weil sie auf die Ahnenreihe in eine „sakrale Zeit" (in illo tempore) zurückgeführt wird, und der Weg des Menschen mit dem Weg der Dinge sich vereinigt, sondern vielmehr, weil der rechte Weg des Menschen eine Einheit bildet mit dem Weg des „Himmels". In der rechten Beziehung als jen zeigt sich also die religiöse Dimension der Wirklichkeit. Fung Yu-lan beschreibt diese Dimension der Mitmenschlichkeit. „Jen nennt er das, was des Menschen Einheit mit dem Universum ermöglicht. Wer *jen* besitzt, wird ein Bürger des Himmels, denn in ihm findet sich das, was Subjekt und Objekt, das Selbst mit dem Absoluten, vereinigt."[205] Der „Wille des Himmels" ist gegenwärtig, also die Totalität der Wirklichkeit. „Jen ist Prinzip (li) und Urgrund der Dinge (T'ai-chi). Jen ist auch Geist und wahres Selbst ... die Essenz des wahren Menschen."[206] Der edle, wahre Mensch empfängt jen, aber er verfügt nicht über T'ien, den Himmel.[207] Er hat Ehrfurcht vor dieser göttlichen Wirklichkeit.[208] Die Erfahrung der Präsenz des „Himmels" in jen, diese „Erleuchtung", macht den wahren Menschen auch vor den Feinden furchtlos.[209] Der Weg des Menschen und der Weg des Himmels sind in Einheit. Jen als Liebe ist die verborgene Energie aller Wirklichkeit. Himmel und Mensch werden zwar eins, aber die „Polarität" bleibt, und beide werden nie miteinander identifiziert. „Ich forsche hier unten, aber ich dringe durch nach oben. Wer mich kennt, ist Gott allein."[210] In dieser Ausdrucksweise klingen mystische Formeln an. Sich-Kennen und -Verstehen ist ein göttliches Ereignis. Die göttliche Wirklichkeit spricht selbstverständlich nicht als ein „Gegenüber" zu den Menschen; dieses „Gegenüber" ist immer „nur" die Welt, aber „Gott" spricht den Menschen an im Sinne echter Erfahrung.[211] Ja, der „Wille des Himmels" offenbart sich im Schweigen. So kann auch der Himmel zum „Maß aller Dinge" werden, denn die ganze Welt steht dann in kosmischer Harmonie. Wieder zeigt sich, nach Konfuzius, im rechten Tun (jen), das sich im sittlichen Vollzug (li) ausdrückt, die polare Harmonie zwischen Himmel und Erde.[212] Zwar ist und bleibt das Tun des Menschen sinnlos, aber indem man trotzdem handelt, dringt

---

[205] J. Ching, a.a.O., 141.
[206] Ebd., 146.
[207] Vgl. A. Cavin, a.a.O., 228; Konfuzius, a.a.O., 20, 3.
[208] Ebd., 16, 8.
[209] Ebd., 9, 5.
[210] Ebd., 14, 37.
[211] Vgl. ebd., 17, 19.
[212] Vgl. A. Cavin, a.a.O., 207, 209; aus dem Ritenbuch Li-Ki.

man in eine andere Dimension ein, die göttlich ist.[213] Sobald wir uns vom rechten Tun (jen) abkehren, sündigen wir gegen T'ien. Das Integrationsfeld ist zerstört, jedes Gebet wird sinnlos.[214] Keineswegs kann man Konfuzius eine „unbestimmte religiöse Haltung" vorwerfen, ganz im Gegenteil. Die Kraft des Guten, die Mitmenschlichkeit ist das Größere und Mächtigere für den Menschen, ist ein göttliches Ereignis, ist Heilsgegenwart.[215] So wird deutlich, daß man dem Himmel nur dann dient, wenn man den Menschen dient.[216] Im Dienst am Menschen zeigt sich die göttliche Gegenwart. Ja, wer den Krankenbesuch kürzt, um für den Kranken zu beten, empfängt den Tadel des Meisters (Konfuzius).[217] Jen ist Gottesdienst. Nur wenn wir dies erkennen, wenn also in jen Himmel und Erde vereint sind, nur dann hat das Opfer einen Sinn.[218] Einen direkten Zugang zum T'ien kann man sich nicht wünschen; er fördert nur den „Götterglauben", von dem man sich fernhalten soll. Der einzige Zugang zur göttlichen Wirklichkeit ist die Mitmenschlichkeit. Daher warnt Konfuzius vor Anthropomorphismen, vor Aberglauben und Göttern, wie auch vor der Frage nach dem Wesen des Himmels, Todes usw.[219] All das sind Versuche, sich der Mitmenschlichkeit (jen) zu entziehen, der Einheit zu entfliehen und Wissen über das Göttliche zu objektivieren. In diese Kategorie gehören auch der verordnete Glaube, Organisation und Priesterschaft. Jen drückt sich in Treue und Wahrheit aus und ist „oberstes Gesetz".[220] Durch ihn wird „die große Wahrheit (Tao) triumphieren, wird die Erde allen gemeinsam gehören".[221] Diese Integration T'ai-chi, das „große Letzte", dieser „Einheitsstrom" findet sich auch im christlichen Verständnis, daß Gott alles in allem sein wird (1Kor 15,28; Phil 2,13; Apg 17,27f). Der Konfuzianismus ist daher eine radikale Mitmenschlichkeitstheologie. Nur von jen her kann T'ien erfahren und erkannt werden. Was von Ahnen gesagt und über „Naturgottheiten" gedacht wird, hat nur Sinn, wenn es an den Ursprung der Güte, Liebe und Menschlichkeit verweist. Gottes Sein erweist sich und wird erfahren in der Mitmenschlichkeit. „Jen ist der Inbegriff der Bedeutung und Größe des Menschen. Im Menschen deutet es auf das Dasein dessen, was größer ist als er selbst, was sich auch im Universum findet, aber größer ist als das Uni-

---

213 Konfuzius, a.a.O., 14, 41. Vgl. dazu J.-P. Sartre, der ebenfalls die apriorische Sinnlosigkeit allen Tuns feststellt, im Handeln aber selbst die Sinngebung erkennt, diese allerdings nicht als ein „göttliches Geschehen" wie Konfuzius versteht.

214 Ebd., 3, 13.

215 Vgl. ebd., 7, 7.

216 Vgl. ebd., 11, 11.

217 Ebd., 7, 34.

218 Ebd., 3, 12. Vgl. Mt 5,23: „Wenn du deine Opfergabe zum Altar bringst" ... und Mt 9,13: „Barmherzigkeit will ich, nicht Opfer".

219 Ebd., 11, 11.

220 Ebd., 9, 24.

221 Zit. n. A. Cavin, a.a.O., 199, aus dem Ritenbuch Li-Ki.

versum. Jen bezieht sich auf die Begegnung von Himmel und Mensch – in menschlichen Beziehungen."[222]
Nur in wenigen religiösen Konzepten finden wir so klar und rein die Erfahrung des Göttlichen ($\theta\tilde{\epsilon}\iota o\nu$) wieder. Es ist das Mächtigere und es ist das Gute, das aber nur in der Mitmenschlichkeit erfahren werden kann. Da es alle Grenzen sprengt und Gott und Mensch versöhnt, läßt es in die große Harmonie einklingen. Ethik und Theologie sind eine Einheit. Außerhalb dieser ist jede Rede von Gott Aberglaube. Gott wird dann zu einem Objekt, zu einem Seienden, das den Menschen gegenübersteht. Aber nicht nur der Theist hat Unrecht, sondern auch der Atheist. Die große Harmonie ist kein Menschenwerk, sondern ist Beschenktsein. Mitmenschlichkeit, jen, ist nur recht verstanden, wenn in ihrem Vollzug die Einheit von Himmel und Erde aufleuchtet. Das, was sie eint, ist ein göttliches Ereignis und ist die vertikale Dimension der horizontalen Mitmenschlichkeit. Hier wird die gott-menschliche Struktur der Wirklichkeit offenbar. Freilich, wie in der abendländisch griechisch-jüdisch-christlichen Tradition die Ursprungserfahrung objektiviert wird, so auch z.T. im Neokonfuzianismus. Dieser neigt jedoch nicht, wie die abendländische Konzeption, zu einem religiösen Überbau, in dem ein objektivierter Gott eine monotheistische Herrschaft aufbaut, sondern zu einer rein praktischen Sittlichkeit, in der die Dimension des Religiösen und damit der Gotteserfahrung verlorenzugehen droht. Dieser Gefahr wehrte zum Teil der den Konfuzianismus ergänzende Taoismus.

2. Tao – Der Weg, eine göttliche Wirklichkeit

Nach der Legende hat Laotse Konfuzius getroffen und ihn in seiner Lehre korrigiert. Historisch hat er aber wohl erst 300 Jahre v. Chr. gelebt, und das einzige Buch, Tao-Tê-King, das von seiner Lehre Zeugnis gibt, ist auch frühestens um diese Zeit entstanden und eher eine Sammlung von Aussprüchen als das Werk eines einzelnen. Der Zentralbegriff für die letzte, entscheidende Wirklichkeit ist der Tao. „Das Leitwort im dichtenden Denken des Laotse lautet Tao und bedeutet ‚eigentlich‘ Weg. Weil man sich jedoch den Weg leicht nur äußerlich vorstellt als die Verbindungsstrecke zwischen zwei Orten, hat man in der Übereilung unser Wort ‚Weg‘ für ungeeignet befunden, das zu nennen, was Tao sagt. Man übersetzt Tao deshalb durch Vernunft, Geist, Raison, Sinn, Logos. Indes könnte Tao der alles be-wegende Weg sein, dasjenige, woraus wir erst zu denken vermögen, was Vernunft, Geist, Sinn, Logos eigentlich, d.h. aus ihrem eigenen Wesen her sagen möchte. Vielleicht verbirgt sich im Wort ‚Weg‘, Tao, das Geheimnis aller Geheimnisse des denkenden Sagens, falls wir diese Namen in ihr Ungesprochenes zurückkehren lassen und dieses Lassen vermögen."[223] Tao ist wohl der Heilsweg, der, indem

222 J. Ching, a.a.O., 147.
223 M. Heidegger, Unterwegs zur Sprache, Tübingen [4]1971, 198.

wir ihn beschreiten, das Ziel selbst ist, d.h. den Sinn in sich hat.[224] Der Begriff Weg ist insofern bedeutsam, als er eine Beziehung ausdrückt, die durch ihn hergestellt wird. Tao ist daher wohl als Sinn der Beziehung zu verstehen. Daher kann Tao eben zur „Tiefendimension" der Mitmenschlichkeit und aller Beziehungen werden. Daher ist Tao die Einheit aller Wirklichkeit.[225] Er ist älter als Ti, als die Himmelsgottheiten.[226] Er wirkt, umfaßt alles, ist die Quelle des Lebens, ist mütterliche Wirklichkeit[227] und unerschöpflich. Er gibt und vollendet. Er ist nicht Herr, sondern wirkt gewaltlos.[228] „Der Tao, Bewahrer aller Dinge, ist Schatz dem Guten, Schutz dem Bösen."[229] Der Begriff Tao kommt also ganz nahe an das heran, was Liebe und daher göttliche Wirklichkeit meint. Tao ist zart und schmiegsam wie das Wasser.[230] Seine Herrschaft ist kein Machtgebrauch, sondern gibt jeden Lebensraum. Tao ist daher auch der Ausgleich der Gegensätze. Der Mensch, der sich ausgleichend verhält, wandelt im Tao.[231] Was Maria im Magnifikat als Umsturz der Verhältnisse besingt und Erfahrung Gottes nennt, findet sich im Tao. „Des Himmels Weg gleicht dem Strecken des Bogens: Was hoch ist, bringt er herunter, was nieder ist, hebt er. Die Überschuß haben, werden gekürzt, die nicht genug haben, denen wird gegeben. Das ist des Himmels Weg; er kürzt die, die Überfluß haben, und füllt auf, die nicht genug haben."[232] So gelangt alles zur Harmonie. „Des Himmels Weg ist ohne Günstlingsgeist, gibt ewig dem, der sich als gut erweist."[233] Aus diesem Tao lebt der „hohe Mensch". Er besitzt Te, d.h. „Tugend", er ist daher mitten im Leben, und aus dieser Haltung heraus handelt er „ohne Grund", und das wird „Nichthandeln" (wu-wei) genannt.[234] Liebe ist ja stets „grundlos", hat den Sinn in sich und benötigt kein Ziel. Der hohe Mensch handelt absichtslos. In seinem „Nichttun" ist er aber beharrlich ohne Begehrlichkeit. Er überwindet das Schlechte durch das Gute, kennt keine

---

[224] Christlich ist Jesus als Weg zu verstehen, der zugleich Logos (Jo 1), der Sinn ist.

[225] Laotse, Tao-Tê-King, 1.

[226] Ebd., 4.

[227] Ebd., 4; 20; 25; 51; 52; 59.

[228] Ebd., 41; 34; 30; 68; 73.

[229] Ebd., 62.

[230] B. Brecht macht darauf aufmerksam, daß gerade das anscheinend Schwache, das nachgibt, das Stärkere ist und schließlich obsiegt. Vgl. „Legende von der Entstehung des Buches Taoteking auf dem Weg des Laotse in die Emigration" (5. Strophe):
„Doch der Mann, in einer heiteren Regung
fragte noch: ‚Hat er was rausgekriegt?'
Sprach der Knabe: ‚Daß das weiche Wasser in Bewegung
mit der Zeit den mächtigen Stein besiegt.
Du verstehst, das Harte unterliegt.'"
(GW 9, Frankfurt 1967, 661).

[231] Laotse, a.a.O., 77.

[232] Ebd.

[233] Ebd., 79.

[234] Ebd., 2; 47.

Gewalt, hilft und ist auf sein Selbst und das Leben nicht versessen.[235] „Der hohe Mensch kämpft nicht an. Je mehr er für die Menschen tut, desto mehr hat er selbst. Je mehr er den Menschen gibt, desto mehr wird ihm selbst zuteil. Des Himmels Weg: Er nützt, ohne zu schaden. Des hohen Menschen Weg: Er wirkt, ohne zu streiten."[236] Wenn das menschliche Verhalten sich auf Tao, den wahren Weg zurückführen läßt, ist es in der letzten Wirklichkeit. Wer aus und vom Tao lebt, lebt in dem göttlichen Bereich.

Auch bei Laotse ist er mit der menschlichen Sittlichkeit gekoppelt und kann vom relationalen menschlichen Tun nicht getrennt werden. Stärker als bei Konfuzius gilt das Augenmerk ganz dieser Dimension der Wirklichkeit. Wird Tao aber vom mitmenschlichen Vollzug getrennt, dann wird es selbständig und zur mystischen Erfahrung mit all ihrer Problematik, weil dadurch der Tao doch wieder zur direkten Erfahrung gebracht werden soll und bei aller anscheinenden „Ungegenständlichkeit" doch zu einem Seienden in sich wird. Nur in der Bindung an das zwischenmenschliche Tun werden Einheit und „Harmonie" gewahrt und doch eine Wirklichkeit erfahren, die das Grundlose aller Gründe ist, die Göttliches vermittelt und die gott-menschliche Struktur alles Seienden erschließt. Laotse macht aufmerksam, daß menschliches Tun seinen Grund im Tao hat, und daß dieser durch uns erfahrbar wird. In diesem Zugang kommt wieder zum Ausdruck, was „Gott" meint. Von der Erfahrung ist er nicht zu trennen; in ihr aber ereignet er sich. Gott wird nicht zum Gegenstand, aber auch der A-theismus ist keine Alternative.

Im unterschiedlichen Kontext finden wir ähnliche Erfahrungen vor allem im Buddhismus.

3. Nirvâna – Die Aufhebung aller Zweideutigkeit

Das 2. Vat. Konzil sieht im Buddhismus, wenn auch rein deskriptiv, einen Weg zur letzten Wirklichkeit. „In den verschiedenen Formen des Buddhismus wird das radikale Ungenügen der veränderlichen Welt anerkannt und ein Weg gelehrt, auf dem die Menschen mit frommem und vertrauendem Sinn entweder den Zustand vollkommener Befreiung zu erreichen oder – sei es durch eigene Bemühung, sei es vermittels höherer Hilfe – zur höchsten Erleuchtung zu gelangen vermögen. So sind auch die übrigen in der ganzen Welt verbreiteten Religionen bemüht, der Unruhe des menschlichen Herzens auf verschiedene Weise zu begegnen, indem sie Wege weisen …".[237] Sicher stehen im Buddhismus die negativen Erfahrungen, vor allem die Leiderfahrung im Vordergrund, aber entscheidend ist, ob Befreiung, Erleuchtung und Heil in unserer Welt als die wahre Dimension, jenseits des „Schleiers der Maya" angesehen wird, oder ob die „wahre Welt" eine jenseitige Welt ist, auch wenn

---

235 Ebd., 49; 57; 67; 75; 81.
236 Ebd., 81.
237 Erklärung über die nichtchristlichen Religionen (1965), Art. 2.

sie als ein Erlöschen charakterisiert wird. Der Buddhismus scheint die „ungegenständlichste" Religion zu sein. Veden, die Göttererzählungen, die Kasten und die Hindupriester werden abgelehnt. Der Mensch steht im Mittelpunkt. Seine Erfahrung und die daraus folgende Erkenntnis sind das Kriterium, der Orientierungspunkt für sein Verhalten. „Richtet euch nicht nach Hörensagen, nicht nach einer Überlieferung, nicht nach einer bloßen Behauptung, nicht nach der Mitteilung heiliger Schriften, nicht nach bloßen Vernunftgründen und logischen Deduktionen, nicht nach äußeren Erwägungen, ... nicht nach dem Schein der Wirklichkeit ... sondern, wenn ihr selbst erkennt, daß diese oder jene Dinge schlecht und verwerflich sind ... zum Unheil und Leiden führen, so sollt ihr sie wegwerfen."[238] Eine fremde Autorität kann kein Heilsweg sein. So helfen auch die Götter nichts. Gerade wegen seiner scharfen Kritik an den Göttern wird der Buddhismus als eine atheistische Religion angesehen.[239] Und Nietzsche lobt den Buddhismus in seinem „Antichrist" (1888), da der Begriff Gott abgetan ist und der Kampf nicht der Sünde, sondern dem Leid in der Welt gilt. Es ist kaum zu bestreiten, daß der historische Siddkarta Gautama Buddha (563-477 v. Chr.), 'Scha:kjamun, an die Existenz von Göttern geglaubt hat, aber sie spielen keine Rolle, weil sie als Seiende auch vergängliche Wesen sind. Sie sind nicht letzte Wirklichkeit. Gott und Götter werden nicht unterschieden, da ein Gott genausowenig wie viele Götter ausrichten kann. Solange sie als personale Wesen gedacht werden, bleiben sie im Kreislauf der Wiedergeburt (Sa'msa:ra), unterstehen der Weltordnung (Dharma), den Daseinsfaktoren und -Gesetzen und stehen im Gegensatz zum Nirvâna, sie bringen keine Erlösung.

„Wenn Gott, der über allen waltet,

Das Leben in der Welt gestaltet,

Wenn er verteilt hier Glück, dort Leiden,

Das Böse tun läßt und es meiden,

Der Mensch nur seinen Wunsch vollstreckt,

Dann ist nur Gott von Schuld befleckt."[240]

Überaus radikal ist Nâgârjuna (2. Jh. n. Chr., Autor der Mâdhyamaka-kârikâs), die entscheidende Autorität des Mahâyânabuddhismus[241]: „Die Götter sind alle ewige Lumpenkerle, unfähig, die Leiden der Vergänglichkeit zu vertreiben. Die ihnen dienen und sie verehren, können hiernieden in ein Meer des

---

238 Pali-Kanon, Anguttara-Nikaya 3, 65.

239 H. v. Glasenapp, Der Buddhismus eine atheistische Religion, München 1966. Man darf nicht vergessen, daß auch die Christen ursprünglich von den Heiden, wegen der Ablehnung der Götter, als ἀ-θεοί, als A-theisten bezeichnet wurden.

240 Zit. n. ders., ebd., 210. Aus Jātaka (Der Pfad zur Erleuchtung), 528.

241 Auf dem 1. Konzil in Radjagrika (480 v. Chr.) legte der 'Sangha (Mönchsgemeinschaft) den Pali-Kanon fest. Auf dem 2. Konzil in Vaijali (380 v. Chr.) trifteten die Meinungen auseinander, und es begannen sich langsam der Hînayâna- (Theravada-) und der Mahâyâna-Buddhismus herauszubilden. Erst im 8. Jh. n. Chr. durch Padmasambhava in Tibet entstand der Vajrayâna-Buddhismus. Die drei Richtungen des Buddhismus werden Kleines, Großes und Diamantenes Fahrzeug genannt.

Jammers versinken. Die sie verachten und sie schmähen, können sich hier des Glücks erfreuen. Man weiß, daß die Götter falsch sind und ohne wirkliche Existenz. Deshalb glaubt der Weise nicht an Götter."[242] Um die Devas, göttliche Wesen, braucht man sich nicht zu kümmern. Im Grunde sind sie personifizierte Wesen unseres Unterbewußtseins. Auch die Zurückführung auf *einen* Gott, und sei es Brahma, bleibt eine Projektion, ein Fehlurteil und haftet noch zu sehr an Erscheinungsformen. „Mit der Zeit, sagte der Buddha, wurden andere Moleküle auch hungrig und es hungerte sie nach der Macht von Existenz. Auch sie fielen herab und wurden Sterne. Da dachte der erste Stern: O, ich bin der mächtige Brahma, denn durch meinen Wunsch nach anderen Wesen habe ich sie geschaffen. Also sind sie meine Geschöpfe, und ich bin ihr Gott! Und die anderen Sterne, welche diesen Stern bereits vorfanden, stimmten mit dem Urteil Brahmas überein. Sie meinten, er sei der höchste, und beschlossen, ihn anzubeten."[243] Alle Gottesvorstellungen sind menschliche Gedanken und können keine Heilsrelevanz besitzen. Sofern ihnen Existenz zugesprochen wird, ist es möglich, zu ihnen zu beten. Sie können dann als Freunde der Menschen betrachtet werden, aber zur „Erlösung" können sie nicht beitragen, denn sie selbst als Seiende bedürfen der Erlösung. Wenn Götter im Buddhismus bejaht werden, dann haben sie eine ähnliche Funktion wie die Ahnen und Geister in den Stammesreligionen; sie können für verschiedene Angelegenheiten im Leben hilfreich sein, wie die Heiligen im Christentum. Für die wirklich befreiende und erlösende Wirklichkeit haben sie keine Bedeutung. Für den Buddhisten gibt es keinen Gott, der den Menschen aus dem kosmischen System (der Wiedergeburt) erretten könnte.

Diese Aussagen bedeuten jedoch nicht, daß von einer letzten Wirklichkeit und ihrer Erfahrbarkeit nicht gesprochen werden könnte. Ein „Atheismus", der diese Dimension des Menschen leugnet, ist dem Buddhismus fremd, auch wenn er „a-theistisch" genannt werden kann. Erlösung und Heil sind jedoch möglich, wir können eine Dimension erfahren, die das „Unbedingte" bedeutet und aus dem Kreislauf der Verstrickungen befreit. „Es gibt … ein Nichtgeborenes, ein Nichtgewordenes, ein Nichtgemachtes, ein Nichtbedingtes. Wenn es, … dieses Nichtgeborene, Nichtgewordene, Nichtgemachte, Nichtbedingte nicht gäbe … so ließe sich für das … Bedingte kein Ausweg finden. Weil es aber … ein Nichtbedingtes gibt, darum findet sich auch ein Ausweg für das … Bedingte".[244] Auch diese Aussagen sind schon zu viel, weil alle Formgebung bereits Einengung bedeutet und damit Vergegenständlichung. Die „letzte Wirklichkeit" ist eine „Nichtirgendetwasheit" und daher ist selbst Sein und Nichtsein eine erste formgebende Unterscheidung, und beide Aussagen verfehlen sie. Das Wort Nirvâna steht für zwei Grunderfahrungen des Menschen: a) Für das Ausschalten der Kausalität, des Werdens und Vergehens,

---

242 H. v. Glasenapp, a.a.O., 34f.
243 Upanishad-Text, zit. n. F. Spiegelberg, Die lebenden Weltreligionen, Frankfurt 1986, 316.
244 Udana VIII.

des Leides, das durch das Habenwollen verursacht ist und sich alles Sein in der Weise der Habsucht aneignen will; und es steht b) für die Verwirklichung der Freiheit, also für die Befreiungserfahrung aus der Verstrickung des Habens. Es bedeutet die Aufhebung aller Zweideutigkeit. Davon zu sprechen hat nur Sinn, wenn der Mensch dieses Glück erfährt und von ihm überwältigt ist, d.h. in diese Wirklichkeit eintritt. So wie dies nicht gedacht werden kann, weil es dann sofort abgegrenzte und nicht mehr reine Wirklichkeit ist, so kann auch das menschliche Gefühl diese Befreiung nicht erspüren. „Darin ... besteht ja gerade das Glück, daß es dort keine Gefühle mehr gibt."[245] Aber auch das Wort „Glück" ist wieder zu viel, weil Befreiung die Leere ist, die den ganzen Menschen erfüllt. Nirvâna ist nicht beschreibbar, nur erfahrbar. Um diese Dimension der Wirklichkeit zu erfahren, muß der Mensch sich auf den achtfachen Pfad, auf den Mittleren Weg begeben. Von Buddha selbst wird berichtet, daß er durch Askese erhoffte, diese Dimension zu erfahren; er mußte scheitern, weil auch das künstliche Abtun aller Bedürfnisse wieder ein Werk ist, das im Habemodus verhaftet ist. So meinten die Mönche, daß Buddha zum „Wohlleben" zurückgekehrt sei; dieses bezeugt erst recht das Verhaftetsein im Haben. Buddha hingegen lehrt mit dem „Mittleren Weg" Ähnliches wie Ignatius von Loyola, der die Grundgestimmtheit des Menschen mit dem Wort „indifferent" bezeichnet. Wir sollen „Gesundheit nicht mehr als Krankheit begehren, Reichtum nicht mehr als Armut, Ehre nicht mehr als Ehrlosigkeit, langes Leben nicht mehr als kurzes ...".[246] Genau diese „Loslösung" ist der Mittlere Weg, auf dem sich die Erfahrung der Nirvâna-wirklichkeit zeigen kann. Dann gilt, daß es für den Geist als Wirklichkeit, als „Existenz" erfahrbar ist. „Mit dem geklärten, erhabenen, aufrichtigen, ungehemmten, überweltlichen Geiste erkennt der mit vollkommenem Wandel ausgestattete edle Jünger das Nirvâna."[247] Ohne Erfahrung ist es keine Wirklichkeit. Der „Vollendete" in der Welt aber kann sie erfahren. Wer sie erfährt, ist in der Seinsweise des „erwachten Selbst", ist das „formlose Selbst" geworden, und d.h., er hat die „Buddhaheit" angenommen. Für den Menschen, der von der Nirvânaerfahrung lebt, gilt: „Er ist undefinierbar, unbestimmbar, unergründbar wie der große Ozean. Es wäre falsch zu sagen: Er ist, es wäre ebenso falsch zu sagen: Er ist nicht."[248] Ein solcher Mensch ist – wenn auch nicht als ein gegebener Dauerzustand – im höchsten „empfindungslosen" Glück, er transzendiert die zweideutige Welt der Vergänglichkeit und des Leides im höchsten Ziel. „Daß der Vollendete jenseits des Todes ist, trifft nicht zu; daß der Vollendete jenseits des Todes zugleich ist und nicht ist, trifft auch nicht zu; daß der Vollendete jenseits des Todes weder ist noch nicht ist, trifft auch nicht zu".[249] Der von allen Grundübeln Befreite erfährt das Nirvâna. Es ist wie das Licht, das

---

[245] Zit. n. H. v. Glasenapp, a.a.O., 193.
[246] Ignatius v. Loyola, Die Exerzitien, Nr. 23.
[247] Zit. n. H. v. Glasenapp, a.a.O., 229.
[248] Pali-Kanon, Majjhima-Nikâya, 72.
[249] Pali-Kanon, Samjutta-Nikâya, 4, 374.

man nicht sehen kann, durch das aber alle Gegenstände erleuchtet werden. Wie das Auge sich nicht sehen kann und das Wasser sich nicht waschen kann, so ist die letzte Wirklichkeit. Der „Vollendete" erfährt sie und weiß, daß sie das Gute für alle Menschen ist und über die vergängliche Welt hinausweist, oder besser in ihre Tiefe einweist, als das „Größere". Wichtig ist der Gedanke, daß das Nirvâna weder zeitlich noch ewig ist. In der Zeit ist es das „Absolute", das Unbedingte. In der Zeit also ist es für den Menschen erfahrbar, und das kann man wohl als Sinn des Lebens bezeichnen. Besonders im Mahâyâna-Buddhismus nimmt das Nirvâna eine Dynamik an; es wird eine „altruistische" Wirklichkeit. Das Gute, das Heil und die Erlösung sind nicht nur Erfahrung des einzelnen, sondern Erfahrung zum Wohl aller Lebewesen. Wer diese Erfahrung macht, ersehnt für sich nicht einen bleibenden Zustand der Erlösung, sondern trägt „Sorge um das Wohl aller lebenden Wesen".[250] So wird die Nirvânaerfahrung nochmals eingebunden in unsere Welt. Gerade die Zielvorstellung, das Nirvâna „rein" zu erlangen, losgelöst von den Mitmenschen, bedeutet ja wiederum eine Objektivierung des Nichtobjektivierbaren. Nirvâna ist so kein „losgelöster" Zustand, und sei es der Zustand des Erloschenseins, sondern ist vielmehr das je neue „Erlöschen" in unserer Welt, indem man auf das „Haben" des Nirvâna verzichtet, in der Sorge um den anderen. „Wer bedachtsame unendliche Liebe empfindet, bei dem werden, indem er die Vernichtung der Grundlagen (für ein neues Dasein) erschaut, die Fesseln (an die Welt) dünn. Wenn einer auch nur gegen ein Lebewesen arglosen Herzens Liebe zeigt, so gereicht ihm das zum Heil; der Vollendete aber, der für alle Lebewesen im Herzen Erbarmen hegt, schafft sich reichliches Verdienst."[251] Ihm wird also Heilserfahrung zuteil. Aus der Nirvânaerfahrung heraus handelt der edle Mensch, verlangt nicht das Bleiben im Heil für sich, sondern hilft den anderen Menschen und Lebewesen zum Nirvâna zu gelangen; und bei diesem Tun erfährt er selbst Erlösung, Verwirklichung der Freiheit, Nirvâna. „Die Rettung aller Wesen ist mein Gelübde, von mir müssen alle Wesen befreit werden ... Ich bemühe mich nicht nur um meine eigene Erlösung, denn alle diese Wesen müssen von mir mit dem Boot des Gedankens an die Allwissenheit aus der Flut des Sam'sa:ra (des Geburtenkreislaufes) herausgeholt werden."[252] So kann der heilig lebende Mensch, der hier und jetzt Heil verwirklicht, als Mensch „von Gottes Art"[253] bezeichnet werden. Wenn auch der Buddhismus das Wort „Gott" oder „göttlich" scheut, so hat das den Grund in der Gefahr der Verwechslung mit den Göttern oder einer Gottheit. Der Mensch, der in seinem Leben Nirvânaerfahrung macht, ist bereits in der Vollendung, ist im „Buddhasein" und steht damit über allen Göttern, Deātideva, denn er hat das wahrhaft „Göttliche" erfahren. Man könnte ähnlich wie P. Til-

---

[250]   Pali-Kanon, Diaha-Nikâya, 1, 1.
[251]   Itivuttaka, 27, zit. n.: G. Mensching, Die Weltreligionen, Darmstadt, o. J., 66.
[252]   Vajradhvaya-Sutra, in: Shikshasamuccaya von Shanti-deva, 280ff, zit. n. G. Mensching, a.a.O., 85.
[253]   H. v. Glasenapp, a.a.O., 88.

lich von einem „Gott über Gott" oder besser von der Erfahrung des „göttlichen Gottes", d.h. eines göttlichen Ereignisses sprechen.[254]

In diesen Überlegungen ging es nicht darum, das Lehrgebäude des Buddhismus darzustellen, auch nicht um die Vergegenständlichungen, die der zentrale Begriff Nirvâna erfahren hat, sondern um die Dimension der Erfahrung, die den Menschen Heil verspricht. Dazu ist Distanz zum Polytheismus wie Monotheismus notwendig, da diese im Habemodus verharren. Die „göttliche" Wirklichkeit kann man jedoch nur erfahren. Wir erfahren das Gute und das, was über die Welt „hinausgeht", also das faszinierend „Mächtige", indem wir uns auf uns besinnen und den achtfachen Heilsweg einschlagen. Dann wird uns das Nirvâna, die Heilswirklichkeit geschenkt. Nirvânaerfahrung ist Heilserfahrung und entspricht im anderen kulturellen Kontext der Erfahrung des „Göttlichen". Diese Wirklichkeitsdimension, die real erfahren wird, ist aber kein Besitz, sondern wird dem Menschen immer wieder zuteil, der nicht auf sich selbst, sondern auf das Heil der anderen Lebewesen schaut. Wer nur sich selbst und seine Erlösung im Auge hat, der vergegenständlicht das Nirvâna und verfehlt es. Im Buddhismus haben wir die Umkehrung des christlichen oder konfuzianischen Weges der Erfahrung des „Göttlichen". Aber trotzdem ist diese Erfahrungsdimension die religiöse Grundgegebenheit, auf der jede Interpretation und Verobjektivierung erfolgt. Der Buddhist geht von der Nirvânaerfahrung aus, die ihm im Loslösungsprozeß von aller Anhänglichkeit an die Welt geschenkt wird. Aus der Kraft dieser Erfahrung wird er vom Verharren in ihr weggewiesen auf den Mitmenschen und alle Lebewesen. Indem er sich jenen zuwendet, vermittelt er auch ihnen Heil und erlangt dadurch erneut Nirvânaerfahrung. So erscheint die Nächstenliebe als abgeleitet von der Erfahrung der letzten, „göttlichen" Wirklichkeit und nicht umgekehrt wie im konfuzianisch-christlichen Denken, in dem durch die Nächstenliebe Gotteserfahrung möglich wird. Daher steht im Buddhismus auch nicht die Liebe im Zentrum, durch die die Welt viel stärker in ihrer gott-menschlichen Struktur gesehen wird, sondern das Leid und seine Überwindung, wodurch die Welt und die „göttliche" Wirklichkeit eine viel stärkere Trennung erfahren. So ist die Bezeichnung der Heilswirklichkeit als Nirvânaerfahrung oder Gotteserfahrung wohl zu unterscheiden, gemeinsam aber ist ihnen die Erfahrung einer tiefen Wirklichkeit, die erlösend, überwältigend und gut für den Menschen ist. Der abendländische Mensch bezeichnet sie mit Recht als göttliche Wirklichkeit, die uns geschenkt ist; der Buddhist trennt noch stärker „Haben" und „Sein" („Nichts") und zieht daher den Begriff Nirvâna, Befreiung, vor, der auch den „Hauch" des gegenständlichen Zugriffs vermeidet.[255]

---

[254] Th. Sundermeier, Gott im Buddhismus?, in: EvTh, 48, 1988, 29; vgl. auch Y. Seiichi, Buddhistischer Atheismus und christlicher Gott, in: U. Luz, S. Vagi (Hg.), Gott in Japan, München 1973, 160-191.

[255] Wenn man im Hinduismus ebenfalls die Nirvânaerfahrung als zentral versteht, ergeben sich keine wesentlichen Unterschiede in dieser Grunderfahrung. Der Hinduismus ist je-

4. Kami – Die Erfahrung des Göttlichen

In Japan verbanden sich im 8. Jh. n. Chr. der Konfuzianismus und der Buddhismus mit dem Shintôismus, der ureigensten Religion der Japaner. Man sprach davon, daß der Shintôismus den philosophischen Unterbau vom Buddhismus (seit 552 n. Chr. verbreitet) und den sittlichen Charakter vom Konfuzianismus beziehe. Seine Wurzeln hat er im Denken der Ureinwohner, der Ainu, 5. Jh. v. Chr., die als Jägervolk eine Naturreligion besaßen, die die Sonne und die Erde verehrten und Furcht vor Ahnen und Toten hatten. Im 18. und 19. Jh. (Meiji-Ära, 1868-1912) wurde eine „Säuberung" des Shintôismus von fremden Elementen versucht, der sich ursprünglich im Verständnis der Japaner mit allem Guten, was die anderen Religionen besitzen, verband. Der Shintôismus wurde als Wurzel und Stamm betrachtet, der Konfuzianismus als die Zweige und Blätter, der Buddhismus als die Blüte und Frucht. Im 14. Jh. kam die Idee auf, daß durch die Shintôreligion das japanische Volk allen anderen Völkern überlegen, Japan ein „göttliches Land" sei, und der Kaiser von Gott abstamme, also de iure Herrscher der Welt sei. Der Kaiser, Tennō (von T'ien = Himmel abgeleitet) ist ein menschgewordener Gott und bezieht sich auf die höchste Göttin des Shintô-Pantheons, Amaterasu-Ōmi-kami, der Sonnen- und Ahnengöttin. Der Kaiser hat eine göttliche und unverletzliche Natur und ist ein in menschlicher Form erscheinender Kami.[256] Nach der Kapitulation Japans (14. 8. 1945) mußte der regierende Kaiser Hirohito in seiner Neujahrs-Botschaft an die Nation (1. 1. 1946) erklären: „Die Bande zwischen uns und unserem Volk beruhten immer auf gegenseitigem Vertrauen und Zuneigung. Sie beruhten nicht auf bloßen Legenden und Mythen. Sie sind nicht begründet auf der falschen Vorstellung, daß der Kaiser göttlich sei, und daß das japanische Volk anderen Rassen überlegen und zur Herrschaft über die Welt berufen sei." Dadurch wurde ein wichtiger Beitrag zur Entgegenständlichung des Göttlichen geleistet.
Eine weitere Tendenz zeigte sich schon lange vorher, als die Sonnengöttin mit dem großen Sonnenbuddha, Mahâ-vairôcâna, identifiziert wurde, von dem es heißt: Sein Geist ist bar jeder Erkenntnis von Existenz, er geht keinerlei Verbindung mit dem objektiv oder subjektiv Wahrnehmbaren ein. Er ist unerschaffen und in seinem Wesen leer wie alle Dharmas. So scheint es auch im Shintôismus eine Tendenz zu geben, die auf eine objektivierte Transzendenz Gottes verzichtet. Dessen unbeschadet gibt es eine reichhaltige Göttermythologie, von der auch die Sonnengöttin und der Mondgott hergeleitet werden. Man spricht von sieben Generationen der Himmelsgeister, von fünf Generationen irdischer Geister u.a.m. Bis eben Ninigi no Mikoto, der Enkel der

---

doch stärker an die Vergegenständlichung des Göttlichen gebunden. Zwischen Hinduismus und Buddhismus besteht ein ähnliches Verhältnis wie zwischen alttestamentlichem Judentum und neutestamentlichem Christentum.

[256] 1936 hat Rom den Katholiken in Japan die Kaiserverehrung (Jinja) gestattet. Sie wurde als eine Zeremonie des nationalen Rituals betrachtet.

Sonnengöttin, zur Erde herabsteigt und im 7. Jh. v. Chr. die göttliche Herrschaft des Kaisers als Inkarnation begründete. So versuchte man der Erfahrung des Göttlichen in einer Person habhaft zu werden. Auch im Shintôismus spielen die Gegenstände der Sonnengöttin, Spiegel (Glanz, Erkennen, Intelligenz), Perlenkette (Herrschaft, Wohlwollen, Wille) und Schwert (Sieg, Tapferkeit, Unterscheidungsfähigkeit), eine wichtige Rolle und deuten darauf hin, daß Amaterasu im Herzen der Menschen wohnen soll. Kult und Reinheitsrituale, die ganz bedeutend sind, erfüllen die Forderung nach der „Reinheit des Herzens". Man verlor nie das Bewußtsein, daß die göttliche Wirklichkeit sich auf vielfältige Weise ereignen kann. Das Wort: Shintô ist wohl ein chinesischer Begriff; Shin meint den Gottesgeist und tô (= tao) den Weg, so daß Shintô den Weg des Gottesgeistes unter den Menschen bezeichnet.[257] In einer humanistischen Umdeutung wurde aus Shin der Mensch, so daß Shintô den Weg des göttlichen Menschen, der Helden und Ahnen bezeichnet. Das japanische Wort aber für Shin ist *Kami,* und das meint die göttliche Wirklichkeit, die unter uns Menschen erscheint. Kami ist in den Dingen verborgen und kann erfahren werden; es ist immer positiv und geht über die Alltäglichkeit hinaus. Es ist eine besondere Kraft, dem Sinnlichen überlegen, ist erhaben „über …", ist das, was Ehrfurcht einflößt, ist das Gerechte, Gnädige und Gute für den Menschen. Es kann in Bergen, Flüssen usw. erfahren werden, wird aber nie mit den Gegenständen identifiziert. Geschieht dies doch, dann wird Kami sterblich, wie eben der Gegenstand selbst. Es geht aber in Wirklichkeit über alles hinaus und „kann" auch alles, weil es überwältigend ist.[258] So kann, wie der Grieche, auch der Japaner ausrufen, wenn ihn Gutes überwältigt: Es ist Kami! Die Erfahrung des Positiven im Leben ist Kami, es eröffnet neue Möglichkeiten und ist so Heilswirklichkeit im menschlichen Leben. Kami selbst ist daher auch bildlos und nicht festzuhalten. Im Menschen kann Kami wohnen, wenn er rein ist. Diese Vorstellung war auch ein Grund, wieso der Kaiser zu Arahita-Kami, zum menschgewordenen Gott wurde. Aus der allgemeinen Möglichkeit der Erfahrung des Göttlichen wurde ein Spezialfall. Das führte dazu, daß ein bestimmter Mensch an der Göttlichkeit Anteil erhält, wenn er sein Leben für den Kaiser hingibt (Aki-tsu-kami). Dies gibt aber nicht mehr die Erfahrung des Kami wieder, sondern dessen ideologische Umbildung, die zu den Selbstmordfliegern im Zweiten Weltkrieg führte (Kami-kaze, Gottessturm). Erfahrung des Göttlichen wird so auf das Furchtbarste pervertiert. Ursprünglich aber ist Kami die göttliche, ungegenständliche Wirklichkeit, die in und mit den Gegenständen erfahren werden kann, wenn sie als gut und überwältigend erscheinen. Dies gilt nicht nur für die „einheimische" Kami-Wirklichkeit, sondern ebenso für den „ausländischen" Kami. So kann Kami mit der Buddhawirklichkeit im „reinen" Menschen eins weren, so daß Kami als Aspekt des Buddha oder Buddha als Aspekt des Kami er-

---

[257] Vgl. Spiegelberg, a.a.O., 444. Shintô wird zum ersten Mal im I-Ging (Buch der Wandlungen) erwähnt. In Japan ist der Begriff erstmals 720 n. Chr. belegt.

[258] Vgl. J.A. Hardon S.J., Gott in den Religionen der Welt, Luzern 1967, 226ff.

scheint. Kami als göttliche Wirklichkeit kann sich mit den verschiedenen Dimensionen erfahrbarer Wirklichkeiten verbinden und so die göttliche Tiefe weltlicher Dinge offenbaren bzw. erschließen. Kami kann erbeten werden, in glückverheißenden Situationen (Hochzeit usw.), kann aber auch als Buddhawirklichkeit erscheinen, wenn Unheilssituationen drohen. In schweren Stunden, in Kummer, Leid und Tod kann die Kami-Erfahrung erlösend wirken.

Mit dieser Erfahrung verbindet sich im japanischen Denken die Forderung des „reinen" Lebens, das in der Menschenliebe konkret wird. Wer sündigt (durch Yomi, Unterwelt), fällt aus der Welt des Guten heraus und ist wie ein Spiegel voller Staub. Die Menschenliebe zeigt sich in Güte, Treue, Mut und Mitleid. Durch Selbstbeherrschung wird man ihrer fähig und erkennt auch, daß das eigene Leben nicht die höchste Existenzform ist, sondern „Buschido", d.h. das gerechte und erleuchtete Verhalten anderer Menschen gegenüber. „Wenn die anderen allerlei Schlechtes über dich reden, so erwidere nicht Böses mit Bösem, sondern bedenke lieber, daß du in der Erfüllung deiner Pflichten nicht gewissenhafter warst. ... Der Weg ist der Weg des Himmels und der Erde, dem Menschen ist aufgegeben, ihn abzuschreiten. Von nun an sei das Anliegen deines Lebens, den Himmel zu verehren. Der Himmel liebt mich und die anderen mit der gleichen Liebe; also liebe auch du die anderen mit der gleichen Liebe, mit der du dich selber liebst. Mache nicht den Menschen zum Teilhaber deiner Belange, sondern den Himmel: Und indem du den Himmel zu deinem Teilhaber machst, tue dein Bestes. Verdamme niemals die anderen, sondern wache darüber, daß du ihnen gibst, was ihnen zusteht" (Buschido-Texte). Kami, die Erfahrung des Göttlichen, wird im Shintôismus also auch mit der Nächstenliebe in Verbindung gebracht. Nur in einem rechtschaffenen Leben wird das Gute sichtbar, was den Menschen über seine eigene Existenz hinausweist und so Kami-Erfahrung ermöglicht. Freilich wird diese Erfahrung nicht exklusiv an unser Verhalten gebunden, sondern Kami, das Göttliche, kann überall dort erfahren werden, wo ein Ereignis eintritt, das Ehrfurcht erweckt und Größe und Heil vermittelt.

So unterschiedlich die Kulturen sind, so beeindruckend ist es, daß menschliche Grunderfahrungen uns immer wieder in verschiedenen Varianten begegnen, die zum Sprechen von der Erfahrung des Göttlichen bzw. Gottes veranlassen. Parallelen, vor allem zur griechischen Gotteserfahrung, sind besonders auffällig.

5. Lebensmacht – Die letzte Wirklichkeit als Sinnerfahrung

Gibt es auch im schwarzafrikanischen Kontext, in den sog. Naturreligionen, ähnliche Phänomene, die zur Rede von einer Gotteserfahrung Anlaß geben?[259] Gott ist nicht jemand, der am Ende des Lebens als höchster Lohn winkt, so daß er die letzte Glückseligkeit wäre, die der Mensch im Jenseits auskostet. In

---

[259] Vgl. G. Hasenhüttl, Schwarz bin ich und schön, Darmstadt 1991, 130-144.

diesem Sinne ist der Schwarzafrikaner kein Gottsucher.[260] Da Gott nicht nach Art einer Kausalität in die Geschehnisse einzugreifen scheint, ist er wiederholt von vielen Missionaren als ein „Deus otiosus"[261] bezeichnet worden. „Zwar erkennen mit wenigen Ausnahmen alle Gesellschaften Afrikas die Existenz eines Hochgottes an, dieser tritt aber meist nur als Weltschöpfer auf, enthält sich jeglicher Einflußnahme auf den Verlauf der Dinge und ist demgemäß menschlichen Bitten kaum zugänglich."[262] Untersuchungen zeigen, daß selbst die Ausnahmen umstritten sind. Mir ist kein afrikanisches Volk bekannt, das nicht den Henotheismus besitzt.[263] Ein atheistisches Volk läßt sich nicht finden. Verschiedentlich glaubte man bei manchen Stämmen einen Pantheismus zu finden. Auch dies scheint sich nicht zu bewahrheiten. „Eine pantheistische Identifikation des Schöpfers mit seiner Schöpfung ist ausgeschlossen. Pantheismus ist in Afrika nicht beheimatet."[264] „Zwar erzählen alle Dinge von Gott", und Gott wird in der Einheit mit der Welt gesehen, trotzdem bleibt eine Differenz. „Für die Einheimischen … ist Gott den menschlichen Realitäten näher, als man in der Vergangenheit geglaubt hat."[265] Hier scheint ein Widerspruch vorzuliegen. Einerseits sei Gott so ferne, daß manche von einem afrikanischen Deismus sprechen (wenn auch nicht Atheismus), andererseits scheint Gott, wenn auch nicht pantheistisch verstanden, dem Schwarzafrikaner doch näher zu sein als uns, die wir aus jüdisch-christlicher Tradition leben. Wie kann sich die Widersprüchlichkeit lösen? Manche sahen in der afrikanischen Religiosität oft einen Pan*en*theismus polytheistischer Prägung. Auch das Neue Testament spricht von „Mächten und Gewalten" (Eph 1,21) und von „Herrschern in der Luft" (Eph 2,2), die in der Welt herrschen und göttliche Züge annehmen. Je nach Volk wird diese „Geist(er)welt" mit Gottheiten identifiziert. Da sie aber allesamt dem höchsten Gott untergeordnet sind, ist darin analog zur Welt des Alten Testaments der Bereich der Engel oder auch der Vorfahren – seien sie gut und/oder böse – angesprochen, jedoch kein „Panentheismus". Die eine göttliche Wirklichkeit zeigt sich in den viel-

---

260 Vgl. J.S. Mbiti, Afrikanische Religion und Weltanschauung, Berlin/New York 1974, 84 und Concepts of God in Africa, London/New York 1970.

261 C.G. Seligman verwendete diesen Begriff für die westafrikanische Gottesvorstellung. Gott hat zwar die Welt erschaffen, er überläßt sie nun aber ihrem eigenen Schicksal.

262 K.E. Bleyler, Religion und Gesellschaft in Schwarzafrika. Sozialreligiöse Bewegungen und koloniale Situation, Stuttgart, Berlin, Mainz 1981, 23; 18. Verschiedene Autoren setzen sich mit dieser Frage auseinander. H. Rücker, „Afrikanische Theologie": Darstellung und Dialog, Innsbruck/Wien 1985, 132; J.G. Donders, Afrikanische Befreiungstheologie. Eine alte Kultur erwacht, Olten/Freiburg 1986, 47f und J.P. Kirby, God, Shrines and Problem-solving among the Anufo of Northern Ghana, Berlin 1986, 230, der dazu eine sehr differenzierte Stellung bezieht und diese These nicht gelten läßt.

263 J.S. Mbiti, a.a.O., 36, weist darauf hin, daß er 300 Völker untersucht habe; nirgends konnte er ein Abweichen vom Hochgottglauben feststellen.

264 H. Rücker, a.a.O., 134; vgl. J.S. Mbiti, a.a.O., 42.

265 J.M. Ela, Mein Glaube als Afrikaner. Das Evangelium in schwarzafrikanischer Lebenswirklichkeit, Freiburg 1987, 37.

fältigen Phänomenen der Welt, ist aber nicht mit ihnen identisch.[266] Jede
Etikettierung des afrikanischen Gottesglaubens schlägt somit fehl.
Wir stoßen bei den meisten Völkern auf eine Gottesvorstellung, die von einer
Art Schöpfertum geprägt ist. Was ist damit gemeint? In unserem Verstehenshorizont meinen wir mit einem Schöpfergott sofort ein Gegenüber zur Welt.
So wird Gott auch häufig im apologetischen Sinn interpretiert. Das Schöpfertum meint aber, daß überall dort, wo Ordnung, Harmonie, Verständigung
herrschen, Gott am Werk ist. Sein Schöpfersein wird daher vor allem als „Ordinator" gesehen.[267] Damit wird die Sinnerfahrung angesprochen. Wo Gleichgewicht der Kräfte herrscht, wo Ausgleich geschaffen wird, gibt es keine
Bedrängnis, keine sinnlose Zerstörung, kurz keine Sinnlosigkeit. Gott als
Schöpfer ist der Sinn, der in der Welt ist. Wo der Sinn zerstört wird, ist Gott
unendlich ferne, wo er gelebt wird, ist er unendlich nahe, denn wo Sinn ist, ist
Gott. Gott ist Symbol für die letzte Wirklichkeit als Sinn. In mythischen Bildern wird er freilich vergegenständlicht. Schöpfer meint in Schwarzafrika
eine symbolische Wirklichkeit und nicht eine verobjektivierte Größe, die in
der creatio ex nihilo – so sinnvoll der Ausdruck auch sein kann – der Welt
radikal gegenübersteht und „in sich" ganz glücklich ist. Wo Sinn und Harmonie herrschen, da ist Lebenskraft. In unserer Welt ist sie zweideutig; nur durch
den Kampf gegen die „feindlichen Mächte" wird sie errungen. Gott als Sinnerfahrung ist dieser Zweideutigkeit enthoben. Daher ist er Ursprung des Lebens und nicht des Todes. Er kann als Quelle der Lebenskraft bezeichnet
werden. Er ist ganz gut für den Menschen; das Gute, das Ja zum Leben des
Menschen ist Gott.[268] Er ist der universale Sinnhorizont.[269] Der Schwarzafrikaner sieht Gott in uns, indem wir leben, uns bewegen und sind.[270] Damit wird
aber kein Monismus gelehrt; die „ontologische Differenz" wird in keiner
Weise aufgehoben; Gott wird auch nicht gegenständlich mißverstanden. Gott
als das Ja vor dem menschlichen Leben wird nicht als einer verstanden, der
kausal eingreift, der zwischen die natürlichen Ursachen hineinwirkt und so
selbst zu einer „Zweitursache" wird. Es gibt keinen logischen Sinn, daß Gott
selbst sich in eine verfahrene Situation einmischt und sie so rettet. Damit
erscheint er als ein „Deus otiosus", der nichts tut, der fremd und unerfahrbar

---

266 Am nächsten kommt einem „Polytheismus", ohne den Hochgott preiszugeben, m.E. die
Erneuerungsbewegung von S. Wenger (vgl. G. Chesi/S. Wenger, Ein Leben mit den
Göttern, Wörgl ²1984) bei den Yoruba (Nigeria) in Oshogbo, wo die Götter zu „neuem
Leben" erstehen.

267 S.J. Mbiti, a.a.O., 48. Diese und ähnliche Gedanken finden sich fast bei allen Autoren,
allerdings in einem anderen Interpretationsschema, das meist vom Objektivierungsge-
danken geprägt ist.

268 Vgl. H. Rücker, a.a.O., 134.

269 Dieser kann durch das Stammesdenken auf den eigenen Clan eingeschränkt sein, denn
außerhalb der eigenen „vier Wände" (Volksgruppe) begegnet nur die feindliche Macht,
d.h. widergöttliche Kräfte.

270 Vgl. Apg 17,28; S. Wenger, a.a.O., 75. Auch mir wurde dies in vielen Gesprächen
immer wieder bestätigt.

bleibt. Gerade dies ist nicht der Fall, auch wenn er nicht nach Art menschlicher Ursachen wirkt. Er ist nicht als eine letzte Ursache anzusprechen[271], wohl aber als eine letzte Wirklichkeit. Sie ist aller zweideutigen Wirklichkeit (ontologisch) vorgeordnet.[272] Wo die Zweideutigkeit so überhand nimmt, daß der Mensch zwischen Sinn und Unsinn nicht mehr unterscheiden kann, er in ein bodenloses Schicksal zu versinken droht, da hat Gott das letzte Wort. Manche vergleichen es mit einem „Vetorecht".[273] In diesem Begriff kommt der Glaube des Schwarzafrikaners zum Ausdruck, daß die Zweideutigkeit des Lebens nicht das letzte Wort hat, sondern das Gute, der Sinn. Die Lebensmacht verleiht dem Menschen einen unsterblichen Wert.[274] Gott wird auch in den menschlichen Grenzsituationen nicht für irgend etwas verwendet[275], um ein bestimmtes Gut zu erlangen, sondern er ist die Macht des Guten, die sich letztlich im religiösen Selbstverständnis des Schwarzafrikaners durchsetzt. Die Gottesvorstellung ist radikal entgegenständlicht. Der ungegenständliche Gott, der nahe und fern sein kann, der in uns erfahrbar ist und doch nie greifbar nahe, der nicht eingreift und doch Wirkgrund ist, der das letzte Wort über die zweideutige Wirklichkeit ist und das Ja vor unserem Leben, kann viele Namen erhalten.

Gott als Wort wird für die Sinngebung des Sinnlosen gebraucht.[276] Das Wort ist ungegenständlich und überschreitet die Vorstellungsform von Raum und Zeit. „Im Anfang war Gott, / Heute ist Gott, / Morgen wird Gott sein. / Wer kann ein Bild Gottes fertigen? / Er hat keinen Leib. / Er ist wie ein Wort, das aus deinem Mund kommt. / Dieses Wort! Es ist nicht mehr. / Es ist vergangen und doch lebt es noch! / So ist Gott."[277] Von der Wortsymbolik aus gesehen, wird der Mensch als Bild Gottes verstanden. Als „Reflex Gottes", als Ebenbild Gottes, von dem kein Bild hergestellt werden kann. Gottes Bild ist lebendig, und so ist der lebende Mensch wie eine Verlängerung des Göttlichen.[278] Der erste Mensch ist das Symbol Gottes, das auf die Nachfahren übergeht. Weil Gott als Wort bezeichnet wird, ist er auch nicht an einen Ort und an eine Zeit zu binden; so kann man von seiner „Allgegenwart" sprechen. Sie ist aber nicht als Eigenschaft eines bestimmten Wesens aufzufassen, sondern als die

---

271 J.P. Kirby, a.a.O., 91 unterscheidet beide Begriffe nicht.
272 Vgl. J.P. Kirby, a.a.O., 238.
273 Ebd., 209.
274 Vgl. S. Wenger, a.a.O., 75.
275 Vgl. J.P. Kirby, a.a.O., 227.
276 Vgl. O. Bimwenyi-Kweshi, Alle Dinge erzählen von Gott. Grundlegung afrikanischer Theologie, Freiburg/Basel/Wien 1982, 120.
277 Zit. nach J.S. Mbiti, a.a.O., 43. Pygmäenhymnus.
278 Vgl. O. Bimwenyi-Kweshi, a.a.O., 128. Dagegen spricht auch nicht der Schöpfungsmythos der Dinka (Niloten): „Als Gott in grauer Vorzeit Dinge machte, / Schuf er die Sonne, den Mond und die Sterne; / Und sie entstehen und vergehen und kehren wieder. / Schuf er den Menschen; / Und er entsteht und vergeht und kehret nie wieder." Weil der Mensch im Wort-sein Gott gleicht, bleibt er nicht im Bereich der Gegenstände; vgl. H.J. Heinrichs (Hg.), Afrika, Frankfurt 1986, 167.

Präsenz des Sinnes in der Welt. Da dieser mächtiger ist als die Sinnlosigkeit, ist Gott „allmächtig". All diese Ausdrücke verwirren eher, als daß sie ein genuines Gottesverständnis des Schwarzafrikaners erschließen. Die meisten Bezeichnungen für Gott in der jeweiligen Stammessprache wollen immer ein „Mehr" ausdrücken. Gott ist nicht nur Leben, das zweideutig ist, sondern mehr als dies, d.h. die Eindeutigkeit und so Spender des Lebens u.a.m. Wenn der Ewe (Togo) in seiner Sprache Gott nennt, dann sagt er: Ma-wu. „Ma" heißt „nicht" und „wu" „über". Mehr kann man also nicht sagen als „Gott", mehr gibt es nicht. Nichts Höheres kann gedacht werden als diese Wirklichkeit. Es ist die letzte mögliche Erfahrung, die der Mensch als Bild Gottes machen kann: Gott selbst. Da Gott in Verbindung mit den Menschen gedacht wird, kann er auch als väterlicher König bezeichnet werden, wobei weniger die Überordnung als vielmehr die „Vorordnung" gemeint ist. Gott hat auch keine geschlechtsspezifischen Eigenschaften, sondern er kann sein väterliches oder sein mütterliches Antlitz zeigen. „Beim afrikanischen Gotteserlebnis ist Gott ebensosehr und ebensohäufig eine Mutter wie ein Vater".[279] So wichtig für das Kind Vater und Mutter sind, so bedeutungsvoll ist Gott für den Menschen, ja, ohne ihn „stürzt alles zusammen".[280] So wie Menschen Sinn und Leben von den Eltern her erfahren, so ist beides in Gott verwurzelt. Gerade alttestamentliche biblische Züge von Gottes Mutter-Sein finden wir in Afrika. Gott vergißt seine Kinder nicht, wie die Mutter ihre Kinder nicht vergißt (vgl. Jes 49,15), er trägt uns, ja er trägt alles, wie die Adlerin ihre Jungen auf den Flügeln trägt (Ex 19,4).[281] Gott in einer mütterlichen wie väterlichen Rolle zu sehen zeigt eine gewisse Familiarität, eine Nähe, mit der man achtsam umgehen soll. Andererseits werden solche Bilder auch wieder zurückgenommen, da sie Veränderung beinhalten und Gott selbst in die Ahnenreihe stellen. „Weder Vater noch Mutter, weder Weib noch Kind, er ist allein. Er ist weder ein Kind noch ein alter Mann. Er ist derselbe heute, der er gestern war."[282] Bei aller berechtigten Zurückhaltung gegenüber diesen Bildern ist die zeugende und Leben hervorbringende Dynamik angesprochen.[283] Ob eine Zweigeschlechtlichkeit gemeint ist, ist fraglich. Manche sehen im Bild des Lebensbaumes, der als doppelgeschlechtlich gedacht wird, einen Hinweis. Theologen sehen im Zusammenhang mit trinitarischen Vorstellungen im Vater-Mutter-Sein Gottes eine Analogie zum Geschlechtsakt[284], so daß Gott selbst ein

---

[279] J.G. Donders, a.a.O., 24.

[280] M.A. Oduyoye, Wir selbst haben ihn gehört. Theologische Reflexionen zum Christentum in Afrika, Freiburg/Schweiz 1988, 132.

[281] W. Raunig (Hg.), Schwarz-Afrikaner. Lebensraum und Weltbild, Gütersloh 1987, 51.

[282] Zit. nach J.S. Mbiti, a.a.O., 42. Kikujuglaube (Kenia). Mbiti interpretiert es allerdings in einem anderen Kontext.

[283] Dagegen meint O. Bimwenyi-Kweshi a.a.O., 130, daß Gott als Vater (Tatu) nicht mit der Zeugung, sondern Erschaffung in Verbindung gebracht wird.

[284] Vor allem die Arbeiten von Ch. Nyamiti stellen die Gottesvorstellungen in diesen Rahmen. Vgl. Ch. Nyamiti, Christ as Our Ancestor. Christology from an African Perspec-

Spannungsfeld der Gemeinschaft darstellt. Aus den mir bekannt gewordenen afrikanischen Gottesvorstellungen geht nicht hervor, daß Gott ein Gemeinschaftsbegriff ist; er würde allerdings sehr gut in das afrikanische Selbstverständnis passen, denn die menschliche Person wird aus der Gemeinschaft hergeleitet. Sie bildet mit ihr eine dialektische Einheit. Gott wird auch nicht als liebende Vereinigung dargestellt, wie dies etwa im Buddhismus möglich ist, wo die höchste Erfüllung gerade in der nie endenden Yab-Yum (Vater-Mutter)-Stellung gesehen wird, in der beide fest umschlungen eine relationale Einheit bilden. Es scheint, daß all diese Konkretionen viel zu sehr vergegenständlichen, um in Afrika auf Gott appliziert zu werden.[285] Wie Gott als Wort bezeichnet wird und im Vater-Mutter-Bild Geborgenheit und Fürsorge ausstrahlt, so ist er auch der „Große Geist".[286] Gott „be-geistert" den Menschen, der gute Geist ist Gottes Gegenwart; sein Geist erfüllt uns. Er ist Schöpfergeist, Geist des Lichts. Die Begriffe „Licht" und „Herrlichkeit" nehmen einen breiten Raum beim Sprechen von Gott ein. Licht und Gott können synonym gebraucht werden. Bei den Yoruba (Nigeria) sind Gott und Licht so sehr eine Einheit, daß die Nacht Gott nicht mehr gehört; Herr im Licht und des Lichtes ist er, der Herr der Nacht jedoch nicht. Leicht lassen sich solche Aussagen objektivistisch mißverstehen, indem Gottes „Herrschaftsbereich" eingegrenzt wird, obwohl er immer als „Endbesitzer" und Herr des „Universums" erscheint. Nacht und Finsternis sind das Symbol für die negative, erschreckende Wirklichkeit. Diese kann Gott nicht zugeschrieben werden, denn er ist das Positive, Helle, Gute. Er kann Sonne, aber auch Mond genannt werden, ohne dadurch mit den Himmelskörpern identifiziert zu werden. Eine Fülle von Bezeichnungen gibt es, die immer wieder die Erfahrung des Guten zum Ausdruck bringen. Völkern, die im Wald beheimatet sind wie die Pygmäen, ist er ein Waldgott, der den Jäger beschützt und Wild gibt. Bei großen Naturereignissen „geht Gott an uns nahe vorbei"; wenn der fruchtbare Regen fällt, heißt es: „Es fällt Gott", d.h. Regen ist ein göttliches Ereignis. Fragt man, ob Gott als Person gedacht wird, ist zu beachten, daß die meisten Bantusprachen (aber auch viele andere Sprachgruppen wie das Hebräische) kein Wort für Person haben. Wenn damit Sinngebung der Existenz, ein „Heilsgeschehen" gemeint ist, dann ist er „Person"; wenn damit ein begrenztes Aktzentrum reflexen Selbstbewußtseins bezeichnet wird, ist dieser Begriff eine illegitime Vergegenständlichung. Der Schwarzafrikaner lebt im Sinnhorizont Gott. Wie

---

tive, Harare 1984; Ancestral Kinship in the Trinity. An African Theology on the Trinity, in: AfHS, 1987, 32ff.

[285] In einem philippinischen Hauptdialekt wird Gott „Bat ha ba" genannt. Die drei Silben bedeuten Frau – Gott – Mann. Gott ist Mann und Frau, oder: in der Begegnung von Mann und Frau wird Gott gegenwärtig. Beide Interpretationen scheinen möglich zu sein.

[286] Eine umfassende Aufzählung der Bezeichnungen für Gott findet sich in: A.A. Adegbola, Traditional Religion in West Africa, Ibadan 1983, 349ff. Vgl. auch die Ähnlichkeit mit den indianischen Gottesgedanken, M. Eliade, Geschichte der religiösen Ideen. Quellentexte, Freiburg 1981, 22f.; G. Hasenhüttl, Freiheit in Fesseln. Die Chance der Befreiungstheologie. Ein Erfahrungsbericht, Olten 1985, 119-138.

von Naturereignissen oder anderen Widerfahrnissen des Lebens soll Gott vom Menschen ausgesagt werden. Es gibt eine Fülle von Namen, die den Menschen durch Gott bestimmt sein lassen. Sie reflektieren eine Verhältnisbestimmung zur Gotteswirklichkeit. Bei der Initiation können die „neuen Personen" einen neuen Namen erhalten, der ein göttliches Geschenk ausdrückt.[287] „Gotteskraft", „Gotteswahrheit", „Gottessklave", „Gottesblume", „Gottessorge", „Gotteskind", „Gotteslächeln", „Gott-ist-da", „Gottesliebe", aber auch „Gottwarum" kann jemand heißen, der eine Verkörperung des ungelösten Todesproblems ist.[288] Fast immer sind das keine Routinenamen, sondern sie stehen in enger Beziehung zu einer konkreten Lebenserfahrung, sei es die der Eltern oder des Betreffenden selbst. Damit sollen Gotteserfahrungen im menschlichen Bereich zum Ausdruck kommen. Aber nicht nur positive Erfahrungen werden angesprochen, sondern auch negative oder ungelöste Probleme, wobei sie nicht die Gotteswirklichkeit selbst meinen, sondern Erfahrungen der Abwesenheit Gottes. Das gesellschaftlich-religiöse Leben ist vom Gottesgedanken geprägt und der Mensch in seinem täglichen Leben von der Gotteserfahrung bestimmt. Der Gottesbegriff wird auch bei verschiedenen Völkern in der Grußformel verwendet, sei es beim Kommen oder Gehen. „Geh mit Gott!" und als Antwort: „Bleibe bei Gott!" oder beim Gutenachtwunsch: „Verbringe die Nacht mit Gott".[289] In diesen Wünschen auf das Gute hin ist zugleich die Erfahrung der Zweideutigkeit des menschlichen Daseins angesprochen; der Weggang kann schlecht ausgehen, der Mensch kann vom Heil ausgeschlossen werden. Was tut er dagegen?

In keinem Gebiet, bei keinem Volk oder Stamm Schwarzafrikas wird dem einen Hochgott geopfert. Es gibt keine Opferstätte, keine Kulthandlung.[290] Warum veranstaltet man ihm keinen Gottesdienst, heiligt ihm keine Plätze, gibt ihm kein geweihtes Heiligtum, schenkt ihm keine Opfergaben? Nur in ganz seltenen Fällen, eventuell bei Geburt und Tod oder bei einem ganz besonderen Ereignis wird er angerufen; im täglichen Leben jedoch findet kein Dialog statt.[291] Als Gründe werden angegeben, daß Gott entweder zu weit weg sei, daß er keinen direkten Kontakt mit den Menschen habe oder daß Gott so nahe sei, daß ihm letztlich das ganze menschliche Leben geweiht sei oder ihm vollständig gehöre, so daß sich ein Kultakt erübrige. Was ist wohl der wahre Grund, wo doch der Dialog eine solch große Rolle im Leben des Schwarzafrikaners spielt?

Die Welt des Unsichtbaren und des Sichtbaren sind nicht zwei Welten neben- oder übereinander, sondern sichtbar und unsichtbar sind die zwei Dimensio-

---

287   Eine sehr ausführliche Darstellung ist in den Publikationen des Ethnologiezentrums von H. Hochegger zu finden: Noms Theophores D'Afrique, Bandundu (Zaïre) 1977, 29ff.

288   Vgl. H. Hochegger, Die Flanken reißen, Mödling bei Wien 1981, 80.

289   Vgl. J.S. Mbiti, a.a.O., 82.

290   Es ist die einstimmige Meinung der Autoren und meine eigene Erfahrung.

291   Auch darin sind sich die Autoren einig. Ich selbst habe keine Anrufung Gottes, kein Gebet zu ihm, miterleben können. Zum ganzen Befund: J.P. Kirby, a.a.O., 66ff; 71; 94; J.S. Mbiti, a.a.O., 74; W. Raunig, a.a.O., 70; u.a.m.

nen der einen erfahrbaren Welt. Der Dialog des Schwarzafrikaners ist nicht auf die eine, sichtbare Dimension eingegrenzt – so wichtig das tägliche Gespräch in der Gemeinschaft als einziger Weg zur Wahrheitsfindung auch ist –, sondern er erstreckt sich auf die ganze Wirklichkeit, auch auf die unsichtbare „Welt", die als ein „Gegenüber" erfahren wird. Konkretisiert wird der unsichtbare Bereich in den Göttern, Geistern[292] und Ahnen. Je nach Volksgruppe spielen sie eine besondere Rolle. Ein Vorstellungsbild kann das andere verdrängen oder so nahe mit ihm verwoben sein, daß zwischen Ahnen, Geistern und Göttern nur mehr schwer zu unterscheiden ist. So kann der Urahn zur Stammesgottheit aufsteigen. Entscheidend für diese unsichtbaren Realitäten ist, daß sie kontingent sind und in diesem Sinne keine ungeschaffene Wirklichkeit. Sie sind bedingt, und weil sie nicht notwendig sind, sind sie grundsätzlich auch zweideutig. Sie können gut oder schlecht sein, sie können Heil oder Unheil wirken. Es hängt von der Beziehung der Menschen zu ihnen ab, aber auch umgekehrt. Die Yoruba (Nigeria), die stärker von der Götterwelt bestimmt sind als von der Ahnenverehrung, fassen die Gottheiten mit dem Begriff „Òrìshà" zusammen. „Eine Gottheit ist ein Òrìshà. Die Gesamtheit des Göttlichen – soweit es nicht Gott Olódùmaré ist – ist auch Òrìshà, heilige Essenz, das sakrale Element."[293] Überall unterscheidet man deutlich zwischen den Göttern und Gott. Das *religiöse* Tun betrifft die Götter und Ahnen, nicht jedoch den Gott, dem nichts Zweideutiges anhaftet. Zwischen den gegenständlichen sichtbaren und unsichtbaren Bereichen findet ein reges Do-ut-des-Verhältnis statt. Ich gebe, du nimmst und umgekehrt. Der Austausch erhält beide Bereiche „am Leben" und bewirkt, daß die Lebenskraft gesteigert wird und die Gemeinschaft in Glück und Frieden leben kann. Freilich sind die verschiedenen Speise- und Trankopfer auch eine Belastung; den Menschen wird ein Teilertrag ihres erfolgreichen Tuns genommen, aber sie erwarten dafür einen reicheren Lohn. Man kann zu dieser Art von Dialog sicher sehr kritisch stehen, er zeugt jedoch nicht immer von einer magischen, sondern auch von echt religiös-symbolischen Erfahrungen, nämlich davon, daß die Wirklichkeit nur sehr bedingt manipulierbar ist. Der Mensch empfängt und gibt. Wieso ist aber Gott selbst immer ausgenommen? Der monotheistische Christ hat Gott weitgehend vergegenständlicht, ihn zu einem Verhandlungspartner degradiert, auch wenn die Heiligen häufig die Funktion der Götter, Geister und Ahnen übernommen haben. Der Schwarzafrikaner hingegen hat ein anderes Gottesverständnis. Gott ist nicht direkt zugänglich, sondern nur in der Weise der Vermittlung. Die Vermittler ermöglichen die Erfahrung der Nähe Gottes. Oft werden Götter etc. als Mittlerwesen zwischen Gott

---

[292]   Die Geister können eingeteilt werden in: Territorialgeister, Sippengeister und persönliche Geister, wie Geister der Wildnis, Medizingeister u.a.m. Vgl. J.P. Kirby, a.a.O., 54. Geister können auch aus der Kontrolle geratene Ahnen oder Ahnen eines fremden Stammes sein.

[293]   S. Wenger, a.a.O., 247. Die ganzen Details der „göttlichen Sphäre" sind sehr anschaulich geschildert.

und den Menschen verstanden. Dies wird dadurch nahegelegt, daß der unsichtbaren Wirklichkeitsdimension eine größere Nähe zu Gott zugeschrieben wird als der sichtbaren. Alle afrikanischen Völker stimmen im Vermittlungsgedanken überein.[294] Er ist sehr unterschiedlich interpretierbar. Da man Gott häufig aus europäischer theistischer Sicht objektiviert, als einen Seienden deutet, wird die Vermittlung im Sinne von Mittlerwesen gedacht. Der Mensch pflegt Umgang, führt einen Dialog mit diesen Wesen (Götter, Geister oder Ahnen); sie tragen seine Bitten vor Gott, der sie wiederum beauftragt zu helfen usw.

Dieses Denkschema verkennt radikal die schwarzafrikanische Erfahrungsweise der Wirklichkeit. Die Struktur der Erfahrung ist eine völlig andere. Im „lebenssteigernden" Dialog zwischen Mensch und Mensch oder zwischen Mensch und den Unsichtbaren (Götter, Geister, Ahnen) kann der Mensch Gotteserfahrung machen, erfährt er die Gegenwart des Gottes, also der letzten Wirklichkeit, die niemals vergegenständlicht werden kann. In der „Lebenskraft"-Erfahrung ist ihm Gottes Nähe geschenkt. Im Dialog der Wahrheitsfindung ist dies möglich, denn in der Wahrheit liegen die Lebensmöglichkeiten offen zutage. In der zwischenmenschlichen Beziehung (die auch die unsichtbare Wirklichkeitsdimension einschließt) wird Gott erfahren. Die Vermittlung ist kein Instanzenweg, sondern geschieht direkt. Gott ist dem Schwarzafrikaner zwar nie unmittelbar gegeben, er hat keine unmittelbare Gotteserkenntnis, denn diese würde Gott nach Art lebendiger Dinge konzipieren, aber er ist direkt in der Erfahrung geschenkt. Er erfährt Gottes Gegenwart in dialogischer Beziehung. Bei diesem Gottesverständnis hat es überhaupt keinen Sinn, Gott ein Opfer oder einen Kult zu weihen; es würde ihn entehren und die Gotteserfahrung gerade in ihrer innersten Struktur zerstören. Es ist klar, ja „metaphysisch" notwendig, daß Gott nichts nimmt.[295] Er ist das Positive, das Gute in der Beziehung; er ist der Sinnhorizont der menschlichen Bemühung, die Wahrheit seines Lebens zu finden. Überall dort, wo die „Lebenskraft" den Menschen geschenkt wird, ist Gotteserfahrung. Gott nimmt dem Menschen nichts weg. Der Mensch wird beschenkt. Aber er erhält nicht „etwas", sondern das Beschenktsein selbst: Es *ist* Gott. Beschenken könnte nur eine der Gottheiten, aber nicht Gott. Das, was der Mensch im Dialog an positiver Erfahrung machen kann, was ihm Leben und Heil schenkt, ist Gott selbst; Gott wird ihm zuteil, Gott ist gegenwärtig, Gott ereignet sich in dieser Erfahrung. Es ist erstaunlich, mit welcher Konsequenz der zwischenmenschliche Dialog (im weitesten Sinne) ernst genommen und wie radikal Gott entgegenständlicht und nur in der Beziehung erfahren wird. Von einem Monotheismus her kann dieser Gott „untätig" erscheinen, als ein „ferner", ein deistischer Gott.

---

294 J.S. Mbiti, a.a.O., 85. Kein Autor bestreitet diesen Sachverhalt, und er scheint in ganz Schwarzafrika so verbreitet zu sein, daß man keine Ausnahme feststellen kann; meine eigene Erfahrung kann dies nur bestätigen.

295 Vgl. J.S. Mbiti, a.a.O., 46; J.P. Kirby, a.a.O., 94, 152, 221, 233. Dies ist eine einhellige Erkenntnis aller Autoren.

Genau das Gegenteil ist der Fall. Der Schwarzafrikaner steht in direktem Umgang mit Gott, vermittelt durch den Dialog. Auf menschliche Vermittlung (sichtbare und unsichtbare) kann nicht verzichtet werden. Nur in ihr erfahren wir Gott als Güte, als Macht des Lebens, die uns Sinn erschließt. Es gibt jedoch eine Ausnahme. In manchen Situationen wird Gott angerufen. Im theistischen Kontext meint man wohlwollend, dem Schwarzafrikaner doch eine personale Gottesvorstellung zubilligen zu können, und auf die Gretchenfrage, ob man zu diesem Gott beten könne, wird dann beruhigt mit ja geantwortet. Apologetisch ist damit der Schwarzafrikaner gerettet. Freilich sollte er noch mehr zu Gott beten, und dazu soll ihm christlich der Vater Jesu Christi verhelfen. Damit ist Gott theistisch vergegenständlicht und uminterpretiert. Die *An*rufung – nicht Ausrufung (die stets geschieht) – Gottes geschieht nur in extremen Ausnahmesituationen wie im Tod oder einer Gefahr, in der kein Dialog mehr möglich ist. Die zwischenmenschlichen Beziehungen sind abgebrochen, die Situation ist ausweglos, ein gemeinsamer Weg in der Gesellschaft erscheint nicht mehr möglich zu sein. Da ruft der Afrikaner seinen Gott, den er vermittelt in seinem Leben direkt erfahren hat. Wo er also vom Dialog zum Monolog gezwungen wird, da ruft er Gott in der Form der Ansprache *aus*. Er gibt sich in menschlicher Weise aus der Hand. Obwohl er keinen Dialog mehr führen kann, weiß er, daß er nicht ins Nichts versinkt, sondern sein Sinnhorizont Bestand hat, ihm Güte und Leben zugesprochen wird, auch in sinnloser und hoffnungsloser Situation. Bei manchen Völkern gibt es dafür einen symbolischen „heiligen Schrein", der die Funktion hat, diese familiäre Nähe auszudrücken, die trägt, auch wenn alles versagt.[296] Es ist richtig, daß der Schwarzafrikaner eine intensive Gotteserfahrung hat, *weil* er Gott nicht direkt anruft. Wo er ihn anspricht, ist es ein vertrauendes Ausrufen Gottes. Die letzte, ungegenständliche Wirklichkeit begegnet als Lebensbejahung und Sinngebung des Sinnlosen.

Ein schönes Bild gebraucht der Schwarzafrikaner für das Verhältnis der zweideutigen Wirklichkeit zu Gott. Die Ahnen, Geister und Götter sind wie Vögel, sie nehmen und picken auf, was sie auf dem Acker finden; sie verringern die Ernte und können Menschen arm machen, auch wenn sie nützlich sein können. Gott aber ist nicht wie sie. Er allein ist wie die Schwalbe, sie fliegt durch die Lüfte, nimmt nichts von den Menschen, sondern vernichtet die schädlichen Moskitos, die den Menschen mit tödlicher Malaria infizieren. Ein Bild des Vertrauens. Gott wird nicht verzweckt, auch wenn der Mensch weiß, daß die Gotteserfahrung für ihn das Gute bleibt, auf das er sich verlassen kann. Wir finden hier eine große Nähe zur ursprünglichen griechisch-abendländischen Gotteserfahrung.[297] Während die Götter angerufen werden, wird Gott nur ausgerufen. Gott steht immer in der Einzahl und wird in den Begegnungen des Lebens zum Ereignis. In Geschehnissen, die den Menschen voran-

---

[296] Vgl. J.F. Thiel, Religionsethnologie. Grundbegriffe der Religionen schriftloser Völker, Berlin 1984, 200; J.P. Kirby, a.a.O., 231f.

[297] Vgl. G. Hasenhüttl, Einführung in die Gotteslehre, Darmstadt ²1990, 1-17.

bringen, ihm Glück und Heil verheißen, ist Gotteserfahrung möglich. Wo ein Ereignis geschenkt wird, das gut für den Menschen ist und ihn überwältigt, „über-mächtigt", da kann er Gott ausrufen. Im Umgang mit der Welt, in konkreten Ereignissen geschieht Gott. Der Afrikaner bindet noch stärker als die Griechen die Gotteserfahrung an den Dialog, an die zwischenmenschlichen Beziehungen. Im afrikanischen Denken bleibt jedoch Gott im Bereich der Macht des Lebens. Die Liebe als Gotteserfahrung spielt nur eine untergeordnete Rolle. Wie der Dialog mit Schwarzafrika das Christentum vom Gott der Philosophen und des Theismus befreien und entgegenständlichen könnte, so könnte der Gott der Schwarzafrikaner, den er als seine Lebensmacht erfährt, zur Macht der Liebe befreit werden. Der zwischenmenschliche herrschaftsfreie Dialog zwischen Schwarz und Weiß wäre der Bereich der Gotteserfahrung.

VII. DIE KIRCHLICHE DEUTUNG DER GOTTESERFAHRUNG

Gegenüber den dargelegten Erfahrungsweisen Gottes nimmt sich die Deutung der christlichen Kirchen in ihren offiziellen Äußerungen oft sehr blutleer aus. Es ist nicht leicht, den Erfahrungsgehalt abstrakter Gottesvorstellungen zu erhellen, und so ist die kirchliche Lehre von Gott, dem Einen und Dreieinen, oft in Mißkredit geraten. Pubertäre Erfahrungen, wie sie Simone de Beauvoir niedergeschrieben hat, sind keine Seltenheit: „Gott wurde eine abstrakte Vorstellung irgendwo im Himmel. Eines Tages habe ich sie weggewischt. Ich habe Gott nie vermißt. Er stahl mir die Erde. Aber eines Tages begriff ich, daß ich mich zum Tode verdammt hatte, als ich mich von ihm lossagte. Fünfzehn Jahre war ich alt, allein in der Wohnung, und ich habe geschrien. Als ich wieder zu mir kam, fragte ich mich: Wie machen das andere? Wie werde ich damit fertig? Werde ich mit dieser Angst leben?"[298]

Wo keine Erfahrungsbasis mehr gegeben ist, wird Gott eine Leerformel, ganz gleich, ob dies ängstigt oder gleichgültig läßt. Die Kirche wurde durch die „Irrlehren" gezwungen, immer mehr auf rein spekulative Formulierungen zu rekurrieren, um diesen „Häresien" antworten zu können. Gleichsam um der Urerfahrung willen wurde um sie ein Zaun gelegt; die Gefahr besteht jedoch, daß diese Gitterstäbe nicht mehr überstiegen werden können. „Mich dünkt, die Christologie (sowie die Trinitätslehre) sollte endlich radikal aus der Herrschaft einer Ontologie des objektivierenden Denkens befreit und in einer neuen ontologischen Begrifflichkeit vorgetragen werden", meinte Bultmann.[299] Wieweit die Begriffe von Gott, auch als Trinität, Erfahrungen bezeugen, wird die entscheidende Frage an die kirchlichen Äußerungen sein. Diese sind ausschließlich Verteidigungsaussagen und müssen von ihrer Sprachstruktur her als solche verstanden werden. Wer sich gegen Angriffe verteidigt, vor allem wenn diese die eigene Existenz gefährden, will primär das bereits Erlangte bewahren und klären, in welchem Sinne es bewahrt wird.

Im Laufe der Geschichte glaubte die Kirche, die Urerfahrung des NT in vier Schritten richtig zu interpretieren:

1. gegen den *Subordinatianismus,*
2. gegen den *Monarchianismus,*
3. gegen den *Tritheismus*
4. (als bisher letzten) gegen den *Atheismus.*

---

[298] S. de Beauvoir, Die Mandarins von Paris. München/Zürich 1960, 37.
[299] R. Bultmann, Zum Problem der Entmythologisierung, in H.W. Bartsch (Hg.), KM II, Hamburg 1952, 206, Anm. 1.

In diesen vier Aussagegruppen findet sich die ganze gedankliche Entfaltung der kirchlichen Lehräußerungen von Gott.[300]

1. Der emanzipatorische Gott (Subordinatianismus[301])

1.1. Jesus Christus als Gott

Spontan vollzog der Mensch des zweiten und dritten Jahrhunderts das Bekenntnis zur biblischen Gotteserfahrung. Er lebte und bekannte das, was das NT ihm zusagte. Zu einer umfassenden Deutung der Gotteslehre kam es nicht. Wurde jedoch über Gott und Jesus Christus nachgedacht, dann dachte man *subordinatorisch.* Die orthodoxen Glaubensformeln der ersten drei Jahrhun-

---

[300] In den kirchlichen Lehrentscheidungen sind keineswegs alle wichtigen Strömungen und Entwicklungen des Gottesgedankens im Abendland eingefangen, wohl aber die, die am stärksten die Tradition prägten.

Vor allem bleibt die *Mystik* unbeachtet. Sie bietet jedoch einen Ansatz eines prädikativischen Gottesbegriffs. Gott ist primär weder ein Du-Gott, der angerufen, noch ein Er-Gott, der ausgerufen wird, sondern ein Ich-Gott, in den man sich versenkt, wie etwa A. Silesius (1624-1677) in „Der Cherubinische Wandersmann" (4. Buch) schreibt: „Das edelste Gebet, ist, wenn der Beter sich in das, vor dem er kniet, *verwandelt** inniglich, Gott ist noch mehr in mir, als wenn das ganze Meer in einem kleinen Schwamm, ganz und beisammen wär. Gott wohnt in einem Licht, zu dem die Bahn gebricht; der es nicht selber *wird**, der sieht ihn ewig nicht." Er greift die biblischen Formeln auf, daß Gott alles in allem ist, ähnlich wie Meister Eckehart (1260-1328). Die Mystik, die sehr stark den einzelnen betont, kann die Geschichtlichkeit Gottes nur schwer denken. Es spielt auch die Tradition der Unbenennbarkeit Gottes eine Rolle, die durch die mystischen Schriften des Pseudo-Dionysius Areopagita (Ende 5. oder Anfang 6. Jh.) in das mittelalterliche Denken Einzug hielt und nachhaltigen Einfluß auf Nikolaus v. Kues (1401-1464), also bis ins ausgehende Mittelalter hatte.

Die Wurzeln dieser Hereinnahme Gottes in die Innerlichkeit sind lang vor dem Christentum im buddhistischen Gedankengut zu sehen, das bis heute seine Kraft nicht verloren hat. Aber auch in der frühen Kirche finden sich Tendenzen, die Gott vom Menschen aussagen. Ignatius v. Antiochien (Anfang 2. Jh.), der „Theologe der Hierarchie", kennt die Kirche als eine Gemeinschaft von Charismatikern. Da die Gnadengabe Christus schlechthin ist, ist der Christ Christusträger, χριστοφόρος; (Eph 9,2). Wer aber in Christus lebt und Christus in ihm, der ist von Gott erfüllt (Magn. 14,1) und gehört Gott (Magn 10,1). Er ist Gott-Träger (Θεοφόρος, Eph 9,2). Freilich meint dieser Ausdruck auch die Überbringertätigkeit, indem der Christ für andere Gott bringt (Θεοδρόμος, Philad. 2,2; Polyc. 7,2), aber ohne Zweifel sind hier mystische Formeln aufgegriffen, die aus der religiösen Tradition des kleinasiatischen Raumes stammen. Vom Menschen wird θεός ausgesagt. Bei Ignatius ist damit aber nicht eine Vereinzelung gemeint, sondern nach griechischem Denken ist Gott Ereignis im zwischenmenschlichen Dienst. Die Akzentverschiebung ist aber bereits deutlich, und die mystische Einheit zwischen Gott und dem Bischof wird bei Ignatius in jeder Briefeinleitung mit dem Wort Θεοφόρος charakterisiert. Der mystische Ich-Gott, so sehr er die Geschichte des abendländischen Gottesbegriffs begleitete, blieb Randerscheinung. Nur sehr bedingt griff Thomas v. Aquin Ideen dieser Geistesrichtung auf.

[301] Ausführlich wird diese Frage im 2. Teil: Jesus Christus behandelt. Daher werden hier nur die wichtigsten Gedanken für das Gottesverständnis aufgegriffen.

derte waren weitgehend unreflektiert subordinatorisch. Unter *Subordinatianismus,* der erst im vierten Jahrhundert zur Häresie erklärt wurde, versteht man verschiedene theologische Richtungen, die den Sohn und den Heiligen Geist dem Vater so *unterordnen* (subordinieren), daß das wirkliche Gott-Sein der zweiten und dritten „Person" in Frage gestellt wurde. Die Zuordnung der „Drei" wurde nicht durch die Gleichheit des Wesens begründet. Man bekannte in trinitarischen Formulierungen den Glauben, wobei als Gott (ὁ θεός, wie in der Bibel) ausschließlich der Vater bezeichnet wurde; er ist der (griechische) „höchste" Gott. Wird der Sohn als Sendung des Vaters verstanden, ist die Einheit beider gewahrt, auch wenn der Gesandte dem Sendenden untergeordnet ist. Wird jedoch diese funktionale Hinordnung auf den Menschen von der Erfahrung abgelöst, wird hier ein Kausalzusammenhang konstruiert, dann wird das Gott-Sein des Sohnes in Frage gestellt. Sohn sowie Geist sind ursprünglich Heilsbegriffe, die die Gotteserfahrung des Menschen wiedergeben, der sich als erlösungsbedürftig versteht. Wie findet der Mensch sein Heil? ist die grundlegende Frage. Er kann es nur finden, indem er von Gott angenommen wird, ist die Antwort. Wie geschieht dies, wie wird dem Menschen Heil und damit Unsterblichkeit zuteil?

Ist dazu Gotteserfahrung notwendig, so daß Gott als Mensch den Menschen begegnet (Gottunmittelbarkeit), oder ist für die Heilsfunktion ein Mittlerwesen notwendig? Diese Frage hat Arius im Sinne des Mittelplatonismus zu lösen gesucht. Der Sohn ist nicht geschenkte Gotteserfahrung, ist nicht Sendung des Vaters als Funktion Gottes, in der er selbst ist, sondern er ist dem Wesen des Vaters untergeordnet, er ist ein δεύτερος θεός, ein Gott zweiten Ranges, ein Halbgott, ein Zwischen- bzw. Mittelwesen. Arius († 336), der Pfarrer einer Armengemeinde in Alexandrien, der in Antiochien in der Schule des Lukian studiert hatte, erklärte in seinem Werk, „Thalia" („Gastmahl"), daß Jesus Christus Mittlerwesen sei. Gott ist und bleibt in sich unzugänglich und unaussprechlich (ἄρρητον), er ist der Eine. Erfahrbar ist nur der Mittler, der nicht ewig (ἦν ποτε, ὅτε ἦν) ist, aber vor allen Dingen geschaffen wurde. Er ist nicht wahrer Gott (θεός ἀληθινός), sondern θεός nur der „Benennung" nach. Sein besonderes Verhältnis zu Gott ist bedingt durch göttliche Adoption. Er ist ein „geschaffener" Gott, ähnlich den griechischen Göttern (unterschieden von θεός). Für seine Gegner muß Gott selbst in die Menschheit eingegangen sein, sonst hat der Mensch keine Chance, zu sich selbst zu finden, frei zu werden und selbst am Göttlichen (θεῖον) teilzunehmen. Für Arius trifft der Mensch nicht unmittelbar auf Gott, hat keine Gotteserfahrung, in der er sprechen kann: Gott ist da! Nur durch ein Mittelwesen hat Gott mit den Menschen eine Beziehung.

Nikaia verteidigt dagegen die Gotteserfahrung des Menschen. Daher formuliert das Konzil die Aussage, daß Jesus Christus „wesenseins" (ὁμοούσιος) mit dem Vater ist (D 125). Auch wenn keineswegs jede Subordination ausgeschlossen wird, so wird doch festgehalten, daß *ein* Gottwesen, der Sohn nämlich, die Heils- und Gotteserfahrung des Menschen garantiert. Dieses ist vom

Vater „gezeugt". Diese Idee der Zeugung wird in Nikaia neben der „Wesens-einheit" als zweiter Ausdruck eingefügt. Er geht auf die biblische Aussage zu-rück, ist aber beeinflußt vom griechischen Zeus, der ebenfalls „zeugt". Damit soll die Geschöpflichkeit („nicht geschaffen", wie es heißt) abgelehnt werden. „Zeugen" bedeutet, daß das, was daraus hervorgeht, gleiche Wesensstrukturen hat, wenn auch durchaus spezifische Unterschiede, verschiedene Rangordnun-gen usw. möglich sind, ja vielleicht sogar teilweise nahegelegt werden. Wenn man die patriarchalische Gesellschaftsordnung beachtet, dann ist für die da-malige Zeit das Zeugungsverhältnis zugleich ein Abhängigkeitsverhältnis und d.h. Subordination. Auffallend ist hier, daß Vater und Sohn in ihrer Gottwe-senheit relational bestimmt werden, schon die beiden Begriffe deuten an, daß ein Beziehungsverhältnis vorliegt, denn Vater ist man nur durch ein Kind und Sohn nur durch den Vater. Nochmals: Diese Beziehung wird aus zwei Grün-den gedacht: 1. Es gibt einen „höchsten" Gott und 2. um des menschlichen Heiles willen muß Jesus Christus Sohn sein, d.h. den Menschen göttliche Be-ziehung vermitteln. Da es also um die Beziehung des Menschen zu Gott geht, wird in Gott selbst eine Beziehung gedacht. Diese Beziehung ist nicht artver-schieden, sondern von *einer* Art, daher auch der Ausdruck: „aus der Substanz (οὐσία) des Vaters". Dieser Ausdruck gibt die Weise der Zeugung und den Grund für die Wesenseinheit an und ist Ergebnis der Suche nach einem festen metaphysischen Grund für menschliches Heil. Obwohl wir in einem Umkeh-rungsprozeß des Denkens und des Wahrheitstypos stehen, haben wir keimhaft eine interessante Entwicklung vor uns, nämlich die eines relationalen Gottes-begriffes. In diesem Begriff sollte aber nicht nur die Heilsmöglichkeit des Menschen durch Gotteserfahrung festgehalten werden, sondern zugleich Gott selbst in einen Beziehungszusammenhang gebracht werden. Vater und Sohn drücken ein Beziehungsverhältnis aus und sind relationale Begriffe. Gott ist nicht einfach in sich selbst ruhend und unzugänglich, sondern gerade der „höchste" Gott ist für die Menschen da. In Jesus Christus wird göttliche Be-ziehung vermittelt. So ist Gott selbst ein Beziehungsbegriff. Das ὁμοούσιος macht dies deutlich. Gott ist nur Gott, und der Mensch wird nur zu sich selbst gebracht, erlöst, da Gott Relation ist. Diesen neuen Denkansatz kann man in der Geschichte des Gottesbegriffs nicht hoch genug veranschlagen, da er er-möglicht, sowohl der Objektivierung wie der Subjektivierung Gottes zu ent-gehen und die Gotteswirklichkeit vom relationalen Denken her zu erfassen. Gott ist nicht nur das überwältigende und gute Ereignis für den Menschen, sondern zugleich wird dieses Ereignis erstmalig als Relation gedeutet.

Dieser Gedanke wird erst im 19. Jahrhundert, im 1. Vat. Konzil, stark zurück-gedrängt, bleibt aber unterschwellig in der Trinitätslehre stets erhalten. Da sich begründendes und relationales Denken an Gott versuchen, ist trotz dieses Ansatzes die Gotteslehre im Verwirrungsfeld konfusen Denkens geblieben.

1.2. Der Hl. Geist als Gott

Der Traktat über den Hl. Geist wird in den Handbüchern der Dogmatik als Pneumatologie bezeichnet, d.h. als Lehre vom πνεῦμα, und dies ist der häufigste Ausdruck im NT, mit dem das, was wir heute als Hl. Geist bezeichnen, benannt wird. Im Zuge der Säkularisierung des Abendlandes sprach man oft von einer „Geistvergessenheit", wobei zu beachten ist, daß der Hl. Geist in der Dogmatik immer stiefmütterlich behandelt wurde – nicht ohne Folgen. Im Zuge der Remythisierung des Christentums, des Aufblühens der Sekten, der New-Age-Bewegung und der Forderung nach Rehabilitierung des Gefühlslebens in Theologie und Kirche hat die Beschäftigung mit dem Hl. Geist oder auch manchmal mit einem sehr „unheiligen" Geist großen Auftrieb erhalten. Viele berufen sich auf Geisterfahrungen, auf Erlebnisse, die inspirative Kraft ausstrahlen und eine neue Religiosität initiieren sollen, die meist jedoch nicht in einem vorgegebenen religiösen Ordnungssystem eingebunden sind. Man begegnet durchaus auch neuen autoritären Strukturen, wenn „Pneumatiker" absolute Autorität beanspruchen und von ihren Anhängern einfordern. Reform- und Erneuerungsbewegungen berufen sich häufig auf dem Hl. Geist (wie z.B. zu Luthers Zeiten die Schwärmer). Der Grund für den Atheismus unserer Zeit wird oft in einer Theologie gesehen, in der sowohl die Theorie wie die Praxis des Hl. Geistes fehlen.

Ende der 60er Jahre des 20. Jahrhunderts finden wir in den meisten christlichen Kirchen charismatische Bewegungen, die sich auf den Hl. Geist berufen. Auch der Ökumenische Weltrat der Kirchen (Uppsala 1968) stellte die Pneumatologie in den Vordergrund, und bei der 7. Vollversammlung in Canberra 1991 war das Grundthema der Hl. Geist, der die ganze Schöpfung erneuert. Charismatische Erneuerungsbewegungen, die bis heute wirken, sind auch schon während des 2. Weltkrieges entstanden, wie 1942 die Gemeinschaft von Taizé (von Roger Schutz gegründet), die mit den Jugendbewegungen im Zusammenhang steht und bedeutende ökumenische Wirkung hat. Auch in Schwarzafrika (vor allem nach dem 2. Vat. Konzil) sind Geistbewegungen besonders stark vertreten, sei es in der katholischen Kirche (wie z.B. im ehem. Zaire), sei es in protestantischen oder auch freikirchlichen Gemeinschaften (wie z.B. in Nigeria).[302] Die Basisgemeinden in den verschiedensten Ländern, vor allem aber in Lateinamerika berufen sich auf das Wirken des Hl. Geistes. So schreibt J. Comblin: „Die Gotteserfahrung, die unsere jungen christlichen Gemeinden in Lateinamerika machen, ist eigentlich eine Erfahrung des Hl. Geistes."[303] Und K. Barth (1886-1968) träumte von einer neuen Geisttheologie, die den 3. Artikel der Glaubensbekenntnisse neu verstehen lehrt. Wie kommt es dazu, daß man im Christentum vom Hl. Geist spricht, sich auf ihn beruft, ihm eine Erneuerungsrolle zuspricht und ihn als

---

[302] Vgl. G. Hasenhüttl, Schwarz bin ich und schön, Darmstadt 1991, 4ff; 31ff.

[303] J. Comblin, Der Hl. Geist, Düsseldorf 1988, 12; vgl. G. Hasenhüttl, Freiheit in Fesseln, Olten 1985, 74ff.

etwas Göttliches bezeichnet, so daß die Rede von einer 3. Person in Gott in den christlichen Kirchen üblich geworden ist?

Jedes Sprechen von einer göttlichen Wirklichkeit hat nur Sinn, wenn darin von einer Erfahrung gesprochen wird. So berufen sich auch die heutigen charismatischen Bewegungen auf Geisterfahrungen. Ohne die Kategorie der Erfahrung bleibt die Rede vom Hl. Geist leer, abstrakt, ja reine Ideologie. Welche Erfahrung spricht nun bei den ersten Christen dafür, daß sie vom Geist zu sprechen beginnen?

Wie bei der Darlegung der Gotteserfahrung nach Ostern bereits erwähnt, haben die Jünger im Umgang mit Jesus die Erfahrung einer befreienden Vollmacht (ἐξουσία) gemacht. Jesus ist nun gestorben. Ein konkreter Umgang mit ihm ist nicht mehr möglich. Nach anfänglicher Zerstreuung seiner Anhänger beginnen sie sich wieder zu sammeln. Furcht und Schrecken, durch die Kreuzigung verursacht, lassen langsam nach. Sie kommen wieder zu sich. Sie erfahren, daß sie doch nicht „von allen guten Geistern verlassen" sind. Was ihnen Jesus an Befreiungserfahrung vermittelt hat, das trägt auch trotz seines Todes, ist stärker als die Unfreiheit, in die die weltliche Macht sie zwingen möchte. So erfahren die Jünger Jesu, daß sein Geist in ihrer Gemeinschaft weiterwirkt. Paulus kann in 2Kor 3,17 daher formulieren: „Der Herr ist Geist. Wo aber der Geist des Herrn ist, da ist Freiheit", denn „Zur Freiheit hat Christus uns befreit" (Gal 5,1). So ist Jesus zum „lebendigmachenden Geist" (1Kor 15,45) auferweckt. Nach Ostern erfahren sich die ersten Christen von Gottes Geist beschenkt. Der „gute Geist" ist in ihrer Mitte. Dieser erweist sich in der Fülle der Gnadengaben, der Charismen. Die befreiende Vollmacht Jesu geht weiter, Gottes Geist ist gegenwärtig. In den Charismen wird nun Gott durch Jesus Christus als Gabe, als Geschenk erfahren, als Präsenz des guten Geistes. Wenn der Geist die Heilsgabe für die Gemeinde ist, dann kann sie nur von Jesus Christus kommen, denn der Geist ist die Grundgegebenheit der christlichen Gemeinde. Nach Ostern wird Jesus als Geistspender verstanden. Und so interpretiert Johannes (19,30) den Tod Jesu als Hingabe des Geistes. Anders als bei Lukas (23,46), wo Jesus seinen Geist in die Hände des Vaters gibt, der den Pfingstgeist allem Fleisch schenken wird, geschieht bei Johannes im Sterben Jesu die Übergabe des Geistes an die Seinen.[304] Im Tod Jesu wird seine freiheitliche Vollmacht, wird sein Geist frei und geht auf die Gemeinde über. Freilich nie als Besitz, sondern nur, wenn die Gemeinde in der Liebe untereinander verharrt (1Jo 4,11ff). So entsteht aus Jesu Tod neues Leben; der Geist ist daher „lebendigmachender Geist" (Jo 6,63). Jesu letztes Wort im Tod bestätigt, daß er für die Seinen „Geist und Leben" ist. Und die Wiedergeburt im Glauben ist Geburt „aus dem Geist" (Jo 3,6). Der Geist, der Prinzip

---

[304] Vgl. B.J. Hilberath, Art. Pneumatologie, in: Th. Schneider (Hg.), Handbuch der Dogmatik, Düsseldorf 1992, 484; vgl. Kap. Jesus Christus, IV/6: Der Tod Jesu. „Übergabe des Geistes" meint nicht das Sterben. Ebenso: Ch. Schütz, Einführung in die Pneumatologie, Darmstadt 1985, 172.

christlicher Freiheit und göttlichen Lebens in den Glaubenden ist, wird erst nach seinem Weggang von Jesus gespendet. Darum bleibt er an Jesus gebunden, an das Wort der Wahrheit und daher selbst „Geist der Wahrheit" (Jo 14,17; 15,26; 16,13). Als Geist der Vergebung der Menschen untereinander wird er vom Auferstandenen den Aposteln und damit der ganzen Gemeinde zuteil (Jo 20,22). Weil aber so in der Urgemeinde der Geist an Jesus Christus und den Vollzug der Solidarität der Christen im Charisma gebunden wird, muß Jesus Christus selbst zu Lebzeiten als Geistträger dargestellt werden. Nur wenn er selbst vom Geist Gottes stammt, kann er den neuen Lebensgeist der Wahrheit und Freiheit der Gemeinde vermitteln. So wird er vom Hl. Geist „empfangen, da der Geist Gottes Maria überschattet", am Jordan wird offenbar, daß Gott seinen Geist „auf ihn gelegt" hat (Mk 1,11), und er die Dämonen „durch den Geist Gottes" (Mt 12,28) – anders als bei Lk 11,20, wo Jesus durch Gottes Finger die Dämonen unschädlich macht – austreibt. So wird auch die Sünde wider diesen Geist als unvergebbar verstanden (Mt 12,21f), weil durch die Leugnung des Geistes die Gemeinde ihre Existenzgrundlage verliert. Jesus Christus muß daher „erfüllt vom Hl. Geist" (Lk 4,14) sein, und als Gesamtprogramm kann Lk (4,21) angeben, daß der „Geist des Herrn auf Jesus ruht", und es so zur guten Nachricht für die Armen, die im Herzen Verwundeten und die Gefangenen kommt. So kann für die Gemeinde die Folge nur sein, daß die Menschen – anders als in Babel – einander verstehen und so im Geist der Liebe zusammengeführt werden, trotz der unterschiedlichen Sprachen (Apg 2,1.4). Die Liebe versteht auch die „Worte in einer fremden Sprache". Weil nun die Gemeinde sich von den Charismen herleitet und im Tun der Liebe ihren Sinn sieht, die Geistesgaben aber an Christus bindet, wird auch die Frage nach dem Woher des Geistes gestellt. Diese Antwort sucht die Urgemeinde im AT, wie die soeben bei Lk angeführte Stelle, die auf Tritojesaja (Kap. 61) zurückgeht. Die von Jahwe verheißene Geistausteilung hat sich in Christus verwirklicht. Das angebrochene „Gnadenjahr" ist der Geist Gottes. Durch Jesus Christus, der seinen Ursprung im Walten des Geistes Gottes nimmt, wird die Verheißung wahr, daß der Geist nun ausgegossen wird über alles Fleisch (Joel 3,1f; Ex 36,26f). Im AT gilt dies auch für die Frauen und die Sklaven. So ist es im NT selbstverständlich, daß alle Glaubenden den Geist empfangen, also alle „Geistliche" sind (1Kor 2,13.15; vgl. Gal 6,1).[305] Als Grund dafür wird Gottes Geist angegeben, der Jesus Christus mitgeteilt wurde. Durch diesen Geist wird Jesus Christus auch im Tod lebendig, so wie Gottes Geist den Knochen der Toten Lebensodem einhaucht und die Gräber öffnet (Ez 37,14). Sicher ein Ursprung der Vorstellung des leeren Grabes! Gottes Geist wendet die Not, er ist die Lebenskraft und befreit. So wird die Geisterfahrung der jungen Gemeinde immer weiter zurückprojiziert, und im AT findet sie ihre Geisterfahrung vorgebildet. Das Wirken des Geistes Gottes, der das charismatische Führertum wie etwa beim Provokateur Simson

---

[305] Vgl. K.H. Schelkle, Ihr alle seid Geistliche, Einsiedeln 1964; das hat aber mit dem heutigen Priestertum der katholischen Kirche nichts zu tun.

(vgl. Ri 13-16; 3,7ff.) auf die verschiedenste Weise begründet, hat den wesentlichen Sinn, die Not zu wenden, die Solidarität und Handlungsfähigkeit des Gottesvolkes herzustellen.[306] Wie in der Urgemeinde wird dadurch die Gefahr von außen gebannt. Und wie durch die Institution des Königtums der Geist als bleibende Gabe für das Volk verstanden wird, so nun als Gabe, die nicht mehr nur einem Hierarchen für das Volk verliehen wird, sondern dem ganzen Gottesvolk. Der messianische Geist wird durch Jesus Christus den Armen und Schwachen geschenkt. Und wie bereits bei Jesaja der Geist nicht mehr in der Macht, sondern im Leiden erkannt wird (Jes 42; 52-53; 61), so in Jesus Christus dem Gottesknecht, der durch den Tod hindurch seinen Geist sendet und neues Leben spendet. Denn wenn Jesus nicht „geht", dann kann der Geist nicht auf die Jünger herabkommen (Jo 16,7). So ist es gut, daß Jesus stirbt, denn es kommt der andere Paraklet – wie Johannes auch den Geist Gottes nennt –, der Tröster (Jo 14,16f.), der lehrt und erinnert (Jo 14,26), der als Wahrheitsgeist Zeugnis gibt (Jo 15,26) und den Menschen die ganze Wahrheit bringt (Jo 16,13-15). Was ist das für eine ganze Wahrheit, die offenbar nicht einzelne (dogmatische) Aussagen meint? Es ist die Wahrheit, die Gott selbst ist, die Wahrheit, die der Sohn vom Vater empfangen hat. Paraklet heißt der „Herbeigerufene", der Anwalt, der Beistand. Genau dies gibt die Erfahrung der Urgemeinde wieder. Die Gotteserfahrung ist in der Deutung der ersten Christen die nicht gegenständliche Gnadengabe. Der Paraklet ist Beistand und nicht Gegenstand. Wer „im Geist" wandelt, lebt im Christusleib und ist in Gott. Der Gegenstand, der historische Jesus, ja Jesus Christus als Gegenüber, muß genommen werden, sonst können die Christen nicht im Geist leben, nicht „in Christus sein"! Die Gotteserfahrung wird mit der Gegenwart des Geistes identifiziert und Gott damit entgegenständlicht. Da die Dogmatik für den „Geist" nur wenig übrig hatte, rächt sich dieser Fehler. So wird Jesus Christus in seiner bleibenden Bedeutung als ein „Gegenüber" gründlich verobjektiviert. Das „Weggehen" Jesu Christi wird nicht ernst genommen, sondern umgedeutet als Eingehen in eine „transzendente Welt". Der Evangelist Johannes hat alles versucht, diesen Irrtum zu beseitigen, und auch die Apostelgeschichte schildert die Menschen, die zum Himmel emporschauen und meinen, von dort müsse Jesus wiederkommen. Hier auf der Erde, indem ihr hinausgeht und die frohe Botschaft verkündet, ist Wiederkunft des Herrn als Geist des Lebens, der Wahrheit und Freiheit ist.

Mit diesem Verkündigungsauftrag verbindet sich in der Urgemeinde die Taufe. Nicht zufällig sollen alle Glaubenden mit dem Hl. Geist getauft werden. Die Taufe wird zum Zeichen des Bleibens des Geistes in der Solidaritätsgemeinschaft; sie ist Zusage selbst Geistlicher und Charismatiker zu werden. Die Taufe wird mit dem Symbol des Wassers verbunden. Der Geist רוּחַ (rûaḥ) Gottes schwebt über dem Chaos, er ergreift das Wasser und macht es zum „Lebenswasser". Das Wasser des Jordan, das den Heiden Naaman geheilt hat, wird zum Heilssymbol und zur Gegenwart des Geistes schlechthin.

---

306 Vgl. M. Welker, Der Heilige Geist, in: EvTh 49, 1989, 127ff.

Wie das Fruchtwasser der Frau das Leben des Kindes ermöglicht, so das Taufwasser die Neugeburt aus dem Geist. Der Geist ist kein Gegenüber, ist nichts Gegenständliches. Insofern er göttliche Wirklichkeit ist, ist er nicht verobjektivierbar und nicht verfügbar. Der Christ aber ist nicht Geist, auch wenn er vom Geist beschenkt ist. Dieses Geistverständnis erinnert an Aristoteles, der den νοῦς von außen in den Menschen treten läßt, ihn aber nicht zum menschlichen Formprinzip macht (wie die ψυχή); er wirkt vielmehr als göttliches Prinzip im Menschen. Πνεῦμα, Geist, ist nicht mit dem Menschen identisch, aber auch kein Gegenüber; es ist eine Wirklichkeit, die den Menschen verändert und doch nicht auf seine Subjektivität zurückgeführt werden kann. Ein neuer Geist ist eine neue Sinngebung des Lebens, ist neue Lebenskraft, Wahrheit und Freiheit. Die Geistesgegenwart ruft eine Sinnesveränderung hervor. So sind πνεῦμα und νοῦς eine eng verwandte Wirklichkeit. Sie sind die Sinngebung des sinnlosen Lebens. Eine göttliche Wirklichkeit gibt Sinn; sie ist der Sinn. Sie ist die Geistesgabe selbst, so daß daher auch in diesem Bereich nicht mehr zwischen Gabe und Geber unterschieden wird; der gute Geist ist die gute Gabe selbst (Charisma, Liebe) als göttliche Wirklichkeit. Sinn ist nie gegenständlich, sondern meint eine Beziehung. Beziehung aber hat der Mensch primär zum Menschen, und so ist dieser Sinn, der Geist der Solidarität; solidarisches Leben hat Sinn. Das erfährt die Urgemeinde. Darum spricht sie von der Geisterfahrung, darum tauft sie und ist sich gewiß, in Gottes Gegenwart zu leben. Aus dieser Epiphanie Gottes im gemeinsamen sinnvollen Leben ergeben sich Friede, Freude, Wohlwollen usw. – alles Erfahrungen der Geistesgegenwart, so daß sie „Herr Jesus Christus" oder „Abba, Vater" ausrufen können (1Kor 12,3; Röm 8,17.26; Gal 4,7; 1Jo 5,5).

Die Christen suchten ein Symbol, das diese Erfahrung ausdrückt. Für die Urgemeinde war es das Symbol der Taube. Während hebräisch das Wort, dabar, männlichen Geschlechts ist, ist rûah, der Geist, weiblich. Die Taube ist daher bereits vom Geschlecht her leicht mit einer weiblichen Gottheit zu verbinden. Dazu kommt die leidenschaftliche Taubenliebe der Antike. Im AT heißt der Liebesgruß: „Meine Taube, du, meine Schöne – Deine Augen sind Tauben gleich" (Hl 2,10; 4,1). In der vorderasiatischen Welt und später im Mittelmeerraum ist die Taube durch Mythen und Kult mit der göttlichen Liebe verbunden, und als Lichtvogel wird sie zum Symbol des Göttlichen, vor allem in seiner weiblichen Dimension. Wie die Vogelnatur in den verschiedensten Kulturen (bis hin zur Osterinsel) mit dem Göttlichen verbunden wurde, mit dem Sonnenglanz und der Lebensenergie, so wurde vor allem in Vorderasien und in der griechisch-römischen Welt die Taube mit der Muttergöttin verbunden, die als Ishtar Atargatis, Derketo oder Aphrodite verehrt wurde. Man sagte, daß nichts fruchtbarer sei als die Taube. So wurde sie zum heiligen Tier der Astarte (περιστερά = Vogel der Ishtar [perach-Istar, semitisch]), die als „Antlitz Baals"[307] verehrt wurde und die Dynamik des Lebens verkörperte. So

---

[307] Vgl. Ph. Rech, Inbild des Kosmos. Eine Symbolik der Schöpfung, Salzburg 1966, 280ff.

kann Jesaja (60,8) von einer endzeitlichen Dynamik sprechen, die alle Nationen erfaßt und nach Jerusalem führt. Diese Völkerwallfahrt wird als ein Herbeifliegen der Tauben geschildert. Die Taube ist ja auch der Lieblingsvogel Jahwes, und darum ist sie sein bevorzugtes Opfertier, für Brand- und Sühneopfer (Lev 1,14; 12,6.8 u.a.m.), wie es auch beim Taubenopfer der Eltern Jesu zu sehen ist (Lk 2,24).[308] „So war es denn allgemeine Übereinkunft der alten Völker im biblischen und außerbiblischen Raum, daß die im Licht fliegende Taube Offenbarung eines Himmlischen sei, Symbol jener strahlenden, glühenden, wehenden Licht- und Lebensfülle, die das Wesen der Gottheit ist."[309] Die Taube symbolisiert die δόξα Jahwes, seine Herrlichkeit, die göttliche Gegenwart bedeutet. Nach einer nicht unbegründeten Etymologie soll im hebräischen Wort „Schekhina" die Silbe „jona" enthalten sein – der hebräische Name für Taube, so daß Schekhina bedeutet: „Das, was wie eine Taube ist." Die Schekhina überschattet Maria; die Taube, die Theophaniecharakter hat, erscheint bei der Taufe Jesu; die Taube gibt Zeugnis für das göttliche Ereignis. Die Taube über dem Haupt des Messias ist die göttliche Epiphanie, ist das Erscheinen des πνεῦμα, der Lebens- und Liebesfülle. So wie die Taube und die Schekhina Ereignis der Gegenwart Gottes sind, ist die rûaḥ Jahwes, der Hl. Geist, Hierophanie. Mit diesen Symbolen wird die irdische, raum-zeitliche Gegenwart Gottes ausgedrückt. Die Schekhina ist Gottes Anwesenheit bei seinem Volk – Gott wohnt in seinem Volk. „Wenn zwei zusammensitzen und die Tora studieren, ist die Schekhina mitten unter ihnen."[310] Als Schekhina-Taube macht Gott das leidvolle Geschick Israels mit und begleitet es. Die Schekhina-Taube symbolisiert den Geist als die wirkende Gegenwart Gottes selbst. So ist die Taube, als göttliche Anwesenheit, die große Friedensbringerin und Botin göttlicher Barmherzigkeit, wie der Ölzweig in ihrem Schnabel bei der Noaherzählung verrät. Wenn Jesus Christus zum Friedensfürst wird, dann ist es die Friedenstaube, die es bezeugt. Bis heute ein ungebrochenes Symbol aller Friedensbewegungen (vgl. auch Picassos Friedenstaube)! Friede, die Wirkung des Geistes, weist aber auch auf den Gegensatz zwischen Taube und Schlange hin, die als Urdrache von Gottes Geist gebannt wird. In der Apokalypse des Elija (2. Jh. n. Chr.) heißt es: „Wenn der Gesalbte kommt, kommt er wie in Taubengestalt ... Er naht auf den Wolken des Himmels, und das Zeichen des Kreuzes zieht vor ihm her. Die ganze Welt wird ihn sehen wie die leuchtende Sonne von den Gegenden des Aufgangs bis zu den Gegenden des Untergangs."[311] Hier werden Jesus Christus und Pneuma als Einheit gesehen, und die „göttliche Taube" fliegt durch die Geschichte und die Zeiten. Bei aller Nähe des Geistes zu Jesus Christus darf nicht verges-

---

[308] Zugleich wird der Bezug zu den Armen konnotiert, denn gerade das Opfer der Armen war die Taube; als Lieblingstier Jahwes zeigt sie auf Gottes „Lieblinge": Die Armen.

[309] Ebd., 285.

[310] Vgl. J. Moltmann, Der Geist des Lebens. Eine ganzheitliche Pneumatologie, München 1991, 60ff.

[311] Zit. n. Ph. Rech, a.a.O., 294.

sen werden, daß der Geist die mütterliche Nähe Gottes, seinen weiblichen Aspekt, kennzeichnet. Vor allem in der syrischen Kirche sollte diese Dimension der göttlichen Wirklichkeit besonders betont werden. Der Geist geht aus der „Rippe" des Logos hervor und ist als Taube bräutlich-mütterliches Symbol. „Zumindest in frühsyrischen Zeugnissen findet sich ausdrücklich die Bezeichnung des Geistes als Mutter, wobei ihm gelegentlich auch der Rang des/der Zweiten innerhalb der Trinität zuerkannt wird."[312] Daß diese Tradition nicht vergessen wurde, zeugen die unendlich vielen Bilder, die den Hl. Geist als Taube darstellen und gelegentlich ausdrücklich in Frauengestalt erscheinen lassen, wie etwa bei der Darstellung der Dreifaltigkeit in der Kirche zu Urschalling.

1.2.1. Zusammenfassung

1. Nach Ostern machen die Jünger Jesu charismatische Erfahrungen, die sie in ihrer Vielfalt als die Gegenwart des Hl. Geistes deuten.
2. Dieser ist dann der rechte Geist, wenn er sich an Jesus Christus orientiert und zwischenmenschliche Gemeinschaft, d.h. Gemeinde stiftet, die durch die Liebe bestimmt ist.
3. Daher ist die Grundgegebenheit der Gemeinde der Hl. Geist, in dem Gottes Gegenwart erfahren wird. Kirche hat charismatische Struktur.
5. Die Erfahrung der Gnadengaben ist daher die Fortsetzung der geisterfüllten Vollmacht Jesu Christi. Der Geist ist der Geist der Freiheit und des Lebens und hat zur Folge: Friede, Freude, Wohlwollen usw.
4. Durch die Interpretation der Geisterfahrung der Gemeinde wird Jesus Christus selbst als Geistträger verstanden, der durch das Wirken des Hl. Geistes der Messias ist.
6. Jesus Christus ist jedoch nicht der Beginn des Wirkens Gottes im Geist, sondern bereits im AT ist die rûaḥ Gottes erfahrbar und als Gabe in Israel wirksam, so daß Leben entsteht und Solidarität gewirkt wird.
7. Durch die biblische und außerbiblische Tradition erhält der Hl. Geist weibliche Züge und wird geradezu zu einer göttlichen, weiblichen Wirklichkeit.
8. Der Hl. Geist ist etwas Göttliches, das den Menschen bestimmt und von seiner alltäglichen Zweideutigkeit in den Bereich Gottes versetzt.
9. Im NT ist es nicht klar, ob der Hl. Geist „vor" Jesus Christus oder „durch" ihn gewirkt ist. Er kann also sowohl als zweite, als auch als dritte göttliche Wirklichkeit verstanden werden. Sicher werden Gott, Jesus Christus und Hl. Geist unterschieden, wenn auch nicht geschieden, und so ist eine gewisse Identifizierung möglich. Von einer 2. oder 3. Person in Gott kann man nach dem NT nicht sprechen.
10. Wohl aber findet durch die Rede vom Hl. Geist eine Entgegenständlichung der göttlichen Wirklichkeit statt. Die göttliche Dimension wird nicht mehr als ein Gegenüber gesehen, sondern als Bei-stand, als Bestimmung der

---

[312] B.J. Hilberath, a.a.O., 513.

menschlichen Wirklichkeit in Solidarität. Als Heilsgut wird beim Hl. Geist nicht zwischen Gabe und Geber unterschieden, sondern er ist die Gegenwart Gottes bei den Menschen. Der Hl. Geist ist der (göttliche) Sinn des (menschlichen) Lebens. Als Sinn ist er Beziehungswirklichkeit. Der Sinn liegt also in der (göttlichen) Solidarität.

Wie in der urkirchlichen Reflexion über Jesus Christus die Möglichkeit der Gotteserfahrung gewahrt werden sollte, so ist dies auch das Anliegen der Überlegungen zum Hl. Geist. In der Zeit bis 381 verlagerten sich die Frage nach der göttlichen Gegenwart und das *Subordinatianismusproblem* vom Sohn auf den Geist (D 150).

1.2.2. Der Hl. Geist in der Geschichte der Kirche und die Trinität

Ist dieser Geist wirklich die Gegenwart des einen Gottes, oder ist er nur Gabe Gottes? Selbst Basilius (329/31-379), ein eifriger Verfechter des Hl. Geistes, nennt ihn nie θεός, sondern nur ein θεῖον, eine göttliche Wirklichkeit. Dies entspricht genau der Tradition. Irenäus († 202) nennt ihn nie Gott, sondern spricht von den zwei Händen Gottes (Sohn und Geist), durch die Gott den Menschen schuf.[313] Er ist der Geist der Kirche (Adv. Haer. III, 24,1). In seiner soteriologischen Funktion wird er mit Jesus Christus identifiziert. Das 2. Jahrhundert ist fasziniert vom Wirken des Geistes in der Gemeinde und erhofft durch ihn eine Neubestimmung der Kirche. Durch Montanus († 179), der in Phrygien lehrte, erhält die prophetische Kirche ungeheuren Auftrieb. Der Geist wird bereits im Gegensatz zur Amtskirche gesehen, die als lax und geistlos bezeichnet wird. Schließlich hat wie kein anderer Tertullian († 220) den trinitarischen Gedanken entwickelt und den Hl. Geist zur Person erklärt. Er ist nicht nur Gabe, sondern spricht selbst als 3. Person (Ad. Prax. 11,7); er selbst hat Anteil an der einen „Substanz" Gottes und geht vom Vater durch den Sohn („a Patre per Filium", Ad. Prax. 4,1) hervor. Geisterfahrung ist echte Gotteserfahrung und so vergibt in der Gegenwart, der Zeit der Kirche, der Geist die Sünden. „Denn auch die Kirche selbst ist ja im eigentlichen und vorzüglichen Sinne Geist, in welchem die Trinität der einen Gottheit ist: Der Vater, der Sohn und der Hl. Geist. Er sammelt jene Kirche, welche der Herr schon bei dreien bestehen läßt ... Darum wird allerdings die Kirche die Sünden vergeben, aber die Geistkirche durch einen pneumatischen Menschen, nicht die Kirche als eine Zahl von Bischöfen" (De Pud. 21).

Durch diesen Konflikt in der frühen Kirche zwischen Kirche als Geistesgeschöpf und amtliche Institution erfahren die Überlegungen zur Bedeutung des Hl. Geistes einen Rückschlag. Denn die Amtsträger verdrängten erfolgreich die Charismatiker und konnten das Prophetentum aus der Großkirche in die Sekten abdrängen. Der Hl. Geist wird immer mehr allein von der Amtskirche usurpiert (deren erstes Vorzeichen bereits im 3. Johannesbrief zu erkennen ist, wo Diotrephes, wohl ein Bischof, die johanneischen Gemeindemit-

---

[313] In der Ostkirche ist dieser Gedanke bis heute lebendig.

glieder ausschließt), und die Charismen werden zu Ausnahmeerscheinungen. So läßt die unmittelbare Geisterfahrung immer mehr nach, und die Frage nach der Bedeutung des Hl. Geistes wächst, weil die Einordnung nur mehr ungenügend gelingt. Die Geisterfahrungen fehlen. Selbstverständlich dachte man subordinatorisch, jetzt aber wurde der Hl. Geist immer mehr aus der göttlichen Sphäre ausgeschlossen und zu einer geschöpflichen Gabe Gottes. Dies spaltete die Hierarchen der Amtskirche, denn einerseits begrüßten sie die Negation der Charismen als Gottunmittelbarkeit der Glaubenden, andererseits jedoch beanspruchten sie die Gottunmittelbarkeit durch die Präsenz des Geistes als Amtsträger. So vertrat der semiarianische Bischof Makedonios von Konstantinopel (360 abgesetzt) die radikale Unterordnung des Geistes unter Christus nach Art der Engel (Hebr 1,14); der Geist ist Diener Christi und ihm an Macht und Kraft untergeordnet. Auch viele Metropoliten im nördlichen Kleinasien dachten ähnlich. Die Gruppe um den Bischof Makedonios wurde Makedonier genannt und schließlich vor allem von den kappadokischen Bischöfen und Mönchen als Pneumatomachen („Geistbekämpfer") beschimpft. Bischof Athanasius von Alexandrien nannte sie „Topiker", d.h. der Hl. Geist würde nur noch zu einer Redefigur. In einer Synode 362 erreichte er ihre Verurteilung. Im 4. Jahrhundert wurde selbstverständlich von allen die triadische Taufformel (Mt 28,19) verwendet. Es ging nun um ihre Interpretation. Allgemein war die doxologische Deutung anerkannt: „Ehre sei dem Vater durch (διά) den Sohn im (ἐν) Hl. Geist". Um die Bedeutung des Geistbesitzes der Bischöfe und Mönche zu betonen, änderte Basilius die Doxologie und betete, was helle Empörung auslöste: „Ehre sei dem Vater und dem Sohn mit (σύν) dem Hl. Geist."[314] Während der Ausdruck „im" Hl. Geist jede Verobjektivierung des Geistes ausschloß, trat nun der Geist in Distanz zum Menschen. Um ihn überdies mit kirchlichem Amt und Mönchen zu verbinden, wurde der Geist in Anlehnung an stoisches Gedankengut zum „πνεῦμα ἡγεμονικόν"[315], zum Führungsprinzip. Auch die οὐσία, die Anwesenheit, die man ihm zuschrieb, wurde im Denkschema der Kappadokier immer mehr zur „Wesenheit". Der Hl. Geist ist nicht mehr so sehr das allen Glaubenden mitgeteilte Leben und die Wahrheit, sondern er selbst ist eine „lebendige Wesenheit" (οὐσία ζῶσα), ein „Verstandeswesen (νοερὰ οὐσία)[316], das in der kirchlichen Führungselite wirksam wird. Während Basilius trotz allem bei den Überlegungen zum Hl. Geist zurückhaltend war und ihn, wie er erwähnt, nie Gott nannte, hatten sein Freund Gregor von Nazianz († 390) und auch sein jüngerer Bruder Gregor von Nyssa († 394) bedeutend weniger Hemmungen, den Hl. Geist Gott zu nennen. Sie sprechen unbefangen von der „Wesenseinheit" (ὁμοούσιος) des Geistes. Um ihn vom Sohn zu unterscheiden, wird nicht von Zeugung, sondern vom Hervorgehen (ἐκπόρευσις) des Hl. Geistes aus dem

---

[314] Vgl. Basilius, De Spiritu Sancto I,3 u.a.m.; Ch. Schütz, Einführung in die Pneumatologie, a.a.O., 52ff.
[315] Basilius, a.a.O., IX, 22.
[316] Ebd.

Vater gesprochen. Im späteren Konzil von Konstantinopel (381) sollte trotz des großes Einflusses der Kappadokier der Begriff „Wesenheit" nicht übernommen werden. Er bezeichnete nicht mehr so sehr die Anwesenheit Gottes in Jesus Christus, sondern vielmehr die verobjektivierte göttliche Wesenheit Jesu Christi. Athanasius († 373), der mit Vehemenz den Hl. Geist in der göttlichen Sphäre ansiedelte, unterschied sich zwar von der Argumentationsweise der Kappadokier, wollte aber unbedingt die Göttlichkeit des Hl. Geistes retten. Zwar bezeichnete auch er ihn nie als Gott, aber er ist auch kein Geschöpf. „Der Geist ist nämlich nicht außer dem Logos, sondern ist im Logos und durch diesen in Gott" (Ep. III ad Serapion 5). Athanasius, selbst ein Hierarch, verband den Hl. Geist nicht so stark mit der Amtskirche, wie es die anderen taten. Geist und Taufe gehören zusammen. Die Taufe aber empfängt jeder Christ. In ihr haben wir alle Gottes Geist empfangen. Noch einmal greift er den Gedanken der Geisterfahrung heraus. Wenn der Hl. Geist nicht Gegenwart Gottes selbst ist, werden wir nicht mit Gott verbunden, leben wir nicht in seinem Bereich. Geschieht dies nicht, dann wird das Ziel des Menschen das allein Gott sein kann, fraglich. Ist also die Geisterfahrung nicht Gotteserfahrung, dann sind wir nicht erlöst. „Wenn der Hl. Geist aber ein Geschöpf wäre, so würde uns durch ihn keine Gemeinschaft mit Gott zuteil; wir würden vielmehr mit einem Geschöpf verbunden und der göttlichen Natur entfremdet, weil wir in nichts derselben teilhaftig wären. Nun aber, da von uns gesagt ist, daß wir Christi und Gottes teilhaftig sind, ist erwiesen, daß die Salbe und das Siegel in uns nicht zur Natur der geschaffenen Dinge, sondern zu der des Sohnes gehört, der uns durch den Geist, der in ihm ist, mit dem Vater verbindet" (Ep I ad Serapion 24). Das entscheidende Argument ist also: Der Hl. Geist ist in allen Christen, jeder ist Charismatiker. Wäre dieser nicht Gottes Gegenwart, dann wären wir nicht erlöst. Unsere gegenwärtige Heilsmöglichkeit, der Sinn unserer Existenz und unseres Lebens, hängt davon ab, ob in uns eine Wirklichkeit gegenwärtig ist, die in den Bereich Gottes gehört. Ohne das θεῖον, den Hl. Geist in uns wäre Erlösung ein vergangenes Geschehen in Jesus Christus und keine Gegenwart. Nur der Geist als göttliche Gegenwart ermöglicht uns hier und jetzt das Heil als echte menschliche Möglichkeit, die uns als Geschenk gegeben wurde. Der Hl. Geist ist so die radikal entgegenständlichte Wirklichkeit Gottes bei den Menschen. So scheint doch wieder die Erfahrung der Glaubenden nach Ostern gewahrt zu sein. Im Geist ist das θεῖον die Bestimmung des Menschen; als „Einanderlieben" stiftet er Gemeinschaft. Die Akten des Konzils von Konstantinopel (381), die über den Hl. Geist handeln, sind uns nicht erhalten. Daher ist die Analyse des „Credo", das wir heute noch in der Messe beten und eine Synthese von Nikaia, Rom und Jerusalem darstellt, nicht leicht. Den Glauben an den Hl. Geist kennen fast alle Glaubensbekenntnisse, selbstverständlich auch das von Nikaia. Aus dem Jerusalemer Bekenntnis ist der Satz entnommen: „Gesprochen durch die Propheten". Der biblische Befund sollte damit festgeschrieben werden. Der Hl. Geist ist keine rein nachösterliche Wirklichkeit, sondern in Jesus Christus hat er gesprochen; ja nicht nur das, bereits im AT ist sein Wirken bezeugt. Er ist daher immer schon eine göttliche Wirklichkeit, immer schon ein θεῖον, und als solches bestimmt es das Heil der Menschen. In keinem Glaubensbekenntnis ist jedoch die Formel: Τὸ κύριον καὶ ζωοποιόν, τὸ ἐκ τοῦ πατρὸς ἐκπορευόμενον, τὸ σὺν πατρὶ καὶ υἱῷ συμπροσκυνούμενον καὶ συνδοξαζόμενον.[317] Besonders auffällig ist die Bezeichnung des Geistes als κύριος. Nur Gott ist der Herr. Wie das Herrsein für Jahwe gilt, so auch für Jesus Christus. Die Erfahrung der Gegenwart des göttlichen Herrn macht die Gemeinde im Hl. Geist. Um also das θεῖον des Geistes zu retten und damit die gegenwärtige Gotteserfahrung, wird der Hl. Geist als Herr bezeichnet. Er ist keinem Herr-Gott untergeordnet, sondern selbst Herr. Dieser Herr-Geist wird im Leben der Gemeinde, in den Gnadengaben erfahren. Vom Geist kommt Leben in die Gemeinschaft der Glaubenden. Nicht der tote Buchstabe, sondern der Geist macht lebendig. Er ist die schöpferische Lebensenergie, der lebendigmachende Herr, der neues Leben ermöglicht und schenkt. In der Vielfalt der begabten, charismatischen Menschen zeigt sich die eine Dynamik des Lebens, die mehr ist als die jeweils konkrete Verwirklichung im einzelnen. Er ist das Leben in allem Lebendigen. Der Geist ist nicht inkarnatorisch zu verstehen, weil er sich nicht in einem konkreten Seienden (wie Jesus Christus) allein als gegenwärtig zeigt, sondern er ist durch den Begriff des „Einwohnens" (inhabitatio) charakterisiert. In jedem Menschen ist es möglich, daß göttlicher Lebensgeist wohnt. Nicht als Besitz, sondern als „Energiefeld" zwischen den einzelnen Christen. Er ist die Energie, die zur Gemeinschaft führt und Tun der Liebe ermöglicht. Der Hl. Geist ist der Vollzug gleichsam der „Lebensphilosophie", wie sie im griechischen Raum mit ἔρος, im chinesischen mit Chi und im afrikanischen mit NTU angegeben wird und die göttliche rûaḥ meint. In der afrikanischen Theologie ist Gott die lebenserhaltende, -fördernde Kraft, die alles durchwirkt. Die Lebenskraft wird aber auch in Afrika nicht mit dem sichtbaren Leben identifiziert, sondern transzendiert dieses, als seine Bedingung der Möglichkeit.[318] Der Geist als Leben ist nichts Statisches, kein Seiender/e/es, sondern Bestimmung des Menschen, Sinngebung seines vorhandenen (gegenständlichen) Lebendigseins. Der Geist ist die lebendigmachende, sich mitteilende Gegenwart Gottes. Und als einigendes „Energiefeld" und Lebensgestaltungsprinzip (ἀρχή) erfaßt er die gesamte Wirklichkeit, entsprechend dem Satz: „Gott schläft im Stein, er träumt in der Blume, er erwacht im Tier, er kommt im Menschen zu seinem Bewußtsein." Nichts fällt aus diesem göttlichen Lebenskreis heraus, und doch ist kein Seiendes mit ihm identisch. Gott ist kein „Gegenüber" als Geist, durch nichts läßt er sich fassen oder gar vergegenständlichen, und doch wird er als wirksam erfahren, als gegenwärtig, als sinnstiftend, als einigendes Band aller

---

[317] Ich glaube an den Hl. Geist, „den Herrn und Lebensspender, der aus dem Vater hervorgeht, der mit dem Vater und dem Sohn zusammen angebetet und verherrlicht wird". (D 150).

[318] Vgl. G. Hasenhüttl, Schwarz bin ich und schön, Darmstadt 1991, 32.

Wirklichkeit, als Liebe. Der „lebendigmachende Herr" ist „Einwohnung", Bestimmung des Menschen als Beziehung der Solidarität. Daher geht er „aus dem Vater hervor". Er ist kein Seiendes, kein Geschöpf, das vorhanden ist, sondern er ist göttlicher Art. Er ist Emanatio und nicht Creatio (Creatura). Er ist Lebensraum des Seienden. Der Geist ist der lebendige Berührungspunkt Gottes mit den Menschen. So sehr man hätte erwarten können, daß es nun möglich gewesen wäre, den Hervorgang der Lebensenergie (als Sinngebung des Sinnlosen) mit der „Wesenseinheit" zu umschreiben und zu vergegenständlichen, wird aber statt dessen im Glaubensbekenntnis eine doxologische Gleichstellung des Geistes mit der gesamten göttlichen Wirklichkeit behauptet. Es ist zu vermuten, daß es das letzte Aufbäumen einer Theologie ist, die den Erfahrungshorizont für christliche Glaubensaussagen als unerläßlich wertete. In Chalkedon (451) wird der Erfahrungsbereich verlassen, und aus dem Glaubensbekenntnis wird Dogmatik. In Konstantinopel (381) war offenbar der Begriff ὁμοούσιος keine Erfahrungswirklichkeit mehr, sondern eine Umschreibung für eine abstrakte Wesenheit. Jesus Christus ist ein Gottwesen und nicht der Ort möglicher Gotteserfahrung. Daher können nur noch liturgische Begriffe helfen, die Echtheit der Erfahrung zu bezeugen. Im Gebet, in der Verehrung und Verherrlichung, im Ausdruck froher Dankbarkeit ist Gottes Gegenwart geschenkt. Der Hl. Geist wird also mit Vater und Sohn zusammen angebetet und verherrlicht. Doxologisch ist kein Unterschied zu machen. In der dankbaren Erfahrung der Geistesgegenwart ist die ganze göttliche Wirklichkeit präsent. Im Geist wird der „höchste" Gott erfahren; und umgekehrt: Gott ist nur Gott, wenn er im Geist des Lebens vollzogen wird, d.h. verherrlicht wird. So erweist sich Gott als Sinn des Lebens im Hl. Geist. Der Geist ist göttliches Ereignis, und zwar nur, wenn der Mensch in Beziehung zu dieser Wirklichkeit steht, die als Sinn des Lebens wiederum nichts anderes als die Beziehungswirklichkeit sein kann. Vater, Sohn und Geist sind so die eine göttliche Wirklichkeit, sind der Bereich (Reich) Gottes, in den der Mensch als seine Bestimmung Aufnahme findet, sollte sein Leben sinnvoll sein und glükken.

Damit war nun der Kampf in der Kirche um die göttliche Einheit als Triade abgeschlossen, und mit der Gegenwart des Hl. Geistes blieb die Erfahrungsbasis in dem Glaubenden durch Taufe und Charismen gewahrt. Auch heute gibt es Gotteserfahrung als Erfahrung des guten Geistes, als Beschenktsein und als Bejahung des Lebens. Nur weil unser Leben nicht a priori sinnvoll ist, sind Christen keine Pan(en)theisten. Nur weil es möglich ist (durch die Erfahrung des guten Geistes Gottes), dem Leben einen Sinn zu geben, sind wir Glaubende, Hoffende und Liebende.

Der kirchliche Reflexionsprozeß ging jedoch noch weiter. Um die Gotteserfahrung machte man sich immer weniger Gedanken, denn in den Sakramenten war sie kanalisiert. Konstantinopel (381) hat das Verhältnis zwischen Hl. Geist und Vater und Sohn offen gelassen. Der Geist geht vom Vater (allein?) aus, wird aber mit Vater und Sohn zugleich verehrt. Hieran entzündete sich das spekulative Interesse. Ende des 4. Jh. findet man bei Theologen wie Ambrosius, Rufinus, Victorinus u.a. das „filioque", d.h., der Hl. Geist geht auch vom Sohn aus, nicht allein vom Vater. Man legt nun Hand an Gott und zugleich an den Menschen, indem man sich der Spekulation wegen gegenseitig des Unglaubens verdächtigt. Im 5. Jh. begann sich von Spanien her das „filioque" zu verbreiten. 638 wird bei der 6. Synode von Toledo das „filioque" ins Symbolum eingefügt (D 490). Im 8. Jh. erreichte es Gallien und Italien. 807 beteten es fränkische Mönche in Jersualem und wurden von den Griechen der Häresie beschuldigt. Leo III., der Karl den Großen krönte, verfügte daraufhin, daß das filioque nicht ins „Credo" eingefügt werden dürfe, aber rechtgläubig sei. Trotzdem wurde es in der Westkirche ein Bestandteil des Glaubensbekenntnisses. Von der Ostkirche wurde dies als ein Willkürakt angesehen, da keine Teilkirche ohne ein gemeinsames Konzil etwas in das Glaubensbekenntnis einfügen dürfe. Durch das Auftreten des Patriarchen von Konstantinopel Photius († 897) verschärfte sich der Konflikt; Papst und Patriarch exkommunizierten sich gegenseitig. Hadrian II. († 872) erreichte im Konzil von Konstantinopel (869/70, 8. Ökumenisches Konzil) die offizielle Verurteilung von Photius und Dioskur. Johannes VIII. († 882), der offenbar zugänglicher war als sein Vorgänger, einigte sich mit Photius beim Konzil von Konstantinopel (879/80, 8. Ökumenisches Konzil für die Ostkirche) und unterschrieb das Symbolum ohne das filioque. Selbstverständlich ging es bei diesem theologischen Streit primär um die Machtfrage, wer der Erste in der Kirche sei (vgl. den Jüngerstreit im NT). Die theologische Frage selbst blieb ungeklärt. Im gegenseitigen Machtkampf ließ der Patriarch Sergius II. 1009 den Namen des Papstes aus dem Diptychon streichen, so daß er nicht mehr bei der Liturgie erwähnt wurde. Papst Sergius IV. († 1012) schickte, wohl in provokativer Absicht, ein Glaubensbekenntnis mit dem filioque nach Konstantinopel. Schließlich fügte auf Druck Heinrichs II. († 1024) Papst Benedikt VIII. († 1024) im Jahre 1014 offiziell das filioque in das Glaubensbekenntnis der Westkirche ein. 1054 wurde dieses filioque letzter Anlaß der Trennung von Ost- und Westkirche. Das filioque machte Vater *und* Sohn zum Grund der Hervorbringung des Geistes. Der Osten sprach (bzw. spricht) von einem διά. Der Geist geht vom Vater aus, vermittelt durch den Sohn. Von Gotteserfahrung war bei beiden Formulierungen wenig zu spüren. Eigenmächtigkeit von Rom und stures Bewahren von Konstantinopel – beide vom Geist verlassen – zerstörten die Einheit im Geist, um des Geistes willen!

Die beiden Flickversuche von Lyon II (1274) und von Florenz (1438-1445) waren nach kurzer Zeit zum Scheitern verurteilt. Man konnte sich in Florenz einigen, daß Vater und Sohn nur ein Prinzip sind, der Geist durch eine einzige Hauchung hervorgeht, und das filioque im Glaubensbekenntnis nicht häretisch sei. Als eine „dringende Notstandsmaßnahme" (der damaligen Zeit für den Westen) wurde es auch von den Griechen akzeptiert (vgl. D 1300ff). Die orthodoxe Kirche mußte das filioque nicht einfügen, aber Theologie und politische Ansprüche waren so weit auseinandergetriftet, daß kurz danach die künstlich hergestellte Einheit wieder zerbrach. Im Westen hat als erste die Altkatholische Kirche 1875 das filioque aus dem Glaubensbekenntnis gestrichen. Die Anglikanische Kirche ist seit der Lambeth-Konferenz 1978 diesem Beispiel gefolgt, und 1979 hat die „Faith and Order"-Kommission des Weltrats der Kirchen einstimmig eine Resolution verabschiedet, die das Nizänisch-konstantinopolitanische Glaubensbekenntnis in der Liturgie in der ursprünglichen Form wieder einführt.[319] Selbst Papst Johannes Paul II. hat beim Gottesdienst mit dem Patriarchen von Konstantinopel 1981 (zum 1600. Jahrestag des Konzils von Konstantinopel) das filioque weggelassen, und die meisten katholisch-ökumenisch gesinnten Theologen plädieren für seine Auslassung. Evangelische Theologen meinen, daß es überflüssigen historischen Ballast darstellt und zudem theologisch fraglich bleibt, weil der dritte Platz für den Hl. Geist festgeschrieben und die Beziehung kaum wechselseitig gesehen wird.[320]

Welchen theologischen Hintergrund hat diese Auseinandersetzung? Im *Westen* entwickelte Augustinus die Trinitätslehre. Er veränderte wesentlich die Aussage Tertullians, der von der Dreifaltigkeit als einer Substanz in drei Personen (una substantia et tres personae) sprach. Aus der „substantia" machte Augustinus die „essentia", die Wesenheit. Mit Substantia ist aber die Existenzweise der drei Personen als Einheit gemeint. Da Substanz dem Begriff der οὐσία nahestand, konnte sie die Anwesenheit Gottes bei den Menschen ausdrücken. Durch den Begriff der einen Essenz, einen Wesenheit wird der Existenzbezug gestrichen, und ein Seiendes in sich, in seiner Natur, φύσις, betrachtet. 21 Jahre nach dem Tod des Augustinus wird der Ausdruck in Chalkedon festgeschrieben.

Zwei Modelle dienen der Betrachtung des trinitarischen Gottes in sich: 1. das psychologische und 2. das gemeinschaftsorientierte. Das erste geht vom geschlossenen Subjekt aus, vom einzelnen als einzelnem. Das menschliche Subjekt als geistiges Seiendes bringt aus sich das Erkennen und Wollen hervor. Beide nehmen ihren Ursprung in der Geistnatur, die Gedächtnis, also memoria besitzt. So ist bereits nach Augustinus bis in die Neuzeit hinein der Selbstvollzug des Geistes als Gedächtnis (memoria), Vernunft (intellectus) und Wille (voluntas, amor) Abbild der Trinität. Die abendländische Trinitätsspekulation hat gerade dieses Denkmodell bevorzugt und in allen Details erarbeitet. Wird der Hl. Geist nur mit dem Willen und der Liebe identifiziert, dann wäre er ohne Verstand; daher muß er auch aus dem Intellekt hervorgehen. Ist nun die Wesenheit Gottes das Subjekt und der Vater die memoria, so geht der

---

[319] Vgl. Ch. Schütz, a.a.O., 203ff.
[320] Vgl. J. Moltmann, a.a.O., 320ff.

Hl. Geist vom Erkennen, vom Logos, vom Wort, also von der zweiten göttlichen Person aus.[321]

Aber auch das zweite Modell, die „interpersonale" Trintitätsvorstellung, ist Augustinus nicht unbekannt. Am Ende des ersten Teils seiner Trinitätslehre faßt er die Bedeutung des Hl. Geistes zusammen mit dem Wort: Liebe. Die Gemeinschaft in Gott besteht aus einem Liebenden, den Geliebten und der Liebe. „Was also ist die Liebe anderes als eine Art Leben, welches zwei miteinander vereint oder zu vereinen trachtet, den Liebenden nämlich und das Geliebte?"[322] Wenn er auch diesen Ansatz nicht weiter verfolgt, so steht doch fest, daß Liebe nur gegenseitig ist, wenn sie zu ihrem Ziel kommen soll, und d.h., daß die Liebe von beiden, vom Vater und vom Sohn, ausgehen muß. So ist nach ihm das Geschenk, die Gabe beider, der Hl. Geist.[323] Er ist das Liebesband. Der Hl. Geist ist nichts anderes als die Gemeinschaft beider in Person, d.h. der Geist wird durch das Beziehungsein konstituiert. Diese Lehre sollte im Mittelalter durch Anselm von Canterbury († 1109) wirksam werden, der wohl zum ersten Mal Gott so bestimmt, daß alles in ihm eins sein muß, außer die einander entgegenstehenden Beziehungen. Die Formulierung: „Omnia sunt unum, ubi non obviat relationis oppositio" hat das Konzil von Florenz (1442) übernommen; es wurde zur Richtlinie der ganzen abendländischen Trinitätslehre. Da zugleich das Handeln Gottes „ad extra" immer nur als eines verstanden wurde, wurden die drei Personen und damit der Hl. Geist funktionslos und ins Jenseits abgedrängt. Anderseits wurde in dem Relationsbegriff Gottes dreifache Personalität entgegenständlicht und eine Möglichkeit eröffnet, von Gott zu sprechen, ohne ihn als einen Seienden zu verstehen. Das versucht das moderne Sprechen von Gott.

Für die *Ostkirche* stellte sich das Problem anders dar. Die byzantinische Theologie denkt stärker „monarchianisch"; der Vater allein ist die ἀρχή, ist der Ursprung. Während im Westen das „Einheitsprinzip" Gottes die Substanz und dann die eine Wesenheit ist, ist im Osten der Vater als Ursprung das Einheitsprinzip. Nur *einen* Ursprung, den Vater, kann es geben; der Sohn kann niemals Urprinzip des Hl. Geistes sein, wenn dieser göttliche Qualität besitzen soll. Daher muß der Sohn wie auch der Geist nur einen Ursprung haben, nämlich den Vater. Gezeugt und hervorgegangen sind gegenüber dem ursprungslosen Vater die Eigenschaften des Logos und des Geistes. Die drei Proprietäten (Ursprung, gezeugt, hervorgegangen) konstituieren die drei göttlichen Personen; in allen anderen „Eigenschaften" kommen sie überein. Man kann von einem Hervorgehen des Geistes διά (durch) den Sohn sprechen, wenn der eine Ursprung als einziger gewahrt bleibt. Durch das „filioque" erhält der Geist aber eine zweite Ursache. Was aber zwei Ursachen hat, kann

---

[321] Augustinus, De Trini., Buch 8-15; hier entwickelt er die dogmatische Trinitätslehre und verwendet nur die psychologische Analogie.

[322] De Trini. VIII, 10,14.

[323] Vgl. De Trini. V, 10,11.

nicht mehr mit Gott eine Einheit bilden, sondern ist immer ein κτίσμα, ein Geschöpf. Wie etwa die Welt durch die zwei „Arme Gottes", Sohn und Geist, geschaffen ist. Daher ist das „ab utroque", also das „filioque" häretisch und widerspricht der Trinitätstheologie. Das Hervorgehen des Geistes wird im 14. Jh. vor allem durch Gregor Palamas († 1359) – ähnlich wie im Abendland – jeder Erfahrung entrückt, ja selbst die mystische Erfahrung kann dieses göttliche Geheimnis nicht erreichen. Da wir nach dieser orthodoxen Ansicht keine unmittelbare Gotteserfahrung haben können, unterscheidet der sog. Palamismus Gott als οὐσία, die in drei Hypostasen existiert von Gott als ἐνέργεια. Diese Energie Gottes ist zwar auch göttlich und ungeschaffen, aber von Gottes Wesenheit zu unterscheiden. So ist Gott sowohl fern und nahe, hat eine erfahrbare und unerfahrbare Seite, ein abgewandtes und ein zugewandtes Antlitz. Die ungeschaffene göttliche Energie ist mystisch-geistlich und konstituiert die charismatischen Erfahrungen. Diese neue Erfahrbarkeit Gottes löste im russischen Volk eine ungeheure Bewegung aus, so daß diese Geistmystik auch den Islam in der Gestalt des sog. Sufismus erreichte. Durch die Energienlehre wurden Gott und Welt theandrisch verstanden und eine Nähe erzeugt, so daß in dieser Hinsicht die Objektivierung Gottes zurückgenommen wurde. Gott ist mit seinen Energien in allen Dingen. Der Hl. Geist ist in diesen göttlichen Energien erfahrbar, bleibt aber selbst ganz auf der Seite Gottes. Er wird weder dem Vater noch dem Sohn untergeordnet. Im orthodoxen Raum konnte sich dadurch eine mystische Frömmigkeit entwickeln, die bis heute große Teile des russischen Volkes prägt und sich auch in der Liturgie niederschlägt. Ohne Epiklese aber, ohne „Herbeirufung" des Hl. Geistes gibt es keine eucharistische Gegenwart Christi.

Im Westen blieb der Hl. Geist zwar formal trinitarisch, wurde aber völlig entleert und theologisch zu einer Abstraktion; teilweise wurde sie durch die Mystiker aufgefangen. Die breiten Bewegungen des Volkes aber wurden meist von der Kirche ausgeschlossen (Spiritualen, Schwärmer); sie konstituierten sich als Sekten (Pfingstbewegung und z.T. moderne charismatische Gruppen und Erneuerungsbewegungen). Daher sind bei der Eucharistiefeier auch nur die „Wandlungsworte" konstitutiv, der Hl. Geist ist bis heute ein „Epitheton ornans", eine zusätzliche Ausschmückung der Meßfeier.

Das 2. Vat. Konzil war ohne Zweifel auch eine Neubesinnung auf den Hl. Geist, ja beinahe inflationär wird der Hl. Geist beschworen.[324] Die Kirche wird als durch den Geist geschaffen verstanden; sie ist Geistesgeschöpf.[325] Der Geist ist Lebensprinzip der Gemeinde und wohnt in den Herzen der Glaubenden (LG 4). In Anlehnung an die Schrift wird der Hl. Geist als grundlegendes Prinzip der Kirche bezeichnet (LG 4,7,13; Ök 2; M, 4), der die Einheit stiftet (Ök 2). Und J. Feiner kommentiert: Im Konzil kommt „die Überordnung des Geistes über das Amt und die Vorrangstellung der Gnadengemein-

---

[324]   258mal wird in den Texten vom Hl. Geist gesprochen (Paulus spricht etwa 100mal von ihm).

[325]   Vgl. H. Küng, Die Kirche, Freiburg, 1967, 181ff.

schaft vor dem Gesellschaftlichen der Kirche zum Ausdruck."[326] Alle sind Geistliche, und das Priesteramt ist allen geschenkt (LG 10). Die Gesamtheit der Glaubenden hat die Salbung des Hl. Geistes empfangen (vgl. LG 12). Der eine Geist teilt die verschiedenen Gaben zum Nutzen der Kirche den einzelnen zu (LG 7). Durch den Hl. Geist werden den Glaubenden die Charismen zuteil (AA 3, UR 2). Der Geist als empfangenes Charisma verpflichtet den einzelnen Christen, seinen Beitrag zur Solidaritätsgemeinschaft zu leisten, und gibt ihm das Recht, auf seiner Stelle frei zu wirken. So lesen wir im Schreiben der Glaubenskongregation „Über einige Aspekte der Kirche als Communio" (1992): Die „Kirche Christi ... (ist) ... die universale Gemeinschaft der Jünger des Herrn" (II,7), und jeder Gläubige gehört durch den Hl. Geist „unabhängig von seiner kirchenrechtlichen Zugehörigkeit" (II,10) zur Kirche Christi. Die Kirche als Communio ist durch den Hl. Geist gewirkt, und die Charismen sind „nicht Teil der hierarchischen Struktur der Kirche" (IV,16). So sind die Grenzen der katholischen Kirche, nicht die Grenzen der Kirche Christi, die durch den Hl. Geist lebt, auch wenn wir hoffen dürfen, daß sich die Kirche als Geistgeschöpf in der katholischen Kirche verwirklicht (vgl. LG 8: „subsistit in"). Durch diese Geisterfahrungen in der Urgemeinde wurde ja die Lehre vom Hl. Geist entwickelt. Der Hl. Geist ist Leben und schenkt im Vollzug des menschlichen Lebens Wahrheit und Sinn, Freiheit und Liebe. Paulus meinte in Röm 5,5: „Die Liebe Gottes ist ausgegossen in unsere Herzen durch den Hl. Geist, der uns gegeben ist."

1.2.3. Der Sinn der Rede vom Hl. Geist

Welchen Sinn hat es heute, vom Hl. Geist zu reden? Entscheidend bleibt, daß die Rede von Gott nicht von der Erfahrung abgetrennt werden darf. Ein nicht erfahrbarer Gott ist überhaupt kein Gott. Unsere Erfahrung ist zwar stets an Gegenstände gebunden, ist selbst aber kein Gegenstand und läßt sich in ihrem Gehalt auch nicht auf Objektivierbares reduzieren. Für die Gotteserfahrung ist daher die Voraussetzung, daß wir „glauben", daß es eine menschliche Dimension gibt, die nicht durch das Haben bestimmt ist, sondern mit dem Wort Sein oder im zwischenmenschlichen Bereich mit Freundschaft und Liebe adäquat wiedergegeben wird. Eine gegenständliche Gotteserfahrung gibt es nicht; als ein Gegenstand begegnet Gott uns nicht. Wenn von Gott reden sinnvoll ist, dann eben nur in der Weise der Erfahrung selbst, d.h. in der Weise des Anwesendseins in den verschiedenen gegenständlichen Begegnungen unseres Lebens. Da Gott kein Gegenstand ist (kein Seiendes/e/r), ist er nicht zu trennen vom menschlichen Leben selbst, von der Sinngebung unserer Existenz. Gerade Gott als Hl. Geist will uns verdeutlichen, daß Gott bei uns ist. Gott ist Gabe, ist Bestimmung unseres Lebens, ist die schönste Prädikation vom Menschen. Die Bezeichnung als „Beistand" ist geeignet, uns auf die Dimension hinzuweisen, die den Menschen in „Beziehung" setzt. Ein Freund steht uns

---

[326] LThK, Das 2. Vat. Konzil, II, Freiburg ²1967, 47.

bei, Liebende stehen füreinander ein. Aber auch dies darf wiederum nicht vergegenständlicht werden. Zwar ist zwischen Menschen der Freund nicht identisch mit seiner Freundschaft und Liebe, da wir Menschen immer auch „objektiv" sind, d.h. verobjektiviert werden können. Von Gott reden hat nur Sinn, wenn Gabe und Geber identisch sind. Gott ist nichts anderes als das Uns-bei-Stehen, er ist nichts anderes als „nur" Freundschaft und Liebe. Gott ist Vollzug, relational, Beziehung. Gerade am Begriff des Hl. Geistes ist dies abzulesen. Der Mensch wird durch ihn charismatisch bestimmt, er erhält nicht „etwas Neues", sondern sein einziges, konkretes Leben wird neu bestimmt, wird neu erfahren („disclosure-Erlebnis"), erhält einen neuen Sinn, der mit Wahrheit und Freiheit bezeichnet wird. Leben ohne Gott ist nicht sinnvoll. Das Leben an sich, a priori, ist absurd. Gott ist als Hl. Geist die Sinngebung des sinnlosen Lebens. Sinn ist hier konkret gemeint und nicht abstrakt als grundsätzliche Verstehbarkeit allen Seins (Seienden). Ist Gott als Geist kein Gegenstand, dann bleibt nur die Kategorie der Relatio, Beziehung übrig. So wie Liebe, Freundschaft, Treue usw. nur Beziehung sind und nur sind, wenn sie vollzogen werden, so ist der Hl. Geist nur als eine „geschehende" Beziehung. Sein Anwesendsein beim Menschen ist lebendige Relatio. So hat die abendländische Theologie Recht, wenn sie sagt, daß Gottes Personsein „relatio subsistens" ist, nichts anderes als Beziehungsein, denn nur so ist Gott ungegenständlich denkbar. Aufgrund der biblischen Erfahrungsweisen Gottes zeigt sich, daß diese Relatio nicht einfach als eine zu denken ist. Das hängt damit zusammen, daß die Jahwe-Erfahrung, die Christus- und die Geisterfahrungen nicht identisch sind, sondern sich spezifisch unterscheiden. Die Worte „Vater", „Sohn" und „Geist", die dafür gebraucht werden, benennen den jeweiligen Unterschied. Das sie sich nicht nach Art eines vorhandenen Gegenständlichen unterscheiden können, ohne die göttliche Wirklichkeit in drei Seiende zu zerlegen, gibt die Relatio genau diese mögliche Vielfalt in der Einheit an. Die Worte Vater sowie Sohn sind Beziehungsbegriffe. Für das „geschaffene" Seiende ist Beziehung immer mit Nichtbeziehungsein vermischt. Eine solche Differenzierung in Gott würde aus ihm zwei oder drei seiende Götter machen. Daher kann das Sein Gottes nur Beziehungsein heißen.

Daraus folgt nun, daß Gott nicht als in sich seiendes Subjekt verstanden werden kann (die psychologische Analogie beachtet dies nicht), sondern nur als eine Person-Gemeinschaft. Als Beziehung ist Gott ein „reines Verhältnis". Er ist nicht der einsame mächtige Potentat, sondern Gemeinschaftsbeziehung. Gott ist so ein Begriff für die Solidarität. Da diese nicht durch Über- und Unterordnung geschieht, ist sie Beziehung, die mit der Liebe identifiziert werden kann. Jeder steht auf gleicher Ebene; sie ist Gemeinschaft Gleicher, und doch sind sie nicht identisch. Die Kommunikation findet nicht deshalb statt, weil der eine etwas hat, was der andere nicht hat, sondern aus der jeweiligen Fülle. Das soziale Gemeinschaftsmodell ist also eher der göttlichen Wirklichkeit analog als das psychologische. Der Unterschied bleibt aber darin bestehen, daß verschiedene Menschen Gemeinschaft untereinander haben, aber sie nicht einfach sind. In aller menschlichen Beziehung ist auch ein Bedürfnis als Mangel enthalten. Dieser ergibt sich daraus, daß wir Menschen eine gegenständliche Dimension haben, Seiende sind. Beim ungegenständlichen Gottesgedanken fällt dies weg. Gott ist kein Seiender. Der Eros als strebendes Bedürfnis ist Agape, Bedürfnis der Liebe. Für die Menschen folgt ethisch daraus, daß sie nur aus der Fülle der Liebe eine Beziehung eingehen und nicht aus eigener Dürftigkeit und Bedürftigkeit, wobei jedoch auch die eigene Not dadurch gewendet werden kann.

Ferner sind echte Beziehungen immer auf gleicher Ebene. Herr-Knecht, Befehl-Gehorsambeziehungen sind depravierte Relationen in der Gesellschaft. Das Wort Geschwisterlichkeit gibt die Begegnung auf gleicher Ebene an. So ist eben in Christus oder besser „im Hl. Geist" kein Unterschied zwischen Frau und Mann, Heide und Jude, Ausländer und Deutschen usw., sondern alle sind in der Einheit gleich und doch je spezifisch unterschieden. So kann es in der christlichen Gemeinde nur Zuordnung und keine Über- und Unterordnung geben. Mit Recht sagt L. Boff, daß Gott das Urbild des Abbildes Kirche sein müßte, in dem es eben keine Hierarchie gibt. Als bedingte Notstandsregelung mag sie für eine kurze Zeit Hilfsdienste leisten, aber nicht für mündige Christen. Eine „dienende" Zuordnung ist freilich keineswegs auszuschließen. Auch wenn die göttliche Gemeinschaft im üblichen Sinne nicht sexuell zu bestimmen ist, so ist es doch wichtig, daß Gott nicht nach Art des Patriarchats verstanden wird. Gerade das mütterliche Element muß beachtet werden, wie es zum Teil beim Hl. Geist zum Ausdruck kommt. Besser als die Typologie von Vater und Mutter ist die der bräutlichen Liebe. In einer echten Beziehung bringt man alles ein, was man ist. Dazu gehören nicht nur der Verstand und das Gefühl, sondern auch die ganze körperliche Dimension. So wie man von der Liebe sagt, daß sie alles ist, so ist es auch bei der Beziehung. Nichts wird ausgeschlossen, wenn sie ganzheitlich ist. Gott schließt nichts aus. Gerade als Geist der Liebe bestimmt und „umfängt" er liebend den ganzen Menschen. Der Mensch aus Fleisch und Blut, aus Verstand und Willen mit all seinen Gefühlen ist bejaht. Das ist ein Sinn der Aussage vom Hl. Geist, der über alles Fleisch ausgegossen ist. Durch ihn wird das absurde Leben sinnvoll, der Mensch existiert in wahrer Freiheit und Solidarität. Wenn dann von einer Wiedergeburt des Menschen durch „Wasser und Geist" gesprochen wird, ist damit der ganze Mensch gemeint, und wenn zum menschlichen Dasein die Welt gehört, dann wird durch den glaubenden, hoffenden und liebenden Menschen die ganze Welt in diese Bewegung einbezogen; ein neuer „Geist" herrscht dann in unserer Welt.

Der christliche Gottesbegriff gibt uns zu denken. Gottes Sein ist Beziehung. Die urchristliche Erfahrung deutet sie in dreifacher Weise. Gott *ist* aber nur, insofern er erfahren wird, d.h. anwesend ist, sich den Menschen mitteilt. Gottes Wesen ist sein Anwesendsein, sein Da-Sein. Die ὀυσία Gottes, seine Substanz, ist Gegenwart, ist bestimmend für den Menschen, d.h., Gottes Dasein ist der Sinn, griechisch als νοῦς gefaßt. Gottes Sein ist das, was menschliches Leben sinnvoll macht. Gottes Sein ermöglicht, das a priori Zweideutige und unsinnige Leben als sinnvoll und daher als Wahrheit und Freiheit zu erfahren. Gott als Beziehung ist nichts „In-sich-Seiendes", sondern alles für uns, unsere Bestimmung, Aussage bejahten Lebens. Daraus folgt die Achtung vor dem Leben des Menschen, die Bereitschaft, ihm Lebensraum zu geben und selbst in Beziehung zu leben. Es ist daher selbstverständlich, daß Absolutheitsansprüche nicht erhoben und Herrschaft nicht ausgeübt werden können und dürfen.

Das menschliche Leben spielt sich in einem „dreidimensionalen Raum" ab, in dem Gottes Sein als dreifaches Beziehungsein gedacht wird. Dadurch wird unser ganzer Lebensraum von der göttlichen Wirklichkeit bestimmt. Gott ist daher, wie wir bereits gesehen haben, als Sinngebung des Sinnlosen in dreifacher Weise zu verstehen. Der Mensch ist in seinem Dasein bejaht. Sein Existieren kann sinnvoll sein. Tritt dies ein, ist er von seinem Ursprung her bejaht, und genau das meint Jahwe – Vater. Der Mensch aber geht aus sich heraus. Die menschliche Sprache ist das charakteristische Zeichen dafür. Er benennt und tritt in den Dialog. Der Mensch ist Sprache, ist Wort. Das Wort führt zum Dialog, aber zugleich auch zum Leid am anderen. Der Dialog, der Einheit bewirken soll, ist Weg dorthin, ist die noch nicht erreichte Verständigung. Daher ist der Mensch noch entzweit und im Leid. Gott ist als λόγος die Sinngebung dieses Leidens. Im Dialog, trotz der Entfremdung, trotz des Leides und der Mühe, ist Sinn möglich. Das Leid am anderen ist nicht sinnlos. Darum wird der göttliche Logos als Anwesenheit Gottes beim Menschen verstanden, der in Jesus Christus als der durchlittene Dialog bis zum Tod verstehbar ist. Der Mensch aber ist nicht nur Wort. Das Wort ist erst dann mit Geist erfüllt, wenn es ein Wort der Liebe ist. So ist der Mensch in die Gemeinschaft gestellt, ist nur, wenn er solidarisch lebt, und wird als Liebender Person. Dasein und Dialog finden erst im πνεῦμα, im guten Geist der Liebe, ihre Wahrheit und ihr Leben. So zeigt sich gerade der Hl. Geist als letzte Sinngebung menschlichen Lebens. In der Liebe ist der ganze Mensch bejaht. Diese Liebe ist die letzte und „nächste" Wirklichkeit Gottes. So meint Gott den dreifachen Sinn unseres Lebens: Im Dasein, im leidvollen Dialog und in der Gemeinschaft der Liebe sind wir bejaht. Diese Beziehung ist das schönste Prädikat des Menschen. In ihm hat der Mensch seine Bestimmung erreicht.

Der dreidimensionale relationale Gott steht für die Sinngebung menschlichen Daseins, menschlichen Leides und menschlicher Liebe. Die zweideutige, kontingente, von Sinnlosigkeit umfangene menschliche Existenz bricht durch diese Gotteserfahrung ihr Gefängnis auf, ist in Freiheit gesetzt, findet die Wahrheit des Lebens und empfängt – sich selbst vollziehend – die Sinngebung des sinnlosen Lebens.

2. Der relationale Gott (Monarchianismus)

2.1. Adoptianische und modalistische Strömungen

Die verschiedenen Formen des Monarchianismus erlangten nie die Bedeutung des Subordinatianismus. Eine wesentliche Grundtendenz aber haben beide gemeinsam: Die monotheistische, absolute Transzendenz Gottes soll gewahrt werden, wenn auch in argumentativ diametral entgegengesetzter Weise. Die Subordinatianisten wollten die Transzendenz des „höchsten" Gottes retten, indem der Sohn und der Heilige Geist als Zwischenwesen diesem Gott untergeordnet werden. Der Monarchianismus kennt diese Mittelwesen nicht; er vertritt eine äußerste Identität Gottes mit sich selbst, die durch keine Beziehung gelockert ist. Die Strömung kommt aus jenen christlichen Kreisen, die streng vom alttestamentlichen Monotheismus her dachten. Tertullian bekämpfte sie heftigst. Er gab ihnen auch den Spitznamen „Monarchianer". Zwei Richtungen traten besonders hervor:

a) der dynamische oder adoptianische Monarchianismus,

b) der modalistische Monarchianismus, der unter den Namen Patripassianismus und Sabellianismus bekannt wurde.

Zu a): Schon der alte Byzantiner Theodot (190 von Papst Viktor I. aus der Kirche ausgeschlossen) vertrat die Ansicht, daß bei der Herabkunft des Geistes Jesus mit göttlicher Kraft ausgestattet und an Sohnes Statt angenommen (adoptiert) wurde. Ausgebaut wurde diese Lehre von Paul von Samosata († nach 272), der der erste Bischof war, der besondere liturgische Gewänder und einen Thron benutzte (als Abbild göttlicher Monarchie). Staatsmann und Kirchenfürst wollte er in einem sein. Der Logos war für ihn eine unpersönliche göttliche Kraft (δύναμις), die in Einheit (ὁμοούσιος) mit Gott zu sehen ist und mit Christus nur eine äußere Verbindung eingegangen ist. Auch Bischof Photinus von Sirmium hielt an dieser Transzendenz Gottes fest. Gott ist für den Menschen nicht wirklich erfahrbar.

Zu b): Der Sohn und der Geist sind nur Modi, Erscheinungsweisen des einen Gottes (daher Modalismus genannt). Einige Päpste bekundeten durchaus Sympathie für diese Richtung. Noët(us), den Tertullian heftig angriff (Adversus Praxeam), und besonders Sabellius (daher der Name Sabellianismus) waren Hauptvertreter. Sabellius (3. Jh. in Rom) dachte von einem abstrakten Gottesbegriff her. Ihn leitete (wahrscheinlich) die Vorstellung von einer heilsgeschichtlichen Folge der Manifestationen Gottes. Gott erscheint unter verschiedenen Masken (πρόσωπα). Durch die Schöpfung offenbart sich Gott im Erscheinungsmodus des Vaters, in der Menschwerdung nimmt derselbe Gott das πρόσωπον des Sohnes an.[327] Daher kann man sagen, daß der Vater gelitten hat, gestorben ist usw.[328] Gerade dadurch meinten diese Theologen, Gottes Jenseitigkeit zu wahren, da es sich bei Vater und Sohn ja nur um Erschei-

---

[327] Um die Identität auszudrücken, verwendet Sabellius das Wort υἱοπάτωρ.
[328] Diese Redeweise brachte ihnen den Schimpfnamen „Patripassianer" ein.

nungsweisen handle. Die Gegner Tertullian, Hippolyt, Novatian und Origenes unterstellten diesem Gottesverständnis einen Immanentismus, der dazu führe, daß Gott zur Weltvernunft werden könne. Dies ist der Fall, wenn Gott mit seiner Erscheinungsform identifiziert wird. Werden aber Vater, Sohn und Geist nur als Ausdrucksweisen des unzugänglichen höchsten Gottes verstanden, dann trifft die Gotteserfahrung des Menschen nicht wirklich Gott. Der Mensch ist auf seine Subjektivität zurückgeworfen, und alle Gotteserfahrung ist Projektion menschlichen Bewußtseins; Gott und Mensch bleiben getrennt. Gott ist unaussprechlich (ἄρρητον), ist der „Ganz Andere", mit dem die menschliche Erfahrung nichts zu tun hat. Dagegen versuchte die Kirche, die Gotteserfahrung, die im NT als dreidimensional zur Sprache kommt, festzuhalten. Die drei Begegnungsweisen sind nicht nur Modalitäten, hinter denen nur Unerfahrbares steht, sondern Weisen der Wirklichkeitserfahrung, der Gotteserfahrung.

Gerade *nach* dem Konzil von Nikaia wurde der Modalismus zur Gefahr, da das ὁμοούσιος ihn begünstigte. Zwar wurde Arius mit diesem Begriff getroffen, dem Sabellianismus aber Vorschub geleistet. Richtig wurde das ὁμοούσιος als „eines Wesens mit dem Vater" verstanden; damit aber war eine Identität möglich, die keinen Unterschied in sich, in der „Wesenheit" zuließ und den Sohn auf eine pure Erscheinungsweise (wie bei Marcell von Ankyra) reduzierte. Der Sohn ist nur ein zeitlicher Erscheinungsmodus, der am Ende der Zeit von Gott (Vater) völlig aufgesogen wird. Der Bereich des Sohnes, sein Reich erlischt im Reich Gottes.

Dagegen fügte das Konzil von Konstantinopel – indem es die Formel aus dem Jerusalemer Glaubensbekenntnis übernahm – ein: οὗ τῆς βασιλείας οὐκ ἔσται τέλος, sein Bereich ist keinem Ende unterworfen. Nicht in der geschichtlichen Erfahrungsweise allein gründet der Unterschied zwischen Vater und Sohn, sondern er ist ewig gültig, grundgelegt im ewigen Hervorgang aus dem Vater: γεννηθέντα πρὸ πάντων τῶν αἰώνων. Dasselbe gilt auch vom Geist. Also nicht nur in Zukunft wird die Unterscheidung von Vater und Sohn andauern, kein Ende haben, sondern auch vor aller Zeit, also in der Vergangenheit, bestand stets dieser Unterschied.

Um den Modalismus auszuschließen, wurde alle Unterscheidung in Gott selbst hineingelegt. Gott ist als Beziehungswirklichkeit zu verstehen und nicht als ein in sich abgeschlossenes Seiendes. Da man diese nur dadurch zu bewahren meinte, daß Gott gleichsam der Zeitlichkeit enthoben wurde, legte man ein erfahrungsfernes Gottesbild zugrunde. Es ist paradox, daß man gerade dadurch die Nähe Gottes zu uns Menschen zu wahren glaubte. Der Mensch hat es wirklich mit Gott zu tun und nicht nur mit Phänomenen, mit πρόσωπα! Um der Geschichtlichkeit Gottes willen wurde jedes Werden ausgeschlossen und Gott in die Ewigkeit verbannt. Die Trinitätslehre hat sich damit vom Ereignis und der Erfahrung losgesagt und der Spekulation Tür und

Tor geöffnet. Ein Schulbeispiel dafür ist das „Symbolum Athanasianum" (D 75).

Nach dem Konzil von Konstantinopel (381) waren die drei *Kappadokier* (Basilius von Cäsarea, Gregor von Nyssa und Gregor von Nazianz) im 4. Jahrhundert die ersten, die systematisch den Begriff Gottes trinitarisch entwickelten. Die entscheidenden Begriffe, um die Einheit und Vielfalt in Gott auszudrücken, waren οὐσία und ὑπόστασις. Bereits Origenes sprach schon von einer οὐσία und drei ὑποστάσεις. Die Kappadokier unterschieden daher das eine Wesen (οὐσία) und die drei Hypostasen. In dem einen Wesen sind Vater, Sohn und Geist eins, in den Hypostasen unterschieden. Noch stärker als im Konzil von Konstantinopel haben wir hier die Ansätze einer rein immanenten Trinitätslehre, die vom Menschen und seiner Erfahrung absieht. Diese gedanklichen Überlegungen müssen sich nicht mehr verifizieren lassen, sondern sind einfach zu glauben.

Im Westen ist der Klassiker der Trinitätslehre, wie wir bereits gesehen haben, *Augustinus*. Fünf Jahre nach Beendigung des Konzils von Konstantinopel, 386, wurde er getauft. Die Weichen waren bereits gestellt. Er sprach von einer *essentia* und drei *substantiae*. Diese Begriffe haben eine Ähnlichkeit mit denen der Kappadokier. Auch er konnte bei diesen Formulierungen auf Tertullian zurückgreifen. Dieser prägte die Formel: *una substantia et tres personae*. Der Sprachgebrauch des Abendlandes sollte dann in der Folgezeit ein Kompromiß zwischen beiden werden. Man sprach von *una essentia* und *tres personae*. Dies ist heute noch die Terminologie der Schuldogmatik: eine Wesenheit (οὐσία, *essentia*) und drei Personen (ὑποτάσεις, *personae*). Der Begriff der Wesenheit (οὐσία) wird aber seit Chalkedon (451) weitgehend durch den Begriff φύσις *(natura)*, Natur ersetzt; ebenfalls erhält das Wort ὑπόστασις, Person, eine eigene Bedeutung.[329]

2.2. Ist Gott „Person"?

Kann man Gott „Person" nennen? Diese Frage kann nur im Raum der Trinitätslehre adäquat gelöst werden. Sie spricht von einem Gott in drei Personen. Wird Gott monarchianisch gedacht, dann haben wir ein absolutes höchstes Wesen, das personal vorgestellt wird, als ein Etwas, das der Welt gegenübersteht. So persönlich Gott auch sein mag, er wird immer als *Gegen-Stand*, als *Gegen-Über* aufgefaßt werden. Wird Gottes Sein allein als Vielheit gesehen, wird er gespalten; tritheistische Tendenzen, die wir im nächsten Kapitel kennenlernen, sind die Folge. Daher ist Gott nicht als Absolutum in se zu denken, das Beziehungen aufnimmt oder hat, sondern sein ganzes absolutes Sein ist Relation. Neben den drei Personen gibt es in Gott keine vierte Größe. Person heißt daher in Gott *reine Beziehung;* Gott ist *absolute Beziehung* oder *absolute Relation*. Sein *Sein in sich oder esse in se* ist *Beziehung,* und als

---

[329] Zur Begriffsklärung: 2. Teil: Jesus Christus, Exkurs: Natur und Person.

Relation ist er in sich, d.h. seine *ganze Wirklichkeit ist Beziehung,* nicht *esse in,* sondern *esse ad.*
Die Relation besagt in ihrer Einheit immer zugleich Vielheit, weil Beziehungsein nicht abgeschlossenes Sein bedeutet, sondern *esse ad,* d.h. Offenheit, Selbstmitteilung, die als dreifache Beziehung gedacht werden kann.

So bedeutet der Person-Begriff in Gott nach traditioneller Lehre *relatio subsistens,* d.h. *absolute* Beziehung oder *totale* Selbsterschließung, vollkommene Offenheit, vollständige Helle, ein Sich-selbst-Überschreiten. Person Gottes, πρόσωπον τοῦ θεοῦ oder ὑπόστασις θεοῦ, heißt: Nichts für sich sein, alles auf das andere hin sein, nicht *ad se,* sondern *ad alium.* Und zwar so, daß kein nichtmitteilbarer Rest bleibt, sondern Ganzhingabe, ganz *Geschenk.* Gott ist absolute Selbstaussage, ist Gabe der Liebe – das heißt: Gott ist „Person".
Wird diese Überlegung prometheisch vom spekulativen Himmel heruntergeholt, dann heißt das: Gott ist „an sich" genauso wie er sich erschließt, wie er sich schenkt. So wie die Menschen ihn als Gabe empfangen, so ist er. Wir Menschen stehen aber immer nur im Umgang mit Vorhandenen, mit vorgegebenen Menschen usw. In dieser Vorgabe ist aber grundsätzlich θεός erfahrbar. Nicht wieder als eine zweite Vorgabe, sondern als Gabe, Geschenk, die im dreifachen Aspekt erscheint.
So ist Gott nichts für sich und daher alles für uns. Im Ereignis, das kontingent, zufällig ist, kann uns absolute Beziehung gegenwärtig werden. Gott ist nicht der Geber dieser Ereignisse, so als stünde er dahinter, sondern die Gabe als das Gute für uns Menschen. In und mit den Gegenständen ist indirekt (wie an Jesus Christus abzulesen ist) Umgang mit θεός möglich. So ist Gott ganz Gabe in den geschichtlichen Ereignissen, die uns begegnen, nicht als „etwas", sondern als absolute Relation, als absolute Offenheit, die als unsere Bejahung erfahren werden kann. Von hier her ist es beinahe selbstverständlich, daß es kein innertrinitarisches *„Du"* gibt. Es ist sinnlos, an ein Du-Sagen von Vater und Sohn zu denken. In diesem Zusammenhang wird eine Aussage wie „Gott ist" sehr zweifelhaft, da auch bei aller Analogie (Gott ist nicht wie ein Tisch, sondern eben anders usw.) immer ein Rest von purem „An-sich-Sein", abgelöst von der Erfahrung, gedacht wird. Sachgerechter ist es, vom Da-Sein Gottes zu sprechen, wie es die Schrift tut. Gott ist da, Gott ist das DA letzter Beziehung, letzten Angenommen- und Bejaht-Seins des Menschen. Das erschließt Zukunft. Die Trinitätslehre ist der Angelpunkt, sowohl die Kategorie des „Du" als auch des „Ist" zu überschreiten, sie kann uns davor bewahren, Gott zu einem Prinzip zu machen. Wenden wir jedoch den heutigen Personbegriff auf Gott an, dann sind wir entweder Tritheisten oder vergegenständlichen ihn. K. Rahner meint dazu: „Ein Begriff dieser Art [= Personbegriff] ist auf jeden Fall für das Glaubenswissen um Vater, Sohn, Geist als den einen

Gott nicht *absolut* konstitutiv. Dieser Glaube kann auch ohne die Verwendung dieses Begriffes bestehen."[330]

Der Unterschied von diesem „Personsein" Gottes und dem menschlichen ist gewaltig. Im Menschen ist es ein *esse in,* d.h. der Mensch ist auch als Person „in-sich-seiend", nicht radikal offen, neben dem Sein für andere auch Sein für sich (selbst), er ist tatsächlich „inkommunikabel", er verweigert Kommunikation. Gott als Person ist aber nicht ein *esse in,* sondern *esse ad,* ist reine Kommunikation. Darin ist die christliche Forderung beschlossen, uns vom *esse ad,* vom Sein für andere zu begreifen und nicht vom *esse in,* das Beschränkung und Egoismus bedeutet. Das Auferstehungsleben haben wir, wenn wir vom „esse ad", vom Sein für andere her existieren, wie der erste Johannesbrief sagt: „Wir sind vom Tod zum Leben hinübergeschritten [d.h. auferstanden], wenn wir die Brüder lieben"(1Jo 3,14).

Ist auf Gott der Personbegriff anwendbar?

In unserem heutigen Sprachgebrauch wohl kaum. Trotzdem kann man von diesem Denkansatz her nicht sagen, daß Gott a-personal wäre. Beide Aussagen verführen leicht zu falschen Vorstellungen. Der Personbegriff kann insofern Hilfe sein, als er vor der Annahme schützt, einem blinden Schicksal ausgeliefert zu sein. Besser als Person könnte von Gott als der absoluten Bejahung des Menschen gesprochen werden, die den Menschen bei aller Gebrochenheit in geschichtlicher Erfahrung Erfüllung schenkt. Oder: Gott bedeutet drei Begegnungsweisen der Wirklichkeit als Gabe. Oder: Gott ist die Erfahrung des dreifachen Bejahtseins des Menschen. Oder: Das Bejahtsein, das im geschichtlichen Ereignis erfahren wird, ist Gott, „göttliche Person". Die Begegnungsweisen sind jeweils verschieden, vielfältig, dreidimensional, insofern wir drei Erfahrungsgruppen zusammenfassen können: 1. Die Welterfahrung, 2. die Erfahrung des Menschen und 3. die Gesellschaftserfahrung.

An-sich-, Für-sich-, Für-andere-Sein – Erfahrungen, die vom väterlichen Gesuchtsein zeugen, von Leid und Einsamkeit des einzelnen, der als Sohn verlassen wird, und von zwischenmenschlicher Liebe, die unsere Gesellschaft umstrukturieren könnte.

3. Der eine Gott (Tritheismus)

Unsere Überlegungen haben uns bereits weit in die Auseinandersetzungen um den Tritheismus hineingeführt. Will man den starren, jenseitigen Monarchianismus überwinden und kein transzendentaler Monotheist sein, dann liegt es nahe, zu einer Dreigötterlehre zu kommen. Diese vulgäre Ansicht bzw. Häre-

---

[330] K. Rahner, Der dreifaltige Gott als transzendenter Urgrund der Heilsgeschichte, in : MS II, 385.

sie ist weit verbreitet. Es kann gefragt werden: Zu welcher Person habe ich eine tiefere Beziehung, zum Vater, zum Sohn oder zum Heiligen Geist?[331] Wird die dreidimensionale neustamentliche Gotteserfahrung objektiviert, dann wird sie in drei objektive Größen bzw. Wesenheiten zerlegt. In der Vielheit ist die Einheit des „göttlichen" Ereignisses nicht mehr gewahrt. Es wird in Nebeneinander-Seiende aufgelöst. In der Vorstellung des Nacheinanders der Gottheiten (Chiliasmus) wird Gott in einen Geschichtsprozeß aufgelöst, in dem die Einheit nicht mehr voll anerkannt wird.

In Frontstellung gegen diese tritheistische Auflösung der Gotteserfahrung war die Kirche geneigt, die Einheit so objektiviert hervorzuheben, daß die drei Dimensionen völlig verblaßten. Dies begann schon im 3. Jahrhundert im Streit der beiden Dionyse, des römischen Bischofs, Papst Dionysius, und des Patriarchen Dionysius von Alexandrien. Die jungen alexandrinischen Kleriker und Priester neigten zum Sabellianismus. Der Patriarch, besorgt um die reine Lehre, verwarf in einem Lehrschreiben an die Jungpriester den Modalismus, indem er mit Origenes auf die drei verschiedenen und unterschiedenen Hypostasen verwies. Seine Gegner warfen ihm daher eine Drei-Götter-Lehre vor. Da griff nun Dionysius von Rom ein, versammelte eine Synode und verurteilte, da er selbst zum Monarchianismus neigte, ohne Namensnennung den Patriarchen von Alexandrien, nahm aber zugleich Stellung gegen den Sabellianismus (D 112ff). Das Kerygma der Kirche, d.h. das θεῖον λόγον wird nur gewahrt, wenn die Monarchie (μοναρχία) Gottes nicht in drei Kräfte (δυνάμεις), nicht in drei getrennte Personen, ὑποστάσεις (!) und nicht in drei Gottheiten, θεότηται, aufgeteilt und aufgelöst wird. Zugleich behauptet er jedoch auch, daß Sohn und Vater nicht einfach zu identifizieren sind. Nur wenn sie nicht identisch sind, kann die θεία τρίας, die göttliche Dreiheit, und nur wenn sie eins sind, kann das Kerygma von der Monarchie Gottes gerettet werden.

Hinter Dionysius von Alexandrien vermutete der Papst die „teuflische Lehre" von Markion, der die heilsgeschichtliche Einheit zerriß und drei Stadien Gottes festsetzte. Ähnlich stark betonte auch das 5. Ökumenische Konzil in Konstantinopel (553) die Einheit Gottes (D 421).[332] Hundert Jahre später, in

---

[331] Die bildende Kunst leistet den tritheistischen Vorstellungen Vorschub: Die drei Männer, die Abraham erschienen und ganz besonders oft auf Ikonen in der Ostkirche dargestellt werden; im Mittelalter die drei Köpfe in einem Leib oder der Gnadenstuhl; heute noch die Darstellung des Hochbetagten (Vater) mit seinem Sohn (bei der Taufe oder am Kreuz) und dem Geist als Taube, der an griechische, orientalische und ägyptische Göttervögel erinnert (Garuda, Horus etc.). Die autokephale äthiopische Kirche (koptisches Erbe) stellt beeindruckend drei gleiche ehrwürdige Männern dar, die nach außen in einem gemeinsamen Akt die Welt schaffen.

[332] Es spricht von einer οὐσία, von einer φύσις, einer δύναμις, einer ἐξουσία und daher von einer θεότης, Gottheit. Diese wird aber in drei Hypostasen bzw. πρόσωπα angebetet. Dieses Wort πρόσωπον (Maske, Rolle, Gestalt, Person) legt nahe, daß die drei Erfahrungsweisen Gottes fast modalistisch gegenüber der einen Gottesnatur verstanden wurden.

der Lateransynode von 649 (gegen die Monotheleten, D 501), bestimmte man noch stärker die Einheit Gottes, so daß der Mensch Gott nicht vielfältig, sondern nur als Einheit erfahren kann. Diese Richtung der völligen Funktionslosigkeit der drei göttlichen Seinsweisen findet 675 in der Kirchenversammlung zu Toledo ihren vorläufigen Höhepunkt. Alles, was immer von Gott bzw. der Trinität *ad extra,* also für uns, *quoad nos,* erfahrbar ist, ist allen drei gemeinsam (D 531). Was immer die Dreifaltigkeit an uns Menschen tut, tut sie gemeinsam, „denn untrennbar sind sie in ihrem Sein und [daher] in ihrem Wirken". Wenn aber die Erfahrung des Menschen nur eine einzige ist, dann sind die drei göttlichen Seinsweisen eben nicht mehr erfahrbar.[333] Was sind sie dann aber außer einer Spekulation? Die Trinität hat sich völlig von der Erfahrung gelöst, ist rein immanent und hat mit den Menschen nichts zu tun bzw. nur als ein Gott, in streng monotheistisch-transzendenter Ausprägung. In der Karolingerzeit begann man diesen einen Gott als *sancta Trinitas* zu verehren.

3.1. Gott wird immer abstrakter

Um die Mitte des 12. Jh. rebellierte noch einmal einer der anziehendsten und interessantesten Gestalten des Mittelalters gegen diese Abstraktion Gottes, *Joachim von Fiore.* In heftigen Angriffen gegen Petrus Lombardus und seine Schultheologie wies er auf, daß die traditionelle Trinitätslehre keine Trinität, sondern eine Quaternität enthalte, nämlich die drei Personen und die vierte Größe, das eine Wesen Gottes. Für ihn ist diese vierte Größe ein moralisches Kollektiv, wie die Kirche und ihre Glieder. In diesem Sinne interpretierte er Jo 17,22. Sein Anliegen war, Gott gleichsam wieder für den Menschen zu öffnen, die immanente Trinität aufzubrechen und in den Erfahrungsbereich hineinzunehmen. Für ihn wurde dies Anlaß zu einer Geschichtsspekulation, die bis heute weitreichende geistesgeschichtliche und politisch-utopische Nachwirkungen hat: In drei Zeitaltern lebt die Menschheit: im ersten, dem des AT, begegnete der Vater; es ist das Zeitalter des Gesetzes, des Fleisches, der Laien und der Ehe; im zweiten, dem des NT, regiert der Sohn; es ist die Zeit der Kirche als Institution, der Sakramente und der Kleriker; dieses wird aber abgelöst durch ein drittes, dem des Heiligen Geistes; es ist rein spirituell, das johanneische Zeitalter. Die Kirche wird Kirche der Armen, die Bergpredigt wird voll erfüllt – jeder ist Mönch. Diese Idee des dritten Reiches reichte politisch bis zum Dritten, „tausendjährigen" Reich der NS-Zeit. Philosophisch beeinflußte sie den Idealismus und die Utopien des Kommunismus.

---

[333] Wenn dies auch die Konsequenz aus der Synode von Toledo ist, so hat sie doch auch wichtige Aussagen gemacht, die den Beziehungscharakter des Gottesbegriffs betonen: 1. Das Zeugungsverhältnis von Vater und Sohn ist weder zwangsläufig noch willentlich, 2. Gott kann von der Zahl (dem Zahlwort) weder erfaßt werden, noch sieht der Gottesbegriff davon ab, 3. Vater, Sohn und Geist sind nicht dieselben, aber dasselbe.

Um die tritheistischen Tendenzen zu unterbinden und die Einheit der geschichtlichen Gotteserfahrung zu wahren, hielt das vierte Laterankonzil 1215 (D 800ff) daran fest, daß es keine *Quaternitas,* sondern nur eine *Trinitas* gibt.[334] Ferner: Alle drei Personen sind von Ewigkeit her und in gleicher Weise: *unum universorum principium.* Die Trinität ist das eine Seinsprinzip von allem. Daher ist auch die Ähnlichkeit des geschaffenen Seins mit der Trinität viel geringer als die Unähnlichkeit (unendliche Differenz) (D 806): *Quia inter creatorem et creaturam non potest tanta similitudo notari, quin inter eos maior sit dissimilitudo notanda*.* So wird gegen Joachim von Fiore nochmals in aller Schärfe die Distanz von Gott und Geschöpf behauptet, so daß dieses die dreifache Beziehung Gottes nicht erfahren kann. Nur die eine Wesenheit, „Gottheit", hat es mit dem Menschen (der ihr seinen Ursprung verdankt) zu tun.

Um der Einheit willen und gegen tritheistische Ansichten wird die dreidimensionale neutestamentliche Gotteserfahrung geleugnet. Ein hoher Preis, der Gottes Relationalität zur Funktionslosigkeit verurteilt. *Opera trinitatis ad extra sunt indivisa* –* Gott handelt nur als Einer! Im Konzil von Florenz (1442) (D 1330) wird jeder Tritheismus noch einmal zurückgewiesen; die bisherigen Lehräußerungen werden zusammengefaßt. „Diese drei Personen sind ein Gott, nicht drei Götter. Denn diese drei sind eine Substanz, eine Wesenheit, eine Natur, eine Gottheit, eine Unermeßlichkeit, eine Ewigkeit und *alles ist eins*,* außer wo die Beziehungen einander entgegenstehen (omnia sunt unum, ubi non obviat relationis oppositio)". Eine totale Einheit in Gott an sich als Wesenheit wird hier festgestellt. Um die drei Personen zu wahren, wird eine einzige Unterscheidung (keine Verschiedenheit) zugestanden: wo die Beziehungen in entgegengesetzter Richtung verlaufen (z.B. sind Zeugen und Gezeugtsein gegenläufige Bewegungen und daher zu unterscheiden). Diese innertrinitarische Unterscheidung der Relationen ist der einzige Grund, warum man nicht von einem Gott in einer, sondern in drei Personen spricht. Der Erfahrungswirklichkeit ist die Trinität damit total entrückt. Der Beziehungsbegriff wird zwar noch auf das Personsein Gottes angewendet, so daß Gott als Person reine Beziehung besagt, aber diese wird nur innerhalb der Gottheit gesehen, die als Wesenheit begriffen wird.

Aufgrund des gewandelten Personbegriffs der Neuzeit und seiner gleichzeitigen Weiterverwendung in der Trinitätslehre konnte der Tritheismus wieder aufleben. *Günther* († 1863), an Hegel gebildet, verdreifachte die göttliche Substanz, die er als Bewußtseinsbeziehung auffaßte. Wenn man nun drei Selbstbewußt-Seiende ansetzte und in Gott drei geistige Aktzentren konzipierte, konnte die Drei-Personen-Lehre als Drei-Götter-Lehre verstanden wer-

---

[334] Von der 11. Kirchenversammlung von Toledo übernahm das Konzil die Formulierung (die auf Gregor v. Nazianz zurückgeht), daß Vater, Sohn und Geist zwar *alius* (andere) sind, aber nicht *aliud* (nichts anderes). Jeder der Drei ist das eine Wesen, *quaedam summa res.* Alle Geschichte hat daher nur einen Ursprung und kann nicht in verschiedene Perioden aufgeteilt werden, die jeweils einer „Person Gottes" zukommen.

den. Darum lehnte Barth den Person-Begriff für Gott völlig ab und sprach von drei göttlichen Seinsweisen. Rahner spricht von „drei distinkten Subsistenzweisen."[335] So abstrakt die Ausdrücke klingen mögen, sie zeigen die ganze Problematik des Person-Begriffs an und die Erfahrungslosigkeit eines jenseitigen Gottes, der im Himmel drei-persönlich ist und von dem wir nicht nur keine Erfahrung haben, sondern auch gar nicht haben können, wie aus den kirchlichen Lehrdokumenten hervorgeht.

Das Zurückdrängen des Beziehungsgedankens in der Gottesvorstellung machte Gott immer mehr zu einer nicht erfahrbaren, abstrakten Idee, die der Atheismus des 19. Jahrhunderts endgültig zu erledigen meinte.

3.2. Zur Trinitätsspekulation

Bevor wir uns der „Beweisbarkeit" Gottes und der Konfrontation kirchlicher Lehräußerungen mit dem Atheismus zuwenden, muß noch einiges zum Verständnis der spekulativen Trinitätslehre gesagt werden. Ein lateinischer Merkspruch dazu heißt: *quinque sunt notiones, quatuor sunt relationes, tres sunt personae, duae sunt processiones, unus est Deus, nulla est probatio, haec est sancta Trinitas.*[336] Die fünf Notionen sind personale Eigentümlichkeiten Gottes, die Gott nicht als Gott zukommen (wie das beim Begriff der Allmacht, Allgegenwart, Allgüte usw. der Fall ist, die jeder Person gleich zukommt), sondern nur einer oder zwei Personen, nämlich: Ungezeugtsein, Zeugen, Gezeugtsein, Hauchen und Gehauchtsein. Der Vater (und der Geist) sind ungezeugt, der Vater allein zeugt, der Sohn ist allein gezeugt, der Vater und der Sohn hauchen den Geist, und der Geist ist allein gehaucht. Von diesen fünf Notionen scheidet das Ungezeugtsein als positive Setzung aus, da es nur ein negativer Begriff ist. Ungezeugtsein sagt weder Geben noch Empfangen aus, ist als ein reiner Begriff ohne einen relationalen Vollzug in Gott zu setzen.

Daher gibt es nur vier reale Relationen: vierfach bezieht sich Gott auf sich selbst: Er zeugt als Vater, ist gezeugt als Sohn, haucht den Geist und ist als Geist gehaucht. Das Entscheidende bei diesen Überlegungen ist, daß die Vielfalt Gottes als reine, reale Beziehung gesehen wird. Der Personbegriff wird von der Beziehung her bestimmt.

Eine Beziehung unterscheidet sich wirklich (real) von einer anderen, wenn sie die entgegengesetzte Richtung einnimmt. Die Beziehung des Gebenden zum Empfangenden ist eine, auch wenn er öfters gibt; die Beziehung des Empfangenden zum Geber ist eine andere, auch wenn er öfters empfängt. Da nun das Hauchen gegenüber dem Zeugen und Gezeugtsein keine gegenläufige Beziehung besagt, ist die Hauchung nicht wirklich von Zeugen und Gezeugtsein unterschieden, sondern nur gedanklich, obwohl sie eine echte Beziehung zum

---

[335] K. Rahner, a.a.O., 389, 392.
[336] Fünf Grundeigenschaften sind in Gott, vier Beziehungen, drei Personen, zwei Hervorgänge; ein einziger ist Gott, für ihn gibt es keinen Beweis – das ist die Heilige Dreifaltigkeit.

Geist aussagt. Daher also gibt es nur drei Personen in Gott: Zeugen (Vater), Gezeugtsein (Sohn) und Gehauchtsein (Geist). „Person" ist nichts anderes als eine reale Beziehung, die auf das bzw. den anderen ausgerichtet ist. Diese drei realen „Personen", die auch als *relationes subsistentes* bezeichnet werden, d.h. als „In-sich-seiende-Beziehungen", sind aber nicht alle hervorgegangen, sind nicht alle „Prozessionen" oder „Emanationen", sondern allein das Gezeugtsein (Sohn) und Gehauchtsein (Geist) sind Hervorgänge aus dem Vater, der zeugt. So gibt es also gleich dem menschlichen Geist, aus dem das Erkennen und Wollen hervorgeht, nur zwei Hervorgänge in Gott: den Logos (Wort, Sohn) und die Liebe (Geist). Diese Vielfalt ist kein Nebeneinander, sondern ein *Ineinander* (Perichorese), d.h. sie existiert nur als Einheit. So ist θεός einer in vielfältiger Weise. Es gibt dafür insofern keinen Beweis, als alle Beweise Gottes zweideutig bleiben.

So abstrakt und spekulativ diese Deutung der Dreifaltigkeit auch sein mag, bleibt sie doch Ausdruck einer Erfahrung des Menschen, daß nämlich Beziehung Person stiftet und Gott nur als eine reine Beziehung verstanden werden kann, wenn von ihm „Personsein" ausgesagt werden soll. Gott ist ein Beziehungsgeschehen. Wird dies Ereignis, ist menschliches Dasein erfüllt, da es nur so zu sich selbst finden kann. Nicht in einem „Etwas", und sei es noch so göttlich, findet der Mensch seinen „Grund", sondern nur in der Aufgabe des festen an-sich-seienden Grundes und in der Aufnahme der Beziehung. In ihr kann Gott geschehen.[337]

4. Die Gottesbeweise

Bereits Aristoteles glaubte, atheistischen Tendenzen wehren zu können, indem er einen wissenschaftlichen Gottesbeweis führte. So wollten die christlichen Theologen auf verschiedene Weise und unterschiedlichen Wegen rational Gott ergründen und für seine Existenz einen Beweis liefern. Der spezifisch christliche „trinitarische" Gottesbegriff spielt dabei kaum eine Rolle. Das ist auch das Verhängnis dieser Beweise.

---

[337] G. Greshake, Der Dreieinige Gott. Eine trinitarische Theologie, Freiburg 1997. Bei vielen guten Details ist die Trinität als Gemeinschaft seiender Subjekte verstanden. Gott ist „Handlungssubjekt" (61); „Gott (tritt) in voller Freiheit durch sein Wort und seinen Geist als geschichtsmächtige Subjekte in das Wechselspiel der ... Geschichte ein" (306). Das mag verdeutlichen, wie sehr von einer genuinen Erfahrung abstrahiert und die biblische Botschaft verkannt wird. Trinitarische Spekulationen klingen wie theologische Märchen. Sie mögen die Phantasie anregen und als imposante Dichtung erscheinen. Von einer möglichen Gotteserfahrung legen sie kein Zeugnis ab. Vgl. J. Werbick, Gottes Dreieinigkeit denken?, in: ThQ 176, 1996, 225-240.

4.1. Gott als unveränderliche Wahrheit

Vor allem versuchte Augustinus (354-430) einen Gottesbeweis zu erbringen, um das Christentum vor der menschlichen Vernunft auszuweisen. Die Existenz Gottes ist für ihn selbst keine Frage. „Ich habe immer geglaubt, daß du bist und für das Unsrige Sorge trägst, auch wenn ich weder wußte, was über dein Wesen zu denken sei noch welcher Weg zu dir führte oder zurückführte."[338] Dieser Glaube, der entscheidend ist, ist für Augustinus durch eine Autorität bewirkt. „Was wir glauben, (verdanken wir) der Autorität."[339] Diese Autorität ist für ihn die Institution Kirche, mit der bischöflichen Sukzession. Durch sie wird das Wort der Hl. Schrift vertrauenswürdig. Die Kirche steht höher als die Autorität der Vernunft.[340] „Der Glaube geht voran, die Einsicht folgt nach."[341] Das von Anselm später ausgesprochene „credo ut intelligam", findet sich bereits bei Augustinus. „Wenn du nicht einsehen kannst, so glaube, damit du einsiehst" (crede ut intelligas).[342] So meint Augustinus, daß der Glaube notwendig ist, um von Gott zu sprechen. „Keiner wird fähig, Gott zu finden, wenn er nicht vorher geglaubt hat, was er nachher denken wird."[343] Augustinus weicht von Platon ab, insofern der Bezug zur Außenwelt entscheidend ist. Ich muß vom anderen empfangen, wenn auch in autoritärer Form, um zu mir selbst und zur Einsicht zu kommen. Wenn diese Bedingung, conditio sine qua non, erfüllt ist, dann kann ich mich ganz auf meine Existenz konzentrieren. Meiner Existenz werde ich durch den Denkakt gewiß, denn im Denken erfahre ich mein Dasein. Das Denken allein gibt mir Gewißheit. So wie es mir die Gewißheit der eigenen Existenz vermittelt, so auch allein das Wissen um Gott. Wenn ich also Gott beweisen kann, dann nur im Denkakt, weil dieser allein Sicherheit vermittelt. In der Vernunft, in der Innerlichkeit des Menschen, bei unserer Schau in uns selbst, finden wir die Idee des Wahren und Guten. „Geh nicht nach außen, geh in dich selber zurück; im inneren Menschen wohnt die Wahrheit."[344] Die Vernunft ist das Höchste im Menschen, höher als das Leben, höher als das Sein, denn dies kommt allen zu und das Leben vielen, die Vernunft aber nur den Menschen. Daß sie das höchste ist, wird dadurch klar, daß die Vernunft Urteilskraft besitzt; selbst aber wird sie von keinem in der Welt erfahrbarer Dinge beurteilt. „Es ist kein Zweifel, daß der, der urteilt, besser ist als der, über den er urteilt." Nun, fragt Augustinus weiter, ob es etwas Vorzüglicheres als die Vernunft, den Denkakt, gäbe? Wir machen die Erfahrung, daß unsere Vernunft nicht ewig und nicht unveränderlich ist. Was aber ewig und unveränderlich ist, ist seinsmäßig höher als unsere Vernunft. Wir finden *in* unserer konkreten Vernunft, ja, in jeder

---

[338] Augustinus, Conf. VI, 5,8.
[339] De utilitate aredendi, 11,25.
[340] De moribus I, 25,47.
[341] Sermones 68,1.
[342] Ebd.
[343] De lib. arbitrio II, 6,18.
[344] De vera relig. 39,72,202.

558

Vernunft, die Ideen des Wahren und Guten. Diese Ideen finden sich in der Logik (Mathematik), Ästhetik und Ethik (Religion). Die Wahrheit der Zahl (2 + 2 = 4) ist unwandelbar und ewig, sie kann nicht anders sein. Diese Wahrheit aber ist nicht die Wirkung der individuellen Vernunft, vielmehr ist sie allen gemeinsam gegenwärtig. Ich bin also nicht die Ursache der Wahrheit. „Die Wahrheit ist daher nicht meine oder deine Wahrheit, noch die eines dritten, vielmehr ist sie unser aller Wahrheit."[345] So finden wir in unserer Vernunft eine Wahrheit, die ewig, unwandelbar, notwendig und allgemein ist, also eine „veritas aeterna".

Die Wahrheit, in der das höchste Gut gesichtet wird, ist die Weisheit. Sie zielt auf das Glück des Menschen. „Bevor wir glücklich sind, ist doch schon unserem Geist der Begriff des Glücks eingeprägt; denn durch diesen wissen wir und sagen es zuversichtlich und ohne irgendeinen Zweifel, daß wir glücklich sein wollen."[346] Das Glücksstreben ist daher allen gemeinsam! Da alle das höchste Gut anstreben, ist dieses eines, so wie die Wahrheit allgemein. „Wenn das höchste Gut für alles eines ist, dann muß auch die Wahrheit, in der es gesichtet und erfaßt wird, d.h. die Weisheit, für alle eine gemeinsame sein."[347] Was für die Wahrheit, die Weisheit und das Gute gilt, das gilt auch für die Gerechtigkeit. Das allen gemeinsame, ewig, unwandelbare Wahre und Gute geht über unseren individuellen Geist hinaus. Unser Geist ist wandelbar. Aber mittels der Wahrheit können wir auch über unseren Geist urteilen, nicht jedoch über die Wahrheit selbst. Unser Urteil bezieht sich auf einen Gegenstand, ob diesem oder jenem Wahrheit zukommt. Daher ist die Wahrheit erhabener und vollkommener als unser Geist und unsere Vernunft. Keiner von uns kann also der Grund, die Ursache der Wahrheit und des Guten sein, sondern wir haben nur Anteil daran. Der Ursprung von allem Wahren muß daher die Wahrheit selbst, ipsa veritas, sein. Das Gleiche gilt für das Gute. Die Wahrheit selbst aber ist Gott. „Deus est enim veritas." „Wenn es ... etwas Vorzüglicheres (als die Wahrheit) gibt, dann ist jenes umso eher Gott; wenn aber nicht, dann ist die Wahrheit selbst bereits Gott. Mag also jenes zutreffen oder nicht (daß es über der Wahrheit noch etwas gibt), du wirst dennoch nicht leugnen können, daß Gott ist."[348] So schließt also Augustinus vom Gedanken einer in sich selber bestehenden Wahrheit auf die Erkenntnis des Daseins Gottes. Genau den gleichen Schritt macht er bezüglich des Guten. „Sicherlich liebst du nur das Gute. Gut ist aber die Erde durch ihre hohen Berge, durch die ... Hügel und die weiten Felder ... gut ist ein ... freundliches und farbenfrisches Antlitz, gut ist die Seele eines Freundes, der durch ... treue Liebe uns beglückt, gut ist ein gerechter Mann, gut sind die Reichtümer ... gut ist ein Gedicht ... Es gibt dieses und jenes Gut. Nun nimm dieses und jenes Gut weg und schaue das Gute selbst, wenn du kannst, so wirst du Gott erkennen, der

---

345 Conf. 12,25.
346 De lib. arbitrio II, 5,12,39ff.
347 Ebd.
348 Ebd.

nicht durch ein anderes Gut gut ist, sondern jenes Gut ist, von dem jegliches Gut kommt. Von all den Gütern ... würden wir, wenn wir wahrheitsgetreu urteilen, das eine Gut nicht besser als das andere heißen, wenn uns nicht der Begriff des Guten selbst eingeprägt wäre, das uns der Maßstab ist, nach dem wir ein Gut für höher als das andere ansehen. So ist Gott zu lieben, nicht als dieses oder jenes Gut, sondern als das Gut selbst ... Es gäbe darum keine veränderlichen Güter, wenn nicht ein unveränderbares Gut existierte ..., wenn du nämlich von diesem und jenem Gut hörst, dann siehst du zugleich das Gute selbst ... Wenn du also über diese Teilgüter das Gute selbst in sich zu erkennen vermagst, dann hast du Gott geschaut."[349] Aus der Gewißheit der inneren Erfahrung, der Ideen des Wahren und Guten, kann ich Gewißheit über die Existenz Gottes erlangen, denn ich bin nicht der Grund und die Ursache der ewigen, allgemeinen Wahrheit und des Guten, das ich in mir erfahre.

Daraus schließt nun Augustinus, daß die wahre Wirklichkeit nicht die Welt des Sichtbaren, sondern die Ideenwelt ist. Gott ist daher „das eine, ewige, wahre Wesen (substantia)"[350], er ist das höchste Seiende „summa essentia"[351]. Weil das Nichtsein in keiner Weise zu ihm gehört, ist er das Sein selbst „idipsum esse"[352]. Gott ist Wahrheit und Güte und ist „die einzig unveränderliche (incommutabilis) Substanz (substantia) oder Wesen (essentia)"[353]. Da wir alle das höchste Gut anstreben, ist unser Herz unruhig, bis es in Gott ruht.[354] Gott ist nicht nur die erste Wahrheit, sondern auch das höchste Gut, das unwandelbar ist (summum bonum).[355] Weil Gott aber nicht unmittelbar erfahrbar ist, sondern als Grund meiner Wahrheit, die ich erkenne und des Guten, das ich in mir spüre, ist er „höchst verborgen", „unbegreiflich und unsichtbar" und „unaussprechlich", so daß wir vor Gott in Schweigen uns beugen müssen; er ist das unveränderliche Licht. So kann Augustinus sagen, daß Gott als Wahrheit in meiner Seele ist. Sie ist aber nicht göttlich, weil veränderlich. Er ist „innerlicher als mein Innerstes und höher als mein Höchstes"[356]. Dieses höchste Wesen, Gott, ist als Ursache und Grund von allem zu erkennen. Wir steigen vom Vorhandenen auf zu jener höchsten Ursache oder zum höchsten Urheber oder zum höchsten Ursprung aller Dinge. Und Augustinus meint weiter: Die Platoniker stimmen mit uns überein in der Frage nach dem einen Gott, „dem Urheber dieses Universums, der nicht bloß über alle Körper hinaus unkörperlich ist, sondern auch über alle Seelen hinaus unvergänglich, unser Ursprung, unser Licht, unser Gut"[357].

---

[349] De Trini. VIII, 3,4-5.
[350] Solil. I, 1,4.
[351] De vera relig. 14,28,75.
[352] De moribus 14,24.
[353] De Trini. V,2,3.
[354] Conf. I,1,1.
[355] Vgl. Solil. I,1,6; De civ. Dei 12,1.
[356] Conf. III,6,11.
[357] De civ. Dei VIII,10.

Unsere Welt und die Welt Gottes werden aber durch den Gedanken der Verursachung auseinandergerissen und zu zwei unterschiedlichen Welten. „Ich fragte die Erde, und sie sprach: Ich bin es nicht (sc. Gott) und alles, was auf ihr ist, bekannte das gleiche. Ich fragte das Meer und die Abgründe ... und sie antworteten: Wir sind nicht dein Gott, suche höher, als wir sind. Ich fragte die wehenden Winde, und den gesamten Luftbereich ..., und sie sprachen: Die Meinung des Anaximenes ist falsch; ich bin nicht Gott. Ich fragte den Himmel, die Sonne, den Mond und die Sterne, und sie antworteten: Auch wir sind nicht Gott, den du suchst ... Und mit lauter Stimme riefen sie (alle): Er hat uns geschaffen"[358]. ... „Dies haben hochgesinnte Philosophen gefragt, und sie haben aus dem Kunstwerk der Welt den göttlichen Künstler erkannt."[359]

Nach Augustinus gibt es nur zwei Möglichkeiten, von Gott zu sprechen: Entweder identifiziert man die Welt mit Gott, was er für falsch und widersprüchlich hält, denn unsere Welt ist veränderbar; oder Gott ist allein der Grund und die Ursache von allem. Dadurch wird die Gotteserkenntnis auf das (logische) Beweisverfahren festgelegt, das mittels des metaphysischen Kausalprinzips gelingt. Daß Gotteserfahrung in und mit den veränderlichen Geschehnissen des Lebens und der Welt möglich ist, wird nicht mehr philosophisch gedacht.

Bei Augustinus wird dies so radikalisiert, daß Gott die absolute Ursache von allem wird. Er ist Urheber der ganzen Natur. Nicht aus einem Chaos oder aus sonst einem Seienden oder Möglichen schafft Gott, sondern „aus dem Nichts hast du Himmel und Erde erschaffen"[360]. Er ist der Werkmeister, der keine partielle Ursache neben sich duldet, nur das „schlechthinnige Nichts". Gott ist daher das Prinzip aller Dinge, ohne selbst irgendein Prinzip, eine Ursache zu haben. Deus est „omnium rerum prinicipium sine principio"[361]. Wenn Gott die Substanz und das Wesen ist, durch das alles geworden ist, wenn er also der Schöpfer von allem ist, ist Gott dadurch von der Schöpfung abhängig? Nein. Allein durch die Tat seines Willens ist die Welt. „Gottes Wille ist selbst die Ursache von allem, was ist."[362] Gott steht also weder im strengen Sinne in einem Seinszusammenhang mit der Welt noch ist er im platonischen Sinne Seinsgrund als Sinn der Welt, sondern Verursacher aller Wirklichkeit. Er ist ein radikales Gegenüber zur Welt.

In dieser Beweisführung wird vorausgesetzt: 1. Daß unsere Welt einer Begründung mittels des metaphysischen Kausalprinzips bedarf und 2. daß die unveränderliche Wahrheit als Grund von allem zu postulieren ist. Bei Augustinus wird sie zum Allgemeinbegriff, der das Abstrakteste ist und dem eine Subsistenz zuerkannt wird, die mit Gott identisch ist. Die Idee in mir bietet

---

[358] Conf. X,6.
[359] Sermo 141,2.
[360] Conf. XII,7,7.
[361] De Ordine II,516.
[362] De Generi ad Manichaeos I,2,2.

die Sicherheit der Wahrheit Gottes. So wie die Autorität der Kirche als allgemeine den Glauben absichert, so nun die allgemeine Wahrheit in mir, das Wissen um Gott. Die Wahrheit wird ganz von der Sicherheit und Absicherung her verstanden; ein Prozeß des Werdens von Wahrheit kann nur sekundär sein, die Wahrheit und Gott sind unveränderlich und ewig. Augustinus geht davon aus, daß Dinge, Menschen und Ereignisse als gut zu bestimmen sind. Anstatt die Erfahrung des Guten an und in den Dingen als ein göttliches Ereignis zu verstehen, negiert er die Erfahrung und mit ihr die Dinge selbst. Dadurch gelangt er zum Guten an sich. Die Abstraktionsfähigkeit gibt ihm das Recht, von Veränderung und Werden abzusehen und nur vom Wahren und Guten an sich zu sprechen. Auch dieses beläßt er nicht in den Dingen selbst, sondern trennt sie von ihnen und spricht dem Abstrakten an sich Existenz zu. Unter dieser Voraussetzung der Existenz einer Ideenwelt existiert auch Gott, weil er mit der höchsten ewigen Idee des Wahren und Guten identifiziert wird. Wenn aber das Allgemeine nur im Konkreten ist, und die Wahrheit gerade nicht abstrakt, sondern konkret ist, dann ist das Allgemeine auch kein Seiendes für sich. Ist es aber kein Seiendes an-und-für-sich, dann wird dieser Gottesbeweis äußerst fraglich und hinfällig. Für Augustinus, der an Gottes Dasein nicht zweifelt, spielt das letztlich auch keine entscheidende Rolle. Was uns aber dadurch überliefert wurde, ist ein statischer Gottesbegriff, der in einer unveränderlichen Wahrheit, deren Autorität die Kirche ist, gründet. Wahrheit wird abgesichert und Gott bewiesen als Ursache. Der Weg der philosophischen Abstraktion, durch Platon und Aristoteles initiiert, wird konsequent in der christlichen Kirche durchgehalten, so daß selbst die Bibel, wie Augustinus ausdrücklich sagt, eine untergeordnete Rolle spielt.

Nun war aber Augustinus Christ, und zu seiner Zeit war die biblische Vorstellung von Gott als Vater, Sohn und Geist bereits in der Weise der Trinität entwickelt. Die Vorgabe der Kirche wird nicht kritisch befragt, sondern gläubig angenommen. Er fragt nicht nach dem Sinn der Dreifaltigkeit Gottes und ihrer Bedeutung für den Gottesbegriff. In seinen Überlegungen geht er von dem einen unveränderlichen Gottwesen aus. Der eine und einzige Gott, das eine Gottwesen, ist für ihn dreifach. Die Trinität ist gegenüber dem philosophischen Gott das Abgeleitete. Der Gottesbegriff wird durch die Dreifaltigkeitslehre nicht verändert, sondern durch sie kommt etwas dazu, was einer zusätzlichen Erklärung bedarf. Damit mehrt sich das Geheimnis um die Gottheit. Im Rahmen seiner „Innerlichkeitslehre" deutet Augustinus den dreieinigen Gott. Bilder und Gleichnisse und Analogien finden wir in unserer Welt für diesen Gott. Die Dreieinigkeit wird uns in den Werken offenbar. Alles Seiende hat trinitarische Grundstruktur, wie z.B. die drei Dimensionen der Wirklichkeit. „Jedes Ding (besitzt) … zugleich dieses Dreifache …: Daß es ein Eines ist / nach seiner eigentümlichen Art von den übrigen unterschieden wird / und aus der Ordnung der Dinge nicht heraustritt".[363] Vor allem unser Geist ist dreige-

---

[363] De vera relig. VII,13.

staltig. „Wir finden im Menschen eine Dreiheit, nämlich den Geist, die Erkenntnis, in der er sich erkennt, und die Liebe, in der er sich liebt".[364] Aber auch die dreifache Struktur der Liebe: Ich, was ich liebe und die Liebe selbst[365] – diese drei sind eins. Oder: Sein, Erkennen, Wollen, „ich bin, ich weiß, ich will"[366]. Besonders verweist Augustinus auf das Gedächtnis, die Einsicht und den Willen. „Diese drei sind dadurch eins, daß sie ein Leben, ein Geist, ein Wesen sind; ... sie sind aber dadurch drei, daß sie aufeinander bezogen werden."[367]

Was geschieht durch diese trinitarischen Bilder? Die eine unveränderliche, philosophisch erkannte Wesenheit und Substanz Gottes wird zum Gefängnis des drei-persönlichen Gottes. Daß Augustinus überhaupt von drei Personen in Gott sprechen konnte, ermöglicht der Relationsbegriff.[368] Er ist aber in die Innerlichkeit oder in das innere Leben des monarchisch-monotheistischen Gottes eingeschlossen. Dadurch wird die trinitarische Vorstellung für eine Gotteserfahrung nicht relevant. Die Trinität wird zum Glaubensgeheimnis, das noch unerfahrbarer ist als das Gottwesen als Ursache von allem. Bereits bei Tertullian wird der christliche Gott als ἕν, als eines, als eine Substanz dargestellt, die innerhalb ihrer Grenzen drei-persönlich ist. Die abstrakt-philosophische Grundposition und mit ihr die eine abstrakte Gottheit wird dem trinitarischen Verständnis übergeordnet. Wird das Wesen, als das Allgemeine, als das Primäre angesehen, dann ist das Personsein das Abgeleitete. Wenn es sich aber umgekehrt verhält, daß das personale Element primär ist, dann ist das allgemeine „Wesen" das Sekundäre. Das hat Auswirkungen auf das Verständnis des Menschseins. Ist das allgemeine Menschenwesen primär und der konkrete Mensch nur ein Exemplar der Species, dann ist der einzelne Mensch eine vernachlässigbare Größe. Ist hingegen das Personsein des konkreten Menschen das Entscheidende, kann er niemals für das Allgemeine verzweckt werden. Augustinus stellte die Theologie auf den Kopf und schlug einen falschen theologischen Weg ein, von dem sich die Kirchen bis heute nicht trennten. Die psychologische Trinitätsanalogie verhindert eine soziale Trinitätslehre, in der Gott als Gemeinschaft verstanden wird. Gott ist kein subsistierender Allgemeinbegriff, sondern Gemeinschaft! Gott drückt eine Gemeinschaft aus, die durch Beziehungen konstituiert wird. Gemeinschaft ist ein relationaler Begriff. So wäre gerade die Personengemeinschaft das Ebenbild Gottes, wie es durch die Zwei, Mann und Frau, als „Mensch" angedeutet ist. Personengemeinschaft ist wesentlich ohne Privilegien, ohne Abhängigkeiten und ohne Über- und Unterordnung. Sie ist Annahme des anderen als anderer und daher Solidarität. Von einer solchen Trinitätslehre, die nicht eine

---

364 De Trini. XV,6,10.
365 Ebd., IX,2,2.
366 Vgl. Conf. XIII,11,12.
367 De Trini. X,11,18.
368 De Trini. V, 5,5; vgl. K.-H. Ohlig, Ein Gott in drei Personen? Vom Vater Jesu zum „Mysterium" der Trinität, Mainz 1999, 90ff.

μοναρχία, eine Alleinherrschaft und einen „Mono-Theismus" darstellt, sondern den Bereich Gottes (βασιλεία τοῦ θεοῦ) verkörpert, in dem Gott eben Gemeinschaft ist, könnte sich ein neuer Gottesbegriff bilden, in dem das Beziehung-Sein und nicht die Substanz oder Subjektivität das Grundlegende ist. Gotteslehre hätte etwas mit Gemeinschafts- und Gesellschaftslehre zu tun und könnte in den Grenzen echter Gemeinschafts- und Heilserfahrung verhandelt werden. Die Erfahrung von Gemeinschaft, von Beziehung, in der Gutes (Heil) für den und die Menschen geschieht, könnte die reale Erfahrungsbasis für einen Gottesbegriff sein, der Gemeinschaftsfunktion und auch gesellschaftskritische Funktion besitzt. Ein solcher Gott könnte in menschlicher Solidarität als solidarischer Gott erfahren werden, der nicht im Begründungszusammenhang fungiert, so daß er vielleicht Gemeinschaft begründet, sondern indem Gemeinschaft durch ihn qualifiziert, bestimmt wird, so daß Gott eine Aussage von menschlich-gesellschaftlicher Intentionalität ist; Gott kann vom solidarischen Menschen ausgesagt werden.

Der vorliegende Monotheismus des Augustinus bewirkt Herrschaft; das „höchste Wesen" ist die Spitze einer Hierarchie. Ein echtes trinitarisches Gottesverständnis könnte Gemeinschaft Gleicher (An-archie) bewirken, indem Gott von dieser Relationalität ausgesagt wird. Die Priorität der Wesensbetrachtung schloß diese Denkmöglichkeit jedoch aus. Die Art und Weise, wie Gott aufgewiesen und bewiesen wurde, wurde „secundum sanctum Platonem et Aristotelem" beibehalten, ja im Mittelalter durch Anselm von Canterbury (1033-1109) auf die Spitze getrieben. Sein *ontologischer Gottesbeweis* stand der neuzeitlichen Philosophie von Descartes bis zum deutschen Idealismus Pate; akzeptiert und modifiziert durchgeführt von Descartes und Leibniz; abgelehnt als Kern aller möglichen Gottesbeweise von Kant, positiv bewertet von Hegel.

4.2. Die Gottesidee schließt seine Existenz ein

Anselm greift die platonisch-augustinischen Gottesbeweise auf und schließt aus der Güte der Dinge auf das höchste Gut, das Grund und Ursache ist; alles hat teil an der göttlichen Güte; die Ordnung der Dinge, die verschiedenen Grade der Vollkommenheit lassen den Schluß auf eine Substanz, bzw. Wesenheit zu, die durch sich selbst höchst vollkommen ist. Aber auch das Dasein selbst ist nicht aus sich selbst, sondern gewirkt, durch eines, das durch sich selbst ist und daher in höchstem Maß das Sein. Diese drei Beweisgänge bringen nichts wesentlich Neues. Sie gehen von einer Erfahrung aus, übersteigen diese mittels des logischen Begriffs und schließen aufgrund eines metaphysischen Kausalprinzips auf die Ursache von allem, die Gott genannt wird. Im ontologischen Gottesbeweis verzichtet Anselm auf die Erfahrung und das darauf folgende Schlußverfahren, weil es nicht genügend Sicherheit bietet.[369]

---

[369] Anselm v. Canterbury (Proslogion, Kap. 2), Gottesbeweise aus dem Begriff Gottes: „Also, Herr, der du die Glaubenseinsicht gibst, verleihe mir, daß ich, soweit du es nützlich

Fides quaerens intellectum – der Glaube sucht das Verstehen – ist sein Grundsatz und credo ut intelligam – ich glaube, damit ich verstehe. Anselm hält es für möglich, alles rational einzusehen. Zwar gilt dies nicht in jeder Hinsicht für die Wesenheit der Dinge, wohl für ihr *Daß*, ihre Existenz. So beweist er in seinem Werk „Cur Deus homo", daß Gott Mensch werden mußte (wegen der Unendlichkeit der Sünde!) und daß Gott sein muß, auch wenn wir seine Wesenheit nicht klar und gewiß erkennen. Wie geschieht dies nun?

Wir bilden einen reinen Begriff, eine Idee eines Seins (ὄν!) „über das hinaus nichts Größeres gedacht werden kann" (esse aliquid quo nihil maius cogitari possit). Wir finden also in uns das Sein (ὄν) einer Idee des größten Seienden. Auch ein Tor, ein Atheist versteht sofort, daß diese Idee, über die nichts mehr Höheres gedacht werden kann, als Gott bezeichnet wird. Man kann also mit der allgemeinen Übereinstimmung rechnen, daß Gott das ist, über das hinaus nichts Größeres gedacht werden kann. Damit ist aber vorerst nur der Begriff (einsichtig) gebildet; über die Existenz dieser höchsten Idee ist noch nichts ausgesagt. Was enthält nun notwendig diese Idee selbst? Wenn dieses Etwas, über das nichts Höheres gedacht werden kann, nur eine Idee ohne Realität ist, dann könnte man etwas denken, das höher ist als dieses; dann aber liegt ein Widerspruch vor: Einerseits wäre es die höchste Idee, andererseits aber, wenn sie nicht wirklich existiert, läßt sich etwas Höheres denken; denn das Höchste wirklich zu sein, ist mehr als nur sein Gedachtsein. D.h. aus der Idee des höchsten Seienden ergibt sich mit logischer Notwendigkeit, daß sie auch existiert. Ist nun Gott das, über das hinaus Höheres nicht gedacht werden kann, dann existiert Gott notwendig kraft dieser höchsten Idee. Gott also ist nicht nur im Verstand, nicht nur als Idee, sondern in Wirklichkeit, d.h., er

---

weißt, einsehe, daß du bist, wie wir glauben, und das bist, was wir glauben. Und zwar glauben wir, daß du etwas bist, über dem nichts Größeres gedacht werden kann.

Gibt es also ein solches Wesen nicht, weil ‚der Tor in seinem Herzen gesprochen hat: Es ist kein Gott'? Aber sicherlich, wenn dieser Tor eben das hört, was ich sage: ‚Etwas, über dem nichts Größeres gedacht werden kann', versteht er, was er hört; und was er versteht, ist in seinem Verstande, auch wenn er nicht einsieht, daß dies existiert. Denn ein anderes ist es, daß ein Ding im Verstande ist, ein anderes, einzusehen, daß das Ding existiert. Denn wenn ein Maler vorausdeutet, was er schaffen wird, hat er zwar im Verstande, erkennt aber noch nicht, daß existiert, was er noch nicht geschaffen hat. Wenn er aber schon geschaffen hat, hat er sowohl im Verstande, als er auch einsieht, daß existiert, was er bereits geschaffen hat.

So wird also auch der Tor überführt, daß wenigstens im Verstande etwas ist, über dem nichts Größeres gedacht werden kann, weil er das versteht, wenn er es hört, und was immer verstanden wird, ist im Verstande.

Und sicherlich kann ‚das, über dem Größeres nicht gedacht werden kann', nicht im Verstande allein sein, denn wenn es wenigstens im Verstande allein ist, kann gedacht werden, daß es auch in Wirklichkeit existiere – was größer ist. Wenn also ‚das, über dem Größeres nicht gedacht werden kann', im Verstande allein ist, so ist eben ‚das, über dem Größeres nicht gedacht werden kann', über dem Größeres gedacht werden kann. Das aber kann gewiß nicht sein. Es existiert also ohne Zweifel ‚etwas, über dem Größeres nicht gedacht werden kann', sowohl im Verstande als auch in Wirklichkeit."

existiert „in intellectu et in re". Ist dies wahr, dann ist es nicht möglich, das Nicht-sein Gottes zu denken „ut nec cogitari possit non esse" (Kap. 3). Niemand also, der erfaßt hat, was mit Gott gemeint ist, was dieser Begriff ausdrücken will, kann denken, daß Gott nicht sei. Ja, wollte jemand den Glauben an Gott verweigern – was möglich ist –, so würde er trotzdem Gottes Dasein erkennen. Ich brauche also nicht den Umweg über die sichtbare Schöpfung zu gehen, die mir keine absolute Sicherheit bietet. Nein, ohne Beziehung auf die Außenwelt, durch bloßes Denken des Gottesbegriffs, erfasse ich mit logischer Notwendigkeit seine Existenz.

Gottes Existenz ist daher auch nicht von irgend etwas abhängig, er ist „existens per seipsum" (Kap. 5); alles andere hat er aus dem Nichts erschaffen. Er selbst ist unveränderlich, denn diese Idee und damit diese Wirklichkeit kann sich nicht ändern. Ist er aber unveränderlich, dann ist er auch leidensunfähig (impassibilis). Anselm stellt sich diese Frage ganz besonders, weil er an der Barmherzigkeit Gottes festhält. Wie kann man barmherzig sein und doch kein Mitleid haben? Das ist möglich, weil Gott uns zugewandt ist, und wir dadurch die Wirkung spüren, die wir als Barmherzigkeit empfinden, denn Gott rettet den Elenden und Sünder. Gott ist also nicht „ex compassione" erbarmend, sondern nur im Effekt (d.h. als Wirkursache). „Nos sentimus misericordis effectum, tu non sentis affectum" (Kap. 8). Das griechische Unveränderlichkeits- und Leidensunfähigkeits-Dogma steht bei diesen Gedanken Pate. Gott bleibt im Mittelalter der „unbewegte Beweger". Die Logik scheint zwingend, zumal der Gottesbegriff einsichtig erscheint.

Zu Anselms Zeiten erhob der französische Mönch Gaunilo den Einwand: Man könnte genauso die Idee einer vollkommensten Insel entwickeln, oder die Idee eines Ungeheuers (Seeschlange) wie in der griechischen Sage, und trotzdem gibt es sie nicht, sie sind ein Hirngespinst. Anselm antwortet, daß dies ein völlig anderer Sachverhalt sei. Bei allen anderen Gegenständen ist ihr Gedachtsein nicht bereits ihr Wirklichsein, denn alle solchen Dinge können sein, aber müssen nicht sein; d.h. ihr Wirklich-sein liegt außerhalb des Gedacht-seins. Daher muß ihre Existenz durch andere Beweisgründe sichergestellt werden, wie z.B. durch die Erfahrung. Eine Sonderstellung kommt allein dem zu, das mit der Formel umschrieben wird: Worüber hinaus Größeres nicht gedacht werden kann! Alles andere sind begrenzte Ideen. Nur eine einzige Idee ist nicht begrenzt, und daher schließt ihr Gedacht-sein das Wirklich-sein ein.

Wie aber verhält es sich mit Dingen, die überhaupt nicht existieren können, trotzdem aber im Denken ein „Dasein" haben, wie z.B. ein hölzernes Eisen, ein rundes Dreieck usw. Es sind sinnlose Namen, die in ihrer Zusammensetzung einen Widerspruch enthalten und daher keine Gegenstände sind. Ihrem Wesen nach haben diese Dinge keine Existenz und sind daher grundsätzlich nicht. Das gleiche gilt für den Sonderfall des „Nichts". Es ist nur das Gegenteil von Sein und hat in Wirklichkeit auch nicht einmal ein „Gedachtsein", denn nichts kann man nicht denken; wenn man denkt, denkt man immer etwas. Der Begriff „Nichts" wird durch Abstriche gewonnen. Das Nichts selbst wird niemals gedacht und kann daher vom Begriff her niemals eine Existenz haben; es ist die reine Negation alles Begreifbaren. Genau das Gegenteil ist bei Gott der Fall; er ist die Affirmation von allem Verstehbaren, von allem Seienden. So macht der Gegenbegriff nochmals deutlich, daß im Begriff Gottes notwendig seine Existenz eingeschlossen ist.

Theologen wie Alexander von Hales, Bonaventura, Duns Scotus u.a. stimmten diesem Beweis zu. Kant meinte, daß der Fehlschluß darin läge, daß die reale Existenz einem Ding keine Vollkommenheit hinzufüge und keine Eigenschaft sei. Wenn man davon ausgeht, daß alles Sein verstehbar ist, dann fällt auch das Wirklichsein darunter und stellt sehr wohl eine, allerdings qualitativ verschiedene, Vollkommenheit dar, allerdings keine Eigenschaft. Richtig ist, daß die Existenz kein Prädikat von „etwas" ist. Anselm spricht von ihr wie von einer besonderen Eigenschaft (z.B. schön, gut usw.). Auf der Ebene der Frage nach dem „Was" – was ist ein Ding, ein Seiendes – gibt die Existenz keine Antwort. Ein gedachtes oder real existierendes Seiendes unterscheidet sich in seinem „Wesen" nicht. Ein gedachter oder realer Edelstein ist nicht verschieden, das „Was" ist identisch. „Nur" durch das Existieren oder Nichtexistieren unterscheidet er sich radikal. Zudem bedenkt Anselm nicht, daß der Denkakt selbst nur möglich ist, wenn er real vollzogen wird. Er abstrahiert von der konkreten Existenz und damit von der Erfahrung, die erst das „ich denke dies ..." möglich macht. Das Ich setzt die Existenz voraus. Daher kann aus keinem „reinen Begriff", auch nicht aus dem „vollkommensten" die Existenz erschlossen werden.

4.3. Kein Gott ohne Erfahrung

Thomas von Aquin (1224/25-1274) lehnte den ontologischen Gottesbeweis vollständig ab. Er entwickelte im Gegenzug die sog. klassischen, bzw. kosmologischen Gottesbeweise.

Kein Theologe hat bisher in der Kirchengeschichte so stark die Dogmatik beeinflußt wie Thomas von Aquin. Seine Gotteslehre ist bis heute die Grundlage des katholischen Lehrgebäudes. Auch der Protestantismus hat einige wesentliche Züge seines Gottesbildes aufgegriffen. Thomas beginnt seine Überlegungen über Gott mit der Frage: *An Deus sit?* Ob Gott wohl sei? Als nackte Existenzfrage ist sie für ihn eine reine Scheinfrage. Die Fraglichkeit der Existenz Gottes kommt nicht in sein Blickfeld. Die Existenz Gottes steht für ihn fest. Die Frage: Ob Gott wohl sei, setzt im Denken des Thomas schon seine Existenz voraus. Thomas, und mit ihm der mittelalterliche Mensch, kann sich die Welt und den Menschen nicht ohne Gott vorstellen. Der Mensch in der mittelalterlichen Feudalgesellschaft mit ihren autoritären Strukturen braucht Gott. Der Atheismus, die Emanzipation des Menschen, die Aufhebung des Unterschiedes von Herr (Gott) und Knecht (Mensch) wird nicht gedacht.

Diese fraglose Notwendigkeit der Existenz Gottes beantwortet aber nach Thomas noch keineswegs die Frage des Menschen nach Gott. Und dieser Frage stellt sich Thomas im vollen Umfang. Welche Gotteserfahrung kann der Mensch haben? Da im thomasischen Menschenbild die Erkenntnis die Fähigkeit des Menschen ist, die ihn am spezifischsten trifft, wird Gotteserfahrung nur im Raum des intellektuellen Verstehens verhandelt. In diesem Bereich zeigt sich, daß die Existenz Gottes für uns nicht direkt erfahrbar ist. Wir erfahren nur dann etwas als existent, wenn wir in irgendeiner Weise erfassen, *was* es ist. Über die Wesenserkenntnis kommen wir nach Thomas zur Erkenntnis, *daß* etwas ist. So ist nach Thomas in der Sehnsucht nach Glück Gotteserfahrung beschlossen, aber sie ist nicht direkt als solche erkannt. Wir haben keinerlei direkte Erkenntnis von dem, was Gott ist, weil die Wesen, denen wir begegnen, nicht Gott sind. Daher ist auch seine Existenz nicht direkt erfahrbar. Damit ich davon sprechen kann, daß z.B. ein Tisch existiert, muß ich zuerst klar erkennen, *was* ein Tisch ist. Da Gott uns nicht als ein *Was, als ein Etwas* in diesem Leben begegnet, ist seine Existenz für uns keine zwingende Notwendigkeit, für unseren Verstand also nicht selbstverständlich. Das heißt, Gott ist für uns *nicht per se notum.*[370] Wiederholt hebt Thomas diese Begrenzung unseres Erfahrungsbereiches hervor. „Das Wesen Gottes, wie es in sich ist, vermögen wir in diesem Leben nicht zu erkennen" (S. Th. I, q 13, a 2, ad 3). Oder anders formuliert: „Das Letzte der menschlichen Erkenntnis von Gott ist, daß man erkennt, Gott *nicht** zu erkennen, insofern man erkennt, daß das, was Gott ist, über all das hinausgeht, was wir über ihn wissen" (Quaest. disput. de potentia q 7, a 5, ad 14). Gott ist also nicht in den Griff zu bekommen. Jede Vergegenständlichung Gottes macht ihn zu einem direkten Gegenstand unserer Erkenntnis. *Diese* „Erkenntnis" ist durch keine Erfahrung (ab)-gedeckt und daher falsch. Gott ist nichts von uns ursprünglich Erkanntes. *Deus non est primum cognitum ab intellectu nostro** (S. Th. I, q 88, a 3). Eine direkte verstehende Erfahrung von Gott hat der Mensch nicht. Die „innere" Erfahrung ist kein Ausgangspunkt eines Aufweises der Existenz Gottes. Alle Ideen, auch die Idee Gottes, gewinnen wir durch die Sinne.[371] Aus keinem Begriff läßt sich eine Existenz beweisen. Zwei Einwände bringt er gegen Anselm vor: 1. Es ist möglich, daß man unter Gott auch etwas anderes verstehen kann, als nur das, über das hinaus Größeres nicht gedacht werden kann, denn einige Philosophen glaubten, daß Gott auch körperlich sei. 2. Selbst wenn es richtig wäre, daß alle Gott als die höchste Denkmöglichkeit verstehen, ist das Sein im Verstand und das Sein in der Wirklichkeit streng zu unterscheiden. Der Schluß auf die Existenz eines Gedachten ist nur dann möglich, wenn vorausgesetzt wird, daß es in Wirklichkeit etwas ist. Daher lehnt Thomas diesen Anselmschen Beweis ab. Man könnte noch hinzufügen, daß

---

[370] Gegen den logischen Apriorismus von Anselm und den psychologischen von Bonaventura.

[371] Vgl. den Ontologismus im 19. Jh., der der Meinung war, daß die Gottesidee angeboren sei und wir sie unabhängig von der Erfahrung besitzen.

bei Anselm die Realität des Denkaktes mit der Realität Gottes fälschlich identifiziert wird, nachdem er den Vollzug des Verstehens von dem Begriff abstrahiert hat. Das ist nur legitim unter der Voraussetzung, daß es eine reale Welt der Ideen gibt, die nicht allein durch Abstraktion aus der sichtbaren Welt gewonnen wird.

Der zweite Schritt: Wir beten alle: „Ich *glaube* an Gott." Dieser Glaube scheint also der Weg zur Gotteserkenntnis zu sein. Gott muß man glauben. Gott ist unserer Erkenntnis nicht erfahrbar, sondern er ist allein dem Glauben zugänglich. Diese Argumentation ist Thomas vertraut. Er lehnt sie ab.[372] Daraus, daß wir keine direkte Gotteserkenntnis haben, läßt sich nicht schließen, daß wir nur an ihn glauben können, ohne diesen Glauben als eine verstehbare Erfahrung darzustellen. Aller Glaube setzt nach Thomas eine natürliche Verstehbarkeit voraus.[373] Der Glaubensvollzug muß einen Bereich der Erfahrung haben. Glaube an Gott ohne diesen Bereich des Verstehens ist absurd. Thomas lehnt diesen absurden Glauben ab. Daher auch die ständige Behauptung, daß die *gratia naturam praesupponit*.[374] Ein Gott, der *nur* im Glauben zugänglich ist, ist kein Gott, ist eine nicht erfahrbare Hypothese. Von Gott zu sprechen hat also nur Sinn, wenn der Mensch echte Erkenntnis Gottes haben kann. Glaube muß dem Verstehen des Menschen entsprechen.

Die These, daß Gott direkt erkannt wird, ist nach Thomas unhaltbar, da nur Kontingentes begegnet und wir keine Wesenserkenntnis Gottes besitzen. Die Antithese, daß Gott nur im Glauben erkannt wird, ist ebenfalls unhaltbar, da eine Wirklichkeit, die nicht einmal unser Verstehen streift, nicht als real gedacht werden kann. Gott ist nur dann ein realer Gott, wenn er im Bereich unseres Verstehens erfahren wird.

Was bleibt, wenn beide Wege versperrt sind? Es bleibt die *indirekte* Gotteserkenntnis. Im Vorhandenen, Gegebenen ist Gotteserfahrung möglich. Ein vermitteltes Gottesverständnis ist den Menschen zugänglich. Warum? Weil in unserer Erkenntnis die Differenz zwischen dem Wesen und der Existenz aufbricht. Kein Wesen, was immer uns begegnet, muß sein, ist notwendig. Alles ist kontingent, ist zweideutig bezüglich seiner Existenz. Hat etwas nicht den Grund seiner Existenz in sich selbst, muß es sich von etwas herleiten. Durch das seinsschwache Seiende wird also Gotteserkenntnis vermittelt. Alles, was erfahren wird, wird als *Effekt* begriffen, ist mit *Passivität* belastet, kann sich selbst (in seiner Existenz) nicht rechtfertigen. Die *potentia,* die Noch-Unabgegoltenheit der Dinge, vermittelt Gott. Wir haben hier ein „metaphysisches" Kausalprinzip, das die Erkenntnismöglichkeit Gottes anbietet. Wird ein Ding wirklich durchschaut, wird eine Erfahrung mit diesem Ding ge-

---

372 Gegen den Fideismus.

373 Unter dieser Voraussetzung kann ich im Glauben allerdings zu einer absoluten Gewißheit über Gottes Sein und sein Dreifaltigsein gelangen (S. Th. I, 32,1 c; II/II 2,4 c: „Indubitata et certa cognitio … de Deo … per modum fidei").

374 „Die Gnade setzt die Natur voraus."

macht, die „enttäuschend" ist, dann zeigt sich ein „Nicht" oder „Noch-nicht" an, in dem sich Gotteserfahrung als eine Möglichkeit enthüllen kann. Die Voraussetzung, die Thomas macht, ist die, daß die Erkenntnis Wesenserkenntnis der Dinge ist, die die ontologische Differenz erschließt und Seinserkenntnis in ein und demselben Vollzug bedeutet. Zwar sind Sein und Erkennen nicht einfach identisch, aber es besteht eine Identität zwischen den Seinsgesetzen und den Denkgesetzen. Die Prinzipien decken sich. Daher ist die Forderung unseres Verstandes: Was ist, muß einen Grund haben, auch ein Seinsgesetz. Daher kann also das kontingente Seiende vermittelnd für die Gotteserfahrung auftreten. So ist die Vermittlung der Gegenstände im Umgang mit ihnen die Erfahrung, daß *Gott ist*; daß er in der Erfahrung, die wir mit etwas oder jemandem machen, anwesend ist, da ist.

Damit ist der Name, der Gott am eigentlichsten zukommt: qui *est,* „der da ist", „der *da* ist" (I, q 13, a 11): „Dieser Name, Der da ist, ist am ehesten der eigentliche Name Gottes." So ist für Thomas die grundlegende Aussage von Gott: *„Sein". Deus est suum esse** (I, q 2, a 1). Zu dieser Behauptung kommt er durch die Vermittlung der Dinge, die er erkennt. Die Erfahrungsbasis für die Aussage: Gott ist (da), ist die Erkenntnis des Seins der Dinge. Da sich unsere Erfahrung auf die verschiedensten Seinsweisen bezieht, also die verschiedensten Dinge zum Gegenstand hat, werden auch je nach dieser Erfahrung für Gott Namen gebildet: In der Erfahrung der noch unabgegoltenen Wahrheit wird Gott als *prima veritas* (I, q 2, a 1, ad 3) erkannt. In der Erfahrung des kontingent Guten wird Gott als das *Gute* erkannt (I, q 2, a 3, ad 1). Und in der Erfahrung all der Grundlosigkeit und Sinnlosigkeit unseres Lebens wird Gott als *prima causa,* als Grund von allem erkannt (I, q 2, a 3, ad 2).

Wie beweist nun Thomas Gott?

Wir müssen von unserer Erfahrung ausgehen, von der erfahrbaren Außenwelt, von den Sinneseindrücken. Aus der Erfahrung gewinnen wir durch Abstraktion wahre Erkenntnis und können zu allgemeinen Begriffen, zu den Ideen aufsteigen. Inhaltlich sind sie aber wesentlich von der Erfahrungswelt bestimmt. Was uns jedoch als Vorbedingung mitgegeben ist, ist die Fähigkeit, von der Erfahrung zu abstrahieren. Diese Fähigkeit ist die Bedingung der Möglichkeit, zu wahrer Erkenntnis aufzusteigen. Daß das Abstrahierte, über die Erfahrung Hinausgehende, wahr ist, das garantieren die „ersten Prinzipien" des Intellekts. Diese Grundprinzipien sind uns vorgegeben, sind mit unserer Menschennatur da, sind also angeboren; wir haben keine „ideae innatae", aber „principia innata". Thomas nennt sie die „principia naturaliter nota" (II/II 47,6 c). Sie gehören zur menschlichen Seinsverfassung. Sie werden intuitiv in dem gegenwärtig Verstehbaren (praesens intelligibile Sent. I, 3,4,5 c) erkannt (simplex intuitus), und zwar unmittelbar (statim II/II 8,1 ad 1). Zu diesen „ersten Prinzipien" gehört nach Thomas unbestreitbar auf der spekulativen Ebene das Widerspruchsprinzip (non contingit idem simul esse et non esse) und auf der praktischen das Prinzip: Das Gute ist zu tun, das Böse zu meiden (bonum est prosequendum, malum vero est fugiendum, I/II 94,2 c; II/II 1,7 c). Unter Prinzip versteht Thomas „id, a quo aliquid procedit" (I, 33,1 c). Häufig ist das principium (Ursprung) auch die causa (Ursache) (I, 33,1 ad 1). Für uns ist es nicht einmal denkbar, daß sie falsch sind. Sie sind für den Menschen absolut wesentlich; sie sind wahr, weil sie jeder Vernunft eingepflanzt sind. Der Mensch ist also in der Wahrheit a priori mittels der „ersten Prinzipien" und natürlich auch nur im Hinblick auf diese Prinzipien. Diese Prinzipien aber hat der Mensch nicht aus sich selbst, sondern er hat sie empfangen; sie sind uns „natürlicherweise eingegeben" (I 79,12 c; II/II 8,1 c). Immer wieder betont Thomas, daß diese Prinzipien Teilhabe an der „göttlichen Helle" (I, 12,11 ad 3), „illustratio Dei" (I/II 109,1 c) sind. Oder er betont, daß der geistige Vollzug in seiner Struktur von Gott abhängt. „Die Kenntnis der natürlicherweise bekannten Prinzipien ist uns von Gott her eingegeben, da Gott selber der Urheber unserer Natur ist" (C.G. I, 7,44; I/II 109,1 c u.a.). Die Gewißheit der Wahrheit der ersten Prinzipien, die aus sich selbst einleuchtend sind, erhalten sie vom Geschaffensein des Menschen und der Dinge her.[375] Hier liegt das erste große Problem der thomasischen Gottesbeweise. Nur unter der Voraussetzung der absoluten und universalen Gültigkeit der „ersten Prinzipien" ist ein Gottesbeweis möglich. Ihre Gültigkeit, so ist einzuwenden, kann aber nur bedingt, d.h. in den Grenzen der Erfahrung abgedeckt werden, außerhalb der Erfahrung und des Erfahrbaren kann nur ihre logische Gültigkeit erkannt werden, aber nicht notwendig ihre Realitätsbezogenheit. Diese vermittelt erst der Schöpfungsgedanke. Das Geschöpfsein soll aber erst bewiesen werden. Wegen der Evidenz der Gültigkeit der „ersten Prinzipien" meint Thomas jedoch Gott durch ein Schlußverfahren von der Wirkung auf die Ursache beweisen zu können. Es ist umstritten, ob das metaphysische Kausalitätsprinzip auf das Widerspruchsprinzip zurückgeführt werden kann, oder ob es ein eigenes „erstes Prinzip" ist. Es wird formuliert: „Alles, was geschieht, bzw. wird, hat notwendig eine Ursache" oder „Alles, was kontingent ist, sich zur realen Existenz indifferent verhält, also sein kann, aber nicht muß, ist verursacht" oder: „Alles Seiende, das von seinem Wesen her nicht notwendig existiert, steht in einer Abhängigkeitsbeziehung" (bei Leibniz heißt es: Kein Seiendes ist ohne Grund, es ist das principium reddendae rationis). Gott läßt sich nach Thomas nur aus seinen Wirkungen, d.h. aus der sichtbaren Welt, erschließen. Den Einwand, daß Gott als Ursache der Wirkung völlig ungleich sein kann, läßt Thomas nur insofern gelten, als Gottes Wesen nicht vollkommen erkannt werden kann. Seine Existenz ist jedoch erkennbar, weil eine Beziehung zwischen Wirkung und Ursache waltet; es ist die Verhältnisanalogie, die im Seinsbegriff begründet ist. Unter diesen Voraussetzungen stellt Thomas seine fünf Gottesbeweise dar. Sie heißen „kosmologisch", weil sie alle bei der wahrnehmbaren Außenwelt beginnen, also eine Erfahrungstatsache beschreiben.

---

[375] Vgl. J. Pieper, Philosophia negativa, München 1953, 17.

Fünf Wege, Gottes Dasein zu beweisen
Thomas von Aquin (S. Th. I,2,3)

Fünf Wege gibt es, das Dasein Gottes zu beweisen. Der *erste* und nächstliegende geht von der Bewegung aus. Es ist eine sichere, durch das Zeugnis der Sinne zuverlässig verbürgte Tatsache, daß es in der Welt Bewegung gibt. Alles aber, was in Bewegung ist, wird von einem anderen bewegt. Denn in Bewegung sein kann etwas nur, sofern es unterwegs ist zum Ziel der Bewegung. Bewegen aber kann etwas nur, sofern es irgendwie schon im Ziel steht. Bewegen (im weitesten Sinne) heißt nämlich nichts anderes als: Ein Ding aus seinen Möglichkeiten überführen in die entsprechenden Wirklichkeiten. Das kann aber nur geschehen durch ein Sein, das bereits in der entsprechenden Wirklichkeit steht. So bewirkt z.b. etwas „tatsächlich" Glühendes wie das Feuer, daß ein anderes, z.b. das Holz, zu dessen Möglichkeiten es gehört, glühend zu werden, nun „in der Tat" glühend wird. Das Feuer also „bewegt" das Holz und verändert es dadurch. Es ist aber nicht möglich, daß ein und dasselbe Ding in bezug auf dieselbe Seinsvollkommenheit „schon" ist und zugleich „noch nicht" ist, was es sein könnte. Möglich ist das nur in bezug auf verschiedene Seinsformen oder Seinsvollkommenheiten. Was z.b. in Wirklichkeit heiß ist, kann nicht zugleich dem bloßen Vermögen nach heiß sein, sondern ist dem Vermögen nach kalt. Ebenso ist es unmöglich, daß ein und dasselbe Ding in bezug auf dasselbe Sein in einer und derselben Bewegung zugleich bewegend und bewegt sei oder – was dasselbe ist – es ist unmöglich, daß etwas (in diesem strengen Sinne) sich selbst bewegt. Also muß alles, was in Bewegung ist, von einem anderen bewegt sein. Wenn demnach das, wovon etwas seine Bewegung erhält, selbst auch in Bewegung ist, so muß auch dieses wieder von einem anderen bewegt sein, und dieses andere wieder von einem anderen. Das kann aber unmöglich so ins Unendliche fortgehen, da wir dann kein erstes Bewegendes und infolgedessen überhaupt kein Bewegendes hätten. Denn die späteren Beweger bewegen ja nur in Kraft des ersten Bewegers, wie der Stock nur insoweit bewegen kann, als er bewegt ist von der Hand. Wir müssen also unbedingt zu einem ersten Bewegenden kommen, das von keinem bewegt ist. Dieses erste Bewegende aber meinen alle, wenn sie von „Gott" sprechen.

Der *zweite* Weg geht vom Gedanken der Wirkursache aus. Wir stellen nämlich fest, daß es in der sichtbaren Welt eine Über- und Unterordnung von Wirkursachen gibt; dabei ist es niemals festgestellt worden und ist auch nicht möglich, daß etwas seine eigene Wirk- und Entstehungsursache ist. Denn dann müßte es sich selbst im Sein vorausgehen, und das ist unmöglich. Es ist aber ebenso unmöglich, in der Über- oder Unterordnung von Wirkursachen ins Unendliche zu gehen, sowohl nach oben als nach unten. Denn in dieser Ordnung von Wirkursachen ist das Erste die Ursache des Mittleren und das Mittlere die Ursache des Letzten, ob nun viele Zwischenglieder sind oder nur eines. Mit der Ursache aber fällt auch die Wirkung. Gibt es also kein Erstes in dieser Ordnung, dann kann es auch kein Letztes oder Mittleres geben. Lassen wir die Reihe der Ursachen aber ins Unendliche gehen, dann kommen wir nie an eine erste Ursache und so werden wir weder eine letzte Wirkung noch Mittel-Ursachen haben. Das widerspricht aber den offenbaren Tatsachen. Wir müssen also notwendig eine erste Wirk- oder Entstehungsursache annehmen; und die wird von allen „Gott" genannt.

Der *dritte* Weg geht aus von dem Unterschied des bloß möglichen und des notwendigen Seins. Wir stellen wieder fest, daß es unter den Dingen solche gibt, die geradesogut sein wie auch nicht sein können. Darunter fällt alles, was dem Entstehen und Vergehen unterworfen ist. Es ist aber unmöglich, daß die Dinge dieser Art immer sind oder gewesen sind; denn das, was möglicherweise nicht ist, ist irgendwann einmal auch tatsächlich nicht da oder nicht da gewesen. Wenn es also für alle Dinge gelten würde, daß sie möglicherweise nicht da sind oder nicht da gewesen sind, dann muß es eine Zeit gegeben haben, wo überhaupt nichts war. Wenn aber das wahr wäre, könnte auch heute nichts sein. Denn was nicht ist, fängt nur an zu sein durch etwas, was bereits ist. Gab es aber überhaupt kein Sein, dann war es auch unmöglich, daß etwas anfing zu sein, und so wäre auch heute noch nichts da, und das ist offenbar falsch. Also kann nicht alles in den Bereich jener Dinge gehören, die [selbst, nachdem sie sind] geradesogut auch nicht sein können; sondern es muß etwas geben unter den Dingen, das notwendig [d.h. ohne die Möglichkeit des Nichtseins] ist. Alles notwendige Sein aber hat den Grund seiner Notwendigkeit entweder in einem anderen oder nicht in einem anderen [sondern in sich selbst]. In der Ordnung der notwendigen Wesen, die den Grund ihrer Notwendigkeit in einem anderen haben, können wir nun aber nicht ins Unendliche gehen, sowenig wie bei den Wirkursachen. Wir müssen also ein Sein annehmen, das durch sich notwendig ist und das den Grund seiner Notwendigkeit nicht in einem anderen Sein hat, das vielmehr selbst der Grund für die Notwendigkeit aller anderen notwendigen Wesen ist. Dieses notwendige Sein aber wird von allen „Gott" genannt.

Der *vierte* Weg geht aus von den Seins- [= Wert-] Stufen, die wir in den Dingen finden. Wir stellen nämlich fest, daß das eine mehr oder weniger gut, wahr, edel ist als das andere. Ein Mehr oder Weniger wird aber von verschiedenen Dingen nur insofern ausgesagt, als diese sich in verschiedenem Grade einem Höchsten nähern. So ist dasjenige wärmer, was dem höchsten Grad der Wärme näher kommt als ein anderes. Es gibt also etwas, das „höchst" wahr, „höchst" gut, „höchst" edel und damit im höchsten Grade „Sein" ist. Denn nach Aristoteles ist das „höchst" Wahre auch das „höchst" Wirkliche. Was aber innerhalb einer Gattung das Wesen der Gattung am reinsten verkörpert, das ist Ursache alles dessen, was zur Gattung gehört, wie z.B. das Feuer nach Aristoteles als das „zuhöchst" Warme die Ursache aller warmen Dinge ist. So muß es auch etwas geben, das für alle Wesen Ursache ihres Seins, ihres Gutseins und jedweder ihrer Seinsvollkommenheiten ist; und dieses nennen wir „Gott".

Der *fünfte* Weg geht aus von der Weltordnung. Wir stellen fest, daß unter den Dingen manche, die keine Erkenntnis haben, wie z.B. die Naturkörper, dennoch auf ein festes Ziel hin tätig sind. Das zeigt sich darin, daß sie immer oder doch in der Regel in der gleichen Weise tätig sind und stets das Beste erreichen. Das beweist aber, daß sie nicht zufällig, sondern irgendwie absichtlich ihr Ziel erreichen. Die vernunftlosen Wesen sind aber nur insofern absichtlich, d.h. auf ein Ziel hin tätig, als sie von einem erkennenden geistigen Wesen auf ein Ziel hingeordnet sind, wie der Pfeil vom Schützen. Es muß also ein geistig-erkennendes Wesen geben, von dem alle Naturdinge auf ihr Ziel hingeordnet werden; und dieses nennen wir „Gott".

Der erste Aufweis geht von der Bewegung in der Welt, von der Veränderung aus. Wir haben diesen Beweis bei Aristoteles gesehen, und Thomas fügt ihm keinen neuen Gedanken bei. Bewegung bzw. Veränderung wird als Überführung von der Möglichkeit (Potenz) in die Wirklichkeit (Akt) begriffen. Der Übergang kann nur durch etwas bewirkt werden, was schon im Akt, also in der Wirklichkeit ist. Die Möglichkeit wird also zur Wirklichkeit nur durch etwas Wirkliches. Aller Erfahrungswirklichkeit ist aber Möglichkeit beigemischt oder alles, was in Bewegung, in Veränderung ist, wird verändert. Zugleich und in derselben Hinsicht (Widerspruchsprinzip!) kann ein und dasselbe Seiende nicht in Akt und Potenz sein, also ist es von einem anderen abhängig. Diesem ersten Schritt folgt nun ein zweiter: Die Reihe der Abhängigkeit, der Veränderung, der Bewegung, des Übergehens von Potenz in den Akt, kann nicht ins Unendliche (indefinite) gehen, denn dann gäbe es keine Veränderung; diese aber gibt es. Also, schließt Thomas, muß es etwas Erstes geben, das sich nicht verändert, von dem aber alle Veränderung, alles Sein im Werden abhängt, und das ist Gott. Diesen Beweisgang wiederholt nun Thomas noch viermal, und der Gedanke ist stets im wesentlichen der gleiche. Der zweite Beweis geht von den wirkenden Ursachen (causa efficiens) aus. Es gibt eine Ursachenordnung in der Welt. Nichts aber kann die Ursache seiner selbst sein.[376] Denn um die Ursache seiner selbst zu sein, müßte dieses Seiende die *Wirk*ursache seiner selbst sein, und d.h. (ontologisch) früher als es selbst sein, und dies ist ein Widerspruch. Diese Ursachenreihe aber kann nicht ins Unendliche fortgesetzt werden, also gibt es eine erste Ursache (causa prima), und die heißt Gott. Der dritte Beweis geht von der Kontingenz aller Dinge aus. Jedes Ding kann sein, aber nichts von dem, was existiert, muß sein. Es ist also indifferent bezüglich der Existenz, der Wirklichkeit. Was aber indifferent bezüglich seiner wirklichen Existenz ist, kann sich nicht zur Existenz bestimmen, kann sich also nicht zum Wirklichsein erheben. Wäre alles Seiende so geartet, dann wäre nichts. Aber es ist etwas, also muß es ein notwendiges (per se necessarium) geben; dieses notwendige Seiende ist Gott. Der vierte Beweis stammt aus der platonisch-augustinischen Tradition und erkennt in den erfahrbaren Seienden Gütegrade. Es gibt, wie auch Anselm sagte, mehr oder weniger Gutes. Das jeweilige Höhere einer Gattung ist die Ursache der anderen, die durch Teilhabe an dem jeweils Höchsten ihre Güte haben. Weil diese Abstufungen aber nicht ins Unendliche gehen können, muß es ein höchstes Gut geben, und dies ist Gott. Diese Stufen (gradus) gelten nicht nur für das Gutsein, sondern auch ganz allgemein für das Sein, so daß Gott die höchste Seinsvollkommenheit sein muß. Der letzte Beweis geht aus der Weltordnung hervor; alles ist zielgerichtet, hat eine Finalursache, wie bereits Aristoteles feststellte. Da nun auch das Vernunftlose eine Zielrichtung hat, muß es von einem Vernunftwesen auf das Ziel ausgerichtet worden sein. Diese Zielursache kann nur Gott sein, der die höchste Vernunft ist.

So ergibt sich aus diesen Gottesbeweisen folgendes Gottesbild:
1. Gott ist unveränderbar, unterliegt keinem Werden (immobilis movens).
2. Gott ist die erste metaphysische Kausalursache von allem (prima causa).
3. Gott ist absolut notwendig (Ens per se necessarium).
4. Gott ist die höchste Seinsvollkommenheit (actus purus) und höchste Güte (summum bonum).
5. Gott ist die höchste Vernunft und daher das Ziel aller Seienden (ordinator ad finem).

Damit stehen wir bei einem gängigen Gottesbild, das durch Abstraktion aus der Erfahrung gewonnen wurde. Der Gedankengang ist stets: Weil der Mensch nicht allein den Sinn ins Dasein trägt, sondern ihn in den Begegnungen seines Lebens findet, empfängt, zugleich aber nicht genug Sinn empfängt und findet, darum erfährt er mittels der Dinge und Menschen Gott. Alle Elemente dieser Umschreibung sind notwendig, damit sinnvoll von Gott gesprochen werden kann: a) In den Begegnenden findet der Mensch Sinn, einen

---

[376] Die Bezeichnung Gottes als causa sui (bei Spinoza) ist nicht korrekt. Thomas versteht zwar Gott als Grund von allem, und dieser hat seinen Grund in sich, aber er hat sich selbst nicht verursacht.

Sinn, der nicht von Menschen gemacht, sondern vorgegeben ist, b) diesen Sinn findet der Mensch in den Dingen (und in sich selbst), die zugleich eine Sinnlosigkeit und Zweideutigkeit eröffnen. c) Diese Einheit von Sinn und Sinnlosigkeit legt unserer Erkenntnis nahe, daß das Dasein letztlich positiv ist, d.h. sinnvoll. Und diesen letzten Sinn, der durch das Zweideutige vermittelt wird, das im Kontingenten indirekt erfahren wird, ist Gott ... *quam omnes Deum* nominant; *hoc* omnes *intelligunt* Deum; et *hoc dicimus Deum** (I, q 2, a 3). Alle also nennen dieses Erste bzw. Letzte Gott. Thomas setzt eine allgemein menschliche Übereinkunft, daß der Begriff „Gott" nur sinnvoll ist, wenn er, vermittelt durch die Dinge, eine letzte Wirklichkeit meint. Damit Gott diese ist, sind vier Grundaussagen zu machen: 1. Das Fundament aller Aussagen über Gott ist die Bezeichnung Gottes als: *qui* est, der da ist. 2. Gott ist der erste Grund von allem. 3. Gott ist der letzte Grund von allem, insofern er alles auf das Ziel (das er selbst ist) hinordnet. 4. Als Sein, als *prima causa* und *ordinator ad finem* ist Gott keiner Veränderung unterworfen, er ist *primum principium immobile*. In diesem Gottesverständnis wird alle Veränderung, werden Zeit und Geschichte logisch notwendig *zyklisch* gedacht.[377] Für Thomas sind Vergangenheit, Gegenwart und Zukunft ganz in Gottes Hand. Aus Gott geht alles hervor, zu ihm kehrt alles zurück. Das Schema: *Egreß – Regreß* zeigt sich auch im Aufbau seiner Gotteslehre.[378] Der Mensch geht aus Gott hervor, geht durch die Geschichte und kehrt wieder in Gott zurück. Alle Veränderung ist ein negativer Seinsmodus, der Gott, dem Sein selbst, fremd ist. Er kennt keine Geschichte, er kennt keine Zeit. Er ist immer derselbe.

Das Fundament aller Veränderung ist die Trennung von Sein *(esse)* und Wesen (essentia). Diese Unterscheidung, daß bei allen Dingen, die uns begegnen, das Wesen, *was* wir erkennen, von der Existenz, *daß* sie existieren, real distinkt ist, ist der Grund jeder Veränderung und daher unserer Geschichte. Gottes Wesen ist aber sein Sein. Alles Kontingente *hat* nur Sein; wir erfahren Gott aber nicht direkt als *actus essendi*, als „*Seinsvollzug*", sondern nur mittels des (geschaffenen) Seienden in der Copula „ist"! Dieses „*Ist*" ist die *Seinsidee*, indem wir allem Seienden Sein zusprechen, diese aber ist nicht Gott. So ist es richtig, wenn Heidegger sagt, „das Sein – das ist nicht Gott".[379] Auch für Thomas ist Gott nicht das *esse commune omnium*, ist nicht das Sein, das allen Seienden zukommt (C.G. I, 26). So meint Thomas, daß es wahrer ist zu sagen, daß Gott über allen Seienden steht, als zu behaupten, er sei das Sein des Seienden (De nat. generis, cap. 1, in: Opuscula philosophiae). Das heißt, alles Erfahrene ist nicht Gott. Auch die Existenz der Dinge ist nicht Gott. Alle

---

[377] Während Aristoteles Gott nur als Finalursache kennt (Gott ist wie ein Magnet, der das Eisen anzieht, oder wie der Geliebte, der die Liebende auf sich hin bewegt), denkt Thomas Gott auch als Wirkursache.

[378] „Im ersten Teil handeln wir von Gott, im zweiten von der Hinbewegung der geistbegabten Geschöpfe auf Gott, im dritten von Christus, der in seiner Menschheit für uns der Weg ist, auf dem wir zu Gott gelangen" (I, q 2, Prologus).

[379] M. Heidegger, Über den Humanismus, a.a.O., 19.

Gotteserkenntnis bleibt zutiefst *indirekt* und wird auch dann nicht direkt, wenn man vom gegenständlichen Seienden absieht und von der Seinserkenntnis spricht. Soweit der Mensch das Sein erkennt, so weit muß er immer sagen: *Das* ist nicht Gott. Er kann aber wohl sagen: Gott ist *da!* Darin liegt ein wesentlicher Unterschied: *„Das* ist Gott" – ist eine Wesensaussage, auch wenn sie das Sein oder die Existenz trifft. „Der *da* ist" hat den Charakter eines Ausrufes, zu dem der Mensch indirekt durch die Erfahrung im Umgang mit Gegebenem veranlaßt wird. Da der Mensch über diese *indirekte Rede* von Gott nicht hinauskommt, nur gleichsam den Ort angeben kann, wo er Gott erfährt (nämlich im Umgang mit dem Vorgegebenen, Vorhandenen, „Geschaffenen"), ist auch jede Definition Gottes ausgeschlossen. Auch ein Aufweis ist unmöglich, es sei denn, ein durch die Seienden *vermittelter* (I, q 3, a 5). In diesem „entgegenständlichten" Gottesbegriff des Thomas ist es selbstverständlich, daß man Gott nicht mit Eigenschaften behaften kann. Nichts kommt zu seinem Sein dazu, kein „Akzidenz" ist möglich. So ist Gott gleichsam „der Mann ohne Eigenschaften". Im gewissen Sinne haben wir bei Thomas eine *negative* Theologie. *Was* Gott ist, welche Art und Weise (d.h. welche Eigenschaften) ihm zukommen, kann man nicht erkennen. „Wohl aber, was er nicht ist und auf welche Weise die anderen Wesen sich zu ihm verhalten" (C.G. I, 30). Alles Gegenständliche, alle Eigenschaften, die zum Wesen hinzukommen, sind auszuschließen, ja selbst das Wesen kann nicht erkannt werden, da es nichts außerhalb der *Existenz,* des *ipsum esse* ist. Unsere abstrahierende Erkenntnis, die auf das Wesen der Dinge ausgerichtet ist, kann aufgrund der abstrahierenden Struktur Gott nicht erfahren. Nichts Abstraktes, kein allgemeines Wesen kommt Gott zu. Er ist nur *konkret,* er *ist.* Und weil alles Gegenständliche (auch der Mensch) *auch* allgemein, abstrakt, universal ist, hat Gott nichts mit dieser gegenständlichen Seinsweise zu tun. Als *ipsum esse* ist er das *Konkreteste.* Nichts, was uns begegnet, ist so konkret wie Gott. Und gerade deshalb können wir ihn nicht erkennen. Unsere Erfahrung hat immer auch allgemeinen Charakter. In der konkreten Erfahrung (und Erkenntnis) wird uns aber mittels der *reinen Abstraktion,* nämlich der Seinsidee, Gott indirekt bekannt. Der Umgang mit den Dingen der Welt zeigt Gotteserfahrung an. So spricht Thomas vom Gleichnischarakter des „Geschaffenen". Alles ist abhängig von diesem letzten Grund (dem Sein-Selbst), dieser aber ist völlig unabhängig von dem Gegenständlichen. Nichts gewinnt er hinzu, nichts verliert er durch die „Schöpfung". Alles Geschaffene existiert nur durch dieses letzte Konkrete und bezieht sich auf dieses. Die ganze Schöpfung ist nach Thomas eine *relatio transcendentalis* auf Gott hin, Gott selbst aber hat keine *reale Relatio* auf die Schöpfung hin, nur eine *relatio rationis* (I, q 28, a 1, ad 3). Gott ist ohne Beziehung auf uns Menschen. Wäre nämlich Gott Beziehung auf uns Menschen, dann würde er in irgendeiner Weise von uns abhängig sein, er hätte etwas mit der Zeit und Geschichte zu tun. Das kann nicht sein, weil diese Seinsweisen Mangel ausdrükken. Gott ist aber kein Mangelwesen wie der Mensch, wie die ganze Welt. Wenn der Gottesbegriff auch von all diesem Mangel ferngehalten werden muß, dann besagt das noch nicht, daß Gott der „ganz Andere" ist. Zwar definierte das 4. Lat. Konzil 1215 (10 Jahre vor der Geburt des Thomas), wie bereits gesagt, daß zwischen Schöpfer und Geschöpf keine so große Ähnlichkeit festzustellen ist, ohne daß eine größere Unähnlichkeit festgehalten werden muß, aber das bedeutet nicht, daß gar keine Ähnlichkeit gegeben ist, daß ein Bruch zwischen Gott und Mensch besteht. Er ist *indirekt* wirklich erfahrbar, denn er ist absolut uns allen *immanent.* Was bedeutet das?

Insofern Gott das Sein-Selbst ist, hat alles Seiende Anteil am Sein. Gott ist der bleibende Grund von allem. Er läßt uns sein. Dieses Sein-Lassen ist ein Bewahren, ein *conservare.* Ohne dieses Sein-Lassen würde sich unsere Existenz ins Nichts auflösen. Gerade aber unser Existieren ist das Entscheidende. Thomas spricht davon, daß das *esse* eines jeden Seienden das innerste, das *intimum* ist. Weil nun Gott gerade dieses unser Sein begründet, ist er allen Seienden *innerlich.* „In ihm sind wir und bewegen wir uns." Gott ist also allen immanent. Nichts und niemand ist so intim mit uns wie Gott. Würde er als *causa essendi* nicht bei uns sein, hätte nichts Bestand. „Gott sei, so heißt es, auf diese drei Weisen *unmittelbar in allen Seienden*:* Durch seine Wesenheit, durch seine Macht, durch seine Gegenwart. Durch seine Wesenheit (essentia): Das Sein eines jeden Dinges ist Teilhabe am göttlichen Sein, und so ist die göttliche Wesenheit allem Seienden, sofern es Sein hat, nahe, wie die Ursache ihrer eigentümlichen Wirkung nahe ist. Durch seine Macht: Alle Dinge wirken in seiner Kraft. Durch seine Gegenwart: Er selbst verfügt und ordnet alles *unmittelbar*"* (Compendium Theologiae, I, 135, in: Opuscula theologiae). Gottes Immanenz ist zugleich Unmittelbarkeit. Nichts tritt zwischen Gott und Mensch (Welt); keine Zwischenwesen distanzieren Gott. Aber diese Unmittelbarkeit ist uns nie direkt gegeben, sondern immer nur *indirekt.* Das heißt, indem wir direkt *etwas* in unserem Leben erfahren, *können* wir Gott *unmittelbar* in ein und demselben Vollzug erfahren. Die absolute Immanenz ist der ontologische Grund für diese vermittelt-indirekte unmittelbare Gotteserfahrung. Zugleich ist Gott jedoch auch absolut *transzendent,* d.h. er entgeht jedem menschlichen Zugriff, er ist völlig unabhängig. Keine seinsschwache Möglichkeit ist in Gott, sondern *reine Wirklichkeit,* d.h., er ist der *actus purus* (I, q 25, a 1). Zwischen Gott und Mensch (Welt) ist eine absolute Zäsur, ein qualitativer Sprung. Das heißt, Gott ist absolut über allem Seienden, er ist transzendent.

Damit Gott Gott sein kann, ist nach Thomas die paradoxe Aussage zu wagen: Gott ist innerlicher als wir selbst und ist äußerlicher als je ein Ding gedacht werden kann. Er ist zugleich absolut *immanent* und *absolut transzendent. Deus totus est in omnibus et singulis** (I, q 8, a 2). Und: *Esse Dei est ... distinctum a quolibet esse creaturae ... est essentialiter extra ordinem totius creaturae** (vgl. I, q 3, a 2, ad 3; q 28, a 1, ad 3). In dieser doppelten, paradoxen Aussage von Gott sind alle weiteren Überlegungen eingeschlossen. Gott kann keine Grenze gesetzt werden, alles, was *positiv* in den Seienden gefunden wird, ist im unendlichen Abstand Gottes Wirklichkeit. Die einzige Grenze, die ihm gesetzt ist, ist das Nichts bzw. nichts. Nur „Nichts" kann zu Gott hinzukommen. Er ist das Sein-Selbst. Als der, der da ist, ist er verständig, ist er Wille, ist er Leben, ist er Liebe – kurz alles, was der Mensch an *Positivem* finden kann. Jede *positive* Erfahrung des Menschen kann letztlich in die Aussage: Gott ist da! münden. Dies ist jedoch nur möglich, weil diese positive Erfahrung zugleich sich selbst nicht rechtfertigen kann, keinen Grund in sich hat. Gott hat so eine besondere Affinität zur Gegenwart (I, q 13, a 11). Im Heute wirkt er, ist er uns nahe, gilt es, ihn unter den Gegenständen zu entdecken, zu erfahren. Freilich, unser Werden und das Werden der Welt verdeckt ihn, und nur insofern das Werden dadurch ermöglicht wird, weil etwas *ist*, wird uns Gott erschlossen. Als ewig Gleicher, Gegenwärtiger ist Gott aber nicht tot. Gott ist nicht die *Totenstarre* der Dinge, sondern der Seinsvollzug für die Welt. *Deus est nomen operationis** (I, *q* 13, a 8). Gott ist ein Vollzugsbegriff!

So ist Gott als reiner Vollzug, der als reine Vollkommenheit begriffen wird, das Glück des Menschen, das letzte Ziel und seine Vollendung.

Von der Offenbarung her bestimmt dann Thomas, daß dieser reine Vollzug, Gott, als eine *reine Beziehung* zu sich selbst zu begreifen ist. Sein Personsein besteht in einer dreifachen Beziehung zu sich selbst. So ist Gott *reine Beziehung, relatio subsistens.*

Fassen wir zusammen:

1. Es gibt keine direkte Gotteserfahrung. Direkt werden nur Gegenstände erfahren; zu diesen zählt Gott nicht.

2. Gott ist auch nicht nur eine Glaubenswahrheit. Gott muß im Raum menschlicher Erfahrung und Erkenntnis zugänglich sein.

3. Gott ist *indirekt* zu erfahren durch die Struktur der Dinge, die uns begegnen. Sie ermöglicht die Gottesbeweise.

4. Diese indirekte Gotteserfahrung läßt keine direkte Rede von Gott zu, wir können nicht davon sprechen, *was* er ist. Wir können aber ausschließen, was er nicht ist, und die *positive* Aussage machen, daß Gott *ist*, daß sein Name: „der *da ist*" lautet.

5. Dieses absolute, *konkrete* Sein ist von der *Gegenwart* her zu begreifen. In den gegenwärtigen Erfahrungen und Erkenntnissen der Dinge *kann* uns Gott nahe sein. Die Zweideutigkeit der Dinge ist der Grund dafür. Da uns aber nur die zufälligen Dinge direkt begegnen, ist eine Leugnung Gottes möglich, nach Thomas jedoch unvernünftig.

6. Dies hat seinen Grund darin, daß die Denkgesetze gleich den Seinsgesetzen sind. Unser Denken verlangt für alles Seiende, das sich selbst nicht rechtfertigen kann, einen Grund.

7. Gott als Grund von allem ist auch das Ziel von allem. Der thomasische Zeitbegriff ist zyklisch. Der Akzent liegt auf der Gegenwart, auf dem *gegenwärtigen Sein.*

8. Das ist nur gerechtfertigt, wenn der Grund von allen Seienden diesen absolut immanent und absolut transzendent ist. Gott ist nur Gott, wenn er alles in seinem Sein erhält, selbst aber völlig unabhängig ist.
9. Daraus ergibt sich, daß Gott keinerlei *potentia* in sich hat, sondern vollkommen *actus* ist. Alle Namen und „Eigenschaften" (im uneigentlichen Sinne) ergeben sich daraus. Gott ist *reiner Vollzug*.
10. Von der Offenbarung her ist dieser *Vollzug* eine dreifache *absolute Beziehung*. Gott ist also der in der zweideutigen Wirklichkeit indirekt erfahrene und erkannte reine Vollzug des Seins, der sich in der Gegenwart ereignet, immanent und transzendent ist, alle Zeit und Geschichte übersteigt und sich zu sich selbst als reine Beziehung verhält.

Mögliche Einwände gegen einen solchen Gottesbegriff:
1. Die menschliche Erfahrung wird grundlegend verkürzt, da sie nur im *Erkenntnisbereich* zur Sprache kommt. Der Mensch ist nicht nur *ratio;* gerade in ihr scheint sich die schwächste Gotteserfahrung anzukündigen.
2. Die Gotteserfahrung wird wesentlich aus der *Kontingenz,* der Seinsinsuffizienz bestritten. Zwar wird auch das *Positive* im Seienden gesehen, aber es erscheint nur auf der Folie des Negativen. Ist Gotteserfahrung nicht erst aufgrund der Erfahrung der Fülle möglich, kann z.B. ein ungeliebter Mensch je Gott erfahren?
3. Ein Grundproblem ist, ob man mittels der Abstraktion von der Erfahrung zu einer welttranszendenten Wirklichkeit gelangen kann. Von Teilzielen, Teilursachen, Teilordnungen usw. auf das Ganze zu schließen ist äußerst problematisch. Als lange Zeit nur weiße Schwäne bekannt waren, schloß man daraus, daß alle Schwäne weiß sind. Dann entdeckte man die schwarzen Schwäne in Australien. Von einer Teilerfahrung läßt sich nicht auf eine universale Begründung schließen. Zu schnell wird aus Einsichten der erfahrbaren Welt die logische Notwendigkeit behauptet. Freilich, wenn die „ersten Prinzipien" als universal vorausgesetzt werden, scheint es zu stimmen; aber gerade das metaphysische Kausalprinzip ist fraglich, wenn nicht das zu Beweisende, Gott, vorausgesetzt wird. Innerhalb der Grenzen der Erfahrung läßt sich aus Prinzipien kein transzendentes Wesen, das alles übersteigt, erschließen. Eine Substanz oder Subjektivität, die Grund von allem ist, bleibt zweifelhaft.
4. Alle Veränderung wird negativ begriffen. Zeit und Geschichte, das ganze Werden wird als defizienter Seinsmodus erkannt. Thomas hat kein Verständnis für Veränderung. Daher sind der Seinsbegriff und das *esse divinum* trotz gegenteiliger Deutungen statisch gedacht.
5. Daraus ergibt sich, daß Thomas die menschliche Umgestaltung, die Neuschaffung von Sinn und Sinnzusammenhängen außer acht läßt. Gott wird *nur* vom *vorgegebenen* Sinn her gedacht. In der menschlichen Sinnschöpfung hat er keinen Platz.

6. Der Gottesbegriff ist vom Ordnungsgedanken her entworfen, der statisch ist. Alle Veränderung der „Ordnung", jeder revolutionäre Elan wird daher verdächtigt. Gott ist Garant eines allerdings *gerechten* Establishments.

7. Die Zeit als negativer Seinsmodus ist stets nur zyklisch gedacht. Eine echte geschichtliche Entwicklung, in der durch das Tun des Menschen Neues entsteht, kommt nicht in das Blickfeld.

8. Gott wird als völlig beziehungslos gedacht. Seine Liebe zu den Menschen z.B. hat nicht im Menschen ihren Gegenstand. Nur in sich selbst liebt Gott den Menschen. Der Mensch ist zwar transzendentale Beziehung auf Gott hin, Gott aber hat keine reale Beziehung zu uns. Eine Menschwerdung Gottes scheint in diesem Denken nicht mehr ernsthaft möglich zu sein.

Der entscheidende Punkt liegt darin, daß *Beziehung* nach Thomas immer *Abhängigkeit* bedeutet und Gott nicht abhängig von den Menschen sein kann, da er ihnen dann untergeordnet wäre. Aber ist Beziehung nicht Seinsvollkommenheit? Gerade die Trinitätslehre könnte hier einen Hinweis geben.

9. Gott wird vom gründenden und begründenden Verstand her konzipiert. Heidegger meint, daß gerade dieser Gottesgedanke aufzugeben ist, da Gott nur von dem Menschen gedacht werden kann – wenn überhaupt –, der auf sein „Begründen-Wollen" verzichtet. Eine Wurzel der Krise der heutigen Gottesvorstellung liegt im thomasischen Gottesbegriff.

10. Die Erfahrbarkeit Gottes wird durch den spekulativen Begründungsversuch philosophisch verunmöglicht. Dieser Gott hat mit dem Christentum wenig zu tun. Er ist ein logisches Gebilde, das aus der Sehnsucht des Menschen geboren wurde, Gewißheit zu erlangen, ja geborgen zu sein in einem letzten Grund und Sinn. Denn, wenn alles durch Gott einen Sinn hat, dann auch mein Leben, und zwar a priori, von vornherein, bevor ich noch einen Atemzug getan habe. Verhält es sich jedoch nicht andererseits so, daß es sich erst im Lebensvollzug herausstellt, ob mein Leben sinnvoll ist, und ich von Gott sprechen kann? Freilich, wenn wir von Gott innerhalb der Grenzen der Erfahrung sprechen, erlangen wir keine logische Sicherheit, aber diese kann sowieso nur abstrakt sein. Mehr ist doch von Gott ausgesagt, wenn er Bestimmung meines Lebens ist und wenn er gewisse Erfahrungen als sinnvoll qualifiziert. Fragen nach der Sinnlosigkeit des Leides und der „Passion Gottes" werden im thomasischen Denken eliminiert. Ist ein notwendiger Gott wirklich einer, der unsere Geschichte mitmachen kann? Ist ein situationsloser Gott überhaupt ein Gott? Die Fragen weisen auf eine andere Denkfigur hin, die nicht den Alleinvertretungsanspruch des begründenden Denkens mitmacht. Beziehung und Dialog haben andere Voraussetzungen, die die Erfahrung des Mensch adäquater einbeziehen.

Positiv könnte zu dieser Gottesvorstellung gesagt werden:

1. Thomas macht einen grandiosen Versuch, Gott zu entgegenständlichen. Gott ist kein Seiendes, kein Seiender. Er ist aber auch nicht mit der Seinsidee zu verwechseln, sondern er ist „das Sein-Selbst".

2. Gott ist ein *reiner Vollzugsbegriff.* Gott wird in der Nähe des Ereignisses gedacht.

3. Von der Offenbarung her sieht Thomas in diesem Vollzug eine *reine Beziehung,* so daß jeder Verdacht, Gott zu einem Gegenstand zu machen, abgewehrt ist. Gott ist nicht „mono-theistisch", monologisch zu verstehen, sondern relational und d.h. dialogisch.[380]

4. Die Bedeutung Gottes für die Gegenwart wird hier hervorgehoben. In der existentialen Zeitlichkeit bekommt gerade sie eine positive, hervorragende Bedeutung.

5. Gerade die indirekte Gotteserfahrung (wenn sie entintellektualisiert ist) hat eine grundlegende Bedeutung für das heutige Sprechen von Gott. Zudem bietet sie den Anhalt für eine Identität von Gottes- und Nächstenliebe und wehrt der Vorstellung eines direkten Aufstiegs der Seele zu Gott, wie einem Gebetsverständnis, das Gebet primär als direkte Rede begreift.

6. Wenn von Gott heute sinnvoll gesprochen werden kann, dann ist sein Name: „Der *da* ist". Sicher, die Affinität zur Zukunft hat Thomas nicht gesehen, er verfiel daher der Vergangenheit und setzte alles auf das Vorgegebene; aber wenn Gott den Menschen *heute* nicht nahe ist, ist der Gottesbegriff reine Zukunftsmusik. Die gegenwärtigen Gotteserfahrungen in den Begegnungen des Lebens scheinen das einzige Fundament zu sein, um sinnvoll von einer Wirklichkeit zu sprechen, die den Namen Gott verdient.

4.4. Der Gott des Glaubens

Aus den Einwänden gegen den thomasischen Gottesbegriff hat die Reformation und im Anschluß daran auch die heutige evangelische Theologie zwei herausgegriffen:

1. die Erkenntnis Gottes im Glauben und nicht durch die Seinsteilhabe
2. den Gott der Geschichte gegen den Gott der Ordnung.

---

[380] Neuere Interpretationen denken wieder ganz vom Wesen Gottes her; vgl. K. Obenauer, Zur subsistentia absoluta in der Trinitätstheologie, in: ThPh 72, 1997, 188-215. Dem Monotheismus gilt die Sorge. Das eine Wesen Gottes ist allein im Vollzug unterschiedlich. Der eine Gott ist „in distinkten Vollzügen" (213). Daher wird von „*einem* essentialen Person-Sein" (213) in unterschiedlichen Akten gesprochen. Das eine Wesen Gottes ist ein „Ich" und in den drei korrelierenden Akten je ein „Ich" (214). Abgesehen davon, daß zwischen dem Personsein und dem Ich nicht wirklich unterschieden wird, ist eine Person, die vom Wesen her gedacht wird, widersprüchlich. Nicht das Wesen (Gottes) ist Person, sondern Personsein ist das Wesen, es geht ganz im Personsein auf. Relatio subsistens ist nicht subsistentia relationis! Gott ist ganz Person, Relation, Beziehung. Und dieses Beziehungsein ist dreidimensional und eben kein Seiendes, keine Wesenheit in sich.

1. Die Erkenntnis Gottes im Glauben

Luther hat die Gotteserkenntnis kraft der menschlichen Natur bzw. Tradition wohl nicht geleugnet[381], wie einige behaupten[382], jedoch war sie ihm verdächtig. Die Erkenntnis des Seins Gottes scheint er für möglich gehalten zu haben, nicht aber diejenige seines Willens. Calvin mit seiner scholastisch-thomistischen Vorbildung spricht von einer *duplex cognitio Domini**[383]. Der Mensch kann von Natur aus eine wirkliche Erkenntnis Gottes haben. Diese ist für Calvin eine prinzipielle Möglichkeit, die jedoch faktisch nicht zu verwirklichen ist. Objektiv ist sie grundsätzlich möglich. So schließt nach Calvin die Gotteserkenntnis in Christus eine wirkliche Erkenntnis Gottes in der Schöpfung ein. Ob die Gotteserkenntnis aus dem Sein bei Calvin nicht nur eine abstrakte Möglichkeit ist, ist schwer zu entscheiden, da er hinzufügt: *si integer stetisset Adam**[384]. Die rechte Gotteserkenntnis wird für ihn immer aus dem Gehorsam geboren[385]; Gottes Wille wird jedoch, wie bei Luther, nur in der Annahme der Offenbarung erkannt. Aufgrund dieses schwierig zu klärenden Befundes ist es nicht verwunderlich, wenn sich Brunner[386] für eine *Theologia naturalis* auf Calvin beruft, Barth ihm hingegen mit der gleichen Berufung ein klares Nein entgegenschleudert.[387] Er meint, daß gerade dieser Widerspruch, der zwischen dem evangelischen und katholischen Begriff der Gotteserkenntnis steht, nicht aufgehoben werden darf, auch wenn er von den Reformatoren noch nicht so klar zum Ausdruck gebracht worden ist.[388] Er formuliert gegen Brunner: „In wirklicher Ablehnung der natürlichen Theologie starrt man die Schlange nicht erst an, um sich von ihr wieder anstarren, hypnotisieren und dann sicher beißen zu lassen, sondern indem man sie erblickt, hat man mit dem Stock schon zugeschlagen und totgeschlagen! ... Wirkliche Ablehnung der natürlichen Theologie kann sich nur in der Furcht Gottes und darum in einer letzten Uninteressiertheit an dieser Sache vollziehen."[389] Brunner jedoch versucht in Anlehnung an Röm 1,19f aufzuzeigen, daß der Mensch den Gottesgedanken auch außerhalb der geschichtlichen Offenbarung bildet und „der sündige Mensch ... für seine Sünden verantwortlich [ist], weil ihm in der Schöpfungsoffenbarung die Möglichkeit gegeben ist, Gott zu erkennen"[390]. Buri faßt diese Frage treffend zusammen: „Die Erkenntnis, daß die Welt Gottes Schöpfung und Gegenstand seiner Vorsehung ist, wird grundsätzlich auch der Vernunft zugeschrieben. Das Wie dieses Verhältnisses dagegen bleibt der übernatürlichen Offenbarung vorbehalten.

---

[381]   G. Ebeling, Luthers Reden von Gott, in: Der Gottesgedanke im Abendland, 36.

[382]   W. Pannenberg, Gott, in: RGG, Bd. II, 1726.

[383]   Instit. I, 2,1; Conf. Gall. 1559 Art. 2.

[384]   Instit. I, 2, 1.

[385]   Ebd., I, 6, 2.

[386]   Vgl. E. Brunner, Natur und Gnade. Zum Gespräch mit K. Barth, Tübingen 1934.

[387]   Vgl. K. Barth, Nein! Antwort an E. Brunner, München 1934.

[388]   Vgl. ebd., 38.

[389]   Ebd., 13.

[390]   E. Brunner, Die christliche Lehre von Gott, Zürich/Stuttgart ³1960, 138.

Während die katholische Kirche die genannten Vernunfterkenntnisse unter Berufung auf die Bibel erkennt, war die Reformation, speziell Luther, in dieser Hinsicht zurückhaltend. Im neueren Protestantismus sind beide Ansichten vertreten: Sowohl daß man Gott einzig aus seiner Offenbarung in Christus erkennen könne, wie auch, daß in der Gotteserkenntnis nur zu gelten habe, was sich vor der Vernunft ausweisen lasse."[391] In einem aber scheint die evangelische Theologie einig zu sein: Daß der Mensch mit seiner Gotteserkenntnis nicht in Gott, sondern in der Gottferne lebt, solange er nicht im Glauben Gottes Wort annimmt. Auch ein gültiger Beweis der Existenz Gottes kann den Menschen nicht vor sich selbst retten; kein Heil ist ihm zugesprochen. Die Bedeutung des Glaubens tritt in der protestantischen Tradition viel stärker in den Vordergrund. Die *analogia fidei* und nicht die *analogia entis* ist entscheidend.

2. Der Gott der Geschichte

Luther hat den Niedergang des Ordnungsgedankens erfahren. Ihm gewährt nur der persönliche Glaube die Gewißheit der Anrede Gottes. Das Reden von Gott war persönlich vor ihm zu verantworten. Gegenüber dem Glauben bröckelte aller Weltordnungsgedanke ab. Gott und der Glaube gehören ausschließlich zueinander. So kann Luther die Auslegung des 1. Gebotes im „Großen Katechismus" beginnen: „Ein Gott heißt das, dazu man sich versehen soll alles Guten und Zuflucht haben in allen Nöten. Also, daß einen Gott haben nichts anderes ist, denn ihm von Herzen trauen und glauben, wie ich oft gesagt habe, daß alleine das Trauen und Glauben des Herzens machet beide, Gott und Abgott. Ist der Glaube und Vertrauen recht, so ist auch dein Gott recht, und wiederum, wo das Vertrauen falsch und unrecht ist, da ist auch der rechte Gott nicht. Denn die zwei gehören zuhaufe, Glauben und Gott. Worauf du nun … dein Herz hängest und verlässest, das ist eigentlich dein Gott."[392] Luther tut hier einen wesentlichen Schritt, alles leichtfertige Reden von Gott abzuwehren. Gott geht den Menschen unbedingt an. Gott ist die Wirklichkeit, auf die hin der Mensch angesprochen ist. Dieser Anspruch zielt darauf ab, die (Not)Situation zu ändern, insofern der Mensch nun in einem anderen Verhältnis zu ihr steht. Damit geht es aber, wenn es um Gott geht, um ein *Geschehen,* nämlich wie sich Gott im Glaubenden durchsetzt. Gottes Sein ist daher für den Menschen immer ein „Gott-Haben", d.h. Gott ist immer Gott für mich. Dadurch wird die Gotteserkenntnis mit der menschlichen Selbsterkenntnis in einen Geschehenszusammenhang gebracht. Es wird ein Versuch unternommen, Gott und Welt zusammenzudenken und gleichsam näher aneinanderzurücken (vgl. Mystik). Gott selbst ist in die Geschichte gebunden und tritt mit dem Glaubenden in einen lebendigen Austausch. Gott ist nicht nur als Grund und Ziel (Egreß-Regreß) da, sondern für mich im geschichtlichen Werden. So kommt nach Ebeling im „In-der-Welt-Sein" des Menschen, das durch

---

[391] F. Buri, Unterricht im christlichen Glauben, Bern 1957, 58f.

[392] WA 30,1; 132, 32-133, 8; 1529.

die Not unerfüllter Mitmenschlichkeit gezeichnet ist, die Mitmenschlichkeit Gottes in die Welt, da der Mensch „das Ebenbild des mitmenschlichen Gottes" ist .[393]

Aus diesen Andeutungen können wir die heutige Strömung in der Gottesfrage ablesen, besonders den Versuch, Gott ins Werden der Geschichte hineinzunehmen und doch Gott Gott sein zu lassen. Diese Verschiebung des Gottesgedankens von der Ebene der ewigen Ordnung auf die der Geschichte wird in der Neuzeit den Anlaß bilden, den Gottesbegriff neu zu reflektieren. Wie verhalten sich Gott und Geschichte, wie Gott und die Zeitdimension? Sind sie wirklich nur negative Seinsmodi oder für die Wirklichkeit Gottes konstitutiv?

5. Der Gott an sich (Atheismus)

5.1. Die Erkennbarkeit Gottes

Der Gedanke, Gott als Beziehung aufzufassen und ihn von seinen „drei Dimensionen" her zu verstehen, tritt im 19. Jh. zugunsten einer rein theistischen Gottesvorstellung stark zurück. Gegen diese bezieht der Atheismus Stellung. Das 1. Vat. Konzil ist vor allem mit ihm konfrontiert. In diesem Konzil wurde zum ersten Mal kirchlicherseits die Frage nach der Existenz Gottes erörtert. Bis zu diesem Zeitpunkt war sie für christliches Denken unumstrittene Voraussetzung jeder Theologie; auch in der Philosophie wurde sie bis dahin nur sehr vereinzelt geleugnet. Erst im 19. Jh wurde der Atheismus zu einer Massenbewegung; seine Wurzeln freilich reichen bis zum Anfang der Neuzeit. Genau den Gottesbegriff, der im 1. Vat. Konzil gelehrt wird, will er treffen. Erst seit den sechziger Jahren des 20. Jahrhunderts wird diese Gottesvorstellung auch von der christlichen Theologie in Frage gestellt.

Das Konzil stellte fest, daß der, der Gott leugnet, nicht mehr zur Gemeinschaft der Glaubenden gehört (D 3021). Es wollte jedoch nicht ausdrücklich eine bestimmte Gottesidee definieren, sondern nur die Wirklichkeit und Realität Gottes. Es fließt aber in diese Lehraussage ein Gottesbild ein, dem von heutiger Theologie her widersprochen werden muß. So ist vom „Schöpfer und Herrn" die Rede. Es ist dabei an eine kausale Bedingtheit des Menschen in der Welt durch Gott gedacht. Gott stellt das Begründungsprinzip dar, das den Ursprung von allem erklären soll. Wir haben hier eine Denkstruktur vor uns, die Gott unter den Voraussetzungen eines objektivierenden Denkens betrachtet. Mit „Herr und Schöpfer" ist nicht so sehr ein Bekenntnis des glaubenden Menschen und der Gemeinde gemeint, das Gott als befreiende und beschenkende Wirklichkeit anerkennt, sondern eine Begründung, die im Naturzusammenhang zu erkennen ist. Die Redeweise mutet nach Art einer objektiven, naturwissenschaftlichen Tatsachenanalyse an, als ob die Existenz Gottes in die Reihe existierender Wesen einzuordnen wäre. Es ist jedoch festzuhalten, daß

---

[393] G. Ebeling, a.a.O., 52.

diese Sprechweise und die dahinter liegenden Vorstellungen nicht definitorischen Charakter haben.

Die zweite Frage, die das Konzil bewegte, war die der Erkennbarkeit Gottes. Es ist die Frage danach, ob der Mensch die Möglichkeit hat, im Bereich der Wahrheitserkenntnis von Gott zu sprechen. Gibt es eine Erfahrungsbasis in der intellektuellen Fähigkeit des Menschen, die Gott vermittelt? In Konzil besinnt sich die Kirche auf die Struktur der Gottesbeweise[394] und spricht ein klares Ja (D 3004):

1. Auf natürlicher Ebene ist der menschlichen Vernunft Gotteserkenntnis möglich. In dieser Lehraussage wird nur von der Fähigkeit und Möglichkeit gesprochen, nicht jedoch vom Faktum der Gotteserkenntnis. Der Mensch als vernunftbegabtes Wesen *kann* aufgrund seiner Wesenserkenntnis mit Gott in eine intentionale Beziehung treten, die ihm eine Gotteserfahrung vermittelt, auch wenn diese nur auf abstraktivem Weg gewonnen wird.

Zwei Meinungen sollten damit zurückgewiesen werden, die nach Ansicht der Konzilsväter die Gotteserkenntnis und -erfahrung verfälschten: a) Die Ontologisten (Gioberti, Rosmini) und b) die Traditionalisten (de Lamenais und de Bonald).

Zu a: Nach den Ontologisten ist der Mensch in sich selbst, in seiner Vernunft unmittelbar zu Gott. Der menschliche Geist kann Gott in sich selbst erfahren; in und durch Gott sieht er die ewigen Wesenheiten der geschaffenen Dinge. Dadurch wurde aber gerade die Geschichtlichkeit des Menschen, seine primäre Angewiesenheit auf menschliche Begegnung übersehen. Nicht im Ereignis, sondern in seinem eigenen, unabhängigen Ich erfährt der Mensch Gott. Die Kirche verteidigte gegen den Ontologismus die Notwendigkeit des Kontakts mit der Außenwelt und hielt dadurch am Begegnungscharakter der Gotteserkenntnis und somit auch -erfahrung fest.

Zu b: Aufgrund der Französischen Revolution und ihrer Grausamkeiten meinten die Traditionalisten, daß der einzelne Mensch als vernunftbegabtes Wesen nicht in der Lage sei, Gott zu erkennen und ihn zu erfahren. Er kann es nur, indem der *sensus communis* oder die „raison générale" als Geschichte und Tradition ihm diese Erfahrung mitteilt und ihn so zur wahren Erkenntnis führt. Der Kirche sprechen sie diese totale gesellschaftliche Vernunft zu. Die Kirche allein ist Mittlerin der Gotteserkenntnis. Ihr ist letztlich zu glauben. Dagegen protestierte das Konzil. Jeder Mensch kann im Raum der geschaffenen Welt aufgrund seiner menschlichen Möglichkeiten Erkenntnis Gottes erlangen.

2. Diese natürliche Gotteserkenntnis kann „Gewißheit" *(certitudo)* erhalten. Damit ist nicht eine „Sicherheit" *(securitas)* gemeint, so wie man im aper-

---

[394] Si quis dixerit, Deum unum et verum, creatorem et Dominum nostrum, per ea, quae facta sunt, naturali rationis humanae lumine certa cognosci non posse: anathema sit (D 3026). Wer sagt, der eine und wahre Gott, unser Schöpfer und Herr, könne nicht durch das, was gemacht ist, mit dem natürlichen Licht der menschlichen Vernunft gewiß erkannt werden, der sei ausgeschlossen.

sonalen Bereich, im Versicherungswesen, in der Mathematik und vielleicht auch in der Naturwissenschaft Sicherheit erreichen kann. „Gewißheit" gibt es im Bereich der Freundschaft, dort, wo der eine dem anderen vertraut, in dem die eigene Evidenz transzendiert wird und man sich auf die Ebene des anderen begibt. Glauben, Vertrauen, Lieben gibt „Gewißheit" und damit die Möglichkeit, sich selbst zu übersteigen auf Möglichkeiten des anderen hin. Sicherheit hingegen ruht in sich selbst bzw. in dem Material, das zur Verfügung steht. In der „Gewißheit" ist eine Erkenntnis angedeutet, die auf eine Gotteserfahrung zielt, die nicht von der Person des Erkennenden abzulösen ist. In der Definition ist ausdrücklich nicht von einer Sicherheit, sondern von dieser Gewißheit bzw. Vergewisserung die Rede.

3. Damit hängt zusammen, daß das Konzil auch nicht von einer Demonstrationsmöglichkeit Gottes spricht, sondern allein von einer Erkenntnismöglichkeit *(cognosci* und nicht *demonstrari).* Wie diese Erkenntnis Gottes gewonnen wird und wieweit sie auf Erfahrung beruht, ist nicht ausgesagt. Auch wird kein Urteil über die „Gottesbeweise" gefällt. Die Frage der Beweisbarkeit Gottes im Sinne eines logischen Schlußverfahrens wird ausgeklammert. Die verschiedenen Denktypen bleiben jedoch offen, obwohl die Lehrentscheidung dem Denkduktus eines Schlußverfahrens folgt.

4. Wohl aber wird der Gottesbegriff in diesem Zusammenhang näher bestimmt. Gott ist als Grund und Ziel aller Dinge zu verstehen (D 3004). Gott wird hier, wenn auch nicht definitorisch, als Ziel- und Ursprungsursache angesehen. Das kausal-begründende Denken wird als bevorzugter Denktypos dargestellt. Von Gott spricht man sinnvoll, wenn er als Begründung und Zielrichtung fungiert. Gott als Aussage vom Menschen kommt nicht in den Blick. In der Vorstellung des Konzils wird Gott als begründendes Seiendes nahegelegt.

Dieser Eindruck verfestigt sich, wenn neben der Existenz und Erkennbarkeit Gottes sein Wesen umschrieben wird. Zwar handelt es sich dabei nicht um eine Definition, aber doch um ein Denkschema, das die Gotteslehre nachhaltig beeinflußt hat. „Einer ist der wahre ... Gott der Schöpfer ... allmächtig, ewig ... unveränderliches, geistiges Wesen ... wesentlich von der Welt verschieden ... in sich ... ganz glücklich ..." (D 3001). Ein von der spätgriechischen Philosophie stark beeinflußtes Gottesbild findet hier seinen Niederschlag. Gott als Grund von allem muß unabhängig und allem überlegen sein. Veränderung wird als negativer Seinsmodus aufgefaßt und ist daher von Gott auszuschließen. Mit Zeitlichkeit und Geschichtlichkeit kann er in seinem Wesen nichts zu tun haben. In seiner unendlichen Vollkommenheit ist er in sich vollständig glücklich. Diese Gottesidee findet sich weit verbreitet in den Katechismen und ist eine extreme Verobjektivierung Gottes. Daher wird die Beziehung Gottes zur Welt und zu den Menschen nur mehr als eine von uns gedachte Beziehung gesehen, die keine Realität bedeutet. Wohl aber ist von der gesamten Welt zu sagen, daß sie eine „transzendentale Beziehung" auf

Gott ist. Gott ist Herr und als Herr der Souverän, der nicht von seinen Knechten abhängig ist, während diese sich in totaler Abhängigkeit befinden. Der christliche Gedanke der Inkarnation scheint nur mehr sehr schwer verständlich zu sein und höchstens als „Geheimnis" seinen Platz in einer solchen Gotteslehre zu finden. So gewaltig dieser „Herr-Gott" ist, so leblos und beziehungslos erscheint er. Gerade diese *Wesensbeschreibung* war nicht dazu angetan, einen vom Atheismus bereits geprägten Menschen Gott als eine Erfahrungswirklichkeit nahezubringen. Fast einhundert Jahre hat es gebraucht, bis in der Theologie Neuansätze gefunden wurden. In der Zwischenzeit hat der Mensch sich jedoch weiter gewandelt, und die Vermittlung einer Gotteserfahrung ist vor noch schwierigere Aufgaben gestellt.

Sicher lag ein Verdienst des 1. Vat. Konzils darin, daß streng daran festgehalten wurde, daß es nur dann Sinn hat, von Gott zu sprechen, wenn Gott im Erfahrungshorizont des Menschen vorkommt. Ohne diese Möglichkeit ist Gott der „ganz Andere", der dem Menschen ewig fremd bleiben muß.[395] Auch könnten die Wesensaussagen von Gott ein Hinweis sein auf die Veränderungsbedürftigkeit unserer Welt, in der eben nicht Glück und Vollkommenheit vorherrschen, sondern sehr oft Ohnmacht und Geistlosigkeit. Wenn es also im Gottesbegriff darum ginge, eine Welt zu bauen, in der das Gute allmächtig und das Böse ohnmächtig ist, dann wäre mit Gott ein Ausdruck gemeint, der Leben bewirkt und Funktion für menschliches Dasein hätte. So gedeutet, würde Gott Veranlassung für den Menschen sein, unsere Erde menschlicher und d.h. letztlich göttlicher zu gestalten. Dann ist Gott aber nicht mehr Grund und Ziel des Bestehenden, sondern eine Verhältnisbestimmung, die diese Verhältnisse, also die Beziehungen unter den Menschen verbessert, das Gute bewirkt bzw. dieses selbst ist. Damit haben wir bereits die heutige Problematik des Sprechens von Gott berührt.

5.2. Die Wette um Gottes Existenz

Lange vor dem 1. Vat. Konzil protestierte gegen die Beweisbarkeit und die daraus fließende Vergegenständlichung Gottes B. Pascal (1623-1662) mit seiner berühmten Wette.[396] Er stellt sich die Frage: Was gewinne oder verliere ich, wenn ich an Gott glaube? Zwei Möglichkeiten der Wahl hat der Mensch, wie beim Spiel: Kopf oder Zahl. Gott ist oder Gott ist nicht. Die Vernunft kann nach Pascal darüber nicht entscheiden. Eine zwingende rationale Begründung für den einen Teil wie für den anderen der Wahl gibt es nicht. Ich kann noch so viele „Gottesbeweise" herbeischaffen, eine rationale Sicherheit bleibt mir verwehrt. Trotzdem ist es nicht unvernünftig, auf das eine oder andere zu setzen, weil auch ein Spieler nicht unvernünftig handelt. Eine der beiden Wahlmöglichkeiten ist richtig, die Chance zu gewinnen oder zu verlie-

---

[395] Vgl. dazu die theologische Diskussion besonders zwischen K. Barth und E. Brunner sowie E. Przywara.

[396] B. Pascal, Pensées, Fr. Nr. 227ff.

ren ist 50%. Wir Menschen müssen in unserem Leben notwendig wählen und entweder ja oder nein zu Gott sagen, also gläubig oder ungläubig sein. Beim Spiel unseres Lebens können wir uns nicht der Stimme enthalten, automatisch sitzen wir am Spieltisch und sind zur Wahl gezwungen, oder wie J.-P. Sartre sagt, wir sind verurteilt, frei zu sein. Pascal sagt nun: „Ja ... man muß auf eines setzen, darin ist man nicht frei, Sie sind mit im Boot. Was werden Sie also wählen? Sehen wir also zu, da man wählen muß, wobei Sie am wenigsten wagen!" Wenn man Gott wählt, was verliert man? Die Folge der Wahl für ihn bedeutet, daß Sie „treu, rechtschaffen, demütig, dankbar, wohltätig, Freund, aufrichtig, wahrheitsliebend sein (werden) ... Ich sage Ihnen, Sie werden dabei in diesem Leben gewinnen und mit jedem Schritt, den Sie auf diesem Weg tun, immer mehr die Gewißheit des Gewinnes und die Nichtigkeit des Einsatzes erkennen, so daß Sie endlich begreifen, daß Sie auf eine unendlich sichere Sache setzten, und daß Sie nichts dafür gegeben haben." Zudem kommt, daß auch eine Ewigkeit an Leben und Glück zu gewinnen ist, also die Unendlichkeit. Die Chance, wenn man auf Gott setzt, ist gleichsam null zu unendlich (rien – infini)! Sollte es wirklich sein, daß man falsch gesetzt hat, indem man den Glauben an Gott wählt, dann ist man noch immer in der gleichen Lage wie der Ungläubige. Nicht mehr als der Ungläubige hat man verloren, ja auf jeden Fall bleibt der Gewinn, den man durch seine Wahl für Gott in diesem Leben hat. So sind die Chancen absolut nicht gleich. Wenn man an Gott glaubt, verliert man jedenfalls nichts, aber man kann alles gewinnen. Der Ungläubige ist auf jeden Fall der Verlierer. Vor der Vernunft ist die Wette auf Gott immer die bessere. Die Gewißheit, daß die Wahl für Gott die bessere ist, gewinnt man nur im Vollzug des Lebens. In ihm stellt sich konkret heraus, daß ein Leben mit Gott besser ist als ohne ihn. Die Pascalsche Wette endet mit der Aufforderung an den Ungläubigen, es doch mit Gott zu versuchen. Bezüglich des unsterblichen Lebens entwickelte bereits Sokrates ähnliche Gedanken. Sie wurden durch die Existenzphilosophie, besonders Kierkegaard und auch von modernen sprachphilosophischen Ansätzen aufgegriffen. Eine besondere Affinität dazu bezeugt die protestantische Theologie. Gegen die blutleere, rein logische Begründung aller Wirklichkeit in Gott ist der Appell an die Freiheit des Menschen überzeugend. Die Gottesbeweise als allgemeine Begründungsversuche schalten das konkrete Leben, das sich an Gott orientiert, aus. Kein Gottesbeweis kann vom Lebensvollzug dispensieren; immer bleibt er ein Wagnis, nie läßt sich das menschliche Leben absichern. Die Gewißheit für eine Lebensentscheidung gibt es nicht a priori, sondern sie wird erst im Vollzug selbst erstellt, entsprechend der Struktur der Wahrheit. Von vornherein sein Leben abzusichern und in Sicherheit zu bringen ist Abfall vom Wahrheitsgeschehen.

Trotz dieses Verdienstes von Pascal ist einzuwenden, daß eine solche Wahl so lange eine Willkürentscheidung bleibt und reiner Dezisionismus ist, bis nicht in irgendeiner Weise eine Erfahrung dafür spricht. Auch das anscheinend logische Argument, daß wir nichts verlieren, wenn wir auf Gott setzen, bleibt leer, wenn keine Erfahrung es belegt. Ohne Gotteserfahrung ist die Entscheidung für ihn nicht sinnvoller als zu behaupten, auf einem anderen Planeten gäbe es Menschen. Daß Menschen, die an Gott glauben, vielleicht besser leben, besagt nur, daß dieser Glaube eine Funktion haben kann, aber nichts über die Realität des Geglaubten. Pascal war, wie die „Gottesbeweisler", fasziniert von der Frage nach der Sicherheit einer Gotteserkenntnis. Wahrheit wird im Modus der Versicherung gesehen. Was die Vernunft bei den Gottesbeweisen, soll bei Pascal der Wille leisten. Durch eine Wahl befindet sich mein Leben in Sicherheit. Wahrheit wird auch hier nicht dialogisch verstanden. Die Wahrheit von Gott wird einmal spekulativ durch Abstraktion gelöst, das andere Mal dezisionistisch durch Entscheidung. Die Rückbesinnung auf die Erfahrungsdimension ist jedoch nötig, beide Ansichten zu korrigieren und einen genuinen Ort zu finden, um sinnvoll von Gott sprechen zu können. Nur im Raum der Erfahrung kann man Ereignisse, die persönlich und sozial relevant sind, interpretieren und ihnen willentlich zustimmen, so daß Gott genannt werden kann. Ohne Gotteserfahrung ist jedes Sprechen von ihm sinnlos. Die heutige Theologie sucht dieser notwendigen Voraussetzung gerecht zu werden.

VIII. HISTORISCHE WURZELN DES HEUTIGEN ATHEISMUS

Die naive Selbstverständlichkeit der Existenz Gottes ist heute verlorengegangen. Bereits das 1. Vat. Konzil sah sich mit einer atheistischen gesellschaftlich relevanten Bewegung konfrontiert. Die Antwort des Konzils war ungenügend, und sein Gottesbegriff ist abzulehnen.

Das trinitarische Denken ist ebenfalls weitgehend im 19. Jh. vergessen worden, auch wenn die Formeln beibehalten wurden. Neuansätze der Trinität und Gotteslehre greifen die atheistische Situation positiv auf. Sie ist durch das geänderte Selbstverständnis des Menschen und nicht durch Bosheit oder Amoral hervorgerufen. Dieses neue Bewußtsein hat seine Wurzeln bereits im Anfang der Neuzeit, die durch Descartes' (1596-1650) methodischen Willen zum Atheismus charakterisiert werden kann und so eine gewisse Zersetzung des Gottesbegriffs einleitet.[397] Freilich, ohne den Zweifel an der Außenwelt und damit an der „bestehenden Weltordnung" wäre die Umgestaltung der Welt im Ausmaß heutiger Technik niemals möglich und der Mensch niemals vom Konsumenten zum Produzenten geworden. Damit war überhaupt erst der Einblick in die Geschichtlichkeit menschlichen Daseins ermöglicht, wodurch Befreiungsbewegungen verschiedenster Art wirksam werden konnten; freilich zum Heil wie zum Unheil der Menschheit.

Ist aber die Existenz Gottes für das Denken des Menschen nicht mehr Voraussetzung, braucht er diese Begründung nicht mehr, dann wird auch neben der Existenz die Idee eines je größeren Wesens, das Gott genannt wird, fraglich. Hat das Reden von Gott dann überhaupt einen Sinn? Was bezeichnet man damit? Wo ist eine solche Wirklichkeit erfahrbar? Will man von der Erfahrung des heutigen Menschen aus von Gott sprechen, dann ist zu sagen, daß auch der Begriff „heutiger Mensch" ein Abstraktum ist. Psychologische und soziale Faktoren sind so vielfältig, daß gerade die Pluralität den Menschen im heutigen Entwicklungsstand bestimmt. Gewisse Tendenzen zeigen sich jedoch unserem abstrahierenden Denken:

1. Auch für einen Theologen sind Gott und seine Existenz keine Selbstverständlichkeit mehr. Das Ganze des Glaubens, der ganze Gegenstand der Wissenschaft, die Theologie heißt, steht in Frage.

2. Die Gottesfrage ist im Zusammenhang mit unserer Zeit und Geschichte zu sehen. Daher das Grundproblem: Wo ist eine Erfahrung möglich, die so etwas wie Göttliches gegenwärtig werden läßt? Von hier her wäre dann über Gottes Sein, über sein Was und Wie nachzudenken.

---

[397] Vgl. E. Jüngel, Gott als Geheimnis der Welt, Tübingen 1977, 161ff.

Der Theologie ergeht es heute ähnlich wie Abraham: „Im Glauben gehorchte Abraham, als er gerufen wurde, auszuziehen in ein Land, das er zum Erbteil erhalten sollte: Er zog aus, *ohne zu wissen, wohin* er kommen würde" (Hebr 11,8). Das Wohin liegt im Dunkel, weil die Zeit für geschlossene Systeme vorbei ist und die neuen Möglichkeiten erst im Ansatz sichtbar sind. Wenn wir bisherige Voraussetzungen ablehnen, so kann das nicht heißen, daß wir voraussetzungslos von Gott sprechen (Θεο-λογεῖν). Auch wir gehen heute an unsere Arbeit mit einem ganz bestimmten Vorverständnis.

Unter Vorverständnis ist hier *nicht* die vorgängige Zuordnung unseres Verstehens auf die Seinsfrage zu verstehen, sondern unsere zeitgeschichtliche Bedingtheit, die unser Fragen mitkonstituiert. Diese fordert einen Erfahrungshorizont im gesellschaftlichen Leben, in dem Gott als eine sinnvolle Ausdrucksweise für eine Realität erkannt wird, denn nur so besagt das Wort Gott etwas für den Menschen, für sein Leben, seine Liebe, sein Sterben.

Die Krise der heutigen Theologie gründet in der Erfahrungslosigkeit des Glaubens an einen persönlichen Gott. Sie ist keine Erfindung der Theologen, sondern Vorgabe der heutigen gesellschaftlichen Situation; der Himmel erscheint leer. In der Säkularisierung unserer Welt und im vorgängigen Ende eines gewissen Seinsverständnisses ist dieses Fehlen der Gotteserfahrung zu suchen. Beides sind Bewegungen, die schon in der zitierten Erzählung der Apostelgeschichte von der Himmelfahrt angedeutet sind: Der Herr ist in die Wolken entschwunden, die Jünger starren nach oben, in den Himmel; sie sehen aber nur Wolken, sonst nichts. Wie sie so gebannt nach oben schauen, da hören sie die Botschaft: Was späht ihr in die Wolken, nach oben? Hier, auf der Erde ist Wiederkunft Christi, nicht Wanderer zweier Welten seid ihr, sondern einer! Eine Philosophie, die den Menschen in zwei Sphären aufteilt, ist heute am Ende. Am Ende ist ein Seinsverständnis, das unser Dasein der Zeit, Geschichte und der gesellschaftlichen Verflochtenheit zu entnehmen sucht. Die ganze Geschichte des abendländischen Denkens ist aber von diesem Seinsverständnis geprägt, das Heidegger mit „Seinsvergessenheit" charakterisierte. Gott gehört in dieser Seinsgeschichte notwendig als ein begründender Bestandteil hinzu, ohne den Seiendes nicht erklärt werden kann. Auf diese Gesamtbegründung mittels eines Gottes kann heute aber verzichtet werden. Die Parole „Gott ist tot" hat hierin eine Wurzel. Ein Gott, der so fungiert, übernimmt „zu früh" einen Platz im Denken, wo anderes zu denken notwendig wäre. Ein billiger Gott einer „Theo-logik" hat sich im emanzipatorischen Denkprozeß erübrigt. Damit ist die heutige Situation ambivalent; sie bewegt sich einerseits auf den A-Theismus zu und kann den Nihilismus einschließen, oder sie versucht andererseits in Richtung auf die Seinsfrage in neuer Gestalt „Gott" zu denken, für eine neue sich zuschickende Gotteswirklichkeit offen zu sein.

Beide Tendenzen schließen ein Wirklichkeitsverständnis ein, das alles Seiende in einen funktionalen Zusammenhang bringt. Die Frage nach dem Wesen der Dinge steht nicht mehr im Vordergrund. Die Frage nach dem Zweck der

Dinge raubt der Wesensbestimmung ihre frühere Lebenskraft. Technik und Zivilisation fragen nach Funktion und nicht nach vorgegebenem Sinn des Seins.

Sicher ist damit Kant nicht widerlegt, der den Menschen als *homo metaphysicus* bezeichnete und damit die Erforschung der Bedingung der Möglichkeit des Erkennens meinte. Heute wird das „Metaphysische" durch Konstruktivismen verschiedener Art überlagert und die Welt neu gedeutet. Die philosophische Gottesfrage muß diesem Befund Rechnung tragen, da sie sonst in einen leeren Raum zielt. In dieser Frage muß das Ende dieses skizzierten Seinsverständnisses mit bedacht werden. Dies schließt ein:

a) das Ende der Zeit- und Geschichtslosigkeit bzw. Ende eines Gottesglaubens außerhalb der gesellschaftlichen Zusammenhänge und deren Erfahrung.

b) die Ermöglichung einer neuen Frage nach Gott, nach dem „Ende der Metaphysik" in einer Dienstleistungsgesellschaft.

c) die Funktionalisierung unseres Denkens und Tuns, Entreligiosierung und Säkularisierung, aber auch Remythisierung.

In unserer Welt der Technik und Zivilisation begegnen wir den Spuren der Menschen, die ihren Willen der Materie aufprägen, den Spuren Gottes aber begegnen wir nicht. Die Urbanisation und die Großstadtkulturen sind immanent orientiert und bergen kein transzendentes Geheimnis. Nicht mehr Pan schreitet durch die Wälder, so sehr manche dies wieder möchten, sondern die Autos rasen über die Autobahn. Sachkenntnis und -wissen sind gefragt. Da Theologie Rede von Gott ist, die von Mensch zu Mensch verantwortet werden muß, und in der zwischenmenschlichen Kultursphäre diese Rede weitgehend ausfällt, ist die Erfahrungsbasis für Gott minimal, und alle Aussagen werden unanschaulich, arm und leer. Konnte Jesus in seinen ländlichen Gleichnissen von Gottes Sorge sprechen, so sind diese für uns fast keine Erfahrungswelt mehr, und Gleichnisse der Technik wirken banal oder lächerlich. Zwar ist der westliche, christliche Gottesglaube seit der konstantinischen Wende ins kulturelle Leben eingegangen, hat es geformt und eine Symbiose vollzogen, lautlos aber hat sich die Kultur selbständig gemacht, und der Gottesgedanke erweckt oft nur mehr den Eindruck des Reliktes einer vergangenen Epoche.

Die Grundeinstellung des modernen Denkens reicht bis zur Französischen Revolution zurück. Der große Astronom Pierre Simon Laplace überreichte seinem Freund, dem damaligen ersten Konsul Napoleon, 1796 sein Buch: „Exposition du système du monde". Es war ein epochemachendes Werk. Als Napoleon es gelesen hatte, beglückwünschte er seinen Freund: „Diese Erklärung der Welt ist großartig, aber", fügte er hinzu, „ich finde in diesem Buch jedoch kein einziges Mal Gott erwähnt!" Darauf Laplace: „Je n'avais pas besoin de cette hypothèse!" „Diese Hypothese brauchte ich nicht!" Gott ist ein „Geschöpf des Überflusses", „de trop"; er ist überzählig. So ist die bürgerliche Entwicklung des 19. Jahrhunderts charakterisiert mit dem Satz: „Auf dem Marktplatz brauchen wir Gott nicht!"

Der Faktor der Wirtschaft bestimmt das Leben. Für das Geschäft ist Gott belanglos. Für die Arbeit, für den wirtschaftlichen Erfolg ist Gott nicht von Bedeutung. Gott ist ohne gesellschaftliche Relevanz. Die langsame Wandlung von der Konsumgesellschaft zur Produktions- und Dienstleistungsgesellschaft, die mit der Industrialisierung einsetzt und selbstverständlich in der Struktur auch die westliche Gesellschaftsordnung affiziert, drängt Gott zu einer Chiffre ab. So ist in diesem Raum Leugnung Gottes nicht mehr wesentlich, weil der Mensch auf den bisherigen gesellschaftlich irrelevanten Gott gar nicht mehr reagiert, ja vielleicht gar nicht reagieren kann.

Was sind die Gründe dafür, daß der Atheismus zu dieser Bedeutung gelangte? Woher kommt es, daß heutiges Sprechen von Gott, wenn es noch einen Sinn haben soll, anders vollzogen werden muß als in vergangenen Jahrhunderten? Die Wurzeln gehen bis auf den Beginn der Neuzeit zurück; auf das neue Weltbild, auf die Erfahrung der Relativität der Religionen in der Geschichte, auf die Emanzipation des Menschen und auf das neue Verhältnis zur Wirklichkeit, das sich in der Technik ausdrückt.

1. Das neue Weltbild

Wir erinnern uns an den ewig klassischen Fall Galilei. Er ist der Punkt, an dem die mittelalterliche Einheit des Weltbildes endgültig zerfiel und Gott keinen festen Platz im Universum mehr einnehmen konnte. Vom Weltbild her wurde er „ortlos". Der Fall Galilei war keineswegs ein Einzelfall, wie ihn etwa fromme Katholiken deuten mögen, sondern Symptom dafür, daß die Kirche sich der neuen Welt verschloß und daher die Theologie den Anschluß an das neuzeitliche Selbstverständnis des Menschen verpaßte. Die kosmische Ordnung war zerfallen, und dort, wo das Raumdenken Gott einen Platz in der Höhe gab, war kein Ort mehr für ihn. Für eine Denkweise, die am 4. Laterankonzil (1215) geschult war und Engel (die dazu von Gott geschaffen waren) die letzte und höchste Himmelssphäre bewegen ließ, wurde die Weltordnung zerstört (D 800). Die ganze Geographie des Jenseits brach zusammen. Wo einst Dante den Ulixes (Odysseus) ins Fegefeuer fahren ließ, als er sich über Gibraltar hinauswagte, da entdeckte Kolumbus Amerika. Ein Gott, der unerklärte Dimensionen der Wirklichkeit abdeckte, stellte sich als nicht existent heraus. Der „Lückenbüßer" für Unerforschtes wurde an den Rand gedrängt. In lästerlichem Ton schrieb David Friedrich Strauß zu dieser Entwicklung: „Durch sein [Kopernikus] neues Weltsystem [wurde] dem ... Gotte gleichsam der Stuhl unter dem Leibe weggezogen ... da ... trat an den alten persönlichen Gott gleichsam die Wohnungsnot heran ... Also kein Himmel als Palast mehr, keine Engel, die um seinen Thron versammelt sind, ferner auch Donner und Blitz nicht mehr seine Geschosse, Krieg, Hunger und Pest nicht mehr seine Geißeln, sondern Wirkungen natürlicher Ursachen ..."[398]

---

[398] D.F. Strauß, Der alte und der neue Glaube, Bonn 1881, 108ff.

Strauß verwendet hier durchaus biblische Bilder, um aufzuzeigen, wie diese Vorstellungen durch das neue Weltbild „entmythologisiert" wurden. Wohin ist Gott? Die Antwort wird nur dann zu finden sein, wenn ein neuer „Ort" auffindbar ist, an dem für den Glaubenden Gotteserfahrung möglich ist. Gott als ein Prinzip der Erklärung der Welt zu benutzen scheint in diesem Weltbild kaum mehr möglich. Dieses Weltverständnis drückte in unseren Tagen der Begründer des modernen Strukturalismus aus, wenn er einmal sagt: „Persönlich bin ich nicht mit der Frage nach Gott konfrontiert. Ich finde es durchaus erträglich, mein Leben zu verbringen, wissend, daß ich mir niemals die Totalität des Universums werde erklären können."[399] Diese Partikularisierung ist dem bisherigen religiösen Denken unerträglich. Diesem Selbstverständnis des heutigen Menschen ist aber auch in der Gottesfrage Rechnung zu tragen. Warum wird ein Mensch, der auf eine totale Erklärungstheorie verzichtet, nicht mehr mit Gott konfrontiert? Weil Gott als eine alles erklärende Ideologie erscheint. Auf ein solches Allerklärungsprinzip kann aber der moderne Mensch aufgrund seines Weltbildes verzichten. Auf den Gott also, der den Ursprung alles Seienden erklärt, wird kein Wert gelegt. Er garantiert ja nur das Bestehende und ist an der Vergangenheit orientiert. Das Leben aber wird nicht lebenswert durch die Anpassung an das Vorgegebene, sondern durch unsere Umgestaltung.

2. Die Relativität der Religionen

Die Erfahrung der Relativität geschichtlicher Erscheinungsformen stellte den Alleinvertretungsanspruch der christlichen Religion und damit des Christengottes in Frage. Die Überlegenheit gegenüber der islamischen Ausnahme war nicht mehr wie im Mittelalter empfunden worden, denn andere, gleich große, ja größere und ältere Religionsgemeinschaften wurden entdeckt. Christentum war plötzlich nicht mehr universal, sondern *ein* Wirklichkeitsverständnis unter anderen. Wie war dies aber mit der Universalität des Christengottes zu vereinbaren und wie mit seinem Absolutheitsanspruch? Die Heilsfrage wurde neu gestellt. Wer nicht das unauslöschliche Siegel des Christengottes in der Taufe empfangen hat, wie kann der noch zu seinem Lebensziel kommen? Ist der „wahre" Gott nur wenigen Auserwählten vorbehalten? Drei Antworten wurden gegeben:
1. Alle müssen getauft werden, sonst sind sie der Verdammung preisgegeben. Eine hektische Tauftätigkeit begann. Franz Xaver durchreiste Asien und taufte, wen er nur finden konnte. So ist seine Verzweiflung zu erklären, als ihm China verschlossen bleibt und er 1552 auf der Insel San Tschao, das riesige Festland vor Augen, stirbt.

---

[399] C. Levi-Strauss in einem Interview; vgl. auch: Strukturale Anthropologie, Frankfurt 1967.

594

2. Nicht weniger verbreitet war eine andere Theorie: Die fremden, ungetauf-
ten Völker sind mit dem Kainszeichen behaftet und daher schriftgemäß zur
Sklaverei verurteilt. Unterdrückung, Versklavung, Terror und Zwang sind die
von Gott gebotenen, christlichen Verhaltensweisen. Es gab nur eine Alternative: Entweder Sklaverei und Annahme des Christengottes oder Ausrottung der
von Gott Verworfenen.

Beide Theorien, sowohl die Taufepidemie wie auch die biblisch gerechtfertigte Grausamkeit, setzten die christliche Gottesvorstellung absolut.

3. Nun versuchte man den christlichen Gottesbegriff zu relativieren und eine
neue gemeinsame Grundlage aller Menschen zu schaffen. Aufgrund der Natur
sind alle Menschen vor Gott gleichgestellt. Der Spanier Francisco de Vitoria
war der erste, der ein Naturrecht der Völker begründete. Sein enger Kontakt
mit Erasmus von Rotterdam und dem Humanismus machte ihn und nicht erst
Grotius (der ein Naturrecht entwickelte: *si Deus non daretur)* zum Begründer
des Völkerrechts. Auf dieser Basis hoffte er, die Einheit der Menschheit und
des Wirkens Gottes zu wahren und so den unterorganisierten Völkern ihr
Recht zu verschaffen. Damit war der Boden für eine „natürliche Religion" bereitet. Der „geschichtlich" gewordene Gott in den Offenbarungsreligionen
wurde relativiert, die französischen Enzyklopädisten gingen hinter die Vielfalt
der Religionen zurück. Dazu gehörte die Einsicht, daß die Vorstellungen von
Gott relativ sind, daß keine absolut genommen werden darf. Lessings Ringparabel in „Nathan der Weise" ist ein Beispiel dafür. Alle geschichtlich gewordenen Gottesbilder sind relativ, Gott ist nur ein Gott der Menschen, wenn
er in der Liebe der Menschen und Konfessionen untereinander Frieden stiftet.
Die Erfahrung der Relativität des Geschichtlichen führt weiter als das neue
Weltbild zum Ort einer möglichen Gotteserfahrung: Der Verständigung mit
dem Nächsten, der Nächstenliebe. Diese Gelassenheit gegenüber der Vielfalt
der Gottesbilder drückt sich nicht nur in der Aufklärung aus, sondern sie ist
bereits eine alte indische Weisheit.[400]

3. Die Emanzipation des Menschen

Nicht weniger kritisch für den Gottesglauben war das Erwachen des Menschen zu seiner Mündigkeit. Religion, Staat und Kultur verloren ihre normie-
rende Kraft. „Wage endlich deinen Verstand zu gebrauchen" ist der Ruf der
Aufklärung, die mit dem frühen 18. Jahrhundert beginnt. 1784 schrieb Kant in
seiner „Beantwortung der Frage: Was ist Aufklärung?": „Der Ausgang des
Menschen aus seiner selbstverschuldeten Unmündigkeit". 1791 verabschiede-
te die französische Nationalversammlung die „Erklärung der Menschenrechte", die das gesamte moderne Denken beeinflußte, bis heute aber noch nicht
verwirklicht ist. „Alle Menschen sind frei geboren und gleich an Rechten. Das
Recht ist der Ausdruck des allgemeinen Willens. Das Ziel aller politischen

---

[400] S. Radhakrishnan, Eastern Religions and Western Thought, London ²1940, 308f.

Vereinigungen ist, die natürlichen Rechte zu bewahren. Diese Rechte sind Freiheit der Person, Gleichheit vor dem Gesetz, Eigentum und Widerstand gegen Unterdrückung." Diese Unterdrückung zeigt sich, wo der Mensch nicht selbständig seine Vernunft gebrauchen darf.

Gedanken- und Redefreiheit, Kritik und Toleranz sind gefordert. Das vernünftige Selbstbewußtsein wird gegenüber jeder positiven Religion zur Geltung gebracht. Sie muß wie alles andere durch das natürliche Licht der Vernunft der Kritik unterzogen werden. Die Wahrheiten der positiven Religionen kommen von außen auf den Menschen zu, während die Wahrheit des vernünftigen Selbstbewußtseins in sich den Grund hat, einsehbar ist und sich selbst erzeugt. Daher ist die Vernunft frei und autonom, nicht an eine Offenbarung gebunden. Das eigene Verstehen ist die letzte und einzige Instanz der Wahrheit. Was sich vor dieser Instanz nicht ausweisen kann, ist ein Vorurteil und eine Fremdbestimmung. Diese vernünftige Wahrheit hat auch nichts Dogmatisches an sich, sie unterzieht sich der öffentlichen Kritik. Die Polemik gegen jeden Dogmatismus und jede Autoritätshörigkeit ist bei diesem Menschenbild verständlich. Zwar wird der Glaube an einen Gott (Deismus) nicht in Frage gestellt, aber ihm kommt keine Funktion für den Menschen zu, der sich von aller Heteronomie zu befreien versucht. Jede Bindung an die Offenbarungsreligion hält das Denken gefangen, verhindert Fortschritt und Toleranz. Die Forderung nach exakter Wissenschaftlichkeit wird erhoben, die Bibelkritik nimmt ihren Anfang. Denn auch die Tradition ist nichts „Heiliges", sondern historisch-kritisch zu durchforschen. Die gesamte europäische Kultur war in diesem Umwandlungsprozeß begriffen; so kam es auch zur Ausbildung einer vernunftgemäßen Lehre von der Lebensführung in Ethik und Pädagogik. Bestehende Konventionen wie Gewohnheiten wurden ebenfalls der Kritik unterworfen. Diese Emanzipation des Menschen und seine Befreiung zur Vernunftwahrheit mußten den christlichen Glauben tief erschüttern. Lessing meinte zwar, daß das Dogma eine „Hülle der vernünftigen Humanität" war, ohne die der Reifungsprozeß nicht möglich gewesen wäre, aber jetzt muß sie aufgesprengt werden. Der Autoritätsanspruch der Offenbarungsreligionen muß relativiert werden (Ringparabel), damit der Mensch tolerant und frei werden kann. Es ist der Beginn einer neuen Epoche der Freiheitsgeschichte der Menschheit, die bis heute unvollendet ist. Die Religionskritik und der „deistische Gott" der Aufklärung, der über dem Sternenzelt thront, machte es dem darauffolgenden Jahrhundert leicht, diesen Gott wegzuwischen, ihn aus dem menschlichen Leben vollends herauszukürzen. Diese Sicht der Wahrheit unserer Erkenntnis Gottes hat den christlichen Gottesglauben in eine Krise gestoßen und so seine Existenz in Frage gestellt.

4. Die Technisierung der Welt

Ein weiterer Grund für die Ermöglichung des Atheismus ist die Technisierung der Welt und die Erfahrung, durch sie neue Wirklichkeiten zu produzieren, die keiner Begründung in Gott bedürfen. Solange die Natur mythisch anregen und erregen konnte, wurde Gott in ihr epiphan; er offenbarte sich im Naturgeschehen. In dem Augenblick, als der Mensch die Dinge als Zusammensetzung chemischer Formeln betrachtete, war der letzte mythische Rest aus ihr vertrieben. Gott werkt und wirkt nicht mehr in ihr, sondern der Mensch ist es, der diese Rolle in Zukunft innehat. Die Technik ist das Mittel der Lebensbewältigung. Die Metaphysik, die in der Gotteslehre gipfelte, wird durch die Technik abgelöst. Freilich, die Denkstruktur bleibt die gleiche, und daher kann sie auch als ein Ersatz für Gott aufgefaßt werden. Heidegger spricht einmal die Vermutung aus, „daß die Herrschaft der Metaphysik sich eher verfestigt, und zwar in der Gestalt der modernen Technik und deren unabsehbaren rasenden Entwicklungen"[401]. Sicher, die Technik ist ein zweideutiges Phänomen, sie ist weder Teufelswerk noch Heimat des Menschen, aber in der Gestalt des Metaphysikersatzes ersetze sie auch die Begründung des Denkens in Gott. Und derselbe Autor fährt fort: „Was jetzt ist, wird durch die Herrschaft des Wesens der modernen Technik geprägt, welche Herrschaft sich bereits auf allen Gebieten des Lebens durch vielfältig benennbare Züge wie Funktionalisierung, Perfektion, Automatisation, Bürokratisierung, Information darstellt."[402] Sie ist die Metaphysik der Moderne und z.T. der Postmoderne, wobei aber der Mensch ihr Wesen noch gar nicht richtig bedacht hat. Das hat zur Folge, daß auch Gott im Raum der Technik gar nicht gedacht werden kann und ein Gott der alten Metaphysik sinnlos und gegenstandslos geworden ist, daß aber zugleich der Mensch – weil er eben das Wesen der Technik nicht bedenkt – sich selbst entfremdet dahinlebt. So wird durch die Technik das bisherige Gottesverständnis erschüttert, zugleich aber auch der Blick für eine mögliche Neubesinnung verstellt. Wird die Technik nicht in einem größeren „seinsgeschichtlichen" Zusammenhang gesehen und nicht auf ihren Anspruch geachtet, dann wird sie als letzte Antwort auf menschliche Fragen gesehen werden, sakralisiert und kultisch vergöttlicht. Indiens Nehru hat einmal trefflich gesagt, daß die Fabriken die neuen, wahren Tempel seien, die Stätten der Gottesverehrung in der Produktion. Richtig ist daran die Polemik gegen alle Art „heiliger Kühe" religiöser Provenienz, aber falsch ist die Absolutsetzung der Technik. Der Mensch als Homo faber begegnet in ihr nur sich selbst. Werden in den Fabriken nicht genauso wie früher bei Kulthandlungen die Menschen geopfert, verheizt? Und ist der Tod des Arbeiters durch das Einstürzen eines Bergwerkschachtes glücklicher als begeisterte Opfer des eigenen Herzens für eine aztekische Gottheit? Gibt der Arbeiter durch seine Fron nicht das Beste, was er hat, nämlich seine schöpferische Kraft? Was das

---

[401] M. Heidegger, Identität und Differenz, Pfullingen 1957, 71.
[402] Ebd., 48.

neue Weltbild und die Relativitätserfahrung der Geschichte noch nicht leisten konnten, brachte die Technik zustande: Das Gottesbild, das am Vergangenen, Bestehenden, absolut Gültigen orientiert war, starb ab. Die Technisierung ermöglichte den Atheismus als Massenbewegung. Dieser Atheismus, verbunden mit der „technischen Kraft", konnte damit zu einem positiven Gestaltungsprinzip der Menschheit werden. Er wird in diesem Kontext als Funktion zur Befreiung der Menschheit aufgefaßt. Er soll vermenschlichen und den Menschen zu sich selbst bringen.

IX. GRUNDANSÄTZE DES MODERNEN ATHEISMUS

Am 10. November 1793 wurde in Notre Dame de Paris auf dem Hochaltar „die Göttin der Vernunft" inthronisiert. Es war ein erstes „Wetterleuchten" für die spätere Ausrufung des Todes Gottes.

In einer Zeit, in der in England William Blake seine kraftvollen Gedichte über den Tod Gottes in Jesus zu schreiben begann und Gott mit dem Satan identifizierte, in der in Frankreich Holbach, Bayle und de Lamettrie ihre atheistischen Gedanken veröffentlicht hatten und die Französische Revolution bereits Europa prägte, schrieb in Deutschland 1796 Jean Paul in seinem Roman „Siebenkäs" einen Traum nieder, der den Tod Gottes des Vaters ankündigt. Für Jean Paul ist es ein Traum (Rede des toten Christus vom Weltgebäude herab, daß kein Gott sei), den er gegen den „giftigen Dampf" des atheistischen Lehrgebäudes schreibt. „Wenn einmal mein Herz so unglücklich und ausgestorben wäre, daß in ihm alle Gefühle, die das Dasein Gottes bejahen, zerstört wären, so würd' ich mich mit diesem meinem Aufsatz erschüttern und – er würde mich heilen und mir meine Gefühle wiedergeben ..."

Der Tod Gottes des Vaters wäre furchtbarer als die Leugnung der Unsterblichkeit, denn bei dieser würde eine unbekannte Welt genommen; wird aber die Gottheit geleugnet, dann wird die Sonne der gegenwärtigen Welt ausgelöscht. Um dies noch stärker zu betonen, läßt der Dichter den toten Christus die Vision des toten Vaters erleben. So ist Gott als Vater und als Sohn, die ganze Gottheit, dem Tod verfallen.

„Ich suchte im ausgeleerten Nachthimmel die Sonne, weil ich glaubte, eine Sonnenfinsternis verhülle sie mit dem Mond. Alle Gräber waren aufgetan ... Oben am Kirchengewölbe stand das Zifferblatt der *Ewigkeit,* auf dem keine Zahl erschien und das sein eigener Zeiger war; nur ein schwarzer Finger zeigte darauf, und die Toten wollten die Zeit darauf sehen ... Und alle Toten riefen: ‚Christus! Ist kein Gott?' Er antwortete: ‚Es ist keiner ... , Ich ging durch die Welten, ich stieg in die Sonnen und flog mit den Milchstraßen durch die Wüsten des Himmels, aber es ist kein Gott. Ich stieg herab, so weit das Sein seine Schatten wirft, und schaute in den Abgrund und rief: Vater, wo bist Du? Aber ich hörte nur den ewigen Sturm, den niemand regiert, und der schimmernde Regenbogen aus Wesen stand ohne Sonne, die ihn schuf, über dem Abgrunde und tropfte hinunter. Und als ich aufblickte zur unermeßlichen Welt nach dem göttlichen *Auge,* starrte sie mich mit einer leeren bodenlosen *Augenhöhle* an; und die Ewigkeit lag auf dem Chaos und zernagte es und wiederkäute sich. Schreiet fort, Mißtöne, zerschreiet die Schatten, denn Er ist nicht!' ... Da kamen, schrecklich für das Herz, die gestorbenen Kinder, die im Gottesacker erwacht waren, in den Tempel und warfen sich vor die hohe Gestalt am Altare und sagten: ‚Jesus, haben wir keinen Vater?' – Und er antwortete mit strömenden Tränen: ‚Wir sind alle Waisen, ich und ihr, wir sind ohne Vater' ... Ach, ich war sonst auf ihr (der Erde), da war ich noch glücklich, da hatt' ich noch meinen unendlichen Vater und blickte froh von den Bergen in den unermeßlichen Himmel und drückte die durchstochne Brust an sein linderndes Bild und sagte noch im herben Tode: ‚Vater, ziehe deinen Sohn aus der blutenden Hölle. Und erhebe ihn an dein Herz' ... Ach, ihr überglücklichen Erdenbewohner, ihr glaubt *Ihn* noch. Vielleicht gehet jetzt gerade eure Sonne unter, und ihr fallet unter Blüten, Glanz und Tränen auf die Knie und hebet die seligen Hände empor und rufet unter tausend Freudentränen zum aufgeschlossenen Himmel hinauf: Auch mich kennst Du, Unendlicher und alle meine Wunden, und nach dem Tode empfängst Du mich und schließt sie alle ... Ihr Unglücklichen, nach dem Tode werden sie nicht geschlossen. Wenn der Jammervolle sich mit wundem Rücken in die Erde legt, um einem schöneren Morgen voll Wahrheit, voll Tugend und Freude entgegenzuschlummern, so erwacht er im stürmischen Chaos, in der ewigen Mitternacht – und es kommt kein Morgen und keine heilende Hand und kein unendlicher Vater! ... Und als ich niederfiel und ins leuchtende Weltgebäude blickte, da sah ich die emporgehobenen Ringe der Riesenschlange der Ewigkeit, die sich um das Weltall gelagert hatte – und Ringe fielen nieder, und umfaßten das All doppelt ... und alles wurde eng, düster, bang – und ein unermeßlich ausgedehnter Glockenhammer sollte die letzte Stunde der Zeit schlagen und das Weltgebäude zersplittern ... "

Für Jean Paul bedeutet der Tod des Vaters, daß die Welt ihren Sinn verliert, da der Mensch nicht mehr aufblicken kann und seine Hände nicht mehr zum Gebet erheben darf. „Das ganze geistige Universum wird durch die Hand des Atheismus zersprengt und zerschlagen ... Niemand ist im All so sehr allein als ein Gottesleugner – er trauert mit einem verwaisten Herzen, das den größten Vater verloren ..."[403] Der Tod Gottes bedroht für J. Paul nicht die Ewigkeit, sondern die Zeitlichkeit. Hier wird die Zeitlichkeit bereits in einen notwendigen Zusammenhang mit Gott gebracht. Ist aber die Welt notwendig verloren, wenn der Mensch nicht mehr zu einem Vatergott aufblicken kann? Liegt darin nicht die Befreiung von einer falschen Gottesvorstellung?

1. Dialektischer Ansatz

Der Satz: „Gott ist tot" findet sich erstmals in philosophisch relevanter Weise bei G.F.W. Hegel (1770-1831), und zwar in seiner Frühschrift: „Glauben und Wissen", 1802. Garaudy[404] hat nicht ganz Unrecht, wenn er schreibt, „daß die Linkshegelianer und später Feuerbach und Marx bei ihm die methodo-

---

[403] J. Paul, Siebenkäs, (Erstes Blumenstück: Rede des toten Christus vom Weltgebäude herab, daß kein Gott sei), München o.J., 319-326 passim.
[404] R. Garaudy, Gott ist tot. Eine Einführung in das System und die Methode Hegels, München 1966, 430.

logischen Prinzipien einer Religionskritik vorfanden, die notwendig zum Atheismus führte". Die atheistischen Strömungen unserer Tage hat Hegel wesentlich beeinflußt. Am Schluß, gleichsam als Conclusio der Entwicklung der neuzeitlichen Philosophie steht bei ihm in der erwähnten Schrift der Satz: „Gott ist tot." Als Zusammenfassung der neuzeitlichen Philosophie erhält dieser Satz seine erregende Aktualität und Bedeutung.

Der Atheismus ist das Ergebnis des Subjektivitätsgedankens. Die Subjektivität besteht zunächst darin, daß der neuzeitliche Mensch die Welt nicht mehr als objektive Gegebenheit naiv-gläubig annimmt. Die objektive Welt ist nicht mehr der Maßstab, an dem er sich orientiert, sondern er ist sich seiner Sonderstellung bewußt, in der er in Freiheit Herrschaft über die Welt ausübt. Nicht mehr die Welt ist Herr über den Menschen, sondern das Subjekt Mensch ist sich seiner bewußt, ist frei und kann Herr über die Welt sein, kann Weltherrschaft ausüben.[405] In der Aufklärung, in der der Mensch aus seiner selbstverschuldeten Unmündigkeit erwacht ist *(sapere aude!),* hat die Subjektivität ihren Ausgangspunkt. Die Erfahrung der Selbstwerdung, in der der Mensch aus sich selbst heraus reflektiert, bei-sich-selbst-ist, heißt philosophisch ausgedrückt: Subjektivität. Für Hegel hat nun diese Subjektivität zur Voraussetzung, daß alles Außersubjektive, also die objektive Welt, herabsinkt zur Dingwelt, Sachwelt, zur Es-Welt. Die ganze Welt wird in dieser Verdinglichungsbewegung funktionalisiert. Diese Subjektivität, die die Welt als Material nutzbar macht, ist ja die Voraussetzung der Technik.

Durch diese Bewegung der Subjektivität wird auch Gott aus dem Mittelpunkt verdrängt (der er im religiösen Akt ist). Der Mensch ordnet die Welt nach seinen Interessen und Zielsetzungen. Damit zerbricht die eine Welt des religiösen Menschen, und es kommt zur Entzweiung. Dem Diesseits steht ein Jenseits gegenüber, und Gott verflüchtigt sich immer mehr in diesen Bereich hinein. Durch diesen Rückzug der Gottheit wird die Gottesvorstellung entleert, immer abstrakter, bis nur noch ein „höchstes Wesen" übrigbleibt, dessen Funktion nicht mehr ersichtlich ist. Zugleich wird die Welt säkularisiert; aus dem „heiligen Hain" wird ein Wald von Hölzern, aus den Götterbildern Holz oder Stein. Dieser Entzweiung der göttlichen und weltlichen Sphäre entspricht die Entzweiung in Subjektivität und Objektivität. Von dieser Situation der Entzweiung ist auszusagen: Gott begegnet dem Menschen in der äußeren Welt nicht mehr. Aber auch die Innerlichkeit ist im Bezug auf Gott leer. Gott ist tot.

---

[405] Kants „Kopernikanische Wende" meinte diese „Revolution der Denkweise": Nicht mehr das Subjekt hat sich nach dem Objekt zu richten, sondern das objektive Ding nach den subjektiven Erkenntnisvoraussetzungen. Diese Änderung der Denkweise wird auch als „anthropologische Wende" bezeichnet, insofern das kosmologische Denken durch das anthropologische abgelöst wurde.

Hegel bleibt bei dieser Negativität jedoch nicht stehen, sondern das Wort vom „toten Gott" hat eine positive Funktion, indem es als Ausdruck eines Durchgangsstadiums zur Synthese führt.

Der Tod Gottes ist ein „Moment" in Gott, das ihn bestätigt und den Durchgang bezeichnet, in dem er zu sich selbst kommt. Der Tod Gottes ist kein Moment totaler Zerstörung, sondern notwendiger Durchgang der Geschichte, der im absoluten Geist aufgehoben wird. Der Tod Gottes ist ein Augenblick im bzw. des geschichtlichen Werdens. Das Absolute setzt sich ja nur, in dem es sich entgegensetzt. Würde es in seinem Für-sich-Sein bleiben, bliebe es in der „abstrakten Allgemeinheit"; es wäre das Ewige vor seiner Realisierung. Nur indem es sich entgegensetzt, sich selbst beschränkt und dadurch negiert, kommt es zu seiner Eigentlichkeit. Das Absolute braucht also die Entgegensetzung des Endlichen, um auf dem Weg über die Negation der Negation zu sich selbst zu kommen.

Diese Entgegensetzung erschöpft sich aber nicht im ontologischen Bereich, sondern der absolute Geist bedarf des Endlichen auch unter noetischen Aspekten, also hinsichtlich seines Selbstbewußtseins.

Auf dieser Ebene ist das Wesen von Religion zu finden. Die Religion ist der Vorgang, in dem der absolute Geist sich im endlichen Wissen weiß und umgekehrt. „So ist die Religion Wissen des göttlichen Geistes von sich *durch Vermittlung des endlichen Geistes*."[406]

Der „reine Begriff", das aristotelische εἶδος, ist die schlechte Unendlichkeit, der erschreckende „Abgrund des Nichts". Dies gilt für Gott, sofern er ohne Entgegensetzung des Endlichen ist. Der „Tod Gottes" ist eine neue Auslegung des Karfreitags, die das Grundgefühl der Religion der Neuzeit wiedergibt. „Der reine Begriff aber oder die Unendlichkeit als der Abgrund des Nichts, worin alles Sein versinkt, muß den unendlichen Schmerz, der vorher nur in der Bildung geschichtlich und als das Gefühl war, worauf die Religion der neuen Zeit beruht – das Gefühl: Gott selbst ist tot (dasjenige, das gleichsam nur empirisch ausgesprochen war mit Pascals Ausdrücken, la nature est telle qu'elle *marque* partout un *Dieu perdu* et dans l'homme et hors de l'homme) – rein als Moment, aber auch nicht mehr denn als Moment der höchsten Idee bezeichnen und so dem, was etwa auch entweder moralische Vorschrift einer Aufopferung des empirischen Wesens oder der Begriff formeller Abstraktion war, eine philosophische Existenz geben und also der Philosophie die Idee der absoluten Freiheit und damit das absolute Leiden oder den spekulativen Karfreitag, der sonst historisch war, und ihn selbst in der ganzen Wahrheit und Härte seiner Gottlosigkeit wiederherstellen, aus welcher Härte allein – weil das Heitere, Unergründlichere und Einzelnere der dogmatischen Philosophien sowie der Naturreligionen verschwinden muß – die höchste Totalität in ihrem

---

[406] G.W.F. Hegel, Vorlesungen über die Philosophie der Religion I, Frankfurt 1969, 198; vgl. II, 192, 204, 206f.

ganzen Ernst und aus ihrem tiefsten Grunde, zugleich allumfassend und in die heitere Freiheit ihrer Gestalt auferstehen kann und muß."[407]

Der „Tod Gottes" hat also eine Funktion im Ganzen. Er ist der extreme Tiefpunkt in der „historischen" Selbstmanifestation des absoluten Geistes. Er ist der Intention nach die Selbstbestätigung des Absoluten in der Weise eines dialektischen Zu-sich-selbst-Kommens.

Es ist in diesem Zusammenhang interessant, daß Hegel selbst bei dem Wort „Gott ist tot" auf einen lutherischen Choral verweist. Er lautet:

O Traurigkeit! O Herzeleid!
Ist das nicht zu beklagen?
Gottes Vaters einziges Kind
Wird ins Grab getragen.
O große Not! *Gott selbst** liegt tot,
[heute geändert: Gott's Sohn liegt tot!]
Am Kreuz ist er gestorben,
Hat dadurch das Himmelreich
Uns aus Lieb erworben.[408]

Hegel kommentiert[409]: „‚Gott selbst ist tot', heißt es in jenem lutherischen Liede; dies Bewußtsein drückt dies aus, daß das Menschliche, Endliche, das Gebrechliche, die Schwäche, das Negative göttliches Moment selbst ist, in Gott selbst ist; daß das Anderssein, das Endliche, das Negative, nicht außer Gott ist, als Anderssein die Einheit mit Gott nicht hindert. Er ist gewußt das Anderssein, die Negation als Moment der göttlichen Natur selbst. Die höchste Erkenntnis von der Natur der Idee des Geistes ist darin enthalten. Dieses äußerliche Negative schlägt auf diese Weise in das Innere um. Der Tod hat einerseits diesen Sinn, diese Bedeutung, daß damit das Menschliche abgestreift wird und die göttliche Natürlichkeit wieder hervortritt. Aber der Tod ist selbst zugleich auch das Negative, diese höchste Spitze dessen, dem der Mensch als natürliches Dasein und eben damit Gott selbst ausgesetzt ist."

Dieser Durchgang Gottes durch den Tod ist nach Hegel ein „fürchterlicher Gedanke", nämlich des Inhalts, „daß alles Ewige, alles Wahre nicht ist, daß die *Negation selbst in Gott ist*". Damit ist der höchste unendliche Schmerz verbunden mit dem Verzicht auf „alles Höhere", das denkbar wäre. Die positive Seite ist jedoch, daß der Verlauf dabei nicht stehenbleibt: „Gott nämlich erhält sich in diesem Prozeß, und dieser ist nur der *Tod des Todes*. Gott steht wieder auf zum Leben; er wendet sich somit zum Gegenteil."[410] Der „Verlauf"

---

[407] G.W.F. Hegel, Glauben und Wissen oder Reflexionsphilosophie der Subjektivität in der Vollständigkeit ihrer Formen als Kantische, Jacobische und Fichtesche Philosophie, Frankfurt 1970, 432f.

[408] Von Johann Rist, 1607-1667, in: Geistreiches Gesangbuch, darinnen die außerlesensten und üblichsten Gesänge Hn. D. Martini Lutheri und anderer gottseliger Männer, welche gewöhnlich in unseren Christ-Lutherischen Kirchen gesungen werden, enthalten ..., Stade 1707.

[409] Vorlesungen über die Philosophie der Religion II, Frankfurt 1969, 297.

[410] Ebd., 291.

scheint hier das Umgreifende zu sein, denn dem „Tod Gottes" kommt die Funktion zu, neues Leben (Auferstehung) zu wecken. Anders ausgedrückt: Der Atheismus steht im Dienst des Zu-sich-selbst-Kommens des absoluten Geistes. Der Tod Gottes bzw. der Atheismus ist Manifestation der „unendlichen Liebe". Diese Hoffnung belegt Hegel selbst mit einem biblischen Zitat: „Du lässest deinen Gerechten im Grabe nicht, du lässest deinen Heiligen nicht verwesen" (Ps 16,10) und in dem (eigenhändig geschriebenen) Heft vom Jahre 1821 heißt es weiter: „Der Geist ist nur Geist als dies Negative des Negativen, welches also das Negative selbst in sich enthält. Wenn daher der Menschensohn zur Rechten des Vaters sitzt, so ist in dieser Erhöhung der menschlichen Natur die Ehre derselben und ihre Identität mit der göttlichen aufs höchste vor das geistige Auge getreten."

Der Tod Gottes fungiert hier als die Erhöhung der menschlichen Natur, so daß diese mit der göttlichen identisch ist, in der göttlichen als menschliche ihre Identität wiederfindet.

Noetisch ausgedrückt: Gott bedarf der Vermittlung der Religion, denn er „ist [nur] Gott ..., sofern er sich selber weiß; sein Sich-Wissen ... ist sein Selbstbewußtsein im Menschen, und das Wissen des Menschen *von* Gott, das fortgeht zum Sich-Wissen des Menschen *in* Gott".[411]

Das Menschliche und Göttliche wird, durch den Tod Gottes vermittelt, austauschbar: Der Mensch Attribut Gottes, Gott Attribut des Menschen.

Theologie und absoluter Humanismus scheinen sich hier zu decken. Sicher, die Identität steht noch aus, aber als Erkannte ist sie schon verwirklicht. „In dieser ganzen Geschichte [die mit dem ‚Tod Gottes' umschrieben wird] ist den Menschen zum Bewußtsein gekommen ... daß die Idee Gottes für sie Gewißheit hat [der Grund liegt nämlich darin], daß das Menschliche unmittelbarer, präsenter Gott ist, und zwar so, daß in dieser Geschichte ... selbst die Darstellung des Prozesses ist dessen, was der Mensch, der Geist ist."[412] Der „Prozeß" oder „Verlauf" ist die Geschichte des Menschen bzw. des (absoluten) Geistes, in der das Menschliche jeweils präsenter Gott ist. Das heißt, der Mensch, zu seiner Menschlichkeit gebracht (indem alle Unmenschlichkeitsstruktur negiert ist), ist Gott gleich. Diese Funktion hat der „Tod Gottes" bzw. der Atheismus.

Hegel *selbst,* trotz dieser Aussagen, ließ die Verhältnisbestimmung von „Theologie-Humanismus" in der Schwebe. Die Rechts- und Linkshegelianer haben diese „Schwebe" je nach Vorverständnis aufgelöst.

2. Anthropologischer Ansatz

Der Atheismus wird als Ermöglichungsgrund der menschlichen Freiheit angesehen. Bisherige Gottesbegriffe standen dieser Freiheit im Weg und ver-

---

[411] Enzyklopädie der philosophischen Wissenschaften III, 374.
[412] Philosophie der Religion II, 297.

hinderten sie. Daß Gott tot ist, ist ein Postulat der Freiheit des Menschen. Erst wenn er von Gott frei ist, kann er wieder aufatmen. Niemand hat diese Ideen besser formuliert als F.W. Nietzsche (1844-1900). Für ihn ist das „rauhe Wort": „Gott ist tot" nicht zerstörend, sondern „sanft" und „aufbauend". Mit ihm wird nämlich ein geschichtlicher Prozeß angekündigt, der durch die Freiheit des Menschen vollzogen wird, das bisherige Jenseits in das Diesseits inkarniert und damit dieser Welt hier und jetzt eine ewige Gültigkeit verleiht.

Die Spaltung der Welt in eine wahre (jenseitige) und in eine scheinbare (diesseitige) wird aufgehoben, die wahre Welt wird zur Fabel, aber nicht so, daß die als wahre Welt bezeichnete Wirklichkeit gestrichen oder geleugnet würde, sondern so, daß sie total in die diesseitige Welt eingeht: So kann die diesseitige Welt neu qualifiziert werden, da sie von dem Schatten der „wahren" Welt befreit ist. Diese „Abschaffung" der übersinnlichen Wirklichkeit sieht Nietzsche als geschichtlichen Prozeß, der mit der griechischen Philosophie beginnt und mit dem Tod Gottes sein Ende findet. „Die wahre Welt haben wir abgeschafft: welche Welt blieb übrig? die scheinbare vielleicht? ... Aber nein! *Mit der wahren Welt haben wir auch die scheinbare abgeschafft!* (Mittag; Augenblick des kürzesten Schattens; Ende des längsten Irrtums; Höhepunkt der Menschheit; *Incipit Zarathustra*)."[413]
So wird nach ihm die Kluft im abendländischen Denken durch den Vollzug der Tötung Gottes geschlossen, die Zeitlichkeit wird zum absoluten Horizont menschlicher Existenz. 1882 schreibt er in der „Fröhlichen Wissenschaft": „Habt ihr nicht von jenem tollen Menschen gehört, der am hellen Vormittage eine Laterne anzündete, auf den Markt lief und unaufhörlich schrie: ‚Ich suche Gott! Ich suche Gott!'– Da dort gerade viele von denen zusammenstanden, welche nicht an Gott glaubten, so erregte er ein großes Gelächter. Ist er denn verlorengegangen? sagte der eine. Hat er sich verlaufen wie ein Kind? sagte der andere. Oder hält er sich versteckt? Fürchtet er sich vor uns? Ist er zu Schiff gegangen? ausgewandert? – so schrien und lachten sie durcheinander. Der tolle Mensch sprang mitten unter sie und durchbohrte sie mit seinen Blicken. ‚Wohin ist Gott?' rief er, ‚ich will es euch sagen! *Wir haben ihn getötet* – ihr und ich! Wir alle sind seine Mörder! Aber wie haben wir dies gemacht? Wie vermochten wir das Meer auszutrinken? Wer gab uns den Schwamm, um den ganzen Horizont wegzuwischen? ... Was taten wir, als wir diese Erde von ihrer Sonne losketteten? Wohin bewegt sie sich? Wohin bewegen wir uns? Fort von allen Sonnen? ... Gibt es noch ein Oben und ein Unten? Irren wir nicht wie durch ein unendliches Nichts?'" (Nr. 125). „Du wirst niemals mehr beten, niemals mehr anbeten, niemals mehr im endlosen Vertrauen ausruhen – du versagst es dir, vor einer letzten Weisheit, letzten Güte, letzten Macht stehen zu bleiben ... es gibt keine Vernunft in dem mehr, was geschieht, keine Liebe in dem, was dir geschehen wird – deinem Herzen

---

413 F. Nietzsche, Götzen-Dämmerung, München 1956, Kap: Wie die „wahre Welt" endlich zur Fabel wurde.

steht keine Ruhestatt mehr offen, wo es nur zu finden und nicht mehr zu suchen hat, du wehrst dich gegen irgendeinen letzten Frieden, du willst die ewige Wiederkunft von Krieg und Frieden – Mensch der Entsagung, in all dem willst du entsagen? Wer wird dir die Kraft dazu geben? Noch hatte niemand diese Kraft! ... Vielleicht wird gerade jene Entsagung uns auch die Kraft verleihen, mit der die Entsagung selber ertragen werden kann; vielleicht wird der Mensch von da an immer höher steigen, wo er nicht mehr in einen Gott *ausfließt*" (Nr. 285). Ähnlich wie bei Hegel begründet jedoch die Negation Gottes nicht nur einen Verlust, sondern zugleich Leben, das Nietzsche mit Freude erfüllt: „Das größte neuere Ereignis – daß ‚Gott tot ist‘, daß der Glaube an den christlichen Gott unglaubwürdig geworden ist – beginnt bereits seine ersten Schatten über Europa zu werfen ... Seine Folgen für *uns* sind, umgekehrt als man vielleicht erwarten könnte, durchaus nicht traurig und verdüsternd, vielmehr wie eine neue schwer zu beschreibende Art von Licht, Glück, Erleichterung, Erheiterung, Ermutigung, Morgenröte ... Endlich erscheint uns der Horizont wieder frei, gesetzt selbst, daß er nicht hell ist, endlich dürfen unsere Schiffe wieder auslaufen, auf jede Gefahr hin auslaufen. ... das Meer, *unser* Meer liegt wieder offen da, vielleicht gab es noch niemals ein so ‚offenes Meer‘?" (Nr. 343).

Man spürt den Ernst, mit dem Nietzsche diese Situation des heutigen Menschen beschreibt, den Ernst, in dem zugleich der Schmerz und das Glück anwesend sind. Der Schmerz, daß mit der Tradition eines Vaters im Himmel gebrochen ist und der Aufblick nach oben in der bisherigen Weise versagt ist; das Glück, daß durch den Tod Gottes dem Menschen eine neue Möglichkeit, eine neue Freiheit geschenkt ist, die einen Horizont eröffnet, der bisher nicht gesehen werden konnte. Ein Horizont, in dem der Mensch durch den Tod Gottes das Heil erfährt und sich über das bisherige Dasein erheben kann. Heideggers Hinweis, das Wort: „Gott ist tot", bedeute alles eher, als daß kein Gott sei[414], trifft wohl Nietzsches eigentliches Anliegen. Nach Heideggers Deutung meint dieses Wort, daß die übersinnliche Welt ohne Wirkkraft ist und kein Leben mehr spendet. Der „Wille zur Macht" rückt an deren Stelle, wird zum obersten Wert und verbaut dadurch die Frage nach dem Sein; Nietzsche ist damit in die Reihe abendländischer Metaphysiker einzugliedern. Vielleicht hat jedoch Heidegger in seiner Darstellung der Entwertungstheorie die positive Bewegung in Nietzsches Denken unterbewertet, in der gerade der Tod Gottes die Möglichkeit neuen Lebens eröffnet und ein geschichtliches Ereignis ist, das dem Menschen seine Freiheit zurückgibt. Die Geschichte, die nun der Mensch in die Hand nimmt, erhebt sich über dem Leichnam Gottes; das Kreuz ist Symbol für den Sieg des Menschen über Gott. Er ist freie Tat

---

[414] M. Heidegger, Holzwege, Nietzsches Wort: Gott ist tot, Frankfurt 1963, 192-247. Vgl. dazu die Kritik und die sprachphilosophischen Überlegungen über Tod und Auferstehung Gottes: R. Margreiter, Ontologie und Gottesbegriffe bei Nietzsche. Zur Frage einer „Neuentdeckung Gottes" im Spätwerk, Meisenheim am Glan 1978, 60f.

des Menschen. Gerade dieses Element der Freiheit wird bei Nietzsche gegenüber Hegel betont.

Um das Menschliche des Menschen zu wahren bzw. zur echten Menschlichkeit zu kommen, meint Nietzsche, ist der A-Theismus bzw. die „Tötung Gottes" notwendig. Nicht Vernichtung und Nihilismus ist die Folge, sondern Erlösung. Der Mensch ist heil und mit seiner Welt wie mit sich selbst versöhnt. „Wir leugnen Gott, weil wir die Verantwortlichkeit in Gott leugnen, und damit erlösen wir die Welt" („Also sprach Zarathustra"). Die Kraft der Negation Gottes ist also des Menschen Verantwortung. Weil der Mensch allein für das Geschick, für seine menschliche Welt verantwortlich ist, darum kann Gott in ihr keine transzendente Rolle mehr spielen. Das Christentum als der „Platonismus für das Volk" ist daher am Ende. Aus der Tötung Gottes geht der neue Mensch hervor, der „Übermensch". Dieser anthropologische Ansatz[415] ist nicht die Willkür eines bestimmten Subjekts, sondern ein geschichtliches Ereignis, durch das der Mensch eine neue Erfahrung mit seiner Freiheit macht. Das bisherige Gottesbild wird dadurch gestürzt, und mit dem Bild wird Gott selbst fraglich. Aber welcher Gott ist gemeint? Ist es nicht der Gott, der aus dem begründenden Denken hervorgeht?

3. Soziologisch-politischer Ansatz

Zwar sind die Gedanken K. Marx durch den Zusammenbruch der Sowjetunion und der sozialistischen Systeme politisch kaum noch relevant, jedoch im marxistischen Atheismus findet eine Verschmelzung dreier Kerngedanken statt:

a) der *Hegelschen Dialektik,* mit der Marx ähnliches tat wie Aristoteles mit Platon, nämlich die idealistische Idee auf die Erde zurückzuholen,

b) der *Freiheit* und Befreiung des Menschen, die auch Nietzsche in seiner Philosophie suchte, aber nicht mit der Dialektik verbunden hat, und schließlich

c) der *soziologischen* Bedingtheit des Menschen.

Von dieser Kernverschmelzung her kann K. Marx (1818-1883) alle einsamen Freiheitshelden kritisieren, alle Hegelianer, die den idealistischen Ansatz bei-

---

[415] Neben bzw. vor diesem Atheismus im Namen des Menschseins und seiner Freiheit ist vor allem Feuerbach (1804-1872) zu nennen, der Nietzsche, Marx, Engels, Stirner u.a.m. beeinflußt hat. Hegels „atheistischer Gott", meint Feuerbach, kann den christlichen Gott nicht retten. Gott ist nur als Projektion des menschlichen Wesens real, ist verfremdetes Wesen der Natur des Menschen. Daher sein bekanntes Wort: „Mein erster Gedanke war Gott, mein zweiter die Vernunft, mein dritter und letzter der Mensch."
In Frankreich entwickelten besonders die Frühsozialisten einen kämpferischen Atheismus zum Zweck der Vermenschlichung des Lebens. Proudhon (1809-1865) sieht in Gott und im Glauben an die Vorsehung das Hindernis für die Autonomie des Menschen. Gott ist des Menschen Feind und nicht ein „lieber Gott"; er ist Tyrann des Prometheus. Die prometheische Geschichte ist jedoch allein die Heilsgeschichte der Menschheit.

behielten, und alle Frühsozialisten, denen die dialektische Bewegung fremd geblieben ist. So kritisiert er in zwei wesentlichen Punkten Feuerbach (dem er allerdings in vielem verbunden blieb):

1. Die Interpretation der Theologie als Anthropologie darf nicht eine theoretische bleiben, sondern muß als praktische Frage verstanden werden. „Der Streit über die Wirklichkeit oder Nichtwirklichkeit des Denkens – das von der Praxis isoliert ist – ist eine rein *scholastische* Frage."[416] (Ob die Projektion Gottes Wirklichkeit in sich birgt oder nicht, ist ohne Verbindung mit der Praxis bedeutungslos.) Es gilt nach Marx die Religionskritik nicht nur theoretisch durchzuführen, sondern die Menschen selbst zu verändern. Indem das „unglückliche Bewußtsein" zu sich selbst befreit wird, wird die theologische Projektion gegenstandslos. Die Umwelt bzw. Welt des Menschen muß verändert werden.

2. Feuerbach bleibt nach Marx nicht nur in der reinen Theorie, sondern zugleich in der puren Abstraktion. Er kennt nur „*den Menschen"*; den Menschen im allgemeinen aber gibt es nicht. „Der Mensch, das ist die Welt des Menschen: Staat, Sozietät. Dieser Staat, diese Sozietät, produziert die Religion, ein verkehrtes Weltbewußtsein." Die Projektion: „Gott" vollzieht nicht ein abstraktes Individuum Mensch, sondern der konkrete, der nur aus seinen soziologischen Strukturen verständlich ist; also sind Staat und Gemeinschaft Ursprung dieser Projektion. Diese Kritik zeigt die Grundposition: Der Mensch ist gesellschaftlich verfaßt. Die *Freiheit* für den *gesellschaftlichen* Menschen im *dialektischen* Weltprozeß ist gefordert.

Mit Feuerbach gemeinsam ist Marx der Überzeugung, daß der Mensch in der Entfremdung lebt. Die Religion ist diese Entfremdung. Die Religionskritik von Marx ist jedoch nicht das Ziel, sondern die *Vorbedingung* für den absoluten Humanismus. Dieser ist engagierte Praxis für eine bessere, menschlichere Welt.

Das eigentliche Anliegen ist also die Wiedergewinnung des Menschen aus seiner Selbstentfremdung, so daß ihm die schöpferische Freiheit zu eigen ist und die Gesellschaft bzw. die Welt vermenschlicht wird.

Marx spricht in seinen Frühschriften, besonders im „Pariser Manuskript", davon, daß der Kommunismus absoluter Humanismus ist. „Der Kommunismus ist als vollendeter Humanismus gleich Naturalismus." Nach Marx unterscheidet sich daher der Kommunismus vom üblichen Atheismus dadurch, daß er nicht mit einer Negation beginnt, sondern mit der Position (bzw. Negation der Negation), nämlich mit der Position des Humanismus: Der Mensch in seiner Würde und Freiheit! An ihr wird sichtbar, daß der Mensch in Knechtschaft verstrickt, entfremdet ist. Daher ist die Aufhebung dieser Knechtschaft, der Selbstentfremdung, Vorbedingung für das Zu-sich-Kommen der Menschheit. Der Atheismus hat also die Funktion, die Entfremdung aufzuheben.

Die Entfremdung wird durch Gott sanktioniert und nur durch die revolutionäre Praxis aufgehoben, die die lähmende Wirkung des Gottesglaubens ent-

---

[416] K. Marx, Thesen über Feuerbach, in: Frühe Schriften, Bd. 2, Darmstadt 1971, 1.

machtet und daher atheistisch ist. Nicht ganz zu Unrecht schrieb Marx voll Zorn 1847 in der „Deutschen Brüsseler Zeitung" (12. 9.) unter dem Titel: „Der Kommunismus des ,Rheinischen Beobachters'"[417]: „Die sozialen Prinzipien des Christentums haben die antike Sklaverei gerechtfertigt, die mittelalterliche Leibeigenschaft verherrlicht und verstehen sich ebenfalls in Notfall dazu, die Unterdrückung des Proletariats, wenn auch mit etwas jämmerlicher Miene, zu verteidigen. Die sozialen Prinzipien des Christentums predigen die Notwendigkeit einer herrschenden und einer unterdrückten Klasse und haben für die letztere nur den frommen Wunsch, die erstere möge wohltätig sein. Die sozialen Prinzipien des Christentums setzen die konsistorialrätliche Ausgleichung aller Infamien in den Himmel und rechtfertigen dadurch die Fortdauer dieser Infamien auf der Erde. Die sozialen Prinzipien des Christentums erklären alle Niederträchtigkeiten der Unterdrücker gegen die Unterdrückten entweder für gerechte Strafe der Erbsünde und sonstigen Sünden oder für Prüfungen, die der Herr über die Erlösten nach seiner unendlichen Weisheit verhängt. Die sozialen Prinzipien des Christentums predigen die Feigheit, die Selbstverachtung, die Erniedrigung, die Unterwürfigkeit, die Demut, kurz alle Eigenschaften der Kanaille, und das Proletariat, das sich nicht als Kanaille behandeln lassen will, hat seinen Mut, sein Selbstgefühl, seinen Stolz und seinen Unabhängigkeitssinn noch viel nötiger als sein Brot. Die sozialen Prinzipien des Christentums sind duckmäuserig, und das Proletariat ist revolutionär."

Gott ist also derjenige, der die gegenwärtigen Verhältnisse rechtfertigt und damit den Menschen entfremdet. Am Anfang des „Kommunistischen Manifests" (1848) beschreibt Marx, was im Namen dieses Gottes geschieht: „Alle Mächte des alten Europas haben sich zu einer heiligen Hetzjagd gegen [das Gespenst des Kommunismus] … verbündet, der Papst und der Zar, Metternich und Guizot, französische Radikale und deutsche Polizisten." So ist die Verneinung Gottes die Bedingung dafür, daß man den Menschen bejahen kann. Damit Übel aller Art in Zukunft abgeschafft wird, muß Gott negiert werden. Wo Welt und Wert vorgegeben sind, wo die Kreatur gleichsam nur „Gelegenheit"[418] für das Wirken Gottes, wo der Mensch durch die Erbschuld in seiner Freiheit eingeschränkt ist, wo der Mensch denkt und Gott lenkt, da ist der Mensch Knecht und Gott die Selbstentfremdung des Menschen. Der Mensch ist sich selbst durch Gott entzogen, existiert verstümmelt, extrapoliert. Der Mensch projiziert sich ins Irreale und wird der Wirklichkeit fremd; die Entfremdung ist zugleich Verfremdung. Daher lebt der Mensch ständig im Widerspruch und ist verknechtet.

Nach Marx war Feuerbach der erste, der dies klar erkannte und grundlegend die Destruktion der Entfremdung, d.h. des Gottesglaubens, vorgenommen hat. Mit ihm beginnt, wie Marx wörtlich sagt, „der Verfaulungsprozeß des absolu-

---

[417] Marx/Engels, Über die Religion, Berlin 1958, 65.
[418] Vgl. die Lehre des Okkasionalismus von Malebranche wie den Auxilienstreit, die hier noch nachwirken.

ten Geistes". Er schreibt in der „Kritik der hegelschen Rechtsphilosophie":
„Der Mensch, der in der phantastischen Wirklichkeit des Himmels, wo er einen Übermenschen suchte, nur den *Widerschein* seiner selbst gefunden hat,
wird nicht mehr geneigt sein, nur den *Schein* seiner selbst, nur den Unmen-
schen zu finden, wo er seine wahre Wirklichkeit sucht und suchen muß. Das
Fundament der irreligiösen Kritik ist: *Der Mensch macht die Religion,* die Religion macht nicht den Menschen." Die Religion ist das Selbstbewußtsein und
das Selbstgefühl des Menschen, der sich selber entweder noch nicht erworben
oder schon wieder verloren hat. Der Atheismus befreit von dieser Entfremdung. Wieso?

Der Mensch wird nicht durch das Vorgegebene, sondern durch die Umgestaltung der Welt definiert. Er ist in ihr schöpferisch tätig und eignet sich die Natur an. Er vermenschlicht die Welt und findet so sein variables Wesen. Mit
anderen Worten: Der Mensch wird durch seine Arbeit definiert, d.h. durch
einen Prozeß, durch das Werden. In der Geschichte wird jedoch nicht dieser
Prozeß, sondern das *Produkt* der Arbeit absolut gesetzt. Dadurch wird aber
die Vermenschlichung der Welt unterbunden, denn das Ziel wird von der Arbeit getrennt, wird eine sächliche Größe, der der Mensch dient und der er verknechtet ist. Dieses Gegebene ist die Ware bzw. das Geld. Der „Fetischcha-
rakter" der Ware verhindert, daß der Mensch im Produktionsprozeß zu sich
selbst kommen kann, da er völlig „draußen" lebt.

Die Folge davon ist, daß die Lohnarbeit liquidiert werden muß, daß die Güter,
die Produkte vergesellschaftet werden müssen. Dann arbeitet der Mensch für
den Menschen bzw. für die menschliche Gesellschaft, und in allen Produkten
der Arbeit starrt den Menschen nicht mehr die Entfremdung an, sondern
kommt ihm ein menschliches Antlitz entgegen.

So ist der Kommunismus der absolute Humanismus und zugleich ein Naturalismus, nämlich eine durch die Arbeit vermenschlichte Natur.

Die Religion bzw. der Gottesglaube aber fixiert diese entstandene Entfremdung, ist gleichsam das nie abnehmende „Kapital". Als geronnene, bleibende
Extrapolation ist der Glaube an Gott die Entfremdung, die durch dieses Mißverständnis der Arbeit entstanden ist. Im Gottesbild wird die unendliche Freiheit des Menschen versachlicht, vergegenständlicht und hypostasiert. Die Zukunft wird daher von Gott erwartet. Daher die Betonung der passiven Tugenden. Der Mensch in seiner Uneigentlichkeit wird eingeschläfert, „wer nur
den lieben Gott läßt walten, den wird er wunderbar erhalten ...", er verfällt
durch Gott und Religion dem Opiumrausch. Gott ist die harte Droge. Marx
schreibt zu Beginn seines Werkes „Zur Kritik der hegelschen Rechtsphilosophie": „Die Religion [bzw. Gott] ist die allgemeine Theorie dieser Welt, ihr
enzyklopädisches Kompendium, ihre Logik in populärer Form, ihr spiritua-
listischer point-d'honneur, ihr Enthusiasmus, ihre moralische Sanktion, ihre
feierliche Ergänzung, ihr allgemeiner Trost- und Rechtfertigungsgrund. Sie ist
die *phantastische Verwirklichung* des menschlichen Wesens, weil das
menschliche Wesen keine wahre Wirklichkeit besitzt. Der Kampf gegen die

Religion ist also mittelbar der Kampf gegen *jene Welt,* deren geistiges *Aroma* die Religion ist. Das *religiöse* Elend ist in einem der *Ausdruck* des wirklichen Elendes und in einem die *Protestation* gegen das wirkliche Elend. Die Religion ist der Seufzer der bedrängten Kreatur, das Gemüt einer herzlosen Welt, wie sie der Geist geistloser Zustände ist. Sie ist *Opium* des Volkes. Die Aufhebung der Religion als des *illusorischen* Glückes des Volkes ist die Forderung seines *wirklichen* Glückes. Die Forderung, die Illusion über seinen Zustand aufzugeben, ist die *Forderung, einen Zustand aufzuheben, der der Illusion bedarf.* Die Kritik der Religion ist also im *Keim die Kritik des Jammertales,* dessen *Heiligenschein* die Religion ist."

Drei wesentliche, religionskritische Punkte hebt Marx hervor:

1. Der Gottesglaube (die Religion) ist der Ausdruck, die Projektion des weltlichen Elends, der perversen sozialen und politischen Verhältnisse (nicht Projektion des „abstrakten" Menschen).

2. Der Glaube an Gott ist der Protest gegen das Elend. Hier sieht Marx die positive Funktion des Glaubens, aber sie ist insofern wieder negativ und daher zu negieren, da der Protest leer, ohnmächtig und wirkungslos ist, ja geradezu gefährlich, weil er von der Arbeit bzw. der Weltveränderung ablenkt, das Elend mit Gottes Willen sanktioniert und auf eine Zukunft vertröstet, die jenseits dieser Welt liegt. Der Mensch bleibt in der Knechtschaft.

3. Der religiöse Glaube übersieht den dialektischen Weltprozeß und betäubt tröstend den Menschen. Ihre Wirkung ist nach Art des Opiums. Das Volk selbst, in seiner üblen sozialen Lage, in seiner Unfreiheit produziert sich das Opium, das Gott bzw. die Religion ist. In seiner Entfremdung macht es sich dieses unzureichende Heilmittel: „Opium des Volkes."

Die zu früh vollzogene „Rationalisierung" der bestehenden Verhältnisse ist schädlich für Heil und Glück der Menschheit. Lenin hat den Satz „Opium des Volkes" in: „Opium für das Volk" umgeformt[419], „Die Ohnmacht der ausgebeuteten Klassen im Kampf gegen die Ausbeuter läßt ebenso unvermeidlich den Glauben an ein besseres Leben im Jenseits aufkommen, wie die Ohnmacht des Wilden im Kampf gegen die Naturgewalt, den Götter-, Teufel-, Wunderglauben usw. aufkommen läßt. Wer sein Leben lang schafft und darbt, den lehrt die Religion Demut und Geduld im irdischen Leben und vertröstet ihn auf den himmlischen Lohn. Wer aber von fremder Hände Arbeit lebt, den lehrt die Religion Wohltätigkeit hienieden; sie bietet ihm eine wohlfeile Rechtfertigung für sein Ausbeuterdasein und verkauft zu billigen Preisen Eintrittskarten zur himmlischen Seligkeit. Die Religion ist Opium für das Volk. Die Religion ist eine Art geistigen Fusels, in dem die Sklaven des Kapitals ihr Menschenantlitz, ihren Anspruch auf ein auch nur halbwegs menschenwürdiges Dasein ersäufen." Die starke Anlehnung an Marx ist unverkennbar, aber auch die andere Akzentsetzung. Der Gottesglaube wird hier zum Instrument der herrschenden, besitzenden Klasse, die sich der Religion bedient, um

---

[419] W.I. Lenin, in: Über die Religion, 6ff, geschrieben am 03.12.1905, in: Nowaja Schisn, Nr. 28, Sozialismus und Religion.

die Unterdrückung, Versklavung und Entfremdung aufrechtzuerhalten. Während für Marx Gottesglaube aus dem Volk hervorgeht, wird er hier Mittel zum Zweck der Ausbeutung. Wer daher Glauben bezeugt, wer Religion hat, der gehört zur Klasse der Bourgeoisie; der Glaubende wird zum Volksfeind. Bei Marx hingegen ist nicht Eigennutz und böser Wille, sondern der unglückliche Proletarier (das unglückliche Bewußtsein) Ursprung des Glaubens an Gott.

Bei Lenin erhält der Atheismus die Funktion, die Diktatur über die besitzende Klasse auszuüben. Bei Marx ist die Funktion des Atheismus im Proletarier selbst zu suchen, der seine Identität finden will.

Dieser Unterschied ist wesentlich: Ist der „Sitz des Lebens" des Gottesglaubens in der herrschenden Klasse zu suchen (Lenin) oder im entfremdeten Volk, Proletarier selbst (Marx)?

Nach der brutalen Niederwerfung der Revolution von 1905 kamen in Rußland verschiedene marxistische religiöse Strömungen auf, die der Religion und dem Glauben mehr Wert zusprachen und ihn positiver beurteilten; zu ihnen gehörte auch Berdjajev (1922 mußte er die UdSSR verlassen). Er wollte die Idee des Gottmenschen mit dem Marxismus verbinden. Die Vertreter dieser Richtung wurden „Gottsucher" (bogoiskateli) genannt. Plechanov (den Lenin sehr hochschätzte, der aber später zu den Menschewiki übergegangen ist) wies in seiner Schrift „Über die Religion" nach, daß jede Form von Gottesglauben mit dem Marxismus unvereinbar ist. „Die Menschen, die diesem Kreis [= Gott suchen] angehören, suchen den Weg in den Himmel einfach deshalb, weil sie den Weg hier auf Erden verloren haben."

Eine andere Richtung des religiösen Marxismus kam einige Jahre später auf. Ihr gehörte u.a. M. Gorkij an. Ihre Vertreter wurden „Gotterbauer" (bogoistroiteli) genannt. Diese versuchten eine Religion aufzubauen, ohne die Existenz Gottes vorauszusetzen. Sie „suchten" nicht Gott als nachchristliche Wirklichkeit (3. Testament) wie die Gottsucher, sondern wollten Gott gleichsam erst „erbauen", verwirklichen durch das kollektive Werk der Menschheit. In einem Brief an Gorkij (November 1913) lehnte Lenin diese religiösen Formen als Teufelswerk ab: „Das Gottsuchen unterscheidet sich von dem ‚Bauen eines Gottes' oder von dem ‚Erschaffen eines Gottes' oder von dem ‚Schaffen eines Gottes' nicht mehr als sich ein gelber Teufel von einem blauen unterscheidet."

Er sieht richtig, daß der Atheismus als Humanismus, sobald Gott nur in irgendeiner Weise ins Spiel kommt, in Frage gestellt ist. Der Beschluß des zehnten Parteitages (1964) der italienischen KP versuchte einen ersten Schritt, den Marxismus mit der Religion zu versöhnen. „Es gilt zu begreifen, daß das Streben nach einer sozialistischen Gesellschaft bei Menschen mit einem religiösen Glauben nicht nur immer mehr um sich greifen kann, sondern daß es in einem gequälten religiösen Bewußtsein (!) vielmehr einen Ansporn angesichts der dramatischen Probleme der gegenwärtigen Welt finden kann." Die Religion ist im Volk als unglückliches Bewußtsein; sie wirkt aber nicht negativ, als Opium, sondern positiv als Ansporn.

Lombardo-Radice, Mitglied des ZK in Rom, schrieb als Kommentar[420]: „Man wird die Neuheit und Wichtigkeit dieser vom letzten Parteitag der KPI gebilligten These schwerlich überschätzen können.[421] Wenn wir nicht irren, war es das erste Mal, daß eine kommunistische Partei mit einer ausgesprochenen marxistischen Führungsgruppe festgestellt hat, daß die Religion auch in der gegenwärtigen historischen Epoche einen revolutionären Antrieb enthalten kann."

Auch die Religion bzw. der Gottesglaube kann neben dem Atheismus eine sinnvolle Funktion haben. Glaube wäre nicht notwendig Selbstentfremdung, Opiat, sondern „revolutionärer Antrieb des Volkes!" Es werden damit nicht nur die leninistischen Prinzipien (Religion als Machtinstrument der herrschenden Klasse) auf Marx (Religion als unglückliches Bewußtsein des Volkes) zurückgeführt, sondern auch die Religionskritik von Marx revidiert.

Diese Tendenz innerhalb des Kommunismus hielt daher auch Mao Tse-tung (Mao Dse-Dong, 1893-1976) für die volksfeindlichste und zerstörerischste.[422] „Dogmatismus und Revisionismus sind beide antimarxistisch ... Von einem metaphysischen Gesichtspunkt aus an den Marxismus herangehen und ihn als etwas Erstarrtes betrachten – das heißt Dogmatismus. Die Grundprinzipien und die allgemeingültigen [!] Wahrheiten des Marxismus verleugnen – das heißt Revisionismus. Der Revisionismus ist eine Art der bürgerlichen Ideologie. Die Revisionisten verwischen den Unterschied zwischen dem Sozialismus und dem Kapitalismus, den Unterschied zwischen der proletarischen und der bürgerlichen Diktatur ... Unter den gegenwärtigen Verhältnissen ist der Revisionismus noch schädlicher als der Dogmatismus. Eine unserer vordringlichen Aufgaben an der ideologischen Front ist die Entfaltung der Kritik am Revisionismus."

Marx, Lenin und auch Mao-Tse-tung (der in den 30er Jahren in Europa studierte) konnten in der Gottesvorstellung kaum etwas anderes als eine Festlegung des Menschen auf die verewigte Vergangenheit sehen.

Ist es unter der Voraussetzung der Wandlung des Gottesbildes nicht möglich, dem Glauben an Gott eine revolutionäre Kraft für den Menschen zuzusprechen? Daß es geschieht, haben wir gesehen am Beispiel der KPI. Kann der Gottesglaube nicht doch zur Weltveränderung beitragen und den Menschen von Entfremdung befreien? Die Sorge um die Befreiung des Menschen umschreibt der Marxist Vítězslav Gardavský. „Die innersten Motive ihres [= des Kommunisten] Handelns kommen nicht aus messianischem Denken, auch

---

420 Lucio Lombardo-Radice, in M. Gozzini (Hg.), „Il dialogo alla prova" unter dem Titel: Un marxista di fronte a fatti nuovi nel pensiero e nella coscienza religiosa, Firenze 1964, 90.

421 Die Billigung erfolgte nicht ohne Widerstand; ja, es handelte sich um eine der am meisten umstrittenen Thesen.

422 Mao-Tse-tung, in: Über die richtige Behandlung der Widersprüche im Volk, 27. 2. 1957, abgedruckt in der Mao-Bibel, Peking 1968, 24ff.

613

nicht aus einem utopischen Glauben, daß der Kommunismus der letzte endgültige Hafen der Menschheit an den Inseln des Paradieses sei. Sie erwachsen
aus dem Bemühen um die Erkenntnis dessen, was und wer der Mensch ist,
wem der Ehrentitel Mensch zukommt ... Ich bin ein gesellschaftliches Wesen, das über sich hinauszuschreiten fähig ist ...".[423] Der sozial-politische Ansatz, der zukunftsorientiert ist und dem Menschen eine offene, bessere
Zukunft verheißt, war weitgehend mit einem Gottesglauben konfrontiert, der
Gott als Bewahrer der bestehenden Verhältnisse setzt. Erst als sich in den
60er Jahren das christliche Gottesbild zu wandeln begann, war ein Dialog
möglich, wie es sich zuerst in Italien und dann im Prager Frühling (1968) gezeigt hat. Nur ein Gottesglaube, der gesellschaftlich befreiend wirkt, kann helfen. Am Marxismus ist abzulesen, wie schädlich fixierte und abstrakte Gottesvorstellungen wirken können und wie sehr soziale Befreiung, die eine Funktion Gottes für den Menschen leugnet, in ein totalitäres System einmünden
kann, das auf Dauer nicht besteht.

4. Psychologischer Ansatz

Neben Marx hatte S. Freud (1856-1939) mit seiner Interpretation des Gottesglaubens große Breitenwirkung.[424] „Was sie miteinander teilen, Marx und
Freud, über beider Herkunft aus dem Judentum deutscher Sprache hinaus und
nur kaum ohne Zusammenhang mit ihr, und was innerhalb dieser Gemeinsamkeit sie wiederum vielleicht diametral unterscheidet, bleibt zu bestimmen.
Auf den ersten Blick fällt auf, daß sich jener in Rußland, dieser in Amerika
durchsetzte, daher im gegenwärtigen Deutschland Marx im Westen, Freud im
Osten verpönt ist; aber die Symmetrie ist nicht makellos, denn während Mar-
xens Lehre in wie authentischer Version immer nun im Osten von oben verordnete Staatsdoktrin ist, bleibt die Psychoanalyse im Westen auf ihre wissenschaftliche Stringenz angewiesen."[425] Freud forderte für seine psychoanaly-
tische Methode diese Wissenschaftlichkeit, denn „es gibt keine Instanz über
der Vernunft"[426]. Damit soll das Menschsein nicht auf die Ratio reduziert
werden, sondern der Mensch in seiner spezifischen Eigenschaft letztes Kriterium des Wahrheitsgeschehens sein. Was immer an a-theistischen Tendenzen
bei Freud zu finden ist, sie gelten im Namen der Befreiung des Menschen von
den Kräften des „Es" und „Über-Ich", die ihn sich selbst entfremden. Was
Freud entdeckte, war die Entfremdung durch die Verdrängung und Pervertie-

---

[423] V. Gardavský, Gott ist nicht ganz tot, München 1968, 227.
[424] Vgl. P. Gay, „Ein gottloser Jude". S. Freuds Atheismus und die Entwicklung der Psychoanalyse, Frankfurt 1988.
[425] U. Sonnemann; Negative Anthropologie. Vorstudien zur Sabotage des Schicksals, Hamburg 1969, 62. Hier findet sich eine der interessantesten Auseinandersetzungen mit S.
Freud.
[426] S. Freud, GW 1-17, London 1940ff; hier: Bd. 14, 350.

rung der Triebe „Die Menschheit hat ja gewußt, daß sie Geist hat. Ich mußte ihr zeigen, daß es auch Triebe gibt"[427], äußerte sich Freud gegenüber seinem Freund und Kritiker Binswanger. Zur Selbstfindung des Menschen ist es notwendig, daß die Triebe, verdrängt ins Unterbewußtsein, ausfindig gemacht werden, daß der Inhalt des Unterbewußten ins Bewußte, in den Bereich der Vernunft, des realen Ich gehoben wird. Als wissenschaftliche Methode ist daher die Psychoanalyse, die dies leisten soll, neutral auch gegenüber der Religion. „In Wirklichkeit ist die Psychoanalyse eine Forschungsmethode, ein parteiloses Instrument, wie etwa die Infinitesimalrechnung ... Alles, was ich ... gegen den Wahrheitswert der Religionen gesagt habe, brauchte die Psychoanalyse nicht, ist lange vor ihrem Bestand von anderen gesagt worden. Kann man aus der Anwendung der psychoanalytischen Methode ein neues Argument gegen den Wahrheitsgehalt der Religion gewinnen, *tant pis* für die Religion, aber Verteidiger der Religion werden sich mit demselben Recht der Psychoanalyse bedienen, um die affektive Bedeutung der religiösen Lehre voll zu würdigen."[428] Freud war überzeugt, daß die Tiefenpsychologie als Lehre vom Unbewußten mit der Entstehung von Kultur, Kunst und Religion in Verbindung steht und zu deren Erklärung beitragen kann.[429] Er selbst sieht in ihr ein Argument, den Glauben an ein höchstes Wesen zugunsten der Emanzipation des Menschen von seinen unbewußten Zwängen aufgeben zu sollen bzw. zu müssen. Trotzdem führt er die Religion und den Gottesglauben nicht einfach auf die Tiefenpsychologie zurück. „Allem was mit der Entstehung einer Religion, gewiß auch der jüdischen, zu tun hat, hängt etwas Großartiges an, das durch unsere bisherigen Erklärungen nicht gedeckt wird. Es müßte noch ein anderes Moment beteiligt sein, für das es wenig Analoges und nichts Gleichartiges gibt, etwas Einziges und etwas von der gleichen Größenordnung wie das, was daraus geworden ist, wie die Religion selbst."[430] Religion läßt sich also nicht einfach aus einer Komponente erklären, sondern ist ein vielschichtiges Phänomen. Jungs (1875-1961) Urteil, daß Freud bekanntlich unfähig gewesen sei, Religion zu verstehen, scheint von solchen Aussagen her nicht haltbar zu sein.[431] Wohl gilt Freuds ganze Aufmerksamkeit dem Zusammenhang von Religion und Psychoanalyse, deren Querverbindungen er aufdecken will. Dadurch unterliegt der Glaube an Gott einer radikalen Kritik. Vom Standpunkt des Arztes aus behandelt er den Gläubigen und sieht in ihm einen Schwerkranken. Warum?

---

[427] L. Binswanger, Mein Weg zu Freud, in: Der Mensch in der Psychiatrie, Pfullingen 1957, 54.

[428] S. Freud, a.a.O., Bd. 14, 360.

[429] Vgl. ebd., 283.

[430] Ebd., Bd. 16, 236.

[431] Zit. n.: K.H. Deschner, Das Christentum im Urteil seiner Gegner, Wiesbaden 1971, 2. Bd., 29.

1. Der religiöse Mensch steht unter einem Denkverbot. Die Herrschaft der Vernunft ist das einigende Band der Menschheit. „Was sich wie das Denkverbot der Religion einer solchen Entwicklung widersetzt, ist eine Gefahr für die Zukunft der Menschheit."[432] Die Zukunftshoffnung liegt überdies deshalb in der Intelligenz, weil wir zu einer echten Bewältigung und Beherrschung unserer Triebkräfte nur durch die Intelligenz fähig sind. Daher schlägt Freud eine „irreligiöse Erziehung" vor. Sie würde den bisherigen verfrühten religiösen Einfluß bannen und die sexuelle Entwicklung nicht verzögern.[433] Zur Zeit Freuds stellten Dogmen tatsächlich solche Denkverbote dar, die Gehorsam forderten. Genauso wurde der Gehorsam gegen bestimmte Normen mit Gott begründet. Durch diesen autoritären Eingriff in die Selbstbestimmung des Menschen werden die Triebe unterdrückt. Wer so erzogen wurde, durch Denkverbot und Triebunterdrückung, wird bei der Entdeckung, daß ein solcher Gott nicht existiert bzw. nicht wirksam ist, unmenschlich handeln. „Wenn man seinen Nebenmenschen nur darum nicht erschlagen darf, weil der liebe Gott es verboten hat und es in diesem oder jenem Leben schwer ahnden wird, man erfährt aber, es gibt keinen lieben Gott, man braucht sich vor seiner Strafe nicht zu fürchten, dann erschlägt man ihn gewiß unbedenklich und kann nur durch irdische Gewalt davon abgehalten werden. Also entweder strengste Niederhaltung dieser gefährlichen Massen, sorgsamste Absperrung von allen Gelegenheiten zur geistigen Erweckung oder gründliche Revision der Beziehung zwischen Kultur und Religion."[434] Solange die Einsicht nicht geweckt ist und der Mensch diese Denkstrukturen internalisiert, braucht er die Sicherheit in Gott, so wie man eine Droge braucht.
2. Wie für Marx, so ist für Freud die Wirkung der Religion negativ unter den psychologischen Gegebenheiten jedoch notwendig, damit der Mensch leben kann. „Es ist gewiß ein unsinniges Beginnen, die Religion gewaltsam und mit einem Schlage aufheben zu wollen ... Wer durch Dezennien Schlafmittel genommen hat, kann natürlich nicht schlafen, wenn man ihm das Mittel entzieht."[435] Dieses Gift, das uns also seit der Kindheit eingeflößt wurde, muß langsam abgebaut werden. „Gewiß wird der Mensch sich dann in einer schwierigen Situation befinden, er wird sich seine ganze Hilflosigkeit, seine Geringfügigkeit im Getriebe der Welt eingestehen müssen, nicht mehr der Mittelpunkt der Schöpfung, nicht mehr das Objekt zärtlicher Fürsorge einer gütigen Vorsehung. Er wird in derselben Lage sein wie das Kind, welches das Vaterhaus verlassen hat, in dem es ihm so warm und behaglich war. Aber nicht wahr, der Infantilismus ist dazu bestimmt, überwunden zu werden? Der Mensch kann nicht ewig Kind bleiben, er muß endlich hinaus, ins ‚feindliche Leben' ...".[436] Denkverbot, Opiat und Infantilismus sind der Boden, aus dem

---

[432] S. Freud, a.a.O., Bd. 15, 185.
[433] Ebd., Bd. 14, 370ff.
[434] Vgl. ebd., 363.
[435] Ebd., 372ff.
[436] Ebd., 373.

der Gottesglaube sprießt. Er gibt eine falsche Begründung und damit eine falsche Sicherheit. Kindliches Schutzbedürfnis findet in Wunschvorstellungen seine Illusion. In der Religion werden sie sublimiert. Gott ist Ausdruck der Schutzmacht, des väterlichen Seins.

3. „Die Psychoanalyse hat uns den intimen Zusammenhang zwischen dem Vaterkomplex und der Gottesgläubigkeit kennen gelehrt, hat uns gezeigt, daß der persönliche Gott psychologisch nichts anderes ist als ein erhöhter Vater, und führt uns täglich vor Augen, wie jugendliche Personen den religiösen Glauben verlieren, sobald die Autorität des Vaters bei ihnen zusammenbricht. Im Elternkomplex erkennen wir so die Wurzel des religiösen Bedürfnisses; der allmächtige, gerechte Gott und die gütige Natur erscheinen uns als großartige Sublimierungen von Vater und Mutter ... Die Religiosität führt sich biologisch auf die lang anhaltende Hilflosigkeit und Hilfsbedürftigkeit des kleinen Menschenkindes zurück ... Der Schutz gegen neurotische Erkrankung, den die Religion ihren Gläubigen gewährt, erklärt sich leicht daraus, daß sie ihnen den Elternkomplex abnimmt, an dem das Schuldbewußtsein des einzelnen wie der ganzen Menschheit hängt, und ihn für sie erledigt, während der Ungläubige mit dieser Aufgabe allein fertig werden muß.“[437] Die Gottesvorstellung fällt so unter die Triebstrategie der Illusion; sie ist ein infantiler Wunschtraum. Von dieser Geborgenheit in Gott berichten auch die Mythen der Religionen.

Diese mythologische Weltauffassung ist nichts anderes als eine „in die Außenwelt projizierte Psychologie“[438]. An diesen Ausdrücken ist zu erkennen, wie nahe Freud nicht nur Marx, sondern auch Feuerbach steht. Die Triebprojektionen des Menschen führen ihn zur Illusion eines väterlichen Gottes, der ihn schützend umgibt. Im Namen des mündigen Menschen wird dieser Gott, der die psychischen Ausfälle und unbewältigten Komplexe ausfüllt, abgelehnt. „Nur ein [großartig erhöhter Vater] ... kann die Bedürfnisse des Menschenkindes kennen, durch seine Bitten erweicht, durch die Zeichen seiner Reue beschwichtigt werden. Das Ganze ist so offenkundig infantil, so wirklichkeitsfremd, daß es einer menschenfreundlichen Gesinnung schmerzlich wird zu denken, die große Mehrheit der Sterblichen werde sich niemals über diese Auffassung des Lebens erheben können.“[439]

Um von diesen Komplexen und Zwängen zu befreien, versucht Freud nicht nur psychologisch, sondern auch im historischen Kontext Religion zu erklären.

4. Darwin und sein Weltverständnis haben Freud in seinen jungen Jahren außerordentlich angezogen.[440] Freud versuchte historisch eine „Psychogenese der Religion“ und meint, daß tatsächlich diese „Vatergott-Gestalt“ auf Erden wandelte, und zwar als Häuptling. Die älteste Form der Religion, der To-

---

437 Ebd., Bd. 8, 195.
438 Ebd., Bd. 4, 287.
439 Ebd., Bd. 14, 431.
440 Vgl. ebd., 34.

temismus, ist daraus zu erklären, daß seine Söhne diesen Vater erschlagen haben. Das Totemtier ist ein Ersatz für diesen Urvater, dem das Tötungsverbot und zugleich das Opfer gilt. Einen unverhüllten Nachhall findet Freud im christlichen Mythos. In ihm bekennt sich die Menschheit „zu der schuldvollen Tat der Urzeit, weil sie nun im Opfertod eines Sohnes die ausgiebigste Sühne für sie gefunden hat"[441]. So ist die Erbsünde als Versündigung gegen diesen Vatergott zu verstehen. Dieses Vater-Sohn-Verhältnis durchzieht alle Religionen und stellt psychologisch einen Urtypos des Selbstverständnisses des Menschen dar, das durch das Unterbewußtsein bestimmt ist. Das Christentum sieht dieses Verhältnis am radikalsten, weil mit dem Opfer des Sohnes zugleich „der volle Verzicht auf das Weib erfolgt, um dessentwillen man sich gegen den Vater empört hatte. Aber nun fordert auch das psychologische Verhängnis der Ambivalenz seine Rechte. Mit der gleichen Tat, welche dem Vater die größtmögliche Sühne bietet, erreicht auch der Sohn das Ziel seiner Wünsche gegen den Vater. Er wird selbst zum Gott neben, eigentlich: An Stelle des Vaters. Die Sohnesreligion löst die Vaterreligion ab. Zum Zeichen dieser Ersetzung wird die alte Totemmahlzeit als Kommunion wieder belebt, in welcher nun die Brüderschar vom Fleisch und Blut des Sohnes, nicht mehr des Vaters, genießt, sich durch diesen Genuß heiligt und mit ihm identifiziert".[442] Der Ursprung aller Religion, allen Glaubens an eine Vatergottheit liegt daher psychologisch gesehen im Ödipuskomplex. Freud diente die heute nicht mehr haltbare historische Hypothese eines solchen Vatermordes primär nicht dazu, einen religionsgeschichtlichen Zusammenhang zu erklären, sondern eine psychische Konstante im Unterbewußtsein des Menschen aufzudekken, die zur religiösen Maskierung menschlicher Wunschträume führt. Da das Es (Unbewußte) sich dem Ich (Bewußten) nicht zeigen darf, weil das Über-Ich (Wächter) dies verbietet, werden die unbewußten Triebe maskiert abgeleitet in Witz, Fehlhandlungen, Traum und neurotischen Umgang mit der Wirklichkeit.

5. Der Kern der Neurosen ist nach Freud der Ödipuskomplex. Mit der Beziehung zu den Eltern wird der Mensch nicht fertig. So kommt es zu den Zwangshandlungen, zur Zwangsneurose, die eine Institutionsminiatur sind. Religiöse Institutionen und Riten scheinen auf Triebverzicht und -unterdrükkung zurückzugehen. Die Trieblust wird der Gottheit geopfert. Dadurch werden, positiv gesehen, die Menschen von der Herrschaft böser und für die Gemeinschaft schädlicher Triebe befreit. Das Ventil, um sie symbolisch zu ihrem Recht kommen zu lassen, sind religiöse Zeremonien. „Es ist unmöglich, sich dem Eindruck der vollen Übereinstimmung zu entziehen, die man zwischen den Zwangshandlungen gewisser Zwangskranker und den religiösen Betätigungen der Frommen in aller Welt entdeckt. Manche Fälle von Zwangsneurosen benehmen sich geradezu wie eine karikierte Privatreligion, so daß man die offiziellen Religionen einer durch ihre Allgemeinheit ermäßigten

---

[441]   Ebd., Bd. 9, 185.
[442]   Ebd., 185f.

Zwangsneurose gleichsetzen möchte."[443] Die Riten wie Gebet, Kniebeugen usw. sind als symbolische Handlungen sinnvoll, sie unterscheiden sich aber in ihrer Struktur als Zwangshandlungen nicht wesentlich von dem läppisch und sinnlos erscheinenden Tun eines Neurotikers. „Die Zwangsneurose liefert hier ein halb komisches, halb trauriges Zerrbild einer Privatreligion."[444] Institution im sozialen Bereich, Zwangshandlung im Bereich des einzelnen haben entlastende und befreiende Funktion, unter der Voraussetzung eines kranken Menschen bzw. einer kranken Menschheit. Genau bei dieser Krankheit ist anzusetzen, um den Menschen befreien zu können. Man muß also „die Zwangsneurose als pathologisches Gegenstück zur Religionsbildung auffassen, die Neurose als eine individuelle Religiosität, die Religion als eine universelle Zwangsneurose bezeichnen. Die wesentliche Übereinstimmung läge in dem zugrundeliegenden Verzicht auf die Betätigung von konstitutionell gegebenen Trieben; der entscheidendste Unterschied in der Natur dieser Triebe, die bei der Neurose ausschließlich sexueller, bei der Religion egoistischer Herkunft sind".[445] Die Beobachtung, daß die Neurosen zunehmen, wo der Einfluß der Religion abnimmt, brachte Freud auf diese Idee ihrer Vertauschbarkeit. Da die Religion den gleichen Verstehensbedingungen wie die Neurose unterworfen ist, so ist die Befreiung davon nur möglich, indem die Zwänge der Religion bewußt gemacht werden. In dem Maß wird auch der Gottesglaube ein Ende finden. Jung meint dagegen, daß der Ausfall der Religion der Grund für Neurosen ist. Daher ist nach ihm die Befreiung des Menschen gerade durch Religion möglich, da sie zum archetypischen Befund der Menschheit gehört und Grundstruktur der seelischen Verfaßtheit ist.

Damit ist die Frage gestellt: Wieweit gehört der Gottesglaube zum menschlichen Menschen und wieweit zum entfremdeten Menschen? Die fünf Argumente, die Freud gegen die Religion anführt, geben sicher Erfahrungstatsachen wieder. Er selbst bekennt, daß damit nicht die Religion als ganze erklärt ist, aber doch ein Glaube an Gott-Vater[446], der aus dem Mangel des Menschen geboren wird und so eine voreilige Rationalisierung darstellt, die den Menschen in einem entfremdeten Dasein hält und seiner Selbstbefreiung zuwiderläuft. Damit der Mensch zu seiner Identität findet, ist ein A-Theismus notwendig, der befreit vom Denkverbot und moralischem göttlichem Zeigefinger; der befreit von einer infantilen Illusion; der befreit von allen Opiaten; der befreit vom Ödipuskomplex, und der befreit von jeder Zwangsneurose. Der Traum vom Vatergott wie der Ersatz in einer Sohnesreligion muß sterben, damit der mündige, befreite Mensch zur Welt kommt. Freud selbst versucht, den Weg dahin zu weisen. Ethische Normen und soziales Verhalten der Menschen dürfen nicht dem Willen Gottes zugeschrieben werden, sondern müssen von ihrer inneren Sinnhaftigkeit begriffen werden. Die

---

443 Ebd., Bd. 13, 423.
444 Ebd., Bd. 7, 132.
445 Ebd., 138f.
446 Vgl. H. Tellenbach (Hg.), Das Vaterbild im Abendland I, Stuttgart 1978.

sozialen Begründungen müssen genügen, auch wenn wir dadurch auf Verklärung und Heiligenschein verzichten müssen. Es wäre „ein unzweifelhafter Vorteil, Gott überhaupt aus dem Spiel zu lassen und ehrlich den rein menschlichen Ursprung aller kulturellen Einrichtungen und Vorschriften einzusehen. Mit der beanspruchten Heiligkeit würde auch die Starrheit und Unwandelbarkeit dieser Gebote und Gesetze fallen. Die Menschen könnten verstehen, daß diese geschaffen sind, nicht so sehr um sie zu beherrschen, sondern vielmehr um ihren Interessen zu dienen, sie würden ein freundlicheres Verhältnis zu ihnen gewinnen, sich anstatt ihrer Abschaffung nur ihre Verbesserung zum Ziel setzen. Dies wäre ein wichtiger Fortschritt auf dem Wege, der zur Versöhnung mit dem Druck der Kultur führt"[447] und wohl auch mit dem der Religion. Menschliches Verhalten hat dann nicht den Grund in einer psychologischen Projektion, sondern in der Einsicht, im Vollzug selbst. Dazu gehört auch, daß das Jenseits als Hoffnungshorizont aufgegeben wird. Was uns als Notwendigkeit des Schicksals auferlegt ist, ist mit Ergebung zu ertragen. Negatives bleibt negativ, aber der Mensch kann es durchstehen lernen. „Was soll ihm die Vorspiegelung eines Großgrundbesitzes auf dem Mond, von dessen Ertrag doch noch niemand etwas gesehen hat? Als ehrlicher Kleinbauer auf dieser Erde wird er seine Scholle zu bearbeiten wissen, so daß sie ihn nährt. Dadurch, daß er seine Erwartungen vom Jenseits abzieht und alle freigewordenen Kräfte auf das irdische Leben konzentriert, wird er wahrscheinlich erreichen können, daß das Leben für alle erträglich wird und die Kultur keinen mehr erdrückt. Dann wird er ohne Bedauern mit einem unserer Unglaubensgenossen sagen dürfen: Den Himmel überlassen wir den Engeln und den Spatzen."[448]
Nietzsches Protest gegen das Abfließen in ein Jenseits wird hier im Namen besserer Lebensbedingungen auf unserer Erde laut. Hier ist Rhodos, hier ist das Feld der Entscheidungen und der Gesundung unserer Psyche. Dieses Handeln im Bedingten ohne transzendente Begründung kann die Sinnhaftigkeit dieses Tuns selbst aufschließen. So ist wohl der Anspruch Freuds zu verstehen (der häufig seit Augsteins Jesus-Buch zitiert wurde): „Wenn ich mich frage, warum ich immer gestrebt habe, ehrlich, für den anderen schonungsbereit und womöglich gütig zu sein, und warum ich es nicht aufgegeben, als ich merkte, daß man dadurch zu Schaden kommt, zum Amboß wird, weil die Anderen brutal und unverläßlich sind, dann weiß ich allerdings keine Antwort."[449] Christen sind sehr leicht versucht, eine Antwort darauf zu wissen, aber geschieht damit nicht eine Pseudorationalisierung, die einen Grund angibt, der von einer Ideologie her dem Geschehen aufgesetzt ist? Ist Güte nicht immer unbedingt? Freud erweist sich in seinen positiven Äußerungen über menschliches Verhalten als einer, der zu früh veranschlagte religiöse Lö-

---

447 S. Freud, a.a.O., Bd. 14, 365.
448 Ebd., 373f.
449 S. Freud, Brief an James J. Putnam vom 8. 7. 1915, zit. R. Augstein, Jesus, Menschensohn, München 1972, 401.

sungen abwehrt und die Sache selbst in ihrer Sinnhaftigkeit zur Sprache bringen möchte. Er meint, daß sein eigenes Ziel vielleicht auch eine Illusion ist, aber er ist zur Korrektur bereit, während man dies von der Religion nicht immer sagen kann. Er setzt auf die Vernunft, die als Wissenschaft unser Leben besser einzurichten versteht. Die Zukunft der Menschen beurteilt er optimistisch. „Der Primat des Intellekts liegt gewiß in weiter, weiter, aber wahrscheinlich doch nicht in unendlicher Ferne. Und da er sich voraussichtlich dieselben Ziele setzen wird, deren Verwirklichung Sie von Ihrem Gott erwarten, – in menschlicher Ermäßigung natürlich, soweit die äußere Realität, Ananke, es gestattet –: Die Menschenliebe und die Einschränkung des Leidens, dürfen wir uns sagen, daß unsere Gegnerschaft nur eine einstweilige ist, keine unversöhnliche."[450] Abschaffung von Leid und Liebe zu den Menschen sind die Grundvollzüge für eine humanere Welt. Wo die Religion sich dieser bedient, besteht die Möglichkeit der Versöhnung, der Aussöhnung mit ihr. Der A-Theismus ist also nur vorläufig, aber im Namen der Befreiung des Menschen, damit er wagt, sich seines Verstandes zu bedienen und so seine Psyche kennenzulernen, aus der religiöse Sublimierung hervorgeht.

Man könnte Freud fragen, ob er, trotz dieser positiven Ansätze, nicht doch den Menschen mit seiner Religion fast ausschließlich negativ bestimmt und daher für eine andere mögliche Seite des Glaubens an Gott, die aus der Fülle des menschlichen Lebens kommt, keinen Blick hat. Sonnemann meint, daß Freud menschlich positive Lebensäußerungen nicht kennt: Er „kennt Lust, aber nicht Freude, Angst, aber nicht die Hoffnung des Abenteuers, Sorge, aber nicht Besinnung, Schuld, aber nicht Spiel, Illusion, aber nicht Inspiration, Zwang, aber nicht Freiheit, Leidenschaft, aber nicht Enthusiasmus: ganze Grunderfahrungen des Bewußtseins ... gerade, in denen es sich nicht in seiner Isolierung, sondern in seiner Weltverwebtheit erfährt, kommen ... nicht vor ... Bewußtsein [ist] ... immer *von* etwas ... Gegenwärtigkeit von *Welt,* nicht vergegenständlichende Selbstreflexion auf der Jagd nach ihrem eigenen Ich-Schatten".[451] Freud bleibt nach diesem Urteil im Rahmen des sich begründenden Denkens und beschränkt so das Bewußtsein „auf die Kontrollfunktionen eines gräulichen Ichs". Relationales, weltoffenes Denken bleibt weitgehend aufgrund der tiefenpsychologischen Reflexion unbekannt. Ist daher nicht auch ein Gott, der mehr als eine reine psychologische Projektion ist, notwendig unbekannt? Und muß nicht mit logischer Stringenz ein A-Theismus gefordert werden, da sonst das Menschsein niedergehalten wird? Freuds Anfrage an die Religion und den Gottesglauben lautet: Wieweit gründen sie in der Entfremdung des Menschen, wieweit sind sie allein durch den Mangel der menschlichen Psyche bedingt? Freud sieht die Religionen in Mangel und Entfremdung begründet und lehnt daher diesen Gott ab. C.G. Jung meinte hingegen, daß der Glaube an Gott zum menschlichen Menschen gehört. Nicht Mangel, sondern positive Erfahrungen eröffnen das Interpretament Gott. Wie-

---

450 S. Freud, a.a.O., Bd. 14, 377.
451 U. Sonnemann, a.a.O., 77f.

derum entscheidet über Glaube oder Unglaube die Gottesvorstellung. Freud spricht von einem unterdrückenden und bedrückenden Gott, der allerdings im Christentum propagiert wurde und wird. Dieser ist auch kein Gott.

5. Geistesgeschichtlicher Ansatz

Nach M. Heidegger (1889-1976) handelt es sich beim Wandel der Gottesfrage um einen seinsgeschichtlichen Vorgang, an dessen Ende das Wort: „Gott ist tot" steht. Welcher geistesgeschichtliche Prozeß ist durch diesen Satz angesprochen, so daß er zu einer positiven Funktion in der Geschichte gelangen konnte und einen Neuaufbruch markiert? Die Frage lautet: Wie erhielt Gott eine Funktion in der Seinsgeschichte des Abendlandes? Anders formuliert: „Wie kommt der Gott in die Philosophie, nicht nur in die neuzeitliche, sondern in die Philosophie als solche?"[452] Wie kommt es, daß sie theologisch verfaßt ist?

Wenn wir historisch das Phänomen „Philosophie" prüfen, dann können wir feststellen, daß Gott in ihr vorkommt. Überall verbindet sich philosophisches Nachdenken mit der Gottesfrage. Wenn nun die Philosophie ein freies, denkendes Sich-Einlassen auf das Seiende ist, dann kann Gott nur insofern damit etwas zu tun haben, als die Philosophie selbst aus ihrem Wesen heraus danach verlangt, daß Gott zu ihr und *in* sie kommt. Die enge Verbindung, ja notwendige Verknüpfung zwischen Gottesfrage bzw. Gott und Philosophie ist also eine Forderung der Philosophie (bzw. Metaphysik) selbst. Woher kommt dies? Was ist der Grund?

1. Er liegt darin, daß Sein und Denken *(ens et intelligere convertuntur,* nach Thomas von Aquin) einander zugeordnet werden, so daß sich das Sein als Denken manifestiert. Das bedeutet, daß das Sein (des Seienden) als sich selbst Ergründendes erfahren wird (Denken, in der Gestalt der *ratio* – und so wurde es zumeist aufgefaßt – ist ein Ergründungsversuch). So denkt die Philosophie das Sein (des Seienden) in der ergründenden Einheit *(ens et unum convertuntur).* Sie versucht vom Grund her sich selbst Rechenschaft zu geben (wobei das Sein als gründender Grund vorausgedacht wird). So zeigt sich das Denken bzw. die Sache des Denkens in der Wesensart des Grundes (der *ratio).*[453] Daher wird das Sein (des Seienden) nur dann wirklich gründlich gedacht, wenn es von seinem Grund her gedacht wird. Dieser aber wird nur dann ausreichend gedacht, wenn der Grund als erster Grund (πρώτη ἀρχή) vorgestellt wird. Damit stellt sich die ursprüngliche, eigenste Sache des Denkens als Ur-Sache dar, als die *causa prima,* die von sich selbst Rechenschaft gibt und daher auch die *ultima ratio* ist. Das Sein (des Seienden) wird nur dann hinreichend gedacht, wenn es im letzten Grund, in der *causa sui* gründet. Das Sein

---

[452] M. Heidegger, Identität und Differenz, Pfullingen ³1957, 52ff.
[453] Ebd., 57.

also erscheint dem Denken als Grund. Das Seiende ist das „Begründete", das höchste Seiende aber das Begründende im Sinne der ersten Ur-Sache. Damit ist schon eine erste Antwort auf die Frage gefunden: In welcher Weise hat das Denken mit Gott zu tun, bzw. wie kommt Gott zur Philosophie?

2. Gott kommt ins Denken durch die Verhältnisbestimmung zwischen Denken und Sein. Diese Verhältnisbestimmung bzw. Zuordnung oder, mit Heidegger gesprochen, dieser Austrag erweist sich nach Art der Begründung. Das Sein ist der hervorbringende Grund, der einer Begründung bedarf, nämlich der Ver-ur-sachung durch die „ursprünglichste Sache" selbst. „Dies ist die Ursache als die causa sui. So lautet der sachgerechte Name für den Gott in der Philosophie. Zu diesem Gott [allerdings] kann der Mensch weder beten, noch kann er ihm opfern. Vor der causa sui kann der Mensch weder aus Scheu ins Knie fallen, noch kann er vor diesem Gott musizieren und tanzen. Demgemäß ist das gottlose Denken, das den Gott der Philosophie, den Gott als causa sui preisgeben muß, dem göttlichen Gott vielleicht näher. Dies sagt hier nur: Es ist freier für ihn, als es die Onto-Theo-Logik wahrhaben möchte."[454]

Also: Ausgehend von der Zuordnung oder dem Austrag von Sein und Denken haben wir diesen Austrag in der Weise des Ergründens kennengelernt. Wo aber das Spiel zwischen Sein und Denken nach Art des Ergründens ausgetragen wird, wird nur dann richtig ausgespielt, wenn dieses Ergründen einen letzten Grund hat, also eine *ratio* bzw. *causa;* und die muß die letzte sein: *ratio ultima* oder *causa prima* (bzw. *causa sui*) ist das Höchste in den Seinskategorien, also zugleich der höchste Wert *(ens et bonum convertuntur)*.

3. Heidegger lehnt nun diesen Gottesbegriff ab, weil Gott nach Art des Seienden gedacht ist und daher der (gegenständlich) begründenden Sphäre angehört. Er meint: „Wenn man vollends ‚Gott' als ‚den höchsten Wert' verkündet, so ist das eine Herabsetzung des Wesens Gottes. Das Denken in Werten ist hier und sonst die größte Blasphemie, die sich dem Sein gegenüber denken läßt."[455] Dieser Gott, der sich zwar im metaphysischen Denken den Menschen so gezeigt hat, ist nun tot. Dies ist ein seinsgeschichtlicher Prozeß, die Schickung des Seins, daß uns heute dieser Gott völlig verschlossen ist. Wir müssen auf diesen Gott der Philosophie (bzw. Metaphysik) verzichten. Erst durch den „Tod Gottes" ist der Mensch frei für einen neuen Austrag! Diese positive Funktion des Atheismus darf in ihrer seinsgeschichtlichen Wurzel nicht so verstanden werden, als wäre damit eine Leugnung Gottes überhaupt (nicht nur des metaphysischen Gottes) angedeutet. „Durch die ontologische Interpretation des Daseins als In-der-Welt-Sein ist weder positiv noch negativ über ein mögliches Sein zu Gott entschieden. Wohl aber wird durch die Erhellung der Transzendenz allererst ein *zureichender Begriff* des *Daseins* gewonnen, mit Rücksicht auf welchen nunmehr *gefragt* werden kann, wie es mit dem Gottesverhältnis des Daseins ontologisch bestellt ist."[456] Dieser Atheis-

[454] Ebd., 70f.
[455] Ders., Über den Humanismus, Frankfurt 1949, 35.
[456] Ders., Vom Wesen des Grundes, Frankfurt 1965, 39, Anm. 56.

mus liegt also *vor* jeder Entscheidung, ob Gottes Sein zu bejahen oder zu verneinen ist. Der philosophische Ansatz Heideggers hat nicht die Behauptung zur Folge, daß Gott nicht sei, daß nichts sei, daß das Sein absurd sei (wie bei Sartre) usw., sondern nur, daß nach dem Tod des metaphysischen Gottesglaubens der Raum noch nicht bedacht ist, in dem so etwas wie Gott aufscheinen könnte. „Müssen wir nicht erst ... [bevor wir das Wort ‚Gott' nennen dürfen] ... alles sorgsam verstehen und hören können, wenn wir als Menschen, das heißt als existente Wesen, einen Bezug des Gottes zum Menschen sollen erfahren dürfen? Wie soll denn der Mensch der gegenwärtigen Weltgeschichte auch nur ernst und streng fragen können, ob der Gott sich nahe oder entziehe, wenn der Mensch es unterläßt, allererst in die Dimension hineinzudenken, in der jene Frage allein gefragt werden kann?"[457] So eröffnet das gott-lose Denken allererst die Möglichkeit, frei zu sein für die Kehre dieses Denkens.

4. Die positive Funktion des heutigen geistesgeschichtlichen Ereignisses, daß unser Denken gott-los geworden ist, besteht also in der Ermöglichung des Denkens einer Seinsdimension, die bisher verschlossen war und uns die Möglichkeit schenkt, (eventuell) Gott neu zu denken; vorausgesetzt ist, daß das Sein selbst sich uns in der Weise Gottes zuschicken will. Das Ende des Gottes der Metaphysik hat also die positive Funktion, den Menschen in eine neue Dimension des Seins hineinzuführen. Wie stellt sich diese Dimension heute dar?

5. Durch das Ende des „alles begründenden Gottes" ist der Mensch mit dem „Nichts" konfrontiert. Schematisch kann man es sich folgendermaßen vorstellen[458]: Das Subjekt sucht sich im metaphysischen Gott zu begründen. Der heutige Mensch aber kann sich in seiner Ganzheit nur aus sich selbst und nicht mehr aus einem anderen Seienden (Gott) auslegen. Als solches Subjekt (Selbst) kann es sich nicht auf anderes Seiendes (Gott) hin transzendieren, sondern nur noch auf das Nichts. Das Nichts aber ist „Schleier des Seins", der es verdeckt. Durch sein Ergründen-Wollen verschleiert der Mensch sich selbst das Sein (wie einer, der gebannt in die Sonne starrt und daher nichts mehr sehen kann). Verzichtet der Mensch auf das sich selbst begründende Denken, kehrt sich das Nichts zum Sein. Vom Sein her würde dann der Mensch eine neue Ermächtigung erfahren. Der Verzicht auf den Selbst-Er- und Begründungswillen bedeutet eine Kehre, nämlich die Übereignung des Selbst an das Sein. Das metaphysische Begründungswollen (das bisher Ursprung des Gottesbegriffes war und nun zum Ursprung der Erfahrung des Nichts wurde) muß sich heute von sich absetzen, muß überwunden werden. Die „Aufgabe", der Verzicht dieses Begründenwollens ist zuerst die Erfahrung des Nichts, ist das Zugeständnis, daß der Mensch in „Nichts" begründet ist, bzw. daß es mit dieser Begründung „nichts" auf sich hat. Das bedeutet aber Einkehr des Men-

[457] Ders., Über den Humanismus, 37.
[458] Vgl. W. Schulz, Über den philosophiegeschichtlichen Ort M. Heideggers, in: PhR 1953/54, 65-93; 211-232.

schen bei sich selbst: Der Mensch schickt sich in seinen Grund, der als Grenze und Ab-Grund erfahren wird. Aus dieser metaphysischen Not, nämlich „Sich-nicht-Begründen-Können", muß der Mensch die Metaphysik und ihren Gott lassen. Ein „Sich-nicht-Begründen-Wollen" muß an dessen Stelle treten. Erst wenn diese Kehre vollzogen wird (als „Schickung des Sein" und nicht als „Willensanstrengung" des einzelnen), wenn der gebannte Blick der Sonne (Gott) entsagt, entschleiert sich die Wirklichkeit der menschlichen Freiheit als Sein in der Weise des *Lassens*. Wenn diese Erfahrung zur Haltung des Menschen, d.h. denkerisch verarbeitet wird, wird das ganze „Tun" des Menschen zu einem „Lassen". So kann Heidegger sagen: „Das Nichts ist … das *Sein* * selbst, dessen Wahrheit der Mensch dann übereignet wird, wenn er sich als Subjekt überwunden hat."[459] Ist die Subjektivität (das Begründenwollen) überwunden, dann zeigt sich „unverschleiert das *Sein*".[460]

6. Der Mensch erfährt durch den Verzicht auf den metaphysischen Gott (bzw. auf die Begründung) das Nichts. Auch in einem Gott kann er sich nicht begründen. Dabei erfährt er, daß er „schon-begründet-ist" in der Weise des Sicheinlassens auf das Sein bzw. die Wahrheit des Seins (als ἀ-λήθεια, als die noch offene, nicht entborgene Wahrheit). In dieser Offenheit zeigt sich dann ein Doppeltes:

a) Gott in der Gestalt des Nichts (als toter) entzieht sich dem begründenwollenden Menschen. Der bisherige Gott der Metaphysik als Nichts ist verschleierter, chiffrierter Ausdruck der Wahrheit des Seins. Erst der Atheismus ist imstande, die Bedeutung des bisherigen Gottesglaubens voll zu verstehen und zu entfalten.

b) Diese Offenheit der heutigen geistesgeschichtlichen Situation gibt den denkenden Menschen die Möglichkeit, in eine Dimension hineinzudenken, in der Gott erfahren werden kann. Dieser „a-theistische" Ansatz hat also die Funktion, rückwirkend zu erhellen, wieso der metaphysische Gott tot ist, und den Menschen in der Weise des Seinlassens freizuhalten für die Wahrheit des Seins, in der Gott möglicherweise neu aufleuchten kann. Der Entzug Gottes macht Wiederbesinnung und Umkehr des Denkens möglich.

Zusammenfassend ist zu sagen:

a) In seinem Begründungsversuch erfährt der Mensch im Laufe der Geistes- und Seinsgeschichte, daß es mit dem alles begründenden Gott nichts auf sich hat. Der begründende Mensch erfährt sich ins Nichts geworfen. Mit der Arbeitshypothese Gott hat es nichts auf sich.

b) Vollzieht sich heute (als Schickung des Seins) die Wende und verzichtet der Mensch auf Begründung, läßt er das Begründen endlich sein, dann zeigt sich ihm das Sein, dann ist er offen für die „Enthüllung", die Entschleierung, für die ἀ-λήθεια, für die Wahrheit des Seins.

---

459   M. Heidegger, Holzwege, Frankfurt [5]1972,104.
460   Vgl. ders., Was ist Metaphysik?, Frankfurt 1969, 41, 51; Einführung in die Metaphysik, Frankfurt 1966, 80ff.

c) Von hier her würde sich auch das Seinsverständnis wandeln und das Geviert erschließen:

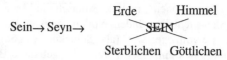

Erde   Himmel

Sein→ Seyn→   ~~SEIN~~

Sterblichen Göttlichen

Vermittelt durch das Heilige (Heile) würde sich Göttliches zeigen, d.h. könnte Gottheit denkbar sein und schließlich Gott zur Sprache kommen. „Erst aus der Wahrheit des Seins läßt sich das Wesen des Heiligen denken. Erst aus dem Wesen des Heiligen ist das Wesen von Gottheit zu denken. Erst im Lichte des Wesens von Gottheit kann gedacht und gesagt werden, was das Wort ‚Gott' nennen soll. Oder müssen wir nicht erst diese Worte alle sorgsam verstehen und hören können, wenn wir als Menschen, d.h. als eksistente Wesen, einen Bezug des Gottes zum Menschen sollen erfahren dürfen?"[461] Heideggers philosophische Ausführungen enden im Grunde mit dieser Frage. Heidegger hat keine „Lösung"; er meint, daß wohl im heutigen Augenblick der Seinsgeschichte nicht mehr gesagt werden kann. Vielleicht könnte man sagen: Der Mensch ist heute in den Verzicht auf Begründung gerufen und damit in die Offenheit auf die Wahrheit des Seins; es ist ein Warten auf den „göttlichen Gott"! Es ist Offenheit auf ein Sich-Beschenken-Lassen! Mehr als auf Gott zu warten läßt sich heute nicht sagen und auch nicht tun. Der Atheismus ist eine Funktion der Seinsfrage. Eine heutige Theologie müßte versuchen, dort weiterzudenken, wo Heidegger aufgehört hat, wenn sie der berechtigten atheistischen Kritik standhalten und „Gotteserfahrung" einlösen will.

6. Existentialistischer Ansatz

Als J.-P. Sartre (1905-1980) am 15. 4. 1980 starb, beschuldigte ihn der „Osservatore Romano" (17. 4. 1980) im Nachruf: Sartre sei nicht nur ein Vertreter des Atheismus, des Nihilismus und der Hoffnungslosigkeit gewesen, der keinen Sinn in unserer Welt finden konnte, sondern noch viel mehr ein „Meister der Verwirrung und des Bankrotts". Es scheint sich daher nichts im kirchlichen Urteil geändert zu haben, seit Sartre 1948 mit allen seinen Werken auf den Index gesetzt wurde.

Bereits ein Jahr zuvor (24. 1. 1947) hatte nicht weniger lautstark und affektgeladen die Prawda Sartre verdammt, denn er lehre, daß alle historischen Vorgänge absurd seien und die Moral eine Täuschung. Was er vortrage, sei ein „ekelerregendes und verrottetes Gebräu".

Die Übereinstimmung beider Systeme in der Aburteilung Sartres ist nicht verwunderlich, da sein philosophischer Kampf sich von der ersten bis zur letzten Veröffentlichung gegen jede totalitäre Institution richtete und er jede Hierar-

---

[461] Ders., Über den Humanismus, 36f.

chie, d.h. jede Herrschaft des Menschen über den Menschen, ablehnte. Nur die herrschaftsfreie Kommunikation der Menschen untereinander kann die Freiheit des Menschen mehren, die er ist. Sartre ging es dabei nicht um den Grund und das Ziel der Freiheit, sondern um den Vollzug selbst, der den Menschen konstituiert. So führte er 1948 in einem Interview aus: „Die Frage ist nicht, herauszufinden, warum wir frei sind, sondern zu erkennen, welches die Wege der Freiheit sind. In dieser Hinsicht stimmen wir mit Hegel überein, wenn er sagt, niemand könnte frei sein, solange nicht alle Menschen frei sind. Unser konkretes Ziel ... ist ...: Den Menschen als Individuum zu befreien, d.h. daß wir unsere völlige Freiheit erkennen und alles bekämpfen, was diese Freiheit einschränkt ... und ... die politische und soziale Befreiung, die Befreiung derjenigen, die von anderen unterdrückt werden, also die Menschen von anderen Menschen zu befreien."[462] Man kann darin das Grundprinzip seiner Ethik erblicken. Verantwortung hat der Mensch nicht nur für sich allein, sondern auch für die anderen. Freilich besagt diese niemals Bevormundung oder gar Herrschaft, sondern ist ein anarchischer (also herrschaftsloser) Kommunikationsprozeß. Die Realisierung meiner konkreten Freiheit ist also der Freiheit des anderen verpflichtet. Im freien Vollzug verwirklicht sich der einzelne, entwirft er sein eigenes Wesen. Dieses aber ist auf das Allgemeine verwiesen, und so muß die individuelle Freiheit die Freiheit der anderen wollen. Diese Freiheit als allgemeine im konkreten Individuum ist aber niemals etwas Gegebenes oder gar Vorgegebenes, sondern sie ist den Menschen aufgegeben. Daher ist jeder bestehende ethische Maßstab zu kurz, um die Bewegung der Freiheit messen zu können. Ein vorhandener Gott hilft hier genauso wenig wie die bestehende Menschheit als ganze. Freiheit muß im Gehen des Weges erst erlernt werden, den wahren Menschen gilt es zu entdecken. In der Ethik geht es nach Sartre darum, den Menschen zu wollen; in der Suche nach dem Menschenwürdigen ist der Mensch immer schon moralisch. Eine solche Sicht des Menschen widerstreitet jedem System und jeder Institution, ja stellt diese in einem dauernden, subversiven Akt in Frage.

Sartre selbst versuchte, sein Leben nach dieser dynamischen Anthropologie zu gestalten, und wies daher nicht nur gesellschaftliche Institutionen wie die Ehe zurück, sondern konnte vom Standpunkt dieser Freiheit aus ständig Kritik an totalitären Systemen in Ost und West üben. Er war ein unbequemer Zeitgenosse, der sich für den revolutionären Elan einsetzte, sofort jedoch korrigierte, wo er das Menschenwürdige eingeengt oder gar verraten glaubte. Diese Pervertierung unserer menschlichen Beziehungen geschieht freilich tagtäglich. Sartre meinte, daß wir uns in unserer historischen Situation gar nicht ethisch verhalten können und uns „notwendig" die Hände schmutzig machen. Trotzdem sind wir zu moralischem Verhalten verpflichtet. Echte Ethik könnte eine Änderung der Situation bewirken. Denn ohne den anderen kann keiner von uns sich selbst verstehen, und was immer der höllische Kreis unseres Lebens

---

[462] Zitat nach A. Madsen, J.-P. Sartre und S. de Beauvoir. Die Geschichte einer ungewöhnlichen Liebe, Düsseldorf 1980, 179.

ist, wir haben die Freiheit, ihn zu sprengen. „Das Böse" ist die Entfremdung, die uns daran hindert, mit anderen herrschaftsfrei zu kommunizieren. Zwar kann es geschehen, daß wir im sexuellen Bereich rückhaltlos unseren Körper dem anderen hingeben, aber wir haben überhaupt nicht gelernt, unsere „Seelen" einander anzuvertrauen. Und Sartre meint weiter, daß wir, wenn der gesellschaftliche Friede erreicht sein wird, lernen müssen, ganz füreinander dazusein. Woran liegt es, daß wir uns diesem ethischen Verhalten verweigern? Im angeführten Zitat ist der Grund enthalten: Wir bemühen uns nicht um den Vollzug der Freiheit, der Sinn erschließt, und nicht das Gehen des Weges der Freiheit ist für uns das Primäre, sondern das „Warum" der Freiheit, unseres Menschseins, der Welt. Die ganze Perversion unseres Verhaltens liegt in der Sucht, sich selbst zu begründen. Das „begründende Denken" richtet uns zugrunde. Sartre ist ein Meister in der Brandmarkung dieses falschen Selbstverständnisses. Sowohl in seinen philosophischen wie dichterischen Werken schildert er immer wieder das menschliche Scheitern. Er wird aber mißverstanden, wenn man meint, daß dieses Absurde der menschlichen Existenz sein letztes Wort sei. Ganz im Gegenteil, er zeigt auf, daß der Mensch sich zugrunde richtet, wenn er seinen Selbstbegründungswillen nicht aufgibt. Sartre verwendet Gott fast ausschließlich als Begründungshypothese. Als solche muß sie sich geradezu als leer und sinnlos erweisen, da das begründende Denken alles in Resultate bzw. in Ursache und Wirkung auflöst und die relationale Wahrheit überhaupt nicht erkennt. Ausgehend von diesem Selbstverständnis des Menschen zeigt Sartre, wie die Versuche scheitern müssen, Gott zu finden.

In seiner Autobiographie[463] beschreibt er, wie ihm die Existenz Gottes, die alles begründet, gleichsam seinen Lebensraum nahm und nicht einmal die Vertuschung einer kleinen „bösen" Tat möglich machte. Nachdem er ihn verflucht hatte, war Gott für ihn keine Realität mehr. „Gott sah mich seitdem nie wieder an. Ich erzähle hier die Geschichte einer mißglückten Berufung. Ich brauchte Gott, man gab ihn mir, ich empfing ihn, ohne zu begreifen, daß ich ihn suchte. Da er in meinem Herzen keine Wurzeln schlug, vegetierte er einige Zeit in mir und starb dann. Spricht man mir heute von dem, so sage ich amüsiert und ohne Bedauern, wie ein altgewordener Frauenjäger, der eine ehemals schöne Frau trifft: ‚Vor 50 Jahren hätte ohne das Mißverständnis, ohne jenen Irrtum, ohne den Zufall, der uns auseinanderbrachte, etwas zwischen uns sein können.' Es war nichts zwischen uns." Dieses Nichts zwischen Gott und Mensch zeigt Sartre anhand der Außenwelt (Natur), des Bewußtseins, der Freiheit, des persönlichen Nächsten und der Gesellschaft auf.

1. Gottes Abwesenheit in der Natur

Mit der Begründung in der Außenwelt und der Außenwelt hat es „nichts" auf sich. In der Außenwelt, der Natur, kommt auf den Menschen keine liebende Macht zu, sondern stets bleibt sie dem Menschen fremd, obwohl er an sie gekettet ist. Er kann nicht zur Materie werden und so in die Natur aufgehen, er

---

[463] J.-P. Sartre, Die Wörter, Hamburg 1965, 78f.

kann sich aber auch nicht von ihr trennen. Von diesem Zwiespalt und Mangel erlöst ihn auch kein Schöpfer Gott. Wäre die Welt, das Sein geschaffen, dann hätte es nur eine Wirklichkeit, wenn es sich vom Schöpfer löste. Dann aber wird mit der Schöpfung nichts erklärt. Dauert diese aber noch an, dann wird die ganze Natur so von Gott getragen, daß sie in ihm aufgesogen wird und uns nicht einmal mehr die Illusion der Selbständigkeit bleiben kann.[464] Selbst wenn es also wahr wäre, was Sartre Jupiter im Drama „Die Fliegen" sagen läßt, daß er alle Dinge geschaffen habe, den Menschen ginge es nichts an. Der Mensch muß sich selbst finden und sich überzeugen, daß ihn nichts vor sich selbst retten kann, wäre es auch ein gültiger Beweis der Existenz Gottes.[465] Der Mensch findet in der Natur, im An-sich-Sein, keinen Anhalt für die Begründung des Seins. Ein Gott kann seine kontingente Existenz nicht begründen. Dort, wo wir keinen Grund unseres Seins finden, existieren wir grundlos, sind wir „überzählig", „zuviel" auf der Welt. Eindrucksvoll schildert Sartre diese Erfahrung des Menschen im Roman „Der Ekel": „Wir hatten nicht den geringsten Grund da zu sein, nicht die Einen und nicht die Anderen, jede Existenz fühlt sich verwirrt, irgendwie beunruhigt, zuviel in Beziehung zu den anderen ... Existieren heißt einfach Dasein. Die Existierenden erscheinen, lassen sich begegnen, aber man kann sie niemals ableiten. Es gibt Leute, glaube ich, die das begriffen haben. Sie haben lediglich versucht, dies Zufällige zu übersteigen, indem sie ein Wesen erfanden, das notwendig und die Ursache seiner selbst ist. Nun kann aber kein notwendiges Sein die Existenz erklären: die Kontingenz ist kein falscher Schein, keine Erscheinung, die man zerstreuen kann, sie ist das Absolute, konsequenterweise das vollkommen Grundlose. Alles ist grundlos, dieser Garten, diese Stadt und ich selbst."[466] So weist also Sartre das Scheitern der Begründung der Welt auf.[467] Diese wird als kontingent begriffen und fordert im analytischen Denken ein notwendiges Sein. Dieses, als Gott bezeichnet, ist aber ein reiner Begriff, dem keine konkrete Existenz zukommt. Der menschliche Weltbegründungsversuch geht ins Leere.

2. Gottes Abwesenheit im Bewußtsein

Im Bewußtsein lebt die Sehnsucht des Menschen, eine Begründung in Gott zu finden. Diese Sehnsucht und Hoffnung aber wird enttäuscht. Was der Mensch aus sich entläßt, ist nur das Nichts in seinem Für-sich-Sein. Freilich, dieses Nichts kann begründet werden, aber sich selbst als Ganzer kann der Mensch nicht der Kontingenz entnehmen. So nagt die Sehnsucht, „Gott zu werden", im Menschen und sucht sein Sein ständig heim. Er kann dieses „unglückliche" Bewußtsein nicht abstreifen, sondern Nichts ist mitten im menschlichen

---

464   Vgl. ders., Das Sein und das Nichts, Hamburg 1962, 25.
465   Vgl. ders., Ist der Existentialismus ein Humanismus?, Zürich 1947, 67.
466   Ders., Der Ekel, Hamburg 1963, 136-139.
467   Vgl. G. Hasenhüttl, Der unbekannte Gott?, Einsiedeln ³1970, 19ff; Gott ohne Gott, Graz 1972, 38ff.

Dasein, in seinem Herzen wie ein Wurm.[468] Gott ist im menschlichen Leben nicht realisierbar und daher im Bewußtsein auch nicht erfahrbar.[469] Dies besagt, daß der Mensch niemals Gott, niemals die causa sui, werden kann, daß er immer kontingent bleibt.

Bezeugt aber vielleicht dieser Seinsmangel, diese unendliche Sehnsucht der Menschen, die im Innersten ihres Seins von dem Sein, dessen Sehnsucht sie ist, heimgesucht wird, die wirkliche, reale Existenz dessen, was begehrt wird, und die Erfüllung dieser Sehnsucht? Nein, keineswegs; denn das vollkommene Sein, auf das hin der unvollkommene Mensch sich überschreitet in der Unbegrenztheit seiner Sehnsucht, ist kein transzendenter Gott, sondern nichts anderes als der Mensch selbst als Ganzheit, als Vollkommenheit, als Selbstbegründung.[470] Ja, so geht unser Streben und Sehnen in die vollkommene Leere, in das Nichts. So wie unsere Sehnsucht unendlich ist, aber nicht gestillt werden kann, so ist auch unser Leid unendlich, und unsere Krankheit ist eine „Krankheit zum Tode". Alle Hoffnung auf eine spätere Erfüllung, auf eine sinnvolle Existenz, ist trügerisch. Gott und der Sinn des Lebens bleiben eine Idee, eine Fata Morgana des dürstenden Menschen, zu der er in der glühenden Sonne der Sahara hinläuft; aber statt Wasser und Palmen findet er nur trockene Salzwüste und geht schließlich an dieser Sehnsucht zugrunde.

3. Gottes Abwesenheit in der Freiheit

Wie es dem Bewußtsein des Menschen geht, so auch seiner Freiheit. Sie ist absolut und gründet in diesem Mangel, im Nichts des Menschen. Sie genügt jedoch sich selbst, da sie ihren ganzen „Seinsgrund" in sich trägt. Der Mensch, der sich seiner Freiheit bewußt ist, ist selbst sein eigener Schöpfer und kennt keine bergende Macht, die ihn trägt. „Du bist der König der Götter, Jupiter, der König der Steine und Sterne, der König der Meereswoge. Aber der König der Menschen bist du nicht".[471] Und selbst wenn der Mensch aus der Hand Gottes hervorginge, selbst dann bezeugte ihm seine Freiheit, daß er mit Gott nicht zusammenhängt, daß Gott für ihn keine Lösung seiner Probleme darstellt. „Ich bin dazu verurteilt", sagt Orest im Angesicht Gottes, „kein anderes Gesetz zu haben als mein eigenes. Denn ich bin ein Mensch ... und jeder Mensch muß seinen Weg erfinden ... was gibt es von dir zu mir?... Du bist ein Gott und ich bin frei: wir sind gleichermaßen allein, und unsere Angst ist die gleiche".[472] Kein Weg führt daher von Gott zu den Menschen und vom Menschen zu Gott. Alle Brücken zwischen den Menschen und einem höchsten Wesen (selbst wenn es dieses geben sollte) sind durch seine unwiderstehliche, unbeschränkbare und doch nie begründbare Freiheit abgebrochen. Es gibt keinen Weg von hier nach drüben. Freilich, dies gilt nur, so lange der Mensch lebt. Im Tod erlischt die Freiheit, und alle Sehnsucht hat ein

---

[468] Vgl. J.-P. Sartre, Das Sein und das Nichts, a.a.O., 57.
[469] Vgl. ebd., 134.
[470] Vgl. ebd., 133.
[471] Ders., Die Fliegen, Hamburg 1954, III, 2.
[472] Ebd.

Ende, weil die Person, die in ihrem Kern frei ist, aufgesogen wird durch das sinnlose Natursein, durch das An-sich-Sein. Im Augenblick des Todes ist auch das Spiel mit der Freiheit aus, und nichts erwartet den Menschen mehr. Die Suche nach einer letzten Begründung im Denken und Wollen des Menschen ist also vergeblich. Er löst den Selbstvollzug auf, indem er ihn auf Bedingung und Ziel hin untersucht. Dabei aber zerstört er sein Menschsein. Was nur im Tun selbst Sinn hat, sucht er zu begründen und begründet letztlich nur das „Nichts". Sinn und Wert sind nur innerhalb der Grenzen menschlicher Erfahrung und menschlichen Handelns. Die Begründung des Menschseins in einem An- und Für-sich-Sein, in Gott, kann auf diese Weise nur scheitern.

4. Gottes Abwesenheit im Nächsten

Hier auf dieser Welt aber begegnen uns Menschen; durch den Blick entdecken wir den Nächsten. Kann in der Beziehung so etwas wie Gott Wirklichkeit werden? Ich und der Nächste bleiben getrennt. Ja noch schlimmer: Wenn ich auch erfahre, daß in meinem Sein das Seiende anderer beinhaltet ist, so erfasse ich zugleich, daß zwischen mir und dem Du ein „Nichts" dazwischentritt, ein Nichts, das uns trennt: „Ich bin nicht Du." Wenn dieses Nichts überbrückbar wäre, dann würde in dieser Beziehung menschliche Existenz erfüllt, und das Dasein Gottes würde in ihr aufleuchten. Was geschieht aber wirklich? Der andere bin nicht ich, und ich bin nicht der andere. In meinem Sein für den anderen fließe ich in Richtung auf den anderen ab, der andere nimmt mir meine Existenz. In der Begegnung erfahre ich eine neue Grundlage, die außerhalb meiner selbst liegt. Das „Nicht-Du-Sein" macht jede wirkliche Einigung ausgeschlossen.

Dieses Gefühl des Scheiterns, der totalen Auslieferung, begründet auch die Gottesfurcht. Aber dieser Gott existiert ja nicht, niemand blickt den Menschen vom „Himmel" her an. „Der Himmel weiß nicht einmal, wer ich bin. In jedem Augenblick frage ich mich, was ich in den Augen Gottes wohl sei. Ich kenne die Antwort jetzt: nichts. Gott sieht mich nicht, Gott hört mich nicht, und Gott kennt mich auch nicht ... Das Schweigen ist Gott. Die Abwesenheit ist Gott, die Verlassenheit der Menschen ist Gott. Was da war, war einzig ich: Ich allein ... Wenn Gott existiert, ist der Mensch ein Nichts; wenn der Mensch existiert ...".[473]

Menschliche Begegnung bleibt gottlos. Auch die Liebe hebt diese Einsamkeit und Trennung nicht auf. Vielmehr ist die Vorbedingung der Liebe überhaupt, daß Gott nicht existiert: „Soll ich mit dir schlafen unter Gottes Augen? Nein. Ich mag solche Teilhaberschaften nicht. Wüßte ich eine Nacht, die tief genug wäre, uns zu verbergen vor seinem Blick ..." und im Drama „Der Teufel und der liebe Gott" antwortet Hilde: „Die Liebe ist diese Nacht: Die, die sich lieben, sieht Gott nicht mehr."[474] „Denn man kann nur auf der Erde lieben und nur gegen Gott." Das Nichts aber trennt stets das Du vom Ich. Der Liebende will vollständig eins werden mit dem Geliebten, sich in ihm begründen, seine

473 Ders., Der Teufel und der liebe Gott, Hamburg 1953, III, 10,4.
474 Ebd., II, 10,2.

Kontingenz aufheben und doch die Individualität bewahren. Unsere Kontingenz ist aber unüberwindlich. Diese Liebe kontingenter Wesen trägt notwendig den Todeskeim in sich. So endet die Offenheit dem Du gegenüber im Sündenfall.

Die Liebe ist zum Scheitern verurteilt. Der Sündenfall, das ist die Existenz der anderen. Die Hölle, das sind die anderen. Dort also, wo ich in der Liebe meine Begründung im anderen suche, setze ich bereits den Keim der Zerstörung der Liebe. In der Suche nach der Besitzergreifung der Freiheit des anderen, die sich in Liebe an mich bindet, ist der Versuch unternommen, im anderen den Sinn meines Lebens mir anzueignen. Schon allein dadurch, daß der andere ähnlich denkt, ist die Beziehung zerstört, aufgelöst in der Begründungstendenz.

5. Gottes Abwesenheit in der Gesellschaft

Der letzte Anker der Hoffnung, Gott zu finden, wird bei der Beschreibung der gesellschaftlichen Struktur des Menschen ausgeworfen. Gibt es so etwas wie einen Aufweis Gottes aufgrund menschlicher Gemeinschaft, die die Ich-Du-Beziehung übersteigt?

Der Mensch ist bedürftig und in seinem Menschsein durch den Mangel bedroht. Diese Bedrohung kommt ihm durch den anderen Menschen zu, der auch „Mangel" leidet und mir so „Materie" wegnimmt. In der Gemeinschaft versucht der Mensch den Mangel aufzuheben.

Die Arbeit negiert die Trennung der Menschen und versucht, das Ganze zu schaffen, aber zugleich ist die Zerrissenheit (der Mangel) der Motor, der dies Ganze hervorrufen will. So gründet gleichsam das Fragment, das den Menschen konstituiert, das Streben nach dem Ganzen, der Gemeinschaft, in der der Mangel aufgehoben ist. Gemäß dem Stand der Gemeinschaftsproduktion wird der eine Mensch durch den anderen Menschen bestimmt. Je stärker die Produktion entwickelt ist, desto stärker ist auch die Bestimmung durch den anderen. Da wir aber durch die Gemeinschaft zu einer Einheit zusammengeführt sind, ist diese Fremdbestimmung kein Abschließen und Aussaugen (anders als bei der Ich-Du-Beziehung) mehr. So legt der materielle Gegenstand durch seine Vermittlung die Wechselseitigkeit der Menschen frei.[475] Solange der Mensch aber durch den Mangel bestimmt bleibt, gibt es eine „Unmenschlichkeitsstruktur", die die Beziehung der Menschen regelt.[476] Der Mensch ist sich selbst entfremdet. Indem er nicht „bei sich ist", lebt er stets angesichts der Gottesfrage. Insofern ich durch das andere entfremdet zu mir zurückkehre, entwerfe ich mich im Medium der Sehnsucht nach der Selbstbegründung, d.h. nach Gott.[477] So verbringt der Mensch seine Zeit damit, in die Dinge sein unheilvolles Bild einzugravieren, zu produzieren, um zur Totalität zu gelangen. Die Totalisierung aber stellt sich in der menschlichen Wechselseitigkeit als Unmöglichkeit heraus. Denn die bearbeitete Materie entscheidet

---

[475] Vgl. ders., Kritik der dialektischen Vernunft, Hamburg 1967, 113.
[476] Vgl. ebd., 138.
[477] Vgl. ebd., 242.

über die menschliche Beziehung. Der Gegenstand aber vereinigt immer nur in einer unmenschlichen Einheit.

Zwar wird durch die Gruppe eine neue höhere Freiheit der Menschen untereinander geschaffen, sie kann aber nur Bestand haben, wenn sie sich nicht in der Institution, die eine unvollständige Begründung des Menschen ist, verfestigt, sondern sich stets als Bewegung auf Ganzheit hin darstellt. Diese aber ist (noch) nicht erreicht. So ist zwar in diesem „Wir" bzw. „Ihr" der Gruppe der Beginn der Menschlichkeit gesetzt, dennoch ist die Fülle nicht erreicht. Damit offenbart gerade die gesellschaftliche Gruppe, die die Entfremdung überwinden soll, folgendes: Der Mensch lebt stets mit der „Transzendenz" (Selbstüberschreitung) als seinem Horizont. Er kann sich einerseits von diesem „Gott" nicht trennen – obwohl er als zukommende Illusion entlarvt ist –, da er nie für die Gemeinschaft Wirklichkeit wird; andererseits aber kann nur ein Individualist im strengen Sinne Atheist sein[478], denn als Mensch in der Gemeinschaft muß er diesen Horizont anerkennen als Ermöglichung des Fortschritts und der Produktion und damit der ständigen Aufhebung der Entfremdung. Gott ist also hier: Der Horizont der Ermöglichung des Fortschritts und der Produktion und mit dem Raum absoluter Freiheit identisch. Es ist absurd, diesen Prozeß zu substantivieren, dieser abstrakten Grenze des Verstehens einen positiven Inhalt zu geben und den Menschen so von einem realen Gott her zu beurteilen. Diese gesellschaftliche Bewegung menschlichen Daseins ist nur verstehbar im rein menschlichen Bereich, als Begründungsversuch aller Menschen.

Zusammenfassung

1. Von der Außenwelt her wird die Idee eines allmächtigen, in sich seienden Herrn der Menschen nahegelegt. Es ist der Weltenschöpfer, der den Menschen von seinem Ende her definiert, bevor der Mensch sich selbst zu schaffen begonnen hat. Dieser Gott ist das notwendige Sein, dem alles seinen Ursprung verdankt, der selbst ohne Ursprung ist bzw. den Grund des Seins in sich hat. Es ist der Gott, der „causa sui" ist.

Für Sartre ist diese Idee geboren aus dem Selbstbegründungsversuch des Menschen, der in das Sein (en-soi) die Frage hineinträgt. Die Idee der Weltschöpfung, durch die die Welt ihren Grund finden soll, zerstört als Realität das kontingente Sein, das „Geschöpf", da es entweder den Selbststand verliert, in Gott aufgeht, oder mit ihm keine Beziehung unterhält. Im letzteren Fall erklärt der Schöpfer jedoch nichts. Theismus, Pantheismus und Deismus sind also abzulehnen.

2. Vom Bewußtsein her, insofern es Intentionalität besagt und daher bei der Sache ist, offenbart sich Gott als Idee der synthetischen Einheit der zwei Seinstypen, des An-sich und des Für-sich. In dieser Synthese wäre eine ganzheitliche Begründung des Seins gefunden und die Identität von Sinn und Sein gegeben. Diese Gottesidee bringt die Einheit von Immanenz und Transzen-

---

478 Vgl. ebd., 516.

denz. Gottes Name ist: An- und Für-sich-Sein. Er ist die absolute Grenzerfahrung des Menschen.

Sie ist aus dem „unglücklichen Bewußtsein" des Menschen geboren, der sich in seiner existentialen Struktur auf diese Synthese hin entwirft; der Mensch ist in seiner Existenz Gottwerdung, die bisher mißglückt ist. Nichts bezeugt die reale Existenz dieser synthetischen Einheit, vielmehr ist sie in sich widersprüchlich.

3. Die menschliche Existenz als Freiheit bringt die Gottesidee als höchsten Wert hervor. Als letzter Wert des Menschen ist Gott die Wahrheit unseres Seins und daher unsere Begründung. Auch diese Wahrheit ist noch nicht konkret gefunden, sondern nur als Idee, der bisher keine Realität zukommt. Gott als höchster Wert bleibt am Ideenhimmel.

4. In der zwischenmenschlichen Beziehung zeigt sich als Grenze die Idee eines reinen Subjektes, das nie (für den Menschen) Objekt werden kann. Dieses reine Subjekt ist Gott als Idee. Es ist das hypostasierte Man, dem die Allgegenwart (in seinem Blick) zukommt. Diese Grenzerfahrung ermöglicht die Bildung des Grenzbegriffes des „ganz Anderen", der Gott ist. Jeder Grenzbegriff wird in Richtung auf ein ideales Sein (idea entis) hin gebildet, seine Realität (esse reale) hat er nur in der Existenz des Menschen, in der er als ein Zu-Verwirklichendes aufgefaßt wird (z.B. die Aufhebung der Gegenständlichkeit des Menschen, seines Objekt-Seins u.a.m.).

5. Im Geschichtsprozeß wird die Idee einer geschichtlichen Totalität hervorgebracht. Gott ist die Wahrheit der Geschichte. Die Grenze der Gruppe realisiert sich in dieser Gemeinschaft als Macht, die von Gott kommt, von ihm sanktioniert wird (Eid, Taufe u.a.) bzw. sein Wirken bedeutet. Gott wird so im Sozialisierungsprozeß als die Identität von Mensch und Menschheit begriffen. Damit ist die Synthese von konkret und abstrakt intendiert. Als diese ideale Einheit, in der der Geschichtsprozeß als seine Wahrheit mündet, ist Gott der Horizont der Ermöglichung des geschichtlichen Fortschrittes als Ideal absoluter Freiheit.

6. Diese fünf konkreten Grenzerfahrungen des Menschen, die die Gottesidee in den verschiedensten Ausfaltungen hervorbringen, werden bei Sartre noch durch den Glauben an die Menschwerdung Gottes und an den Heiligen Geist ergänzt.

a) Die Idee der Inkarnation als Synthese von Mensch und Gott (ohne daß ein Teil reduziert oder gar aufgehoben wird) hätte aber nur dann eine Wirklichkeit, wenn sie heute konkret als Ereignis erfahrbar wäre. So ist sie aber nur ein Mythos, der real setzt, was rein ideal gedacht ist und aus der Sehnsucht des Menschen, Gott zu werden, geboren wird, bzw. dessen reale Gegenbewegung ausdrückt.

b) Die Idee des Heiligen Geistes bedeutet die Kraft (Gottes), die den Auftrag bzw. die konkrete Berufung des Menschen garantiert. Auch diese Garantie ist nur eine Idee menschlicher Hoffnung ohne reale Erfahrungsbasis.

Alle Gottesideen sehen in ihm das reine Absolute bzw. das Grenzenlose, das Grund von allem ist. Diese Idee hat nur Sinn, wenn der Absolutheitsanspruch aufgegeben wird und wenn versucht wird, im Relativen, Kontingenten das Absolute zu finden, bzw. wenn versucht wird, in der Welt das Humanum zu verwirklichen ohne Selbstbegründungsanspruch. Auch die Liebe hat nur als kontingente (absolute) Bedeutung. Gott als das schlechthin Absolute ist daher nichts Reales und insofern tot.

Ob der Mensch sich in die Welt der Natur begibt, ob er sich auf sich selbst besinnt, auf die Ich-Du-Beziehung oder auf seine gesellschaftliche Dimension, überall versucht er eine Begründung seiner Existenz, und dieses „begründende Denken" in seinem universalen Anspruch muß scheitern und daher zur Gottlosigkeit führen. Dieses Denken selbst ist ja „gottlos" bzw. nach Sartre „göttlich", weil es den Menschen in seinem Wesen zerstört, von der Begründung (die starr und fest ist und jenseits seiner Möglichkeiten liegt) und nicht vom freien Vollzug her denkt, der den Menschen konstituiert.

So wird jeder Mensch zu einer Passion, und die Menschheitsgeschichte wird zur Leidensgeschichte. Der Mensch entwirft sich darauf hin, sich zugrunde zu richten, um sich zu begründen, das Absolute zu finden und seine Fraglichkeit aufzuheben. Dieser menschliche Begründungsversuch, diese „Passion" ist derjenigen Christi entgegengesetzt, der das Absolute nicht festhielt, sondern aufgab, um Mensch zu werden. Der Mensch hingegen sucht sich im Absoluten (Gott) zu begründen; dies kann er niemals erreichen, weil alle Begründung nur innerhalb des Menschseins Sinn hat. So ist dem Menschen seine Sehnsucht umsonst gegeben, umsonst ist seine Passion, umsonst die Suche nach dem Grund von allem, umsonst seine Freiheit und Liebe. Der Mensch ist eine unbrauchbare Sehnsucht, eine sinnlose Leidenschaft. „L'homme est une passion inutile."[479]

Diese Aussage gilt, solange der Mensch seine Grundentscheidung nicht ändert und die absolute Begründung sucht.[480] Der Held des Dramas „Der Teufel und der liebe Gott" versucht schließlich ethisch zu handeln, indem er diesen Absolutheitsanspruch aufgibt. Der Mensch muß lernen, die relative und zugleich relationale Moral zu akzeptieren und das Absolute durch die historische, freie Bewegung zu ersetzen. Niemals kommen wir über das Bedingte hinaus; in ihm aber könnten wir das Menschenwürdige realisieren. „Diese Betrachtungen schließen die Möglichkeit einer Erlösungs- und Heilsmoral nicht aus. Zu einer solchen gelangt man aber erst am Schluß einer radikalen Umkehr."[481]

Im Rahmen dieses Menschenbildes, in dem die Orientierung des Menschen nicht a priori vorgegeben ist, sondern im Gehen des Weges der Freiheit gefunden wird, kann ein alles begründender Gott keinen Platz haben. Der Vermenschlichung wegen ist nach Sartre die Leugnung Gottes notwendig, denn

---

479 Ders., Das Sein und das Nichts, a.a.O., 770.
480 Vgl. G. Hasenhüttl, Kritische Dogmatik, Graz 1979, 28ff.
481 J.-P. Sartre, Das Sein und das Nichts, a.a.O., 527.

für den Menschen der Umkehr ist Gott tot. Dies ist einsichtig, da Sartre zwar eine neue Anthropologie entwirft, diese aber mit einem alten und veralteten Gottesbegriff konfrontiert. Die Aufgabe der Theologie ist es, einen Gottesbegriff zu entwickeln, der dieser Sicht des Menschen entspricht, der nicht als Begründungshypothese fungiert, sondern die relationale Wahrheit vom menschlicheren Menschen erschließt. Sartre sah dies allerdings nicht. Die Herausforderung seiner Anthropologie aber bleibt als „Aufgabe" für die Theologie bestehen.

7. Sprachanalytischer Ansatz

Kein anderer als L. Wittgenstein (1889-1951) hat die Sprachphilosophie entscheidender geprägt. Während die meisten Sprachanalytiker zu Recht dem Neopositivismus zugerechnet werden (besonders der „Wiener Kreis", angefangen von Schlick [1882-1936] über Reichenbach, Kraft, Carnap [1891-1970] bis zu Popper [1902-1994], der sich allerdings als kritischer Realist bezeichnet), ist dies bei Wittgenstein nur schwer möglich.
In welchem Bezug steht die Sprache zur Wirklichkeit, ist Wittgensteins grundlegende Frage. Die Sprache ist die Bedingung der Möglichkeit für Erfahrung. Die Sprache besteht aus Sätzen. Mittels Sätzen und Gedanken beziehen wir uns auf die Wirklichkeit, nicht mittels Wörtern und Begriffen. Diese haben nur Bedeutung in ihrer *Verwendung* im Satz. Nur der Satz hat daher Sinn. Wort und Namen haben nur im Satz ihre Bedeutung. Diese wird durch den Gebrauch festgestellt. Der Satz ist Modell der Wirklichkeit. Alle Philosophie ist „Sprachkritik"[482], denn der Satz ist Bild der Wirklichkeit. Wird die Sprache durch Sätze konstituiert und vermitteln die Sätze allein die dargestellte Sachlage, dann gilt: *„Die Grenzen meiner Sprache* bedeuten die Grenzen meiner Welt."[483] So sind die Grenzen der Welt umgekehrt die Grenzen der Logik. Einen Satz verstehe ich, wenn ich die Situation kenne, die von ihm ausgesagt wird. „Einen Satz verstehen, heißt, wissen, was der Fall ist, wenn er wahr ist."[484] „Dies bedeutet, die Welt zu kennen, denn diese ist alles, was der Fall ist."[485] Dies sind die Tatsachen, die Sachverhalte, die Verbindungen von Gegenständen, Sachen und Dingen. Was vom Satz, der aus Worten besteht, als eine erste Sinneinheit gilt, dasselbe gilt von den Tatsachen, die eine Verknüpfung von Dingen und Bestandteilen des Sachverhalts sind. Durch diese Überlegungen kommt Wittgenstein zur Abbildtheorie, in der einfache Sätze[486]

---

482   L. Wittgenstein, Tractatus logico-philosophicus, Frankfurt [12]1977, Nr. 4. 0031.
483   Ebd., Nr. 5. 6.
484   Ebd., Nr. 4. 024.
485   Ebd., Nr. 1.
486   Für Wittgenstein gilt dies nicht für komplexe Sätze, da es in der Welt z.B. keine „Undheit", „Nichtung" etc. gibt; sie müssen in einfache Sätze zerlegt werden („Hans und Peter kommen", in: Hans kommt, Peter kommt).

Bilder für bestehende oder mögliche Sachverhalte sind. Denken und Urteilen ist Abbilden. Die Logik des Bildes und Abbildens bedarf keiner weiteren Begründung in etwas anderem, auch nicht in der Intuition oder Evidenz. „Das Einleuchten … kann nur dadurch in der Logik entbehrlich werden, daß die Sprache selbst jeden logischen Fehler verhindert."[487] Der Versuch, Klarheit in die Sprache zu bringen, hat kaum etwas mit Descartes „Idea clara et distincta" gemeinsam, denn mit dieser wollte er Wahrheit begründen; bei Wittgenstein soll gerade dadurch jede weitere Begründung ausgeschaltet werden. Für beide ist dieser Schritt entscheidend im Hinblick auf die Gottesfrage. Parallel dazu formuliert Wittgenstein, daß das Wie der Welt, ihre Zusammenhänge von Tatsachen also, keinen transzendenten Grund braucht; es ist darin nichts Mystisches[488], Satz und Sachverhalt sind in gewisser Weise identisch. Die Bedeutung eines Satzes ist die Tatsache, die ihm in der Wirklichkeit entspricht.[489] Wie kommt es aber zu dieser Identität, die keiner weiteren Begründung bedarf? Was haben beide gemeinsam, daß die Logik nicht nur die Bestimmung des Gedankens, sondern des Sachverhaltes ist und als Gesamtkonfiguration Bestimmung der Welt? Die Struktur ist ihnen gemeinsam, die „logische Form der Abbildung". „Was jedes Bild, welcher Form immer, mit der Wirklichkeit gemein haben muß, um sie überhaupt – richtig oder falsch[490] – abbilden zu können, ist die logische Form, das ist die Form der Wirklichkeit."[491] Bild und Abgebildetes haben ihre Identität in der logischen Relation zwischen beiden. Die logische Form, die sich zwischen Satz und Tatsachen zeigt, macht im Sinne eines Verifikationsprinzips Richtiges bzw. Falsches möglich. Sie bildet die Brücke zwischen Bild und Wirklichkeit. Die Theorie der logischen Abbildung durch die Sprache gibt als erste einen Aufschluß über das Wesen der Wahrheits-Beziehung.[492] Sie ist gleichsam der Vergleichspunkt, wobei man sich aber nicht auf die „Wirklichkeit an sich" berufen kann, weil nur durch die Sprache der Zugang zu wirklichen Sachverhalten möglich ist. Diese „logische Form" kann als Kriterium nur gezeigt werden, da Sätze über die Sprache sinnlos sind, auch die eigenen, wie Wittgenstein unerbittlich feststellt. Die „logische Form" als Vermittlung ist selbst nicht abbildbar und in diesem Sinne „unaussprechlich"; sie ist etwa als vermittelnde Bedingung der Möglichkeit von Wahrheit (und damit auch Falschheit) zu sehen. Unlogisches ist daher auch nicht denkbar, „weil wir sonst unlogisch denken müßten"[493].

Hier bringt nun Wittgenstein Gott zur Sprache, in dem er festhält, daß Gott nichts schaffen kann, was den logischen Gesetzen widerspricht, denn eine

---

[487]   Ebd., Nr. 5. 4731.
[488]   Vgl. ebd., Nr. 6. 44.
[489]   Vgl. L. Wittgenstein, Schriften I, Frankfurt 1969, 188.
[490]   Ein Bild ist nur dann falsch, wenn es die *Möglichkeit* hat, auch richtig zu sein; d.h., ein Satz muß wahr sein *können,* damit er falsch sein kann, andernfalls ist er einfach *sinnlos.*
[491]   L. Wittgenstein, Tractatus logico-philosophicus, Nr. 2. 18.
[492]   Vgl. ders., Schriften I, 103.
[493]   Ders., Tractatus logico-philosophicus, Nr. 3. 03.

„unlogische" Welt ist nicht aussagbar und nicht denkbar[494]; der Sinngehalt wäre null. So ist Gott dieser „logischen Form" unterzuordnen, wenn man von ihm sprechen könnte. Kann man das? Um diese Frage zu beantworten, sind die weiteren Überlegungen Wittgensteins entscheidend, die seinen neuen Ansatz in der zweiten Periode betreffen. Reicht die „logische Form" zur Wahrheitsvermittlung aus? „Der Satz *zeigt,* wie es sich verhält, *wenn* er wahr ist", schrieb Wittgenstein im „Tractatus".[495] Aber wie ist es möglich, den Satz auf einen zweiten Sachverhalt anzuwenden? Die Intuition bleibt ausgeschaltet.[496] Sätze, damit sie für andere Fälle und nicht nur für einen gelten, müssen einen allgemeineren Sinn haben. Wenn man einer Regel folgt, ist es nicht möglich, daß diese nur für einen Menschen ein einziges Mal zutrifft. Wittgenstein antwortet nun nicht mehr mit der „logischen Form" und mit dem „Zeigen" eines Satzes, denn dann müßte sich für zwei Fälle diese „logische Form" zweimal zeigen, es müßte eine Pluralität dieser Formen geben, und damit wird die Kluft zwischen Satz und Wirklichkeit nicht überbrückt. Das Wahrheitsproblem würde dadurch nicht gelöst, sondern nur verschoben. Daher die neue Überlegung: „Ich bin zu einem bestimmten Reagieren auf diese Zeichen abgerichtet worden, und so reagiere ich nun."[497] Wer eine Sprache versteht, beherrscht eine gewisse Technik, in die er eingeführt bzw. zu der er „abgerichtet" wurde. In dieser Behauptung ist ein Erklärungsverzicht enthalten, der bewußt auf eine andere Dimension lenkt, nämlich auf den *Gebrauch.* Der Mensch erlernt den Gebrauch von Dingen und Worten in Sachverhalten und Sätzen. Eine Bedeutung lehren heißt den Gebrauch von etwas lehren. Wir erlernen die Sprache in Verbindung mit Tätigkeiten oder in einer Lebensform. Wir handeln mit den Sätzen.[498] In der Umgangssprache gehen wir miteinander um, indem wir beschreiben, erzählen, befehlen, fragen, überreden, loben, danken, bitten usw. In diesen Sprachhandlungen stimmen die Menschen überein.
Meine persönliche Meinung ist hier sekundär gegenüber dieser Übereinstimmung. „,So sagst du also, daß die Übereinstimmung der Menschen entscheide, was richtig und was falsch ist?' – Richtig und falsch ist, was Menschen *sagen;* und in der *Sprache* stimmen die Menschen überein. Dies ist keine Übereinstimmung der Meinungen, sondern der Lebensform."[499] Der Sprachgebrauch wird in einer Kommunikationsgemeinschaft gelernt. Der Gebrauch eines Wortes wie z.B. Schmerz ist Ausdruck des Verhaltens, welches der „Abrichtung" unterliegt. Wir haben hier eine neue Wahrheitstheorie. Die Identität der „logischen Form" von Satz und Sachverhalt wird ersetzt durch die Übereinstimmung der Menschen in der Sprache, die als umfassende Le-

[494] Vgl. ebd., Nr. 3. 031.
[495] Ebd., Nr. 4. 022.
[496] Vgl. ders., Philosophische Untersuchungen, Frankfurt 1977, § 213.
[497] Ebd., § 198.
[498] Vgl. ebd., § 27.
[499] Ebd., § 241.

bensform verstanden wird. Zum „Sagen" gehört nicht mehr allein die verbale Äußerung, sondern ebenfalls das nichtverbale kommunikative Handeln. Wittgenstein versucht hier Theorie und Praxis als eine Einheit zu denken. Diese Wahrheitsdeutung hat wie die „logische Form" Folgen für das Sprechen von Gott; wenn es möglich ist, dann muß es sich im kommunikativen Gebrauch erschließen. Auch wenn Wittgenstein im folgenden Text von „Schmerz" spricht, ist nicht zu übersehen, welche theologische Relevanz er hat. „Angenommen, es hätte Jeder eine Schachtel, darin wäre etwas, was wir ‚Käfer‘ nennen. Niemand kann je in die Schachtel des Anderen schaun; und Jeder sagt, er wisse nur vom Anblick *seines* Käfers, was ein Käfer ist. – Da könnte es ja sein, daß Jeder ein anderes Ding in seiner Schachtel hätte. Ja, man könnte sich vorstellen, daß sich ein solches Ding fortwährend veränderte. – Aber wenn nun das Wort ‚Käfer‘ dieser Leute doch einen Gebrauch hätte? – So wäre er nicht der der Bezeichnung eines Dings. Das Ding in der Schachtel gehört überhaupt nicht zum Sprach*spiel*; auch nicht einmal als ein *Etwas:* Denn die Schachtel könnte auch leer sein. – Nein, durch dieses Ding in der Schachtel kann ‚gekürzt werden‘; es hebt sich weg, was immer es ist."[500] Wo keine Möglichkeit der kommunikativen Verifikation besteht, verliert dieses „Etwas" jeden Sinn. Ist dies bei Gott der Fall, dann läßt sich seine Wahrheit nicht einlösen; das Gottesproblem wird nicht abgelöst, sondern aufgelöst, es verschwindet.

Ist die Sprachanalyse in ihren eigenen Grenzen notwendig atheistisch oder läßt sie noch eine andere Wirklichkeitsdimension offen? Philosophische Metatheorien versuchen über den Sprachgebrauch „überhaupt" und über „die" Wahrheit schlechthin Auskunft zu geben. Es ist nicht nur sinnlos, solche Theorien in Gott zu verankern, sondern diese Überlegungen selbst sind sinnlos. Es ist nach Wittgenstein eine „intellektuelle Askese" gefordert, ein Verzicht auf die allgemeine Form des Wahrheitsproblems. Die Frage nach *der* Bedeutung von „Wahrheit" ist nach den „Philosophischen Untersuchungen" sinnlos. Es ist auch sinnlos, nach dem „Warum" dieser oder jener sprachlichen Aufgliederung zu fragen. So konnte Wittgenstein bereits im „Tractatus" empfehlen, seine Ausführungen nur als Leitern zu benutzen, die nach richtigem Verstehen und Gebrauch sinnlos werden.[501] Der Gebrauch von Sprache und Denken im kommunikativen Geschehen läßt sich nicht begründen. Die Frage nach Begründung und Erklärung ist in den Augen des Philosophen wie eine Krankheit; das Problem ist nicht zu lösen, sondern „aufzulösen".[502] Der Gebrauch der Sprache kann philosophisch nicht begründet werden, sondern nur beschrieben.[503] Damit ist keine Festschreibung des Bestehenden gemeint, sondern die Unmöglichkeit, Sprache und Sprachspiel und damit Wahrheitsvermittlung auf einen Grund zurückzuführen. „Unser Fehler ist, dort nach ei-

---

[500] Ebd., § 293.
[501] Vgl. ders., Tractatus logico-philosophicus, Nr. 6. 54.
[502] Ders., Philosophische Untersuchungen, § 255; § 133.
[503] Vgl. ebd., § 124.

ner Erklärung zu suchen, wo wir die Tatsachen als ‚Urphänomene' sehen sollten. Das heißt, wo wir sagen sollten: *Dieses Sprachspiel wird gespielt.*"[504]
Diese transkommunikative Begründung, die Wittgenstein ablehnt, ist nicht
dasselbe wie die Frage nach der Ursache. Eine wissenschaftliche Untersuchung der Kommunikationsgemeinschaft, eine logische Analyse besteht gerade in der Erforschung der Ursachen. Diese Ursachenreihe aber verweist nicht
auf Gott, sondern bleibt in den Grenzen der Sprachanalyse. Im innerweltlichen Kausalzusammenhang kommt Gott nicht vor. Eine Erklärung durch
einen Grund von allem lehnt Wittgenstein ab, denn dies wäre eine moralische
bzw. logische Rechtfertigung, die die Logik selbst transzendiert, und dies ist
in ihrem Raum wie in dem der Kommunikation nicht möglich. Weil also eine
solche Verankerung in *einen* festen *Grund* (Gott) nicht möglich ist, gibt es eine Pluralität der „Sprachspiele", die nebeneinander fungieren. Diese Vielzahl
der Sprachspiele ist ebenso wie die Regeln, die mit ihnen gegeben sind, nicht
begründbar[505], ihre Bedeutung wird in ihrer Funktion entschieden. „Ein
Sprachspiel besteht … aus einer sprachlichen Äußerung in bestimmter Situation, die meist von nichtsprachlichen Handlungen begleitet ist oder auf solche
Handlungen bezogen ist."[506] Die Sprachspiele unterscheiden sich durch die
Situation und den Bereich der Tätigkeiten, d.h. der Lebensform. „Das Wort
‚Sprach*spiel*' soll hier hervorheben, daß das Sprechen der Sprache ein Teil ist
einer Tätigkeit oder einer Lebensform."[507] *Eine* darunter ist das religiöse
Sprachspiel. An Wittgensteins Verwendung des Begriffs „Gott" kann man sehen, nach welchen Spielregeln er spielt. Zwei Aussagen haben wir bereits
beim Wahrheitsproblem an entscheidenden Stellen gehört. Wird die Wissen-
schaft überschritten, stehen wir im Bereich des Mystischen. Dies gilt, wenn
wir das Kriterium der Übereinstimmung transzendieren und uns gleichsam
vom „Zauber" dieser Übereinstimmung von Menschen geleitet fühlen, „der
Gottheit etwa für diese Übereinstimmung dankend".[508] Erstreckt sich der
Dank auf den Grund der Kommunikation, oder wird er im Handeln selbst zum
Ausdruck gebracht? Wittgenstein gibt m.E. nicht zu erkennen, welches
„Sprachspiel" vorliegt. Eindeutig wird Gott eingesetzt, wenn er anscheinend
im Kausalzusammenhang vorkommt.[509] Als eine nichtverifizierbare Behauptung fungiert Gott, wenn von ihm behauptet wird, daß Gott etwas sieht, wir
aber nicht feststellen können, daß es der Fall ist.[510] Das lenkt uns wieder auf

---

[504] Ebd., § 654.
[505] Vgl. ebd., § 655; vgl. §§ 197-199, 202. Der Begriff „Sprachspiel" ist bei Wittgenstein
       vieldeutig; vgl. U. Steinvorth, L. Wittgenstein: Sprache und Denken, in: J. Speck (Hg.),
       Philosophie der Gegenwart I, Göttingen 1972, 123ff. Das postmoderne Verständnis der
       Pluralität der Religionen hängt damit zusammen.
[506] J. Track, Sprachkritische Untersuchungen zum christlichen Reden von Gott, Göttingen
       1976, 81.
[507] L. Wittgenstein, Philosophische Untersuchungen, § 23.
[508] Ebd., § 234.
[509] Vgl. ebd., § 346.
[510] Vgl. ebd., § 352, 426; II xi, 348, 362.

den „Tractatus" zurück, wo Gott ins Unantastbare gerückt wird[511], wobei sich das Unaussprechliche als Mystisches *zeigt*.[512] Es gehört nicht in die wissenschaftliche Fragestellung. Daher kann Gott keine Antwort auf das „Wie" der Welt geben. Das „Wie" löst sich in den möglichen Antworten der Wissenschaft, zu der aber die Ethik und Moral nicht zu rechnen sind.[513] Der Sinn der Welt muß daher außerhalb ihrer liegen[514] und ebenso die Lösung der Rätsel des Lebens[515], denn die Lebensprobleme lassen sich wissenschaftlich nicht entscheiden.[516] *Daß* die Welt ist und nicht nichts, ist das Mystische, das zugleich Ausdruck ihrer Begrenztheit ist.[517] Das „Wie" und das „Daß" der Welt werden hier zwei streng unterschiedenen Bereichen zugeordnet. In herkömmlicher Sprache meint dies, daß das Wesen der Welt wissenschaftlich erklärbar ist, nicht aber ihre Existenz. In ihrem Wesen ist sie daher auch „gott-los" – das Wort „Gott" entbehrt jeden Sinnes. „Gott offenbart sich nicht *in* der Welt."[518] Wenn der ethische Sinn kausal außerhalb ihrer liegt, dann kann Gott als Sinn der Welt fungieren. Ohne Wittgensteins Tagebuchsätze (11. 6. 1916) für einen Gottesglauben zu vereinnahmen, *zeigen* sie, wie er sich jenseits wissenschaftlich-sprachlicher Möglichkeiten ausdrückt: „Gott und den Zweck des Lebens? Ich weiß, *daß* diese Welt ist. Daß ich in ihr stehe, wie mein Auge in seinem Gesichtsfeld. Daß etwas an ihr problematisch ist, was wir ihren Sinn nennen. Daß dieser Sinn nicht in ihr liegt sondern außer ihr. Daß das Leben die Welt ist. Daß mein Wille die Welt durchdringt. Daß mein Wille gut oder böse ist. Daß also Gut und Böse mit dem Sinn der Welt irgendwie zusammenhängt. Den Sinn des Lebens, d.i. den Sinn der Welt, können wir Gott nennen. Und das Gleichnis von Gott als einen Vater daran knüpfen. Das Gebet ist der Gedanke an den Sinn des Lebens ... An einen Gott glauben, heißt sehen, daß es mit den Tatsachen der Welt noch nicht abgetan ist. An Gott glauben, heißt sehen, daß das Leben einen Sinn hat."[519] Darüber aber kann man nicht mehr sprechen. Der Rest ist Schweigen.[520] Es ist die logische Konsequenz aus dem Ansatz von Wittgenstein, in dem 1. Wie und Daß der Welt getrennt werden, 2. das Daß dem Mystisch-Unaussprechlichen zugerechnet wird und 3. auch dieses nach Art des begründenden Denkens verstanden wird, wie die Sprechweise Wittgensteins von Gott verrät. Sein sprachanalytischer A-Theismus ist insofern stringent, als Gott im Kausalzusammenhang keine Begründungsfunktion hat und auch nicht haben kann.

---

[511] Vgl. ders., Tractatus logico-philosophicus, Nr. 6. 372.
[512] Vgl. ebd., Nr. 6. 522.
[513] Vgl. ebd., Nr. 6. 24.
[514] Vgl. ebd., Nr. 6. 41.
[515] Vgl. ebd., Nr. 6. 4312.
[516] Vgl. ebd., Nr. 6. 52.
[517] Vgl. ebd., Nr. 6. 44; 6. 45.
[518] Ebd., Nr. 6. 432.
[519] Ders., Schriften I, 165, 167.
[520] Ders., Tractatus logico-philosophicus, Nr. 7: „Wovon man nicht sprechen kann, darüber muß man schweigen."

Wittgenstein scheint aber die mystische Grundhaltung und Lebensform zu bejahen und im Vollzug die Frage nach dem Unaussprechbaren aufzuheben. Hier wäre m.E. eine Verbindung zum späten Wittgenstein mit seiner Kommunikationstheorie, die nur im Handeln sinnvoll ist. Wäre da dann nicht ein Platz für ein *neues* Sprechen von Gott? Wittgenstein kann jedoch dies nicht leisten, weil das mystische Daß, die Existenz der Welt in sich nicht zu einem sinnvollen Vollzug kommt, sondern nur außerhalb; dies wäre dann wiederum eine Weltbegründung. Daher kann man darüber nur schweigen, weil sonst eine Pseudowissenschaftlichkeit ins Denken und in die Sprache eingeführt wird, die sinnlos ist. Ist aber dieser von Wittgenstein exklusiv eingeführte Gottesbegriff haltbar? Müßte das Schweigen nicht ein radikales Verstummen sein vor einem Nichts? Hätte Wittgenstein seinen „atheistischen" sprachanalytischen Ansatz nicht noch weiter treiben müssen, um vielleicht dann erst von Gott zu sprechen? Kommt das Mystische nicht zu früh und verstellt daher die Gottesfrage?

Die positivistischen Sprachanalytiker scheinen radikaler zu sein, wobei die Verwendung und Bedeutung des Gottesbegriffs unkritisch und in der Form kausalen Denkens übernommen und der Kritik unterzogen wird. Carnap meint, daß alle Sätze der Metaphysik Scheinsätze sind, also schlicht sinnlos. Es ist nämlich für die Worte der Metaphysik nicht möglich, Kriterien anzugeben, nach denen festgestellt werden kann, ob ihnen eine Realität entspricht. Da also solche Sätze weder verifiziert noch falsifiziert (Popper) werden können, sind sie sinnlos. Welche Bedeutung hat das Wort „Gott" bzw. der Satz: Es gibt einen Gott? Mythologisch, metaphysisch und theologisch kann dieses Wort gebraucht werden. Mythologisch hat der Satz eine klare Bedeutung. Er meint ein oder mehrere Wesen, die irgendwo thronen, bestimmte Eigenschaften haben und in die sichtbare Welt eingreifen; daher sind sie empirisch feststellbar. Der Satz: Gott existiert, ist also sinnvoll (sei er richtig oder falsch!). Als metaphysische Aussage ist Gott etwas „Überempirisches" und daher nicht feststellbar, also bedeutungslos und sinnlos. Die theologischen Aussagen schwanken nach Carnap zwischen den beiden, sind also teils mythologisch, teils metaphysisch; die ersteren unterliegen der empirischen Wissenschaft und werden von dieser beurteilt, nach Carnap sind sie also sinnvoll, aber falsch; metaphysische Aussagen sind sinnlos und sind daher Scheinsätze und Scheindefinitionen, wie z.B. Gott als „Urgrund", „Absolutes", „Unbedingtes" u.a.m.[521]

Die Grenzen der berechtigten Kritik sind dort zu suchen, wo diese Ausdrücke wie von seienden Wesen verwendet und in einen (empirischen) Kausalzusammenhang gestellt werden. Sicher, die oft mythische Verwendung auch solcher Begriffe legt dies nahe. Die Kritik ist auch hier nicht radikal genug (wenn auch grundlegender als bei Wittgenstein), und daher ist die Folge die Be-

---

[521] Vgl. R. Carnap, Die Überwindung der Metaphysik durch logische Analyse der Sprache, in: Erkenntnis 2, 1931, 219ff., sowie: Scheinprobleme in der Philosophie, Frankfurt ²1961 passim.

hauptung der Sinnlosigkeit des Gottesbegriffs. Der häufige Mangel an Überzeugungskraft des sprachanalytischen Atheismus liegt im Mangel der Radikalität der Theologiekritik. Der Atheismus wird hier im Namen des logisch denkenden Menschen propagiert. Er soll also positiv fungieren und den Menschen zu einem sauberen Denken befreien und zu sich selbst bringen.

Wenn wir auf die sieben atheistischen Ansätze zurückblicken, dann wird stets die Frage sein müssen: Welcher Gott, welche Gottesvorstellung, welcher Gottesbegriff wird abgelehnt? Stark vergröbernd könnte man sagen: Es ist der Gottesgedanke des 19. Jahrhunderts, der bis in unsere Tage wirkte, es ist der Gott des 1. Vat. Konzils. Deckt sich dieser mit dem Ursprung der Gotteserfahrung, bringt er die gute Tradition des Mittelalters ein? Wie ist es zu dieser Verarmung des Gottesbegriffs gekommen? Und ist der Protest nicht berechtigt? Im 20. Jahrhundert haben sich auch die Theologen selbst diesem Protest angeschlossen, der zur Gott-ist-tot-Theologie führte. Ist ein „atheistisches" Glauben an Gott möglich? Welchen Sinn kann er haben?

In der Gott-ist-tot-Theologie wird der Anspruch erhoben, Gott ohne „Gott" sagen zu wollen, bzw. a-theistisch (gott-los) von Gott reden (θεολογεῖν) zu können. Jüngel[522] meint dazu, daß tatsächlich das Wort „Gott ist tot" beiden gehöre, den Atheisten und Christen, denen, die Gott ablehnen, und denen, die Gott sagen wollen, den Theologen und den Nicht- bzw. Anti-Theologen. Wer am Kreuz Christi (d.h. am Tod Gottes) vorbei reden möchte, der redet Gott tot, und wer am Kreuz Christi (am Tod Gottes) vorbei von Gott schweigen möchte, der schweigt Gott tot. Thielicke[523] kommt ebenfalls zu einem bedingt positiven Ergebnis dieser „neuen Theologie": „Als Ergebnis des durchmessenen Gedankenweges können wir festhalten: *Der neuzeitliche nachkantianische Mensch hat sein falsches, degeneriertes Bild von Gott getötet – auf daß der wahre Gott sich wieder melden möge.* Gerade weil Gott in seiner objektiven Unerfahrbarkeit erwiesen ist, kommt die Wahrheit – die *alte* Wahrheit! – neu in Sicht, daß Gott sich nur selbst erfahren lassen kann, und daß wir nur in *seinem* Lichte *das* Licht sehen können (Ps 36,10). Von hier aus könnte ein neuer Weg ... [zum] Sein in der Wahrheit, in das er versetzt, eröffnet werden (1Kor 2, 9-11)." Die Impulse der Gott-ist-tot-Theologie, die nicht nur die „alte Wahrheit" wiederentdeckt, beurteilt Kasper[524] noch positiver: „Das Wort Gottes, welches das Größte ausdrückt, was Menschen aussprechen können, ist zu einem Wort geworden, das auch die Schuld vieler Geschlechter auf sich geladen hat. Aber es ist auch ein Wort, das in der Schuld

---

[522] E. Jüngel, EvKomm 2, 1969, 127-132: Welcher Gott ist tot?, und 133-138: Das dunkle Wort vom „Tode Gottes", hier 138. Vgl. auch: Gott als Geheimnis der Welt, Tübingen 1977, 55ff.

[523] H. Thielicke, Der evangelische Glaube, Bd. 1, Tübingen 1968, 305-453 hier 452. Für ihn ist die Gott-ist-tot-Theologie ein moderner Bilderkrieg.

[524] W. Kasper, Unsere Gottesbeziehung angesichts der sich wandelnden Gottesvorstellungen, in: Catholica 1966, 257.

immer wieder Hoffnung erweckt ... der *Tod Gottes** – so wie er gewöhnlich verstanden wird – kann Anlaß geben zu einer neuen Hoffnung. Das kann dann geschehen, wenn uns unsere Situation zur metanoia, zur Besinnung auf die wahren Ursprünge unseres christlichen Redens von Gott wird. Wenn das der Fall sein sollte, dann könnte der Tod Gottes eine Gnadenstunde auch für uns Christen sein."

Ähnliches meint Seckler[525]: „Ich glaube ... nicht, daß es sich bei der Tod-Gottes-Theologie nur um eine modische und vorübergehende Erscheinung handelt. Modisch sind nur die grellen Farben, die verwendet werden. Aber gerade diese sind geeignet, deutlich zu machen, daß der christliche Glaube sich in einer gewandelten Welt radikal und neu darauf besinnen muß, was er ist und mit wem er es zu tun hat!"

An diesen Beispielen kann man erkennen, daß Theologen in der Gott-ist-tot-Theologie eine positive Funktion für den Glauben finden. In dieser Theologie erhält der Atheismus eine neue Bedeutung.

---

[525] M. Seckler, Kommt der christliche Glaube ohne Gott aus?, in: H.J. Schultz (Hg.), Wer ist das eigentlich – Gott?, München 1969, 185.

X. „A-THEISTISCHE" GOTTESBILDER

1. Gott in der Tiefe

Als Reaktion auf Umgestaltung und Auflösung der Gottesbilder hatte die liberale protestantische Theologie um die Jahrhundertwende versucht, auf Kosten der menschlichen Struktur des Glaubens eine direkte Beziehung zu einem Vater-Gott zu konstruieren. Dagegen unternahm in der ersten Hälfte des 20. Jahrhunderts P. Tillich (1886-1965) – geläutert durch den Atheismus – in seinen Vorlesungen den Versuch, neu von Gott zu sprechen. Der Atheismus hat nach ihm dem Gottesglauben einen großen Dienst erwiesen. Er hat diesen gezwungen, „die überwältigende Macht des Wortes ‚Gott' neu zu verstehen und zu formulieren". Die Theologen sind für den Glauben gefährlicher „als die sogenannten atheistischen Wissenschaftler". Die Theologen verführen geradezu zum Atheismus, indem Gott von ihnen zu einem höchsten Wesen gemacht wird, „das einigen Menschen Mitteilung über sich zukommen ließ" und dessen Autorität sich der heutige Mensch beugen müsse.[526] So ist für den Glauben an Gott zuallererst die „Überwindung des Theismus" in dreifacher Gestalt notwendig:
a) Es gilt, den vulgären rhetorisch-politischen Theismus zu überwinden. Gott legitimiert in dieser Vorstellung die eigenen Interessen, Pläne und Wünsche. Gott wird zum eigenen Vorteil mißbraucht. Es ist der Gott, den Konstantin auf seine Standarten schreiben ließ: *In hoc signo vinces;* Gott war nicht mehr Sieger über den Tod, sondern der todbringende Sieger! Im Zweiten Weltkrieg trug jeder deutsche Soldat auf dem Koppelschloß eingraviert: „Gott mit uns"!
b) Es gilt, den Theismus der Gottesbeweise zu überwinden. Der Mensch wird seiner Subjektivität beraubt und zum bloßen Objekt für Gott. Der Atheismus ist demgegenüber eine gerechtfertigte Reaktion, um den erdrückenden Konsequenzen für den Menschen zu entgehen.
c) Es gilt, den jüdisch-christlichen Theismus zu überwinden. Dieser baut sich „aus den personalistischen Stellen der Bibel" auf, lebt in einem Ich-Du-Verhältnis zu Gott, glaubt der Idee eines göttlichen Zieles der Geschichte, betont die unendliche Distanz zwischen Schöpfer und Geschöpf und hält am personalen Charakter des Gebets fest.[527]
In diesem ersten Schritt will Tillich mit Hilfe atheistischer Tendenzen bisherige falsche Gottesvorstellungen abbauen. Die Atheisten sind religiöser als die Theisten, die Gott in einen supranaturalen Bereich verbannen, weil sie den „unbedingten Charakter" der Wirklichkeit mehr anerkennen als jene.[528] Da also der Theismus im Grund wahre Gott-losigkeit ist, hat der Entzug Gottes ei-

---

[526] P. Tillich, GW, 11 Bde., Stuttgart 1959ff; hier: Bd. V, 38f.
[527] Ders., Der Mut zum Sein, Stuttgart 1952 passim.
[528] Ders., GW, Bd. IV, 105f.

ne positive Funktion. Dies „ist das Werk des göttlichen Geistes selbst, das uns Gott entrückt, nicht nur einzelnen von uns, sondern in gewissen Zeiten der Mehrheit der Menschen. Heute leben wir in einer solchen Zeit, in der Gott für uns der abwesende Gott ist ... der Geist Gottes verbirgt sich unserem Blick".[529]

Dieser Entzug Gottes soll uns zur Selbsterkenntnis führen. Aber nicht nur dies. Er will uns lehren, auf den (theistischen) Besitz „Gott" zu verzichten und in Offenheit auf Gott zu warten. Nur so ist echte Gottesnähe möglich. „Durch nichts ist unser [Glaubens-] Leben mehr gekennzeichnet, als durch die selbstgeschaffenen Gottesbilder. Ich denke an den Theologen, der nicht auf Gott wartet, weil er ihn, in ein Lehrgebäude eingeschlossen, besitzt. Ich denke an den Theologiestudenten, der nicht auf Gott wartet, weil er ihn, in ein Buch eingeschlossen, besitzt. Ich denke an den Gläubigen, der nicht auf Gott wartet, weil er ihn, in seine eigene Erfahrung eingeschlossen, besitzt. Es ist nicht leicht, dieses Nicht-Haben Gottes, dieses Warten auf Gott zu ertragen. Es ist nicht leicht, Sonntag für Sonntag zu predigen, ohne den Anspruch zu erheben, Gott zu besitzen und über ihn verfügen zu können ... Ich bin überzeugt, daß ein großer Teil des Widerstandes gegen das Christentum daher rührt, daß die Christen, offen oder versteckt, den Anspruch erheben, Gott zu besitzen und daher das Element der Erwartung verloren haben, das so entscheidend für die Propheten und Apostel ist ... Wir sind stärker, wenn wir warten, als wenn wir besitzen. Wenn wir Gott besitzen, so reduzieren wir ihn auf den kleinen Ausschnitt, den wir von ihm erfahren und begriffen haben, und wir machen aus ihm einen Götzen. Nur in der Götzenverehrung kann man glauben, Gott zu besitzen. Aber wenn wir wissen, daß wir ihn nicht kennen, und wenn wir auf ihn warten, um ihn zu erkennen, dann wissen wir wirklich etwas von ihm, dann hat er uns ergriffen und erkannt und besitzt uns. Dann sind wir Glaubende in unserem Unglauben, und dann sind wir von ihm bejaht trotz unseres Getrenntseins von ihm."[530]
Mit dieser Offenheit, mit diesem Warten, meint er kein „Warten auf Godot", der nie kommt, aber auch keine Theatersaalsituation, bevor der Vorhang aufgeht. Die Frage nach Gott ist falsch gestellt: „Beginnt man mit der Frage nach der Existenz oder Nicht-Existenz Gottes, kann man Gott niemals erreichen. Und wenn man die Existenz Gottes behauptet, kann man ihn noch weniger erreichen, als wenn man seine Existenz leugnet."[531] So kann er den Satz wagen: „Gott existiert nicht."[532] Im bisherigen Sinne kommt ihm weder Essenz noch Existenz zu. Tillich sucht einen Ausdruck, der den Theismus wie den Atheismus übersteigt: Die unendliche Tiefe, der unerschöpfliche Grund allen Seins ist es, der „mit dem Wort Gott gemeint ist. Und wenn das Wort für euch nicht

---

[529] Ders., Religiöse Reden, Bd. III, Stuttgart 1964, 87f.
[530] Ders., ebd., Bd. I, 165ff.
[531] Ders., GW, Bd. V, 38.
[532] Ders., Systematische Theologie, Bd. I, Stuttgart 1956, 239.

viel Bedeutung besitzt, so übersetzt es und sprecht von der Tiefe in eurem Leben, vom Ursprung eures Seins, von dem, was euch unbedingt angeht, von dem, was ihr ohne irgendeinen Vorbehalt ernst nehmt. Wenn ihr das tut, werdet ihr vielleicht einiges, was ihr über Gott gelernt habt, vergessen müssen, vielleicht sogar das Wort selbst. Denn wenn ihr erkannt habt, daß Gott *Tiefe** bedeutet, so wißt ihr viel von ihm. Ihr könnt euch dann nicht mehr Atheisten oder Ungläubige nennen, denn ihr könnt nicht mehr denken oder sagen: ‚Das Leben hat keine Tiefe‘, das Leben ist seicht, das Sein selbst ist nur Oberfläche. Nur wenn ihr das in voller Ernsthaftigkeit sagen könnt, wäret ihr Atheisten, sonst seid ihr es nicht. Wer um die Tiefe weiß, der weiß auch um Gott."[533] Ein anderer Ausdruck für die Gotteswirklichkeit, die auch den Atheismus übersteigt, ist: „Sein-Selbst".[534] Er ist „das wahrhaft Wirkliche in allem, das Wirklichkeit beansprucht."[535]

Indem wir so denken und sprechen, erkennen wir die positive Funktion des Atheismus, der uns ereilt, die theistische und symbolische Ausdrucksweise zu verlassen, und uns zur Besinnung auf den wahren Gott zwingt. So ist nach ihm das Wort „Gott ist tot" legitim, insofern damit angedeutet ist, daß auch das „Nicht-Sein" in Gott, bzw. er jenseits dieser Kategorien ist. In diesem Wort kann sich der Mut, das Nichtsein in die göttliche Wirklichkeit und in sich selbst hineinzunehmen, ausdrücken.[536] Das bedeutet, daß Gott nur im Horizont der Zeitlichkeit zu denken ist. „Das göttliche Leben schließt Zeitlichkeit ein, ist ihr aber nicht unterworfen. Göttliche Ewigkeit enthält die Zeit und geht zugleich über sie hinaus."[537] Er versucht zwischen dem „ewig Seienden" und dem „nachtheistischen Gott im Werden" eine Synthese, die ihm auf seine Art gelingt: „Das Göttliche erscheint *an** den endlichen Wirklichkeiten als deren transzendentes Bedeuten."[538] So behält die „Transzendenz" nach ihm ihre Gültigkeit, sie muß jedoch radikal mit dem Diesseits verbunden sein, da sie sein Grund ist. Gott ist jedoch nicht *causa* alles Seienden, aber doch Grund allen Seins. Weil Gott die Tiefe, der Grund, und das Sein-Selbst ist (drei entscheidende Aussagen Tillichs), kann das Sprechen von Gott als Vater, als Person, als Du, als Lebendiger usw. nur Symbol, Hinweis darauf sein,

---

533 Ders., Religiöse Reden, Bd. I, 1952, 55f.

534 Ders., Systematische Theologie, Bd. I, 239. Diesen Begriff will er aber unterschieden wissen vom thomistischen: „Wäre ich in der Lage, auf den scholastischen Begriff des *esse ipsum* zurückzugehen, so würde ich diesem Vorzug (vor anderen) geben". (Ultimate Concern, New York 1965, 46. Schwerpunkte). Dieses „Sein-Selbst" ist die einzige nichtsymbolische Rede von Gott: sie meint ein ständiges „Über-sich-selbst-Hinausgehen" Gottes, das das Nicht-Sein in sich aufnimmt und an Zeit und Geschichte daher Anteil hat. Das „Sein über sich selbst Hinausgehen vermindert oder zerstört (jedoch) seine Göttlichkeit nicht. Sie ist verbunden mit dem ewigen Ruhen Gottes in sich selbst" (Systematische Theologie, Bd. I, 286).

535 Ders., GW, Bd. VII, 66.

536 Vgl. ders., Der Mut zum Sein, 104f.

537 Ders., Systematische Theologie, Bd. I, 296.

538 Ders., GW, Bd. VII, 60.

daß Gott der Grund von all dem ist. In nicht-symbolischer Sprechweise ist Gott Nicht-Person, Nicht-Du, Nicht-der-Lebendige usw. Auch die Ich-Du-Beziehung wird transzendiert, weil Gott der Grund dieser Beziehung ist.[539] Indem Tillich diese theistischen Gottesprädikate als reine Symbole deutet, gelangt er zum „absoluten Glauben". Dieser beginnt jenseits der „göttlich-menschlichen Begegnung": „Er ist das Bejahen des Bejahtseins ohne jemand oder etwas, das bejaht. Es ist die Macht des Seins selbst, die bejaht und den Mut zum Sein verleiht. Das ist der höchste Punkt, bis zu dem uns unsere Analyse getrieben hat. Der Gott über Gott kann nicht beschrieben werden ... der Personalismus [muß] in Bezug auf Gott durch eine *überpersönliche** Gegenwart des Göttlichen im Gleichgewicht gehalten werden ... [ebenso müssen wir uns gewahr sein] des paradoxen Charakters jeden Gebetes: zu jemandem zu sprechen, mit dem man nicht sprechen kann, weil er nicht ‚jemand' ist; jemanden fragen, von dem man nichts erfragen kann, ... ‚Du' sagen zu jemandem, der dem Ich näher ist als das Ich sich selbst. Jedes dieser Paradoxe treibt das religiöse Bewußtsein zu einem Gott über dem Gott des Theismus ... Absoluter Glaube [ist also] Ergriffensein von dem Gott jenseits Gottes ... Jenseits dieser Linie ist reines Nichtsein. In ihm werden alle Formen des Mutes wiedergeboren aus der Macht des Gottes über dem Gott des Theismus. *Der Mut zum Sein wurzelt in dem Gott, der erscheint, wenn Gott in der Angst des Zweifels verschwunden ist.*"[540]

In den letzten Sätzen wird die positive Funktion des Atheismus für die Theologie klar:

1. Der Theismus wird durch den Atheismus überwunden, und zwar endgültig.

2. Die Theologie wird befreit zu einem „Gott über Gott", zum Grund, zur Tiefe des Seins (auch wenn das Wort „Gott" nicht mehr verwendet wird). Diese Bewegung der Verzeitlichung der Transzendenz ist von Gott selbst gewirkt.

3. Dem Menschen ist jenseits von Theismus und A-Theismus der Mut zum Sein wiedergegeben.

Gott ist das unbedingte Element in der bedingten Erfahrung des Menschen, die Macht des Seins, die das Nichtsein (also auch den Atheismus) einschließt und in der die Selbstbejahung des Menschen allein gründen kann.

Mit Tillich war ein erster Ansatz gewonnen, den Atheismus für die Theologie zu funktionalisieren und doch bewußt im Raum der Theologie zu bleiben.

2. Gott – mitten im Leben jenseitig

Zwei Jahre, bevor Tillich in Deutschland seinen Lehrstuhl verlor, schrieb D. Bonhoeffer (1906-1945) 1931 seine Habilitationsschrift: „Akt und Sein" (Transzendentalphilosophie und Ontologie in der systematischen Theologie). Für ihn spielte die Neubesinnung auf den Gottesgedanken eine entscheidende

---

[539] Vgl. ders., Systematische Theologie, Bd. I, 279, 283, 312 u.a.
[540] Ders., Der Mut zum Sein, 133ff.

Rolle. Die positive Funktion des Atheismus scheint er jedoch erst in seiner zweiten Schaffensperiode (in der Haft) voll erkannt zu haben. Für ihn ist das thomasische „Gott ist", das *ipsum esse,* dieses „Ewige Sein", „eine spekulative Idee, die dem Werden kontinuierlich ‚in-über' ist, … die aber einer theologischen Ontologie nicht Genüge tut. Gott ist nicht primär das Ist schlechthin."[541] In der Ablehnung des „In-über" geht er über Tillich hinaus, indem Gottes Jenseitigkeit in den geschichtlichen Prozeß hineingebunden wird. Vom Sein Gottes zu sprechen hat nur Sinn, insofern er für die Menschen Liebe ist, Gerechtigkeit wirkt usw. So rückt Bonhoeffer Gottes Sein in die Nähe der Fraglichkeit menschlicher Existenz. Da für diese ein „es gibt" bedeutungslos, d.h. für das geschichtliche Werden nicht relevant ist, spricht Bonhoeffer den vielzitierten Satz aus: „Einen Gott, den ‚es gibt', gibt es nicht."[542] Nur das auffindbare Seiende gibt es, Gott aber ist immer streng in bezug auf geschichtliches Dasein, d.h. auf Personsein zu denken. Damit aber ist sowohl alle *Ungegenständlichkeit* wie auch *Gegenständlichkeit* Gottes abgewehrt. Wäre eine Ist-Aussage das letzte Wort über Gott, dann wäre Gott stets im Rücken des Menschen. Der Mensch könnte sich drehen und wenden, wie er will, Gott würde ihm nie begegnen, er wäre nie sein Gott, sondern er würde ihn stets nur „unterhalten", indem er der ewig gleichbleibende, tragende *Grund* ist. In Frontstellung gegen den deutschen Idealismus weist Bonhoeffer dessen Bewegung der Idee als „Scheinbewegung" auf: „Soll nun mit der *Nichtgegenständlichkeit** ernst gemacht werden, so ist Gott je nur im Akt des sich erkennenden Geistes."[543] Gott ist nicht mehr „außerhalb" des Ichs, sondern in diesem eingeschlossen. „Gott selbst ‚ist' … nur jeweils im bewußt geistigen Vollzug agierend. Damit ist die Identität meines nichtgegenständlichen Ichs mit Gott ausgesprochen, eben in der ‚unbedingten Persönlichkeit'."[544] Damit stehen wir vor einer Säkularisierung der Mystik, die Eckehart und Silesius oder auch eine Teresa von Avila vertreten haben. Wie immer diese Nähe Gottes zum Ich beschrieben wird – ob Gott mich begründet oder mit mir selbst identisch wird –, überall ist Gott zur Subjektivität geworden. Aber auch der *gegenständliche* Gottesbegriff, der ihn zu einem Seienden, zu einem „Es gibt" macht, ist ungenügend. Gott bleibt auch hier für das geschichtliche Werden belanglos, er wird institutionalisiert, wird wißbar und vorfindlich und so zu einem religiösen Gegenstand, also ein theistischer Gott. Bonhoeffer versucht die Frage in dieser ersten Periode im kirchlichen Sinne zu lösen. Für ihn ist das *Sein der Gemeinschaft* der Personen, die durch die Person Christi konstituiert wird, die Begegnung mit Gott. Gott gibt sich in Christus als Gemeinde existierend.[545] Das geschichtliche Sein Gottes ist im Werden der Gemeinde zu „finden". Nur so wird Gott nicht in die Ungegenständlichkeit verflüchtigt

---

[541] D. Bonhoeffer, Akt und Sein, München 1956, 52.
[542] Ebd., 94.
[543] Ebd., 28.
[544] Ebd.
[545] Ebd., 91.

und ist doch nicht habbar, weil er sich dem Zugriff als „Christus in der Gemeinde lebend" entzieht. Die Negation also sowohl des ungegenständlichen idealistischen Gottes wie des gegenständlich-theistischen Gottes ist die Vorbedingung, damit das Feld für einen „Gott in der Gemeinschaft" frei ist. Nicht der Abbau des Gottesglaubens, sondern die Bejahung Gottes im Raum der Gemeinde soll dadurch ermöglicht werden.

In der zweiten Periode wird dieser Raum der Gemeinde im Zusammenhang mit der Welt gesehen. Gott muß in der diesseitigen Welt erfahren werden. Es gibt nicht zwei Welten, sondern nur die eine Wirklichkeit. „Die Wirklichkeit Gottes erschließt sich nicht anders, als indem sie mich ganz in die Weltwirklichkeit hineinstellt, die Weltwirklichkeit aber finde ich immer schon getragen, angenommen, versöhnt in der Wirklichkeit Gottes vor ... [ich erfahre] die Wirklichkeit Gottes nie ohne die Wirklichkeit der Welt und die Wirklichkeit der Welt nie ohne die Wirklichkeit Gottes ...".[546] Und er fährt fort, indem er auf Christus Bezug nimmt: „Die in Christus gesetzte Einheit von Gottes- und Weltwirklichkeit wiederholt sich oder genauer verwirklicht sich immer wieder an den Menschen." Die nach-theistische Gotteserfahrung spielt sich im Raum der menschlichen Gemeinschaft ab. Nicht der Gott, der „gebraucht" wird, auf den der Mensch angewiesen ist, wird in der Gemeinschaft erfahren, sondern der „die Tiefe der Diesseitigkeit" ist. Ein Glaubender ist ein Mensch, der nicht der platten und banalen Diesseitigkeit verfallen ist, wie der Mensch der Aufklärung, der Betriebsamkeit, der Bequemlichkeit usw., sondern der die Tiefe der Diesseitigkeit lebt. Erst in der „vollen Diesseitigkeit" lernt man im Leben Glauben.[547] Dieser „Gott", der durch das „Es gibt ihn nicht" hindurchgegangen ist, wird nicht mehr dort erfahren, wo der religiöse Mensch Gott erfährt: An der Grenze menschlicher Möglichkeit. Ein solcher Gott ist immer nur ein Grenzgänger, der vor der Erforschung und Ausweitung menschlicher Macht notwendig zurückweichen muß; er ist ein „Deus ex machina", ein Götze, denn „das ‚Jenseits' Gottes ist nicht das Jenseits unseres Erkenntnisvermögens! Die erkenntnistheoretische Transzendenz hat mit der Transzendenz Gottes nichts zu tun. Gott ist mitten in unserem Leben jenseitig ... Was über diese Welt hinaus ist, will im Evangelium für diese Welt dasein."[548] Der Atheismus hat die Funktion, die Arbeitshypothese „transzendenter Gott" abzuschaffen. Der Mensch muß in dieser Welt ohne Gott den Vater leben können; es bleibt ihm heute auch keine andere Wahl. Die theistische Ausflucht ist uns zu Recht verwehrt. Wohin führt uns der Atheismus? Gott als moralische, politische, naturwissenschaftliche, philosophische und religiöse Arbeitshypothese abzuschaffen und zu überwinden. Es gehört zur intellektuellen Redlichkeit, diese Arbeitshypothese fallenzulassen. „Ein

---

[546]   Ders., Ethik, München 1966, 208ff.
[547]   Ders., Widerstand und Ergebung, München 1962, 247f; vgl. U. Stölting, Zwischen Tradition und Moderne. Eine Analyse der Theologie D. Bonhoeffers unter besonderer Berücksichtigung seiner Christologie, Frankfurt 1998, 376ff.
[548]   Ebd., 181f; 184.

erbaulicher Naturwissenschaftler, Mediziner etc. ist ein Zweiter ... Wir können nicht redlich sein, ohne zu erkennen, daß wir in der Welt leben müssen – etsi deus non daretur. Und eben dies erkennen wir – vor Gott! Gott selbst zwingt uns zu dieser Erkenntnis. So führt uns unser Mündigwerden zu einer wahrhaftigen Erkenntnis unserer Lage vor Gott. Gott gibt uns zu wissen, daß wir leben müssen als solche, die mit dem Leben ohne Gott fertig werden. Der Gott, der mit uns ist, ist der Gott, der uns verläßt (Mk 15,34). Der Gott, der uns in der Welt leben läßt ohne die Arbeitshypothese Gott, ist der Gott, vor dem wir dauernd stehen. Vor Gott und mit Gott leben wir ohne Gott ... Die Religiosität des Menschen weist ihn in seiner Not an die Macht Gottes in der Welt, Gott ist der deus ex machina. Die Bibel weist den Menschen an die Ohnmacht und das Leiden Gottes; nur der leidende Gott kann helfen. Insofern kann man sagen, daß die Entwicklung zur Mündigkeit der Welt, durch die mit einer falschen Gottesvorstellung aufgeräumt wird, den Blick frei macht für den Gott der Bibel, der durch seine Ohnmacht in der Welt Macht und Raum gewinnt ... ‚Christen stehen bei Gott in seinem Leiden‘, das unterscheidet Christen von Heiden. ‚Könnt ihr nicht eine Stunde mit mir wachen?‘ fragt Jesus in Gethsemani. Das ist die Umkehrung von allem, was der religiöse Mensch von Gott erwartet ... Christsein heißt nicht in einer bestimmten Weise religiös sein, aufgrund irgendeiner Methodik etwas aus sich machen (einen Sünder, Büßer, oder einen Heiligen), sondern es heißt Menschsein ... Jesus ruft nicht zu einer neuen Religion, sondern zum Leben.“[549] Die Abwesenheit Gottes, der „Tod des jenseitigen Vaters“, zwingt den Christen zur vollen Verantwortung in die Diesseitigkeit. Der Verlust des „Kindseins“ vor dem ewigen Vater weckt im Glaubenden die Möglichkeit, nur in *einer* ungeteilten Wirklichkeit zu leben. Der Atheismus verpflichtet den Christen, Gott im Leiden (der Menschen) beizuspringen und so hier und jetzt mit beiden Füßen auf der Erde zu stehen. Sicher nicht, daß die Tiefe gestrichen würde, sondern daß sie nur in der verantwortlichen Verwirklichung des Diesseits gefunden wird; also: „Mit Gott ohne Gott!“

Nach Bonhoeffer ist diese „Tiefe der Diesseitigkeit“ stets neu zu erstellen, d.h. also zukünftig, aber primär im Jetzt zu erfahren. In dem, was uns Gutes zukommt, in unserem Leben, da sollen wir ihn als Gott glauben; d.h. die eine, ungeteilte Wirklichkeit ist ganz zu leben. „Daß der Mensch in den Armen seiner Frau sich nach dem Jenseits sehnen soll, das ist milde gesagt eine Geschmacklosigkeit und jedenfalls nicht Gottes Wille. Man soll Gott in dem finden und lieben, was er uns gerade gibt ...“[550] Die Transzendenz ist in der Immanenz und umgekehrt. Der Dienst, den der Atheismus leistet, ist die Unmöglichkeit für einen Christen, noch einen Ausfluchtsweg ins „Jenseits“ zu haben, um vom Dasein-für-Andere dispensiert zu werden. Nur im Diesseits, nur in der Gemeinschaft, nur im Sein-für-Andere kann Gotteserfahrung möglich werden. „Unser Verhältnis zu Gott ist (also) kein ‚religiöses‘ zu einem

---

[549] Ebd., 240ff; 244, 246.
[550] Ebd., 123f.

denkbar höchsten, mächtigen, besten Wesen – dies ist keine echte Transzendenz –, sondern unser Verhältnis zu Gott ist ein neues Leben im ‚Dasein-für-Andere‘, in der Teilnahme am Sein Jesu. Nicht die unendlichen, unerreichbaren Aufgaben, sondern der jeweils gegebene erreichbare Nächste ist das Transzendente. Gott in Menschengestalt! ... Nicht als das Ungeheure, ... Absolute, ... Metaphysische, ... Unendliche, ... aber auch nicht die griechische Gott-Mensch-Gestalt des ‚Menschen an sich‘, sondern ‚der Mensch für andere‘!“[551] Also: Allein im „Für-andere-Dasein“ gibt es Transzendenzerfahrung. Ein Verhältnis zu Gott gibt es nur im Dasein-für-Andere. Das Jenseits ist ins Diesseits inkarniert. Gott wird damit im Horizont christologischer Aussagen vergeschichtlicht. Die neue Freiheit des Menschen (die nicht mehr religiös verkettet ist) ist Freiheit von sich selbst im Sein für andere, und zwar in Gemeinschaft.

Im Fragment der Theologie Bonhoeffers können wir also im Wandel des Gottesbildes eine positive Funktion des Atheismus feststellen. Wir können erkennen, daß weder in uns (wie im Idealismus und in der Mystik) noch außer uns als Gegenstand, noch rein zukünftig ein Gott ist. „Es gibt ihn nicht!“ Jede theistische Ausflucht ins Jenseits ist erledigt. Die einzig gültige, eigentliche Daseinsweise des Menschen ist das Dasein für andere, die Gemeinschaft. Gott ist im Diesseits so erfahrbar. Der Atheismus ist theologisch relevant. Er zeigt uns die eigentliche Daseinsweise, das wirkliche Menschsein und ermöglicht so echtes Christsein. Indem das Humanum auf diese Weise offenbar wird, zeigt es sich christologisch und daher theologisch qualifiziert.

3. Gott ist anders

Einen wesentlichen Anstoß zur Neubesinnung auf die Gottesfrage im atheistischen Raum gab J.A.T. Robinson (1919-1983).

In einem persönlichen Gespräch Ende 1963, als gerade das Buch „Honest to God“[552] erschienen war, äußerte Barth seine Bedenken gegenüber diesem Buch: „Manchmal denke ich, das Problem John Robinson ist vielmehr ein Problem Karl Barth. Was habe ich falsch gemacht, daß das jetzt schon wieder möglich ist – die Heftigkeit und Breite dieser Reaktion? Daß die Kirche heute in einem Zustand ist, in dem sie 300 000 Exemplare eines solchen Buches in sich aufnimmt wie ein trockener Schwamm das Wasser?“[553] Für Barth war es tragisch zu sehen, daß seine Gottesvorstellung des „ganz Anderen“ immer mehr auf Ablehnung stieß. So wie er das Phänomen des Atheismus nicht deuten konnte, so jetzt den Gott im Diesseits, für den der Atheismus eine entscheidende Funktion hat. Robinson versuchte die Positionen Tillichs und

---

[551] Ebd., 259f.
[552] Vgl. J.A.T. Robinson, Gott ist anders, München 1964.
[553] Zit. nach K. Bockmühl, Atheismus in der Christenheit. Anfechtung und Überwindung, Wuppertal 1969, 110.

Bonhoeffers aufzugreifen, mit den Ergebnissen der Exegese Bultmanns zu verbinden und eine Synthese dieser drei bedeutenden Theologen auszuarbeiten. Den Gedanken dieser Theologen fügt er nichts Wesentliches hinzu, machte sie jedoch einem breiten Publikum zugänglich.

Für Robinson ist ein Vatergott, der in seiner Transzendenz bleibt, unglaubwürdig geworden. Die Züge, die er diesem Gott beilegt, mögen manchmal unernsthaft klingen, sie drücken jedoch den Verlust der Abhängigkeit des Menschen von seinem Urquell aus. Keineswegs bedeutet aber bei Robinson dieser Tod Gottes als Vater, daß die Transzendenz in die Innerweltlichkeit aufgelöst wird.[554] Vielmehr ist wie bei Tillich Gott der Grund unseres Seins, der „mitten im Leben jenseitig" (Bonhoeffer) ist und doch als Sinn unseres Daseins die Existenzbewegung des geschichtlichen Daseins mitmacht. Er ist der Grund der Geschichte, der in ihrem Vollzug, in menschlicher Verantwortung und Planung der Weltgestaltung ganz gegenwärtig ist.[555] So ist Gott die Tiefe des verantwortungsvollen sittlichen Handelns des Menschen. Weil Gott sich so in das menschlich-geschichtliche Tun hineinbegibt, kann man ihm, dem Unbedingten, „nur in, mit und unter den bedingten Beziehungen dieses Lebens begegnen; denn er ist ihre Tiefe und ihr letzter Sinn."[556] Dies bedeutet für Gott letzte Selbstentäußerung, indem er ganz in der Zeitlichkeit ist und nur in dieser begegnet. Bultmann interpretiert Robinson richtig, wenn er sagt: „Nur der Gottesgedanke, der *im Bedingten das Unbedingte,* im Diesseitigen das Jenseitige, im Gegenwärtigen das Transzendente finden, suchen und finden kann, als Möglichkeit der Begegnung, ist für den modernen Menschen möglich."[557] Diese Begegnung mit Gott ist also nur mit, in und unter dem zeitlichen Du möglich, d.h. in der Begegnung mit dem Nächsten.[558] Dies bedeutet jedoch nicht die Auflösung Gottes im zeitlichen Du, in den Dimensionen der Diesseitigkeit, sondern nur sein radikales Eingehen in sie. In diesem Eingehen erweist er sich als Liebe und zeigt damit, „was die tiefste und wirkliche Wahrheit der Struktur der Wirklichkeit ... tatsächlich ist"[559]. Die Struktur aller Wirklichkeit, die Liebe, offenbart sich aber in Jesus Christus, dem Menschen für andere. Er erschließt den Grund des menschlichen Seins als Liebe, weil das Selbst in ihm ausgelöscht ist und dadurch Gott als die Liebe sichtbar wird.[560] Jesus Christus ist für den Grund des Seins vollständig offen, und weil so die Liebe zur Macht kommt, kann er ganz für andere sein. So ist bei Robinson wie bei Bonhoeffer in Jesus Christus Gott ganz gegenwärtig, inkarniert, so daß in dieser geschichtlichen Bewegung in dem Menschen für andere der Mensch ganz für Gott ist.

---

554 J.A.T. Robinson, Gott ist anders, München 1964, 51.
555 Vgl. ebd., 53f.
556 Ebd., 67.
557 R. Bultmann, Der Gottesgedanke und der moderne Mensch, in: H.W. Augustin (Hg.), Diskussion zu Bischof Robinsons „Gott ist anders", München 1964, 116.
558 Vgl. J.A.T. Robinson, Gott ist anders, 60.
559 Ebd., 56.
560 Vgl. ebd., 80ff.

Für Robinson ist der Gott im Diesseits die Forderung der Liebe, d.h. für den anderen dazusein. Der ethische Akzent tritt bei ihm stark hervor. Der Atheismus zerstört das theistische Weltbild und zwingt den Glaubenden, Gott in der Liebe zu suchen, die sich auf den Menschen richtet. Dabei betont er zwei unaufgebbare Momente:

1. Daß Gott nie mit Jesus identifiziert werden darf und
2. daß der Satz: Gott ist die Liebe, nie umkehrbar ist.

Man kann fragen, wieweit Robinson durch diese Postulate die theistische Anschauung doch nicht überwunden und vielleicht nicht einmal die Radikalität Tillichs und Bonhoeffers erreicht hat. Robinson scheint es selbst erkannt zu haben, indem er sein Buch kommentiert: „Was ich nun hier sehr vorläufig und tastend zu sagen versucht habe, mag radikal und für viele zweifellos sogar ketzerisch klingen. In einer Sache bin ich mir aber sehr sicher: Rückblickend wird man mir einmal als Fehler anrechnen, daß ich längst nicht radikal genug war."[561]

4. Gott in uns

Anders als Freud versucht C.G. Jung (1875-1961), der Pfarrerssohn von Kesswil, einen positiven Weg, Gott zu denken und zu erfahren. Nicht den Glaubenden gilt seine Bemühung, sondern denen, für die Gott keine Bedeutung mehr hat. „Ich wende mich ... an jene vielen, für die das Licht erloschen, das Mysterium versunken, und Gott tot ist."[562] Einen Weg zurück, zu einem Gott in einer jenseitigen, objektiven Welt gibt es nicht. „Der Himmel ist uns physikalischer Weltraum geworden, und das göttliche Empyrium eine schöne Erinnerung, wie es einstmals war. Unser ‚Herz aber glüht‘, und geheime Unruhe bewegt die Wurzeln unseres Seins."[563] Gott ist für ihn eine „Urerfahrung des Menschen", aber nicht in der Außenwelt. Den Zugang zu Gott, zu allen religiösen Dingen haben wir nur in unserer Psyche, denn in ihr haben wir eine unmittelbare Erfahrung, die sie ist. Daher wurde Jung von Gläubigen und Nichtgläubigen gleichermaßen abgelehnt. E. Fromm zeigte unverhohlen seine Aversion. „Die Mehrheit hält zwar noch an den religiösen Vorstellungen fest, aber für die meisten sind diese Vorstellungen zu leeren Formeln geworden, und nicht mehr Ausdruck einer Realität, der sie sich verbunden fühlen. Unter diesen Umständen ist Jungs Mangel an Engagement und Authentizität für viele reizvoll, die sich in der gleichen Lage befinden. Mit seiner Mischung aus überstiegenem Aberglauben, unbestimmtem heidnischen Götzendienst und einem vagen Gerede über Gott und mit der Behauptung, eine Brücke zwischen Religion und Psychologie zu bauen, hat Jung einem Zeitalter, das nur wenig

---

561 Ebd., 20.
562 C.G. Jung, Psychologie und Religion, Olten ²1972, GW XI, 107.
563 Ders., Über die Archetypen des kollektiven Unbewußten, Olten 1976, GW IX, Teil 1, 33.

Glauben und Vernunft besitzt, genau die richtige Mischung dargeboten."[564] Dieser Kritik vom marxistisch-psychoanalytischen Standpunkt aus vergleichbar, urteilten Theologen und Kirchenvertreter bis heute, die die Jung-Rezeption durch E. Drewermann ablehnen. Jüdischerseits warf M. Buber ihm vor, den Glauben in Gnosis umzumünzen. „Die Seelenlehre, die die Geheimnisse behandelt, ohne die Glaubenshaltung zum Geheimnis zu kennen, ist die moderne Erscheinungsform der Gnosis. Die Gnosis ist nicht nur eine nurhistorische, sondern als eine allmenschliche Kategorie zu verstehen. Sie ... ist der eigentliche Widerpart der Glaubenswirklichkeit."[565] Anlaß dazu gab Jung freilich selbst, als er an seinem Lebensabend befragt nach seinem Glauben an Gott, antwortete: „Ich weiß (I know). Ich muß nicht glauben, ich weiß." Er konnte so sprechen, weil er sich der inneren Transzendenzerfahrung gewiß war.

1. Gott ist kein extramundanes Prinzip, kein Begründer der Außenwelt. Wer so denkt, ist nicht wirklich in Gott verankert, sondern ein schwankendes Schilfrohr. „Gott ist eine offenkundig psychische und nichtphysische Tatsache, d.h. sie ist nur psychisch, nicht aber physisch feststellbar."[566] Und das Verhältnis von Gott und Psyche umschreibt er so: „Diejenige psychologische Tatsache, welche die größte Macht in einem Menschen besitzt, wirkt als ‚Gott', weil es immer der überwältigende psychische Faktor ist, der ‚Gott' genannt wird ... Der Platz der Gottheit scheint durch die Ganzheit des Menschen eingenommen zu werden."[567] Ob ich sie so benenne oder nicht, ob ich mir dessen reflexiv bewußt bin oder es ablehne, Gott ist da. So kann man bis heute über dem Portal seines Hauses in Küssnacht die Inschrift lesen: „Vocatus atque non vocatus deus aderit" – gerufen oder ungerufen, Gott wird da sein! Religion hat daher für Jung eine heilende Funktion und ist kein Opiat. Sie gründet im „kollektiven Unbewußten", das der schöpferische Mutterboden des Bewußtseins ist. Während bei Freud, nach Jungs Interpretation (mit dem er von 1906-1913 freundschaftlich verbunden war), nur das persönliche Unbewußte zählt, sieht er darin eine Reduktion des Menschen. Vor allem durch die Lektüre der Werke Teilhard de Chardins angeregt, war ihm die Erkenntnis wichtig, daß dieses kollektive Unbewußte der menschlichen Psyche „Millionen Jahre alt ist". Im Vergleich dazu ist das individuelle reflexe Bewußtsein nur die „Spitze eines Eisberges", der sich zu 6/7 unter dem Wasser im Unbewußten befindet. Die psychische Bedeutung dieses „Kollektivs" gilt es zu untersuchen, um zu wissen, was Gott und Religion meinen, welchen Sinn sie für die Psyche haben. Für den Reifungsprozeß des einzelnen Menschen, für seine Selbstwerdung und seine Selbstverwirklichung spielen diese

---

564 E. Fromm, Psychoanalyse, Gesamtausgabe, Stuttgart 1981, VIII, 130.
565 M. Buber, Gottesfinsternis-Replik, in: GW I, München 1962, 602.
566 C.G. Jung, Menschenbild und Gottesbild, Grundwerk IV, Olten 1984, 301.
567 Ders., Psychologie und Religion, Olten ²1972, GW XI, 98f.

„Archetypen"[568] eine wichtige Rolle. Aufgrund dieses Ansatzes hat Jung nicht nur für die Neurosenlehre und Psychotherapie wesentliche Erkenntnisse gewonnen, sondern auch auf den Gebieten der Anthropologie, Ethnologie und der vergleichenden Religionswissenschaft.

2. Zwar ist für ihn das Christentum in seiner Heilsfunktion von großer Bedeutung, aber in jeder Religion sieht er diese Funktion verwirklicht. „Nicht nur das Christentum mit seiner Heilssymbolik, sondern alle Religionen überhaupt, bis zu den magischen Religionsformen der Primitiven, sind Psychotherapien, welche das Leiden der Seele und die seelisch verursachten Leiden des Körpers behandeln und heilen."[569] Jung versteht sich als Christ[570], der aber das kirchliche Christentum von der wahren Religion entfernt sieht. Auch in anderen Religionen findet durch Institutionalisierung und Objektivierung (in Göttern, Geistern, Dämonen etc.) ein konkretistisches Mißverständnis statt.[571] „Ich wünsche mir, daß die Christen von heutzutage einmal einsehen, daß das, was sie vertreten, überhaupt gar kein Christentum ist, sondern eine himmeltraurige Gesetzesreligion, von der der Stifter selber sie zu befreien versucht hat."[572] Religion als solche ist keine Projektion, sondern gehört zur menschlichen Existenz. Wohl aber sind die religiösen Objektivierungen Projektionen in die Außenwelt.[573] „Ich bin überzeugt, daß nicht das Christentum, sondern dessen bisherige Auffassung und Interpretation in Anbetracht der heutigen Weltumstände antiquiert sind. Das christliche Symbol ist ein lebendiges Wesen, das die Keime zu weiterer Entfaltung in sich trägt. Es kann sich weiter entwickeln, und es liegt nur daran, ob wir uns entschließen können, über die christlichen Voraussetzungen noch einmal und etwas gründlicher nachzudenken."[574] In der Reflexion über die menschliche Psyche will Jung das tun. Um die Welt als Objekt zu erkennen, ist die Psyche die unabdingbare Voraussetzung. Sie ist aber nicht identisch mit dem Bewußtsein. Jung versteht darunter das Ichbewußtsein, den Reflexionsakt. Auch einem Tier ist eine Psyche zuzusprechen, auch wenn sein Bewußtsein und seine Reflexionsfähigkeit nicht feststellbar ist. Beim Tier bleibt die gesamte Psyche subliminal, d.h. unter der Bewußtseinsschwelle. In der menschlichen Psyche jedoch ist Bewußtes und Unbewußtes zu erkennen.[575]

---

[568] Unter Archetypen versteht Jung „Formen oder Bilder kollektiver Natur, welche ungefähr auf der ganzen Erde als Konstituenten der Mythen und gleichzeitig als autochthone, individuelle Produkte unbewußten Ursprungs vorkommen" (Menschenbild und Gottesbild, 57). Diese Archetypen sind nach Meinung Jungs wahrscheinlich vererbt und nicht nur durch die Tradition gebildet.

[569] C.G. Jung, GW XVI, 15.

[570] G. Wehr, C.G. Jung und das Christentum, Olten 1975, 205.

[571] Konfessionalisierung ist Ersatz für unmittelbar religiöse Erfahrung; vgl. C.G. Jung, Menschenbild und Gottesbild, 49f, 56, 92.

[572] C.G. Jung, Briefe. A. Jaffé/G. Adler (Hg.), Oltern/Freiburg 1972, Bd. 2, 144.

[573] Es ist ein Vorurteil, daß die Gottheit außerhalb des Menschen sei, vgl. ebd., 63f.

[574] C.G. Jung, GW X, 308.

[575] Den Begriff „Unterbewußtsein" lehnt Jung ab, weil es kein „Unten" oder „Oben" gibt.

3. Die eine Psyche hat also diese zwei Dimensionen. Das Unbewußte existiert und ist all das, was mir nicht präsent ist; dazu zählt, was mir einmal bewußt war, was ich nur wahrgenommen habe, mir aber nicht bewußt wurde, was Bewußtseinsinhalte vorbereitet und auch was bewußtseinsunfähig ist. Es besitzt eine schöpferische Autonomie und schränkt die Wahlfreiheit des Menschen ein. Jung kennt auch die Sphäre, die zwischen Unbewußtem und Bewußtem liegt, er nennt sie das „approximative Bewußtsein". Das Unbewußte besitzt eine Energie, einen „schöpferischen Trieb", durch den es auf das Bewußtsein wirkt, es besteht ein Drang des Unbewußten zum Bewußten.[576] In der Geschichte der Menschheit waren ursprünglich alle psychischen Funktionen unbewußt. Der Wechsel geschieht vom Zwanghaften zur Zwangsfreiheit. Durch diesen Prozeß entsteht eine doppelte Angst, die Angst vor der Freiheit und die Angst des Bewußten, vom Unbewußten wieder verschlungen zu werden. Der Übergang vom Unbewußten zum Bewußten vollzieht sich daher weitgehend im Leiden. „Jeder Schritt vorwärts auf dem Wege der Bewußtwerdung (ist) nur durch Leiden zu erkaufen."[577] Grundsätzlich geschieht der Übergang jedoch durch bestimmte Verhaltensmuster (z.B. Sprachfähigkeit), die angeboren sind, aber kein inhaltliches a priori darstellen. Es sind keine inhaltlich bestimmten Ideen, sondern typisierte Bilder. Die Brücke vom Unbewußten zum Bewußten bilden die Symbole. Die psychisch geordneten Symbole und Bilder sind die Archetypen. Die Archetypen zeugen vom kollektiven Unbewußten, das eine dynamische Tendenz auf die Verwirklichung des Humanum darstellt. Es ist das Streben nach Integrität, nach Ganzheit. Die Archetypen sind sorgfältig zu beachten (religere!), auch wenn über ihr Ansich-Sein keine Aussage gemacht werden kann. Archetypen machen als Integrationselemente das Wesen der Religion aus. Sie gehört zum Menschsein, was auch für Träume etc. gilt, die Archetypisches offenbaren und daher religiös oft als Offenbarungen Gottes verstanden wurden. Sie gehören nicht primär zum Verdrängungsmechanismus (gegen Freud), sondern sind „Naturereignisse", können Ratgeber des Ichs sein, sind final ausgerichtet und können tatsächlich auch das „Numen", göttlich-religiös, manifestieren. Die archetypischen Gestalten haben für den Menschen grundlegende Bedeutungen, da sie auf Ganzheit hin tendieren, auf Einheit von animus und anima (Syzygie, himmlische „Hochzeit"), auf das Ziel voller Menschlichkeit. Die Selbstwerdung ist diese Integrationsaufgabe, die Jung Individuation nennt. Eine Desintegration, eine innere Disharmonie zwischen Unbewußtem und Bewußtem führt zu Neurosen und kollektiv zu „unbesiegbarem Unsinn", zu Zwangsideen und „Volksverhetzung". Echte Religiosität hingegen macht durchaus auf die „Gefahren der Seele" aufmerksam, die durch den Übergang vom Unbewußten

---

[576] Vgl. M. Scheler, a.a.O., in dem er beim Menschen vom Drang der Bewußtwerdung spricht.

[577] C.G. Jung, a.a.O., 175. Vgl. Jesu Leid als Erlösungsgeschehen. F. Kafka in der Erzählung „In der Strafkolonie" zeigt Erlösung und Scheitern durch das freiwillige Leiden auf.

zum Bewußten entstehen. Die „Gottesfurcht" hat hier ihren berechtigten Grund. Die religiöse Dynamik als sorgfältiges Achten auf den Übergang führt zur menschlichen Ganzheit. Jung nennt sie das „Selbst". „Ich habe den Ausdruck ‚Selbst' gewählt, um die Totalität des Menschen, die Summe seiner bewußten und unbewußten Gegebenheiten zu bezeichnen."[578]
4. Dieser Struktur des Selbst, der Zuordnung von unbewußt und bewußt, muß der Mensch folgen, um zur Ganzheit zu gelangen. Das Unbewußte wird so auch zu einer Autorität, die zu beachten ist, aber auch vom Bewußten gehen Wirkungen auf das Unbewußte aus, ja die Archetypen werden in ihrem konkreten Inhalt durch das Bewußtsein bestimmt. Es findet also ein „innerer Dialog" statt. Das Ich ist nur ein Teil des Ganzen, und es stößt auf die Grenze seiner Freiheit im Unbewußten, das durch seine schöpferische, spontane Kraft, deren Grenze wir nicht angeben können (weil sie der Reflexion entzogen ist), auf das Bewußtsein wirkt. Es ist die Intuition, die „kommt", der „Ein-fall", aber auch die „Stimme des Gewissens", die so auf das Ich Einfluß nehmen. Dieses entdeckt die unbewußten Impulse im Vollzug der Individuation und entschlüsselt so die „natura abscondita" (vgl. E. Bloch) des Menschen. In den Symbolen findet die Aussöhnung und Versöhnung statt, die Menschwerdung, Selbst-findung des Menschen. Die sorgfältige Beachtung dieses Prozesses bringt die religiöse Dimension des Menschen zum Tragen. Jesus Christus ist ein Symbol für den Sinn der Ganzheit der Psyche, also für das Selbst. Christus als Repräsentanz des Selbst ist die „Tür" zum wahren Menschsein und damit zugleich zum Mitmenschen. Da Jesus Christus nicht nur ein metaphysisches Wesen und ein Archetypus ist, sondern zugleich eine historische Gestalt, verhindert sie die Identifikation des Ich mit dem Selbst. Dadurch wird die Integration, die Ganzheit selbst vom Tun des konkreten Menschen abhängig.[579] Das Selbst, nicht das Ich, ist der Ort der Gotteserfahrung und -begegnung. Daher hat der „supreme Archetypus des Selbst eine mit dem traditionellen Gottesbild identische Symbolik".[580] Es geht hier nicht um die Frage eines Gottes „an-sich"[581], sondern um den Ort der Gotteserfahrung. Zwei Vorurteile will Jung abbauen: Gott ist nicht außerhalb des Menschen, sondern im Menschen. Gott ist keine Illusion, keine nicht-reale Idee, sondern im Innern des Menschen. „‚Gott' wird nicht *erzeugt, sondern gewählt.*"[582] Freilich kann auch ein „falscher Gott" gewählt werden. Darum ist es wichtig, daß der Mensch seiner Psyche entspricht, „gesund" ist, und das „innere Gleichgewicht", die Synthese vollzieht. Gott ist eine innere Wirklichkeit. Der Deus extra nos, der Gott außerhalb unser, ist eine Projektion. Deshalb spricht

---

[578] C.G. Jung, Menschenbild und Gottesbild, 85. Vgl. auch ders., Grundwerk, III, 60f u.a.m.
[579] Vgl. ders., Menschenbild und Gottesbild, 195.
[580] F. Alt (Hg.), Das C.G. Jung Lesebuch, Olten 1984, 347.
[581] Diese Frage läßt sich grundsätzlich nicht beantworten, da Gott als eine „unerkennbare Größe" in der „Seelentiefe" wirkt. „Gott ist tot" heißt dann, Gott hat unser Bild, unsere Symbole abgelegt. C.G. Jung, Menschenbild und Gottesbild, 90.
[582] Ebd.

die christliche Tradition richtig vom Deus in nobis, von Gott in uns. Gott muß als Archetypus in uns erkannt werden, er muß verinnerlicht, „hineingeklappt" werden.[583] Der „Sitz im Leben" (des Menschen) ist der Gott *in* uns. Gott hat im Laufe der Zeit unzählige Wandlungen durchgemacht. Er war ein ewig strömendes lebensvolles Wirken, aber auch der ewig unveränderliche und unbewegte Gott. Heute ist das Sinnbild Gottes das Selbst, das moderne Mandála.[584] Es ist der Ort der Wahrheit. Ist Gott symbolisch die Möglichkeit des Menschen, zu seiner Ganzheit zu kommen, dann ist er auch die überwältigende Macht *im* Menschen.

5. Aber er ist nicht das eindeutig Gute, da er sowohl segensreich wie zerstörerisch wirken kann. Gott ist daher als eine „Quaternität" zu verstehen, in der auch die Schattenseiten eingezeichnet sind. Durch die Ausschaltung des Diabolus (vgl. Hiob) findet eine Desintegration statt. Zudem wird die Materie ausgeschaltet, und in Folge auch die Mater, das weibliche Element. Daher ist es für Jung wichtig, daß Maria 1950 in den Himmel erhoben wurde und an der „Trinität" Anteil hat. Damit Gott geboren werden kann, ist die Frau, die Gottesgebärerin nötig. Wenn auch wiederholt der Hl. Geist als Frau dargestellt wird, so meint Jung, daß das Gottessymbol vierdimensional sein müßte, um menschliche Ganzheit, das Selbst als Vollendung darzustellen. Wenn das menschliche Leben vollständig und sinnvoll wird, dann ist das zwar auch durch das Ich gewirkt, aber keineswegs exklusiv sein Produkt. Durch die Spontaneität des Unbewußten fließt es ihm zu. Es ist daher immer ein Geschenk. Theologisch heißt das geglückte Leben: Gnade.

Es ist sehr wichtig für unsere Psyche, daß auch das Negative, Böse zugelassen wird. Das Böse in uns ist keineswegs nur eine „privatio boni", nur ein Fehlen des Guten. Es ist vielmehr eine Position gegen das Gute. Diese innere Dialektik des Menschen muß gesehen werden. Nicht nur der Freund, sondern auch der Feind muß angenommen werden und gehört zur Ganzheit der Psyche. So spricht Paulus davon, daß Christus für uns starb, als wir noch Feinde waren.

6. Es ist aber kritisch zu fragen, ob die Kategorie der Vollständigkeit sich mit der ethischen Kategorie der Vollkommenheit deckt. Das griechische Denken

---

583 Ganz stark betont dies, in der Nachfolge C.G. Jungs, W. Obrist. Auch der Schöpfungsmythos ist nur als Entstehung des Bewußtseins zu verstehen, und die Ich-Du-Beziehung zu einem transzendenten Gott ist durch die Ich-Selbst-Beziehung abzulösen, wobei das Selbst und nicht das Ich das „Führungszentrum" ist. In der Evolution ist gut zu erkennen, daß der „innere Spielraum" wächst, während der äußere abnimmt. Vgl. W. Obrist, Die Mutation des Bewußtseins. Vom archaischen zum heutigen Selbst- und Weltverständnis, Bern 1980; Tiefenpsychologie und Theologie. Aufbruch in ein neues Bewußtsein, Zürich 1993.

584 Das Mandála (= Kreis, Sanskrit) ist ein magisch-symbolisches Diagramm der tantrischen Schule (Hinduismus und Buddhismus). Das symbolische Stenogramm ist ganzheitliche Meditationshilfe und zugleich *ist* es das symbolisch dargestellte „Übernatürliche" (Ähnlich der Ikone in der Orthodoxie). Da es einen Kreis und zugleich vier Dimensionen in Ecken darstellt, ist es für Jung Symbol der Tiefenstruktur der Psyche, Symbol des Strebens nach Ganzheit.

hat Recht, daß das vollständige menschliche Leben immer zweideutig ist und bleibt. Man könnte sagen, daß das Selbst der große Daimōn ist, ein Noch-nicht-Gott; Jung allerdings identifiziert es mit Gott. Freilich, ohne Daimōn, ohne zweideutigen Menschen ist Gott nichts, aber ist Gott in der Gestalt des Unbewußten bzw. die Ganzheit im Übergang? Im Sinne einer Transaktions-analyse könnte man fragen, ob das subjektive, schuldhafte Versagen, das Böse gegen den Nächsten und damit der feindschaftliche Akt gegen ihn, zum Menschsein gehört oder eben nur die Zweideutigkeit, die diese Möglichkeit einschließt, den Vollzug des Negativen jedoch als Depravation versteht, die gerade auch die Vollständigkeit und nicht nur die Vollkommenheit beschä-digt.

Ferner scheint Jung die Psyche weitgehend nur innerpsychisch zu verstehen. Zwar ist das geschlossene Subjekt als kartesianisches Ich um das Unbewußte erweitert, aber es bleibt in dieser neuen Subjektivität gefangen.[585] Wie bereits bei Fichte erlangt die Subjektivität eine Bedeutung, die nicht mehr zu über-bieten ist und von der aus letztlich die ganze Welt konstruiert wird. Ge-schichte, Kultur, soziale Gegebenheiten werden sekundär.[586] Damit wird die analytische Psychologie von Jung zu einer Metatheorie von der her alles erklärbar wird. So wie sich die Theologie zur Wissenschaft aller Wissenschaf-ten aufgebläht hatte und durch den Nadelstich der Naturwissenschaften wie ein Ballon platzte, so diese Psychologie, die zu einem Allerklärungsprinzip wird. Die Folge ist, daß von einem solchen metatheoretischen Ansatz her ein Dialog nicht mehr möglich ist. Alles, was gesagt wird, wird der Theorie ein-verleibt, und das andere verliert als anderes seine Bedeutung, nur noch als das Meinige besitzt es Geltung. Daher wird auch der Gottesbegriff in das Selbst eingeschlossen und wird zum Ganzheitsideal. Diese holistische Auffassung ist ein Ersatz für die ehemalige Allmacht Gottes. Wie einst, liegt hierin eine fa-tale Selbst-Überschätzung. Das großartige Ziel negiert die Begrenztheit unse-res Daseins und löst alles in Sinnhaftigkeit auf. „Die Parallelität von tiefen-psychologischen Ganzheitsidealen und religiösen Allmachtsvorstellungen mit bestimmten totalitären Herrschaftsformen ist unübersehbar."[587] Wieder ist man einem Gott ausgeliefert, der über einen bestimmt und sich als Allherr-scher aufspielt, dem alles zu opfern ist. Ein Gott in mir ist genauso grausam und unerbittlich wie ein Gott außer mir. Wohin man Gott „klappt", nach au-ßen oder innen, immer sitzt der Mensch in der Mausefalle. Und es ist charak-teristisch, daß beide Götter dämonische Züge erhalten. Menschliches Leben wird durch jeden Allerklärungsversuch in die Zwangsjacke gesteckt – Gott

---

585   Vgl. M. Boss, Psychoanalyse und Daseinsanalytik, München 1980.
586   Vgl. E. Drewermann, dem die psychologische Glaubensinterpretation so wichtig ist, daß er die Geschichtlichkeit menschlicher Existenz nur als ein Sekundärphänomen ansieht.
587   D. Funke, Gott und das Unbewußte. Glaube und Tiefenpsychologie, München 1995, 143. Hier findet sich auch eine vorzügliche Kritik der theologischen Übernahme dieser Psychologie, die zwar trösten kann, aber keinen echten Änderungsimpuls für das gesell-schaftliche Leben enthält.

außen oder innen, immer durchbohrt sein Blick und das begrenzte, kontingente Leben, die Absurdität der Existenz wird weggeleugnet.

Nun verweist die Praxis der Psychotherapie selbst auf einen anderen Sachverhalt: Zu ihr gehören immer mindestens zwei Personen. Wie der Gott der Außenwelt, wird das Gottessymbol der Innenwelt durch ein Beziehungsgeschehen begründet. Nicht das Christussymbol ist das erste, sondern daß Jesus die „Exkommunikation" in zwischenmenschlicher Beziehung aufhebt. Gott wird so zur Anstiftung eines Lebens, das die gesellschaftlichen Ursachen der Angst aufhebt; Symptome des Zwanges werden überwunden, das Symbol der Befreiung wird wirksam. In den Beziehungen des Lebens wird „Göttliches" real zugelassen, und in ihnen kann Menschsein gesunden, ohne vollkommen und ohne vollständig sein zu müssen. Als relationale Wirklichkeit hat Gott befreiende Funktion. In dieser „Gotteserfahrung" wird diese Welt anders gesehen und verändernd umgestaltet. Als Archetypus bleibt Gott in einer mythisch-faszinierenden Ideenwelt, die nur real ist, wenn das Symbol in einen Relationszusammenhang gebracht wird, von dem es von Haus aus eigentlich ist, weil es durch Beziehungen bzw. Beziehungsein entstanden ist. Nur ein Gott, der vom Himmel stürzt, ist ein Gott der Menschen (Inkarnation), nur ein Gott, der das eigene Herz verläßt, ist ein Gott für dich. Die Rede Jesu vom Gottesbereich macht dies klar. Reich Gottes kommt nicht von außen, mit „Gepränge", Bereich Gottes ist auch nicht in euch, wie fromme Psychologen und Theologen gerne übersetzen, sondern der Bereich Gottes ist unter euch, ist in eurer Mitte (Lk 17,21): Der Bereich Gottes ist ein Beziehungsgeschehen. Hier ist die Unterscheidung von „gut und böse" anzusetzen. Hier erfolgt auch die Scheidung zwischen dem Bereich, der durch Gott qualifiziert und daher gut ist, und dem Bereich der „Gottlosigkeit". Wenn wir von unserem Beziehungsein Gott aussagen können, dann ist das „mehr" als das, was ist, was wir sind. Wer im Bereich Gottes lebt, in ihm sich bewegt und ist, für den ist „alles voll von Göttern", d.h. alles gereicht ihm zum Guten. Nur ein Gottesbegriff, der relational ist, überschreitet einen Gott, der ein Objekt oder ein Subjekt ist. So sehr Jung zu Recht Gott als ein Objekt, als ein „Außen" ablehnt, so sehr findet sich bei ihm ein letztes Aufbäumen der Subjektivität, in die Gott als das Selbst hineingenommen wird und die sich ungeheuerlich aufbläht. So wie über dem Sternenzelt kein himmlischer Vater thront, so kann sich auch kein Gott in unser Selbst, gar als unser Selbst, einschleichen – beides geschieht zwar am menschlichen Ideenhimmel, beides aber ergibt keinen realen Gott. Wer Gott nicht entobjektiviert und entsubjektiviert, für den ist Gott zu Recht gestorben.

XI. DIE GOTT-IST-TOT-THEOLOGIE

Die Verkündigung des Todes Gottes durch die Philosophen des 19. und 20. Jahrhunderts und die psychologischen wie theologischen Gegenentwürfe zum üblichen Gottesbild haben zu dessen Wandlung entscheidend beigetragen. Durch sie wurde die amerikanische Gott-ist-tot-Theologie wesentlich beeinflußt und bestimmt. Diese will eine neue radikale Theologie vertreten, die dem Ereignis des Todes Gottes voll Rechnung trägt. Zugleich soll der Versuch unternommen werden, neu von Gott in einem „nachtheistischen" Zeitalter zu sprechen.[588]

Das Wort vom „Tod Gottes" wird von anderen Theologen oft nicht ernst genommen, da es mit einem Verblüffungstrick, einer journalistischen Masche arbeite, um das Publikum anzulocken. Denn, so wird argumentiert, entweder war Gott nie wirklich Gott, sondern nur eine Illusion, dann ist diese Selbsttäuschung der Menschen gestorben, oder das „Sterben Gottes" besage nur, daß unsere Erfahrung bzw. unser Bild von Gott gestorben ist. Dann aber ist nicht Gott gestorben, sondern eine bestimmte Form des Glaubens an ihn. All diese Einwände, welche Gestalt sie auch immer annehmen mögen, gehen von dem Axiom der abendländischen Überlieferung aus, daß Gott in seinem Wesen unveränderlich und ewig ist, daher auch nicht sterben kann. Genau dieses lehnt die Gott-ist-tot-Theologie ab.

Was kann das Wort „Gott-ist-tot" bedeuten?

1. Gott ist nie gewesen, Gott ist nichts als eine reine Idee, die aus dem Bedürfnis des Menschen geboren wurde und nun zur Zeit des mündigen Menschen gestorben ist.

2. Die falschen Götter und Götzen sind endgültig erledigt.

3. Die bisherigen Gottesvorstellungen sind vergangen und überholt, und die Gottesidee muß neu formuliert werden, damit sie die Wirklichkeit Gottes wieder trifft.

4. Das menschliche Sprechen von Gott ist unvollkommen und unzulänglich und kann den lebendigen Gott, wie er ist, nie wirklich adäquat ausdrücken.

5. Gott ist stets der verborgene Gott, der sich der menschlichen Sprache verweigert (jenseits der Kategorien des Seins liegt), für sie also tot ist und nur im Schweigen erfahren werden kann.

6. Gott muß in der Welt sterben, denn nur so kann er in uns geboren werden (Mystik).

7. Der alttestamentliche Gott des Tempels und Kultes ist erledigt. Der Gott, der in dem nun abgebrochenen Tempel angebetet worden ist, ist tot.

---

[588] Vgl. H.H. Schrey, Säkularisierung, Darmstadt 1981, besonders Kap. IV, Theologie „nach dem Tode Gottes", 201-252.

8. Gott war einmal eine Wirklichkeit, die man zu Recht in ihrer Transzendenz anbeten und preisen konnte, jetzt aber ist dieser Gott gestorben. Weder in unserer Zeit, noch in unserer Geschichte, noch in unserer eigenen Existenz ist er erfahrbar, d.h., er ist gestorben.

9. Der Tod Gottes wird im Namen des lebendigen Gottes verkündet, indem dem modernen Menschen in Jesus Christus gesagt wird, wofür er von der letzten Wirklichkeit (Gott) gebraucht wird.

10. Gott ist in seiner bisherigen Unmittelbarkeit tot und wird von Jesus Christus bei uns Menschen vertreten.

In diesem Spektrum der Deutungen sind zwar nicht alle Möglichkeiten eingefangen, aber doch die wesentlichen Tendenzen, die mit der Rede vom Tod Gottes verbunden sind. 1. und 2. sind atheistische und monotheistische Interpretationen. 3. und 4. sind sprach- und erkenntniskritische Positionen, die nur die Ausdrucksweise von Gott der Veränderung unterwerfen, Gott selbst aber ungeschichtlich sehen. 5. und 6. binden die Gotteserfahrung in die Subjektivität, so daß außerhalb ihrer Gott tot ist; alle Veränderung geschieht im Individuum. 7. Gott verändert sich in der Heilsgeschichte, der Gott vorausgegangener Perioden ist erledigt. 8. Gott in seiner Transzendenz hat sich bezüglich der Gesamtgeschichte und -wirklichkeit geändert; als Transzendenz ist er tot. 9. und 10. setzen eine reale Veränderung Gottes bezüglich der gott-menschlichen Struktur der Wirklichkeit. Die Christologie wird das Zentrum der Theologie. Außerhalb der christologischen Aussagen ist Gott tot.

Unsere Frage berührt nur die letzten drei Positionen. Es geht darum daß Gott in der bisherigen Weise nicht mehr in der Welt gegenwärtig ist. Die Verkündigung des Namens Gottes eröffnet den meisten Menschen keinen neuen Lebensraum. Unsere Zeit ist „gottlos" geworden. Liegt es an uns? Verbirgt sich Gott selbst? Hat er sich gewandelt? Diesen Fragen wollen sich die Gott-ist-tot-Theologen stellen und eine Antwort suchen.

Im Verständnis der realen „Veränderung" Gottes liegt die Möglichkeit, den Atheismus für die Theologie zu funktionalisieren. Wandel und Veränderung bedeuten ein stetes Entgleiten, ein ständiges Leben im Atheismus um Gottes willen. Werden Wandel und Veränderung Gottes ausgeklammert, ist man entweder Theist oder undialektischer Atheist.

Die vier klassischen Vertreter dieser Theologie sind: G. Vahanian (*1927), P. van Buren (*1924), Th.J.J. Altizer (*1927) und W. Hamilton (*1924). Häufig werden noch H. Cox (*1931) und D. Sölle (*1929) genannt. Neben diesen protestantischen Theologen ist der jüdische Theologe R.L. Rubenstein (* 1924) zu nennen. Katholischerseits können B. Wicker (* 1929), R.J. Nogar (* 1919) und L. Dewart (* 1922) erwähnt werden. Bei aller Verschiedenheit haben sie gemeinsam: 1. Daß Gott nur im Horizont der Zeitlichkeit und Geschichtlichkeit gedacht werden kann und real mit dieser Wirklichkeitsdimension in Verbindung stehen muß. 2. Daß Gott im Raum menschlicher Erfahrung aufscheinen und Ereignis werden muß. 3. Daß heute weitgehend diese

Erfahrungsbasis fehlt, Gott als tot erfahren wird. 4. Daß dies nicht nur von uns her gesehen so ist, sondern ein reales Geschehen in Gott meint. 5. Daß dies nicht zur Hoffnungslosigkeit verurteilt, sondern unseren Blick für diese Welt schärft.

1. Kulturkritische Richtung

1961 eröffnete *G. Vahanian* mit seinem Buch „The Death of God. The Culture of Our Post-Christian Era" die amerikanische Gott-ist-tot-Bewegung. 1963 hat R. Bultmann das Buch von J.A.T. Robinson besprochen und zugleich auf einen in Deutschland noch völlig unbekannten Bundesgenossen hingewiesen: G. Vahanian.[589] Bultmann urteilte, daß sich hier ein ähnliches theologisches Ereignis abspiele wie bei Barths Römerbriefkommentar. Trotzdem scheint er nicht klar erkannt zu haben, was wirklich theologisch geschah: „,Wandlungen Gottes' – eine paradoxe Rede! Denn natürlich: Gott selbst wandelt sich nicht; aber dasjenige, was das Transzendente meint, das, was den Menschen letztlich als Tiefe und Grund seines Seins bewegt, was ihn in seiner Existenz beansprucht als das Unbedingte, als das unheimlich Aufregendste – das kann jeweils neu, stets sich wandelnd, zum Ausdruck gebracht werden, im Sichtbaren der Kunst wie im bekennenden oder auch reflektierten Wort."[590] Gerade um den „Wandel Gottes" geht es aber! Vahanian, sicher der am wenigsten Radikale dieser theologischen Richtung, stark von Barth geprägt, bekämpft die innerweltliche Kultur-Religiosität. Für ihn ist Religiosität Abfall vom Christentum. Denn die Religion ersetzt den Glauben an Gott.[591] Es gibt eine „nachchristliche" Religiosität in den USA, die die Besinnung auf Gott unmöglich macht. Das Opium dieser Religiosität hat in der heutigen Zivilisation Gott zu Tode gebracht. Für Vahanian ist es ein Faktum unserer Zeit, daß Gott tot ist und wir im Zeitalter *post mortem Dei* leben. Als Empirist beschränkt er sich auf die Beschreibung dieser „Tatsache", die er mit Material aus den Bereichen der Theologie, Belletristik, Malerei usw. belegt.

Bisher hatte unsere Welt, das Diesseits, nur im Blick auf eine jenseitige Welt Sinn gehabt, heute jedoch gibt die jenseitige Welt dem säkularisierten Menschen keinen Sinn für das Leben in der Welt.[592] Bisher war ein transzendenter Gott der Daseinssinn des Menschen. Die kontingente Welt erhielt ihre Verständlichkeit durch den notwendigen und unveränderlichen Gott. Die Bibel, das Mittelalter und auch der Beginn der Neuzeit sprechen dieses Gottesver-

---

589   R. Bultmann, in: Die Zeit 19, 1963, 18f. Der englische Katholik und Professor *B. Wicker* kommt in seinen Ausführungen in: Culture and Theology, London 1966, nahe an die Gedanken G. Vahanians heran. (J. Bishop, Die Gott-ist-tot-Theologie, Düsseldorf 1968, 130-139).
590   R. Bultmann, GV, Bd. 4, Tübingen 1965, 112.
591   Der Religionsbegriff wird wie bei Barth negativ gebraucht.
592   Vgl. G. Vahanian, The Death of God, New York 1961, 146f.

ständnis aus. Heute hingegen ist dieser Gott abwesend. Er erklärt nicht mehr die Welt. Während Nietzsche noch im Kampf mit diesem Gottesbild stand, hat es heute jede provokatorische Kraft verloren; es interessiert nicht mehr. Dieser Gott ist nicht mehr gefragt. „Dieser [Gott] ist weder notwendig noch unnotwendig: Er ist irrelevant – er ist tot."[593] Der Mensch findet sich selbst heute leichter ohne diesen Gott.[594] Das Reich, das dem Menschen verheißen ist, ist kein geheimnisvolles Werk Gottes mehr, sondern liegt in den Händen der Menschen, ist ihr Werk.

Es ist für den säkularisierten Menschen eine Groteske des religiösen Establishments, daß in der westlichen Welt der Papst zu dem Zeitpunkt unfehlbar wurde, an dem die ersten Anzeichen des „Todes Gottes" zu spüren waren.[595] Die religiöse Institution ist heute unfähig, den Tod Gottes zu deuten, da sie selbst als Religion den Gottesglauben vernichtet und in der Kulturreligiosität auslöscht. In diesem Sinne ist der Tod Gottes ein „kulturelles Phänomen"; er ist Negation Gottes, dies jedoch nicht undialektisch. Die positive Seite der Säkularisierung liegt in der Auflösung des Dualismus von heilig und profan, religiös und säkular. Selbst „löst sich ... der Gegensatz zwischen Theismus und Atheismus jetzt in Bedeutungslosigkeit auf. In Christus ist weder Theist noch Atheist, und im Tod wiederholt sich der skandalöse Ikonoklasmus von Jesus und Paulus auf seltsame und unerwartete, aber authentische Weise in dem, was das religiöse Establishment – wie jedes religiöse Establishment – nur als Blasphemie verstehen kann".[596] Der Theologie ist also die Möglichkeit gegeben, die religiöse Institution zu übersteigen und Theismus wie Atheismus zu transzendieren. Erst von hier kann man einsehen und erkennen, daß die sakral-religiöse Welt Gott geradezu zu einer „living doll" gemacht hat, und dies tötet Gott radikaler als ein atheistischer „Gott-ist-tot-Ruf" (wie bei Nietzsche)!

So ist es tatsächlich notwendig, daß der „westliche" Gott stirbt, so wie der jüdische Tempel- und Gesetzesgott gestorben ist. Damit aber verlieren das Christentum und die Theologie nicht ihre Bedeutung, sondern werden erst in ihrer wahren Funktion erkannt: Durch Atheismus und Säkularisation wird für den Christen der Einsatz für Gott zum Einsatz für die Welt. Weil „Gott tot ist", kann tatsächlich „alles zur Gnade" werden, d.h., die Gnade wird eine immanente Wirklichkeit.[597] Durch diese Kritik am Gottesglauben soll die Inkarnation radikaler als bisher verstanden werden.

Vahanian führt die positiven Gedanken nicht weiter aus. Im wesentlichen beschreibt er die Säkularisation. Theologisch hat bei ihm die Gottesfrage den

---

593 Vgl. ebd., 187.
594 Ebd., 147.
595 Ebd., 44.
596 G. Vahanian, Der Tod Gottes und der christliche Glaube als Ikonoklasmus, in: Dean Peerman, Theologie im Umbruch — der Beitrag Amerikas zur gegenwärtigen Theologie, München 1968, 200f.
597 G. Vahanian, The Death of God, 106f.

Vorrang vor der Christologie; ohne Gott ist kein Glaube an Jesus möglich. Zuerst ist von Gott zu sprechen und erst dann von Jesus.[598] In diesem Buch nimmt Vahanian scharf gegen die anderen Gott-ist-tot-Theologen Stellung. „Der sogenannte ‚christliche Atheismus‘ verherrlicht genau das, was ich beklagte, als ich zuerst den Begriff ‚Tod Gottes‘ gebrauchte ... Was ich brandmarkte, verteidigen jetzt die ‚christlichen Atheisten‘."[599] Er bleibt aber bei seinem Grundansatz: Der Atheismus hat für die Theologie eine wichtige Funktion. Der Dualismus kann überwunden werden, und die Theologie wird vom „Puppengott" befreit. „So seltsam es sein mag: der heutige Atheismus ist in Wirklichkeit eine A-Theologie des Menschen ohne Gott ... Heute muß [das] ... Evangelium trotz des Atheismus durchdacht und geglaubt und gelebt werden. Könnte es nicht der Fall sein, daß dies auch ein wenig Dank den echten menschlichen und geistigen Werten geschähe, die im Atheismus ebenfalls inkarniert sind? Nicht diese Werte hat der Glaube zu fürchten, sondern die Karikatur des Christentums ... !"[600]

Eine gewisse Ähnlichkeit zeigen die Gedankengänge von H. Cox. Auch er will phänomenologisch die Situation der Christen in der säkularisierten Zivilisation beschreiben.[601] Wenn auch diese Säkularisierung nicht unter jedem Gesichtspunkt gut zu nennen ist, so hat doch der Christ in der Bewegung der Entsakralisierung zu leben und sie mitzumachen. Schon die Bibel hat die mythische, geheimnisvolle Natur durch die Schöpfungslehre säkularisiert, die Politik durch das Exodusgeschehen und die Werte durch den Sinaibund als positive Setzung. Der heutige säkulare Theologe muß nun im Horizont der menschlichen Geschichte sich einer politischen und nicht mehr religiösen Sprache bedienen. Denn auch Gottes Handeln in der Welt ist als politisches Tun anzusehen, weil sein Wirken das menschliche Leben menschlicher gemacht hat. Politisch heißt hier auf die „Polis" konzentriert, auf den Lebensraum (Milieu), in dem der Mensch zum Menschen wird. Und trotzdem bedeutete dies nicht, daß das Handeln Gottes und die Theologie einfach mit der politischen Revolution zu identifizieren wären. Die Sprache des Glaubens muß immer in kritischer Distanz gegenüber der Sprache der Revolution bleiben. Der Glaube läßt sich nicht umfunktionieren. Er hat aber nur Zukunft, wenn er sich streng auf die Veränderung, auf die Revolution bezieht. Da erweist sich gerade der Gott als lebendig, der nicht im Establishment, in der Vergangenheit zu finden ist – mag er sich auch in ihr einmal wirklich als Gott erwiesen haben –, sondern der Gott, der stets „anderswo" zu erwarten ist, wo er sich neu offenbart, in neuer „Gestalt". „Wenn die gegenwärtige Totenfeier dem Gott gilt, der *ist** (und nunmehr war), dann kann das den Weg frei machen für

---

[598] Ders., No other God, New York 1966, XII, 34.

[599] Ebd., XI.

[600] G. Vahanian, in: Conc 2, 1966: Die Rede vom Ende des religiösen Zeitalters in ihrer theologischen Bedeutung, 451, 453f.

[601] H. Cox, Stadt ohne Gott, Stuttgart/Berlin ⁴1968.

den Gott, der *sein wird**"[602], und: „Gott ist nicht über uns oder unter uns oder gar ‚in' uns, er ist uns voraus."[603]

Der Tod Gottes wird hier als seine Geschichtlichkeit verstanden, wobei auch die Vorstellung einer Ich-Du-Beziehung zwischen Gott und Mensch fraglich geworden ist. Wenn es wahr ist, daß im Geschehen um den Samariter auf dem Weg von Jerusalem nach Jericho Gott gegenwärtig ist und der Samariter sicher zu dem Beraubten keine Ich-Du-Beziehung aufgenommen hat, dann ist die Wahrheit des Christlichen nicht notwendig diese primäre personale Beziehung. Zwischen dem Ich-Du und dem Ich-Es des Unpersönlichen steht eine Theologie der Ich-Ihr-Beziehung, die den unersetzlichen Mitmenschen in der allgemeinen Verpflichtung im Raum der Gesellschaft findet, die dadurch Zukunft hat.

Cox distanziert sich wie Vahanian von den anderen Gott-ist-tot-Theologen. Bloch und Teilhard sind seine Gewährsmänner. Die Gott-ist-tot-Theologie ist, so meint Cox, auf einem „toten Gleis"[604]. Sie sezieren nur den Leichnam gestriger Frömmigkeit! Die „Leben Gottes"- und „Tod Gottes"-Theologen brauchen einander, um gegenseitig auf sich loszuschlagen.[605] Der moderne Atheismus hat die Funktion, beide „Theologien" zu transzendieren und die Theologie des Gottes der Zukunft im Raum der Gesellschaft zu ermöglichen. Diese Gedanken verbindet Cox mit der Feier, dem Fest. Es macht den Eindruck, als würde der „tote Gott" als ein tanzender, dionysischer Gott auferstehen.[606] Bei Vahanian und Cox haben wir keine geschlossenen systematischen Überlegungen, sondern Anregungen, die zu einer Neubesinnung auf Gott hinlenken.

2. Sprachanalytische Richtung

P. van Buren, ein Schüler Barths, versucht auf der Grundlage der Philosophie von Wittgenstein einen neuen Weg in der Gottesfrage zu gehen. Für ihn ist nicht nur die mythische Redeweise von Gott anstößig, sondern jede Art zu reden, die den empirischen Nachweis übersteigt. Nichts kann verständlich sein, was nicht im empirischen Bereich aufweisbar ist. Der Gott einer übernatürlichen Welt ist unserem phänomenologischen Zugang entnommen, er ist den Tod der „tausendfachen Qualifikationen" gestorben.[607] So ist heute selbst das

---

[602] Ders., in: The secular city debate, New York 1966, 29.

[603] Ebd., 129.

[604] Ders., Stirb nicht im Warteraum der Zukunft, Stuttgart 1968, 24.

[605] Vgl. ebd., 36.

[606] Ders., Das Fest der Narren. Das Gelächter ist der Hoffnung letzte Waffe, Stuttgart ⁴1972. Vgl. dazu F. Buri, Gott in Amerika, 2. Bd., Bern 1972,11ff. Buri gibt in den beiden Bänden eine vorzügliche Information über die damaligen theologischen Strömungen in den USA.

[607] P. v. Buren denkt dabei an die Erzählung von Anthony Flew vom unsichtbaren Gärtner, der keinerlei Funktion hat und nicht erfahrbar ist. Es ist die metaphysische Abstraktion Gottes, die ihn zur „Leerformel" macht.

Wort „Gott" tot. Die Münze „Gott" hat so viele Entwertungen mitgemacht, daß sie nunmehr ohne Geltung zu sein scheint. Die Theologie in ihrer Grundbedeutung als „Gott-Sagen" ist weithin fraglich geworden. So meint van Buren, der Kern der Schwierigkeit des heutigen Gottesbildes liege nicht in dem, „was über Gott gesagt wird, sondern im Reden von Gott überhaupt. Wir wissen nicht, ‚was' Gott ist und können nicht verstehen, wie das Wort ‚Gott' verwendet wird. Es scheint als Name zu dienen, aber Theologen sagen uns, daß wir es nicht wie andere Namen verwenden dürfen, um etwas ganz Bestimmtes zu bezeichnen. Soll es eine ‚existentielle Begegnung' bezeichnen, einen Standpunkt oder des Sprechenden Selbstverständnis, so könnte gewiß ein geeigneterer Ausdruck gefunden werden. Das Problem kann auch nicht dadurch gelöst werden, daß wir das Wort Gott durch andere Wörter ersetzen ...‟[608] So scheint einerseits Gott aus dem Blickfeld des heutigen Menschen immer mehr zu entschwinden, andererseits aber die Frage nach ihm um so heftiger und allgemeiner gestellt zu werden. Den Weg zu einem neuen Verständnis der Gotteswirklichkeit weist uns die Schrift, besonders die Christologie des Johannesevangeliums. Gott wird hier als Vater aufgehoben. Damit findet die heutige Säkularisation des Christentums ihre Rechtfertigung. „Da unabhängig von ihm [Jesus] kein ‚Vater' gefunden werden kann und da sein ‚Vater' nur in ihm zu finden ist, gibt das Neue Testament ... auf die Frage nach ‚Gott' Antwort, indem es auf den Menschen Jesus hinweist ... Schweigen ist die erste und beste Antwort auf die Frage nach dem Vater ... was auch immer ‚Gott' bedeutet ... ‚Er' wird gefunden in Jesus."[609] Wir können daher nicht nach einem Vater-Gott Ausschau halten, der sich nicht in das geschichtlich-zeitliche Dasein inkarniert hat. „Fragen nach ‚Gott' bekommen ihre einzig nützliche Antwort in Form einer Geschichte dieses Menschen [Jesus]".[610] In dieser Geschichte wird die Welt in ihrer ganzen Dimension bejaht, der Blick wird nicht auf eine „bessere" Welt gerichtet. In dieser Sicht des „Todes Gottes" bedeutet Bereitsein für diesen Gott nichts anderes als die Bereitschaft für den Nächsten. Damit ist der Sinn der Liebe zu Gott (nach dem Verifikationsprinzip der Sprachanalyse) die Liebe zum Nächsten. In der Erklärung dieses radikalen Eingehens Gottes in die Geschichte, indem er am menschlichen Schicksal Anteil hat, fragt van Buren: „Hat denn nicht die orthodoxe Theologie gelehrt, daß Gott sein Herz an den Menschen gehängt hat und gekommen ist, um dem Menschen zu begegnen und ihn zu lieben auf die einzige Weise, in der Menschen von Liebe wissen oder reden können, nämlich als Menschen auf menschlicher Ebene? Läßt nicht ein solcher Gott erkennen, daß er möchte, die Menschen hörten auf, nach den Wolken zu spähen, und gehorchten Gottes Willen, indem sie sich seine Existenz nach menschli-

---

[608] Ders., Reden von Gott in der Sprache der Welt. Zur säkularen Bedeutung des Evangeliums, Zürich/Stuttgart 1965, 80f.
[609] Ebd., 137.
[610] Ebd., 139.

chem Bilde ausdenken?"[611] Denen, die einwenden, der ganze Gottesglaube werde dadurch zerstört und auf Ethik reduziert, gibt er zur Antwort: Was heißt hier „reduziert"? Die Astrologie wurde ebenfalls auf die Astronomie „reduziert" und die Alchemie auf die Chemie! Auch die Theologie darf dieser Reduktion nicht ausweichen wollen und muß die radikale und totale Inkarnation Gottes in die Zeitlichkeit und Geschichtlichkeit mitvollziehen, will sie ihren Gegenstand nicht verlieren. Indem also selbst das Wort „Gott" tot ist, dem Atheismus verfällt, erhält dieser die positive Funktion, der Theologie den Dienst zu erweisen, Jesus voll ernst zu nehmen und der Theologie als jesuanisch-qualifizierte Ethik ihren eigentlichen Platz anzuweisen.

3. Geschichtstheologische Richtung

Noch radikaler und eindrücklicher beschreibt *Th.J.J. Altizer*[612] das Ereignis des Todes Gottes. Der Tod Gottes ist ein unwiderrufliches, endgültiges geschichtliches Ereignis. Gott verneint nicht die diesseitige Welt, stellt ihr nicht das Heilige als Jenseitiges gegenüber, vielmehr gibt er das Heilige in den Tod, das heißt inkarniert es in die profane Welt. Er selbst nämlich nimmt an dieser Welt Anteil, wird in ihr Ereignis, indem er sich selbst entäußert und ganz in ihr Fleisch wird. So ist uns in diesem geschichtlichen Prozeß das Wort Gottes geschenkt. Dieses Eingehen Gottes in die zeitliche Wirklichkeit bedeutet nicht eine Entäußerung Gottes, des Heiligen, in das Profane hinein, *damit* die Welt auf Gott zurückgebunden und zurückgeführt wird, so daß letztlich die selbstentfremdete geschichtliche Welt wieder zu Gott zurückkehrt; vielmehr wird Gott selbst Ereignis und die totale Einheit zwischen Wort und Welt angestrebt.[613] Mit anderen Worten: nicht die primordiale Gottheit stellt die ursprüngliche Welt wieder her, indem die Welt durch seine Selbstentäußerung zum ewig gleichbleibenden Vater zurückkehrt, sondern dieser göttliche Prozeß der Inkarnation ist streng auf die Zukunft ausgerichtet; nicht das verlorene Paradies findet der Mensch wieder, sondern die Welt wird mit dem Wort in einer neuen Zukunft versöhnt. Gott ereignet sich in der Ge-

---

[611] Ebd., 183f.

[612] Bei Altizer sind drei Entwicklungsperioden zu unterscheiden: 1. seine *biblisch-eschatologische,* in der ein starker Zug der Weltverneinung zu erkennen ist, 2. die *existentialistisch-dialektische,* wobei er von M. Eliade beeinflußt ist. Die Entscheidung für die profane Existenzweise ist das Wollen des Todes Gottes. Profan und Heilig sind zwei Sichtweisen (nicht zwei Wirklichkeiten), die existentiell entschieden werden. Die Verschmelzung beider ist nur im mystischen Geschehen möglich. 3. Die *geschichtstheologisch-kenotische,* diese allein soll kurz dargestellt werden. Eine ausführliche Darstellung gibt K. Rohmann, Vollendung im Nichts?, Zürich/Einsiedeln/Köln 1977, 171-306.

[613] Th. J.J. Altizer, The Gospel of Christian Atheism, Philadelphia 1966 126; dt. Daß Gott tot sei, Zürich, 1968. The Genesis of God. A Theological Genealogy, Louisville 1993, 105ff. Mit vielen interessanten Details angereichert wird hier seine Grundposition verständlich gemacht.

schichte nicht als ein Wiederholungsprozeß des Ursprungs, sondern als eine beständig vorwärtstreibende Bewegung und Kraft, die die früheren Existenzweisen negiert.[614] Im geschichtlichen Werden hat sich Gott in Jesus gezeigt und offenbart. In diesem geschichtlichen Moment gibt Gott seine transzendente Form zu sein auf. „,Gott ist Jesus' will besagen, daß Gott das inkarnierte Wort wurde; er hat seine transzendente Form verlassen und negiert."[615] Dadurch ist das Christentum streng an die Geschichte gebunden, so daß die menschliche Wirklichkeit Epiphanie des Wortes Gottes ist. Der geschichtliche Mensch Jesus ist der Akt der Selbstentäußerung Gottes in Inkarnation und Kreuzigung. Das christliche Denken würde sich jedoch dem göttlichen Prozeß der Selbstentäußerung entgegenstellen, wollte es diesen Moment (Jesus Christus) der Geschichte festhalten. Es würde in die Vergangenheit versinken, an einem leeren Grabe stehen und schließlich doch zu den Wolken blicken, um eine transzendente Welt zu suchen. Damit würde der Mensch gerade Gott verlieren und gott-los werden.[616] Der geschichtliche Prozeß hingegen geht weiter, und ihm hat der Christ zu antworten und vor ihm sich zu verantworten. So geht die Bewegung vom transzendenten Gott zum inkarnierten Wort, von Gott zu Jesus. Das Wort, das Fleisch geworden ist, setzt seine Selbstentäußerung vom historischen Jesus hin zur Gemeinde fort bis zur gesamten Menschheit, damit in jedes Menschen Antlitz die Herrlichkeit Gottes erstrahle und Gott alles in allem werde. Heute sind wir an dem Punkt angelangt, wo wir von der totalen Menschwerdung sprechen können, indem das Jenseits völlig in das Diesseits eingegangen ist, kein Vater-Gott mehr in der Jenseitigkeit bleibt, sondern radikal die Zeitlichkeit und Geschichtlichkeit den Horizont bilden. Dieses geschichtliche Ereignis wird legitim als Tod Gottes bezeichnet. Es eröffnet eine neue Zukunft, die Auferstehung des Profanen in einer neuen Form des Heiligen[617], des „Reiches Gottes".[618] Altizer, der den geschlossensten Gedankengang der Gott-ist-tot-Theologie vorlegt, sieht im Tod Gottes die positive Funktion, den Dualismus (vgl. Vahanian) aufzuheben und zu einer Theologie der radikalen Inkarnation in Zeit und Geschichte zu gelangen. Dieser Prozeß ist die Geschichte Gottes selbst. Gott war einmal in der Transzendenz, er inkarniert sich heute radikal in unsere Welt auf neue Zukunft hin.[619]

---

[614] Vgl. ebd., 122ff.

[615] Ebd., 44.

[616] Vgl. ebd., 70.

[617] Vgl. Th.J.J. Altizer/W. Hamilton (Hg.), Radical Theology and the Death of God, Indianapolis 1966, 155.

[618] Th.J.J. Altizer, The Genesis of God, 185.

[619] Ebd., 113: Altizer nennt dieses Werden Gottes „the genesis of the Crucified God". Aber Gott, der Gekreuzigte, ist zugleich der Auferstandene in die Zukunft hin. Er spricht vom „apocalyptic Body of God". Und er bezeichnet ihn als die Vollendung. „A body of God which is totality itself, and is that ‚body' which is the consummation of the absolute genesis of God."

670

Mit den Ansichten von Altizer sind die des jüdischen Theologen *R.L. Ruben-stein* verwandt, der entscheidend von Tillich beeinflußt wurde.[620] Er meint, daß wir in der Zeit des „Todes Gottes" leben. Der Tod Gottes ist eine „kulturelle Tatsache".[621] Dieser Ausdruck verrät aber nichts über Gott, sondern nur etwas über die Aussagenden. Denn Aussagen über Gott sind Aussagen über den Menschen. Theologische Aussagen und der Glaube an Gott müssen sich daher vor der Erfahrung rechtfertigen. Gibt es eine solche Erfahrung nach Auschwitz? Welcher Gottesbegriff wird nicht von der Wirklichkeit falsifiziert und kann ihr daher standhalten?[622] Kann man sagen, daß Gott Lenker der Geschichte ist? Unglück und Leid, das im geschichtlichen Geschehen widerfährt, wurden als Strafe Gottes für die Sünden des einzelnen und des (jüdischen) Volkes gedeutet. Diese rabbinische Erklärung will das Leid in der Geschichte sinnvoll machen; ein sinnvoller Schmerz ist leichter erträglich als ein sinnloses Schicksal, als ein nicht rational begründbares Universum.[623] Aber genau diese Sinnlosigkeit ist zu ertragen, will man nicht durch Selbstanklage und Schuldkomplexe sein Dasein verderben (und der Ausrottung der Juden noch Vorschub leisten). „Vielleicht haben heute einige Juden ... derartig innere Kraftquellen erschlossen, daß die Möglichkeit eines absurden, hoffnungslosen und nur teilweise begreiflichen Kosmos sie nicht mehr schreckt. Ihr Bedürfnis, sich um Sinn in der Geschichte und im Kosmos zu bemühen, wird wohl geringer, wenn sie persönlich größeren Sinn in ihrem eigenen konkreten Leben finden. Damit wird vielleicht auch das krankhafte und oft verheerende Bedürfnis Israels geringer, sich selbst für all sein Unglück zu beschuldigen."[624] Dann aber wird die Ansicht aufgegeben, daß Gott der Urheber von allem geschichtlichen Geschehen ist. Der Mensch, der partielle Sinnlosigkeit ertragen kann, hat das Bewußtsein, daß er allein das Subjekt der Geschichte ist, daß sein Geschick ihm in die eigenen Hände gelegt ist und nicht Gott in den geschichtlichen Ereignissen handelt. Rubenstein meint ferner, daß das jüdische Volk nicht besonders auserwählt und ein Ich-Du-Dialog mit Gott nicht möglich ist.[625] Ein Vater-Gott ist und war in dieser Welt nie anwesend. Bundestheologie wie Erwählungsglaube sind abzulehnen, da sie für die Befreiung des Menschen gefährlich sind. Sie sind Fiktionen, die von der Wirklichkeit ablenken. Wir können nur das Beste aus dem machen, was uns möglich ist. Der Gott der Geschichte, Jahwe, ist tot, und das Verhalten des heutigen Israel bestätigt dies. „In der Aussage ‚Gott ist tot' geht es Rubenstein also um die

---

[620]   R.L. Rubenstein, Judaism and the Death of God, in: Playboy 14, 1967, 132. Eine ausführliche Darstellung ist bei K. Rohmann, a.a.O., 91-169 zu finden.
[621]   R.L. Rubenstein, Death of God. Theology and Judaism, in: After Auschwitz, Indianapolis 1966, 246.
[622]   Vgl. ders., Morality and Eros, New York/Toronto 1970, 185.
[623]   Vgl. ders, The Religious Imagination, A Study in Psychoanalysis in Jewish Theology, Indianapolis 1968, 177.
[624]   Ebd., 137, zit. nach K. Rohmann, a.a.O., 115.
[625]   Vgl. K. Rohmann, a.a.O., 118f, 133.

Abwesenheit des personalen Gottes der Bibel."[626] Aber nicht nur die Geschichte hat keine göttliche Relevanz mehr, auch die Erfüllung der Tora gibt nicht mehr die Sicherheit, Gottes Willen zu tun.[627] Gott als Garant des Gesetzes ist also ebenfalls tot. Rubenstein findet dies bedrückend und traurig. Eine letzte Hoffnung gibt es nicht, nur eine „tragische Sicht".[628] Trotzdem bleibt er nicht bei dem Tod des jüdischen Geschichts- und Gesetzes-Gottes stehen, sondern fordert zum Aufbruch zu Neuem auf. Auch wenn der Geschichtsprozeß kein Ziel und keinen Sinn hat und Menschsein im Exil leben heißt, gibt doch die Gegenwart Hoffnung, „daß eine realistische Befriedigung nicht in irgendeine ferne utopische Zukunft neurotisch verlegt zu werden braucht"[629]. Alles, was wir haben, ist diese Welt. „Laßt uns ihre Wunden ertragen und ihre Freuden feiern in unverblendeter Klarheit."[630] Der relative Sinn, der uns in dieser Welt möglich ist, befreit den Menschen von falschen Ängsten. Bei Rubenstein hat der „Tod Gottes" für den Menschen eine befreiende Funktion, die er allerdings nicht mit fernen irdischen Zukunftshoffnungen ausschmückt. Unsere Chance liegt in der Gegenwart.

Hat es dann überhaupt keinen Sinn mehr, von Gott zu sprechen? Doch. Wenn wir von Gott sprechen, dann benennen wir die Grenzen menschlicher Existenz. Gott ist aber nicht als ein „Etwas" oder „Jemand" jenseits dieser Grenze aufzufassen, sondern er ist „Nicht-Etwas", er ist „Nichtsheit" („nothingness"). „Wenn wir von Gott als der *Heiligen Nichtsheit* sprechen, wollen wir damit nicht sagen, daß er eine Leere wäre. Im Gegenteil! Er ist unteilbare Fülle, so reich, daß alle Existenz gerade aus seinem Wesen herrührt. Gott als das *Nichts* bedeutet nicht ein Fehlen von Sein, sondern überströmende Seinsfülle."[631] So kann er davon sprechen, ähnlich wie Spinoza, daß Gott ein Ozean ist und wir die Wellen. Gott ist die Bedingung der empirischen Welt, und wir sind Manifestationen Gottes. Dieser göttliche Abgrund, der nicht als Symbol für menschliches oder zwischenmenschliches Dasein verstanden werden darf, ist jenseits der Unterschiede, auch der von Gut und Böse. Gott hat daher auch eine dämonische Seite.[632] In Gott aber ist es, als würde der ganze Geschichtsprozeß in seiner Zweideutigkeit und mit seiner Chance in der Gegenwart wieder gestrichen. „Wenn die Schöpfung am besten als die Selbstentfaltung des Lebens Gottes verstanden werden kann, ist der Prozeß selbst wohl letztlich ein ungeheurer kosmischer Umweg, der in Gottes Nichtsheit seinen Ausgang nimmt und schließlich in Gottes Nichtsheit endet."[633] Gott wird hier zu einer

---

626 Ebd., 137.
627 Vgl. ebd., 139; R L. Rubenstein, The Symbols of Judaism and Religious Existentialism, in: After Auschwitz, 228.
628 R.L. Rubenstein, Judaism and the Death of God, 74.
629 Ders., Morality and Eros, 16.
630 Ebd., 196.
631 Ders., Morality and Eros, 185.
632 Vgl. ders., Thomas Altizer's Apocalypse, in: J.B. Cobb, The Theology of Altizer: Critique and Response, Philadelphia 1970, 130.
633 Ders., Morality and Eros, 192f.

allumfassenden Möglichkeit, in der die wirkliche Geschichte mit den Menschen nur eine vorübergehende Bewegung ist. Neben dieser Gottesvorstellung, die für Rubenstein gewissermaßen eine positive Lösung anzeigt, ist der jüdische Gottesbegriff „Jahwe als Subjekt der Geschichte" tot. Der Mensch ist dieses Subjekt, das in die Gegenwart einen relativen Sinn hineinlegen kann. Der „Tod Gottes" hat diese anthropologische Bedeutung.

Die Erfahrung der Sinnlosigkeit der Geschichte greift der Dominikaner *R.J. Nogar* auf. Nogar meint, daß Gott als Ordnungsprinzip der Welt keine Wirkung mehr hat, also tot ist.[634] Der Gott des Glaubens ist kein Ordnungsprinzip im Universum; dieses ist dem Zufall, der Vergeudung und Unordnung ausgesetzt. Auch die Geschichte ist nicht von einem Punkt der Vergangenheit oder Zukunft rational zu erklären. Es geht nicht an, daß wir unsere Dummheit mit dem Schlagwort der Vorsehung entschuldigen, vielmehr ist ein solcher Glaube Sünde am Geist. Gerade hier hat der Atheismus aufgeräumt und dem Glauben einen Dienst erwiesen und ihn von der Zwangsvorstellung der ordnenden Vorhersicht Gottes befreit. Der Mensch und die Welt sind kein Uhrwerk in der Hand des Fabrikanten, vielmehr sind in Natur und Geschichte Fehlentwicklung, Vergeudung, Terror, Frustration, Schmutz, Verschwendung, Abnutzung, Abfall, Ausschuß und Scheitern reale Möglichkeiten. Sie konfrontieren uns mit dem Geheimnis der kontingenten Existenz.[635] Die Ordnung, die in der Welt anzutreffen ist, bedarf keines Gottes. Ordnung verrät nur Selbstsuffizienz; die noch unvollkommene Ordnung Selbstdynamik. So ist auch Christus nicht als „ordnungsgemäß" betrachtet worden, sondern war für Juden und Heiden ein Eindringling in das Gebäude der jeweiligen Weltordnung. Das Kreuz ist nicht mit stoischen Prinzipien zu erklären, ist vielmehr Widerspruch und nicht Schlüssel zum Verständnis der menschlichen Geschichte. Das bedeutet aber nicht, daß Welt und Geschichte durch Christus verneint werden, sondern die Bejahung der Vergeudung in der Welt und die Bejahung der Geschichtlichkeit des Mangelwesens Mensch bedeutet Offenheit für den Glücksfall, für das noch Unbestimmte der Zukunft, für die Wahrheit des Zufälligen, des Ereignisses. Daher helfen keine Gottesbeweise zur Begründung des Glaubens, denn auch Christus hat nicht die Existenz des ewigen Vaters bewiesen. Es geht um die Gegenwart des lebendigen Gottes, die mitten unter uns zu bezeugen ist. Die Geschichte in ihrer Zweideutigkeit ist Ort der Epiphanie.[636] Nicht der Gott der Organisation, der kurialen Dekrete, der Regeln usw. ist der Lebendige, sondern der Gott der Geschichte, der sich in der Zukunft durch den Zufall hindurch erweist. Während Teilhard den Gott der Ordnung von Alpha bis Omega preist, ist der Gott Nogars der Herr des Absurden.[637] So hat der Atheismus die Theologie vom Ordnungsgedanken befreit. Darin ist auch

---

[634]   R.J. Nogar vermeidet das Wort „Tod Gottes", obwohl es der Sache nach gedacht wird.
[635]   Vgl. ders., The Lord of the Absurd, New York 1966, 80.
[636]   Vgl. ebd., 90.
[637]   Vgl. ebd., 126.

seine positive Funktion zu sehen. Vom Tod Gottes gelangt die Theologie zum Herrn des Absurden.

4. Ethische Richtung

In unserer geschichtlichen Situation, betont *W. Hamilton,* gilt es zu warten, in der Hoffnung auf Gott. Anders als van Buren faßt er den Tod Gottes keineswegs als Sprachproblem auf. Dies wäre nur eine reaktionäre Ausflucht. Mit den hermeneutischen Mitteln ist der Frage nicht beizukommen. Gott ist vielmehr an dem geschichtlichen Ort gestorben, an dem er bisher lebendig war. An diesem alten Platz kann man aber auch keine neue Sprache lernen. Wir leben in der Zeit des „Todes Gottes". „Die Metapher des Todes drückt einen wirklichen Verlust, etwas Unwiederbringliches aus"[638] und nicht etwa nur die Abwesenheit oder Verborgenheit Gottes. Diese Zeit des Todes Gottes ist zugleich Zeit des Gehorsams gegenüber Jesus. Der Christ ist damit ein Mensch, der jesusgebunden ist, ihm gehorsam ist, so wie jener gehorsam war. Daher ist das Warten auf Gott nicht ein Warten in Verzweiflung, sondern in Freude.[639] Freilich, dieser Mensch ist „ohne Gott" und daher in einem gewissen Sinne auch „ohne Glauben", aber er wartet auf einen Glauben in der Haltung des Gebetes, daß ihm ein besserer geschenkt werde. Dieses Warten auf Gott ist kein müßiges Herumstehen am Marktplatz, sondern der Wartende geht hin und arbeitet in der Welt. Christus ist für ihn der Ort und der Standpunkt, der ihm den Platz bei dem Nächsten zuweist, für den er dazusein hat.[640] So nimmt der Christ Anteil am Tod Gottes, denn Gott stirbt für den Menschen aus Liebe. Der Mensch, der Gottes Liebe durch Jesus Christus verwirklicht, nimmt in der Vorwärtsbewegung der Überwindung seines Selbst (die ontologisch und nicht nur ethisch gemeint ist) an diesem Sterben teil; d.h. in diesem theologischen Denken positiv (weil er aktiv die Liebe vollzieht, und es gibt ja nur eine Liebe!): Er tötet Gott.[641] In dieser Bewegung der Nächstenliebe hat also der Atheismus die positive Funktion, in der Theologie *den* Ort zu bestimmen, wo der Mensch in Freude auf Gott warten kann. So wird Gott endlich wieder „konkretisiert". Der Atheismus ermöglicht die Theologie des Nächsten.[642]

---

[638]   W. Hamilton, Die Gestalt einer radikalen Theologie, in: Theologie im Umbruch 1968, 76f.

[639]   Th.J.J. Altizer/W. Hamilton (Hg.), Radical Theology and the Death of God, 41.

[640]   Vgl. ebd., 41f.

[641]   Vgl. ebd., 182f.

[642]   Die kurze Darstellung ließ sein früheres Werk „Das neue Wesen des Christentums" (The New Essence of Christianity, New York 1961) unberücksichtigt, weil er damals noch eine konservativere Position bezog. (Eine gute Darstellung bei S. Deacke, Der Mythos vom Tode Gottes. Ein kritischer Überblick, Hamburg 1969, 42-51.)

5. Christologische Richtung

In ähnliche Richtung, aber durchaus eigenständig, gehen die Bemühungen der deutschen evangelischen Theologin *D. Sölle*. Daß Gott tot ist, bedeutet nicht, daß Gott entbehrlich sei. Zwar ist er als moralische, politische und naturwissenschaftliche Arbeitshypothese unnötig geworden, trotzdem bleibt er unersetzlich. Tot ist Gott nur in seiner früheren Unmittelbarkeit, in der er das dem Menschen Unerklärliche erklärte. Wie ist es aber unter diesen Voraussetzungen zu erkennen, daß Gott nicht überflüssig geworden ist, wenn er gleichsam „arbeitslos" ist? Christus tritt als Stellvertreter für den abwesenden Gott auf, er vertritt ihn. Ohne Christus müßten wir heute den Gott, der für uns abwesend geworden ist, uns verlassen hat, tatsächlich für nicht existent, für tot erklären, denn wir hätten keinen Grund mehr, noch weiter auf ihn zu warten. Weil Christus für die Menschen eintritt, deren Vollkommenheit und Identität noch aussteht, ist Gottes Stelle durch ihn offengehalten. Durch Christus erweist sich Gott als lebendig, insofern im Inkognito des notleidenden Bruders Gott gegenwärtig werden kann, wenn wir den Weg des Samariters gehen. In dieser Theologie als Christologie, die Anthropologie ist, weil sich Gott dort ereignet, wo der eine Mensch dem anderen hilft, ist Gott ernsthaft in die Geschichte des menschlichen Schicksals eingegangen, hat er sich selbst verändert. Gott hat sich gewandelt, als er Christus seine Rolle unter den veränderten Bedingungen übertragen hat. So ist der Gott des brennenden Dornbusches unwiderruflich dahin. In jener Zeit hat Gott selbst unmittelbar gehandelt und hat als himmlisches Wesen in die Geschicke der Menschen eingegriffen. Jetzt hat er sich als Ohnmächtiger in die Krippe gelegt und ist als Gott eingegangen in sein Inkognito, den Menschen, der den Leidensweg der Geschichte durchschritten hat. So vermittelt er sich in die Welt. „Daß Gott in der Welt beleidigt und gefoltert, verbrannt und vergast wurde und wird, das ist der Fels des christlichen Glaubens, dessen Hoffnung darauf geht, daß Gott zu seiner Identität komme ... Er setzte sich selber aufs Spiel, machte sich abhängig von uns und identifizierte sich mit dem Nichtidentischen. Es ist nunmehr an der Zeit, etwas für Gott zu tun."[643] Diese Gedanken verdeutlicht Sölle anhand von Phil 2,5ff (dem Christushymnus).[644] „Christus hat das Leben bei Gott, d.h. seine (naive) Identität, in der Heimat nicht festgehalten." Für ihn war das „Bei-Gott-Sein" kein gefundenes Fressen, denn niemand kann Gott für sich haben. „Der Versuch, ihn für sich haben zu wollen, bestraft sich selbst, indem dann aus Gott eine Ideologie – religiöse Tarnung bestimmter Interessen – wird. Einen Gott, den ,es gibt', kann es nicht geben. Wieweit die Kirchen heute Gott als ein ,gefundenes Fressen' betrachten, das müßte jeweils konkret bedacht werden."[645] „Christus läßt sich in seinem Bei-Gott-Sein nicht

---

[643] D. Sölle, Stellvertretung. Ein Kapitel Theologie nach dem „Tode Gottes", Stuttgart 1965, 204f. Vgl. Gott denken. Einführung in die Theologie, Stuttgart 1990.

[644] Dies., Atheistisch an Gott glauben, Freiburg 1968, 9ff.

[645] Ebd., 18f.

zum Gott-Haben verführen."[646] Christus übernimmt das Schicksal des Menschen in seiner Versklavung und Selbstentfremdung; er wird ein verplanter, benutzbarer, manipulierbarer Gegenstand. „Es heißt: Austauschbar sein, in der Nicht-Identität leben, im Schmerz der Entfremdung. Das Glück des Zuhause-Seins ist vergangen, aus dem Bei-Gott-Sein wird das Wie-ein-Mensch-Sein als ein Ohne-Gott-leben-Müssen. ... Nur wer Gottes Abwesenheit erfährt ... ist wahrer Mensch geworden."[647] In der Übernahme dieser Selbstentfremdung ist er gehorsam geworden, bis er sich im Tod total versachlicht hat. Und so als reine Nummer hat er dann einen Namen bekommen: Jeder der namenlosen Menschen heißt nun Christus.[648] Dies ist von nun an der unauslöschliche Name jedes Menschen. Die Erhöhung des versklavten Christus erhöht alle Versklavten. „Die Metamorphosen des Gottes – Präexistenz, Inkarnation und Erhöhung – stellen die Geschichte der Menschheit dar: Identität, Entfremdung und Identifikation."[649] So ist die Erhöhung der Ruf „zur Identifikation aller mit diesem Namen", Christus. Wo Christus als wirklicher Mensch proklamiert wird, wird die Herrschaft abgesetzt und Liebe verwirklicht. Ähnlich wie bei Altizer geht Gott ganz in die Geschichte ein, so daß er in Christus und dessen Erhöhung im Menschen zu seiner Identität kommt. Der Atheismus hat also die positive Funktion für die Theologie, daß Gott nur durch den Menschen wird, sich mit ihm identifiziert und so zur Identität gelangt. Der Christ sieht daher keine andere Welt, sondern die gleiche Welt wie der Atheist, jedoch anders. „Der christliche Glaube löst sich nicht so in Ethik auf, daß er selbst dabei verschwände, sondern er bleibt in dieser Bewegung, die vom Bild und Zeugnis des Menschen Jesus ausgeht zu allen Menschen hin."[650] „Wer hier abwertend vom bloßen Humanismus redet, der mit dem Glauben nichts mehr zu tun habe, der weiß nicht, was er sagt. Weil solchen Verurteilungen die seltsame Meinung zugrunde liegt, die Sache des Menschen in der Welt sei schon geklärt und allgemein anerkannt, höchstens die Sache mit Gott sei noch nicht ausgemacht, nur Gott müsse noch glaubend angenommen werden. Aber was immer wir aus dem NT wissen oder lesen können: fraglich, problematisch, strittig ist hier der Mensch, und nur dies eine ist gewiß, daß Gott seine Sache zu der des Menschen erklärt hat, als er Mensch wurde."[651] So ist der einzelne Mensch das unverrechenbare Du Gottes. Sölle weist darauf hin, daß „der Mensch als Du Gottes" natürlich eine mythologische Redeweise ist, die besagen will: „Daß er, dieser einzelne, nicht umsonst lebt, nicht zufällig, nicht ungeliebt, nicht ohne Sinn, und daß eben wegen dieser möglichen Erfüllung, die auf jeden wartet, keiner aufgegeben werden kann."[652] Diese gott-

---

[646]   Ebd., 19.
[647]   Ebd., 21.
[648]   Vgl. ebd., 23.
[649]   Ebd., 23.
[650]   Ebd., 86.
[651]   Ebd., 87.
[652]   Ebd., 93.

menschliche Struktur der Wirklichkeit ist die einzige Begründung des Humanismus, der Identität und des Friedens. Weder der kleine chinesische Glücksgott, noch Hammer und Sichel als Symbol der Arbeit, sondern der Galgen auf Golgotha, die mit Blut und Tränen gemachte Erfahrung kündet die Identität an, d.h. den Sieg der Liebe bzw. daß Jesus recht hatte. Gott hat sich noch nicht total in die Geschichte vermittelt; der Sieg, die Identität durch die Identifikation mit der Menschheit und jedem einzelnen als Christus, steht noch aus. Daher können wir heute nur atheistisch an Gott glauben bzw. das Noch-Ausständige als Gott glauben, trotzdem aber an der Sache Jesu festhalten.

So ist der Atheismus nicht nur theologisch relevant, weil er die Überwelt abgeschafft hat und es nur mehr *eine* Wirklichkeit gibt, sondern auch dadurch, weil er klarlegt, daß nur durch den Menschen (in Christus) Gott zu seiner Identität kommt und mit ihm die Welt, mit der er sich (durch die Inkarnation) identifiziert hat.

In ihrer „feministischen" Wende bleibt Sölle zwar dem Grundansatz treu, akzentuiert ihn jedoch anders. „Das Ende des Theismus oder den Tod des theistischen Gottes sehe ich … als Chance an, endlich konkret auf die Lebenspraxis bezogen, von Gott zu reden. Das bedeutet, Gott zu bezeugen in einer vom Tod beherrschten und auf den Tod hin orientierten Welt."[653] In Jesus ist dieser Bezug auf das Leben verwirklicht und gerade auch dort, wo er nicht von Gott spricht, wie in der Erzählung vom barmherzigen Samariter, handelt Gott. Die religiöse Formel „Gott" muß nicht notwendig benutzt werden. Aber „ohne dieses X bist du nicht ganz."[654] Der Gottesbegriff wird auf die Erfahrung bezogen, deren Kriterium die Mittelbarkeit ist. Gott als Souverän, als ein In-sich-Seiender ist tot. Aber, und hier überschreitet Sölle ihren bisherigen Ansatz und zugleich auch die Gott-ist-tot-Theologie, Gott ist als Beziehung zu denken.[655] „Im Anfang war die Beziehung … Gott ist … die gegenseitige, sinngewisse, handelnd gelebte Beziehung zum Leben … Gott geschieht."[656] Gott ist ohne uns nicht zu denken, aber auch wir sind ohne ihn nicht vollständig in unserem Leben. „So wie wir Gott brauchen, so braucht Gott uns. So wie wir auf Gott warten, so wartet Gott auf unser Erscheinen."[657] Gott ist die Beziehung des rufenden und antwortenden Lebens. Seine Macht ist nicht die Herrschaft über …, sondern seine Macht kommt aus der Beziehung zum Leben. Macht ist gut, wenn sie austauscht und verteilt und so der Mensch Anteil erhält an der „schöpferischen … Macht Gottes".[658] Es ist die Macht der Beziehung, die „überwältigend" und „gut" ist und doch zugleich die Machtlosigkeit der Liebe. In dieser Einheit von Gott und Mensch ist Gott heute noch denkbar, ja erfahrbar.

---

[653] D. Sölle, Gott denken, 224.
[654] Ebd., 229.
[655] Vgl. ebd., 235.
[656] Ebd., 241f.
[657] Ebd., 236.
[658] Ebd., 245.

Einer der heftigsten Kritiker dieser Einheit von Gott und Mensch im ethischen Vollzug ist Gollwitzer.[659] „Wäre ‚Gott' nur ein Titel für das Ereignis von Liebe zwischen Mensch und Mensch, was könnte dann dem gesagt werden, der von allen Menschen und von aller Liebe verlassen ist? Die Tautologie zwischen Gott und zwischenmenschlichem Liebesereignis hebt das Evangelium von der Liebe auf. Aber sein Lieben ist größer als das unsrige."[660]

Anders urteilt Käsemann[661], wenn er auch gegen diese Einheit der Wirklichkeit, die die Gott-ist-tot-Theologen anstreben, Bedenken äußert. „Mit der Losung der Mitmenschlichkeit als Summe der Dogmatik und des Glaubens mag ich durchaus nicht einverstanden sein. Doch werde ich anerkennen, daß es heute weltweit ... eine gute und evangelische Losung ist, der niemand sich zu schämen braucht, die wir alle nötig haben und als Wahrheit des Evangeliums bis aufs Blut verteidigen sollten ..."[662]

Braun ist zwar kein Gott-ist-tot-Theologe, aber er ist sicher ein Inspirator mancher Ideen gewesen. Er fragt: Was ist im Sinne des NT Gott? Und er antwortet: „Gott ist das Woher meines Geborgen- und meines Verpflichtetseins vom Mitmenschen her. In Gott bleiben hieße dann also, im konkreten Akt der Zuwendung zum anderen bleiben: Wer in der Liebe bleibt, bleibt in Gott (1Jo 4,16). Ich kann von Gott nur reden, wo ich vom Menschen rede; also anthropologisch. Ich kann von Gott nur reden, wo mein ‚Ich soll' kontrapunktiert wird vom ‚Ich darf' – also soteriologisch. Denn auch nach dem NT ist letztlich –, d.h. die inadäquaten Vergegenständlichungen der Gotteslehre beiseite gesetzt – Gott dort, wo ich in Pflicht genommen, wo ich engagiert bin; engagiert im unbedingten ‚Ich darf' und ‚Ich soll'. Das hieße dann aber: der Mensch als Mensch, der Mensch in seiner Mitmenschlichkeit, impliziert Gott. Vom NT her wäre das immer neu aufzudecken. Gott wäre dann eine bestimmte Art der Mitmenschlichkeit. Der Atheist verfehlt den Menschen."[663]

Die *eine* Wirklichkeit, in der wir leben, hat eine theandrische Struktur. Der Atheismus hat die Theologie gezwungen, nach dieser Auffassung Gott in dieser Welt zu suchen. Er hat daher eine positive Funktion für sie.

---

[659] H. Gollwitzer, Von der Stellvertretung Gottes. Christlicher Glaube in der Erfahrung der Verborgenheit Gottes, München 1967; gegen „Stellvertretung" von Sölle geschrieben.

[660] H. Gollwitzer, 147f.

[661] E. Käsemann, Der Ruf zur Freiheit, Tübingen 1968.

[662] Ebd., 51f, vgl. 57f.

[663] H. Braun, Die Problematik einer Theologie des NTs, in: ZThK, 1961, 18f. (Beiheft). Gegen Herbert Braun, der sich stark der Position von Hamilton nähert, hebt Gollwitzer Gottes „An und für sich"-Sein hervor. Vgl. die Diskussion Braun – Gollwitzer, in: Post Bultmann locutum, 1965, und besonders: Die Existenz Gottes im Bekenntnis des Glaubens, München 1963.

6. Präsentisch-epiphanische Richtung

Der katholische Philosoph *L. Dewart* [664] entwickelt mit einem ständigen Blick auf die scholastische Philosophie ein neues Gottesverständnis. Gottesglaube, der Zukunft hat, „kann Gott nicht mehr als *ein Sein* konzipieren"[665]. Die Identifizierung von Gott und Sein wurde durch das parmenideische Postulat möglich, das die Austauschbarkeit von Sein und Erkennbarkeit zur Voraussetzung hat. Diese Ablehnung, Gott als Sein zu bezeichnen, also die Zurückweisung des Satzes: „Gott ist", bedeutet nicht, daß Gott ein „Über-Sein" wäre.[666] „Diese Aussage [Gott weder Sein noch Übersein] bedeutet buchstäblich genau das, was sie sagt: Daß Gott überhaupt kein Sein ist."[667] In eben diesem Sinne kann man auch nicht sagen, Gott existiert.[668] Genauso kann der Gottesglaube nicht mehr davon sprechen, daß Gott Person ist.[669] Ebenso sinnlos ist es aber auch, ihm ein über-personales Sein zuzusprechen.[670] Daraus ergeben sich für Dewart einschneidende Folgen. Die Hoffnung des christlichen Gottesglaubens liegt nicht darin, daß der Mensch in sich selbst (als Person) die Gottesschau vollziehen wird, sondern in Gott selbst. Erfüllung des Menschseins ist ein Aus-sich-selbst-Hinausgehen und In-Gott-Hineingehen, so daß das Selbst völlig umgewandelt wird. Die Person ist daher das, wovon jeder Mensch (in sich selbst) ausgeht, ausziehen muß und nicht das, wohin wir streben, was des Menschen Erfüllung verheißt. Dies ist vielmehr Gott. Ihm gegenüber ist jede personale wie auch a-personale Aussage sinnlos. Personal ist unsere Beziehung zu Gott nur, insofern wir Personen sind, die durch die Offenheit ihrer Existenz von Gott Beschenkte sind.[671] Gerade der Atheismus lehrt uns unser personalistisches Denken aufzugeben und auszuziehen, wie Abraham seine Hausgötter (sprich: Person) aufgegeben hat und der unbekannten Wirklichkeit (sprich: Gott) sich anvertraute. Die Aufgabe der Person ist christliche Hoffnung!

Auch alle Eigenschaftsbeschreibungen der bisherigen Gottesvorstellung müssen fallengelassen werden. Die Allmacht stellt Gott als ein Sein dar, das auf andere wirken kann, das als Fülle des Seins Fülle der Macht ist. In dieser „Fülle" kann Gott alles: Warum soll Gott nicht einen Blinden heilen? Warum soll nicht eine Jungfrau gebären? Warum soll nicht der Gottessohn einen Toten erweckt haben? Es wird berichtet, daß Gott alles kann, also warum soll es nicht geschehen sein? Wenn man Gott von vornherein diese Allmacht zubilligt, dann wird die ganze Bibelkritik fraglich und enthistorisiert.

---

[664] L. Dewart, Die Grundlagen des Glaubens, 2 Bde., Einsiedeln 1971; besonders wurde sein Ansatz in: Die Zukunft des Glaubens, Einsiedeln 1968, beachtet.
[665] L. Dewart, Die Zukunft des Glaubens, 169.
[666] Ebd., 171, gegen Tillich.
[667] Ebd.
[668] Vgl. ebd., 172.
[669] Vgl. ebd., 180.
[670] Vgl. ebd., 181.
[671] Vgl. ebd., 183.

„Gott kann alles" hat für Dewart nur den Sinn, daß Gott, der kein Sein hat bzw. ist, dem Sein *gegenwärtig* ist.[672] Die *Gegenwart,* qualifiziert durch „Gott", ist für ihn die Aussage, die Theismus und Atheismus übersteigt. Existieren und Gegenwärtigsein sind wohl zu unterscheiden.[673]

Noch inadäquater als „Allmacht Gottes" ist die hellenistische Kategorie des „Ewigen" für Gott. Er ist nicht der „Ewig-Gleiche", sondern er taucht in die Geschichte ganz ein.[674] Er kommt in die Geschichte, um in ihr zu bleiben! Er will die Erde zu seiner Heimstatt, zu seiner endgültigen Bleibe machen, und insofern „bleibt" er! Gottes Zeitlichkeit besteht darin, daß er der Zeit gegenwärtig ist, und seine Geschichtlichkeit, daß er der Geschichte gegenwärtig ist. Das heißt jedoch nicht, daß er über ihr steht, als würde er einen Plan entwerfen, nach dem sich die Geschichte zu entwickeln hat.[675] Der geschichtliche Prozeß ist durch den Menschen frei. Die Geschichte kann zum Heil oder Unheil werden. Die Rede von Hölle und Himmel hat also den Sinn, daß wir sie in der Zweideutigkeit der Geschichte schaffen können. Auch die unwiderrufliche Fehlentwicklung und Selbstzerstörung ist eine reale Möglichkeit für uns; sie ist keine Bestrafung der griechischen Göttin δίκη! Christliche Hoffnung besteht darin, daß in der „Gegenwart Gottes" diese reale Möglichkeit nicht verwirklicht wird[676], daß der „Sieg Gottes" möglich wird. Die erfüllte Geschichte hieße dann „Reich Gottes"; es ist das „persönliche" Einlassen Gottes auf die Geschichte und ihre Vollendung.

„Die Substanz des christlichen Gottes liegt [also] nicht über der Geschichte; sie ist die Substanz – oder vielmehr die Bedeutung, der Sinn – der Geschichte selbst."[677] Gott ist also der Sinn der Geschichte in der Zweideutigkeit des Unsinns der Geschichte. Die Ereignisse sind kontingent, sowohl auf seiten des Menschen wie auf seiten Gottes.[678] Kein einziges Heilsereignis ist notwendig; jedes muß vom Menschen frei gewollt werden, ehe es geschehen kann. Ob wir für dieses Geschehen als Heilsgeschehen den Namen „Gott" beibehalten, ist nicht entscheidend, allein wichtig ist, daß wir diese Wirklichkeit nicht übersehen.[679] Im Raum dieses Gottesverständnisses, d.h. im Raum der Gegenwart des Sinnes der Geschichte bei allem Unsinn und aller Möglichkeit des Scheiterns, sind auch die bisherigen Grundlagen religiöser Frömmigkeit und religiöser Gottesbeziehung erschüttert.

Dem Herr-Knecht-Verhältnis, d.h. der Unterwerfung unter die Allmacht, ist der Todesstoß versetzt. Wir sind nicht mehr zur Anbetung verpflichtet, weil Gott ein höchstes Wesen ist.[680] Vom Gott der herrschenden Klasse hat uns der

---

672 Vgl. ebd., 187.
673 Vgl. ebd., 172.
674 Vgl. ebd., 189.
675 Vgl. ebd., 190.
676 Vgl. ebd., 191.
677 Ebd.
678 Vgl. ebd., 193.
679 Vgl. ebd., 207.
680 Vgl. ebd., 196.

Atheismus zugunsten eines christlichen Gottesglaubens befreit. Die Grundthese des heiligen Papstes Pius' X. vom 18. 12. 1903, die man nur mit Erschütterung lesen kann, ist endgültig dahin: „Die menschliche Gesellschaft, so wie sie Gott errichtet hat, ist aus ungleichen Elementen zusammengesetzt ... folglich stimmt es mit der von Gott errichteten Ordnung überein, daß es in der menschlichen Gesellschaft Fürsten und Untertanen, Unternehmer und Proletarier, Reiche und Arme, ... Adelige und gemeines Volk gibt." Und in der Enzyklika „Quadragesimo anno" (1931): „Die Arbeiter sollen ohne Groll den Platz annehmen, den die göttliche Vorsehung ihnen zugewiesen hat." Sollten wir nicht aufatmen, daß der Atheismus die Theologie vom Gott eines Pius X. befreit hat? Wird man nicht eines Tages über jene Zeit lächeln, in der die Glaubenden vor ihrem Gott die Knie beugten?[681] Wird es nicht dann sein, daß das Gebet im Empfang der Gegenwart Gottes bestehen wird, indem Liebe und daher Sinn in der Geschichte erfahren werden?

Dank unserer heutigen „gott-losen" Zeit des „Atheismus" können wir die herkömmlichen Bezeichnungen Gottes aufgeben, angefangen vom „ist" bis zur „Person", einschließlich aller „Prädikate" (wie Allmacht, Ewigkeit u.a.). So kann nun Gott als Sinn der Geschichte erfahren werden, freilich als ein Sinn, der nur durch menschliche Freiheit zur Geschichte kommen kann und die Möglichkeit des Verfehlens nicht ausschließt. Nur in der christlichen Hoffnung wird die Gegenwart[682] Gottes als zu realisierende Zukunft erfahren.

In einigen Thesen kann man die *Position dieser Theologen* etwa folgendermaßen umreißen:

1. Das Wort Gott und die damit gemeinte Wirklichkeit haben nur Sinn, wenn sie im Horizont der Zeit und Geschichte erscheinen. Daher dürfen diese Seinsweisen nicht mehr als negativ gesehen werden, als ein minderwertiges Sein, vor dem Gott bewahrt werden muß. Die Zeitlichkeit ist positiv zu verstehen und daher mit dem Sein Gottes in Verbindung zu bringen.

2. Nur in diesem Erfahrungshorizont kann Gott überhaupt begegnen. Anders ausgedrückt: Außer dem Gott, der in den geschichtlichen Begegnungen erfahren wird, gibt es keinen. Dies ist nun entweder mehr gesamtgeschichtlich oder individualgeschichtlich zu verstehen.

3. Die Gott-ist-tot-Theologen sind aber der Meinung, daß der Gott, der diese Grundbedingung erfüllt, heute den Menschen nicht begegnet.

4. Damit soll aber keine hoffnungslose Situation charakterisiert werden, sondern die Stelle dieses „Ausfalls der Gottesbegegnung" muß offenbleiben. Der Mensch darf sich nicht im „rein vordergründig Menschlichen" abschließen, sondern muß aufgeschlossen bleiben für eine Möglichkeit der Gotteserfahrung in Gegenwart und Zukunft. Die atheistische Situation, die auch ein

---

[681] Vgl. ebd., 198.

[682] Freilich bleibt die Frage, ob der Ausdruck „Gegenwart Gottes" nicht doch ein „Zauberwort" ist, das einer weiteren Klärung dringend bedarf wie etwa die Formel „Verheißung Gottes" (Moltmann).

Christ am eigenen Leib erfährt, verleitet ihn aber nicht dazu, „müßig herumzustehen" oder seinen „Mitknecht zu schlagen", sondern spornt ihn an zur tätigen Nächstenliebe.

5. Mannigfaltig sind jedoch die theoretischen Bewältigungen des Problems dieses „Ausfalls". Die Christologie ist ein bevorzugter Topos für eine „Stellvertretung Gottes". Jesus stellt modellhaft die Möglichkeit dar, von einem Ereignis zu sprechen, das uns einen Verstehenshorizont für das Wort „Gott" erschließt. Die Tendenz geht somit von der Theologie über die Christologie zu einer qualifizierten Anthropologie, in der ein neues Verständnis von Gott sinnvoll werden könnte. Diese drei Stadien sind analog der Entwicklung von der Alchemie zu den Anfängen der Chemie bis zur heutigen Chemie oder von einer Meta-Physik zur Physik bis hin zur Atomphysik.

6. Diese „Theologie" bringt also eine Konzentration auf den Menschen mit sich. Von Gott reden kann man nur, wenn man vom Menschen redet. Aber gerade da stellen sich die Schwierigkeiten ein. Das verborgene „Wesen" des Menschen ist noch nicht offenbar. Das Humanum läßt sich nicht bestimmen. Was aus dem Menschen wird, ist offen. Die „Gottverlassenheit" des heutigen Menschen ist nicht die Abwesenheit eines „Nichts", sondern einer heute nicht bestimmbaren Wirklichkeit.

7. Diese Aussagen gelten nicht nur „für uns" *(quoad nos),* sondern heute schlechthin. Von Gott selbst fehlt heute, in dieser historischen Periode, jede positive Erfahrung. Was wir erfahren, ist nur der „Ausfall", der nicht näher umschrieben werden kann.

Man muß fragen, ob hier nicht eine Verkürzung heutiger menschlicher Erfahrung vorliegt, wenn man behauptet, daß von Gott *nur* als „Ausfallerscheinung" sinnvoll gesprochen werden kann.[683] Es wird noch unsere Aufgabe sein, einen Raum aufzuzeigen, in dem es sinnvoll ist, auch heute von Gott zu sprechen.

Im Raum menschlicher Erfahrung kann ein Ereignis verstehbar gemacht werden, das selbst zeitlich und geschichtlich, zugleich aber für den Menschen eine neue Bestimmung ist, die den Namen „Gott" verdient.

---

[683] Als ein neuer Versuch, das Anliegen der Gott-ist-tot-Theologie wieder aufzugreifen, kann D. Cupitt (After God. The Future of Religion, New York 1997) gelten, der Gott als ein für den Menschen unentbehrliches, selbstgeschaffenes Symbol deutet, das positiv (Stabilität und Identität) wie negativ (autoritär und Unterwerfung unter eine objektivierte Transzendenz) fungiert und auf ein mysterium divinum hinter den Gott der Religion verweist („Extrareligious reality of God", in: Taking Leave of God, London 1980, 96). Er weiß sich den Ansätzen von Buddha, Kant und Kierkegaard verbunden und verweist auf Meister Eckehart mit dem Satz: „Letzter und höchster Aufbruch des Menschen geschieht, wenn er um Gottes willen von Gott Abschied nimmt." „Perhaps God had to die in order to purify our love for him" (After God, 85).

XII. NEUE ASPEKTE DER GOTTESFRAGE

Die Auseinandersetzung mit der atheistischen Situation des heutigen Menschen blieb aber nicht bei der Gott-ist-tot-Theologie stehen, obwohl die Fragen, die sie gestellt, wie die Antworten, die sie gegeben hat, keineswegs geklärt und ausdiskutiert sind. Einige neuere theologische Entwürfe sollen hier vorgestellt werden, die zum Weiterdenken Anlaß geben. Sie haben Probleme der Theologie „nach dem Tod Gottes" aufgegriffen. Wie ist es sinnvoll, von Gott zu sprechen? Wo und wie wird eine Gotteserfahrung möglich?

1. Gott als zweideutige Grundwirklichkeit

Die These lautet, daß Gott nicht nur das Gute für den Menschen ist, sondern auch das Übel, das allerdings von der Liebe umschlossen wird. „Auch Gott kann schuldig werden; ja, da er die Liebe ist, muß er schuldig werden; er muß anderen und sich, sich in anderen, alle Arten von Schmerzen und Tod schaffen, so zwar, daß alle Übel dieser Welt, so unbegreiflich sie sein mögen, in der letzten und ersten Konsequenz dieser Liebe liegen und gerade so und in ihrer Versöhnung in Gott seine unendliche Vollkommenheit und Schuldlosigkeit sind."[684] Dieser Gottesgedanke ermöglicht, die negative Erfahrung des Menschen zu interpretieren. Es ist im Leben nicht „alles sehr gut", sondern es gibt das Elend der Arbeit ohne Schönheit, die Entfremdung des Menschen von sich selbst, indem er „im Schweiße seines Angesichts" das Brot verdient. Das Leid ist nicht wegzuleugnen, und das „Vergessen" ist kein Trost.
Auf die Zweideutigkeit und das Übel gibt es keine vorgefertigte Antwort. Der Gottesbegriff soll dazu helfen, auf eine solche Antwort zu verzichten. Jeder als unwiederholbare Person muß die Lösung erarbeiten.
Nun sind aber zwei Phänomene nicht einfach identisch, nämlich das Leid und die Sinnlosigkeit. Das Leid, der Schmerz, als eine endliche Gegebenheit ist noch nicht empörend, wenn es als sinnvoll zur Erreichung eines Zieles angesehen wird. Erst dann, wenn das Leid, das Übel, als sinnlos angesehen wird, dann empört es. Denn die Sinnlosigkeit verleiht dem Leid eine Unendlichkeit, die den Sinn definitiv aufhebt. Das Leid selbst hingegen ist immer endlich und daher zweideutig. Der Grund zum Leben für den einen ist der Grund zum Sterben für den anderen. Viel Elend muß nicht sein, aber gerade diejenigen, die die Verhältnisse verbessern, die die Ursache der Not abschaffen wollen, gerade sie müssen oft grausames Unrecht tun und furchtbare Schmerzen bereiten. Trotzdem bleibt in diesem Tun eine Sinnlosigkeit, die nicht aufzuheben ist. Es ist nicht einsichtig, warum z.B. das Reich der Freiheit nicht mit ei-

---

[684] H. Biesel, Das Leid in der Welt und die Liebe Gottes, Düsseldorf 1972, 61. Die zitierten Autoren mögen typologisch verstanden werden.

nem Mal da ist; die Projektion einer „ausgleichenden Gerechtigkeit" ins Jenseits ist nur die Verlängerung der Rache der im Leben Zukurzgekommenen. Über Dantes christlichem Paradies würde zu Recht die Inschrift stehen: Auch mich schuf der ewige Haß! Solange Gott zuschauen kann, wie Menschen gequält werden und er in der „Seligkeit" dadurch nicht gestört wird, ist der Protest gegen die Sinngebung des Leidens durch „göttliche Schaulust" berechtigt.

Wie ist es aber, wenn Gott eben nicht der „unschuldige" Zuschauer aus dem Jenseits ist, sondern selbst im Geschichtsprozeß schuldig wird? Dies zu denken reicht das Kausalgesetz nicht aus. Gott ist nicht der Verursacher, der Grund, das Woher des Schmerzes, sondern er nimmt selbst an dieser Sinnlosigkeit teil. Ordnung und Chaos, beides ist in Gott. Der Sinn der Dinge ist ebenso ihr Unsinn, Kraut und Unkraut müssen zusammen wachsen. Wo menschliche Rationalität überhand nimmt, da fordert das Irrationale seinen Teil wieder ein. Ist Gott nun beides, Glück und Unglück, und läßt sich das Übel nicht schließlich und endlich auf das Gute reduzieren, dann hat der Mensch auch das Recht, das Böse und Sinnlose so zu nennen und seiner Bedrängnis Luft zu machen. Wir dürfen uns gehenlassen und wirklich an dieser entsetzlichen Welt leiden, ja, wir haben die Berechtigung dazu. Wir brauchen dann nicht mehr lammfromm zu singen: „Was Gott tut, das ist wohlgetan", sondern vieles ist und bleibt recht schlecht getan. Es gibt keinen Sinn der Krankheit und all der negativen Erscheinungen des Lebens, und wir brauchen sie nicht zu mystifizieren. Nur wenn man auf die zu frühe Antwort, daß alles letztlich sinnvoll ist, verzichtet, wird man der Wirklichkeit nicht untreu.

Man muß sich nun angesichts dieses neuen Gottesbegriffs, in dem auch das Negative enthalten ist, fragen: „Welcher Geist ist nun schlimmer, ‚böser': der allen Gottes-Sinn leugnet und am gegenwärtigen Leben, wie es ist, sich genügen läßt und alles weitere Fragen als Verdammung der Abstraktion abtut – oder wer angesichts der unermeßlichen, unsäglichen Leiden der Welt und der Menschen gegen Gott auftritt, den er also keineswegs leugnet, … dem er jedoch so, wie's fromm gelehrt wurde, nicht mehr sich zu ergeben gesonnen ist. Er will's durchaus nicht mehr hören, daß Gott dies schreckliche Übel zulasse, dulde, um eines ‚höheren', vielleicht zukünftigen Gutes willen; er will diesen ‚Nutzen' und diese ‚Zweckmäßigkeit' nicht, er pfeift auf sie und auf noch so hohen ‚Lohn', wenn er mit gegenwärtigem Unrecht erkauft werden muß."[685] Der bisherige Gottesbegriff führt heute so in den Unglauben, zum Atheismus bzw. zur Empörung gegen Gott. In dem Augenblick aber, wo beides, Gut und Böse, in Gott ist und sein muß, ist diese ins Jenseits projizierte Empörung sinnlos, und man weiß, daß das Leid Leid zu nennen ist und wir mit ihm leben müssen; nicht in Resignation, aber auch nicht in Hoffnung, den Schmerz je abschaffen zu können: Schmerz und Tod sind allein in ihnen selbst zu überwinden.[686] Der Satz, daß Gott Liebe ist, wird überhaupt erst durch die An-

---

685   Ebd., 44.
686   Vgl. ebd., 70.

nahme beider Prinzipien in Gott sinnvoll. Liebe wird erst dadurch Liebe, daß sie hinabsteigt, sich verwirft, ins „Bodenlose" fällt. „Diese Liebe ist selbst der ewige Übergang, Untergang, Abstieg von Alles ins Nichts, vom Heilen ins Todkranke, vom Sinn in den Un-Sinn, vom Guten ins ‚Böse' ... vom Sein ins Nichtsein. Denn die Frage der Liebe ist nicht: ‚Sein oder Nichtsein' ... [sondern] Sein und Nichtsein, Sein im Nichtsein, Leben im Tod ..."[687] Vor einem Gott, der auf diese Weise Liebe ist, braucht man keine Angst mehr zu haben. So wird zuletzt niemand schuldig gesprochen bzw. alle, Gott eingeschlossen. Jeder hat auf seine Weise dann recht, aber nur die Liebe trügt nicht.

Dieser Gottesgedanke versucht also, die Gegensätze des Lebens durchzutragen und in Gott als Widersprüche bestehen zu lassen, keine Hegelsche Synthese zu vollziehen und trotzdem, ja gerade deshalb ihre Versöhnung in Gott zu behaupten. Glück bleibt Glück und Unglück Unglück, aber beide sind die Dimensionen einer Wirklichkeit, die letztlich Liebe heißt und Gott genannt werden kann.

Dazu ist anzumerken:
1. Es ist richtig, daß das Leid nicht mit Hilfe Gottes wegretuschiert werden kann. Es bleibt und ist als solches als sinnlos anzusehen.
2. Es ist richtig, daß auf eine Allerklärung verzichtet wird. Das Sinnlose ist nicht zu erklären und mündet auch nicht in einen „höheren" Sinn ein. Vieles bleibt unerklärlich. Alles, was ist, ist nicht a priori sinnvoll.
3. Kritisch ist zu sagen, daß Gott selbst zweideutig wird und es daher schwer ist, noch zu sehen, wozu dieser Name dient. Läßt sich die Zweideutigkeit der Wirklichkeit ohne Gott nicht genauso verstehen wie mit Gott? Dieses Wort erscheint beinahe als sinnlos, da es nichts erklärt und keine echte Funktion besitzt, ganz zu schweigen von einer Erfahrung Gottes.
4. Insofern alles in der Liebe „versöhnt" wird, ist auch hier ein universaler Harmonisierungsversuch gewagt und daher doch auch das Leid in einem positiven „jenseitigen" Licht gesehen. Andererseits ist Gott so mit der Welt identifiziert, daß eine Differenz fast nur mehr als ein reines Wort erscheint.
5. Dadurch gerät dieser Lösungsversuch doch wieder in die Nähe einer allgemeinen Erklärung, so daß man schließlich sagen kann: So ist eben Gott, und wir müssen uns da hineinschicken.

2. Gott im Urvertrauen

Die Grunderfahrung des heutigen Menschen ist die Erfahrung der radikalen Fraglichkeit.[688] Auf sie lassen sich alle Einzelerfahrungen zurückführen, und sie ist durch nichts überholbar. „Wo die Fraglichkeit radikal erfahren wird,

---

[687] Ebd., 69.
[688] Vgl. W. Weischedel, Der Gott der Philosophen II, Darmstadt 1972, 184ff.

gibt es nichts, was noch fraglicher sein könnte."[689] Sie bestimmt das menschliche Dasein vom Grunde her. Die Welt also ist in sich selbst höchst fraglich, da alle Erfahrungen zweideutig sind und bleiben. Diese Grunderfahrung bildet auch den Grund für alles Philosophieren. Sie hält sich in der Schwebe zwischen den extremen Möglichkeiten des Alles oder Nichts. Sie ist gleichsam eine schwebende Erfahrung der Fraglichkeit von Sein und Sinn. Aufgrund dieser Erfahrung kann man zu keiner sicheren Aussage über das Seiende im Ganzen gelangen. Ob Sinn oder Sinnlosigkeit, für beides gibt es Einzelerfahrungen; was der Gesamthorizont ist, bleibt ungeklärt. Wahrheit und Wirklichkeit sind von dieser Fraglichkeit durchdrungen. Beim Wechselspiel des Geschicks hält sich die Fraglichkeit durch. Durch sie schwindet dann aber auch alles Gegründetsein und alle Geborgenheit.[690] Der Mensch ist der Fraglichkeit ausgesetzt.

Was ist nun die Bedingung der Möglichkeit dieser Fraglichkeit? Sinn und Sein scheinen ohne Halt zu sein und verfallen aber doch nicht dem Nichtsein und der totalen Sinnlosigkeit. Gibt es „etwas", was diese „Schwebe" ermöglicht? „Etwas" ist notwendig, wenn die Zweideutigkeit begründet werden soll. Es muß „etwas" ursprünglicher sein als die fragliche Wirklichkeit im Ganzen. Es ist das „Woher" der Fraglichkeit, das sich von ihr nicht ablösen, sondern nur im strengen Zusammenhang mit ihr gedacht werden kann. Das „Vonwoher" ist auch nicht „etwas", sondern weist auf eine Richtung hin, nämlich der Herkunft. „Die Fraglichkeit von allem hat zur Bedingung ihrer Möglichkeit ein Vonwoher."[691] Dieses „Vonwoher" des fraglichen Umgetriebenseins des Menschen ist nichts anderes als das, was die Theologie als Gott bezeichnet hat. „Gott, das ist für den nachdenklichen Menschen der Gegenwart nicht mehr ein höchstes Seiendes; denn die Wirklichkeit im ganzen ist fraglich geworden. Gott, das ist für den nachdenklichen Menschen der Gegenwart nicht mehr ein absoluter Geist; denn die Geisthaftigkeit des letzten Prinzips ist im radikalen Fragen untergegangen. Gott, das ist für den nachdenklichen Menschen der Gegenwart nicht mehr eine absolute Person; denn die Personhaftigkeit des Absoluten ist im Feuer des radikalen Fragens verbrannt. Keiner der traditionellen Gottesbegriffe darf also unversehens mit ins Spiel kommen. Gott muß vielmehr ganz und allein von dem einzig Verbleibenden, der Fraglichkeit der Wirklichkeit, her betrachtet werden. Geschieht das aber, dann kann er nichts anderes als das Vonwoher der radikalen Fraglichkeit, des Schwebens aller Wirklichkeit zwischen Sein und Nichtsein, zwischen Sinn und Sinnlosigkeit, sein ... Das Vonwoher ... steht genau an der Stelle, an der im traditionellen Sprachgebrauch Gott steht: ... das Letzte und Absolute, das von der Wirklichkeit ausgesagt werden kann ... Mit dem Wort ‚Vonwoher'

---

689   Ebd., 198.
690   Vgl. ebd., 206.
691   Ebd., 211.

ist die uns heute noch zugängliche Wahrheit des Ausdrucks ‚Gott' getroffen."[692]

Dieses „Vonwoher" ist damit der Fraglichkeit entnommen. Es ist aber auch nicht mehr rational aufzuklären. „Alles Fragen fragt nach etwas, das im Augenblick des Befragtwerdens Geheimnis ist."[693] Das Denken scheitert am Geheimnis des Daseins. Das „Vonwoher" ist dieses Geheimnis der Wirklichkeit. „So ist das Geheimnis als das, was allem Denken vorangeht, das Unvordenkliche, was also allem Denken zuvor ist, ohne doch als solches eigens gedacht werden zu können."[694] Das Geheimnis ist das Vonwoher der radikalen Fraglichkeit. „Der Glaube im christlichen Sinne intendiert letztlich das gleiche, was hier als unvordenkliches Geheimnis bezeichnet worden ist."[695] In einem weiten Sinne ist es möglich, dies als Gott zu benennen.[696]

Theologisch gesprochen, fordert dieser Gott eine Stellungnahme, eine Grundentscheidung. Denn stets ist es möglich, diesem „Vonwoher der Fraglichkeit" mit Mißtrauen oder aber mit Vertrauen zu begegnen. Die geistige Fähigkeit beruht auf einer „vorrationalen Urentscheidung".[697] Zur fraglichen Gesamtwirklichkeit kann ich ja oder nein sagen. „Hier geht es um eine *Sache des Vertrauens oder Mißtrauens,* in der ich mich ohne Sicherheit und Garantie selbst aufs Spiel setze ... Entweder ich traue der Wirklichkeit zu, daß sie mich trägt, und vertraue ihr – oder nicht."[698] Die Entscheidung für das Nein, für die Sinnlosigkeit allen Wohers der Wirklichkeit ist möglich; sie ist die nihilistische Haltung. Dieses Grundmißtrauen, das ein Nein zur fraglichen Wirklichkeit ist, kann nicht konsequent in der Praxis durchgehalten werden.[699] Nicht nur, daß der Mensch zum Ja neigt und das Nein die Wirklichkeit verschließt, sondern auch, daß die Einzelschritte als sinnvoll angesehen werden, wenn auch das Ganze für sinnlos gehalten wird, kann der Nihilist nicht begründen.[700] Die Entscheidung für Nein oder Ja zur Wirklichkeit ist nicht gleichwertig, es ist keine echte Patt-Situation, sondern das vertrauende Ja hat den Vorrang, es ist ein *„weder rationalistisch beweisbares noch irrationalistisch unüberprüfbares, sondern ein mehr als vernünftiges, nämlich* überrationales *Vertrauen, das gerade so ein* rational verantwortbares, *also nicht un-*

---

692 Ebd., 217.

693 W. Weischedel, Die Frage nach Gott im skeptischen Denken, Berlin 1976, 26.

694 Ebd., 29.

695 Ebd., 31.

696 Vgl. ebd., 32. Weischedel möchte als Philosoph kein Mißverständnis aufkommen lassen. Insofern Gott ein transzendenter Schöpfer, Person und Gottmensch in Jesus Christus ist, kann dieses „Geheimnis" nicht mit Gott identifiziert werden, denn diese Redeweise ist ein Sprechen in Bildern; der skeptische Philosoph aber redet unmittelbar. Insofern aber diesem „Vonwoher" (dem Geheimnis) Mächtigkeit zukommt, das alles andere in die Fraglichkeit wirft, und es als eigener Ursprung erfahren wird, ist die Rede von Gott am Platz.

697 H. Küng, Existiert Gott?, München/Zürich 1978, 471.

698 Ebd., 485.

699 Vgl. ebd., 491.

700 Vgl. ebd.

vernünftiges, sondern durchaus vernünftiges Wagnis *ist, das aber immer Wagnis bleibt".*[701]

Urvertrauen ist also eine vernünftige Entscheidung, die allerdings die bleibende und bedrohende Fraglichkeit nicht aufhebt. Im Vollzug der Entscheidung wird jedoch eine „aufleuchtende Gewißheit" gewährt. *„Das Grundvertrauen ist eine Gabe! Die Wirklichkeit ist mir vorgegeben: Lasse ich mich vertrauensvoll auf sie ein, empfange ich sie sinn- und werterfüllt zurück."*[702] Gegen den Nihilismus ist also zu sagen, daß die fragliche Wirklichkeit das Vertrauen begründet, damit ist aber noch nicht geklärt, ob diese Wirklichkeit selbst, die dieses Urvertrauen begründet, selbst begründet oder unbegründet ist. Erst hier setzt die Auseinandersetzung mit dem Atheismus ein. Der Atheist kann nämlich sehr wohl dieses Vertrauen in seiner humanen Haltung realisieren. Atheismus und Nihilismus sind keineswegs gleichzusetzen. Ein um eine humanere Welt bemühter Atheist hat ein Grundvertrauen zur Wirklichkeit bzw. Möglichkeit, die der Mensch hat. Kann er aber sein Verhalten begründen? „Das Grundvertrauen zur Identität, Sinnhaftigkeit und Werthaftigkeit der Wirklichkeit, welches Voraussetzung ist für menschliche Wissenschaft und autonome Ethik, ist nur dann letztlich begründet, wenn die Wirklichkeit selbst, zu der auch der Mensch gehört, nicht grundlos, haltlos und ziellos bleibt."[703] Wer sich nun für ein *begründetes* Urvertrauen entscheidet, der sieht diesen Grund als letzten Sinn an, sieht eine erste Ursache und ein letztes Ziel. Der Atheismus bleibt zwar weiter möglich, rational läßt er sich nicht eliminieren, das Ja zu Gott aber bedeutet diese Begründung allen Vertrauens. Gott ist die Bedingung der Möglichkeit der fraglichen Wirklichkeit.[704] Das Nein zu Gott ermöglicht nur ein *unbegründetes* Grundvertrauen.[705] Das Ja aber erkennt in Gott den Urgrund, Urhalt, das Urziel und Sein-Selbst.[706] Gott ist die alles bestimmende Wirklichkeit.[707] Diese Aussage machen zu können ist Geschenk, ist Gabe.[708] *„Gott ist ... ein Gott der Menschen, der die Entscheidung von Glauben oder Unglauben herausfordert: Er ist Geist in schöpferischer Freiheit, die Ur-Identität von Gerechtigkeit und Liebe, ein alle zwischenmenschliche Personalität übergreifend-begründendes Gegenüber."*[709] *„Er selbst ist der allesumgreifende und allesdurchwaltende Sinn-Grund des Weltprozesses, der freilich nur im Glauben angenommen*

---

[701]   Ebd., 498f.

[702]   Ebd., 500.

[703]   Ebd., 527.

[704]   Vgl. ebd., 628.

[705]   Ebd., 627.

[706]   Vgl. ebd., 622.

[707]   Vgl. ebd., 605. Seit R. Bultmanns Aufsatz von 1933 „Reden über Gott" wurde diese „Definition" öfter wiederholt und in verschiedenen Kontexten gebraucht und mißbraucht.

[708]   H. Küng, a.a.O., 632.

[709]   Ebd., 693.

werden kann. "[710] Dieser Gott ist es auch, der allein den Menschen vollenden kann. Der Mensch selbst kann die Identität nie realisieren, denn nicht ein Menschenreich, sondern das Gottesreich ist der Zielpunkt.[711]

Bei aller Geschlossenheit dieses Ansatzes scheint er wesentliche Voraussetzungen mit dem Gottesbegriff des 19. Jahrhunderts zu teilen.
1. Er setzt alle seine Karten auf das begründende Denken des Menschen. Die Allherrschaft des begründenden Denkens wird anerkannt, und gerade dies aber ist in der Neuzeit in Frage gestellt worden. Da hilft auch kein noch so richtiger Appell an die Entscheidung des Menschen, doch ein Begründet-Vertrauender zu sein. Mitmenschen zu vertrauen, mag begründet sein, einem „Vonwoher" oder einem „Ursinn und Grund" zu vertrauen, ist ein fraglicher Analogieschluß, der ein „seiendes Gegenüber" nahelegt und voraussetzt.
2. Partikuläre Erfahrungen, wie z.B. das Vertrauen und auch die Wahl dafür, lassen sich nicht zu einem universalen Erklärungsprinzip der Wirklichkeit ausweiten. Allerklärungen nehmen a priori etwas vorweg, was sich erst im Vollzug des menschlichen Lebens herausstellen kann. Die Forderung nach dem Verzicht auf ein Prinzip, das alles erklärt (wenn dies auch nur im „Urvertrauen" geschieht), ist berechtigt und zugleich die Bedingung dafür, daß man neu von Gott sprechen kann.
3. In dieser Konzeption ist der Mensch bei aller dezisionistischen Tätigkeit rein rezeptiv. Seine weltverändernde Praxis kommt nicht in den Blick. Nur die ethische Leistung des Vertrauens ist gefordert. Das „Vonwoher" rechtfertigt die bestehende Fraglichkeit und das bestehende daraus resultierende Elend, trotz gegenteiliger Behauptungen.
4. Der Ansatz bleibt kartesianisch und in der Individualität befangen. Bei aller Betonung der Mitmenschlichkeit ist dieses Grundvertrauen von der Subjektivität zu leisten, die als Individuum gedacht wird. Die sozialen Bedingungen werden nicht berücksichtigt. Gerade diese aber stellen eine solche „freie Entscheidung" in Frage.
5. Bei der Bestimmung dieses Gottesbegriffs wird nicht klar, was darin Neues enthalten ist. Allein etwas vorsichtiger und reflektierter wird gesprochen, der Ansatz ist in der abendländischen Tradition längst entwickelt. Der „Ort" der Gotteserfahrung hat sich aber in der Neuzeit, vermittelt durch den Atheismus, verschoben. Dieser „Ort" scheint weder die „Bedingung der Möglichkeit der fraglichen Wirklichkeit" noch das „Urvertrauen" zu sein.

3. Gott als Zukunft des Menschen

Reden von Gott ist heute nur in dem Maße glaubwürdig, als es sich auf die Argumente des Atheismus einläßt. Gott ist eine menschliche Projektion; Gott

---

[710] Ebd., 709.
[711] Vgl. ebd., 718ff.

und Bosheit wie Leid sind nicht kompatibel; Gott schließt die menschliche Freiheit aus; Gott ist weder verifizierbar noch falsifizierbar und daher keine für den Menschen relevante Wirklichkeit. All diese Argumente des modernen Atheismus zielen „auf den Nachweis, daß der Gottesgedanke in keiner seiner Gestalten ein notwendig zum wachen Vollzug menschlicher Existenz gehöriger Gedanke ist"[712]. Welche Voraussetzung haben diese uns allen bekannten Argumente? Es kommt auf die Erfahrungsgrundlage an, von der her das Bekenntnis zu Gott bzw. seine Leugnung formuliert wird. Diese Erfahrungsgrundlage ist eingebettet in das strittige Geschehen der Geschichte; Gott selbst ist daher, wenn er mit menschlicher Erfahrung etwas zu tun haben soll, in den Kampf der Geschichte verwickelt. Gott erscheint nicht als eindeutig. Ein Gott freilich, der in seiner Ewigkeit gedacht wird, ist vom Anfang der Welt an als in sich vollendet vorgestellt. Dadurch aber wird Gott in Analogie zu vorhandenen Seienden gedacht. „Hier ist die atheistische Kritik im Recht. Ein mit Allmacht und Allwissenheit handelndes *vorhandenes* Wesen würde Freiheit unmöglich machen. Aber ein solches Wesen wäre auch nicht Gott."[713] Geht man nun nicht von dieser fixierten Wesensbeschreibung aus und wird ein solcher Gottesbegriff als für den Menschen irrelevant ausgeschlossen, dann läßt sich fragen, ob Gott trotzdem als „alles bestimmende Wirklichkeit" behauptet werden kann.[714] Wenn menschliche Freiheit ihm entzogen ist, dann gilt der Satz nicht und läßt sich auch nicht verifizieren. Für die heutige Erfahrung ist die Totalität aller Wirklichkeit kein abgeschlossener Kosmos, sondern ein noch unabgeschlossener Prozeß; sie ist noch unvollendet. Das vorhandene Seiende ist also das „unwahre Ganze". Gott als „vorhandenes Wesen" wäre also genau diese falsche projektierte Ganzheit; diese ist für Christen und Atheisten abzulehnen. Aber ist das alles, was über Gott zu sagen ist? Die Zukunft ist wirklich, aber sie ist nicht „vorhanden". Der Mensch ist in diesem Sinne auch nicht nur „vorhanden", sondern in seinem wahren Wesen zu verwirklichendes Subjekt. Er ist dies, weil er durch und in seiner Freiheit wird. *Grund* dieser Freiheit kann daher auch niemals ein „vorhandenes Wesen" sein, sondern nur eine zukunftserschließende Wirklichkeit. Nur diese kann auch „bestimmend" für menschliche Freiheit sein und daher „alles bestimmende Wirklichkeit" im Modus der Zukunft. Gott ist daher nur Gott, wenn er ein „kommender Gott" ist.[715] Wieso ist aber eine „Bestimmung" für menschliche Freiheit notwendig? Das vorhandene Ich wird erst durch den Vollzug konstituiert. In diesem Vollzug ist der Mensch über das, was er war, hinaus. Das bedeutet, daß der Ursprung der Freiheit nicht im vorher bestehenden Ich liegt, sondern im Anderen. Er ist darauf angewiesen, verdankt sich ihm und ist durch ihn „bestimmt". „Da der Mitmensch letztlich ebenso wie

---

[712] W. Pannenberg, Gottesgedanke und menschliche Freiheit, Göttingen 1972, 16.
[713] Ebd., 40.
[714] Vgl. W. Pannenberg, Wie wahr ist das Reden von Gott?, in: Grundlagen der Theologie — ein Diskurs, Stuttgart 1974, 34.
[715] W. Pannenberg, Gottesgedanke und menschliche Freiheit, 23.

ich angewiesen ist auf das Geschenk der Freiheit, daher kann das mitmenschliche Du nicht letzter Grund der Freiheit sein."[716] Der Mensch im Vollzug
seines Daseins setzt in seiner Freiheit also eine ihn zur Freiheit befähigende
Wirklichkeit voraus. Der Ursprung der Freiheit kann als Gott gedacht werden.
Er steht also in strengem Zusammenhang mit der menschlichen Freiheit und
im Gegensatz zur „vorhandenen" Welt. „Der gegenwärtige Ort der Wirklichkeit Gottes sind wir selbst."[717] In unserer Freiheit ist Gott die Wirklichkeit, die
alles bestimmt bzw. „zur Bestimmung bringt". Gott fungiert hier nicht als
etwas „Vorgegebenes", sondern er ist die Antizipation der Sinntotalität der
noch nicht vorhandenen Vollendung aller Wirklichkeit. Als Antizipation ist er
der „kommende" Gott, Adventus Domini. „Die Totalität der Wirklichkeit …
ist also nur in Gestalt von jeweiligen subjektiven Antizipationen der Sinneinheit alles Wirklichen zugänglich, die unausdrücklich alle Erfahrung
bestimmen, ausdrücklich aber in den Religionen zum Thema werden."[718] Gott
selbst ist diese Sinneinheit als noch kommender, und nur als solcher ist er als
Zukunft dieser Welt gegenwärtig. Gott hebt den Menschen so über das Vorhandene hinaus, befreit ihn von der Bindung an Systeme der bestehenden
Welt. Die Geschichte der Menschheit ist darum Geschichte des Kampfes um
Freiheit; im Vollzug der Freiheit ist der Mensch mit sich selbst und mit seiner
Bestimmung eins. Ist diese Gott, dann verifiziert Gott den Menschen, er wird
aber nur erfahrbar und tritt in die Welt des Vorgegebenen ein durch den Akt
der Freiheit, die den leitenden Sinnhorizont in Wirklichkeit realisiert und bewahrheitet. Dieser Gesamtsinn bleibt aber stets Antizipation und setzt sich
daher immer nur in der zweideutigen Wirklichkeit durch.[719]

Jüngel kritisiert diese Position, weil sie „die weltliche Notwendigkeit Gottes
auf anthropologischer Basis" erweisen will.[720] Es ist zu fragen, ob ein „notwendiger" Gott mehr sein kann als eine Begründungshypothese. Hat die Freiheit des Menschen einen „Grund" nötig, oder ist sie nicht *causa sui,* wie es
bereits die thomasische Tradition zu denken versuchte? Entgehen diese Über-

---

[716] Ebd., 45.
[717] W. Pannenberg, Wie kann heute glaubwürdig von Gott geredet werden?, in: Deutscher
Evangelischer Kirchentag Stuttgart 1969. Dokumente, Stuttgart 1970, 157.
[718] Ders., Wie wahr ist das Reden von Gott?, 38.
[719] Ähnliche Überlegungen finden sich bei J. Moltmann über den „Gott der Hoffnung", in:
Theologie der Hoffnung, München 1964; Der gekreuzigte Gott, München 1972, und:
Trinität und Reich Gottes. Zur Gotteslehre, München 1980 wie auch bei K. Rahner, der
Gott als die „absolute Zukunft" versteht, in: Schriften zur Theologie VIII, Einsiedeln
1967, 575, oder bei J.B. Metz, der von „Gott vor uns" spricht in: Zur Theologie der
Welt, Mainz 1968, wenn auch die Ansätze Barthsche oder transzendentalphilosophische
Prämissen zeigen. Vgl. dazu: H. Döring, Abwesenheit Gottes, Paderborn 1977, 353-394,
und: Gott vor uns, in: E. Bloch zu Ehren, Frankfurt 1965, 227ff.
[720] E. Jüngel, Gott als Geheimnis der Welt. Zur Begründung der Theologie des Gekreuzigten im Streit zwischen Theismus und Atheismus, Tübingen 1977, 19f.

legungen dem begründenden Denken oder versuchen sie nicht doch Gott als eine Finalursache zu verstehen?

Entscheidend ist sicher, daß Gott mit dem Selbstvollzug des Menschen in so enge Verbindung gebracht wird, daß im Freiheitsgeschehen und im Akt der Befreiung Gott antizipatorisch gegenwärtig wird und von Gott dort gesprochen werden kann, wo Freiheit verifiziert wird. In ihr wird Gottes Kommen zu den Menschen indirekt bewahrheitet und erfahrbar.

4. Gott als Geheimnis

Der Atheismus lehnt einen für den Menschen notwendigen Gott ab. Ist dies berechtigt? Ist Gott notwendig? Kann diese Denkkategorie auf ihn angewendet werden? Die These lautet: *„Gott ist mehr als notwendig.“*[721] Notwendig wird dem Beliebigen entgegengesetzt, wobei nur das Notwendige als wesentlich anerkannt wird. Das Kontingente wird als unwesentlich im Bezug auf den notwendigen Gott gedacht. Aber ist das Kontingente nicht auch wesentlich? Die Notwendigkeit ist eine unzureichende Kategorie, denn sie setzt immer ein anderes Seiendes voraus, wofür sie „notwendig“ ist. Gott wird in der Weise des „hinreichenden Grundes“ für die Welt gedacht. Die Frage, die der Satz vom „zureichenden Grund“ aufwirft, ist allerdings wichtig: Warum ist nicht nichts und ist es so und nicht anders? Aber die Antwort macht Gott für die Welt notwendig, und genau das ist fraglich. Wenn Gott die Wirklichkeit ist, die über Sein und Nichtsein entscheidet, steht er nicht in einem „notwendigen“ Verhältnis zur Welt. „Ist Gott der über Sein und Nichtsein Entscheidende [und insofern zwischen Sein und Nichtsein überhaupt erst Unterscheidende], dann läßt sich von ihm keine Notwendigkeit aussagen. Als grundloses Sein ist Gott nicht notwendig und doch mehr als notwendig.“[722] Grundloses Sein, Ereignishaftigkeit und Freiheit dieses Seins geht über die Notwendigkeit hinaus. Aus der Frage nach dem Grund läßt sich Gott nicht als notwendiger Grund aufzeigen, denn die Tatsachen, Sein und Nichtsein, sind ambivalent. Die Erfahrung des Menschen, nicht sein zu können, kann auch nur Angst hervorrufen; Angst nicht als Mangelerscheinung, sondern positiv als Sorge für das Seiende. Der Mensch ist nicht weniger menschlich, wenn er in der „Fürsorge“ verharrt, ohne auf einen Gott zu schließen. Auch nicht mittels eines „Urvertrauens“ kommt Gott zur menschlichen Erfahrung, denn dabei spielt er wieder die Rolle eines „notwendigen Gottes“.[723] Ist Gott aber nicht notwendig, dann sind der Mensch und seine Welt wie auch Gott um ihrer selbst willen interessant; aber Gott macht diesen Menschen erst in neuer Weise interessant. Denn Gott ist nicht nur „oberhalb“ des Gegensatzes von Sein und Nichtsein, sondern „mitten drinnen“, er bestimmt sich in diesem Gegensatz, er ist

---

[721] Ebd., 30.
[722] Ebd., 41.
[723] Vgl. ebd., 43.

„sich ereignende Selbstbestimmung".[724] Er kommt von sich, zu sich als Herkunft und Zukunft. So bestimmt er sich zum Menschsein. „Gott kommt von Gott; aber er will nicht ohne uns zu sich selbst kommen. Gott kommt zu Gott – aber mit dem Menschen. Deshalb gehört schon zu Gottes Göttlichkeit seine Menschlichkeit."[725] Um Gott zu denken und gegen die Gottlosigkeit mancher theistischer Anschauungen auszulegen, ist es entscheidend, Gott nicht ohne den Menschen begreifen zu wollen. Man scheidet die Selbstlosigkeit der Liebe in Gott aus, wenn man Gott zu sich kommen läßt, Gott in sich verstehen möchte ohne Mensch und Welt. Genau diese Liebe aber sprengt auch die Notwendigkeit, da sie sie überbietet, mehr als sie ist. Liebe läßt sich auch hinausdrängen, wo sie abgelehnt wird, und gerade deshalb, weil die Weltlichkeit der Welt ohne Gott denkbar ist, kann Gott nicht ohne die Welt gedacht werden.[726] Freilich, einen Gott, den man braucht, den man „hat", gibt es nicht, er ist tot. Das Wort „Gott ist tot" problematisiert daher primär nicht die *Existenz,* sondern das *Wesen* Gottes; sein Wesen ist nicht mehr verstehbar. Denn dieses Wesen mußte in der abendländischen Tradition jeden Mangel entbehren. Wird die Wesenheit aber so hochstilisiert, dann kann Gott in seinem *Wesen* nicht bei mir anwesend sein, kann nicht erfahrbar sein. Wird er aber so in seiner *Existenz* gedacht, daß er den Menschen nahe und zugänglich ist, dann werden Wesen und Existenz Gottes (zumindest im Denken selbst) getrennt. Die Existenzerfahrung zu leugnen ist dann ein leichtes, weil ein solch unnahbares, mangelfreies Wesen in keinem Geschehen zugänglich ist. Richtet sich das Denken auf das Endliche, ist es selbst endlich, und ist Gott andererseits ohne Beschränkung, dann ist der Schluß, daß Gott nicht existiert, äußerst nahe und logisch.[727] Ja, um diesen unendlichen Gott denken zu können, muß die Existenz Gottes geleugnet werden, wie es etwa bei Feuerbach geschehen ist.[728] Wenn das denkende Subjekt (wie bei Descartes) über die Existenz entscheidet, dann setzt sich das *cogito* „zwischen die essentia Dei und die existentia Dei und zersetzt so den als Einheit von Wesen und Existenz gedachten Gottesbegriff."[729] Hier liegt der eigentliche Atheismus der Neuzeit, weil der Ansatz des sich selbst begründenden Ichs Gott zu denken unmöglich macht. Wenn heute Gott gedacht werden kann, dann darf in dieses Denken kein Unterschied zwischen Wesen und Existenz Gottes eindringen. Es müßte die ursprüngliche Einheit von Dasein und Sosein freigelegt werden.[730] Erst der sich ereignende Gott kann dieses Denken befreien. Der *Gottesgedanke* folgt erst

---

[724] Vgl. ebd., 45.

[725] Ebd., 47. Hier klingt ein Verständnis Gottes an, nach dem „Gottes Sein im Werden" ist (E. Jüngel, Gottes Sein ist im Werden, Tübingen 1965). Ähnlich auch K. Rahner, „Gott wird *am* anderen", Schriften zur Theologie V, 193ff.

[726] Vgl. E. Jüngel, Gott als Geheimnis der Welt, 81. Wir finden hier Bonhoeffers Gedanken wieder.

[727] Vgl. ebd., 186.

[728] Vgl. ebd., 201.

[729] Ebd., 200.

[730] Vgl. ebd., 205.

aus dem Geschehen. Das heißt, das Denken muß sich auf den Glauben einlassen und kann erst dann verstehen, daß Gott ohne Glaube nicht gedacht werden kann. Dieses Glaubensereignis heißt Jesus von Nazareth. „An Jesus zu glauben, bedeutet, ihn als denjenigen Menschen zu verstehen, durch den und in dem Gott definitiv zugänglich geworden ist."[731] Weder die Mächtigkeit des Menschen, noch seine Ohnmacht führt zu Gott, sondern Gott muß handeln, Ereignis werden. Erst dann ist der Mensch vernünftig, wenn er erkennt, daß er von sich aus keinen Gott konstruieren kann. Dann ist „Gottes Sein im Kommen".[732] Wir können nur „mitgenommen" werden in diesem Geschehen, und zwar im doppelten Sinne dieses Wortes. Der Mensch kehrt dann in seinem Denken nicht mehr auf sich selbst zurück, sondern er bleibt im Glauben beim Geglaubten, bei Gott. Sein und Denken sowie Wesen und Existenz erscheinen nicht mehr als Gegensätze, sondern in der Weise der Entsprechung. Der Mensch braucht sich nicht mehr rückzuversichern, sondern er kann sich verlassen; auch dies im doppelten Sinne, in dem er sein Selbst verläßt und sich auf den anderen einläßt. So lasse ich dann gleichsam den anderen für mich dasein.[733] Die Identität erhalte ich nur im anderen. Gott selbst wird so Einheit mit dem Vergänglichen, mit der Vergänglichkeit. „Die *sicherstellende* Funktion des Menschen bliebe dann auf die *Herstellung von Welt* limitiert."[734] Gott aber ist im Glauben denkbar, denn der Mensch lebt nicht von der Kontrolle, sondern vom Vertrauen. Gott wird hier auch nicht als ein eingreifender „Doktor alles gut", verstanden, aber auch nicht als eine Antizipation einer Sinnganzheit[735], sondern als Wort, das uns anspricht, indem es sich ausspricht. Dies geschieht in Jesus Christus. „In dieser *Existenz* Gottes bei dem Menschen Jesus vollzieht sich das göttliche *Wesen*. Und der Glaube wahrt die Identität von Wesen und Existenz Gottes, indem er Gottes Sein als ein Sein bei dem Menschen Jesus und ebenso als ein Sein für alle Menschen wahrnimmt."[736] Nur aus der Einheit mit der Vergänglichkeit ist Gott also zu begreifen. Das heißt, ohne die Möglichkeit ist Gottes Wirklichkeit nicht zu verstehen und nicht wirklich.[737] Gott ist also mitten im Streit der Vergänglichkeit zwischen Sein und Nichtsein, im Streit von Nichts und positiver Möglichkeit. Das Nichts wird damit in die Geschichte Gottes einbezogen. Gottes Sein ist im Werden.[738] Im Sterben Jesu ereignet sich Gott als Liebe. Dies Ereignis bringt uns in die Frage, ruft uns. Es ist Geheimnis. „In das Geheimnis, das Gott ist, kann der Mensch ... nur berufen werden."[739] Wir müssen uns ergrei-

---

731   Ebd., 207.
732   Ebd., 213.
733   Vgl. ebd., 242f.
734   Ebd., 253.
735   Vgl. ebd., 255 gegen Pannenberg.
736   Ebd., 259.
737   Vgl. ebd., 292ff. Gott ist daher gerade nicht als *actus purus*, als „reine Wirklichkeit" zu denken!
738   Vgl. ebd., 305.
739   Ebd., 340.

694

fen lassen. Von der Liebe kann man nur ergriffen werden. Diese Liebe ist Gott.[740] Gott verschenkt sich, indem er in die Lieblosigkeit eingeht und das Nichtliebenswerte liebenswert macht. Der Glaube ist diese Erfahrung der Liebe. An den Sieg der Liebe kann man nur glauben; so ist uns Zukunft offen.[741] Wer liebt, hat Grund zu hoffen. So ist der Mensch nur durch den auf ihn zukommenden Gott begrenzt; human ist, was der Liebe dient.[742]

Hier wird versucht, Gott mit der Geschichte wesentlich zusammenzudenken. Die Möglichkeit und nicht die Wirklichkeit (als Tatsächlichkeit) ist für den Gottesbegriff entscheidend. Kategorien wie Notwendigkeit und Grund der Wirklichkeit werden als inadäquat erkannt. Auch sind Wesen und Existenz Gottes eine solche Einheit, daß sie selbst im Denkprozeß nicht unterschieden werden dürfen. Hier kann man aber fragen, ob nicht der abendländischen Tradition ein zu hoher Tribut gezollt wird und ob dieses Begriffspaar vielleicht in diesem Zusammenhang gar keine Verwendung finden dürfte. Bleibt ferner trotz aller Handlungsbezogenheit Gottes nicht doch das Schema von Egreß-Regreß bestimmend? Ist wirklich in allen Punkten der menschliche Begründungsversuch zurückgewiesen? Oder nur zu früh abgebrochen? Die größten Schwierigkeiten wird der Glaubensbegriff machen, da er unvermittelt dort eingesetzt wird, wo weiter gedacht werden müßte.[743] Nicht Glaube und begründendes Denken sind die Alternativen, sondern relationales und objektivierendes Denken; das relationale Wahrheitsverständnis hat als *einen* Seinsmodus den vertrauenden, expliziten Glauben, aber es darf nicht darauf beschränkt werden. Objektivierendes Denken ist zwar begründendes Denken, kann sich aber auch durch Autorität Begründungen ersparen. Relationales Denken hat die Gründe in sich und braucht keine Gründe (auch nicht „Glaubwürdigkeitsgründe") außerhalb des Geschehens. Damit ist es aber eben noch nicht als christlicher Glaube spezifiziert. Man muß den Anspruch sachlich rechtfertigen, wenn man meint, nur der Christ habe einen wahren Gottesbegriff. Die Berufung auf den christlichen Glauben (der den philosophischen Glauben ausschließt) ist zu eng und setzt ein „Geheimnis", wo es keines gibt, will man dem Anspruch des Denkens gerecht werden.

---

[740] Vgl. ebd., 452.
[741] Vgl. ebd., 465ff.
[742] Vgl. ebd., 538ff.
[743] H. Fries, Wie heute von Gott reden?, in: Möglichkeiten des Redens über Gott. Düsseldorf 1978, 9-30; setzt sich mit Jüngels Position ausführlich auseinander und hat den schwachen Punkt dieses hervorragenden Buches von Jüngel „Gott als Geheimnis der Welt" gut getroffen, wenn man auch nicht seine Ansicht teilen muß. Fries meint, daß der Glaube „Glaubwürdigkeitsgründe" brauche (21), um verifizierbar zu sein.

5. Gott als Sprachproblem

Durch sprachkritische Überlegungen kann die folgende Position vorbereitet werden.[744] In der Sprachanalyse wird die Forderung nach Exaktheit erhoben, denn die sprachliche Verfaßtheit des Menschen ist die Bedingung der Möglichkeit von Erkenntnis. Eine nicht reflektierte Sprache bzw. nicht analysierte Sprachspiele könnten zu Verwechslungen und Irrtümern führen. Das Wort „Gott" wird in der Regel in einem gemeinsamen Sprachspiel gelernt, also durch sprachliche Äußerungen in bestimmten Situationen, die von einem entsprechenden (oder nicht entsprechenden) Verhalten begleitet sind. In der Rede von Gott gibt es einen unterschiedlichen sprachlichen Kontext, auch wenn durch die Verwendung des Wortes Gott eine gewisse Ähnlichkeit aufgewiesen werden kann. Gott ist in diesem Sinne ein analoger Begriff. Er wird durch Erzählen oder Berichten eingeführt, wobei die eigenen Erschließungssituationen mit eingebracht werden und „persönliche" Erfahrungen in einem Kommunikationsprozeß vermittelt werden, die von bestimmten Interessen geleitet sind. So werden Verstehensbedingungen aufgezeigt, unter denen von Gott gesprochen wird, aber keine „Begründungen", die dazu veranlassen, „notwendig" von Gott zu sprechen. In einem solchen Vermittlungsgeschehen wird Orientierung angeboten. In einem religiösen Sprachspiel wird Daseins- und Handlungsorientierung weitergegeben. Insofern aus diesem Kontext erkennbar ist, wie das Wort „Gott" verwendet wird, also durch die Redeweise erst seine Bedeutung erhält, spricht man von Gott als einem synkategorematischen Ausdruck. Gott ist ein „Synsemantikon" im Gegensatz zu einem „Autosemantikon"[745], das im Sinne eines Eigennamens, eines Nominators, fungiert. In der Auslegung des Wortes Gott in einem kommunikativen Sprachgeschehen wird Verzicht geleistet, von einem „transzendentalen Gegenüber" zu sprechen. Es kommt aber zum Ausdruck, daß die Orientierungshilfe, die mit dem Wort Gott angesprochen wird, nicht vom einzelnen hervorgerufen wird, sondern in einem langen Geschichtsprozeß geworden ist, und daß die Annahme dieser Orientierung nicht machbar ist, nicht kausal logisch erzwungen werden kann, sondern „nur" eine Bezeugung darstellt, die zum „Mitmachen" einlädt. Gott ist hier im Geschehen ein Prädikator. Als Eigenname kann er nur metaphorische Geltung haben. Wo er zum „Subjekt" wird, liegt eine symbolische Verwendung vor. Gott wird aus dem Geschehenskontext verständlich, wenn es heißt: Es ist Gott, wenn Menschen füreinander einstehen und Daseins- und Handlungshilfen anbieten. Er wird als Prädikation gebraucht, um ein qualifiziertes Ereignis zu verdeutlichen. Wenn dagegen deskriptiv ausgesagt wird: Gott ist allmächtig oder Gott liebt die Menschen, dann wird er zum Subjekt,

---

[744] Es handelt sich hier nicht um eine eigenständige Position, sondern um sprachphilosophische Hinweise, wie das Wort „Gott" verwendet werden kann. Eine treffende Gesamtanalyse findet sich bei J. Track, Sprachkritische Untersuchungen zum christlichen Reden von Gott, Göttingen 1977.

[745] Vgl. G. Ebeling, Wort und Glaube II, Tübingen 1969, 416.

zum Eigennamen. Dann erhebt sich die Frage, wie sich diese Aussage verifizieren oder falsifizieren läßt und welchen Sinn sie hat. Als Metapher für ein geschichtliches Geschehen kann sie als sinnvoll verstanden werden, aber eben nicht mehr.[746] So wird die *informative* Redeweise „über Gott" wesentlich metaphorisch (nicht jedoch fiktiv oder ideativ) zu verstehen sein, während *performative* Redeweise (die auch emotive, voluative und präskriptive einschließen kann) im dialogischen Kommunikationsprozeß Gott prädikativisch verwenden wird.

Gott meint daher a) *keine* Erklärung unbekannter Ursachen, b) *keine* Autorität, die nicht hinterfragt werden darf, und c) auch *nicht* die Unfähigkeit des Menschen, sein Leben sinnvoll zu gestalten. Gott würde nur als eine Leerformel fungieren, da die metaphorische Redeweise nicht berücksichtigt und wie über vorhandene Seiende gesprochen wird.

Gott kann *aber* ausgesagt werden a) von einem menschlichen Leben, das sich kommunikativ verantwortet, b) das die Welt und Geschichte bejaht als Ort sinnvollen Lebens, c) wobei die Sinnhaftigkeit in der Liebe zum anderen, indem ich für ihn einstehe, offenbar wird.[747]

Daraus ergeben sich folgende Forderungen für ein sinnvolles Sprechen von Gott:

1. Aussagen von Gott dürfen nicht bedeutungslos sein. Sie müssen eine Funktion haben, die zumindest indirekt verifizierbar bzw. falsifizierbar ist. Insofern allgemein das Reden von Gott geschichtliche Wirksamkeit gezeigt hat, kann es nach dem Sinnkriterium sprachlich nicht als bedeutungslos gelten. Freilich, Aussagen über Gott von unbegrenzter Weite, die informativ verstanden werden wollen (Gott hat die ganze Welt erschaffen und lenkt alle Geschicke der Menschheit), sind so leer, daß sie als rein spekulativ erscheinen und keinen (möglichen) Erfahrungsgehalt in sich bergen. Als absolute Horizontaussagen sind sie ideologieverdächtig. Ist Gott ein „unsichtbarer Gärtner", der total unerfahrbar ist, dann kann man fragen, wodurch er sich überhaupt von einem „nichtexistenten Gärtner" unterscheidet.[748]

2. Aussagen von Gott dürfen logisch nicht in die Irre führen. Was ist logisch gemeint, wenn der Satz ausgesprochen wird: „Gott ist …". In welchem Kontext wird er verwendet? Ist er deskriptiv oder ist er eine Orientierungshilfe im Lebenszusammenhang? Wenn wir sagen: „Es regnet", dann meinen wir kein Subjekt, das regnet oder regnen läßt, sondern den Vorgang des Regnens. Unsere Sprache aber kann uns irreführen, wenn ein „Seiendes" hinter dem Regen

---

[746] Hier werden sich die unterschiedlichen christlichen Selbstverständnisse scheiden. Vgl. zur Metapher: P. Ricœur/E. Jüngel, Metapher, München 1974, 45ff., in: EvTh (Sonderheft).

[747] Vgl. J. Track, a.a.O., 278f.

[748] Vgl. die Erzählung vom unsichtbaren Gärtner von Antony Flew.

vermutet wird.[749] Der Sinn der Aussagen erweist sich allein im Kontext des Sprachgeschehens.[750] Der logische Zusammenhang ist für Sinnhaftigkeit und Sinnlosigkeit entscheidend und damit auch für den Wahrheitsgehalt.

3. Aussagen über Gott müssen existentiell und gesellschaftlich humane Daseins- und Handlungsorientierungen geben. Psychologisch und politisch dürfen sie den Menschen nicht irreführen. Wenn Gott als Garant und letzte Ursache bestehender Verhältnisse angesehen wird, wenn alles, was ist, gut ist und nur der Mensch sich diesen Umständen anpassen muß, dann werden die Systeme göttlich und der Mensch zum Mittel degradiert. Wenn ich nur dann gut bin, wenn ich mich unterordne unter das Gegebene, wird meine personale, schöpferische Freiheit zerstört. So werden Ausdrücke wie: „Wie mein Gott will, so sei's" usw. politisch den Menschen in die Entfremdung führen und ihm ethische Gewaltakte abfordern. Wenn Gott als Quelle der Möglichkeit angesehen wird, unser eigenes Schicksal in die Hände zu nehmen, dann kann die Rede von Gott politisch und existentiell befreiend wirken.

Bei allen Aussagen ist festzuhalten, daß sie, sobald sie als objektive Information verstanden werden, Gott zu einem „objektiven" Subjekt machen können. Gerade deshalb ist die Besinnung auf die Sprechweise nicht bedeutungslos. Sie kann nämlich auch auf den Geschehens- und Verstehenszusammenhang verweisen, und der Kontext kann enthüllen, wieweit Gott als Aussage vom Menschen zu begreifen ist.

Das Sprechen von Gott wird immer abhängig sein vom anthropologischen Verständnis; denn Reden von Gott ist immer Reden vom Menschen. Die analytische Sprachphilosophie hat exakt diesen Zusammenhang kritisch wie nie zuvor aufgezeigt.

6. Gott als Aussage vom Menschen

6.1. Gottes Funktion

Wie ist heute ein befreiender Glaube an Gott möglich? Am Beginn unserer Ausführungen stellten wir eine mögliche Funktion des Gottesglaubens fest. Im objektivierenden Denken hat Gott die Funktion, das Vorhandene zu begründen und den Besitzstand zu rechtfertigen. Dieser Gottesbegriff ist eine menschliche Projektion, die erdacht wurde, um eine Sinnvorgabe zu erlangen und die eigene Existenz wie die der Welt abzusichern. Gott ist ein Projekt, das die Überwindung des empfundenen Mangels und der unabgegoltenen Sehn-

---

[749] Z.B. in der Sprache der Hopi-Indianer wird dieses „Es" nicht gesprochen; H. Fischer, Glaubensaussage und Sprachstruktur, Hamburg 1972, 162f., 287.

[750] Vgl. dazu G. Ebeling, Dogmatik des christlichen Glaubens I, Tübingen 1979, 182ff. Die Grundsituation des Menschen ist die Sprachsituation; auf die muß das Reden über Gott ausgerichtet sein. Im Wortgeschehen *ist der Ort* zu suchen, an dem Erfahrung der Gotteswirklichkeit möglich ist. Vgl. H. Döring, a.a.O., 250-275; W. Luijpen, Wenn ich „Gott" sage. Über die Sprache des Glaubens, Graz 1973.

süchte sowie den Traum von einem erfüllten, sinnvollen Leben garantiert. Eine solche Vorgabe gibt es nicht. Sie macht den Menschen zu einem Untertan und Gott zu einem seienden Wesen. Mit einer Begründung in Gott hat es nichts auf sich. Aus einem physikalischen Kausalprinzip läßt sich kein metaphysischer Begründungszusammenhang herstellen. Das begründende Denken produziert als Denkgrenze die Gottesidee. Es ist so wie J.-P. Sartre sagt, daß Kafkas Herr K. das Tor des Gesetzes, in das er eindringen will und dessen Lichtschein er erkennt, sich selbst gebaut hat, ja bauen mußte, um seine eigene Selbsttranszendenz zu erschaffen. Der Mensch ist ein auf Godot Wartender, der niemals kommt. Die Bewegung des Ergründens geht nie zu Ende, solange wir leben; erst im Tod, wenn wir zugrunde gehen, hört das Begründenwollen auf. Solange diese Denkbewegung, die in ihrem Bereich menschliche Entwicklung möglich macht und das Menschsein mitkonstituiert, das *alleinige* Denkmodell bleibt, von dem her sich der Mensch begreift, verliert er sich in eine Idee, die er Gott nennt, die aber nur eine leere Grenzerfahrung ist. Auf dieser Linie sind die Sinnlosigkeit und die Absurdität menschlicher Existenz niemals aufhebbar. Es ist die Seite der Machbarkeit, auch der Technik, die menschliches Leben erträglicher machen kann und sowohl Wohlstand als auch einen Gott als Opiat produziert, der die Nichtbegründbarkeit wegzuretuschieren scheint. Eine „unendliche" (indefinite) Annäherung mag möglich sein, niemals aber wird das begründende Denken seinen „Grund" finden können. Der Mensch lebt nicht allein vom Brot, und d.h. vom Ergründen und Begründen seiner Existenz. Die Jahrhunderte der abendländischen Kultur haben auf dieser Ebene eine Perfektion erlangt, die heute umgeschlagen ist und Technik wie Gott in ihre Grenzen weist. Die Machbarkeit und der sie begründende Gott, so sehr sie auseinandertrifteten, sind ein Geschwisterpaar menschlicher Selbstproduktion. Der Mensch auf diese Eindimensionalität seines Begründungsvollzugs reduziert, sprengt heute diese Fesselung und verzichtet gern auf den Gott, der allem a priori einen Sinn gibt und zweifelt an dem Sinn aller technischen Machbarkeit. „Ihr werdet sein wie Gott" – der „Gotteskomplex" richtet sich gegen den Menschen selbst –, er fällt ins Bodenlose, ins Nichts und in die Selbstvernichtung, wenn er diese eine menschliche Dimension nicht in ihre Grenzen weist. Sie heißt: Dieser Gott ist nicht, und die Verfügbarkeit zerstört den Menschen, indem er zu einem Manipulationsobjekt wird. Gott aber ist als Begriff nicht eindeutig auf die Begründungsfunktion festgelegt und nicht notwendig als ein Seiender zu verstehen. Der Gottesbegriff, wie aufgezeigt, kann eine Funktion in der Produktions- und Dienstleistungsgesellschaft haben. Der Unterschied zur Konsumgesellschaft besteht darin, daß Gott keine Begründungsfunktion für das erreichte Ziel hat, sondern die Distanz zum Menschenwürdigen angibt. D.h., Gott fungiert genau gegenteilig. Er ist der Index des Humanum und weist auf das Unmenschliche jedes erreichten Zieles hin, sei es ein Produkt, sei es eine menschliche Dienstleistung. Gott ist die Verweigerung des hinreichenden Grundes. Er verweigert die Sinnerfüllung im Gegenständlichen. Gott fungiert als Verweis auf eine andere menschliche Dimension, auf das Beziehungsein des Menschen. Worte wie Freundschaft, Vertrauen, Liebe usw. weisen auf die Dimension zwischenmenschlicher Begegnung, in der es keine Über- und Unterordnung gibt. Der Bereich der Gegenstände, des Ent-gegen-Stehens wird transzendiert auf das Bei-Stehen, auf die Solidarität und Mitmenschlichkeit. Dieses „Transzendieren" ist eine echte reale Transzendenz, d.h. Vollzugswirklichkeit. Dieses „Transzendieren" als das Gute und Überwältigende für den Menschen ist Gottes Funktion. Von der Beziehungswirklichkeit, von den „Verhältnissen" her, die vom Tun des Menschen nicht zu trennen sind, wird das Wort Gottes verstanden. Gerade das heutige Stadium der gesellschaftlichen Entwicklung des Menschen macht auf diesen „Ortswechsel Gottes" aufmerksam. Wenn ich Gott sage, dann erkläre ich damit letztlich nicht alles, sondern ganz im Gegenteil, ich weise auf die Sinnlosigkeit des reduzierten Menschseins hin. Nicht Besitz, auch nicht der Besitz des „ewigen Lebens", macht den Menschen, sondern sein Sein, sein Leben in den (positiven) Beziehungen. Gott fungiert als Sinn und Wertangabe menschlicher Relationalität. Das ist ein „Ort", an dem das Wort Gott einen neuen Sinn erhalten kann. Freilich heißt das, daß der Gottesbegriff selbst verändert wird. Nicht der eine monotheistisch verstandene, höchste Seiende ist Gott, sondern *Gott* ist die *Bedeutung* der *menschlichen Solidarität*. Daher kann Gott selbst nur ein *Relationsbegriff* sein. Von Gott zu sprechen hat nur Sinn, wenn er relational verstanden wird. Alle anderen Begriffe von Gott machen ihn zu einem Seienden. Dann sind die Schwierigkeiten, wie bereits gezeigt, unüberwindbar, und das Gottdenken verstrickt sich in unlösbare Widersprüche. Gottesfreiheit und die Menschenfreiheit stehen einander gegenüber. Das Theodizeeproblem bleibt offen. Man versucht „nach Auschwitz" an den göttlichen Prädikaten zu rütteln. Er sei doch nicht „allmächtig" usw.[751] Es wird gestritten, ob Gott leidensfähig sei oder nicht, und so wird der dämonische Gott mit einem teuflischen Gott ausgetrieben. Ähnlich ergeht es den theologischen Aussagen, wenn von dem Außenweltgott Abstand genommen wird und er in die Subjektivität verlegt wird.[752] Entweder wird die Gotteswirklichkeit ganz gestrichen, oder Gott bleibt in irgendeiner Form ein Seiender wie beim begründenden Denken, in mir oder außer mir oder beides zugleich. Das alles sind Folgen, weil nicht ausreichend über den Beziehungsbegriff reflektiert wird. Er schließt alle diese Lösungsversuche aus, und alle Pseudoprobleme verschwinden und existieren nicht mehr. Nur weil Theologen einen Gott gebastelt haben, der für sie brauchbar war und vielleicht noch immer ist, sind Fragen und Probleme entstanden, die entweder Gott oder den Menschen in Verruf brachten. Das Zauberwort bleibt dann: „Göttliches Geheimnis". In dieses braucht man nur mit einer „Nadel" hineinzustechen, und es zerplatzt wie

---

[751] G. Schiwy, Abschied vom allmächtigen Gott, München 1995. Gegen Küng, Groß und Kuschel, 136ff.

[752] Vgl. D. Funke, Gott und das Unbewußte. Glaube und Tiefenpsychologie, München 1995.

ein Luftballon. Das so verstandene „Geheimnis" Gottes ist nur noch eine leere Hülle. Nur eine andere Begrifflichkeit und Funktion kann hier helfen. Für einen relationalen Gottesbegriff ist in der Produktions- und Dienstleistungsgesellschaft ein sinnvoller Platz. Es ist verständlich, wieso Menschen von Gott so sprechen können, daß dieses Sprechen eine Funktion für uns heute hat. Gott ist der Verweis auf den Sinn des Menschseins als Beziehungsein, als Solidarität. Der Gebrauch des Wortes Gott ist dann der Einspruch gegen das Habhaftwerden des Menschen. Gott ist der Index möglicher Menschlichkeit. So gebraucht, hat das Wort Gott Sinn für geglücktes Menschsein. Das alles steht aber immer unter dem Vorbehalt der Erfahrung. Nur von ihr her läßt sich ein Übergang vom Begriff zur Wirklichkeit rechtfertigen. Da in der Beziehungsdimension jeder Beweis a limine auszuschließen ist, kann kein Gottesbeweis greifen. Gerade weil kein Beweis Gottes möglich ist, ist eine Gotteserfahrung als Möglichkeit nicht auszuschließen.

6.2. Gotteserfahrung

Nur wenn Gotteserfahrung im Diesseits, hier und heute möglich ist, kann von einer Wirklichkeit gesprochen werden, die einen solchen Namen „Gott" rechtfertigt.

Ist Gott nur dann zu erreichen, wenn die Welt der konkreten Schicksale verlassen wird, wenn man menschliches Leid abstreift und in eine jenseitige Welt emporsteigt, entweder durch abstrahierendes Denken oder willentlichen Glaubensakt, dann ist für einen solchen Gott keine echte Erfahrungsbasis gegeben, er bleibt im „Jenseits" und ist für den Menschen uninteressant. Seine Bedeutung liegt nur noch darin, eine intellektuelle Begründung zu geben, warum menschliches Sein ist, aber diese Begründung ist leer und wertlos, weil sie ein Begriffsspiel bleibt.

Eine Erfahrung der Erfüllung macht der Mensch dort, wo sich die Wirklichkeit in ihrer Gesamtheit zeigt, wo Geist in Welt ist. In der menschlichen Existenz wird zum ersten Mal eine absolute Erfahrung gemacht, die qualitativ nicht übersteigbar ist. Diese Erfahrung machen wir aber nicht mit unserer eigenen Existenz, sondern primär durch ein begegnendes Du. Psychologie und Philosophie wissen, daß die menschliche Person durch das Du zur Selbsterhellung und Selbstanderfahrung kommt. Das personale Du bringt mich mir selbst als Person entgegen, und ich empfange mich als Person von der Person des anderen als Geschenk. Diese Angewiesenheit auf das Du ist für die menschliche Person konstitutiv und stellt den grundlegenden gesellschaftlichen Bezug des Menschen dar. In der Beziehung zwischen Personen entscheidet sich das Dasein des jeweils anderen, ob es vermenschlicht oder in unmenschliche Situationen gestoßen wird.

Diese Erfahrung der anderen Person ist eine Erfahrung der Fülle dessen, was mich unbedingt angeht, mich verpflichtet. Im Gelingen der Begegnung, der gesellschaftlichen Beziehungen, wird eine Vollkommenheit offenbar, die nicht auf den einzelnen reduzierbar ist. So verstehen sich beide als Geschenk bzw. als beschenkt. Diese Erfahrung geht über die kontingente Person hinaus. Dabei spielt aber nicht die Mangelhaftigkeit der Person die Rolle, sondern die Fülle, die ein „höheres" Ereignis anzeigt, als menschliche Person in sich selbst ist.

Würde das menschliche Du immer nur als feindliche Macht begegnen und keine positive Möglichkeiten eröffnen, die man sich selbst nicht geben kann, dann würde sich in der Existenz des anderen eine „Hölle" auftun, die das Leben unmenschlich macht. Im Bereich solcher Erfahrungen, der Verweigerung von Kommunikation, ist der Mensch von jedem Du getrennt und erfährt im wahrsten Sinne des Wortes gott-lose Situationen. Jeder Zugang zu der Wirklichkeit, die wir Gott nennen, ist dann erloschen.

Daher ist die Bedingung möglicher Gotteserfahrung das menschliche Du. Dieses muß als ein „Miteinander-Dasein" erfahren werden. Das ist nur dann der Fall, wenn das Du in Liebe begegnet. Ohne Erfahrung der Liebe, des Liebenkönnens und bzw. oder des Geliebtwerdens ist die mitmenschliche Person nicht verständlich. Ohne ein Minimum einer Bejahung des anderen, einer Liebe zu ihm, ist gesellschaftliches Zusammenleben unmöglich. Soll daher sinnvoll von Gott gesprochen werden, so ist die Bedingung dafür Anerkennung des Nächsten. In der Liebe zu ihm offenbart sich eine letzte Tiefe, die als Gott bezeichnet werden kann.

Die Erfahrung dieser „Offenbarung" versucht die Menschheit in ihrer Tradition aufzuzeigen. Die Bibel deutet diese zwischenmenschliche, gesellschaftsverändernde Erfahrung als Gott. Die Mitmenschlichkeit hat eine letztgültige Qualifikation. Für die Schrift ist es daher selbstverständlich, daß überall dort, wo echte Liebe anwesend ist, Gott ist, denn er ist die Liebe.

Als ein Modell für die Interpretation der Liebe, als ein Ereignis, das Gott genannt werden kann, fungiert Jesus Christus. In ihm erfahren wir, daß wir dort „Gott" erblicken, wo wir Jesus sehen. Im Diesseits, mitten im Leben, das von Leid und Freud, von Unglück und Glück, von Mißerfolg und Erfolg gezeichnet ist, mitten in diesem Leben gibt es etwas, was Heil und Zukunft verspricht: Liebe. Und so wie Jesus sich mit dem „Vater" identifiziert, so setzt er sich gleich mit dem Geringsten aller Brüder (Mt 25,40). Wer ein Kind annimmt, nimmt Christus auf. Wer die Verkündiger der frohen Botschaft akzeptiert, der nimmt Jesus und den Vater auf. Wer aber die Gemeinschaft der Liebenden verfolgt, der verfolgt ihn. Wer den Einsamen, Nackten und Kranken aufnimmt, nimmt Christus auf. Im Modell und in der Existenzform Christi sehen wir die Intensität des menschlichen Verhaltens zum Nächsten, das in Bezug zu Gott gesetzt wird. Die Bibel als Niederschlag des Selbstverständnisses des Menschen ist der Meinung, daß der Mensch, indem er sich dem Nächsten liebend zuwendet, Gott erfahren kann.[753]

---

[753] Vgl. G. Hasenhüttl, Füreinander dasein, Freiburg 1971, 196ff.; zum ganzen biblischen Befund: K.H. Schelkle, Theologie des Neuen Testaments II, Gott war in Christus, Düsseldorf 1973.

Wo ein Mensch sich dem anderen erschließt, wo er offen ist für neue Möglichkeiten und den anderen in seiner Annahme aufatmen läßt, da wird Gott gegenwärtig, weil Liebe geschieht. Im Ereignis der Liebe wird die letzte Wirklichkeit sichtbar. So kann man beinahe sagen, daß Gott in den „Banalitäten" des Lebens zur Sprache, zum Vollzug kommen kann. Im Schluck Wasser, im Krankenbesuch, im Dienst am Nächsten, in menschlicher Zuneigung, in der Hingabe des Lebens – überall kann Gott Ereignis werden. Gott ist den Menschen unendlich nahe, wenn der eine dem anderen hilft. In diesem Ereignis, das erfahrbar ist, kann Gott geschehen, wird Gott in unserer Mitte gegenwärtig.

6.3. Gott und/oder Liebe

Die bisherigen Ausführungen benötigen noch eine Rechtfertigung. Was ist der Grund, daß die Liebe, die Verbesserung der gesellschaftlichen Bedingungen mit Gott in Verbindung gebracht werden? Genügt nicht die Liebe? Was ist das für ein gewandelter Gottesbegriff, der als eine Aussage über den Vollzug der Liebe fungiert?
Die These lautete: Die Liebe ist der Ort der Gotteserfahrung, und zwar die Liebe, die dem Mitmenschen gilt oder die man von ihm empfängt.
Primär handelt es sich bei diesem Begriff von Liebe nicht um die spezifische Liebe zwischen zwei Partnern, sondern um das, was der Samariter getan hat, als er den Mann am Straßenrand aufhob und dadurch die gesellschaftlichen Kasten übersprang und zwischenmenschliche Gemeinschaft aufrichtete. Eine „personale Liebe" zu dem Verwundeten ist nicht anzunehmen. Was aber von diesem Tun, das neue Gemeinschaft stiftet, ausgesagt wird, also prädiziert wird, ist: Liebe. Das Tun des Samariters manifestiert das Prädikat: Liebe.
Auch dieses Wort „Liebe" ist als Wort zweideutig und zugleich überflüssig. Ich kann es durch andere Worte ersetzen, wie z.B. gut, hilfsbereit, anständig, mitfühlend usw. Die Wirklichkeit, die sich zwischen diesen Menschen als Beziehung ereignet, die Aussage, die von diesem Geschehen gemacht wird, wird aber am treffendsten durch das Wort „Liebe" ausgedrückt.
Sie ist zwar als Wort ersetzbar, sicher aber nicht als Ereignis, als Geschehen. Aufgrund der Zweideutigkeit aller Erfahrungen ist „Liebe" nur als Vermutung phänomenologisch feststellbar. Man kann ja einen Verwundeten heilen, um ihn z.B. vor Gericht zu stellen, abzuurteilen und zu töten; das scheint nicht unbedingt Liebe zu sein! Das Ereignis Liebe ist aber als ein Geschehen, als Vollzug nicht reduzierbar. Es ist psychologisch, soziologisch und physiologisch motiviert und daher zu erklären; als eine Beziehung, die Gemeinschaft stiftet, ist Liebe aber eine letzte Wirklichkeit, eine Einheit, die nicht in ihre Motive aufgelöst werden kann; geschieht dies, so zerrinnt sie ins Nichts. Die Einheit dieses Geschehens ist dann nicht begriffen. Liebe als Beziehung, als Ereignis, ist also nicht reduzierbar. Sie ist weder subjektives Attribut noch

objektiver Sachverhalt, sondern ein Geschehen, ein Vollzug, der außerhalb seiner selbst nichts ist.

Es ist nun richtig, daß die Liebe keine Begründung in einem Dritten, in einer ihr fremden Wirklichkeit braucht. Liebe ist sich selbst genug. Wollte man Gott zum Grund der Liebe erklären, würde er die Liebe stören, ja zerstören.[754] Eine Begründung, die zur Liebe nur irgend etwas noch hinzufügt, ist völlig überflüssig und ein störendes, drittes Element. Darum heißt es ja auch, daß Gott Liebe ist, daß das Lieben ein göttliches Ereignis ist.

Welchen Sinn hat es, der Liebe, dem Lieben noch eine Prädikation hinzuzufügen und „Gott" zu sagen? Ist sie denn nicht sich selbst genug?

Der Liebe stehen Haß, Gleichgültigkeit, Verachtung und andere menschliche Verhaltensweisen gegenüber, und oft ist in den menschlichen Beziehungen, im gesellschaftlichen Geschehen mehr Haß als Liebe anwesend. Wer jedoch die Liebe *lebt*, wird ihr den Vorzug vor dem Haß usw. geben. Er wird in ihr eine Sinnwelt sehen, die für die Gesellschaft und jede Art Gemeinschaft einen letzten Wert darstellt. Als *gelebte* Liebe wird sie kein rationales Äquivalent zur Nichtliebe sein, sondern ihr wird der Vorzug gegeben werden, ihr wird eine letzte Bedeutung zukommen. Die Menschen, die in ihr nicht nur eine nichtreduzierbare Wirklichkeit neben anderen Verhaltensweisen sehen, die ihr daher eine letzte Bedeutung zusprechen und ihr einen absoluten Vorrang geben, können sie besonders qualifizieren, um sie von allen anderen zwischenmenschlichen Beziehungen zu unterscheiden. Eine solche Prädikation von Liebe ist sinnvoll. Die Liebe also, als etwas Letztes gelebt, als eine letzte Bedeutung und Sinnhaftigkeit menschlichen Lebens verdient das Prädikat: Gott. So ist die Rede sinnvoll: Es ist Gott, wenn der eine dem andern hilft. Es geht dabei wiederum nicht um das Wort „Gott", sondern um die gelebte Wirklichkeit, die sinnvoll den Ausruf „Gott" verdient. Objektiv gibt es keinen Grund, von Gott zu sprechen. Diese Rede ist aber auch nicht subjektiv, keine individuelle Willkür. Sie ist vielmehr die Bezeichnung einer Beziehung zur Wirklichkeit, die etwas erscheinen läßt, das weder auf ein Objekt, noch auf ein Subjekt reduziert werden kann. Dieses eigene Geschehen wird als Erfahrung einer letzten Dimension menschlichen Daseins sinnvoll als Gott bezeichnet. Der Mensch wird in dieser Erfahrung seiner Zweideutigkeit enthoben und erfährt eindeutig Positives, Gott. Ob man von einer Transzendenzerfahrung spricht oder von der Tiefe der Innerweltlichkeit oder von einer letzten Verheißung, die Zukunft eröffnet, oder eben ganz schlicht von Gott, spielt keine entscheidende Rolle.

Das *Wort* Gott mag überflüssig sein, ganz und gar ist es nicht die Wirklichkeit, dieses Geschehen, das erfahren wird.

Man kann ein Wortspiel wagen und sagen, daß „überflüssig" von „überfließen" kommt – und was gibt es Schöneres im Leben als das „Überflüssige"? Ein überfließendes Glas Sekt, ein überflüssiger Gegenstand in meinem Zimmer, eine überflüssige Urlaubsreise, überflüssiges Geld, ein „überflüssiger"

---

[754] Vgl. J.-P. Sartre, Der Teufel und der liebe Gott, 3. Akt, 10. Bild, 2. Szene.

Mensch, der mir als Geschenk begegnet ist usw. In diesem Sinne ist Gott eminent „überflüssig". Auf einen notwendigen (Lückenbüßer-)Gott läßt es sich gerne verzichten. Gott ist auch kein benötigter Gebrauchsgegenstand für ein intellektuelles Denkgebäude, für Gefühlsleben oder Gefühlsarmut, er ist kein moralischer Zeigefinger, der uns bei der Stange hält – dafür ist er wirklich „überflüssig"; aber als ein Gott, der überflüssig ist, ist er nicht überflüssig, sondern die schönste Prädikation des Menschen vom Menschen! Also: Nur der Gott, der überflüssig ist, ist nicht überflüssig, weil nur er sinnvolle Aussage (Prädikation) vom Menschen ist.

Wir fragen nochmals: Was ist der Grund, und wieso nehmen wir uns das Recht heraus, in dieser Seinsdimension von Gott zu sprechen?

6.4. Die dialektische Wirklichkeit

Nur deshalb hat es Sinn, von Gott als einer prädikativischen Aussage von menschlicher Beziehung zu sprechen, weil die Wirklichkeit selbst, die uns begegnet, *dialektisch* ist.

Zwei Gegenpositionen können diese These etwas erhellen.

a) Gott legitimiert unser Dasein. Als jenseitiger Herr ist er der Grund des begründenden Denkens. Den Sinn empfängt der Mensch von ihm. Alles Bestehende gründet in ihm. Der Mensch ist rezeptiv, empfangend. Der Sinn liegt im Vorgegebenen, im Sein. Menschliche Erkenntnis spiegelt die von Gott fertig geschaffene Schöpfung wider. Der Mensch hat sich ethisch in die Welt einzufügen. So ungegenständlich und „geistig" Gott auch vorgestellt werden mag, er ist ein Sein-an-sich oder -für-sich. Ein solcher Gott erscheint aber heute als eine Projektion des sich demütigenden, sich selbst entäußernden Menschen. Er findet seinen Niederschlag in dem Satz: „Was hast du, daß du nicht empfangen hättest; hast du es aber empfangen, was rühmst du dich, als hättest du es nicht empfangen." Der Mensch als rein rezeptiver konstituiert das dominierende Gottesbild bis in unser Jahrhundert.

b) Dem begründenden Denken als Universalanspruch des Intellekts wurde der Abschied gegeben. Auf Allerklärungen verzichtet man (Heidegger, Levi-Strauss und die ganze Postmoderne). Der Atheismus sieht im Sein, in der vorgegebenen Wirklichkeit nicht den Sinn, sondern nur Sinnleere (Sartre). Der Mensch trägt den Sinn in das Sein hinein. Der Mensch produziert den Sinn (gewisse Strömungen des Marxismus). Der Mensch ist also primär nicht rezeptiv, sondern produktiv. Gott als eine Sinnvorgabe stört nur den Produktionsprozeß. Jeder, der an Gott glaubt, ist demnach notwendig reaktionär, Establishment-fördernd. Er ist Sinnkonsument statt Sinnproduzent. In wesentlichen Zügen haben beide Positionen das gleiche Gottesbild. Gott ist ein selbständiges Subjekt oder Objekt. Statt zu sehen, daß allein der Mensch das Bild Gottes ist, wird Gott objektiviert bzw. subjektiviert und dann abgeschafft. Es gilt der Satz: „Was hast du Mensch, daß du nicht produziert hättest, hast du es aber produziert, was tust du so, als hättest du es nicht produziert?" Die Konsequenz ist die Leistungsgesellschaft, die in der Arbeit das Heil sieht.

c) Das Verhältnis von Sein und Sinn scheint hingegen *dialektisch* zu sein. Vom Sein empfängt der Mensch Sinnzusammenhänge, und er produziert Sinn. Er gestaltet schöpferisch Sein um, das wiederum, indem es durch den Menschen sinnvoller geworden ist, neue Sinnzusammenhänge zeigt, die nicht auf den Menschen als alleinigen Grund reduziert werden können. Sein ist also im doppelten Sinne des Wortes: *Versteh-bar;* es ist *bar* des Verstehens und es trägt die Möglichkeit in sich, verstanden zu werden, also *versteh-bar* zu sein. Wir haben hier eine echte Dialektik der Wirklichkeit. Der Prozeß, das Werden, kann nicht auf einen Terminus reduziert werden. Das Geschehen, das Werden der Wirklichkeit, kann nicht vom Vorgegebenen hergeleitet werden, es ist aber auch kein Projekt des Menschen, sondern *Entsprechung.* Beide Verhaltensbestimmungen (Mensch-Seiendes) sind im Werden und bedingen sich gegenseitig. Wird nun dieses Geschehen positiv verstanden, wird es als sinnvoll bejaht, dann kann man ihm als Positivem die Prädikation Gott zusprechen. In dieser Dialektik hat es aber nur Sinn, von Gott als Prädikat zu sprechen. Im Prozeß kann sich somit eine Qualifikation zeigen, die als Gott benannt werden kann. In der Dialektik des empfangenden und zugleich produzierenden Menschen ereignet sich Gott, kann er gegenwärtig werden.

Sowohl vom positiven Ereignis her, daß es nämlich Liebe gibt und sie den Vorzug verdient, wie von der positiven Einsicht her, daß die Wirklichkeit dialektisch ist, hat es Sinn, einen prädikativischen Gottesbegriff zu gebrauchen. Dieser Begriff gibt nicht nur das qualifizierte Geschehen am besten wieder, sondern bietet zugleich Anschluß an die Tradition, in der von Gott gesprochen wird. Ebenso enthält er eine Aufforderung an den Menschen, an der Veränderung der Welt mitzuwirken, damit Gott in ihr zum Scheinen gebracht wird und jeder Mensch eine Erfahrung machen kann, die ihm die Möglichkeit gibt, von Gott zu sprechen.

Bewährt sich dieser prädikativische Gottesbegriff im menschlichen Leben? Das ist eine entscheidende Frage. Die Bewährungsprobe ist am Beispiel des „Bösen" in der Welt zu exemplifizieren. Leid und Unsinn gibt es in der Welt. Menschen werden gequält, ausgebeutet, geschunden und getötet. Wenn man nun angesichts dieser Welt sagt: Gott sei die Liebe, dann scheint dies ein Hohn zu sein. Es bieten sich folgende Lösungen an:

a) Gott ist zugleich auch das Böse. Diese Deutung legen uns z.B. auch die indischen Götter nahe; im römischen Pantheon finden sich ähnliche Gedanken. Gott, der zugleich das Böse ist, verdient diesen Namen nicht.

b) Wenn und solange Gott als eine objektive, allmächtige und gütige Größe erscheint, bleibt nur der Ausweg, ihn zu Tode zu qualifizieren (vgl. „Der unsichtbare Gärtner" von Antony Flew). Er läßt es zu, es ist Prüfung, alles leitet er zum Guten; das Leid und die Sinnlosigkeit werden verharmlost, wenn nicht gar wegdisputiert. Die menschliche Verantwortung wird verringert, ins Leid gilt es sich zu schicken, da es ein Geheimnis des ewigen Ratschlusses Gottes ist. Der Ausweg, daß Gott selbst in der Geschichte und im Menschen leidet, ist nach Auschwitz eine theologische Finte, um an einem „seienden" Gott festhalten zu können. Auch die Hochstilisierung Jesu zu einer Gottheit ist in diesem Zusammenhang nur theologische Mythenbildung.

c) Werden diese Verharmlosungen und Ausflüchte als unerträglich erfahren, zugleich aber am objektiven Subjekt Gott festgehalten, dann bleibt nur Gottlosigkeit, Gottesleugnung und Atheismus.

Der Zugang zu einem solchen objektiv-subjektiven Gott ist uns in der dargelegten Position versperrt. Eine solche Unglückssituation bleibt als solche sinnleer, also genau das, was sie ist. Wir können sie aber als eine Situation erfassen, in der es unsere Aufgabe ist, sie zu ändern. Sie kann Aufforderung werden, daß wir lieben sollen und daß dies gut ist, daß dann Gott im Spiel ist, da ist. Gott hat dann die Funktion, daß wir in Hoffnung gegen das Leid in der Welt angehen. *Wir* müssen anfangen, das Leid durch die Liebe zu überwinden – das ist ein θεῖον, da ist Gott! Gott ist hier sinnvoll eine prädikativische Aussage. Dieses Prädikat gibt zugleich an, daß es nicht nur unser Produkt ist, wenn es gelingt, Liebe zu verwirklichen, sondern daß dies auch Geschenk (in anderer Terminologie: Gnade) ist. In dieser Dialektik von: beschenkt, besorgt, gesucht etc. und von schenken, suchen, sorgen bis zum Lebenseinsatz ist eine Prädikation Gott sinnvoll. Sie hält sich nur in der Dialektik, in den Begegnungen des Lebens, da ist der Ausruf Gott am Platz, der das *Prae* des Glaubens, der Hoffnung und Liebe ist und „sagt" *(prae-dicat!), vor* Mißtrauen, Hoffnungslosigkeit und Haß.

Diese Ausführungen entsprechen am stärksten dem Ursprung der abendländischen Gotteserfahrung, wie der der meisten Kulturen, wobei Gott in keiner Weise als Begründung oder Grund von etwas fungiert. Er wird streng relational gedacht und greift gerade dadurch auch wesentliche Impulse der kirchlich-mittelalterlichen Tradition auf. In diese Richtung müßte sich eine sinnvolle künftige Diskussion um den Gottesbegriff entwickeln. *Gott ist* also eine bestimmte Aussage vom Menschen, *Prädikat des Menschen.*

6.5. Gott auch in der Dichtung

Dieses Gottesverständnis zeigt sich ebenfalls weit verbreitet in der Dichtung. Der statische, gegenständliche Gottesbegriff, der Gott zu einem souveränen Herrscher macht, wird zurückgewiesen, als tot erklärt, aber gerade im zwischenmenschlichen Bereich der Erfahrung eröffnet sich eine Dimension (eine Tiefe), die von Gott sprechen läßt, auch wenn das Wort nicht immer verwendet wird.

Zwar bleibt J. Milton im 17. Jh. dem üblichen Gottesbild verhaftet, aber mit der Aufgabe des gegenständlichen Paradieses verändert sich auch der Gott. Wie das Paradies wird er zu einer Wirklichkeit, die im Menschen, im Traum, aber vor allem in der zwischenmenschlichen Liebe begegnet. Nur in der Liebe ist Seligkeit möglich.[755] „Geh' ich mit dir, so find' ich überall

---

[755] Vgl. J. Milton, Das verlorene Paradies, II, 8.

ein Paradies, aus dem ich, blieb' ich hier allein zurück, verbannt mich fühlen würde. Du bist mein alles, deine Gegenwart verschönert jede Gegend mir … Dies sprach die Mutter unser aller; froh vernimmt es Adam … Vor ihnen lag die ganze Welt, sich einen Ruhesitz zu wählen …"[756] „Eva" würde sich verbannt fühlen, wenn sie allein im Paradies vor Gottes Angesicht leben würde. Paradies und daher auch Gott finden sich nur in der gegenseitigen Liebe. Für F. Kafka, dessen Suche nach dem Licht des Gesetzes zentral und für den die „objektive Wirklichkeit" bedeutungslos ist, meint, daß die „sinnliche Liebe" die „himmlische Liebe" unbewußt in sich hat.[757] Daher ist „das Verhältnis zum Mitmenschen … das Verhältnis des Gebetes" (Nr. 106). Es ist Vertrauen, aber kein Suchen nach einem festen Grund oder Halt (vgl. Nr. 78). Ohne dieses Vertrauen ist kein menschliches Leben möglich. Es ist ein Vertrauen zu etwas „Unzerstörbarem" (vgl. Nr. 50). Es bleibt in der mitmenschlichen Beziehung verborgen, aber es ist da, auch wenn es nicht „zu haben" ist (vgl. Nr. 35); es ist „nur" ein Sein. „Das Wort ‚sein' bedeutet … Dasein und Ihm-Gehören" (Nr. 46). Diese verborgene Dimension der Beziehung, das Nichtzerstörbare findet seinen Ausdruck im Glauben an Gott (vgl. Nr. 50). Der Mensch erfaßt diese Wirklichkeit immer nur indirekt durch das Betroffensein von dem Absoluten in der Weise der Sehnsucht, Hoffnung und Liebe. Nie wird sie gegenständlich, wie es eindrücklich z.B. „Der Prozeß" oder „Das Schloß" u.a.m. schildert.

Bei W. Borchert stellt sich Gott vor als der, „an den keiner mehr glaubt".[758] Es ist der Jasager, der alles beantworten kann. Er schenkt keine Zukunft (vgl. 1. Szene). Er ist der Gott der dünnen „Theologentinte", der, weil er alles im System beantwortet, dem Menschen keine Antwort in seiner Leiderfahrung gibt. Gott bleibt draußen vor der Tür. Warum? Weil wir Menschen nicht lieben. So bleibt uns nur das Tor zum Tod. Gott ist nicht erfahrbar und daher ist die Transzendenz unwirksam und überflüssig. Eine neue Menschlichkeit ist notwendig, damit Gott überhaupt genannt werden kann. Die Liebe in der Nacht der zwischenmenschlichen Lieblosigkeit mag einen Hoffnungsschimmer verheißen: „Frage mich niemals: woher und wohin – nimm meine Liebe, nimm mich ganz hin!"[759]

Ebenso sucht auf seine Weise F. Dürrenmatt Gottes Wirklichkeit nicht in einer absoluten Größe, sondern in der Liebe. Mehr können wir von Gott nicht aussagen. Das Verlangen nach dem Absoluten läuft in die Leere. „So liebt uns denn der Himmel gerade in unserer Unvollkommenheit" sagt der Engel Utnapichtim im 3. Akt von „Ein Engel kommt nach Babylon". Gottes Wirklichkeit ist verborgen, wir können sie nie haben, sondern nur suchen, indem wir lieben. „Gott ließ uns fallen und so stürzen wir denn auf ihn zu."[760] Die Sicherheit eines Gottwesens ist trügerisch, aber indem wir uns fallen lassen, wir uns auf das Wagnis des Lebens einlassen, „stürzen" wir geradezu auf Gott zu, ist in den Begegnungen des Lebens uns Gotteserfahrung gewiß.

Immer wieder wird in der Dichtung klar, sei es bei A. Camus oder schon bei F.M. Dostojewskij, daß der Gott, wie die Theologie ihn versteht, die Gotteserfahrung verbaut, und nur eine Befreiung aus diesem Korsett läßt auf zwischenmenschliche Erfahrung hoffen, in der der Gott zu einer realen Dimension des Menschseins wird.

M. Frisch kann im „Stiller" davon sprechen, daß Gott zur Bedingung wirklichen Lebens wird, wenn wir uns selbst annehmen und uns vom Mitmenschen kein Bild machen, ihn nicht verfestigen, sondern lieben. In diesem Sinne hat Gott für das Zusammenleben der Menschen und die Selbstwerdung Bedeutung und ist Aussage von möglicher menschlicher Existenz, d.h. seiner Verwirklichung. Nur für den, der sich akzeptieren kann, wird Gott erfahrbar. „Immer wieder hast du versucht, dich selbst anzunehmen, ohne so etwas wie Gott anzunehmen. Und nun erweist sich das als Unmöglichkeit. ER ist die Kraft, die dir helfen kann, dich wirklich

---

[756] Ebd., XII, 12.
[757] Vgl. F. Kafka, Betrachtungen über Sünde, Leid, Hoffnung und den wahren Weg, Nr. 79.
[758] W. Borchert, Draußen vor der Tür, Vorspiel.
[759] Ders., Liebeslied.
[760] F. Dürrenmatt, Der Tunnel, Schluß.

anzunehmen. Das alles hast du erfahren."[761] Als Glauben und Vertrauen versteht Frisch die Annahme der eigenen Existenz angesichts der anderen. Wer sich von sich selbst und den Mitmenschen kein Bild macht und d.h. liebt, kann Gottes Kraft erfahren.

R. Schneider deutet in dieselbe Richtung, wenn er Gott und ewiges Leben in Frage stellt und formuliert: „Ist nicht eine Existenz möglich ... die den Nächsten liebt, aber vielleicht nicht Gott und nicht das Leben?"[762] Nicht um die Streichung eines Gottes geht es, sondern um die Fraglichkeit eines Gottes, der zum Gegenstand der Liebe wird und mein ewiges Leben absichert. Auch hier wird die Nächstenliebe, das Beziehungsgeschehen unter den Menschen zum Gradmesser möglicher Gotteserfahrung. Gott ist nur Gott, wenn er Aussage vom Menschen ist. Diese „Bindung" Gottes an das menschliche Tun ist keine „Verengung", sondern Befreiung des Menschseins. Gott ist als befreiend zu denken, und nur in dieser Kraft wird er erfahren.

Th. Mann spricht von einer „Definition Gottes", indem er die Tatkraft selbst in ihrer Wirklichkeit bestimmt.[763] Zu Recht wird dadurch Gott als Weltbegründung zurückgewiesen. „Die Horrendheiten der physikalischen Schöpfung (sind) auf keine Weise religiös produktiv ... Religiosität (ist) nur über den Menschen und durch den Menschen, in der Beschränkung auf das Irdisch-Menschliche möglich ... daß ihm das Absolute gegeben ist, die Gedanken der Wahrheit, der Freiheit, der Gerechtigkeit, daß ihm die Verpflichtung auferlegt ist zur Annäherung an das Vollkommene. In diesem Pathos, dieser Verpflichtung, dieser Ehrfurcht des Menschen vor sich selbst ist Gott; in den hundert Milliarden Milchstraßen kann ich ihn nicht finden."[764] „Kosmologische" Gottesbeweise sind wirkungslos, da sie nur abstrakte Erklärungshypothesen einer überaus zweideutigen Wirklichkeit sind Im Bezug auf den anderen, in der Verwirklichung des Positiven, wie der Gerechtigkeit, da ist Gotteserfahrung möglich, da zeigt sich die „religiöse" Dimension menschlichen Daseins.

Für T. Williams ist die „Naturschönheit" geradezu ein Gegenbeweis gegen Gott. Im Bühnenstück „Plötzlich letzten Sommer" beschreibt er das Geschehen auf den Galapagosinseln beim Schlüpfen der ausgebrüteten Seeschildkröten und ihre mörderische Flucht zum Meer vor den fleischfressenden Vögeln. „Der Sand war voller Leben, voller Leben als die frisch ausgebrüteten Seeschildkröten auf das Meer zustürzten, während die Vögel über ihnen kreisten und zum Angriff ansetzten ... Sie stießen auf (sie) nieder, drehten sie auf den Rücken, um ihre weiche Unterseite freizulegen, rissen das Fleisch heraus und fraßen es. ... wahrscheinlich (würde) nur 1/100stel Prozent das Meer erreichen ... Mein Sohn war auf der Suche nach Gott, ich meine, nach einem Gleichnis Gottes. Er verbrachte jenen brütend heißen Tag am Äquator im Ausguck des Schoners und beobachtete, was am Strand vorging, bis es zu dunkel wurde, um noch etwas zu sehen, und als er die Takelage herunterkam, sagte er: ‚So, jetzt habe ich ihn gesehen!' Und ier nannte Gott, und mehrere Wochen danach hatte er Fieber, er lag im Delirium" (1. Szene). Eine solche zweideutige Gottheit ist ein Daimon.[765] Gott und Godot sind nicht dasselbe (S. Beckett). Ein solcher Gott ist nicht das Erwartete, Ersehnte und Be-

[761] M. Frisch, Stiller, Frankfurt ⁴1975, 433.

[762] R. Schneider, Winter in Wien, Freiburg 1958, 93f.

[763] Th. Mann, Doktor Faustus, Frankfurt 1945, 81.

[764] Ebd., 273.

[765] Ähnlich R. Schneider, a.a.O., 120f, in dem er das „zerfleischende Elend" im Naturgeschehen beschreibt: „Eine Kathedrale der Sinnlosigkeit, des Lebenswillens, der nicht leben kann". S. Weil, Schwerkraft und Gnade, München 1954, 206, schreibt, daß es fraglich ist, die erschaffene Welt als ein Werk der Barmherzigkeit Gottes zu bezeichnen. „Wer ... diese Barmherzigkeit in der Natur selber unmittelbar feststellen will, der muß seine Augen verblenden, seine Ohren verstopfen und jedes Mitleid ausreißen, um zu glauben, daß er dies könne. Daher sind Juden und Mohammedaner, die in der Natur die Beweise der göttlichen Barmherzigkeit finden wollen, unbarmherzig. Und oft auch die Christen."

freiende, sondern ist die doppelzüngige Naturgewalt. Um von Gott sinnvoll sprechen zu können, ist er auf die Bestimmung der Mitmenschlichkeit „zurückzunehmen". Auch T. Williams zeigt hierin einen Weg. In „Endstation Sehnsucht" schildert er die zerbrechliche Beziehung zwischen Mitch und Blanche. Auch wenn sie später roh zerstört werden sollte, so finden sie sich beim Licht der Kerze. „Sie brauchen jemanden! Und auch ich brauche jemanden. Könnte es nicht sein, Blanche: *Sie und ich?* Könnte das nicht sein?" Und in der Freude geglückter Beziehung ruft Blanche aus: „Manchmal – ist Gott – so nahe!" (2. Akt, 2. Szene). Das Einanderverstehen ist Nähe Gottes, ist Gotteserfahrung.

In all diesen und vielen anderen Beispielen aus der Literatur[766] begegnet uns ein anderes Gottesbild. Gott als objektive Subjektivität, der „Herr-Gott" hat seine Wirkung verloren, er wird verneint und für tot, ja schädlich für den Menschen erklärt. Das bewirkt aber keine „Gott-losigkeit", sondern das neue und doch alte Gottesverständnis sieht Gottes Wirklichkeit als Bestimmung des Menschseins, die Sinn stiftet und befreiend wirkt.

Gott ist weder eine objektive noch eine subjektive Wirklichkeit. Er ist die Bestimmung des Menschen in seiner bleibenden Sinn- und Unsinnerfahrung. Die Zweideutigkeit gesellschaftlicher Strukturen und die Kontingenz der eigenen wie der Person des anderen werden nicht aufgehoben, sie bleiben. Aber in der Zweischneidigkeit aller Erfahrungen zeigt sich Positives im Leben der Menschen, in den gesellschaftlichen Entwicklungen. Dieses Gute und Überwältigende, diese befreiende Wirklichkeit wird Liebe genannt. Sie kann man niemals festhalten, sie ist nur im Vollzug. Liebe ist reine Beziehungswirklichkeit, und außer ihr ist sie nichts. Wer in ihr einen absoluten Sinn und Wert erfährt, kann ihr den Prädikator Gott zusprechen. Wo die Liebe ist, da ist Gott. Und da die Liebe nur Beziehung ist, ist Gott nichts anderes als die angegebene Qualifikation der Liebe, die sich als Verhältnisbestimmung der Menschen erweist.

6.6. Jenseits der Theismen

Dieses „Resultat" unserer Überlegungen widerspricht zwar einem nicht christlichen poly- oder monotheistischen Gottesbegriff, aber keineswegs einer „guten Trinitätslehre". Wir sahen, daß Gottes „Personsein" reine Beziehung ist, und dies nicht in einsamer Abgeschiedenheit, die nicht vermittelbar (incommunicabilis) ist, sondern als Person(en)gemeinschaft.[767] Gott ist daher kein „Substanzbegriff", sondern ein Gemeinschaftsbegriff. Er ist keine Vielzahl von Gemeinschaften, sondern *eine* Gemeinschaft, und insofern kann man von einem Gott sprechen, aber eben nicht als einem Seienden, sondern als eine Beziehungseinheit, als Solidarität, biblisch ausgedrückt als Vater, Sohn und

---

[766] Vgl. P.K. Kurz, Gott in der modernen Literatur, München 1996.

[767] J. Moltmann, Trinität und Reich Gottes, 167f. „Der eine Gott ist ein einziger Gott." Er ist Gemeinschaft. Ähnliche Aussagen finden wir in der Befreiungstheologie. Moltmann wirft ihr vor, ohne ihn zu nennen, seinen Gedanken aufgegriffen zu haben. Er verkennt, daß Gott als Personengemeinschaft von der mittelalterlichen Theologie, vor allem von Thomas v. Aquin, betont wurde und längst vor ihm allgemein-theologisches Gedankengut war.

Geist. Gott ist Gemeinschaft von Person(en), die nur Beziehung sind. „Beziehung ist das göttliche Wesen."[768] Person verwirklicht sich in der Weise des Beim-anderen-Seins. Person ist nur, insofern sie sich bezieht. Thomas von Aquin hat den Begriff Person viel tiefer erfaßt als die Moderne, die ihn vom Bewußtsein, von der Subjektivität her entwirft. Personsein gehört nicht zum Wesen des Menschen, sondern ist sich vollziehendes Existieren.[769] Daher ist Gottes Personsein nicht individuelle Subjektivität oder gar ein dreifaches Ich, sondern Gott ist Persongemeinschaft, personale Kommunikation, Solidarität. Es gibt „in Gott" keine diktatorischen Herrschaftsbezüge, keinen Allein- oder Allherrscher, ja alle Bezeichnungen wie allmächtig usw. verlieren ihren Sinn. Gott bezeichnet die solidarische Gemeinschaft. Hier versagt das Sprechen von Gott. Für unser Denken ist jede Gemeinschaft von Personen notwendig eine numerische Vielheit, wie etwa die Analogie der Familie als Personengemeinschaft es ausdrückt. Wird Gott nicht als ein individuelles seiendes Subjekt gesehen, sondern als Solidargemeinschaft, dann vervielfältigt sich in unserem Denken das Subjekt. Gott ist aber überhaupt keine Subjektivität. Daher ist eine Sprechweise von „drei Dimensionen" Gottes, wie dargelegt, adäquater und hilfreicher. In der Synode von Toledo (675 n. Chr.), die theologisch kaum Beachtung fand, wurde erklärt, daß von Gott überhaupt keine Zahl ausgesagt werden kann, weder eins noch drei. Die Trinität ist weder ein Gott noch drei Götter, sondern eine dreidimensionale Einheit, Solidarität und Gemeinschaft, die nichts mit Subjektivität und Individualität zu tun hat, sondern Kommunikation, Beziehung besagt. Gott als *Person*gemeinschaft und nicht als *Personen*gemeinschaft zu bezeichnen hat den Vorteil, keine Vielheit, sondern eine Beziehungsvielfalt als Einheit anzudeuten. Selbst das Widerspruchsprinzip gilt nur bedingt für das Beziehungsgeschehen. Nikolaus von Kues spricht nicht ohne Grund von der „coincidentia oppositorum", von der „Einheit der Gegensätze". Die Solidarität, die mit Gott gemeint ist, ist An-wesenheit. Gott als An-wesenheit im dreidimensionalen Lebensraum des Menschen ist keine in sich geschlossene Persongemeinschaft (die „immanente" Trinität ist die „heilsökonomische"), sondern offene Anwesenheit für menschliche Personen. Gott ist daher der Sinn zwischenmenschlicher Solidarität, Sinn personaler Beziehung.

Personale Beziehung ist aber im Tiefsten immer Liebe. Gott ist kein „Gegenüber" zur Welt, sondern ein Wort, ein Ausdruck für die Liebesbeziehung, die trägt, die Sinn gibt, die den Menschen in seinem Vollzug erfüllt. Gott ist kein ideales übermenschliches Wesen – das ist nur Projektion aus eigenem Mangel –, sondern reine Beziehung und als Relation „Person". Gott ist nichts an-und-für-sich, sondern reine Kommunikation als Qualifikation menschlichen Beziehungsseins. Die Gotteserfahrung meint die Möglichkeit des Menschen,

---

[768] S. Th. I, q. 29, a 4: „Relatio … est ipsa essentia divina", die Relatio und sonst nichts ist Gottes Wesen!

[769] S. Th. I, q. 39, a 1: persona est *esse*! Person ist real existierendes Sein und kein Wesen oder Natur.

in den Beziehungen menschlicher Personen absolute Beziehung zu erfahren, bzw. die Beziehung als Absolutes, d.h. als Liebe. Gott und Mensch sind nicht zwei „Gegenüber", sondern der Mensch lebt, bewegt sich und ist in Gott, wenn er bedingungslos liebt.

Ein Gott also, der vom menschlichen Leben ausgesagt wird, das die Welt und Geschichte bejaht und im Tun der Liebe Sinn erblickt, indem die zwischenmenschlichen und gesellschaftlichen Beziehungen in diesem Sinne gestaltet werden, ein solcher Gott ist erfahrbar, vermittelbar und nicht funktionslos. Im Gemeinschaftsgeschehen drückt er die absolute Bedeutung der Liebe aus und wird so in „Mit-leiden-schaft"[770] gezogen, weil er selbst nur Beziehung und daher solidarisch ist. Auch wir Menschen können nicht sinnvoll von unserer eigenen Subjektivität, dem Ich her leben, sondern allein aus einer Beziehung, die den Sinn unseres Seins erschließt.

Vom Standpunkt des Polytheismus, der viele göttliche Wesen und von dem des Monotheismus, der ein einziges transzendentes, persönliches Gottwesen[771] kennt, ist der uralte Atheismusvorwurf Roms den Christen gegenüber voll berechtigt. Das Christentum in seiner wahren Form überwindet alle Theismen (Poly-, Mono-, Pantheismus). Zwar werden das Judentum, der Islam und das Christentum häufig als die abrahamitischen monotheistischen Religionen bezeichnet, aber der Vorwurf des Islam, daß die Christen keine wahren Monotheisten seien, ist im Grunde berechtigt. Freilich nicht deshalb, weil Jahwe-El/Allah auf niemanden angewiesen ist, nicht zeugt und keinen Sohn (vgl. Sure 17,111; 35,15) hat und der „Alleinige" ist, dem „keiner gleicht" (Sure 112,2.4), sondern weil jeder Monotheismus Gott zu einem seienden Wesen erklärt und ihn daher zu einer Wesenheit reduziert. Die symbolischtrinitarische Redeweise überwindet jeden Theismus; dieser verbaut nämlich das Verständnis für Gott als Persongemeinschaft und daher auch das Selbstverständnis des Menschen als Person, der in die solidarische Existenzweise gerufen ist.

So wie Christentum keine Religion ist[772], ist es kein Monotheismus. Sicher ist die Zuordnung des Christentums zum Polytheismus ein noch viel größerer Irrtum, Gott ist ein „zahlloses Ereignis". Aber auch der Pantheismusvorwurf greift nicht, denn die Welt wird nicht mit der Anwesenheit der göttlichen Wirklichkeit identifiziert. Christentum ist auch kein Atheismus, insofern

---

[770] „Caritas est passio" (Origenes, Hom. VI in Ezech. PG 13,714f), Liebe ist Leidenschaft, ist Leiden, aber nicht aus Mangel und Bedürftigkeit, sondern aus der Fülle, aus dem „Überfluß". Vgl. gegen die „Apathie" Gottes, J. Moltmann, a.a.O., 36ff. Er weist zu Recht darauf hin, daß Origenes der einzige große Theologe der alten Kirche war, der die Leidlosigkeit Gottes bestritt; da Gott nicht herzlos ist, leidet er mit. Diese Aussagen sind als Metaphern sinnvoll, können aber nur dann einen echten Sachverhalt widerspiegeln, wenn Gott nicht als Subjekt, sondern als relationale Aussage vom Menschen verstanden wird. Der Streit über Leid oder Leidlosigkeit Gottes entsteht nur durch die Verobjektivierung des Gottesbegriffs.

[771] Vgl. Def. des Monotheismus, LThK 7, 565.

[772] Vgl. 1. Teil: Offenbarung.

dieser den Wert von Solidarität verneint und keinen letzten Sinn im Tun der Liebe sieht. Der christliche Glaube ist aber ein Monotheismus, insofern Gott nicht in eine Vielzahl von Wesen aufgeteilt wird. Er ist ein Polytheismus, insofern die Beziehungsgemeinschaft als letzte Wirklichkeit erkannt wird und die Einheit Gottes vielfältig für den dreidimensionalen Menschen erfahren werden kann. Er ist ein Pantheismus, insofern Christen in Gottes An-wesenheit leben, sich in ihm bewegen und sind und in allen Dingen Gott erfahren können. Er ist ein Atheismus, insofern Gott kein „objektives Wesen" mehr ist, sondern eben mehr, Persongemeinschaft, in der Liebe als letztes Wort Sinn stiften kann. Der christliche Glaube entmythologisiert daher radikal den Gottesbegriff und damit Gott selbst. Er überschreitet alle theistischen Formen menschlicher Religiosität und damit diese selbst. Gott wird vom relationalen Personsein her verstanden als Erfahrung, die den zweideutigen Menschen „überwältigt", auf das „Gute" hin ortet und ihm so eine neue Existenzmöglichkeit schenkt.

Wenn man die üblichen Klischees überwindet, dann ist der christliche Glaube ein a-theistischer, relationaler Gottesglaube, der in der Erfahrung gründet. Gott ist dann kein sinnloses Wort mehr.

EXKURS

Hat Beten Sinn?

Gebet ist nur sinnvoll, wenn Gott von menschlichem Leben ausgesagt werden kann, wenn Gott „da ist", wenn der biblische Satz: „Ich bin bei dir!" eine Erfahrungswirklichkeit ist. Wie stellt sich nun der Umgang mit diesem „prädikativischen Gott" in den verschiedenen Lebensdimensionen dar?

1. Um Gebet in seinem Wesen zu begreifen, müssen wir – wie beim Überdenken des Menschseins – nach der *Zeitlichkeit* des Gebets fragen: Wann soll gebetet werden? Der Jude kennt bestimmte Gebetszeiten, und der Moslem ist ihm gefolgt. Gebet wäre aber mißverstanden, wenn es als eine Handlung begriffen würde, die auch noch zu tun ist („ich kann nicht länger bleiben, denn ich muß zum Gebet"; vgl. Konfuzius). Es ist auch nicht so zu verstehen, wie es vielleicht ein buddhistischer Mönch meint, der seine Gebetsmühle im Haus anbringt, so daß sie für ihn betet (bzw. ihn vertritt) und er, obwohl er etwas anderes tut, doch dauernd betet. Aber auch nicht so, wie uns die „Aufrichtigen Erzählungen eines russischen Pilgers"[773] berichten, daß das ständige Stoßgebet des orthodoxen Mönches die echte Gebetshaltung sei. Denn all diese Gebetsversuche unterscheiden Gebets-Zeit und Zeit zu anderem. Um aber den Ort des Gebetes zu verstehen, ist es notwendig, daß wir allezeit beten. Diese Forderung wird zumindest im NT erhoben. Sie hängt mit dem Gottesbegriff

---

[773] R. v. Walter (Hg.), Freiburg 1959.

zusammen, der Aussage vom Menschen ist. So wie jetzt der Tag des Heiles ist, so gilt es jetzt zu antworten, zu beten. Besonders eindrücklich ermahnt dazu Paulus.[774] Immer, ohne Unterlaß, ständig sollen die Christen beten; überall soll der Christ froh sein, immer soll er beten und zu jeder Zeit danken. Und wenn der Christ fragt, wie er das machen soll, dann meint Paulus, daß der, der Gott erfahren hat, der den Geist empfangen hat, also Charismatiker ist, im Bereich des Gottes wohnt und in ihm der Geist den Ausruf „Abba" hervorbringt, wenn auch nur „in unaussprechlichen Seufzern". Dieser Bereich Gottes ist Reich der Freude, der Mensch weiß sich verdankt und dankt, und daher lebt er im Gebet. Es ist selbstverständlich, daß damit eine Grundbefindlichkeit christlicher Existenz angesprochen ist, die sich als beschenkt begreift und daher in Freude, Dank und Gebet lebt. Gebet ist als Lebensvollzug zu verstehen, der in der Antwort mit der eigenen Existenz besteht. Christliche Existenz ist aber nicht als einzelne zu verstehen, sondern auf die Gemeinschaft hingeordnet. Nur wenn die anderen das „Amen" sprechen könnten, ist das Gebet Dialog und sinnvoll. Wer sich unverständlich äußert, wer sein christliches Leben nicht so vollziehen kann, daß es verstehbar ist für die Gemeinde der Glaubenden, der soll zu Hause bleiben, hat aber nichts in der Gemeinschaft der Christen verloren.[775]

Noch stärker als bei Paulus betont Lukas das Gebet als Lebensvollzug. In seinem Verständnis hat die Urgemeinde immer gebetet. So verharrt die Gemeinde ständig im Gebet.[776] Da Kornelius immer gebetet hat, wird ihm die Bekehrung zuteil. Der tägliche Tempelbesuch und das Brotbrechen sollen zeigen, wie intensiv sich das ständige Gebet äußert. Das Gleichnis vom gottlosen Richter und der Witwe[777], die wegen ihrer Aufdringlichkeit im Bitten doch zu ihrem Recht kommt, will das Moment der Beharrlichkeit betonen; wie die Parabel vom ungebetenen Freund, der um Mitternacht lästig fällt, alle durch sein Klopfen aufweckt und schließlich durch seine Ausdauer zum Ziel kommt.[778] Die Gebetsmahnung am Ölberg, nicht zu schlafen, damit die Versuchung die Jünger nicht übermannt[779], wie die Mahnrede an Petrus, daß der Satan die Jünger sieben wird und daß nur ständiges Gebet hilft[780] – all das will immer nur eines betonen: Jeder wird gerettet werden, wenn er ständig betet. Keine Gabe wird dem Menschen geschenkt ohne immerwährendes Gebet. Dies ständige Beten ist nicht nur ein Wunsch, sondern es ist eine Lebensnotwendigkeit (δεῖν). Nur dann wird der Mensch in seiner christlichen Existenzweise bewahrt. Lukas geht es nicht so sehr um das Was des Gebetes, sondern das Daß ist entscheidend. Von daher ist seine Abneigung gegen das Gebet um irdische

---

[774] Thess 5,17; Röm 12,12; Phil 4, 6; Eph 6,18; Kol 4, 2.
[775] 1Kor 14,14ff.
[776] Apg 2,42; passim.
[777] Lk 18,1.6-8.
[778] Lk 11,5-10.
[779] Lk 22,40ff.
[780] Lk 22,31-34.

Güter zu begreifen, weil es nur Gelegenheitsgebet ist und nicht grundsätzlich die Haltung ausdrückt. Die beiden anderen Synoptiker kennen die Diskriminierung der Bitte um irdische Güter nicht, da für sie jede konkrete Situation Anlaß zum Gebet ist. Jedes ἀγαθόν darf erbeten werden.

Aus der Beschreibung des NT[781] geht klar hervor, daß das Gebet von seiner universalen Zeitlichkeit her begriffen werden muß. Es ist immer (πάντοτε) geboten, d.h., es ist Lebensvollzug als Antwort auf die Gotteserfahrung[782], es ist das ständige Sein vor Gott als Beschenktsein. Gebet heißt: Leben im Bereich Gottes.

Dieses Verständnis des Gebetes haben sich im katholischen wie evangelischen Raum viele zu eigen gemacht.

Die ignatianische Indifferenz als Grundhaltung meint das ständige Bestimmtsein von Gott und das vielfältige Antworten mit dem eigenen Leben. Luther drückt sich so aus: „Was ist der Glaube anderes als (eitel) Gebet? Denn er versieht sich göttlicher Gnade ohne Unterlaß. Versieht er sich aber ihrer, so begehrt er ihrer recht von ganzem Herzen. Und das Begehren ist eigentlich das rechte Gebet." Nicht anders denkt Schleiermacher: „Fromm sein und beten ist eigentlich dasselbe. Alle Gedanken von einiger Wichtigkeit, die in uns entstehen, mit dem Gedanken an Gott in Verbindung zu bringen ... uns selbst im fröhlichen Genuß des Lebens seines allsehenden Auges eingedenk sein – das ist das Beten ohne Unterlaß." Oder wie Edith Stein, die in ihrer Sehnsucht das Gebet sieht: „Meine Sehnsucht nach der Wahrheit ist mein einziges Gebet!"

So ist es einleuchtend, daß das Gebet nicht Ablöse für eine fehlende Tat sein kann, sondern ein Bestimmtsein von Gottes Wirklichkeit. Das *Leben* ist primär Ort des Gebetes, das *Leben* ist die Zeit des Gebetes. Das Gebet ist immer an der Zeit!

2. Von selbst ergibt sich daraus der *Gegenstand* des Gebetes: Um was kann man beten? Antwort: um jede gute Gabe, die durch die konkrete Situation jeweils spezifiziert wird! Das heißt um ein Ereignis, das in seiner Struktur, in seiner Erfahrungsmöglichkeit für mich, für die Gemeinschaft, Gott nahebringt. So vielfältig die Ereignisse des Lebens sind, so vielfältig wird der Gegenstand des Gebetes sein. Freilich, schon die Vorstellungswelt der Heiligen Schrift hat in einer sekundären Ebene das Gebet umfunktioniert.

Es ist ein allgemein religionsgeschichtlicher Befund (der auch für die Bibel gilt), daß das Bittgebet Gott als Mittel zum Zweck funktionalisiert. Ich bediene mich eines Gottes, um zu meinem Ziel bzw. gewünschten Gegenstand zu kommen. So knieten die jungen römischen Mädchen vor dem Tempel der Fortuna virilis, damit ihnen der richtige Mann geschenkt wird. Gott ist nur als Vermittlungsmacht interessant. Dieser Vorstellung wird noch dadurch Vor-

---

[781] Vgl. W. Ott, Gebet und Heil. Die Bedeutung der Gebetsparänese in der lukanischen Theologie, München 1965.

[782] Vgl. G. Ebeling, Dogmatik des christlichen Glaubens I, Tübingen 1979, 192ff.

schub geleistet, daß Gott als direkt in den Weltzusammenhang heilend ein-
greifend begriffen wird. Dieses mythische Bild verdirbt das ganze Gebet und
macht Gott zum Lückenbüßer für menschliche Not und menschliches Unvermögen. Gebet wird dadurch zur Ersatzhandlung, die mit dem Wort charakterisiert wird: „Jetzt können wir nur noch beten!"

Unser Gebet kann nur Antwort (auch in Form der Bitte – als Antwort für die
Zukunft!) auf den Gott sein, der *in* der Welt, in den Widerfahrnissen durch
Mensch oder Ding wirkt, aber nicht von außerhalb der Welt in diese eingreift.
So ist Gebet dann nicht Ersatzhandlung, sondern Vollzug des Lebens als Antwort auf Gotteserfahrung in den weltlichen Ereignissen. Für die Zukunft kann
der Dank selbstverständlich in die Bitte umschlagen, daß diese gute Gabe
weiter geschenkt wird.

3. Entsprechend der radikalen Zeitlichkeit und der universalen Inhaltlichkeit
des Gebetes ergibt sich die Frage nach der Art und Weise, dem *Modus des
Gebetes:* Wie soll der Mensch beten?

Jeder echte Lebensvollzug des Menschen muß sich in irgendeiner Weise artikulieren. Der Mensch hat keine Daseinsform, die außerhalb der Sprache liegt.
Der Mensch, auch in seinen stummen Gesten und Gedanken, die verarbeitete
Lebensäußerungen sind und über das tierische Signal und den Notschrei hinausgehen, ist sprachlich verfaßt. Durch die Sprache kommt das Dasein zu
sich, kann der Mensch das einzelne bereden, aussprechen, und zwar auf dem
Horizont der Welt, bzw. der Gesamtheit. Indem der Mensch nur Einzelheiten
bespricht, scheint gerade der Horizont auf, der die Vielfalt des einzelnen
eint.[783]

In dieser sprachlichen Verfaßtheit lebt der Mensch, und alles, was zum Verstehen erhoben wird, muß sich sprachlich bzw. sprechend ausdrücken. So ist
es richtig, wenn man die Notwendigkeit des Sprechens damit aussagt, daß der
Mensch nicht nur Sprache hat, sondern diese ist. Der Lebensvollzug des Menschen wird durch Sprechen konstituiert. Dies gilt natürlich genauso für das
Dasein, das sich am Dasein Gottes orientiert, sich als gläubig versteht. So hat
der Glaubende seine Sprache, und diese ist das Gebet. Das Gebet ist Sprache
des Glaubens. Der glaubende Mensch lebt in der Sprache. Die Sprache bringt
aber die Wirklichkeit zum Vorschein. Sprechend geht dem Menschen die
Wirklichkeit auf, so daß er sprechend empfängt. Das heißt nun nicht, daß wir
unser Leben als ein Geschwätz zubringen, wie der Psalmist sich ausdrückt,
sondern daß wir auf unser Wort bedacht sein müssen, weil es auch die Wirklichkeit verstellen kann, wenn es nicht frei macht, sondern manipuliert wird.
Dies alles gilt für das Gebet. Das gläubige Dasein spricht sich in der Sprache
(des Gebetes) aus. Wollte man diese Aussprache dem Glaubenden verwehren,
dürfte er sich nicht glaubend aussprechen, müßte notwendig sein Glaubensvollzug verkümmern. Nur wenn das immerwährende Gebet sich entsprechend

[783] Vgl. H. Ott, Wirklichkeit des Glaubens II, Der persönliche Gott, Göttingen 1969, 297-
329.

der Wesensart des konkreten Menschen artikuliert, sich frei spricht, kann es Bestand haben, bleibt es im Erfahrungsbereich. Wer sich so frei-spricht, frei aus-spricht, der macht dies nicht nur als eine beliebige Symbolhandlung, sondern aus Bedürfnis, aus Notwendigkeit. Indem der Mensch so spricht, schickt sich ihm die Wirklichkeit zu und er verändert sich. Durch das Sprachgeschehen geschieht auch etwas mit dem Sprechenden. Er gibt sich selbst aus der Hand, er spricht sich ja aus und vertraut so auf das andere, das auf ihn zukommt. So kann der vergebende Frei-spruch z.b. tatsächlich den anderen verändern, aber er verändert auch mich (jetzt habe ich vergeben und bin nicht mehr unverzeihlich usw.). So ist das Gebet als Sprachgeschehen ein Ereignis, das mich verändern kann aufgrund der empfangenen Erfahrung, die ich mit Gott in Zusammenhang bringe.

4. Der *Gebetsausruf* ist das Ursprünglichste. Man bezeichnet diese Gebetsform als Doxologie. Gott wird als „Er" ausgerufen (wie etwa Helena es tat). Schlier meint, daß es die höchste Form des Gebetes ist. Es wahrt zugleich wie kein anderes die gesellschaftliche Verfaßtheit des Menschen. Z.B. „Ehre sei dem Vater ..." ist ein solcher Ausruf; „Amen" ebenfalls; gemeint ist: Ja, Er ist da, wir sind beschenkt, angenommen!
Die Erfahrung des Sprechens als Übereignung, als ein Sich-selbst-Offenbaren, leitet von selbst auf Besinnung und *Meditation* über. In der Besinnung über die Erfahrung bzw. über die eigene Antwort als Ausruf denkt der Mensch vor Gott über das Beschenktsein nach. (Eine Meditation anhand der Schrift ist echte Lebensäußerung des Glaubenden, ist Gebet.)
In der dargelegten Konzeption der Gotteserfahrung ist eine *Anrede* Gottes nicht ohne Problematik. Wenn der Mensch sich ausspricht (betet), setzt er sich der letzten Wirklichkeit aus. Was und wie er aber spricht, kann nie eine direkte Aussage über Gott sein und daher nie eine direkte Aussprache mit Gott. Wir haben in diesem Sinne keine wirklich analogen Begriffe von Gott, so daß ein Wort direkt Gott treffen könnte. Wohl ist die Gotteserfahrung im Ereignis unmittelbar und wirklich, aber nie direkt, sondern immer nur indirekt, im einzelnen, im Zufälligen. Das bedeutet, daß jede Ansprache, Anrede Gottes nur indirekt sein kann und nur als Analogie einer Analogie fungiert. Der erwähnte Horizont des einzelnen in dem Sprachgeschehen ist nicht direkt mit Gott zu identifizieren und auch das einzelne nicht. So ist jede Anrede Gottes immer nur indirekte Rede. Das Du-Sagen zu Gott erfährt so eine doppelte Brechung und kann nicht direkt analog zum menschlichen Du als Dialog verstanden werden. Insofern aber der Mensch sich selbst nur radikal aussprechen kann, wenn er auch Du sagen darf (und als Schutz gegen eine Es-Anonymität Gottes), ist eine solche Anrede legitim, allerdings nur unter diesem Vorbehalt. Das Du-Sagen hat also insofern einen Sinn, als sich der Mensch als Person so ausspricht, sich so begründet aus der Hand geben kann und sich getragen, bejaht und angenommen weiß, wie es einer echten Erfahrung entspricht, auch wenn es dieses göttliche „Du" nicht gibt.

So kann sich der Mensch auch in der *Fürbitte* an Gott wenden, insofern dadurch zum Ausdruck kommt, daß ich für einen anderen vor Gott einstehe, daß mein Dasein-für-Andere, ja gerade das, unter dem Vorzeichen „Gottes" steht. Das Glaubensleben wäre völlig falsch individualisiert, wenn nicht das Gebet für andere, als Vollzug meines Lebens für andere, legitim wäre. Gebet ist nicht nur Dank und Bitte, d.h. Aussprache des eigenen Seins, insofern es sich beschenkt weiß, sondern auch Aussprache der Dimension des Seins für andere, durch das der Glaubende gleich ursprünglich dem menschlichen Du verpflichtet ist und dieses Für-andere-Dasein glaubend in Worte faßt, d.h. für andere betet. Zugleich ist dies ein Akt der Bezeugung, daß ich als Christ glaube, daß Gott auch für den anderen da ist und ihm Gotteserfahrung genau wie mir geschenkt werden kann. Gebet ist wesentlich gemeinschaftsbezogen. Christliches Beten hat nur Sinn, wenn es Bewegung im Raum Christi ist, in der Weise der Gemeinschaft. Sosehr auch das Gebet allein als defizienter Modus des dialogischen Gebetes in der Gemeinschaft möglich ist, ist doch das formulierte Gebet primär in der Gemeinde zu Hause, denn wenn zwei oder drei in meinem Namen versammelt sind, bin ich in ihrer Mitte! Gottesdienst ist primär Dienst Gottes an uns Menschen, ist Gegenwart Christi unter uns. Gottesdienstliche Versammlung ist Eucharistiefeier, d.h. Dankesfeier, daß Gott in Menschengestalt mitten unter uns gegenwärtig ist. Die Gemeinde erhebt sich nicht zu Gott empor, so daß Gott oben wäre und die Gemeinschaft unten, unter ihrem Herrn, sondern im gemeinsamen Sprechen, im Dialog des Gebetes unter den Glaubenden geschieht Gott unter uns. Aufgrund dessen, daß wir im Bereich Gottes leben, dürfen wir hoffen, daß er im Lebensvollzug des Gebetes unter uns Ereignis wird.[784]

Durch dieses Verständnis wird das Gebet befreit: vom bestimmten Ort, von bestimmten Zeiten, von bestimmten Formeln und Haltungen! So wie die Lebensäußerungen sich verschieden artikulieren, so auch das Gebet. Am Du-Sagen zu Gott hängt gar nichts, am allerwenigsten das Gebet. Diese Gretchenfrage, die die gute Theologie daran mißt, ob man im Gebet noch Du zu Gott sagen kann, hat von der „Gotteslehre" nichts verstanden. Da Gott Beziehung ist, mag es für manche schwierig erscheinen, zu einer „Beziehung" zu sprechen und daher zu beten. Er kann aber sehr wohl verstehen, daß man aus einer Beziehung leben kann. So gibt die Theologie für Gebet Raum und wird dem Menschsein gerecht.[785]

---

[784] Es ist zu beachten, daß der Dialog von Mensch zu Mensch geschieht. Gerade im sakramentalen Vollzug kommt dies zum Ausdruck, da es kein Sakrament gibt, das nicht von Mensch zu Mensch gespendet wird (z.B. niemand kann sich selbst taufen!). Ferner ist zu bedenken, daß selbst in der heutigen Meßform die Gebete der Liturgie, die Gott direkt anreden, meist Appell an die Glaubenden sind, das oder jenes zu tun! Zum Beispiel: „Gib, daß wir voll Freude das Fest begehen", „daß wir Buße tun" usw. Es ist gleichsam eine Anrede, aus der hervorgeht, was für uns zu tun ist, und daß wir all unser Tun, auch die Freude usw., nicht uns selbst verdanken, sondern beschenkt sind.

[785] Vgl. dazu die Aufsätze in Conc 8, 1972, das thematische Heft über das Gebet.

Gebet ist also der Gesamtvollzug der menschlichen Existenz als Antwort auf die Gotteserfahrung, die der einzelne bzw. die Gemeinschaft gemacht hat und die sich als Akt der Bezeugung oder der freien Aussprache artikuliert.

Gebet

Es war leicht zu beten, als ich in der Einfalt meines Herzens noch niederknien konnte und einen Herrn im Himmel wußte, der mich ansah. Ich konnte meine Nöte und Freuden vor Gott ausbreiten und wußte um seine Erhörung, auch wenn sie nicht immer erfahrbar war.

Heute kann ich Gott nicht mehr als Herrn verstehen und mich nicht mehr als sein Diener fühlen. Ein anbetendes Niedersinken mit Tränen in den Augen vor Glück oder Leid ist sinnlos geworden. Kein göttliches Du, sondern nur das menschliche Du in aller Zweideutigkeit begegnet mir. Partner bin ich den Menschen in der Gemeinschaft, aber Gott ist nicht mein Partner.

Trotzdem hoffe ich für die Gegenwart. Nicht so, daß ich ein reines Licht in meinen Händen hielte – wohl aber so, daß in meinem menschlichen, zweideutigen Schicksal immer wieder ein Licht, eine Tiefe durchscheint, die größer ist als ich, die das Gute dominieren läßt und mich überwältigt. So weiß ich, bar aller Vorstellung, auch heute, daß ich bejaht bin, daß es in der Absurdität des Lebens Sinn gibt, Sinn, der glücklich macht. Ich bin bejaht, wenn ich Liebe schenke, wenn mich menschliche Beziehung froh macht, wenn ich an der stets vorläufigen Gesellschaft der Zukunft mitarbeite. So kann ich auch heute ausrufen, wie vor Jahrtausenden der Psalmist: Ja, Er ist; ich bin bejaht; es ist Gott!

Und wenn Du nun auf das Wort Gott verzichten willst, dann tu es, aber laß die Stelle nicht leer, sondern halte sie offen, denn die Wirklichkeit kommt auf Dich zu, drängt Dich zu entscheiden, und in der Liebe wirst du erkennen und ausrufen müssen: Ja siehe, es ist Gott den Menschen, wenn sie einander lieben, wenn personale Gemeinschaft real wird.

So können wir heute oft nicht mehr Gott anrufen, weil er nicht der mächtige Herr ist, so können wir heute oft nicht mehr nach einer paradiesischen Zukunft ausschauen, weil sie nur eine Idee der Menschen ist, aber wir können danken und beten, indem wir bei aller Gebrochenheit wissen: Das Heute gibt uns Hoffnung für die Zukunft, im Heute glauben wir an neue Möglichkeiten, heute wollen und dürfen wir lieben, denn nur heute können wir Gott erfahren, da er nur heute uns nahe ist.

Abkürzungen

In Zitaten ist die Hervorhebung vom Autor *kursiv*, von mir *kursiv* mit * gekennzeichnet. Die Abkürzungen der biblischen Bücher sind nicht eigens aufgeführt. Sie finden sich in den entsprechenden Lexika.

AA	2. Vat. Konzil, Apostolicam actuositatem, Dekret über das Apostolat der Laien
AAS	Acta Apostolicae Sedis, Rom 1909ff
Ad Eph.	Ignatius von Antiochien, Epistula ad Ephesios
Ad Smyrn.	Ignatius von Antiochien, Epistula ad Smyrnaeos
Adv. Haer.	Irenäus von Lyon, Adversus Haereses
Adv. Prax.	Tertullian, Adversus Praxean
Adv. Valent.	Tertullian, Adversus Valentinianos
AfHS	African Historical Studies, New York 1968ff
Aisch.	Aischylos
Apk Mos	Mose-Apokalypse
Art./a	Artikel/articulum
AThR	The Anglican Theological Review, Evanston 1918ff
b Sanhedrin	Babylonischer Talmud, Traktat Sanhedrin
c.	Kanon
cap.	Kapitel
Catech.	Cyrill von Jerusalem, Catecheses
Cath	Catholica. Vierteljahresschrift für ökumenische Theologie, Münster 1968ff
C.G.	Thomas von Aquin, Summa contra Gentiles
CD	Damaskusschrift aus Qumran
Conc	Concilium. Internationale Zeitschrift für Theologie, Einsiedeln/Mainz 1965ff
Conf.	A. Augustinus, Confessiones
Conf. Gall.	Confessio Gallicana
CR	G. Bretschneider/H.E. Bindseil (Hg.), Corpus Reformatorum. 28 Bde., Berlin 1834-60, Nachdr. New York/London/Frankfurt 1963
Crat.	Platon, Kratylos
D	H. Denzinger (Begr.)/P. Hünermann (Hg.), Kompendium der Glaubensbekenntnisse und kirchlichen Lehrentscheidungen, Freiburg/Basel/Rom/Wien [37]1991
d. deor. n.	M.T. Cicero, De natura Deorum

DBA	Dietrich Bonhoeffer-Ausgabe, E. Bethge (Hg.), Gesammelte Werke. 6 Bde., München 1958ff
De An.	Aristoteles, De Anima
De civ. Dei	A. Augustinus, De civitate Dei
de fide et incarn.	Apollinaris, De fide et incarnatione
de Haeres.	A. Augustinus, De haeresibus
De Inc.	Athanasius, De incarnatione
De lib. arbitrio	A. Augustinus, De libero arbitrio
De pud.	Tertullian, De pudicitia
De spec leg.	Philo von Alexandrien, De specialibus legibus
de synod.	Athanasius, Epistola de synodis Arimini et Seleuciae
De Trini.	A. Augustinus, De Trinitate
De vera relig.	A. Augustinus, De vera religione
Div. Inst.	Laktanz, Divinae Institutiones
DV	2. Vat. Konzil, Dei Verbum, Dogmatische Konstitution über die Offenbarung
EN	Paul VI., Evangelii nuntiandi, 1965
Ep.	Epistulae
ET	The Expository Times, Edinburgh 1889ff
EvKomm	Evangelische Kommentare, Stuttgart 1968ff
EvMis	Evangelische Missionszeitschrift, Stuttgart 1940ff
EvTh	Evangelische Theologie, München 1934ff
EWNT	H. R. Balz/G. Schneider (Hg.), Exegetisches Wörterbuch zum Neuen Testament. 3 Bde., Stuttgart 1980-83
Fr.	Fragment
fund.	A. Augustinus, Contra epistulam Manichaei quam vocant Fundamenti
GV	R. Bultmann, Glauben und Verstehen. 4 Bde., Tübingen 1952ff
GW	Gesammelte Werke
HerKorr	Herder-Korrespondenz, Freiburg 1946ff
Hom.	Origenes, Homilien (zu biblischen Schriften)
HPhG	H. Krings/H.M. Baumgartner/Ch. Wild (Hg.), Handbuch philosophischer Grundbegriffe. 6 Bde., München 1974
HThG	H. Fries (Hg.), Handbuch theologischer Grundbegriffe. 2 Bde., München 1962ff
HWP	J. Ritter (Hg.), Historisches Wörterbuch der Philosophie, Darmstadt 1971ff
IM	De iustitia in mundo, Schlußdokument der Bischofssynode von 1971

In Trin.	Thomas von Aquin, Kommentar zu Boethius De Trinitate
Instit.	J. Calvin, Institutio religionis christianae (1536)
JBiblLit	Journal of Biblical Literature, Philadelphia 1946ff
Jh.	Jahrhundert
Jo. Akt.	Johannes-Akten
KatBl	Katechetische Blätter, München u.a. 1874ff
KD	K. Barth, Kirchliche Dogmatik. 4 Bde., Zürich/München 1932ff
KEK	Katholischer Erwachsenen-Katechismus, Bonn 1985
KKD	J. Auer/J. Ratzinger, Kleine Katholische Dogmatik. 9 Bde., Regensburg 1970ff
KKK	Katechismus der Katholischen Kirche, München u.a. 1993
KM	A.W. Bartsch (Hg.), Kerygma und Mythos. 7 Bde., Hamburg 1960ff
LA, la	Lateinamerika, lateinamerikanisch
LG	2. Vat. Konzil, Lumen gentium, Dogmatische Konstitution über die Kirche
lib.	Liber
Log.	Logion
LThK	J. Höfer/K. Rahner (Hg.), Lexikon für Theologie und Kirche. 10 Bde. und Erg.-Bde., Freiburg [2]1957-1967
Magn.	Ignatius von Antiochien, Epistula ad Magnesios
3/4 Makk	3./4. Makkabäerbuch
Meta	Aristoteles, Metaphysik
MS	J. Feiner/M. Löhrer (Hg.), Mysterium Salutis, Einsiedeln 1965ff
N	Platon, Nomoi
NHP	Neue Hefte Philosophie, Göttingen 1971ff
Nik. Ethik	Aristoteles, Nikomachische Ethik
NHThG	P. Eicher (Hg.), Neues Handbuch theologischer Grundbegriffe. 5 Bde. (Erw. Neuausgabe), München 1991
NR	J. Neuner/H. Roos, Der Glaube der Kirche in den Urkunden der Lehrverkündigung, Regensburg [11]1983
NTS	New Testament Studies, Cambridge/Washington 1954ff
o.J.	ohne Jahr
Od.	Homer, Odyssee

OR	L'Osservatore Romano. Wochenausgabe in deutscher Sprache, Vatikanstadt 1968ff
Orat.	Athanasius, Orationes adversus Arianos
Parm. Fr.	Parmenides, Fragment
PG	J.-P. Migne (Hg.), Patrologiae Cursus Completus. Series Graeca. 167 Bde., Paris 1857-1866
Phaid.	Platon, Phaidon
Phaidr./Phr	Platon, Phaidros
Philad.	Ignatius von Antiochien, Epistula ad Philadelphienses
Phil. Rund.	Philosophische Rundschau, Tübingen 1953ff
Phys.	Aristoteles, Physik
PL	J.-P. Migne (Hg.), Patrologiae Cursus Completus. Series Latina. 217 Bde. u. 4 Reg.-Bde., Paris 1841-64
Pol.	Aristoteles, Politika
Polit./P	Platon, Politeia
Polyc.	Ignatius von Antiochien, Epistula ad Polykarpum
praescr.	Praescriptio
Prot.	Platon, Protagoras
q.	Quaestio
QD	K. Rahner/H. Schlier (Hg.), Quaestiones disputatae, Freiburg u.a. 1958ff
QpHab	Habakuk-Peser aus Qumran
QS	Gemeinschaftsregel aus Qumran
Quaest. disput.	Thomas von Aquin, Quaestiones disputatae
RdQ	Revue de Qumran, Paris 1958/59ff
RGG	K. Galling (Hg.), Die Religion in Geschichte und Gegenwart, Tübingen ³1956-62
RHPhR	Revue d'histoire et de philosophie religieuses, Paris 1896ff
RM	Johannes Paul II., Redemptoris missio, 1990
RScRel	Recherches de science religieuse, Paris 1910ff
S	Platon, Symposion
S. Th.	Thomas von Aquin, Summa Theologica
SC	2.Vat. Konzil, Sacrosanctum concilium, Konstitution über die heilige Liturgie
Sent.	Thomas von Aquin, Kommentar zum Sentenzenbuch des Petrus Lombardus
SM	K. Rahner/A. Darlap (Hg.), Sacramentum Mundi. Theologisches Lexikon für die Praxis. 4 Bde., Freiburg 1967-69
Solil.	A. Augustinus, Soliloquia
Soph.	Platon, Sophistes

Sp.	Spalte
StL	Görres-Gesellschaft (Hg.), Staatslexikon. 7. Bde., Freiburg ⁷1985-93
Strack-Bill.	H. L. Strack/P. Billerbeck, Kommentar zum NT aus Talmud und Midrasch, München 1922-61
StZ	Stimmen der Zeit, Freiburg 1871ff
Theait./T	Platon, Theaitetos
ThPh	Theologie und Philosophie, Freiburg 1966ff
ThPQ	Theologisch-praktische Quartalschrift, Linz 1848ff
ThQ	Theologische Quartalschrift, Tübingen 1819ff, München 1969ff
ThR	Theologische Revue, Münster 1902ff
ThWAT	G. J. Botterweck/H. Ringgren/H. J. Fabry (Hg.), Theologisches Wörterbuch zum Alten Testament, Stuttgart 1970ff
ThWNT	G. Kittel (Begr.)/G. Friedrich (Hg.), Theologisches Wörterbuch zum Neuen Testament. 10 Bde., Stuttgart 1933-79
Tract. in Jo	A. Augustinus, Traktat zum Johannesevangelium
UR	2. Vat. Konzil, Unitatis redintegratio, Dekret über den Ökumenismus
VELKD	Vereinigte Evangelisch-Lutherische Kirche Deutschlands
Verit.	Thomas von Aquin, Quaestiones disputatae de veritate
WA	D. Martin Luthers Werke, Kritische Gesamtausgabe (Weimarer Ausgabe), Weimar 1883ff
WoDi	Wort und Dienst, Bielefeld 1948ff
WuW	Wort und Wahrheit, Wien 1946ff
Xenoph. An.	Xenophon, Anabasis
ZMR	Zeitschrift für Missionswissenschaft und Religionswissenschaft, Münster 1928-35, 1950ff
ZThK	Zeitschrift für Theologie und Kirche, Tübingen 1891ff

Zitierte Literatur

Adam, A., Lehrbuch der Dogmengeschichte. 2 Bde., Gütersloh 1965ff
Adegbola, A.A., Traditional Religion in West Africa, Ibadan 1983
Adorno, Th.W., Negative Dialektik, Frankfurt 1966
— Stichworte. Kritische Modelle 2, Frankfurt 1969
Albert, H., Traktat über kritische Vernunft, Tübingen ²1969
Alt, F. (Hg.), Das C. G. Jung Lesebuch, Olten 1984
— Jesus – der erste neue Mann, München 1989
Althaus, P., Art. Erfahrungstheologie, in: RGG II, 552-553
Altizer, Th. J.J./Hamilton, W. (Hg.), Radical Theology and the Death of God, Indianapolis 1966
— The Genesis of God. A Theological Genealogy, Louisville 1993
— The Gospel of Christian Atheism, Philadelphia 1966
Altmann, W., Lutero e liberatação, São Paulo 1994
Amery, C., Die Kapitulation oder Deutscher Katholizismus heute, Hamburg 1963
Angelus Silesius, Der cherubinische Wandersmann. Sinnliche Beschreibung der vier letzten Dinge, München 1949
Anselm von Canterbury, Cur Deus homo, Darmstadt 1970
— Proslogion, Schmidt, D.F.S. (Hg.), Stuttgart 1962
Aristoteles, Werke in deutscher Übersetzung, Flashar, H. (Hg.), Berlin 1964ff
Arns, P.E., Gemeinschaft und Austausch zwischen den Kirchen, in: Conc 17, 1981, 335-341
Assmann, H., Teología desde la praxis de la liberación, Salamanca 1973
Auer, J., Gott der Eine und Dreieine, Regensburg 1978
Augstein, R., Jesus – Menschensohn, München 1972 (Neuauflage: 1999)
Augustinus, A., Aurelii Augustini Opera, Mutzenbecher, A. (Hg.), Turnhout 1981ff
Austin, J.L., Wahrheit, in: Skirbekk, G. (Hg.) Wahrheitstheorien, Frankfurt 1980
Baertl Gómez, J., Crónica. Congreso sobre Liberación, Reconciliación y Solidaridad, Tacna 1987
Balthasar, H.U. v., Glaubhaft ist nur Liebe, Einsiedeln 1963
Barth, K., Das Wort Gottes und die Theologie. Gesammelte Vorträge, München 1924
— Der Römerbrief (1919), Zürich 1963
— Der Römerbrief (1922), München 1929
— Dogmatik im Grundriß, Stuttgart 1947
— Kirchliche Dogmatik. 4 Bde., Zürich/München 1932ff
— Nein! Antwort an E. Brunner, München 1934
Bartsch, H.W. (Hg.), Kerygma und Mythos I-VII, Hamburg 1967ff
Baudrillard, J., Das perfekte Verbrechen, München 1996

Bauer, B., Das entdeckte Christentum, Zürich 1843
— Kritik der evangelischen Geschichte des Johannes, Bremen 1840
— Kritik der Synoptiker. 2 Bde., Leipzig 1841-42
Baumotte, M. (Hg.), Die Frage nach dem historischen Jesus. Texte aus drei Jahrhunderten, Gütersloh 1984
Bea, A., Einheit in Freiheit, Stuttgart 1964
Beauvoir, S. de, Die Mandarins von Paris, München/Zürich 1960
Bell, D., Die nachindustrielle Gesellschaft, Frankfurt/New York 1975
Berger, P.L., Zur Dialektik von Religion und Gesellschaft, Frankfurt 1973
Bernhardt, R., Der Absolutheitsanspruch des Christentums. Von der Aufklärung bis zur pluralistischen Religionstheologie, Gütersloh 1990
Betz, H.D., Nachfolge und Nachahmung Jesu Christi im Neuen Testament, Tübingen 1967
— Art. θεός, in: EWNT II, ²1992, 346-352
Bhagavad Gita, Schreiner, P. (Hg.), Zürich 1991
Biesel, H., Das Leid in der Welt und die Liebe Gottes, Düsseldorf 1972
Bimwenyi-Kweshi, O., Alle Dinge erzählen von Gott. Grundlegung afrikanischer Theologie, Freiburg/Basel/Wien 1982
Binswanger, L., Mein Weg zu Freud, in: Ders., Der Mensch in der Psychiatrie, Pfullingen 1957
Bishop, J., Die Gott-ist-tot-Theologie, Düsseldorf 1968
Blank, J., Die überforderte Rationalität: Zur Aktualität des Mythos, in: Kairos NF XXIX, 1987
— Jesus von Nazareth. Geschichte und Relevanz, Freiburg/Basel/Wien 1972
Bleyler, K.E., Religion und Gesellschaft in Schwarzafrika. Sozialreligiöse Bewegungen und koloniale Situation, Stuttgart/Berlin/Mainz 1981
Bloch, E., Antrittsvorlesung, Tübingen 1961
— Atheismus im Christentum. Zur Religion des Exodus und des Reichs, Frankfurt 1968
— Das Prinzip Hoffnung. 3 Bde., Frankfurt 1967
— Thomas Münzer als Theologe der Revolution, Frankfurt 1960
Bloy, L., Briefe an seine Braut, Heidelberg 1950
Bockmühl, K., Atheismus in der Christenheit. Anfechtung und Überwindung, Wuppertal 1969
Boff, C., Die Befreiung der Armen. Reflexionen zum Grundanliegen der lateinamerikanischen Befreiungstheologie, Fribourg 1986
Boff, L., Charisma und Amt, München 1981
— Eine kreative Rezeption des II. Vatikanums aus der Sicht der Armen: Die Theologie der Befreiung, in: Klinger, E./Wittstadt, W. (Hg.), Glaube im Prozeß. Christsein nach dem II. Vatikanum, Freiburg 1984
— Jesus Christus, der Befreier, Freiburg 1986
— Torres, S./Gutiérrez, G. (Hg.), Colección Teología y Liberación (50 Volumes), Buenos Aires/Madrid/Petrópolis, 1985ff; Bibliothek Theologie der Befreiung. 16 Bde., Düsseldorf 1987ff

— Was kommt nachher? Das Leben nach dem Tod, Salzburg 1982

Böll, H., Doktor Murkes gesammeltes Schweigen, Köln 1958

Bonhoeffer, D., Akt und Sein, München 1956

— Ethik, München 1966

— Gesammelte Schriften, München 1958ff

— Sanctorum Communio, München ³1960

— Werke, Bethge, E., u.a. (Hg.), München 1988ff

— Widerstand und Ergebung, München 1962

Borchert, W., Gesamtwerk, Reinbek 1982

Boss, M. Psychoanalyse und Daseinsanalytik, München 1980

Brant, W., Wer war Jesus Christus?, Stuttgart 1957

Braulik, G. u.a. (Hg.), Der eine Gott und die Göttin. Gottesvorstellungen des biblischen Israel im Horizont feministischer Theologie, Freiburg 1991

Braun, H., Die Problematik einer Theologie des Neuen Testaments, in: ZThK 1961, 18f

— Gollwitzer, H., Post Bultmann locutum, Hamburg 1969

— Jesus, Stuttgart 1969

— Qumran und das Neue Testament. 2 Bde., Tübingen 1966

— Spätjüdisch-häretischer und frühchristlicher Radikalismus. 2 Bde., Tübingen 1957

Brecht, B., Gesammelte Werke, Hauptmann, E. (Hg.), Frankfurt 1967

Brownlee, W.H., Messianic Motives of Qumran and the New Testament, in: NTS 3, 1956

Bruce, F.F., Außerbiblische Zeugnisse über Jesus und das frühe Christentum, Güting, E. (Hg.), Gießen/Basel 1991

— Die Handschriftenfunde vom Toten Meer, München 1957

Brunner, E., Die christliche Lehre von Gott, Zürich/Stuttgart ³1960

— Natur und Gnade. Zum Gespräch mit K. Barth, Tübingen 1934

Buber, M., Begegnung. Autobiographische Fragmente, Stuttgart 1960

— Rosenzweig, F., Bücher der Kündung, Köln 1958

Bubner, R./Camer, K./Wiehl, R., Metaphysik und Erfahrung, in: NHPh 30/31, 1991

Bultmann, R., Der Gottesgedanke und der moderne Mensch, in: Augustin, H.W. (Hg.), Diskussion zu Bischof Robinsons „Gott ist anders", München 1964

— Das Evangelium des Johannes, Göttingen 1959

— Das Verhältnis der urchristlichen Christusbotschaft zum historischen Jesus, Heidelberg 1965

— Die Geschichte der synoptischen Tradition, Tübingen ²1931

— Glauben und Verstehen. Bd. 1-4, Tübingen 1952ff

— Neues Testament und Mythologie. Das Problem der Entmythologisierung der neutestamentlichen Verkündigung, Jüngel, E. (Hg.), München 1988

— Zum Problem der Entmythologisierung, in: Bartsch, H.W. (Hg.), Kerygma und Mythos. Bd. 2, Hamburg 1952, 179-208

— Zur Frage des Wunders, in: GV I, 214ff

Buren, P. v., Reden von Gott in der Sprache der Welt. Zur säkularen Bedeutung des Evangeliums, Zürich/Stuttgart 1965

Buri, F., Gott in Amerika. 2 Bde., Bern 1972

— Unterricht im christlichen Glauben, Bern 1957

Burrows, M., Mehr Klarheit über die Schriftrollen, München 1958

Bussmann, C., Befreiung durch Jesus. Die Christologie der lateinamerikanischen Befreiungstheologie, München 1980

Callahan, D. (Hg.), The secular city debate, New York 1966

Calvin, J., Ioannis Calvini Opera quae supersunt omnia, Baum, G./Cunitz, E./Reuss, E. (Hg.). 59 Bde., 1863-1900

Campenhausen, H. v., Kirchliches Amt und geistliche Vollmacht in den ersten drei Jahrhunderten, Tübingen ²1963

Capra, F./Steindl-Rast, D., Wendezeit im Christentum. Perspektiven für eine aufgeklärte Theologie, Bern/München/Wien 1991

Cardenal, E., Die Stunde Null, Gütersloh 1979

Cardonnel, J., L'évangile et la révolution, Paris 1968

Carnap, R., Die Überwindung der Metaphysik durch logische Analyse der Sprache, in: Erkenntnis 2, 1931, 219ff

— Scheinprobleme in der Philosophie, Frankfurt ²1961

Cavin, A., Der Konfuzianismus, Stuttgart 1981

Chang Ch'un-shen, A.B., Dann sind Himmel und Mensch in Einheit. Bausteine chinesischer Theologie, Freiburg 1984

Cherbury, H. v., De veritate, prout distinguitur a revelatione, a verisimili, a possibili et a falso, (1645) Stuttgart 1967

Chesi, G./Wenger, S., Ein Leben mit den Göttern, Wörgl ²1984

Ching, J., Konfuzianismus und Christentum, Mainz 1989

Cicero, M.T., De natura deorum (Das Wesen der Götter), Gerlach, W. (Übers.), 3 Bde., München ³1987

Comblin, J., Der Heilige Geist, Düsseldorf 1988

— Reconciliación y Liberación, Santiago de Chile 1987

— Théologie de la pratique révolutionnaire, Paris 1974

— Théologie de la révolution, Paris 1970

Conzelmann, H., Art. Jesus, in: RGG III, Tübingen ³1959

— Grundriß der Theologie des Neuen Testaments, München 1967

Coreth, E., Was ist der Mensch?, Innsbruck 1973

Corpus Reformatorum, Bretschneider, G./Bindseil, H.E. (Hg.). 28 Bde., Berlin 1834-60, Nachdruck: New York/London/Frankfurt 1963

Cox, H., Stadt ohne Gott, Stuttgart/Berlin ⁴1968.

— Das Fest der Narren. Das Gelächter ist der Hoffnung letzte Waffe, Stuttgart ⁴1972

— Stirb nicht im Warteraum der Zukunft, Stuttgart 1968

Cullmann, O., Der Staat im Neuen Testament, Tübingen 1956

— L'opposition contre le temple de Jerusalem, motif commun de la théologie Johannique et du monde ambiant, in: NTS 5, 1959, 157-173

— The Significance of the Qumran Texts for Research into the Beginnings of Christianity. The Scrolls and the New Testament, New York 1957

— The Significance of the Qumran Texts for Research into the Beginnings of Christianity, in: JBiblLit 74, 1955

Daecke, S., Der Mythos vom Tode Gottes. Ein kritischer Überblick, Hamburg 1969

Daniélou, J., La communauté de Qumran et l'organisation de l'Église ancienne, in: RHPhR 35, 1955, 104-115

— Qumran und der Ursprung des Christentums, Mainz 1958

Debus, J./Brittemeyer, W. u.a., Art. Dialektik, in: HWP II, 164-226

Deissler, A., Der Gott des Alten Testaments, in: Ratzinger, J. (Hg.), Die Frage nach Gott, Freiburg 1972, 45-58

Deschner, K.H., Das Christentum im Urteil seiner Gegner. 2 Bde., Wiesbaden 1971

Deutsche Bischofskonferenz (Hg.), Katholischer Erwachsenen-Katechismus, Bonn 1985

Dewart, L., Die Grundlagen des Glaubens. 2 Bde., Einsiedeln 1971

Die Reden des Buddha. Gruppierte Sammlung, Geiger, W./Mahathera, N./ Hecker, H. (Übers.), Herrnschrot 1997

Die Reden G. Buddhas aus der mittleren Sammlung Majjhimanikayo des Pali-Kanons, Neumann, K.E. (Übers.). 3 Bde., München [3]1922

Diels, H./Kranz, W. (Hg.), Fragmente der Vorsokratiker. 3 Bde., Darmstadt [17]1974

Dietschy, B., Theologie der Befreiung – Nicht mehr gefragt?, in: Publik-Forum 8, 1995, 31-32

Disse, J., Zeichen lesen und es verstehen. Zur Frage der rationalen Begründbarkeit des christlichen Offenbarungsglaubens, in: ThPh 71, 1996, 1-11

Donders, J.G. Afrikanische Befreiungstheologie. Eine alte Kultur erwacht, Olten/Freiburg 1986

Döring, H., Abwesenheit Gottes, Paderborn 1977

— Gott vor uns, in: Ernst Bloch zu Ehren, Frankfurt 1965

Dostojewskij, F.M., Die Brüder Karamasow, München 1977

— Die Dämonen, München 1954

Dürrenmatt, F., Gesammelte Werke. 5 Bde., Frankfurt 1996

Dussel, E., Herrschaft und Befreiung, Fribourg 1985

Ebeling, G., Dogmatik des christlichen Glaubens. Bd. I, Tübingen 1979

— Luthers Reden von Gott, in: Schaefer, A. (Hg.), Der Gottesgedanke im Abendland, Stuttgart 1964, 35-53

— Wort und Glaube, Tübingen 1969

Eichrodt, W., Das Gottesbild des Alten Testaments, Stuttgart 1956

Ela, J.M., Mein Glaube als Afrikaner. Das Evangelium in schwarzafrikanischer Lebenswirklichkeit, Freiburg 1987

Eliade, M., Geschichte der religiösen Ideen. Quellentexte, Freiburg 1981

Ellacuriá, I., Conversión de la Iglesia al Reino de Dios para anunciarlo y realizarlo en la historia, Santander 1985

— Die Funktion der Wirtschaftstheorien in der theologisch-theoretischen Diskussion über die Beziehung zwischen Christentum und Sozialismus, in: Conc 13, 1977, 339-343

— Sobrino, J., (Hg.), Mysterium Liberationis. Conceptos fundamentales de la teología de la liberación. 2 Bde., Madrid 1990; deutsch: Mysterium liberationis. Grundbegriffe der Theologie der Befreiung. 2 Bde., Luzern 1995

Engelmann, P. (Hg.), Postmoderne und Dekonstruktion. Texte französischer Philosophen der Gegenwart, Stuttgart 1990

Erklärung der Glaubenskongregation über Gottessohnschaft und Trinität, in: HerKorr 26, 1972, 228f

Fahrenbach, H., Art. Mensch, in: HPhG IV, 888-912

— Ein programmatischer Aufriß der Problemlage und systematischen Ansatzmöglichkeiten praktischer Philosophie, in: Riedel, M. (Hg.), Rehabilitierung der praktischen Philosophie. Bd. 1, Freiburg 1972, 15-56

Feil, E., Die Theologie D. Bonhoeffers. Hermeneutik, Christologie, Weltverständnis, München [2]1971

— Weth, R. (Hg.), Diskussion zur „Theologie der Revolution", München 1969

Fichtner, J., Der Begriff des Nächsten im Alten Testament mit einem Ausblick auf Spätjudentum und Neues Testament, in: WoDi, NF IV, 1955

Figari, L.F., Aportes para una Teología de la Reconciliación, Lima 1985

Fischer, H., Glaubensaussage und Sprachstruktur, Hamburg 1972

Fischl, J., Geschichte der Philosophie, Graz 1964

Foerster, W., Art. ἐξουσία, in: ThWNT II, 557-572

— Art. κύριος, in: ThWNT III, 1038-1098

Fornet-Betancourt, R. (Hg.), Befreiungstheologie. Kritischer Rückblick und Perspektiven für die Zukunft. 3 Bde., Mainz 1997

Forte, B., Jesus von Nazareth. Geschichte Gottes – Gott der Geschichte, Mainz 1984

Fourastié, J., Die große Hoffnung des 20. Jahrhunderts, Köln 1954

Fränkel, H., Wege und Formen frühgriechischen Denkens, München 1955

Frankl, V., Der unbedingte Mensch, Wien 1949

Freire, P., Pädagogik der Unterdrückten. Bildung als Praxis der Freiheit, Hamburg 1987

Freud, S., Briefe 1873-1939, Freud, E.L. (Hg.), Frankfurt 1960

— Gesammelte Werke. Bd. 1-17, London 1940ff

Friedrich, G., Beobachtungen zur messianischen Hohepriestererwartung in den Synoptikern, in: ZThK 53, 1956, 265-311

Frieling, R., Instrumentalisierte Freiheit der Theologie?, in: ZThK 88, 1991, 121-138

Fries, H. (Hg.), Handbuch theologischer Grundbegriffe. 2 Bde., München 1962f
— Wie heute von Gott reden?, in: Ders. u.a. (Hg.), Möglichkeiten des Redens über Gott, Düsseldorf 1978, 9-30
Frisch, M., Stiller, Frankfurt ⁴1975
Fromm, E., Gesamtausgabe, Stuttgart 1980ff
— Haben oder Sein. Die seelischen Grundlagen einer neuen Gesellschaft, Stuttgart 1976
Fuchs, E., Glaube und Erfahrung, Tübingen 1965
— Marburger Hermeneutik, Tübingen 1968
Funke, D., Gott und das Unbewußte. Glaube und Tiefenpsychologie, München 1995
Gadamer, H.G., Wahrheit und Methode, Tübingen ³1972
Gäde, G., Viele Religionen – ein Wort Gottes. Einspruch gegen John Hicks pluralistische Religionstheologie, Gütersloh 1998
Ganoczy, A., Chaos – Zufall – Schöpfungsglaube. Die Chaos-Theorie als Herausforderung der Theologie, Mainz 1995
Garaudy, R., Gott ist tot. Eine Einführung in das System und die Methode Hegels, München 1966
Gardavský, V., Gott ist nicht ganz tot, München 1968
Gay, P., „Ein gottloser Jude". S. Freuds Atheismus und die Entwicklung der Psychoanalyse, Frankfurt 1988
Gebara, Y., Die Wiedergeburt der Unterdrückten. Wie die „Option für die Armen" zur „Option für die Frau" wird, in: Publik-Forum 15, 1995, 20-22
Gegenwart und Zukunft. Dokument der III. Generalkonferenz des Lateinamerikanischen Episkopats, Puebla 1979
Geistreiches Gesangbuch, darinnen die außerlesensten und üblichsten Gesänge Hn. D. Martini Lutheri und anderer gottseliger Männer, welche gewöhnlich in unseren Christ-Lutherischen Kirchen gesungen werden, enthalten ..., Stade 1707
Gensichen, H.W., Christen im Dialog mit Menschen anderen Glaubens. Ökumenische Studien-Konferenz in Kandy (Ceylon), 20. 2. – 6. 3. 1967, in: EvMis 24, 1967, 88f
Gibellini, R., Handbuch der Theologie im 20. Jahrhundert, Regensburg 1995
Giesen, H., Der irdische Jesus – Ursprung der neutestamentlichen Christologie, in: ThR 87, 1991, 441-460
Glasenapp, H. v., Der Buddhismus – eine atheistische Religion, München 1966
Goguel, M., Jésus, Paris 1932
Goldstein, H., Selig ihr Armen. Theologie der Befreiung in Lateinamerika ... und in Europa?, Darmstadt 1989
Gollwitzer, H., Die reichen Christen und der arme Lazarus, München 1968
— Von der Stellvertretung Gottes. Christlicher Glaube in der Erfahrung der Verborgenheit Gottes, München 1967

Goppelt, L., Die apostolische und nachapostolische Zeit, in: Schmidt K. D./Wolf, E. (Begr.)/Möller, B. (Hg.), Die Kirche in ihrer Geschichte. Bd. 1, Lfg. A, Göttingen 1962

Gozzini, M. (Hg.), Il dialogo alla prova – Un marxista di fronte a fatti nuovi nel pensiero e nella coscienza religiosa, Firenze 1964

Grabner-Haider, A., Theorie der Theologie als Wissenschaft, München 1974

Greinacher, N. (Hg.), Konflikt um die Theologie der Befreiung, Zürich/Einsiedeln/Köln 1985

Greshake, G., Der dreieinige Gott. Eine trinitarische Theologie, Freiburg 1997

Grillmeier, A./Bacht, H. (Hg.), Das Konzil von Chalkedon, Würzburg [3]1962

– Zum Stand der Nestoriusforschung, in: ThPh 41, 1966, 401-410

Gross, P., Die Verheißungen der Dienstleistungsgesellschaft. Soziale Befreiung oder Sozialherrschaft?, Opladen 1983

Große, Ch., Der Eichmann-Prozeß zwischen Recht und Politik, Frankfurt 1995

Gunneweg, A.H.G., Geschichte Israels bis Bar Kochba, Stuttgart/Berlin/Köln/Mainz 1972

Gutiérrez, G., Theologie der Befreiung, Lima 1971

Habermas, J., Theorie und Praxis, Frankfurt 1971

– Erkenntnis und Interesse, Frankfurt 1973

Hager, F.P. (Hg.), Metaphysik und Theologie des Aristoteles, Darmstadt 1969

Hamilton, W., Die Gestalt einer radikalen Theologie, in: Peerman, D. (Hg.), Theologie im Umbruch. Der Beitrag Amerikas zur gegenwärtigen Theologie, München 1968

– The New Essence of Christianity, New York 1961

Hardon, J.A., Gott in den Religionen der Welt, Luzern 1967

Harnack, A. v., Das Wesen des Christentums ([1]1900), München 1964

– Lehrbuch der Dogmengeschichte. 3 Bde. ([4]1909), Darmstadt 1964

Hase, K. v., Kirchengeschichte, Leipzig 1885

Hasenberg, P., u.a. (Hg.), Spuren des Religiösen im Film, Mainz/Köln 1995

Hasenhüttl, G., Beichte noch aktuell? Die christliche Metanoia und das Sakrament der Buße, in: KatBl 99, 1974, 291-298

– Charisma. Ordnungsprinzip der Kirche, Freiburg 1969

– Christentum ohne Kirche, Aschaffenburg 1972

– Der Glaubensvollzug. Eine Begegnung mit Rudolf Bultmann aus katholischem Glaubensverständnis, Essen 1963

– Der unbekannte Gott, Einsiedeln 1965

– Einführung in die Gotteslehre, Darmstadt [2]1990

– Freiheit in Fesseln. Die Chance der Befreiungstheologie. Ein Erfahrungsbericht, Düsseldorf 1985

– Füreinander dasein, Freiburg 1971

– Gefährdet die moderne Exegese den Glauben?, Graz 1970

– Gott ohne Gott. Ein Dialog mit Jean-Paul Sartre, Graz 1972

– Kritische Dogmatik, Graz/Wien/Köln 1979
– Manifest der Gerechtigkeit und Freiheit. Der befreiungstheologische Weg, in: Hochgrebe, V./Meesmann, H. (Hg.), Warum versteht ihr meine Bibel nicht?, Freiburg 1989, 116-126
– Nolte, J. (Hg.), Formen kirchlicher Ketzerbewältigung, Düsseldorf 1976
– Schwarz bin ich und schön. Der theologische Aufbruch Schwarzafrikas, Darmstadt 1991
– Von der Menschlichkeit Gottes, in: Laufen, R. (Hg.), Gottes ewiger Sohn. Die Präexistenz Christi, Paderborn 1997, 228-237
Hegel, G.W.F., Sämtliche Werke, Glockner, H. (Hg.), 20 Bde., Stuttgart 1927
– Vorlesungen über die Geschichte der Philosophie II, Frankfurt 1971
– Vorlesungen über die Philosophie der Religion I, Frankfurt 1969
– Vorlesungen über die Philosophie der Weltgeschichte, Hamburg [5]1956
– Werke in 20 Bden., Moldenhauer, E./Michel, K.M. (Hg.), Frankfurt 1969ff
Heidegger, M., Der Satz vom Grund, Pfullingen 1957
– Einführung in die Metaphysik, Frankfurt 1966
– Holzwege, Frankfurt [5]1972
– Identität und Differenz, Pfullingen [3]1957
– Sein und Zeit, Tübingen 1927
– Über den Humanismus, Frankfurt 1949
– Unterwegs zur Sprache, Tübingen [4]1971
– Vom Wesen des Grundes, Frankfurt 1973
– Vom Wesen und Begriff der PHYSIS, Milano 1960
– Was ist Metaphysik?, Frankfurt [10]1969
Heiler, F., Erscheinungsformen und Wesen der Religion, Stuttgart 1961
Heinrichs, H.J. (Hg.), Afrika, Frankfurt 1986
Hengel, M., Nachfolge und Charisma, Berlin 1968
Herder, J.G., Werke. 10 Bde., Frankfurt 1996
Herr, Th., Versöhnung statt Konflikt. Sozialethische Anmerkungen zu einer Theologie der Versöhnung, Würzburg/Paderborn/Dresden 1991
Hick, J. (Hg.), Wurde Gott Mensch?, Gütersloh 1979
Hilberath, B.J., Art. Pneumatologie, in: Schneider, Th. (Hg.), Handbuch der Dogmatik, Düsseldorf 1992
Hochegger, H., Die Flanken reißen. Erlebnisse, Begegnungen und Dokumentationen aus Zentralafrika, Wien/Mödling 1981
– Noms Theophores D'Afrique, Bandundu (Zaïre) 1977
Höffner, J., Soziallehre der Kirche oder Theologie der Befreiung. Eröffnungsreferat bei der Herbstvollversammlung der Deutschen Bischofskonferenz, Fulda 1984
Holl, A., Jesus in schlechter Gesellschaft, Stuttgart 1971
Howlett, D., The Essenes and Christianity, New York 1957
Hübner, K., Die Wahrheit des Mythos, München 1985
Hünermann, P., Nachdenkliches zu einer Rede von Joseph Kardinal Ratzinger, in: ThQ 164, 1984, 306f

Ignatius von Loyola, Die Exerzitien, Balthasar, H.U. v. (Übers.), Luzern 1946

Internationale Theologenkommission, Das Christentum und die Religionen, Bonn 1996

— Die Interpretation des Dogmas, in: OR 20, 27. 7. 1990, 30f

Jaspers, K., Der philosophische Glaube, Frankfurt 1958

— Der philosophische Glaube angesichts der Offenbarung, München 1962

Jeanrond, W.G., Das Fragen nach Gott im westlichen Christentum der Gegenwart, in: Hilpert, K./Ohlig, K.-H. (Hg.), Der eine Gott in vielen Kulturen, Zürich 1993, 153-168

Jedin, H. (Hg), Handbuch der Kirchengeschichte. 7 Bde., Freiburg 1962ff

Jeremias, J., The Qumran Texts and the New Testament, in: ET 70, 1958

Johannes Paul II., Enzyklika „Redemptor hominis", Bonn 1979

— Enzyklika „Fides et ratio", Bonn 1998

— Enzyklika „Veritatis splendor", Bonn 1993

— Enzyklika „Reconciliatio et paenitentia", Bonn 1984

Jung, C.G., Grundwerk I-IX, Olten 1984

— Psychologie und Religion, Olten [2]1972

— Über die Archetypen des kollektiven Unbewußten, Olten 1976

Jüngel, E., Das dunkle Wort vom „Tode Gottes", in: EvKomm 2, 1969, 133-138

— Gott als Geheimnis der Welt. Zur Begründung der Theologie des Gekreuzigten im Streit zwischen Theismus und Atheismus, Tübingen 1977

— Gottes Sein ist im Werden, Tübingen 1965

— Welcher Gott ist tot?, in: EvKomm 2, 1969, 127-132

Kafka, F., Die Erzählungen, Raabe, P. (Hg.), Frankfurt 1961

— Gesammelte Werke, Brod, M. (Hg.), Frankfurt 1976

Kähler, M., Der sogenannte historische Jesus und der geschichtliche, biblische Christus, München [4]1969

Kambartel, F., Art. Erfahrung, in: HWP II, 609-624

Kampling, R., Israel unter dem Anspruch des Messias. Studien zur Israelthematik im Markusevangelium, Stuttgart 1992

Kant, I., Werke in 10 Bden., Weischedel, W. (Hg.), Darmstadt 1968ff

Käsemann, E., An die Römer, Tübingen 1973

— Der Ruf zur Freiheit, Tübingen 1968

— Exegetische Versuche und Besinnungen. 2 Bde., Göttingen 1970

Kasper, W., Die Methoden der Dogmatik. Einheit und Vielheit, München 1967

— Dogma unter dem Wort Gottes, Mainz 1965

— Jesus der Christus, Mainz 1974

— Unsere Gottesbeziehung angesichts der sich wandelnden Gottesvorstellungen, in: Cath 1966, 257ff

Kekow, R. (Hg.), Das Glaubensbekenntnis im Widerstreit der Meinungen, Frankfurt 1970

Kern, W., u.a. (Hg.), Handbuch der Fundamentaltheologie, Bd II: Traktat Offenbarung, Freiburg 1985

Kierkegaard, S., Abschließende unwissenschaftliche Nachschrift, Köln 1959
— Der Liebe Tun, Düsseldorf 1966
— Einübung im Christentum, Düsseldorf 1951
— Unwissenschaftliche Nachschrift I, Düsseldorf 1957

Kirby, J.P., God, Shrines and Problem-solving among the Anufo of Northern Ghana, Berlin 1986

Kittel, G., Art. ἀκολουθέω, in: ThWNT I, 210-216

Klinger, E./Wittstadt, W., Glaube im Prozeß, Freiburg 1984

Kloppenburg, B., Informe sobre la Iglesia popular, Mexico 1978

Klostermann, E., Das Matthäusevangelium, Tübingen ²1927

Klumbies, P.G., Der Eine Gott des Paulus. Röm 3, 21-31 als Brennpunkt paulinischer Theologie, in: Protokoll der Tagung Alte Marburger 4. – 6. 1. 1993, Marburg 1993, 67-87

Knitter, P., Die Zukunft der Erde. Die gemeinsame Verantwortung der Religionen, München 1998

Koch, G., Die Auferstehung Christi, Tübingen ²1965

Kolping, A., Fundamentaltheologie I, Münster 1967

Konfuzius, Lun Yü, Wilhelm, R. (Hg.), Düsseldorf/Köln 1976

Kongregation für die Glaubenslehre, Instruktion über die christliche Freiheit und Befreiung (22. 3. 1986), Sekretariat der Deutschen Bischofskonferenz (Hg.), Bonn 1986
— Instruktion „Über die kirchliche Berufung des Theologen", Sekretariat der Deutschen Bischofskonferenz (Hg.), Bonn 1990
— Instruktion über einige Aspekte der „Theologie der Befreiung" (6. 8. 1984), Sekretariat der Deutschen Bischofskonferenz (Hg.), Bonn 1984
— Instruktion zu einigen Fragen über die Mitarbeit der Laien am Dienst der Priester, Sekretariat der Deutschen Bischofskonferenz (Hg.), Bonn 1997

Köpf, U., Erfahrungstheologie, in: LThK ³III, 758-759

Köster, H., Art. ὑπόστασις, in: ThWNT VIII, 571-588
— Art. φύσις, in: ThWNT IX, 246-271

Kreiner, A., Ende der Wahrheit? Zum Wahrheitsverständnis in Philosophie und Theologie, Freiburg 1992

Küng, H., Christsein, München 1974
— Die Kirche, Freiburg 1967
— Existiert Gott?, München/Zürich 1978
— Gott neu entdecken, in: Conc 26, 1990, 58-67

Kurz, P.K., Gott in der modernen Literatur, München 1996

Kuschel, K.J., Der andere Jesus. Ein Lesebuch moderner literarischer Texte, Einsiedeln 1983
— Geboren vor aller Zeit? Der Streit um Christi Ursprung, München/Zürich 1990

Lang, A., Fundamentaltheologie I: Die Sendung Christi, München ³1962

Lang, B. (Hg.), Der einzige Gott. Die Geburt des biblischen Monotheismus, München 1980

Langenhorst, G., Die literarische Wiederentdeckung Jesu in Romanen der achtziger Jahre, in: StZ 117, 1992, 751-761

Laotse, Tao-Tê-King, Wilhelm, R. (Hg.), Düsseldorf/Köln 1976

Las Casas, B. de, Historia de los Indios, Madrid 1957

— Kurzgefaßter Bericht von der Verwüstung der westindischen Länder, Frankfurt 1981

Lehmann, K., Eröffnungsreferat bei der Deutschen Bischofskonferenz 1994: Vom Dialog als Form der Kommunikation und Wahrheitsfindung in der Kirche heute, Bonn 1994

Lehnert, H., Thomas Mann. Fiktion, Mythos, Religion, Stuttgart 1965

Leroy, H., Jesus von Nazareth – Sohn Gottes, in: ThQ 154, 1974, 232-249

Lessing, G.E., Werke, Göpfert, H.G. (Hg.), München 1970ff

Leuze, R., Gotteslehre, Stuttgart 1988

Levi-Strauss, C., Strukturale Anthropologie, Frankfurt 1967

Libânio, J.B./Bingemer, M.C.J., Eschatologia Cristiana, Buenos Aires 1985

Locke, J., An Essay Concerning Human Understanding (1690). 2 Bde. Fraser, A.C. (Hg.), London 1911-13

Lohff, W., Erfahrungstheologie, in: LThK ²III, 981-982

Lohfink, G., Gott in der Verkündigung Jesu, in: Hengel, M./Reinhardt R. (Hg.), Heute von Gott reden, München 1977, 50-65

Lohse, E., Art. πρόσωπον, in: ThWNT VI, 769-781

Loisy, A., Autour d'un petit livre, Paris ²1903

— L'Évangile et l'Église, Paris 1902

— Les Évangiles Synoptiques. 2 Bde., Paris 1907f

Lozano, J., La Iglesia del Pueblo, Mexico 1983

Lexikon für Theologie und Kirche, Das Zweite Vatikanische Konzil. 3 Bde., Freiburg ²1967

Lubac, H. de, Surnaturel. Études historiques, Paris 1946

Lücke, U., „Als Anfang schuf Gott ...". Bio-Theologie. Zeit – Evolution – Hominisation, Paderborn 1997

Luckmann, Th., Lebenswelt und Gesellschaft, Paderborn 1980

Lüdemann, G., Die Auferstehung Jesu. Historie, Erfahrung, Theologie, Göttingen 1994

Luijpen, W., Wenn ich „Gott" sage. Über die Sprache des Glaubens, Graz 1973

Lüning, H., Camilo Torres. Priester und Guerillero, Hamburg 1969

Luther, M., D. Martin Luthers Werke. Kritische Gesamtausgabe (Weimarer Ausgabe), Weimar 1883ff

M. Eckhart, Reden der Unterweisung, Deutsche Predigten und Traktate, Quint, J. (Hg.), München 1955

Machoveč, M., Jesus für Atheisten, Stuttgart ³1973

Madsen, A., J.-P. Sartre und S. de Beauvoir. Die Geschichte einer ungewöhnlichen Liebe, Düsseldorf 1980

Mangold, K. (Hg.), Die Zukunft der Dienstleistung. Fakten – Erfahrungen – Visionen, Frankfurt 1997

Mann, Th., Doktor Faustus, Frankfurt 1945

Mao Tse-Tung, Über die richtige Behandlung der Widersprüche im Volk, 27. 2. 1957, in: Mao-Bibel, Peking 1968, 24ff

Margreiter, R., Ontologie und Gottesbegriff bei Nietzsche. Zur Frage einer „Neuentdeckung Gottes" im Spätwerk, Meisenheim am Glan 1978

Marx, K., Werke. 6 Bde., Darmstadt 1971

– Engels, F., Gesamtausgabe (MEGA), Berlin 1954ff

– Engels, F., Über die Religion, Berlin 1958

Mbiti, J.S., Concepts of God in Africa, London/New York 1970

– Afrikanische Religion und Weltanschauung, Berlin/New York 1974

Melanchthon, Ph., Melanchthons Werke in Auswahl, Stupperich, R. (Hg.), Gütersloh 1952ff

Mensching, G., Die Weltreligionen, Darmstadt, o.J.

– Die Religion. Erscheinungsformen, Strukturtypen und Lebensgesetze, Stuttgart 1959

Metz, J.B., Art. Wunder, systematisch, in: LThK ²X, 1263-65

– Zur Theologie der Welt, Mainz 1968

Miles, J., Gott. Eine Biographie, München 1996

Milton, J., Das verlorene Paradies, Stuttgart 1983

Miskotte, K.H., Wenn die Götter schweigen, München 1963

Mollenkott, V.R., Gott – eine Frau? Vergessene Gottesbilder der Bibel, München 1985

Moltmann, J., Der gekreuzigte Gott, München 1972

– Der Geist des Lebens. Eine ganzheitliche Pneumatologie, München 1991

– Der Weg Jesu Christi. Christologie in messianischer Dimension, München 1989

– Theologie der Hoffnung, München 1964

– Trinität und Reich Gottes. Zur Gotteslehre, München 1980

Monden, L., Theologie des Wunders, Freiburg/Basel/Wien 1961

Mortensen, V., Theologie und Naturwissenschaft, Gütersloh 1995

Müller, G.L., Katholische Dogmatik. Für Studium und Praxis der Theologie, Freiburg 1995

Müller, M./Vossenkuhl, W., Art. Person, in: HPhG IV, 1059-1070

Müller, O. (Hg.), Vaticanum secundum, Leipzig 1963

Musil, R., Der Mann ohne Eigenschaften, Hamburg 1987

Neufeld, K.-H., Läßt sich Glaubenswahrheit absichern?, in: HerKorr 45, 1991, 183-188

Neumann, P.H.A. (Hg.), „Religionsloses Christentum" und „nicht-religiöse Interpretation" bei Dietrich Bonhoeffer, Darmstadt 1990

Nicaragua, Revolution und christlicher Glaube. Erklärung der Nationalen Direktion der Sandinistischen Befreiungsfront zur Religionsfreiheit, Managua 1982

Nietzsche, F., Götzen-Dämmerung, München 1956

— Sämtliche Werke. Kritische Studienausgabe, Colli, G./Montinari, M. (Hg.), 15 Bde., Berlin 1988

Nogar, R.J., The Lord of the Absurd, New York 1966

Nolte, J., „Sinn" oder „Bedeutung" Jesu?, in: WuW 28, 1973, 322ff

Nyamiti, Ch., Christ as Our Ancestor. Christology from an African Perspective, Harare 1984

— Ancestral Kinship in the Trinity. An African Theology on the Trinity, in: AfHS, 1987, 32ff

Obenauer, K., Zur subsistentia absoluta in der Trinitätstheologie, in: ThPh 72, 1997, 188-215

Obrist, W., Die Mutation des Bewußtseins. Vom archaischen zum heutigen Selbst- und Weltverständnis, Bern/Frankfurt 1980

— Tiefenpsychologie und Theologie. Aufbruch in ein neues Bewußtsein, Zürich 1993

Oduyoye, M.A., Wir selbst haben ihn gehört. Theologische Reflexionen zum Christentum in Afrika, Fribourg 1988

Ohlig, K.-H., Christologie. 2 Bde., Graz u.a. 1989

— Ein Gott in drei Personen? Vom Vater Jesu zum „Mysterium" der Trinität, Mainz 1999

— Fundamentalchristologie. Im Spannungsfeld von Christentum und Kultur, München 1986

— Die Religionen und die Sinnfrage, in: imprimatur 28, 1995, 359f

Ott, H., Die Antwort des Glaubens, Stuttgart 1972

— Wirklichkeit des Glaubens II. Der persönliche Gott, Göttingen 1969

Ott, L., Grundriß der Dogmatik, Freiburg 1970

Ott, W., Gebet und Heil. Die Bedeutung der Gebetsparänese in der lukanischen Theologie, München 1965

Otto, S., Art. Natur, in: HThG II, 211-221

Panikkar, R., Faith and Belief. A Multireligious Experience, in: AThR 53, 1971, 220ff

Pannenberg, W., Gottesgedanke und menschliche Freiheit, Göttingen 1972

— Die Auferstehung Jesu – Historie und Theologie, in: ZThK 91, 1994, 318-328

— Art. Gott, in: RGG II, 1717-31

— Wie kann heute glaubwürdig von Gott geredet werden?, in: Deutscher Evangelischer Kirchentag Stuttgart 1969. Dokumente, Stuttgart 1970

— Wie wahr ist das Reden von Gott?, in: Daecke, S.M. u.a., Grundlagen der Theologie – ein Diskurs, Stuttgart 1974, 29-41

— Wissenschaftstheorie und Theologie, Frankfurt 1973

Päpstliche Bibelkommission, Die Interpretation der Bibel in der Kirche, Bonn 1993
Pascal, B., Pensées, Wasmuth, E. (Hg.), Heidelberg 1972
Percy, E., Die Botschaft Jesu, Lund 1953
Pesch, R., Zur Entstehung des Glaubens an die Auferstehung Jesu, in: ThQ 193, 1973, 201-228
Pestalozzi, H.A., Auf die Bäume ihr Affen, Bern 1989
Pieper, J., Philosophia negativa, München 1953
Pinto de Oliveira, C., Evangelho e revolução social, São Paulo 1962
Pius XII., Enzyklika „Evangelii Praecones" (1951), in: AAS 43, 522
Platon, Werke (griech.-dt.), Eigler, G. (Hg.). 8 Bde., Darmstadt 1990
Plotin, Schriften 1-21, Harder, R. (Übers.), Hamburg 1956ff
Pohier, J., Wenn ich Gott sage, Olten 1980
Pöhlmann, H.G., Nebenwege zum Heil. Zur pluralistischen Theologie der Religionen, in: EvKomm 11, 1995, 666f
Prien, H.J. (Hg.), Lateinamerika. Gesellschaft – Kirche – Theologie. 2 Bde., Göttingen 1981
Przywara, E., Analogia entis, Einsiedeln 1962
Rad, G. v., Theologie des Alten Testaments, München 1957
Radhakrishnan, S., Eastern Religions and Western Thought, London [2]1940
Rahner, K., Chancen des Glaubens, Freiburg 1971
– Der dreifaltige Gott als transzendenter Urgrund der Heilsgeschichte, in: MS II, 317-398
– Art. Monotheismus, in: LThK VII, 565-570
– Schriften zur Theologie. 17 Bde. Einsiedeln/Zürich/Köln [5]1961ff
Ratzinger, J./Boff, L., Dokumente eines Konfliktes um die Theologie der Befreiung, München 1985
– Einführung in das Christentum, München 1968
– Ekklesiologische Fragen entscheidend, in: OR 13, 1985, 4
– Wesen und Auftrag der Theologie. Versuch zu ihrer Ortsbestimmung im Disput der Gegenwart, Einsiedeln 1993
– Zum Personenverständnis in der Dogmatik, in: Speck, J. (Hg.), Das Personenverständnis der Pädagogik und ihrer Nachbarwissenschaften, Münster 1966
Raunig, W. (Hg.), Schwarz-Afrikaner. Lebensraum und Weltbild, Gütersloh 1987
Reban, J., Christus wurde lebendig begraben, Zürich 1976
Rech, Ph., Inbild des Kosmos. Eine Symbolik der Schöpfung, Salzburg 1966
Richter, H.E., Der Gotteskomplex, Hamburg 1979
Ricœur, P., Geschichte und Wahrheit, München 1974
– Jüngel, E., Metapher, München 1974
Robinson, J.M., Kerygma und historischer Jesus, München [2]1967
Robinson, J.A.T., Gott ist anders, München 1964
Rohmann, K., Vollendung im Nichts?, Zürich/Einsiedeln/Köln 1977

Romero, O., Mein Blut – Samen der Freiheit, München 1969

Rose, V., Aristoteles qui ferebantur fragmenta, Leipzig 1886

Rosner, E., Gottes Indiogesichter, Mainz 1993

— Missionare und Musketen. 500 Jahre lateinamerikanische Passion, München 1992

Rubenstein, R.L., Death of God. Theology and Judaism, in: After Auschwitz, Indianapolis 1966

— Judaism and the Death of God, in: Playboy 14, 1967, 132f

— Morality and Eros, New York/Toronto 1970

— The Religious Imagination. A Study in Psychoanalysis in Jewish Theology, Indianapolis 1968

— Thomas Altizer's Apocalypse, in: Cobb, J.B., The Theology of Altizer: Critique and Response, Philadelphia 1970, 130ff

Rückert, H., Afrikanische Theologie. Darstellung und Dialog, Innsbruck/ Wien 1985

Rusch, G./Hauptmeier, H., Erfahrung und Wissenschaft. Überlegungen zu einer konstruktivistischen Theorie der Erfahrung, Siegen 1984

Sachs, W., Bistumspresse und bürgerliche Ideologie, in: Spiegel, Y. (Hg.), Kirche und Klassenbindung, Frankfurt 1974, 241-257

Saint-Exupéry, A. de, Der kleine Prinz, Düsseldorf 1956

Sartre, J.-P., Die Wörter, Hamburg 1965

— L'être et le néant, Paris 1943

— Bariona oder der Donnersohn, in: Hasenhüttl, G., Gott ohne Gott, Graz 1972

— Der Ekel, Hamburg 1963

— Der Teufel und der liebe Gott, Hamburg 1953

— Die Wörter, Hamburg 1965

— Ist der Existentialismus ein Humanismus?, Zürich 1947

— Kritik der dialektischen Vernunft, Hamburg 1967

— Im Räderwerk (L'Engrenage), Darmstadt o.J.

Schelkle, K.H., Theologie des Neuen Testaments. 5 Bde., Düsseldorf 1968ff

— Ihr alle seid Geistliche, Einsiedeln 1964

Schillebeeckx, E., Gott – die Zukunft des Menschen, Mainz 1969

Schiwy, G., Abschied vom allmächtigen Gott, München 1995

Schleiermacher, F., Der christliche Glaube nach dem Grundsatz der evangelischen Kirchen im Zusammenhange dargestellt, Berlin [7]1960

Schmidt, J., Les écrits du Nouveau Testament et le texte de Qumran, in: RScRel 29, 1955

Schmitz, J., Offenbarung, Düsseldorf 1988

Schneider Th., (Hg.), Handbuch der Dogmatik. 2 Bde., Düsseldorf 1992

Schneider, R., Winter in Wien, Freiburg 1958

Schöllgen, G., Handlungsfreiheit und Zweckrationalität. Max Weber und die Tradition praktischer Philosophie, Tübingen 1984

Schoonenberg, P., Christologische Diskussion heute, in: ThPQ 123, 1975, 105-117

— Ein Gott der Menschen, Zürich/Einsiedeln/Köln 1969

Schrage, W., „Ekklesia" und „Synagoge", in: ZThK 60, 1963

Schulz, A., Nachfolge und Nachahmen im Neuen Testament, München 1962

Schulz, H.J., Bekenntnis statt Dogma. Kriterien der Verbindlichkeit kirchlicher Lehre, Freiburg 1996

Schulz, W., Philosophie in der veränderten Welt, Pfullingen 1972

— Über den philosophiegeschichtlichen Ort Martin Heideggers, in: PhR 1953/54, 65-93; 211-232

Schupp, F., Vermittlung im Fragment. Überlegungen zur Christologie, Innsbruck 1975

Schüssler Fiorenza, F., Fundamentale Theologie. Zur Kritik theologischer Begründungsverfahren, Mainz 1992

Schütz, Ch., Einführung in die Pneumatologie, Darmstadt 1985

Schwarz H./Delius, H., Art. analytisch, in: HWP I, 251-261

— Art. Analogie, in: HWP I, 214-228

Schweitzer, A., Die Mystik des Apostels Paulus, Tübingen 1981

— Geschichte der Leben-Jesu-Forschung (1913), Tübingen 1966

Schweizer, E., Gemeinde und Gemeindeordnung im Neuen Testament, Zürich ²1962

Seckler, M., Kommt der christliche Glaube ohne Gott aus?, in: Schulz, H.J. (Hg.), Wer ist das eigentlich - Gott?, München 1969, 181-191

Seiichi, Y., Buddhistischer Atheismus und christlicher Gott, in: Luz, U./Yagi, S. (Hg.), Gott in Japan, München 1973, 160-192

Siewerth, G., Art. Erfahrung, in: LThK ²III, 977

Skirbekk, G. (Hg.), Wahrheitstheorien. Eine Auswahl aus den Diskussionen über Wahrheit im 20. Jahrhundert, Frankfurt 1980

Sobrino, J., Christologie der Befreiung, Bd. 1, Mainz 1998

— Jesús en América Latina, Santander 1982

— Liberación y cautiverio, Mexico 1970

Sölle, D., Atheistisch an Gott glauben, Freiburg 1968

— Gott denken. Einführung in die Theologie, Stuttgart 1990

— Stellvertretung. Ein Kapitel Theologie nach dem „Tode Gottes", Stuttgart 1965

Sonnemann, U., Negative Anthropologie. Vorstudien zur Sabotage des Schicksals, Hamburg 1969

Spaemann, R., Art. Natur, in: HPhG IV, 956-969

Spicq, C., L'épître aux Hebreux, Apollos, Jean-Baptiste, les Hellenistes et Qumran, in: RdQ 1, 1959, 365-390

Spiegelberg, F., Die lebenden Weltreligionen, Frankfurt 1986

Spinner, H.F., Art. Theorie, in: HPhG V, 1487-1513

Stauffer, E., Die Einzigkeit Gottes, in: ThWNT III, 95-112

— Jesus und die Wüstengemeinde am Toten Meer, Stuttgart 1957

Steinvorth, U., Ludwig Wittgenstein: Sprache und Denken, in: Speck, J. (Hg.), Philosophie der Gegenwart I, Göttingen 1972

Stölting, U., Zwischen Tradition und Moderne. Eine Analyse der Theologie D. Bonhoeffers unter besonderer Berücksichtigung seiner Christologie, Frankfurt 1998

Stolz, F., Einführung in den biblischen Monotheismus, Darmstadt 1996

Strahm, D./Strobel, R. (Hg.), Vom Verlangen nach Heilwerden. Christologie in feministisch-theologischer Sicht, Fribourg/Luzern 1991

Strauß, D.F., Das Leben Jesu kritisch bearbeitet, Tübingen 1835

— Der alte und der neue Glaube, Bonn 1881

Strolz, W., Menschsein als Gottesfrage, Pfullingen 1965

Strotmann, A., „Mein Vater bist du" (Sir 51,10): Zur Bedeutung der Vaterschaft Gottes in kanonischen und nichtkanonischen frühjüdischen Schriften, Frankfurt 1991

Sundermeier, Th., Gott im Buddhismus?, in: EvTh 48, 1988, 19-35

Swidler, L., Die Zukunft der Theologie. Im Dialog der Religionen und Weltanschauungen, Regensburg/München 1992

Teeter, D., Dynamic Equivalent Conversion for Tentative Muslim Believers, in: Missiology 18, 1990, 306f

Tellenbach, H. (Hg.), Das Vaterbild im Abendland I, Stuttgart 1978

Thiel, J.F., Religionsethnologie. Grundbegriffe der Religionen schriftloser Völker, Berlin 1984

Thielicke, H., Der evangelische Glaube. Bd. l, Tübingen 1968

Thomas von Aquin, Die Deutsche Thomas-Ausgabe. Vollständige, ungekürzte lat.-dt. Ausgabe der Summa Theologica, Graz 1956ff

— S. Thomae Aquitatis Opera Omnia, Busa, R. (Hg.). 7 Bde., Stuttgart 1980

Thüsing, W., Das Gottesbild des Neuen Testaments. in: Ratzinger, J. (Hg.), Die Frage nach Gott, Freiburg 1972, 59-88

Tillich, P., Der Mut zum Sein, Stuttgart 1952

— Gesammelte Werke. 11 Bde., Stuttgart 1959ff

— Religiöse Reden. Bd. I, Stuttgart 1952

— Religiöse Reden. Bd. III, Stuttgart 1964

— Systematische Theologie. Bd. I, Stuttgart 1956

— Ultimate Concern, New York 1965

Torres, C., Revolution als Aufgabe des Christen, Mainz [3]1970

Track, J., Sprachkritische Untersuchungen zum christlichen Reden von Gott, Göttingen 1977

Tromp, S., De revelatione christiana, Rom 1950

Trummer, P., Die blutende Frau. Wunderheilung im Neuen Testament, Freiburg 1991

Vahanian, G., Der Tod Gottes und der christliche Glaube als Ikonoklasmus, in: Peerman, D., Theologie im Umbruch – der Beitrag Amerikas zur gegenwärtigen Theologie, München 1968, 200f

— Die Rede vom Ende des religiösen Zeitalters in ihrer theologischen Bedeutung, in: Conc 2, 1966, 449-454

— No other God, New York 1966

— The Death of God, New York 1961

Vekemans, R., Teología de la liberación y Cristianos para el Socialismo (Theologie der Befreiung und Christen für den Sozialismus), Bogotá 1976

Vögtle, A., Das öffentliche Auftreten Jesu auf dem Hintergrund der Qumranbewegung, Freiburg 1958

Wacker, M. Th./Zenger, E. (Hg.), Der eine Gott und die Göttin, Freiburg 1991

Wahl, H., Glaube und symbolische Erfahrung. Eine praktisch-theologische Symboltheorie, Freiburg 1994

Warneck, G., Evangelische Missionslehre, Gotha 1902

Wehr, G., C. G. Jung und das Christentum, Olten 1975

Weil, S., Schwerkraft und Gnade, München 1954

Weinrich, H., Art. Metapher, in: HWP V, 1179-1186

Weischedel, W., Der Gott der Philosophen. 2 Bde., Darmstadt 1972

— Die Frage nach Gott im skeptischen Denken, Berlin 1976

Weiss, J., Die Predigt Jesu vom Reiche Gottes, Tübingen 1892

Weiß, P., Sind alle Religionen gleich wahr? Eine Antwort auf die Pluralistische Religionstheologie, in: ZMR 80, 1996, 26-43

Welker, M., Der Heilige Geist, in: EvTh 49, 1989, 126-142

Welsch, W. (Hg.), Wege aus der Moderne. Schlüsseltexte der Postmoderne-Diskussion, Weinheim 1988

— Unsere postmoderne Moderne, Weinheim 1991

Welte, B., ὁμοούσιος ἡμῖν, in: Grillmeier, A./Bacht, H. (Hg.), Das Konzil von Chalkedon. Geschichte und Gegenwart. Bd. 3, Würzburg 1962

Werbick, J., Gottes Dreieinigkeit denken?, in: ThQ 176, 1996, 225-240

Westermann, C., Das Buch Jesaja. Kap. 40-66, Göttingen 1966

Wicker, B., Culture and Theology, London 1966

Wilamowitz-Moellendorf, U. v., Der Glaube der Hellenen. 2 Bde., Darmstadt 1959

Wilhelm, R. (Hg.), I-Ging (Buch der Wandlungen), Düsseldorf 1978

Wind, R., Bis zur letzten Konsequenz. Die Lebensgeschichte des Camilo Torres, Weinheim/Basel 1994

Wittgenstein, L., Philosophische Untersuchungen, Frankfurt 1977

— Schriften I, Frankfurt 1969

— Tractatus logico-philosophicus, Frankfurt [12]1977

Zenger, E., Die Mitte der alttestamentlichen Glaubensgeschichte, in: KatBl 101, 1976, 3-16

— Gott, in: Grabner-Haider, A. (Hg.), Die Bibel und unsere Sprache. Konkrete Hermeneutik, Wien/Freiburg/Basel 1970

— Wie spricht das Alte Testament von Gott?, in: Fries, H./Hemmerle, K. u.a., Möglichkeiten des Redens über Gott, Düsseldorf 1978, 57-80

Literaturergänzungen

Zur älteren Literatur vgl. G. Hasenhüttl, Kritische Dogmatik, Graz/Wien/ Köln 1979

1. Allgemeine Literatur zur Dogmatik

Barnes, M., Christian Identity and Religious Pluralism. Religions in Conversation, Nashville 1989

Baudler, G., Töten oder Lieben. Gewalt und Gewaltlosigkeit in Religionen und Christentum, München 1994

Bayer, O. (Hg.), Mythos und Religion. Interdisziplinäre Aspekte, Stuttgart 1990

Becker, W., Wahrheit und sprachliche Handlung. Untersuchungen zur sprachphilosophischen Wahrheitstheorie, Freiburg/München 1985

Beinert, W. (Hg.), Glaubenszugänge. Lehrbuch der Katholischen Dogmatik. 3 Bde., Paderborn 1995

— Lexikon der katholischen Dogmatik, Freiburg 1987

Bellinger, G.J., Knaurs Lexikon der Mythologie, München 1989

Berger, U./Mildenberger, M. (Hg.), Keiner glaubt für sich allein. Theologische Entdeckungen im interreligiösen Dialog. Ein Studienbuch, Frankfurt 1987

Bernhardt, R. (Hg.), Horizontüberschreitung. Die pluralistische Theologie der Religionen, Gütersloh 1991

Biemer, G./Tzscheetzsch, W. (Hg.), Glaube zum Leben. Die christliche Botschaft. 4 Bde., Freiburg/Basel/Wien 1989

Blattner, J., Toleranz als Strukturprinzip. Ethische und psychologische Studien zu einer christlichen Kultur der Beziehung, Freiburg 1985

Böckle, F./Kaufmann, F.X./Rahner, K./Welte, B., Christlicher Glaube in moderner Gesellschaft. 30 Bde., Freiburg 1980ff

Brück, M. v./Werbick, J. (Hg.), Der einzige Weg zum Heil? Die Herausforderung des christlichen Absolutheitsanspruches durch pluralistische Religionstheologien, Freiburg u.a. 1993

Campbell, J., Die Mitte ist überall. Die Sprache von Mythos, Religion und Kunst, München 1992

Canzik, H., u.a. (Hg.), Handbuch religionswissenschaftlicher Grundbegriffe, Köln/Mainz 1988

Chenu, B. (Hg.), Glaube zum Leben. Die christliche Botschaft, Freiburg/Basel/Wien 1986

Congar, Y., Der Heilige Geist, Freiburg 1982

Coreth, E. (Hg.), Wahrheit in Einheit und Vielheit, Düsseldorf 1987

Cox, H., Göttliche Spiele. Meine Erfahrungen mit der Religion, Freiburg/Basel/Wien 1989

Deschner, K.H., Der gefälschte Glaube. Eine kritische Betrachtung kirchlicher Lehren und ihrer historischen Hintergründe, München 1988

Döring, H./Kreiner, A./Schmidt-Leukel, P. (Hg.), Den Glauben denken. Neue Wege der Fundamentaltheologie, Freiburg/Basel/Wien 1993

Drewermann, E., Glauben in Freiheit oder Tiefenpsychologie und Dogmatik. Bd. 1: Dogma, Angst und Symbolismus, Solothurn/Düsseldorf 1993

— Psychoanalyse und Moraltheologie. 2 Bde., Mainz 1984

— Strukturen des Bösen. 3 Bde., Paderborn 1977 ff

— Tiefenpsychologie und Exegese. 2 Bde., Olten 1984

Echternach, H., u.a. (Hg.), Evangelischer Erwachsenenkatechismus, Gütersloh 1982

Eicher, P. (Hg.), Neue Summe Theologie. 3 Bde., Freiburg/Basel/Wien 1988f

Eliade, M., Das Heilige und das Profane. Vom Wesen der Religion, Frankfurt [2]1985

— Mythos und Wirklichkeit, Frankfurt 1988

Ellis, B., Truth and Objectivity, Oxford/Cambridge 1990

Figl, J., Die Mitte der Religion. Idee und Praxis universalreligiöser Bewegungen, Darmstadt 1993

Fleischer, M., Wahrheit und Wahrheitsgrund. Zum Wahrheitsproblem und seiner Geschichte, Berlin/New York 1984

Fox, H./Pauly, W., Glauben lernen heute, München 1994

Fries, H., Fundamentaltheologie, Graz 1985

Gamm, H., Wahrheit als Differenz. Studien zu einer anderen Theorie der Moderne, Frankfurt 1986

Ganoczy, A., Einführung in die Dogmatik, Darmstadt 1983

Haug, W./Mieth, D. (Hg.), Religiöse Erfahrung. Historische Modelle in christlicher Tradition, München 1992

Heckmann, H.D., Was ist Wahrheit? Eine systematisch-kritische Untersuchung philosophischer Wahrheitsmodelle, Heidelberg 1981

Heiler, F., Die Religionen der Menschheit in Vergangenheit und Gegenwart, Stuttgart [5]1991

Hick, J., An Interpretation of Religion. Human Responses to the Transcendent, London 1989

— Faith and Knowledge, London 1988

— Knitter, P. (Hg.), The Myth of Christian Uniqueness. Toward a Pluralistic Theology of Religions, New York 1987

Hilberath, B.J. (Hg.), Erfahrung des Absoluten – absolute Erfahrung, Düsseldorf 1990

Hollenweger, W.J., Umgang mit Mythen. Interkulturelle Theologie, München 1992

Holzapfel, O., Lexikon der abendländischen Mythologie, Freiburg 1993

Horkheimer, M./Adorno, T.W., Dialektik der Aufklärung. Philosophische Fragmente, Frankfurt 1988

Hoven, A., Wege zu Wahrheit. Eine typologische Studie über Wahrheitstheorien, Frankfurt/ Berlin/New York/Paris 1989

Jamme, C., Einführung in die Philosophie des Mythos. Bd. 2: Neuzeit und Gegenwart, Darmstadt 1991

Joest, W., Dogmatik. Bd. I: Die Wirklichkeit Gottes, Göttingen 1984; Bd. II: Der Weg Gottes mit dem Menschen, Göttingen 1986

— Fundamentaltheologie, Stuttgart 1981

Keil, G., Glaubenslehre. Grundzüge christlicher Dogmatik, Stuttgart 1986

Kerber, W. (Hg.), Der Begriff der Religion, München 1992

Kerenyi, K. (Hg.), Die Eröffnung des Mythos. Ein Lesebuch, Darmstadt 1982

Khoury, A.T. (Hg.), Friede, was ist das? Die Antwort der Weltreligionen, Freiburg u.a. 1991

— Hünermann, P. (Hg.), Was ist Erlösung? Die Antwort der Religionen, Freiburg/Basel/Wien 1985

Knitter, P.F., Ein Gott – viele Religionen. Gegen den Absolutheitsanspruch des Christentums, München 1988

Kolakowski, L., Religion, London 1982

König, F., Glaube der Menschen. Christus und die Religionen der Erde, Freiburg/Basel/Wien 1985

Kraus, G., Gotteserkenntnis ohne Offenbarung und Glaube? Natürliche Theologie als ökumenisches Problem, Paderborn 1987

Kulla, M., Offenbarung und Vernunft. Natürliche Theologie: Ein Weg zum Dialog zwischen Theologie und anderen Wissenschaften, Münster 1990

Küng, H. u.a., Christentum und Weltreligionen. Hinführung zum Dialog mit Islam, Hinduismus und Buddhismus, München/Zürich 1984

— Credo. Das apostolische Glaubensbekenntnis – Zeitgenossen erklärt, München 1992

— Projekt Weltethos, München 1990

Latourelle, R., Probleme und Aspekte der Fundamentaltheologie, Innsbruck 1985

Lochmann, J.M., Das Glaubensbekenntnis. Grundriß der Dogmatik im Anschluß an das Credo, Gütersloh 1985

Loth, H.J./Mildenberger, M./Tworuschka, U. (Hg.), Christentum im Spiegel der Weltreligionen. Kritische Texte und Kommentare, Stuttgart ³1990

Mann, U., Das Christentum als absolute Religion, Darmstadt ⁶1989

Marquardt, F.W., Von Elend und Heimsuchung der Theologie. Prolegomena zur Dogmatik, München 1988

Messing, M. (Hg.), Von Buddha bis C. G. Jung. Religion als lebendige Erfahrung, Olten/Freiburg 1990

Mildenberger, F., Grundwissen der Dogmatik. Ein Arbeitsbuch, Stuttgart 1983

Müller, K./Prawdzik, W. (Hg.), Ist Christus der einzige Weg zum Heil?, Nettetal 1990

Neufeld, K.H., Fundamentaltheologie. 2 Bde., Stuttgart/Berlin/Köln 1992ff

Nocke, F.J./Zirker, H., Einübung in die Systematische Theologie, München 1984

Oelmüller, W. (Hg.), Wahrheitsansprüche der Religionen heute, Paderborn/ München/Wien/ Zürich 1986

Oratorium von der Göttlichen Wahrheit (Hg.), Römisch-katholischer Katechismus und Unterweisung der Gläubigen für die heutige Zeit, Saarbrücken ²1990

Panikkar, R., Der neue religiöse Weg. Im Dialog der Religionen leben, München 1990

— Rückkehr zum Mythos, Frankfurt 1985

Pannenberg, W. (Hg.), Offenbarung als Geschichte, Göttingen ⁵1982

— Systematische Theologie. 3 Bde., Göttingen 1993

Pauly, W., Wahrheit als Konsens. Die Erkenntnistheorie von Jürgen Habermas und ihre theologische Relevanz, Frankfurt/Bern/New York/Paris 1989

Pesch, O., Dogmatik im Fragment, Mainz 1987

Price, H., Facts and the Function of Truth, Oxford/New York 1988

Puntel, L.B., Grundlagen einer Theorie der Wahrheit, Berlin/New York 1990

Putnam, H., Vernunft, Wahrheit und Geschichte, Frankfurt 1990

Ratzinger, J., Zur Lage des Glaubens, München 1985

Rommel, K., Was andere glauben. Weltreligionen aus christlicher Sicht, Stuttgart 1992

Schmid, H.H., Mythos und Rationalität, Gütersloh 1988

Schoonenberg, P., Auf Gott hin denken, Freiburg/Basel/Wien 1986

Schupp, F., Mythos und Religion, Düsseldorf 1976

Schweizer, G., Der größere Gott. Christentum und Weltreligionen, Stuttgart 1979

Siegwart, G., Dogmatique pour la catholicité évangélique. 3 Bde., Genf/Paris 1994-1996

Strolz, W., Heilswege der Weltreligionen. 3 Bde., o.O. 1986ff

Verweyen, H., Der Weltkatechismus. Therapie oder Symptom einer kranken Kirche?, Düsseldorf 1993

— Gottes letztes Wort. Grundriß einer Fundamentaltheologie, Düsseldorf 1991

Waldenfels, H. (Hg.), Lexikon der Religionen, Freiburg/Basel/Wien 1988

— Begegnung der Religionen. Theologische Versuche I, Bonn 1990

— Kontextuelle Fundamentaltheologie, Paderborn/München/Wien/Zürich 1985

Werbick, J. (Hg.), Offenbarungsanspruch und fundamentalistische Versuchung, Freiburg 1991

— Vom entscheidend und unterscheidend Christlichen, Düsseldorf 1992

2. Offenbarung

Bultmann, R., Der Begriff der Offenbarung im Neuen Testament, Tübingen 1929

Eicher, P., Offenbarung. Prinzip neuzeitlicher Theologie, München 1977

Gerken, A., Offenbarung und Transzendenzerfahrung. Kritische Thesen zu einer zukünftigen dialogischen Theologie, Düsseldorf 1969

Hampe, H.J. (Hg.), Die Autorität der Freiheit. Bd. I, München 1967

Heinrichs, M., Christliche Offenbarung und religiöse Erfahrung im Dialog, Paderborn/München/Wien/Zürich 1984

Herms, E., Offenbarung und Glaube, Tübingen 1992

Kongregation für die Evangelisierung der Völker, „Cooperatio Missionalis". Instruktion über die Missionarische Zusammenarbeit, Bonn 1998

Petuchowski, J./Strolz, W. (Hg.), Offenbarung im jüdischen und christlichen Glaubensverständnis, Freiburg/Basel/Wien 1981

Rahner, K., Grundkurs des Glaubens, Freiburg/Basel/Wien 1984

Rahner, K./Ratzinger, J., Offenbarung und Überlieferung, Freiburg/Basel/Wien 1965

Robinson, J./Cobb, J.B. jr. (Hg.), Theologie als Geschichte, Zürich/Stuttgart 1967

Sauer, H., Von den „Quellen der Offenbarung" zur „Offenbarung selbst". Zum theologischen Hintergrund der Auseinandersetzung um das Schema "Über die göttliche Offenbarung" beim Zweiten Vatikanischen Konzil, in: Klinger, E./Wittstadt, K. (Hg.), Glaube im Prozeß. Christsein nach dem Zweiten Vatikanischen Konzil, Freiburg/Basel/Wien 1983

Schelling, F.W.J., Philosophie der Offenbarung. Bd. 1-2, Darmstadt 1974

Schillebeeckx, E., Offenbarung und Theologie, Mainz 1965

Seckler, M., Aufklärung und Offenbarung, in: Böckle, F., u.a., (Hg.), Christlicher Glaube in moderner Gesellschaft. Bd. 21, Freiburg/Basel/Wien 1980

Stakemeier, E., Die Konzilskonstitution über die göttliche Offenbarung. Werden, Inhalt und theologische Bedeutung, Paderborn [2]1967

3. Jesus Christus

Aklé, K./Kabasélé, Y. u.a. (Hg.), Der schwarze Christus. Wege afrikanischer Christologie, Freiburg 1989

Blank, J./Hasenhüttl, G. (Hg.), Glaube an Jesus Christus, Düsseldorf 1978

Braun, H., Jesus. Der Mann aus Nazaret und seine Zeit, Stuttgart 1988 (erw. Ausg.)

Brock, R.N., Journeys by Heart. A Christology of Erotic Power, New York 1988

Bultmann, R., Jesus, Tübingen 1964

Cullmann, O., Die Christologie des Neuen Testaments, Tübingen [3]1967

Fuchs, E., Jesus. Wort und Tat, Tübingen 1971

Gnilka, J., Jesus von Nazaret. Botschaft und Geschichte, Freiburg 1990

Gozdz, K., Jesus Christus als Sinn der Geschichte bei W. Pannenberg, Regensburg 1988

Grillmeier, A., Jesus der Christus im Glauben der Kirche, Bd. I, Freiburg 1979; Bd. II/1, Freiburg 1986

Heyward, C., Und sie rührte sein Kleid an. Eine feministische Theologie der Beziehung, Stuttgart 1986

Kertelge, K./Holtz, T. (Hg.), Christus bezeugen, Freiburg 1990

Kümmel, W.-G., Dreißig Jahre Jesusforschung (1950-1980), Königstein/ Bonn 1985

Kuschel, K.-J., Jesus im Spiegel der Weltliteratur. Eine Jahrhundertbilanz in Texten und Einführungen, Düsseldorf 1999

Marquardt, F.-W., Eine Christologie, München 1990

Ohlig, K.-H., Jesus. Entwurf zum Menschsein, Stuttgart 1974

Pannenberg, W., Grundzüge der Christologie, Gütersloh 1964

Ruether, R.R., To Change the World. Christology and Cultural Criticism, New York 1981

Schillebeeckx, E., Jesus. Die Geschichte von einem Lebenden, Freiburg u.a. 1975

Swidler, L., Der umstrittene Jesus, Stuttgart 1991

Vorgrimler, H., Jesus – Gottes und des Menschen Sohn, Freiburg 1984

Wolff, H., Jesus der Mann. Die Gestalt Jesu in tiefenpsychologischer Sicht, Stuttgart 1975

4. Gott

Ackva, J., An den dreieinen Gott glauben. Ein Beitrag zur Rekonstruktion des trinitarischen Gottesverständnisses und zur Bestimmung seiner Relevanz im westeuropäischen Kontext, Frankfurt 1994

Anmicht-Quinn, R., Von Lissabon bis Auschwitz. Zum Paradigmenwechsel in der Theodizeefrage, Freiburg 1992

Baudler, G., El, Jahwe, Abba. Wie die Bibel Gott versteht, Düsseldorf 1996

Bayer, O., Schöpfung als Anrede. Zu einer Hermeneutik der Schöpfung, Tübingen ²1990

Berger, K., Wie kann Gott Leid und Katastrophen zulassen?, Stuttgart 1996

Berger, P.L., Der Zwang zur Häresie. Religion in der pluralistischen Gesellschaft, Frankfurt 1980

Biser, E., Überwindung der Lebensangst. Wege zu einem befreienden Gottesbild, München 1996

Blank, R.J., Ein Gott, der alle Fesseln sprengt, Mainz 1995

Boff, L., Der dreieinige Gott, Düsseldorf 1986

― Das mütterliche Antlitz Gottes, Düsseldorf 1985

Boros, L., Der anwesende Gott. Wege zu einer existentiellen Begegnung, Freiburg [8]1972

Bouman, J., Christen und Moslems. Glauben sie an einen Gott? Gemeinsamkeiten und Unterschiede, Gießen 1995

Brox, N., Terminologisches zur frühchristlichen Rede von Gott, München 1996

Brugger, W., Summe einer philosophischen Gotteslehre, München 1979

Bührig, M., Die unsichtbare Frau und der Gott der Väter. Eine Einführung in die feministische Theologie, Stuttgart 1987

Bürkle, H., Der Mensch auf der Suche nach Gott. Die Frage der Religionen, Paderborn 1996

Casper, B., Gott nennen. Phänomenologische Zugänge, Freiburg 1981

Courth, F., Der Gott der dreifaltigen Liebe, Paderborn 1994

– Gott Mensch Welt. Was sagt christlicher Schöpfungsglaube?, St. Ottilien 1996

Daiber, K.-F./Luckmann, Th. (Hg.), Religion in den Gegenwartsströmungen der deutschen Soziologie, München 1983

Dalferth, I.U., Gott. Philosophisch-theologische Denkversuche, Tübingen 1992

Daly, M., Jenseits von Gottvater & Co. Aufbruch zu einer Philosophie der Frauenbefreiung, München 1980

Dietrich, W./Klopfenstein, M.A. (Hg.), Ein Gott allein? JHWH-Verehrung und biblischer Monotheismus im Kontext der israelitischen altorientalischen Religionsgeschichte, Göttingen 1994

Dietrich, W./Link, Chr., Die dunklen Seiten Gottes. Willkür und Gewalt, Neukirchen-Vluyn 1995

Drewermann, E., ... und es geschah so. Die moderne Biologie und die Frage nach Gott, Zürich/Düsseldorf 1999

– Schorlemmer, F., Tod oder Leben. Vom Sinn und Unsinn des Gottesglaubens, Freiburg 1995

Eliade, M., Das Heilige und das Profane. Vom Wesen des Religiösen, Frankfurt [2]1985

Faber, R., Der Selbsteinsatz Gottes. Grundlegung einer Theologie des Leidens und der Veränderlichkeit Gottes, Würzburg 1995

Falaturi, A./Petuchowski, J.J./Strolz, W., Drei Wege zu dem einen Gott. Glaubenserfahrung in den monotheistischen Religionen, Freiburg/Basel/Wien 1976

Feuerbach, L., Das Wesen des Christentums (Leipzig [3]1849), Stuttgart 1980

Fischer, N., Die philosophische Frage nach Gott. Ein Gang durch ihre Stationen, Paderborn 1995

Frankl, V.E., Der unbewußte Gott. Psychotherapie und Religion, München 1974

Frielingsdorf, K., Der wahre Gott ist anders. Von krankmachenden zu heilenden Gottesbildern, Mainz 1997

Fromm, E., Ihr werdet sein wie Gott, Hamburg 1980

Fuchs, G./Kessler, H. (Hg.), Gott, der Kosmos und die Freiheit. Biologie, Philosophie und Theologie im Gespräch, Würzburg 1996

Galland, Ch., Grüne Tara und Schwarze Madonna. Abenteuerliche Suche nach dem weiblichen Antlitz Gottes, Solothurn/Düsseldorf 1993

Görg, M./Langer, M., Als Gott weinte. Theologie nach Auschwitz, Regensburg 1997

Haag, E., Gott der einzige. Zur Entstehung des Monotheismus in Israel, Freiburg/Basel/Wien 1985

Hedinger, U., Wider die Versöhnung Gottes mit dem Elend. Eine Kritik des christlichen Theismus und A-Theismus, Zürich 1972

Hilpert, K./Ohlig, K.-H. (Hg.), Der eine Gott in den vielen Kulturen. Inkulturation und christliche Gottesvorstellung, Zürich 1993

Houtepen, A.W.J., Gott – eine offene Frage, Gütersloh 1999

Hünermann, P., Gott – ein Fremder in unserem Haus?, Freiburg 1996

Irsigler, H. (Hg.), Ein Gott, der Leiden schafft? Leidenserfahrungen im 20. Jahrhundert und die Frage nach Gott, Frankfurt 1995

Jens, W./Küng, H., Dichtung und Religion, München 1985

Jeremias, J., Abba. Studien zur neutestamentlichen Theologie und Zeitgeschichte, Göttingen 1966

Johnson, E.A., Ich bin, die ich bin. Wenn Frauen Gott sagen, Düsseldorf 1994

Jungblut, D., Gaia am Spülstein. Weiblichkeitstheorien als Voraussetzung feministischer Theologie, St. Ingbert 1998

Kaiser, O., Der Gott des Alten Testaments, Göttingen 1993

Khoury, A.Th./Hünermann, P. (Hg.), Wer ist Gott? Die Antworten der Weltreligionen, Freiburg 1983

Kolakowski, L., Falls es keinen Gott gibt, München 1982

Koltermann, R., Universum – Mensch – Gott, Graz 1997

Körtner, U.H.J., Solange die Erde steht. Schöpfungsglaube in der Risikogesellschaft, Hannover 1997

Koslowski, P., Gnosis und Theodizee. Eine Studie über den leidenden Gott des Gnostizismus, Wien 1993

Kraus, G., Gott als Wirklichkeit. Lehrbuch zur Gotteslehre, Frankfurt 1994

– Welt und Mensch. Lehrbuch zur Schöpfungslehre, Olten 1997

Kreiner, A., Gott im Leid. Zur Stichhaltigkeit der Theodizee-Argumente, Freiburg 1997

Kurz, P.K., Über moderne Literatur. Standorte und Deutungen. 4 Bde., Frankfurt 1971f

Kuschel, K.-J., Im Spiegel der Dichter. Mensch, Gott und Jesus in der Literatur des 20. Jahrhunderts, Düsseldorf 1997

Levinas, E., Wenn Gott ins Denken einfällt, Freiburg/München 1985

Luckmann, Th., Die unsichtbare Religion, Frankfurt 1991

Macquarrie, J., Gott-Rede. Eine Untersuchung der Sprache und Logik der Theologie, Würzburg 1979

Metz, J.B./Reikerstorfer, J./Werbick, J., Gottesrede, Münster 1996
Mildenberger, F., Gotteslehre, Tübingen 1975
Möller, J. (Hg.), Der Streit um den Gott der Philosophen, Düsseldorf 1985
Moltmann, J., Gott im Projekt der modernen Welt, Gütersloh 1997
— Gott in der Schöpfung. Ökologische Schöpfungslehre, Gütersloh ⁴1993
Moser, T., Gottesvergiftung, Frankfurt 1976
Motté, M., Auf der Suche nach dem verlorenen Gott. Religion in der Literatur der Gegenwart, Mainz 1997
Muck, O., Philosophische Gotteslehre, Düsseldorf 1983
Mulack, C., Die Weiblichkeit Gottes. Matriarchale Voraussetzungen des Gottesbildes, Stuttgart 1983
Niebuhr, K.-W., Glauben Christen und Muslime an denselben Gott?, Hannover 1995
Niehl, F.W. (Hg.), Gottes Ohnmacht. Texte aus der deutschsprachigen Literatur, Mainz 1988
Niehr, H., Der höchste Gott. Alttestamentlicher JHWH-Glaube im Kontext syrisch-kanaanäischer Religion des 1. Jahrtausends v. Chr., Berlin/New York 1990
Nüchtern, M. (Hg.), Warum läßt Gott das zu? Kritik der Allmacht Gottes in Religion und Philosophie, Frankfurt 1995
Oelmüller, W. (Hg.), Worüber man nicht schweigen kann. Neue Diskussionen zur Theodizeefrage, München 1992
Otto, R., Das Heilige. Über das Irrationale in der Idee des Göttlichen und sein Verhältnis zum Rationalen, München 1971
Pöhlmann, H.G., Der Atheismus oder der Streit um Gott, Gütersloh 1996
Predel, G., Sakrament der Gegenwart Gottes. Theologie und Natur im Zeitalter der Naturwissenschaft, Freiburg 1996
Reifenberg, P. (Hg.), Gott – das bleibende Geheimnis, Würzburg 1996
Ritter, W.H., u.a., Der Allmächtige. Annäherungen an ein umstrittenes Gottesprädikat, Göttingen ²1997
Rössner, H. (Hg.), Der nahe und der ferne Gott. Nichttheologische Texte zur Gottesfrage im 20. Jahrhundert. Ein Lesebuch, Berlin 1981
Ruether, R.R., Gaia & Gott. Eine ökofeministische Theologie der Heilung der Erde, Luzern 1994
Schaeffler, R., Fähigkeit der Erfahrung. Zur transzendenten Hermeneutik des Sprechens von Gott, Freiburg 1982
Schäfer, R., Gotteslehre und kirchliche Praxis, Tübingen 1991
Schlagheck, M. (Hg.), Theologie und Psychologie im Dialog über die Frage nach Gott, Paderborn 1996
Scholl, N., Auf den Spuren des dreieinen Gottes, Weinheim 1994
Schottroff, W./Stegemann, W., Der Gott der kleinen Leute. Sozialgeschichtliche Bibelauslegung, München 1979
Schroeder, G.L., Schöpfung und Urknall, München 1996

Schumacher, Th., Theodizee. Bedeutung und Anspruch eines Begriffs, Frankfurt 1994

Schüngel-Straumann, H., Denn Gott bin ich, und kein Mann. Gottesbilder im Ersten Testament feministisch betrachtet, Mainz 1996

Schwarz, H., Schöpfungsglaube im Horizont moderner Naturwissenschaft, Neukirchen-Vluyn 1996

Seifert, J., Gott als Gottesbeweis. Eine phänomenologische Neubegründung des ontologischen Arguments, Heidelberg 1996

Söding, Th. (Hg.), Der lebendige Gott. Studien zur Theologie des Neuen Testaments, Aschendorff 1996

Theis, R., Gott. Untersuchung zur Entwicklung des theologischen Diskurses in Kants Schriften zur theoretischen Philosophie bis hin zum Erscheinen der Kritik der reinen Vernunft, Stuttgart-Bad Cannstatt 1994

Todoroff, G., Und woher kommt Gott? Ursache und Sinn allen Seins, Berlin 1996

Trutmann, B., Der unbekannte Gott. Eine kritische Auseinandersetzung mit dem offiziellen Gottesglauben, Hamburg 1991

Varone, F., Ce Dieu censé aimer la souffrance, Paris 1986

Viertel, M. (Hg.), Gott und das Böse, Hofgeismar 1996

Vorgrimler, H., Theologische Gotteslehre, Düsseldorf [3]1993

Waldenfels, H., Gott. Auf der Suche nach dem Lebensgrund, Leipzig 1995

Weissmahr, B., Philosophische Gotteslehre, Stuttgart 1983

Welker, M., Schöpfung und Wirklichkeit. Biblische contra natürliche Theologie, Neukirchen-Vluyn 1995

Werbick, J., Bilder sind Wege. Eine Gotteslehre, München 1992

Zahrnt, H., Gespräch über Gott. Die protestantische Theologie im 20. Jahrhundert. Ein Textbuch, München 1968

Zellner, L., Gottestherapie. Befreiung von dunklen Gottesbildern, München 1995

Zenger, E. (Hg.), Der eine Gott Israels, Stuttgart 1997

Personenregister

Johannes VIII. 540
Johannes XXIII. 28, 32, 83, 85f
Johannes Paul II. 28, 50, 91, 106,
  156f, 196, 374, 382, 402, 541
Johannes von Damaskus 357
Josef, Joseph 129, 210, 453
Josephus Flavius 210
Judas Iskariot 261
Jung, C.G. 126, 615, 619, 621,
  654-661
Jüngel, E. 22, 61, 72, 76, 396,
  590, 643, 691, 693, 695, 697
Justin 319
Justinian I. 357

Kafka, F. 147, 221, 229, 657,
  699, 768
Kähler, M. 231
Kalthoff, A. 226
Kambartel, F. 112
Kampling, R. 251
Kant, I. 112, 124, 155, 275, 407,
  564, 567, 592, 595, 601, 682
Karl d. Große 540
Käsemann, E. 154, 232, 234,
  237, 255, 678
Kasper, W. 29, 37, 365, 643
Kekow, R. 36, 216
Kephas (s. Petrus)
Kern, W. 147
Kessler, H. 300, 308
Kierkegaard, S. 43, 60, 158, 218,
  232, 265, 399ff, 431, 588, 682
Kirby, J.P. 514, 516, 519ff
Kittel, G. 268f
Klinger, E. 378
Kloppenburg, B. 381
Klostermann, E. 266
Klumbies, P.G. 476
Knitter, P.F. 186
Koch, G. 312
Kolumbus, C. 374, 593
Konfuzius 148, 162, 187, 214,
  233, 497-503, 505, 713

König, F. 41
Konstantin I. 24, 337, 340, 645
Kopernikus, N. 593
Kornelius 714
Köster, H. 361, 365
Kraft, V. 636
Kranz, W. 421, 429
Kreiner, A. 58
Krings, H. 22
Küng, H. 32, 37, 144, 208, 308,
  394, 543, 687f
Kurz, P.K. 710
Kuschel, K.J. 222, 316
Kutter, H. 378

Laktanz, L.C.F. 173
Lamennais, H.F.R. de 585
Lamettrie, J.O. de 599
Landázur Ricketts, J. 382
Lang, A. 158
Lang, B. 468
Langgässer, E. 221
Lao Tse (Laotse) 104f, 233, 504f
Laplace, P.S. 592
Las Casas, B. de 191f, 196, 376
Laufen R. 249, 316
Laurentin, R. 377
Le Fort, G. v. 221
Lehmann, K. 33, 381
Lehnert, H. 403
Leibniz, G.W. 96f, 102, 564, 571
Lenin, W.I. 611ff
Leo I. 351ff, 357
Leo III. 540
Leo XIII. 135, 192, 377
Leonz von Byzanz 357, 360
Leroy, H. 290
Lessing, G.E. 104, 122, 199, 219,
  223f, 230, 595f
Leuze, R. 390
Levi 262, 458
Levi-Strauss, C. 594, 705
Libânio, J.B. 372, 374
Liberius 343

Lietzmann, H. 346
Locke, J. 112, 114
Lohff, W. 106
Lohfink, G. 474
Löhrer, M. 285
Lohse, E. 365
Lois, J. 374
Loisy, A. 38f, 227, 230
Lombardo-Radice, L. 613
Lopez de Gomara, F. 375
López Trujillo, A. 382
Lorscheider, A. 381
Lozano, J. 380
Lubac, H. de 136
Luckmann, Th. 173
Lüdemann, G. 300, 303
Lüke, U. 69
Luijpen, W. 698
Lukas 247, 250, 293, 371, 529, 714
Lukian 332, 526
Lüning, H. 379
Luther, M. 107f, 161, 164, 296, 396, 528, 582f, 603, 715
Luz, U. 510
Lyotard, J.F. 93f, 201

Machoveč, M. 233
Madsen, A. 627
Magaña, A.Q. 373
Makedonios von Konstantinopel 536
Malebranche, N. 609
Mangold, K. 414
Mani 328f
Mann, Th. 403, 709
Mao Tse-tung (Mao Dse-Dong) 613
Mara bar Serapion 211
Marcel, G. 490
Marcell von Ankyra 346, 549
Marcian 352
Margreiter, R. 606
Maria, Mirjam 129, 210f, 252,

291, 293, 319, 351, 353, 369, 371, 373, 387, 504, 530, 533, 659
Maria Magdalena 299, 304, 494
Markion 327f, 553
Markus 249f, 327, 371
Marshall, B. 221, 493
Marx, K. 49, 174, 226, 275f, 400, 407, 600, 607-614, 616f
Marxsen, W. 279, 303
Matthäus 259, 371
Matthias 130, 247
Mauriac, F. 221
Maximus Confessor 358
Mbiti, J.S. 514-517, 519, 521
Meesmann, H. 286
Meister Eckehart 393f, 525, 649, 682
Melanchthon, Ph. 23, 279
Menander 422, 425
Mensching, G. 144, 173, 454, 509
Menzius (Mong Dsi) 498, 500
Merleau-Ponty, M. 276
Metz, J.B. 158, 378, 691
Metzger, M. 36
Michael de Molino 107
Michaelus Palaeologus 331
Michelangelo 57
Miles, J. 452
Milton, J. 707
Miskotte, K.H. 467
Mohammed 134, 137, 148, 214, 233, 291, 342
Molière 68
Mollenkott, V.R. 469
Moltmann, J. 290, 296, 308, 314, 350, 378, 396, 459, 533, 541, 681, 691, 710, 712
Monden, L. 158
Montafur, A. de 377
Montanus 535
Montesinos, A. de 376
Mortensen, V. 69

761

Sachregister

768

769

Onto-Theo-Logik 623
Ontologie, ontologisch 365,
  406, 457, 524, 622ff, 648, 674
Ontologisten 585
Opfer(-) 295ff, 368, 466, 520f,
  533, 595, 602, 618
– heros 244
– lamm 244, 315
– praxis 258
– struktur 287
– tod 295ff, 618
Ophiten 324, 328
Option für die Armen 270,
  372ff, 384
Opus Dei 92
ordinator ad finem 574f
Ordnung 212, 388, 400f, 403ff,
  408, 564, 583, 673, 684
ordo(-) 131
– *iustitiae* 368
– Gedanke 368, 404, 437, 673
Òrìshà 520
Orphik 430
Orthodoxie 244, 347
Orthopraxie 244
Ostern, Oster- 239, 314, **487ff**,
  491, 529
– glaube 302, **307ff**, 311
– kerygma, s. Christus,
  kerygmatischer

Pacha Mama 193, 388
Padova 135
Pädagogik 596
Palästina 261
Pali-Kanon 132, 181, 199
Panentheismus 514, 539
Pantheismus, pantheistisch 77,
  392, 418, 514, 633, 712f
Pantokrator 387
Papst 133, 223, 609
Paradies 242, 465, 669, 707f,
  719
Paradosis 32

Paradoxie 234, 247, 278, 479,
  549, 577, 648, 664
Paraklet 329, 531
paranormales Phänomen 176
Paredra, Paredros 317, 468
Parsismus 328
Parusie (s. auch παρουσία)
  228f, 337
Passah, Paschafest 467
passio 291f, 712
passion inutile 635
Paternalismus 194
Patripassianismus 548
Penia 437
Perfektion 597
performativ 697
Perichorese 357, 557
Person (s. auch Gott als Person)
  137, 345, 349, **359ff**, 367, 369,
  388, 459, 518, 526, 529, 542,
  551, 679, 686, 710f
per se notum 568
per se necessarium 574
persona 350, **364**, 550, 552,
  711
Pharisäer 261, 265, 301, 476,
  478, 480
Philosophie 622ff
– analytische 48
– griechische 275, 418, 586,
  605
– neuzeitliche 157, 601ff, 622f
– scholastische, s. Scholastik
Pistiker 325
Plan, Planung 410ff
platonisch 42
– mittelplatonisch 319
– neuplatonisch 340, 396, 493,
  561, 564, 574
Platonismus 173, 560, 564, 607
Pleroma 325
Pluralismus 186, 373
Pluralität 94, 409
Pneuma, pneumatisch (s. auch

Griechische Begriffe

πρῶτον 438, 442, 443
πῦρ 430ff

σάρξ 319, 325f, 345, 348, 367
– σαρκοφόρος 330
– σαρκωθέντα 321
σημαντικόν 390
– αὐτοσημαντικόν 390, 696
– συνσημαντικόν 390, 696
σοφία 317ff
σοφός 449
σύμβολον 356
– συμ-βάλλειν 74
συνιστάς 439
σῶμα 331, 355, 444
σωτήρ 323, 341
σωτηρία 330, 355

τέλεια, τέλειος 344, 353, 367
τέλος 441, 549
τέχνη 359, 362, 439, 449
τύχη 423, 438
– οἷος τυγχάνει 389

υἱοπάτωρ 548
υἱός 356, 538
ὕλη 360, 390, 441
– ὑλικοί 325
ὑπέρ-Formeln 315
ὑποκείμενον 345, 363, 440
ὑπόστασις 333, 338, 345, 348ff,
  352f, 356, 359, 362ff, 367,
  551f, 553

φαίνεται 449
φανεροῦσθαι 130
– φανεροῦσθαι ἐν σαρκί 326
φαντασία 330
φάσις 391
φιλία 432
φίλος 421
φύσις 344ff, 349ff, 356, 358-365,
  367, 428, 437, 541, 550, 553
– φύσει 349, 376
– ἐν δύο φύσεσιν 353, 356

χάρις 252, 483
Χριστός 306, 355f
– χριστοτόκος 349
– χριστοφόρος 525

ψυχή 331, 335, 345, 355, 367,
  390, 438, 532
– ἔμψυχον 390, 429, 432, 442
– ψυχικοί 325

ὤφθη 298, 301f, 304